새로운
노동경제학

조우현 · 황수경

法 文 社

더 넓고, 더 깊게, 더 멀리 바라보아,
개인의 행복과 사회의 번영을 조화시키는
慧眼을 갖기를

PROLOGUE

프롤로그

I

노동경제학은 경제학의 한 분야이다. 경제학은 무엇을 다루는 학문인가? 가장 먼저 주류(主流)의 신고전파경제학 — 1870년대 이후 왈라스(L. Walras), 제본스(W. S. Jevons), 멩거(C. Menger) 그리고 마샬(A. Marshall) 등이 원조(元祖)인 경제학파 — 의 관점을 살펴보기로 하자.

원시사회, 고대사회, 봉건사회, 근대사회를 거치면서도 공통된 것은 각 사회는 **3대 경제문제** 즉 ① 무엇을 얼마만큼 생산할 것인가(what and in what quantities to produce), ② 어떻게 생산할 것인가(how to produce), ③ 생산된 산출물을 사회구성원 간에 어떻게 나눌 것인가(for whom to produce)라는 문제들을 갖는다는 것이다.

예를 들어보자. 원시사회에서 사냥에 의해 식량을 획득한다고 하자. 원시사회는 무슨 짐승, 몇 마리의 짐승을 사냥할 것인가, 어떤 방식으로 사냥할 것인가, 전리품을 사냥참가자들 사이에 어떻게 나눌 것인가를 결정하기 마련이다. 이때는 족장의 명령이 중요한 역할을 한다. 고대 고구려 사회를 보자. 쌀을 경작할 것인가, 옥수수를 재배할 것인가, 쌀과 옥수수를 얼마만큼 생산할 것인가, 어떤 방식으로 생산할 것인가, 수확물을 생산참여자에게 어떻게 나눌 것인가를 결정하게 된다. 이때는 전통과 관습이 중요 역할을 하게 된다.

근대사회에서는 **시장경제**가 3대 경제문제를 해결한다. 3대 경제문제는 시장경제의 교환 즉 수요와 공급의 상호작용에 의해 해결된다. 무엇을 얼마만큼 생산할 것인가는 수요와 공급에 의해 결정되고, 어떻게 생산할 것인가도 생산요소의 수요와 공급에 의해 결정되며, 어떻게 생산량을 배분할 것인가도 수요와 공급에 의해 결정된다. 인간의 무한한 욕망에 비해 자원은 희소하기 때문에 3대 경제문제를 수요, 공급,

그리고 가격기구가 어떻게 해결하는가를 보이는 것이 신고전학파 경제학의 주된 영역이다.

3대 경제문제가 한마디로 희소한 자원[1]을 각 분야에 어떻게 배분할 것인가라는 자원배분 문제로 축약된다고 할 때, 경제학은 수요, 공급 및 가격에 의한 **자원배분**(resource allocation)을 분석한다. 이는 신고전학파의 학문적 전통이다. 즉 신고전학파 경제학은 시장경제를 분석대상으로 한다.

경제학이 시장을 연구영역으로 설정한다면, 경제학의 한 분야인 노동경제학은 노동시장을 분석대상으로 삼는다. 미국에서 노동경제학 교과서로 베스트셀러인 『*Modern Labor Economics*』의 저자들인 에렌버그(R. Ehrenberg)와 스미스(R. Smith)는 "노동경제학이란 노동시장의 작용과 그 결과에 관한 연구이다."라고 하였다.

구체적으로 말하자면, 노동경제학은 임금 및 고용의 제(諸) 측면이 노동시장에서 어떻게 결정되는가를 체계적으로 연구하는 학문이다.

임금의 제(諸) 측면이라 함은 임금수준, 임금상승률, 임금격차, 노동자가 정년까지 받을 수 있는 생애임금(life-time earnings), 정부가 노동자에게 제공하는 이전소득 등을 포괄한다. 구체적으로 임금의 제(諸) 측면은 다음과 같이 구분될 수 있다.

① 임금과 임금 이외의 노동에 대한 현물보상인 부가급여
② 산업간, 기업간, 직종간, 학력별, 성별 임금격차
③ 명목임금과 물가상승을 감안한 실질임금, 그리고 각각의 상승률
④ 노동자가 정년 시까지 받을 수 있는 생애임금
⑤ 정부가 노동자에게 제공하는 유형 또는 무형의 이전소득

고용의 제(諸) 측면에는 한 나라의 노동시간, 취업자 수 및 경제 각 부문에로의 인적자원의 배분 등과 같은 노동의 양적(量的) 측면과 기술, 숙련 및 일에 대한 노력(work effort)과 관련된 노동의 질적(質的) 측면 등이 포함된다. 구체적으로 고용의 제(諸) 측면은 다음과 같이 구분될 수 있다.

① 노동시간, 취업자 수, 실업자 수 등 노동의 양적 측면
② 산업, 직업, 기업 등 사회 각 분야로의 인적자원의 배분이라는 양적 측면
③ 노동자의 기술, 숙련 등의 수준과 관련된 노동의 질적(質的) 측면

1) 희소한 자원을 이용하여 생산된 산출물 또한 희소하다. 즉 산출물은 무제한적이지 않다. 경제학에서 자원이라고 할 때 이는 희소한 자원 즉 자본, 토지, 노동, 기업가 활동능력을 의미할 뿐만 아니라 동시에 희소한 자원을 이용하여 생산된 산출물을 의미한다.

④ 일에 대한 노력과 관련된 노동의 질적(質的) 측면

주류(主流)의 신고전학파는 고용주와 근로자 간 노동시장을 통한 노동서비스 교환 및 임금과 고용의 결정에만 초점을 맞추어 노동경제학을 정의하고 있다.

Ⅱ

조우현은 1998년 발간한『노동경제학』에서 다음과 같이 논의하였다. "노동경제학은 임금 및 고용의 제(諸) 측면이 노동시장과 노동 관련 사회제도에 의해 어떻게 결정되는가를 체계적으로 연구하는 학문이다." 즉 주류경제학에서 배제된 제도에 관한 연구의 중요성이 강조되었다. 이러한 관점은 독일의 사회적 시장경제론자들—1930년대 이후 뮐러-아르막(Alfred Müller-Armark), 오이켄(Walter Euken), 뢰프케(Wilhelm Röpke) 등과 제2차 세계대전 후의 독일기독교민주당의 정책입안자들—의 영향에 기인하였다. 사회적 시장경제론자들의 관점은 다음과 같다.

[그림 1]을 보면서 설명하겠다. 인간의 삶은 경제적 측면과 사회적 측면으로 구성

그림 1 인간 삶의 여러 측면과 학문영역

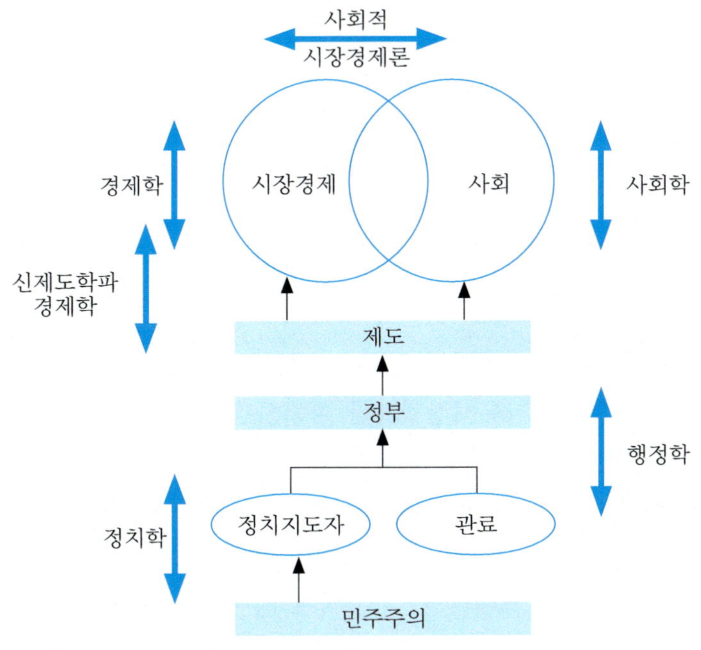

된다.

현대의 개인의 삶의 경제적 측면은 시장경제에서의 삶이다. 시장경제에서는 의사결정단위인 개인 또는 가계(household), 기업 그리고 정부라는 세 경제주체가 상호작용한다. 이들 경제주체들이 사유재산제와 경제적 자유를 근간으로 자유롭게 분업하고 교환하면서, 개인의 이익을 추구한다. 독립적인 개인, 본인의 의사에 의해 선택하고 행동하는 자율적인 개인, 본인의 선택과 행동에 대해 책임지는 개인이 시장경제에서 삶을 살아가는 개인의 모습이다. 경제생활에서는 각 개인은 최소의 비용으로 최대의 효과를 내려고, 즉 효율성을 달성하려고 노력한다.

또한 인간 삶은 사회적 측면을 갖고 있고 신뢰, 개인간의 협동, 공동체적 단결 등이 이에 해당한다. 모름지기 개인은 가족 속에서 태어나고, 시민사회 속에서 그리고 지역공동체, 국가공동체에서 자라나며 성장한다. 청소년이 독립심, 자율성, 책임감을 가지며, 자신의 재능을 발견하고 연마하는 것을 유인하는 공동체, 약자인 유소년과 노인, 낙오하고 실패하고 재기가 불가능한 개인에 대해 지원과 돌봄이 이루어지는 공동체에서는 인간 존엄의 평등성이 이루어져 상호 신뢰와 공동체의 유지와 단결이 원활하게 이루어진다. 이는 시장경제의 근간이 된다. 종속적이며 의존적이며 무책임한 개인이 다수를 이루면 시장경제가 효율적으로 작동할 수 없다. 이들은 도둑, 사기, 약탈을 일삼거나, 국가자원을 끊임없이 요구하고 국가개입에 의한 빈곤해결을 요구하기 때문이다.

이와 같이 시장경제와 사회제도가 분리될 수 없다는 점을 강조하는 학파가 독일의 **사회적 시장경제**(the social market economy)론자들이다.

이들은 민주적 정부 구성이 이루어진다는 전제하에서 민주적 정부의 과제는 첫째, 자유시장경제의 건립, 둘째, 독립적이고 자율적인 개인들의 대규모 형성을 위한 사회정책에 있다고 주창하였다. 나치의 제2차 세계대전에 의해 수천만 명이 살상당하는 당시 독일의 실상을 목도하면서, 패전 후, 정치체제로서는 극우적 정치체제인 나치즘 대신 민주주의를 회복하려 하였고, 나치즘 집권의 토대인 당시 독일의 독과점체제 대신 공정경쟁의 자유시장경제를 확립하려 했으며, 극우적 정치체제의 등장요인이 되었던 무산(無産)의 군중(群衆) 대신에 독립적이고 자율적인 개인, 소재산을 갖춘 개인을 배양하는 사회정책을 추진하였다. 사회정책으로 독립적이고 자율적인 개인, 소재산을 갖춘 개인이 형성되어 있어야 저절로 사유재산권 보장을 요구하며, 경제적 자유를 주장하며, 분쟁을 자율에 의거 해결하며, 해결되지 않는 경우 법치에 맡긴다. 독립적이고 자율적인 개인, 소재산을 갖춘 개인이 형성되어 있으면, 관대하고 베풀어서 사회적 약자에 대한 배려가 저절로 일어나 인간간 상호 신뢰, 협동, 협력의 분위기가 형성된다. 이 또한 자유시장경제에 필수적인 덕목이 된다.

동시에 사회적 시장경제론자들은 기업의 지배구조에서도 핵심적 의사결정 주체를 주주뿐만 아니라 노동조합도 담당케 하여, 이러한 주주와 노동자간의 이해의 균형이 나치의 재등장을 막는 데 필수적이라는 관점을 가졌다.

이들은 자유시장경제의 '**시장경제**'와 사회적 단결과 협력 정책의 '**사회적**'을 결합하여 '**사회적 시장경제**'론자들이라고 불린다. 전후 독일은 스스로를 사회적 시장경제의 국가임을 천명하고 있다.

사회적 시장경제론자들의 시장과 사회제도에 관한 관점을 그들의 용어로 살펴보자. 시장은 특정 개인이나 집단이 의도하여 인위적으로 만든 질서가 아니고 인간이 본래 가지고 있는 자기상황 개선(bettering his own condition) 욕구를 충족시키기 위하여 진화를 통해 저절로 형성된 질서이다. 진화를 통해 저절로 형성된 질서라는 의미에서 **자생적 질서**(spontaneous order)로 정의된다. 이에 비해 제도는 인간들이 특정한 목적과 의도를 가지고 인위적으로 만든 것이라는 의미에서 **인조된 질서**(man-made order)라고 부를 수 있다.

사회적 시장경제론자들은 사회제도를 **시장보완적** 제도와 **시장저해적**(市場沮害的) 제도로 구분한다. 전자는 시장을 더욱 활성화시키는 데 기여하는 사회제도이며, 후자는 사회제도가 원래의 목표도 달성치 못하고 오히려 시장을 위축시키는 결과를 초래하는 경우를 의미한다. 때로는 시장보완적 제도는 시장정합적(市場整合的) 제도라고 불리며, 시장저해적 제도는 반(反)시장적 제도라고 불린다. 폭넓은 번성하는 중산층(middle class)이 없는 사회는 나치즘과 전쟁 그리고 파멸이 결과하기 때문에 민주적 정부와 자유시장경제는 중산층 형성의 사회정책이 필요하며, 사회정책을 통해 사회적 통합, 사회적 신뢰, 협조와 단결이 가능하며, 바로 이러한 것들은 시장경제와 민주주의에도 필수적이라는 관점을 가졌다. 이러한 사회정책이 없으면, 소외, 불신, 이해관계 충돌, 비협조가 만연해지고 이러한 특징을 갖는 군중들이 나치즘의 선동에 쉽게 넘어가게 되는 것이라고 사회적 시장경제론자들은 설명하고 있다.

따라서 경제학은 시장이라는 자생적 질서와 사회제도라는 인조된 질서를 체계적으로 연구한다. 경제학은 시장을 분석할 뿐만 아니라 시장의 장점을 살리는 데 기여하는 사회제도, 시장의 결함을 치유하는 효과적인 사회제도를 연구하는 학문체계이다. 노동경제학은 경제학의 한 분야로서, 자생적 질서인 노동시장을 분석할 뿐만 아니라 인조된 질서인 노동관련 제도를 체계적으로 연구하며, 노동시장의 장점을 살리는 사회제도, 노동시장의 결함을 치유하는 효과적인 노동관련 사회제도를 연구하는 학문체계이다.

사회적 시장경제론은 경제학의 연구범위를 시장경제에 국한하지 않고 시장정합적인 사회제도에로 확장시켰다.

Ⅲ

최근에 제도의 중요성을 강조하고 있는 학파는 **신제도학파 경제학**(the new institutional economics) — 코스(R. Coase), 윌리암슨(O. Williamson), 노스(D. North) 등 — 이다. 과거의 제도학파는 미국의 1890~1930년대의 베블렌(T. Veblen), 커먼즈(J. R. Commons)를 들 수 있는데 이들은 오로지 노동관련 사회제도, 특히 노동조합의 형성, 역사적 발전과 노동관련 제도의 시장결과에 대한 영향에만 치중함으로써 시장분석을 소홀히 하였다. 반면 신제도학파 경제학은 사용하는 용어 자체가 주류의 신고전학파 경제학 용어를 사용한다. 신제도학파의 목적은 제도란 무엇이며, 어떻게 생성되며, 어떻게 변화하며, 어떻게 시장경제와 부합되는 방식으로 개혁되어야 하는지 설명하는 데 있다.

제도가 가장 중요한 영향을 미친다는 이론으로 노벨경제학상을 수상한 미국의 경제학자 더글라스 노스(1990)는 제도(institutions)를 먼저 법·제도 형태로 구현된 **공식적 제도**와 사회구성원으로 살기 위해 공유하고 지켜야 하는 문화, 관습, 관행 등 무형으로 존재하는 **비공식적 제도**로 구분한다. 노스(1990)에 의하면 제도는 사회에서의 '게임의 규칙(the rules of the game)'이며 인간 사이의 상호작용을 구성하는 '인간이 만든 제약조건(the humanly devised constraints)'을 말한다. 제도는 교환비용과 생산비용에 영향을 미침으로써 경제의 성과에 영향을 준다. 즉 제도는 생산에 사용되는 기술과 함께 총비용을 구성하는 거래비용과 생산비용을 결정하는 것이므로 개인과 기업의 거래비용을 줄이고 경제활동의 인센티브를 촉진하도록 제정되고 운영되어야 한다. 불합리한 법제도가 시행되는 나라에서는 생산과 거래를 위한 절차와 시간이 많이 소요되고 거래비용이 많이 들며 사업의 성과에 대한 불확실성이 커지게 된다. 재산에 대한 보장도 불확실하여 모험을 하여 경제활동을 추진하려는 유인이 생기지 않는다. 그래서 생산이나 경제성장이 원활히 될 수 없다고 설명한다.

비공식적 제도란 법·제도로 표현되지 않은 사회의 의식, 가치관, 관행, 종교 등을 말한다. 비공식적 제도란 주로 그 사회의 문화 영역이라 할 수 있다. 개인의 생활과 경제활동은 공식적 · 비공식적 제도에 의하여 규율된다고 말할 수 있다. 그러나 가장 선진화된 경제에서도 공식적 제도는 경제활동을 규율하는 제약조건의 작은 부분(비록 매우 중요한 부분이지만)을 차지하고 있을 뿐이다. 그 만큼 실제의 경제활동에는 비공식적 제도가 깊이 침투하여 영향을 미치고 있다고 할 수 있다. 오히려 실제 우리의 개인행동, 기업활동에 있어서 개인 간의 관계를 규율하는 가장 중요한 지배구조는 명문화된 법령보다는 비공식적인 행위규범이나 관행 등이라고 할 수 있다. 비공식적 제도가 법제화되어 공식적 제도로 수용되기도 하고 법제도가 의식·관행 등 비공식적 제도에도 영향을 미치지만, 하루하루의 일상적인 선택에서 공식적인 법·제도가 직접적이고 명백한 기준이 되는 일은 드물다고 할 수 있다. 그래서 법령으로 명문화되지 않은 비공식적 제도가 경제활동에 매우 중요한 영향을 미치는 것이다.

신제도학파 경제학의 논의를 인간생활의 경제적 측면에 초점을 맞추어 살펴보면 다음과 같다. 인간생활의 경제적 측면은 운동경기에 비유할 수 있다. 서로 경쟁해서 승리를 추구하는 게임이 운동경기라고 할 때, 각 개인과 기업이 경쟁해서 보다 큰 이익을 쟁취하려는 곳이 시장경제이다. 승리한 사람은 큰 이윤과 막대한 재산을 얻는다. 운동경기에 개인경기(100m 달리기, 마라톤, 피겨스케이팅, 골프 등)와 단체경기(야구, 축구, 럭비)가 있는데 경기규칙(rules of the game)은 늘 존재한다. 공정한 경기규칙이 있어야 각자, 각 팀이 최선의 노력을 다할 것이다. 공정한 경기규칙이야말로 각 개인과 팀이 최선을 다하게 하는 유인체계가 된다. 시장경제에서의 게임의 규칙을 제도(institutions)라고 부른다. 경제제도의 예를 들자면 사유재산권 제도, 경제적 자유와 법치제도를 들 수 있겠다. 사유재산권 제도가 확립되어 있으면, 그리고 그 행사가 자유로우면 즉 경제적 자유가 보장되어 있으면, 개인은 최소의 비용으로 최대의 효과를 내는 일을 하여 재산을 모으고 축적하려 할 것이다. 법에 의한 지배가 확립되어 있어야, 분쟁이 생길 때 쉽게 조정되며, 도둑, 사기, 약탈이 방지될 수 있다.

그렇다면 제도는 누가 만드는가? 제도는 정부가 만든다. 정부는 어떻게 구성되는가? 정부는 정치제도 지도자들과 관료제도의 공무원으로 구성된다. 정치제도의 지도자들은 민주주의 선거에 의거 국민에 의해 선출된다. 공무원들은 한국에서는 행정, 사법 등의 고시라는 시험제도에 의해 충원된다. 즉 정치적 리더와 관료들이 정부를 구성하고, 제도를 만들어 인간의 경제생활과 시장경제를 규제한다. 이는 인간 삶의 정치적 측면이다.

인간의 삶에서 **경제적 측면**과 **사회적 측면**, 그리고 **정치적 측면**은 서로 분리될 수 없다. 그럼에도 불구하고 학문의 엄밀성과 정교함을 목적으로 분리하고 추상화하여,

경제학은 시장경제의 작동, 사회학은 신뢰, 공동체적 단결과 협동, 정치학은 정치적 리더들의 선출, 행정학은 관료조직의 행태 등을 전문적 연구대상으로 삼아왔다.

[그림 1]을 다시 보면서 설명하겠다. 우리가 앞서 논의한 바와 같이, [(정치지도자, 관료)→정부 구성→제도(게임의 규칙)]→시장의 작용과 결과라는 연결고리에서 인간 삶의 경제적 측면과 시장경제에서 국가개입이라는 정치적 측면에 초점을 맞춘 학파가 신제도경제학파이다.

이들은 좋은 경제제도인 자유시장경제와 좋은 정치제도인 민주주의가 국가의 번영을 낳는다는 관점을 갖고 있다. 대런 애스모글루(Daren Acemoglu)와 제임스 로빈슨(James A. Robinson)의 최근 저서 『국가는 왜 실패하는가』(2012)에 나타난 신제도학파의 논점을 살펴보기로 한다.

이들은 시장경제체제가 번영의 필요조건이라고 하였다. 시장경제체제를 갖추지 않으면 경제적 번영은 잘 이루어지지 않는다. 북한의 예는 경제의 쇠퇴, 침체, 주민의 빈곤과 아사(餓死)를 보여주고 있다.

그러나 시장경제가 번영의 필요조건이기는 하지만 충분조건은 아니다. 시장경제를 갖고 있다고 하더라도 만약 좋은 규제가 있으면, 즉 사유재산권, 경제적 자유와 법치가 잘 확립되어 있는 경우, 시장경제는 장기간 번영하지만, 나쁜 규제 즉 사유재산권이 정부에 의해 자주 침해를 당하고, 법치 대신 인치(人治)가 주도하는 시장경제는 장기간 번영할 수 없다.

위에 언급한 애스모글루와 로빈슨의 저서에 나오는 이탈리아 베네치아(Venice)의 흥망을 간단히 인용해 보자. 베네치아는 중세 시기, 세계에서 가장 부유한 도시로 성장하여 1330년 즈음 파리에 견주고, 런던에 비해 세 배나 큰 도시로 부상했다. 베네치아 경제가 확대될 수 있었던 토대는 '코멘다'(commenda)라는 합자회사였다. 코멘다에는 두 사람의 파트너가 참여하는데 한 명은 베네치아에 머물고, 다른 한 사람은 무역을 하러 외국에 나가 물품을 거래했다. 무역을 하던 도중에 발생한 손실은 출자한 자본비율에 따라 분담하였고, 이익이 나는 경우 계약된 내용에 따라 이익을 분배하였다. 따라서 돈이 없는 젊은 사업가들이 투자자를 모집하여 성공하는 경우, 신분상승이 가능한 계약제도가 존재했던 것이다. 무역을 통해 부를 축적한 사람들이 신흥가문으로 등장하였고, 이들은 정치제도를 더욱 개방적이고 민주적으로 바꾸었다. 때문에 베네치아의 번영이 가능했다. 반면에 1314년 정부가 무역을 장악해 국유화하고, 장거리 무역은 귀족의 전유물로 배분되었으며, 개인이 무역을 하려면 높은 세금을 물리면서 베네치아의 몰락은 시작되었다. 정부 개입과 규제, 귀족에게 무역 독점권 배분 등의 폐쇄적, 착취적 정치·경제 제도로 베네치아는 몰락했다고 애스모글루와 로빈슨은 결론짓고 있다.

좋은 규제는 좋은 정치(good politics)에 의해 만들어진다. 여기서 좋은 정치란 주민의 의사를 잘 반영하는 민주주의에 의해 식견과 역량을 갖춘 정치인들이 선출되는 경우를 지칭한다. 동시에 좋은 정치란 관료들이 전문성과 책임성을 갖고 정치적 지도자를 잘 보좌할 때를 지칭한다. 즉 좋은 정치가 좋은 정부(good government), 좋은 규제를 만들 때, 시장경제는 장기간 번영하며, 나쁜 정치 즉 권위주의적인 정치, 또는 중앙집권적 통치 그리고 통제되지 않고, 자신의 기득권과 사회의 특권 유지를 위해 일하는 보수적 관료에 의해서는 나쁜 제도가 만들어지며, 나쁜 규제하에서는 시장경제는 장기적으로 그 번영이 지속될 수 없다. 애스모글루와 로빈슨은 한국의 경우, 개방적인 시장경제로 지난 30~40년간은 고도성장을 보여 주었지만, 권위주의적이며, 중앙집권적 통치라는 나쁜 정치, 나쁜 규제 때문에 한국의 시장경제가 침체하게 될 수 있음을 경고하고 있다.

이와 같이 시장경제와 정치제도의 역할을 경제학에 접목시킨 학파가 신제도학파 경제학자들이다.

신제도학파는 경제학의 영역을 시장경제 분석에 국한하지 않고, 시장정합적 정치제도 분석에로까지 확장시켰다고 볼 수 있다.

Ⅳ

세계에는 자본주의 경제체제가 있고 사회주의 경제체제도 있다. 모든 재산에 대한 사유(私有)를 원칙으로 하는 경제체제를 자본주의경제, 국유(國有) 또는 공유(共有)를 원칙으로 하는 경제체제를 사회주의경제로 분류하는데, 우리는 자본주의 경제체제에서 삶을 살아간다.

시장경제, 경제에 대한 국가개입 정도, 공동체적 단결과 협력이라는 인간생활의 사회적 측면에 대한 국가개입 정도라는 세 가지 기준 이외에 시장경제에서 핵심적 위치에 있는 기업의 의사결정방식인 지배구조 성격이라는 기준을 추가하면 세계의 자본주의 체제의 분류도 가능하다. 즉 시장경제, 경제에 관여하는 제도, 사회에 관여하는 제도, 기업지배구조 성격이라는 네 가지 기준을 이용하면 세계의 자본주의체제는 다섯 종류로 구분할 수 있게 된다. 다섯 분류는 D. Hall and D. Soskice(2001)와 B. Hancké(2009)의 연구들을 참조한 것이다.

첫 유형은 **영미형 자유시장경제**(the Anglo-Saxon liberal market economy) 체제로 영국, 미국, 캐나다, 호주, 뉴질랜드의 시장경제체제이다. 영·미에서 발전한 경제학은 인간의 삶의 사회적 측면은 무시되고, 단지 경제적 측면, 즉 시장경제의 분업과 교환을 분석대상으로 삼았다. 시장경제의 핵심인 기업의 지배구조에서의 주체는 주주이며, 경제와 사회 모든 분야에서 국가는 최소 개입의 원칙이 유지된다. 1770년부터 시작된 자생적 산업혁명과 기업주도의 시장경제 성립을 경험한 영국의 경제학 전통이 세계 최대 강국인 미국의 경제학으로 계승되었다. 미국은 초기에는 유럽으로부터 이민 온 사람들이 미국 동부에 국가를 건설하였고, 서부개척을 성공적으로 해 나간 미국 대륙의 환경에서 독립심, 자율성, 책임감을 갖는 개인은 당연지사였기 때문에 공동체의 유지, 단결에 대한 개념은 불필요했을 것이다. 각고(刻苦)의 개인 노력으로 획득한 사유재산은 신성불가침이었고, 따라서 기업의사결정에 주주가 전권을 행사하는 것이 극히 자연스러웠다.

두 번째 유형으로는 **북유럽형 자유시장경제**(the Nordic liberal market economy) 체제가 있는데, 덴마크, 네덜란드, 스웨덴 등 발틱 국가에서는 기업의 지배구조의 주체는 영미와 같이 주주이며, 경제에 대한 국가 개입은 최소화되어 있으나 영미와 다른 점은 사회정책에서의 국가역할이 적극적이라는 특징을 갖는다. 독일과 다른 점은 기업지배구조의 차이이다. 독일은 대기업의 경우 주주-노동자 대표에 의한 공동결정제가 확립되어 있으나, 발틱 국가에서는 주주자본주의가 확립되어 있다. 발틱 국가에서 경제학은 인간 삶의 경제적 측면과 사회적 측면 모두를 경제 분석의 대상으로 삼았다.

셋째 유형은 **사회적 시장경제**(the social market economy) 체제로 독일과 슬로베니아의 시장경제가 있다. 독일의 시장경제에 '사회적'이란 형용사가 붙은 바와 같이 경제학은 인간 삶의 경제적 측면과 사회적 측면 모두를 경제 분석의 대상으로 삼았다. 인간생활의 경제적 측면에서는 신고전학파의 전통을 그대로 따르되, 공동체의 유지와 통합이라는 과제를 경제학에 포함시켰다. 독일은 1870년대부터 국가주도의 산업화, 산업의 독과점화로 경쟁시장이 없었고 시장에 독립적 개인, 자율적 개인, 책임 있는 개인이 없었으며, 단지 종속적, 타율적, 무책임한 모래알 같은 군중만 존재하여, 바로 이러한 요인들이 나치즘 등장, 제2차 세계대전의 발발과 대량 인명살상의 원인이라고 파악하였다. 제2차 세계대전 패전 후 독일은 독립적 개인, 자율적 개인, 책임 있는 개인의 배양이라는 사회정책을 강력하게 추진하였는데 이러한 개인들이 두텁게 배양되어 있으면 나치즘, 국가통제의 독과점적 시장경제의 재등장을 막고 경쟁적

시장경제를 확립할 수 있다고 하여, 경제학의 분석대상에 가격기구에 의한 자원배분뿐만 아니라 공동체 유지와 통합 관련 사회정책을 포함시켰던 것이다. 동시에 기업의 지배구조에서도 핵심적 의사결정 주체를 주주뿐만 아니라 노동조합도 담당케 하여, 이러한 주주와 노동자간의 이해의 균형이 나치의 재등장을 막는 데 필수적이라는 관점을 가졌다.

네 번째 유형은 이탈리아, 스페인, 포르투갈, 그리스 등 **지중해형 시장경제**(the mediterranean market economy) 체제로 국가가 경제와 사회 양 측면에 모두 적극 개입, 통제하는 모형이다.

다섯 번째 유형은 국가가 시장경제에서 주도적 역할을 행하는 **국가통제형**(étatisme) 시장경제체제가 있는데, 이는 1990년 이전의 프랑스, 그리고 현 한국의 시장경제체제가 여기에 해당한다. 한국의 시장경제에서는 국가가 인간생활의 경제적 측면, 즉 분업과 교환에 적극적으로 개입하되, 인간 생활의 사회적 측면에서는 최소한의 개입을 하는 체제이다. 기업의 지배구조에서 핵심 주체는 주주이다.

현재의 한국의 시장경제는 국가통제의 시장경제로 인해 비효율이 만연하고, 양극화와 공동체 붕괴로 인해 불평등이 심화되고 있어 최대의 위기를 맞고 있다.

우리는 한국의 시장경제체제가 애스모글루와 로빈슨이 경고한 바와 같이 권위주의적이며, 중앙집권적 통치라는 나쁜 정치, 특권과 기득권 유지에 골몰하는 관료들이 만들어 내는 나쁜 규제를 벗어난 자유시장경제체제를 지향하되, 동시에 독립적 개인, 자율적 개인, 책임 있는 개인의 배양 그리고 사회적 약자에 대한 지원이라는 사회정책이 시행되는 유형의 국가로 진화하여야 한다고 생각한다. 즉 세계의 자본주의 체제 중 두 번째 유형, 즉 북유럽형 자유시장 경제체제인 덴마크, 네덜란드 수준으로 국가개입이 최소화되는 자유시장경제를 갖되 독립적 개인, 자율적 개인, 책임 있는 개인의 배양 그리고 사회적 약자에 대한 지원이라는 사회정책이 시행되는 유형으로 진화하여야 한다고 생각한다. 그리하여 효율성과 평등성이 균형되고 조화를 이루는 시장경제체제를 만들어가야 한다.

V

세계 속의 한국, 현대의 학문의 흐름을 감안하여, 우리는 한국에서 경제학의 연구대상으로 다음과 같은 내용이 포함되어야 한다고 생각한다.

첫째, 주류인 신고전학파의 전통에 따라 시장경제의 작용과 결과를 분석하며,

둘째, 신제도학파의 관점을 수용하여, (정치지도자, 관료)→정부 구성→경제제도→시장의 작용과 결과라는 연결고리에서 [(정치지도자, 관료)→정부 구성→경제제도]의 역할을 살펴보며,

셋째, 사회적 시장경제론자의 관점을 수용하여, 민주적 정부 → $[\frac{\text{경제제도}}{\text{사회제도}}]$ → 시장의 작용과 결과를 살펴본다. 그리하여 제도의 역할을 도외시한 추상적인 신고전학파 경제학의 단점을 극복하고자 한다.

종합하면, $[\frac{\text{정치지도자}}{\text{관료}}]$ →정부구성 → $[\frac{\text{경제제도}}{\text{사회제도}}]$ → 시장의 작용과 결과를 살펴보는 것이 경제학이며, 이는 정치학, 행정학, 사회학, 법학을 통괄하는 관점이다.

우리가 이 책의 이름을 『새로운 노동경제학』이라고 한 이유는 첫째는 세계 시장경제 유형을 보건대 바람직한 시장경제모형을 명확하게 하였다는 점, 둘째는 이러한 바람직한 모형의 시각에서 시장(또는 노동시장)의 작용과 결과를 살펴본 점, 셋째는 합당한 정치개혁, 관료개혁 그리고 제도개혁이 없는 경우에 나타나는 저성장, 고실업을 살펴본 점, 넷째는 합당한 정치개혁, 관료개혁, 제도개혁의 방안을 구체적으로 제시하고 있다는 점 때문이다.

이 책과 조우현의 1998년 발간 『노동경제학』, 그리고 2010년 발간 『일의 세계 경제학』의 관계에 대해 간단히 설명하겠다. 과거에는 한국의 국가통제형 시장경제체제가 앞으로 어떤 방향으로 진화하여야 할 것인가를 제시하는 데 불명확하여, 영미형 자유시장경제체제, 북유럽형 자유시장경제체제, 독일형 사회적 시장경제체제 등의 길을 열어놓은 상태였으나, 지금 우리의 관점은 명확하다. 북유럽형 자유시장경제체제로의 진화의 방향을 설정하고 경쟁적 시장경제와 관련된 경제제도, 시장정합적 사회제도 그리고 민주적 정치제도의 형성을 통해 효율성과 평등성의 조화를 이루어내고자 하는 명확한 관점을 갖고 책이 서술되었다는 점이 다르다.

VI

우리는 **효율성**과 **형평성**, **평등성**의 개념을 설명하고자 한다.

일국(一國)의 희소한 자원이 개인, 기업 또는 국민경제 전체 등 여러 차원에서 "보다 빠르게", "보다 많이", 그리고 "보다 좋은" 상품을 만들어 내는 방식으로 이용되면 자원배분은 효율적이라고 하고, 그 반대이면 비효율적이라고 한다. 구체적으로 한

경제의 자원이 최소비용으로 최대효과를 내는 방식으로 활용되고 있는 상태가 효율성(efficiency)이다.

형평성(equity)이란 공정성과 평등성이 결합된 말이다. 공정(fairness)이란 사회구성원들이 소득과 재산을 추구하고 조직 내에서의 직책과 직위 등을 추구하는 데 있어서 공정한(또는 불편부당한) 기회를 제공한다는 뜻이며 이때 평등성이란 각 개인에게 공정한 기회의 평등한 제공을 의미한다.

또한 평등은 사회구성원 간에 고르게 나눔을 의미한다. 사회구성원에게 고르게 나눔을 뜻하는 평등의 의미는 대단히 불명확하다. 왜냐하면 각 개인마다 타고난 재질, 후천적으로 습득된 능력 그리고 생산현장에서의 기여도 등이 다르기 때문에 이러한 재질, 능력, 기여도에 관계없이 고르게 나눈다는 것은 과연 평등한 분배인가라는 의문이 제기된다. 재질, 능력, 생산현장에서의 수행능력과 관계없이 고르게 나눈다는 것은 공정성(불편부당함)과도 배치된다. 그러나 사회의 가장 불우한 위치에 있는 사람(노약자, 연소자, 장애자, 편모가정의 여성가구주, 병자 및 실업자 등)에게 최소한의 기본생활(기본재 충족)을 가능하게 하도록 나누는 것은 인간 존엄성의 평등이라는 관점에서 정당화될 것이다. 또한 사회적으로 가장 불리한 위치에 있는 사람들이 독립심, 자율성, 책임감을 갖는 개인으로 성장하도록 지원하기 위하여 나누는 것 또한 인간 존엄성의 평등이라는 관점에서 정당화될 것이다.

이 책에서는 형평성을 ① 사회구성원에 대한 공정한 기회의 평등한 제공과 ② 사회의 가장 불우한 위치에 있는 사람(노약자, 연소자, 장애자, 편모가정의 여성가구주, 병자 및 실업자 등)이 최소한의 기본생활(기본재 충족)을 행하며 독립심, 자율성, 책임감을 갖는 개인으로 살아가는 조건의 제공을 의미하는 것으로 정의하겠다.

사회구성원에게 평등한 기회가 주어지고 이 사회의 가장 불우한 자의 기본재(基本財) 충족과 자립, 자조, 자활이 이루어지면 시장경제질서는 형평성을 갖추고 있다고 하며 그렇지 않으면 형평성이 결여되어 있다고 할 것이다.

경제학(또는 노동경제학)이 시장경제를 체계적으로 연구하여 시장(또는 노동시장)의 장점을 살리고 시장의 약점을 제도로 보완하고자 하는 경제(또는 노동관련)제도와 사회제도에 관한 연구라 했을 때 그 의미는 구체적으로 경제학(또는 노동경제학)이 시장(또는 노동시장)에 의한 효율성과 사회제도(또는 노동관련 사회제도)에 의한 형평성이 조화를 이루는 시장경제체제를 연구한다는 것이 된다.

결국 경제의 효율성과 사회의 인간 존엄성의 평등이 조화를 이룰 때, 시장경제는 장기간 번영한다. 공동체의 평등만 강조하면 경제의 효율성이 담보될 수 없다. 반대로 경제의 효율성만 강조하고 공동체가 붕괴된다면 시장경제는 단기간 번영하겠지만 곧 쇠락한다. 이와 같은 관점에서 보면 경제학은 인간생활의 경제적 측면, 사회적 측면, 정치적 측면을 포괄하여야 할 것이다. 그러나 세계의 경제학을 일별하면, 이러한 관점이 반드시 주류적인 것은 아니라는 점에 유의하여야 한다.

Ⅶ

경제학(또는 노동경제학)은 가치판단의 유무(有無)에 따라 **규범경제학**(normative economics)과 **실증경제학**(positive economics)으로 나누어진다. 실증경제학은 사실(事實) 그 자체에 대한 이해를 추구하는 학문체계이며, 규범경제학은 어떤 경제상태가 바람직하고 어떤 경제상태가 바람직하지 못하다는 것을 설명하는 지식체계라는 차이점을 갖고 있다.

실증경제학은 경제체제 중 주로 시장의 현상을 연구자의 주관적 가치판단의 개입 없이, 객관적인 실증자료에 의거하여 분석함으로써 일반적 명제를 도출하거나 또는 현실에 대한 단순화된 가정 하에서 출발하여 논리적인 법칙에 부합하는 이론을 도출하고 이를 현실자료를 이용하여 진위여부를 검증하는 방법을 취한다.

규범경제학은 경제체제 중 주로 사회제도의 바람직한 상태가 어떠한 상태인가를 설정하고 사회제도가 특정한 방향으로 운용되어야 한다는 당위성을 제시한다. 예컨대 정부의 어떤 정책 또는 어떤 국가제도가 사회적 관점에서 바람직한가라는 질문에 대한 답은 규범경제학의 영역에 속한다. 어떤 정책이나 제도이든 모든 사람에게 이익을 가져다주는 것이 불가능하며 대부분의 경우에 어떤 사람들에게는 금전적 또는 비금전적 이득을 가져다주지만 다른 사람들에게는 금전적 또는 비금전적 손해를 가져다주기 마련이다. 이때 한 그룹의 이득과 다른 그룹의 손실을 비교하는 것이 거의 불가능한 경우가 많으며, 어느 정책 또는 어느 제도가 바람직한가는 그야말로 각 집단의 가치판단에 의거하게 되는 것이다. 각 집단의 가치판단의 조정은 정치적 과정에서 타협과 다수결 결정에 의해 이루어지나, 때로는 기득권자들의 집단이기주의에 의해 결정이 이루어지기도 한다.

이와 같은 규범경제학의 문제에 대해서 올바른 답을 얻기 위해서는 정치지도자, 관료 및 정부가 만들어 내는 경제제도나 사회제도가 어떠한 결과를 가져올 것인가를 실증적으로 엄밀히 분석하는 작업이 선행(先行)되어야 한다. 다시 말해 정확한 실증적 지식의 바탕 위에서 올바른 규범적 판단이 가능하다는 의미에서 실증경제학과 규범경제학은 서로 보완관계에 있다고 할 것이다.

반대로 가치판단을 배제하고 사실적 인과관계만을 밝힌다고 주장하는 실증경제학도 규범경제학의 바탕 위에서 진전될 수 있다는 점을 유의해야 한다. 예컨대 가계와 기업 그리고 민간경제의 자율성을 크게 해치는 정부규제를 철폐하여야 한다는 자유주의자, 신제도주의자는 정부규제는 왜 발생하며, 규제의 실상은 어떠하며, 규제가 지금과 같이 지속된다면 어떠한 결과가 나타날 것인가를 예측하는 실증경제학에 몰두할 것이다. 올바른 규범적 지식 위에서 정확한 실증적 연구가 가능하다는 의미에서도 실증경제학과 규범경제학은 상호보완적이다.

그럼에도 불구하고 오늘날 주류(主流)의 신고전파 경제학자들은 규범경제학을 불가지론적(不可知論的) 관점에서 비과학적 분야로 간주하여 배제함으로써 실증경제학 자체에만 매몰되고 있거나, 또는 자연, 사회 그리고 인간에 대한 학제적 연구없이 과도한 전문적 분업화에 의해 세분화된 전공영역에서 추상적이고 공허한 경제이론 연구에 매몰되고 있다. 가치판단은 권세를 가진 정치인, 관료 또는 재벌오너에게 위임하는 상태가 전개되고 있어, 이러한 경제학자들은 학문적 노예, 즉 학노(學奴)와 같은 처지에 있다고 할 수 있다.

이 책에서 우리는 실증경제학을 중시하면서도 정치지도자, 관료, 정부가 만들어 내는 경제제도와 사회제도를 다루는 데 있어서 규범적 지식의 중요성을 강조하고자 한다. 예컨대 300년 이상 여러 세대에 걸쳐 수많은 시행착오를 거치면서 적자생존의 과정 속에서 점진적으로 진화되어 온 자본주의 시장경제체제에서 그 장점과 단점을 학제적으로 탐구하여 올바른 또는 바람직한 제도에 관한 규범적 명제를 설정할 수도 있다. 그러한 제도와 정책이 우리나라의 현실 경제에 도입되면 어떠한 결과를 가져올지 끊임없이 실증적으로 검토하며 예측하는 접근방법이야 말로 실사구시(實事求是)의 경제학이며, 실천경제학이 될 것이다.

VIII

이제 이 책의 발간 계기(契機)와 앞으로의 소회(所懷)를 간단히 밝히겠다.

조우현 교수는 65세로 2015년 8월에 정년으로 대학을 떠났다. 그는 미국에서 박사학위를 받은 후, 미국 대학에서의 1년, 한국 대학에서의 31년, 합하여 32년간의 연구와 강의를 공식적으로 마감하였다. 그에 의하면, 인생의 피크(peak)가 있었다면 그것은 1989년의 일이라고 한다.

당시 그는 숭실대에 한국 최초의 노사관계대학원 창설을 주도하였고, 노동경제학과를 맡고 있었다. 당시 20대 후반의 몇 명의 청년들이 각각 개별적으로 상호 독립적으로 그의 연구실을 방문하였다. 이들은 과거 정치경제학에 심취하였던 사람들로 서울대, 성균관대, 중앙대 등 다양한 학력 배경을 갖고 있었는데 그에게 노동경제학을 배우려고 숭실대에 오겠다고 하였다. 그의 연구실에서 힘든, 때로는 가혹한 조교생활의 단련을 견디어 내고 석사학위 또는 박사학위를 받은 청년들이 조성자, 황수경, 권혜자, 나은경, 김인선, 임찬영 등이다. 1986년 하반기부터 1990년까지 한국 경제는 사상 유례가 없을 정도로 고도성장을 구가하였는데, 노동운동에 투신했던 지식인 중 과거의 정치경제학 패러다임에 회의를 느껴 노동현장을 떠나, 정치에 입문한 사람, 대기업에 취업한 사람, 외국으로 유학을 간 사람 등으로 다양했으나 그에게 노동경제학을 배우러 온 청년들의 뜻은 실로 고귀하였다고 그는 회상한다. 한국의 노동자에게 도움이 되는 실증경제학을 배우고 앞으로도 연구자로서의 삶을 살아가겠다고 말한 이 청년들의 간절하고 진실된 눈빛을 읽었을 때가 그의 인생의 정점이었다는 것이다.

그 후 그들이 조교로 일한 약 10년간은 그의 연구의 전성기였다. 그 청년들은 그들의 기대가 현실로 되어 현재 연구자로 50대의 삶을 살아가고 있다.

조우현 교수는 3년 전인 2012년에 그동안 그가 마음으로 아껴 온 제자인 황수경 박사를 만나『새로운 노동경제학』을 공저로 내자고 하였고, 황수경 박사가 이를 수용하였다. 조우현 교수는 프롤로그, 제0장, 제1장, 제6장, 제8장, 제12장, 에필로그의 초안을 만들고 황수경 박사가 나머지 장의 초안을 만들었다. 서로 수정하고 또다시 수정하는 세 단계를 거친 후 조우현 교수가 최종 원고를 확정하였다. 그리고 각 장의 시작에 나오는 배경사진들은 조우현 교수가 지난 5년간 제주에 머물면서 찍은 제주 풍경들이다.

그는 황수경 박사가 연구의 정점이 지날 때, 본인보다 더 탁월한 공저자를 노동경제학 필자로 초대하여,『새로운 노동경제학』이 계속 진화했으면 하는 희망을 갖고 있다.

한국인 집필의 노동경제학 저서는 드물다. 경제원론, 거시경제학, 미시경제학, 국제경제학, 금융경제학 등의 인기분야에서는 다수의 저서가 있으나 노동경제학은 비인기분야라는 선입견으로 시장이 작기 때문이다. 그러나 인구감소시대 장기간 지속될 저성장, 고실업을 다루며, 한국의 시장경제체제가 진화하여 지속적 일자리 창출과 번영을 가능하게 하는 경제사회정책을 제시한다는 의미에서 노동경제학은 경제학의 영역 중 가장 중요한 학문분야로 부각될 것이다.

법고창신(法古創新)이란 말이 있다. 옛 것을 본받아 새로운 것을 창조한다는 말이다. 경제학의 창시자, 고전파 경제학의 원조인 아담 스미스는 18세기 하반기 영국의 산업혁명이 진행된 10~20년 후, 새로운 시대 흐름에 반하던 중상주의를 배척하고자 1776년 『국부론』을 저술하였다. 신고전학파 경제학의 창시자인 제본스, 멩거, 왈라스도 19세기 중엽의 격렬한 계급투쟁과 그 기반이론인 상품의 노동가치설을 벗어나고자 한계효용이론을 1870년대에 제시하였다. 거시경제학의 창시자인 케인즈도 19세기 말과 20세기 초의 격렬한 경제공황, 그리고 1929년의 대공황에서 이를 극복하는 미국의 뉴딜정책, 독일 파시스트의 국가개입정책을 보면서 『고용, 이자 및 화폐에 관한 일반이론』을 1936년에 제시한 것이다. 무릇 새로운 경제이론이란 경제의 가혹한 어려움 또는 새로운 움직임이 전개될 때, 어려움을 극복하거나 새로운 움직임을 가속화시키는 일반화된 지식체계로 등장한다.

한국의 경제학자들이 한국 인구감소에 대응하는 새로운 패러다임, 법고창신(法古創新)의 학문체계를 제시하였으면 하는 소망을 갖고 있다. 우리의 『새로운 노동경제학』이 그러한 방향으로의 출발을 촉구하는 기여를 하다면, 학문수준이 낮고 머리와 재능이 부족한 필자들에게는 더 이상의 바람은 없다고 할 것이다.

이 책을 완성하기까지 여러 사람의 도움을 받았다. 우선 원고를 처음부터 끝까지 읽고 교열을 보았으며 새로운 노동경제학 강의용 파워포인트 교재를 만들어준 임찬영 박사에게 감사의 뜻을 전한다. KDI 이창근 박사는 재교단계에서 원고를 모두 읽고 날카로운 논평을 해 주었다. 그의 논평으로 책의 구성이 보다 논리정연하게 되었다. 데이터를 찾아 표와 그림을 작성하는 데 도움을 준 KDI 박지혜 연구원의 노고에 감사드린다. 이 책의 출간을 흔쾌히 허락해 준 법문사 사장님과 김제원 편집부장께 감사드린다. 초교, 재교, 삼교에 이르기까지 힘들고 때로는 고통스러운 편집과 교정 작업을 해 준 김제원 부장과 성지사 최정미 씨에게는 특별한 감사를 드린다.

2016년 1월

조 우 현

황 수 경

차 례

프롤로그 ······ v

제0장 시장경제를 움직이는 힘

|제1절| 현실경제에서 비교우위의 중요성 ······ 3

|제2절| 기업과 개인의 성공 요인: 비교우위에 의한 분업 및 특화 ······ 5

1. 절대우위와 비교우위 5
2. 독립소생산자의 생산가능곡선, 절대우위와 비교우위 6
3. 근로자의 성공 요인: 비교우위에 의한 분업 및 특화 14
4. 조선시대 유수원에 의해 제시된 분업론 16

|제3절| 교환으로부터의 이익 ······ 18

1. 개인의 효용과 무차별곡선 18
2. 분업, 특화 그리고 교환으로부터의 이익 24

|제4절| 개인이 부자되는 법 ······ 25

1. 한계효용과 한계비효용 26
2. 근로자 잉여와 개인이 부자되는 법 28
3. 시장가격(임금)이 수행하는 역할 30

|제5절| 한국의 성공 요인: 개방경제와 비교우위 ······ 31

1. 리카도 비교우위론과 국제무역 31
2. 무역으로부터의 이익 33

|제6절| 한국 시장경제의 침체를 낳는 요인들 ······ 35

1. 청년인구 감소와 비교우위 추구 열정의 쇠퇴 35

2. 한국 경제사회제도의 비교열위 40
3. 일반적인 생산가능곡선에 의한 설명 44

제1장 노동시장의 개관

|제1절| 노동시장의 정의 ······ 51
1. 노동시장이란? 51
2. 노동시장의 몇 가지 구분 51
|제2절| 고용의 정의와 측정 ······ 53
1. 경제활동인구, 취업자, 그리고 실업자 53
2. 불완전취업과 잠재실업 56
3. 실업률과 주요 고용지표 58
|제3절| 임금의 정의와 측정 59
1. 임금의 정의 59
2. 임금에 관한 몇 가지 구분 60
3. 임금체계에 대한 이해 62
|제4절| 노동시장의 기능과 균형 ······ 66
1. 노동공급의 기본 특성 66
2. 노동수요의 기본 특성 70
3. 경쟁노동시장에서의 균형 76
4. 다부문 경쟁노동시장에서의 임금과 고용 81
|제5절| 수도권-지방 노동시장에서의 고용과 임금 ······ 87
1. 동일노동에 대한 동일임금의 재음미 87
2. 수도권에의 고용집중 현상과 임금격차 88
|제6절| 한국 노동시장의 장기적 구조 변화 ······ 89

제2장 노동공급

|제1절| 노동공급의 여러 차원들 ······ 95
1. 단기의 노동공급 95

2. 장기의 노동공급 96

| 제2절 | 개인의 효용과 제약조건에 관한 개관 99

1. 효용함수와 무차별곡선 100
2. 개인이 직면하는 제약조건 108

| 제3절 | 소득–여가 모형과 경제활동참가의 선택 112

1. 소득–여가 모형과 개인의 효용극대화 112
2. 경제활동참가의 선택 116
3. 시장임금과 비근로소득이 경제활동참가에 미치는 영향 117
4. 실망근로자 효과와 부가근로자 효과 119
5. 의중임금의 배열과 근로자 잉여 120

| 제4절 | 소득–여가 모형과 노동시간의 결정 122

1. 임금 변화와 노동공급시간 122
2. 대체효과와 소득효과 124
3. 후방굴절 노동공급곡선 126
4. 노동공급탄력성의 추정 127

| 제5절 | 한국의 장시간 근로와 낮은 고용률의 병존 128

1. 최소근로시간 제약 128
2. 최소근로시간 제약 하의 노동공급 결정 129
3. 장시간근로의 관행 133
4. 파트타임 근로기회와 학생, 고령자 및 여성의 경제활동 참가 134

| 제6절 | 여성의 노동공급 135

1. 여성 시간배분의 특징 136
2. 단순한 가계생산 모형과 기혼여성의 노동공급 137
3. 비교정태분석 141
4. 모형의 응용 142

| 제7절 | 청년인구는 왜 감소하였는가? 144

1. 한국 출산율 저하의 전개 144
2. 베커의 가계생산이론에 의한 저출산의 경제분석 148
3. 인구감소 대책의 출발점은 무엇인가? 155
4. 인구감소 시대, 국내 대체인력인 여성, 중고령자, 청년의 활용 158

제3장 노동수요

| 제1절 | 경쟁기업의 이윤극대화와 비용최소화 ··· 163

1. 경쟁기업이 직면하는 단기와 장기 163
2. 이윤극대화조건 165
3. 비용최소화조건 166
4. 임금상승에 대한 기업의 대응 167

| 제2절 | 경쟁기업의 장기노동수요곡선 ··· 167

1. 생산함수를 그래프에 표시한 등량선 168
2. 총비용을 그래프에 표시한 등비용선 172
3. 비용최소화 생산요소 고용량 174
4. 임금상승에 따른 대체효과와 규모효과 176
5. VMP_L 이용, 경쟁기업 장기노동수요곡선의 도출 180

| 제3절 | 경쟁산업의 노동수요곡선 ··· 181

1. 경쟁산업의 노동수요곡선 도출 182
2. 경쟁산업과 경쟁기업의 균형 183
3. 경쟁산업의 장기노동수요곡선의 도출 184
4. 노동수요탄력성과 힉스-마샬 법칙 185

| 제4절 | 준고정적 노동비용과 기업의 선택 ··· 189

1. 준고정적 노동비용 189
2. 준고정비용 때문에 초과근무를 선택하는 사용자 192
3. 고용조정 용이성 때문에 비정규직을 선택하는 사용자 194
4. 준고정적 노동비용이 노동공급과 고용률에 미치는 영향 195

| 제5절 | 효율임금을 선택하는 기업들 ··· 196

1. 효율임금 196
2. 효율임금 수준의 책정 198
3. 효율임금과 이중노동시장 201

| 제6절 | 불완전 경쟁기업의 임금과 고용의 결정 ··· 202

1. 독점기업 202
2. 수요독점자(monopsony)의 임금과 고용의 결정 206

| 제7절 | 청년인구감소 · 고령화가 노동수요에 미치는 영향 ··· 210

1. 노동수요의 결정요인들 210

2. 청년인구 감소와 고령화의 동시적 진행 212
3. 청년감소·고령화가 노동수요에 미치는 영향 213

제4장 헤도닉 임금과 산업재해

| 제1절 | 보상적 임금격차 ········ 219
1. 일자리 근무여건의 차이 219
2. 보상적 임금격차 220
3. 아담 스미스의 일자리 순이익 균등화 221

| 제2절 | 헤도닉 임금론 ········ 223
1. 헤도닉(hedonic) 임금이란? 223
2. 개인의 무차별곡선과 기업의 등이윤선 225
3. 헤도닉 임금의 결정 230

| 제3절 | 작업장에서의 사망과 정부 규제 ········ 234
1. 생명의 통계적 가치 234
2. 헤도닉 임금론과 정부개입 평가 236

| 제4절 | 헤도닉 모형과 부가급여 ········ 239
1. 부가급여의 비중에 관한 미국통계 239
2. 근로자들의 선호 240
3. 기업들의 등이윤선 242
4. 현금급여와 부가급여의 동시적 결정 244

| 제5절 | 헤도닉 임금의 증거와 반대 증거들 ········ 245
1. 헤도닉 임금의 증거 245
2. 헤도닉 임금의 반대 증거들 246

| 제6절 | 산업안전에 대한 경제 분석 ········ 247
1. 불완전 노동시장의 정의 248
2. 한국의 산업재해 251
3. 산업안전의 한계비용, 한계이익 및 균형 254
4. 왜 한국의 산업재해는 그리도 높은가? 256
5. 한국의 산업재해보상보험 260

제5장 인적자본과 개인간의 임금격차

| 제1절 | 개인간 생산성 격차를 낳는 요인들 ··· 267

1. 개인간 생산성 격차에 따른 임금격차 267
2. 인적자본론 268
3. 신호이론 271
4. 한국의 지나치게 과도한 고학력화와 그 부작용 273

| 제2절 | 대학교육의 선택과 그 결과: 인적자본 모형의 예시 ··· 274

1. 고졸 근로자와 대졸 근로자의 연령－임금곡선 274
2. 개인의 인적자본 투자 결정기준 277
3. 대학교육의 선택에 영향을 미치는 요인들 278
4. 회귀분석에 의한 교육투자수익률의 계산 281

| 제3절 | 간판으로서의 교육 투자: 신호모형의 적용 ··· 284

1. 스펜서의 신호모형 285
2. 신호기능을 상실하는 경우: 과잉교육 288

| 제4절 | 노동시장에서의 인적자본 투자: 훈련 ··· 290

1. 일반적 숙련과 기업특수적 숙련 290
2. 일반적 훈련, 기업특수적 훈련 및 기업의 임금·고용 정책 292
3. 기업특수적 숙련과 내부노동시장 299

| 제5절 | 생애에 걸친 인적자본 투자 ··· 302

1. 생애에 걸친 인적자본 투자 302
2. 생애경력경로와 경력－임금 곡선 304

| 제6절 | 부모의 재산·소득의 역할 ··· 306

1. 베커의 개인의 학교교육 투자의 결정이론 306
2. 기회와 능력의 차이 309
3. 생애경력경로의 차이와 불평등 311

| 제7절 | 숙련편향적 기술진보 ··· 312

1. 숙련편향적 기술진보란? 312
2. 숙련편향적 기술진보와 노동시장 314

| 제8절 | 교육과 훈련 시장에의 정부 개입 ··· 317

1. 정부 개입의 이유 317
2. 정부실패 322
3. 교육에서 국가의 참된 역할 323

제6장 인구감소시대 한국의 노동시장과 정책과제

| 제1절 | 한국 노동시장 분단의 심화 ······ 331
1. 인구감소가 한국노동시장에 미치는 영향 331
2. 제조업 대기업의 해외로의 공장 이전 333
3. 노동시장 분단: 취업난과 구인난의 병존 339
| 제2절 | 과보호 내부노동시장의 부정적 파급효과 ······ 341
1. 내부노동시장의 등장배경과 전망 342
2. 내부노동시장의 유형 345
3. 한국의 과보호 내부노동시장과 그 부정적 파급효과 349
4. 한국의 과보호 내부노동시장의 사례: 대학의 경우 350
| 제3절 | 지역간 이동의 제약과 노동시장 파급효과 ······ 353
1. 근로자 이동의 제약성 354
2. 기업 이동의 제약성 355
3. 청년인구 감소가 지역간 불균등에 미치는 영향 356
| 제4절 | 사회적 이동성의 제약과 숙련편향적 기술진보 ······ 358
1. 부유한 집과 가난한 집 자녀의 교육과 그들이 직면하는 노동시장 359
2. 인구감소시대 숙련편향적 기술진보의 노동시장 파급효과 360
| 제5절 | 비정규직 근로자의 노동시장 ······ 362
1. 비정규직의 정의와 규모 362
2. 비정규근로자의 임금 및 근로조건 366
3. 구조화된 이중노동시장과 비정규근로의 역기능 370
4. 비정규직 확산의 원인들 372
| 제6절 | 이민의 개방주의와 정책 과제 ······ 376
1. 쇄국주의와 개방주의 376
2. 국제간 노동이동의 효과 378
3. 국제간 노동이동의 결정요인 382
4. 한국의 고용허가제 385
5. 외국인근로자 정책의 방향: 다민족, 다문화 국가에로의 지향 387
| 제7절 | 노동시장 유연성과 정책 과제 ······ 389
1. 시장을 옥죄는 정부규제 389
2. 노동시장 유연성의 제고 392
3. 시장친화적인 규제: 유연성과 안정성을 연계하는 노동시장정책 396

| 제8절 | 일자리 창출의 미시경제정책 ········· 398

1. 노동공급 가능인구의 증대 정책 398
2. 기업과 산업의 노동생산성 증대 지원정책 400

제 7 장 일자리 탐색과 짝짓기

| 제1절 | 정상상태에서도 존재하는 실업 ········· 407

1. 불충분한 정보와 거래비용 407
2. 실업풀에의 진입과 탈출 409
3. 정상균형실업률 또는 자연실업률 410

| 제2절 | 일자리탐색이론의 단순 모형 ········· 412

1. 일자리탐색이론(Job Search Theory)이란? 412
2. 정보취득 활동의 한계이익과 한계비용 413
3. 눈높이임금과 탐색의 중단규칙 417
4. 정보취득 활동의 한계이익곡선과 한계비용곡선 418
5. 실업탈출률과 평균실업기간 419
6. 근로자의 일자리탐색에 영향을 주는 요인들 420
7. 의중임금과 눈높이임금간의 미묘한 차이 422

| 제3절 | 효용극대화하는 개인의 일자리탐색 모형 ········· 423

1. 일자리탐색의 기본 모형 423
2. 비교정태분석 428

| 제4절 | 일자리매칭과 베버리지 곡선 ········· 429

1. 베버리지 곡선 430
2. 일자리매칭 모형과 베버리지 곡선의 도출 432
3. 노동시장 다급성 변화가 실업에 미치는 영향 435
4. 일자리소멸률이 실업에 미치는 영향 436
5. 우리나라 노동시장의 베버리지 곡선 437

| 제5절 | 직장이동과 실업 ········· 438

1. 직장이동이란? 439
2. 사직과 해고를 해명하는 가설들 440
3. 일자리매칭과 효율적 직장이동가설 442

제8장 기업 인사관리의 경제분석

|제1절| 입직에서의 기업의 선별과 근로자의 신호 447

1. 비대칭적 정보와 역(逆)선택 문제 447
2. 기업의 선별(Screening) 448
3. 근로자의 노동시장 신호(Signaling) 456

|제2절| 도덕적 해이와 인센티브 임금 457

1. 도덕적 해이와 이를 해결하려는 인사제도 457
2. 성과연동의 임금체계 460
3. 순수한 형태의 능률급제 465

|제3절| 동기유발의 내부노동시장 469

1. 내부노동시장에 관한 최근의 이론적 논의 469
2. 일자리 서열구조의 개방성: BGH(1994)의 서열구조 연구 사례 472
3. 내부노동시장에서의 끊임없는 승진경쟁: BGH의 승진 연구 사례 476
4. 내부노동시장에서의 인센티브 임금 481

|제4절| 정년제 491

1. 정년제에 관한 Lazear(1979) 모형 491
2. 조기퇴직은 왜 시행하는가?: Lazear 모형의 응용 1 493
3. 정년 연장과 임금피크제: Lazear 모형의 응용 2 494

|제5절| 한국의 CEO에 대한 인사관리 498

1. 재벌의 순환출자와 CEO 임명 방식 498
2. CEO에 대한 동기유발의 인사관리 500

|제6절| 공무원의 과보호 내부노동시장 502

1. 공무원 채용과 공무원 역량 503
2. 공무원의 고용과 일하는 방식 505
3. 공무원의 임금과 지대추구 508
4. 공무원이 추구하는 목적과 선택행위 511
5. 정부부문 내부노동시장의 개혁 514

제9장 노동시장 차별

|제1절| 차별의 정의 523

1. 차이와 차별 523

2. 노동시장 이전 차별과 노동시장 차별 524
3. 차이와 그 원인들 526
4. 차이와 차별의 실증적 계측: 임금 결정에서의 예 529

| 제2절 | 선호차별 ······ 531

1. 베커의 선호차별 531
2. 고용주의 편견 532
3. 동료근로자의 편견 536
4. 고객의 편견 537
5. 경쟁시장에서의 차별기업 538

| 제3절 | 통계적 차별 ······ 539

1. 통계적 차별의 정의 539
2. 통계적 차별과 임금격차 540
3. 두 가지 유형의 통계적 차별 542
4. 불평등효과(disparate impact)와 적극적 고용조치(affirmative action) 543

| 제4절 | 구조적 차별 ······ 544

1. 분단노동시장과 관련된 차별 544
2. 과밀모형 547

| 제5절 | 여성 노동시장과 성 차별 ······ 549

1. 남녀 간의 임금격차 549
2. 경력단절과 여성 노동시장의 구조 554
3. 한국의 성차별 완화대책 561

| 제6절 | 차별의 사회적 비용 ······ 565

제 10 장 노동조합과 그 역할

| 제1절 | 노동조합의 정의, 조직형태 및 현황 ······ 571

1. 노동조합의 기원과 조직형태 571
2. 우리나라 노동조합의 정의와 조직현황 574
3. OECD 국가에서의 노조조직률과 영향력 579

| 제2절 | 단체교섭과 파업의 경제분석 ······ 580

1. 단체교섭, 파업, 그리고 단체협약 581
2. 단체교섭과 파업의 경제분석 586

3. 파업의 경제적 비용과 기능 591

| 제3절 | 노동조합이 노동시장에 미치는 영향 ······ 593

1. 노동공급독점자로서의 노동조합의 임금효과 593
2. 독점적 노조와 과다고용 597
3. 노동조합의 자원배분 효과 601

| 제4절 | 집단적 발언기구로서의 노동조합 ······ 604

1. 생산성에 대한 효과 604
2. 노조의 임금평준화 효과 605

| 제5절 | 한국의 노동조합운동의 특징과 위기 ······ 607

1. 한국 노동조합운동의 역사와 특징들 607
2. 위기에 직면한 한국 노동운동 610

| 제6절 | 한국 노동운동의 선택과 장래 ······ 612

1. 과거의 노동운동 이념과 현재 612
2. 한국 노동운동의 위기를 감안한 새로운 선택과 도전들 620

제 11 장 불평등 완화를 위한 노동시장정책

| 제1절 | 소득불평등, 빈곤 그리고 정부개입 ······ 635

1. 소득분위별 소득과 분위별 상대소득 635
2. 로렌츠곡선과 지니계수 637
3. 빈곤율 641
4. 노동소득분배율 644
5. 한국의 소득불평등에 대한 이해 646
6. 불평등 완화의 정책들 650

| 제2절 | 최저임금제 ······ 654

1. 최저임금제란? 654
2. 경쟁노동시장에서의 최저임금제 656
3. 수요독점시장에서의 고용 효과 657
4. 최저임금제의 고용 효과를 둘러싼 논쟁 659
5. OECD 주요국의 최저임금과 그 함의 660

| 제3절 | 고용보조금 ······ 662

1. 고용보조금의 유형 662

2. 고용보조금의 효과 663
3. 사중손실, 대체효과, 전치효과 664

| 제4절 | 부(負)의 소득세와 근로장려세제 ······ 666

1. 현금지급과 노동공급 666
2. 부(負)의 소득세 667
3. 근로장려세제 671

| 제5절 | 고용보험 ······ 675

1. 우리나라의 고용보험제도 676
2. 고용보험 사각지대 681
3. 외국의 실업보호제도 685

| 제6절 | 노동시장 유연성과 사회안전망의 결합 정책 ······ 686

1. 유연안정성의 의미 687
2. 덴마크의 유연안정성 모형의 사례 689
3. 평가와 한국에의 시사점 696

| 제7절 | 정책 시행의 방법, 재원 조달 그리고 인력 충원 ······ 698

1. 지역별로 시행하는 노동시장 정책 698
2. 재원조달 방식 701
3. 공공부문 인력구조의 재조정과 정부부문 일자리 창출 705

제12장 인구감소시대 거시경제의 변동과 실업

| 제1절 | 경제의 성장 또는 침체를 낳는 요인들 ······ 711

1. 누적 성장의 법칙 711
2. 경제성장률과 1인당 GDP의 측정 712
3. 경제성장을 결정하는 요인들 714
4. 총공급 측면의 요인들 715
5. 총수요 측면의 요인들 726

| 제2절 | 총수요곡선과 총공급곡선에 의한 성장과 침체의 분석 ······ 732

1. 총생산물시장이란? 732
2. 총수요곡선과 그 이동 733
3. 총공급곡선과 그 이동 735
4. 거시경제의 균형: 케인즈 학파 739

5. 경기적 실업과 완전고용정책 741
6. 최근의 케인즈주의의 부활 744

| 제3절 | 인구감소시대 총공급의 변화 …… 747
1. 인구감소와 자연산출량의 감소 747
2. 자본감소와 자연산출량의 감소 750
3. 총요소생산성의 급격한 하락과 자연산출량의 감소 753

| 제4절 | 인구감소시대 총수요의 변화 …… 756
1. 인구구조 변화와 가계소비지출 756
2. 인구구조 변화와 투자지출 761
3. 인구구조 변화와 정부지출 763

| 제5절 | 인구감소시대 거시경제의 균형과 실업 …… 765
1. 총수요와 총생산의 동시적 감소 765
2. 자연실업률 이상의 실업이란? 766
3. 한국의 특수성: 잠재실업 768

| 제6절 | 실업대책 …… 771
1. 실업대책은 왜 필요한가? 771
2. 실업대책의 3대 구성요소와 추진방법 772
3. 잠재실업에 대한 대책: 이행노동시장 전략 774

| 제7절 | 일자리 창출을 위한 거시경제 정책 …… 774
1. 거시경제안정화를 위한 기본 규범: 고성장 정책의 포기 774
2. 총수요 측면의 정책: 가계부채에 대한 적극적 대응 775
3. 총공급 측면의 정책 777

에필로그 …… 783

참고문헌 …… 791

사항색인 …… 801

인명색인 …… 811

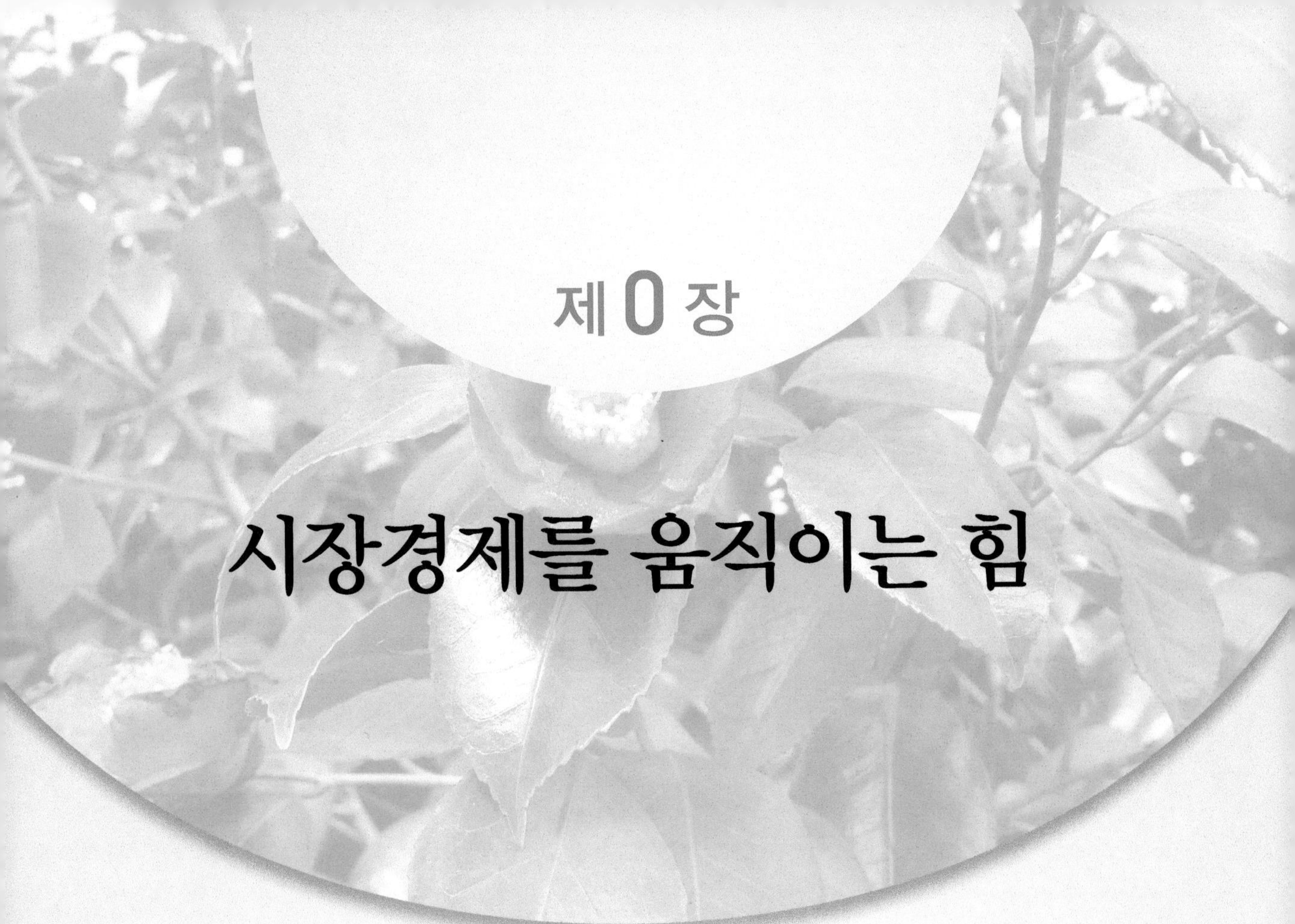

제 0 장

시장경제를 움직이는 힘

제 1 절 | 현실경제에서 비교우위의 중요성

제 2 절 | 기업과 개인의 성공 요인: 비교우위에 의한 분업 및 특화

제 3 절 | 교환으로부터의 이익

제 4 절 | 개인이 부자되는 법

제 5 절 | 한국의 성공 요인: 개방경제와 비교우위

제 6 절 | 한국 시장경제의 침체를 낳는 요인들

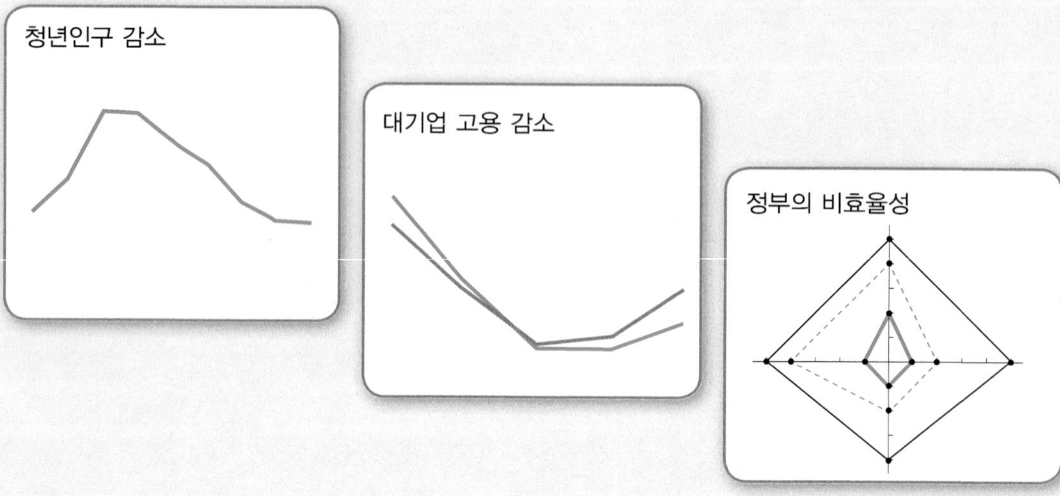

장을 시작하며

이 장은 제0장이다. 수의 출발은 0 그리고는 1, 2, 3, … 으로 수의 헤아림이 진행된다. 역사의 시작도 0년을 기점으로 1, 2, 3, …, 2015년 오늘에 이르고 있다. 노동경제학의 출발 장인 제0장에서 우리가 논의하고자 하는 주제는 비교우위론이다. 이는 경제학, 노동경제학의 출발점이 된다.

비교우위란 상대적으로 생산성이 높은 분야를 지칭하는 것으로, 모름지기 각 개인은 비교우위에 있는 분야의 일을 하면 부유하게 되고, 기업은 비교우위를 지닌 분야에서 사업을 하면 큰 이윤과 큰 기업을 일굴 수가 있게 된다. 국민경제도 비교우위에 있는 상품을 수출하면 국부가 증진된다. 개인, 기업, 국민경제를 유익하게 하는 것이 비교우위에 입각한 분업, 특화, 교환이므로 노동경제학과 경제학의 첫 장이 비교우위론이 됨은 당연하다. 우리는 프롤로그에서 설명한 것처럼 제도의 비교우위를 추구하여, 시장경제에서 각 경제주체가 비교우위를 추구하도록 유인해야 한다는 관점을 갖는다. 제도의 비교우위는 특히 글로벌 경제에서의 한국, 인구감소시대의 한국에서 가장 중요한 국가적 과제가 될 것이다.

이 책의 마지막 장인 제12장은 인구감소시대 국민경제의 침체, 실업, 그리고 일자리 창출을 다루는데 12장을 읽은 독자들은 다시 제0장으로 돌아와 읽어보길 권한다. 이 책은 12개장으로 구성되어 있으나 12장 이후 다시 제0장으로 연결되는 순환의 구조를 갖고 있다.

제 1 절 현실경제에서 비교우위의 중요성

이 책을 읽는 대부분의 독자는 대학생들이다. 대학졸업 후 무슨 직업을 택할 것인가, 나의 재능은 무엇인가, 원하는 직업을 구하기 위하여 나의 재능을 어떻게 연마하고 단련할 것인가 등에 관심이 많은 청년들이 가장 먼저 알아야 할 개념이 바로 비교우위이다.

비교우위(comparative advantage)의 정의는 다음과 같다. 개인의 선택에는 이익이 있으면 그 대가, 즉 **기회비용**(opportunity cost)을 지불하기 마련이다. 여기서 기회비용이란 어떤 것을 얻기 위해 포기해야 하는 다른 그 무엇의 가치로 정의된다. 재화의 생산에 있어서는 그 재화 생산의 기회비용이 낮은 생산자가 비교우위에 있다고 한다(나중에 설명하겠지만 기회비용이 낮다는 것은 상대적으로 노동생산성이 높다는 것을 의미한다). 그 재화 생산의 기회비용이 높은 생산자는 비교열위에 있다고 한다.

국내에서 비교우위에 있는 상품을 생산하여, 다른 생산자와 교환하면 서로 이익이 된다. 국제 거래에 있어서도 두 나라 중 특정 재화 생산의 기회비용이 상대적으로 낮은 나라가 비교우위를 지니는데, 각 국이 비교우위에 있는 상품을 생산하여 무역을 하면, 서로에게 이익이 된다. 예를 들어, A라는 나라가 비교우위에 있는 자동차를 특화하고, B라는 나라는 비교우위가 있는 옷 생산을 특화하여 무역으로 교환하면 두 나라 모두에게 유리하다는 것이다. 비교우위의 개념에 입각하여, 한 국가 내에서 분업, 특화, 그리고 교환의 상호이익을 설명하고, 더 나아가 국가 간의 분업, 특화, 무역의 상호이익을 설명하는 이론이 **비교우위론**이다.

이와 같이 비교우위론은 국가를 부유하게 하고, 기업을 번영하게 하며 더 나아가 개인의 재산을 늘려 부자로 만들게 하는 이론이다. 이를 현실경제에서 좀 더 구체적으로 살펴보자.

[그림 0−1]은 경제현실을 단순화시킨 경제순환모형도(circular-flow diagram)를 보여준다. 이 모형에서는 경제에 기업과 가계라는 두 종류의 의사결정자가 존재한다. 기업은 노동, 토지, 자본, 그리고 기업가정신(entrepreneurship, 또는 이 책에서는 창의·창조 정신으로 번역한다)을 투입하여 재화와 서비스를 생산한다. 이러한 요소들을 생산요소(factors of production)라고 한다. 가계는 생산요소를 소유하며, 기업이 생산하는 재화와 서비스를 소비한다. 즉 가계와 기업은 상품시장(여기서 기업이 판매자, 가계는 구입자)과 생산요소시장(여기서 기업이 구매자, 가계는 판매자)에서 상호작용한다.

그림 0-1 경제순환모형도

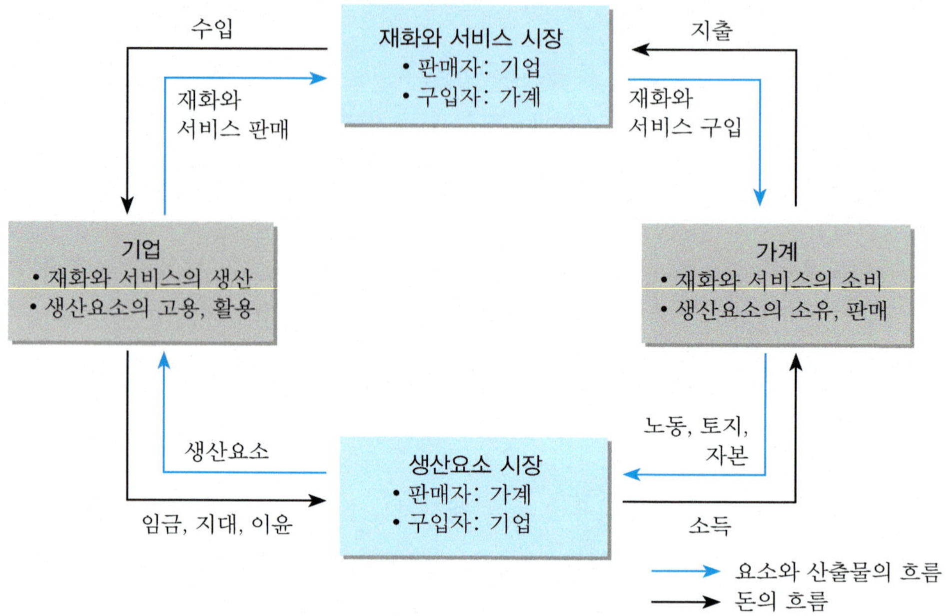

[그림 0-1]에서 안쪽 화살표는 생산요소와 상품의 실물 흐름을 나타내며, 바깥쪽 화살표는 이에 상응하는 돈의 흐름을 나타낸다.

수많은 기업들이 상품을 가계에 판매할 때, 같은 판매가격에서는 보다 값싸게 생산하는 기업이 성공할 수 있다. 또는 같은 비용조건에서는 보다 많이 생산하여 판매하면 큰 이윤을 만들 수 있다. 값비싸게 생산하면, 손해를 보고 손해가 누적되면 기업은 망하며, 기업에 투자한 재산가들이 재산상의 큰 손실을 입는다. 기업의 성공을 결정하는 요인은 다름 아니라 비교우위에 있는 상품을 생산하여 시장에 판매할 때이다. 기업이 비교열위에 있는 상품을 생산, 판매하면 패망한다. 기업가는 본인이 다른 기업보다 잘 할 수 있는 분야에서 상품을 생산, 판매하여야 이윤을 낼 수 있다.

근로자 가계의 개인을 고려해 보자. 그는 재산이 없으므로 생계를 위해 그의 노동을 팔아 소득을 벌어야 한다. 소득은 소비지출에 이용되어 달콤하지만, 노동은 힘들고 고통스럽다. 판매 노동량이 일정하면 개인은 임금의 기회비용인 노동의 고통이 상대적으로 적은 일을 하면 이득이 된다. 개인은 다른 사람보다 잘 할 수 있는 일을 하여야 고통이 적고 그렇지 않으면 고통이 대단히 크게 된다. 반면에 고통의 금전적 가치가 임금보다 크면, 그는 손해를 본다. 즉 노동시장에서 개인의 성공을 결정하는 요인도 비교우위에 있는 일을 하는 데 있다고 할 것이다.

비교우위에 입각하여, 기업과 개인의 성공과 실패를 분석하는 데 이용할 수 있는 경제 모형으로는 첫째, 생산가능곡선이 있고, 둘째, 수요·공급 모형이 있다. 이들을 2~4절에서 살펴본다. 5절은 개방경제에서의 비교우위와 무역을 다루는데 이는 3절의 응용이다. 2~5절은 시장에서의 비교우위를 다루나 마지막 절인 6절은 제도의 비교우위를 다룬다.

제 2 절 기업과 개인의 성공 요인: 비교우위에 의한 분업 및 특화

'너 자신을 알라'라는 철학자의 말을 대신하여, 경제학에서는 '너의 비교우위를 알라'고 가르친다. 이제 생산가능곡선을 활용하여, 비교우위의 개념, 비교우위에 의한 선택 등을 분석적으로 살펴보기로 하겠다.

1 절대우위와 비교우위

비교우위론은 이론적으로는 리카도(1772~1823)에 의해 최초로 제시되었다. 우선 절대우위와 비교우위의 개념을 예를 들어서 설명하도록 하겠다.

절대우위(absolute advantage)란 어떤 물건을 생산하는 데 투입되는 생산요소가 더 적은 경우를 지칭한다. 즉 생산성이 높은 생산자가 절대우위를 갖는다고 말한다. 반대로 어떤 물건을 생산하는 데 투입되는 생산요소가 더 많은 생산자는 **절대열위**(absolute disadvantage)를 갖는다고 말한다.

예컨대, 세계적으로 유명한 골프선수인 리디아 고는 평범한 여성에 비해 골프도 대단히 잘 하지만 뛰어난 손재간이 있어 홈메이드(home-made) 식빵 제조기술도 뛰어나다고 하자. 평범한 여성에 비해 리디아 고는 뛰어난 골프성적을 내는 데도 절대우위를 가지지만, 홈메이드 식빵 만들기에도 절대우위를 갖고 있다고 할 수 있다.

앞 절에서 설명되었지만, 다시 반복하면, **비교우위**(comparative advantage)란 한 개인이 어떤 물건을 생산하는 데 그 기회비용(opportunity cost)이 다른 사람의 기회비용보다 낮을 때를 의미한다. 여기서 기회비용이란 어떤 것을 얻기 위해 포기해야 하는 그 무엇의 가치를 의미한다.

예컨대, 리디아 고가 집에서 밀가루를 반죽하여, 이스터를 넣고, 빵을 굽는 데 8시간이 걸린다고 하자. 그런데 그녀가 8시간 동안 PD, 촬영사 등과 작업하여 15초짜리 광고에 출연해서 1천만원을 벌 수 있다고 하자. 리디아 고가 집에서 8시간 동안 홈메이드 식빵 한 통을 만드는 기회비용은 1천만원이다. 이웃에 사는 평범한 한 여성이 홈메이드 식빵 한 통을 만드는 데 리디아 고보다 더 걸려 12시간이 걸린다고 하자. 그리고 이 여성이 인근 식당에 파트타임으로 일하면 시간당 5천원, 12시간 합계 6만원을 벌 수 있다고 하자. 이 평범한 여성의 홈메이드 식빵 만드는 일의 기회비용은 6만원이다. 따라서 집에서 홈메이드 식빵 만드는 일에 있어서 리디아 고가 절대우위를 갖고 있으나, 비교우위는 이웃의 평범한 여성이 갖고 있다. 왜냐하면 집에서 홈메이드 식빵 만들기의 기회비용은 이 평범한 여성이 더 낮기 때문이다.

비교우위의 반대말은 **비교열위**(comparative disadvantage)이다. 리디아 고는 집에서 홈메이드 식빵 만드는 일에는 비교열위를 갖고 있다고 말한다.

이 경우, 교환을 통한 이익은 엄청나다. 리디아 고는 집에서 직접 홈메이드 식빵을 만드는 대신 광고에 출연하고 옆집의 평범한 여성에게 홈메이드 식빵을 만들어달라고 부탁한다고 하자. 리디아 고가 이웃집 여성이 파트타임으로 12시간 일해 벌 수 있는 돈인 6만원보다 높은 10만원을 주고 홈메이드 식빵을 만들어 달라고 한다면, 두 사람 모두 큰 이득을 보게 될 것이다.

이와 같이 분업과 특화는 절대우위가 아니라 비교우위에 따라서 이루어진다. 리카도(D. Ricardo)는 1817년 그의 주된 저서인 『정치경제학과 조세의 원리』(Principles of Political Economy and Taxation)에서 국제무역에서 아담 스미스(A. Smith)의 절대우위론을 비판하고 비교우위론을 주장하였다. 이제 비교우위론을 보다 정교히 살펴보기로 하자.

2 독립소생산자의 생산가능곡선, 절대우위와 비교우위

우리는 타인을 고용하지 않고 본인의 노동에만 의존하는 두 독립소생산자를 고려하겠다.

(1) 절대우위

비교우위론을 보다 정교하게 전개시키기 위해 우선 몇 가지 가정을 도입하도록 하자.

가정 1. 두 독립소생산자만 살고 있고, 각 자영업자는 두 재화만 생산한다.
가정 2. 각 재화의 생산에는 독립소생산자의 노동이 유일한 생산요소이다.
가정 3. 노동공급 시간은 일정하다.
가정 4. 재화 1단위 생산하는 데 필요한 노동투입량은 일정하다.
가정 5. 모든 노동의 질은 동일하다.

두 독립소생산자, 갑과 을을 고려하도록 하자. 갑은 바나나섬에 살고 있고 을은 피시섬에 살고 있다고 하자. 바나나섬과 피시섬은 밀물때는 두 개의 독립된 섬이지만, 썰물때는 두 섬간에 걸어 다닐 수 있는 모래길이 열려 두 섬이 연결된다고 하자. 갑과 을은 각각 하루에 8시간, 1주일에 5일, 주 40시간을 일한다고 하자. 갑은 나무에 올라가 열매 채취만 하면 일주일 40시간에 바나나를 60다발을 딸 수 있다. 그리고 열매채취를 않고, 낚시질만 하면 일주일 40시간에 물고기 80마리를 잡을 수 있다. 을은 1주일 40시간에 나무에 올라가 열매 채취만 하면 바나나 40다발을 수확할 수 있고, 낚시질만 하면 물고기 20마리를 잡을 수 있다고 하자. 갑과 을을 비교하면, 갑은 능숙한 낚시꾼이자 나무에도 잘 오르는 소질을 동시에 갖고 있다. 즉 갑은 바나나 채취와 물고기 생산에 절대우위를 갖고, 을은 두 재화의 생산에 절대열위를 갖는다.

더 나아가기 전에, **필요노동투입량**과 **노동생산성**이라는 두 가지 개념에 대한 연습을 해보자. 우선 위에 설정된 상황이 매주 계속되고 전혀 변화가 없다고 간주하는 것이 가정 4의 의미이다. 갑은 주 40시간 투입에 바나나 60다발을 생산할 수 있다는 것은 바나나 1다발에 필요한 노동투입량은 40/60 시간, 즉 2/3시간이며, 물고기는 40/80 시간, 즉 1/2시간이다. 가정 4는 이 같은 투입노동시간이 고정되어 있다는 뜻이다. 즉, 기술의 발전이 없다는 뜻이다. 노동생산성은 산출량/노동투입량이므로 다름 아닌 필요노동투입량의 역수이다. 즉 갑의 노동생산성은 바나나에서는 3/2, 물고기는 2이다. 을의 경우에도 적용해 보면, 을이 바나나와 물고기 생산에 필요노동시간은 각각 1시간, 2시간이며, 따라서 을의 노동생산성은 바나나의 경우 1, 물고기의 경우 1/2이 된다.

갑과 을을 비교하면, 바나나와 물고기 생산에 투입되는 필요노동시간이 갑이 훨씬 적게 든다. 갑이 바나나, 물고기 생산 양자에 절대우위에 있다고 할 것이다. 노동생산성 개념을 활용해도, 바나나 생산에서 갑의 노동생산성이 을의 그것보다 높고, 물고기 생산에서도 그러하다. 따라서 갑이 바나나, 물고기 생산에 절대우위가 있다. 이처럼 필요노동투입량이나 노동생산성의 개념을 활용해도 절대우위의 개념을 정립할 수 있게 된다.

그림 0-2 갑과 을의 생산가능곡선

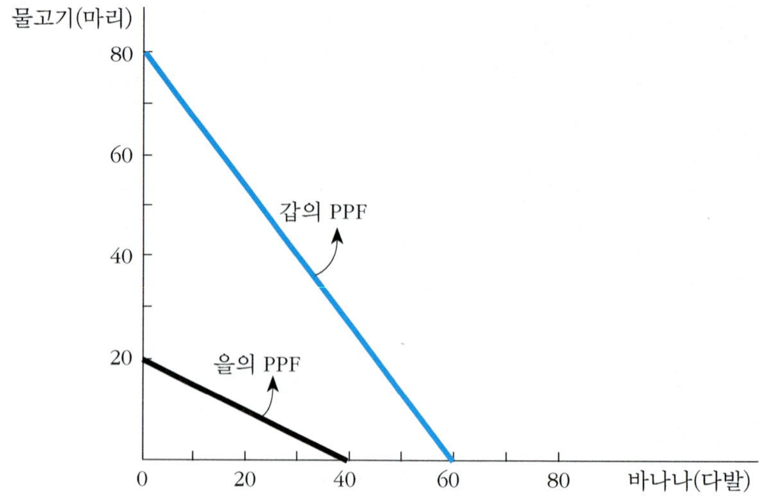

절대우위란 앞에서 어떤 물건을 생산하는 데 투입되는 생산요소가 더 적은 경우를 말한다고 정의하였는데, 이는 '어떤 물건을 생산하는 데 생산성이 더 높은 생산자가 절대우위를 갖는다'는 정의와 동일하다. 왜냐하면 생산성이 '산출량/투입요소량'이며, 같은 산출량에서는 투입요소가 작을 때, 또는 같은 투입요소량일 경우에는 높은 산출량이 이루어질 때 생산성이 높다고 말하기 때문이다.

이때 갑과 을의 상황을 생산가능곡선으로 표시할 수 있다. **생산가능곡선**(production possibility frontier: PPF)이란 각 개인이 최대한 생산할 수 있는 바나나와 물고기의 조합을 나타낸다([그림 0-2] 참조).

[그림 0-2]에서 갑이 40시간을 전부 바나나 생산에 투입한다면 60다발의 바나나를 채취하지만, 물고기는 한 마리도 생산하지 못할 것이다. 만약에 40시간을 전적으로 물고기 낚시에 투입한다면 80마리의 물고기를 생산하되, 바나나는 한 다발도 채취하지 못할 것이다. [그림 0-2]에서 을은 40시간을 모두 바나나 채취에 투입하면 최대 40다발의 바나나, 40시간을 모두 낚시질에 투입하면 최대 20마리의 물고기를 생산할 수 있다.

가정 4에 의해 갑이 재화 1단위를 생산하는 데 필요한 노동투입량이 고정되어 있다. 그러면 바나나 1다발당 2/3시간(즉 40분), 물고기 1마리당 1/2시간(즉 30분)을 투입하게 된다. 만약, 40시간을 두 품목에 20시간씩 투입하면 바나나 30다발, 물고기 40마리를 생산할 수 있다. 일정한 자원(여기서는 노동, 주 40시간)으로 생산할 수 있는 최대량의 X(바나나)와 Y(물고기)의 조합의 궤적이 바로 생산가능곡선으로, 이는 [그림 0-2]에 '갑의 PPF'로 나타나 있다. 독자 여러분은 을의 생산가능선곡선도 마찬가지 방식으로 유추해 볼 수 있다. 을의 생산가능선곡선은 [그림 0-2]에서 '을의 PPF'로 나타나 있다.

[그림 0-2]를 보면, 갑과 을은 동일하게 40시간의 노동투입을 하는데, 갑이 바나나 생산도 더 많이 하고 물고기 생산도 더 많이 하기 때문에, 갑은 두 재화의 생산에 절대우위에 있고 을은 두 재화의 생산에 절대열위에 있다고 할 수 있다.

(2) 기회비용과 비교우위

기회비용이란 어떤 것을 얻기 위해 포기해야 하는 그 무엇의 가치를 의미하는데 먼저 갑의 기회비용을 생각해보자. 앞의 예에서 갑은 바나나 1다발을 생산하는 데 2/3시간(즉 40분), 물고기 1마리를 생산하는 데 1/2시간(즉 30분)이 걸린다. 갑이 바나나 1다발을 더 생산하기 위해서는 물고기 4/3마리만큼 포기되어야 한다. 즉 바나나 1다발의 기회비용은 4/3마리의 물고기가 된다.

[그림 0-2]의 생산가능곡선은 기회비용을 이해하는 데 대단히 유용한 설명 도구이다. [그림 0-2]에서 갑의 생산가능곡선의 기울기는 −4/3이다. 즉 갑이 바나나 1다발 더 채취하기를 선택한다면 4/3마리의 물고기를 잃게 된다. 따라서 생산가능곡선의 기울기는 기회비용을 측정한다고 할 수 있다. 마찬가지로 을의 생산가능곡선의 기울기가 −1/2이므로 을의 바나나 1다발의 기회비용은 1/2마리의 물고기라고 할 수 있을 것이다.

갑의 바나나의 기회비용은 4/3마리의 물고기, 을의 바나나의 기회비용은 1/2마리의 물고기이므로, 갑은 바나나 생산에 비교열위를 갖으며, 을은 바나나 생산에 비교우위를 갖는다.

〈표 0-1〉에는 바나나와 물고기에 대한 기회비용이 표시되어 있다. 바나나의 기회비용은 이미 설명한 바와 같고, 물고기 1마리의 기회비용은 바나나의 기회비용의

표 0-1 기회비용의 크기

구분	갑의 기회비용	을의 기회비용
바나나 1다발	물고기 4/3마리	물고기 1/2마리
물고기 1마리	바나나 3/4다발	바나나 2다발

역수라는 사실에 유의하여야 한다.

갑에게 바나나 한 다발의 기회비용은 물고기 4/3마리이기 때문에 물고기 1마리의 기회비용은 바나나 3/4다발이 된다. 마찬가지로 을의 바나나 1다발의 기회비용은 물고기 1/2마리이지만, 물고기 1마리의 기회비용은 바나나 2다발이 된다. 즉, 갑의 물고기 생산의 기회비용(바나나 3/4다발)이 을의 기회비용(바나나 2다발)보다 낮다. 따라서 갑은 물고기 생산에 비교우위를 갖는다.

종합하면, 갑은 물고기 생산에 비교우위를 갖고 바나나 생산에 비교열위를 가지며, 을은 바나나 생산에 비교우위를 갖고 물고기 생산에 비교열위를 갖는다.

명백히 각 개인은 한 가지 일에 비교우위를 갖고, 다른 일에는 비교열위를 갖는다. 한 사람이 동시에 두 재화 생산에 비교우위를 가질 수 없다는 말이다. 비록 갑은 생산성을 기준으로 하면 양 재화의 생산에 절대우위를 가지나, 기회비용 측면에서는 한 가지 재화 생산에 대해서만 비교우위를 갖는다.

(3) 비교우위와 생산성 격차

말로 한 설명, 그림을 이용한 설명 다음에 수식으로 하는 설명이 있으면 체계적인 설명이 이루어진다는 의미에서 수식으로 하는 설명을 약간 덧붙여 리카도의 비교우위 모형의 이해를 돕고자 한다.

갑은 바나나 한 다발 생산에 투입되는 노동량(시간)이 2/3시간이며, 물고기 한 마리 생산에 투입되는 노동량(시간)이 1/2시간이다. 그러면 바나나 생산량을 X라고 표시하면 바나나 생산에 투입되는 시간은 $\frac{2}{3}\times X$이다. 물고기 생산량을 Y라고 표시하면 물고기 생산에 투입되는 시간은 $\frac{1}{2}\times Y$이다. 갑의 총노동시간은 40시간이므로 $\frac{2}{3}X+\frac{1}{2}Y=40$이 된다. 이를 Y를 기준으로 정리하면, $Y=80-\frac{4}{3}X$가 된다. 이것을 그림으로 나타낸 것이 갑의 생산가능곡선이다.

을은 바나나 한 다발 생산에 투입되는 노동량(시간)이 1시간이며, 물고기 한 마리 생산에 투입되는 노동량(시간)은 2시간이다. 그러면 바나나 생산량을 X^*라고 표시하면 바나나 생산에 투입되는 시간은 $1\times X^*$이다. 물고기 생산량을 Y^*라고 표시하면 물고기 생산에 투입되는 시간은 $2Y^*$이다. 을의 총노동시간은 40시간이므로 $X^*+2Y^*=40$이 된다. 이를 Y^*를 기준으로 정리하면, $Y^*=20-\frac{1}{2}X^*$가 된다. 이것이 바로 [그림 0-2]에서의 을의 생산가능곡선의 수식이 된다.

수학적 일반화를 위해, 재화 1단위 생산에 필요한 갑의 노동투입량을 a_x, a_y로 표시하고 총노동량을 L로 표시하자. 그러면 갑의 경우,

$$a_x X + a_x Y = L \tag{0.1}$$

또는

$$\mathrm{Y} = -\frac{a_x}{a_y}X + \frac{L}{a_y} \tag{0.2}$$

의 관계가 성립한다. 이는 갑의 생산가능곡선의 수학적 표현이다.

또한 재화 1단위 생산에 필요한 을의 노동투입량을 a_x^*, a_y^*, 을의 총노동량을 L^*로 표시하면, 을의 경우,

$$a_x^* X^* + a_y^* Y^* = L^* \tag{0.3}$$

또는

$$Y^* = -\frac{a_x^*}{a_y^*}X^* + \frac{L^*}{a_y^*} \tag{0.4}$$

의 관계가 성립한다. 이는 을의 생산가능곡선의 수학적 표현이다.

한편, 재화 1단위 생산에 필요한 갑의 노동투입량 a_x, a_y는 다음과 같이 정의될 수 있다.

$$a_x = \frac{L}{X},\ \text{즉}\ \frac{1}{a_x} = \frac{X}{L}\ (X\text{에서의 노동생산성}) \tag{0.5}$$

$$a_y = \frac{L}{Y},\ \text{즉}\ \frac{1}{a_y} = \frac{Y}{L}\ (Y\text{에서의 노동생산성}) \tag{0.6}$$

이러한 관계를 이용해 생산가능곡선 기울기의 의미를 재정립해 보면, 갑의 경우

$$\left|\text{갑의 } PPF\text{의 기울기}\right| = \frac{a_x}{a_y} = \frac{1/a_y}{1/a_x} = \frac{Y\text{에서의 노동생산성}}{X\text{에서의 노동생산성}} \tag{0.7}$$

을의 경우도 마찬가지로, 다음이 성립한다.

$$\left|\text{을의 } PPF\text{의 기울기}\right| = \frac{a_x^*}{a_y^*} = \frac{1/a_y^*}{1/a_x^*} = \frac{Y^*\text{에서의 노동생산성}}{X^*\text{에서의 노동생산성}} \tag{0.8}$$

우리는 수식을 활용해 실로 중요한 결론을 도출할 수 있게 되었다. 즉, 생산가능곡선의 기울기는 개인의 두 부문에 있어 자신의 상대적 노동생산성 격차를 나타낸다는 것이다. 갑의 경우, Y의 생산성이 상대적으로 높을수록, 갑의 PPF의 기울기가 가팔라진다. 을의 경우, X의 노동생산성이 상대적으로 높을수록, 을의 PPF의 기울기가 덜 가파르게 된다.

즉, 갑은 물고기 생산의 노동생산성이 상대적으로 더 높은데, 이는 물고기 생산의 기회비용이 낮다는 말과 동일하며, 을은 바나나 생산의 노동생산성이 상대적으로 더 높은데, 이는 바나나 생산의 기회비용이 낮다는 말과 동일하다. 비교우위란 상대적 노동생산성 격차에서 비롯되는 것이다.

(4) 분업과 특화

만약, 갑과 을이 각각 자급자족한다면 각자는 생산한 수량만큼만 소비하게 된다. 이 경우 생산가능곡선이 바로 소비가능곡선이 된다. 즉 두 사람 사이에 거래가 없다면 [그림 0−2]는 각자의 생산가능곡선이며 동시에 소비가능곡선이 되는 것이다.

갑의 소비와 을의 소비는 각각의 선호와 취향에 따라 결정될 것이다. 예를 들어 갑은 바나나 18다발과 물고기 56마리를 소비한다고 가정하고, 을은 바나나 16다발과 물고기 12마리를 소비한다고 가정하자.

갑이 바나나섬에서 몇 년 동안 자급자족의 생산과 소비를 하고 지내다가, 갑자기 한 가지 지혜로운 아이디어가 떠올라 썰물때 피시섬으로 건너가서 을에게 다음과 같이 제안할 수 있다.

갑: "여보게, 내가 좋은 제안을 당신에게 하나 하겠소. 내 생각에 당신은 기회비용 측면에서 값싼 바나나만 생산하고 물고기 생산은 그만 두시오. 나는 물고기만 생산하겠소. 당신이 일주일에 40다발의 바나나만 생산해서 이중 20다발을 나에게 주면 내가 물고기 20마리를 주겠소. 당신이 나와 교역하기 전에는 바나나 1다발을 포기하면 1/2마리의 물고기를 더 얻을 수 있었지만, 나의 교역조건을 받아들이면 바나나 1다발에 물고기 1마리를 얻으니, 더 이익이 될 것이오. 나의 제안에 따라 교환하면, 당신의 소비는 물고기 20마리, 바나나 20다발이 되어 종전 소비량 즉 물고기 12마리, 바나나 16다발보다 더 많은 물고기와 바나나를 소비할 수 있게 되오. 얼마나 당신에게 큰 이익이 되겠소."

을: "나에게 이익이 나는 것이 분명한데 당신은 내게 왜 그런 제안을 하지요? (가만히 생각하더니 무릎을 탁 치며) 당신도 1주일에 물고기만 80마리 생산하여 나에게 20

마리 주면, 물고기 60마리를 소비하고, 나에게서 1:1의 맞교환 비율로 받아간 바나나 20다발을 소비하면, 종전에 바나나 소비 18다발, 물고기 소비 56마리에 비해 두 재화의 소비가 증가하네요. 서로 이익이 되는 거래군요."

갑: "내 제안을 쉽게 이해하셨군요. 나는 내가 비교우위에 있는 일에 특화하고, 당신은 당신이 비교우위에 있는 일에 특화하여, 서로 거래하면 우리 모두 더 풍족한 삶을 살 수 있게 되는 것이라오. 우리 모두를 위한 현명한 선택이랍니다."

위의 예는 현실을 단순화한 것이지만, 이 예에서 우리는 두 결론을 도출할 수 있다.

첫째, 기회비용의 차이가 있을 때, 모든 사람이 각자 비교우위를 갖는 물건의 생산에 특화하여 일을 하면 경제의 총생산은 증가하고, 증가된 총생산으로 자유거래를 하게 되면 모든 사람이 보다 많은 소비를 하게 되어 자급자족하는 것보다 각자가 더 풍족해질 수 있다.

앞의 예에서 갑과 을의 소비가 자급자족 때보다 풍족하게 되었는데, 이는 〈표 0-2〉에서 보듯 생산이 증가하기 때문이다. 각자가 기회비용이 낮은 재화를 생산하고 그 일에만 전념함으로써, 즉 갑은 어부가 되고 을은 농부가 됨으로써 총생산이 증가되는 것이다.

두 번째 도출할 수 있는 결론은 모든 사람은 한 가지 일에 비교우위를 가지며, 다른 일에는 비교열위를 갖는다는 사실이다.

앞의 예에서 갑은 낚시질도 잘하고 나무 위에도 잘 올라가 물고기 생산과 바나나 생산 모두에 절대우위를 갖고 있다. 얼핏 보기에는, 갑이 모든 일에서 어설픈 을과 교역한다고 해서 얻을 것이 별로 없어 보일 것이다. 그러나 상호이익은 기회비용의 차이로 인한 비교우위 및 교역에서 발생한다는 사실에 유의하여야 한다.

표 0-2 교역으로부터의 이익

교역 전	교역에 따른 특화	생산 증가
바나나 생산: 갑 18다발 + 을 16다발 = 34다발	을: 40다발	바나나 6다발
물고기 생산: 갑 56마리 + 을 12마리 = 68마리	갑: 80마리	물고기 12마리

3 근로자의 성공 요인: 비교우위에 의한 분업 및 특화

(1) 직업선택 분석시 도입되는 가정

우리는 극도로 단순한 독립소생산자의 세계, 즉 바나나 채취와 물고기 잡이에 관한 분업, 특화 그리고 교환으로부터 기대되는 이익에 관해 논의하였다. 이러한 논의는 바나나 채취는 농부의 일, 물고기 잡이는 어부의 일로 간주하여 농부라는 직업과 어부라는 직업 간의 선택으로 논리적으로 연장할 수 있을 것이다. 그러나 농부 직업과 어부 직업 간의 선택도 대부분의 청년들에게는 생소하게 비춰질 수 있다. 왜냐하면 대부분의 청년들은 주로 도시지역에 거주하며, 임금근로자로서 피용자의 지위를 갖기 때문이다. 이제 현대 사회에서 보다 부합하는 예를 가지고 직업선택의 문제를 살펴보도록 하겠다.

두 직업을 고려하자. 한 직업은 창의력을 요하는 IT경영컨설턴트이며, 다른 직업은 민첩한 손재능이 필요한 카센터 자동차정비공이라고 하자. 두 직업 모두 대분류의 산업, 즉 농림수산업, 제조업, 서비스업 중에서 서비스업에 속한다. 농업 제품과 제조업 제품은 상품이라는 구체적 형태(눈으로 보고, 만질 수 있는 형태)로 생산된다. 그리고 시장에서는 상품의 가격으로 거래된다. 그러나 서비스업 제품은 눈으로 보고 만질 수 있는 것이 아니다. 카센터 자동차정비를 받으면 요금청구서에는 사용된 부품 값, 각 부문별 점검, 정비한 시간에 정비사의 시간당임금을 곱한 수수료(공임이라 한다)의 합계가 찍혀져 나온다. 소비자는 청구된 금액을 지불하게 된다. IT경영컨설턴트의 요금청구서에도 상담시간, 상담과 경영분석에 투입된 시간에 본인의 시간당 임금을 곱해서 계산되는 수수료를 부과한다.

좀 더 예를 들어보자. 요즈음 정신과 의사들은 병원을 개업하지 않고, 오피스텔에서 심리상담을 하는데, 구체적으로 알콜중독, 쇼핑중독, 게임중독, 우울증 등에 대한 상담을 통해 개인의 자활, 치유를 돕는다. 이 정신과 의사가 상담시간당 10만원의 수수료를 부과한다면, 상담전문가의 생산량을 어떻게 측정할 것인가?

직업선택 분석을 위해서는 개인의 노동과 서비스제공으로 인해 생산된 생산량의 측정이 필요한데, 우리가 설정한 두 직업, IT경영컨설턴트와 자동차정비공의 생산량 측정을 위해 우리는 간단한 가정, 즉 생산량은 그 서비스제공에 투입한 시간에 시간당임금을 곱한 금액, 즉 '투입노동시간×시장임금'과 동일하다는 가정을 도입하도록 하겠다. 즉 그의 시장소득이 그가 생산한 총액이 된다. 이를 활용하면 비교우위에 의한 직업선택을 쉽게 설명할 수 있게 된다.

(2) 비교우위에 따른 직업선택

한 개인, 예컨대 갑이 IT컨설턴트가 되면 연 2,000시간을 투입하여, 시간당임금 5만원으로 연 1억원의 IT컨설팅 업무를 수행할 수 있다고 하자. 반면에 그가 자동차정비공으로 일하면, 연 2,000시간, 시간당임금 2만원, 즉 연 4천만원의 자동차정비 서비스를 생산할 수 있다고 하자. 이 두 직업의 선택에 직면한 갑의 생산가능곡선은 [그림 0-3]의 *FG*로 표시되며 그 기울기는 4천만원/1억원, 또는 (2,000시간×2만원)/(2,000시간×5만원)이 된다. 즉 생산가능곡선의 기울기는 두 직업에서의 상대임금(=시간당 2만원/시간당 5만원)이다.

또 다른 개인 '을'은 민첩한 손재주를 갖고 있는 우수 자동차정비공이어서, 그의 시간당임금은 3만원이나, 창의력이 부족하여 IT컨설턴트로 일하더라도 시간당임금이 2만 5천원밖에 되지 않는다고 하자. 1년에 2,000시간 투입할 때 을의 생산가능곡선은 *JH*가 되며 그 기울기는 을이 직면하는 두 직업에서의 상대임금이 된다.

이렇게 문제를 단순화시키면, 갑은 IT컨설턴트에 비교우위를 가져 IT컨설턴트 직업에 특화하며, 을은 자동차정비에 비교우위를 가져 자동차정비 직업에 특화하리라고 예상할 수 있다. 갑은 그의 자동차정비를 카센터의 을에 맡기고, 을은 그의 카센터의 엔진체크 컴퓨터프로그램 오작동 시, 갑의 컨설팅을 받게 된다.

그림 0-3 직업선택의 예시

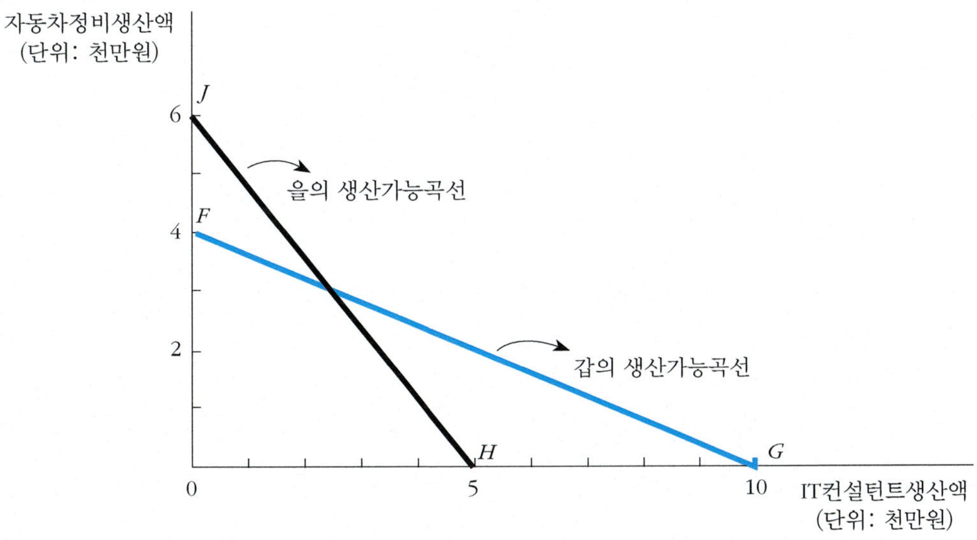

자동차정비 일은 민첩한 손재능을 요구하며, IT컨설턴트 일은 높은 창의력과 수리·논리력(IQ)을 요구한다. 자동차정비 일을 하는 데는 노동시간투입 외에 민첩한 손재능이 요구되며, IT컨설턴트 일에는 노동시간투입 외에 개인의 높은 IQ가 필수적이라는 것이다. 우리는 자동차정비 일의 양은 노동투입과 손재능이 투입요소이며, IT컨설턴트 일의 양은 노동투입과 IQ가 투입요소라고 가정할 수 있다. 이와 같이 재능의 차이 때문에 각 개인의 생산성의 격차가 발생하며, 이것이 비교우위의 주된 원천이 되는 것이다.

4 조선시대 유수원에 의해 제시된 분업론

분업, 특화, 교환이 개인, 기업, 더 나아가 국가의 성공요인이 된다면, 분업과 특화의 미발달, 교환의 미발달은 개인, 기업, 나아가 국가를 망하게 할 것이다. 정병석(2016)은 유수언이라는 조선의 학자의 분업론을 소개하고 있다. 간단히 요약하면 다음과 같다.

분업에 의한 국부의 증진은 영국의 **아담 스미스**가 그의 저서 **국부론**에서 주창한 바이다. 그러나 아담 스미스 국부론의 40년 전에 이미 조선의 실학자 **유수원**도 **분업론**을 제시하였다. 유수원은 18세기 초반에 조선의 경제력이 쇠퇴한 근본원인이 분업의 미발달이라고 지적하였다. 그는 국가를 부강하게 하고 백성을 잘 살게 하기 위해서는 분업을 해야 한다고 주장하였다.

유수원의 분업론은 개개인이 자신의 재능에 맞는 직업을 분담하여 맡아야 한다는 것 뿐만 아니라, 특정한 생산과정 내에서도 여러 작업을 분업하여 추진하는 것이 훨씬 더 효율적이라는 점도 강조한다.

유수원은 말한다. 조선의 농촌에서는 부녀자들이 농사지으면서 틈틈이 명주, 모시 등 옷감을 짜는 길쌈도 해야 하므로 시간이 부족하면 그 해의 목화를 짜서 바로 무명을 만들지 못하는 경우도 생긴다. 이런 일들을 틈틈이 부업으로 하므로 전문화되지 못하여 대체로 조선 농가가 짠 무명이 거칠고 품질도 균일하지 못하며 무엇보다도 생산량이 적다는 것이다.

반면에 중국에서는 이러한 일들이 모두 분화되어 면화 농사를 하는 사람은 면화 농사에만 전념하고 무명 짜는 것은 걱정하지 않고 다른 사람이 담당한다. 면화 가게에서는 농민들로부터 면화를 수집하여 이를 솜 가게로 전달하고 솜 가게에서는 솜을 타서 이를 실 뽑는 집으로 전달한다. 실을 뽑으면 다시 베짜는 집으로 운송되어 베를

짜고 이것이 다시 무명파는 가게로 집중된다는 것이다. 이렇게 분업한 결과 대량생산하는 중국의 무명 값이 조선의 절반수준으로 싼 한편, 품질은 대체로 균일하고 질도 우수하다고 지적한다.

유수원이 또 다른 중국 사례로 제시한 기와집을 짓는 과정을 살펴보면 무척 인상적이다. 수십 간의 대저택을 중국에서는 한두 달 만에 분업과 전문화로 완성할 수 있다는 것이다. 집 주인이 집의 설계도를 마련하여 문 앞에 게시하면서 원하는 공사기간을 정하고 각 분야의 전문가들의 참여를 촉구한다. 그러면 골조, 지붕, 목재, 목공, 기와, 벽돌, 석공, 미장이, 철공 등 각 분야 전문가와 일반 노동자들이 모두 분담하여 자기 일을 나누어 하게 되고 집 주인은 그 결과물을 보고 각각 보수를 지급하면 되므로 단기간 내에 대저택도 완공할 수 있다.

중국에서는 떡집도 분업, 전문화되어 비용이 덜 들고 이익을 많이 내고 있음을 소개하고 있다. 떡 만드는 모든 과정을 나누어 전문화하고 자본주는 공임을 아끼지 않고 많은 고용인을 채용하여 일을 분담하게 함으로써 대형화하고 큰 이익을 낸다는 것이다. 자본주가 큰 집을 확보하여 떡을 찔 솥을 줄줄이 많이 설치한 후 이미 빻아서 가루로 만든 쌀을 쌀가게에서 사오고, 과일은 이미 씨를 빼고 껍질도 벗긴 것을 과일가게에서 사오는 등 분업하면, 떡집의 종업원은 하루 종일 오로지 떡을 찌기만 하면 되므로 하루에 많은 양의 떡을 만들 수 있다. 이렇게 분업하고 대형화하여, 비용이 절감되고 이익이 커지면 소비자, 자본가, 종업원 모두에게 도움이 된다. 반면에 조선에서는 공임을 아끼고 노동을 나누려 하지 않음으로써 모든 공정을 하나의 떡집에서 다 맡아 하게 되어 사업이 대형화하지 못하고 이익도 크지 않은 것이다.

중국을 다녀 온 많은 사대부 관료들이 깨닫지 못했던 분업의 장점을 유수원은 가보지도 않고 문헌을 통하여 꿰뚫고 있었다.

유수원이 분업을 주장한 그의 저서 '**우서**(迂書)'를 쓴 것이 영조 5년에서 13년(1728~1736년) 사이로 알려져 있다. **아담 스미스**가 분업의 장점을 기술한 '**국부론**'을 발간한 것은 1776년의 일이다. '우서'와 '국부론'은 40년 이상의 간격이 있다.

유수원은 분업을 해야 전문화되고 물건 값이 싸지고 교역이 활성화되고, 이익이 늘어 자본축적이 가능하다고 본다. 상업도 대규모 자본으로 큰 상점을 운영해야 규모의 경제를 살릴 수 있어 경제력을 강화할 수 있다며 경제의 핵심원리를 지적한 것이다. 근대 경제학에서 나오는 논리를 유수원은 18세기 초에 이미 제시하고 있다.

제3절 교환으로부터의 이익

개인이 분업과 특화에 의해 어느 정도의 이익을 누리는지를 엄밀히 설명해보자. 이를 위해서는 개인의 효용을 무차별곡선으로 나타낼 필요가 있다. 그러면 분업과 특화 그리고 교환에 의해 그가 얼마만큼의 이익을 누리는지를 명확하게 설명할 수 있게 된다.

무차별곡선은 대학에서 경제학을 전공한 학생은 잘 이해를 하는 개념이나, 비전공자나 일반인들은 이를 이해하는 데 어려움을 겪는 개념에 속하므로 여기서 단계적으로 설명하겠다.

1 개인의 효용과 무차별곡선

(1) 효용함수와 기수적 효용

상품소비에서 얻는 심리적이고도 주관적인 만족감을 **효용**(utility)이라고 할 때 효용함수는 다음과 같이 표시된다.

$$U=u(X_1, X_2, \dots, X_n, A) \tag{0.9}$$

U는 효용을 의미하며, 위 식은 '한 소비자의 효용은 여러 상품의 소비와 즐기는 시간, 즉 여가(leisure, A로 표시됨)의 소비의 함수이다'라고 읽으면 된다.

이 효용함수를 그래프로 나타내는 방법은 없을까? 간단하게 그래프로 나타낼 수 있도록 하기 위하여 우리는 소비자가 두 재화(X와 Y재)만을 소비한다고 가정하기로 한다. 이렇게 가정하는 것은 소비자의 선택행위를 간결히 표시하여 우리가 원하는 개인의 수요곡선을 2차원 평면에서 명쾌히 도출하기 위해서이다. 그러면 식은 다음과 같이 된다.

$$U=u(X, Y) \tag{0.10}$$

그리고 **마샬**(A. Marshall)이 19세기 말에 생각했듯이 효용을 계량적으로 측정할 수 있다고 하자. 마샬은 어느 개인의 경우에 있어서도 효용이 어떤 '크기'나 '중요성'에 따라서 가감승제(加減乘除)될 수 있는 수량으로서 측정될 수 있다고 보았다. 온도나 길이 등을 측정하는 것과 같이 효용을 계량적으로 측정할 수 있다고 볼 때, 이러한 효용을 **기수적 효용**(cardinal utility)이라고 한다.

기수적 효용개념에 따르면, 예컨대 월 300만원 봉급쟁이가 20만원짜리 테니스 라켓을 구입했을 경우의 효용은 150, 그것으로 스마트폰 한 대를 구입했을 경우의 효용은 200이라면 효용의 차이는 50이 되며 이처럼 모든 효용수준은 측정하는 것이 가능하며 비교가 가능하게 된다. 또한 동일한 상품을 소비했을 때 갑이 느끼는 만족감과 을이 느끼는 만족감을 비교하여 어느 쪽이 큰가도 판단할 수 있게 된다.

그러나 파레토(V. Pareto) 등 현대경제학자들은 효용이란 개인이 상품소비에서 오는 주관적·심리적인 만족감이기 때문에 이들을 각 개인간에 비교하는 것은 불가능할 뿐만 아니라, 어느 한 개인의 경우에도 다른 종류의 상품소비에서 오는 효용을 가감승제(加減乘除)될 수 있는 수량으로 측정될 수 없다고 보고 있다. 이를 우리는 제2장에서 논의한다. 제2장에서 서수적 효용에 기초하는 현대의 소비자이론을 설명할 것이다.

이 절에서는 초보적 수준에서 무차별곡선의 개념을 설명하기 위해 마샬이 그러했던 것처럼 효용이 기수적이라고 가정한다. 이는 어디까지나 편의적이고 교육적인 목적을 위해서이다.

(2) 효용곡면

효용을 측정가능한 것으로 볼 때 우리는 식 (0.10)을 그래프로 표시할 수 있다. 상품 X와 상품 Y의 결합을 밑면으로 놓고 효용의 크기를 밑면으로부터의 높이로 표시하면 우리는 [그림 0-4]와 같은 돔(dome; 회교식 사원의 둥근 지붕)형의 **효용곡면**(utility surface)을 갖게 된다. 예컨대 X를 x_1만큼 소비하고 Y의 소비량이 y_1이면 총효용은 높이 QQ'이다. X의 소비량이 x_1이고 Y의 소비량이 y_2이면 총효용은 높이 TT'이다. X의 소비량이 x_1이고 Y의 소비량이 y_3이면 총효용은 높이 WW'이다.

[그림 0-4]에 나타난 효용곡면의 특징을 살펴보면 다음과 같다.

첫째, 그것은 돔형이다. 그것이 어째서 돔형을 갖는지는 다음 소절에서 한계효용체감의 법칙과 관련하여 설명될 것이다.

둘째, 그것은 들쑥날쑥함이 없이 매끈한(smooth) 면을 갖는다.

셋째, [그림 0-4]에서는 지면의 제약상 그 일부를 그렸으나 그 곡면은 계속하여 상승한다. 그것은 인간의 욕망이 무한정하여 X와 Y가 많으면 많을수록 효용은 점점 증가한다는 것이다.

그림 0-4 효용곡면: 기수적 효용

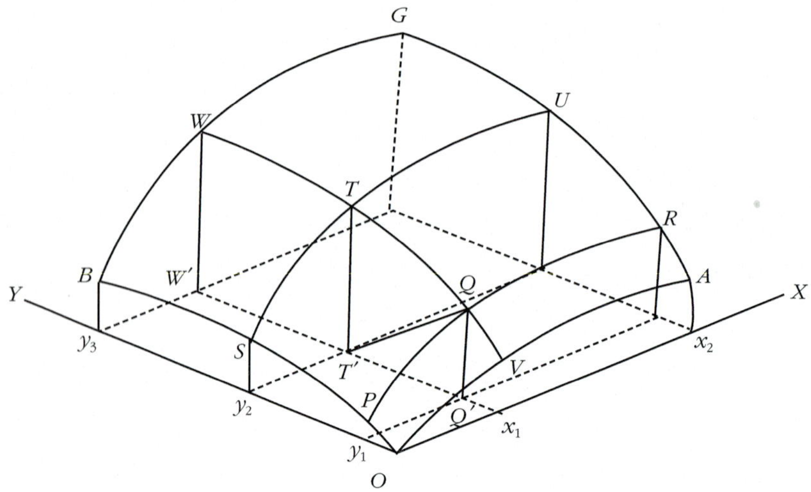

(3) 총효용과 한계효용

[그림 0–4]에서 만약에 Y의 소비량이 0이라고 하자. 곡선 OVA는 X의 소비량이 변화할 때 총효용이 어떻게 변화하는가를 보여준다. 만약에 Y의 소비량이 y_1이라고 하자. 곡선 PQR은 X의 소비량이 변화함에 따라 총효용이 어떻게 변화하는지를 보여준다. 마찬가지로 곡선 STU와 BWG는 Y의 소비량이 각각 y_2와 y_3에 고정되어 있을 때 X가 변화함에 따라 총효용이 어떻게 변화하는지를 보여준다.

효용곡면의 측면도를 그리면 [그림 0–4]의 곡선 OVA는 [그림 0–5]에서 OA와 같이 표시된다. [그림 0–5]에는 세로축이 총효용(TU)으로 표시되며 가로축은 X의 양이 된다. 그리고 표시된 곡선을 **총효용곡선**이라고 부르자. 총효용곡선이란 X의 수량이 변화함에 따른 총효용의 변화를 그래프로 표시한 것이다. [그림 0–5]의 곡선 OA는 X량이 증가함에 따라 계속 상승한다. 이렇게 되는 이유는 효용곡면이 돔형이고 매끄럽기 때문이다. 따라서 왜 [그림 0–4]와 같은 효용곡면을 가정하는가라는 질문은 왜 [그림 0–5]에서 총효용곡선이 OA 등과 같은 모양을 갖는가와 동일한 질문이 된다.

이를 위하여 우리는 **한계효용**(marginal utility)의 개념을 정립할 필요가 있다. X재의 소비가 늘어감에 따라 총효용이 증가할 때 그 상품의 최종 한 단위의 추가적 소비에 의한 총효용의 증가분을 한계효용이라고 한다. 즉 한계효용은 총효용의 증가분

그림 0-5 한계효용의 개념

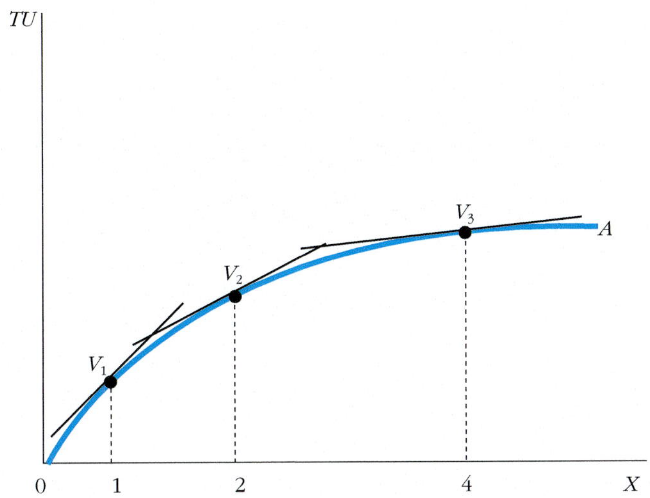

($\varDelta TU$)을 소비량의 증가분($\varDelta X$)으로 나눈 것과 같다. X재의 한계효용 MU_x는 수식으로 표현하면 다음과 같다.

$$MU_x = \frac{\varDelta TU}{\varDelta X} \tag{0.11}$$

이것을 기하학적으로 측정하는 것이 [그림 0–5]에 나와 있다.

총효용곡선상의 한 점에서의 **한계효용**은 그 점에서 그은 **총효용곡선의 기울기**로 정의된다. 총효용곡선의 기울기란 다름 아닌 그 곡선에 접하는(tangent) 직선의 기울기를 말한다. 예컨대 V_2점에서 접하는 기울기가 2일 때 이것은 V_2점에서의 한계효용은 2단위라는 것을 의미한다. OA가 [그림 0–5]의 모양을 갖는 것은 한계효용은 X소비가 증가함에 따라 점차로 체감한다는 것을 의미한다. [그림 0–4]에서 여타의 효용곡선 PQR, STU, BWG도 마찬가지의 모양을 갖는 것은 X의 소비가 증가함에 따라 한계효용이 점차로 체감함을 나타낸다.

경제학자가 가정한 효용곡면이 왜 [그림 0–4]와 같은가라는 것은 총효용곡선이 왜 [그림 0–5]와 같은가라는 문제와 같고 그것은 한계효용이 왜 체감하는가라는 문제와 동일하다.

예를 들어보자. 콜라 한 병을 소비함에서 얻는 효용과 한 병을 마신 다음의 두 번째 병의 효용은 어느 것이 더 클까? 바나나 한 개의 효용과 두 번째 바나나의 효용은 어느 것이 클까? 영광굴비 한 마리의 효용과 두 번째 굴비의 효용은 어느 것이 클까? 일반적으로 상품의 첫째 단위가 주는 효용은 두 번째 단위가 주는 효용보다 크다. 점점 더 많은 양의 X가 소비됨에 따라 추가적 단위의 효용(MU_x)은 점점 작아질 것이다. 이것을 경제학자는 **한계효용체감의 법칙**(law of diminishing marginal utility)이라고 부른다.

이것은 어디까지나 경험적으로 관찰되는 것을 일반화한 것에 지나지 않는다. 한계효용체감의 법칙이 첫 단위의 X를 소비한 후 곧바로 적용된다면 우리는 [그림 0–4]와 같은 효용곡면을 갖게 된다고 할 수 있다.

(4) 효용곡면, 무차별곡선, 그리고 무차별지도

[그림 0–6]은 [그림 0–4]가 나타내고 있는 효용함수를 다시 나타낸 것이다. 그러나 [그림 0–6]에는 효용곡면상에 CC, DD 및 EE 등의 곡선들이 표시되어 있다. 효용곡면상의 CC곡선은 $CC'=QQ'$ 즉 밑면으로부터 같은 높이에 있는 모든 점들의 궤적이다. 효용은 밑면으로부터의 높이로 측정되므로 CC곡선은 일정한 효용을 나타내는 곡선이 된다.

CC곡선을 밑면에 투영해 보자. 그러면 그것은 $C'C'$가 된다. 이 $C'C'$곡선은 효용곡

그림 0–6 총효용곡선과 무차별곡선

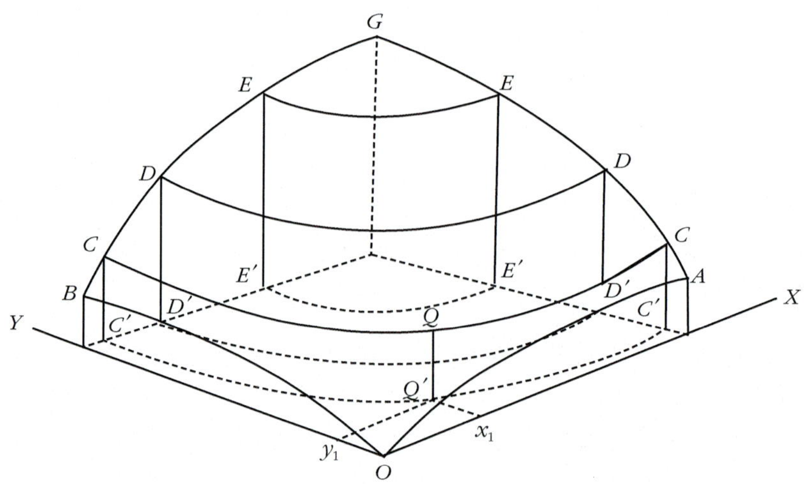

면에 동일한 높이를 가져오게 하는 X재의 양과 Y재의 양을 조합한 궤적이 된다.

마찬가지로 밑면에서 같은 높이에 있는 DD곡선과 EE곡선을 밑면에 투영하면 $D'D'$와 $E'E'$가 얻어진다. $D'D'$와 $E'E'$도 각각 동일한 효용을 주는 X재의 양과 Y재의 양을 조합한 궤적이다.

지도상의 등고선(等高線)이라는 아이디어를 효용곡면에 적용하면, 밑면에 투영된 $C'C'$, $D'D'$, $E'E'$ 등과 같은 등효용곡선을 구할 수 있다. 이와 같은 등효용곡선을 **무차별곡선**(indifference curve)이라고 부른다. 이것이 경제학에서 차지하는 중요성을 감안하여 다시 정의하면 다음과 같다.

무차별곡선은 소비자가 같은 만족감(또는 효용)을 느끼는 X재와 Y재를 조합한 궤적이다.

(5) 무차별곡선의 기본적 성격

무차별곡선은 다음 네 가지 성격을 갖는다.

① 무차별곡선은 우하향(右下向)하는 기울기를 갖는다.

② 원점에서 더 멀리 떨어져 있는 무차별곡선일수록 더 높은 효용수준을 대표한다.

그림 0-7 무차별지도

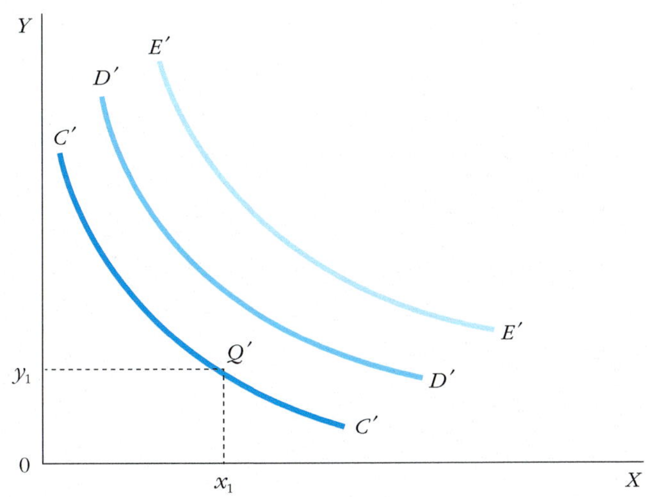

③ 두 무차별곡선은 서로 교차할 수 없다.

④ 무차별곡선은 원점에 대해 볼록한(convex to the origin) 모양을 갖는다.

왜 무차별곡선은 이러한 성격을 갖는가? 답은 효용곡면이 [그림 0-7]과 같은 모습을 지니는 한 위의 네 가지 기본적 성격을 갖게 된다는 것이다.

2 분업, 특화 그리고 교환으로부터의 이익

갑과 을의 무차별곡선을 갑과 을의 생산가능곡선과 동시에 검토하자. 설명의 편의를 위하여, [그림 0-2]에서 제시한 갑과 을의 생산가능곡선을 [그림 0-8]의 (ⅰ)과 (ⅱ)에 따로 그려 놓고, 갑과 을의 무차별곡선을 각각 [그림 0-8]의 (ⅰ)과 (ⅱ)에 위치시켜 보자.

갑의 효용극대화는 [그림 0-8]의 (ⅰ)에서 점 A_0로 나타내고, 을의 효용극대화는 [그림 0-8]의 (ⅱ)에서 점 A_0^*로 나타내자.

갑의 효용이 극대화되는 바나나와 물고기의 생산은 18다발의 바나나와 56마리의 물고기이다. 이는 생산가능곡선상의 한 점 A_0로 표시된다. 동시에 이 점은 U_0이라는 무차별곡선상의 한 점으로 그의 효용극대화 소비량을 나타낸다. 이때 갑은 생산한 것만큼 소비하는 자급자족의 상태에서 살고 있다.

그림 0-8 효용극대화를 낳는 생산과 소비

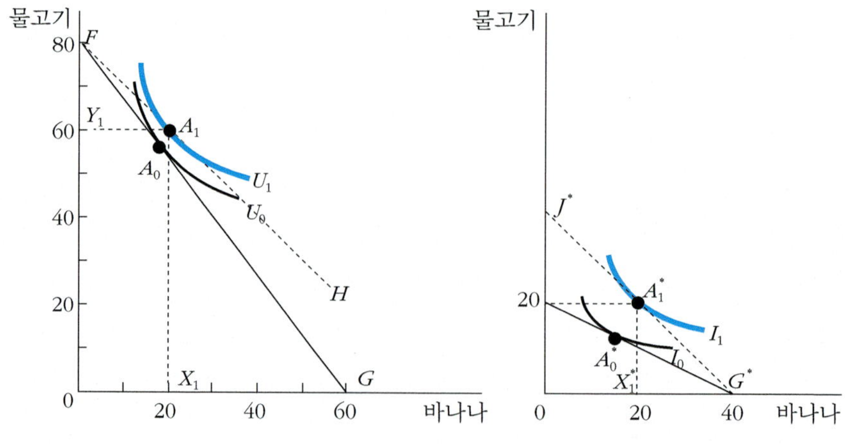

(ⅰ) 갑의 생산과 소비 (ⅱ) 을의 생산과 소비

을의 효용극대화는 점 A_0^*에서 이루어지는데, 을도 생산한 것만큼 소비하는 자급자족의 상태에 살고 있다.

이제 교환이 가능한 세계를 생각해 보자. 앞에서 논의한 것처럼 바나나와 물고기 간의 교환비율은 1:1이라고 하자. 갑이 자신의 비교우위에 있는 물고기 생산에 특화하여 물고기만 80마리 생산하고 을과 1:1의 교환비율로 바나나를 교환한다면 이는 소비가능 조합이 FH선을 따라 이동하는 것으로 표시될 수 있을 것이다. 이 경우 갑의 효용극대화는 A_1에서 이루어진다. 즉, 그는 FY_1만큼의 물고기를 A_1Y_1만큼의 바나나와 교환함으로써 A_1이라는 효용극대화 점에 도달하게 된다. 과거 자급자족의 상태에서는 A_1이라는 바나나와 물고기 조합은 소비가 불가능했다. 왜냐하면 A_1은 갑의 생산가능곡선 FG의 바깥에 위치하고 있기 때문이다. 그러나 교환이 가능해지면서, 과거 자급자족 상태에서는 불가능했던 새로운 점에서 소비가 가능해진 것이다.

을의 경우도 점 A_0^*에서 자급자족하고 있다가, 바나나와 물고기를 1:1의 교환비율로 바꿀 수 있는 새로운 기회가 포착되면, 을은 비교우위를 가진 바나나 생산에 특화하게 된다. 바나나만을 40다발 생산하여 1:1의 교환비율로 물고기와 교환하면 을의 소비가능곡선은 J^*G^*가 되어 A_1^*점에서 효용극대화가 이루어진다. 즉 $X_1^*G^*$만큼의 바나나를 $X_1^*A_1^*$만큼의 물고기와 교환함으로써 A_1^*라는 새로운 효용극대화 점에 도달하게 된다. 을도 과거 자급자족 상태에서는 불가능했던 A_1^*에서의 바나나와 물고기 소비가 가능해진 것이다.

교환으로부터의 이익은 갑에게는 무차별곡선 U_0에서 U_1으로의 이동, 즉 보다 높은 효용수준의 성취이며, 을에게도 무차별곡선 I_0에서 I_1으로의 이동, 즉 보다 높은 효용수준의 성취로 나타난다.

비교우위에 따른 분업 및 특화 그리고 교역의 이익은 이와 같이 무차별곡선의 개념을 도입하면 대단히 간명하게 설명될 수 있다.

제 4 절 개인이 부자되는 법

우리는 앞 절에서 소개한 한계효용체감의 법칙을 이용하여 시장경제에서 임금근로자가 부유하게 되는 방법에 대해 논의하고자 한다.

1 한계효용과 한계비효용

여가는 인간에게 효용을 제공한다. 놀수록 여가시간의 한계효용은 체감한다. [그림 0-5]에서 가로축을 여가라고 하자. 세로축은 여가로부터 얻는 총효용이다. 그러면 [그림 0-5]는 여가시간이 늘어날수록 한계효용이 체감함을 보여준다.

이제 여가 한 단위를 한 시간이라고 하고 **여가의 한계효용**은 한 시간 더 놀 때의 한계효용이라고 엄밀히 정의하자. 인간은 즐거움, 효용을 낳는 것에 대해서는 가격을 지불할 용의를 갖는다. 여가의 가격은 여가 한 시간으로 포기된 한 시간의 임금(W)이다. 그런데 개인은 여가의 한계효용과 여가의 가격인 임금을 바로 비교할 수 없는 노릇이다. 한계효용의 단위와 돈의 단위가 다르기 때문이다. 이때 돈 1원의 한계효용을 λ라고 표시하자. 여가 한시간의 가격인 임금에 λ를 곱하면 임금이 지니는 효용의 크기가 측정된다. 개인은 여가 한 시간의 한계효용과 임금이 지니는 효용을 비교하여 전자가 후자보다 크면 여가를 더 택하고, 후자가 전자보다 크면 여가를 줄여 일을 한다라고 예상할 수 있다. 개인은 여가 한 시간의 한계효용(MU_A)을 λW와 비교하고 이 둘의 값이 같을 때, 효용극대화가 이루어진다.

즉, 개인의 **효용극대화 조건**은 다음과 같다.

$$MU_A = \lambda W \tag{0.12}$$

이를 달리 표현하기 위해 양변을 λ로 나누면 다음 식이 성립한다.

$$\frac{MU_A}{\lambda} = W \tag{0.13}$$

윗 식의 좌측은 여가의 한계효용을 돈 1원이 낳는 한계효용으로 나눈 것으로, 여가 한 시간의 한계효용가치가 된다. 개인은 식 (0.12)와 같이 여가 한 시간의 한계효용과 임금이 지니는 효용을 비교할 수도 있고, 식 (0.13)과 같이 여가 한 시간의 한계효용가치와 임금을 비교할 수도 있다.

이제 [그림 0-9]의 (i)에서 가로축에는 여가시간을 놓고, 세로축에 여가의 한계효용가치를 놓으면, 여가의 한계효용가치는 우하향의 기울기를 갖는다. 한계효용체감의 법칙이 작용하고 있기 때문이다.

당연히, 여가시간은 인간에게 쾌락, 즉 효용을 낳지만, 노동시간은 고통, 즉 비효용(非效用, disutility)을 낳는다. 여가의 한계효용이 있으면 당연히 **노동의 한계비효용**

그림 0-9 한계효용 체감과 한계비효용 체증

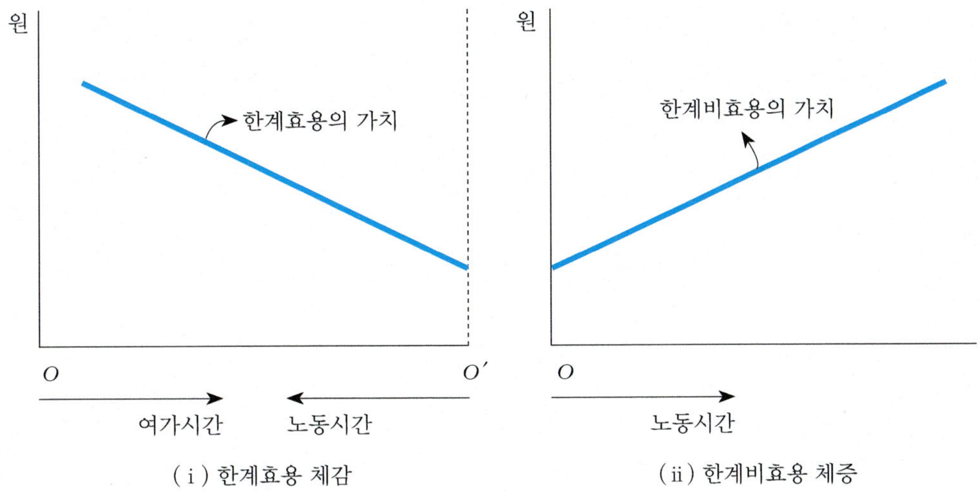

이라는 개념도 존재한다. 여가 한 시간 추가의 한계효용은 고통(노동시간)을 한 시간 줄임으로 오는 한계비효용의 감소분과 같다. 반대로 노동 한 시간 더 추가함에 따른 한계비효용은 여가시간 한 시간 줄임에 따른 한계효용의 감소분과 같다.

개인이 여가시간에 사용할 수 있는 시간은 유한하다. 하루 24시간, 1주에 168시간의 총시간을 갖고 있는 개인은 잠자고, 화장실 가고, 세수 등 간단한 화장을 하고, 식사에도 시간을 지출하고 나면 개인은 일주일에 약 100시간의 이용가능시간을 갖는다. 이제 약 100시간에서 '약'이라는 표현을 생략하겠다. 이때, 개인은 50시간을 여가에 보내면 노동시간은 50시간, 여가에 49시간을 보내면, 노동시간은 51시간으로 자신의 시간을 여가시간과 노동시간간에 배분한다고 하자. 노동 한 시간 추가의 한계비효용은 여가 한 시간 줄임의 한계효용의 감소와 동일하다.

이를 그림으로 표시해 보자. [그림 0-9]의 (i)에서 가로축에는 1주간 여가시간의 최대점인 100시간을 놓고 이 점을 O'으면 놓고 O'에서 출발하는 세로축을 상정하고 세로축의 단위는 금액 단위인 원으로 표시하자. 이제 [그림 0-9]의 (ii)에서 가로축에는 노동시간을 놓고, 세로축에 금액 단위인 원을 놓도록 해 보자. 그러면 **노동의 한계비효용가치곡선**은 [그림 0-9]의 (i)의 **여가의 한계효용가치곡선**을 원점만 바꾸어 돌려 놓은 것에 불과하다.

여가시간의 한계효용은 체감하지만, 노동시간이 증가할수록, 한 시간 추가 노동의 고통 즉 노동의 한계비효용은 체증한다. 인간은 쾌락에 대해서는 가격을 지불하려 하는데 비해 고통에 대해서는 보상을 요구한다. 노동의 한계비효용가치곡선은 노동시간의 한계비효용에 대해 개인이 요구하는 보상수준이다. 뒤에서 보다 자세하게 다루겠지만 이 곡선을 우리는 **노동공급곡선**이라고 부른다.

2 근로자 잉여와 개인이 부자되는 법

이제 가진 재산이 없는 자동차정비 근로자를 고려하자. 그가 생계를 위하여 노동시장에서 노동을 공급한다. 그의 선택의 기회비용은 노동의 고통스러움(비효용, disutility)이다.

개인이 노동의 고통을 참고 노동을 시장에 공급할 때, 임금이 높으면 더 많이 노동을 공급하고 임금이 낮으면 더 적게 노동을 공급하려 할 것이다. 경제학의 전통에 따라 노동공급량을 가로축에 놓고 임금을 세로축에 놓으면, 개인의 노동공급곡선은 [그림 0-10]과 같이 우상향의 기울기를 갖는다. 시장에 갑, 을, 병이라는 세 자동차정비공만 있다면 시장의 노동공급곡선은 [그림 0-10]과 같이 개인의 노동공급곡선인 $s_{갑}$, $s_{을}$, $s_{병}$의 수평적 합계에 의해 도출된다.

여기서 갑, 을, 병의 노동공급곡선의 위치가 다른 이유는 무엇일까? 개인의 노동공급곡선은, 노동을 공급할 때 노동의 고통에 대해 개인이 최소한 보상받아야 한다

그림 0-10 노동공급곡선

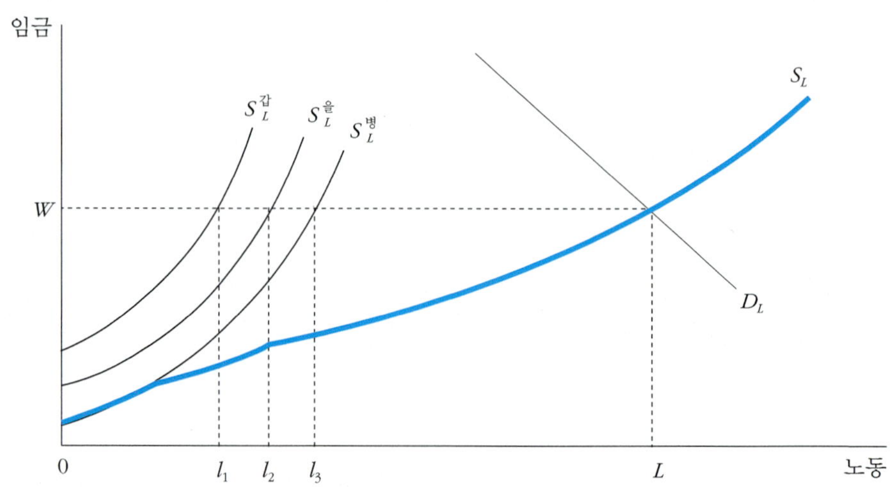

고 판단하여 요구하는 임금이기도 하다. 그 위치가 다른 것은 노동의 고통에 대한 보상요구 수준이 다르기 때문이다. 만약, 병이 가장 민첩한 손재능과 기계조작능력을 갖고 있으면, 자동차정비 노동의 고통의 크기가 작아 이 개인의 노동공급곡선은 [그림 0−10]에서 가장 낮은 곳에 위치한다. 즉 낮은 보상요구임금은 낮은 기회비용을 나타낸다. 반면, 자동차정비에 손재능이 없고 기계조작능력이 뒤떨어진다면, 자동차정비 노동의 고통은 당연히 크고, 이 고통에 대한 보상요구임금은 커진다. 이 개인의 노동공급곡선은 [그림 0−10]의 갑과 같이 높은 곳에 위치한다. 이때 개인 병은 개인 갑에 비해 자동차정비 일에 비교우위를 갖는다. 비교우위의 원천은 개인의 손재능과 기계조작능력에 기인한다.

[그림 0−10]에서와 같이 시장의 노동수요와 시장의 노동공급에 의해 임금이 결정되면 개인 갑은 l_1을 공급하게 되고, 개인 병은 l_3를 공급하게 된다. 자동차정비에 비교우위를 갖는 개인은 보다 낮은 고통이라는 낮은 기회비용에 따라 보다 많은 노동공급을 하여 높은 임금소득을 누리게 된다. 경제학에서 **경제적 지대**(economic rent) 또는 **근로자 잉여**(worker's surplus)란 시장임금과 노동공급을 위해 요구하는 보상임금 수준간의 차액이다. 자동차정비에 비교우위를 갖는 개인은 가장 큰 근로자 잉여를 누리게 될 것이다.

별다른 자산이 없더라도 근로자가 노동을 통해 소득을 얻고 근로자 잉여를 축적하면, 재산을 가진 중산층 또는 상류층으로 계층 상승을 할 수 있다. 근로자 잉여가 특별히 큰 경우, 이것이 누적되면 그는 큰 재산가가 된다. 재산을 어느 정도 축적한 뒤에는 재산을 투자하는 자영업자, 기업가가 되어 더 큰 경제적 이윤을 추구하게 될 것이다.

그렇다면, 어떤 경우에 근로자 잉여가 가장 크게 될까? 노동의 고통에 대한 보상요구수준이 일정할 때는 시장임금이 클수록 근로자 잉여가 높아진다. 개인은 시장임금이 높은 곳으로 끊임없이 이동하는데 그 이유는 그렇게 함으로써 근로자 잉여가 커지기 때문이다.

시장임금이 주어져 있으면 보상요구임금이 낮을수록 근로자 잉여가 커진다. 보상요구임금은 각 개인이 자신의 재능, 적성, 기호에 맞는 직업분야에 자신의 노동을 공급할 때 가장 낮아질 것이다. 자신의 재능, 적성, 기호에 맞지 않는 직업을 택하면 개인의 고통이 커지고, 그러한 직업이 요구하는 기술, 숙련을 갖는 데 비용이 크게 들기 때문에 보상요구임금수준은 높아진다. 따라서 각 개인은 다른 사람과 비교하여 자신의 재능, 적성, 기호에 맞는 직업에 특화하고 그렇게 함으로써 가장 높은 근로자 잉여를 누릴 수 있다.

노동시장에서 시장임금보다 높은 보상요구임금수준을 가진 개인은 철저히 배제된다. 즉 실업이나 비경제활동인구상태가 된다. 취업자가 되고 근로자 잉여를 극대화하자면 자신의 재능, 적성, 기호에 맞는 기술, 기능, 지식, 정보를 가져야 하며, 자신의 재능, 적성, 기호에 맞는 직업을 가져야 한다. 그렇지 않으면 시장의 참여가 배제되는 징벌을 당하게 된다.

3 시장가격(임금)이 수행하는 역할

기업은 경제적 이윤을 추구하고, 개인은 근로자 잉여를 추구하는 과정에서 국민경제의 생산은 최대가 되고, 국민경제의 인적자원은 각 분야로 효율적으로 배분된다. 국민경제의 각 개인은 자신의 재능, 적성, 기호에 맞는 직업에 특화함으로써 국민경제는 각 개인이 창의력을 발휘하고, 활력이 넘치는 경제가 된다.

노동시장은 임금을 결정하며 인적자원을 사회의 각 직종, 각 산업, 각 지역으로 배분한다. 이를 **시장기능**(market mechanism)이라고 한다. 이 과정에서 **시장가격**(임금)이 수행하는 역할을 다음 몇 가지로 나누어 볼 수 있다.

첫째, 시장가격은 시장참여자에게 시시각각 변화하는 정보를 전달해 주는 기능을 수행한다. 수많은 직업 중에서 특정 직업의 높은 임금은 노동수요자인 기업이 높게 평가하는 지식 · 기술에 관한 정보를 신호(signal)한다. 또한 임금상승은 초과수요가 있음을, 임금하락은 초과공급이 있음을 신호한다. 노동이라는 생산요소의 상대적 희소성과 가치에 관한 노동시장 정보는 임금을 매개로 하여 각 경제주체에게 즉각적으로 또 아무런 비용 없이 전달된다.

둘째, 가격신호에 따라 움직이는 경제주체들에게 금전적 포상을 해준다. 생산요소의 소유자들이 시장이 높게 평가하는 지식 · 기술 · 자원을 공급하면 이들은 높은 소득으로 포상을 누리며 그렇지 않으면 낮은 소득이라는 형태로 징벌을 받는다.

셋째, 금전적 이익을 최대화하려는 경제주체로 하여금 각자의 재능과 소질에 따라 특화시키도록 하여 사회적 분업을 진전시킨다. 개인들이 시장이 높게 평가하는 지식 · 기술 · 자원을 가장 값싸게 공급하자면, 자신의 소질과 능력에 맞는 분야에 특화(specialization)하여 전문가가 되는 방법밖에 없다. 기업의 경우도 타기업과의 경쟁에서 승리하려면 타기업과의 비교우위에 입각하여 자신의 기업활동을 특화해야 한다. 타 기업과의 경쟁에서 승리하기 위해 다양한 분야에서 디자인 · 성능 · 색깔 · 모양

등에서 타 상품과 차이가 나도록 제품차별화(product differentiation)를 추구하고 이를 가능하게 하는 기술을 개발하거나 생산조직을 만들고 인재(人才)를 개발하고 동원해 낸다. 시장은 경제주체의 분권적 의사결정을 사회전체적 관점에서 통합시키고 경제적 자유를 더욱 신장시키는 기능을 한다.

제5절 한국의 성공 요인: 개방경제와 비교우위

리카도의 비교우위론은 국가간의 거래, 즉 국제무역에 쉽게 응용될 수 있다. 수출주도형 경제개발을 추진해 온 한국의 높은 경제적 성과도 비교우위론에 입각해 해명될 수 있다.

1 리카도 비교우위론과 국제무역

앞서 두 개인 갑과 을의 생산가능곡선과 비교우위를 살펴보았다. 이제 두 국가 한국과 베트남의 생산가능곡선과 비교우위를 살펴보기로 하자. 이는 앞서 학습한 내용의 반복학습이 된다.

한국은 베트남에서 의류·섬유, 신발, 석탄, 원목 등을 수입한다. 한국은 베트남에 세탁기, TV, 자동차, 휴대폰 등을 수출한다. 베트남과 한국 간의 교역, 구체적인 예로 목재와 세탁기 간의 교역을 살펴보자.

여기서 제2절에서의 두 독립소생산자만 있는 경제의 가정을 두 국가의 경우로 바꾼다. 즉,

가정 1. 두 국가만 존재하고, 각 국가는 두 재화만 생산한다.
가정 2. 각 재화의 생산에는 노동이 유일한 생산요소이다.
가정 3. 각국의 총 노동공급 시간은 일정하다.
가정 4. 재화 1단위 생산하는 데 필요한 노동투입량은 일정하다.
가정 5. 모든 노동의 질은 동일하다.

이 가정들이 성립한다면, [그림 0-11]과 같이 섬유와 세탁기라는 두 상품의 경우에, 가로축에 목재로 놓고, 세로축에 세탁기를 놓아 한국과 베트남의 생산가능곡선을 그릴 수 있을 것이다. 설명의 편의를 위하여, 한국과 베트남의 생산가능곡선을

그림 0-11 한국과 베트남의 생산가능곡선

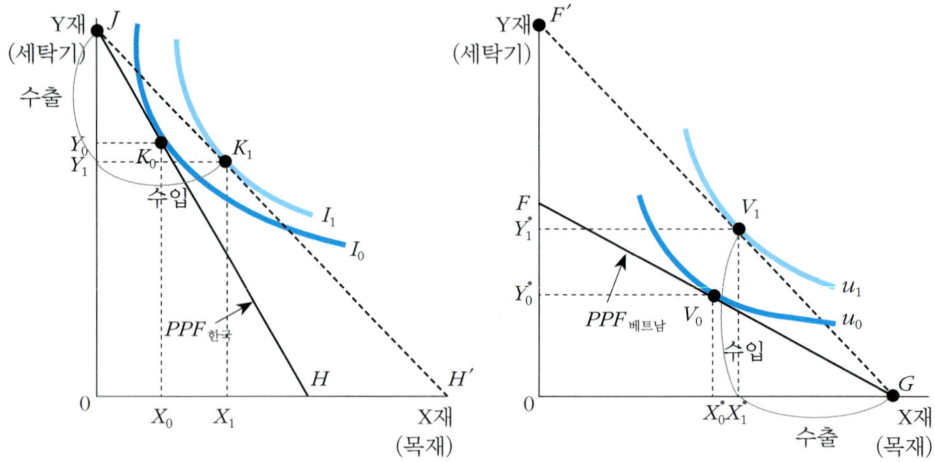

(i) 한국 (ii) 베트남

[그림 0-11]의 (i)과 (ii)에 따로 그려 놓았다.

한국의 *PPF*는 *JH*, 베트남의 *PPF*를 *FG*라고 하자. 한국이 자신의 노동 총량을 세탁기에만 투입하면, *OJ*의 세탁기를 생산할 수 있고 노동 총량을 목재에 배분하면, 그 생산이 *OH*가 된다고 하자. 노동을 양 부문으로 배분하면, 다양한 조합의 목재와 세탁기 조합이 가능한데 이는 $PPF_{한국}$으로 표시되었다. 반면에 베트남이 자신의 노동 총량을 목재 생산에 배분하면, 그 생산이 *OG*가 되고, 노동 총량을 세탁기에만 투입하면, *OF*의 세탁기를 생산할 수 있다고 하자. 베트남에서는 외국에서 대량생산 기계를 도입하여 풍부한 젊은 미숙련 인력을 활용하여 목재 생산을 한국보다 값싸게 할 수 있다. 베트남에서 목재 1단위 생산의 기회비용은 대단히 낮을 것이다. 반면에 베트남은 한국처럼 전자, 자동차, 철강 등의 제품생산에 필요한 기술과 숙련근로자를 갖고 있지 않다. 따라서 베트남의 세탁기 1단위 생산의 기회비용은 대단히 높다. 이때 베트남은 목재 생산에 비교우위를 갖고 있다고 말한다. 반면, 한국은 세탁기 생산의 기회비용이 낮기 때문에 세탁기 생산에 비교우위를 갖는다고 한다.

$PPF_{한국}$으로 표시된 한국의 생산가능곡선의 기울기는 $|OJ/OH|$이다. 반면 $PPF_{베트남}$으로 표시된 베트남의 생산가능곡선의 기울기는 $|OF/OG|$이다 한국에서 목재 1 단위 더 생산하기 위해 포기해야 하는 세탁기의 양은 베트남의 그것보다 훨씬 크다. 따라서 베트남은 목재 생산에 비교우위가 있으며, 한국은 세탁기 생산에 비교우위를

갖는다.

비교우위에 있는 제품을 생산하여 상호 교환, 무역을 하는 것이 자급자족 상태보다 나은 결과를 가져올 수 있다. 예를 들어보자. 목재 한 단위는 톤이며, 세탁기의 단위는 개라고 하자. 베트남에서 목재 1톤의 기회비용은 세탁기 0.5대인 반면 한국에서는 목재 1톤의 기회비용은 세탁기 5/3대라고 하자. 베트남의 무역상은 비교우위에 있는 목재 1톤을 한국에 가져가서 세탁기 5/3대와 교환해 베트남에 돌아 온다면 큰 이익을 누릴 수 있게 된다. 반대로 한국에서 세탁기 1대의 기회비용은 3/5톤의 목재이며, 베트남에서 세탁기 한 대의 기회비용은 2톤의 목재이므로 한국의 무역상은 비교우위에 있는 세탁기 한 대를 베트남에 가져가서 2톤의 목재를 얻어 한국에 가져오면 큰 이익을 얻는다. 이와 같이 각국은 비교우위에 있는 재화의 생산—한국은 세탁기, 베트남은 목재 생산—에 특화하고 생산된 제품을 교환하면 양국이 모두 이익을 얻게 된다.

직선 모양의 생산가능곡선은 세탁기로 표시한 각국의 목재 1 단위의 생산의 기회비용이 일정함을 의미한다. 즉, 기회비용이 두 재화의 생산량에 따라 달라지지 않는다는 것이다. 이처럼 기회비용이 일정하여 생산가능곡선이 직선이라는 가정 하에 국제무역을 분석하는 것을 **리카도의 국제무역 모형**이라 부른다. 리카도는 19세기 초에 최초로 이 분석을 이용하여 국제무역을 해명하였다.

2 무역으로부터의 이익

[그림 0–11]에는 20세기 초에 고안된 무차별곡선이 추가되어 있다. 한국 국민의 선호도와 베트남 국민의 선호도가 무차별곡선으로 표시되어 있다. 우리는 무차별곡선은 개인의 효용을 나타내는 도구이며, 개인의 효용은 주관적이고 만족이나 쾌감과 같은 심리적 상태를 의미하기 때문에 서로 다른 두 사람의 효용을 비교할 수 없다고 배웠다. 그런데 어찌 국민의 무차별곡선의 개념이 존재한다는 말인가라는 의문을 제기할 수 있다. 여기서 우리는 다음과 같은 가정을 추가로 도입한다.

가정 6. 한 나라의 선호도는 한 개인의 무차별 곡선과 동일한 성질을 지니는 **사회무차별곡선**(social indifference curve)으로 나타낼 수 있다. 여기서 사회무차별곡선은 사회전체를 마치 하나의 소비자처럼 간주하여 사회 전체에 동일한 효용수준을 제공해 주는 재화의 조합으로 해석하기로 한다.

사회적 무차별곡선의 개념이 새로울 뿐, 그 외는 앞에서 논의한 것의 반복학습에 속한다.

한국과 베트남의 무차별곡선을 각 국의 생산가능곡선과 동시에 검토하자. 한국과 베트남의 무차별곡선을 각각 [그림 0-11]의 (ⅰ)과 (ⅱ)에 위치시켜 보자.

한국의 효용극대화는 [그림 0-11]의 (ⅰ)의 점 K_0에서 이루어지고, 베트남의 효용극대화는 [그림 0-11]의 (ⅱ)의 점 V_0에서 이루어진다.

한국이 효용극대화되는 목재와 세탁기의 생산은 OX_0의 목재와 OY_0의 세탁기이다. 이는 생산가능곡선상의 한 점 K_0로 표시된다. 동시에 이 점은 I_0라는 무차별곡선상의 한 점으로 한국의 효용극대화 소비량을 나타낸다. 이때 한국은 생산한 것만큼 소비하는 자급자족의 상태에서 살고 있다.

베트남의 효용극대화는 점 V_0에서 이루어지는데, 베트남도 생산한 것만큼 소비하는 자급자족의 상태에 살고 있다. 베트남의 목재 생산과 소비는 OX_0^*, 세탁기 생산과 소비는 OY_0^*이다.

여기서 세계의 생산과 소비가 각각 계산되는데, 이들은 한국과 베트남 생산과 소비를 합한 것이 된다.

이때, 한국과 베트남 간에 거래되는 목재 한 단위와 세탁기 한 단위간의 교환 비율(물론 상대가격)이 $PPF_{베트남}$의 기울기와 $PPF_{한국}$의 기울기의 사이의 값, 예컨대 [그림 0-11]에서 JH'의 기울기(=$F'G$의 기울기)를 갖는다고 하자. 국제무역에서 상대가격은 국제무역의 수요와 공급에 의해 결정되지만, 이는 여기서의 주된 관심사는 아니고, 국제시장에서 결정된 상대가격을 한국과 베트남이 받아들인다고 가정할 때 교역을 한다면 어떤 결과가 나타날 것인가를 분석하고자 하는 것이다.

한국이 자신의 비교우위에 있는 세탁기 생산에 특화하여 세탁기만 생산하면, 한국은 목재 한 단위와 세탁기 한 단위간의 교환비율(물론 상대가격)을 나타내는 JH'선을 따라 교환하게 되고, 한국의 효용극대화는 K_1에서 이루어진다. 한국은 JY_1만큼의 세탁기를 Y_1K_1만큼의 목재와 교환함으로써 K_1이라는 효용극대화 점에 도달하게 된다. 과거 자급자족의 상태에서는 K_1이라는 목재량과 세탁기량의 소비는 불가능했다. 왜냐하면 K_1은 한국의 생산가능곡선 JH의 바깥에 위치하고 있기 때문이다.

그러나 무역에 의한 교환이 가능해지면서, 과거 자급자족 상태에서는 불가능했던 새로운 점에서 소비가 가능해진다.

베트남의 경우도 점 V_0에서 자급자족하고 있을 때, 섬유와 세탁기 간의 새로운 교환비율 $F'G$라는 새로운 기회가 포착되면, 베트남은 비교우위를 가진 목재 생산에 특화한다. 목재만을 생산하여, $F'G$라는 교환비율로 목재와 세탁기를 교환하면 베트남은 V_1점에서 효용극대화를 이루게 된다. 즉 X_1^*G만큼의 목재를 $X_1^*V_1$만큼의 세탁기와 교환함으로써 V_1라는 효용극대화 점에 도달하게 된다. 베트남도 이제 과거 자급자족 상태에서는 불가능했던 V_1에 나타난 목재량과 세탁기량의 소비를 할 수 있게 된다.

한국은 무차별곡선 I_0에서 I_1으로 이동, 즉 보다 높은 효용수준을 성취하고, 베트남은 무차별곡선 U_0에서 U_1으로의 이동, 즉 보다 높은 효용수준을 성취한다. 이는 **무역으로부터의 이익**(gains from trade)이 된다.

동시에 비교우위에 있는 상품생산에 완전 특화함으로써 세계의 총생산은 증대된다. 무역으로 가능해진 각국의 소비의 증대는 이러한 세계총생산의 증대에 기인하는 것이다.

제 6 절 한국 시장경제의 침체를 낳는 요인들

1 청년인구 감소와 비교우위 추구 열정의 쇠퇴

(1) 인생의 청년기의 의미

계절에 봄, 여름, 가을, 겨울이 있듯이 인생의 주기(life cycle)에도 봄, 여름, 가을, 겨울이 있다. 인생의 봄은 15세에서 30세의 기간이다. 이 기간의 사람들은 청년들이다. 0~14세까지는 유소년으로 부모의 보호를 받는 기간이기 때문에 인생의 봄의 시작을 15세로 잡는다. 여름은 30~50세의 기간이다. 가을은 50~70세의 기간이며 겨울은 70세에서 사망에 이르는 나이이다.

인생에서 가장 강력한 에너지, 열정, 도전은 청년의 특징이다. 이는 기원전 5000년에도 그러하였고 지금도 그러하며 동양과 서양 불문하고 타당하다.

제국을 건설한 인물들은 청년들이었다. 알렉산더는 20세에 왕이 되어 33세까지 제국을 경영하였다. 칭기스칸은 19세에 독자세력을 구축하고 27세에 칸이 되었다. 현대에 대학, 대학원을 졸업한 정치인들도 청년기에 정치적으로 그 뜻을 세운다. 링컨은 23세에 주의회 선거에 나섰고, 오바마는 24세에 시카고 빈민구제의 사회운동을 시작했다. 마가렛 대처도 25세에 총선에 출마하였다. 세계의 거대부자, 대기업가도 청년기에 그 뜻을 세웠다. 록펠러는 고졸 후 16세에 취업, 20세에 창업을 하고, 24세에 정유소를 설립했다. 빌 게이츠는 17세에 창업하고, 대학 중퇴 후 19세에 마이크로소프트사를 설립했다. 스티브 잡스는 17세에 대학 중퇴 후, 19세에 실리콘밸리 경력을 시작하여 21세에 애플사를 창립했다.

초점을 다시 경제에 맞추자. 개방경제에서 그리고 국내 경제에서 비교우위를 열렬히 추구하며, 시장기능에 가장 능동적으로 대응하는 사람은 청년들이다. 15세에서 21세 사이의 청년들이 시장의 정보를 활용하고, 과감하게 도전하고, 새로움을 창조하여, 막대한 소득과 부를 만들어 낸다.

30세 이후에는 인생의 정착기, 작물이 성숙하고 곡식알이 영글어가는 시기이다. 새로운 도전과 모험의 기회비용이 너무 크다. 실패하면 만회의 시간이 없고, 궁핍으로 가족이 길거리로 내몰리기 때문이다. 50세는 인생의 가을이 시작된다. 자녀들이 대학을 졸업하고, 결혼하고 분가한다. 그리고 본인은 다가오는 겨울을 준비한다. 여성은 폐경기를 맞고, 남녀 모두 갱년기 장애를 경험한다. 현재까지 일구어 온 가족과 재산을 지키는 일에 몰두하며, 따라서 대다수가 50대부터 보수화된다.

결국 비교우위를 열정적으로 추구하고, 새로운 분야에 힘차게 열정적으로 도전하는 사람들은 청년밖에 없다고 해도 과언이 아니다.

(2) 한국 청년인구의 큰 감소

한국의 청년인구가 큰 폭으로 감소하고 있다. 청년인구가 1/2로 감소하면 한 국가의 비교우위 추구 열정의 총량이 1/2 감소하는 것과 마찬가지다.

더욱이 한국의 청년은 15세에서 21세까지 고등학교에서 대입수능시험 준비하느라 정신없고 대학생활에서도 졸업 후 취업 준비하느라 본인의 비교우위가 무엇인지, 본인의 재능은 무엇인지, 청년기에 재능의 연마에 의해 비교우위를 추구하는 것이 얼마나 중요한지 모르고 살아간다.

결국, 청년인구가 1/2 감소하고 줄어든 청년의 비교우위 추구 열정이 대입준비로 1/2 이상 감소하면, 한 국가의 비교우위 추구 열정의 총량이 종전에 비해 1/4밖에 남지 않는다. 시장경제를 움직이는 힘이 고갈되고, 경제는 죽어가고 있는 것이다.

[그림 0-12]는 통계청이 작성한 15세~21세의 한국 청년의 인구추이를 보여주고 있다. 청년인구는 1980년 약 630만명, 1990년 약 626만명으로 피크(peak)를 이루고 난 뒤 크게 감소하고 있다. 피크 이후 크게 감소하는 인구 패턴을 **인구절벽**(demographic cliff)이라고 한다. 우리는 1990년 이후 **청년층 인구절벽**을 관찰하고 있

그림 0-12 청년층(15~21세) 인구절벽 (단위: 천명)

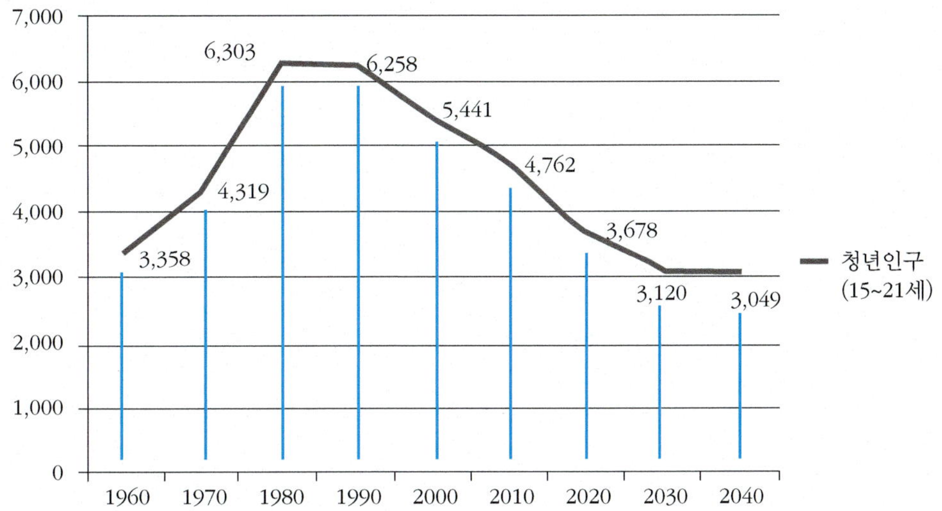

다. 청년의 청년이 2020년에 약 368만명으로 1970년~80년 피크 대비 40%가량 크게 감소하고, 2030년에는 312만명으로 1970년~80년 피크 대비 50%가 감소한다. 15~21세는 7년의 햇수이므로 위 통계를 7로 나누면 15~21세의 평균 청년 숫자가 나온다. 1970년~80년 청년의 수는 매년 90만명 수준이었으나 2020년에는 52만명으로 줄어들고, 2030년에는 45만명으로 감소한다.

만약, 해외 이민을 받아들여 청년인구 감소분을 상쇄시키자면 현재 2020년 기준 매년 40만명의 외국 청년의 이민인구가 필요하다. 이만한 규모의 이민을 2050년까지 30년간 지속하면 1,200만명의 외국인이 들어오고, 2050년에는 15~64세 인구의 약 40%가 외국인 이민자로 구성되어 한국은 다민족 국가가 될 것이다. 이러한 대규모의 외국인의 이민이 들어오고 이들이 한국에 정착하자면 영어의 공용화는 선택이 아니라 필수가 된다.

(3) 한국 청년의 일상생활

청년인구가 반토막 나고 현재의 쇄국주의적 이민정책이 유지된다면, 경제의 활력을 유지하기 위해서 국내 청년의 질적 수준을 더욱 높이고, 여성의 경제활동참가를 더욱 촉진하고, 고령인력의 활용을 증대시키지 않으면 안된다. 그 중에서도 재능을

표 0-3 한국 중 · 고등학생의 하루

일정	중학생	고등학생
기상	오전 7시 30분	오전 6시~6시 30분
등교	8시 10분~8시 30분	7시 30분~8시
하교	공립: 오후 3~4시 사립: 오후 4~4시 30분	서울, 경기지방: 오후 4시 나머지 지역: 오후 9시~11시
학원	한 과목당 주 2~3회 80분 여러 과목 수강	한 과목당 주 2회 150분 여러 과목 수강
방학중 일상	공립: 방학 사립: 방학 보충 (실제 방학 1주일 정도)	서울, 경기지방: 보충은 선택 나머지 지역: 보충은 필수 (오전 8시~오후 1시/3시/5시/9시)
시험공부	내신 70% 들 정도면 OK 원하는 고등학교 가려면 내신 좋아야	뼈 빠지게 공부해야 함
주말	학원	고1/2학년: 독서실, 학원 고3학년: 학교에서 주말 자습
수업 분위기	1. 자거나 떠듬 2. 공부함	공립: 자거나 떠듬 사립: 자거나 떠듬/공부함
점심시간	밖에 나가서 놈	수면 보충/나가서 놈/애니팡

발견하고 연마하여 비교우위에 입각해 전문가가 되어 근로자 잉여나 경제적 이윤을 추구하는 주된 인력은 남성이든 여성이든 관계없이 청년들이다.

그런데 한국 청년의 일상생활은 어떤가? 청년기가 시작되는 15세에 중학교 2학년이므로 중·고등학생의 일상생활을 관찰하면 〈표 0-3〉과 같다.

한국의 청년들은 오로지 대학진학을 위한 학교수업, 보충수업, 학원수업에 거의 모든 시간을 쏟는다. 재능의 발견과 연마, 비교우위의 추구, 그 결과로 엄청난 소득을 창출하는 일은 연예인이나 체육인을 꿈꾸는 일부 청년들에서나 이루어지고 있을 뿐, 정작 평생 일의 세계에서 살아가는 청년들에게는 그러한 기회조차 제공되지 않는다.

그렇다면 한국 청년이 추구하는 것은 무엇인가? 오로지 일류 대학 입학을 목적으로 부모의 엄격한 규율과 희생적인 재정지원 아래 공부에 전념하는 것이다. 일류 대학 졸업은 고시에 합격하거나 또는 재벌기업에 취업하는 것을 가능하게 하기 때문이다. 공부에 전념하고, 일류 대학에 들어가고, 공무원으로 일하거나 재벌기업에서 일하는 것이 청운의 뜻이 되었다. 일류 대학 졸업자들은 공무원, 재벌기업 사원으로 일하면서 이들은 지연, 혈연, 그리고 학연을 매개로 네트워크를 형성하며, 네트워크를 활용하여 고위직 공무원이 되고 재벌회사의 고위경영진인 이사, 부사장, 사장이 되었다. 중앙집권적인 한국 관료조직, 정치조직과 중앙집권적인 기업경영 조직에서의 출세와 입신양명은 본인과 가족의 영광이 되었다.

(4) 비교우위 추구 열정의 쇠퇴

조선의 지배계급이 몰락한 후, 새로운 지배계급으로의 계층상승 욕구가 한국 사회를 역동적으로 만든 요인이었다. 여가없이 일만 하는 특성, 경쟁에서 승리자가 되기 위해 수단과 방법을 가리지 않고 치열하게 이기적으로 노력하는 특성, 상대방과의 차이의 인정과 관용의 부재, 이타심의 부재는 이들 엘리트 그룹의 기본 특성이다.

다만, 자신의 견고한 네트워크에 속하는 인사이더(insider)에 대해서는 신뢰하고, 충성하고, 협력하며, 상부상조를 극진히 한다. 자신의 네트워크 바깥에 있는 아웃사이더(outsider)에 대해서는 정반대의 자세, 즉 불신, 경계심, 비협조, 냉담한 무시의 자세를 취하기 때문에 기본적으로 이중적 가치를 지니며 살아간다.

이들은 공무원, 대기업 사원으로서 평생 일하는 직장안정성을 원하며, 개인의 성과와 생산성에 따른 승진은 소홀히 하며, 학연, 지연, 혈연 등과 같은 견고한 네트워크에의 귀속에 의한 승진과 출세를 추구하였다. 개인주의와 자율적 선택을 존중하기보다는 상명하복의 집단주의와 통제를 선호하였다.

더 나아가 재벌기업의 최고경영진들은 정부의 고급정보를 사적인 목적으로 이용하여 부를 축적한다. 그러한 정보를 제공한 정부 관료는 그 부의 일부를 뇌물로 받거나 퇴임 후 전관예우를 받아 높은 소득과 지위를 유지한다. 특권과 반칙에 의해, 부정한 방법으로 부와 명성을 쌓은 사람들이 단결하여 정당을 결성하여 국민들로부터 표를 받아 특권집단의 위치가 오히려 강화된다. 즉 민주주의에 의해 특권의 기득권 세력을 통제하는 것이 당연하나 민주주의의 탈을 쓰고 특권의 기득권 세력이 유지되고 더 단결이 강화되니 이는 민주주의의 배반이다.

특권과 기득권 유지에 집착하는 사람들과 기업들이 이제는 정부에 로비활동을 하여 본인들에게 유리한 법·규제를 유지시키거나 그들의 기득권을 제한하려는 새로운 법과 규제의 제정을 지연시키는 활동으로 공정한 법·규제기관으로서의 정부 역할이 크게 훼손되고 있다.

국가에 의한 통제경제, 국가에 의한 특권부여 그리고 정치적 집단이기주의가 만연하고, **지대추구행위**(rent-seeking activity)가 일반화된다.

한국의 부모들은 자녀들이 이러한 특질을 갖는 한국사회의 엘리트 계층으로 신분 상승하여, 많은 소득과 부, 높은 지위를 누리고 살 것을 염원한다.

그러나 명백한 것은 공부에 재능을 가진 자는 청년의 1/4정도에 불과하며, 청년의 3/4는 다양한 상이한 재능을 갖고 있다는 것이다. OECD 주요국에서 청년 중 4년제 일반대학에 다니는 청년의 비중이 평균 25% 수준이라는 것은 동양이든 서양이든 공부하는 데 재능있는 청년은 25% 정도임을 시사하는 것이다. 공부에 필요한 재능이란 언어, 수리, 논리 능력이다. 한국 청년에 대한 교육, 즉 중학교와 고등학교에서의 교육이 수학(修學)능력시험 대비, 대학입학 대비로 이루어지고 있다면, 이는 다른 재능, 예컨대 손재능, 정밀한 작업능력, 민첩한 신체기능, 공간지각능력, 시각능력, 디자인 능력, 대인 소통, 돌봄 능력 등에 비교우위를 가지고 있는 3/4의 청년을 희생시키는 것이 된다. 청년인구가 반토막 나고 줄어든 청년인구의 3/4에 해당하는 개인들이 비교우위 추구 기회가 주어지지 않는 한국의 현실을 우리는 비교우위 추구 열정의 쇠퇴라고 이름 짓는다.

2 한국 경제사회제도의 비교열위

(1) 제도의 비교우위와 비교열위

사회제도의 비교우위란 사회제도가 개인이 어떤 물건을 생산하는 데 드는 기회비용을 다른 사회의 개인의 기회비용보다 낮추는데 기여할 때를 의미한다. **사회제도의 비교열위**란 사회제도가 개인의 기회비용을 오히려 높이는 경우를 의미한다.

제도의 비교우위, 비교열위를 살펴보기 위해 OECD의 주요 선진국인 독일, 스웨덴, 덴마크, 네덜란드 등의 청년의 삶을 간단히 일별해 보자. 이들 국가에서의 학생들은 모두 6세에 초등학교에 들어간다. 독일은 4년의 초등학교가 끝나면 10세의 나이에 대학준비학교로 갈 것인지, 직업학교에 갈 것인지 조기에 결정되지만, 대부분의 국가에서는 중학교까지의 9년간의 교육이 끝나면, 즉 15세가 되면 대학에 갈지 아니면 직업교육을 받을지 판명날 뿐만 아니라 직업교육을 받는다면 어느 분야의 직업교육을 받을지도 이때에 정해진다. 초등학교부터 학생 재능의 발견과 재발견이 이루어지고 전문적 멘토의 반복적 피드백이 있기 때문이다. 3/4의 청년들이 15세에서 10년간 직업전문학교에서 그리고 기업에서 교육과 훈련을 받은 후 25세에 이르면 준전문가가 된다.

예컨대, 영국 국립경제사회연구소의 일련의 연구들은 네덜란드와 독일의 교육제도, 훈련제도의 우수성이 제조업 생산성을 영국보다 2배 정도 높이는 것으로 보고하고 있다.

> "네덜란드 엔지니어링 산업연구를 통하여 확인된 높은 숙련 수준은 주로 그 나라의 광범위한 정규교육과정에서의 훈련 제공을 반영한다. 다른 나라와 같이 피훈련자는 실업계 고교의 정규코스를 마친 후 첫 취업시, 구조화된 현장훈련(OJT) 프로그램을 이수하게 된다. 그러나 네덜란드에서 실업계 고교생들의 상대적으로 높은 수준의 성취도는 노동력의 훈련 가능성 측면에서 영국을 압도한다. 이는 첫 직장에 취업한 젊은 근로자뿐만 아니라 재훈련, 향상훈련을 받는 성인근로자의 경우도 마찬가지이다. 이런 맥락에서 네덜란드 고용주는 영국 고용주보다 주어진 기준에 맞춘 훈련을 보다 빨리 수행하며, 비용면에서도 대단히 효과적으로 수행한다. 대부분의 경우에서 네덜란드 고용주들은 훈련기준을 영국보다 훨씬 높게 세워 이를 달성할 수 있다."[1)]

또한 다른 연구에 의하면, 영국과 독일 제조업 생산성 격차의 53%가 영국 노동력의 낮은 숙련수준에 기인한다고 한다. 이와 같은 현상은 영국의 여타 산업 연구에서도 동일하게 나타나고 다른 나라와의 비교에서도 반복되어 나타나고 있다.

우수한 교육제도와 훈련제도는 제조업의 생산성을 2배 높이며, 생산의 기회비용을 1/2로 감소시킨다. 반대로 열등한 교육제도와 훈련제도는 제조업의 생산성을 1/2 수준으로 낮춘다. 즉 생산의 기회비용은 2배로 증가한다.

(2) 청년억압적인 사회제도

이 뿐만이 아니다. 독일, 스웨덴, 덴마크, 네덜란드 등의 청년들은 18세의 나이가 되면 직업학교를 졸업하고 취업한다. 머지않아 준전문가가 될 전망을 갖고 있으며, 시장소득창출능력도 갖춘다. 동시에 연애를 하고, 사랑하는 사람과 동거에 들어간다. 사회주택 또는 공공임대주택에서 저렴한 월세를 내며 살 수 있는, 적당히 품위있는 주거공간이 청년들에게 쉽게 제공된다. 동서고금을 보건대 인간의 정력이 가장 왕성할 때가 15세에서 25세 사이이다. 정력이 가장 왕성할 때, 이성과 동거하고 사랑하는 것은 극히 자연스러운 일이다(우석훈·박권일, 2007). 이 과정에서 결혼을 하고 아이를 낳는다. 사랑을 하고, 노동시장에서 비교우위를 낳는 직업에 매진하고, 근로자 잉여와 경제적 이윤을 추구하는 것이 청년의 본연의 모습이다. 이것이 시장경제를 움직이는 힘이다. 독립적이고, 자율적이며, 자신의 선택과 인생과 장래에 책임을 지는 청

1) G. Mason and B. Van Ark(1994), "Vocational Training and Productivity Performance: An Anglo-Dutch Comparison," in *The Market for Training: International Perspectives, Methodology and Policy*, R. McNabb and K. Whitfield(eds.), Aldershot: Avebury.

년이 시장경제를 역동적으로 만드는 주도적인 힘이다.

한국의 경우, 초등학교에 8살에 들어가 고등학교 졸업 때까지 일류 대학 진학을 목적으로 교육이 이루어진다. 20살 청년의 3/4이 대학(2년제 대학 포함)을 진학한다. 1/4의 청년들은 대학진학을 포기하고 군대를 갔다 오면, 자기 재능과 적성이 무엇인지 모른 채 직업세계에 대한 아무런 준비 없이 23세에 노동시장에 진출한다. 독일, 스웨덴, 덴마크, 네덜란드 등의 청년은 23세에 자신이 비교우위를 갖는 분야에 준전문가가 되어 있다는 점을 감안하면 한국 교육, 훈련제도의 비교열위는 명백하다.

한국의 경우, 남자는 군입대, 제대와 휴학, 취업준비 등으로 대학졸업 후에 첫 취업이 이루어진다. 이때 나이는 28세가 된다 여성은 25세경에 취업이 이루어진다. 대졸이 대부분이므로 대졸 남성의 인생경로에 논의를 집중해 보자. 평균적으로 결혼은 취업 후 6년이 지난 후인 34세에 한다. 첫 아이는 결혼 후 2년이 지난 다음 36세에 낳는다. 둘째 아이를 낳는다면, 3년 터울로 39세에 낳는다. 39세에 태어난 둘째 아이가 34세에 결혼할 때면 본인의 나이는 73세로 인생의 겨울이다. 이 시기에 둘째 아이 결혼시킬 것을 생각하면 경제적 부담 때문에 둘째 아이 갖는 것을 포기한다. 이 남성의 부인이 2살 아래라면 여성 37세에 둘째 아이를 낳는다는 것인데, 여성의 나이 71세에 둘째를 결혼시키는 경제적 부담을 남편과 공유할 뿐만 아니라 늦은 나이에 태어날 아이가 과연 건강할지, 둘째 아이 때문에 일하는 본인의 경력단절이 일어난다든지 하는 추가적 우려 때문에 둘째 아이 갖기를 기피한다. 저출산, 청년인구의 급격한 감소는 명백히 한국 청년이 직면하는 만혼, 결혼 지연과 관련되어 있다.

한국의 청년도 군복무를 감안하더라도 15세에 직업훈련을 시작하여 20세에 직업을 갖고, 25세경에는 자신이 비교우위를 갖는 분야에 준전문가가 될 전망을 가지며, 이 무렵 사랑하는 이성과 공공임대주택에서 결혼하여 25~26세에 자녀를 가진다면 두 자녀를 낳을 수 있을 것이다. 청년인구 감소는 다름 아닌, 한국 교육, 훈련제도의 열등성뿐만 아니라 청년을 위한 저렴한 공공임대주택의 부재에도 기인한다.

청년의 독립적인, 자율적인 책임성을 갖는 삶을 위한 사회제도를 청년 포용적인 사회제도라고 하고 청년을 배제하며, 기성세대에 의한 약탈의 대상으로 삼는 사회제도(우석훈 · 박권일, 2007)를 청년억압적 사회제도라고 할 것이다. 사실 한국에서는 조선시대의 조혼으로 15세 이전의 남성이 결혼한 것 또한 청년억압적 사회제도 였다. 조선시대의 조혼, 지금의 만혼도 청년억압적 사회제도라고 할 수 있다. 일본 식민지 지배, 해방, 전쟁과 분단, 그리고 경제발전의 초기인 1970년대까지 약 50년간의 대혼란기를 제외하고는 청년억압적 사회제도와 문화는 지속되고 있다.

한국의 청년억압적 사회제도는 인구감소를 낳을 뿐만 아니라 청년의 비교우위 열정 추구의지와 시장경제의 역동성을 크게 훼손시키는 비교열위의 제도들이다.

(3) 제도의 비교우위를 위한 과제

우리는 프롤로그에서 한국경제를 국가주의 시장경제라고 부른 바 있다. 국가주의 시장경제를 자유주의 시장경제로 바꾸어 나가자면, 청년억압적 사회제도의 개혁이 필요하다.

첫째, 청년세대와 기성세대간의 세대간 균형이 필요하다. 우리가 환경보존을 말할 때, '자연은 우리가 다음 세대에서 빌려온 것이다'라는 표현을 사용하는데, 이는 곧 뒷 세대에게서 빌려온 자연을 현 세대가 잘 쓰다가 원래 주인에게 되돌려주어야 한다는 의미를 담고 있다. 현재의 자원고갈과 공해는 앞 세대가 뒷 세대의 자산을 남용하는 것이며, 뒷 세대에게 자연황폐를 유산으로 남겨준다. 한국에서 뒷 세대가 가져야 할 기회를 기성세대가 독점하여 허용하지 않고, 뒷 세대에게 합당한 자원배분이 이루어지지 않는 일종의 세대 착취(우석훈 · 박권일, 2007: 63)현상이 벌어지고 있다. 이같은 정치제도를 착취적 정치제도라고 한다. 이와 반대되는 제도는 포용적 정치제도이다. 포용적 정치제도는 민주주의를 의미하는데, 청년에게 공정한, 불편부당의 기회를 제공하는 제도를 제공하는 것이 민주주의라고 할 때, 한국에서는 세대간 균형을 이루는 민주주의 정치제도를 제대로 확립해야 자유시장경제가 발전하게 될 것이다.

둘째, 시장기능이 제대로 작용하도록 하는 유능한 정부의 역할이 중요하다. 분업과 특화가 진전되고 시장교환에 의해 국부가 크게 증진되는 사회가 이루어지자면, 정부는 개인의 경제적 자유를 보장하고, 각 분야로의 자유로운 진입과 퇴출이 일어나도록 하여야 한다. 경제적 자유보장은 사유재산권의 정립, 공정경쟁질서의 확립과 직결되어 있다. 우리가 논의한 경제적 이윤추구 행위와 근로자잉여 추구 행위는 사유재산제가 잘 정립되어 있고 공정경쟁이 잘 보장되어 있는 경우에 활발하게 이루어질 수 있다. 국가에 의한 통제경제, 국가에 의한 특권부여 등을 과감히 폐지하여야 한다.

셋째, 청년억압적 사회제도를 바꾸어, 대다수의 한국 청년들이 15세에 시작하는 학교직업훈련제도, 25세에 자신이 비교우위를 갖는 분야에서 최소한 준전문가로 살아갈 수 있는 기업직업훈련제도, 그리고 이 무렵 이성과의 결혼·동거가 실질적으로 가능하도록 비교적 품위있는 주거공간의 지원제도를 확립하여야 한다.

넷째, 독립적이며, 자율적인, 책임감이 강한 개인의 배양을 목표로 하는 교육, 개인의 선택을 존중하되, 남에 대한 관용의 교육, 그리고 개인의 생산성과 업적에 대한 존경의 교육이 어릴 때부터 이루어져야 한다.

이러한 제도 확립이 있을 때, 제도의 비교우위가 확립되어, 각 개인이 비교우위에 따른 분업과 특화에 의해 국민경제는 역동적으로 다양한 모습을 지니며 발전하게 될 것이다. 현재 제도의 비교열위로 인해, 청년이 죽고, 청년이 죽으면 국가는 죽는다.

3 일반적인 생산가능곡선에 의한 설명

(1) 비용체증의 법칙

일반적인 생산가능곡선이란 노동뿐만 아니라 자본, 자연자원 등의 자원도 생산과정에서 이용되는 경우의 생산가능곡선이다. 다음과 같은 다섯 가지 가정을 도입하자.

첫째, 국민경제는 두 상품 X, Y를 생산한다.

둘째, 재화의 생산에는 노동, 자본, 자연자원 등이 이용된다.

셋째, 국민경제의 생산요소의 부존량은 고정되어 있다.

넷째, 국민경제의 생산기술은 고정되어 있다. 즉 기술진보는 없다.

다섯째, 국민경제의 모든 자원은 남김없이, 낭비없이 이용되고 있다. 이를 기술적 효율성이 달성된 상태라고 한다.

이 장의 2절의 단순한 생산가능곡선이 도출될 때의 가정 ①~④의 확장 그리고 새로운 가정 하나가 추가되고 있는 셈이다.

국민경제가 자본, 노동 등의 생산요소를 모두 이용할 때 생산가능곡선은 어떤 모습을 지닐까?

[그림 0-13]에는 일반적인 경우의 생산가능곡선의 모습이 나와 있다. 이는 원점에 대해 오목한 모습을 지닌다. 가로축에 X재 생산량을, 세로축에 Y재 생산량을 나타내면, 원점에 오목한 생산가능곡선의 모습은 X재 생산이 증가함에 따라 포기되는 Y재량, 즉 X재 생산의 기회비용이 체증하는 것을 나타낸다. [그림 0-13]을 보고 설명해보자. 국민경제가 $C_0 \rightarrow C_1 \rightarrow C_2 \rightarrow C_3 \rightarrow C_4$로 이동하면, X의 생산량이 증가하고 Y의 생산량이 감소한다. X의 생산량이 $X_0 \rightarrow X_1 \rightarrow X_2 \rightarrow X_3 \rightarrow X_4$으로 증가할 때, Y의 생산량이 $Y_0 \rightarrow Y_1 \rightarrow Y_2 \rightarrow Y_3 \rightarrow Y_4$로 감소한다. 우리는 X의 증가량을 동일하게 놓았다. 즉

그림 0-13 생산가능곡선과 비용체증

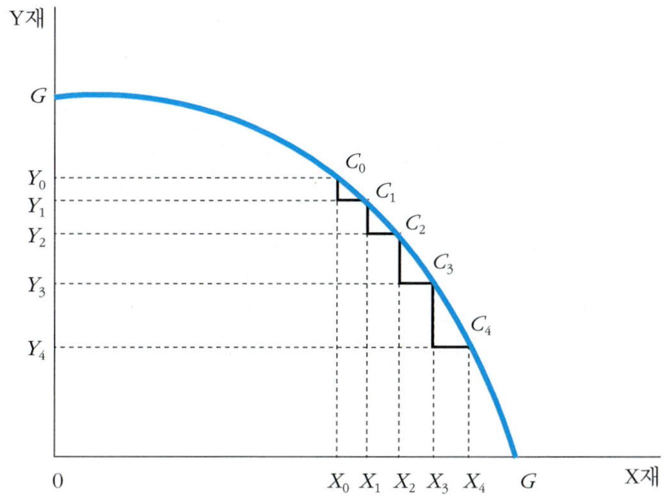

$X_1-X_0=X_2-X_1=X_3-X_2$ 등으로 같은 양 만큼 증가하게 놓았다. 이 때 감소되는 Y의 양은 점차 증가한다. 즉 $Y_1-Y_0<Y_2-Y_1<Y_3-Y_2$ 이다.

이와 같이 X생산이 증가할 때, 포기되는 Y의 양이 점차 증가하는 것을 **비용체증의 법칙**(law of increasing costs)이라고 한다. 앞 절들에서 우리가 이용한 직선의 생산가능곡선은 비용불변의 경우를 나타내며, 이는 특수한 경우에 속한다.

왜 X재 생산의 기회비용이 체증할까? 생산가능곡선이 원점에 대해 오목한 것은 경제학자가 현실세계에 관해 갖고 있는 일정한 관찰을 대변한다. 단순한 예를 들어 보자. X재를 군수품인 미사일이라고 하자. Y재를 민간재인 전자제품이라고 하자. 군수품의 생산을 증가시키면 민간재 전자제품 생산에 고용되던 엔지니어, 전기공, 전자공들이 군수품 생산으로 전용된다. 그러나 군수품 생산이 점점 더 증가하면, 세탁기업체 종사자, 게임개발업체 종사자, 뮤직 비디오 등 예능업체 종사자, 전자업체에 고용된 변호사, 회계사, 노무사 등 군수품생산에 부적합하고, 부적격인 생산요소들이 군수품 생산으로 투입되니, 군수품의 추가적 생산의 기회비용은 점차 급격하게 증가하게 된다. 국민경제는 분업과 특화에 기초하여 작동한다. 어떤 생산요소는 특정 용도에 보다 적합하고 전문성을 지닌다. 본인이 전문성을 지니고 유용성이 발휘되는 민간분야에서 전문성이 떨어지고 유용성이 없는 군수품 분야로 전용되고 차출되어야 하므로, 군수품생산 증가에 따른 기회비용, 즉 희생된 민간재부문 생산량은 체증하는 것이 상식일 것이다. 우리가 생산가능곡선을 원점에 대해 오목하게 그린 것은 현실경제가 비용체증의 법칙에 지배된다는 관찰에 의거한 것이다.

(2) 경제성장

만약에 인구가 증가하고 자본투자도 증가하면 국민경제는 *X*, *Y*를 더 많이 생산할 수 있으므로 생산가능곡선은 [그림 0-14]에서 보듯 *FF*에서 *GG*로, 즉 바깥으로 이동한다. 생산요소량의 증가없이도 생산기술이 진보하면 종전보다 많은 양의 *X*, *Y*생산이 이루어져 생산가능곡선은 바깥으로 이동한다. 따라서 생산요소가 증가하거나 또는 기술진보가 일어나면 [그림 0-14]에서 보듯 *FF*에서 *GG*로의 이동처럼 바깥으로 **생산가능곡선이 이동**하는 것을 **경제성장**이라고 한다.

한국은 1960년대에는 세계에서 최빈국이었다. 현재는 경제규모면에서 세계 10위권이다. *FF*는 1960년대의 한국의 생산가능곡선, *GG*는 2010년대의 한국의 생산가능곡선이라고 하면, 한국경제의 거대한 역사적 변모를 이렇게 단순하게 표현할 수 있다.

이제 국민경제 현실의 예를 들어보자. *X*를 제조업, 가로축을 제조업 생산량이라고 하고, *Y*를 금융, 의료, 교육부문 등의 서비스업, 세로축을 서비스업의 생산량이라고 하자. 청년인구는 크게 감소하더라도, 보건, 의료 및 개인의 건강과 주거의 청결 등의 이유로 각 개인이 장수를 누림에 따라 인구수는 변화하지 않았다고 하자. 경제

그림 0-14 경제성장

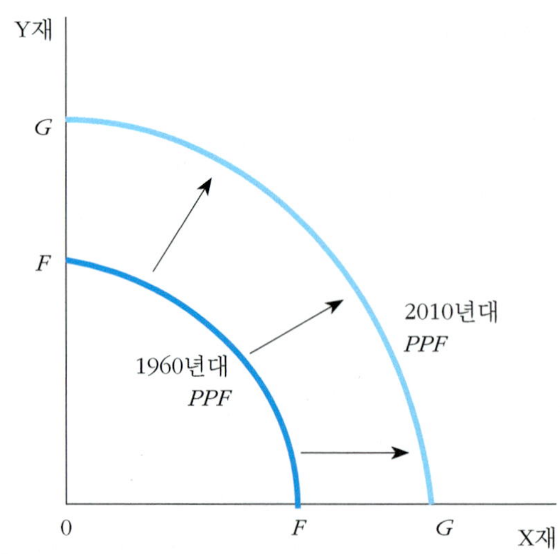

규모가 세계 10위권에 진입하여 있는 선진국의 공통된 현상은 제조업 쇠퇴, 서비스업 성장의 패턴을 보여 준다. 즉 제조업에서의 쇠퇴는 이 부문에 고용된 자본과 노동이 서비스업에 이전됨으로써 서비스업의 생산이 증가한다. 즉 A점에서 B점으로 이동하는데, 이는 GG라는 **생산가능곡선상의 이동**이다.

(3) 장기 침체와 실업

그러나 금융, 의료, 교육부문에 대한 정부의 과도한 진입규제로 이들 산업의 경쟁력이 세계 80위권에 속할 정도로 낙후되어 있으면 제조업 쇠퇴에 따라 방출된 자본과 노동이 서비스업에 고용되지 못하고 실업상태에 처하게 된다. [그림 0–15]에서 보듯 GG상의 A점관련 생산은 (X_A, Y_A), B점 관련 생산은 (X_B, Y_B)인데, 경제의 서비스화로 GG라는 생산가능곡선상으로의 순탄한 이동이 이루어지지 않고 A점에서 GG 안쪽의 한 점인 R로 이동하면, 자원의 비효율적 이용의 상태인 실업이 있게 된다.

더군다나 청년인구가 [그림 0–12]에 나와 있듯, 1980년대, 1990년대에 비해 반토막이 나게 되어, 창의·창조정신이 약화되고, 기술진보가 감소하면 국민경제는 R점에 고착화될 수도 있다. 즉 경제의 침체, 쇠퇴가 장기화된다.

우리는 이 책에서 청년인구 감소시대의 부작용을 치유하고 국민경제의 역동성을 다시 회복하게 하는 개혁 정책들을 제시한다. [그림 0–15]의 생산가능곡선을 이용하

그림 0–15 실업 그리고 침체

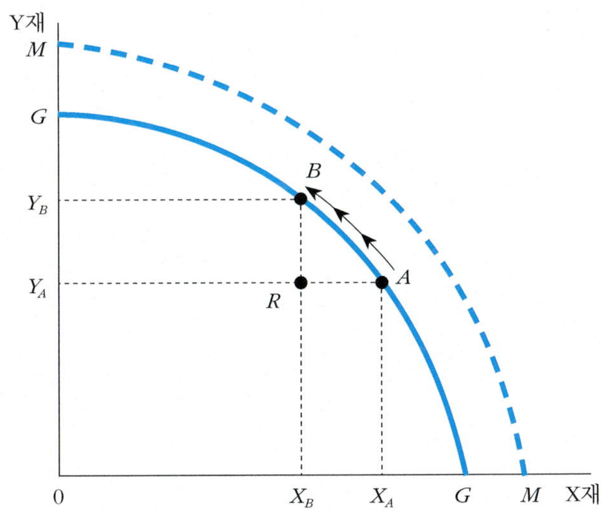

여 단순하게 말하자면, R점에서 GG로의 이동, 더 나아가 GG 바깥쪽의 생산가능곡선인 MM으로의 이동을 유인하고 실현시킬 정책들을 제시할 것이다. 이 책의 종장인 제12장을 읽은 사람은 다시 출발점으로 되돌아와 제0장에서의 문제의식을 다시 읽기를 권고한다.

이제 우리는 출발 장인 이 장을 닫고, 노동경제학의 제1장을 본격적으로 시작한다.

제 1 장

노동시장의 개관

제 1 절 | 노동시장의 정의

제 2 절 | 고용의 정의와 측정

제 3 절 | 임금의 정의와 측정

제 4 절 | 노동시장의 기능과 균형

제 5 절 | 수도권-지방 노동시장에서의 고용과 임금

제 6 절 | 한국 노동시장의 장기적 구조 변화

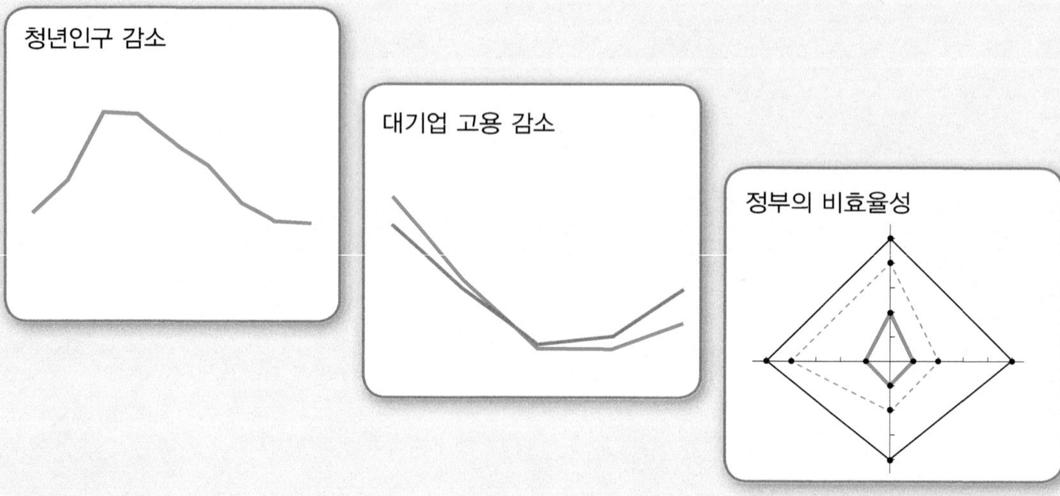

장을 시작하며

프롤로그를 읽은 독자는 몇 가지 궁금증을 가질 수 있다. 노동경제학이 임금과 고용의 제(諸) 측면을 연구한다고 하였는데, 정작 임금과 고용의 제(諸) 측면에 대해서는 나열식으로 간단하게 설명되었을 뿐 각각의 엄밀한 정의가 무엇이고 어떻게 측정하는지에 관해 별도의 설명이 없었다. 이 장에서는 고용의 주요 개념과 임금관련 제(諸) 개념의 정의가 제시된다.

이 장에서는 우선 현실의 노동시장을 추상화시켜, 다수의 노동자와 다수의 기업이 상호작용하는 경쟁노동시장 모형을 설정한다. 노동수요, 노동공급, 노동시장균형이라는 개념이 설명되는데, 이들은 노동시장에서 가장 기초가 되는 개념들이다. 경쟁노동시장 모형을 이용하여 임금과 고용이 어떻게 결정되는지 그리고 국민경제의 인적자원이 경제의 각 부문에 어떻게 배분되는지, 그리고 노동시장의 기능은 무엇인지를 간결히 설명하게 된다. 이 모형의 간단한 응용으로 한국의 수도권–지방간의 임금격차도 다룬다.

대학에서 경제학 강의를 한 학기만 듣든, 아니면 4년 과정의 경제학 전공자이든 공통된 점은 시장의 작용에 대한 전체적인 조감도를 갖지 못하고 부분적인 지식밖에 갖지 못한다는 점이다. 노동경제학을 시작함에 있어 노동시장의 작용에 관한 전체적인 조감도를 갖는 것이 필수적이다.

제 1 절 노동시장의 정의

1 노동시장이란?

자본주의 경제에서 **노동의 거래**는 노동시장을 통하여 이루어진다. 근로자는 노동시장에서 노동의 판매자로 나타난다. 근로자는 소득을 벌기 위해 자신의 노동을 판매할 수밖에 없기 때문이다. 기업은 노동시장에서 노동의 수요자로 나타난다. 근로자를 고용하여 그들의 노동으로 상품을 생산하고 이를 상품시장에 판매함으로써 이윤을 추구한다. 여기서 노동을 사고 팔고자 하여 서로 접촉하는 수많은 개인과 기업들의 집합을 **노동시장**이라고 정의한다.

모든 시장에 판매자(공급자)와 구매자(수요자)가 있고 수요와 공급에 의해 가격과 거래량이 결정되는 것과 같이 노동시장에서도 노동의 공급과 수요에 의해 임금과 노동거래량이 결정된다.

2 노동시장의 몇 가지 구분

(1) 전국노동시장과 지역노동시장

노동시장은 전국노동시장과 지역노동시장으로 구분할 수 있다. 노동의 거래가 전국 단위에서 이루어지는 경우를 **전국노동시장**이라고 한다. 예컨대 의사들은 전국노동시장에서 구직행위를 하며 병원 또한 전국노동시장에서 구인행위를 한다. 반면에 구매자와 판매자가 일정 지역에 한정해서 구인, 구직 행위를 하면 그 시장은 **지역노동시장**이다. 카센터 정비공이나 슈퍼마켓 점원의 경우가 그 예가 될 것이다.

(2) 외부노동시장과 내부노동시장

노동시장은 외부노동시장과 내부노동시장으로도 구분된다. 임금, 상여금 등 노동의 가격 결정과 일자리 배치 및 승진 등 노동거래의 주요 항목들이 기업 내부에 정해진 규칙과 절차에 의해 결정될 때, 우리는 **내부노동시장**(internal labor market)이 존재한다고 말한다. 반면 불특정 다수의 노동공급자와 노동수요자의 거래에 의해 임금과 고용이 결정되는 노동시장은 **외부노동시장**이다. 주로는 외부라는 접두어를 붙이지 않고 보통 노동시장이라고 부른다.

대표적인 내부노동시장은 우리나라의 공기업과 민간대기업이다. 신입사원은 말단직원에 한해 노동시장(외부노동시장)으로부터 채용이 이루어지지만 그 위의 직급인 과장, 부장, 이사 등은 대부분 내부승진에 의해 충원된다. 또한 임금이나 근로조건은 단체교섭이나 노사협의를 거쳐 자체적으로 결정된다.

반면에 소기업의 경우는 기업 내부에 정해진 인사규칙이나 절차가 없고 경력자가 필요할 때 수시로 노동시장(외부노동시장)에서 직접 채용한다. 임금도 근로자 채용시 시장상황에 따라 정해지는 것이 보통이다.

(3) 경쟁노동시장과 분단노동시장

불특정 다수의 노동공급자와 노동수요자의 거래에 의해 임금과 고용이 결정되는 노동시장을 **경쟁노동시장**이라고 한다. 만약 기업들이 상이한 자본력과 기술력, 시장지배력을 가지고 있고, 자본력과 기술력, 시장지배력에서 우세한 기업들이 그렇지 못한 기업들에 비해 높은 임금을 지급한다고 가정하자. 근로자들은 높은 임금을 주는 우세한 기업에 취업하려 줄을 서고, 열등한 기업에서는 근로자들이 낮은 임금에 불만을 품고 이직하려 할 것이다. 우세한 기업은 수많은 노동자들이 지원하는 상황을 이용하여 임금을 낮추고, 열세한 기업은 노동자 확보를 위해 임금을 높일 것이다. 그 결과 자본력과 기술력, 시장지배력의 우세, 열세와 관계없이 동질적 노동에 대해서는 임금이 균등화되는데 이러한 노동시장을 경쟁노동시장이라고 한다.

반면 우수인력을 확보하기 위해서 혹은 노동조합과 같은 제도적 장치에 의해 자본력과 기술력, 시장지배력에서 우세한 기업들이 그렇지 못한 기업들에 비해 지속적으로 높은 임금과 양호한 근로조건을 제공할 수 있는데, 이러한 상황을 '노동시장이 분단되었다'고 말한다. **분단노동시장**(segmented labor market)은 동질적 노동에 대해 현격히 다른 임금과 근로조건이 장기간 지속되는 상황을 지칭하며, 경쟁노동시장과 대립되는 개념이다.

높은 임금과 좋은 근로조건을 제공하는 기업들이 상호 경쟁하는 노동시장과 저임금과 열악한 근로조건을 제공하는 기업들이 상호 경쟁하는 노동시장을 각각 1차 노동시장과 2차 노동시장으로 부르기도 한다. **1차 노동시장**(primary labor market)은 높은 임금, 좋은 근로조건과 고용안정성, 양질의 교육훈련, 승진가능성이 제공되는 일류 노동시장이며, **2차 노동시장**(secondary labor market)은 저임금, 열악한 근로조건과 고용불안정, 교육훈련과 승진기회의 부재로 특징지어지는 이류 노동시장이다.

제2절 고용의 정의와 측정

1 경제활동인구, 취업자, 그리고 실업자

우리나라에서 매월 둘째 주 수요일이면 통계청이 고용동향을 발표한다. 취업자수, 고용률, 실업률 등 주요 고용지표가 이때 발표되며, 국내의 거의 모든 신문들이 이 자료를 근거로 우리나라 노동시장의 고용동향에 관한 뉴스를 보도한다. 그만큼 중요한 정보이기 때문이다.

[그림 1-1]은 통계청이 발표하는 고용동향의 한 예를 보여주고 있다. 우리나라 노동시장 상황을 살펴보기 위해서는 이 그림에서 나타나는 주요 지표들의 개념을 정확히 이해할 필요가 있다.

(1) 노동력의 상태

노동력의 상태란 [그림 1-2]에서와 같이 개인들이 노동시장에 참여하고 있는 형태를 일컫는 말이다. 생산가능인구(또는 15세 이상 인구), 경제활동인구(취업자와 실업자), 비경제활동인구 등의 범주로 지칭된다.

생산가능인구란 일반적으로 경제활동이 가능한 일정 연령 이상의 인구를 말한다. 우리나라에서는 의무교육인 중학교 교육을 마치게 되는 만 15세 이상의 인구를 생산가능인구로 간주한다. 15세 미만은 유소년기로 의무교육을 이수해야 하기 때문에 생산가능인구의 범주에서 배제된다. 15세 이상이라고 하더라도, 현역군인 및 사회복무요원, 상근예비역, 의무경찰, 형이 확정된 교도소 수감자, 소년원 및 치료감호소 수감자 등은 생산가능인구에서 제외된다.

생산가능인구 중에서 노동할 의사와 능력을 가진 사람을 **경제활동인구**(economically active population), 그렇지 않은 사람을 **비경제활동인구**(not economically active population)로 구분한다. 경제활동인구 대신에 노동력(labor force)이라는 용어를 사용하기도 하며, 비경제활동인구는 비노동력(out of labor force)으로 표현하기도 한다.

경제활동인구는 다시 취업자와 실업자로 나뉘는데, 취업자는 노동시장에서 거래가 성사되어 현재 자신의 노동을 팔고 있는 사람이므로 당연히 경제활동을 하고 있는 것이고, 실업자는 아직 거래가 성사되지는 못했지만 적극적 의사와 능력을 갖추

그림 1-1 2014년 11월 고용동향

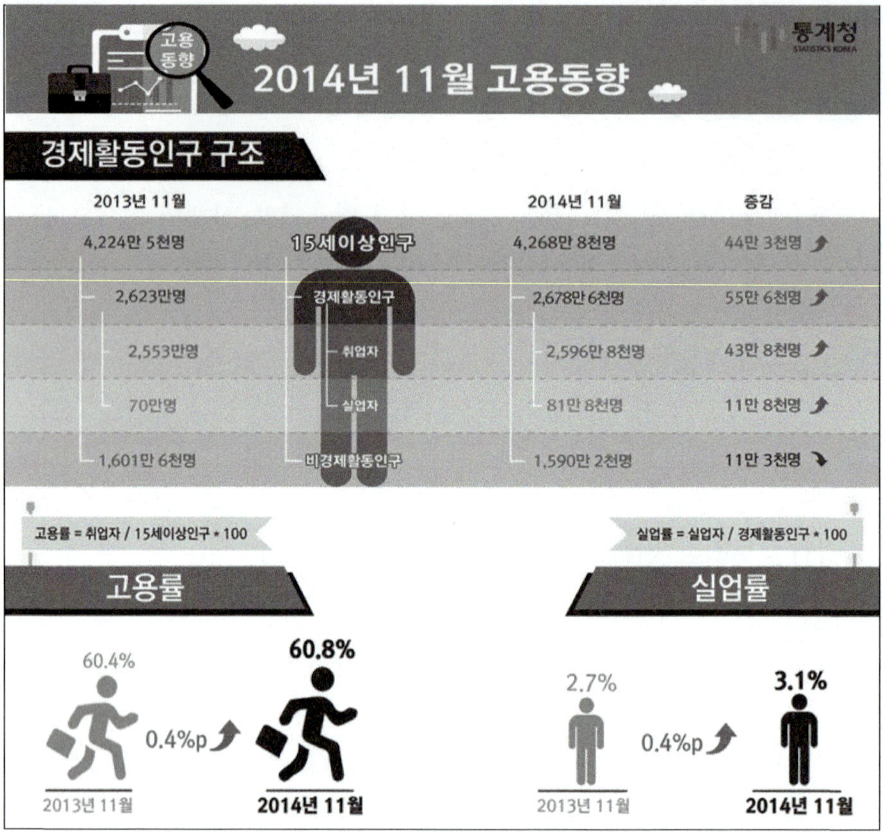

자료: 통계청,「2014년 11월 고용동향」, 2014. 12. 10.

그림 1-2 노동력의 상태

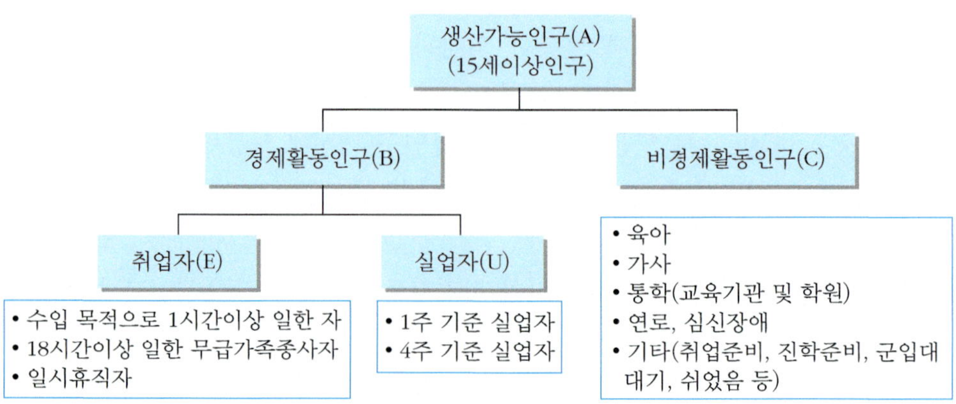

고 노동시장에서 일할 기회를 엿보고 있는 사람이므로 경제활동에 참가하고 있는 것으로 간주한다.

(2) 취업자와 실업자

우리나라를 포함하여 대부분의 국가에서 취업자, 실업자, 비경제활동인구와 같은 노동력 상태의 구분은 **노동력 접근법**(labor force framework)이라는 방식에 기반을 두고 측정된다. 즉, 일정 연령 이상의 인구를 생산가능인구로 정의하고 이들을 대상으로 표본조사(sample survey)를 통해 개개인의 노동력 상태를 **취업자**, **실업자**, **비경제활동인구**로 구분하고 이를 토대로 전 국민의 경제활동상태를 추정하는 방식이다. 이때 취업자, 실업자, 비경제활동인구는 국제노동기구(ILO) 기준에 따라 엄격하게 상호배타적으로 정의된다.

이때 중요한 것은 취업자와 실업자의 정의이다. 취업자와 실업자가 정의되면 경제활동인구는 취업자와 실업자의 합이 되며, 비경제활동인구는 생산가능인구에서 경제활동인구를 뺌으로써 파악될 수 있다. 우리나라 경제활동인구조사의 **취업자**와 **실업자**의 정의는 각각 다음과 같다.

취업자(employment)

① 조사대상 주간 중 수입을 목적으로 1시간 이상 일한 자

* 수입이 임금소득이면 임금근로자, 수입이 이윤의 형태를 띠면 비임금근로자임. 비임금근로자는 다시 타인을 고용하여 이윤을 취하는 고용주, 고용원 없이 혼자 사업하는 자영업자로 구분됨.

② 자기에게 직접적으로는 이득이나 수입이 오지 않더라도 자기가구에서 경영하는 농장이나 사업체의 수입을 높이는 데 도운 가족종사자로서 주당 18시간 이상 일한 자(무급가족종사자)

③ 직장 또는 사업체를 가지고 있으나 조사대상 주간 중 일시적인 병, 일기불순, 휴가 또는 연가, 노동쟁의 등의 이유로 일하지 못한 일시휴직자

실업자(unemployment)

① 조사대상주간에 수입 있는 일을 하지 않았고,

② 지난 4주간(혹은 1주간) 일자리를 찾아 적극적으로 구직활동을 하였던 사람으로서,

③ 일자리가 주어지면 즉시 취업이 가능한 사람

조사대상 주간 중 수입을 목적으로 1시간이라도 일했다면 **취업자**로 간주된다. 다만, 가족의 수입을 도운 무급가족종사자는 18시간 이상 일한 경우에만 취업자로 분류되고, 18시간 미만 일한 경우에는 실업자 조건에 부합하면 실업자, 그렇지 않으면 비경제활동인구로 분류된다. 또한 조사대상 주간에 일을 전혀 하지 않았더라도 직장을 갖고 있었으면 취업자로 파악된다(일시휴직자).

실업자의 경우 1주 기준과 4주 기준의 실업자가 있는데, 1주 기준이란 지난 1주간 구직활동을 한 적이 있는 자를 실업자로 판단하는 것이고, 4주 기준이란 지난 4주간 구직활동을 한 적이 있는 자를 실업자로 판단하는 것이다. 따라서 1주 기준에 비해 4주 기준의 실업자가 다소 넓게 파악된다. 과거에는 우리나라에서 1주 기준으로 실업자를 파악하였으나 1999년 6월부터 4주 기준의 실업자도 함께 파악하기 시작하였으며, 현재는 4주 기준 실업자를 공식 지표로 사용하고 있다. 다만 예전 자료를 이용해야 하는 경우 1주 기준의 실업 지표를 이용하여야 한다.

생산가능인구 중 취업자나 실업자가 아닌 사람이 **비경제활동인구**이다. 즉 조사대상 기간 동안 수입을 목적으로 1시간도 일을 하지 않은 자로서, 지난 4주간 구직활동을 하지 않았거나 즉시 취업할 수 없었던 자가 비경제활동인구로 분류된다. 예컨대 가사노동만 하는 가정주부, 아르바이트 없이 학교만 다니는 학생, 일을 할 수 없는 노약자나 장애인, 취업을 위해 고시학원에 다니거나 시험을 준비 중인 자 등이 이에 해당한다.

2 불완전취업과 잠재실업

앞서의 기준에 따르면 1주일에 단 1시간만 수입 있는 일을 해도 취업자로 분류된다는 점에 유의하자. 대기업 입사시험을 준비하면서 용돈벌이를 위해 1주에 한두 시간 아르바이트를 하는 경우, 흔히들 실업자로 생각하기 쉽지만 통계적으로 이들은 실업자가 아닌 취업자이다.

많은 사람들이 이러한 기준이 지나치게 엄격하여 우리나라에만 있는 잘못된 기준으로 오해하지만, 사실은 이는 ILO의 합의된 기준에 해당한다. 일국(一國)에서 행해지는 전체 경제활동의 규모를 파악하기 위해서는 모든 개인들의 경제활동이 누락없이 파악되어야 할 필요에서 정해진 기준이다. 다만, 개인 차원에서 원하는 만큼 충분히 일하고 있지 못한 경우는 **불완전취업**(underemployment)이라는 별도 범주로 분류하기를 권장한다.

불완전취업이 취업과 실업 사이의 경계영역에 해당한다면 실업과 비경제활동 사이에도 유사한 경계영역이 존재한다. 이를 **잠재실업**(hidden unemployment)이라고 한다([그림 1-3]). 즉 잠재실업자는 공식적으로는 비경제활동인구에 속하지만 많은 부분에서 실업자와 유사한 특성을 갖는 자들이다. 일반적으로 취업을 원하지만 구직활동을 하지 않았거나 일시적으로 취업이 가능하지 않았던 자들을 일컫는다.

잠재실업의 범주 가운데 가장 많이 주목을 받는 유형은 **실망실업자**(discouraged worker)이다. 실망실업자란 취업을 원하지만 일자리를 얻을 수 없을 것으로 생각하여 구직활동을 포기한 자를 지칭한다. 주로 경기가 매우 안 좋아 구직을 포기했거나 자신에게 적합한 일자리가 없을 것 같아 일자리를 찾지 않은 자들에 해당한다. 이들은 현재는 비경제활동인구에 포함되지만 노동시장 상황이 나아지면 실업자와 마찬가지로 언제든지 경제활동에 참여할 수 있는 사람들이다. 혹자는 구직단념자로 표현하기도 한다.

실망실업자 외에도 특정 기간 중에만 경제활동에 참가하는 **계절근로자**(seasonal workers), 경제활동에 간헐적으로 참여하는 **한계적 참가자**(workers marginally attached to the labor force) 등을 넓은 의미에서 잠재실업에 포함시키기도 한다.

한편 우리나라의 경우에는 **취업준비자**라고 하는 독특한 형태의 잠재실업 유형이 존재한다. 우리나라 청년들은 대학을 졸업하고도 공무원시험, '언론고시', 대기업 입사시험 등 다양한 형태의 취업시험을 준비하게 되는데 1~2년은 보통이고 마흔이 넘어서까지도 취업준비를 전업으로 하는 경우를 종종 발견할 수 있다. 아이러니하게도 이들은 1년 중 직접 시험을 치른 달에만 실업자로 분류되고 그 달을 제외한 나머지 기간 중에는 비경제활동인구로 분류된다. 취업의사는 있더라도 취업준비만하고 구체적인 구직활동을 하지 않으면 비경제활동인구로 분류되기 때문이다. 간단한 면접만으로 채용이 이루어지는 외국의 경우와 달리, 한국에서 일류 직장일수록 입사시험

그림 1-3 노동력 상태 구분의 확장

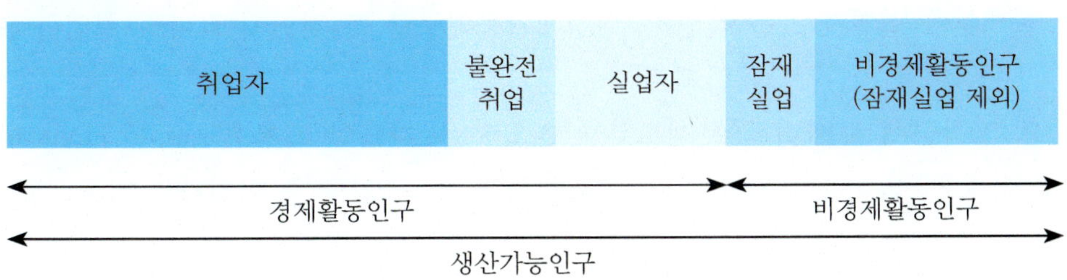

위주로 신입사원을 채용하는 관행은 취업준비자라는 기형적 잠재실업자를 만들어 내고 있다.

3 실업률과 주요 고용지표

취업자, 실업자, 비경제활동인구 등 개인들의 노동력상태가 파악되면 경제활동참가율, 실업률, 고용률 등의 통계량이 계산될 수 있다. [그림 1-2]에서와 같이 생산가능인구를 A, 경제활동인구를 B, 비경제활동인구를 C라고 하고, 취업자를 E, 실업자를 U로 표시하면, 경제활동참가율, 실업률, 고용률 등은 다음과 같이 정의된다.

경제활동참가율(labor force participation rate)은 생산가능인구 중에서 경제활동의사와 능력을 가진 사람들, 즉 경제활동인구의 비중으로 정의된다. 경제활동인구는 취업자와 실업자로 구성되므로 취업자 수, 실업자 수를 이용해 표현할 수도 있다.

$$\text{경제활동참가율}(\%) = \frac{B}{A} \times 100 = \frac{E+U}{A} \times 100 \tag{1.1}$$

실업률(unemployment rate)은 경제활동의사가 있는 사람들 중 일자리를 구하지 못한 사람의 비율로 정의된다. 따라서 실업률은 경제활동인구를 분모로 하고 실업자를 분자로 하여 산출된다. 마찬가지로 취업자 수, 실업자 수만을 이용해 표현할 수도 있다.

$$\text{실업률}(\%) = \frac{U}{B} \times 100 = \frac{U}{E+U} \times 100 \tag{1.2}$$

경제활동참가율과 실업률은 가장 빈번하게 사용되는 대표적인 노동력 지표이다. 하지만 두 지표 모두 경제활동인구의 범주를 어디까지로 할 것이냐, 즉 실업의 범주에 관한 판단을 요구한다. 예컨대 경기가 나빠지면 실망실업자가 늘어날 수 있는데 이들을 실업자로 볼 것인지, 비경제활동인구로 볼 것인지에 따라 실업률 및 경제활동참가율이 들쭉날쭉하게 된다.

최근에는 이러한 문제로부터 자유로운 지표인 **고용률**(employment-population ratio)이 많이 활용되고 있다. 고용률은 생산가능인구 중 취업자의 비중으로 정의되어 개념이 명료하고 산출이 용이하다.

$$고용률(\%) = \frac{E}{A} \times 100 \tag{1.3}$$

마찬가지로 실업률을 대신해 **비고용률**, 즉 생산가능인구 중 노동시장에서 활용되고 있지 않은 사람의 비중을 노동력 저활용지표로 활용할 수 있다. 그러나 비고용률은 실업률만큼 자주 사용되지는 않는다.

$$비고용률(\%) = \frac{C+U}{A} \times 100 = 100 - 고용률(\%) \tag{1.4}$$

여러분들이 이상의 고용지표들을 정확히 이해했다면 이제 고용사정에 관한 정부 발표, 신문기사나 보고서를 이해하는 데 큰 어려움이 없을 것이다. 여러분은 이제 [그림 1-1]로 돌아가, 구체적으로 한국의 경제활동인구 구조, 고용률, 실업률 통계들을 살펴보길 바란다.

제3절 임금의 정의와 측정

1 임금의 정의

임금(wages)은 근로자가 노동이라는 서비스를 제공한 대가로 받게 되는 보수를 의미한다. 급여, 보수, 봉급, 그 외 어떤 명칭을 사용하더라도 근로에 대한 대가라는 속성을 가진다면 임금이라고 할 수 있다. 우리가 시장에서 상품을 사면서 가격을 지불하는 것과 마찬가지로 노동이라는 서비스에 대해서 지불되는 가격이라는 의미에서 노동의 가격이라고 할 수 있다. 다만 차이가 있다면, 노동은 유량으로 거래되기 때문에 시급, 일당, 월급, 연봉 등 일정 기간을 단위로 정해진다는 것이다.

그러나 좀 더 엄밀하게 말하면 임금은 임금근로자가 행한 노동에 대한 대가만을 지칭한다. 이때 임금근로자란 임금을 목적으로 근로를 제공하는 자이기 때문에 자영업자나 고용주와 같은 자기사업자는 포함되지 않는다. 자영업자나 고용주와 같은 비임금근로자의 노동에 대한 보수는 임금이 아니라 **근로소득**(earnings)이라고 표현한다. 근로소득의 범주에는 임금이 포함되나, 모든 근로소득이 임금으로 분류될 수 있는 것은 아니다.

2 임금에 관한 몇 가지 구분

(1) 명목임금과 실질임금

임금은 명목임금과 실질임금으로 구분될 수 있다. **명목임금**은 현재 화폐의 통화가치로 파악한 임금이다. 명목임금은 주어진 시점에서 다양한 근로자의 임금수준을 비교하는 데 유용하다.

반면에 **실질임금**은 통화가치의 변동을 감안한 후의 임금이다. 실질임금은 시간이 지남에 따라 임금과 상품가격이 모두 변화할 때 근로자 명목임금의 구매력을 비교하는 데 특히 유용하다. 실질임금은 명목임금을 물가지수로 나누어 산출한다. 계산식은 아래와 같다.

$$\text{실질임금} = (\text{명목임금}/\text{물가지수}) \times 100 \quad (1.5)$$

따라서 명목임금이 그대로라도 물가가 오르거나, 혹은 명목임금이 올랐어도 물가상승률에 미치지 못하면 실질임금은 감소하게 된다.

근로자의 구매력이나 근로소득수준의 변화를 파악하려는 관점에서 실질임금을 산출할 때는 물가지수로 소비자물가지수를 이용하는 반면, 기업의 노동비용의 관점에서 실질임금을 산출할 때는 물가지수로 생산자물가지수를 이용한다. 〈표 1-1〉에서는 소비자물가지수로 나누어 계산된 실질임금 추이를 보여주고 있다.

표 1-1 우리나라 근로자의 월평균임금 추이 (5인 이상 비농전산업)

(단위: 천원, 2005년 기준)

구분	2005	2006	2007	2008	2009	2010	2011	2012	2013
명목임금	2,404	2,542	2,683	2,802	2,863	3,047	3,019	3,178	3,299
소비자물가지수	100.0	102.3	104.9	109.8	112.8	116.1	120.8	123.5	125.1
실질임금	2,404	2,484	2,558	2,553	2,539	2,623	2,499	2,574	2,637

자료: 한국노동연구원, 「2014 KLI 노동통계」.

(2) 노동보수와 노동비용

노동경제학에서는 **시간당 임금**을 특별히 **임금률**(wage rate)이라고 표시한다. 화폐단위인 1원을 빌리는데 지불하는 가격을 이자율(interest rate)이라고 하듯이 노동단위인 1시간의 이용 대가를 임금률이라고 한 것이다. 임금률에 월근로시간을 곱하면 근

그림 1-4 근로소득, 노동보수, 소득

임금률 (시간당 임금)	× 노동시간	= 근로소득 (earnings) + 부가급여 (fringe benefits)
		=노동보수 (compensation) +비근로소득 (unearned income)
		=소득 (income)

로소득(earnings)이 된다. 즉 근로소득은 임금률과 노동시간에 의존한다.

노동에 대한 보상은 ① 실제근로시간에 대한 현금지불 이외에, ② 유급휴가, 공휴일 등의 기간 동안 지급되는 급여, ③ 무료급식 등 현물급여, ④ 법령에 의해 기업의 지불이 강제되어 있는 의료보험료, 산재보험료, 고용보험료 등 법정 복리비, ⑤ 퇴직금, 국민연금 등 미래로 그 지급이 연기되어 있다는 의미의 이연급여(deferred payment) 등의 여러 형태를 갖는다. 이 중 ②~⑤까지의 항목을 부가급여(fringe benefits)라고 부른다. 근로소득과 부가급여를 합하면 기업이 개인에게 지불하는 **노동보수**(compensation)가 된다.

근로자 몫으로 돌아가는 노동보수 이외에도 신규채용비, 교육훈련비 등과 같이 근로자를 채용하는 대가로 기업이 지불하게 되는 비용도 있다. 근로자에게 돌아가는 노동보수에 더하여, 기업이 근로자를 채용함으로써 지불하게 되는 일체의 비용을 포함하여 **노동비용**(labor cost)이라고 한다. 이 때문에 근로자 입장에서는 노동보수를 강조하고, 기업들은 노동비용을 기준으로 삼는 경우를 흔히 보게 된다.

(3) 근로소득과 비근로소득

한편 우리가 일반적 의미에서 **소득**(income)이라고 할 때는, 노동의 대가로 얻는 **근로소득**(보다 일반적 의미로는 노동보수)과 노동과 무관하게 벌어들이는 **비근로소득**(unearned income)을 포함하는 개념으로 사용한다. 예컨대 재산소득, 이자소득 및 배당금, 그리고 정부로부터의 이전소득(기초생활보장제 대상자에게 지급되는 식품비 보조, 주거비 보조 등) 등은 비근로소득에 해당된다.

임금(혹은 근로소득)은 통상 근로자 개인 단위로 측정하지만 소득의 경우에는 가구 단위로 측정하는 것이 보통이다. 재산소득이나 이전소득과 같은 비근로소득이 주로 가구 단위로 정해지기 때문이다. 예컨대, 최저임금제의 경우 개인을 단위로 제시되는 반면, 최저생계비는 가구를 단위로 측정되는 것도 같은 원리이다.

2013년 가계조사에 따르면 우리나라 2인 이상 근로자가구의 총소득 중 근로소득이 차지하는 비중은 86.6%이다. 근로자가구의 경우 소득의 주요 원천이 노동의 대가로 취득되고 있음을 보여준다. 한편 근로자외가구의 근로소득 비중은 20.4%에 불과하다.

3 임금체계에 대한 이해

우리나라에서는 시간 단위로 일을 하고 보수를 받는 시간제 근로자가 아니면 자신의 시간당임금을 정확히 아는 사람이 거의 없다. 대부분의 근로자가 급여를 월급 형태로 받기 때문만은 아니다. 임금의 구성이 간단하다면 급여 기간 동안 자신이 일한 근로시간으로 나누어주면 시간당임금이 산출되겠지만, 우리나라의 경우 임금체계가 매우 복잡하여 임금체계와 그 구성항목에 대한 기본적인 이해가 필요하다.

(1) 정액급여, 초과급여, 특별급여

여기서는 월급을 받고 있는 임금근로자를 상정하고 표준적인 임금체계를 살펴보기로 하자. [그림 1-5]에서와 같이 임금은 일차적으로 **정액급여**, **초과급여**, 그리고 **특별급여**로 구성된다.

정액급여란 근로계약, 단체협약 또는 취업규칙 등으로 소정근로시간(보통 1주 40시간)에 대하여 미리 정한 기본급 및 제 수당을 지칭한다. 기본급은 연령과 근속을 주로 고려하는 연공급적 요소와 직무·직능급적 요소로 구성된다. 제 수당은 다시 통상적 수당과 기타 고정수당으로 나누어지는데, 통상적 수당은 직책수당, 직급수당, 직무수당 등 직무관련 수당을 말하며 기타 고정수당은 가족수당, 통근수당, 주택수당 등 직무와 관련성이 적은 생활보조수당을 일컫는다.

초과급여란 소정근로시간 이상으로 근무한 경우 해당 초과근로에 대해 지급하는 수당으로, 연장근로수당, 휴일근로수당, 야간근로수당 등이 있다. 우리나라 근로기준법에 따르면 초과근로에 대해서는 통상적으로 받는 시간당급여에 50%를 가산해 지급하도록 하고 있다. 만약 연장근무를 한 시간대가 야간(오후 10시부터 오전 6시까지)이거나 휴일이었다면 50%씩 추가로 가산해야 한다. 예컨대 근로자가 소정근무시간 외에 휴일에 8시간씩 4회에 걸쳐 연장근로를 했고 그 중 하루는 야간근로로 행했다면, 해당 근로자에게는 24시간의 휴일연장근로와 8시간의 휴일야간연장근로에 대해 다음과 같은 방식으로 초과급여가 지급되어야 한다.

$$\text{초과급여} = 24\text{시간} \times \text{시간당급여} \times (1+0.5[\text{연장}]+0.5[\text{휴일}])$$
$$+8\text{시간} \times \text{시간당급여} \times (1+0.5[\text{연장}]+0.5[\text{휴일}]+0.5[\text{야간}])$$

한편 **특별급여**란 매월 지급되는 급여 외에 분기별, 반기별 혹은 연말에 별도로 지급하는 상여금, 성과급 등을 말한다. 특별급여는 기업경영성과와 연동해서 지급되는 것이 보통이고 이 때문에 보너스라고 불리기도 한다. 연간 상여금인 경우 12개월로 나누어 월할분을 계산한다.

따라서 근로자의 월급여총액 또는 **월평균임금**은 다음과 같이 산출된다.

$$\text{월급여 총액} = \text{정액급여} + \text{초과급여} + \text{특별급여월할분}$$

서구 국가들은 매우 단순한 임금체계를 갖고 있다. 임금이라고 하면 통상 기본급을 지칭하며, 기본급 이외의 수당은 매우 예외적이다. 많은 경우 직무에 따라 기본급이 정해져 있고 각 직무별로 그에 맞는 근로자를 채용한다. 임금의 직무급적 특성이

그림 1-5 임금의 구성

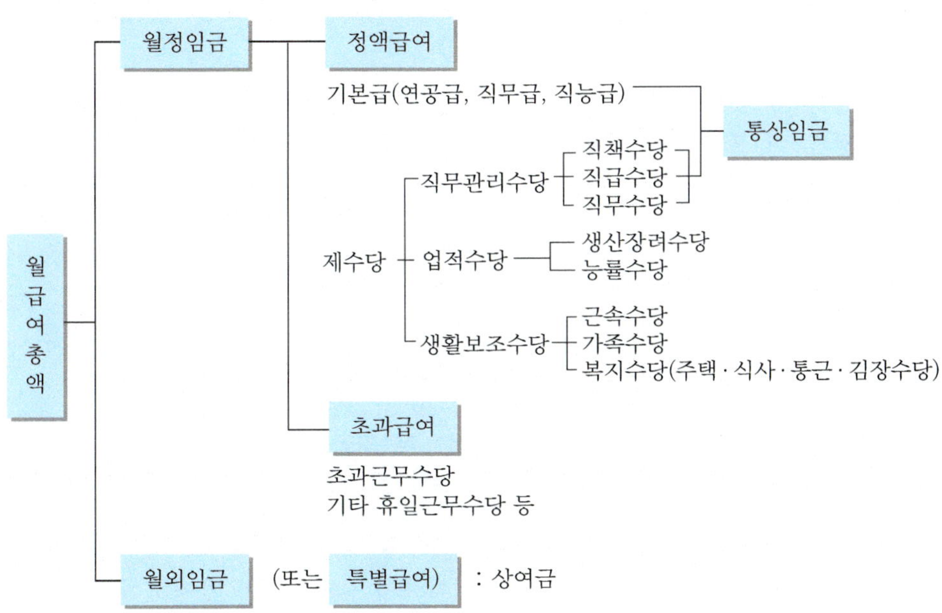

강하다.

반면 한국은 [그림 1-5]와 같이 대단히 복잡한 임금체계를 갖고 있다. 고용노동부 조사에 의하면 2012년 한국의 300인 이상 대기업들은 정규직 근로자 월임금총액 중 기본급은 54.6%, 통상수당 7.6%, 기타수당 6.1%, 초과근무수당 7.5%, 보너스 24.2%(=고정상여금 14.0%+변동상여금 10.2%)의 구성을 갖고 있다. 통상임금의 비중은 62.2%에 불과하다. 한편 보너스와 일부 수당은 기업경영성과의 일부를 근로자에게 배분하는 성격을 갖는데, 월급여에서도 근로에 대한 대가 및 기업경영성과의 배분이라는 요소가 혼재되어 있는 경우가 빈번하다. 뿐만 아니라 수당과 보너스가 있는 달, 없는 달에 따라 매달 근로자가 수령하는 임금에 큰 편차가 존재한다. 이 때문에 근로자 스스로 1시간 노동에 대한 대가를 정확히 파악하지 못하고 있는 경우가 많고, 임금이 갖는 동기부여 기능이 취약하게 된다.

(2) 통상임금과 평균임금

임금구성을 논의할 때 빠뜨릴 수 없는 부분이 **통상임금**과 **평균임금**의 개념이다. 통상임금과 평균임금은 우리나라 노동법에서 정의하고 있는 임금으로 다양한 상황에서 기준임금으로 작용하기 때문에 현실적으로 매우 중요한 의미를 갖는다.

우선 **통상임금**은 근로자에게 소정근로의 대가로 정기적, 일률적, 고정적으로 지급하기로 정한 임금을 말하며, 연장근로, 야간근로, 휴일근로, 해고예고수당, 연차유급휴가수당 등의 산출에서 기준이 되는 임금이다.

통상임금에는 정액급여 중에서 기본급 및 근무관련성이 있는 수당(직책·직급·직무수당 등)이 포함되고, 부정기적으로 지급되는 업적수당이나 직무관련성이 없는 생활보조수당은 포함되지 않는다. 초과급여와 특별급여는 당연히 통상임금에서 제외된다.

$$\text{한 시간 기준 }\textbf{통상임금}=\frac{\text{소정근로시간의 일급(주급, 월급)}}{\text{1일(주, 월)의 소정근로시간}}$$

그런데 최근 문제가 된 것은 고정적으로 지급되는 상여금을 통상임금으로 볼 것인가 하는 것이었다. 우리나라의 많은 기업들에서는 미리 지급액이 정해져 있는 고정급 성격의 급여임에도 상여금 혹은 성과급 명칭을 사용하여 지급해 왔는데, 2013년 대법원은 이런 고정적 상여금은, 순수하게 경영성과를 반영하여 지급되는 상여금과 달리, 통상임금에 포함되어야 한다는 판결을 내렸다(대법원 전원합의체 판결 2012다89399; 2012다94643).

통상임금은 초과근로수당 산정시 기준임금이 되기 때문에 그 파급효과가 매우 크다. 실제 많은 기업들이 상여금이라는 이름으로 고정적 급여를 지불해 왔던 것은 통상임금에 포함시키지 않기 위함이었다 해도 과언이 아닌데, 이제 통상임금에 포함되게 됨에 따라, 최대 3년치의 잘못 산정된 급여액을 근로자에게 돌려주어야 하는 상황이 된 것이다. 이제 근로자든, 사용자든 통상임금 산정과 관련하여 고정상여금과 변동상여금에 대한 정확한 이해가 필요하게 되었다.

- **고정상여금** : 단체협약, 취업규칙, 근로계약 등에 지급조건, 금액, 지급시기가 정해져 있거나 관례적으로 지급하여 사회통념상 근로자가 당연히 지급받을 수 있다고 기대하는 상여금
- **변동상여금** : 기업의 이윤에 따라 일시적, 불확정적으로 사용자의 재량이나 호의에 따라 지급되는 경영성과 배분금, 격려금, 인센티브 등의 특별급여에 해당하는 상여금

이제 **평균임금**의 개념을 살펴보자. 평균임금은 퇴직금, 휴업수당, 산재보상 등의 산출 기준임금이며, 이를 산정하여야 할 사유가 발생한 날 이전 3개월 동안에 그 근로자가 지급받고 있던 평균적인 임금수준을 말한다. 보통 1일 기준으로 산출되며, 구체적인 계산식은 다음과 같다.

$$\textbf{평균임금}(1\text{일 기준}) = \frac{\text{산정사유 발생일 이전 3개월간 지급된 월급여총액}}{\text{그 기간의 총근로일수}}$$

다만, 평균임금이 통상임금보다 적을 때는 통상임금을 평균임금을 대신해 기준임금으로 간주하고 있다.

우리 노동법에서의 기준임금이 이처럼 통상임금과 평균임금으로 이원화되어 있어 임금관리가 어렵고 이를 둘러싼 분쟁이 빈발하고 있다는 지적도 적지 않다. 복잡한 임금체계를 단순화하기 위해서는 법적 기준임금을 일원화하는 방안을 모색할 필요가 있다.

제4절 노동시장의 기능과 균형

고용과 임금은 노동시장에서의 노동의 거래로 결정된다. 즉 노동시장은 노동수요와 노동공급이 상호작용하여 고용과 임금이라는 결과(outcome)를 만들어내는 장소이다.

이 절에서는 노동공급과 노동수요를 결정하는 핵심 요인들을 살펴보고 경쟁적 노동시장에서 임금과 고용량이 결정되는 메커니즘을 개괄적으로 살펴보기로 한다.

1 노동공급의 기본 특성

(1) 노동공급의 정의

노동공급(labor supply)은 일정기간 동안 근로자가 노동시장에서 팔기를 희망하는 노동의 양이다. 노동공급을 말할 때 유의하여야 할 점은 그것이 일정기간을 전제로 근로자가 제공할 의사가 있는 양이라는 점이다. 따라서 노동공급은 기본적으로 유량(flow)의 개념이다.

노동공급은 때로는 사람 수로, 때로는 근로시간 수로 측정된다. 또한 모든 노동이 동질적이지 않다는 점을 감안하면 숙련(skill) 정도나 노력(work effort)과 같은 노동의 질적 요소도 노동공급의 차원에서 고려될 수 있다. 노동공급 측면에서 중요하게 고려될 수 있는 요소들은 다음과 같다.

(1) 인구의 규모와 구성
(2) 경제활동참가율
(3) 주당노동시간 / 연간노동시간
(4) 노동인구의 교육 및 숙련정도
(5) 일에 대한 노력

이들 요소 중 경제활동참가율, 노동시간, 일에 대한 노력 등은 비교적 단기의 노동공급에 영향을 미치는 요소인 반면, 인구의 규모와 구성, 그리고 노동인구의 교육 및 숙련정도는 장기에 걸쳐 노동공급에 서서히 영향을 미칠 수 있는 요소라는 점에서 차이가 있다.

(2) 노동공급에 영향을 미치는 요인들

노동공급 행위에는 근로자가 경제활동참가를 할 것인가 말 것인가에 대한 결정, 경제활동참가를 결정한 후에 몇 시간 일을 할 것인가의 결정, 어느 산업 또는 어느 직종에서 일을 할 것인가의 결정, 그리고 어느 기업에서 일을 할 것인가에 관한 결정 등 다양한 의사결정을 포함하게 된다. 장기적 관점에서 보면 출산이나 자녀교육에 대한 결정도 노동공급 결정과 무관하지 않다.

노동공급의 이와 같은 다면적 특성은 노동공급을 심층적으로 다루는 제2장에서 보다 자세히 논의하기로 하고, 여기서는 문제를 최대한 단순화시켜 특정 일자리(또는 직업)만을 고려하고자 한다. 예컨대 카센터 자동차정비공의 노동공급을 상정해 보자. 이렇게 하는 이유는 우리가 우선 노동시장의 작용을 가장 단순한 형태로 개관하고자 하기 때문이다.

카센터 자동차정비공의 노동공급에 영향을 미치는 요인은 무엇일까?

첫째, 카센터 자동차정비공에게 지급되는 임금을 들 수 있다. 여타의 조건이 동일하다면 카센터 자동차정비공의 임금이 상승하면 노동공급량은 증가한다.

둘째, 카센터 자동차정비공이라는 일자리 이외의 다른 일자리의 임금(대안적 임금이라고도 부름)도 카센터 자동차정비공의 노동공급에 영향을 미친다. 예컨대 택시운전기사의 임금이 상승하면 카센터 자동차정비공이 택시운전기사 일자리로 이동하게 되어 카센터 자동차정비공의 노동공급은 감소할 것이다.

셋째, 근로자들이 동질적이라고 하더라도 어떤 일자리(여기서는 자동차정비공)에 대한 개인의 취향이나 선호는 다를 수가 있는데, 자동차정비공에 대한 취향이나 선호의 변화는 자동차 정비공의 노동공급에 영향을 미친다. 예컨대 3D 직종 기피현상, 즉 작업환경이 더럽거나(dirty), 일이 위험하거나(dangerous), 힘든(difficult) 일자리를 기피하는 풍조는 일에 대한 취향과 선호의 변화라고 하겠다. 자동차정비공이 3D 직종에 속한다면 3D 직종 기피라는 취향 변화가 자동차정비공의 노동공급을 감소시킬 것이다.

넷째, 일반적으로 생산가능인구의 크기는 노동공급에 영향을 미친다. 15세 이상 인구가 감소할수록 노동공급은 감소하리라고 예상할 수 있다. 자동차정비공은 지역 노동시장에서 구인·구직이 이루어지므로 지역에서 자동차정비공으로 일할 의사를 갖는 생산가능인구의 크기가 중요하다.

그림 1-6 노동공급곡선과 그 이동

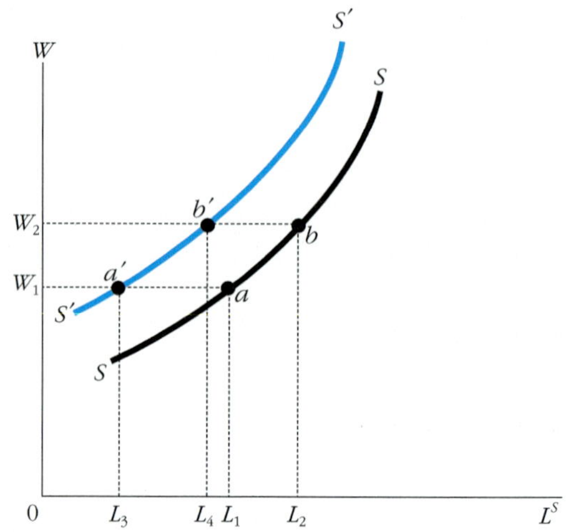

일반적으로 특정직업에서의 노동공급을 L^S라고 표시하고 특정직업 근로자의 임금을 W, 대안적 임금을 W_A, 특정직업에서 일할 의사를 갖는 생산가능인구를 N, 노동공급자의 취향을 μ라고 표시하면, 특정직업에서의 노동공급은 다음과 같은 함수적 형태로 표시된다.

$$L^S = g(W,\ W_A,\ N,\ \mu) \tag{1.6}$$

(3) 노동공급곡선과 그 이동

자동차정비공의 노동공급 결정요인 중에서 자동차정비공의 임금(W)을 제외하고 여타 요인들은 모두 일정불변(영어 표현 **ceteris paribus**)이라고 가정하자. 그렇게 되면 위의 식은 아래와 같이 다시 쓸 수 있고, 이는 쉽게 그래프로 표시될 수 있다.

$$L^S = g(W) \tag{1.7}$$

노동공급에 영향을 미치는 여타 요인이 일정불변일 때 임금수준에 대응하여 노동공급자가 일정기간 동안 판매하려고 하는 노동의 양을 그래프로 표시하면 **노동공급곡선**(supply curve)이 도출된다.

[그림 1-6]에서 자동차정비공의 임금이 W_1에서 W_2로 증가할 때 자동차정비공의

공급량은 L_1에서 L_2로 증가한다. 즉 임금과 노동공급량 간에는 정(+)의 관계가 성립한다.

노동공급량에 중요한 영향을 미치는 임금의 상승은 대안적 임금이 일정불변이라는 가정하에서의 임금상승, 즉 상대적인 임금(즉 W/W_A) 상승을 의미한다는 것을 늘 유의하여야 한다.

만약 노동공급에 영향을 미치는 요인 중 일정불변이라고 가정되었던 요인이 하나라도 변화하면 노동공급곡선 전체가 이동하는데 이를 노동공급의 증가 또는 노동공급의 감소라고 한다. 예컨대 택시운전기사의 임금이 상승하면 자동차정비공은 다른 일자리인 택시운전기사로 빠져나간다. 이는 SS곡선전체의 상방이동, 즉 노동공급곡선이 $S'S'$로 이동한다. 즉, W_1(또는 W_2)에서 종전에는 L_1(또는 L_2)만큼 공급되었으나 이제는 L_3(또는 L_4)만큼밖에 공급되지 않는다. aa'(또는 bb')만큼의 노동공급 감소가 있는 것이다.

만약에 여타 경쟁 직업군의 임금은 일정불변이지만 근로자들이 3D 직종에 속하는 자동차정비공에 대해 부정적인 선호와 취향을 갖는다면 자동차정비공의 노동공급이 감소하고 이 역시도 SS곡선이 $S'S'$로 상방이동하는 결과로 나타난다.

반대로 노동공급곡선의 하방이동은 노동공급의 증대를 나타낸다.

(4) 노동공급곡선의 이면에 작용하는 힘: 보상요구임금

[그림 1-6]에서 노동공급곡선(SS)의 통상적 의미는, 임금이 W_1이면 근로자는 L_1만큼의 노동을 공급할 의사를 갖는다는 것이다.

이를 반대의 방향으로 살펴보자. 근로자가 L_1만큼의 노동서비스를 공급하려고 할 때, aL_1이라는 높이는 L_1만큼의 노동서비스 제공을 위해 요구하는 최소한의 보상수준이라고 할 수 있다. 마찬가지로 근로자가 L_2라는 노동서비스 공급을 하려 할 때, bL_2라는 높이는 L_2의 노동서비스 제공에 대해 요구하는 최소한의 보상수준이다.

이와 같이 노동공급곡선은 각 노동서비스 제공에 대해 요구하는 최소한의 보상수준, 즉 **보상요구임금**(reservation wage)을 나타내는 것으로 볼 수 있다. 제0장에서 소개한 한계비효용의 개념을 이용하자면, 노동공급곡선은 노동의 한계비효용에 대한 보상요구임금을 나타낸다.

자동차정비센터에서 자동차정비공의 주된 재능은 기계를 다루는 재능이다. 사람에 따라 재능이 있는 분야가 다르다. 기계를 다루는 재능이 뛰어난 사람은 자신의 재능과 맞는 일을 하고 있기 때문에 보상요구임금이 낮을 것이다. 그러나 기계를 다루는 재능이 별로 없는 사람이 자동차정비공이 되고자 하면 자신과 맞지 않은 일을 하게 됨으로써 만족도가 낮게 되어 보상요구임금수준이 높을 것이다.

결국 기계를 다루는 재능이 가장 뛰어나 자동차정비공에 비교우위가 있는 사람이 이 일자리에 제일 먼저 들어온다고 상상할 수 있다. 그 이유는 그가 가장 큰 경제적 이익을 누리기 때문이다. '시장임금－보상요구임금'이라는 차액을 경제적 지대, 또는 근로자 잉여라고 하면, 자동차정비공에 비교우위가 있는 사람은 가장 큰 근로자 잉여를 누린다고 표현할 수 있다. 그 다음으로 재능이 뛰어난 사람이 이 일자리에 뒤이어 들어오며, 재능이 없는 사람 즉 자동차정비공에 가장 비교열위에 있는 사람은 맨 나중에 이 일자리에 진입하게 될 것이다. 이때 그가 누릴 수 있는 근로자 잉여는 0에 가까운 수준이 된다.

따라서 노동공급자가 증가할수록 보상요구임금이 점차 높아질 것으로 예상되며, 이로부터 노동공급곡선은 우상향의 기울기를 갖게 되는 것으로 추론할 수 있다.

2 노동수요의 기본 특성

(1) 노동수요의 정의

노동수요(labor demand)는 일정기간 동안 기업들이 구입할 의사가 있는 노동의 양이다. 노동수요의 경우에도 일정기간 동안에 기업들이 구입할 의사를 나타내는 양, 즉 유량(flow)으로 표시된다.

노동에 대한 수요는 기본적으로 **파생수요**(derived demand)라는 특성을 가진다. 기업이 노동을 필요로 하는 것은 노동서비스의 사용이 고용주에게 심리적 만족감을 제공하기 때문이 아니라, 노동서비스를 이용하여 기업에서 상품을 생산하고 이를 시장에 판매함으로써 이윤을 추구하고자 하기 때문이다. 결국 기업이 생산·판매하려는 상품에 대한 시장수요가 있기 때문에 노동에 대한 수요도 있는 것이다.

이와 같이 노동수요는 최종생산물에 대한 소비자의 수요에서 파생(유발)된다는 의미에서 파생수요(혹은 유발수요)라고 부른다.

(2) 노동수요를 결정하는 요인들

기업들은 노동을 고용함으로써 상품을 생산한 후 이를 판매하여 이윤을 얻게 된

그림 1-7 기업과 시장

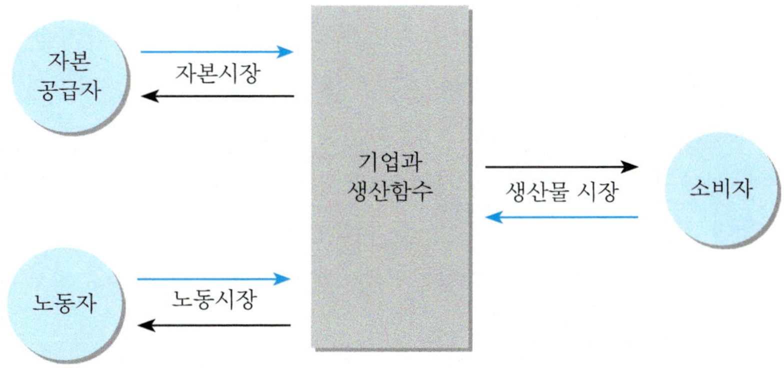

다. 기업의 이윤은 총수입과 총생산비의 차액이다. 따라서 노동에 대한 수요는 기업의 총수입, 총생산비, 그리고 총이윤의 크기에 민감하게 반응한다.

[그림 1-7]은 노동에 대한 수요가 파생수요임을 전제로 다양한 부문시장들 간의 관계를 도식화한 것이다. 이러한 관계로부터 기업의 노동수요를 결정하는 몇 가지 영향요인들을 식별해 보자. 노동공급에서 논의를 가장 단순화시킨 것과 같이 여기서도 가장 중요한 몇 가지만 논의하겠다. 정교한 논의는 제3장에서 다룬다.

첫째, 노동에 대한 수요는 노동의 가격, 즉 임금에 의해 영향을 받는다. 여타의 조건이 일정할 때, 임금이 상승하면 생산비가 증가하여 기업의 이윤이 감소하고 이윤 감소는 다시 고용을 감소시키도록 작용할 것이다. 그러므로 임금과 기업의 고용량 간에는 부(−)의 관계가 성립한다.

둘째, 노동에 대한 수요는 노동을 이용하여 생산하는 최종생산물(상품 X라고 하자)에 대한 소비자 수요의 크기에 따라 결정된다. 상품 X에 대한 수요가 증대하면 기업의 총수입이 증대되어 이윤이 증가하므로 노동에 대한 수요 또한 증가한다.

셋째, 노동에 대한 수요는 다른 생산요소(예컨대, 자본서비스)의 가격에 의해 영향을 받는다. 앞서의 자동차정비공의 경우를 생각해 보자. 만약 자본서비스의 가격, 즉 이자율이 하락하면 기업들은 정비공을 쓰는 대신에 자본을 들여 새로운 정비기계를 장만하려고 할 것이다. 즉 대체재의 가격이 낮아지는 결과가 되어 노동에 대한 수요는 감소할 것이다.

넷째, 노동에 대한 수요는 생산기술에 의해서도 영향을 받는다. 생산기술의 향상은 기업으로 하여금 주어진 생산량을 보다 적은 생산요소의 투입으로 생산할 수 있게 함으로써 노동수요를 감소시킬 수 있다. 반면 생산기술의 향상은 생산비용을 줄여 상품가격을 하락시킬 수 있는데, 보다 저렴해진 상품을 소비자들이 더 구입하게 되면 기업이윤이 증대되어 노동수요가 증가할 수 있다. 생산기술 향상으로 고용감소 효과가 클지, 아니면 고용창출 효과가 클지는 실증적인 문제이며, 이론에 의해 예측될 수 있는 것은 아니다.

다섯째, 시장에 작용하는 기업의 수도 노동수요에 영향을 미친다. 시장노동수요는 시장에 참여하는 개별기업의 노동수요에서 도출되므로, 노동시장이 경쟁적인 경우와 노동시장에 단 하나의 기업만 있는 경우 간에는 노동수요에서 큰 차이가 있을 것이다.

노동에 대한 수요를 L^D라 하고, 임금을 W, 자본서비스의 가격을 r, 생산된 상품에 대한 수요를 X^D, 생산기술을 T, 기업의 수를 C라고 하면 노동수요는 다음과 같은 함수형태로 표시된다.

$$L^D = f(W, r, X^D, T, C) \tag{1.8}$$

(3) 노동수요곡선과 그 이동

임금 이외의 모든 요인을 일정불변(ceteris paribus)이라고 가정하면, 식 (1.8)은 다음과 같이 쓸 수 있다.

$$L^D = f(W) \tag{1.9}$$

식 (1.9)는 여타의 조건이 일정불변일 때 노동에 대한 수요는 임금에 의해 결정된다는 것을 의미한다. 각 임금수준에 대응하여 기업가들이 일정기간 동안 구입하려는 노동의 양을 그래프로 표시하면 노동에 대한 **시장수요곡선**(demand curve for labor)이 도출된다([그림 1-8]).

[그림 1-8]의 (ⅰ)에서처럼 세로축을 임금수준, 가로축을 고용량으로 표시하면, DD와 같이 임금이 하락하면 고용량이 증가하고 임금이 상승하면 고용량이 감소하는 모습을 갖게 된다. 임금이 W_1일 때 노동수요량은 L_1이며 임금이 W_2로 하락할 때 노동수요량은 L_2로 증가한다. 이처럼 노동에 대한 시장수요곡선 DD는 우하향(sloping downward to the right)하는 형태를 갖게 되는데, 이는 임금과 기업의 고용량 간에 역의 관계가 성립함을 의미한다.

그림 1-8 노동수요곡선과 그 이동

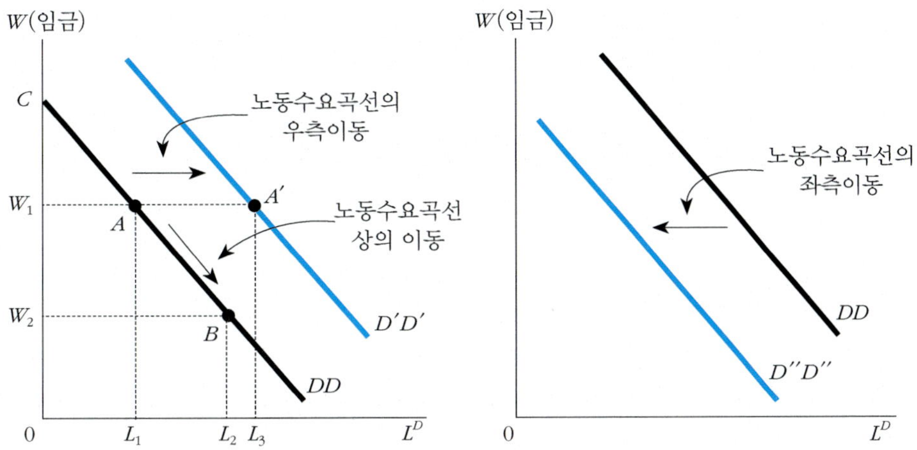

(ⅰ) 노동수요곡선의 우측 이동　　(ⅱ) 노동수요곡선의 좌측 이동

여기서 임금의 상승은 여타 생산요소가격, 예컨대 자본서비스가격이 고정되어 있을 때의 임금상승, 즉 상대적 요소가격(W/r)의 상승을 의미한다.

[그림 1-8]의 (ⅰ)에는 노동수요곡선 전체가 이동하는 경우도 표시되어 있다. 원래의 노동수요곡선 DD가 새로운 노동수요곡선 $D'D'$로 이동한 경우이다. 이를 노동수요의 증가라고 한다. 그 이유는 자명하다. 그림에서 점 A에서 A'로의 이동을 살펴보면, 임금 W_1에서 고용량은 종전에 L_1이었으나 지금은 L_3로 증가하였다. 마찬가지로 모든 임금수준에 대해 대응하는 고용량이 증가하였음을 알 수 있다. 이처럼 전체 노동수요곡선이 우측으로 이동하였을 때를 우리는 노동수요의 증가라고 표현한다.

반대로 전체 노동수요곡선이 좌측으로 이동하였을 때는 노동수요의 감소라고 표현한다. 이는 [그림 1-8]의 (ⅱ)에 묘사되어 있다.

그러면 어떤 경우에 노동수요곡선이 좌측 또는 우측으로 이동할까?

일정불변이라고 가정된 여타 요인들 중에 하나라도 변화하면 노동수요곡선 전체가 좌측 또는 우측으로 이동한다. 예컨대 기업이 생산하여 판매하는 상품에 대한 수요가 증가하면 노동수요곡선 전체가 [그림 1-8]의 (ⅰ)에서와 같이 우측 이동할 것이다. 반대로 상품에 대한 수요가 감소하면 노동수요곡선은 (ⅱ)에서와 같이 좌측으로 이동할 것이다.

(4) 노동수요곡선의 이면에 작용하는 힘: 한계생산체감의 법칙

앞에서 기업의 이윤극대화 과정에서 임금과 기업의 고용량 간에 부(−)의 관계가 나타난다고 설명하였다. 이를 좀 더 자세히 살펴보자.

우선 기업이 상품을 생산하는데 노동(L)과 자본(K)의 두 생산요소만이 투입된다고 가정하자. 이때 기업의 생산함수는 다음과 같다.

$$Y=f(L, K) \tag{1.10}$$

기업의 이윤은 생산된 상품을 시장에 팔았을 때 생기는 수입, 즉 총수입과 상품생산을 위해 구입한 생산요소의 비용, 즉 총비용의 차액으로 정의된다.

우선 논리적으로 기업의 이윤극대화를 설명해 보자. 자본은 고정되어 있고, 기업의 선택변수는 노동의 고용이라고 하자. 기업이 노동을 한 단위 더 고용하면, 생산의 증가가 있다. 노동을 한 단위 더 고용하여 결과되는 생산의 증가를 노동의 한계생산물이라고 한다. 이를 상품시장에서 소비자에게 팔면 생기는 수입이 있는데 이를 노동의 한계수입이라고 한다. 반면 기업이 노동을 한 단위 더 고용하면, 추가적 비용인 임금을 지불하게 된다. 이를 노동의 한계비용이라고 한다. 만약 노동의 한계수입이 노동의 한계비용보다 크면, 노동을 더 고용할 것이다. 그러나 전자가 후자보다 작으면 근로자를 고용하지 않는다. 오히려 데리고 있던 기존의 근로자를 내 보내게 될 것이다. 오로지 노동의 한계수입이 노동의 한계비용과 같을 때, 더 고용할 유인도, 덜 고용할 이유도 없게 된다. 이 때가 이윤극대화 상태이다.

이제 수식으로 기업의 이윤극대화를 살펴보자. 기업의 총수입은 상품 판매량(=산출량 Y)과 그 상품가격을 곱한 수치가 되고, 총비용은 노동비용과 자본비용의 합이 된다. 노동과 자본의 시장가격을 각각 W와 r, 상품가격을 P로 표시하면, 기업의 이윤 π는 총수입 PY와 총비용인 인건비(=WL)과 자본비용(=rK)의 차액으로 표시할 수 있다.

$$\begin{aligned}\pi&=PY-(WL+rK) \\ &=P\cdot f(K,L)-(WL+rK)\end{aligned} \tag{1.11}$$

이때 얼마만큼의 노동을 고용해야 이윤이 극대화되는가? 경쟁기업은 시장에서 결정되는 가격의 순응자(price taker)이므로, 생산요소 가격인 W와 r, 상품가격인 P를 고정된 것, 개별기업이 변경을 하지 못하는 것으로 받아들인다. 기업의 선택변수는 요소 고용량이다. 즉, 이윤함수 π를 노동투입량 L로 편미분한 후 이윤극대화 조건($\partial\pi/\partial L=0$)을 충족시키는 고용량을 선택하는 것이다. 수식으로는 다음과 같이 묘사된다.

$$\frac{\partial\pi}{\partial L}=P\cdot MP_L-W=0\ ;\ \text{즉, } P\cdot MP_L(\equiv VMP_L)=W \tag{1.12}$$

여기서 MP_L은 **노동의 한계생산**(marginal product of labor)이며, 다른 생산요소 투입을 일정하게 두고 노동투입만 1단위 증가시켰을 때의 산출량 증가분을 의미한다. 여기에 상품가격 P를 곱한 노동의 한계생산의 화폐적 가치(즉, Value of Marginal Product of Labor, 약어로 VMP_L)와 시장임금 W과 같아지는 수준까지 노동을 고용하는 것이 바로 이윤을 극대화하는 기업의 선택이 될 것이다.

경쟁기업은 기본적으로 시장가격 순응자라는 점을 상기하자. 그렇다면 식 (1.12)에서 중요하게 작용하는 힘은 바로 노동의 한계생산이다. MP_L을 규제하는 힘은 무엇일까?

고용량이 증가함에 따라 노동의 한계생산이 어떻게 변화할 것인지를 말해 주는 것이 이른바 **한계생산 체감의 법칙**(law of diminishing marginal productivity)이다. 예컨대 자본량이 정해져 있을 때, 처음에는 더 많은 근로자를 고용함에 따라 분업이 향상되거나 기계를 보다 잘 이용하게 되어 노동의 한계생산은 증가할 것이다(한계생산 체증 구간). 그러나 일정 수를 넘어서면, 근로자가 더 증가함에 따라 일할 공간이 점점 더 비좁아지고 기계 주위에 너무 많은 사람들이 몰려 노동의 한계생산이 오히려 하락할 것이다(한계생산 체감 구간).

한계생산이 체감한다면, MP_L에 P를 곱한 VMP_L도 당연히 체감한다. 왜냐하면 P는 고정된 값을 갖고 있기 때문이다. 그런데 현실세계에서 기업들이 노동을 더 고용할지 말지를 고민하는 시점에서는 한계생산물가치가 체감하는 구간이다. 한계생산물가치가 체증하는 경우를 먼저 생각해보자. 한계생산물가치가 체증한다면 근로자를 더 고용하면, 늘 이득이 되니 고민할 필요가 없다. 한계생산물가치가 체감하면 기업이 근로자 고용의 비용인 임금과 냉정하게 비교해서 더 고용할 것인지, 적게 고용할 것인지를 결정해야 한다. 따라서 기업의 노동수요를 논의할 때는 늘 한계생산물가치가 체감하는 경우에 국한된다.

여러분이 마음 속으로 또는 노트 위에 가로축을 고용량, 세로축에 금액을 놓고 우하향하는 기울기를 갖는 VMP_L곡선을 그려보자. 바로 이 곡선이 이윤극대화하는 경쟁기업의 노동수요곡선이다.

경쟁시장의 각 기업들이 우하향하는 노동수요곡선을 가지면, 시장 전체의 노동수요곡선도 우하향의 기울기를 갖는다고 추론할 수 있을 것이다. 따라서 시장노동수요곡선이 우하향의 기울기를 갖는 이론적 근거는 한계생산체감의 법칙에 있다고 할 수 있다.

(5) 노동수요곡선에서 파악되는 총생산액, 임금 및 이윤

노동수요곡선은 기업의 입장에서 첫 번째 근로자의 한계생산물가치, 두 번째 근로자의 한계생산물가치, 세 번째 근로자의 한계생산물가치 등 고용된 순서대로 한계생산물가치를 나타냈을 때 그 크기가 체감함을 나타낸 것이다.

따라서 [그림 1-8]의 (ⅰ)에서 L_1명 고용했을 때 L_1번째 근로자의 한계생산물가치는 AL_1이며, L_2명 고용했을 때 L_2번째 근로자의 한계생산물가치는 BL_2이다. 고용이 증가됨에 따라 한계생산이 체감하므로 $AL_1 < BL_2$가 된다.

이와 같이 노동수요곡선은 추가되는 근로자의 한계생산물가치를 나타내기 때문에 노동수요곡선 아래의 면적은 근로자 고용시 생산될 수 있는 총생산물의 가치를 나타낸다. 즉 [그림 1-8]의 (ⅰ)에서 L_1명 고용했을 때의 총생산액은 CAL_10로 표현할 수 있다. 이때 임금이 W_1이면 W_1AL_10이 총임금지불액이다. 총생산액과 총임금지불액간의 차액 즉 CW_1A는 이윤이 된다.

3 경쟁노동시장에서의 균형

(1) 경쟁노동시장의 기본 가정

현실경제에서 일어나는 복잡성을 추상화하여 여러 가지 현상을 통일적으로 파악할 수 있게 하는 단순한 이론체계가 바로 경제모형(economic model)이다. 우리는 **경쟁노동시장**의 노동수요와 노동공급의 상호작용에 의한 임금과 고용량의 결정을 가장 단순한 형태로 제시하고자 한다.

경제모형은 현실에 대한 일련의 가정(assumption)과 이 가정들에 입각하여 도출된 명제(proposition)들로 구성된다. 경쟁노동시장의 경제모형은 다음과 같은 몇 가지 가정에 기초한다.

① 시장에는 서로 경쟁하는 수많은 근로자와 역시 상호 경쟁하는 다수의 기업이 있어 근로자 개인이나 개별 기업은 시장임금에 아무런 영향력을 행사할 수 없다.
② 근로자와 기업은 자유로이 시장에 진입하거나 떠날 수 있다. 즉 근로자는 기업을 자유로이 선택하며 이동할 수 있고, 고용주(기업)는 해고의 자유를 갖는다.
③ 근로자와 고용주(기업)가 자신들의 이해(임금의 상승 또는 억제)를 대변하기 위해 만든 단결조직이 존재하지 않는다. 정부에 의한 임금결정(wage fixing)도 없다.
④ 근로자와 기업은 완전정보 상태이다. 근로자는 임금, 일자리, 근로조건 등에 대하여, 고용주(기업)는 근로자의 특성에 대하여 완전한 정보를 갖고 있다.
⑤ 일자리의 성격은 모두 동일하다. 단지 임금의 차이만 존재한다. 즉 임금이 일자리의 특성을 나타내는 유일한 지표이다.
⑥ 모든 근로자는 동질적이다. 근로자들은 나이, 성, 능력이나 숙련도의 차이가 없고, 일에 대한 자세 및 노력의 강도도 동일하다.
⑦ 모든 일자리의 공석은 (외부)노동시장을 통해서만 채워진다. 즉 내부노동시장은 존재하지 않는다.

우리는 경쟁노동시장의 가정 중 모든 일자리의 성격이 동일하다는 가정, 즉 가정 ⑤를 완화하더라도 다른 경쟁조건이 유지된다면 노동시장에서 노동수요와 노동공급의 자유로운 이동에 의해 일자리의 특성에 대한 보상임금격차, 즉 힘들고 위험한 일에 대한 추가적인 보상이 주어지는 경쟁균형에 도달할 수 있음을 제4장에서 살펴볼 것이다. 그리고 제5장에서는 모든 근로자가 동일하다는 가정, 즉 가정 ⑥을 완화할 때, 개인간 상이한 생산성에 따른 임금격차를 설명한다.

이 장에서 다룰 예정인, 가정 ①에서 가정 ⑦까지 모두 성립할 때의 **동일노동에 대한 동일임금**, 제4장에서 논의할 상이한 근무여건에 대한 **보상적 임금격차**, 그리고 제5장에서 논의할 상이한 개인의 **생산성 격차에 따른 임금격차**는 경쟁노동시장론의 3대 골격이다.

(2) 불완전 노동시장의 정의

불완전 노동시장은 경쟁노동시장의 가정들과 관련시켜 설명할 수 있다. 즉 일자리 근무여건의 차이, 개인의 생산성 차이를 제외한 여타의 가정들이 충족되지 않는 노동시장을 불완전 노동시장이라고 한다. 불완전 노동시장이란 구체적으로 어떤 경우를 말하는가?

첫째, 경쟁노동시장의 가정들 중 가정 ①이 성립하지 않을 때가 있다. 예컨대 상품시장에 기업이 하나밖에 없는 독점의 경우는 상품시장에서 경쟁하는 수많은 기업들과 다르게 임금과 고용을 결정할 수 있다. 이는 제3장에서 다룬다.

둘째, 경쟁노동시장의 가정들 중 가정 ②가 성립하지 않을 때가 있다. 예컨대, 노동법에 강한 해고제한 규정이 있으면 기업은 근로자를 자유롭게 퇴출시킬 수 없다. 또한 근로자의 경우 이동비용이 너무 높으면 자유롭게 이동할 수 없다. 이처럼 자유로운 진입과 퇴출(free entry and exit)이 성립하지 않는다면 불완전 노동시장이다.

셋째, 경쟁노동시장의 가정들 중 가정 ④가 성립하지 않을 때가 있다. 정보의 비대칭성이 있는 경우, 즉 근로자는 자신의 품질에 대해 잘 알지만 사용자는 근로자의 정확한 생산성에 관해 채용 전에는 알 수가 없는 경우가 **불완전한 정보**의 상태이다. 또한 근로자가 구직활동을 할 때 기업에 대한 정확한 정보가 없다면 구직과정에서 실업이 발생하게 된다. 이처럼 정보가 불충분한 경우의 노동시장도 불완전 노동시장이다.

그밖에 노동조합이 힘을 발휘하는 노동시장도 불완전 노동시장이다. 노동조합은 위의 가정 ①과 가정 ③을 위배하는 경우이다. 수많은 근로자들의 경쟁한다는 조건을 충족시키지 못하기 때문이다. 현대의 대기업들은 대부분 내부노동시장이라는 조직을 만드는데 기업의 내부노동시장이 강고한 경우의 노동시장은 불완전 노동시장이다. 정부나 사회제도가 개입하는 노동시장도 불완전 노동시장이 된다.

노동시장에서 거래되는 것은 다름 아닌 인간의 노동이다. 그리고 노동은 노동서비스를 제공하는 인간 그 자체이기도 하다. 따라서 일반적인 상품시장에 비해 훨씬 다양한 요소들이 공급자 및 수요자의 행동에 영향을 미치며, 정부나 사회제도에 의한 개입도 훨씬 직접적이고 광범위하다. 따라서 현실의 노동시장, 즉 불완전한 노동시장을 분석하기 위해서는 이러한 다양한 요인들에 대한 고려가 필수적이라 할 것이다.

이와 같이 경쟁노동시장의 가정 중에서 일자리 근무여건의 차이, 개인의 생산성 차이를 제외한 여타의 가정들이 충족되지 않는 노동시장을 불완전 노동시장이라고 한다.

위에서 언급한 경쟁노동시장의 가정들은 매우 엄격하게 정의되어 있다. 그러나 경쟁노동시장의 기본 가정들을 부분적으로 완화하면서 단계적으로 불완전 노동시장, 즉 현실의 노동시장에 접근할 수 있을 것이다.

그림 1-9 노동시장 균형

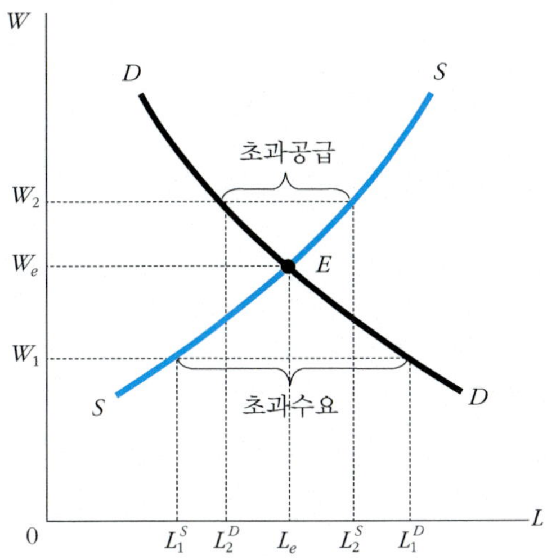

(3) 경쟁노동시장의 균형임금과 균형고용량

이제 노동수요곡선과 노동공급곡선을 한 그래프에 동시에 표시하여 경쟁노동시장에서 임금과 고용량이 어떻게 결정되는지를 살펴보기로 하자.

노동시장은 [그림 1-9]에 나타난 것과 같이 노동수요곡선 *DD*와 노동공급곡선 *SS*로 묘사된다. 노동수요곡선과 노동공급곡선이 만나는 점에서 균형가격(임금)과 균형고용량이 결정된다. 균형임금수준이 W_e이고, 균형고용수준은 L_e로 표시되어 있다.

경제학에서는 일단 어떤 상태가 달성된 후, 새로운 교란요인이 없는 한 그 상태가 그대로 유지되려는 경향성이 있을 때의 상태를 균형이라 일컫는다. 그렇다면 왜 W_e와 L_e가 균형임금이며 균형고용량인지를 간단히 살펴보자.

(i) 초과공급

만약에 임금이 W_e보다 높은 W_2라고 하자. 임금이 W_2이면 노동의 수요량은 L_2^D인데 비해 현재 노동의 공급량은 L_2^S이므로 $L_2^D L_2^S$만큼의 **초과공급**(excess supply)이 있게 된다.

이때 다음 두 가지 현상으로 임금이 하락한다. 하나는 기업의 인사부나 총무부에 취업을 위한 추천서나 응시원서가 쌓이게 되므로, 기업은 보다 낮은 임금을 제시하더라도 일할 근로자가 있다는 것을 알고 임금을 하락시킨다. 다른 하나는 구직활동을 하는 근로자들이 자신의 노동을 팔기 위해 경쟁을 피할 수 없게 되고, 무직보다는 더 낮은 임금에서라도 일하기를 희망하여 임금을 W_2보다 낮춘다.

임금이 하락함에 따라 다른 분야로 일자리를 바꾸거나 사람에 따라서는 비경제활동인구화하는 노동인구도 있게 된다. 임금하락으로 인하여 노동수요량은 증가하고 노동공급량은 감소하여 초과공급은 줄어들게 된다.

(ii) **초과수요**

만약에 임금이 W_e보다 낮은 W_1이라고 하자. 임금이 W_1일 때 수요량은 L_1^D이고, 공급량은 L_1^S이므로 [그림 1-9]에 표시된 것과 같이 $L_1^D L_1^S$만큼의 **초과수요**(excess demand)가 있게 된다.

초과수요가 있게 되면 다음 두 가지 현상에 의해 임금상승이 일어난다. 하나는 기업들 간에 부족한 근로자를 채용하기 위해 치열한 경쟁이 일어나며 더 높은 임금을 지불하고라도 근로자를 스카우트하려 한다. 다른 하나는 근로자들은 높은 임금을 요구하더라도 취업을 보장해 줄 기업이 있다는 것을 알고 임금을 인상시키려 한다.

임금이 상승하면 종전에는 비경제활동인구에 속하였던 노동인구가 이제 노동시장에 새로이 참가함으로써, 또는 다른 일자리에 있던 사람들이 새로이 진입함으로써 노동공급량이 증가한다. 임금상승에 의해 노동수요량은 감소되며, 노동공급량은 증가하여 초과수요는 감소한다.

(iii) **균형**

수요곡선과 공급곡선이 서로 만나는 점에서 결정된 임금에서는 초과공급이나 초과수요가 없고 임금은 더 이상 변동하려는 경향을 갖지 않는다는 의미에서 W_e는 **균형임금**이며 이때의 고용량 L_e는 **균형고용량**이다.

다음 주제로 넘어가기 전에, 노동시장을 논의할 때 반드시 유의해야 할 사항 하나를 다시 강조하고자 한다. 노동시장에서 임금이 변화한다고 할 때는, 여타 조건이 불변이라고(즉, ceteris paribus) 가정하고 있으므로, 임금이 대안적인 생산요소의 가격에 비해 상대적으로 변화하였다는 것, 즉 상대가격 변화를 지칭하는 것으로 해석하여야 한다는 점을 늘 기억하길 바란다.

4 다부문 경쟁노동시장에서의 임금과 고용

(1) 다부문 노동시장이란?

노동시장은 산업, 직업, 지역 등 다양한 기준으로 구분할 수 있다. 산업별 노동시장이라 하면 섬유 의복산업, 자동차산업, 조선산업, 전자산업, 금융산업, 언론산업, 건설산업 등이 그 예가 될 것이고, 직업별 노동시장이라 하면 의사, 간호사, 교수, 공무원, 컴퓨터 프로그래머, 생산직, 청소부 등을 생각해 볼 수 있다. 또한 수도권, 부산지역, 대전지역, 대구지역, 여수·순천지역 등 각 지역별로도 노동시장을 정의할 수 있다.

그런데, 특정 직업을 가진 근로자가 하나의 산업(지역)에서 다른 산업(지역)으로 이동하는 것은 비교적 용이하다. 예컨대 컴퓨터 프로그래머가 제조업에서 금융업으로 이동할 수 있다. 청소부 역시 필요에 따라 수도권에서 대전지역으로 일자리를 옮기는 게 그리 어려운 일이 아니다.

하지만 하나의 직업에서 다른 직업에로의 이동, 즉 청소부가 컴퓨터 프로그래머로 이동하는 것은 각 직업에서 요구되는 숙련과 교육수준이 다르기 때문에 매우 어렵고 상당한 시간을 필요로 한다.

우리는 여기서 여러 지역의 노동시장 및 여러 산업의 노동시장을 다부문 노동시장이라고 부르겠다. **다부문 노동시장**(multi-sector labor market)이라고 할 때는 비교적 단기에서 노동이 이동할 수 있는 노동시장들을 지칭한다. 다부문 노동시장에 관한 논의를 단순화시키기 위해, 우리는 산업별 노동시장을 논의할 때는 두 산업만이 존재한다고 가정하며, 지역별 노동시장을 논의할 때는 두 지역만 존재한다고 가정한다. 왜냐하면 **2부문 노동시장**(two sector labor market)에서의 논의는 논리적으로 다부문 노동시장으로 쉽게 연장될 수 있기 때문이다.

우리는 경쟁적인 2부문 노동시장에서 노동수요와 노동공급이 상호 작용하여 동일노동에 대해 동일임금이 성립하며, 이때 국민경제의 총산출이 극대화되는 최적 인적자원배분이 이루어짐을 보이고자 한다.

(2) 동일노동에 대한 동일임금

현실에서는 대단히 많은 기업이 상이한 산업에 속하고 있으며, 동시에 상이한 지역에 위치한다. 이때 노동수요와 노동공급은 어떻게 작용하여 동일노동에 대한 동일임금을 이루어낼까?

그림 1-10 개별기업의 직업구성

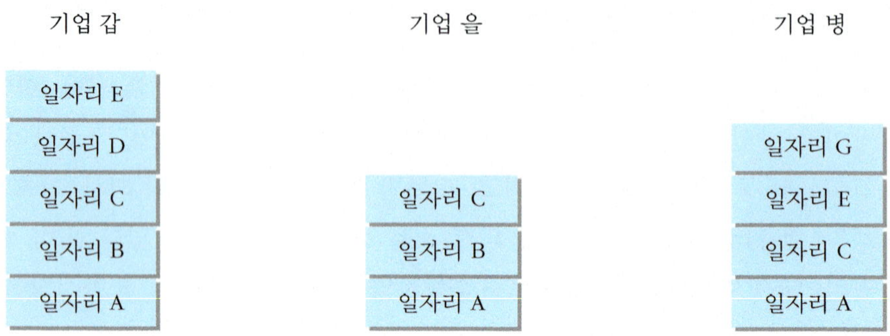

이를 설명하기 위해서 [그림 1-10]을 고려하자. 기업 '갑', 기업 '을', 기업 '병'이 있다고 하자. 기업 갑과 기업 을은 X산업에 속하고 기업 병은 Y산업에 속해 있다고 하자. 그리고 기업 갑에는 일자리 A, B, C, D, E 가 있고, 기업 을에는 일자리 A, B, C, 기업 병에는 일자리 A, C, E, G 가 있다고 하자. 또한 일자리 A는 단순미숙련 일자리라고 하자. 그리고 일자리 C는 컴퓨터 프로그래머라고 하자.

이때 동일노동에 대한 동일임금은, 단순미숙련 노동시장 일자리(A)의 임금이 기업 갑, 기업 을, 기업 병에서 모두 동일하고, 마찬가지로 컴퓨터 프로그래머 노동시장 일자리(C)의 임금이 기업 갑, 을, 병에서 모두 동일하다는 것이다. 즉, 동일한 숙련을 요구하는 동일한 노동에 대해서는 산업의 소속, 지역적 소속과 관계없이 동일한 임금이 결정된다는 것을 의미한다.

만약에 산업간(또는 지역간)에 동질의 숙련도를 갖고 있는 근로자에 대한 임금이 서로 다르게 결정된 불균형 상태에 있을 때에는 노동시장은 어떤 기능을 하게 되는가?

논의를 단순화하기 위해, 우리나라에는 컴퓨터 프로그래머가 1천5백 명이 있고 그들은 금융업과 전자산업이라는 두 산업에 고용되어 있다고 하자. 만약 어떠한 이유에 의하여 전자산업 부문에서 프로그래머의 임금이 금융산업에 종사하는 프로그래머의 그것보다 높아졌다면, 금융산업에 종사하는 프로그래머들이 이직을 하여 금융산업에서 프로그래머의 공급은 감소하고 전자산업의 프로그래머 공급은 증가할 것이다. 반면에, 높은 임금을 보고 전자산업에 취업하려는 프로그래머들이 늘어나면서 치열하게 경쟁하므로 임금이 하락한다. 공급이 감소된 금융업에서는 은행들이 프로그래머를 확보하기 위해 임금을 인상시킨다. 이러한 과정이 계속되면 양 부문에서

그림 1-11 산업간 요소가격의 균등화

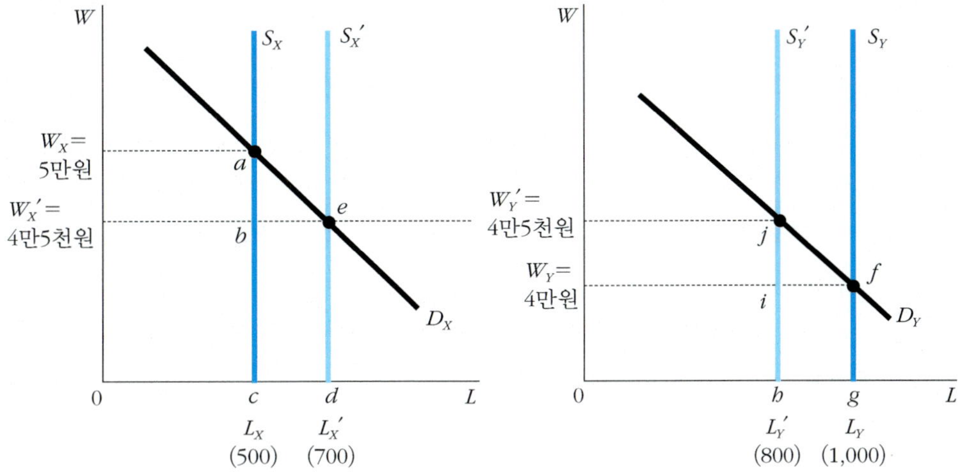

(i) 산업 X (ii) 산업 Y

의 동질적 숙련을 갖고 있는 근로자에 대한 임금은 균등화될 것이다. 일반적으로 시장에서는 경쟁의 힘에 의하여 **동일노동에 대한 동일임금**(equal pay for equal work)이 확립되는 경향성이 존재한다.

[그림 1-11]은 동일노동에 대한 임금이 균등화되는 과정을 보여준다. 산업 X와 산업 Y가 노동자 1,500명을 고용하고 있는데, 처음에는 산업 X는 500명, 산업 Y는 1,000명을 고용하고 있다고 하자. 여기서 우리는 양 산업에서의 노동공급곡선 S_X와 S_Y를 각각 수직선으로 그렸다. 이것은 대단히 짧은 기간 동안에는 각 산업에 대한 노동공급량이 고정되어 있음을 보여주는 것으로, '순간적' 또는 '아주 단기적인' 노동공급곡선을 나타낸다. 이를 순간적 노동공급곡선이라 부르기로 한다.

이러한 공급곡선을 이용하면 우리의 분석이 대단히 명료해진다. X산업의 순간적 공급곡선은 S_X이며, 수요곡선은 D_X이고, X산업에서의 임금은 시간당 5만원([그림 1-11]의 (i))이다. Y산업에서는 S_Y와 D_Y의 교차점에서 결정된 임금이 4만원([그림 1-11]의 (ii))이다. 이러한 임금격차가 있을 때, Y산업의 근로자들이 이직을 하여 X산업에서 구직활동을 하게 되면 Y산업의 노동공급은 감소하여 노동공급곡선은 S_Y에서 S_Y'로 이동하게 된다. X산업에서는 노동공급은 S_X'로 증가함으로써 임금이 하락하고, Y산업에서는 임금이 상승한다. 양 산업에 있어서 임금격차가 존재하는 한 근로자의 산업간 이동은 계속된다. 동일임금이 성립되면 근로자들은 더 이상 이동할 유인이 없게 되고, 바로 이 임금수준에서 균형이 성립된다. [그림 1-11]에서는 마침내 200명의 근로자가 *Y*산업에서 *X*산업으로 이동하여 임금이 4만5천원일 때 균형이 성립되는 것을 보여주고 있다.

마찬가지의 과정이 지역간 임금격차가 있는 경우에도 나타날 것이다. 일정기간 동안 미숙련근로자의 총 수는 고정되어 있고, 서울지역의 공장에서 일하는 미숙련근로자의 임금이 상승하면, 종전에 농업에 종사하던 미숙련근로자들이 서울로 이동함에 따라 서울지역 미숙련근로자의 공급을 증대시킨다. 또는 지방의 공단지역에서 일하던 근로자들이 서울지역 공단으로 이동할 수도 있다. 이와 같은 근로자들의 이동은 서울지역의 미숙련근로자의 임금을 하락시키는 힘으로 작용함으로써 전국적으로 동일한 임금이 확립될 것이다.

노동이라는 생산요소만이 이동하는 것이 아니고 때로는 자본도 지역적인 저임금을 이용하기 위하여 지방으로 이동할 수도 있다. 자본이 이동하면 저임금지역에서의 노동에 대한 수요가 증대되고, 따라서 저임금지역에서의 임금이 상승한다. 때로는 자본은 중국, 베트남, 인도네시아, 태국, 방글라데시 등 외국으로 이동한다. 국내자본이 외국으로 이동함에 따라 노동수요가 감소하여 국내노동시장에서 임금의 상승은 억제된다.

독자 여러분은 아주 단기적인 노동공급곡선 대신 정상적인 우상향의 노동공급곡선을 이용할 경우에도 동일노동에 대한 동일임금의 확립과정을 보일 수 있어야 한다.

(3) 최적 인적자원배분

시장에서의 경쟁은 이와 같이 산업간·지역간 노동이동(또는 자본이동)을 유발시켜 동일노동에 대해 동일임금을 성립시킨다. 이와 같은 과정이 의미하는 또 다른 측면은 일국의 노동이 각 산업별로 배분되며, 각 지역별로 배분된다는 것이다.

[그림 1-11]에서는 두 산업 부문의 1,500명의 근로자가 노동시장에서의 수요·공급의 상호작용으로 *X*산업에 700명, *Y*산업에 800명이 배분되는 과정을 보여준다. 일반적으로 노동시장에서는 동일노동에 대한 동일임금이 성립하는 경향이 있으며, 그 과정에서 노동이 각 산업별, 지역별로 배분된다. 즉, 임금의 결정과 노동의 각 부문별 배분은 동일과정의 양 측면인 것이다.

노동시장에 의한 인적자원의 각 부문별 배분이 과연 효율적인가 아닌가가 이제 검토될 때이다.

일국의 경제에 두 산업 *X*, *Y*만이 있다고 하자. *X*산업의 노동시장에서 수요와 공급에 의해 결정되는 임금이 W_x라고 하고 Y산업의 노동시장에서 결정되는 임금이 W_y라고 하자. $W_x > W_y$일 때, 예컨대 W_x=5만원이고, W_y=4만원일 때, 노동의 생산에의 기여는 X산업에서의 노동의 생산에의 기여는 5만원이며, Y산업에서의 노동의 생산에의 기여는 4만원이다. 이때 Y산업에서 X산업으로 노동이 이동하면 앞서 [그림 1-11]의 분석이 보여 주듯이 임금은 균등화되는데, 이는 양 산업에서의 노동의 생산에의 기여가 동일해진다는 것을 의미한다.

예컨대 Y산업에서 X산업으로 노동이 한 단위 이동해 온 것의 효과는, X산업에서는 추가적 노동을 고용함에 따라 노동의 생산에의 기여가 5만원 증가되며, Y산업은 노동 한 단위를 상실함으로써 노동의 생산에의 기여가 4만원 감소된다. 경제 전체적 관점에서는 Y산업에서 X산업으로 노동이 한 단위 이동함으로써, 즉 노동이 생산에 대한 기여가 낮은 곳에서 높은 곳으로 한 단위 이동함으로써 사회의 생산물가치가 1만원(=5만원-4만원) 증가하였음을 알 수 있다. 동일노동에 대한 임금격차가 있을 때는, 비록 보다 높은 임금이 근로자를 유인하기 때문에 노동이동이 일어나기는 하지만, 그 결과는 생산에 대한 기여가 낮은 부문에서 높은 부문으로 노동자원이 재배분되어 사회적 생산수준이 높아지는 결과를 가져온다.

(4) 총생산의 최대화

이제 [그림 1-11]의 2부문 노동시장을 하나의 그림으로 압축해 보자. [그림 1-11]에서 X, Y산업에 고용된 총인원이 1,500명이며, 이 1,500명이 양 산업으로 배분되며, 각 산업의 순간적 노동공급이 완전 비탄력적이라는 점을 감안하면, 우리는 [그림 1-12]를 그릴 수 있게 된다.

[그림 1-12]에서 OO′는 총고용량을 나타내고 O점을 원점으로 하여 X산업의 고용량을 측정하고, O′점을 원점으로 하여 Y산업의 고용을 나타내고 있다. X산업의 순간적 공급곡선은 S_X이며, 노동수요곡선은 D_X이다. 이는 [그림 1-11]의 (i)과 완전 동일하다. 그리고 X산업에서의 임금은 시간당 5만원이다. Y산업에서는 S_X와 D_Y의 교차점에서 결정된 임금이 4만원이다. [그림 1-12]에서는 200명의 노동자가 Y산업에서 X산업으로 이동하여 임금이 4만5천원일 때 균형이 성립되는 것을 보여주고 있다.

[그림 1-12]는 노동시장에서 불균형이 있을 때의 총생산과 균형상태에서의 총생산을 비교할 때, 총생산이 증가 또는 감소하는지를 보여주는 데 도움을 준다. 우리는 앞서 노동수요곡선 아래의 면적의 합은 총생산액이라고 설명한 바 있는데, 구체적으

그림 1-12 노동시장 불균형

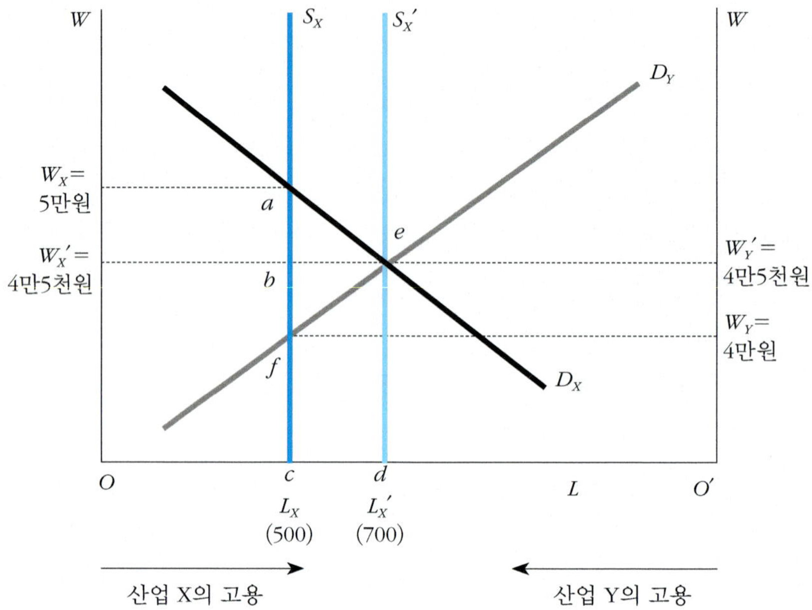

로 [그림 1-12]에서 X산업에서 총생산의 증가분은 *acde*가 되며 Y산업에서 총생산의 감소분은 *fcde*가 된다. 동일노동에 대해 동일임금이 확립될 때 총산출은 그렇지 않은 상황에 비해 (*acde*−*fcde*) 즉 *aef*만큼 증가한다. 즉, 동일노동에 대한 동일임금이 성립될 때 사회적 총생산은 최대가 될 것이다.

동일노동에 대해 임금격차가 있다면 노동이동을 통해 노동의 생산기여도가 낮은 부문에서 높은 부문으로 노동이 재배분되어 사회적 생산수준이 최대가 되도록 한다는 것은 달리 표현하면 동일노동에 대해 임금격차가 존재할 때의 사회적 생산수준이 상대적으로 낮다는 것을 뜻한다. 즉, 동일노동에 대해 각 부문간 임금격차가 존재한다면, 이는 일국의 노동자원이 각 부문에 비효율적으로 배분되고 있다는 뜻이 된다. 노동이동을 통한 사회적 생산의 증대는 동일노동에 대해 동일임금이 실현될 때까지 계속될 것이다.

따라서 사회적 생산의 극대화는 동일노동에 대한 동일임금이 성립될 때 달성되며, 이때 일국의 노동자원은 각 부문간에 최적으로 배분되어 있다고 할 수 있다. 결국 동일노동에 대한 동일임금은 노동의 각 부문간 **배분의 효율성**(allocative efficiency)을 성취시킨다. 이것이 경쟁노동시장의 중요한 기능이다.

제5절 수도권-지방 노동시장에서의 고용과 임금

이제 제4절의 논의를 응용하기에 좋은 주제인 한국의 수도권과 지방의 노동시장에서의 임금과 고용의 결정을 살펴본다. 여기서 수도권이란 수도권정비계획법에서 정의된 서울, 인천 및 경기도 전체를 지칭한다. 이는 2부문 노동시장의 보다 현실적 예가 된다.

1 동일노동에 대한 동일임금의 재음미

앞 절에서 동일노동에 대한 동일임금의 원리를 설명할 때 이용한 [그림 1-11]로 다시 돌아가 보자. 이제 우리는 [그림 1-11]의 (i)을 수도권 노동시장, (ii)를 지방 노동시장으로 간주하여 한국의 지역을 이원화하되, (i)과 (ii)를 동시에 하나의 그림으로 압축한 [그림 1-13]을 이용하여 설명하겠다.

[그림 1-13]의 가로축은 수도권의 고용, 세로축은 수도권의 임금을 나타내고, 수도권과 지방의 고용합계를 나타내는 한국의 고용 총량을 $\bar{L}$라고 하자. 수도권 그래프의 원점을 O라고 하고 여기서 $\bar{L}$만큼 떨어진 곳의 점을 O'라고 하자. 그리고 O'에서

그림 1-13 수도권과 지방의 노동시장

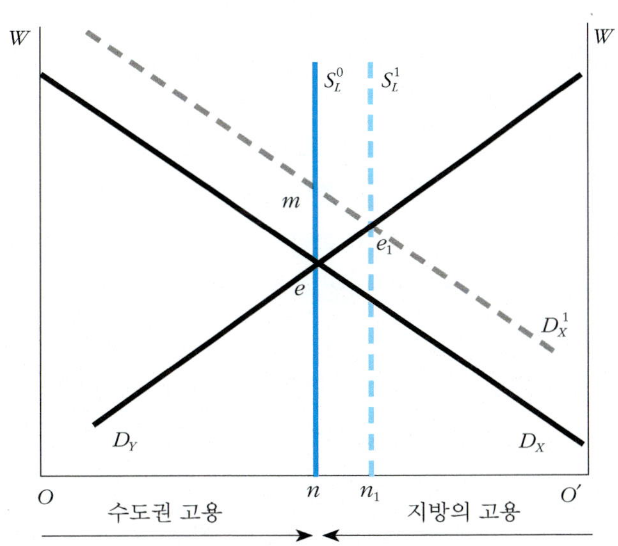

O 방향으로의 고용량을 지방의 고용을 측정한다고 하자. 그리고 O'에서의 세로축은 지방의 임금을 나타낸다.

수도권에서 최초균형은 노동에 대한 수요곡선인 D_X와 노동공급곡선인 S_L^0이 만나는 점인 e에서 성립한다. 지방의 최초균형은 노동에 대한 수요곡선인 D_Y와 노동공급곡선인 S_L^0이 만나는 점인 e에서 성립한다.

[그림 1-13]에서 수도권의 노동수요가 D_X에서 D_X^1로 증가한다고 하자. 노동공급이 아주 빠르게 적응하는 경우 새로운 균형점은 e_1에서 성립한다. 수도권의 고용량은 크게 증가하고, 지방의 고용량은 크게 감소한다.

이는 단순한 그림이지만 한국의 지난 경제발전의 방식, 즉 수도권에의 고용집중 현상을 그대로 나타낸다. 노동이동이 자유롭고 하등의 비용이 들지 않으면, 수도권의 높은 임금 mn에 유인되어 지방의 낮은 임금 en을 받던 근로자가 수도권으로 이동하게 되고 그 이동은 양 부문 노동시장의 균형점인 e_1에서 중단된다. 즉 동일노동에 동일임금이 확립되면 부문간 이동은 중단된다. 그 과정에서 수도권에는 고용량이 증가하고 지방은 고용량이 감소한다.

2 수도권에의 고용집중 현상과 임금격차

만약 노동이동이 일어나지 않는다고 하자. 즉 노동공급이 현재의 수준에 고정되어 있다고 가정하자. 과거에는 지방의 농촌부문에 잠재된 인력들이 광범위하게 존재했으나, 이들 대부분이 이미 이농하여 도시지역에 살고 있어, 수도권에서 임금이 상승하더라도 농촌에서 추가적인 인력공급이 없는 상황에서는 수도권과 지방간에 임금격차라는 불균형이 발생한다. 이는 [그림 1-13]에서 me로 표시된다. 이때 기업도 낮은 임금만 지불해도 되는 지방으로 이전하지 않는다. 왜 그럴까?

한국은 1950년대 이후 강력한 중앙집권체제에 의해 고도성장을 추구하였다. 중앙정부는 정경유착을 토대로 재정, 금융, 행정지원에 의해 대기업집단을 육성해 왔다. 대기업들은 그 혜택을 받고자 수도권에 위치하였다. 일자리가 있는 수도권에 인구가 집중되고, 집중된 인구에 서비스를 제공하는 대학교, 의료기관, 공기업(도로, 지하철, 주택, 전기, 가스 등)이 대부분 수도권에 설립되었다. 동시에 중앙정부의 지원을 받는 각종 연구소도 수도권에 위치하였다. 수도권에 도시 인프라, 도로망, 철도망, 전기, 통신망이 우선적으로 정비됨에 따라 산업들은 수도권에 더 집중하게 된다.

수도권지역은 기업에게 상당한 이익을 제공하지만 기업이 그 이익에 대해 따로 보상을 하지 않아도 되는 다양한 **긍정적 외부효과**(positive externality)를 보유하고 있다. 예컨대 정부, 정치권 인사와의 교류로 최신 정보를 수집하고, 다른 기업이 개발한 기술을 쉽게 이용할 수 있으며, 기업의 자체적인 훈련투자 없이도 고급 인력, 고숙련의 기술인력을 쉽게 채용할 수 있다. 이런 요소들이 대표적인 긍정적 외부효과이다. 또한 수도권에는 사회 인프라 시설도 잘 갖추어져 있다. 촘촘한 인터넷망, 잘 정비된 교통망에 의거한 물류상의 이점도 빼놓을 수 없다. 긍정적 외부효과 및 잘 정비된 사회간접자본 때문에 수도권기업은 지방으로 이전하려 하지 않는다. 물론 수도권의 땅값이 지방에 비해 엄청나게 비싼데 이러한 높은 비용을 감안하더라도 수도권의 이점이 더 크다면 지방기업이 오히려 수도권으로 이전하려 할 것이다.

2004년 국가균형발전위원회는 한국 땅의 11.8%밖에 되지 않는 수도권에 금융거래와 조세수입의 70%, 100대 대기업 본사의 91%, 10대 명문대학의 80%가 몰려있으며, 제조업 사업체의 56%, 코스닥 등록 벤처기업의 72%, 창업투자 회사의 75%가 위치해있다고 보고하였다. 2012년 현재 한국의 수도권 인구집중도는 47.0%로, 미국(뉴욕) 5.3%, 독일(베를린) 5.4%, 프랑스(파리) 18.9%, 영국(런던) 19.1%은 물론이고 일본(도쿄) 27.8%에 비해서도 월등히 높은 수준이다. 가히 서울공화국이라고 할 만하다.

기업들이 수도권에 집중되어 있기 때문에 전국의 우수인재가 수도권에 몰리고, 우수인재를 찾아 기업들이 수도권에 공장을 설립하거나 지방공장을 서울로 이전함에 따라 수도권으로의 경제력 집중은 더 높아지고 지방의 경제적 피폐는 더욱 심화되고 있다.

지방에 새로운 기업이 들어서거나 수도권 기업이 지방으로 이전하지 않으면, 수도권과 지방간에는 심각한 임금격차, 즉 [그림 1-13]에서의 *me*의 임금격차가 지속될 것이다.

제 6 절 한국 노동시장의 장기적 구조 변화

1960년대, 1980년대 그리고 현재의 한국 노동시장 전체를 조망해 보자.

한국 노동시장 전체를 조명하자면 부문별 노동수요와 노동공급을 모두 합한 하나의 노동시장의 모습을 살펴보아야 한다.

한국의 노동시장은 1960년대 무제한적 노동공급 시대, 1980년대 우상향하는 기울기의 노동공급곡선을 지닌 시대, 그리고 현재와 같이 인구감소로 인해 노동공급곡선이 좌측 이동하는 시대로 구분된다.

1960년대는 무제한적 노동공급 시대였다. 무제한적 노동공급이란 1960년대 기업이 최저 생존수준의 임금만 지불해도 이 임금수준에서 노동공급곡선이 수평이 되는 그러한 상황을 의미한다. 수출주도형 경제개발로 노동수요가 증대해도 임금의 상승 없이 기업이 원하는 노동력을 충분히 조달받을 수 있었던 시기이다.

무제한적 노동공급의 배후지는 어디였을까? 농촌과 지방도시이다. 우리나라에서는 세계에서 전례 없는 농촌-도시간 노동이동이 진행되었다. 권태환은 『인구 및 주택센서스』자료를 이용하여 농촌인구의 이농량을 추계하였는데, 1960~1970년간 3,475천명, 1970~1980년간 4,446천명, 1980~1985년간 1,861천명이 이농하여 1960~1985년간 총 9,792천명이라는 대규모 이농이 있었음을 보고하고 있다. 그리하여 그는 도시경제활동인구의 증가 중에서 이농한 경제활동인구가 기여한 정도는 약 1/2에 달하였다고 분석하였다.

1980년대 한국 노동시장에는 무제한적 노동공급 시대가 끝나고 노동공급곡선이 우상향의 기울기를 갖는 시대가 도래하였다. 중화학공업화 및 수출주도형 경제개발로 고도성장을 이루면서 국내 노동수요가 증대하여 임금이 상승해야 기업이 원하는 노동력을 구할 수 있는 그러한 시기에 이르렀다.

이처럼 무제한적 노동공급시대가 끝나고 우상향하는 노동공급곡선에 직면하게

그림 1-14 한국 노동시장의 구조 변화

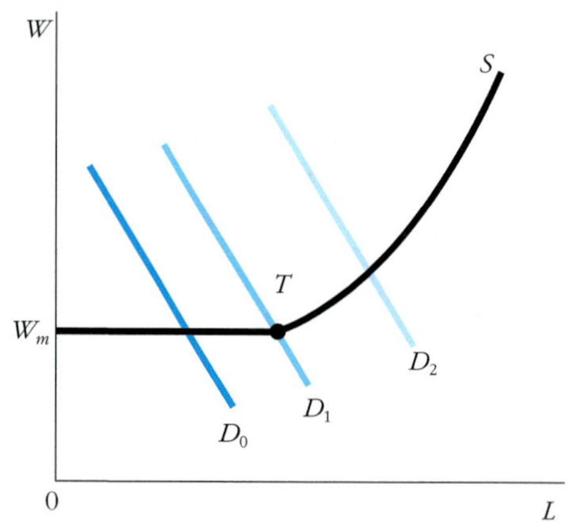

(i) 전환점

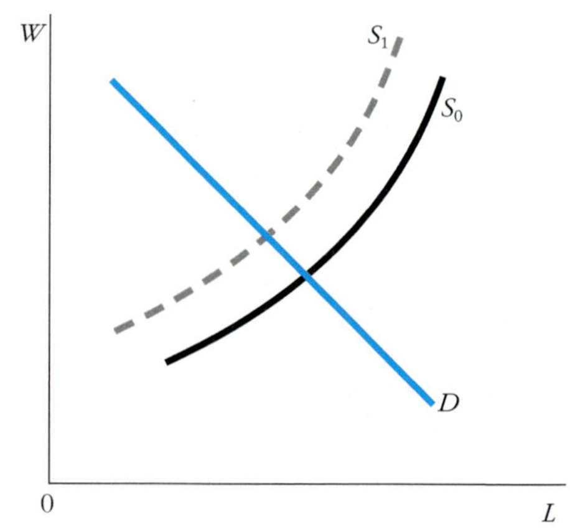

(ii) 노동공급의 감소

되는 시점을 **전환점**(turning point)이라고 한다. 이는 [그림 1-14]의 (i)에서 T점으로 표시되었다. 배무기 교수(1982, 1985)는 한국은 1975년경에 전환점을 통과한 것으로 분석하였다. 일본은 1960년경, 대만은 1968년경 전환점을 통과했다고 한다.

2000년대 이후 한국의 노동시장은 무엇으로 특징지워질 수 있을까? 이제는 인구감소시대이다. 구체적으로 청년층 인구감소 시대이다. 이는 [그림 1-14]의 (ii)에 나타나 있다. 이것이 한국 노동시장의 현재 모습이라고 할 수 있다.

우리는 제2장 노동공급론에서 인구감소의 원인, 대체노동공급의 원천인 여성 및 중고령자의 활용 등을 살펴볼 것이다. 제3장에서는 노동수요와 관련하여 인구감소시대 일자리 창출의 기본 방향을 논의할 것이다. 그리고 제6장에서 인구감소시대 한국 노동시장의 작용의 다양한 측면을 조명하게 될 것이다. 이상의 미시적 분석 이외에도 제12장에서 인구감소가 경제성장 및 경기변동에 미치는 거시경제적 영향을 살펴볼 것이다.

제 2 장

노동공급

제 1 절 | 노동공급의 여러 차원들

제 2 절 | 개인의 효용과 제약조건에 관한 개관

제 3 절 | 소득-여가 모형과 경제활동참가의 선택

제 4 절 | 소득-여가 모형과 노동시간의 결정

제 5 절 | 한국의 장시간 근로와 낮은 고용률의 병존

제 6 절 | 여성의 노동공급

제 7 절 | 청년인구는 왜 감소하였는가?

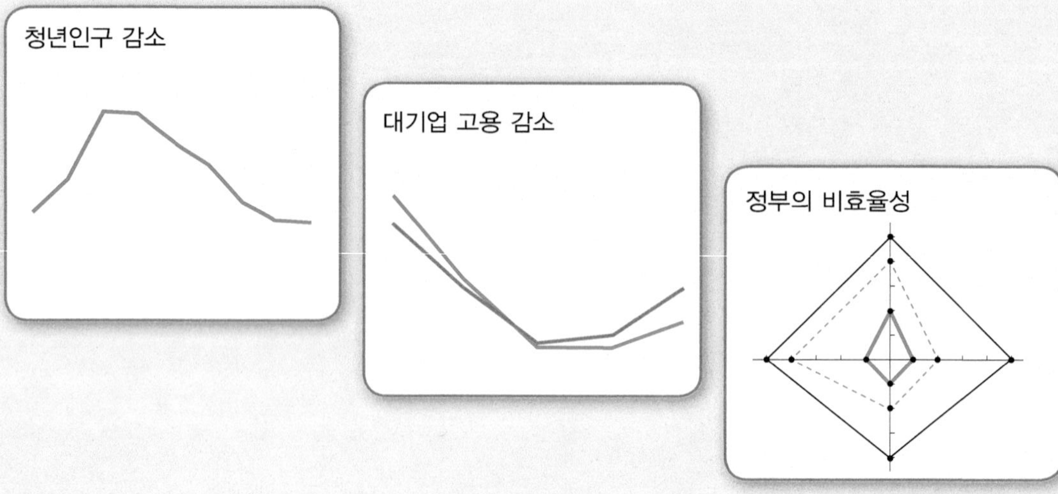

장을 시작하며

노동공급이론은 개인이 어떻게 노동공급 여부 및 그 양, 그리고 노동의 질 혹은 유형을 결정하게 되는지, 그 행태를 밝히는 이론이다. 구체적으로 노동공급 행위는 개인이 경제활동참가를 할 것인가 말 것인가에 대한 결정, 경제활동참가를 결정한 후에 몇 시간 일을 할 것인가의 결정을 의미한다. 더 나아가 한 나라의 노동공급은 그 나라의 인구수에 의존하는데 인구수는 가계의 자녀수 선택과 관련되어 있다.

이 장에서는 가장 먼저 개인의 무차별곡선과 예산선을 이용하는 효용극대화 모형에 의거하여 도출되는 개인의 노동공급 결정을 다룬다. 개인의 노동공급 결정을 다룬 후, 기업에 의한 최소근로시간 제약, 예컨대 주 50시간 이상의 노동을 하도록 하는 기업의 요구가 있는 경우, 개인의 노동공급 결정이 어떻게 달라지는지 등의 응용도 다룬다. 뿐만 아니라 효용극대화 모형을 연장하여 기혼여성의 노동공급 결정, 더 나아가 가계의 자녀 수 결정을 다룬다.

제 1 절 노동공급의 여러 차원들

1 단기의 노동공급

(1) 경제활동참가의 결정

개인의 노동공급 결정에서 가장 우선적으로 고려되는 것은 노동시장에 나와 자신의 노동력을 팔 것인지의 여부를 결정하는 일이다. 달리 표현하면 노동공급을 할지 말지에 관한 결정이고, 노동경제학에서는 이를 **경제활동참가 결정**이라고 말한다.

통계청의 경제활동인구조사에 따르면, 2014년 현재 우리나라 15세이상 인구는 4천2백51만명이며, 이 중 경제활동인구는 2천6백54만명, 비경제활동인구는 1천5백98만명이다. 이는 우리나라 전체 생산가능인구 중 62.4%는 경제활동참가를 결정했고 반대로 37.6%는 경제활동에 참가하지 않기로 결정했다는 것을 의미한다. 남성은 74.0%, 여성은 51.3%가 경제활동참가를 결정하고 있다.

비경제활동인구, 즉 경제활동에 참여하지 않기로 한 개인들은 어째서 그러한 결정을 한 것일까? 이들 대부분은 육아 및 가사를 전담하는 전업주부, 학교에 다니는 전업학생, 연로하거나 장애로 인해 일을 할 수 없는 자, 수입 없이 취업을 준비하는 자 등이다. 이들은 일을 위해 노동시장에 나오는 데 따라 포기해야 하는 어떤 다른 일의 가치, 즉 기회비용이 매우 큰 사람들임을 알 수 있다. **기회비용**이란 개인이 어떤 한 선택을 할 때, 포기되는 다른 대안의 가치인데, 이들의 경우는 본인의 시장노동의 기회비용이 크기 때문에 시장노동으로 인한 임금소득을 추구하지 않고 비경제활동 상태를 자발적으로 선택했다고 말할 수 있다.

(2) 노동시간의 결정

경제활동참가를 결정하면서, 개인들은 몇 시간 일을 할 것인가도 함께 결정한다. 1주일을 단위로 생각해 보자. 개인이 1주일 동안 사용할 수 있는 총 시간은 하루 24시간, 1주일에 168시간이다. 이 가운데 잠을 자거나 식사하고 세면이나 목욕하는 등 생존과 생활에 필요불가결한 시간을 하루 약 10시간, 1주일 약 68시간이라고 하면, 개인이 이용할 수 있는 시간은 1주일에 최대 100시간 정도가 될 것이다. 통계청의 생활시간조사에 의하면, 실제로 한국 국민(10세 이상)은 수면에 7시간 50분, 식사 및 간식에 1시간 45분 등의 필수적 활동시간을 이용한다. 따라서 우리는 앞으로 1주일에 개인이 이용가능한 시간이 100시간이라고 가정하는데, 이는 현실과 부합한다.

개인은 100시간이라는 시간자원 중 몇 시간 일을 할 것인가를 선택할 수 있다. 어떤 사람은 풀타임을 선택해 40시간 일을 하고, 어떤 사람은 파트타임으로 20시간만 일하기로 결정한다. 어떤 사람은 초과근무를 포함해 52시간 일하는 것도 마다하지 않는다. 이렇게 결정된 1주 근로시간을 기준으로 월 근로시간, 1년간 근로시간도 계산될 수 있다.

특히 노동시간의 결정은 총 노동공급량을 파악함에 있어 매우 중요한 측면으로 고려되어야 한다. 취업자 수로 측정하는 노동공급은 어떤 문제가 있을까? 각 개인의 노동시간은 달라서 어떤 사람은 주 20시간 일하기도 하고 또 어떤 사람은 주 52시간 일하기도 하기 때문에 취업자 수로만 노동공급을 측정하는 것은 부정확하다.

노동공급을 노동시간으로 측정할 때는 **인-시간수**(man-hour)로 나타낸다. 노동시장에서 모든 노동이 동질적이라고 가정하면, 10명이 40시간 일하는 것과 20명이 20시간 일하는 것은 정확히 동일한 노동공급 상황을 의미하는 것이다.

경제활동참가 여부나 노동시간의 결정은 개인이 선택하는 데 걸리는 시간이 매우 짧은, 즉 단기에 결정되는 사항들이다. 우리는 이를 단기의 노동공급이라고 한다. 단기의 노동공급에는 보통 생산가능인구의 크기가 고정되어 있고 개인의 인적자본량도 고정되어 있다고 가정한다. 그러나 장기에서는 이러한 요소들도 가변적이라고 보고 분석한다.

2 장기의 노동공급

(1) 숙련인력 및 전문인력의 공급

직업에 따라 숙련을 익히는 데 드는 시간은 천차만별이다. 슈퍼마켓 캐시어(cashier)나 커피전문점의 아르바이트 직원은 하루만 익히면 일을 하는 데 크게 지장이 없다. 그러나 숙달된 자동차정비공 혹은 장식용 돌 공예공이 되려면 최소 1년 이상의 숙련기간이 필요하다. 이처럼 숙련을 익히는 데 오랜 기간이 소요되기 때문에, 숙련인력의 노동공급은 장기의 노동공급이다. 또한 대졸학력을 요구하는 전문인력의 공급도 기본적으로 대학 교육기간이 4년 이상 걸리는 장기의 노동공급이다. R&D 관련 박사인력, 의사, 교수, 변호사 등의 공급은 최소 10년 이상이 걸리는 장기의 노동공급이라 할 수 있다.

숙련 투자에 대한 수익이 투자의 기회비용보다 클 때는 가계 및 기업이 투자할 유인을 갖게 되어 장래의 숙련인력 공급은 증가할 것이다. 반대로 투자에 대한 수익이 낮을 때는 투자의 유인이 적어지고 장래의 숙련인력 공급은 감소할 것이다. 전문인력을 배출하는 대학교육에 대한 투자도 마찬가지로 수익과 기회비용의 비교에서 이루어진다.

전문기술에 대한 수요가 증대하면 전문기술을 보유하는 근로자의 수익이 그 기회비용보다 높아져, 전문기술을 익히려고 공부하고 훈련하고 스스로를 단련하는 사람 수가 많아진다.

이처럼 특정 직업의 공급의 배후에는 인적자본투자(학교교육, 현장훈련)가 있다. 이러한 인적자본투자와 전문인력의 공급은 장기의 노동공급분석에서 핵심적인 위치를 차지하게 된다. 이는 제5장에서 보다 상세하게 다루어질 것이다.

(2) 생산가능인구

노동공급은 15세 이상 민간인구, 즉 생산가능인구를 대상으로 측정한다. 생산가능인구는 한 나라의 인구규모에 의해 그 크기가 결정된다. 인구규모는 인구증가율이 높을 때 커지고, 인구증가율이 음(−)의 값을 가지면 감소한다.

인구증가율은 (출생률−사망률)+(국내로 들어오는 이민율−국외로 나가는 이민율)로 정의된다. 우리나라는 이민자 수가 그리 크지 않으므로 인구 추세는 주로 출생률과 사망률에 의해 결정된다. 사망률은 소득수준 향상에 따른 충분한 영양섭취, 건강유지 활동, 과학발전과 의료기술의 발달, 주거환경의 청결 등의 요인에 의해 결정되며, **출생률**(fertility rate)은 결혼, 출산 등에 대한 가계의 선택 행위에 의해 결정된다. 출생률과 사망률의 변화는 인구의 규모뿐 아니라 연령구조에도 영향을 미친다.

합계출산율(total fertility rate)은 가임여성(15~49세) 1명이 평생 동안 낳을 것으로

표 2-1 1960~2010년 기간 중 인구 변화

(단위: 만 명, %, 명)

연도	1960	1970	1980	1990	2000	2005	2010
총 인구	2,501	3,224	3,812	4,287	4,701	4,814	4,941
인구증가율	2.90[a]	2.21	1.57	0.99	0.84	0.21	0.46
합계출산율	5.63[b]	4.53	2.82	1.57	1.47	1.08	1.23

주: a. 1961년 인구증가율, b. 1965년의 합계출산율.
자료: 통계청,「추계인구」·「인구동향조사」; OECD, Country Statistical Profiles.

표 2-2 한국 인구의 연령별 변화 추이 및 전망(중위)

(단위: 만명)

연도	1960	1970	1980	1990	2000	2010	2020	2030	2040	2050	2060
15세 미만	1,059	1,371	1,295	1,097	991	798	679	658	572	478	447
15~29세	667	817	1,169	1,311	1,205	1,047	926	702	670	620	512
30~54세	588	786	1,006	1,384	1,783	2,052	1,928	1,752	1,466	1,243	1,102
55~64세	115	151	197	275	382	499	802	836	751	672	572
65세 이상	73	99	146	220	339	545	808	1,269	1,650	1,799	1,762
계	2,501	3,224	3,812	4,287	4,701	4,941	5,144	5,216	5,109	4,812	4,396

자료: 통계청, 「(전국편)2010-2060 장래인구추계」.

예상되는 평균 출생아 수를 나타낸 지표로, 연령별 출산율의 총합이며 출산력 수준을 나타내는 대표적 지표이다. 합계출산율이 높을수록 한 여성이 출생하는 자녀수가 많다는 의미가 된다. 우리나라의 합계출산율은 1960~1970년대에는 평균 4~5명이었으나 1980년대 이후 빠르게 하락하여 1990년대 1.5명 수준, 2000년대 들어서는 1.2명 내외의 초저출산 현상을 경험하고 있다(〈표 2-1〉).

그에 따라 인구 증가세가 크게 둔화되어 2010년에 4,941만명인 인구규모는 2030년에 5,216만명으로 정점에 다다른 후 줄어들기 시작하여 2060년에는 2010년보다 545만명이 감소한 4,396만명이 될 것으로 예상되고 있다(〈표 2-2〉 참조). 정부의 인구정책도 1980년대까지는 강력한 출산억제정책을 시행하였으나 이제는 출산장려정책으로 전환되었다.

출산율의 하락과 평균수명의 증가는 세계에서 유래를 찾기 어려울 정도로 급속하게 우리나라 인구의 고령화를 진행시키고 있다. 〈표 2-2〉에서 보듯이 15세 미만자의 수는 지속적으로 하락해 왔으며 하락 추세는 장래에도 계속될 것으로 전망된다. [그림 2-1]에서 보듯이 노동시장에 활발하게 참여를 하는 30~54세 연령군의 숫자는 2010년을 기점으로 감소세에 접어들었다. 15~29세 청년층 인구는 이미 1990년을 기점으로 크게 감소하고 있다. 실제로 한국의 노동시장에서는 인구감소가 가장 큰 이슈가 된다. 동시에 65세 이상의 고령자 수는 1960년 이후 2020년까지 급증하며, 2020년 이후에는 15~29세의 청년 인구를 상회하게 될 것으로 전망하고 있다.

인구의 연령구조 변화는 여러 가지 사회적·경제적인 변화를 일으킨다. 취학 아동수의 변화로 인해 학교시설이나 교사, 학원선생에 대한 수요가 변화하며, 입시경쟁

그림 2-1 한국 인구 중 주요 계층 인구 수의 변화추이와 전망

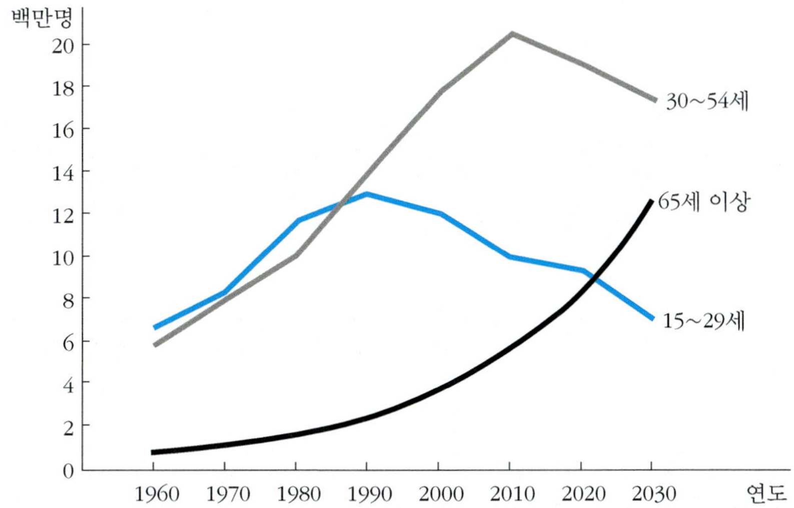

자료: 〈표 2-2〉에 의해 의거 작성.

률도 변화하고, 결혼적령 연령인구의 변화와 함께 주택 수요도 변화한다. 저축률의 변화로 금융시장에도 변화가 일어나며 연금 등 각종 사회보장 지출이 증가하는 등의 문제도 발생한다. 노동시장에도 엄청난 변화가 예상되는데 이는 제6장에서 다룬다.

우리는 이 장의 마지막 절에서 인구감소의 직접적 요인, 즉 자녀수를 감소시킨 가계의 선택 메커니즘을 이해하고 분석하는 데 초점을 두게 된다.

제 2 절 개인의 효용과 제약조건에 관한 개관

경제학에서는 인간은 **효용극대화**(utility maximization)를 추구한다고 가정한다. 그러나 각 개인이 효용극대화를 추구할 때 일정한 제약조건의 지배를 받는다. 욕망 충족의 수단을 구입하는 데 사용할 수 있는 개인의 자원의 양이 제한되어 있기 때문이다. 엄밀히 말하자면, 인간은 그가 갖고 있는 자원의 제한성이라는 **제약조건** 하에서 효용을 극대화한다. 그 과정에서 개인의 노동공급이 결정된다.

여기서는 개인의 효용과 그가 직면하는 제약조건들을 미리 살펴보자. 그러면 효용극대화가 보다 쉽게 이해될 수 있다. 제3절과 제4절에서 우리는 다양한 제약조건

하에서의 개인의 효용극대화와 노동공급의 결정을 살펴볼 것이다.

1 효용함수와 무차별곡선

이제부터 설명의 단순성을 위해 개인은 두 상품만을 소비한다고 가정하겠다. 왜냐하면 두 상품 소비의 분석결과를 논리적으로 연장하면 수많은 상품소비 분석이 쉽게 가능해지기 때문이다. 이러한 가정 하에 위의 효용함수는 다음과 같이 간단히 표시할 수 있다.

$$U=U(X, Y) \tag{2.1}$$

개인의 효용함수는 **무차별곡선**(indifference curve)들로 나타낼 수 있다. 무차별곡선이란 개인에게 동일한 만족감을 주는 X와 Y의 조합을 그림으로 나타낸 것이다.

제0장에서 우리는 효용의 가측성을 전제로 하여, 효용곡면을 이용한 무차별곡선의 도출을 논하였다.

이제 지금부터 설명하고자 하는 무차별곡선의 이론은 현대적 효용이론이다. 즉 효용이란 인간의 심리적·주관적인 만족감을 나타내기 때문에 측정불가라고 가정하는 것이다. 효용의 크기를 객관적인 척도로 측정하는 것이 불가능할 경우 무차별곡선은 과연 어떻게 도출될 수 있는가라는 것이 이 절의 핵심이 된다.

(1) 효용에 관한 세 가지의 가정

소비자의 효용이 불가측이지만 소비자가 상품소비에서 느끼는 만족감은 최소한 다음과 같은 방식으로는 표현할 수 있다고 가정하도록 하자.

첫째, X재와 Y재의 각 조합에 대하여 소비자가 갖는 주관적인 만족감을 그 소비자는 어느 조합이 어떤 다른 조합보다는 낫다는 식으로 표현할 수 있다고 가정한다. 이같이 어느 조합이 어떤 다른 조합보다 낫다, 못하다라고 개인은 명백하게 표시할 수 있지만 얼마나 나은지 못한지는 표시할 수 없는 효용을 **서수적 효용**이라고 한다. 이와 같이 소비자가 X재와 Y재의 각 조합에서 어느 것이 더 낫다는 것을 명확히 표시하는 것을 **비교공리**(axiom of comparison)라고 한다.

구체적으로 가로축을 X재의 소비량, 세로축을 Y재의 소비량으로 했을 때 X재와 Y재의 조합점은 무수히 있다. 그 중에서 A라는 조합과 B라는 조합만을 고려해 보자. 어떠한 A와 B에 있어서 어느 것이 더 큰 만족감을 자신에게 제공하는지를 소비자는 결정할 수 있다고 전제하는 것이 비교의 공리인 것이다. *A*와 *B*의 비교결과는 다음 세 가지 중의 하나가 된다.

㉠ *A*는 *B*보다 선호된다.
㉡ *B*는 *A*보다 선호된다.
㉢ *A*와 *B*는 무차별적이다.

예컨대 *A*가 *B*보다 더 많은 만족(얼마만큼 많은지는 모른다)을 제공하면 *A*는 *B*보다 선호된다고 한다. 반대로 *B*가 *A*보다 더 많은 만족을 제공하면 *B*는 *A*보다 선호된다고 한다. 마지막으로 *A*와 *B*가 동일한 만족을 제공하면 *A*는 *B*에 대해 무차별적이라고 한다.

둘째, 소비자가 X재와 Y재의 각 조합에서 *A*조합을 *B*조합보다 선호하고 *B*조합을 *C*라는 조합보다 선호하면 그는 *A*를 *C*보다 선호한다고 가정한다. 이는 개인의 선호가 **이행성**(transitivity)을 갖는다는 것이다. 선호의 이행성의 또 다른 의미는 *A*가 *B*에 대하여 무차별적이고 *B*가 *C*에 대하여 무차별적이라면 *A*는 *C*에 대하여 무차별적이 된다는 것이다.

셋째, 소비자는 더 많은 것을 더 적은 것보다 선호한다(more is preferred to less)고 가정한다. 이를 선호의 **단조성**(monotonicity) 공리 혹은 다다익선 공리라고 한다. 만약에 *A*라는 조합과 *B*라는 조합에서 *B*에 담겨져 있는 X재의 양이 *A*에 담겨져 있는 X재의 양보다 많거나 *B*에 담겨져 있는 Y재의 양이 *A*에 담겨져 있는 Y재의 양보다 클 때, 소비자는 *A*보다 *B*를 선호한다고 가정하는 것이다. 이것은 X재와 Y재 모두 양재화(goods)임을 의미한다. X재가 만약에 악재화(bads)일 경우는 반대의 경우가 성립할 것이다.

이와 같은 소비자의 효용에 관한 세 가지 가정, 즉 비교의 공리, 이행성의 공리, 그리고 단조성 공리의 가정 하에서 소비자가 상품소비에서 느끼는 만족감, 즉 효용을 체계적으로 순서를 정하는 것(ranking in order)이 가능해진다. 이렇게 X재와 Y재의 각 조합을 각 개인의 선호순에 따라 순서를 정한 것을 개인의 서수적 효용 또는 **선호함수**(preference function)라고 부른다. 따라서 현대적 의미의 효용이란 개인의 선호에 순서를 정한 것을 반영하는 것에 불과하다고 하겠다.

(2) 서수적 효용에서의 무차별곡선의 도출

소비자효용에 대해서 우리가 설정한 비교공리, 이행공리, 그리고 단조성 공리 등을 이용하면 무차별곡선을 도출할 수 있다.

첫째, 이 세상에 무차별곡선이 존재한다면 그것은 반드시 우하향의 기울기를 가질 것이다. 왜냐? [그림 2-2]에서 X재와 Y재의 특정한 조합인 *A*를 살펴보자. *A*점을 중심으로 북동쪽에 위치(제1상한)하는 X재와 Y재의 각 조합은 *A*보다도 많은 *X*와 *Y*를 포함하고 있으므로 1상한에 있는 각 조합은 *A*점보다 선호된다. 반면에 *A*점을 중심으로 남서쪽에 위치(제3상한)하는 X재와 Y재의 각 조합은 *A*보다 적은 X재와 Y재를 포함하고 있으므로, *A*점은 3상한에 있는 각 조합보다도 선호된다. 여기서 우리는 보다 많은 것이 보다 적은 것보다 선호된다는 소비자선호에 관한 셋째의 가정을 이용하고 있는 셈이다. 따라서 무차별곡선이라는 개념을 상정한다면 그것은 *A*점을 중심으로 한 제2상한과 *A*점과 그리고 제4상한을 통과할 것임이 분명해진다. 즉 무차별곡선은 우하향의 기울기를 갖는 것이다.

둘째, 무차별곡선의 개념에 따르면, 하나의 무차별곡선보다 위쪽(북동쪽)에 위치하는 다른 무차별곡선이 항상 보다 선호된다. 왜냐? [그림 2-3]에서 *A*를 통과하는 우하향의 기울기를 갖는 임의의 무차별곡선을 U_1이라고 하자. 그리고 *A*의 북동쪽에 위치하는 *D*점을 통과하는 우하향의 기울기를 갖는 무차별곡선을 U_2라고 할 때, U_2는 U_1보다 선호된다. 왜냐하면 U_2에 있는 *D*점은 *A*보다 선호된다는 것은 자명하기 때문이다. 그러나 *D*가 U_1 위에 있는 여타의 점, 예컨대 *B*나 C보다 선호되는지 아닌지는 어떻게 알 수 있을까? 이행성의 공리를 이용하면 된다. 소비자는 *A*와 *B*와 *C*에 관해

그림 2-2 무차별곡선은 우하향(右下向)의 기울기를 갖는다

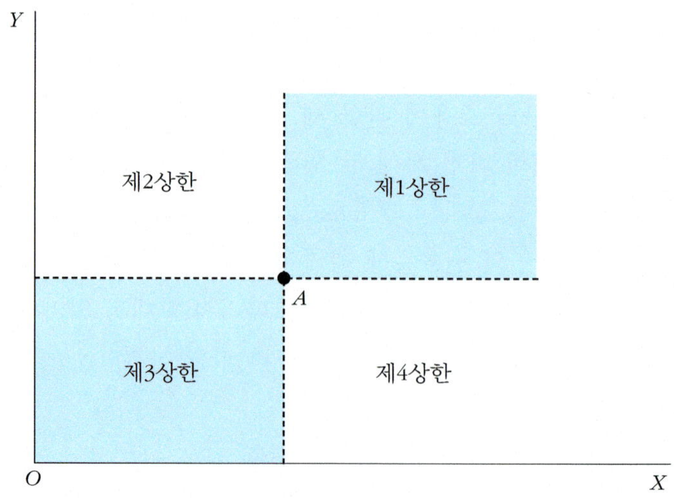

그림 2-3 보다 높이 위치하는 무차별곡선은 보다 낮게 위치하는 것보다 선호된다

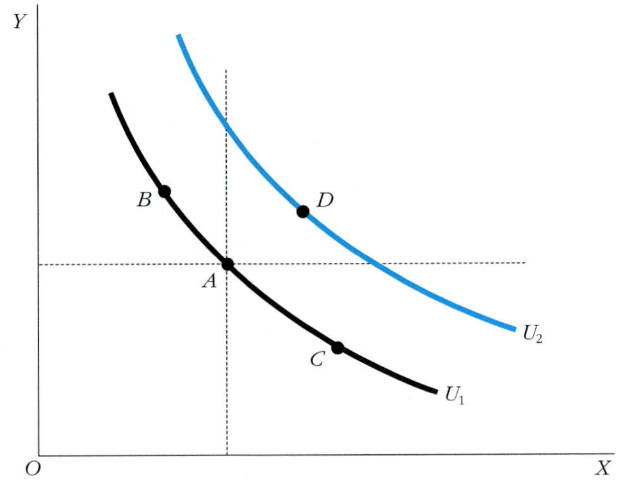

무차별적이다. D는 A보다 선호된다. 그러므로 D는 B나 C보다 선호된다. 따라서 D는 U_1 위에 있는 모든 X와 Y의 조합보다 선호된다.

셋째, 하나의 무차별곡선은 다른 무차별곡선과 교차할 수 없다. 왜냐? 이를 증명하기 위하여 우리는 만약에 두 개의 무차별곡선이 교차한다고 가정해보고 교차하

그림 2-4 두 개의 무차별곡선은 서로 교차할 수 없다

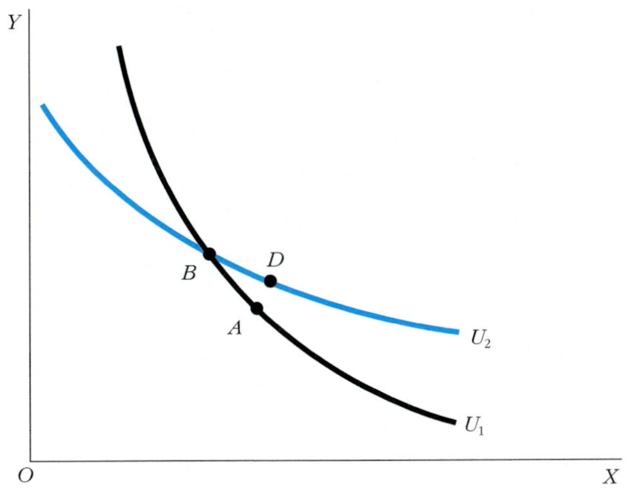

면 무슨 일이 벌어지는지를 가지고 일정한 결론을 도출하는 방법을 이용한다. [그림 2-4]에는 서로 교차하는 두 무차별곡선이 나와 있다. U_1을 따라서 A와 B에 대해 무차별적이다. 또한 U_2를 따라서는 B와 D에 무차별적이다. 그러므로 이행성의 공리에 의하여 A는 D에 무차별적이다. 그러나 D는 A보다 더 많은 X재와 Y재를 포함하므로 D는 A에 대해 무차별적일 수가 없다. 즉 우리는 논리적 모순에 도달한다. 그러므로 우리는 두 개의 무차별곡선이 만날 수 있다는 것을 부정해야만 하는 것이다.

(3) 무차별곡선은 원점에 대해 볼록하다

이상에서 살펴본 바와 같이 우리는 서수적 효용에 관한 세 가지의 가정으로부터 무차별곡선이 다음의 세 가지의 특징을 갖는다는 것을 알았다.

① 무차별곡선들은 우하향의 기울기를 갖는다.
② 보다 높은 데 위치하는 무차별곡선은 낮은 것보다 선호된다.
③ 무차별곡선들은 서로 교차하지 않는다.

이제 증명할 수는 없으나 경험적으로 관찰하는 것으로써 우리는 다음의 것을 무차별곡선의 네 번째 특징으로 삼고자 한다.

④ 무차별곡선은 원점에 대하여 볼록(convex toward the origin)하다.

어떻게 하여 우리가 원점에 대해 볼록한 무차별곡선을 현실에서 경험적으로 관찰하는가가 설명되어야 한다. 이를 위해 **대체의 원리** 그리고 **한계대체율**(marginal rate of substitution; MRS)의 개념을 우선 소개하겠다.

무차별곡선은 소비자에게 같은 만족감(효용)을 주는 X재와 Y재의 조합이 여러 개 있음을 나타낸다. 즉 소비자가 각 조합이 주는 만족도가 '똑같다'라고 하면서 각 조합에 대하여 '무차별적이다'라고 느끼는 그러한 조합의 궤적이 하나의 무차별곡선으로 나타난다는 말이다. [그림 2-5]는 한 소비자의 무차별곡선 U_1을 표시하고 있다. 소비자는 10단위의 옷과 4단위의 음식(점 A)과 또는 5단위의 옷과 12단위의 음식(점 B)중에서, 그 어느 것을 소비하더라도 같은 만족(또는 효용)을 느낀다.

[그림 2-5]에 나타난 무차별곡선에 우리는 다음의 해석을 첨부하고자 한다.

그것은 음식소비를 4단위에서 12단위로 8단위만큼 증가시키기 위하여 옷소비를 10단위에서 5단위로 5단위만큼을 기꺼이 감소시킬 용의를 소비자가 갖고 있음을 보여준다. 경제학의 용어로는 추가적 8단위의 음식소비가 5단위의 포기된 옷소비를 대

그림 2-5 무차별곡선은 소비자에게 동일한 효용을 주는 옷과 음식 조합들의 궤적이다

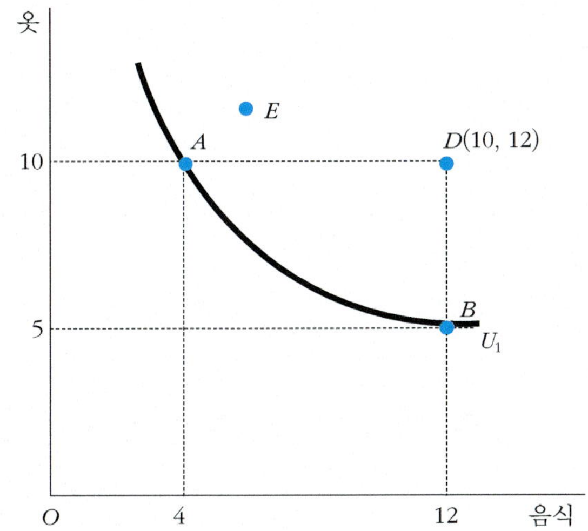

체한다고 한다. 대체되는 이유는 8단위의 추가적 음식과 포기된 5단위의 옷은 소비자에게 동일한 만족을 보장하기 때문이다. 따라서 소비자가 평가하는 8단위의 추가적 음식소비의 가치는 포기된 5단위의 옷과 같다고 할 수 있다.

이와 같이 우하향의 기울기를 갖는 무차별곡선이 근본적으로 보여주는 바는 **대체의 원리**(principle of substitution)이다. 대체의 원리란 일반적으로 일정한 효용수준을 누리는 가운데 한 상품을 더 얻기 위해서 소비자는 다른 상품의 일정량은 기꺼이 포기한다는 것을 말한다. 경제학에서 무차별곡선이 왜 그렇게도 중요한 역할을 하는가 하면, 그것은 대체의 원리를 명시하고 있기 때문이다.

X재와 Y재간의 **한계대체율**(marginal rate of substitution)은 소비자가 X재 한 단위를 추가적으로 더 소비하기 위하여 기꺼이 포기하려는 Y재의 최대량이다. 여기서 '한계'란 '추가적 한 단위'를 의미한다. X와 Y간의 한계대체율은 MRS_{XY}라고 표현하며, 수학적으로는 무차별곡선에 접하는 직선의 기울기의 절대값으로 측정된다. 두 상품이 정상재인 한 $\Delta Y/\Delta X$는 항상 음의 값을 갖기 때문에 아래의 관계식이 성립한다.

$$MRS_{XY}=\left|\frac{\Delta Y}{\Delta X}\right|=-\frac{\Delta Y}{\Delta X} \tag{2.2}$$

무차별곡선이 원점에 대해 볼록하다는 것은 X재를 더 소비함에 따라 한계대체율

이 체감한다는 것을 의미한다. 그러므로 우리가 원점에 대하여 볼록한 무차별곡선을 현실적으로 관찰한다는 것은 우리가 경험적으로 한계대체율 체감을 관찰한다는 것과 동일하다.

우선 [그림 2-6]에서 *A*점을 보자. *A*점은 Y재의 양이 상대적으로 많고 X재의 양은 상대적으로 적다. 즉 Y재가 상대적으로 풍부하다. X재는 상대적으로 희소하므로 한 단위의 X재를 더 갖기 위해서는 풍부한 Y를 좀 많이 포기할 용의를 소비자는 갖게 된다. *B*점을 살펴보자. *B*점에서는 X재가 이미 풍부해지고 Y재는 상대적으로 희소해졌다. *B*점에서 기왕에 풍부한 X재를 추가적으로 한 단위 더 얻고자 할 때 소비자는 희소한 Y재를 많이 포기하지 않으려 할 것이다. 따라서 우리는 *A*점에서의 한계대체율은 *B*점에서의 한계대체율보다 클 것이라고 단정할 수 있다. 이러한 이유로 우리는 *A*점에서 시작하여 X재를 더 많이 가지면 가질수록 점차로 적은 양의 Y를 포기하려 할 것임을, 즉 한계대체율은 체감할 것임을 확인하게 된다. 따라서 경제학에서는 어떠한 개인도 상대적으로 적은 것을 더 소중하게 생각하여 상대적으로 적은 것을 한 단위 더 얻자면 큰 대가를 지불하려고 하고, 기왕에 풍부한 것을 한 단위 더 얻고자 할 때는 그 대가를 조금밖에 지불하지 않으려 한다는 인간의 심리상태에 착안하여 '한계대체율은 체감한다', 즉 '무차별곡선은 원점에 대하여 볼록하다'고 가정한다.

위의 설명은 무차별곡선이 원점에 대해 볼록하다는 것을 인간의 일반적 심리

그림 2-6 한계대체율의 측정과 체감

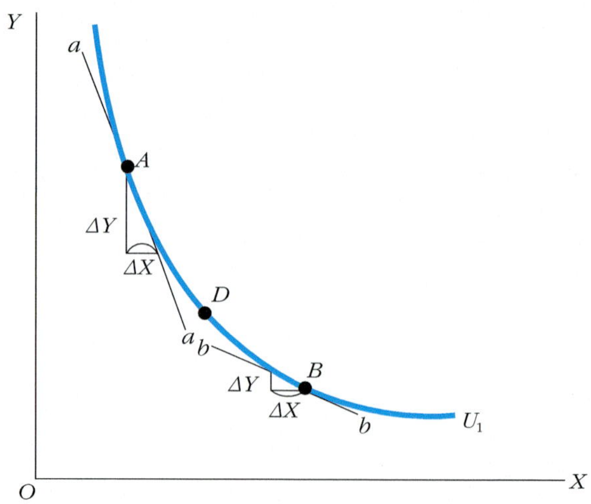

상태를 이용해 설명한 것에 불과하다. **한계대체율 체감의 법칙**(law of diminishing marginal rate of substitution)은 인간이 상대적으로 희소한 재화를 더 귀중하다고 평가하는 데서 관찰되는 경험적인 법칙이라고 경제학자들은 논하고 있다.

(4) 각 개인은 상이한 선호를 갖는다.

여기서 강조할 점은 각 개인들의 X와 Y에 대한 선호가 매우 다르다는 것이다. [그림 2-7]은 두 개인, 갑과 을의 무차별지도를 보여주고 있다. 갑이 I_0와 I_1으로 된 무차별지도를 가지며, 을은 U_0와 U_1으로 된 무차별지도를 갖고 있다. 이처럼 우리는 상이한 개인의 선호체계를 상이한 무차별지도로 표현할 수 있다.

그런데 갑과 을의 무차별지도가 다르다는 것을 좀 더 효과적으로 표현할 수 있는 방법이 없을까? 이러한 목적에 사용되는 개념이 바로 한계대체율이다.

[그림 2-7]의 두 사람을 고려해 보자. 갑과 을의 무차별곡선을 자세히 보면 기울기에 차이가 있음을 알 수 있다. 갑은 X 1단위를 얻기 위해서 포기하려는 Y의 양이 크다. 반면에 을은 X 1단위를 얻기 위해 포기하려는 Y의 양이 작다. 이로부터 우리는 갑은 Y보다 X를 더 선호하고 을은 X보다 Y를 더 선호한다고 추측할 수 있다. 이를 한계대체율로 표현하면, 갑은 X와 Y간의 한계대체율이 크고, 을은 반대로 X와 Y간의 한계대체율이 낮다고 말한다.

그림 2-7 상이한 개인의 무차별곡선

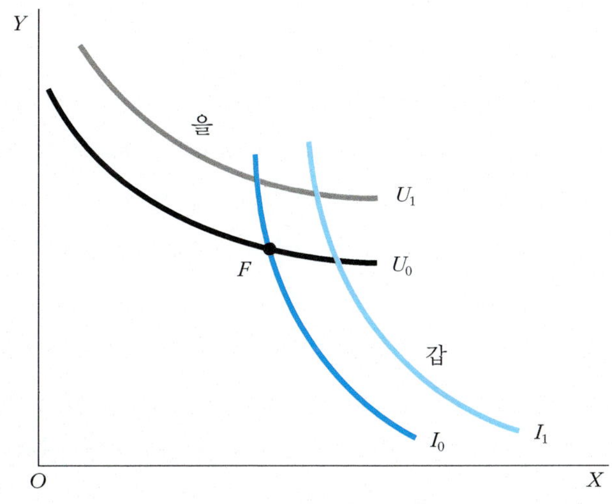

2 개인이 직면하는 제약조건

개인들은 자신이 직면하는 제약조건 하에서 효용극대화를 추구하므로 효용을 살펴본 후에는 개인이 직면하는 제약조건을 살펴보아야 한다.

시장경제에 참여하는 개인이 다른 자산이 없고 시장에 팔 수 있는 것은 오직 본인의 제한된 시간이라는 자원뿐이라고 가정하자. 제한된 시간이란 앞에서 논의한 바와 같이 생존과 생활에 필요한 기본시간을 제외한 개인의 가용시간을 의미한다. 하루 24시간, 1주 168시간 중에서 생존과 생활에 필요시간 68시간을 가정하여, 이하에서는 개인들이 주 100시간의 시간자원을 갖고 있다고 간주할 것이다.

(1) 전형적인 청년 남성의 제약조건

한국의 전형적인 청년 남성을 고려해 보자.

그가 갖고 있는 1주 100시간 중 40시간을 시장노동에 투입하면 나머지 60시간은 그의 여가시간이 된다. 여가시간은 책 읽기, TV 시청, 운동, 영화감상, 친구와 술 마시기 등에 보내는 시간이다.

그의 시간당 임금을 W라고 하면, 40시간 일했을 때 그에게는 $40W$의 근로소득이 생긴다. 만약에 일을 전혀 하지 않으면 근로소득은 0이며, 여가시간은 100시간이 된다. 또한 100시간 일하면 근로소득은 $100W$, 여가시간은 0시간이 된다. 근로소득을 M이라 하고, 임금을 W, 노동시간을 L로 표시하면, $M=WL$의 관계가 성립한다. 이때, 그는 그의 시간을 투입해 근로소득을 생산하는 것으로 간주할 수 있다. 이를 그림으로 나타내면 [그림 2-8]의 (i)과 같다. 그의 근로소득선 Off는 원점을 지나는 직선이 된다.

이를 달리 표현해 보자. [그림 2-8]의 (ii)에서 100시간이 되는 점을 T라고 했을 때, T에서 원점 O로의 방향이 노동투입시간이라고 하자. 그의 근로소득선은 FT와 같이 표현할 수 있다. [그림 2-8]의 (ii)에서는 원점 O에서 T로의 방향은 그가 누릴 수 있는 여가시간의 양을 보여준다. FT선은 그가 가진 100시간으로 창출해 낼 수 있는 근로소득의 집합을 나타내며, 이를 **예산선**이라고 부른다.

이 청년에게는 그의 여가시간이 효용을 가져다 주고, 동시에 그가 창출한 근로소득도 그에게 효용을 제공한다. 따라서 그의 효용은 소득 M과 여가 A의 함수이며, $U=U(M, A)$로 표시할 수 있다. 이제 그의 효용은 가로축에 여가, 세로축에 소득을 나타내는 공간에 무차별지도로 나타낼 수 있다. 이렇게 그려진 무차별곡선과 FT라는

그림 2-8 남성의 예산선

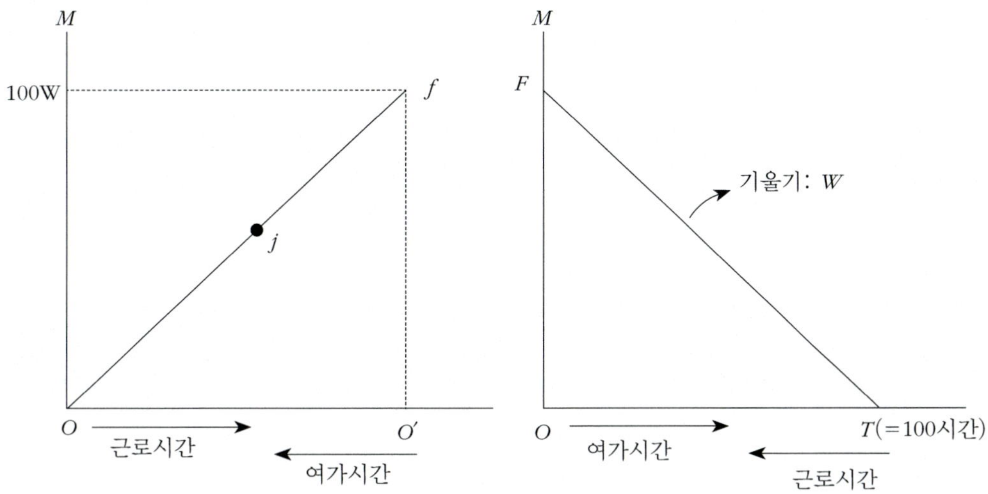

(i) 가로축을 근로시간으로 설정

(ii) 가로축을 여가시간으로 설정

예산선을 고려하여 그의 효용극대화를 살펴보는 것이 제3절과 제4절의 소득–여가 모형이다.

(2) 전형적인 가정주부의 가장 단순한 제약조건

일을 전혀 하지 않는 가정주부의 경우, 그녀는 주 100시간을 어디에 사용할까? 전업주부의 경우에는 가사노동에 투입하고 남는 시간이 여가시간이 된다.

그녀는 자신의 노동과 시장에서 구입한 식자재를 결합하여 아침, 점심, 저녁 식사를 만들고, 자신의 노동과 시장에서 구입한 세탁기, 세제를 투입하여 빨래를 하며, 자신의 노동과 시장에서 구입한 진공청소기를 투입하여 청소를 한다. 그녀가 만들어 낸 가족을 위한 음식, 빨래와 청소에 의한 집안의 청결함 모두 그녀가 생산한 재화와 서비스라고 할 수 있다.

이처럼 기혼여성이 자신의 노동과 시장구입 재화에 의해 만들어 낸 재화와 서비스를 **가정재**(home goods)라고 한다. 가사노동을 행하는 여성은 가족을 위해 가정재를 생산하는 주체이다. 이처럼 가계(household)를 단순히 최종재를 구입해 소비하는 단위가 아니라, 시장에서 구입한 재화와 가구원의 시간을 이용하여 가족의 효용 증대에 필요한 가정재를 생산하는 단위로 파악하는 이론이 바로 **가계생산이론**(theory of household production)이다.

가계생산이론은 민서(J. Mincer, 1963), 베커(G. Becker, 1960; 1965), 그로나우(R. Gronau, 1977; 1986) 등의 일련의 작업을 통해 하나의 체계로 완성되었다.

논의를 단순화시키기 위해 기혼여성이 '아기돌봄'이라는 가정재(Z) 하나만을 생산한다고 가정하자. 또한 아기돌봄이라는 서비스의 생산에는 시장에서 구입하는 재화(장난감, 책, 놀이기구 등)는 투입되지 않고, 오로지 여성 자신의 가사노동만 투입된다고 가정하자. 그러면 **가계생산함수**는 다음과 같이 표현된다.

$$Z=f(H) \tag{2.3}$$

[그림 2-9]에서 100시간이 되는 점을 T라고 하고 T에서 원점 0으로의 방향이 가사노동 투입시간이라고 하자. 그러면 그의 가정재 생산액은 $\widetilde{TP}$와 같이 나타낼 수 있다. T점에서 시작하여 한 시간의 가사노동, 두 시간의 가사노동을 했을 때 생산되는 가정재의 양을 표시한 것인데, $\widetilde{TP}$ 곡선의 모양은 가사노동 투입 증가시 가정재 생산의 증가가 체감하는 것을 반영하여 작성된 것이다. 그렇다면 원점 0에서 T로의 방향은 가사노동시간을 뺀 가용시간, 즉 여가시간과 시장노동시간의 합계를 보여준다.

이제 가정주부가 가사노동뿐만 아니라 시장노동도 한다고 하자. 우리는 가정주부가 먼저 가사노동을 한 후에 남는 그녀의 시간을 노동과 여가에 배분한다고 가정한다. 이는 현실의 가정주부 모습에 근거한다. 이러한 모형으로부터 우리는 기혼여성이 자신의 시간을 여가, 시장노동, 가사노동에 배분하는 의사결정을 설명할 수 있게 된다.

만약 가사노동을 전혀 하지 않고 시장노동만 한다면 그녀의 소득창출선은 앞의 청년의 예에서 살펴본 [그림 2-8]의 (ii)와 완전히 동일할 것이다. 이는 [그림 2-9]에서의 TG와 같다. TG의 기울기는 W, 즉 시장임금이다. 만약 가사노동을 먼저 결정하고 남는 가용시간에서 시장노동을 결정한다면 [그림 2-9]에서처럼 그녀는 처음에는 $\widetilde{TP}$ 곡선을 따라 가정재를 생산하다가 일정시간의 투입(B점) 후에야 시장소득을 창출하게 된다. 그녀의 시장임금률이 W라고 한다면 B점 이후의 소득창출선은 W의 기울기를 가질 것이다. 따라서 기혼여성의 예산선은 100시간으로 그가 창출해 낼 수 있는 가정재가치와 근로소득 집합인 TBC가 된다.

독자들은 [그림 2-9]에서 BC의 기울기와 TG의 기울기는 시장임금 W이며, 그 크기가 같으므로 BC와 TG는 평행선이라는 것을 알 것이다. 동시에 TG와 평행하되 $\widetilde{TP}$와 접하는 평생선이 BC이며, 이때의 접점이 B라는 것도 독자들은 알 것이다. 기혼

그림 2-9 기혼여성의 예산선

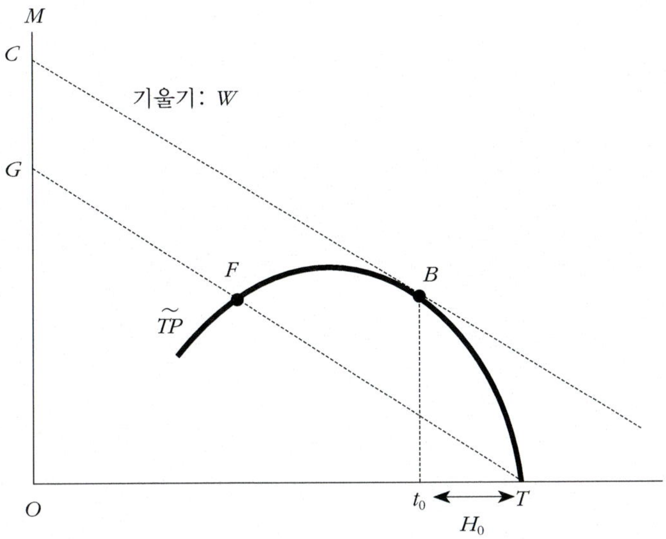

여성은 가정재가치와 근로소득의 합계를 최대로 하게 만드는 데 관심을 갖기 마련이다. 이를 가능하게 하는 예산선은 *TBC* 이외에는 없다는 것도 독자들은 쉽게 이해할 것이다. 예컨대 그녀의 예산선이 *TBFG*라고 한다면 이는 분명 가정재가치와 근로소득의 합계가 최대로 되지 않는다.

가정주부의 경우는 청년과 달리 여가시간 및 근로소득 이외에도 그녀가 창출한 가정재가치도 자신의 효용에 영향을 미친다는 점에서 차이가 있다. 2차원 그래프로 나타낼 수 있도록 가정재가치와 근로소득의 합계를 전체소득(full income) M^*으로 표시하면, 그녀의 효용은 총소득과 여가의 함수, 즉 $U=U(A, M^*)$와 같이 표시할 수 있다. 이제 그녀의 효용은 가로축에 A, 세로축에 M^*을 나타내는 공간에 무차별지도로 나타낼 수 있게 된다. 가정주부가 100시간으로 창출해 낼 수 있는 가정재가치와 근로소득 집합으로 표현된 예산선을 전제로 효용극대화를 살펴보는 것이 제6절의 **단순가계생산 모형**이다. 이는 여성의 노동공급을 분석하는 데 매우 유용한 모형이다.

제3절 소득-여가 모형과 경제활동참가의 선택

1 소득-여가 모형과 개인의 효용극대화

(1) 효용극대화와 제약조건

인간이 효용극대화를 추구할 때 그는 그가 갖고 있는 자원의 제한성이라는 제약조건 하에서 효용을 극대화하게 된다. **소득−여가 선택모형**도 이러한 논리구조를 가진다.

소득−여가 선택모형에서 개인들은 **소득**(income)과 **여가**(leisure)를 소비하여 개인이 누릴 수 있는 효용을 극대화하는 것으로 상정된다. 소득은 그에게 재화(여러 상품을 포함하는 복합재로 간주하자)의 소비를 가능하게 한다는 의미에서 개인의 효용을 증진시킨다. 대부분의 사람들은 노동시장에 나와 자신의 노동을 제공하고 그 대가로 소득을 얻는다. 개인이 직면하는 제한된 자원은 바로 이용가능 시간인데, 결국 노동하는 시간만큼 여가에 사용할 시간은 줄어든다.

식 (2.4)는 한 개인의 효용은 여러 상품의 소비와 여가시간의 함수라는 것을 나타낸다. 여러 가지 소비재의 구입에 이용되는 소득을 M이라 하면, 식 (2.1)의 **효용함수**는 다음과 같이 간단히 표시할 수 있다.

$$U=U(A, M) \tag{2.4}$$

다음으로 **시간에 관한 제약조건**을 고려해 보자. 노동시간과 여가시간의 합은 개인이 처분할 수 있는 총이용가능 시간과 같아야 한다. 앞서 논의한 바와 같이 1주를 단위로 할 때(총 시간은 168시간) 필수 생존시간이 68시간이라고 하면 개인이 처분할 수 있는 시간은 100시간이다. 여가시간을 A, 노동시간을 L, 개인의 총이용가능 시간을 T로 표시하면,

$$T(=100\text{시간})=L+A \tag{2.5}$$

당분간 개인의 재산소득이 없다고 가정하자. 즉, 개인의 유일한 소득원천은 이용가능한 노동시간, 즉 T시간만큼의 노동력의 판매라고 하면, 시간당 시장임금이 W일 때 그의 총이용가능 시간의 시장가치는 WT가 된다. 식 (2.5)에서 양변을 W로 곱하면 $WT=WL+WA$가 된다. WL은 근로소득 M으로 표시하기로 한다. WA는 여가시간으로 인해 포기되어야 하는 시장소득의 크기이며 이는 여가소비 지출비용이 된다.

$$WT = M + WA \tag{2.6}$$

WT : 총이용가능한 노동시간의 시장가치
$M(=WL)$: 근로소득
WA : 여가소비에 대한 지출

개인은 식 (2.6)에 나타난 **금전적 제약조건** 하에서 식 (2.4)에 표시된 효용을 극대화하는 소득과 여가의 선택을 할 것이다. 개인의 효용함수는 무차별곡선으로 표시될 수 있고 개인의 제약조건은 예산선으로 표시될 수 있으므로, 이제부터는 그림을 이용하여 개인의 소득-여가 선택의 메커니즘을 보다 쉽게 설명하고자 한다.

(2) 예산선

개인이 효용의 극대화를 추구한다는 것은 개인이 자신의 무차별지도에서 원점으로부터 가장 높게 멀리 위치하는 무차별곡선상에 위치하도록 한다는 것이다. 그러나 그가 추구하고 갈망하는 바는 자신이 이용할 수 있는 시간의 유한성이라는 제약조건에 의해 구속당한다.

(i) 예산선과 시장임금

이제 개인의 제약조건인 식 (2.6)을 그림에 표시하기 위하여 식 (2.6)에서 M을 등식의 오른쪽으로 이동하면, 다음과 같이 된다.

$$M = WT - WA \tag{2.7}$$

식 (2.6)의 변형인 식 (2.7)을 그래프에 표시하되 가로축에 A를 놓고 세로축에 M을 놓으면 [그림 2-10]의 (i)과 같게 된다.

식 (2.7)에서 $A=0$이면 소득은 WT, 즉 개인의 총이용가능 시간의 시장가치가 된다. [그림 2-10]의 (i)에서 세로축의 절편 F점으로 표시된다. 또한 식 (2.7)에서 $M=0$이면 이는 [그림 2-10]의 (i)에서 가로축의 절편 T점으로 표시된다. 세로축의 F점과 가로축의 T점을 직선으로 연결한 것이 바로 개인의 제약조건을 나타내는 **예산선**이다.

예산선의 기울기를 수식으로 표시하면,

$$-\frac{\Delta M}{\Delta A} = \frac{OF}{OT} = \mathrm{W} \tag{2.8}$$

그림 2-10 예산선과 그 이동

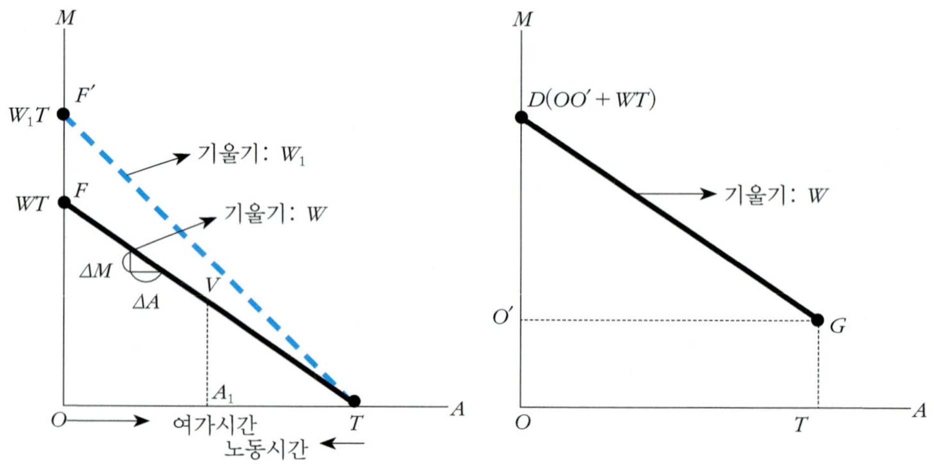

(i) 임금상승의 경우　　(ii) 비근로소득이 OO'만큼 있을 경우

예산선의 기울기는 다름 아닌 시간당임금을 나타낸다.

(ii) 예산선의 이동

만약에 임금이 상승하면, 예컨대 W에서 W_1으로 상승하면, 예산선은 [그림 2-10]의 (i)에서와 같이 T점을 축으로 보다 가파른 기울기를 갖게 될 것이다. 즉, 예산선은 FT에서 $F'T$가 될 것이다.

만약에 임금에는 변화가 없지만 재산소득이 생기면 예산선은 어떻게 될까? 제 1장에서 논의된 바와 같이 소득은 근로소득과 비근로소득으로 나누어지는데, 지금까지 우리는 비근로소득은 없다고 가정하고 근로소득만을 예산선에 표시하였다. 이제 비근로소득(예컨대 상속으로 인한 자산 또는 상가임대소득)까지를 포함하는 예산선을 생각해 보자.

개인에게 재산소득이 OO'만큼 있다고 하자. 이 경우 노동을 전혀 하지 않더라도 ($A=0$), [그림 2-10]의 (ii)에서와 같이 그의 소득은 $TG(=OO')$가 된다. G점에서 기울기가 W가 되는 직선을 그으면 그것이 비근로소득이 있을 때의 예산선이다. [그림 2-10]의 (ii)에서 예산선이 세로축과 만나는 점 D는 [비근로소득(OO')+총이용가능시간의 시장가치(WT)]를 표시하는데, 이 OD를 전체 소득(full income)이라고 한다.

비근로소득이 $GT(=OO')$만큼 있을 경우, 임금이 상승하면 새로운 예산선은 G점을 축으로 하여 보다 가파른 기울기를 갖게 될 것이다.

(3) 개인의 효용극대화 조건

한 개인의 선호체계인 무차별곡선과 예산선을 동시에 한 그래프에 그려보자. 그러면 제약조건하에서 효용극대화가 어떻게 이루어지는가를 쉽게 이해할 수 있게 된다.

[그림 2-11]의 (ⅰ)에는 한 개인 '갑'의 무차별지도와 *FGT*로 표시된 그의 예산선이 표시되어 있다. 갑에게 주어진 예산선에서 도달할 수 있는 무차별곡선 중 가장 높이 위치하는 무차별곡선은 다름 아닌 I_1이다. 그는 모서리인 *G*점에서 효용극대화를 이룬다. 즉, 갑은 노동을 전혀 하지 않고 모든 시간 *OT*를 여가시간에 배분하고 비근로소득(*GT*)만으로 효용을 누린다.

또 다른 개인 '을'의 무차별지도와 예산선 *FGT*가 [그림 2-11]의 (ⅱ)에 나타나 있다. 을의 효용극대화는 *E*점에서 이루어진다. 이는 OA_1만큼의 여가시간, $OT-OA_1$만큼의 노동시간$(=A_1T)$을 선택한다는 것을 의미한다. 이러한 선택에 의해 그는 주어진 예산에서 가장 높은 무차별곡선 U_1에 도달하게 된다. U_2가 더 높은 수준의 효용을 의미하지만 U_2는 그의 제약조건으로는 도저히 도달할 수가 없다.

[그림 2-11] (ⅰ)의 *G*점과 [그림 2-11] (ⅱ)의 *E*점은 예산선 위의 한 점인 동시에 무차별곡선상의 한 점으로, 예산선과 무차별곡선이 접하는 접점이다. 이와 같이 예산선과 무차별곡선의 접점을 개인의 균형점이라고 한다.

무차별곡선에 그은 접선의 기울기를 MRS_{AM}이라고 할 때, 예산선의 기울기는

그림 2-11 개인의 효용극대화

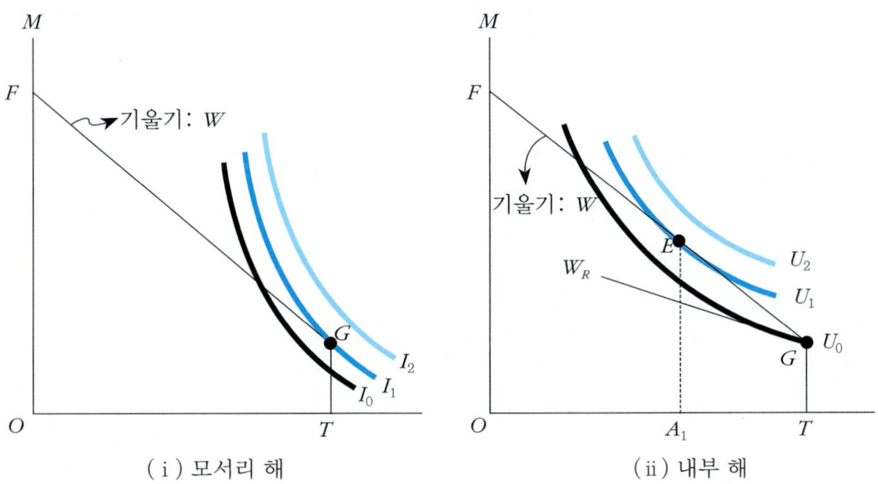

W이므로

$$MRS_{AM} = W \tag{2.9}$$

가 성립하며, 이것이 효용극대화 조건이 된다.

2 경제활동참가의 선택

(1) 의중임금

의중임금(reservation wage)이란 자신의 노동을 시장에 팔기 위해 개인들이 마음속에 갖고 있는 최소한의 주관적 요구임금 수준이다. 보상요구임금으로 번역하면, 개념상 정확하지만 강한 느낌을 준다. 최근에는 눈높이임금이라는 표현이 자주 사용되고 있다. 독자들은 보상요구임금, 의중임금 또는 눈높이 임금이라는 세 표현 중 어느 것을 사용해도 좋다.

의중임금은 근로자 개인의 효용극대화와 밀접히 관련되어 있으며, 경제활동참가의 결정에 기본이 되는 개념이다. 의중임금을 보다 엄밀히 살펴보기로 하자.

어떤 개인 '갑'이 앞의 [그림 2-11]의 (ⅰ)과 같은 선호를 갖고 있을 때, 주어진 예산선에서 효용극대화를 추구하는 노동공급시간은 0이 된다. 이때 G점에서의 효용극대화를 **모서리 해**(corner solution)라고 한다. 반면, 다른 개인 '을'이 [그림 2-11]의 (ⅱ)와 같이 A_1T만큼의 노동시간을 공급한다면 균형점 E를 **내부 해**(interior solution)라고 한다.

무차별곡선상의 각 점에서의 접선의 기울기를 A와 M간의 **한계대체율**(marginal rate of substitution of A for M)로 정의한 바 있다. 그런데 모서리인 T점에서의 한계대체율은 특별한 의미를 갖는다. 모서리인 T점에서 한계대체율은 노동을 전혀 하고 있지 않다가 여가를 한 시간 줄일 때, 즉 새로이 노동 1시간을 할 때, 개인이 동일한 무차별곡선 위에 머물러 있기 위하여 그 개인이 보상을 요구하는 소득수준이다. 이것이 개인의 의중임금(또는 보상요구임금)의 엄밀한 정의이다. 즉, 모서리인 G점에서의 한계대체율을 MRS^*_{AM}이라고 하면, 의중임금은 다음과 같이 표시된다.

$$MRS^*_{AM} = G \text{ 점에서의 } MRS_{AM} = \text{의중임금} \tag{2.10}$$

(2) 경제활동참가의 결정

갑의 MRS^*_{AM}는 [그림 2-11]의 (ⅰ)의 G점에서 무차별곡선 I_1에 그은 접선의 기울기이다. 이때 시장임금은 우연히도 이 개인의 MRS^*와 같다면, 이 개인은 노동시장에 참여하지 않는다.

을의 MRS^*_{AM}는 [그림 2-11]의 (ⅱ)의 G점에서 무차별곡선 U_0에 그은 접선의 기울기이다. 이때 시장임금은 이 개인의 MRS^*보다 큰 수준이다. 이 개인은 노동시장에 참여한다.

[그림 2-11]의 논의에서 다음과 같은 결론이 도출될 수 있다. 시장임금(W)이 개인의 MRS^*_{AM}보다 크면 경제활동에 참가하고, 개인의 MRS^*_{AM}보다 작거나 같다면 경제활동에 참가하지 않을 것이다. 따라서 개인의 **경제활동참가 결정의 준칙**(rule)은 다음과 같이 표시된다.

$$W > MRS^*_{AM} \rightarrow \text{경제활동참가를 한다.} \qquad (2.11)$$
$$W \leq MRS^*_{AM} \rightarrow \text{경제활동참가를 하지 않는다.}$$

따라서 경제활동참가 결정은 각 개인에 있어서 시장임금 W와 MRS^*_{AM} 중 어느 것이 상대적으로 더 큰가에 의존할 것이다. 시장임금이 주어진 상황이라면 MRS^*_{AM}의 크기가 경제활동참가 결정에 결정적인 역할을 한다.

MRS^*_{AM}의 크기에 영향을 주는 요인으로는 비근로소득의 크기, 사회보장제도에 의한 복지혜택의 크기, 양질의 탁아시설 이용가능 여부, 파트타임 근로기회 등을 들 수 있다. 각각의 요인들이 개인의 경제활동참가 결정에 어떻게 영향을 주는지에 대해서는 차차 상세하게 논의하도록 하겠다.

3 시장임금과 비근로소득이 경제활동참가에 미치는 영향

(1) 시장임금의 크기

여타 조건이 일정불변일 때, 식 (2.11)에서 시장임금의 크기가 클수록 **경제활동참가율**(=경제활동인구/생산가능인구)은 높아진다.

주어진 무차별지도에서 임금의 상승은 종전에 비경제활동인구에 속했던 자들을 노동시장으로 유인한다. [그림 2-10]의 (ⅰ)에서 시장임금이 W에서 W_1으로 높아지면 예산선의 기울기가 G점을 축으로 가파라지는데, 이때 $W_1 > MRS^*_{AM}$가 된다면 비경제활동인구였던 자가 노동시장에 새로 참여하는 경우도 생기게 된다. 따라서 시장임금이 높아지면 더 많은 사람들이 노동시장에 나오게 될 것이다.

(2) 비근로소득의 크기

비근로소득이 적을수록 의중임금은 낮아지며 경제활동에 참가할 가능성이 높아진다. 개인에게 비근로소득이 전혀 없다고 하자. 이 경우 근로소득이 유일한 소득의 원천이므로 그는 노동을 공급하지 않으면 안 된다. 따라서 일을 전혀 않고 있다가 한 시간의 노동을 공급하려 할 때, 근로자가 갖고 있는 의중임금 수준은 매우 낮을 것이다. 그러나 비근로소득이 있다면 의중임금 수준은 높아지게 되고 시장임금이 일정수준 이상이 되어야만 노동공급을 결정하게 될 것이다.

[그림 2-12]에서 동일한 사람의 선호체계에서 비근로소득의 존재가 경제활동참가 여부에 어떻게 영향을 미치게 되는지를 보여주고 있다. 비근로소득이 전혀 없을 때 무차별곡선 U_0는 T점을 통과하는데, T점에서 U_0에 그은 접선(W_R)의 기울기, 즉 의중임금 수준은 대단히 낮다. 이 사람은 E점에 나타난 것과 같이 경제활동에 참가한다. 즉 A_1T만큼의 노동시간을 시장에 공급함으로써 EA_1만큼의 근로소득을 취하여 U_1의 효용을 누린다.

그러나 GT만큼의 비근로소득이 있다면, G점을 선택함으로써 U_2이라는 보다 높은

그림 2-12 비근로소득이 경제활동참가에 미치는 영향

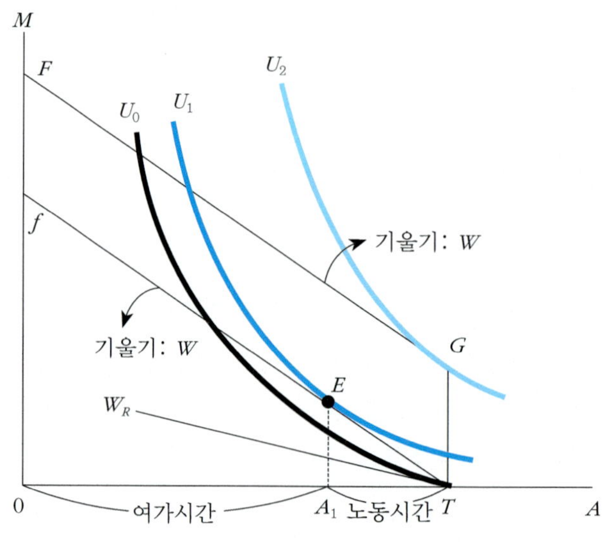

효용수준에 도달할 수 있게 된다. 엄밀히 말하자면 G점에서 MRS^{*}_{AM}가 시장임금보다 크기 때문에 이 개인은 비경제활동인구가 된다.

이 모형을 활용하면 다음의 예측이 가능하다.

첫째, 결혼한 여성의 입장에서 남편의 소득은 자신의 노동공급과 관계없는 비근로소득이 될 것이기 때문에, 부유한 배우자를 가진 기혼여성은 가난한 배우자의 기혼여성보다 경제활동에 참여할 가능성이 낮다.

둘째, 사회보장제도가 미흡한 우리나라에서는 노년기에 제공되는 복지혜택의 금전적 가치가 크지 않다. 복지혜택 역시 비근로소득(구체적으로 이전소득)으로 분류되는데 비근로소득의 크기가 작기 때문에, 한국 노령인구의 의중임금 수준은 낮고 따라서 경제활동참가율은 높게 나타날 것이다.

4 실망근로자 효과와 부가근로자 효과

(1) 실망근로자 효과

경기변동은 경제활동참가율에 영향을 미치는데, 불경기에 일반적으로 경제활동참가율이 낮아지는 경향이 있다. 이를 설명하는 것이 **실망근로자 효과**(discouraged worker effect)이다.

불경기에는 실업자(실업자는 경제활동인구에 속함)가 직장을 구할 가능성이 크게 줄어들기 때문에 아예 구직활동을 단념함으로써 비경제활동인구로 분류되는 근로자가 많아지게 되는데, 이것이 경제활동참가율을 낮추는 결과를 가져온다는 것이다.

앞의 [그림 2-11]의 (ii)를 살펴보자. 어떤 개인이 시장임금이 W일 때 A_1T만큼의 노동을 공급하고 있었다고 하자. 그러나 불경기로 인해 그가 해고를 당하면서 실업상태에 있게 되었다고 하자. 이제 그의 노동공급시간은 0이며 이는 G점이다. 이 개인은 시장임금 W에서 A_1T만큼의 일을 하기 원하지만 일자리를 잃었으므로 그의 입장에서는 불균형상태에 있는 것이다. 그는 새로운 일자리를 찾기 위해 여러 직장을 탐색할 것이다. 그는 직장탐색 과정에서 W만큼의 시장임금을 지급하려는 기업을 만날 수도 있고 만나지 못할 수도 있다. 이때 W라는 임금을 지급하려는 기업을 만날 확률을 P라고 하면 그의 **기대임금**(expected wage)은 다음과 같이 나타낼 수 있다.

$$E(W)=P\cdot W \tag{2.12}$$

예컨대 W이 시급 5만원이고 P가 0.5라면 그의 기대임금은 2만 5천원이 된다. 시급 2만 5천원을 [그림 2-11]의 (ii)에 표시하면, 예산선이 종전 *FG*에서 *G*점을 기준으로 기울기가 낮아지게 된다. 의중임금이 기대임금보다 높으면, 실직한 개인은 *T*에 머물고 비경제활동인구화 한다. 구직확률 *P*가 낮을수록 기대임금이 더 작아져 *G*점의 모서리 해에 머물게 될 가능성이 높아지는 것이다. 이들이 다름 아닌 실망근로자이다.

(2) 부가근로자 효과

경기변동시 실망근로자 효과에 못지않게 중요하게 고려되는 것은 **부가근로자 효과**(added worker effect)이다. 이는 주로 여성의 경제활동참가율 변화와 관련이 깊다. 즉 불경기에는 여성의 경제활동참가가 증가하는 경향을 보이는데, 이를 어떻게 설명할 수 있을까?

경기가 침체되어 노동에 대한 수요가 감소하면 가구주인 근로자가 실직을 하거나 충분한 일거리가 없어 소득이 줄어들면서 가구주의 근로소득만으로 가구의 생계비를 충족하지 못하게 된다. 그러면 종전에는 비경제활동인구였던 가구원이 가구소득을 유지하기 위해 노동시장에서 일자리를 구하게 되고, 따라서 경제활동참가율이 높아진다. 이와 같이 불경기에 부가적인 근로자들의 노동시장 참가가 증가하는 것을 부가근로자 효과라고 한다.

[그림 2-12]를 이용하면 남성 가구주의 소득감소는 가구원 특히 부인의 비근로소득의 감소로 나타나는데, 이 과정에서 종전에는 비경제활동인구로 있던 가구원이 노동시장에 참여하게 된다는 것을 쉽게 분석할 수 있게 된다.

불경기에 실망근로자 효과와 부가근로자 효과 중 어느 효과가 더 크게 나타나는가에 따라 경제활동인구의 크기가 달라질 것이다. 또한 두 효과는 실업률에 대해 상반된 영향을 미치는데, 실망근로자 효과는 실업률을 높이며, 부가근로자 효과는 실업률을 낮추는 것으로 작용한다.

어느 효과가 더 큰지는 실증적으로 확인되어야 하는 문제이다. 미국에서 실증분석의 결론은 일반적으로 실망근로자 효과가 압도적이고 부가근로자 효과는 부수적이라는 것이다.

5 의중임금의 배열과 근로자 잉여

이제 하나의 가상적 실험을 해 보자. 노동은 동질적이나 사람들의 취향과 선호가 다르다고 할 때, 각 개인의 의중임금(또는 보상요구임금)이 달라짐을 예상할 수 있다.

개인의 의중임금을 사람의 키에 비유하자. 의중임금이 가장 낮은 사람부터 시작하여 커지는 순서에 따라 연속적으로 줄을 세워놓을 수 있겠다. 그 결과 의중임금의 배열이 [그림 2-13]과 같은 모양을 지닌다고 하자. 이때 *Q*, *R*, *S*, *T*, *U*, *V*라는 점을 연결하면 바로 노동공급곡선이 된다.

따라서 노동이라는 생산요소가 대체용도인 여가(leisure)에 전용되지 않도록 요소 소유자가 평가하는 의중임금(즉, MRS^*_{AM})을 배열한 것이 '사람 수로 표시한 노동공급곡선'이라 할 수 있다.

이때 시장임금 W_e와 각 개인의 의중임금(보상요구임금)과의 차액이 경제적 지대, 또는 근로자 잉여이다. [그림 2-13]에서 파란색이 표시된 면적이 근로자 잉여이다. 근로자 잉여가 가장 큰 자가 가장 빨리 시장에 참여하고 그 다음 근로자 잉여가 큰 자가 다음으로 시장에 진입한다는 것을 상상하면, 노동공급곡선은 의중임금이 가장 낮은 사람부터 커지는 순서에 따라 연속적으로 줄을 세워 놓은 것과 같은 의미를 가진다.

노동에 대한 수요와 공급에 의한 임금결정은 동학적으로는 근로자 잉여가 가장 큰 개인을 시장에 우선적으로 참여하도록 유인하며, 그러한 유인에 순응하는 자에게 가장 큰 이익을 제공한다는 뜻이 포함되어 있다. 반대로 비교우위를 가장 잘 활용하

그림 2-13 보상요구임금의 배열: 노동공급곡선

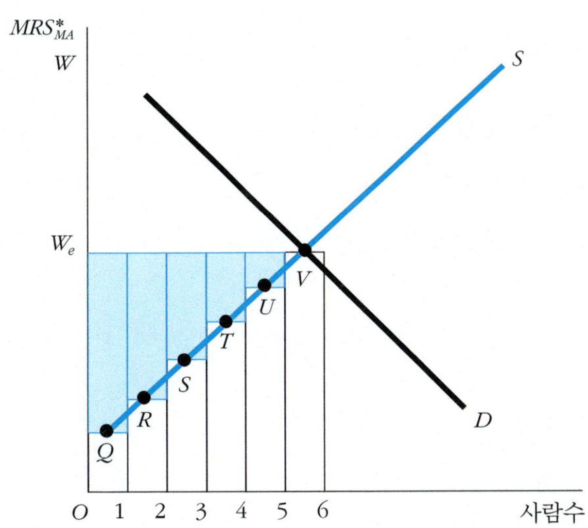

는 사람이 보상요구임금이 가장 낮고 가장 큰 근로자 잉여를 향유하게 된다.

독자들은 제1장 제4절에서 노동공급곡선의 이면에 작용하는 힘에서 설명한 내용을 여기서 다시 음미해 볼 수 있을 것이다.

제4절 소득-여가 모형과 노동시간의 결정

앞 절에서의 경제활동참가의 결정이론은 '사람 수로 표시한 노동공급'에 관한 것이다. 이제는 인구 중에서 개인의 경제활동참가 여부가 결정되면 각자의 노동시간은 어떻게 결정되는가를 소득-여가 모형을 활용하여 해명하고자 한다. 노동공급은 사람 수와 각 근로자가 공급하는 시간을 동시에 포함한다는 점을 상기하자.

1 임금 변화와 노동공급시간

(1) 개인의 노동공급곡선

한 개인이 1주일에 100시간이라는 총이용가능 시간을 갖고 있다고 하자. 그리고 그는 자신의 이용가능 시간을 자유로이 처분할 수 있다고 가정하자. 예컨대 노동시장에서 일해야 하는 근로시간이 따로 정해져 있는 것이 아니라 자신이 원하는 만큼 충분히 많이 일할 수도 있고 반대로 한두 시간만 일할 수도 있다고 가정하는 것이다.

우리는 효용을 극대화하는 개인의 소득-여가 선택모형이 노동공급시간의 결정도 함께 보여준다는 것을 이미 배운 바 있다. 앞의 [그림 2-11]에서 개인 '을'은 경제활동참가를 결정하고 동시에 A_1T 만큼의 시간을 노동에 할애한다는 것을 살펴보았다.

여기서 우리가 논의할 중요한 문제는 노동시장에서 임금이 올라갔을 때 개인의 근로시간 선택이 어떻게 될 것인가 하는 점이다. 더 많은 시간이 노동에 배분될까, 아니면 노동시간을 줄이게 될까?

이를 [그림 2-14]를 이용하여 살펴보자. 임금이 시간당 W_1이라고 하자. 그리고 비근로소득은 전혀 없다고 가정하자. 그러면 [그림 2-14] (i)에서와 같이 개인의 효용극대화는 E_1점에서 이루어져 그는 총이용가능 시간을 OA_1만큼의 여가시간과 A_1T만큼의 노동시간으로 배분한다.

이제 임금이 시간당 W_3으로 올랐다고 하자. 그러면 [그림 2-14]의 (i)에서 그

그림 2-14 임금변화와 노동공급

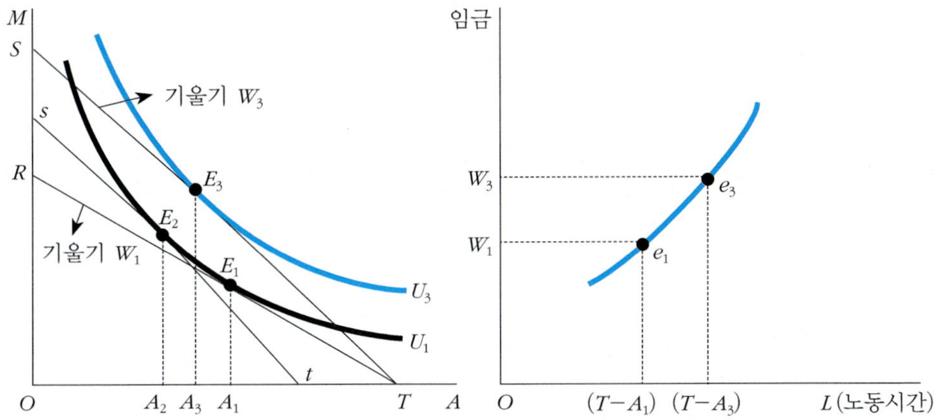

(i) 임금변화와 개인의 균형 변화　　　(ii) 개인의 노동시간 공급곡선

의 효용극대화는 E_3점에서 이루어지고 그는 총이용가능 시간을 OA_3만큼의 여가와 A_3T만큼의 노동에 배분한다. E_1과 E_3을 비교하면, 개인의 여가시간은 OA_1에서 OA_3으로 줄고 노동시간은 TA_1에서 TA_3으로 증가하였다.

개인의 균형점 E_1과 E_3에 담긴 정보를, 가로축에 노동시간, 세로축에 임금을 표시한 그림으로 옮긴 것이 [그림 2-14]의 (ii)이며, 이것이 개인의 노동시간 공급곡선이 된다. 즉, [그림 2-14]의 (i)에서 임금이 W_1일 때, 그가 노동하고자 하는 시간은 (총이용가능시간−여가시간)이므로 $OT-OA_1$이 되며, 임금이 W_3일 때 노동시간은 $OT-OA_3$이므로 이들 점들을 [그림 2-14]의 (ii)에 옮겨 놓으면 e_1과 e_3을 연결하는 곡선으로 표시된다. 바로 이것이 임금에 따라 개인의 노동공급시간의 변화를 나타내는 개인의 노동공급곡선이다.

(2) 시장노동공급곡선의 도출

시장노동공급곡선은 각 임금수준에서 노동시장에 참여하게 된 개인에 의해 선택되는 노동공급시간의 합이다. 예컨대 노동시장에 갑과 을의 두 명의 근로자만 있다고 가정하자. W_1의 임금에서 갑이 40시간, 을이 20시간을 공급하기를 희망한다면 시장노동공급은 W_1의 임금에서 60시간의 노동공급이 대응된다. 마찬가지로 W_3의 임금에서 갑과 을이 각각 50시간, 25시간을 공급하고자 한다면 시장노동공급은 W_3의 임금과 75시간의 노동공급이 대응될 것이다. 이러한 점들을 연결한 것이 시장노동공급곡선이다.

독자 여러분은 제0장의 [그림 0-10]에 나타난 노동공급곡선의 도출을 여기서 다시 음미해 보도록 하자.

노동공급곡선은 통상 세로축에 임금, 가로축에 노동공급량을 표시하기 때문에, 시장노동공급곡선은 개인들의 노동공급곡선의 수평 합에 의해 도출된다. 이때 시장노동공급곡선은 노동시장에 참여하는 사람 수나 이들의 노동시간이라는 두 측면을 반드시 포괄해야 한다는 점에 유의하여야 한다.

2 대체효과와 소득효과

(1) 여가에 대한 수요와 노동의 공급

임금상승이 여가에 미치는 효과가 밝혀지면, (총이용가능시간−여가시간)으로 구해지는 노동공급시간의 변화도 함께 파악될 수 있다. 여가는 인간에게 효용을 제공하지만, 여가에 이용된 시간만큼 시장소득을 포기하여야 얻을 수 있다는 의미에서 임금은 여가의 대가이고 기회비용이다.

따라서 여가의 가격인 임금이 변할 때 여가에 대한 수요가 어떻게 될 것인지에 관한 이론은 달리 표현하면 인간에게 비효용을 제공하는 노동에 대한 보상(즉, 임금)이 상승하면 노동공급량이 어떻게 될 것인가의 문제와 본질적으로 동일하다. 즉, 여가에 대한 수요이론이 바로 노동시간의 공급이론이 된다.

임금상승이 여가수요 및 노동시간 공급에 미치는 효과는 **대체효과**(substitution effect)와 **소득효과**(income effect)로 분해될 수 있다.

(2) 대체효과

임금이 상승하면 우선 여가의 가격(기회비용)이 상대적으로 비싸진다는 것을 의미한다. 개인은 상대적으로 비싸진 여가라는 자원을 덜 소비하려는 유인을 갖게 되어 여가시간을 줄일 것이다. 따라서 여가에 대한 수요는 감소하고 감소한 시간만큼 소득을 얻는 용도로 전환(대체)된다. 이것을 임금상승의 **대체효과**(substitution effect)라고 한다. 임금상승의 대체효과는 여가를 줄이고 노동공급을 늘리는 것이다.

임금상승의 대체효과를 [그림 2-14]의 (ⅰ)을 이용하여 정량적으로 살펴보자. 시간당임금이 W_1에서 W_3으로 상승하면 예산선은 RT에서 ST로 가파라지고 개인은 보다 높은 효용수준 U_3에 도달할 수 있게 된다. 이때 ST와 평행한 선 st를 긋되 이 st가 U_1과 접하도록 해보자. 이때 찾아지는 접점 E_2는 임금이 W_3인 상황에서 효용을 종전과 같이 U_1수준을 유지할 때 그가 취할 수 있는 여가-소득의 선택을 보여준다. 최초의 균형점 E_1이 W_1의 임금에서 개인이 취한 여가-소득의 선택인 점을 감안하면, 같은 무차별곡선(U_1) 위에서 E_1에서 E_2로의 이동은 순전히 임금이 상승함에 따라 상대적으로 비싸진 여가시간을 줄여 노동공급을 늘린 효과, 즉 대체효과를 측정한다.

(3) 소득효과

임금이 상승하면 같은 시간 일해도 개인의 근로소득이 증가한다. 소득이 증가하면 여가와 여타의 소비재를 더 구입할 수 있게 된다. 소득이 증가하면 소비가 증가하는 재화를 **정상재**(normal goods)라 하고, 소득이 증가하면 오히려 소비가 감소하는 재화(예컨대 중고타이어)를 **열등재**(inferior goods)라고 하는데, 여가는 의심할 여지없이 정상재이다. 따라서 임금이 상승하면 근로소득이 증가하여 정상재인 여가의 소비를 늘리려고 할 것이고 이는 노동시간의 감소를 의미한다. 이와 같이 임금상승이 개인의 소득을 증대시켜 여가를 더 소비하게 하는 효과를 **소득효과**(income effect)라고 한다. 임금상승의 소득효과는 여가를 늘리고 노동공급을 줄이는 것이다.

소득효과를 [그림 2-14]의 (ⅰ)을 이용하여 설명해 보자. 우리는 이미 U_1 위에서 E_1에서 E_2로의 이동을 임금상승의 대체효과라고 한다는 것을 알고 있다. 그런데 E_2에서 E_3으로의 이동은 임금은 W_3으로 동일한 상태에서 단지 예산선만 st에서 ST로 평행 이동한 것임을 알 수 있다. 즉 개인의 소득이 sS만큼 증가했을 때의 균형점의 변화라고 할 수 있다. 결국 E_2에서 E_3으로의 이동은 임금상승으로 인해 근로소득이 증가한 결과 여가를 더 소비하고 노동공급을 줄이게 된 소득효과를 나타낸다.

임금상승이 여가에 미치는 총 효과는 대체효과와 소득효과의 합계로 나타난다. 만약에 대체효과가 소득효과보다 크면 여가에 대한 수요량은 줄고 노동공급량은 증가할 것이다. 즉, 대체효과가 소득효과를 압도하게 되면 노동공급곡선은 우상향하게 된다. 반대로 소득효과가 대체효과를 압도하게 되면 노동공급곡선은 우하향하게 될 것이다.

3 후방굴절 노동공급곡선

보통의 경험을 통해 살펴보면, 임금이 상승하면 여가시간은 줄고 노동공급이 증가한다(즉, 대체효과가 소득효과를 압도한다). 그 결과, 임금을 세로축에 놓고 공급된 노동시간을 가로축에 놓고 그려진 개인의 노동공급곡선은 우상향의 기울기를 가진다.

그러나 임금수준이 이미 높은 수준에 있는 고소득층의 경우에는 임금상승이 있으면 소득효과가 대체효과를 압도하여 오히려 여가 소비량이 늘고 노동공급량이 감소하는 현상이 나타날 수 있다.

이러한 현상은 [그림 2-15]를 가지고 설명할 수 있다. 시간당 임금이 W_0에서 W_1, W_2, W_3으로 상승함에 따라 한 개인의 효용극대화점은 E_0, E_1, E_2, E_3로 변화한다. 이때 $E_0 \rightarrow E_1 \rightarrow E_2$로의 이동은 임금이 상승할 때 여가는 감소하고 노동시간이 증가한다는 것을 보여준다. 그러나 $E_2 \rightarrow E_3$로의 이동은 오히려 여가가 증대하고 노동시간이 감소하는 것을 나타낸다.

임금의 변화에 따른 노동공급시간의 변화를 [그림 2-15] (ii)에 나타내면 W_2의 임금수준 이상에서는 임금상승의 소득효과가 대체효과를 압도함으로써 노동공급량이 줄어들어 노동공급곡선이 뒤쪽으로 구부러지는 모양을 갖게 된다. 이를 **후방굴절 노동공급곡선**(backward-bending supply curve)이라고 부른다.

그림 2-15 후방굴절형 노동공급곡선

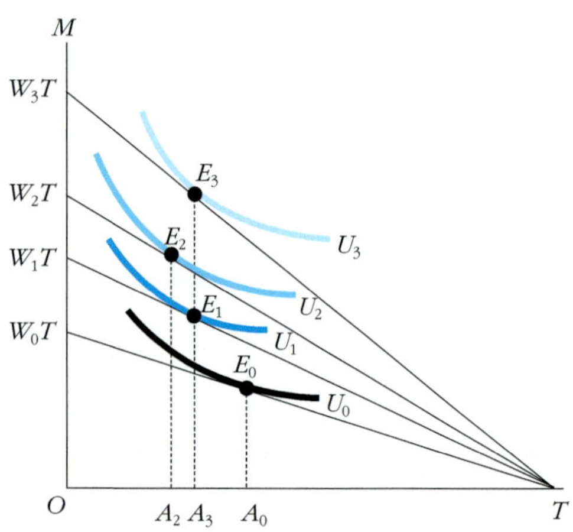

(i) 임금변화

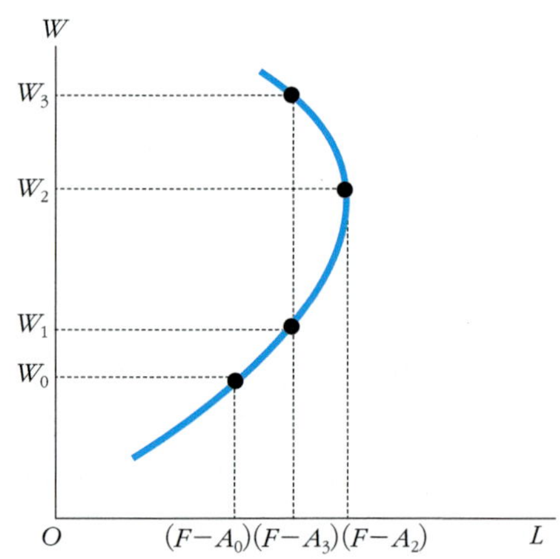

(ii) 노동공급곡선

4 노동공급탄력성의 추정

노동공급탄력성은 임금 변화에 노동공급이 얼마나 민감하게 반응하는지를 보여주는 지표이며, 임금 1% 변화에 의해 유발되는 노동공급량의 %변화율로 정의된다. 즉 노동의 공급탄력성(η_s)은 노동공급량의 퍼센트 변화율을 임금의 퍼센트 변화율로 나눈 것이다.

$$\eta_s = \frac{\text{노동공급량의 변화율(\%)}}{\text{임금의 변화율(\%)}} \tag{2.13}$$

$0<\eta_s<1$이면 노동공급은 비탄력적, $\eta_s>1$이면 탄력적이라고 한다. 노동공급곡선의 두 특수한 경우는 $\eta_s=0$인 완전비탄력적인 경우와 $\eta_s=\infty$인 완전탄력적인 경우이다.

미국에서 노동공급탄력성에 관한 추정은 1970년대와 1980년대의 횡단면자료(cross-section data)를 이용하여 이루어졌다.

추정결과의 특징은 첫째, 남성의 경우 대체효과의 크기는 작은 반면 여성의 경우 대체효과가 남성의 10배 정도 크다는 점이다. 즉 임금 10% 상승은 남성의 경우 대체효과로 인한 여가시간 감축이 1% 정도 되지만 여성의 여가시간 감축은 10%에 이른다는 것이다.

둘째, 소득효과를 살펴보면 임금상승시 근로소득 증가로 여가소비가 증가되어 노동공급은 감소하는 것으로 나타난다. 즉 여가는 정상재임이 확인되고 있다.

셋째, 대체효과와 소득효과를 합한 전체효과를 살펴보면 남성의 노동공급탄력성은 0에 가까워 남성의 노동공급곡선은 거의 수직선에 가깝고, 여성의 노동공급탄력성은 0.8로서 여성의 노동공급곡선은 우상향의 기울기를 갖는다는 점이다.

여성의 대체효과가 남성의 대체효과보다 10배 크게 나타나는 것은, 남성들은 거의 전일제 근무를 하고 있어 임금상승이 있더라도 노동을 더 할 유인이 없는 반면 여

표 2-3 노동공급탄력성 측정치 중 대표적인 값

	전체효과	대체효과	소득효과
남성	0	0.10	-0.10
여성	0.8	1.00	-0.20

자료: Mark Killingsworth, *Labor Supply*, New York: Cambridge University Press, 1983, Table 4.3

성들은 많은 시간을 여가 및 가사노동에 보내고 있어 임금상승이 있으면 여가 및 가사에 쓰던 시간을 줄여 노동공급 시간을 쉽게 늘릴 수 있기 때문이다. 이에 대해서는 다음 절에서 보다 심층적으로 다루기로 한다.

제5절 한국의 장시간 근로와 낮은 고용률의 병존

소득-여가 모형을 응용하면 한국의 근로자는 왜 장시간 노동을 하는가를 해명할 수 있다. 한국의 근로자는 OECD 국가 중 최장시간 근로하는 것으로 파악된다. 상식적으로는 근로자가 장시간 노동한다는 것은 근로자가 부족하여 기업이 새로운 근로자를 고용하지 않고 기존 근로자의 노동시간을 연장한 결과이라고 추측할 수 있다. 그렇다면, 노동자가 부족하기 때문에 많은 청소년, 여성, 고령자들이 경제활동에 참가하여 한국의 고용률(=취업자수/생산가능인구)이 높을 것이라고 추측할 수 있다. 그러나 실제로는 한국의 고용률은 OECD 국가 중 대단히 낮은 나라에 속한다. 즉, 한국은 고용률이 낮아 비교적 소수만 일하는데, 일단 취업한 근로자는 아주 장시간 노동을 한다는 것이다. 그 이유를 소득-여가 모형의 응용인 **최소근로시간 제약모형**으로 설명할 수 있다.

1 최소근로시간 제약

지금까지 다루어진 노동공급 결정모형에서는 개인이 근로시간을 '자유롭게' 선택할 수 있다고 가정하였다.

연속적인 예산선이 가정되고 개인의 무차별곡선이 주어지면 효용극대화에 따라 선택이 이루어지는데, 의중임금이 높아 모서리 해가 성립한다면([그림 2-11]의 (i)) 그는 경제활동에 참가하지 않지만, 접점 균형(내부 해)이 성립하면([그림 2-11]의 (ii)) 개인은 정확히 균형점이 의미하는 바의 노동시간만큼 일할 수 있다고 가정된다. 즉 원하는 만큼 충분히 많이 일할 수도, 반대로 한두 시간만 일할 수도 있다고 간주하는 것이다.

그러나 실제 대부분의 일자리는 '9-to-5' 혹은 '9-to-6'와 같이 근로시간이 주 40시간으로 정해져 있어서 개인의 선택폭은 대단히 제한적이다. 일부 기업에서는 정규시간 외에 잔업, 특근을 상시적으로 요구해 주 50시간 이상 근로가 가능한 사람만 선발하려 한다.

이처럼 노동시장에 개인의 근로시간 선택에 제약이 있는 상황을 일컬어 **최소근로시간 제약**(minimum-hour constraint) 혹은 **고정근로시간 제약**(fixed-hour constraint)이라고 말한다. 뒤에서 살펴보겠지만, 분석적인 관점에서 보면 최소근로시간 제약이나 고정근로시간 제약은 예산선이 일정구간에 한정된다는 것과 같은 의미를 가진다.

노동시장에서 근로시간 선택에 제약이 발생하는 원인은 다양하다. 기업은 근로자를 채용하는 데 고정비용이 들기 때문에 일정 근로시간 이하로 일하는 근로자를 채용하길 꺼려하며 그 결과 파트타임 일자리보다는 풀타임 일자리를 더 많이 제공한다. 근로자들이 다 함께 작업해야 성과를 내는 경우에도 모든 근로자가 동일한 시간을 정해 놓고 일을 하기 때문에 근로시간 제약을 발생시킨다.

이처럼 다양한 이유로 인해 현실에서 근로자의 근로시간 옵션은 매우 제한적이며 주로는 일정시간 이상 일하는 일자리가 편중되어 나타나기 마련이다. 따라서 개인은 얼마만큼의 시간을 일할 것인가를 결정한다기보다 근로시간이 정해진 일자리에서 일을 할 것인지 말 것인지의 여부를 결정하는 상황이 되는 게 보통이다.

그렇다면 개인이 근로시간을 자유롭게 선택하여 노동공급시간을 결정할 수 있다는 가정은 매우 비현실적이며, 특히 이러한 모형으로는 최적노동시간이 상대적으로 짧은 기혼여성의 노동공급을 이해하는 데는 심각한 왜곡이 발생할 수 있다. 기혼여성뿐만 아니라 학비나 용돈을 벌면서 공부해야 하는 청년층, 체력적으로 장시간 노동하는 것이 곤란한 고령자들의 경우도 비슷한 상황에 있다고 할 수 있다.

2 최소근로시간 제약 하의 노동공급 결정

(1) 효용을 직접 비교하여 차선의 선택을 하는 경우

최소근로시간 제약의 존재는 개인의 경제활동 참가에 결정적인 영향을 미친다. 학생, 고령자, 기혼여성의 경우, 희망하는 근로시간이 풀타임 남성보다 적고 이로 인해 효용극대화 균형점에서의 노동공급시간이 최소근로시간 제약을 벗어날 가능성이 그만큼 높기 때문이다.

이제 근로시간 제약이 있을 때의 노동공급결정 메커니즘을 살펴보자. 노동시장에 최소근로시간 제약이 있다는 것은 기업들이 최소한 일정 시간 이상 일할 수 있는 사람만 채용한다는 것이다. 예컨대 우리나라의 경우 대부분의 기업들은 1주에 40시간

이상 일할 것을 요구한다. 이를 달리 표현하면 주 100시간의 가용시간을 가정할 때 근로자에게 60시간 미만의 여가만을 허용한다는 것과 동일하다.

만약 기업이 요구하는 근로시간보다 짧은 시간만 일하기를 원하는 근로자라면(예컨대 60시간 이상의 여가시간이 필요하다면) 그의 최상(the first best)의 선택은 취업하지 않는 것이다. 그러나 합리적 개인은 최상의 선택이 이루어지지 않을 때, 차선(the second best)의 선택을 한다. 즉, 기업이 허용하는 여가시간이 낳는 효용과 전혀 일하지 않을 때의 여가시간의 효용을 비교하여, 전자가 후자보다 크다면 일을 하고, 그 반대이면 일을 하지 않는다. 따라서 단시간 근로를 원하는 사람의 경우에는 실제의 노동공급 결정이 최상의 선택점인 효용극대화점으로부터 벗어나서, 차선의 선택점에서 이루어진다(Moffitt, 1982).

우선 [그림 2–16]의 (ⅰ)을 살펴보자. 이는 노동시장에 최소근로시간 제약이 있는 상황을 묘사하고 있다. 최소근로시간 제약이 존재하여 TA_C보다 적은 시간을 일하는 것이 가능하지 않으므로 이에 해당하는 예산선은 점선으로 표시되었다. 근로자는 TA_C 이상의 노동을 임금 W로 일하든지, 아니면 전혀 일을 하지 않든지 둘 중의 하나밖에 선택하지 못한다. 따라서 이 개인의 비근로소득이 GT만큼 있을 때, 이 근로자의 예산선은 $TGJCF$가 될 것이다. 즉 CG부문은 사라져 점선으로만 표시된다.

이제 네 종류의 개인 타입 1, 2, 3, 4를 고려해 보자. [그림 2–16]에는 네 타압의 근로자 선호를 나타내고 있다. (ⅰ)에는 '대단히 소득선호적 취향,' (ⅱ)에는 '대단히 여가선호적 취향', (ⅲ)에는 '다소 소득선호적 취향,' (ⅳ)에는 '다소 여가선호적 취향' 이라는 네 타입의 개인의 선택이 나와 있다.

타입1의 개인은 대단히 일(시장노동) 선호적 취향을 갖고 있어 효용극대화점, 즉 무차별곡선과 예산선의 접점이 FC 구간에서 이루어진다([그림 2–16]의 (ⅰ)). 이 유형의 개인에게는 효용극대화 여가시간이 기업이 허용하는 여가시간보다 작기 때문에 본인이 희망하는 만큼의 여가시간을 택할 수 있다. 즉 그는 희망하는 근로시간만큼 일하게 될 것이다.

타입2의 개인은 극도로 일(시장노동) 기피적 또는 여가 선호적 취향을 갖고 있어, 무차별곡선과 예산선의 접점이 G점에서 이루어지는 경우이다([그림 2–16]의 (ⅱ)). 이 유형의 개인은 노동공급시간이 0, 즉 비경제활동인구 상태를 선택할 것이다.

어쨌든 타입1과 타입2는 최소근로시간 제약이 존재한다 하더라도 자발적인 선택에 의해 원하는 시간만큼 일하거나, 아니면 일을 전혀 하지 않는 경우에 해당한다. 이들은 지금까지 다루었던 노동공급 결정 상황에 다름 아니다.

그림 2-16 최소근로시간 제약 하의 노동공급 결정

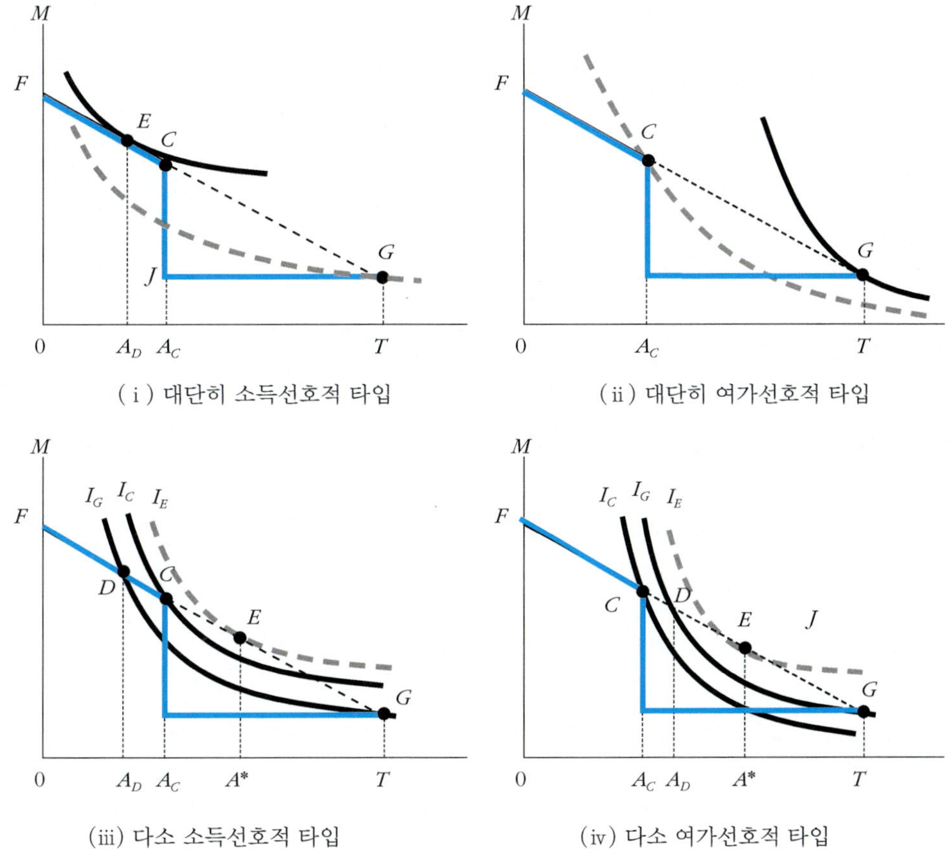

이제 최소근로시간 제약으로 인해 본인이 원하는 시간만큼 일하는 것이 불가능한 경우를 생각해 보자.

우선 타입3의 개인, 즉 '다소 소득선호적 취향'의 개인을 고려하자. [그림 2-16] (ⅲ)에서와 같이 이 개인의 효용극대화점은 E점이나 이는 최소근로시간제약으로 현실적으로 가능하지 않다. 이제 그는 차선의 선택을 고려한다. TA_C을 수용하고 노동공급을 할 것인가 아니면 일을 않고 그냥 쉴 것인가? 일을 한다면, 즉 TA_C만큼의 노동공급을 수용하면 그의 효용최대화점은 C점이 되고 효용수준은 I_C가 될 것이다. 노동공급을 않고 그냥 쉰다면 그의 효용수준은 G점을 지나는 무차별곡선 I_G의 효용수준이 될 것이다. 이때 $I_C > I_G$ 이므로 타입3에 속하는 개인의 차선의 선택은 TA_C을 수용하고 노동공급을 하는 것이다.

마지막으로 타입4의 개인 즉 '다소 여가선호적 취향의 개인'을 살펴보자. 타입4에 속하는 개인은 원래는 [그림 2-16] (iv)의 E점에서 효용극대화하여 최적근로시간 TA^*만큼 일하기를 희망하지만 조건에 맞는 일자리가 없다보니 이 사람 역시 차선의 선택을 해야 하는 상황이다. 그가 TA_C을 수용하면 그의 효용수준은 C점을 지나는 무차별곡선 I_C가 되며, 노동공급을 하지 않는다면 그의 효용수준은 G점을 지나는 무차별곡선 I_G가 되는데, 이 경우에는 $I_C < I_G$ 이므로 이 타입 개인들의 차선의 선택은 비경제활동인구 상태에 남아있는 것이다.

(2) 희망여가시간을 차선의 선택 기준으로 삼을 경우

이제 이상의 논의를 좀 색다른 방식으로 표현해 논리적 훈련을 해보도록 하자. 차선의 선택시 개인의 희망여가시간을 찾아내어 이를 기업이 허용하는 여가시간과 비교하는 것이다.

노동시장에 최소근로시간 제약이 존재한다는 것은 기업들이 근로자들에게 최대 OA_C만큼의 여가를 허용한다는 것을 의미한다. 바로 이것이 개인들의 선택에 대단히 중요한 영향을 미친다.

타입3에 해당하는 개인의 경우 노동공급을 전혀 하지 않는 선택, 즉 G점을 지나는 무차별곡선 I_G가 예산선의 선분 CF와 만나는 점이 있는데 이를 D라고 하자. 분명 두 점 G와 D는 I_G라는 하나의 무차별곡선상에 위치하기 때문에 이 개인에게는 무차별적이다. 동일한 효용을 제공한다는 것이다. 이 D와 관련된 여가시간을 A_D라고 하자([그림 2-16]의 (iii) 참조). 그러면 이 근로자에게는 A_D만큼의 여가가 주어지지 않으면 일을 전혀 하지 않는 것만 못하다는 것을 의미한다. 그리고 $A_C > A_D$의 관계가 성립한다면 개인은 당연히 C점을 선택하게 된다. 최소한의 여가시간을 확보할 수 있기 때문이다.

반면 타입4의 개인의 경우에 희망여가시간은 A_D([그림 2-16]의 (iv) 참조)인데 이는 기업이 허용하는 여가시간 A_C보다 크므로($A_C < A_D$), 그는 아예 노동공급을 하지 않는 편이 낫다. 그는 G점을 선택할 것이다.

앞서는 무차별곡선을 통한 추상적인 효용수준을 비교하였지만 여기서는 개인의 희망여가시간이라는 컷 오프 여가시간을 상정하여 보다 구체적인 척도로 취업여부 결정을 살펴볼 수 있게 해준다.

이상의 논의를 타입1에 적용해도 $A_C > A_D$이므로 노동공급을 선택하며, 타입4에 적용하면 $A_C < A_D$이므로 노동공급을 선택하지 않는다.

간결히 요약하면 각 개인은 다음과 같은 네 가지 유형으로 노동공급 결정을 하게 된다.

타입1. 효용극대화점이 [그림 2-16]의 (ⅰ)에서 *FC* 선상에 있을 때
⇒ 본인이 희망하는 근로시간만큼 일한다.
타입2. 효용극대화점이 [그림 2-16]의 (ⅱ)에서 *G*에 있을 때
⇒ 노동시장에서 일하지 않는다.
타입3. $A_C > A_D$ ⇒ 최소근로시간만큼 일한다.
타입4. $A_C < A_D$ ⇒ 노동시장에서 일하지 않는다.

결국 최소근로시간보다 적게 일하기를 희망한 개인들은 비자발적으로 원하는 근로시간보다 더 많이 일하거나(타입3) 혹은 아예 일을 하지 않는 결정을 하게 된다(타입4). 개인의 효용극대화 관점에서 보면 타입3은 **과다고용**(over-employment), 타입4는 **과소고용**(under-employment) 상태에 있다고 말할 수 있다.

3 장시간근로의 관행

만약 우리나라처럼 사회적으로 장시간근로의 관행이 만들어져 있다면 어떻게 될까? 이때 기업이 허용하는 여가시간이 짧기 때문에 상대적으로 더 많은 사람들이 비자발적으로 노동공급을 결정해야 하는 상황이 발생하게 된다.

이는 [그림 2-16]에서 A_C가 더욱 왼쪽으로 치우쳐져 예산선의 더 많은 부분이 가능하지 않게 되는 상황을 생각하면 이해가 쉬울 것이다.

따라서 장시간근로가 만연된 노동시장에서는 취업해 있는 자들 가운데에서 과다고용 상태에 있는 사람들이 증가하고(타입3), 일하기를 희망하지만 노동시장에 참여하지 못하는 과소고용 상태의 사람들도 증가하게 될 것이다(타입4).

최소근로시간 제약모형은 한편에서는 우리나라 남성 및 취업여성들의 과다고용, 다른 한편에서는 기혼여성이나 청년·고령자의 과소고용 가능성을 시사하는 중요한 단서를 제공해 준다.

결과적으로, 일단 취업한 근로자는 장시간 노동을 감수해야 하며, 다른 한편으로는 단시간만 일하기를 희망하는 자의 상당수가 노동시장에서 배제됨으로서 고용률은 전반적으로 낮아지게 된다.

4 파트타임 근로기회와 학생, 고령자 및 여성의 경제활동 참가

만약 기업이 주 40시간이라는 법정근로시간 이상 일할 수 있는 근로자만 고용하려는 비신축적·경직적 최소근로시간 강제에서 벗어나 보다 유연한 형태, 즉 다양한 단시간 근로 기회를 제공하면 어떤 결과를 가져올까?

공무원 중에서 다양한 파트타임 공무원제가 확립되어 오전 8시에서 12시, 또는 오후 1시에서 오후 5시까지, 또는 오전 10시에 출근하여 오전 2시간, 오후 2시간 근무한 후 오후 3시에 퇴근하는 근무형태가 보장된다면 어떨까? 금융기관, 언론, 방송사, 공기업, KT 등 통신사, 우체국, 농협 등에서도 파트타임 근로제가 얼마든지 가능하다면 어떻게 될까?

[그림 2-16]에서 최소근로시간 제약이 변경되면 여러분은 타입2와 타입4의 근로자 중 상당수가 경제활동에 새로 참여하게 될 것임을 짐작할 수 있다. 그 결과 학생, 고령자, 여성의 경제활동 참가가 획기적으로 증대될 것으로 예상된다.

표 2-4 주요 국가의 성별 경제활동참가율 변화 (15~64세 인구 기준)

(단위: %)

국가	성별	1970	1980	1990	2000	2005	2010
한국	남	-	79.4	76.2	77.1	78.2	77.1
	여	-	46.3	49.9	52.0	54.5	54.5
일본	남	84.7	84.3	83.0	85.2	84.4	84.8
	여	53.4	52.5	57.1	59.6	60.8	63.2
영국	남	-	-	88.3	84.1	83.0	82.5
	여	-	-	67.3	68.9	69.6	70.2
프랑스	남	-	-	76.5	75.3	75.3	75.0
	여	-	-	58.0	62.5	64.8	66.3
독일	남	89.7	83.2	79.0	78.9	80.6	82.4
	여	46.5	51.9	55.5	63.3	66.9	70.8
이탈리아	남	80.2	79.0	75.1	74.3	74.4	73.3
	여	28.6	38.4	44.0	46.3	50.4	51.1
네덜란드	남	84.5	77.6	80.0	83.2	82.8	83.8
	여	29.9	36.1	53.1	65.2	68.0	72.6
스웨덴	남	87.0	87.9	86.8	81.5	82.7	82.2
	여	59.3	75.3	82.5	76.4	77.7	76.7
미국	남	87.3	85.8	85.6	83.9	81.8	79.6
	여	49.3	59.9	67.8	70.7	69.2	68.4

자료: OECD, Labour Force Statistics, from OECD.stat

이러한 일은 실제로 네덜란드에서 일어났다. 〈표 2-4〉에 의하면 네덜란드는 1970년 여성의 경제활동참가율이 29.9%에 불과했다. 그러나 2010년에는 경이적인 수준인 72.6%로 올라갔다. 어떻게 이 같은 변화가 가능했는지 네덜란드의 사례를 살펴보자.

네덜란드는 1980년대 초 대규모 재정적자와 2년 연속 마이너스 성장을 기록했는데 이 당시 노사는 임금인상 억제와 노동시간 단축 등을 핵심 내용으로 하는 '**바세나르 협약**(Wassenaar Agreement)'을 체결했다. 이 조약의 핵심은 노조가 임금인상 요구를 억제하는 대신, 기업은 근로시간 단축 등을 통해 일자리를 늘린다는 것이다. 협약 체결 후 연간 임금인상률은 협약대로 노사가 자제하였고, 파트타임을 중심으로 일자리를 늘려나갔다. 파트타임 중심 일자리 증가로 여성의 경제활동 참여가 늘며 고용률이 크게 상승했다. 정규직 남성 노동자의 임금 억제와 노동시간 단축을 통해 여성 파트타임 노동자가 증가한 셈이다.

기업과 노동조합이 기존의 풀타임 근로, 장시간 근로 제도에 집착하고, 정부 및 공공부문에서 경직적인 근로시간 제약 관행이 유지되는 한, 한국은 장시간 노동과 낮은 고용율의 국가라는 불명예에서 벗어날 수가 없다. 정부부문, 공기업에서부터 다양한 파트타임 근로제를 확립하고 민간부문에 확산시키면, 근로자가 선택할 근로시간 옵션이 늘어나 적정노동시간/고(高)고용률의 조합이 가능해 질 것이다.

제 6 절 여성의 노동공급

여성의 노동공급은 남성의 그것과 비교하여 어떻게 다를까? 크게 다르다는 것이 팩트(fact)이다. 첫 팩트는 한국 여성의 경제활동참가율이 남성보다 현저히 낮다는 것이고, 둘째 팩트는 여성의 노동공급이 임금 변화에 대해 매우 높은 탄력성을 보인다는 것이다.

왜 여성의 경제활동참가율은 남성보다 낮을까? 여성의 경제활동참가율이 최근에 올수록 증가하는 이유는 무엇일까? 그리고 여성과 남성의 참가율 격차가 국가마다 차이를 보이는 원인은 무엇이고, 특히 우리나라 여성의 경제활동참가율이 유난히 낮고 남성과 큰 격차를 보이는 이유는 무엇일까?

가장 큰 요인은 기업이 주 40시간 또는 그 이상의 장시간 노동을 강제하는 현실에서 가사노동을 하는 여성은 기업의 요구를 받아들일 수 없어 비경제활동인구로 남아 있기 때문에 여성의 경제활동참가율이 낮아진다는 것이다. 이는 앞서의 최소근로시간 제약모형으로 이미 설명되고, 분석된 바 있다.

이 절에서는 앞에서 제시한 소득-여가 모형을 활용하고 확장하여 여성의 특수성이 반영된 여성의 노동공급 행위를 분석한다. 이러한 모형을 토대로 우리는 임금이 상승함에 따라 여성의 노동공급이 남성보다 훨씬 탄력적으로 반응해 왔다는 점을 해명하고자 한다.

1 여성 시간배분의 특징

앞 절에서 노동공급을 분석할 때 우리는 여가시간만을 고려하였을 뿐 가사노동(housework)에 소요되는 시간을 고려하지 않았다. 가사노동을 고려하는 경우 이제까지 '노동'으로만 표시하던 것을 '시장노동'으로 명시적으로 구분해 줄 필요가 생긴다. 즉 노동이 **시장노동**과 **가사노동**으로 세분화되는 것이다.

지금까지 우리는 개인들이 자신의 시간을 '시장노동'과 '여가'로 배분하는 선택모형을 다루어 왔다. 그러나 개인의 시간을 시장노동과 여가로 배분한다는 가정은 가사노동에 사용하는 시간이 미미한 남성이나 미혼여성에게는 타당할지 몰라도 자신 시간의 상당 부분을 가사노동에 써야 하는 기혼여성에 대해서는 매우 비현실적인 가정이 될 것이다.

〈표 2-5〉는 우리나라 20세 이상 성인남녀의 1주간의 시간배분을 조사한 결과이다. 2014년 조사결과를 살펴보면 남성들은 결혼 여부와 상관없이 3~6시간이라는 매

표 2-5 우리나라 성인남녀의 1주일간 총시간의 배분

(단위: 시간)

	1999					2014				
	남성		여성			남성		여성		
	미혼	기혼	미혼	기혼		미혼	기혼	미혼	기혼	
				취업	미취업				취업	미취업
시장노동	40	42	38	42	1	38	36	36	35	2
가사노동	2	4	7	23	39	3	6	7	21	35
여가	125	122	123	102	127	127	126	125	112	132

자료: 통계청, 「생활시간조사」, 1999년 · 2014년.

우 적은 시간만을 가사노동에 쓰고 있지만 여성은 결혼한 후에 가사노동에 소요하는 시간이 크게 증가한다는 것을 알 수 있다. 미취업 전업주부의 경우는 1주 35시간을 가사노동에 사용하고 있으며 취업한 여성의 경우에도 1주에 21시간은 가사노동에 할애하고 있는 것으로 나타난다. 이러한 현실을 감안한다면 기혼여성의 시간배분 결정에서 가사노동에 대한 고려가 포함되는 것이 꼭 필요하다고 할 것이다.

미국과 유럽의 경우는 어떨까? 이들 국가에서는 남성이 맡는 가사노동시간은 1주 12시간~20시간이 되는 것으로 조사된다. 이에 비하면 한국의 기혼 남성은 가사노동에서 선진국 남성의 1/4밖에 시간을 할애하지 않는다는 것을 알 수 있다. 이는 한국, 일본 등 강한 가부장제를 갖는 일부 아시아국가에 공통되게 나타나는 현상이다.

한국 남성들의 양성평등 의식은 과거에 비해 빠르게 개선되고 있다. 젊은 부부들 사이에서는 가사노동이나 자녀양육을 분담하는 것이 자연스러운 일로 받아들여지고 있다. 만약 가계에서 남성이 현재와 같이 가사노동시간의 18% 정도를 맡는 구조에서 장래에 40% 이상 분담하는 구조로 변화한다면, 이는 명백히 기혼여성의 경제활동 참가를 촉진할 것이다.

[그림 2-16]의 (ⅳ)를 이용하면, 남편의 가사노동 분담으로 주부가 주 15시간을 벌게 되었다면, 기혼여성의 예산선은 15시간×W 만큼 GT 위로 상향 이동한 점에서 FG와 평행한 선이 된다. 효용극대화하는 기혼여성의 경우, 설혹 기업의 시간제약조건이 있더라도 $A_C > A_D$가 성립할 가능성이 높아져 여성의 경제활동 참가율이 증가하게 될 것이다.

2 단순한 가계생산 모형과 기혼여성의 노동공급

(1) 직관적인 논의

이제 소득-여가모형을 확장한 가계생산모형을 이용하여, 여성의 노동공급의 특성을 보다 일반적인 방식으로 규명하고자 한다. 출발점은 가사노동을 행하는 여성이 가족을 위한 상품을 생산하는 주체라는 데 있다. 이러한 분석틀을 이론적으로 정식화한 것이 바로 **가계생산이론**(theory of household production)이다. 가계생산이론은 가계(household)를 단순히 최종재를 구입해 소비하는 단위가 아니라, 시장에서 구입한 재화와 가구원의 시간을 이용하여 가족의 효용 증대를 위해 필요한 가정재(household commodities)를 생산하는 단위로 파악한다.

단순한 가계생산이론에서는 기혼여성이 자신의 시간을 여가, 시장노동, 가사노동으로 배분한다고 가정하고, 이러한 가정 하에서 여성의 노동공급시간이 어떻게 결정되는지, 그리고 임금 상승시 노동공급 여부 및 노동공급 시간의 결정은 어떻게 변하는지를 주된 분석대상으로 삼는다.

직관적으로 보자면 임금상승이 있을 때 기혼여성은 다음 두 가지 반응을 보일 것이다. 첫째, 기혼여성은 값이 비싸진 가사노동을 줄이고 시장노동을 늘릴 유인을 갖는다. 이는 가사노동과 시장노동 간의 대체관계에서 발생한다. 둘째, 임금상승이 있으면 값이 비싸진 여가 대신에 시장노동을 할 유인을 갖는다. 이는 여가와 시장노동 간의 대체관계에서 발생한다. 따라서 여가와 시장노동 간의 대체관계만 분석대상으로 삼은 남성과 비교해 보면, 기혼여성의 경우는 **여가-시장노동 간 대체관계** 뿐만 아니라 **가사노동-시장노동 간 대체관계**가 추가적으로 작용하기 때문에 임금상승에 따른 노동공급시간의 탄력성은 남성보다 훨씬 클 것으로 예상해볼 수 있다.

출발점이 가사노동을 행하는 여성이 가족을 위한 가정재를 생산하는 주체라고 할 때, 여러분은 기혼여성의 예산선이 지금까지 앞에서 다룬 예산선과 달라질 것으로 예상할 수 있다. 우리는 그림을 이용하여 이러한 논의를 보다 정교히 보이고자 한다.

(2) 기혼여성의 효용극대화와 최적시간배분

(i) 기혼여성의 예산선

기혼여성의 총시간(T)는 가사노동(H), 시장노동(L) 그리고 여가(A)로 구성된다고 하자. 즉,

$$T=H+L+A \tag{2.14}$$

기혼여성은 가사노동(H)을 이용하여 효용을 충족시키는 가정재(Z)를 생산한다. 즉, 이미 식 (2.3)의 가계생산함수에서 설명한 바와 같이 가정재(Z)는 가사노동이라는 투입요소량의 함수가 된다.

여성이 자신의 노동을 이용하여 Z라는 가정재를 생산한다고 할 때 식 (2.3)는 가계생산함수가 된다. Z라는 가정재의 시장가치를 π라고 하고 이는 고정된 값 즉 $\bar{\pi}$를 갖는다고 가정하자. 이 기혼여성의 생산액 $\bar{\pi}Z$는 여성의 가사노동에 의해서만 생산된다. 이때 $\bar{\pi}Z$는 [그림 2-17]에서 $\widetilde{TP}$로 표시된다.

이 장에서 일관되게 가로축은 여가시간으로 표시되어, 노동시간은 T점에서 출발하여 원점으로 가는 방향으로 파악되고 있다. 따라서 T점에서 시작하여 한 시간의

그림 2-17 기혼여성의 예산선과 그 변화

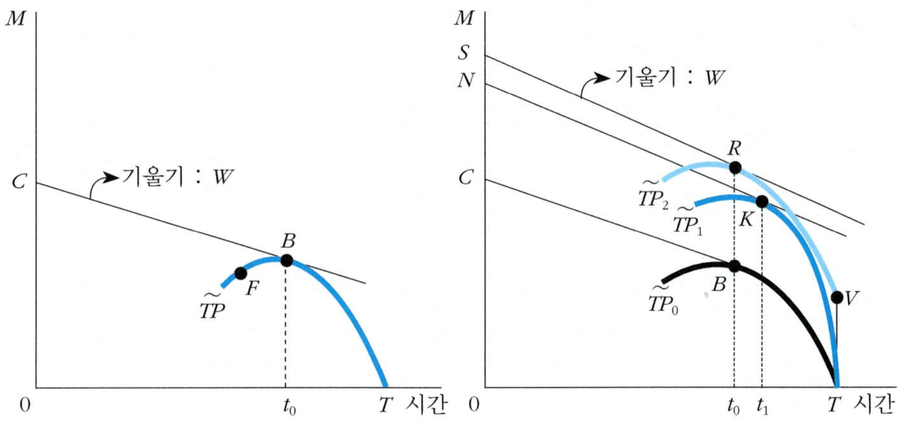

(ⅰ) 기혼여선의 예산선 (ⅱ) 예산선의 변화

가사노동, 두 시간의 가사노동을 했을 때, 생산되는 가정재의 가치는 $\widetilde{TP}$곡선으로 표시된 것이다.

기혼여성이 가사노동 외에 시장노동을 행하면 $W \cdot L$만큼, 즉 M의 소득을 얻고 이것으로 시장구입 상품을 구입할 수 있게 된다. 즉 $M = WL$이 된다. 그러면 기혼여성은 일단 가사노동을 통해 $\widetilde{TP}$곡선을 따라 가정재를 생산하여 가족들에게 제공하고, 가정재 생산 후 추가적으로 시장노동을 WL, 즉 M만큼의 시장상품을 획득할 수 있다.

이제 기혼여성의 예산선을 그림으로 표시해 보자. [그림 2-17]에서 가로축은 종전과 같이 여가시간을 측정하며, 세로축은 가정재 가치와 근로소득을 측정한다. 시장임금(W)이 주어져 있을 때, 이것이 개인의 예산선의 기울기가 된다. 예산선의 기울기와 $\widetilde{TP}$곡선의 접점을 B라고 하면 여성의 예산선은 TBC가 되는 특징을 갖는다.

기혼여성의 예산선은 여성이 가사노동을 우선적으로 수행하고, 그 다음에 시장노동을 결정한다고 했을 때 여성이 취득할 수 있는 최대한의 **생산가능기회**(opportunity set)를 의미한다.

만약에 임금이 상승하면, 예컨대 W에서 W_1으로 상승하면, 예산선은 [그림 2-18]의 BC보다 가파른 기울기를 가져 B_1C_1의 기울기를 갖게 될 것이다. 그러면 기혼여성의 예산선은 TB_1C_1이 된다.

여성의 교육이 증가하여 가계생산의 효율성이 더 높아지면, [그림 2-17]의 (ⅱ)에서와 같이 가계생산함수가 $\widetilde{TP}_0$에서 $\widetilde{TP}_1$으로 증가하고 기혼여성의 예산선은 *TBC*에서 *TKN*으로 확장될 것이다. 마찬가지로 세탁기, 진공청소기, 식기세척기, 전자오븐 등에 의해 가계생산기술이 향상되는 경우에도 예산선이 *TBC*에서 *TKN*으로 늘어날 수 있다.

한편, 기혼여성에게 남편의 소득이 *VT*만큼 있다고 하면 이는 비근로소득으로 간주되므로 $\widetilde{TP}_0$가 *VT*만큼 위로 상향 이동한 $\widetilde{TP}_2$가 가계생산곡선이 되고, 따라서 예산선은 *TVRS*가 된다.

(ii) 기혼여성의 효용극대화와 최적시간배분

이제 기혼여성의 효용극대화를 살펴보자. 기혼여성의 무차별곡선은 [그림 2-18]에서 U_0, U_1으로 나타나 있다.

우선 기혼여성의 예산선이 *TBC*인 경우를 살펴보자. 무차별곡선과 예산선이 접하는 E_0에서 효용극대화가 이루어진다. 기혼여성은 *HT*만큼을 가사노동에 배분하고 *LH*만큼을 시장노동에 배분하며 *OL*만큼 여가시간을 즐김으로써 자신의 효용을 극대화한다. 재화소비 측면에서 보면, 이 기혼여성은 *HT*만큼의 가사노동에 의해 가정재를 *BH*만큼 생산해 가계에 제공하고, 그 다음 *LH*만큼의 시장노동을 통해 추가적으로 DE_0만큼의 시장재화를 가계에 제공한다.

그림 2-18 기혼여성의 효용극대화

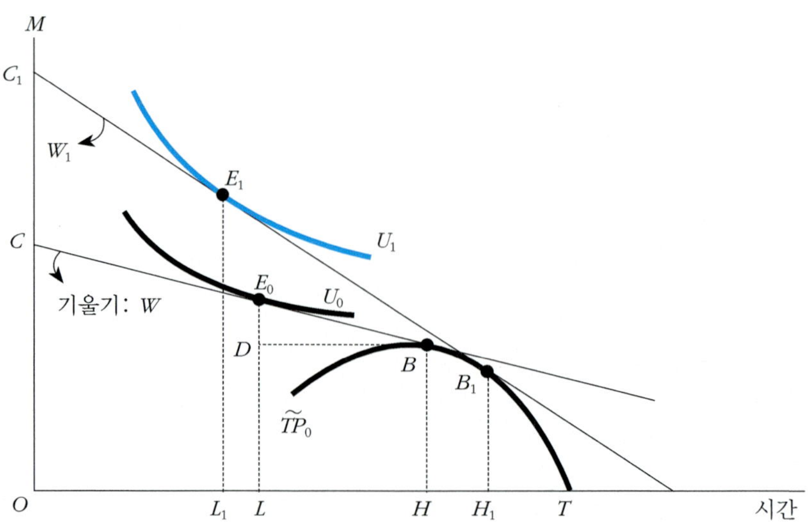

이렇게 기혼여성의 총시간이 배분되는 것을 가계생산에 있어서 최적시간배분이라고 한다.

물론 기혼여성의 선호체계가 U_0, U_1보다 상당히 가파르다면, 즉 일하는 것을 대단히 싫어하는 선호체계를 갖고 있다면 무차별곡선이 $\widetilde{TP}_0$의 BT 구간에서 접할 수도 있다. 이때는 자신의 시간을 가사노동과 여가로만 배분하게 된다.

3 비교정태분석

(1) 임금 변화

기혼여성이 초기에 E_0점에서 균형을 이루고 있었다고 하자. 그런데 이제 가정재가치는 불변이나 임금이 상승하여 W_0에서 W_1으로 상승하였다면 기혼여성의 반응은 어떻게 될까?

새로운 예산선은 [그림 2-18]에서의 TB_1C_1이 될 것이며 효용극대화는 E_1점에서 이루어진다. 가사노동시간은 H_1T가 되며 시장노동시간은 L_1H_1가 된다. 즉 가사노동시간은 HH_1만큼 감소하고, 여가시간은 LL_1만큼 감소하여 기혼여성의 시장노동의 공급시간은 종전의 LH에서 L_1H_1로 증가할 것이다.

남성은 임금상승시 여가-시장노동 간의 대체관계만이 있었으나, 기혼여성의 경우는 추가적으로 가사노동-시장노동 간의 대체관계를 갖기 때문에 기혼여성의 노동공급탄력성은 남성보다 훨씬 커지게 된다.

(2) 가계생산함수의 변화

(ⅰ) 가계생산기술의 향상

가계생산기술이 향상되는 경우, [그림 2-17]의 (ⅱ)에서 예산선이 TBC에서 TMN으로 늘어나는 것과 같다고 지적한 바 있다. 단순성을 위하여 무차별지도를 그리지는 않았지만 여러분 각자들이 여기에 무차별지도를 그려보길 바란다. 이로부터 다음과 같은 결론을 도출할 수 있을 것이다.

우선 여타 조건이 불변일 때, 가사노동절약적 생산기술의 혁신이 이루어지면 가계생산함수가 $\widetilde{TP}_0$곡선에서 $\widetilde{TP}_1$으로 변화한다. 이때 [그림 2-17]의 (ⅱ)에서 가사노동시간이 Tt_0에서 Tt_1으로 줄어들어 경제활동참가의 증대와 시장노동시간의 증대가 일어나게 된다.

(ⅱ) 가사노동의 양성간 평등한 분담

한 가구의 남성이 가사노동을 평등하게 분담하면 여성의 경우, 가사노동에 동일한 시간을 쓰더라도 더 많은 가정재 생산이 가능해지므로, 가계생산함수가 [그림 2-17]의 (ⅱ)에 나타나 있듯이 $\widetilde{TP}_0$에서 $\widetilde{TP}_1$으로 이동한 것과 마찬가지 의미를 가질 것이다.

이는 앞에서 논의한 가사노동절약적 생산기술의 혁신과 동일한 방향으로 기혼여성의 경제활동참가와 근로시간 결정에 영향을 미치게 될 것이다.

(ⅲ) 출산율의 저하

한국의 출산율이 크게 낮아져 1950년대에는 가구당 평균 자녀수가 4~5명이었으나 2000년대에는 1~2명에 불과하다. 출산율 저하는 가계생산의 효율을 증대시킬 것으로 예상해 볼 수 있다.

한 가구의 자녀수가 줄어들면 임신·육아와 같이 자녀당 필요불가결한 시간이 줄어든다. 이는 가사노동에 동일한 시간을 쓰더라도 더 많은 시간을 일반 가정재 생산에 투입할 수 있다는 것을 의미하므로 자녀수가 많았을 때와 비교해 가계생산함수가 [그림 2-17]의 (ⅱ)에 나타나 있듯 $\widetilde{TP}_0$에서 $\widetilde{TP}_1$으로 이동한 것과 마찬가지 의미를 가질 것이다.

이는 앞에서 논의한 가사노동절약적 생산기술의 혁신과 동일한 방향으로 기혼여성의 경제활동참가와 근로시간 결정에 영향을 미치게 될 것이다.

출산율 저하의 경제분석은 다음 절에서 보다 상세하게 다루어질 것이다.

4 모형의 응용

(1) 임금과 생산기술 모두에 영향을 주는 요인: 여성의 고학력화

여성은 이제 남성과 거의 동등한 수준의 교육을 받는다. 대부분의 여성이 대학교육을 받을 뿐만 아니라 과거에 남성들이 독식해 온 의학, 법학, 경영학 등의 전공에 진학하여 교육의 질적 차이도 거의 사라졌다.

여성의 고학력화와 교육의 질적 수준 증대는 첫째, 시장임금의 증대를 가져오고, 둘째, 가계생산의 효율성을 낳는다. 즉, 위의 (ⅰ) 임금 변화와 (ⅱ) 가계생산기술의 향상이 결합된 경우에 해당한다. 두 경우에서의 예산선의 변화와 여성의 경제활동참가 결정의 변화를 동시에 나타난 것이 [그림 2-19]이다.

그림 2-19 고학력화와 여성의 노동공급

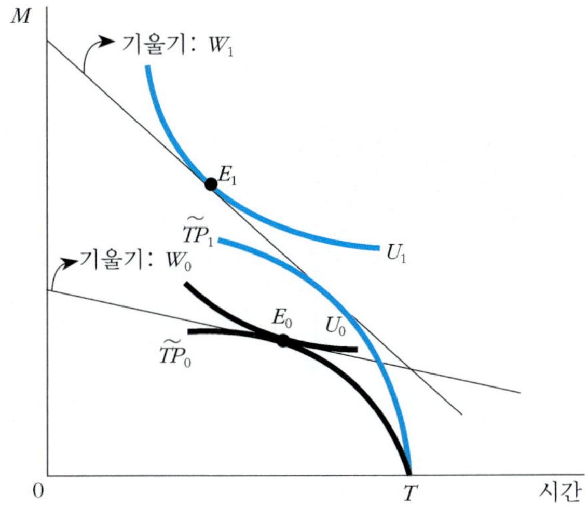

낮은 교육수준에서의 가계생산곡선이 $\widetilde{TP}_0$이고, 시장임금이 W_0라면 U_0의 무차별곡선과의 접점인 E_0이 효용극대화점이 된다. 즉 가사노동만 하면서 비경제활동인구로 남아 U_0의 효용을 누리는 선택을 할 것이다.

그러나 높은 교육수준에서는 가계생산곡선은 $\widetilde{TP}_1$으로 변화하고 시장임금은 W_1으로 높아져, E_1이 새로운 효용극대화점이 된다. 기혼여성은 이제 경제활동에 참여하게 될 것이고, 그 결과 가정재 생산에 투입되는 시간과 여가시간이 줄고 시장노동시간은 증가되게 된다.

가계생산이론은 이처럼 여성의 노동공급 의사결정과 관련해 매우 현실적이며 타당한 예측을 제공하고 있다.

(2) 최소근로시간 제약

다시 최소 근로시간 제약을 검토해 보자. 기혼여성이 직면한 근로시간제약은 흥미있는 응용에 속한다. 기혼여성에게도 [그림 2-20]에 나타난 바와 같이 A_GA_C 만큼의 최소근로시간 제약이 있다고 하자.

가정재 생산을 고려한 후, 근로시간 제약이 있으면, 기혼여성의 예산선은 [그림 2-20]과 같이 CG 부분이 없어지고 $TGJCF$로 변화한다.

여성의 최상의 선택은 점 E이지만, 이것이 불가능한 경우 여성은 차선의 선택을

그림 2-20 최소 근로시간 제약이 있는 경우 기혼여성의 선택

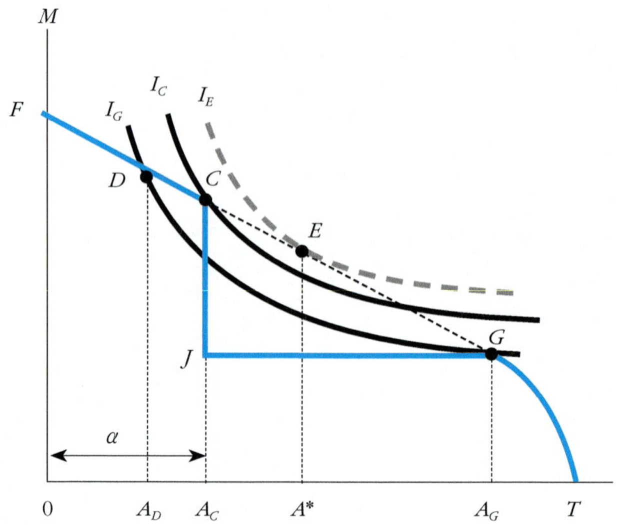

한다. *G*점 즉 가사노동만 하는 경우와 *C*점 즉 최소 근로시간 제약을 받아들이는 경우 중의 하나를 선택하는데, 선택의 기준은 앞에서 논의한 바와 같이 기업이 허용하는 여가시간과 개인이 희망하는 여가시간을 비교하여, 전자가 크면 일을 하고, 후자가 크면 집에 머물면서 가사노동만을 하는 것이다. 즉, $A_C > A_D$이면 최소근로시간만큼 일하고, $A_C < A_D$이면 노동시장에서 일하지 않는다.

제7절 청년인구는 왜 감소하였는가?

1 한국 출산율 저하의 전개

우리는 한국의 15세~21세 청년인구가 급감하였음을 제0장에서 설명하였다. 그리고 제1장에서는 동일한 급감 현상은 15세~29세에도 나타남을 보인 바 있다. 청년인구 감소와 더불어 장수시대에 고령화, 사망률의 감소로 노령인구의 큰 폭의 증가가 진행되어 전체 인구는 다소 증가한다. 그리하여 이 장의 1절에서 2010년에 4,941만명인 인구규모는 2030년에 5,216만명으로 정점에 다다른 후 줄어들기 시작하여

2060년에는 2010년보다 545만명이 감소한 4,396만명이 될 것이라는 예상을 제시하였다. 그러나 국민경제에 결정적으로 중요한 것은 청년인구이며, 우리는 이미 청년인구의 감소시대에 살고 있다.

청년인구 감소의 원인을 살펴보자. 현재 우리가 경험하는 청년층 인구의 급격한 감소는 45년 전인 1970년부터의 저출산의 결과이다. 즉 장기에 걸친 가계의 의사결정의 결과이다. 저출산 원인을 살펴보기 위해 우리는 1945년생 세대와 1980년생 세대라는 두세대를 선정하여 두 세대의 결혼과 자녀수 선택을 살펴보겠다. 1970년에 첫 이이를 낳은 사람은 1945년생들이다. 지난번 인기영화인 국제시장 세대들이다. 만혼으로 2015년에 첫 아이를 낳은 사람은 1980년생이다. 만혼은 결혼을 30세 이후에 하는 것을 말한다. 인기 드라마 미생의 세대다.

1970년 당시 한국은 압도적으로 농업사회였고, 대부분이 농촌에 잠재실업자형태로 거주하였다. 대부분 중졸, 고졸의 학력을 갖추고, 대학입학자는 고등학교 졸업자 중 27% 수준에 불과하였다. 그러나 1961년 이후 시작된 공업화는 당시 대도시로 대규모의 이농인구를 유발하였다. 공업화가 진행된다고 하더라도 전통사회인 농촌에 머물러 이농이 서서히 진행될 수도 있었겠지만, 한국은 6.25전쟁 과정에서 당시 군인으로 동원된 농촌청년들이 군대에서 소총을 분해하여 청소한 후 재조립하는, 즉 기계를 다루는 경험을 축적하였고, 군대이동으로 도시를 보고 관찰한 경험이 있는 터라 도시공업화로 일자리 기회가 생기면 쉽게 도시로 나왔고, 본인은 이농하지 않는다고 하더라도 그들의 국졸, 중졸 자녀가 도시 공장에 취업하러 이농하는 것을 용인, 권장했기 때문에 대규모의 이농이 한국에서 전개되었다. 도시 기반시설이 취약하고 주거공간이 열악하게 제약되어 있는 현실에서 정부는 1가구 2자녀의 산아제한 정책을 제시하였다. 1970년 결혼하여 첫아이를 낳은 여성들은 정부의 패턴설정에 적극 순응하였다. 당시 여성들의 중졸·고졸 후 노동시장 첫 진출 연령은 14세~17세였고, 7~8년의 노동시장 경험을 쌓은 후 결혼하였는데, 당시는 결혼 직후 퇴직하여 전업주부가 되었다. 부족한 주거 공간, 높은 교육열과 관련된 교육비, 대가족제 붕괴, 여성의 가사노동 전담, 자녀양육 인프라 부재, 피임방식의 보급 등이 1가족 2자녀 모형의 패턴설정자인 정부에 적극 순응하게 하는 요인이 되었다. 패턴설정자란 용어는 생소할 것이다. 패턴이란 원래 옷본을 지칭하는데 하나의 옷본이 있으면 수많은 동일한 옷들이 만들어지듯이, 예컨대 가족패턴 설정자의 가족패턴을 다른 부부들이 획일적으로 따라하면, 패턴설정자의 역할이 자녀수의 선택에는 중요한 역할을 수행한다.

이제 1980년생의 선택을 살펴보자. 1980년생은 현재 35세, 서울 거주자는 평균 32세에 결혼하여 이제 첫아이를 갓 출산한 세대들이다.

계절에 봄, 여름, 가을, 겨울이 있듯이 인생에도 사계절이 있다. 봄은 20세까지의 시기, 여름은 20~55세까지의 시기, 가을은 55~75세 까지의 시기, 겨울은 75세 이후의 시기라고 할 수 있다. 봄에 씨앗을 뿌리고, 파종하듯이 성욕이 가장 왕성한 청춘의 시기 18~20세에 사랑을 하고, 20대 초에 결혼하고, 첫 아이를 25세 이전에 낳는 삶이 동서고금을 돌아보건대 인간의 삶이다. 자신들의 여름 기간에 아이를 키우고, 교육시켜 자신들의 가을 기간에는 퇴직, 은퇴 후의 여유로운 삶, 손자들을 가끔 돌보는 한가로운 삶을 살아가고, 각종 병으로 타인, 간병인에 의존하는 삶이 시작되는 인생의 겨울은 75세에 시작된다. 이러한 인생의 순환에서 20대에 결혼하는 것이 자연스럽건만 30대에 결혼하는 것은 만혼, 지연된 결혼이라 할 것이다.

한국의 청년들이 만혼, 결혼지연을 하는 이유로는 8세라는 늦은 나이에 초등학교를 들어가, 75%에 달하는 청년들이 대학을 나오는데 대학 졸업나이가 여자 24세, 군에 다녀와야 하는 남자는 대체로 27세로 늦게 노동시장에 나온다. 늦은 나이에 노동시장에 등장한 남성의 경우, 4~5년의 소득창출 후, 결혼하면 결혼 연령이 30대 초반이 된다. 한국 고졸 청년의 경우에도, 군제대 후 노동시장에 등장하는 나이가 23세, 고등학교까지 배운 것이라곤 대학수학능력시험 준비밖에 없고, 일의 세계에서 요구되는 전문적 또는 준전문적 기술의 습득이 없으니, 직장에서 안정된 소득창출능력을 갖추는 것은 20대 후반, 30대 초반이 된다. 고졸자의 경우에도 결혼지연이 일어난다. 고학력의 여성도 경제활동참가로 늦게 결혼하려 한다. 뿐만 아니라, 다음 장에서 설명할 청년들에 대한 괜찮은 일자리 부족, 비정규직 확산으로 인한 고용불안 등은 청년의 소득창출 능력을 크게 저하시키고 결혼지연에 기여한다. 비싼 아파트가격, 엄청나게 오른 전세가로 대변되는 높은 주거비용도 결혼을 지연시키고 있다. 따라서 만혼이 일반화된다.

남녀 모두 30대에 결혼하면, 결혼 후 보통 2~3년 후 첫아이를 낳는데, 30대 중반이 된다. 2~3세 터울로 둘째 아이를 낳으면 30대 후반이 되고, 이는 노산(老産)이다. 늦은 나이에 애를 낳으면, 본인 건강 위험에 대한 우려, 건강치 않은 아이를 낳을 염려, 40대 초반까지 둘째 애를 키워야 하는 고단함 때문에, 둘째의 출산은 회피된다. 한국과 일본의 경우에 두드러진 현상이지만 가사노동에서 양성평등의 부재로 인하여 가사노동을 전담하는 고학력의 여성은 시장노동에서 퇴직하지 않고 맞벌이로 병행하려 하기 때문에 둘째를 낳으면 가사노동전담, 육아전담, 시장노동으로 초죽음의 과로상태가 되기 때문에 둘째를 기피한다. 물론 둘째를 가지면 여성에게는 첫째에 이은 둘째의 양육에 최소 7여년의 심각한 경력단절이 일어나기 때문에 둘째 아이를 기피한다. 30대 후반에 태어난 둘째 아이가 대학 졸업하는 때가 아버지, 어머니가 65세 되는 해이며, 퇴직과 은퇴 후의 나이, 본인 인생의 가을에 둘째 아이 대학비용을 지불해야 한다는 중압감 등으로 언감생심 둘째 아이를 가질 꿈도 꾸지 못한다. 따라서 만혼과 노산의 경우, 1인 가족이 보편화 된다. 뿐만 아니라 한국의 경우, 자녀수 결정에는 패턴설정자의 역할이 중요한데 요즈음은 서울이라는 거대도시에 거주하는 대졸 학력의 화이트칼라 부부가 패턴 설정자가 된다. 같이 맞벌이하면서 자녀 1인을 키우고, 높은 소득으로 교육의 질을 높이며, 휴가 때, 고급의 해외여행 등 여가를 즐기는 패턴이 TV, 언론에서 소개되고, 이러한 패턴은 전국적으로 확산된다. 각 부부의 상이한 소득창출 능력, 종교, 지역에 따라 다양한 가족의 형태는 나타나지 않고 획일적으로 한 가족 1자녀이다. 2인 부모 가구에서 태어나는 자녀가 한 사람이면, 초저출산이며, 인구감소는 필연적이다.

이상의 관찰에서 한국에서 저출산의 원인은 ① 여성의 결혼나이 및 첫 아이를 출산하는 나이, ② 아이를 부양할 남편의 소득창출 능력과 일자리, ③ 자녀를 키우는 보육비, ④ 결혼 후 살 주거 공간 마련 비용, 그리고 아이들이 크면 장래 집을 확장하는 비용, ⑤ 장래 자녀의 교육비, ⑥ 장수시대 본인의 노후생활비라는 사회제도와 관련된 요인들과 ⑦ 아이 출산을 억제하는 저렴한, 양질의 피임기구의 이용가능성 등에 의존한다고 할 것이다.

1980년 세대, 현재 35세인 사람들은 ① 만혼, 노산으로 둘째 아이를 갖는 게 산모에도 위험이 되고, 건강하지 않은 아이가 태어날 수 있어 기피되며, ② 일자리 감소 및 고용 불안정성으로 남편의 장래 소득 확보에 대한 의구심, ③ 여성이 대부분 대졸로 시장노동을 하려 함에 보육을 타인 노동에 의존함에 따른 보육비용 급증, ④ 소득 대비 치솟은 주택가격, 그리고 애들이 둘일 때 나중에 큰 집 확보 비용의 큰 증가, ⑤ 세계에서 가장 높은 사교육비와 대학교육 비용, ⑥ 개인주의의 정착으로 자녀에게서 더 이상 기대할 수 없는 노후 부양비의 마련 등의 요인들 때문에 1가구 1자녀가 보편화 되고 있다. 초저출산의 시대가 전개되고 있다.

2 베커의 가계생산이론에 의한 저출산의 경제분석

(1) 베커의 가계생산이론

저출산의 경제분석은 베커의 가계생산이론 모형이며, 이는 앞 절의 기혼 여성의 가계생산이론의 응용에 속한다. 앞 절에서는 논의를 단순화하기 위해 가정재 생산에 다른 투입요소는 없이 오로지 여성 자신의 가사노동시간만 투입된다고 가정하였다. 이제 시간투입뿐만 아니라 시장구입재화도 고려해 보자. 예컨대 식자재가 있어야 식사를 만들 수 있고, 세탁기와 세제가 투입되어야 세탁을 할 수 있다. 이때 식자재, 세탁기, 세제 등은 투입되는 시장구입재화이다. 가사노동과 시장구입재화를 투입요소로 고려하는 가계생산함수를 일반적인 가계생산함수라고 한다.

가계는 일정한 생산기술(생산함수)을 가지고 시장에서 구입한 재화와 가구원, 주로 여성의 시간(노동)을 투입하여 가정재(산출물)를 생산하는 일종의 작은 공장으로 간주될 수 있다. 이와 같이 가계는 베커의 표현을 빌면 소공장(small factory)이라고 할 수 있다. 일반 기업은 시장상품을 생산하고 판매하는 것이 주된 목적이지만 소공장 주인으로서의 기혼 여성은 가정재를 생산하여 전량을 가계 내에서 소비하지 결코 판매할 수 없다. 즉 가계는 생산한 만큼 소비하는 자급자족체계(autarky)를 갖는다는 점이 기업과 다르다. 앞에서 언급한 바와 같이, 이러한 분석틀을 이론적으로 정식화한 것이 바로 **가계생산이론**(theory of house-hold production)이다.

가계생산이론은 기혼여성의 노동공급을 분석하는 경우 이외에도 가족의 형성(결혼과 이혼), 출산의 결정, 건강 및 여행에 대한 수요 등 다양한 분석에 응용되어 왔으며, 여기서는 출산의 결정에 가계생산 모형이 이용된 예를 중심으로 살펴보기로 한다.

(2) 기혼여성의 가계생산과 효용함수

(i) 일반적인 가계생산함수

시장구입재화를 x로 표시하고, 가사노동시간을 H로 표시하면 일반적인 가계생산함수는 다음과 같은 형태를 취하게 된다.

$$Z=f(H, x) \tag{2.15}$$

가계생산함수의 관점에서 보면, 가계는 일정한 생산기술(생산함수)을 가지고 시장에서 구입한 재화와 가구원, 주로 여성의 시간(노동)을 투입하여 가정재(산출물)를 생산한다.

실제로 가계에서는 수많은 가정재를 생산하고 소비하지만 논의의 단순화를 위해 두 가정재(Z_1과 Z_2)만 생산하고 소비한다고 가정하자.

Z_1은 주부의 가사노동시간을 대단히 많이 필요로 하는 **시간집약적**(time-intensive) 가정재이다. 예컨대 자녀수는 주부의 임신기간과 양육기간 등 주부의 시간을 상당히 많이 필요로 하는 시간집약적 가정재로 분류할 수 있다.

Z_2는 시장에서 구입하는 재화를 주로 사용하는 **재화집약적**(goods-intensive) 가정재이다. 구체적으로 여가소비 관련 가정재, 예컨대 여행이라는 가정재를 생각해 보자. 가족의 비행기여행은 비행기 표 구입과 가족의 여행시간 투입으로 생산되는 여가소비 관련 가정재라고 할 수 있는데, 이 경우 비행기 표라는 시장재화의 구입이 시간 투입보다 상대적으로 더 중요하기 때문에 재화집약적 가정재로 파악할 수 있다.

이 경우 가계생산함수는 다음과 같이 나타낼 수 있다.

$$Z_1(\text{자녀수; 시간집약적 가정재}) = f_1(H_1, x_1) \tag{2.16}$$

$$Z_2(\text{여가관련 가정재; 재화집약적 가정재}) = f_2(H_2, x_2) \tag{2.17}$$

x_1과 x_2는 시장에서 구입되는 재화이다. 즉 x_1은 자녀수와 관련되어 구입된 분유, 이유식, 유모차, 장난감, 책, 옷 등이며, x_2는 비행기 표가 될 것이다. H_1은 Z_1생산에 투입된 시간, H_2는 Z_2생산에 투입된 시간이다. 구체적으로 H_1은 자녀를 감독하고 자녀와 같이 놀며, 동화책을 읽어주는 시간이며, H_2는 여행시간에 해당한다.

식 (2.16)과 식 (2.17)을 그래프로 나타낸 것이 [그림 2-21]이다. [그림 2-21]의

그림 2-21 가정재 생산의 총생산물 곡선

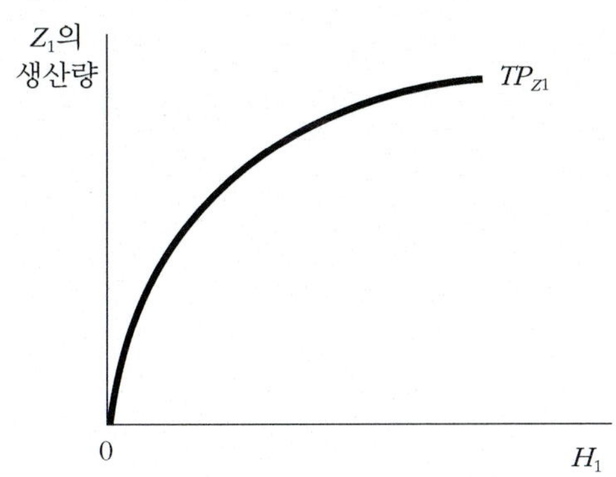

(i) Z_1 생산

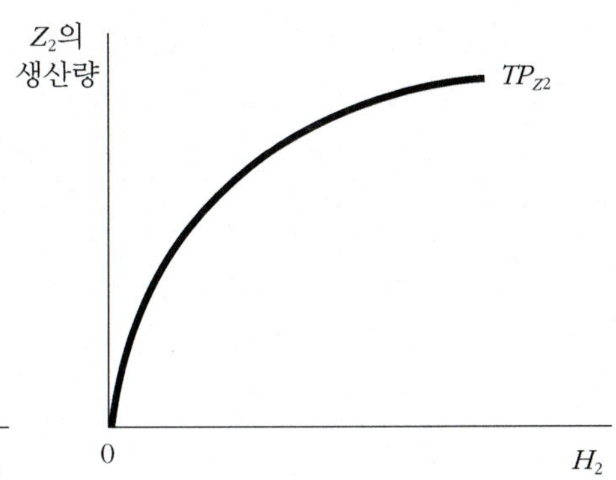

(ii) Z_2 생산

(ⅰ)은 x_1의 양이 고정되었을 때, H의 투입이 증가할수록 노동의 한계생산물 체감의 법칙이 작용하는 Z_1의 총생산물곡선(TP_{Z1})이며, (ⅱ)는 x_2의 양이 고정되었을 때, H의 투입이 증가할수록 노동의 한계생산물 체감의 법칙이 작용하는 Z_2의 총생산물곡선(TP_{Z2})이다.

(ii) 어머니의 효용함수

실제로 가계에서는 수많은 가정재를 생산하고 소비하지만 논의의 단순성을 위해 두 가정재(Z_1과 Z_2)만 생산하고 소비한다고 가정하자. 자녀수를 Z_1으로 표시하고, 여가소비 관련 가정재를 Z_2로 표시하면, 기혼 여성의 효용함수는 다음과 같게 된다. 즉.

$$\text{효용함수}: U=U(Z_1, Z_2) \tag{2.18}$$

효용함수는 무차별곡선으로 나타내는데 가로축 Z_1, 세로축 Z_2로 표시된 2차원 공간에 무차별지도로 그릴 수 있다. 이는 뒤에 나오는 [그림 2-24]에서 U_0, U_1으로 나타낼 수 있다.

가계의 효용이라고 할 때, 남편의 효용과 기혼여성의 효용을 모두 가계의 효용으로 간주해야 하지만, 개인의 효용은 비교하거나 합산할 수 없는 난점이 있기 때문에 논의를 가장 단순한 형태로 나타내기 위하여, 어머니의 취향만을 무차별곡선으로 나타낸다, 어머니의 선택이 가계를 대표하는 것으로 가정하고자 한다.

또한 앞서의 다른 예들과 마찬가지로 개인이 처분할 수 있는 총시간의 제한성이 있을 때의 효용극대화를 살펴보는 것이 이 절의 일반가계생산 모형이다. 이는 자녀수, 즉 출산율의 선택이론이며, 한국의 인구감소를 해명하는 분석틀로 주로 이용된다.

(3) 어머니의 예산제약조건

어머니는 노동공급 L을 하여 소득 M으로 x_1과 x_2 라는 시장재를 각각 P_1, P_2의 가격으로 구입한다. H_1은 Z_1생산에 투입된 시간, H_2는 Z_2생산에 투입된 시간이라고 할 때, 어머니의 시간 제약조건은 다음과 같이 나타낼 수 있다.

$$\text{총시간 제약조건}: H_1+H_2+L=T \tag{2.19}$$

어머니의 노동시간(L)은 $[T-(H_1+H_2)]$이다.

앞의 3절에서 논의한 청년의 노동시간은 $[T-A]$이었다. 즉 여가를 선택하면 남는 시간이 노동시간이었다. 앞의 6절에서 기혼여성의 노동시간은 $[T-(A+H)]$이었음을 상기하라. 여가시간과 가사동시간을 선택한 후 남는 시간이 기혼여성의 노동시간이었다. 이제 어머니의 노동시간(L)은 $[T-(H_1+H_2)]$이라는 것은 어머니가 두 가정재의 생산에 투입하는 시간을 선택한 후에 남는 시간이 노동시간이 된다는 뜻이다.

따라서 어머니가 H_1과 H_2를 어떻게 선택하는가? 어머니의 효용을 극대화하는 방식으로 선택을 할 것이라고 예측할 수 있다. H_1과 H_2의 선택은 결국 Z_1과 Z_2의 선택이다. 이렇게 보면 문제는 어머니가 Z_1과 Z_2를 어떻게 선택하는가이다. 이를 분석하기 위해서는 위의 총시간 제약 속에서 어머니가 생산할 수 있는 Z_1과 Z_2의 다양한 결합, 즉 어머니의 생산가능곡선을 이해하여야 한다.

총시간의 제약하에서 어머니가 생산할 수 있는 최대량의 Z_1과 Z_2의 다양한 결합이 있을 수 있는데 이를 어머니의 생산가능곡선이라고 한다. 즉 총시간의 제약은 어머니의 Z_1과 Z_2의 생산가능곡선으로 구체화될 수 있다. 어머니의 생산가능곡선을 도출해보자.

[그림 2-21]의 두 그림 즉 (i)과 (ii)를 하나의 그림으로 축약하여 표현한 것이 생산가능곡선이다. [그림 2-22]는 가계의 생산가능곡선 PPF의 도출방법을 보여준다.

[그림 2-22]의 제Ⅱ상한에는 [그림 2-21]의 (ii)에 나타난 Z_2의 총생산물곡선을, 제Ⅳ상한에는 [그림 2-21]의 (i)에 나타난 Z_1의 총생산물곡선을 그대로 옮겨 놓았다. [그림 2-22]의 특징은 제Ⅲ상한에는 식 (2.19)를 $H_1=(T-L)-H_2$로 바꾸어 표시하였다는 점이다. 제Ⅲ상한의 절편은 $(T-L)$이다. 제Ⅲ상한에 있는 직선 RS의 기울기는 -1 이다. 직선 RS는 기혼여성의 가변생산요소인 본인 시간이 양 부분에 어떻게 배분되는가를 보여준다. 예컨대 RS선상의 T_1과 관련된 시간 배분을 살펴보자. [그림 2-22]에서 제Ⅲ상한에서 OV만큼의 시간이 Z_1생산에 배분되는 경우, OU만큼의 시간은 Z_2생산에 고용된다는 것을 직선 RS는 보여주고 있다. 왜냐하면 $OV=UT_1=RU$이며, $RU+OU=\overline{(T-L)}$이기 때문이다. 그러면 Z_1의 생산량은 Z_1^1, Z_2의 생산량은 Z_2^1이 된다.

예를 들면 제Ⅲ상한 T_2점과 관련된 시간의 배분을 고려하자. Z_1의 생산량은 OZ_1^2와 Z_2의 생산량 OZ_2^2을 제Ⅰ상한에 표시하면, 이는 B점이 된다. 이렇게 제Ⅲ상한의 RS선상의 각 점과 관련된 시간배분에 대해 우리는 제Ⅰ상한에 원점에 대해 오목한 곡선을 얻는데 이것이 생산가능곡선 $\hat{Z}_2AB\hat{Z}_1$이다.

그림 2-22 생산가능곡선의 도출

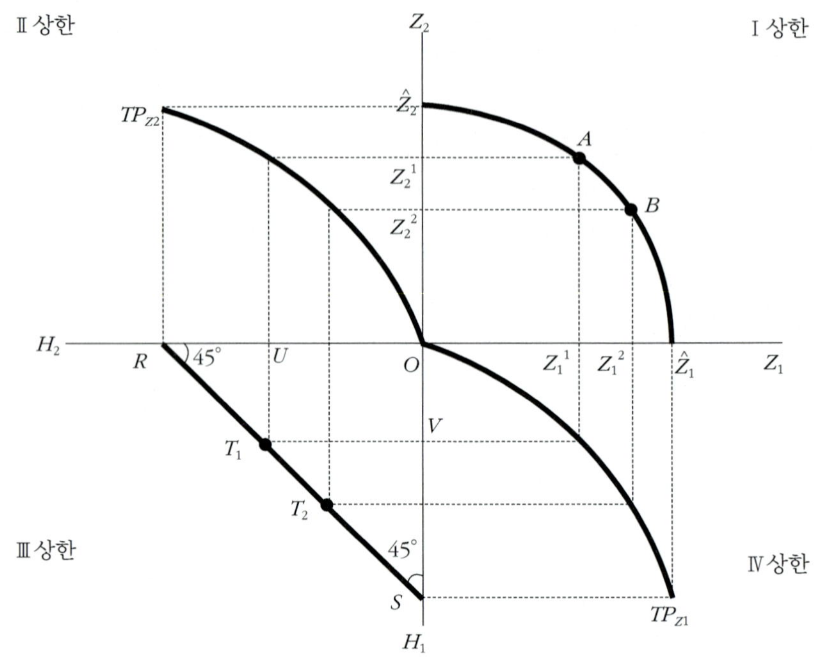

(4) 어머니의 예산제약조건의 변모

[그림 2-23]을 보면서 45년 전과 오늘을 비교하는 상상력을 발휘해 보자. Z_1은 시간집약적 가정재인 자녀수이며, Z_2는 재화집약적 가정재이다. 45년 전 한국에는 Z_1(자녀수) 생산과 Z_2(재화집약적 가정재) 생산에 투입되는 시장구입 재화는 상대적으로 희소했고, Z_1과 Z_2생산에 투입되는 시간 H_1, H_2는 상대적으로 풍부했다. 따라서 상대적으로 풍부한 시간을 더 이용한 가정재인 Z_1이 상대적으로 더 많이 생산되었다. 임금이 낮아 시간의 가격(value of time)이 낮고 시장구입재가 값비쌀 때, 값싼 시간을 더 많이 이용하는 시간집약적 가정재가 더 많이 생산되는 것이다. 따라서 45년 전에는 생산가능곡선은 [그림 2-23]에서 Aa의 모양을 지녔다.

지난 45년간 가계생산 방식에 큰 변화가 진행되어 왔다. 그 변화를 농사에 비유해서 말하겠다. 여러분이 농촌에 가서 살펴보면, 곡물의 결실과 수확이 많이 나자면 우선 밭의 비옥도가 좋아야 한다. 비옥한 땅에 좋은 종자를 심고 영농장비를 갖추고 농부의 부지런한 노동 투입이 있을 때, 곡물의 수확이 좋아진다. 마찬가지로 자녀수의 생산에서도 기혼 여성의 시간 투입(농부의 시간 투입)과 자녀수와 관련되어 구입된 분

그림 2-23 생산가능곡선의 변모

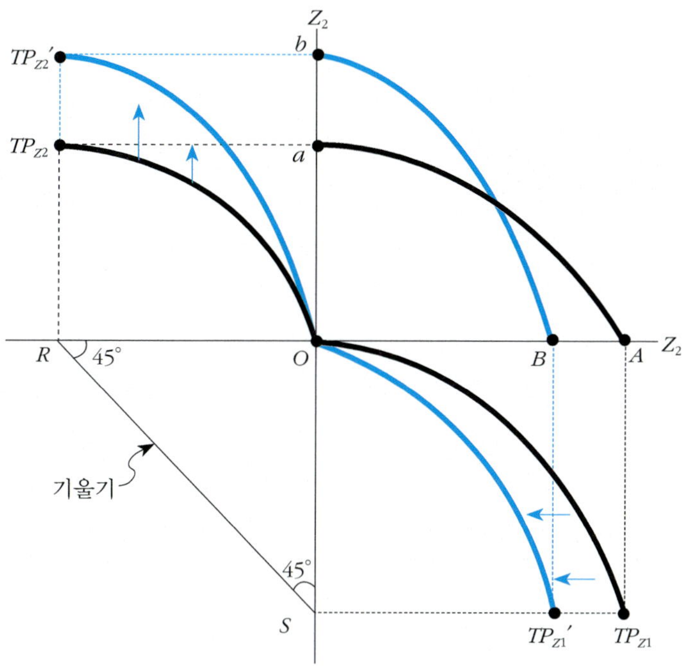

유, 이유식, 유모차, 장난감, 책, 옷 등(좋은 종자와 영농장비)뿐만 아니라 생산의 기술적 효율성(토지의 비옥도)가 겸비되어야 한다. 생산의 기술적 효율성(토지의 비옥도)를 나타내는 것으로는 ① 여성의 결혼나이 및 첫 아이를 출산하는 나이, ② 아이를 부양할 남편의 소득창출 능력과 일자리, ③ 자녀를 키우는 보육비용, ④ 결혼 후 살 주거공간, 그리고 아이들이 큼에 따라 장래 집의 확장 가능성 ⑤ 장래 자녀의 교육 ⑥ 개인주의 시대, 자식이 부모를 돌보지 않음에 본인이 노후생활에 도움을 주는 연금 등의 사회보장제도와 관련된 요인들과 ⑦ 아이 출산을 억제하는 저렴한, 양질의 피임기구의 이용가능성 등이 있다. 이들 요인들(농사와 비유하자면, 토지의 비옥도)이 지난 45년간 크게 변화한 것이다.

방금 언급한 요인들은 Z_1 생산함수의 효율성에 영향을 미치는 제도적 요인들이다. 이 절의 시작 소절인 한국 출산율의 저하에서 논의한 바와 같이 위에서 언급한 제도적 요인들의 변화, 즉 1970년과 2015년간의 변화는 TP_{Z1}곡선을 [그림 2-23]의 Ⅲ상한에서 TP_{Z1}'로 하방 이동시킨다. 농사에 비유하자면 토지의 비옥도가 크게 떨어지거나 토지가 척박해진 것이다.

반면, 여가 소비에 투입되는 비행기표 값은 항공기 제작기술 향상, 저가항공 등 경쟁 등으로 크게 낮아져, x_2구입의 증대는 1970년과 2015년간의 TP_{Z2}곡선을 [그림 2-23]의 Ⅱ상한에서 TP_{Z2}'로 상방 이동시킨다.

이러한 변화는 [그림 2-23]에서 생산가능곡선 *Aa*를 *Bb*로 변모시킨다.

(5) 어머니의 효용극대화

무차별곡선이 U_0, U_1으로 주어져 있을 때, 45년 전 가계의 효용극대화는 무차별곡선 U_0와 생산가능곡선 *Aa*가 접하는 점 *G*에서 결정된다. 즉 Z_1^G만큼의 시간집약적 가정재와 Z_2^G만큼의 재화집약적 가정재가 생산되고 소비되었다.

오늘날의 생산가능곡선은 *Bb*이며, 무차별곡선이 U_0, U_1으로 주어져 있을 때, 가계의 효용극대화는 *Bb*와 U_1이 접하는 점인 *E*에서 이루어진다. 즉 Z_1^E 만큼의 시간집약적 가정재(자녀수)와 Z_2^E 만큼의 재화집약적 가정재가 생산되고 소비된다. 50년 전과 비교하여 재화집약적 가정재가 훨씬 많이 생산·소비되며, 시간집약적 가정재(자녀수)는 훨씬 적게 생산·소비되게 된다.

오늘날 한국에서는 Z_1 생산과 Z_2 생산에 투입되는 시장재인 x_1, x_2는 상대적으로 풍부해지고, 투입되는 시간 H_1, H_2는 상대적으로 귀중하게 되었다. 결국 임금상승으로

그림 2-24 자녀수의 선택

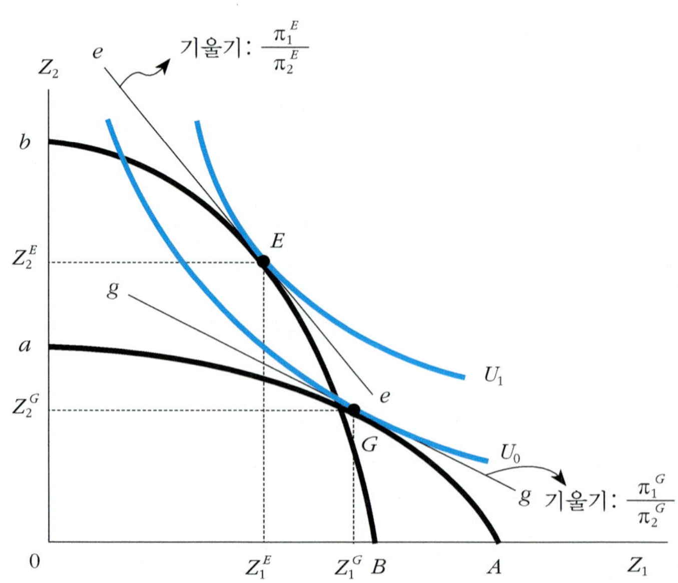

시간의 가격이 상승하고 시장구입재가 대량으로 값싸게 공급될 수 있게 됨에 따라, 값비싼 시간을 많이 이용해야 하는 시간집약적 가정재 Z_1는 상대적으로 적게 생산된다.

더군다나 자녀생산의 기회비용은 여성의 시간의 가격뿐만 아니라 자녀생산에 기술적 효율성이 저하되어 나타난 비용의 증가(비유하자면 토지가 척박함에 대두되는 생산비용의 증가) 즉 자녀 수와 관련된 임신, 출산, 양육, 교육, 주거 등 비용의 증가를 포함하는데 이들 비용이 크게 상승하여, 결국 자녀수 Z_1은 적게 생산되고 소비된다.

반면 상대적으로 풍부한 시장재화를 더 이용하는 재화집약적 가정재 Z_2가 더 많이 생산되고, 소비된다.

이때 G점에서의 gg 직선의 기울기는 한 단위 더 생산하가 위하여 포기하는 Z_2의 크기, 즉 Z_1 생산의 기회비용을 나타낸다. 우리는 이미 제0장에서 생산가능곡선의 기울기는 어떤 재화 생산의 기회비용을 측정한다고 설명한 바 있다.

마찬가지로 E점에서 그은 접선 ee의 기울기는 오늘날 Z_1 생산의 기회비용을 나타낸다. 45년 전과 비교하여 시간의 가격(즉 임금)과 자녀양육의 기회비용이 높아짐에 시간집약적 가정재 Z_1 생산의 기회비용이 상대적으로 크게 상승하게 되어

$$ee \text{ 기울기 절대값} > gg \text{ 기울기 절대값} \tag{2.20}$$

이 된다.

시간의 가격(즉 임금)이 상승하고 자녀수 관련 기회비용이 증가함과 동시에 생산가능성곡선이 Aa에서 Bb로 바뀜에 따라, 각 가계는 상대적으로 비싸진 Z_1의 생산 및 소비를 줄이고($Z_1^G \rightarrow Z_1^E$), 상대적으로 값싸진 Z_2의 생산 및 소비를 늘이게 된다($Z_2^G \rightarrow Z_2^E$). 그리하여 보다 높은 효용수준($U_0 \rightarrow U_1$)에 도달하게 된다.

3 인구감소 대책의 출발점은 무엇인가?

인구감소 대책을 자녀수의 선택모형으로 설명해 보자.

[그림 2-25]에는 현재의 어머니 생산가능곡선은 Bb, 효용극대화점은 E로 [그림 2-23]의 Bb을 그대로 옮겨 놓았다. 우리가 제안하는 바는 [그림 2-23]의 Ⅲ상한에서 TP_{Z1}'로 하방 이동된 TP_{Z1}곡선을 상방 이동하도록 제도개혁을 지속적으로 시행하여야 한다는 것이다. 농사에 비유하자면 크게 떨어진 토지의 비옥도를 다시 높혀가야 한다는 것이다. 그리하여 어머니의 생산가능곡선이 [그림 2-25]에서와 같이 Cc로, 효용극대화점이 $E \rightarrow N$으로 이동하게 하여 N점에서의 자녀수의 기회비용을 낮추

그림 2-25 생산가능곡선의 바깥으로의 이동

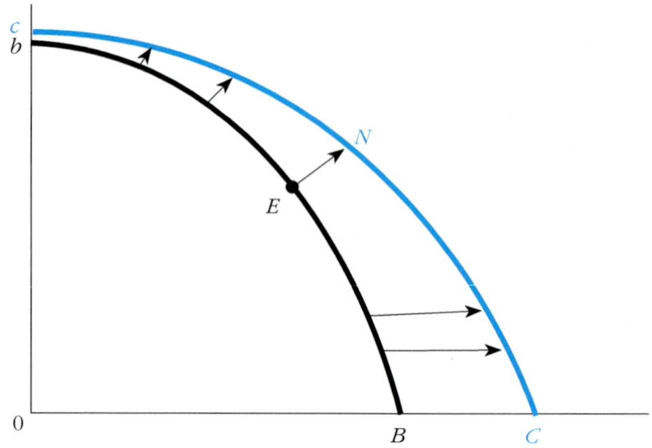

도록 하여야 한다.

제도개혁을 추진해 나갈 때, 우리가 공유하여야 하는 비전은 인간 존중의 결혼제도 만들기이다. 인간의 정욕이 가장 왕성하고 남녀 간에 사랑에 빠지는 18세에서 20세의 젊은 남녀가 동거를 할 수 있고 서로 짝이 맞다고 판단하면 20대 중반에 결혼하여 사랑의 결실로 아이를 갖고 출산하여 기르는 인간존중의 결혼이 한국사회에 보편적인 규범과 제도로 자리잡도록 하여야 한다. 조선왕조의 유교적 가치체계에서 양반들은 조혼, 즉 자녀들을 15세 전후에 결혼시켰는데 이는 반인륜적의 결혼이었다. 육체적으로 미성숙된 아이들을 강제로 결혼시켰기 때문이다. 오늘날의 만혼, 즉 33세 넘어 결혼하는 것은 반인간존중의 결혼이다. 왕성한 성욕과 사랑을 18세에서 33세까지 15년간을 공식적으로 포기하는 것을 전제로 하는 결혼이기 때문이다.

인간존중의 결혼을 위해서는 몇가지 제도개혁이 필요하다. 첫째, 초등학교는 6세에 시작하여, 중학교 졸업이 15세 이루어지게 하여야 한다. 특히 한국의 경우에는 초등학교부터 가사노동의 평등한 분담의 실무교육, 요리, 청소, 집수리, 차수리 등의 교육을 시켜야 한다.

둘째, 어린 나이인 초등, 중학교 단계에서 발견된 본인의 재능, 적성, 희망에 따른 직업교육이 최소한 15세, 즉 고등학교 1학년부터 본격적으로 시작되어 고3 졸업자는 준전문가적 자격과 능력을 갖춘 청년이 되어 있어야 한다. 군복무 후 20세에 노동시장에 첫 진출하고 25세가 되면 본인의 직업분야에서 전문가가 될 수 있도록 하여야 한다.

셋째, 18세~20세의 청춘남녀가 동거할 주거공간으로 저렴한 월세이되 품격이 있는 공공임대주택을 대량으로 갖추어야 한다.

위의 세 가지 기준으로 우리의 현실을 평가하자면, 첫째, 우리는 8세라는 너무 늦은 나이에 초등학교를 시작하며, 초등, 중학교 단계에서 일의 세계에 대한 정보제공 교육, 현장 견학교육, 본인의 재능 발견의 교육이 없을 뿐만 아니라, 양성평등의 실무교육은 전혀 없어 가부장적 유교시대의 가사노동 체계인, 남성은 시장노동을 하고 여성은 가사노동을 전담하는 체계가 유지되고 있다. 둘째, 17세에 시작하는 고등학교에서는 3년간 수학능력 시험, 대입시험 준비만 하여, 고졸로는 일의 세계에 대한 하등의 준비없이 군제대 후 23세의 나이로 노동시장에 진출하거나 고졸자의 3/4은 대학에 진학하여 군제대 후 27세의 늦은 나이에 노동시장에 진출한다. 현재 고등학교까지의 교육제도는 대학진학의 평등한 기회를 제공하나 개인의 재능 발견과 연마 교육의 불평등한 기회를 제공한다. 이와 반대로, 대학진학의 불평등한 기회 그러나 개인의 재능 발견과 연마 교육의 평등한 기회 제공이 인간 존중의 교육제도라고 할 때, 우리의 교육제도는 분명 반인간존중의 교육제도이다.

전문가가 되기 위해서는 15세부터 10년의 연마, 시간으로 치면 1만 시간의 연마가 필요하고, 하루 일상으로 치면 하루 4시간, 주 20시간, 1년 1,000시간을 본인의 전문분야에 10년간 전념하여 본인의 기량, 기술, 지식을 쌓아야 25세에 전문가로 안정적 소득창출 능력을 갖추게 된다. 골프, 축구, 야구, 바둑 등 체육 분야뿐만 아니라 성악, 피아노, 미술 등 예술분야, 전기, 전자, 배관, 공예 등 손재능이 필요한 직업분야 등 모든 분야에서 조기교육, 장기간의 연마는 필수적이다. 본인의 재능, 소질, 희망에 따라 15세에 시작하여, 18~9세에 준전문가, 25세가 될 때 전문가로 일의 세계에서 직업생활을 하게 하는 시스템이 인간존중의 사회라고 할 것이다.

준전문가 또는 전문가로 노동시장에서 일하며 나이 20세 중반에 결혼이 이루어지려면, 청춘남녀가 저렴한 월세로 살 수 있는 공공임대 아파트가 필수불가결할 터인데, 미혼의 청년에 대한 주거공간제공이라는 개념은 한국에 존재하지도 않을 정도로 청년의 인간다운 삶에 대한 인식, 사고, 정책은 없다.

결국, 결혼지연, 만혼, 노산, 초저출산, 청년인구 감소의 가장 큰 원인으로 우리는 반 인간존중의 교육제도, 반 인간존중의 주택제도를 들고 있는 것이다. 이 근원적인 구조적 문제들을 해결하지 않고, 양육 지원, 보육시설 확충, 육아휴직제 도입, 경력단절 회피 노력 기업에 대한 지원, 사교육비 경감 대책으로 사이버 교육 등 고교 수능교육 지원, 사교육비 경감의 다양한 입시제도를 가진 대학에 대한 지원, 신혼부부를 위한 임대주택 제공에 돈을 퍼붓고, 또 퍼부어도 백약이 무효가 될 것이다.

인간존중의 교육제도, 주택제도를 확립하고, 인간존중의 결혼이 자리잡자면 30년의 시간이 걸린다. 1970년에 시작한 정부주도의 1가구 2자녀 모형이 45년이 지난 오늘날 초저출산, 인구감소로 그 파탄이 입증되었듯이, 인간존중의 교육제도, 주택제도가 앞으로 시행되는데 5년, 인간존중의 결혼이 일반적 규범으로 이 사회에 자리 잡는데 최소 25년이 걸리게 될 것이다.

이러한 제도 조정이 있게 되면 자녀수의 생산함수가 [그림 2-23]의 TP_{Z1}'이 TP_{Z1}으로 상방이동하게 되고, 가계의 생산가능곡선을 바꾸며, 자녀수 생산의 기회비용을 낮추게 작용한다. 그 결과 인구감소는 서서히 완화될 것이다.

일부 인사들은 주장한다. 한국의 경제수준이 높아지고, 여성의 고학력화, 경제활동참가의 증대 때문에 출산율 저하는 자연스러운 추이라고 말한다. 그러나 OECD 국가들의 자료를 살펴보면 두 그룹의 국가들이 관찰된다. 한 그룹은 여성의 경제활동참가로 여성의 출산율이 낮아져 인구감소가 우려되는 나라와 여성의 경제활동참가에도 출산율이 인구를 재생할 수 있는 수준으로 유지되고 있는 나라로 나누어진다. 후자에 속하는 국가들은 스웨덴, 핀란드, 덴마크, 네덜란드 등이다. 한국의 경우도 여성의 고학력화, 경제활동 참가의 증대가 불가피하게 저출산을 낳는다는 잘못된 선입견을 버리고, 위에서 제시한 제도조정을 수행해 나가면 자녀수의 기회비용을 크게 낮추어, 진정 저출산문제 해결이 가능해질 수 있다.

4 인구감소 시대, 국내 대체인력인 여성, 중고령자, 청년의 활용

(1) 노동공급의 결정요인들

한국에서의 노동공급함수를 우선 표기하고, 인구감소시대 국내 대체인력의 활용에 대해 논의해 보기로 한다.

노동공급량을 노동시간으로 측정한다고 하자. 예산선과 무차별곡선의 분석에서 나타난 개인의 노동공급시간의 결정요인은 임금(W), 임금 이외의 비근로소득(I_{GT}이라고 표시하자), 개인의 취향(μ)이다. 임금(W), 임금 이외의 비근로소득(I_{GT})은 예산선의 모습과 직접 관련되어 있고, 개인의 선호와 취향(μ)은 무차별곡선의 모습과 관련되어 있다.

노동시간은 경제활동참가를 전제로 한다. 의중임금, 즉 비경제활동인구로 있을 때, 개인이 평가하는 여가 한 시간의 가치와 시장임금을 비교한 후 경제활동 참가를 결정하고 노동시간을 결정한다는 점을 감안하면 의중임금(W_A로 표시하자)의 크기도 중요하다. 따라서 노동시간으로 표시한 개인의 노동공급은 임금(W), 의중임금(W_A), 임금 이외의 비근로소득(I_{GT}), 개인의 취향(μ)에 의해 결정된다. 즉 노동공급은 시장 임금, 대안적 기회의 가치, 비근로소득, 개인의 취향에 의존한다.

시장의 노동공급시간은 개인의 노동공급시간의 수평적 합계이다. 바로 이때 시장 노동공급은 개인의 근로시간과 근로자수 양자를 모두 고려한 개념이 된다. 시장노동 공급은 경제활동인구의 규모(N으로 표시하자)에 크게 의존하게 된다. 근로시간과 근로자수 양자를 모두 고려한 시장의 노동공급곡선은 시장임금, 대안적 기회의 가치, 비근로소득, 개인의 취향, 경제활동인구의 규모에 의존한다. 경제활동인구 규모는 외국인 이민정책에 의존하며, 동시에 최소 20년 전의 출산율에 의존한다. 한국은 이민을 거의 받아들이지 않으므로, 특히 청년층 경제활동인구 규모는 크게 감소하고 있다. 1990년부터는 15세~29세 청년층 인구가 피크에 도달한 후 그 이후에는 청년층 인구감소시대가 전개되고 있는 것이다. 한편으로는 청년인구가 감소하고 다른 한편으로는 한국의 **베이비부머**(baby-boomer) 세대(한국전쟁 후인 1955년에서 1963년 사이에 태어난 인구집단)가 노동시장에서 퇴장하게 되면, 앞으로 경제활동인구의 감소는 더 큰 폭으로 전개될 것이다.

우리는 개인의 노동공급시간 결정에서 기업의 근로시간제약(C_F로 표시하자)과 가계생산함수(H_P로 표시하자)의 중요성을 분석하였다. 남성, 여성, 중고령자 모두를 고려한 노동공급(개인의 근로시간과 근로자수 양자를 모두 고려)은 시장임금, 대안적 기회의 가치, 비근로소득, 경제활동인구의 규모, 개인의 취향, 기업의 근로시간 제약, 가계생산방법, 즉 W, W_A, I_{TG}, N, μ, C_F, H_P에 의존하게 된다. 이를 함수로 표시하면,

$$L^S = g(W,\ W_A,\ I_{TG},\ N,\ \mu,\ C_F,\ H_P) \qquad (2.21)$$

가 된다.

비경제활동인구에서 경제활동인구로의 재배분을 고려하지 않고, 취업된 사람을 대상으로 하는 노동공급, 예컨대 직업별 노동공급, 산업별 노동공급을 논의할 때는 비경제활동인구에서 경제활동인구로의 재배분에 중요 역할을 하는 비근로소득, 기업의 근로시간 제약, 가계생산방법, 즉 I_{TG}, C_F, H_P를 배제한다. 특정 직업별(또는 산업별) 노동공급에는 특정 직업(또는 산업)의 임금, 대안적 직업(또는 산업)에서의 임금, 그 직업(또는 산업)에서 노동공급을 하려는 인구수가 중요하며, 이의 함수적 표시는 앞 장 식 (1.6)으로 표시할 수 있게 된다.

(2) 국내 대체인력인 여성, 청년, 중고령 인력의 활용

대부분의 국가에서 여성의 경제활동참가율은 남성보다 낮게 나타난다. 15~64세 인구를 기준으로 할 때, 2010년 우리나라 남성의 경제활동참가율은 77.1%이지만 여성의 경제활동참가율은 54.5%에 불과하여 남성에 훨씬 못 미친다. 정도 차이는 있지만, 일본이나 미국, 유럽 국가들에서도 여성의 참가율이 남성에 비해 낮다는 점은 공통된 현상이다(〈표 2-4〉).

그러나 성별 참가율 격차는 국가마다 매우 큰 차이를 보인다. 예컨대 성별로 차이가 가장 적은 국가는 스웨덴으로 약 5.5%p의 격차가 나타나고 있는 반면, 우리나라는 22.6%p라는 가장 큰 격차를 보여주고 있다. 프랑스, 네덜란드, 미국, 독일, 영국 등에서는 약 10%p의 격차, 일본과 이탈리아에서는 우리나라와 유사한 20%p 이상의 격차를 보여준다.

국제비교를 통해 확인되는 또 다른 현상은 시계열 추이로 보았을 때 남성의 참가율은 대체로 1970~80년대 크게 감소하다가 90년대 들어 감소세가 둔화되거나 정체되고 있는 반면 여성의 참가율은 대부분의 국가에서 지속적으로 증가하는 추세를 보여주고 있다는 점이다.

이와 같은 국제 비교는 앞으로 한국여성의 경제활동참가율을 획기적으로 높여야 함을 시사한다.

인구감소시대 한국여성의 낮은 경제활동참가율을 획기적으로 높이면, 감소된 청년인구의 대체인력이 확보된다고 할 수 있다. 식 (2.21)이 보여주는 정책적 처방은 다음 두 가지이다.

첫째, 가계내 가사노동의 평등한 분담이 확립되어야 한다. 그리하여 가계생산의 효율성을 보다 높여야 한다. 어릴 때부터 학생들에게 양성평등의 가치관, 음식 만들기, 청소하기, 세탁하기, 집수리를 위한 목공일, 페인트일, 자동차 간단한 수리의 일 등을 남녀에게 동일하게 가르치고 익히도록 해야 한다. 유교 윤리에 입각한 가부장제의 청산은 교육에서 출발한다.

둘째, 여성을 위한 좋은 파트타임 근로기회를 대폭 확대하여야 한다. 주 40시간 이상의 근로시간 제약은 여성, 노인, 학생들을 과소 고용하게 한다. 인구감소시대 청년의 대체인력 확보를 위해서 파트타임 고용제의 정착이 필요하다. 정부부문, 공기업 부문부터 파트타임 근로제를 확립하고 민간부문에 확산시키는, 즉 노동시간의 유연성을 높이는 정책의 시행이 요청된다.

제 3 장

노동수요

제 1 절 | 경쟁기업의 이윤극대화와 비용최소화

제 2 절 | 경쟁기업의 장기노동수요곡선

제 3 절 | 경쟁산업의 노동수요곡선

제 4 절 | 준고정적 노동비용과 기업의 선택

제 5 절 | 효율임금을 선택하는 기업들

제 6 절 | 불완전 경쟁기업의 임금과 고용의 결정

제 7 절 | 청년인구감소 · 고령화가 노동수요에 미치는 영향

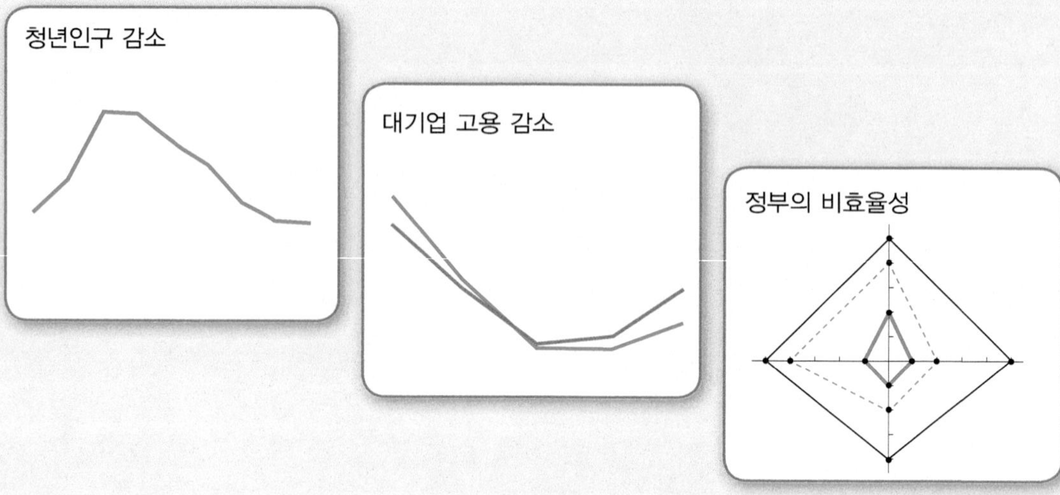

장을 시작하며

우리는 제1장에서 시장노동수요 곡선의 이면에 작용하는 힘에 대해 초보적인 수준으로 살펴보았다. 여타 모든 것들이 일정불변일 때 경쟁기업의 노동수요곡선의 이면에는 노동의 한계생산 체감의 법칙이 작용하고 있음을 밝혔다.

이 장에서는 자본과 노동이라는 두 생산요소의 고용량이 모두 가변적일 때, 경쟁기업의 노동수요곡선을 도출하고 장기에 있어서 경쟁산업의 노동수요곡선을 도출하고자 한다. 특히 노동과 자본이라는 두 생산요소가 모두 가변적일 때 노동수요곡선의 이면에는 대체효과와 규모효과가 작용함을 규명하게 된다.

이러한 이론적 분석은 현실의 노동시장에서 관찰되는 다양한 현상을 해명하는 데 도움을 제공한다. 우리는 첫째는 준고정적 노동비용의 증대, 둘째는 대기업의 효율임금정책 시행, 셋째는 불완전 경쟁기업의 존재, 넷째는 청년감소 · 고령화 진전 등이 노동수요에 어떤 영향을 미치는지 살펴본다.

제 1 절 경쟁기업의 이윤극대화와 비용최소화

1 경쟁기업이 직면하는 단기와 장기

(1) 경쟁기업이란?

우리는 이제부터 기업이 작용하는 노동시장, 자본시장 그리고 상품시장([그림 1-7] 참조)은 모두 경쟁적이라고 가정할 것이다. 생산요소시장과 상품시장 각각에서는 기업의 수가 대단히 많아 개별기업은 시장가격에 전혀 영향을 주지 못하며, 각 기업은 시장에서 결정된 가격을 그대로 받아들이는 **가격순응자**(price taker)가 된다.

개별기업은 노동시장에서 결정된 임금의 순응자이며, 자본시장에서 결정된 이자율의 순응자이다. 즉, 개별기업은 시장임금(W), 시장이자율(r)을 변경시킬 수 없다는 의미에서 고정된 것으로 받아들인다. 우리는 기업이 생산된 상품(X)을 판매하는 시장, 즉 상품시장도 경쟁적이라고 가정한다. 즉 개별기업은 상품시장에서 결정된 상품가격의 순응자이며 시장에서 결정된 가격(P)을 고정된 것으로 받아들인다. 이러한 개별기업을 앞으로 **경쟁기업**이라고 부르기로 한다. 그리고 제1장 4절에 나와 있는 경쟁노동시장에 관한 기본 가정들은 여전히 유효하다.

(2) 단기와 장기

경쟁기업의 시장상황이 변화했을 때, 예컨대 노동시장에서 시장임금이 상승했을 때 기업 또는 산업은 어떻게 대응하는가를 살펴보는 데 있어서 우리는 경쟁기업(또는 산업)의 반응이 일어나도록 허용될 수 있는 시간의 길이를 다음과 같이 개념적으로 미리 정할 수 있다.

첫째, 기업이 어떻게 대응하는가를 살펴볼 때 자본설비가 고정되어 있는 기간을 상정할 수 있다. 우리는 이를 **단기**(short-run)라고 부른다. 단기란 자본설비가 고정되어 이를 일정한 조건으로 간주하는 그러한 기간을 의미한다. 단기에서 기업이 변화시킬 수 없는 생산요소를 **고정생산요소**라 하고 단기에 변화시킬 수 있는 생산요소를 **가변생산요소**라고 한다.

둘째, 임금이 상승하면, 기업은 한편으로는 값싸진 자본(혹은 자본설비)을 더 고용하려 한다. 다른 한편으로는 임금상승으로 상품생산 비용이 증가하여 기업이윤이 감소됨에 따라 상품생산이 줄어, 그 결과 자본고용을 감소시킬 수도 있다. 기업이 자본

고용량을 조정하는 기간을 '**기업의 장기**' 또는 '**기업이 직면하는 장기**'라고 부른다. 따라서 '기업이 직면하는 장기'에 있어서는 모든 투입요소, 즉 K와 L 모두가 가변적이다.

셋째, 임금이 상승하여 기업들이 노동과 자본고용량을 감소시키게 되면 상품시장에는 중대한 변화가 발생한다. 생산요소의 고용량이 감소하면 기업들이 상품생산을 감소시키고, 이는 상품의 시장공급 감소로 이어져 상품가격이 상승하게 된다. 이 상품가격 변화가 노동시장에 또다시 영향을 미치는 피드백(feedback) 효과를 감안하는 기간을 고려할 수 있는데, 우리는 이를 '산업이 직면하는 장기'라고 정의하겠다. 즉 노동시장에서 임금의 변화가 있고 이로 인한 요소고용의 파급효과가 상품시장의 변화를 유발하며, 상품시장의 가격변화가 다시 노동시장에 작용하는 것까지를 포괄하는 기간을 '**산업의 장기**' 또는 '**산업이 직면하는 장기**'라고 하겠다.

이 장에서는 앞의 제1장 4절에서 논의한 경쟁기업의 단기노동수요곡선을 토대로 경쟁기업의 장기노동수요곡선과 산업의 노동수요곡선을 도출하고자 한다.

(3) 자본과 노동이 가변적일 때 문제에 접근하는 방식

경쟁적 기업의 생산비용은 노동, 자본, 토지(및 원재료), 기업가 활동과 같은 생산요소의 투입과 관련된 비용이다. 경쟁적 기업은 시장에서의 수많은 기업 중의 하나이기 때문에 시장에서 결정된 가격을 변경시킬 힘을 갖지 못한다. 시장에서 결정된 가격으로는 노동서비스 가격인 임금, 자본(대부자본) 서비스가격인 이자율, 토지서비스 가격인 임대료, 기업가 활동의 대가인 **정상이윤**(normal profit)을 포괄한다.

경쟁적 기업의 생산비용에는 이와 같은 임금비용(=노동고용량×임금), 자본비용(=자본량×이자율), 임대비용(=토지임대량×임대료), 정상이윤이 모두 포함되어 있다. 여기서 정상이윤이란 기업가 활동의 기회비용을 의미한다. 기업가 활동의 기회비용이란 자본, 노동, 토지를 결합하여 생산하고 상품을 시장에 판매하는 데 지출된 기업가의 육체적·정신적 노력을 다른 데 이용했더라면 벌어들일 수 있었던 소득이다.

우리는 논의의 단순성을 위해 투입되는 생산요소가 자본(K)과 노동(L)뿐이라고 가정한다. 여기서 토지(및 천연자원) 등 다른 생산요소는 자본으로 대표되고 있다고 생각하면 되겠다.

이러한 가정을 전제로 하고, 자본과 노동이 가변적일 때의 기업의 노동수요곡선을 다음과 같은 순서로 도출하고자 한다.

첫째, 자본과 노동이 가변적일 때 기업의 이윤극대화 조건을 수식으로 표현한다. 이는 노동만이 가변적일 때, 즉 단기의 이윤극대화 조건인 식 (1.12)를 논리적으로 연장하는 것이 된다. 우리는 기업의 이윤극대화 조건은 곧 기업의 비용최소화 조건이 됨을 설명한다.

둘째, 생산비용의 최소화가 이루어질 때 최대이윤이 보장되므로 비용최소화를 낳는 생산요소(자본, 노동) 고용량을 그림으로 표시한다.

셋째, 임금이 변화할 때 자본고용량과 노동고용량을 동시에 조정하는 기업의 이윤극대화 선택행위를 그림으로 분석함으로써 개별기업의 노동수요곡선을 도출한다.

이와 같이 (수식에 의한 표현→그림에 의한 표현)이라는 순서로 자본과 노동이 가변적일 때 경쟁기업과 경쟁 산업의 노동수요곡선을 도출하게 된다. 이러한 순서와 방식은 경제학자들이 독자들의 이해를 돕기 위해 흔히 취하는 기법이다.

2 이윤극대화조건

자본과 노동이 모두 가변적이며, 여타의 조건, 예컨대 P, W, r, 생산기술이 일정불변이면 이윤함수는 다음과 같이 표시된다.

$$\pi = P \cdot f(L, K) - (WL + rK) \tag{3.1}$$

식 (3.1)을 기업이 선택할 수 있는 변수인 L과 K에 대해서 편미분하도록 하자. **이윤극대화 1차조건**은 $\partial\pi/\partial L = 0$, $\partial\pi/\partial K = 0$이므로

$$\frac{\partial\pi}{\partial L} = P\frac{\partial f(L, K)}{\partial L} - W = 0 \tag{3.2}$$

$$\frac{\partial\pi}{\partial K} = P\frac{\partial f(L, K)}{\partial K} - r = 0 \tag{3.3}$$

이다. $\partial f(L, K)/\partial L$은 **노동의 한계생산**(marginal product of labor), 즉 MP_L이다. $\partial f(L, K)/\partial L$는 **자본의 한계생산**(marginal product of capital)으로서 MP_K라고 표시하자. 그러면 이윤극대화조건 식 (3.2)와 식 (3.3)은 다음과 같게 된다.

$$P \cdot MP_L = W \tag{3.4}$$

$$P \cdot MP_K = r \tag{3.5}$$

식 (3.4)가 의미하는 바는 노동의 한계생산가치가 임금과 동일할 때 이윤극대화 노동고용량이 결정되며, 식 (3.5)는 자본의 한계생산가치가 이자율과 동일할 때 이윤극대화 자본고용량이 결정된다는 것이다.

3 비용최소화조건

식 (3.4)와 식 (3.5)에서 우리는 다음 식을 얻는다.

$$\frac{MP_L}{MP_K}=\frac{W}{r} \tag{3.6}$$

즉 이윤을 극대화하는 기업은 두 생산요소의 한계생산 비율을 두 요소의 상대가격 비율에 맞게 조정한다. 식 (3.6)은 식 (3.4)와 식 (3.5)를 압축적으로 표현한 것이다.

독자들은 이때 **이윤극대화 조건**인 식 (3.4)와 식 (3.5)가 성립하면 반드시 **비용최소화 조건**인 식 (3.6)이 성립하지만, 역으로 식 (3.6)이 성립한다고 해서 식 (3.4)와 식 (3.5)가 반드시 성립하는 것은 아니라는 점을 염두에 두어야 한다. 즉 이윤극대화는 비용최소화를 수반하지만 비용최소화가 이루어진다고 해서 이윤극대화가 자동적으로 이루어진다고 볼 수는 없다는 것이다. 직관적으로 이유는 간단하다. 비용최소화 이외에도 상품시장 조건까지 고려되어야 이윤극대화가 달성되기 때문이다.

우리는 다음 절에서 식 (3.6)을 그림으로 나타낸 후, 임금 변화시 이윤극대화 고용량은 어떻게 변화하는지를 살펴보게 된다. 후술하겠지만 식 (3.6)의 좌변은 **등량곡선**(iso-quant)과 관련되어 있고, 식 (3.6)의 우변은 **등비선**(iso-cost)과 관련되어 있다.

식 (3.6)을 다음과 같이 변용하여 그 의미를 설명해 보겠다.

$$\frac{MP_L}{W}=\frac{MP_K}{r} \tag{3.7}$$

이 조건은 노동의 구입에 쓰인 돈 1원당 한계생산이 자본의 구입에 쓰인 돈 1원당 한계생산과 같다는 것을 의미한다. 즉, 돈 1원당 한계생산이 같게끔 생산비용을 지출할 때, 생산비용의 최소화가 달성된다고 할 수 있다.

예를 들어, 현재의 상태에서 MP_L=6개인데 W=2원이며, 자본의 경우에는 MP_K=12개인데 r=3원이라고 하자. 그렇다면 노동구입 1원어치의 한계생산은 3개인데 비해 자본구입 1원어치의 한계생산은 4개로서 식 (3.7)의 등식관계 대신 MP_L/W

$<MP_K/r$가 성립한다. 이러한 상황에서는 기업은 노동구입량을 줄인다. 노동의 한계생산 체감의 법칙에 의해 노동구입량이 감소하면 MP_L은 증가하므로, $MP_L/W=MP_K/r$이 다시 성립될 수 있게 된다. 또는 기업은 $MP_L/W<MP_K/r$인 상황에서 자본의 구입량을 늘려, 자본의 한계생산이 체감하므로 식 (3.7)이 성립될 수도 있다. 식 (3.7)의 등식이 성립하면, 더 이상 절약할 비용이 없다는 의미에서 비용최소화가 달성된 상태가 되는 것이다.

4 임금상승에 대한 기업의 대응

기업의 이윤극대화 조건에서, 기업이 직면하는 시장임금이 상승한다고 하자. 기업이 자본과 노동 모두를 조정할 수 있을 때, 기업은 임금상승에 어떻게 대응할 것인가?

상식적으로 생각하면, 임금상승은 기업이윤의 감소를 낳는다. 다른 한편 임금상승은 노동이라는 생산요소의 상대가격이 상승했다는 것을 의미한다. 수식을 토대로 설명하면 임금상승은 식 (3.1)에서 기업이윤 π를 낮추며, 식 (3.6)의 우변 '임금/이자율'이라는 상대요소가격을 높이는 변화를 야기한다.

기업이윤의 감소가 있을 때, 기업은 생산량을 감소시킬 것이다. 이에 따라 생산요소 고용량이 감소한다. 즉 노동의 고용이 감소한다. 이를 임금상승의 **규모효과**(scale effect)라고 한다.

또한 임금이 자본서비스가격보다 비싸지면 상대적으로 값싼 생산요소인 자본을 더 사용하게 된다. 이를 임금상승의 **대체효과**(substitution effect)라고 한다.

다음 절에서 우리는 규모효과와 대체효과를 그림으로 표시하여 기업이 임금변화에 어떻게 대응하는지를 보이고자 한다. 그렇게 함으로써 경쟁기업의 장기노동수요곡선을 도출할 수 있게 된다.

제 2 절 경쟁기업의 장기노동수요곡선

이제 우리는 자본과 노동이 모두 가변적일 때, 기업의 이윤극대화를 그림을 이용해 설명하고자 한다. 등량곡선이란 생산함수 $X=f(L, K)$을 2차원의 공간에 표시한 것이며, 등비용선은 총생산비($TC = WL + rK$)를 2차원의 공간에 표시한 것이다. 등량곡선과 등비용선이라는 그래프를 이용하여 기업의 이윤극대화를 단계적으로 설명하도록 하겠다.

1 생산함수를 그래프에 표시한 등량선

(1) 가상적인 생산함수 자료

생산함수는 앞의 식 (1.10)에 표시된 바와 같이

$$X = f(L, K) \tag{3.8}$$

이다.

계속하여 우리는 논의의 단순성을 위해 투입되는 생산요소는 자본(K)과 노동(L)뿐이라고 가정한다. 우리는 자본과 노동이 모두 가변적일 때, 투입된 자본과 노동량에 의해서 생산될 수 있는 최대 산출량을 실험에 의해 구할 수 있을 것이다.

〈표 3-1〉은 근로자 수와 기계수가 가변투입요소일 때, 이를 결합해 생산되는 최대산출량, 즉 식 (3.8)에 나타난 생산함수에 관한 가상적 실험결과이다. 예를 들어, 3대의 기계가 있을 때, 근로자 수가 1명이면 산출량은 최대 10단위, 2명이면 24단위,

표 3-1 가상적인 실험으로부터의 생산함수 자료

자본투입량 \ 노동투입량	1	2	3	4	5	6	7	8
8	9	46	69	92	109	124	136	144
7	13	46	69	91	108	123	134	140
6	16	42	66	88	106	120	128	132
5	15	37	60	80	100	113	120	121
4	13	31	54	72	85	93	95	95
3	10	24	39	52	61	66	66	64
2	6	12	17	21	24	26	25.5	24.5
1	3	6	8	9	10	10	9	7
0								

3명이면 39단위를 생산할 수 있다.

어느 기업이 이러한 생산함수를 갖는 기술을 채용하여 기계 3대를 설치하고 노동 고용량을 변화시키면서 상품을 생산한다고 하면, 독자 여러분은 이제 이 기업의 단기의 노동수요함수를 유추할 수 있을 것이다. 여러분은 식 (1.12)에서 설명했듯이 여기서 한계생산 체감의 법칙도 확인할 수 있어야 한다.

(2) 생산곡면

〈표 3−1〉에 나타난 가상적인 생산함수에 관한 정보를 3차원의 공간에 입체적으로 나타내 보자. [그림 3−1]의 (i)에서와 같이 바닥면을 K와 L로 놓고, 산출량을 높이로 표시한 3차원의 공간에서 직사각형 막대의 높이가 산출량이다. [그림 3−1]의 (i)에서는 1대의 기계가 있을 때 노동투입이 1인, 2인, 3인, · · · ·, 8명인 경우에 산출량은 직사각형 막대의 높이인 3, 6, 8, · · · · ·, 7단위가 됨을 나타내고 있다.

이제 자본과 노동이 결합하여 생산되는 무수히 많은 산출량을 상상하면, 연속적이며 들쑥날쑥함이 없는 매끈한(smooth) 곡면을 갖는 [그림 3−1]의 (ii)와 같은 생산함수를 쉽게 연상할 수 있게 될 것이다. [그림 3−1]의 (ii)에서는 매끈한 곡면 위의

그림 3−1 〈표 3−1〉의 입체적 표시와 매끈한 생산곡면

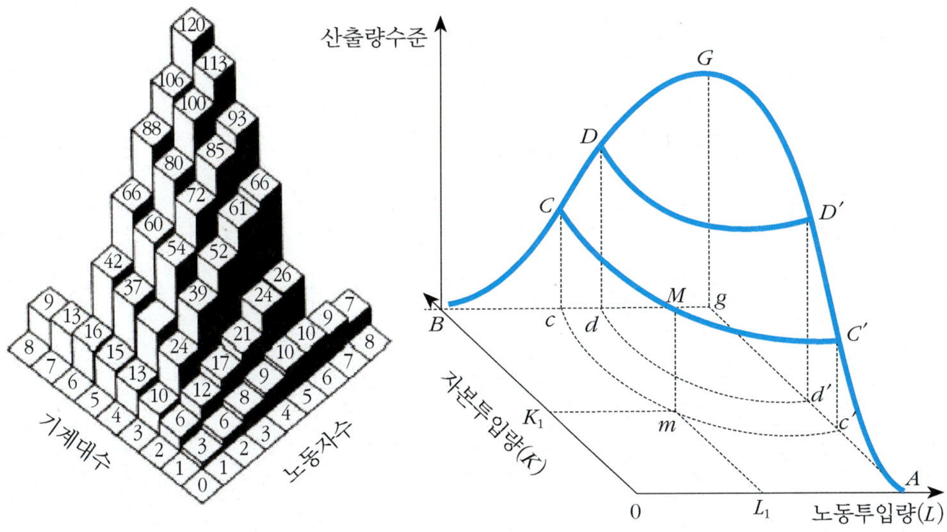

(i) 〈표 3−1〉의 입체적 표시

(ii) 매끈한 생산곡면

한 점 M에서 바닥면에 그은 수직선인 m이 K_1의 자본량과 L_1의 노동량을 투입했을 때의 산출량 수준이다.

$OBGA$와 같은 매끈한 곡면을 **생산곡면**(production surface)이라고 부른다. 독자 여러분은 생산곡면이 [그림 3-1]의 (ii)와 같은 모습을 지니는 이유를 한계생산력 체감의 법칙으로 설명할 수 있어야 한다.

(3) 등량곡선

3차원의 생산곡면을 2차원의 그림으로 전환시킬 수는 없을까? 자본을 세로축으로 하고 노동을 가로축으로 하는 2차원의 공간에 [그림 3-1]과 같은 3차원의 생산곡면에 담긴 정보를 고스란히 옮겨놓은 것을 경제학자들은 등량곡선지도(isoquant map)라고 한다.

생산곡면 $OBGA$를 $Cc=Mm=C'c'$의 높이에서 자르면, CMC'는 바닥면에서 같은 높이에 있는 점의 궤적이 된다. CMC'를 바닥면인 $K-L$면에 투영하면 곡선 cmc'를 얻는다. 이 cmc'곡선을 **등량곡선**(isoquant curve)이라고 한다. 등량곡선은 주어진 수준의 산출량을 생산할 수 있는 투입물 K와 L의 가능한 모든 조합의 궤적을 보여주는 곡선이다. 생산곡면에 있는 투입물 DD'를 바닥에 투영한 dd' 또한 등량곡선이다. DD'는 CC'보다 높은 산출량 수준을 나타낸다. 여러분이 마음의 눈을 가지고 실험하면 $K-L$의 바닥면에 무수히 많은 등량곡선을 상상할 수 있을 것이다. 이러한 등량곡

그림 3-2 등량곡선지도와 하나의 등량곡선에서의 기술적 한계대체율

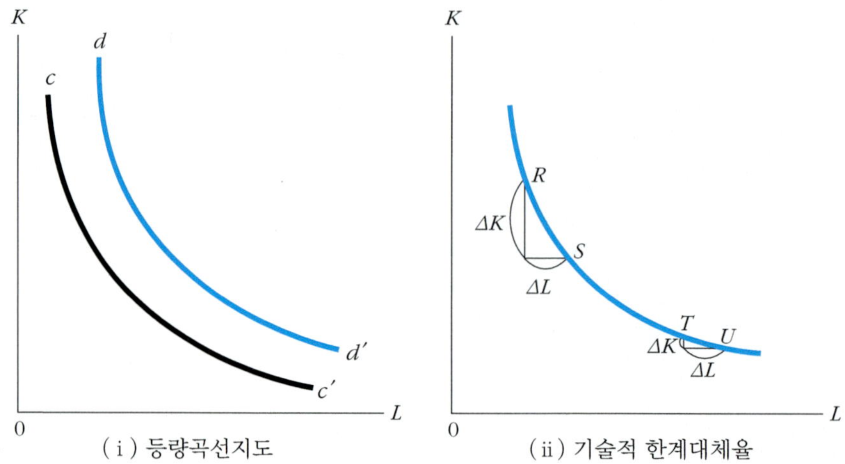

선의 집합을 등량곡선지도라고 한다. 즉, 등량곡선지도는 3차원의 생산곡면을 2차원의 그림으로 압축한 것이다.

[그림 3-2]의 (i)에는 [그림 3-1]에서 도출된 등량곡선 *cc′*와 *dd′*가 그대로 복사되어 있다. 등량곡선은 다음 4가지 특성을 지닌다. ① 등량곡선은 우하향하는 기울기를 갖는다. ② 등량곡선은 원점에 대해 볼록하다. ③ 두 등량곡선은 서로 교차할 수 없다. ④ 원점에서 더 멀리 떨어져 있는 등량곡선일수록 더 높은 산출량을 나타낸다.

이제 기업의 생산함수를 그림으로 옮기는 작업은 완료된 셈이다. 이제 기업의 생산함수는 이와 같은 등량선지도 하나로 완벽하게 대표할 수 있다고 가정하고 분석에 임해도 좋을 것이다.

(4) 기술적 한계대체율

우하향의 기울기를 갖는 등량선이 근본적으로 보여주는 바는 **대체의 원리**(principle of substitution)이다. 이는 일정한 산출량 수준을 유지하는데 있어 한 투입요소를 더 이용하면 기업은 다른 투입요소를 줄여야 함을 의미한다.

예컨대 두 생산요소의 조합이 [그림 3-2]의 (ii)에 나타난 등량곡선 위에 있는 한 점 R에서 S로 이동한다고 하자. 이 때 노동투입은 ΔL만큼 증가하고 자본투입은 ΔK만큼 감소한다. 두 생산요소의 결합상태를 나타내는 R과 S는 동일한 산출량 수준을 나타내는 등량선 위에 있으므로 우리는 'ΔK만큼의 자본이 ΔL만큼의 노동으로 대체된다'라는 표현방식을 이용한다.

R과 S점 사이의 거리가 대단히 짧으면, R점에서 등량선에 그은 접선이 있을 수 있고 그 기울기를 측정할 수 있다. 하나의 등량선의 한 점에서 그은 접선의 기울기의 절대값, 즉 동일한 생산량이 유지되기 위하여 ΔK가 ΔL로 대체되는 비율을 우리는 **기술적 한계대체율**(marginal rate of technical substitution; $MRTS_{LK}$)이라고 한다.

$$MRTS_{LK} = -\frac{\Delta K}{\Delta L} \tag{3.9}$$

다소 생소한 개념인 기술적 한계대체율을 한계생산의 개념을 이용하여 재구성해보자. 노동 1단위 추가투입시 산출량 증가분을 노동의 한계생산 MP_L이라고 정의한다. 마찬가지로 자본 1단위 추가 투입시 산출량 증가분은 자본의 한계생산이며 MP_K로 표시한다. 예컨대 $MRTS_{LK}$가 3이라면, 자본투입 3단위 감소와 노동투입 1단위 증가가 생산량의 변화를 낳지 않는다는 뜻인데, 이는 자본투입 3단위가 감소할 때의 생산량의 감소와 노동투입 1단위 증가시의 생산량 증가가 상호 상쇄된다는 것과 동일하다. 자본투입 ΔK단위 감소시 산출량의 감소는 $MP_K \cdot \Delta K$이며 노동투입 ΔL단위 증가시 산출량의 증가는 $MP_L \cdot \Delta L$이기 때문에, 이들이 상쇄된다는 것은 수학적으로 다음과 같이 등식화된다.

$$(-)MP_K \cdot \Delta K = MP_L \cdot \Delta L \tag{3.10}$$

식 (3.10)을 정리하면 식 (3.11)이 된다.[1)]

$$-\frac{\Delta K}{\Delta L} = \frac{MP_L}{MP_K} \tag{3.11}$$

기술적 한계대체율은 다음과 같은 식으로 표현된다.

$$MRTS_{LK} = -\frac{\Delta K}{\Delta L} = \frac{MP_L}{MP_K} \tag{3.12}$$

2 총비용을 그래프에 표시한 등비용선

하나의 등량곡선은 일정한 수준의 생산량이 여러 가지 생산방법 또는 자본과 노동의 결합방법에 의해 생산될 수 있음을 보여준다. 산출물을 생산하기 위해 이용되는 자본과 노동은 시장에서 구입되어야 하는데, 일정한 산출량을 생산하기 위해 여러 이용가능한 생산방법 중 어떠한 생산방법을 택할 것인가? 즉 얼마만큼의 노동을 고용할 것이며, 얼마만큼의 자본을 고용할 것인가? 이윤의 극대화를 추구하는 기업은 특정 산출량을 생산하기 위해 비용이 가장 적게 드는 방법을 이용하여 생산하려 할 것이다. 비용이 최소화되지 않으면 최대이윤이 보장되지 않기 때문이다.

한 걸음 더 나아가서, 임금이 상승한다면 각 생산요소의 고용량은 어떻게 되는가? 어떠한 생산요소 결합방법을 택하게 될 것인가? 이제는 이상의 문제들을 분석하는 데 있어서 생산비용을 그래프에 표시할 수 있어야 한다.

---

1) 이를 수학적으로 정리하면 다음과 같다. $X=f(L, K)$에서 전미분을 하면 $dX=(\partial f/\partial L)\cdot dL+(\partial f/\partial K)\cdot dK$가 된다. 같은 등량선상에서는 $dX=0$이다. $\partial f/\partial L$를 MP_L로 표시하고 $\partial f/\partial K$를 MP_K로 표시하면, $MP_L\cdot dL+MP_K\cdot dK=0$이 된다. 이를 정리하면 $-dK/dL=MP_L/MP_K$가 된다.

(1) 등비용선

자본의 단위가격을 r이라 하고, 노동의 단위가격을 W라고 할 때, 임의의 생산비용 TC_1은 노동에 대한 지출 WL과 자본에 대한 지출 rK의 합이 된다. 즉,

$$TC_1 = WL + rK \tag{3.13}$$

가로축을 노동투입량, 세로축을 자본투입량으로 놓아 식 (3.13)을 그림에 표시할 수 있도록 고쳐 쓰면 다음과 같다.

$$K = -\frac{W}{r}L + \frac{TC_1}{r} \tag{3.14}$$

[그림 3-3]의 (i)에서 세로축의 절편은 식 (3.14)에서 $L=0$일 때의 값, 즉 TC_1/r이다. 반대로 $K=0$이면 $L=TC_1/W$이며, 이는 가로축의 절편이 된다. 세로축의 절편과 가로축의 절편을 연결하는 직선을 그으면, 그 직선 위의 점은 일정한 금액 TC_1으로 구입될 수 있는 노동량과 자본량의 조합을 나타내는데, 이 직선이 **등비용선**(isocost line)이다. 다시 요약하면 등비용선이란 일정 수준의 총비용으로 구입될 수 있는 노동량과 자본량의 모든 조합을 나타낸다.

등비용선의 기울기는 식 (3.14)에 나타나 있는데 그 절대값은 W/r가 된다. 즉 [그림 3-3]의 (i)에서 등비용선의 기울기는 다음과 같이 표현된다.

$$-\frac{\Delta K}{\Delta L} = \frac{W}{r} \tag{3.15}$$

앞으로 우리는 W/r를 간단히 **임금-자본가격 비율**(wage-rental ratio)이라 부르고, 이는 추가적 노동 한 단위를 고용하는 데 지불되어야 할 상대적 비용의 크기라는 경제적 의미를 갖는다.

(2) 등비용선의 이동

기업의 임금-자본가격 비율의 변화없이 생산요소에 대한 지불능력이 TC_1에서 TC_2로 증대하였다고 하자. [그림 3-3]의 (i)에서 등비용선은 TC_2/r와 TC_2/W를 통과하는 직선이 될 것이다. 여기서 총비용 TC_1과 TC_2와 관련된 등비용선을 그릴 때 임금-자본가격 비율은 불변이라고 가정하였으므로 각각의 총비용과 관련된 등비용선

그림 3-3 등비용선과 등비용선의 이동

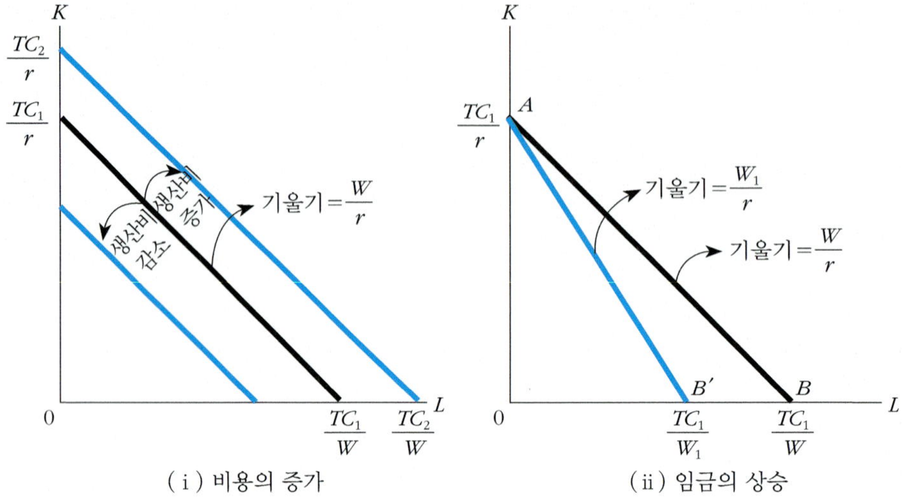

은 그 기울기가 같고, 따라서 평행을 이루게 된다. 등비용선이 원점에서 멀리 위치할수록 총생산비가 많이 드는 것을 나타낸다(즉 $TC_1 < TC_2$).

생산요소에 대한 지불능력이 TC_1이며 r이 불변일 때, 임금이 증가하면 [그림 3-3]의 (ii)에서와 같이 등비용선은 AB에서 AB'로 보다 가파르게 변화된다.

3 비용최소화 생산요소 고용량

등비용선과 등량곡선을 동시에 분석하면 우리는 일정한 산출량을 생산할 때 노동과 자본을 어떠한 방식으로 결합해야 하는지를 분명하게 알 수 있다.

기업이 [그림 3-4]에서 X_1단위의 산출량을 생산하길 원한다고 하자. 이 산출량을 생산하기 위한 기업의 선택은 무엇일까?

기업은 X_1단위의 산출량을 여러 가지 방법으로 생산할 수 있는데, E점이 보여주는 자본과 노동의 결합을 통해 생산한다면 그러한 자본과 노동의 결합의 총생산비는 TC_1일 것이다. 기업이 점 E를 택하지 않고, 자본의 사용량을 K_1보다 자본을 늘리고 노동의 사용량을 L_1보다 더 줄여서 등량곡선 X_1위의 R점이 보여주는 자본과 노동을 이용할 수도 있다. 이때의 총생산비용은 [그림 3-4]에서 TC_2이 되는데, 명백히 TC_2는 TC_1보다 크다. 이해타산을 철저히 하는 기업은 X_1을 생산하기 위해 생산방법 R보

그림 3-4 비용최소화를 위한 기업의 선택

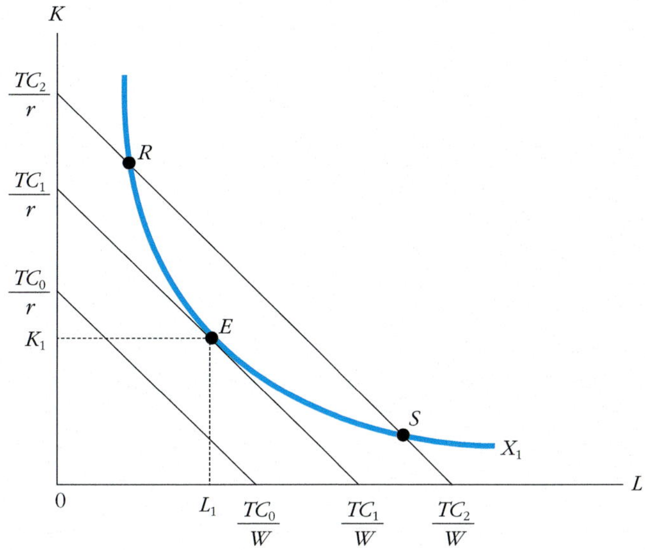

다는 생산방법 E를 택할 것이다.

K_1과 L_1을 이용하는 방법 이외에 X_1을 생산하는 보다 값싼 방법은 없다. 예컨대 [그림 3-4]에서 총생산비용 TC_0과 관련된 등비용선이 보여주는 자본과 노동의 결합으로는 도저히 X_1의 산출량을 생산할 수 없다. 그러므로 주어진 산출량 X_1을 최소의 비용으로 생산하는 방법은 등량곡선 X_1과 TC_1와 관련된 등비용선이 접하는 점에서의 노동과 자본을 고용하는 생산방법이 된다.

등량선과 등비용선과의 접점은 등량곡선으로 표시되는 일정 수준의 산출량을 최소의 비용으로 생산하는 자본과 노동의 고용량을 나타낸다고 할 수 있다. 이때의 자본-노동의 결합을 **최적투입요소 결합방법**이라고 부른다. 즉, 이윤극대화 기업은 비용최소화를 반드시 구현하게 된다.

총비용을 최소화시키는 조건은 수식으로 표시될 수 있다. 비용최소화는 등비용선의 기울기, 즉 (W/r)와 E점에서의 등량선의 기울기, 즉 $MRTS_{LK}$가 동일할 때 이루어진다. 즉,

$$MRTS_{LK}=\frac{W}{r} \tag{3.16}$$

그런데 앞서 우리는 $MRTS_{LK}=(MP_L/MP_K)$의 관계가 성립함을 살펴본 바 있다. 이를 식 (3.16)과 결합하면 다음과 같이 쓸 수 있다.

$$\frac{MP_L}{MP_K}=\frac{W}{r} \tag{3.17}$$

위의 식 (3.17)이 비용최소화를 수식으로 나타낸 것이다.

식 (3.17)은 앞에서 도출한 식 (3.6)과 동일하다. 비용최소화 조건을 식 (3.1)에서 식 (3.6)까지 수식으로 도출하면 간명하지만, 등량곡선과 등비용선이라는 개념에 의거하면 다소 많은 지면을 이용하여 설명해야 한다.

비용최소화 원리를 일반화하기 위해 식 (3.17)을 변형시키면 $MP_L/W=MP_K/r$이 된다. 여기서 논리를 연장해 보자. 생산요소가 노동과 자본 둘만 있는 것이 아니고 m개 존재하고 각각의 가격을 w_1, w_2, ..., w_m이라고 하자. 그리도 각 생산요소의 한계생산을 MP_1, MP_2, ..., MP_m이라 하면 비용최소화를 달성하는 생산요소의 결합방법은 각 생산요소에 지출된 1원당 한계생산이 같도록 생산요소를 투입하는 것이다. 즉,

$$\frac{MP_1}{w_1}=\frac{MP_2}{w_2}= \dots =\frac{MP_m}{w_m} \tag{3.18}$$

식 (3.18)의 조건이 성립하도록 각 생산요소를 고용하면 비용최소화가 이루어진다고 할 수 있다.

4 임금상승에 따른 대체효과와 규모효과

여타의 조건이 일정불변일 때, 임금만이 상승한다고 하자. 이러한 새로운 시장 환경에 대해 이윤을 극대화하는 기업은 어떻게 대응할 것인가? 기업이 이윤을 극대화하기 위한 선택행위를 **등량선**과 **등비용선**을 이용하여 살펴보면, 경쟁적 기업의 노동수요곡선이 쉽게 도출된다.

(1) 대체효과

임금상승이 고용량에 미치는 효과는 이론적으로 **대체효과**(substitution effect)와 **규모효과**(scale effect)로 구분할 수 있다. [그림 3-5]를 이용하여 대체효과와 규모효과

그림 3-5 임금상승에 따른 대체효과와 규모효과

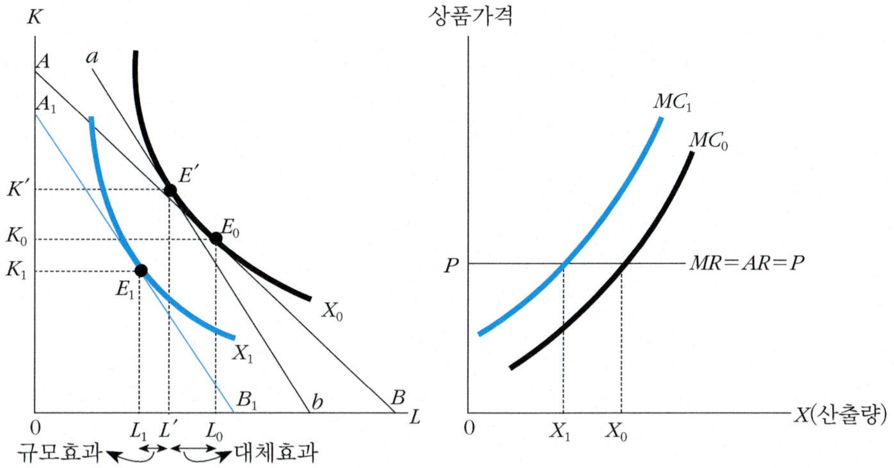

(ⅰ) 기업 (ⅱ) 상품시장

를 차례로 살펴보자.

[그림 3-5]의 (i)에서 최초의 임금과 이자율은 각각 W_0, r_0이고 기업의 지출능력은 C_0라고 하자. 그러면 등비용선은 AB이고 이 **등비용선**과 **등량선**이 접하는 E_0점이 최초의 **균형점**이다. 기업은 노동 L_0, 자본 K_0단위를 구입함으로써 비용을 최소화한다. 이제 생산기술은 변화하지 않고 이자율도 일정한 상황에서, 임금이 W_0에서 W_1으로 상승하였다고 하자.

잠정적으로 기업이 임금상승에도 불구하고 종전과 같은 수준의 산출량 X_0을 생산한다고 하자. 기업은 이제 X_0을 종전과는 다른 방법으로 생산할 것임은 분명하다. 왜냐하면 그는 임금상승으로 상대적으로 값비싸진 노동을 적게 고용하려는 유인을 갖기 때문이다.

[그림 3-5]에 나타나 있는 것과 같이, W_0가 W_1로 상승하면 **등비용선**의 기울기가 W_0/r_0에서 W_1/r_0으로 증가하여 그래프에서의 기울기가 AB에서 ab로 가파르게 된다. 기업이 직면하는 임금-자본 가격비율이 바뀌어 기업은 새로운 등비용선의 기울기, 즉 W_1/r_0과 등량선 X_0가 접하는 점인 E'와 결부된 자본과 노동을 선택하게 된다. 즉 임금이 상승할 때 주어진 양의 X_0를 생산하기 위해 노동 대신에 자본을 더 많이 고용한다. [그림 3-5]의 (i)에서 주어진 최초의 등량선 X_0을 따라서 점 E_0에서 점 E'까지의 움직임에 의해 노동고용량이 L_0L'만큼 증가하는 것을 **임금상승의 대체효과**

(substitution effect)라고 부른다. 대체효과란 기본적으로 요소상대가격 변화가 야기하는 효과임을 유의하여야 한다.

(2) 규모효과

그러나 기업의 경제행위는 여기서 끝나지 않는다.

만약, 노동시장에서 임금이 W_0에서 W_1으로 증가하면, 기업의 생산비용이 증가하고 따라서 기업이윤이 감소된다. 기업은 더 적은 상품을 생산하려 할 것이다. 상품시장에서 기업의 이윤극대화조건은 $P=MC(=W/MP_L)$인데, 임금상승은 한계비용의 상승을 가져와 [그림 3–5]의 (ii)에서 한계비용곡선을 MC_0에서 MC_1으로 상방이동시킨다. 그 결과 새로운 **한계비용곡선**과 **한계수입**(=상품가격)**곡선**이 만나는 점에서 이윤극대화가 이루어지고, 이 때 산출량은 X_1이 된다. X_0에서 X_1으로의 산출량의 감소는 [그림 3–5]의 (i)에서 등량선 X_0에서 X_1으로의 이동으로 나타난다.

임금상승이 상품시장에 미친 충격의 결과로 X_1수준이 생산 목표량이 될 때, [그림 3–5]의 (i)에서 X_1이라는 생산 목표량을 최소비용으로 생산하되, W_1/r_0라는 새로운 임금–자본가격비율에서 최소비용으로 생산하는 방법은 새로운 등비용선 A_1B_1이 등량곡선 X_1에 접하는 점인 E_1과 결부된 자본과 노동을 고용하는 것이다. 즉 등비선 ab와 나란한 A_1B_1가 X_1과 접하는 점, 즉 L_1의 노동과 K_1의 자본을 고용하는 점 E_1이 X_1을 생산하되 새로운 시장 환경과 부합하는 최적투입요소 결합방법이 된다.

등비용선인 ab와 A_1B_1의 기울기가 동일할 때 점 E'에서 E_1으로의 이동과 관련되어 노동고용량이 $L'L_1$ 만큼 감소하는 것을 **규모효과**(scale effect)라고 한다. E'에서 E_1으로의 이동은 기업규모를 축소하는 경제행위의 결과로 나타나기 때문에 '규모'라는 접두어를 붙인 것이다.

독자들이 여기서 흔히 잘못 생각하기 쉬운 것이 하나 있는데, 그것은 새로운 등비용선이 A점을 통과하지 않을까 하는 것이다. A점을 통과하면, 기업의 총비용이 일정불변이라고 전제하는 것이다. 그러나 이는 현실적이 아니다. 기업은 이윤극대화를 낳는 산출량 수준을 택하고 이 산출량을 생산하는데, 비용 증대가 필요하면 상품을 더 생산, 판매해서 조달할 수 있고, 비용감소가 필요하면 상품을 보다 적게 생산·판매하면 되기 때문이다. 따라서 기업의 총비용은 가변적이다. 즉 등비용선이 산출량 수준에 따라서 가변적이면, A_1B_1은 점 A를 통과하지 않고, AB보다 아래에 위치할 수 있는 것이다.

그림 3-6 경쟁기업의 장기노동수요곡선의 도출

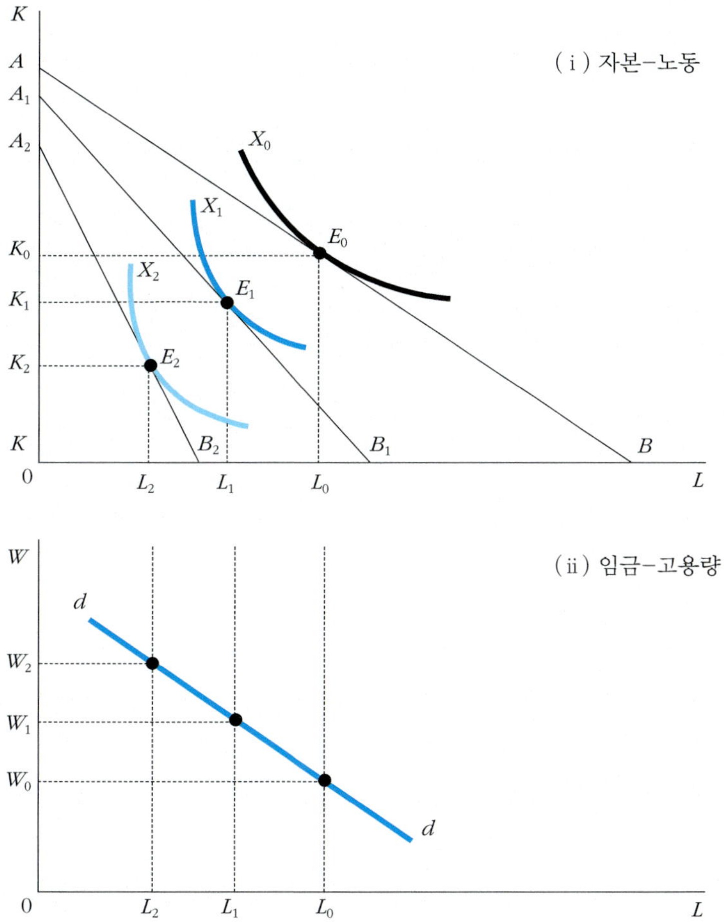

(3) 경쟁기업의 장기노동수요곡선

결국 임금상승이 개별기업의 고용량에 미치는 최종 효과는 대체효과와 규모효과의 합이 된다. 경쟁기업의 장기노동수요곡선의 이면에는 대체효과와 규모효과가 작용하고 있음으로 해서 우하향의 기울기를 갖게 된다.

이제 우리는 경쟁기업의 노동에 대한 수요곡선을 도출할 수 있다. 임금이 W_0, W_1, W_2로 상승함에 따라 [그림 3-6]의 (i)에서 균형점 E_0, E_1, E_2로 이동하는 것을 추적해 보면 노동고용량이 L_0, L_1, L_2로 증가한다는 것을 알 수 있다.

임금을 세로축, 고용량을 가로축으로 하는 평면에 임금과 고용량, 즉 (W_0, L_0),

(W_1, L_1), (W_2, L_2)를 표시하고 이들 점들을 연결하면 [그림 3-6]의 (ii)의 *dd*가 보여주는 바와 같은 우하향하는 개별기업의 장기노동수요곡선을 얻게 된다. 이 *dd*가 경쟁기업의 장기노동수요곡선이다.

5 VMP_L 이용, 경쟁기업 장기노동수요곡선의 도출

[그림 3-6]에서는 모든 생산요소가 가변적일 때, 등량곡선과 등비용선을 이용해 기업의 장기노동수요곡선을 도출하였다. 경쟁기업의 노동수요곡선은 VMP_L곡선을 이용해서도 도출될 수 있다.

[그림 3-7]에서 이 과정을 묘사하고 있다. VMP_L^0 곡선 상에서 자본의 양은 일정불변이다. 임금이 W_0이면 기업은 L_0의 근로자를 고용한다. 이제 임금이 W_1으로 상승하였다고 하자. 자본의 양이 종전과 같이 동일하다면 기업은 VMP_L 곡선 상에서 이동하여 *B*점에 이르기까지 고용을 감소시킬 것이다. 그리하여 고용량은 $\tilde{L}$이 된다. 이 고용량 감소로 모든 것이 끝나지 않을 수도 있다. 왜냐하면 [그림 3-5]에서 설명한 바와 같이 기업의 생산량이 X_0에서 X_1으로, 자본고용량이 K_0에서 K_1으로 감소하기 때문이다.

자본이 K_1으로 감소하면 노동의 한계생산은 어떻게 될까? 일반적으로 노동이 보다 적은 자본과 결합되면 노동의 한계생산(MP_L) 또한 하락한다. 이것은 [그림 3-7]에서 $VMP_L^0(=P \cdot MP_L)$이 VMP_L^1으로 하방 이동하는 것으로 나타난다. 이렇게 VMP_L곡선이 하방 이동할 때 임금 W_1에서의 고용량은 *B*점이 아니라 *C*점에서 결정된다. 따라서 임금이 높아짐에 따라 여타의 생산요소의 투입 또한 조정될 때 기업의 노동고용량은 원래의 L_0에서 L_1으로 감소될 것이다.

최초의 균형점 *A*와 기업이 임금변화에 대응하여 모든 투입요소의 고용을 조정한 후의 균형점인 *C*를 연결한 곡선 *dd*를 '**일반화된 노동의 한계생산가치곡선**'이라고 한다. [그림 3-7]의 곡선 *dd*상의 *C*점에서 노동고용의 기본적 특징은 여전히

$$W = VMP_L \tag{3.19}$$

이라는 조건이 충족되고 있다고 할 수 있다. [그림 3-7]의 *dd*로 표시된 기업의 노동에 대한 수요곡선은 그야말로 노동의 한계생산가치, 즉 노동이 생산에 기여하는 바를 명시적으로 보여준다. 이는 [그림 3-6]의 곡선 *dd*와도 동일하다.

이상에서 설명한 VMP_L곡선을 이용한 노동수요곡선의 도출방법은 등량곡선과 등

그림 3-7 VMP_L곡선을 이용, 개별기업의 장기노동수요곡선 도출

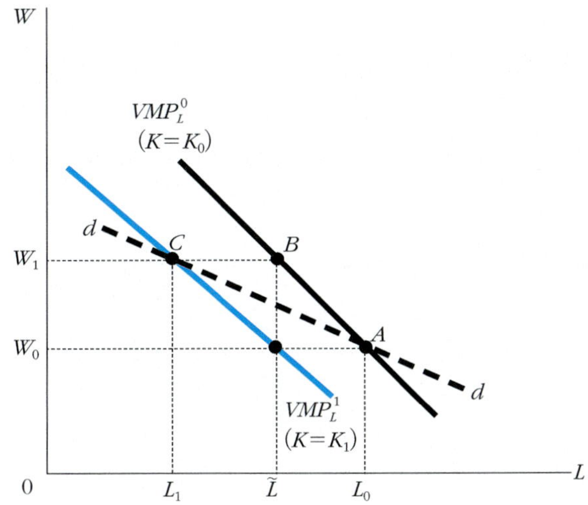

비용선에 의한 방법과 마찬가지로 우하향하는 노동수요곡선을 제시한다. VMP_L에 의한 노동수요곡선의 도출은 노동수요곡선이 노동의 한계생산가치곡선과 결부되는 장점을 갖는다. 그러나 임금변화에 따른 대체효과와 규모효과를 명시적으로 보여주지 못하며, 특히 왜 자본의 고용량이 감소하는가에 대한 명쾌한 설명을 보여주지 못하는 단점이 있다.

제 3 절 경쟁산업의 노동수요곡선

앞의 절에서 우리는 경쟁기업의 장기노동수요곡선을 도출하였다. 수많은 경쟁기업의 집합이 하나의 경쟁산업이라고 할 때, 여기서는 경쟁산업의 노동수요곡선을 도출하고자 한다. 수많은 경쟁기업의 집합으로서 경쟁산업은 때때로 '시장'과 동일한 의미로 사용되므로, 경쟁산업의 노동수요곡선은 **시장노동수요곡선**이라고 부를 수 있다.

1 경쟁산업의 노동수요곡선 도출

지금까지 설명한 개별기업의 노동수요곡선은 경쟁산업의 노동수요곡선을 도출하는 디딤돌에 불과하다. 개별기업이 노동의 가격, 즉 임금이 높을 때 노동을 보다 적게 고용한다면, 산업 전체의 노동에 대한 수요량도 마찬가지로 보다 높은 가격에서 감소할 것이다. 따라서 산업 전체의 노동수요곡선도 우하향하는 기울기를 가질 것이라고 추론할 수 있다.

한 경쟁적 산업에 의해서 고용된 노동의 총량은 산업에 속한 개별기업의 노동고용량의 합계이다. 시장에 세 기업, 갑, 을, 병이 있다고 하자. [그림 3-8]에서와 같이 각 기업의 노동에 대한 수요가 $d_{갑}$, $d_{을}$, $d_{병}$이라고 하자. 이들은 각각 개별기업 단위에서 대체효과와 규모효과의 작용에 의해 도출된 것이다.

임금이 W_0일 때 기업 갑은 노동 3단위, 기업 을은 13단위, 기업 병은 19단위를 고용하므로, 임금 W_0에서 노동에 대한 시장수요량은 35단위이다. 임금이 W_1일 때는 기업 갑, 을, 병의 노동고용량이 각각 0, 10, 15이며, 따라서 시장수요량은 25단위가 된다. 이와 같이 시장노동수요곡선은 각 임금에서 개별기업의 노동수요량을 수평으로 합계함으로써 구해진다.

요약하면, 시장노동수요곡선은 개별기업의 노동수요곡선의 수평합으로 구해지며, 따라서 각 개별기업의 노동수요곡선이 우하향하면 시장수요곡선도 우하향하는 기울

그림 3-8 시장노동수요곡선의 도출

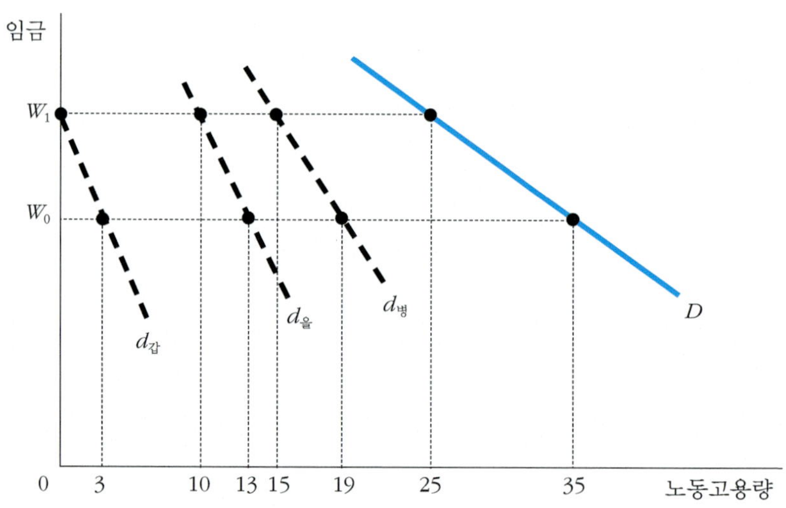

기를 갖게 마련이다.

각 개별기업의 노동수요곡선이 노동의 한계생산가치를 반영하면 시장의 노동수요곡선 또한 노동의 한계생산가치를 반영하게 된다. 독자 여러분은 기업 갑의 고용이 3명일 때의 VMP_L, 기업 을의 고용이 13명일 때의 VMP_L, 기업 병의 고용이 19명일 때의 VMP_L은 시장고용량 35명의 VMP_L과 동일함을 [그림 3–8]에서 확인할 수 있어야 한다.

2 경쟁산업과 경쟁기업의 균형

[그림 3–9]의 (i)에는 경쟁기업의 이윤극대화 고용량이 표시되어 있다. [그림 3–9]의 (ii)에는 시장의 노동수요곡선(DD)과 시장노동공급곡선(SS)이 표시되어 있다. DD는 개별기업의 노동수요곡선(dd)의 수평합이다. SS 이면에 작용하는 힘은 근로자의 보상요구임금이다. 그림 (ii)는 노동시장균형이며, 그림 (i)는 경쟁기업의 균형이다. 노동시장의 균형은 제1장에서 이미 설명된 바 있다. 그렇다면 경쟁기업의 균형이란 무엇인가?

[그림 3–9]의 (i)에서 시장임금 W_0에서 수평선인 ss는 '경쟁기업이 직면하는 노동공급곡선'이라는 명칭을 갖는다. ss는 시장의 수많은 기업 중의 하나에 불과한 개별기업은 시장에서 결정된 임금 W_0에 순응함을 나타낸다. 즉, 경쟁기업이 근로자를 10명이든 100명이든 고용할 때 각자에게 시장임금 W_0를 지급하여야 함을 의미한다. 따라서 ss는 경쟁기업이 직면하는 노동공급곡선이라는 이름을 갖게 된 것이다.

ss라는 경쟁기업이 직면하는 노동공급곡선의 또 다른 의미는 다음과 같다. 개별기업이 자의적으로 W_0보다 낮은 임금을 책정한다고 하면 어떻게 될까? 이 개별기업은 다른 경쟁기업들에게 근로자를 다 빼앗겨 시장에서 근로자를 구할 수 없게 되는데, 이는 달리 표현하면 그림 (i)에서 W_0 이하에서는 기업이 직면하는 노동공급이 0이 된다는 것과 동일하다.

따라서 가격순응자로서 경쟁기업이란 기업이 직면하는 노동공급곡선이 시장임금 W_0에서 수평선인 경우이다. 이렇게 보면 그림 (i)에서 경쟁기업의 균형은 노동수요곡선과 경쟁기업이 직면하는 노동공급곡선이 만나는 점이다. 여기서 극대화 고용량이 결정된다.

시장에서 어떤 이유로 노동의 공급 감소가 일어난다고 하자. [그림 3–9]의 (ii)에서 SS가 $S'S'$로 이동하면 임금은 W_1으로 상승하고, [그림 3–9]의 (i)에서 $s's'$가 경쟁

그림 3-9 노동시장의 균형과 그 변화

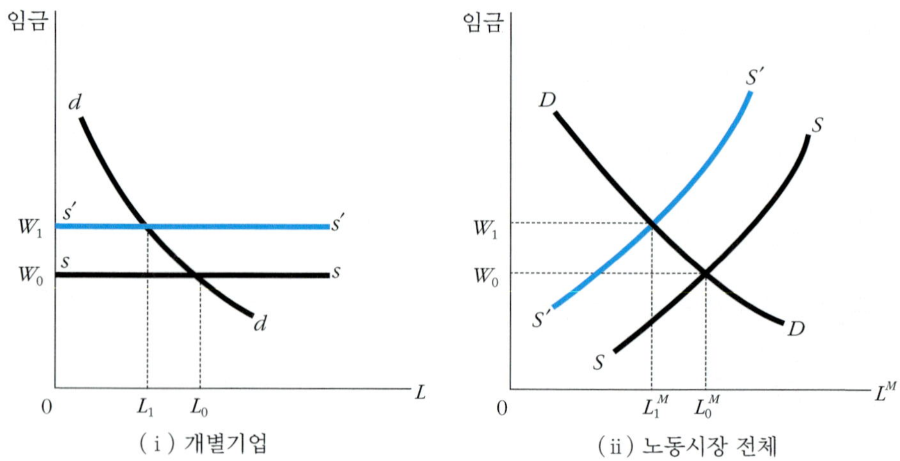

적 기업이 직면하는 노동공급곡선이 된다. 이러한 시장의 수급상황에 반응하여 경쟁기업은 자신의 노동수요곡선과 자신이 직면하는 노동공급곡선의 작용에 의해 노동고용량을 L_1으로 감소시키게 된다.

지금까지 많이 이용한 개념 중의 하나가 가격순응자의 개념이다. 경쟁기업이 이윤극대화를 행하는데, W(임금)을 주어진 것으로 받아들인다고 하였다. 주어진 것은 시장에서 수요공급에 의해 결정되는 균형가격이다. 우리는 그림을 이용하여 노동시장에서 가격순응자로서의 기업은 시장임금에서 수평선인 노동공급곡선에 직면한다는 것을 보였는데, 독자 여러분들은 이제는 가격순응자의 의미를 보다 구체적으로 이해하게 되었을 것이다.

3 경쟁산업의 장기노동수요곡선의 도출

이제 **경쟁산업의 장기노동수요곡선**을 도출하도록 하겠다.

임금이 상승했을 때, 임금이 높아진 것에 반응하여 기업이 고용을 감소시키면, 그 결과 기업의 산출량이 감소한다. 모든 기업이 동시에 산출량을 감소시키면 그 상품의 생산과 공급이 감소하는데, 상품시장에서의 수요가 일정할 때, 공급의 감소는 그 상품의 가격을 상승시키게 된다. 상품가격이 상승하면 어떻게 될까? 이것이 장기노동수요곡선을 도출하는 데 고려하여야 할 요인이다.

[그림 3-10]의 (i)에서 dd는 개별기업의 노동수요곡선이며, [그림 3-10] (ii)의

그림 3-10 시장의 장기노동수요곡선의 도출

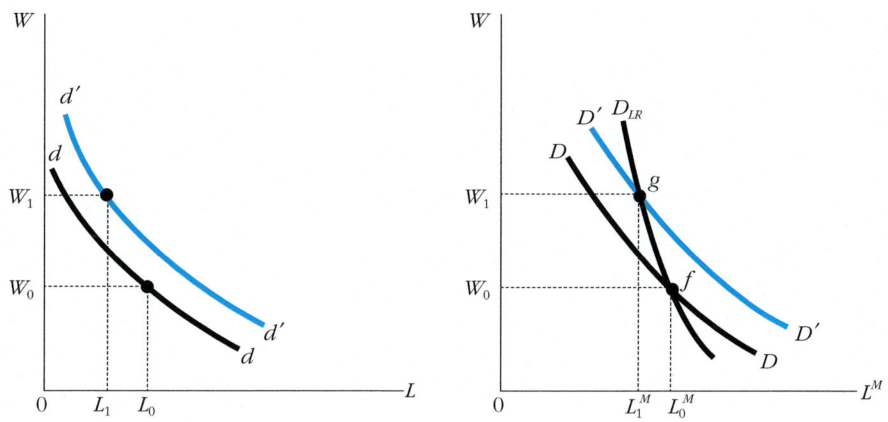

(i) 개별기업의 선택 (ii) 장기 노동수요곡선

DD는 dd의 수평적 합계이다. [그림 3–10]의 (i)에서 임금이 W_0에서 개별기업의 고용량은 L_0로 표시되어 있다. 임금이 W_0에서 W_1으로 상승한다고 하자. 상품시장에 대한 충격효과로 상품가격이 상승한다. 개별기업의 노동수요곡선은 상품가격이 일정불변이라는 가정 아래서 도출되었기 때문에 상품가격이 상승하면 노동수요곡선은 우측이동을 하게 된다. 즉, [그림 3–10]의 (i)에서 dd가 $d'd'$로 된다. 이는 순수하게 상품가격 상승의 결과임을 유의하라. 그러면 노동시장에서의 노동수요곡선은 $d'd'$의 수평적 합계인 $D'D'$로 우측 이동한다.

W_0에서 개별기업의 고용량은 L_0, 시장의 고용량은 L_0^M이다. 임금이 W_0에서 W_1으로 상승함에 따라 상품가격이 상승하고 dd가 $d'd'$로 우측 이동하면 W_1에서의 기업 고용량은 L_1이다. 이를 모든 기업에 대해 수평합을 구하면 시장에서는 L_1^M만큼 고용되게 된다. 최초 산업전체의 고용을 나타내는 f점과 모든 조정이 끝난 후의 산업전체의 고용인 g점을 연결하면 산업의 장기노동수요곡선 D_{LR}이 도출된다. 경쟁산업이 직면한 장기의 노동수요곡선 D_{LR}은 단기의 노동수요곡선 DD보다 비탄력적이다.

4 노동수요탄력성과 힉스-마샬 법칙

(1) 노동수요탄력성의 개념

노동수요탄력성(η_D)은 임금변화에 노동수요가 얼마나 민감하게 반응하는지를 보

여주는 지표이며, 노동수요량의 퍼센트 변화율을 임금의 퍼센트 변화율로 나눈 것이다. 즉,

$$\eta_D = \frac{\text{노동수요량의 \%변화율}}{\text{임금의 \%변화율}} \tag{3.20}$$

결국 노동수요탄력성은 노동수요함수의 모습과 직결되어 있다고 직관적으로 생각할 수 있다.

이 장에서는 노동에 대한 수요는 등비용선과 등량선의 상호작용에 의거 도출한 바 있다. 등비용선의 기울기를 나타내는 상대가격인 임금(W), 자본의 가격(r)이 노동수요에 중요하다. 또한 등량선의 모습을 나타내는 생산기술(T), 기업의 이윤극대화 생산량을 나타내고, 등량선의 구체적 위치를 설정하는 수요되는 산출량(X^D) 또한 노동수요의 중요 결정요인이다. 그렇다면 이는 노동수요가 제1장에서 노동수요(L^D)는 임금(W), 자본의 가격(r), 생산된 상품에 대한 수요(X^D), 생산기술(T)에 의존한다고 개략적으로 설명한 바와 일치하는 것이다.

등량선-등비선을 이용한 엄밀한 분석에서 노동수요는 상품수요(X^D)에 의해 규정되는 현재의 등량선의 위치, 임금상승에 기인하는 대체효과와 규모효과의 크기에 의해 지배됨을 우리는 공부하였다. 결국 논리적 토론 수준에서는 노동수요탄력성을 결정하는 요인은 상품수요(X^D), 자본과의 대체효과의 크기를 보여주는 생산기술(T)에 의존하며, 상품시장에의 파급효과를 고려한 후에 나타나는 규모효과에 의존한다고 말할 수 있다. 추가적으로 고려할 사항은 자본을 더 이용할 때, 자본가격(r)의 상승이 없는 경우 또는 자본가격(r)의 상승이 있는 경우로 나누어 볼 수 있는데 자본가격의 변동가능성 여부는 대체효과의 크기를 좌우할 수 있다는 점이다.

(2) 힉스-마샬 법칙

노동수요탄력성의 크기는 무엇에 의해 결정되는가? 탄력성의 크기를 결정하는 요인은 원래 영국의 경제학자 **마샬**(Alfred Marshall)에 의해 검토되었고, 그 이후 영국의 경제학자 **힉스**(John Hicks)에 의해 정교화되었으므로 이를 **힉스-마샬법칙**이라고 부른다. 힉스-마샬법칙은 다음의 네 가지로 요약될 수 있다.

(i) 상품에 대한 수요탄력성

노동에 대한 수요는 최종생산물에 대한 수요에서 유발되므로, 최종생산물의 수요

탄력성은 노동수요탄력성에 1차적 영향을 미친다. 제품의 가격이 올라 제품에 대한 수요가 크게 감소하면, 즉 제품의 수요탄력성이 클수록, 고용감소율은 커진다. 제품 가격이 올라도 제품 수요가 비탄력적이면, 제품생산량도 적게 감소하고 따라서 고용도 적게 감소하게 된다. 따라서 최종생산물 수요의 탄력성이 크면 클수록, 노동수요의 탄력성도 커질 것으로 예측할 수 있다.

예컨대 일본의 자동차제품은 불량품이 거의 없고 고급제품이기 때문에 수요의 가격탄력성이 낮다. 과거 1990년대에 엔고로 인해 미국에서 일제차의 값이 크게 상승했어도 미국에서 팔리는 일제차의 양은 거의 감소하지 않았다. 따라서 일본에서 자동차산업의 노동에 대한 수요는 비탄력적이 된다.

상품수요탄력성이 크면 노동수요탄력성이 커지고, 상품수요탄력성이 작으면 노동수요탄력성이 작아진다면, 우리는 다음 두 가지를 추론할 수 있다. 첫째는 개별기업의 노동수요탄력성이 일반적으로 산업의 노동수요탄력성보다 크다는 점이다. 왜? 경쟁기업이 직면하는 상품수요곡선이 있고, 경쟁산업이 직면하는 상품수요곡선이 있기 마련인데, 산업에 비해 개별기업의 상품수요탄력성은 대단히 크기 때문에, 당연히 개별기업의 노동수요탄력성이 산업의 노동수요탄력성보다는 더 클 것임을 예측할 수 있다.

둘째는 장기의 노동수요곡선은 단기의 노동수요곡선보다 더 탄력적이다. 보통 상품수요는 장기에 있어서 수많은 대체재가 존재하거나 새로이 개발될 가능성이 커서 장기의 상품수요는 보다 탄력적이기 때문이다.

(ii) 다른 생산요소와의 대체가능성

노동에 대한 수요탄력성은 상품생산에 소요되는 다른 요소와의 대체가능성에 따라 결정된다. 다른 요소와의 대체가능성이 높으면 높을수록 노동에 대한 수요탄력성은 커진다. 만약 임금이 상승할 때 노동 대신 다른 생산요소를 사용할(대체) 가능성이 크다면, 즉 요소간의 대체가 쉽다면, 임금상승으로 상대적으로 비싸진 노동을 적게 이용하는 효과, 즉 대체효과가 커지고 노동에 대한 수요탄력성은 더 크게 된다.

예컨대 청년층 근로자의 임금이 상승하면, 장년층 미숙련근로자나 기혼여성 근로자라는 강력한 대체 생산요소가 있기 때문에 청년층 근로자에 대한 수요는 대단히 탄력적이다. 반면에 비행기 조종사인 파일럿(pilot)에 대한 수요는 다른 대체생산요소가 없기 때문에 대단히 비탄력적이다.

(iii) 다른 생산요소 이용의 매력의 정도

노동에 대한 수요탄력성은 노동과 함께 이용되는 다른 생산요소의 공급탄력성에 의해서도 영향을 받는다. 임금이 상승하여 고용주가 노동을 줄이고 다른 생산요소를 더 이용하려고 할 때, 다른 생산요소의 고용을 증가시킴에 따라 그 생산요소의 가격이 크게 상승하면(즉 공급탄력성이 작으면) 노동 대신에 다른 생산요소를 더 이용하려는 것의 매력의 정도가 약화될 것이다. 즉 대체효과가 약화되어 노동수요탄력성은 작아질 것이다.

예컨대 임금상승으로 인하여 노동을 줄이고 기계장비를 더 고용하려 할 때, 기계장비 제작공장이 이미 완전 가동상태에 있으면, 수요 증가로 기계장비 가격이 큰 폭으로 상승하게 된다. 이런 경우는 자본공급 탄력성이 대단히 작은 경우로 기계장비 신규 이용의 매력 및 선호가 떨어진다. 따라서 노동을 자본으로 쉽게 대체할 수 없게 되어 노동의 수요탄력성은 작아진다.

또 다른 예를 들어보자. 기업이 숙련노동과 미숙련노동을 동시에 고용하고 있고 시장에서 숙련근로자 수가 제한되어 있을 때, 미숙련근로자의 임금이 증가하였다고 하자. 고용주는 숙련근로자를 더 고용하려고 할 것인데, 이때 숙련근로자의 공급탄력성이 낮으면 어떻게 될까? 숙련근로자의 임금이 크게 상승하면 숙련근로자로 대체하려는 매력은 약화되어, 미숙련근로자에 대한 고용감소는 예상보다 작게 될 수 있다.

(iv) 총생산비에 대한 노동비용의 비중

임금이 상승하면 총비용이 증가하여 기업 이윤이 감소하는데, 이때 총비용 중 노동비용의 비중이 높으면 고용감소 폭이 커지고 따라서 노동수요탄력성이 커진다.

구체적으로 총생산비에서 차지하는 노동비용의 비중이 높으면(예컨대 총생산비의 80%), 임금의 상승은 상품생산비용을 크게 상승시킬 수가 있어 규모효과가 매우 커지고 노동에 대한 수요탄력성은 크게 된다. 반대로 노동비용이 총비용에서 차지하는 비중이 대단히 낮으면(예컨대 총생산비의 5%), 임금이 상승해도 상품생산비용은 크게 영향을 받지 않게 되고, 규모효과가 대단히 작아서 노동에 대한 수요탄력성은 작을 것이다.

(3) 기업의 장기 노동수요탄력성의 크기에 관한 추정

미국의 **해머메쉬**(D. Hamermesh)교수는 그의 1993년 저서 『Labor Demand』에서 노동수요 탄력성과 관련한 100여개의 연구결과들을 소개하고 있다.

표 3-2 노동수요탄력성의 추정치

	대체효과 관련 탄력성	규모효과 관련 탄력성	전체 탄력성
대표 값	−0.3	−0.7	−1.0
높은 값	−0.75	–	
낮은 값	−0.15	–	

자료: Daniel Hamermesh, *Labor Demand*, 제3장, Princeton, N.J.: Princeton University Press.

그는 산출량을 고정했을 때 측정되는 대체효과 관련 노동수요탄력성의 대표값은 0.3이라고 하였고, 대부분의 연구는 0.15와 0.75 사이의 값을 제시하고 있다고 하였다(〈표 3-2〉 참조).

규모효과와 관련된 노동수요탄력성의 대표값으로는 0.7을 제시하였다. 따라서 대표적 기업의 장기노동수요는 우하향의 기울기를 갖고 그 탄력성이 약 1.0이 된다고 보았다.

노동수요탄력성이 1.0이라는 것은 임금이 10% 상승하면, 장기적으로 기업의 고용은 약 10% 감소할 것이라는 것을 의미한다.

제4절 준고정적 노동비용과 기업의 선택

1 준고정적 노동비용

(1) 부가급여

기업이 근로자 한 사람을 고용하여 하루 8시간 기준, 주 40시간, 월 174시간 풀타임(full-time) 일을 시켜 월급 S_M을 지급한다고 하자. 시간당 임금 W는 'S_M/월 근로시간'이 된다. 즉 임금 비용은 '시간당 임금×월 근로시간'이 된다.

그런데 근로자 한 사람을 풀타임으로 고용할 때, 기업은 월급여 이외에도 의료보험, 산재보험, 고용보험, 국민연금 등의 법정복리비를 지급하고, 법에 의해 정해진 퇴직금(퇴직급여충당금)을 준비해야 하며, 휴가, 공휴일, 병가, 출산휴가를 유급처리하게 된다. 근로자를 고용할 때, 임금 이외에 고정적으로 발생하는 비용을 우리는 제1장 임금의 정의에서 **부가급여**라고 하였다. **부가급여**는 비임금비용이다.

그림 3-11 임금비용과 비임금비용

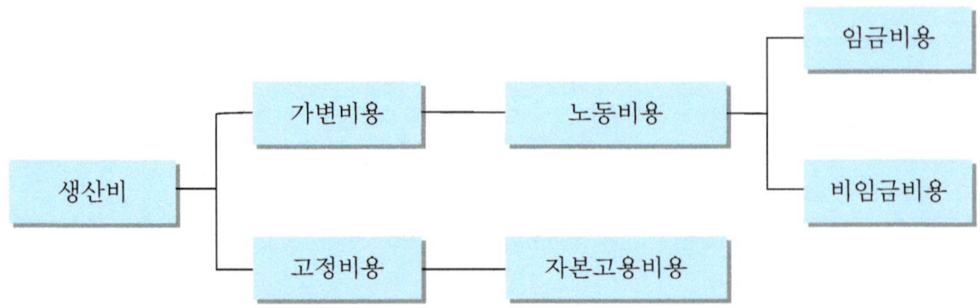

그러면 노동비용은 임금비용(=노동시간×근로자 수×시간당 임금)과 비임금비용(=근로자수×1인당 부가급여)로 구성된다.

기업의 관점에서 보면, 단기에서 노동은 가변생산요소, 자본은 고정생산요소이며, 노동비용은 가변비용이며 자본비용은 고정비용이다. 부가급여의 존재를 감안할 때, 노동비용 중 임금비용은 가변노동비용, 비임금 비용은 흔히 **준고정적**(quasi-fixed) **노동비용**이라고 불린다. 그 이유를 살펴보자.

노동수요의 증가가 있을 때 기업은 기존 근로자의 노동시간을 늘이거나 근로자 수를 늘일 수 있다. 노동수요의 감소가 있다고 하면, 기업은 노동수요 증가와 반대로 노동시간 단축 또는 감원을 선택할 수 있다.

부가급여는 근로자 1인당 지급되므로 만약 노동시간만를 조정한다면 부가급여총액은 변동하지 않는다. 그러나 근로자를 더 고용하거나 감원하는 경우에는 부가급여 총액이 변동한다. 따라서 부가급여는 기업이 택하는 전략에 따라서 고정비용이 되기도 하고 가변비용의 성격을 갖는다고 하여 '준'고정적이라는 이름이 붙게 되었다.

준고정적 노동비용은 부가급여 이외에도 다음과 같은 비용을 포함한다.

(2) 채용비용

일자리 공석(vacancy)을 광고하고 지원자를 선발하고 면접하는 비용이 **채용비용**에 포함된다. 최근 많은 기업들의 채용 전략이 갈수록 복잡해지고 있다. 정보의 비대칭성 때문에 기업들은 직무에 합당한 근로자를 선발하기 위해 다양한 노력을 기울이고 있으며, 적성검사, 심리검사, 팀워크 능력 평가, 이 외에도 여러 채용수단 등을 사용하고 있다.

그러나 이러한 복잡한 과정은 비용이 수반되기 마련이고, 인재채용은 기업에게 높은 비용을 발생시킨다. 이는 준고정적 노동비용이 된다. 합당한 근로자 선발에는 높은 비용이 들지만, 동시에 제대로 근로자와 짝짓기가 되면 높은 이익이 기대될 수 있다. 우리는 제7장에서 복잡한 채용과정의 이익과 비용에 대해 다룬다.

(3) 훈련비용

채용비용 이외에도 기업들은 신규 및 기존 근로자들에게 공식 또는 비공식 훈련을 제공한다. 이 **훈련비용**은 일반적으로 세 가지로 분류된다.

① 공식적 훈련 담당자들과 사용된 훈련 재료에 지출된 명시적 비용
② 비공식적인 훈련 상황에서 경험이 있는 근로자들이 피훈련인들에게 시범을 보이는 데 드는 시간에 의해 발생하는 생산손실이라는 기회비용
③ 피훈련인들의 시간의 기회비용

훈련비용 또한 준고정적 노동비용이다. 그러나 훈련비용은 현재 비용이 발생하지만 미래에 생산성 증가의 형태로 이익을 얻기 때문에 투자로 분류될 수 있다. 투자는 일단 이루어지면 그 비용이 '매몰(sunk)'된다. 매몰되었다는 것은 다시 되돌릴 수 없다는 것이다. 이런 의미에서 의사결정을 하고 실행한 이후에 발생하는 비용 중 회수할 수 없는 비용을 **매몰비용**이라고 한다. 일단 지출하고 나면 회수할 수 없는 기업의 채용비, 훈련비 등이 여기에 속한다. 또한 투자는 미래수익에 대한 보장이 없기 때문에 본질적으로 위험을 수반한다. 근로자에 대한 훈련투자가 사용자의 선택에 미치는 효과는 제5장에서 분석될 것이다.

(4) 해고비용

한국기업이 근로자를 해고하는데 있어서 다음과 같은 두 종류의 비용이 발생한다.

첫째는 해고와 직접 관련된 금전적인 비용이다. 근로자 해고시 기업이 지불해야 하는 해고수당, 퇴직금, 퇴직위로금 등을 들 수 있다. 이에 대해서는 자명하므로 추가적인 설명이 필요치 않을 것이다.

둘째는 기업이 근로자를 해고하는 경우 그로 인해 기업이 추가로 부담하여야 할 잠재적 **해고비용**이 있다. 미국, 스웨덴, 덴마크, 네덜란드처럼 **고용의 자유재량권**(employment-at-will)이 확립되어 있는 나라라면 고용주는 자신의 의사에 따라 근로자

를 아무 때나 비용 없이 해고할 수 있다. 그러나 한국이나 스페인, 프랑스 등의 유럽 국가들은 해고제한 규정을 두어 '정당한 사유'가 없는 경우 해고를 하지 못하도록 하고 있다. 해고된 근로자가 소송을 제기하면 사용자가 '정당한 사유'임을 입증해야 하는 의무를 가지며, 법적 비용(변호사 비용 포함)은 물론이고 잘못된 해고로 판정되면 원직에 복귀시켜야 하고 동시에 해고기간 중의 임금 전액을 배상해야 하는 등 엄청난 비용이 발생할 수 있다.

경기변동 과정에서 기업에 잉여인력이 발생할 경우에도 해고를 하기가 쉽지 않다. 우리나라에서 정리해고를 하기 위해서는 '경영상의 긴박한 필요'가 있음을 기업이 입증해야 한다. 그러한 요건을 충족시킨 경우라 할지라도 근로자 또는 노동조합이 태업, 파업, 소송 등 다양한 수단을 동원하여 저항하는 경우, 기업은 소송비용 외에도 생산손실로 인한 비용부담 등을 감수해야 한다.

일반적으로 국가의 **노동보호법제**가 강할수록 기업의 잠재적 해고비용이 증가한다. 우리나라는 노동보호법제가 상대적으로 강한 국가에 속하며 기업들은 잠재적 해고비용이 매우 크다. 이 때문에 기업들은 해고비용이 발생하지 않도록 근로시간을 통한 고용량 조절, 비정규근로자의 채용 등을 선호한다. 이제 이러한 기업선택을 이윤극대화 모형을 이용해 살펴보기로 한다.

2 준고정비용 때문에 초과근무를 선택하는 사용자

기업은 고용수준-근로시간의 최적조합을 어떻게 결정할까?

준고정적 비용의 존재 때문에 사용자들은 대체가 가능한 두 종류의 노동투입으로서 '근로자'와 '근로자 1인당 근로시간'을 생각할 수 있다. 이윤극대화를 추구하는 사용자는 더 많은 근로자들을 채용할 때의 한계생산과 기존 근로자들을 더 근무하게 함으로써 발생하는 한계생산을 비교해 보아야 할 것이다.

노동의 한계생산(MP_L)은 자본의 양이 일정할 때 노동의 추가단위에 의해 발생하는 산출량의 변화로 정의된다. 노동의 고용량에서 채용된 근로자 수(N으로 표시하기로 하자)와 각 근로자의 평균근로시간(H)을 구분하면, 두 종류 노동투입의 한계생산을 고려할 수 있다.

근로자 수의 한계생산(MP_N)은 자본과 근로자 1인당 평균 근로시간을 불변인 채로 고정시켜 놓았을 때에 추가된 근로자와 관련된 추가산출량이다. **근로시간의 한계생산**(MP_H)는 자본과 근로자 수를 불변인 채로 고정시켜 놓았을 때의 근로자 1인당 평균근로시간의 증가에 의해 생산되는 추가산출량이다. MP_N과 MP_H은 모두 양의 값을 가지나, 한계생산성 체감현상 때문에 N과 H가 증가함에 따라 증가폭은 줄어든다.

식 (3.18)에 대한 논의를 상기하면, 이윤극대화는 기업이 각 투입요소에 대해 지출하는 1원의 한계이익이 같아질 때에만 달성될 수 있다. 추가로 근로자를 채용하는 데 드는 한계지출이 P_N이고, 기존 근로자들에게 추가로 1시간씩 더 일하게 하는 데 드는 한계지출이 P_H이라고 하자. 이때 이윤이 극대화되기 위해서는 다음의 조건이 성립해야만 한다.

$$\frac{MP_N}{P_N}=\frac{MP_H}{P_H} \tag{3.21}$$

식 (3.21)의 좌변은 보다 많은 근로자들을 채용함으로써 지출되는 1원당 한계생산이고, 우변은 근로자들에게 추가근무를 시킬 때 1원당 한계생산이다.

만약 준고정적 노동비용 때문에 P_H에 비해 P_N이 증가한다면, '근로자'의 1원당 한계생산이 '근로시간'의 1원당 한계생산보다 적어지게 된다($MP_N/P_N<MP_H/P_H$). 기업은 근로자의 신규채용을 줄이고 기존 근로자의 근로시간을 늘림으로써 두 가지 투입요소 중 '근로자'를 '근로자 1인당 근로시간'으로 대체하기를 원하게 될 것이다. 노동시간 투입이 증대되면 한계생산체감 때문에 MP_H가 감소하고, 다시 식 (3.21)의 균형이 회복하게 될 것이다.

또 다른 선택도 가능하다. P_H에 비해 P_N가 증가한다면, 비싸진 근로자를 해고할 때도 MP_N이 증가한다. **한계생산력 체감**이란 한 단위 더 고용하면 생산성이 감소하는 현상인데, 역으로 한 단위를 감소시키면 생산성이 종전보다 증가한다는 뜻이기도 하다. 인원 감소로 MP_N이 증가하면 다시 식 (3.21)의 균형이 회복될 것이다.

반대로, 만약 P_N에 비해 P_H가 증가한다면, 사용자는 값비싸진 '근로시간'보다 상대적으로 값싼 '근로자'를 활용하게 된다. 근로자 1인당 평균근로시간보다 근로자 수를 더 고용하는 방식으로 이윤극대화를 추구한다.

[그림 3-12]는 P_N/P_H 비율과 근로시간 사이의 관계를 도식화하고 있는데, 다른 조건이 일정할 때 P_N이 P_H에 비해 증가함에 따라 근로자 1인당 근로시간이 증가하는 경향이 있음을 보여주고 있다.

한국에서 초과근무가 일반화되어 있고 OECD 국가 중 1인당 근로시간이 가장 긴 이유 중의 하나가 바로 **준고정적 노동비용** 때문이라고 할 수 있다.

그림 3-12 준고정적 노동비용이 큰 경우, P_N/P_H와 초과근로시간의 예측된 관계

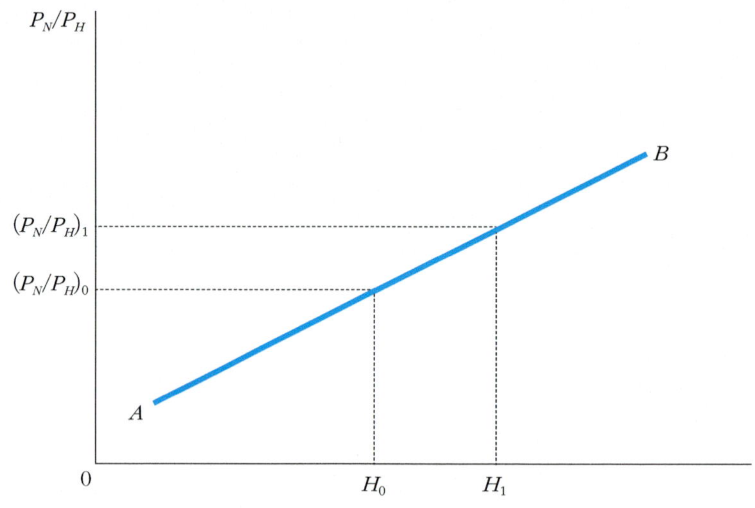

3 고용조정 용이성 때문에 비정규직을 선택하는 사용자

갈수록 파견근로자 임대사업이 성행하고 있다. 근로자 모집 대행기관인 근로자 파견업체가 근로자를 고용하며, 의무보험만 지불하고 일이 없을 때는 무임금으로 고용상태를 유지한다. 파견근로자 고용을 원하는 기업이 파견업체에 신청하면 파견업체는 등록된 근로자를 고객기업에 파견한다. 고객기업은 파견근로자의 임금을 근로자에게 직접 지급하는 것이 아니라 채용대행업체인 파견업체에 지급하고 파견업체가 고객기업의 지급금액에서 파견업체의 이윤을 공제한 후 근로자에게 임금을 지급한다.

기업이 파견근로자를 선택하는 이유는 무엇일까? 가장 큰 이유는 준고정적 노동비용을 줄이기 위한 것이다.

파견근로자에게는 퇴직금이나 상여금을 지급하지 않아도 되고 해고비용이 전혀 들지 않는다. P_N과 MP_N을 정규직근로자의 임금과 한계생산이라고 하고 P_R과 MP_R을 파견근로자의 임금과 한계생산이라고 하면, 파견근로자에게는 준고정적 노동비용이 지급되지 않으므로 $P_N > P_R$의 관계가 성립한다. 따라서 '정규직근로자'의 1원당 한계생산이 '파견근로자'의 1원당 한계생산보다 낮아지게 된다(즉, $MP_N/P_N < MP_R/P_R$). 기업들은 정규직 근로자를 해고하고 파견근로자 채용을 택하게 된다.

정규직 근로자에게 제공되는 **준고정적 노동비용**이 매우 크다면 기업들은 이를 회피하기 위해 준고정비용이 적게 드는 고용형태의 근로자를 채용하려 할 것이다. 파견근로자뿐만 아니라 2년 계약이라는 한시적 계약직근로자, 임시직근로자, 파트타임 근로자 등 다양한 비정규직 근로자의 확산 현상은 우리나라 정규직 근로자의 높은 준고정비용, 특히 높은 해고비용과 밀접하게 관련되어 있는 것으로 평가된다.

그러나 해고비용이 매우 적게 든다고 해서 기업들이 모든 근로자에 대해 자유롭게 고용조정을 할 수 있는 것은 아니다. 기업이 경기가 하강국면에 있을 때 감원을 했다가 경기회복기에 근로자를 다시 채용하려고 한다고 해보자. 미숙련근로자의 경우는 해고했던 근로자를 재고용하거나 새로운 인력을 채용하여 대응하는 것이 용이하지만, 높은 교육수준과 기술을 보유하고 있는 고숙련근로자의 경우에는 그들을 다시 채용하는 것도(그들은 이미 다른 회사에 취업해 있을 가능성이 높다), 새로운 숙련근로자를 구하는 것도 쉽지 않다. 이 때문에 숙련근로자에 대해서는 경기침체 시기에도 기업이 쉽게 해고를 하지 않으려는 경향을 가진다. 이러한 현상은 '**노동보유**(labor hoarding)'라고 부른다.

즉, 기업들은 핵심숙련인력은 정규직으로 보유하고, 미숙련인력은 해고가 용이한 비정규직으로 대체하려는 유인을 늘 갖게 된다.

4 준고정적 노동비용이 노동공급과 고용률에 미치는 영향

앞 장에서 이미 논의한 주제지만 여기서 간단히 언급하고자 하는 주제는 기업이 근로시간 제약을 근로자에게 강제하는 근본적 요인이 무엇인가라는 것이다.

한마디로 근로자 고용으로 부담하게 되는 준고정적 노동비용이 너무 높다면 기업은 사람을 더 고용하지 않고 기존 노동자의 근로시간만 늘려 일을 시키는 게 유리하다. 즉 기업이 최소근로시간 제약을 설정하는 이유가 높은 준고정적 노동비용에 있다는 것이다.

쉽게 말하자면, 기업이 근로자 해고가 대단히 어렵고, 해고하려는 경우 많은 비용이 들 때, 근로자를 더 고용하지 않고 기존 노동자에게 일을 더 시키는 장시간 노동의 관행을 갖게 된다. 따라서 기존 근로자의 장시간 노동과 여성, 청년, 중고령자의 과소 고용문제는 바로 기업의 높은 준고정적 노동비용과 직결되어 있다.

결국 해고를 쉽게 하는 **노동시장유연성**은 여성, 중고령자, 학생의 경제활동 참가율을 높이는 데 기여하게 된다. 해고가 쉬우면 근로자를 쉽게 고용하여 노동수요가 증가할 때 고용을 증대시키고, 노동수요가 감소하면 해고하면 되니, 기존 근로자를 장시간 근로시킬 이유가 없게 된다. 즉 해고가 어려우면 근로시간 제약으로 고용률이 낮아지고, 해고가 쉬우면 고용률은 높아진다.

인구감소시대 감소된 청년의 대체인력으로 여성, 학생, 중고령의 인력 활용을 위해서는 파트타임 기회의 확대뿐만 아니라 쉬운 해고제도의 확립 등 전반적인 노동시장 유연성 정책이 요청된다고 할 것이다.

쉬운 해고는 기업의 준고정적 노동비용을 낮추어 기업의 이윤을 증대시키는 데 도움이 되나, 근로자의 입장에서는 몇 년간에 걸친 실업, 생계위협, 빈곤 등이라는 위험에 직면한다. 쉬운 해고와 수반되어 나타나는 이러한 부작용은 실업시 생계보조, 실업급부, 직업훈련과 재취업 알선 등의 사회적 안정망 확충으로 보완되어야 한다. 어려운 해고와 기업부담 가중을 택할 것인가 또는 쉬운 해고와 사회적 안정망 확충에 따른 세부담 증가를 택할 것인가의 제도선택에서 자유시장경제의 규범은 기업에게 쉬운 해고를 허용하되, 정부개입에 의해 그 부작용을 최소화하는 방법, 즉 세금증대에 의한 사회적 안정망 확충을 제안한다.

제 5 절 효율임금을 선택하는 기업들

1 효율임금

근로자의 이직이 빈번히 일어나서 생산에 차질이 발생하고, 새로 근로자를 충원하고 훈련하는 데 비용이 많이 드는데서 오는 손실을 어떻게 하면 줄일 수 있을까? 현재 근무하는 근로자들이 태만하지 않고, 눈속임하지 않고, 열과 성을 다해 일을 하게 해서 이윤을 증가시키는 방법은 없을까? 기업의 최고경영자라면 당연히 이러한 고민들을 하게 될 것이다.

1914년 1월 미국의 헨리 포드는 당시 2.3달러 수준의 포드자동차회사 근로자의 일당을 5달러로 책정하였다. 하룻밤 사이에 임금을 두 배 이상 인상한 것이다. 그는 나중에 이렇게 회고한다. … 하루 8시간 근로에 대한 일당을 5달러로 한 것은 우리가 시도하고 행한 비용절약 방안 중 가장 훌륭한 것이었다.” 임금을 두 배 올려 이직을 방지하고 근로자로 하여금 열심히 일하게 만듦으로써, 회사의 신규채용비용, 훈련비용, 태만방지 감독비용을 줄인다는 것은 당시로서는 역발상이었다. 보통은 근로자가 생산성을 발휘하고 그 대가로 사용자가 높은 임금을 지급한다는 관념을 갖기 마련인데, 헨리 포드는 이러한 고정관념과는 반대로 임금을 높게 주어 근로자가 높은 생산성을 발휘하도록 유인하였던 것이다. 그러자 포드회사에서는 이직, 결근, 지각, 태만, 감독과의 싸움이 거의 없어져 비용절감과 생산성 향상이 이루어졌다. 그리고 헨리 포드의 발표가 난 다음 주에는 포드회사에의 취업 대기자가 1만2천명에 달했다.

이와 같이 기업이 이직과 직무태만을 방지하고 근로의욕을 높여 생산성 향상을 도모하기 위해 스스로 균형임금보다 높은 수준으로 설정한 임금을 **효율임금**(efficiency wage)이라고 한다.

효율임금, 즉 고생산성을 낳는 고임금의 지지자들은 고생산성을 낳는 원인으로 다음의 다섯 가지를 지적하고 있다.

(i) 해고를 당하여 다른 기업에 가면 현재의 고임금보다 낮은 수준인 시장임금을 받게 되므로, 즉 직장상실의 기회비용을 증대시켜, 노동자로 하여금 현 직장에서 작업 중에 태만하지 않고 스스로 열심히 일하게 한다.

(ii) 대규모 사업장에서는 관리·감독자가 지휘·통솔할 수 있는 통제의 폭(span of control)에 한계가 있기 때문에 상의하달이 제대로 되지 않아 발생하는 비효율인 통제상실(control loss)이 나타난다. 통제상실을 미연에 방지하자면 고임금을 지불하여 노동자들이 스스로 알아서 열심히 일을 하게 하는 것이다.

(iii) 고임금기업의 고임금노동자는 고임금을 사용자가 주는 일종의 선물로 간주하고 이러한 은혜를 되갚기 위해(보은을 하기 위해) 작업노력을 증대시킨다. 이는 해고위협이 없더라고 성립한다.

(iv) 고임금은 노동자의 사직을 감소시켜서 신규노동자의 채용 및 훈련비용을 감소시킨다.

(v) 고임금에 따라 우량기업이라는 기업의 명예와 신용이 높아지면, 신규노동자의 채용 시에 지원노동자의 평균적인 질이 높아져서 보다 양질의 노동자를 고용할 수 있다.

효율임금은 일종의 역발상에 입각한 임금이다. 전통적으로 사용자들은 노력 증대→노동생산성 증대→고임금 지급의 논리를 갖고 있었는데, 효율임금은 이와 반대 방향의 논리인 고임금지급→노동자노력 증대→노동생산성 제고에 입각하고 있는 것이다.

2 효율임금 수준의 책정

이제 이윤극대화 논리를 이용하여, 효율임금 수준을 기업은 어떻게 결정하는지를 살펴보자. 출발점은 기업의 생산함수이다.

높은 임금이 지급되면, 노동자들로부터 보다 많은 노력을 이끌어낼 수 있어 생산성을 높일 수 있다고 가정하자. 그리고 노력을 측정할 수 있다고 가정하자. 키를 재는 표준척도가 있고 체중을 재는 표준척도가 있듯이, 인간노력의 강도를 동질적인 노력의 단위로 표시할 수 있고, 이를 측정하는 표준척도로서의 노력 단위를 **효율성 단위**(efficiency unit)라고 부르기로 하자. 또한 이 표준 단위를 이용해 개인 간에 직접 비교할 수 있다고 가정하자. 즉 갑이 100의 효율성 단위를 갖고 있고 을이 50의 효율성 단위를 갖고 있으면, 갑은 을보다 2배 효율적이라고 말할 수 있다.

이제 근로자들이 직무에 투입하는 노력과 임금과의 관계는 다음과 같은 **노력함수**(effort function)로 나타낼 수 있다.

$$e=e(W) \tag{3.22}$$

여기서 e는 근로자들이 기업에 쏟는 노력을 효율성 단위로 측정한 것이며, W는 임금률을 나타낸다. 논의의 단순화를 위해 생산과정에서 자본의 역할은 없다고 가정한다. 그러면 기업의 생산함수는 다음과 같이 표시된다.

$$g=f(e(W)\times L) \tag{3.23}$$

여기서 L은 기업이 고용한 노동자수를 나타낸다. 이때 $e(W)\times L$은 해당 기업의 효율성 단위(efficiency unit)의 수준을 나타낸다. 만약, 주어진 임금 하에서 근로자들이 쏟는 노력이 2단위(units)만큼의 노력이라면, 기업의 생산은 $2\times L$만큼의 노동효율성 단위(efficiency units of labor)에 위해 결정될 것이다. 만약 기업이 임금을 크게 인상하여 노동자들이 5단위의 노력을 제공한다면 기업의 생산은 $5\times L$ 노동효율성 단위에 의해 결정된다.

[그림 3-13]에는 보는 바와 같이 임금·생산 간의 관계에서 나타나는 총생산곡선이 나와 있다. 이 곡선의 모양은 임금이 증가할수록 생산이 빠르게 증가하다가 일정 시점을 지나면, 그 증가속도가 둔화된다는 뜻이다.

총생산곡선의 기울기는 기업이 임금을 $1 올렸을 때, 생산량이 얼마만큼 증대하는지를 나타낸다. 즉 임금인상의 한계생산(MP_W)을 나타낸다.

그림 3-13 효율성 임금의 결정

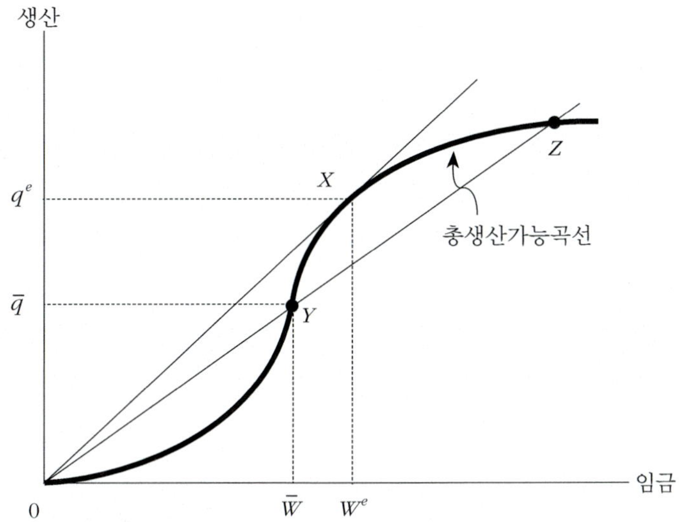

$$MP_W = \frac{\Delta q}{\Delta W} \tag{3.24}$$

이윤극대화를 낳는 임금수준은 어느 수준인가? 경쟁시장에서는 평균생산물곡선의 최저점에서 이윤극대화가 이루어지고, 이 평균생산물곡선의 최저점에서 평균생산물의 값이 한계생산물의 값과 동일하다는 특징을 지닌다. 마찬가지로 [그림 3-13]에서도 기업의 이윤극대화는 임금인상의 한계생산물이 임금인상의 평균생산물과 같은 점에서 이루어지게 될 것이다. 즉 원점에서 직선을 긋고, 이 직선이 총생산곡선에 접하는 점 X에서 기업의 이윤극대화가 이루어질 것이다.

원점에서 그은 직선의 기울기는 q/w이며, 이는 임금 1원당 평균생산물이다. 동시에 이 직선이 총생산곡선과 접하는 점 X에서는 이 직선의 기울기는 임금 1원 인상의 한계생산물이다. 평균생산물의 값과 한계생산물의 값은 X점에서만 동일하다. 즉, 점 X에서는 다음 조건이 성립한다.

$$\frac{\Delta q}{\Delta W} = \frac{q}{W} \tag{3.25}$$

따라서 기업의 이윤극대화를 낳는 효율성 임금은 [그림 3-13]에서 W^e가 된다. 이에 식 (3.24)를 다시 정리하면 다음과 같은 탄력성 개념이 도출된다.

$$\frac{\Delta q}{\Delta W} \times \frac{w}{q} = \frac{q\text{의 변화율}}{W\text{의 변화율}} = 1 \tag{3.26}$$

따라서 효율성 임금은 임금 1%의 증가율이 정확히 생산의 1% 증가율을 가져다주는 점에서 결정된다. 또는 임금에 대한 생산의 탄력성이 정확히 1이 되는 점에서 결정된다.

이제 그 이유를 알아보기 위해서 기업이 균형임금 W^e가 아닌 $\overline{W}$점을 선택했다고 하자. 이 경우 Y점에서의 총생산곡선의 기울기는 원점을 지나는 직선(OY)보다 더 가파르게 나타난다. 따라서 $\Delta q/\Delta W > q/W$가 성립한다. 이를 전과 마찬가지로 탄력성 개념으로 고쳐 쓰면 다음과 같다.

$$\frac{\Delta q}{\Delta W} \times \frac{w}{q} = \frac{q\text{의 변화율}}{W\text{의 변화율}} > 1 \tag{3.27}$$

즉 Y점에서는 임금을 1% 인상하는 경우, 기업의 생산은 1% 이상 상승하게 된다. 따라서 이윤극대화를 추구하는 기업은 임금을 더 높이려고 하고, 그 결과 제로의 경제적 이윤이 결과될 것이다.

Z점에서는 임금 1% 인상이 있을 때, 생산은 1% 미만으로 증가한다. 이윤극대화를 추구하는 기업의 입장에서 보면 임금을 낮추는 것이 이윤극대화를 가져다 줌을 알 수 있다.

결국 효율성 임금 W_e는 이윤극대화를 가져다주는 임금이다. 따라서 효율성 임금이란 임금에 대한 생산의 탄력치가 정확히 '1' 이 되는 점에서 결정된다.

여기서 한 가지 유의해야 할 점은 효율성 임금을 결정하는 과정에서 이윤극대화를 추구하는 기업은 기업 외부의 노동시장 여건을 전혀 고려하지 않는다는 점이다. 기업이 고려하는 것은 자기 기업의 임금인상이 노동자들의 노력투입에 얼마만큼 영향을 주는가 하는 것이다. 각각의 기업은 노력투입과 생산함수가 다르기 때문에, 기업별로 다른 임금률이 결정될 수 있다.

효율성 임금은 경쟁임금 수준보다 높기 때문에 기업이 채용하고자 하는 사람보다 일하고자 하는 사람이 더 많은 상황, 즉 노동공급 초과에 직면하게 된다. 지원자 중 일부는 비자발적 실업자가 될 것이다. 그럼에도 불구하고 이들 기업은 임금을 낮추기를 원치 않는데, 그 이유는 임금을 낮추면 생산성이 하락하여 이윤극대화를 달성할 수 없기 때문이다.

3 효율임금과 이중노동시장

고부가가치·고성장 기업들이 기업의 높은 성과를 위해 효율임금정책을 택하는 경우가 많다. 1차 노동시장인 대기업에서는 근로자들의 산출물을 관측하기가 어렵고, 근로자들을 감시하는 데 비용이 매우 많이 든다. 따라서 이 부문에 속한 기업들은 근로자들로부터 적정수준의 노력을 이끌어내기 위한 보상제도로서 효율임금을 채택할 가능성이 크다. 감시·감독이 어려운 상황에서 임금을 낮춘다면 노동자들의 태만 때문에 오히려 기업은 손실을 보게 된다. 따라서 기업은 효율임금수준을 낮추려 하지 않는다. 그러나 2차 노동시장의 저부가가치·저성장기업의 근로자들은 반복적이고 단순한 작업을 수행하는 경우가 많고, 중소기업의 특성상 근로자들에 대한 감독이 용이하고 생산성도 적절하게 감시되기 때문에 태만을 막기 위해서 시장임금보다 높은 임금을 지불할 필요가 없다.

효율임금이란 본질적으로 이윤을 극대화하는 기업이 외부노동시장 조건과 관계없이 임금을 결정하는 것이다. 효율임금은 시장임금보다 높은 수준으로 설정되기 때문에 기업에는 항상적으로 노동수요량보다 노동공급량이 크게 된다. 즉 저부가가치·저성장기업의 노동자들이 이직하여 효율임금을 지급하는 고부가가치·고성장기업으로의 취업을 위해 대기하며 일정기간 기다리게 될 것이다. 물론 기다리다가 안되면 다시 저부가가치·저성장기업에 재취업할 수도 있다. 이 때 발생하는 **대기실업**(wait unemployment)은 기업의 효율임금이라는 이윤극대화 행위에 의해서 발생하는 구조적 실업이다.

대기실업이 있을 때, 고부가가치·고성장부문의 노동시장에 고용된 노동자들은 대기실업자와의 경쟁압력으로 인해 보다 열심히 일하려고 할 것이다. 이때 기업이 임금을 낮춤으로써 효율성임금을 철회할 수도 있다. 그러나 기업은 한편으로는 노동자의 근무태만을 방지하고 다른 한편으로는 고임금을 지급하는 최우량기업이라는 명성을 계속 유지(reputation bearer로서의 기업)하여 장래에도 가장 우수하고 근면한 노동자를 유인하기 위해 대기실업이 있어도 효율성임금을 철회하지 않는 경향성을 지닌다.

따라서 효율임금은 최저임금, 노동조합 등의 경우와 같이 임금이 시장임금보다 지속적으로 높게 책정되어 발생하는 구조적 실업이라는 점에서는 공통성을 지니나, 기업이 균형임금보다 높은 임금을 지급하는 것이 이득이 되기 때문에 최저임금제나 노조라는 외부적 제약 없이도 스스로 균형임금보다 높은 임금을 설정하여 실업을 발생시킨다는 특징을 지닌다.

효율임금이 광범위하게 시행된다면 그 경제에는 **이중노동시장**(dual labor market) 또는 **분단노동시장**(segmented labor market)이 존립하게 된다. 1차 노동시장에서는 효율임금을 지급하여 장기고용관계가 관행화하고, 대기실업이 관찰되고, 2차 노동시장에서는 시장임금을 지급한다. 만약 준고정적 노동비용 때문에 2차 노동시장에서 비정규직을 채용하는 경우, 이중노동시장은 근로자간 현격한 임금격차를 지속시킨다.

제6절 불완전 경쟁기업의 임금과 고용의 결정

이제 불완전 노동시장의 가장 단순한 경우, 즉 불완전경쟁 기업에서의 고용과 임금 결정에 대해 살펴볼 것이다.

불완전 경쟁기업이란 시장가격에 일정정도 영향력을 행사할 수 있는 기업(노동수요자)의 상황을 지칭한다. 가장 극단적인 경우로 **독점기업**(monopoly)과 **수요독점기업**(monopsony)을 들 수 있는데, 제12장에 제시되는 [그림 12-11]에 의하면, 한국에서의 독점, 과점 등은 일상적인 삶의 일부이다.

1 독점기업

(1) 독점기업의 이윤극대화

독점이란 상품시장에 판매자나 구매자가 하나밖에 없는 상태를 일컫는다. 독점기업의 노동고용량은 독점기업의 이윤극대화를 살펴봄으로써 식별될 수 있다.

경쟁기업의 경우에는 상품(X) 한 단위 판매시 생기는 추가수입(MR)은 상품가격 P로 고정되어 있지만 독점기업의 경우에는 시장에서 유일한 판매자이므로 제품 생산량이 곧 그 상품의 공급량이 되므로 독점기업의 생산량이 가격에 영향을 미친다. 즉 한계수입이 더 이상 고정된 값을 갖지 않는다는 것이다. 구체적으로 말하자면, 독점기업이 상품생산을 늘릴수록 가격은 하락하여 **한계수입**(MR)은 감소한다.

독자들은 개념적으로 한계값과 평균값과의 관계를 이용하여 MR과 P와의 크기를 비교할 수도 있다. 한계값과 평균값 사이에는 일정한 산술적 관계가 존재하는데, 평균값이 하락할 때 한계값은 평균값보다 작다. 반대로 평균값이 상승하면 한계값은 평균값보다 크다.[2)]

시장에서 유일한 판매자인 독점기업이 직면하는 시장수요곡선은 우하향한다는 것을 상상하면, 독점기업이 판매량(X)를 증가시킬수록 가격(P)은 하락하는데 상품가격은 독점기업의 **평균수입**(average revenue: AR)이기 때문에 X의 판매량이 증가할 때 평균수입 P는 하락한다고 할 수 있다. 따라서 평균값 $P(=AR)$가 하락할 때, 평균값과 한계값 간의 산술적 관계를 이용하면 한계값(MR)은 평균값(AR)보다도 작다. 즉 $MR<P$가 성립한다.

이 같은 독점기업의 이윤극대화 생산의 결정은 [그림 3-14]에 묘사되어 있다. 경쟁기업이라면 점 A에서 P^*의 가격으로 Q^*만큼 생산하겠지만 독점기업의 경우는 $MR=MC$인 점 B와 관계된 Q_M만큼만 상품을 생산한다. 생산이 Q_M일 때 시장에서 유일한 공급자인 독점기업은 상품가격을 얼마로 책정할까? 상품가격은 소비자들이 지

그림 3-14 독점기업의 이윤극대화 생산

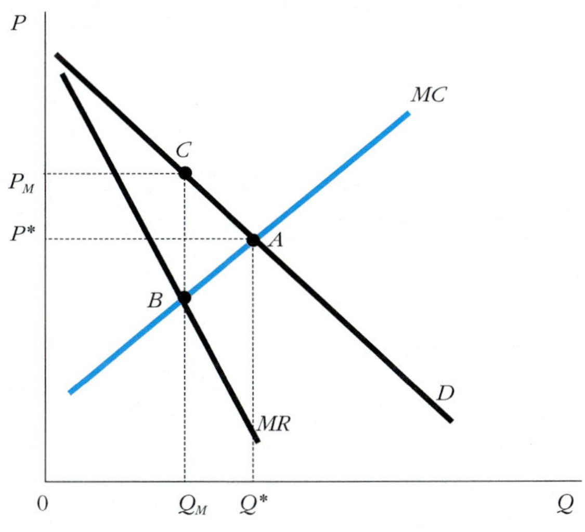

2) 평균값과 한계값의 관계를 생각할 때, 늘 다음 예를 기억하라. 한 학급의 학생수 30명의 평균키가 170cm이라고 하자. 한 사람이 더 들어 왔는데 그는 키가 210cm인 농구선수였다. 그러면 31명의 평균값은 상승한다. 방금 예에서 새로 들어온 농구선수의 키가 한계값이다. 따라서 평균값이 상승하면 한계값은 평균값보다 항상 큰 것이다. 반대로 평균값이 하락하면 한계값은 평균값보다 항상 작을 것이다. 평균값의 변화가 없으면, 평균값과 한계값은 동일하게 될 것이다.

불할 용의가를 나타내는 상품수요곡선상에서 찾을 수 있다. 즉, 독점기업은 Q_M을 P_M의 가격으로 판매함으로써 이윤을 극대화한다.

(2) 독점기업의 고용

노동은 파생수요이므로 생산량에 따라 그 수요가 변한다. 독점기업은 근로자 한 명을 더 고용하고자 할 때, 다음과 같은 이해타산을 할 것이다. 즉, 추가적 근로자가 생산해 내는 제품을 시장에 팔 경우 생기는 수입이 근로자에게 지불하는 비용보다 클 것인가 작을 것인가를 비교해 볼 것이다.

독점기업의 이해타산을 경제학의 개념으로 표현해 보자. 노동을 한 단위 더 고용하여, 이 추가적 노동이 생산해 내는 제품을 시장에 판매하여 생기는 수입을 경제학에서는 **노동의 한계수입생산**(marginal revenue product of labor; MRP_L)이라고 한다. 즉 노동의 한계수입생산은 노동을 한 단위 더 고용했을 때 그로부터 얻을 수 있는 기업의 수입 증가분으로 정의되며, (노동 1단위의 추가 투입에 의해 얻어지는 산출물의 양)×(상품 한 단위 판매시 생기는 추가적 수입)으로 표현될 수 있다. 전자는 **노동의 한계생산**(marginal product; MP_L)이며, 후자는 **한계수입**(marginal revenue; MR)이다. 즉,

$$MRP_L = MR \times MP_L \tag{3.28}$$

경쟁기업의 노동수요곡선 VMP_L은 한계수입이 P로 고정되어 있지만 노동의 한계생산(MP_L)이 감소하기 때문에 우하향하는 모양을 취하게 된다([그림 3-15]의 청색선). 그런데 독점기업의 노동수요곡선 MRP_L은 노동의 한계생산(MP_L)이 감소할 뿐만 아니라 한계수입(MR)도 감소하기 때문에 독점기업의 노동수요곡선은 경쟁기업의 그것보다 훨씬 가파른 음(−)의 기울기를 갖게 된다. 이는 [그림 3-15]에 점선으로 묘사되어 있다.

다음으로, 독점기업이 근로자를 한 명 더 고용했을 때 근로자에게 지불하는 비용은 **노동의 한계비용**(marginal cost of labor; MC_L)이다. 독점기업은 상품시장에서는 유일한 판매자로 독점적 지위를 갖지만 노동시장에서는 수많은 노동수요자 중의 하나에 불과할 것이다. 이 경우에 노동의 한계비용은 시장임금이 된다. 즉,

$$MC_L = W \tag{3.29}$$

독점기업의 이윤극대화는 한계수입이 한계비용과 일치할 때, 즉 MRP_L이 MC_L과

그림 3-15 독점기업의 노동수요곡선

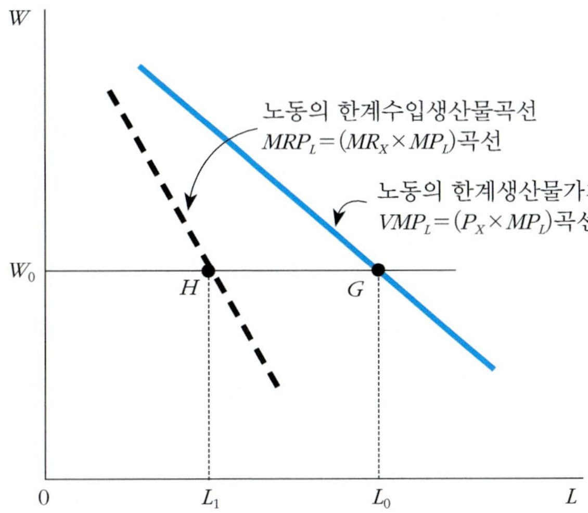

같을 때 성립한다. 따라서 독점기업의 이윤극대화 고용량을 결정하는 조건은 다음과 같게 된다.

$$MR \times MP_L = W \tag{3.30}$$

식 (3.30)으로 묘사되는 독점기업의 이윤극대화 조건은 [그림 3-15]에서 이 기업의 노동수요곡선인 노동의 한계수입생산(MRP_L) 곡선과 시장임금률에서의 노동공급곡선($W=W_0$인 수평선)과의 교차점인 H에서 충족된다. 즉 이 기업은 고용량 L_1을 채용함으로써 이윤을 극대화한다.

만약, 경쟁기업이라면 $VMP_L=P$가 충족되는 G점에서 시장임금이 W_0일 때 고용량 L_0을 채용함으로써 이윤극대화가 달성되었을 것이다. 결과적으로 독점기업의 고용량은 경쟁산업의 경우보다는 작다는 것을 알 수 있다($L_1<L_0$). 독점기업의 고용량이 경쟁산업의 고용량보다 작다는 것은 동일한 수요조건과 비용조건을 가질 때 독점기업의 산출량이 경쟁산업의 산출량보다 적기 때문에 비롯된 것이다([그림 3-14] 참조). 즉 독점 하에서는 상품의 생산량이 경쟁상태보다 과소하게 생산되어 사회의 산출물의 구성이 왜곡되어 자원 배분의 비효율성을 낳는다. 이는 **독점의 사회적 비용**(social cost of monopoly)이 된다.

2 수요독점자(monopsony)의 임금과 고용의 결정

(1) 수요독점의 유형

수요독점(monopsony)은 노동시장에서의 유일한 '구매자'란 뜻이다. 19세기 초 베블린(T. Veblin)과 커먼즈(H. Commons) 등 저명한 제도학파 경제학자들은 유럽에서 대량의 미숙련근로자가 미국 노동시장에 몰려들어 오는 상황에서 일련의 기업들이 연합하여 고용조건을 결정하였던 상황은 경쟁적 시장의 그것과는 다르다는 것을 간파하였다. 이때의 임금과 고용량의 결정 과정은 미국 기업들이 일종의 수요독점자로 행세하여 이루어진 것으로 모형화되었다.

우리나라에서도 임금이 노동생산성과 괴리되고 있다는 현실을 고찰한 일부 경제학자들은 수요독점 모형을 이용하여 우리나라 노동시장을 분석하였는데, 그 중의 대표적인 연구가 KDI에서 발간된 박훤구·박세일 박사의 『한국의 임금구조』(1984)이다.

우선 노동시장에서 수요독점이 발생하는 몇 가지 사례를 살펴보자.

첫째, 독과점기업들이 담합하여 노동시장에서 유일한 구매자인 것처럼 행동하는 경우이다. 특히 고도의 독과점 산업구조에서는 노동시장에서 수요자인 기업들이 공동보조를 취하기 쉽다.

둘째, 특정 지역에 단 하나의 기업만 있는 경우이다. 탄광촌에 단 하나의 광업소만이 있는 경우, 읍내에 간호사를 수요하는 병원이 한 개뿐인 경우, ㅇㅇ회사 도시라고 불러도 좋을 만큼 그 도시에 사는 사람이 모두 한 회사에 매달려서 사는 경우 등이 그 예가 될 것이다.

이는 일종의 **지역독점**(local monopoly)에 해당되는데, 이러한 지역독점이 나타나는 이유는 근로자의 이동비용(mobility costs)이 지나치게 크기 때문이다. 그러나 이제는 교통사정이 크게 개선되어 자가용을 이용한 원거리 출퇴근이 가능해지면서 근로자의 이동성이 현저히 높아졌고, 그만큼 지역독점에 의한 수요독점 가능성은 줄어들었다. 근로자는 더 많은 수의 잠재적 고용주를 대상으로 선택하며, 반대로 고용주도 더 많은 잠재적 노동력을 대상으로 채용을 한다.

셋째, 프로운동선수의 노동시장도 대표적인 수요독점 사례이다. 미국의 메이저리그 야구선수들의 계약서에는 소위 **이적제한조항**(reserve clause)이 포함된다. 한국 프로야구도 마찬가지이다.

미국의 경우를 설명해 보기로 한다. 1977년까지의 이적제한조항에 따르면, 야구선수들은 트레이드(trade)되기 전까지는 현재 자신이 속한 팀에서만 선수로서 활약할 수 있다. 즉 야구선수는 자신의 연봉에 불만이 있다 해도 현재의 팀에 사표를 쓰고 다른 팀으로 가겠다고 할 수 없다. 실질적인 의미에서 각 프로팀의 야구선수들의 서비스를 영원히 '소유'한 셈이었다. 결과적으로 그 이적제한 제도는 각 선수들의 노동력에 대한 수요자가 하나만 있도록 함으로써 수요독점을 형성했다. 이같은 프로야구 수요독점은 차별적인 수요독점이라고 부를 수 있는데, 그 이유는 모든 선수들이 같은 연봉을 받지 않기 때문이다.

1975년 야구선수들의 노조인 Major League Baseball Player Associations (MLBPA)이 불만을 제기했고 야구의 이적제한 제도는 중재자들의 판단에 의해 중지되었다. 1977년 MLBPA와 구단주들의 합의로 만들어진 협약에 의하면, 선수들은 하나의 팀에만 영구적으로 전속되지 않는다. 대신에 선수로서 리그에서 6년을 보낸 후에는 '자유계약선수(free agent)'가 되어서 다른 팀과 협상이 가능하다. 이렇게 하여 미국 프로야구선수들에 대한 수요독점 구조는 6년이 안 된 선수들에게만 적용되는 변형된 형태로 존재하게 되었다.

다른 형태의 이적제한 제도가 유럽의 축구리그에 존재한다. 선수들은 특정 팀에서만 뛸 수 있고, 많은 금액의 이적금을 지불해야만 다른 팀으로의 이적이 가능하다.

넷째, 기업특수적 인적자본이 있는 경우이다. 특정한 기업에만 유용하고 다른 기업에서는 쓸모가 없는 기술, 기능, 지식을 **기업특수적 인적자본**(firm-specific human capital)이라고 하는데, 이러한 기업특수적 인적자본을 가진 근로자는 특정 기업에서만 그 진정한 가치를 발휘하고 다른 직장에서는 평범한 근로자밖에 될 수 없을 것이다. 이 경우 특정기업은 기업특수적 인적자본을 가진 근로자에 대한 수요독점자로 기능할 수 있다.

(2) 수요독점자의 임금과 고용의 결정

(i) 수요독점기업의 한계비용곡선

먼저, 노동시장에서는 독점적 지위를 누리지만 상품시장에서는 가격수용자인 경우를 살펴보자.

노동시장에 단 하나의 기업만 있다면 기업은 임금이 증가함에 따라 우상향하는 노동공급곡선에 직면하게 된다. 이 기업이 제시하는 임금이 상승하면 더 많은 근로자가 취업하려고 할 것이기 때문이다. 이는 더 이상 노동의 한계비용이 시장임금 W로 고정되어 있지 않다는 것을 의미한다.

그림 3-16 수요독점기업의 임금과 고용결정 |

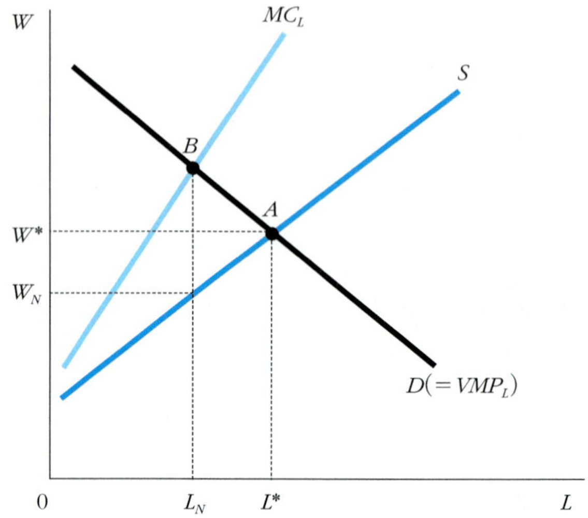

앞서 독점기업의 이윤극대화 생산량 결정에서 한계값과 평균값과의 관계를 살펴본 바 있는데, 평균값이 하락할 때 한계값은 평균값보다 작지만 반대로 평균값이 상승할 때 한계값은 평균값보다 크다는 사실을 기억하자.

시장노동공급곡선은 수요독점의 입장에서 보면 **평균노동비용**(average cost of labor; AC_l)**곡선**이다. 노동을 L만큼 고용했을 때, 노동공급곡선을 따라 W만큼의 임금이 근로자에게 지불되어야 하는데, 수요독점자의 총노동비용은 $W \times L$이 되고 평균노동비용은 $(W \times L)/L$, 즉 W가 된다. 우상향하는 노동공급곡선은 수요독점자가 직면하는 평균노동비용곡선이다. 그런데 평균값이 상승하면 한계값은 평균값보다 항상 크므로 평균노동비용곡선이 우상향하면 **한계노동비용**(marginal cost of labor; MC_L)**곡선**은 평균비용곡선보다 항상 높게 위치한다. [그림 3–16]에서 시장노동공급곡선이 S일 때 한계노동비용곡선은 S보다 높은 위치에 MC_L로 표시된다.

수요독점기업이 상품시장에서는 경쟁적 지위에 있어 가격수용자에 불과하다면 노동고용으로 인한 한계수입생산, 즉 노동수요곡선은 VMP_L이 된다. 따라서 노동수요곡선과 노동공급곡선이 일치하는 점, 즉 $VMP_L = MC_L$인 점 B와 관련된 L_N만큼 고용하면 이윤극대화가 이루어진다. 이때 수요독점자가 지불하는 임금은 어느 수준일까? 고용량이 정해지면 임금은 노동공급 곡선상에서 찾아진다. 즉 W_N이 수요독점의 이윤극대화 고용량 L_N에 상응하는 임금수준이다. W^*의 임금으로 L^*만큼 고용하는 경쟁시장 균형과 비교하면, 수요독점이 있는 경우 고용량은 줄고 임금은 하락하게 된다.

(ii) 상품시장과 노동시장 모두에서 독점적 지위를 갖는 경우

다음으로, 기업들이 담합하여 상품시장에서는 유일한 판매자인 것처럼 행동하고 노동시장에서는 유일한 구매자인 것처럼 행동하는 경우를 살펴보자. 이 경우는 상품시장에서의 독점기업과 노동시장에서의 수요독점 기업의 논의를 결합한 것과 같다.

기업들이 상품시장에서 암묵적으로 카르텔을 형성하여 독점기업처럼 행동하면 이들의 노동수요곡선은 노동의 **한계수입생산곡선**, 즉 MRP_L이 된다. 또한 기업들이 노동시장에서도 수요독점자의 지위를 가지면 우상향의 기울기를 갖는 시장노동공급곡선에 직면하게 된다.

이때 수요독점기업의 이윤극대화는 노동고용으로 인한 한계수입, 즉 MRP_L이 노동의 한계비용 MC_L과 같을 때 성립한다. 즉 이윤극대화 고용량은 [그림 3-17]에서 MRP_L곡선이 MC_L곡선과 만나는 점 A에서의 고용수준 L_1이 된다. 이때 수요독점자가 지불하는 임금은 노동공급곡선 상에서 고용량 L_1에 대응하는 W_B가 된다.

수요독점자는 노동시장에서 유일한 수요자라는 것을 이용하여 [그림 3-17]에서 L_1을 고용하면서 노동의 한계수입생산물 $AL_1(=W_A)$보다 적은 임금 $BL_1(=W_B)$을 지불한다. 즉 노동이 기업의 수입에 기여하는 것보다 낮은 임금을 지불하는 것이다. 이는 노동이 생산 또는 기업의 수입에 기여하는 바에 따라 보상을 받게 된다는 원칙과

그림 3-17 수요독점기업의 임금과 고용결정 II

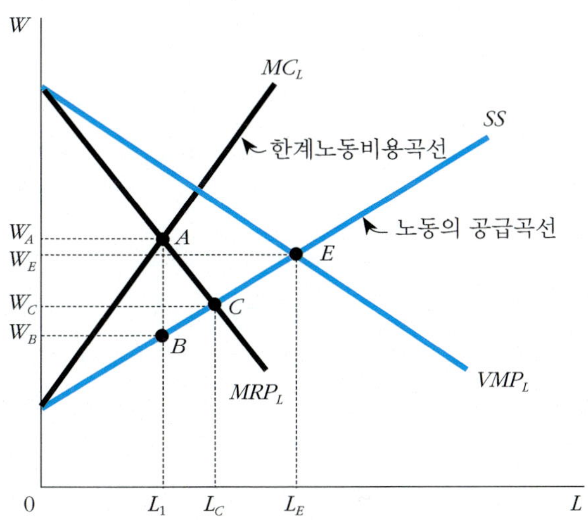

배치되는 것이다. 이 때문에 우리는 이 격차를 **수요독점적 착취**라고 부르며, [그림 3-17]의 ABW_BW_A라는 사각형의 면적으로 그 착취의 크기를 측정한다.

만약, 상품시장은 독점적이지만 노동시장은 경쟁적이라면 MRP_L과 SS가 만나는 점 C가 균형점이라고 할 수 있고, 상품시장과 노동시장이 모두 경쟁적이라면 VMP_L과 SS가 만나는 점인 E가 균형점이라고 할 수 있다. 수요독점의 고용은 C나 E점과 관련된 고용수준보다 낮고 임금수준은 C나 E점과 관련된 임금수준보다 낮다.

결과적으로, 상품시장에서의 독점적 지위로 인해 고용량이 L_E에서 L_C로, 임금은 W_E에서 W_C로 줄어들었고, 다시 노동시장에서의 수요독점으로 인해 고용량은 L_C에서 L_1으로, 임금은 W_C에서 W_B로 더욱 줄어들었다. 자원 배분의 비효율성이 그만큼 증폭되었다는 것을 확인할 수 있다.

제7절 청년인구감소·고령화가 노동수요에 미치는 영향

1 노동수요의 결정요인들

앞서 우리는 노동에 대한 수요는 등비용선의 기울기를 나타내는 상대가격인 임금(W), 자본의 가격(r), 등량선의 모습을 나타내는 생산기술(T), 기업의 이윤극대화 생산량을 나타내는 산출량(X^D)에 의해 결정됨을 논의한 바 있다. 대부분의 노동수요를 추정하는 연구에서 이는 기본 함수가 된다(남성일, 2011).

시장의 노동에 대한 수요는 개별기업의 노동수요곡선의 수평적 합계이므로, 기업의 수(N_F라고 표시하자)가 노동에 대한 수요에 영향을 미친다. 추가적으로 불완전 경쟁 기업의 노동시장 분석은 기업의 수가 노동수요에 큰 영향을 미침을 보여주는 사례가 된다.

또한 준고정적 노동비용이 노동수요에 영향을 미치는데, 그것은 정부의 노동시장 규제와 직결되어 있다. 법정복리비, 퇴직금 등 부가급여, 해고의 제한 등 준고정적 노동비용의 대부분은 정부규제에 기인한다. 따라서 준고정적 노동비용이 노동수요에 영향을 미친다는 것을 우리는 정부규제(앞으로 g_R로 표시하자)가 노동수요에 큰 영향을 미친다고 표현한다.

우리는 노동에 대한 수요는 등비용선의 기울기를 나타내는 상대가격인 임금(W),

자본의 가격(r), 등량선의 모습을 나타내는 생산기술(T), 기업의 이윤극대화 생산량을 나타내고, 등량선의 구체적 위치를 설정하는 수요되는 산출량(X^D)에 의해 결정된다고 할 때, 등량선에 관한 정보는 기술적 한계대체율, 즉 상대적인 노동의 한계생산물의 크기를 나타내는 MP_L/MP_K에 담겨져 있음을 감안하면, 노동수요는 임금(W), 자본의 가격(r), 노동의 한계생산물 MP_L, 자본의 한계생산물 MP_K에 의존한다고 표현할 수도 있다. 이렇게 표현하면 노동의 질적 수준은 노동의 한계생산물 MP_L에 영향을 미치고, 노동수요에 큰 영향을 미침을 알 수 있다. 높은 노동의 질은 노동의 한계생산물 MP_L을 높이고, 노동에 대한 수요를 증대시킨다. 노동의 질(앞으로 Ω로 표시하자)은 근로자의 노력, 근로자의 인적 자본량(건강, 교육, 훈련의 양), 서로 믿고 신뢰하며 협동하려는 의지와 자세라는 **사회적 자본**(social capital)에 의존한다. 분명 근로자가 도덕적 해이나 직무소홀, 직무태만에 빠지지 않고 열(熱)과 성(誠)을 다해 일하게 하는 기업의 인사관리제도, 다양한 전문가, 숙련기술인을 공급하는 국가의 교육과 훈련제도, 신뢰와 자발적 협동을 낳는 윤리, 도덕, 문화 등은 노동의 질 제고와 직결되어 있다.

따라서 우리는 노동수요를 결정하는 요인으로 임금(W), 자본의 가격(r), 생산기술(T), 수요되는 산출량(X^D), 기업의 수(N_F), 정부규제(g_R) 그리고 노동의 질(Ω)을 들고자 한다. 즉

$$L^D = f(W, r, X^D, T, N_F, g_R, \Omega) \tag{3.31}$$

여기서 노동수요 L^D는 이론적으로는 고용된 사람 수와 노동시간 모두를 감안한 량이다. 실증분석에서는 기업이 투입하는 고용량과 근로시간의 합으로 계산되는 노동수요량에 대한 자료는 거의 없다시피 하고 단지 고용된 사람 수에 관한 정보만 이용가능하다. 따라서. 실증분석에서는 노동수요 L^D를 측정하는 단위로 가장 흔하게 사용되는 자료가 사람 수라는 점이 늘 유의되어야 한다.

만약 연구자가 여러 종류의 노동에 대한 수요를 분석하는 경우, 예컨대 정규직 노동에 대한 수요를 탐구하는 경우, 노동수요함수 식 (3.31)에 한 종류(정규직)의 노동에 대한 대안적 노동(비정규직)의 임금을 추가하면 된다. 즉 대안적 노동(비정규직)의 임금을 W_R라고 하면, 정규직 노동수요 L_N^D는 정규직 임금(W_N), 비정규직의 임금(W_R), 자본의 가격(r), 생산기술(T), 수요되는 산출량(X^D), 기업의 수(N_F), 정부규제(g_R) 그리고 노동의 질(Ω)에 의존한다고 표시하면 된다.

2 청년인구 감소와 고령화의 동시적 진행

우리는 제2장 〈표 2-2〉과 [그림2-1]을 활용하여, 15~29세 청년 인구가 1990년을 기점으로 감소하고, 30~54세의 경제활동의 장년 인구가 2010년 기점으로 감소함을 보인 바 있다. 청년인구가 감소하고, 좋은 음식섭취, 건강 증진할동, 의료기술 발달, 주거환경 청결로 고령화도 동시에 진행되고 있다.

미국, 독일, 스위스 등의 국가들은 개방적인 이민정책으로 이민을 대거 수용하여, 고령화는 진전되나 청년인구 감소는 심각하지 않다, 반면 한국과 일본은 이민을 거의 받지 않는 쇄국적 이민정책을 갖고 있어 청년인구 감소와 고령화가 동시에 진행되고 있다.

고령화사회(Aging Society)는 65세 이상 인구가 총인구에서 차지하는 비중이 7% 이상, **고령사회**(Aged Society)는 같은 비율이 14% 이상을 의미한다. **후기고령사회**

표 3-3 취업자의 직종별 평균연령

(단위: 세)

성	직종	2000	2005	2010	2013	2013–2000
남성	고위직및전문가	39.5	40.4	41.3	41.8	2.3
	사무서비스판매직	37.6	39.5	40.5	41.1	3.5
	농림어업숙련직	54.9	59	59.8	61.3	6.4
	생산직	39.7	42.5	45.3	46.8	7.1
	소계	40.5	42.3	43.9	44.9	4.4
여성	고위직및전문가	31.2	32.6	34.8	36.0	4.8
	사무서비스판매직	37.1	38.3	40.2	41.5	4.4
	농림어업숙련직	56.3	59.9	61.8	63.2	6.9
	생산직	44	46.9	50.3	52.1	8.1
	소계	39.9	41.1	42.7	44.1	4.2
전체	고위직및전문가	37.0	37.4	38.7	39.3	2.3
	사무서비스판매직	37.3	38.8	40.3	41.3	4.0
	농림어업숙련직	55.6	59.4	60.6	62.1	6.5
	생산직	40.9	43.7	46.7	48.3	7.4
	전체	40.3	41.8	43.4	44.6	4.3

자료: 통계청 경제활동인구조사 원자료. 오호영(2013)에서 전재.

(post-aged society) 혹은 **초고령사회**(super-aged society)는 같은 비율이 20% 이상을 각각 의미한다. 한국은 청년감소 · 고령화에 따라 2000년 고령화사회로 진입하였으며, 2017년 고령사회, 2026년 초고령사회에 진입할 전망이다. 선진국의 경우 고령화사회에서 초고령사회로 진입까지 소요된 기간은 일본을 제외하면 대략 70년 이상임에 비해 한국은 불과 26년으로 짧은 특징을 지닌다.

청년감소 · 고령화로 생산직의 평균 연령이 급속히 상승하고 있다. 오호영(2013)의 연구에 의하면, 2013년 현재 생산직 근로자 전체의 평균나이는 48.3세, 남성 생산직은 46.3세, 여성 생산직은 52.1세이다(〈표 3-3〉). 1960~70년대 공업화초기에는 20대의 남성 생산직, 10대의 여성 생산직이 다수였으나 이제는 고령 인력이 생산직의 절대 다수이다.

청년감소 · 고령화가 노동시장에 미치는 부정적 영향으로는 ① 생산가능인구의 감소와 노동력의 공급부족, ② 노동력의 전반적 고령화에 따른 핵심노동 연령계층의 감소와 생산성 저하, ③ 청년노동력의 부족에 따른 세대간 숙련 단절과 경쟁력의 약화 등을 들 수 있다. 위의 노동공급에 대한 부정적 영향은 제2장에서 다루었으므로 여기에서는 노동수요에 대한 영향을 중심으로 살펴보기로 한다.

3 청년감소 · 고령화가 노동수요에 미치는 영향

(1) 노동의 질적 수준 저하

생산직의 급격한 고령화는 노동수요에 어떤 영향을 미칠까? 청년인구 감소, 고령화는 노동의 질적 수준을 저하시켜 생산직 근로자의 생산성을 떨어뜨린다.

예컨대, 기계제조를 위해서는 선반, 드릴, 밀링머신을 다루는 등 상당한 체력과 근력을 이용하며, 정밀 조립을 위해서는 기계를 신속하게 다루는 정확함과 체력을 겸비하여야 하며, 식품가공을 위해서는 칼, 전기 톱, 동력 절단기를 능숙하게 사용할 수 있어야 하며, 보석세공을 위해서는 섬세하고 복잡한 디자인에 맞추어 화학성분, 톱, 송곳 등의 장비를 이용하여 장시간 앉은 자세로 꾸부려서 일하는 등 생산직에게 공통으로 요구되는 자질은 체력, 집중력, 정확성, 민첩성, 손재능 등이다. 고령인력은 이러한 노동의 질적 측면에서 청년에 뒤지고, 부상과 상해의 우려가 높으며, 생산성이 낮다.

김대일(2004)에 따르면, 고령화가 노동생산성에 미치는 영향을 추정한 결과 55세 이상 근로자 비중이 1% 상승하면 노동생산성이 0.09~0.17% 감소한다고 하였다.

따라서 생산직을 주로 고용하는 제조업에서는 청년감소·고령화는 노동의 질 저하, 노동생산성 저하를 낳고 노동에 대한 수요를 감소시킬 것이라고 예측할 수 있다.

(2) 숙련의 단절, 노동의 질적 수준 저하와 노동생산성 저하

오호영(2013)은 청년층(15~29세)은 노동시장 신참자로서 생산활동에 보조적 역할을 수행하면서 윗세대로부터 숙련, 노하우를 습득하여 장래의 생산주역이 되기 위해 준비하는 시기라고 규정하고, 청년층 인구감소, 그리고 청년층의 생산직 기피에 따른 기능인력의 고령화는 생산성의 저하, 세대간 숙련단절 등 국내 제조업 기반의 약화→수출경쟁력의 저하로 이어질 수 있음을 제시하고 있다.

특히 고령인력이 보유하고 있는 기술 및 노하우, 핵심 체화기술, 숙련기능 등이 청년 근로자에게 전수되지 못하고 소실되면, 노동의 질적 수준이 크게 저하되고 기업과 산업의 노동생산성 저하 및 노동수요 감퇴가 야기될 것이다.

(3) 비정규직의 확산

청년인구감소, 고령화는 제조업에서 노동공급의 감소를 낳으며, 정규직의 임금을 상승시키는데 이는 비정규직의 확산을 심화시키는 데 기여한다.

우리는 앞의 식 (3.21)을 변형한 다음과 같은 이윤극대화 조건식을 이용하여 설명할 수 있다. 여기서 W_N과 MP_N은 정규직 근로자의 임금과 한계생산이고, W_R과 MP_R은 비정규직근로자의 임금과 한계생산을 나타낸다.

$$\frac{MP_N}{W_N}=\frac{MP_R}{W_R} \tag{3.32}$$

즉, 정규직과 비정규직의 임금 대비 노동생산성이 일치하는 수준에서 정규직과 비정규직의 고용량이 결정된다. 만약 청년인구 감소, 고령화로 위에서 논의한 바와 같이 정규직의 생산성(MP_N)이 하락하고 동시에 정규직의 임금이 상승하며 준고정적 노동비용이 높으면 W_N이 크게 상승한다. 그 결과 (MP_N/W_N)은 급속히 하락하고, 기업들은 비정규직 고용을 증가하려 할 것이다.

(4) 해외로의 공장이전

청년인구 감소 및 고령화는 제조업의 해외로의 공장이전을 가속화시킨다.

식 (3.32)의 방정식의 좌측 MP_N/W_N($)의 분모가 달러 표시 국내임금, 분자는 국내생산 개수라고 하자. 식 (3.32)의 방정식의 우측 MP_R/W_R($)의 분모는 외국에서의 달러표시 임금이며, 분자는 외국생산 개수라면, 청년인구 감소 및 고령화에 기인하는 MP_N의 하락은 기업으로 하여금 해외로의 공장이전을 유인한다. 더군다나 한국의 생산직 임금이 상승하고, 높은 준고정적 노동비용이 있으면 W_N이 상승한다. 그 결과 (MP_N/W_N)은 급속히 하락하고, 기업들은 해외로의 공장이전을 가속화한다.

한국 자동차산업에 대한 사례연구에 의하면(조철, 2015), 2014년 종업원 1인당 임금은 한국자동차회사 9,234만원, 일본 토요다 8,351만원, 독일 폭스바겐은 9,062만원으로 한국의 자동차회사 임금은 일본, 독일보다 높다. 종업원 1인당 자동차 평균 생산량은 한국 37대, 일본 토요다 93대, 독일 폭스바겐 57대로 한국의 노동생산성이 일본, 독일보다 낮다. 즉 임금은 높고, 생산성은 낮은 자동차산업은 해외공장 건설에 더 노력하고 있다.

우리는 이 주제를 제6장에서 더 심도있게 다룰 예정이다.

제 4 장

헤도닉 임금과 산업재해

제 1 절 | 보상적 임금격차

제 2 절 | 헤도닉 임금론

제 3 절 | 작업장에서의 사망과 정부규제

제 4 절 | 헤도닉 모형과 부가급여

제 5 절 | 헤도닉 임금의 증거와 반대 증거들

제 6 절 | 산업안전에 대한 경제 분석

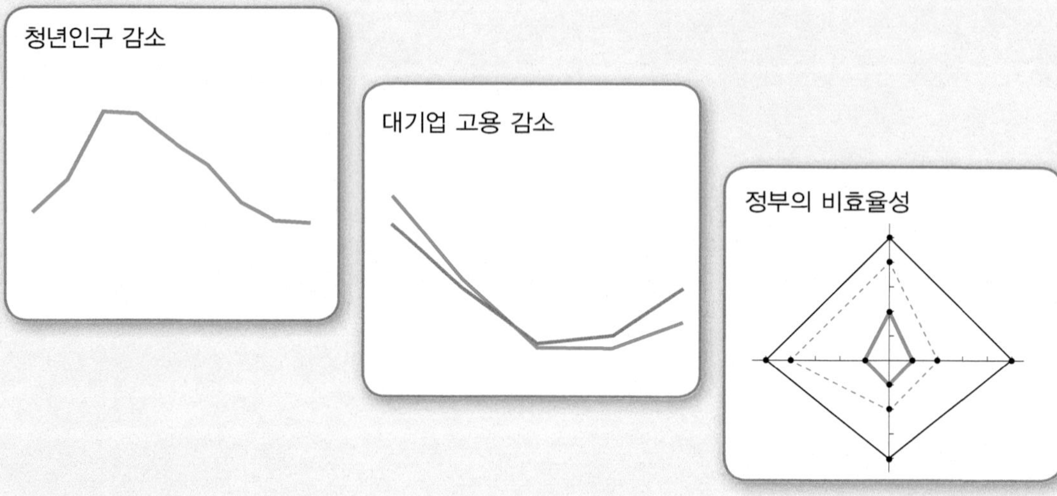

장을 시작하며

경쟁노동시장모형은 모든 일자리는 동일하다고 가정한다. 현실을 살펴보면, 일자리 특성은 다르기 마련이다. 이 장에서는 일자리 특성들이 상이한 경우 노동시장은 어떻게 작용하게 되는지를 살펴본다. 단순하게 말하자면, 일자리 특성이 다를 때는 일자리마다 상이한 임금이 노동시장에서 결정된다.

이 장의 1절에서는 노동시장에서 결정되는 각 일자리 간의 임금격차는 일자리의 불이익을 보상하는 수준에서 결정된다는 고전적인 이담 스미스의 논의를 제시한다. 2절에서 개인은 선호가 다르고 일자리 특성 또한 다를 때, 노동시장에서 결정되는 임금격차에 대한 현대적 이론인 헤도닉(hedonic) 임금론을 소개한다. 헤도닉 임금이란 본문에서 상세히 설명하겠지만, 노동자의 보상요구를 충족시키는 임금, 즉 보상요구충족 임금의 의미를 지닌다. 더 나아가 헤도닉 임금이론은 개인과 기업은 서로 어떻게 짝짓기를 하는가를 명료하게 제시한다. 우리는 3절에서 헤도닉 임금이론을 응용하여 생명의 통계적 가치를 설명한다. 4절에서는 헤도닉 임금이론을 다른 방식으로 적용하여, 부가급여수준이 기업차원에서 어떻게 결정되는지를 설명한다. 마지막 절에서는 산업재해의 경제분석을 행하며, 한국의 산업재해 실태를 진단한다.

독자들은 이 장에서 위험하고 나쁜 일자리와 작업환경이 좋으며 편한 일자리에 있어서 시장균형임금수준이 어떻게 결정되는지를 이해할 수 있어야 한다.

제 1 절 보상적 임금격차

우리는 제1장 4절에서 노동시장의 작동원리를 개괄하면서 경쟁노동시장에서 임금과 고용량이 어떻게 결정되는지를 살펴보았다. 경쟁노동시장에서의 수요와 공급에 의한 임금결정이론은 모든 근로자는 동일하며, 모든 일자리(job)의 성격이 동일하다는 가정하에서 동일노동에 대해서는 동일임금이 성립함을 보이고 있다.

그러나 근로자들은 능력에 있어서 천차만별이다. 대부분의 일자리 역시 그 특성이 다르다. 이러한 일자리의 차이와 개인 능력의 차이가 존재할 때 경쟁노동시장에서도 임금격차가 발생할 수밖에 없다. 우리는 경쟁노동시장에서 효율성을 보장하는 임금격차를 '경쟁적 요인에 의한 임금격차'라고 부를 것이다.

이 장에서는 경쟁노동시장에서 개인의 능력은 동일한데 주로 일자리의 특성이 다를 때 나타날 수 있는 '경쟁적 요인에 의한 임금격차'를 다룬다.

1 일자리 근무여건의 차이

각 일자리의 근무환경은 여러 측면에서 다르다. ① 일자리 환경의 쾌적함에서의 차이, 산업재해(사망, 질병, 상해)로 인한 건강과 생명에의 위험, 공해에 노출될 위험 등과 같은 근로조건의 차이, ② 기후의 차이(사막지대인 중동에서의 근무와 국내 근무), 대도시의 공해와 과밀현상 등에 기인하는 지역 간 직장환경의 차이, ③ 야간근무를 요구하는 정도, 근무스케줄의 비신축성 여부(대학교수, 공인회계사, 변호사 등의 직업은 근무스케줄이 신축적이다), 해고와 실직 위험의 차이, ④ 휴가(연차, 월차 및 경조사에 따른 휴가 포함), 퇴직금 및 기타 부가급부 등의 차이를 갖고 있다. 이와 같은 **일자리의 속성**들은 비금전적 요인이자 근로자들이 일자리에서 누리고 느끼고 경험하는 소비적 측면들이다.

우선 근로자의 능력과 기회 면에서 모든 근로자가 동일하다고 가정하자. 일자리의 소비측면의 속성의 차이로 해서 근로자들이 위험한 일, 더러운 일, 부적합한 기후조건에서의 일자리에 대해서는 보다 높은 보상을 요구하게 된다. 옥외의 열악한 환경에서 더럽고 위험한 일을 하는 근로자의 보상요구임금은 실내의 청결하고 안전한 일을 하는 근로자의 **보상요구임금**보다 훨씬 높게 될 것이다.

2 보상적 임금격차

논의의 간결성을 위해 두 산업만을 고려하자. 전자산업의 일자리(X라고 하자)와 조선산업에서의 일자리(Y라고 하자)를 비교해 보자. 두 산업에서 요구하는 노동의 질적 수준은 동일하지만 작업환경은 매우 달라 조선업에서 산업재해가 훨씬 빈번히 발생한다고 가정하자.

[그림 4-1]의 (ⅰ)과 (ⅱ)는 각각 전자산업과 조선산업에서의 노동수요곡선과 노동공급곡선을 보여주고 있다. 노동의 질적 수준이 동일하다고 가정되고 있으므로 노동수요곡선을 의미하는 노동의 한계생산곡선 D_A, D_B는 양 산업에서 동일하다.

우리는 노동공급곡선이 각 고용수준에 대응하는 주관적 공급가격(즉 보상요구임금)을 나타낸다는 사실을 배운 바 있다. 따라서 위험작업환경을 갖고 있고 산업재해가 빈번히 발생하는 조선업에서는 각 고용수준에 대응하는 근로자의 보상요구임금 수준인 공급곡선 S_B는 전자산업의 공급곡선 S_A의 훨씬 위쪽에 위치한다. 예컨대 L_1이라는 노동공급을 위해서 전자산업에서는 W_1의 임금을 요구하지만, 조선업에서는 W_4를 요구하게 된다. 비록 양 산업에서의 노동에 대한 수요(D_A와 D_B)가 동일하다고 하더라도(노동수요곡선에서 우리는 한계생산의 크기와 기업의 수를 동시에 고려해야 하고 전자산업의 기업 수는 대단히 많은 것이 보통이어서 D_A와 D_B의 위치까지 동일할 수 없지만 여기서는 분석의 단순성을 위하여 D_A와 D_B를 같은 위치에 놓았다) 전자산업의 균형임금은

그림 4-1 보상적 임금격차의 결정

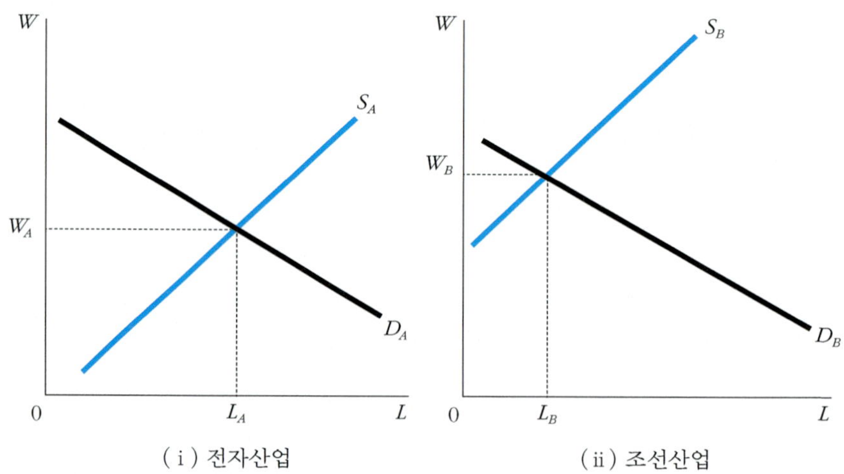

W_A, 조선업의 균형임금은 W_B가 된다.

이때 조선업에서의 높은 임금은 근로자가 위험하고 열악한 근로환경에서 일하는 것에 대해 요구하는 보상요구임금을 반영하는 것이며, 기업의 입장에서는 그러한 곳에서 근로자가 자발적으로 일을 하게 유인하는 방법이 되므로 장기에 있어서도 임금격차(W_B/W_A)는 유지되는 경향이 있다. 이러한 임금격차는 위험성과 근로조건의 열악성에 대한 **보상격차**(compensating differential)라고 일컬어진다. 이는 동질의 노동에 대해 비동질적 일자리 근무여건 차이에서 야기되는 보상격차인 것이다.

경쟁시장의 기능은 무엇인가? 경쟁시장은 수요와 공급의 작용에 의해 각 시장에 있어서 균형임금을 성립시키고 일국의 노동자원을 전자산업에서는 L_A만큼을 배분시키고, 조선업에는 L_B만큼을 배분시킨다. 경쟁시장은 상이한 일자리에 대해 보상적 격차를 결정함으로써 일국의 노동자원을 각 분야에 배분시키는 역할을 담당한다.

3 아담 스미스의 일자리 순이익 균등화

노동시장에는 수많은 일자리가 있다. 각 일자리는 상이한 특성을 갖는다.

아담 스미스는 이미 240년 전인 1776년『국부론』에서 일자리에 있어서 다섯 가지 차이를 식별하였다.

a) 일자리의 '쾌적함 또는 불유쾌함'

일자리에는 먼지, 소음, 극도의 더위나 추위, 상해의 위험, 불명예스러움(예컨대 사형집행인) 등과 같이 노동조건이 나쁜 일자리들이 있는 반면에 힘이 들지 않고 쾌적하며 기분이 유쾌하며 명예스러운 일자리들도 있다.

b) 일자리기술 습득의 '어려움과 비용'의 많고 적음

어떤 일자리의 기술은 1주일이면 익힐 수 있는 것들인가 하면, 교육·훈련이 수년이 걸리는 것도 있다.

c) 일자리의 '지속성 또는 불규칙성'

어떤 일자리들은 1년 내내 꾸준히 취업할 수 있어 임금소득이 매달 확실히 보장되는가 하면 계절에 따라 일거리가 생기거나 간헐적으로만 필요되어 임금소득이 불안정한 일자리들도 있다.

d) 작업수행자에게 요구되는 '책임'의 크기

일자리에 따라 타인에 대해 책임질 일 없이 자신의 일, 예컨대 단순반복적인 일에만 책임지는 일자리가 있는가 하면 의사처럼 타인에 대한 책임이 크거나 CEO처럼 조직전체의 구성원에 대한 지시·감독을 행하는 큰 책임을 갖는 일자리도 있다.

e) 일자리에서의 성공가능성 또는 실패 확률

어떤 일자리는 일자리에서 성공이 확실하게 보장되어 높은 사회적 평가를 받을 수 있는 반면에 어떤 일자리는 성공의 가능성을 전혀 갖지 않을 수도 있다.

아담 스미스는 나쁜 노동조건, 긴 훈련과정과 높은 훈련비용, 불규칙성 등을 갖는 일자리에서는 근로자들이 그러한 불이익들을 감내하기에 충분할 정도의 높은 임금을 지불하여야 할 것이라고 주장하였다. 노동조건의 차이, 근로소득 안정성의 차이, 직업훈련의 차이 등에 있어서 불이익을 견딜 수 있기에 필요한 정도의 임금프리미엄이 있어야 한다는 것이다.

일자리의 임금에서 불유쾌한 근무여건 관련 임금프리미엄을 빼면, 일자리의 순이익이 된다. 아담 스미스는 경쟁시장에서는 일자리 순이익이 균등화된다고 하였다. 여기서 아담 스미스가 말하는 일자리 순이익은 기업이 아닌 근로자가 일자리로부터 얻는 순이익을 의미한다.

이때 노동조건 차이, 근로소득 안정성 차이, 교육훈련 차이에 있어서 불이익을 보상하는 임금프리미엄은 **보상적 임금격차**(compensating wage differential)라고 한다.

아담 스미스에 의하면, 만일 노동시장이 경쟁적이되 일자리 특성의 차이만 있고 개인 능력 면에서 차이가 없다는 가정하에서는 근로자간의 자유로운 이동에 의해 실현되는 것은 일자리의 금전적·비금전적 이익과 불이익의 합계, 즉 **순이익의 균등화**이다.

[그림 4-1]을 이용해 설명해 보면, W_B-W_A는 산업재해가 많은 조선업 근로자의 불이익을 보상하는 임금프리미엄이며, 조선업 일자리의 순이익은 조선업의 임금 W_B에서 불이익 보상 임금프리미엄 W_B-W_A을 공제한 금액, 즉 W_A와 같게 된다. 즉 조선업 일자리에서 근로자가 얻는 순이익은 산업재해가 경미한 전자산업 일자리에서 근로자가 얻는 순이익과 같다. 경쟁 노동시장에서 균등화되는 것은 이렇게 일자리의 순이익이다.

일자리의 순이익 균등화가 이루어질 때까지 순이익이 높은 일자리로 많은 사람들이 모여들고 순이익이 없고 오히려 손해가 나는 일자리의 경우에는 많은 사람들이 그 일자리를 떠날 것이다. 모든 사람들은 자기 이익이 명(命)하는 바에 따라 유리한 일자리를 찾으려 하고 불리한 일자리를 피하려 한다. 그 결과 각 일자리의 순이익은 균등화될 것이다.

직업의 순이익 균등화가 이루어지도록 **근로자와 기업 간의 짝짓기**(job matching)가 이루어지는 곳이 노동시장이며, 이러한 경쟁노동시장의 기능에 의해 노동은 각 상이한 분야로 배분되는 것이다.

제 2 절 헤도닉 임금론

이제부터 우리는 일자리의 상이성이 산업재해의 차이라고 할 때의 임금격차에 초점을 맞춘 후, 이를 일반화 할 것이다. 여기서 **산업재해**란 사망, 부상, 질병을 야기한 업무수행 중에 일어나는 재해(work accident)를 의미한다.

1 헤도닉(hedonic) 임금이란?

앞 절에서는 일자리 근무여건의 차이와 보상적 임금격차에서 산재위험이 낮은 전자산업과 산재위험이 높은 조선산업이라는 두 산업 간의 보상적 임금격차를 설명하였다. 위험하고 열악한 일자리에서 일하는 것에 대한 보상으로서 높은 임금이 지급되고 이 높은 임금은 유지되는 경향성이 있다고 하였다.

경제는 두 산업으로만 구성된 것이 아니라 수많은 산업으로 구성되어 있다. 산재위험의 정도는 광업에서 가장 높고, 제조업, 건설업, 운수·창고·통신업, 전기·가스·수도업의 순서로 높다. 독자는 산재위험수준이 산업마다 각각 다를 때 시장임금이 어떻게 결정되는가에 의문을 가질 수 있다. 또한 노동시장에서 일자리가 산재위험이 가장 높은 일자리부터 산재위험이 가장 낮은 일자리까지 무수히 많은 일자리로 구성되어 있을 때, 각 일자리에서의 임금은 어떻게 결정되는가라는 의문도 생길 수 있다. 바로 이 의문에 답하는 이론 모형이 헤도닉 임금론이다.

헤도닉 임금(hedonic wage)은 시카고대학 교수였던 **로젠**(Sherwin Rosen)이 1974년에 처음 사용한 이후, 이제는 노동경제학에서 일반적으로 사용되고 있는 용어이다. 로젠이 사용한 헤도닉 임금이란 고통스럽고 불유쾌한 일자리에 있어서 근로자의 고통과 불유쾌함에 대한 보상요구를 반영한 임금수준을 뜻하는 것이며, 다른 한편으로 편하고 쾌적한 일자리에 대해서는 근로자가 누리는 편함과 쾌적함에 대한 대가를 지불하려는 의중(意中)을 반영한 임금수준을 뜻한다.

우리나라에서는 헤도닉 임금을 여러 가지로 번역하였다. 비효용을 낳는 일자리에 대해서 보상을 요구하고, 효용을 낳는 일자리에 대해서는 대가를 지불하려는 근로자 의사가 반영된 시장가격이라는 의미에서 **보상충족임금** 또는 **최대효용임금**으로 번역하기도 한다. 원래 헤도니즘(hedonism)은 우리나라 말로 쾌락주의를 의미하기 때문에 쾌락임금이라고 번역한 사람도 있다. 고통스럽고 불유쾌한 일자리에 대해 근로자가 느끼는 고통과 불유쾌함을 보상하는 임금이 헤도닉 임금이다. 편하고 쾌적한 일자리에 대해서는 근로자가 누리는 편함과 쾌적함에 대해 가격을 지불하고, 적은 임금을 받아도 만족스러운 임금이 헤도닉 임금이다. 어쨌든 한국어 번역을 다소 부자연스럽게 생각하는 사람들이 있어 우리는 **헤도닉 임금**이라는 영어가 가미된 표현을 사용하겠다.

이제 우리는 산업재해의 위험이 있는 일자리에 있어서 헤도닉 임금 결정을 논의하고자 한다.

우선 우리는 몇 가지 가정을 하겠다. 첫째, 일자리의 다른 특성은 모두 동일하며, 산업재해 위험도 또는 산업안전도만 다르다고 가정한다. 둘째, 근로자는 효용을 극대화하며, 근로자간에는 산업재해 또는 산업안전에 관한 선호의 차이가 존재한다. 산업재해를 회피하는 근로자도 있는 반면, 산업재해에 대한 보상으로 보다 높은 임금을 추구하는 근로자도 있다. 즉 근로자간에는 산업재해에 대한 보상요구임금의 차이가 있다. 셋째, 기업은 이윤극대화를 추구하며, 저소음, 저매연, 저공해 등 좋은 노동조건을 위해서 산업안전에 대한 투자를 해야 한다. 산업안전 투자에는 산업안전을 위한 시설설치뿐만 아니라 산업안전 지도요원의 고용, 이들에 의한 강의 및 지도시간 등을 포함한다. 넷째, 근로자는 각종 일자리들에 대해 정확한 정보를 갖고 있으며, 각종 일자리간 자유롭게 이동할 수 있다.

이와 같이, 근로자의 보상요구임금의 차이를 감안하고 기업이 어떻게 이윤극대화를 추구하는가를 살펴봄으로써 헤도닉 임금이 어떻게 결정되는지 알 수 있다. 그리고 이를 통하여 경쟁시장에서 수많은 일자리간 균등화 임금격차는 어떻게 결정되는지 그리고 수많은 기업과 근로자간의 짝짓기가 어떻게 이루어지는지를 해명할 수 있게 된다.

2 개인의 무차별곡선과 기업의 등이윤선

(1) 선호체계가 상이한 개인들의 무차별곡선

우리는 두 재화를 고려하겠다. 하나는 임금(달리 표현하면 임금으로 구입 가능한 소비재들)이며, 다른 하나는 산업안전이다. 임금을 W, 산업안전을 S로 표시하면, 개인의 효용함수는 $U=U(W, S)$이 된다.

임금과 산업안전은 모두 좋은 재화(goods)이므로 임금과 산업안전에 대한 무차별곡선은 [그림 4-2]에서 U_0, U_1, U_2의 모습을 지닌다.

점 A에서는 산업안전수준이 이미 높기 때문에, 산업안전 한 단위에 대해 지불하려는 가격이 낮고 따라서 산업안전 한 단위 더 갖기 위해 큰 임금의 하락을 받아들이지 않는다. 그러나 점 B에서는 산업안전수준이 낮기 때문에 산업안전 한 단위 더 갖기 위해 큰 폭의 임금하락을 받아들인다. 즉 점 B에서는 산업안전과 임금간의 한계대체율이 높다. B점에서 A점으로 이동할수록 **한계대체율**은 낮아진다. 즉 하나의 무차별곡선상에서는 한계대체율 체감의 법칙이 관찰된다.

물론 개인별로 산업안전에 대한 선호도가 다르다. 어떤 사람은 산업안전 한 단위 추가에 보다 큰 폭의 임금하락을 감내하려는 반면 다른 사람은 산업안전 한 단위 추가에 별달리 임금을 희생하려는 의사를 갖지 않는다. 전자는 산업안전에 예민한 사람이며, 후자는 산업안전에 둔감한 사람이라고 할 수 있다. 산업안전과 임금간의

그림 4-2 임금과 산업안전간의 무차별곡선

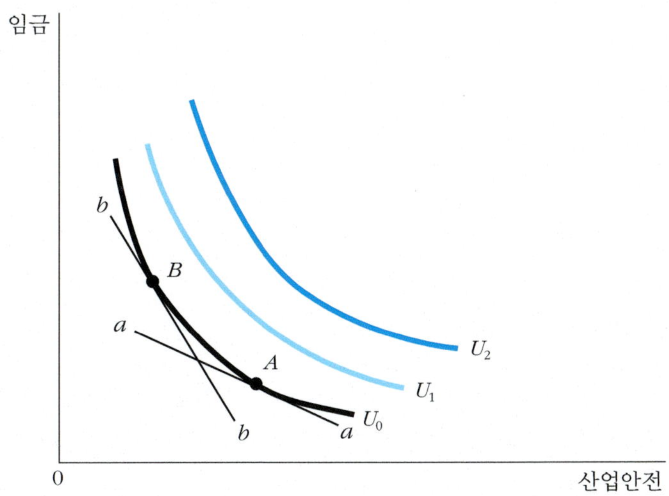

그림 4-3 안전선호도가 다른 두 대표적 근로자의 무차별곡선

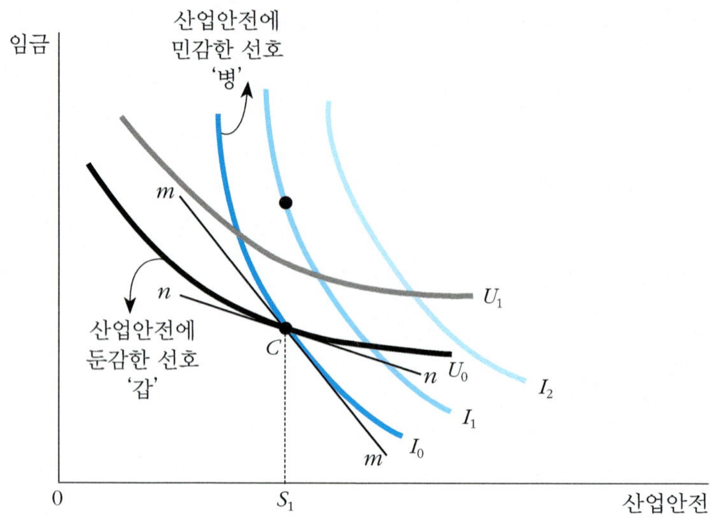

한계대체율의 개념을 이용하면 산업안전에 예만한 사람은 한계대체율이 높고 둔감한 사람은 한계대체율이 낮다.

[그림 4-3]을 보면 선호가 다른 두 사람의 무차별지도가 나타나 있는데 갑은 U_0, U_1이라는 무차별지도를, 병은 I_0, I_1, I_2로 표시된 무차별지도를 갖고 있다. 임의의 산업안전수준 S_1과 관련된 C점에서 그은 I_0에 대한 접선의 기울기(병의 한계대체율) 즉 mm은 C점에서 그은 U_0에 대한 접선의 기울기(갑의 한계대체율) 즉 nn보다 더 가파르게 나타남을 볼 수 있다. 이는 갑이 산업안전에 둔감하며, 병은 산업안전에 예민함을 나타낸다. 산업안전에 매우 둔감한 사람인 갑의 경우, 산업안전 한 단위 증가함에 따라 산업안전에 지불하려는 가격이 낮고 상대적으로 낮은 폭의 임금하락을 감내한다. 산재안전에 민감한 근로자인 병은 산업안전에 지불하려는 가격이 높아 산업안전이 증가함에 따라 큰 폭의 임금하락을 감내하려 한다.

(2) 기업의 등이윤곡선

경쟁시장에서 이윤극대화 기업의 경제적 이윤은 제로(0)가 되는 경향성을 갖는다. 여기서 경제적 이윤은 회계적 이윤과는 다르다는 점에 유의하자. **경제적 이윤**은 기업의 총수입과 총비용의 차액이며, 총비용에는 노동이용에 대한 지불인 인건비, 자

본이용에 대한 지불인 이자비용, 토지사용에 대한 임대료비용은 물론이고, 기업가 자신의 노력의 기회비용인 **정상이윤**(normal profit)이 포함되어 있다. 따라서 플러스(+)의 경제적 이윤이 있으면, 기업가는 그의 노력에 대한 지불인 정상이윤보다 더 큰 수익을 누리는 것이요, 마이너스(−)의 경제적 이윤은 그의 노력에 대한 대가인 정상이윤이 잠식당하는 것이 된다. 플러스(+)의 경제적 이윤이 있으면 다른 기업들이 진입(entry)하고, 마이너스(−)의 경제적 이윤이 발생하면 일부 기존 기업들이 퇴출(exit)함으로써 경쟁시장에서는 이윤극대화 기업의 경제적 이윤이 제로(0)가 되는 경향성을 갖는다고 말한다.

노동, 자본, 토지, 기업가정신이라는 4대 생산요소를 고용하는 전통적인 기업의 모습을 다소 변화시켜 보자. 기업은 4대 생산요소 외에도 산업안전시설이라는 생산요소를 추가로 투입한다고 하자. 근로자 수가 일정할 때, 산업안전에 시설투자를 하여 산업안전을 생산하는 **산업안전 생산함수**(safety production function)를 갖고 있다고 하자. 산업안전의 생산함수의 가변생산요소는 산업안전시설 투입량이다. 즉, 이제는 기업의 생산에 투입되는 생산요소는 노동, 자본, 산업안전시설, 토지, 기업가정신이라는 5개이다.

기업의 비용은 인건비(=노동에 대한 보수×근로자수), 자본비용(=이자율×자본투입량), 토지임대비용(=토지단위당 임대료×토지량), 정상이윤(본인 활동의 기회비용)과 산업안전투자비용으로 구성된다.

이제, 기업의 자본비용, 토지임대비용, 정상이윤은 모두 고정되어 있다고 가정하자. 그리고 근로자 수도 고정되어 있다고 하자. 즉, 기업의 선택변수는 임금수준과 산업안전투자비용 둘밖에 없다. 이때에도 경쟁시장에서 이윤극대화 기업은 산업안전을 위해 투자하는 비용이 포함된 생산비용이 제품의 생산·판매에서 발생하는 총수입과 같게 되는 점, 즉 제로의 경제적 이윤상태에서 조업하게 될 것이다.

위에서와 같은 가정 하에서는 기업이 높은 산업안전 투자를 행하면 산재위험을 줄일 수 있으나 높은 산업안전투자 때문에 근로자의 임금을 낮추어야 제로의 경제적 이윤상태가 유지될 것이다. 반대로 제로의 경제적 이윤상태에서 기업이 산업안전투자를 하지 않으면 산재위험이 높아지고, 근로자의 임금을 높여줄 수가 있게 된다. 이와 같이 제로의 경제적 이윤에서 기업은 (높은 산업안전−낮은 임금), (낮은 산업안전−높은 임금)간의 선택에 직면하게 된다.

이는 [그림 4−4]에 나타난 바와 같이 **등이윤곡선**(iso-profit curve)으로 나타낼 수 있다. 등이윤곡선은 기업에게 일정한 수준의 경제적 이윤을 가져다주는 다양한 산업

그림 4-4 사용자의 등이윤곡선

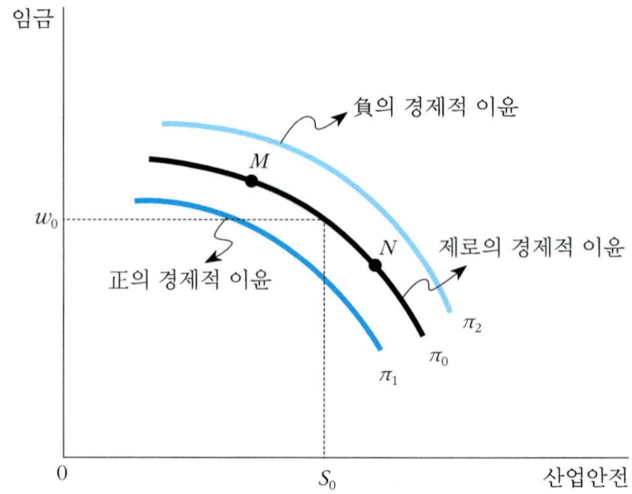

안전과 임금률의 조합을 나타낸다. [그림 4-4]에서 π_0곡선이 경제적 이윤이 제로(0)인 상태를 나타낸다고 하자. π_0가 제로의 경제적 이윤을 나타낸다면, 또 다른 등이윤곡선, 예컨대 π_0의 아래에 위치하는 곡선인 π_1은 경제적 이윤수준이 0 이상인 경우를 나타낸다. 이는 S_0이라는 안전수준에서 π_0이라는 등이윤곡선(이윤이 0인 경우)에서 제시하는 임금 즉 w_0보다 낮은 임금수준을 지급하게 되면 양의 이윤이 발생함을 의미한다.

또한 등이윤곡선은 π_0, π_1과 같이 원점에 대해 오목한 모양을 보이고 있는데, 이는 '안전에 대한 투자의 한계비용이 체증'함을 의미한다. 예를 들어 특정 기업이 M점이라는 낮은 산업안전 수준에서 조업한다고 가정하자. 이 특정 사업체가 산업안전을 증가시키기 위해 초기에 지출하는 투자의 경우 상대적으로 높은 효과를 나타내게 되는데, 그 이유는 어느 사업주이든 산재율을 줄이기 위한 초기투자는 비용이 상대적으로 덜 들지만 큰 효과를 낳는 투자부터 먼저 할 것이기 때문이다. 예컨대 산재가 빈발한 사업장에서 안전모라든가 안전복 착용, 소음 방지 귀막이, 안전교육 등 약간의 지출과 약간의 세심한 주의의 중요성에 관한 반복 훈련이 있으면 산재율을 큰 폭으로 낮출 수 있다. 이 경우 동일 수준의 이윤을 유지하기 위해 상대적으로 소폭의 임금하락만으로도 충분하게 될 것이다.

반면 [그림 4-4]에서 산업안전도가 상당히 높은 N점에서 동일한 제로의 경제적 이윤을 유지하면서 일정량의 산업안전 효과를 더 만들어내려면 기업은 더 큰 산업안전 투자를 하고 상대적으로 높은 임금감소를 요구할 것이다. 즉 등이윤곡선의 기울기는 *M*점보다 *N*점에서 훨씬 가파르다.

등이윤곡선에 대한 이상의 논의를 요약하면 다음과 같다.

첫째, 산업안전을 생산하는 데 비용이 들기 때문에 등이윤곡선은 우하향하는 기울기를 갖는다.

둘째, 안전에 대한 투자의 한계비용이 체증하기 때문에 등이윤곡선은 가로축에 대해 오목한(concave) 모양을 갖는다.

셋째, 보다 낮은 곳에 위치하는 임금-산업안전 결합점(등이윤곡선)들은 보다 높은 이윤을 나타낸다.

개인이 산재위험에 대한 선호도의 차이가 있듯이, 기업도 산업안전을 생산하는 것의 용이함(즉 이에 수반되는 비용)에 있어서 차이가 있기 마련이다. [그림 4-5]는 산업안전을 더 증가시키는 데 드는 비용과 근로자에게 지불하려는 임금 크기의 차이가 등이윤곡선의 상이한 모습으로 나타남을 보여주고 있다.

산업안전을 생산하는 데 비용이 많이 드는 기업 *X*는 산업안전의 생산을 적게 하고 반대급부로 근로자에게 지불하려는 임금의 크기를 크게 함으로써 등이윤선은 [그림 4-5]에서 π_{OX}의 모습을 지닌다. 산업안전을 생산하는 데 비용이 적게 드는 기업

그림 4-5 산업안전 생산비용이 다른 두 대표적 기업의 등이윤곡선

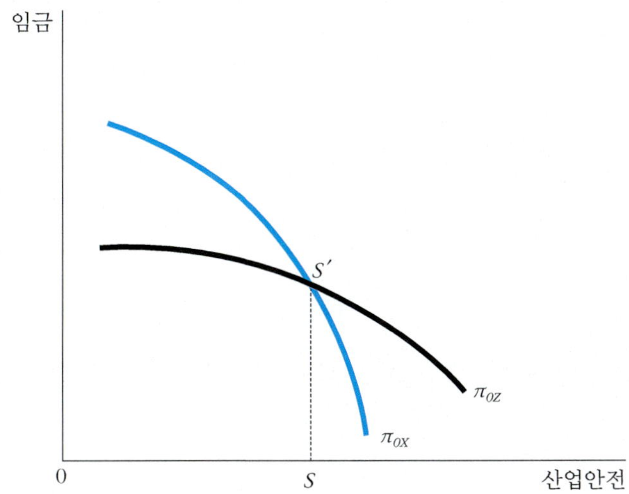

Y는 산업안전의 생산을 많이 하고, 그만큼 근로자에게는 임금을 적게 지불하려 하므로 등이윤선은 π_{OZ}와 같이 완만한 기울기를 갖는다.

산업안전을 더 생산하는 데 비용이 많이 드는 기업 X의 경우, 제로의 경제적 이윤을 보장받기 위해서는 큰 폭의 임금하락이 일어난다. [그림 4-5]에서 보는 바와 같이 산업안전 수준이 S점에서 산업안전을 강화하는 데 드는 비용이 상대적으로 큰 기업의 등이윤곡선 π_{OX}는 그렇지 않은 기업의 등이윤곡선 π_{OZ}에 비해 더 가파르게 나타난다.

3 헤도닉 임금의 결정

(1) 기업과 개인 간의 짝짓기

헤도닉 임금의 결정을 보기 전에 기업과 개인의 짝짓기(matching)를 살펴보도록 하자.

근로자의 목적은 효용을 극대화하는 것이다. 근로자의 효용극대화는 상이한 기업의 등이윤선에 직면하여 어떻게 이루어질까?

두 기업 X, Z가 있고 근로자는 갑과 병이 있다고 하자. 기업 X는 산업안전을 생산하는 데 비용이 상대적으로 많이 들고, 기업 Z는 산업안전 생산비용이 비교적 적게 든다고 가정하자. 또한 갑은 산업안전에 덜 신경쓰는 사람, 병은 산업안전에 대단히 민감한 사람을 대표한다.

[그림 4-6]의 (i)에는 기업 X와 기업 Z의 등이윤선과 갑의 무차별곡선을 그려놓았다. 갑이 기업 X와 만나면, 무차별곡선 U_2에서에서 효용극대화가 이루어진다. 만약 갑이 기업 Z와 만나면 효용수준이 낮은 무차별곡선 U_0에서 효용극대화가 이루어진다. 당연히 효용을 극대화하는 갑은 기업 X를 선택할 것이다.

[그림 4-6]의 (ii)에는 기업 X와 기업 Z의 등이윤선과 근로자 병의 무차별곡선을 그려놓았다. 마찬가지로 병은 기업 Z에서 더 높은 효용을 누릴 수 있으므로 기업 Z를 선택할 것이다.

따라서 개인이 효용을 극대화하는 한, 산업안전에 둔감한 사람은 산업안전 생산을 적게 하지만 임금을 많이 주는 기업을 선택하고, 반대로 산업안전에 민감한 사람은 임금을 다소 적게 받더라도 산업안전 생산에 효율적인 기업을 선택한다.

그림 4-6 상이한 기업과 상이한 개인간의 짝짓기

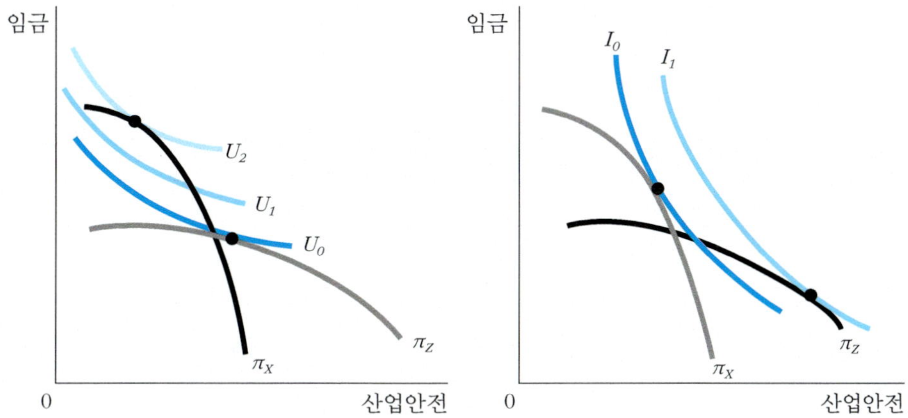

(i) 산업안전에 둔감한 근로자 (ii) 산업안전에 민감한 근로자

(2) 헤도닉 임금의 결정

자유로운 진입과 퇴출에 의해 특징지워지는 경쟁시장에서 개별기업은 제로의 경제적 이윤만 누린다. 개별기업들은 산업안전 생산비용의 차이를 갖고 있다. 이제부터는 각 기업의 등이윤곡선 중에서 제로의 경제적 이윤과 관련된 등이윤곡선만을 고려할 것이다.

이제 세 기업 *X*, *Y*, *Z*가 있고, 이들 각 기업에서 제로의 경제적 이윤과 관련된 등이윤곡선을 π_X, π_Y, π_Z라고 하자([그림 4-7]).

등이윤곡선의 차이를 고려할 때, 기업 *Z*는 산업안전 생산이 매우 용이한 기업이고, 기업 *X*는 산업안전 생산이 대단히 어려운 기업이다. 그리고 기업 *Y*는 산업안전 생산의 용이도에서 기업 *X*와 기업 *Z*의 중간위치에 있는 기업이라고 하자. 예컨대 기업 *X*는 시험운전용 전투기를 생산하는 업체라 충분한 산업안전을 제공하는 것이 사실상 불가능하고, 기업 *Z*는 컴퓨터 소프트웨어를 생산하는 업체라서 근로자의 임금을 크게 감소시키지 않고도 높은 수준의 산업안전을 제공할 수 있는 경우라고 생각해 볼 수 있다.

근로자의 목적은 효용을 극대화하는 것이며, 이는 개인의 무차별지도에서 가장 높은 곳에 위치하는 무차별곡선에 도달하는 것이다.

근로자 세 사람 *A*, *B*, *C*가 있다고 했을 때, [그림 4-7]에서 *A*의 무차별지도 중의 하나가 U_0로 표시되어 있고, 마찬가지로 *B*와 *C*의 경우는 각각 V_0, I_0로 표시되어 있

그림 4-7 헤도닉 임금의 결정

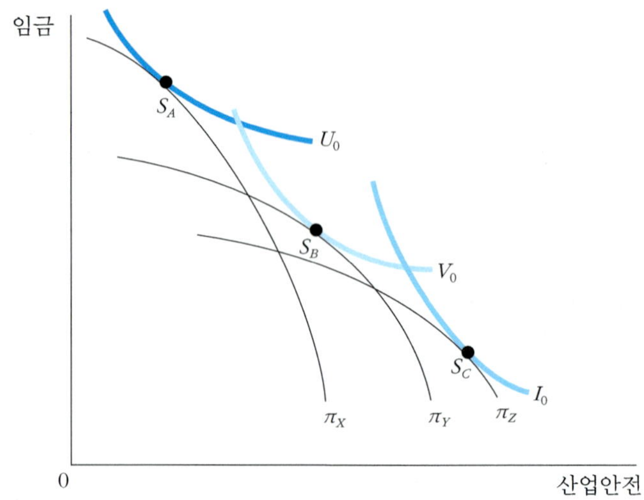

다. 근로자 A의 무차별곡선 U_0은 그가 산업안전에 가장 둔감함을 의미하고, 등이윤곡선 π_X는 기업 X가 산업안전생산에 가장 어려움이 많아 산재위험이 가장 높은 기업임을 의미한다. 이 경우 π_X와 U_0가 접하는 점인 S_A에서 근로자 A의 효용극대화가 이루어진다. 반대로 근로자 C의 무차별곡선 I_0는 그가 산업안전에 가장 민감한 사람임을 의미하며, 등이윤곡선 π_Z는 기업 Z가 산업안전생산을 세 기업 중 가장 효율적으로 하여 산재위험이 가장 낮은 기업임을 의미한다. 이 경우 π_Z와 I_0가 접하는 점인 S_C에서 근로자 C의 효용극대화가 이루어진다.

이와 같은 방식으로 기업과 근로자는 서로 짝짓기(good job match)를 하게 된다. 즉 산재위험을 가장 기피하는 근로자는 가장 안전한 작업환경을 제공하되 낮은 임금을 제시하는 기업과 짝짓기하게 되며, 산재위험에 별로 개의치 않는 사람은 가장 위험한 작업환경을 제공하되 가장 높은 임금을 제시하는 기업과 짝짓기하게 된다.

[그림 4-7]에 나타난 근로자와 기업 간의 짝짓기 점인 S_A, S_B, S_C를 연결하면 **헤도닉 임금함수** 또는 **보상임금함수**(hedonic wage function)가 도출된다. 일반적으로 헤도닉 임금함수란 근로자에게 지급되는 임금과 일자리 특성간의 관계를 요약한 것이다.

노동시장에서 실제로 우리가 관찰하는 것은 바로 이 헤도닉 임금함수이다. [그림 4-7]에서의 S_A, S_B, S_C를 연결한 헤도닉 임금함수는 [그림 4-8]의 (i)과 같이 산업안전과 임금 간의 역(−)의 관계로 표시된다. 이는 산업안전수준이 높아질수록 산업안전에 대해 지불하려는 가격은 낮아지는 경향성을 나타내고 있다.

산업안전이라는 재화 대신에 산재위험이라는 고통(비재화, 영어로는 bads)으로 치환하면 헤도닉 임금함수는 [그림 4-8]의 (ii)와 같이 산업재해와 임금 간의 정(+)의 관계를 보인다. 이는 산재위험이 높아질수록 높은 산재위험이라는 고통에 대한 근로자의 보상요구를 충족시키는 헤도닉 임금이 점점 커진다는 것을 보여준다.

여러 근로자와 여러 기업들 간의 짝짓기과정은 이제 보다 일반화될 수 있다.

첫째, 노동시장은 상이한 근로자를 상이한 기업의 일자리에 배치시키는(sorting) 임무를 수행한다.

둘째, 각 근로자는 수많은 기업 중에서 자신의 선호에 가장 부합하는 기업을 찾기 위해 자발적으로 최선을 다한다. 즉 **자기선택**(self-selection)이 일어난다. 개인의 선호와 취향은 기업이 미리 파악하지 못한다는 점에서 감추어진 특성이다. 감추어진 특성을 스스로 드러내어 자신의 유형을 밝히는 것을 자기선택이라고 한다. 반면에 감추어진 특성을 드러내지 않음으로써 기업이 원하지 않는 상대방과 거래를 하게 되는 경우를 **역선택**(adverse selection)이 일어난다고 한다. 경쟁노동시장은 각 개인으로 하여금 자기선택을 유인하는 메커니즘이 된다.

셋째, 산재위험을 회피하는 개인은 자기선택의 결과로 안전한 작업환경-낮은 임금을 제공하는 기업과 짝짓기하며, 산재위험에 개의치 않는 개인은 위험한 작업환경-높은 임금을 제공하는 기업과 짝짓기한다. 이를 일반화하면, 일자리 특성이 다를 때 이 같은 방식의 기업과 근로자간의 짝짓기가 경쟁노동시장에서 인적자원배분을

그림 4-8 헤도닉 임금의 두 의미

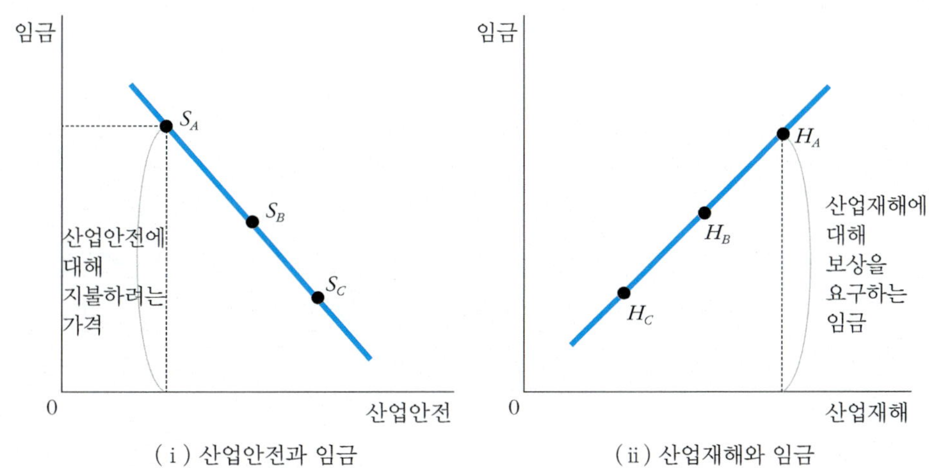

최적화한다고 할 수 있을 것이다.

제3절 작업장에서의 사망과 정부 규제

1 생명의 통계적 가치

이제 산업재해 중 가장 치명적인 산업재해, 즉 작업장에서의 사망에 초점을 맞추겠다.

헤도닉 임금론은 작업장에서의 근로자 사망이라는 산업재해에 정부가 어떤 방식으로 개입해야 하는가를 시사해 주고 있다. 즉 헤도닉 임금에 의해 사망자의 생명의 가치를 추정한 후, 사망자를 줄이려는 정부의 규제비용을 비교하여, 생명의 가치가 규제비용보다 크면 정부가 규제를 수행하고, 생명의 가치가 규제비용보다 작으면 정부가 개입하지 않고 시장에 맡겨 놓는다는 것이다. 이를 규제의 **비용-편익 분석**(cost-benefit analysis)이라고 한다.

산업안전이 증가함에 이에 대한 가격을 지불하므로 헤도닉 임금은 낮아지게 된다([그림 4-8]의 (i) 참조). 이를 사망이라는 산업재해를 기준으로 생각해 보면 헤도닉 임금은 사망이라는 산업재해가 증가함에 따라 상승하게 된다([그림 4-8]의 (ii) 참조). 시장임금과 사망이라는 산업재해 간에는 정(+)의 관계가 성립한다는 점에 초점을 맞추어 여러 연구들이 임금과 사망이라는 산업재해 확률간의 관계인 헤도닉 임금함수를 추정하였다.

추정을 위한 기본 회귀방정식은 다음과 같은 식의 형태를 취한다.

$$w_i = r\rho_i + \text{여타 변수들} \qquad (4.1)$$

여기서, w_i는 임금이며, ρ_i는 근로자 직장에서의 사망이라는 산업재해 확률이다. ρ_i의 계수 r은 사망이라는 산업재해 확률 1단위 증가에 따른 임금변화를 측정한다. 여타 변수들은 근로자의 인적자본(교육과 나이 등) 변수를 포함하고 있다. 미국에서 수많은 연구 중에 가장 흥미로운 결과는, ρ_i를 산재사망 확률로 놓았을 때, 미국에서 산재사망 확률이 0.001포인트 증가(즉, 한 해에 1,000명 중 1명이 추가로 사망)할 경우, 이는 1년 소득을 약 7,600달러(2007년 달러 기준) 증가시킨다는 것이다.

표 4-1 생명의 가치 계산 방법

기업	사망확률	연간 소득
X	ρ_X	w_X
Y	$\rho_X+0.001$	w_X+7,600달러

사망확률 0.001포인트 증가시 얼마 정도의 임금 증가가 보상으로 요구되는가를 나타내는 추정결과를 이용하면, **'생명의 가치**(value of life)'를 계산할 수 있다.

예를 들어, 다음과 같은 두 개의 일자리를 고려해 보자. X기업에 고용된 근로자는 사망확률이 ρ_X이며 1년에 w_X만큼 번다고 가정하고, Y기업에 고용된 근로자는 사망확률이 X기업보다 0.001포인트만큼 높지만 위의 실증분석 결과를 이용하여 1년에 약 7,600달러 더 지급한다고 가정하자(〈표 4-1〉 참조).

기업 X와 기업 Y가 각각 1,000명씩 고용한다고 하자. Y기업에서는 X기업보다 사망확률이 0.001포인트 높으니, 1년에 1명씩 더 죽게 된다. Y기업 근로자들은 보상적 임금격차 7,600달러 더 받고 이러한 추가적 산재위험을 감내한다. 반대로 이야기하면 이는 Y기업의 각 근로자들은 사망확률 0.001단위를 더 줄이기 위하여 1년에 7,600달러를 기꺼이 포기할 의사를 갖고 있다는 것과 같다.

각 근로자들이 사망확률 0.001단위 높은 것에 대해 1년에 1인당 7,600달러를 위험보상으로 요구하면, Y기업에는 1,000명이 있으므로, 이들은 1년 기간에 한 사람의 사망에 대해 760만 달러(즉 7,600달러×1,000명)를 지불하게 된다. 이는 Y기업의 근로자는 한 명의 생명을 760만 달러로 평가하는 셈이 된다. 이를 **생명의 통계적 가치**(statistical value of life)라고 한다.

이와 같이 헤도닉 임금이론은 식 (4.1)에 나타난 임금과 산업재해 확률간의 회귀관계식의 이론적 기초가 된다.

식 (4.1)의 추정결과는 산업재해 및 국민생명보호에 관한 정부정책 결정에 심대한 영향을 끼쳤다. 미국 연방 고속도로 교통안전청은 모든 차에 안전벨트 착용을 의무화하는 규제비용을 1인당 30만 달러로 추정하였는데, 1인당 규제비용이 1인당 생명가치 760만 달러라는 이익보다 훨씬 작기 때문에 규제는 합리화되었다. 반면 미국 환경처는 유리제조업에서 비소라는 화학물질의 해독을 방지하려는 정부규제의 비용을 1인당 1천420만 달러로 추정하였는데, 이 제안은 생명가치보다 지나치게 높다고 하여 거부되었다.

우리나라에서 생명의 통계적 가치에 관한 연구는 송기호(1993)에 의해 이루어진 바 있다. 그는 한국의 통계적 생명의 가치를 1980～1984년간 5개년 평균 3.5억원(당시 환율적용 시 연평균 47만 달러), 1985～1989년간 5개년 평균 5.4억원(74만 달러)으로 추정하였다. 특히 그는 1988년 이후 보상적 임금격차가 급속히 증가하였다고 보고하면서, 이는 **생산직 부족현상**과 **3D 기피 현상**에 대한 보상요구임금의 상승과 관련이 있다고 판단하였다.

2 헤도닉 임금론과 정부개입 평가

(1) 헤도닉 임금이론의 예측

정부가 작업장에서의 근로자 사망과 부상을 막기 위해 노동시장 전체에 적용되는 규제를 만들어 시행한다. 예컨대 미국은 1970년 '작업장 건강 및 안전법'(Occupational Health and Safety Act, *OSHA*)을 만들어 작업장에서의 근로자 생명을 보호하고, 사망과 부상으로부터의 위험을 제거하려는 노력을 하고 있다. 2007년 기준으로 *OSHA* 담당기관의 인원은 2,173명이며, 대부분 감독관으로 구성되어 있다. 1년 예산은 4억 8천만 달러수준이다. *OSHA*담당기관은 2007년 39,324건을 검사하였고, 88,846건의 법위반을 적발하여, 8,400만 달러 이상의 벌금을 부과하였다. 대부분의 규제활동은 작업장에서의 사망률의 상한선을 공시하여 감독하는 것이다.

기업에게 근로자 생명이 보장되는 안전한 작업장을 제공하라고 정부가 명령하면 실제로 더 안전한 근로환경이 조성될 것으로 믿기 쉽다. 그러나 *OSHA* 규제가 사업장의 안전을 눈에 띄게 향상시켰는지에 관한 실증분석은 *OSHA*는 사업장 재해율을 1% 정도로 약간만 감소시켰을 뿐, 규제의 효과는 별로 없었다는 결과를 제시하고 있다.

정부의 규제활동으로 시장에서 근로자의 효용과 기업의 이윤에는 어떤 영향을 미치는지를 헤도닉 임금론을 이용해서 살펴보기로 한다.

정부가 사업장에 사망률($\bar{\rho}$)의 최대한도를 공시한다는 것은 산업안전의 최소기준, 예컨대 $(1-\bar{\rho})$을 설정하는 것과 동일하다. 이러한 산업안전의 기준을 $\bar{s}$ 이라고 하자. 즉 $\bar{s}=(1-\bar{\rho})$.

[그림 4-9]는 이러한 규제의 효과를 보여준다. 규제가 있기 전에는 근로자는 w_0 임금과 s_A라는 산업안전을 선택했다. 기업은 π_x^0 관련한 제로의 경제적 이윤(정상이윤을 벌고 있음을 유의하라)을 얻고, 개인은 U_0의 효용을 얻는다. 정부가 s_A가 너무 낮다고 하여 안전기준을 $\bar{s}$로 높인다고 하자. 정부규제가 강제되면 w_0임금과 s_A라는 산업안전 선택은 불법이 된다. $\bar{s}$라는 규제에서 개인이 받을 수 있는 임금은 헤도닉 임금

그림 4-9 헤도닉 임금과 정부규제

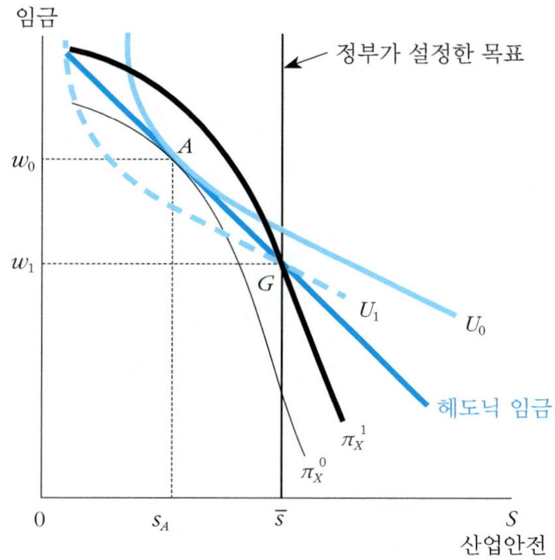

함수의 G점이다. 새로운 작업장에서의 임금은 w_1으로 하락하나 그의 안전은 $\bar{s}$로 증가한다. 그는 이 결과에 만족해 할까? G점 관련 작업장에서 일하면 그의 효용수준은 U_1 수준으로 하락한다. 규제 전에는 본인의 선호를 고려하여 효용극대화를 이루었으나, 규제 후 그는 다른 특성의 작업장을 선택해야 하니 당연히 그의 효용이 낮게 된다.

안전기준을 $\bar{s}$로 높인 정부규제가 강제되면, 기업의 이윤도 감소한다. 정부의 안전기준으로 사업장은 G점 관련 새로운 작업장으로 전환하여야 하는데, G점을 통과하는 이윤선은 부(마이너스)의 경제적 이윤, 즉 손실을 낳는다. 기업이 정상이윤도 벌지 못하는 상황이 오면, 정부규제로 기업이 폐업할 수도 있다.

근로자의 효용을 낮추고 기업의 손실(마이너스의 경제적 이윤)을 낳는 정부규제는 정당화될 수 없을 것이다.

(2) 근로자가 산재위험에 대해 불완전 정보를 갖고 있을 때 규제효과

정부 규제가 정당화될 수 있는 경우는 사업장은 근로자의 사망확률에 관한 정확한 정보를 갖고 있으나 근로자는 이에 대한 정보를 갖지 못하여, 자신의 사망위험을 낮게 평가하는 경우이다.

[그림 4-10]은 근로자가 자신의 사망확률에 관해 저평가하는 경우를 보여준다.

그림 4-10 산재위험을 잘못 알고 있는 경우

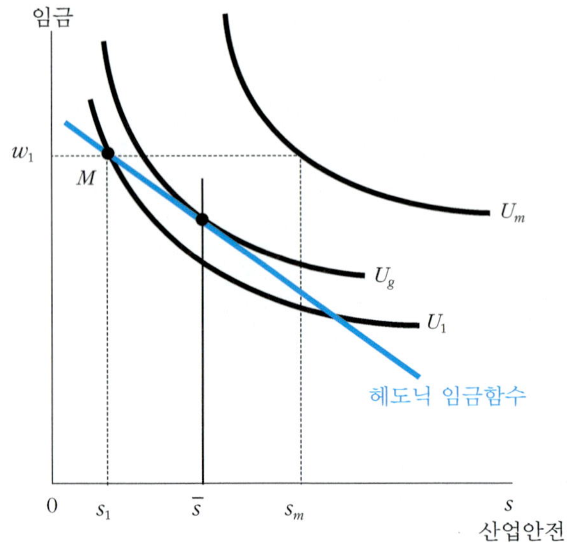

근로자가 w_1라는 임금을 받고 있다고 하자. 헤도닉 임금함수에 의거하면, 그는 M점 관련 사업장에서 s_1의 안전과 U_1의 효용을 얻는다. 그러나 그가 사업장의 안전상태를 모르고 사업장이 s_m의 안전을 제공하고 있다고 잘못 알고 있었다고 하자. 그는 사망할 확률을 저평가한 결과, U_m 수준의 효용을 기대하였지만, 실제로는 U_1 수준의 효용을 얻게 된다. 이런 경우에 $\bar{s}$라는 정부 규제가 있다면 그의 효용을 U_g 수준으로 높일 수 있다. 물론 이 효용수준은 그가 재해수준을 잘못 알아 당초 예상했던 효용수준보다는 낮은 수준이지만, 그럼에도 불구하고 정부 규제가 근로자의 실제 효용을 높여줄 수 있음을 보여주는 예이다. 즉, 근로자가 작업장의 위험을 항상 저평가한다면 정부의 안전규제는 개인의 효용을 향상시킬 수 있다.

물론 이러한 논리가 성립하려면 근로자와 달리 정부가 작업장의 위험정도를 정확하게 파악하고 안전규제를 설정하고 있다는 것을 전제로 해야 한다. 그러나 실제에 있어 정부도 산업안전의 위험을 과소평가하는 경우가 적지 않다. 정부는 석면이 암을 발생시킨다는 사실을 1950년대, 60년대까지 전혀 몰랐으며, 새집증후군과 같이 환경유해물질의 유독성에 대해 인지하기 시작한 것도 최근에 와서부터이다. 이처럼 정부가 산업안전의 유해성을 정확히 판단하지 못하는 경우에는 산업안전에 관한 정부규제가 효과를 갖기 어려울 것이다.

제4절 헤도닉 모형과 부가급여

1 부가급여의 비중에 관한 미국통계

제1장 3절에서 살펴본 것처럼 기업차원에서의 노동보수(compensation)는 근로소득으로서의 화폐임금(money wages)에 부가급여(fringe benefits)를 합한 것이다. 임금을 측정할 때 부가급여의 크기를 정확히 측정하는 것은 대단히 중요하다. 왜냐하면 노동시장 분석에서 말하는 '임금'이란 개념과 가장 부합되는 것이 명목임금과 부가급여의 합인 노동보수이기 때문이다.

부가급여에는 (ⅰ) 사용자가 적립하는 퇴직금, (ⅱ) 월차휴가, 연차휴가, 생리휴가, 산전·산후휴가 등 유급휴가와 정규 공휴일 등 유급휴일에 대한 지급금액, (ⅲ) 국민연금, 의료보험, 산재보상보험 및 실업보험 등과 관련한 사용자부담 보험료, (ⅳ) 회사부담의 교육훈련비, (ⅴ) 기타 항목, 예컨대 무료 또는 할인식권, 상품권, 작업복지급 등이 포함된다.

미국의 경우도 지난 40년간 부가급여 비중이 크게 높아진 것으로 알려지고 있다. 임금 중 사용자부담 복지비의 비중에 대한 자료에 의하면, 미국 기업의 생산직 근로자의 경우, 부가급여는 1975년에는 노동보수의 16.7% 정도였으나 2015년에는

표 4-2 노동보수 중 부가급여의 비율(2015년 3월)

부가급여 종류	노동보수 중 부가급여 비율(%)	시간당 평균임금 (미국 달러)
법적으로 요구되는 지불	**7.5**	**2.52**
사회보장	5.5	1.84
실업보험	0.7	0.23
근로자 보상	1.4	0.45
퇴직관련 사용자 비용	**5.3**	**1.78**
확정급여형 퇴직연금	3.4	1.13
확정기여형 퇴직연금	1.9	0.65
보험(의료, 생명, 장애)	**8.9**	**2.97**
유급휴가, 공휴일, 병가	**7.0**	**2.33**
기타	**3.0**	**1.01**
총계	**31.7**	**10.61**

자료: U.S. Labor Department, Bureau of Labor Statistics, "Employer Costs for Employee Compensation-March 2015," Table 1, news release USD-15-1132(June 10, 2015).

31.7% 수준까지 증가하고 있다(〈표 4-2〉). 따라서 미국 근로자들은 그들의 노동제공에 대한 보상 중 약 1/3에 해당하는 부분을 매월 현금형태가 아닌 부가급여 형태로 받고 있다고 할 수 있다.

그러면 기업은 왜 임금 대신에 부가급여를 지급하는가? 노동보수 중에서 부가급여가 차지하는 비중은 왜 기업에 따라 다른가? 또 그 비중은 왜 빠르게 증가하여 왔는가?

2 근로자들의 선호

먼저, 근로자의 입장에서 부가급여 형태로 보상을 받는 것이 유리한 점을 살펴보자. 부가급여는 편의상 두 가지 범주로 나누어 생각할 수 있다. 첫째는 **비금전적 급여** 내지 **현물급여**이다. 기업이 지불해 주는 보험료 또는 유급휴가, 유급휴일 등이 여기에 속한다. 그리고 둘째 범주는 **이연보수**(deferred compensation)이다. 이연보수이란 현재 발생하는 노동소득이지만 화폐형태로 지불되는 것이 장래의 일정 시점까지 연기 내지 유예되는 보수를 지칭한다. 연금이나 또는 퇴직금이 이연보수에 속한다.

먼저, 현물형태의 급여가 근로자에게 유리한 이유를 살펴보자. 원래 동일한 가치의 보상이라면 그것을 현금으로 받는 것이 근로자의 효용을 높인다. 왜냐하면 다른 사정이 동일하다면 현금으로 받을 때 근로자가 희망하는 재화와 서비스를 가장 자유롭게 선택·구입할 수 있기 때문이다.

그러나 다른 사정이 동일하지 않은 경우가 있을 수 있다. 첫째, 가장 중요한 것은 조세상의 혜택이다. 일정한 금액을 현금으로 받으면 근로자는 근로소득세를 부담하게 된다. 그러나 그것이 비현금형태로 제공될 때에는 조세를 감면받는 경우가 많다. 예컨대 회사가 제공하는 아파트에 전기·수도 등의 공과금만 내고 공짜로 살고 있는 경우, 그가 인근 민간아파트에 살았더라면 지불했었어야 할 시장임대료가 기업이 그에게 제공한 부가급여가 되는데, 이러한 부가급여에 조세당국이 세금을 부과하지 않고 있다. 유급휴가에 대해서도 마찬가지다. 또한 현물형태의 급여는 대량 내지 집단적으로 할인된 가격으로 구입이 가능하므로 그와 같은 측면에서도 현금보상보다 근로자에게 이익이 될 수 있다.

둘째, 이연보수의 경우에도 조세상의 혜택이 있을 수 있다. 연금 또는 퇴직금의 형태와 같이 보통은 정년퇴직 이후의 노령기에 이를 수령하게 된다. 그리고 이와 같은 종류의 보상에 대하여는 세율이 특별히 낮고, 또한 일반적으로 이 시기에는 근로

그림 4-11 무차별곡선

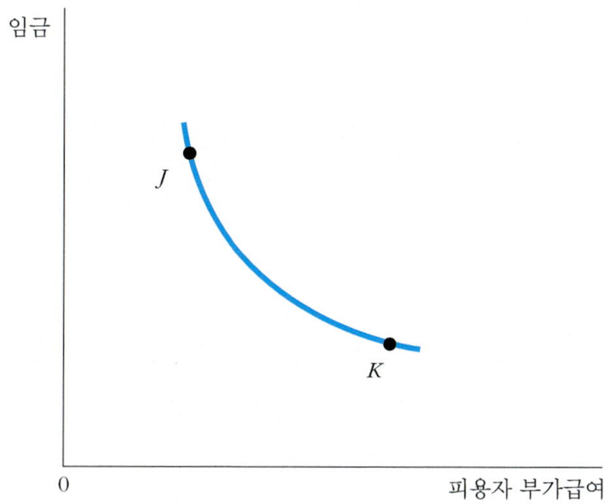

자의 임금소득이 낮기 때문에 부담하게 되는 세율도 낮은 것이 보통이다. 따라서 매월 추가적인 세부담 없이 저축된 금액을 퇴직 이후에 노후대책으로 받게 되고, 아울러 조세면에서도 혜택을 받으므로, 근로자 입장에서 이러한 이연보수 형태를 선호하게 된다.

근로자들은 현금급여와 부가급여 간에 선택을 할 수 있다. 현금급여가 가져다 주는 편리함과 부가급여가 가져다 주는 세제상의 혜택을 둘 다 누릴 수는 없고, 현금급여의 편리함을 누리자면 세제상 혜택을 희생하여야 한다.

임금을 w, 부가급여를 F로 표시하면, 개인의 효용함수는 $U=U(w, F)$가 된다. 임금과 부가급여는 모두 정상재이므로 현금급여와 부가급여에 대한 근로자의 선호체계를 무차별곡선으로 표시하면 [그림 4-11]과 같다.

J점에서는 부가급여 수준이 낮기 때문에 부가급여(이로 인한 세제상의 혜택)를 한 단위 더 누리기 위해 포기하고자 하는 현금의 양은 매우 크며, K점에서는 부가급여 수준이 이미 높기 때문에 부가급여를 한 단위 더 누리기 위해 포기하고자 하는 현금의 양이 대단히 작다는 것을 알 수 있다. 부가급여가 증가될수록, 부가급여를 한 단위 더 얻기 위해 포기하고자 하는 현금급여의 양은 점점 작아질 것이다. 즉, 현금급여와 부가급여 간의 한계대체율은 부가급여가 커질수록 점차 체감하게 될 것이다.

3 기업들의 등이윤선

고용주는 현금급여와 부가급여의 합인 노동보수의 수준에 대해서는 대단히 민감하지만, 보수 중 부가급여가 어느 정도의 비중을 차지하는가에 대해서는 그다지 민감한 반응을 보이지 않는다. 고용주의 경우에는 X원을 현금으로 주나 X원을 부가급여로 지급하나 완전히 무차별하다.

노동시장에서 어떤 일에 대해 근로자 보수가 X원으로 결정되고, 기업이 이 보수수준을 받아들인다고 하자. 이는 제로의 경제적 이윤에서의 보수수준을 의미한다고 간주하자. 즉, 기업이 X원 이상으로 임금을 지급하면 기업의 경제적 이윤은 마이너스가 되고, X원 이하로 임금을 지급하면 경제적 이윤은 플러스가 된다. 이제 우리는 근로자에 대한 보수수준을 X원으로 유지하는 한에 있어서 현금급여와 부가급여의 합이 X원이 되게 하는 등이윤곡선(iso-profit curve)을 상상할 수 있을 것이다.

[그림 4−12]는 현금급여와 부가급여 간의 등이윤선을 보여준다. 등이윤곡선의 기울기는 −1이며, $OA=OB=X$원이다. 고용주는 노동보수 X원 중 현금급여 또는 부가급여가 얼마만큼의 비중을 차지하는가에 대해서는 전혀 관심이 없고, 부가급여를 증가시키면 제로의 경제적 이윤을 유지하기 위해 증가된 부가급여만큼 현금급여에서 감액시킬 것이다. 고용주 입장에서는 부가급여 1원은 현금급여 1원과 동등하게 간주한다.

물론 사용자측이 부가급여 지급을 현금급여보다 더 선호할 수도 있다. 부가급여의 지급방식이 사용자에게 지니는 유리함 내지 이익이 있을 수 있기 때문이다. 이러한 점들을 살펴보자.

첫째, 조세나 사회보험에 대한 사용자 측 기여분은 근로자의 임금(현금급여)액에 비례하는 경우가 많다. 기업이 현물급여 형태로 부가급여를 제공함으로써 현금급여를 하락시킨다고 하자. 그러면 현금임금에 비례적인 사용자부담의 보험료 및 조세도 감소한다. 이 경우 현금 1원보다 부가가치 1원의 가치가 더 크다. 예컨대 부가가치 1원은 현금 0.8원과 같은 가치를 가진다고 하자. 이때, 현금임금 1원 감소시 기업이 제로의 경제적 이윤을 유지하자면, 1.25원의 부가급여를 증가시키면 된다. 이러한 경우, 등이윤선은 [그림 4−12]의 (ii)에서 AC로 나타낼 수 있다. 이때 $OC>OA=OB$의 관계를 가진다.

둘째, 사용자는 그들이 희망하는 어떤 노동특성을 가진 근로자들을 채용하고자 할 때, 그와 같은 근로자의 기호에 적합한 부가급여제도를 제공하는 방법을 채택

그림 4-12 등이윤선

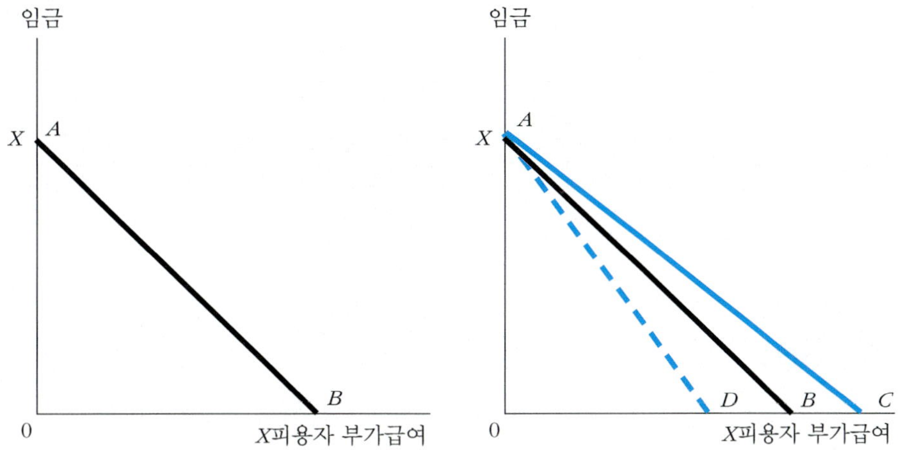

(ⅰ) 제로의 경제적 이윤의 등이윤곡선 (ⅱ) 등이윤곡선의 변화

할 수 있다. 선진국의 경우 채용과정에서 성, 연령, 인종 등의 이유로 차별 대우하는 것은 법률로 금지되어 있다. 그러나 사용자가 이직 등을 방지하고자 고용의 안정성이 높은 기혼 근로자를 선호한다고 하자. 그럴 경우에는 독신자나 고령자에게는 별로 도움이 되지 않는 가족의 의료보험 혜택이나 자녀에 대한 등록금, 의료치료에 대한 보조금 등의 부가급여를 제공함으로써 기업은 기혼 근로자를 모집하는 데 '은밀하게' 유리한 입장에 설 수 있다. 즉 부가급여 1원은 현금 1원보다 가치가 크고, 현금임금 1원 감소시 기업이 제로의 경제적 이윤을 유지하자면, 1원 이상의 부가급여를 증가시키면 된다. 따라서 등이윤선 기울기의 절대값은 1미만이 된다. 이 또한 [그림 4-12]의 (ii)에서 등이윤곡선을 *AB*에서 *AC*로 이동하게 만든다.

셋째, 사용자는 이직률이 높은 데서 오는 각종 채용 및 훈련비용을 절감하고, 장기근속을 유도하는 방편으로 각종 부가급여를 이용할 수 있다. 때로는 각종 부가급여가 기업의 인사관리수단으로서 근로자의 사기를 진작시키며, 기업에 대한 충성심을 발휘하게 하는 데 이용될 수도 있다. 이 경우에도 부가급여에 지출된 돈 1원은 현금급여에 지출된 돈 1원보다 더 가치가 있다.

이 밖에도 과거 정부가 물가상승을 억제하기 위해 임금인상 폭을 규제할 때, 기업들은 이를 회피하는 수단으로 임금인상 대신 정부가 식별하기 어려운 부가급여 수준을 높여왔다.

선진국의 사정을 살펴보면, 근로자들 사이에 부가급여상의 불균형이 확대되는 양상을 발견할 수 있다. 대기업이나 노조 교섭력이 강한 산업 내지 기업에서는 근로자 또는 노동조합원이 이미 상당 정도 높은 수준의 보상을 누리고 있는 데에도 불구하고 추가적인 부가급여를 계속 확보하여 과보호되고 있는 반면, 이같은 부가급여의 혜택에서 소외되는 근로자는 계속 낙오되어 양 집단 간의 격차가 더욱 확대되고 있는 것이다. 부가급여의 불균형 확대가 노동시장 양극화의 또 다른 원인을 제공하는 것에 대한 우려가 제기되고 있다.

4 현금급여와 부가급여의 동시적 결정

만약, 모든 기업들의 등이윤곡선이 −1의 기울기를 갖는다면, 근로자의 무차별곡선과 기업의 등이윤선 간의 접점의 궤적, 즉 헤도닉 임금은 [그림 4−13]에서 *AB*가 될 것이다. 근로자 *Y*는 W_Y만큼의 현금급여와 F_Y만큼의 부가급여를 택하고, 근로자 *Z*가 W_Z만큼의 현금급여와 F_Z만큼의 부가급여를 택하면, 고용주들은 자신이 필요로 하는 근로자들의 선호를 파악하여 그에 맞는 보상체계를 고안할 수 있을 것이다. 즉 근로자의 의중을 반영하는 임금, 즉 헤도닉 임금이 결정되는 것이다.

이상의 분석이 내포하고 있는 몇 가지 함축된 의미들은 다음과 같다.

첫째, 각 기업들은 자신들이 모집하고자 하는 근로자 유형에 따라 각기 다른 임금−부가급여 결합점을 제시할 것이다. 예컨대 채용대상 근로자들이 젊거나 가난하면 보상체계는 현금급여를 보다 중시하는 방향으로 설계될 것이며, 채용대상 근로자들이 기혼자이면 부가급여를 중시하는 방향으로 보상체계가 설계될 것이다.

둘째, 노동시장에서 평균적인 임금−부가급여의 결합점의 위치는 근로자의 평균적 선호가 *Y*라는 근로자에 더 가까운가 아니면 *Z*라는 근로자에 더 가까운가에 달려 있다.

셋째, [그림 4−13]에서 등이윤선의 기울기가 −1인 경우에는 근로자가 부가급여의 비용을 현금급여의 감액으로 지불하게 되어 현금급여와 부가급여 간에는 1:1의 대체관계가 성립된다. 만약, 이 예측이 옳다면 현금급여의 감액 없이 근로자들의 부가급여 혜택을 증가시키기 위한 정부의 정책 시도는 조만간 근로자들의 현금급여 수준을 낮추는 방향으로 작용할 것이다. 예컨대 근로자의 부가급여 증액을 제공하여 근로자를 보호하려는 취지로 제정된 법은 그 의도와는 반대로 근로자의 현금급여를 낮추는 결과만 초래할 수 있다.

그림 4-13 현금급여와 부가급여의 동시적 결정

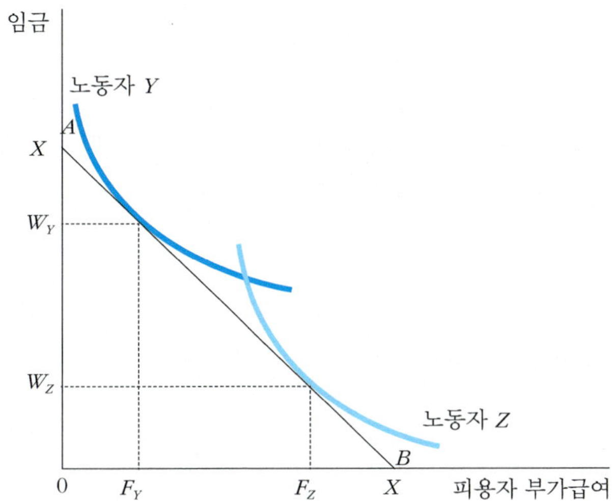

우리나라 근로기준법에 명기된 법정 퇴직금제도도 예외는 아니다. 퇴직연금제도가 정착되어 법정 퇴직금제도에 대한 근로자의 선호가 줄어든다면, 법정 부가급여제도를 폐지했을 때 근로자의 권리가 크게 침해된다기보다는 오히려 근로자의 현금급여를 증대시키는 결과를 낳을 수도 있음을 헤도닉 임금이론은 예측하고 있다.

제 5 절 헤도닉 임금의 증거와 반대 증거들

1 헤도닉 임금의 증거

헤도닉 임금이론에 의하면 노동시장에서 거래되는 것은 근로자가 판매하는 '**노동서비스**'와 기업이 제공하는 '**일자리 특성**' 두 가지이다. 근로자는 자신이 제공한 노동서비스에 대해 임금을 받고, 자신이 일하는 일자리의 좋은 특성에 대해 가격을 지불한다. 불리한 일자리 특성에 대해서는 별도의 보상을 받고, 동시에 자신의 노동서비스에 대한 임금을 받는다고 할 수 있다.

예를 들어보자. 리비아, 사우디아라비아 등 중동국가에서는 오일 달러의 누적에 따라 대규모 건설사업이 진행되고 있는데, 그 건설현장에는 한국 건설기업과 건설근로자가 많이 진출한다. 외국의 사막에서 이루어지는 야외공사는 대부분의 사람들이 싫어하는 일이다. 그 일을 하기 위해서는 국내에서보다 훨씬 높은 보상임금을 제공해야 한다. 예컨대 국내에서 시간당 2만원에 일하는 건설근로자가 중동국가의 사막 건설현장에서는 시간당 4만원을 받는다고 하자. 이는 국내에서 받을 수 있는 임금 2만원에다 불리한 일자리의 특성, 즉 외국에서의 일, 사막에서의 일에 대한 임금프리미엄을 2만원을 추가로 받는다는 것을 의미한다. 헤도닉 임금이론에 의해 잘 설명되는 경우이다.

2 헤도닉 임금의 반대 증거들

헤도닉 임금이 잘 적용되지 않는 경우도 많다. 한국에서 흔히 **3D**(dirty, dangerous, difficult) **산업**에 속하는 중소기업들은 불리한 일자리 특성, 즉 쾌적하지 않은 근로환경, 위험한 작업장, 육체노동의 강도가 높은 힘든 일자리를 제공한다. 불리한 일자리에서 중소기업이 필요로 하는 인력을 끌어들이기 위해서는 불리한 조건에 대해 충분히 보상해주는 임금, 즉 헤도닉 임금이 주어져야 한다. 그러나 많은 중소기업들은 지불능력이 낮기 때문에 충분한 보상임금을 지불하지 못한다. 한국에서 한편으로는 취업난이 심각하고 다른 한편으로는 중소기업의 만성적인 인력난이 존재하는 것은 헤도닉 임금이 현실적으로 작용되지 않음으로써 노동시장 불균형이 발생하는 증거라고 할 수 있다.

한국의 직업세계의 현실도 헤도닉 임금의 세계와 크게 다르다. 한국의 직업세계는 조선 유교문화의 영향인 사농공상(士農工商)의 직업서열이 사공상농(士工商農)으로 바뀌었을 뿐이다. 화이트칼라가 블루칼라보다 선호되고, 같은 화이트칼라 내에서는 관리직, 공무원, 교수 등이 과학기술직, 엔지니어보다 선호된다. 더 나아가 블루칼라의 직업은 기피하거나 경시된다. 또한 나쁜 작업환경에서 일하는 블루칼라의 임금은 대단히 낮아 평생 열심히 일해도 중산층으로 진입하지 못하는 경우가 많다.

박훤구 박사는 지금부터 약 30년전 '직종별 임금격차의 실태와 변화과정'(박훤구·박세일, 1984)에서, '사회적 관습'에 의해 기업들이 고급관리직을 전문기술직보다 우대하고, 하급사무직을 생산직보다 우대한다는 것을 분석하였다. 그는 국제비교의 관점에서 미국, 영국, 덴마크, 노르웨이 등에서는 고급관리직의 임금은 전문기술직의 임금과 동등하거나 유사하고, 독일에서는 후자가 전자보다 높음을 제시하였다. 또한 그는 같은 유교문화권이며, 사회적 관습이 유사한 대만, 일본은 전문기술직이 한국보다 더 대우 받고 있다고 하였다. 유럽의 국가들에 있어서는 숙련생산직이 하급사무직 보다 임금이 높거나 유사하나, 한국의 경우 하급사무직의 임금이 더 높음을 보였다. 이것은 그의 분석은 오늘에도 여전히 타당성을 지닌다.

우리나라 공기업의 경우는 직장안정성이 보장되어 있어 공기업 공채채용에는 경쟁률이 수백 대 일이 되기도 한다. 민간부문에서 유사한 기업의 고용불안에 비하면 공기업의 고용안정성이 확고하기 때문이다. 우리가 살펴본 헤도닉 임금이론에 의하면, 근로자가 유리한 일자리 특성에 대해 가격을 지불한 후의 자신의 순임금은 낮아져야 한다. 그러나 공기업의 임금수준은 오히려 민간부문의 유사기업에 비해 2배 이상 높은 수준이다. 이 때문에 공기업의 일자리는 '신이 내린 일자리'라고 많은 사람들이 동경한다. 공무원의 경우도 유사하다. 고용안정성은 법으로 보장되어 있으며 퇴직 후 공무원연금은 국민연금에 비해 월등히 높은 보장성을 갖고 있다. 과거에는 공무원의 임금수준이 민간부문보다 낮았으나 지금은 오히려 높다. 임금도 높고, 부가급여도 높으며, 고용안정성은 확고하므로 헤도닉 임금이론은 공무원 노동시장에 전혀 작동하고 있지 않은 것이다.

이러한 불균형이 해소되지 않는 한, 우리나라에서 공기업 일자리, 더 나아가 공무원 일자리로 몰리는 취업경쟁은 지속될 것이다.

소득 2만 5천 달러 시대 가구당 1~2인의 자녀, 높은 수준의 교육 등으로 근로자들은 개인주의적 가치관을 갖고 있다. 이러한 개인주의적 가치관에 따라 개인의 생산성 중시, 힘든 작업환경에 대한 높은 보상이라는 근대적 인사관리를 원함에도 불구하고, 기업과 정부의 전근대적인 사회적 관습 중시의 인사관리를 그대로 고수하고 있다. 직업의 귀천을 따지지 않고, 힘든 작업, 근무환경의 열악함 등에 대해 합당한 보상이 이루어지는 방식으로 인사관리 방식이 획기적으로 전환될 필요가 있다. 이러한 노동시장이 바로 경쟁적 시장경제와 부합한다.

제 6 절 산업안전에 대한 경제 분석

헤도닉 임금이 작용하는 노동시장은 **경쟁적 노동시장**이다. 반대로 헤도닉 임금이 작용하지 않는 노동시장을 우리는 **불완전 노동시장**이라고 한다. 우리는 우선 이 소절에서 불완전 노동시장을 정의하고 몇 가지 사례를 소개한 후, 한국의 불완전 노동시장에서 산업안전을 높이기 위한 분석을 행하기로 한다.

1 불완전 노동시장의 정의

우리는 제1장에서 경쟁노동시장의 가정들을 제시한 바 있다. 불완전 노동시장은 이들 가정과 관련시켜 설명할 수 있다. 우리는 경쟁노동시장 가정 중 모든 일자리의 성격이 동일하다는 가정을 완화하더라도 다른 경쟁조건이 유지된다면 노동시장에는 보상적 임금격차만이 존재하고 노동시장의 효율성은 그대로 유지된다는 점을 앞 절에서 살펴본 바 있다. 그리고 다음 장인 제5장에서는 모든 근로자가 동일하다는 가정을 완화할 때, 개인간 상이한 생산성에 따른 임금격차를 설명할 예정이다. 즉 제 1장에서의 **동일노동에 대한 동일임금**, 이 장에서 논의한 상이한 근무여건에 대한 **보상적 임금격차**, 그리고 제5장에서 논의할 상이한 개인의 **생산성격차에 따른 임금격차**는 경쟁노동시장론의 3대 골격이다. 일자리 근무여건의 차이, 개인의 생산성 차이를 제외한 여타의 가정들이 충족되지 않는 노동시장이란 구체적으로 어떤 경우를 말하는가? 이는 다음 네 가지의 핵심 가정과 관련되어 있다.

첫째, 수많은 기업과 수많은 근로자가 경쟁하며, 가격수용자(price taker)로서의 기업과 근로자
둘째, 자유로운 진입과 퇴출(free entry and exit)
셋째, 충분한 정보(complete information)
넷째, 자유방임, 즉 정부개입의 부재(不在)

즉, 가격 수용자의 가정이 위배되는 노동시장, 자유로운 진입과 퇴출이 이루어지지 않는 노동시장, 정보의 불완전성이 있는 노동시장, 정부가 적극 개입하는 노동시장을 **불완전 노동시장**이라고 한다. 이들을 차례로 살펴보자.

(1) 가격을 책정하는 기업

우선 경쟁노동시장은 수많은 근로자와 수많은 기업이 경쟁하고 있어 근로자 개인이나 개별 기업은 시장임금에 아무런 영향력을 행사할 수 없다고 가정된다. 또한 근로자와 고용주(기업)가 자신들의 이해를 대변하기 위해 만든 단결조직이 존재하지 않는다고 가정된다. 이를 다른 말로 표현하면 노동의 공급자와 수요자가 모두 **가격수용자**(price taker)라는 것이다.

그러나 현실에서는 다양한 이유로 기업과 근로자가 가격결정에 일정한 영향력을 행사한다.

노동시장에 단 하나의 기업(수요자)만 있다거나, 혹은 상품시장에서의 독점적 지위로 인해 시장가격 결정에 일정한 영향력을 행사할 수 있다면 그 기업은 더 이상 가격수용자가 아니고 일정한 범위에서 **가격결정자**(price setter)로 행동할 것임을 짐작할 수 있다. 기업이 더 이상 가격수용자가 아닐 때, 이를 **불완전 경쟁기업**(imperfectly competitive firms)이라고 한다. 상품시장의 경쟁이 불완전한 경우, 예컨대 독과점 상품시장의 경우, 상품시장 왜곡이 있다. 여기서 왜곡이란 독점기업의 경우, 경쟁의 경우보다 적게 생산하고, 높은 가격을 책정하여 독점이윤을 추구함으로써 발생하는 자원배분 왜곡을 지칭한다. 불완전 경쟁의 상품시장이 있을 때, 노동시장에서의 임금과 고용결정은 경쟁노동시장의 그것과 달라진다. 이때의 노동시장이 불완전 노동시장이다. 상품시장의 독과점은 위의 첫 가정, 즉 수많은 기업들의 경쟁이라는 조건을 위배하는 것이다.

임금이 관습의 힘에 의해 하방경직적인 경우의 노동시장도 불완전 경쟁의 노동시장이다. 시장에 수많은 기업과 수많은 근로자가 자유경쟁하여 가격이 결정되고 개인이 이를 수용한다는 것은 가격이 신축성을 갖는다는 것을 의미하는데 한국에서는 연령에 기준하여 임금이 정해지는 연공급형 임금체계를 갖고 있고, 이것이 일종의 관습이 되어 임금의 하방경직성을 내재적으로 갖고 있다. 즉 매년 임금은 근속과 연동하여 올라가기만 하고, 임금이 하락하는 경우는 없다. 임금이 하방경직적인 노동시장은 불완전 노동시장에 속한다.

(2) 이동성의 제약(혹은 진입장벽)

경쟁노동시장은 근로자와 기업이 아무런 비용 없이 자유로이 시장에 진입하거나 떠날 수 있다고 가정한다. 그러나 현실에서는 상당한 이동성 제약 또는 진입장벽이 존재한다.

한 사람의 행위가 제3자의 경제적 후생에 영향을 미치는데 그에 대한 보상이 이루어지지 않는 경우를 **외부효과**라고 하는데, 시장에 외부효과가 있으면 자원배분 왜곡이 발생한다. 예컨대 서울과 수도권지역은 기업에게 상당한 이익을 제공하되 기업은 그 이익에 대해 보상을 하지 않는 긍정적 외부효과를 갖는다. 정부, 정치권 인사와의 교류로 최신 정보를 수집하고, 다른 기업의 기술 개발을 쉽게 이용할 수 있으며, 고급의 인력을 기업의 훈련비 투자 없이도 쉽게 고용할 수 있는 긍정적 외부효과로 인해서 지방기업은 서울과 수도권으로 공장을 이전하려고 하고, 반대로 서울과 수도권기업은 공장을 지방으로 이전하려 하지 않는다. 외부효과로 인한 기업의 자유로운 이동에 제약이 존재하는데, 이때의 노동시장도 불완전 노동시장이다.

근로자도 좋은 직업에 진입하는 데 상당한 제약에 직면한다. 자본시장이 불완전한 경우, 즉 인적자본투자시 은행이 개인에게 자금을 대부해 주어야 하지만 공장건물이라는 물적자본을 담보로 기업에 대출하는 은행은 개인의 인적자본을 담보로 대출하지 않는다. 담보대출 관행이 뿌리 깊은 경우, 인적자본투자를 위한 대부시장이 극히 불완전하다고 할 것이다. 이때 부모의 소득과 재산이 인적자본투자의 원천이 되면 부모의 소득·재산이 인적자본투자를 매개로 자식에게로 대물림되는 세습사회가 된다. 자본시장의 불완전성은 가난한 개인에게 인적자본투자시장에의 자유로운 진입을 차단하고 그 결과 그가 참여를 원하는 직업에의 접근을 차단하게 되는 결과를 낳는다. 이때의 노동시장도 불완전 노동시장이 된다.

(3) 불충분한 정보(incomplete information)

정보의 불충분성 또는 불완전성 즉 사용자와 근로자간 정보가 충분하지 않은 경우에 노동시장의 왜곡이 있으며, 자원배분의 왜곡이 있을 수 있다. 근로자가 기업에 대해 정확한 정보를 갖지 못하면 구직 과정에서 실업이 발생한다. 즉 정보가 불충분한 경우의 노동시장은 불완전 노동시장이다.

시장에서 불충분한 정보는 기업에게 거래비용을 발생시키는데 이때도 자원배분 왜곡이 있다. 거래비용이란 불충분한 정보의 상황에서 거래 상대방을 찾아내는 데 드는 비용, 교섭하며 계약을 체결하는 데 드는 비용, 체결된 계약의 이행여부를 감시·감독하는 데 드는 비용을 지칭한다. 거래비용이 심각하면, 시장에 의존하지 않고 조직과 제도에 의존하는데 이때의 노동시장도 불완전 노동시장이다.

(4) 정부 및 제도의 역할

경쟁노동시장에서는 정부 및 제도에 의한 시장개입이 없다고 가정된다. 그러나 노동시장에서 거래되는 상품이 인간과 분리될 수 없는 노동이기 때문에 일반적인 상품시장의 경우보다 노동시장은 훨씬 더 많은 사회적·제도적인 영향을 받게 된다.

정부는 특히 노동시장에서는 단지 조연에 멈추는 것이 아니라, 근로자와 기업과 함께 제3의 주연배우로 간주된다. 기본적으로는 노사갈등을 조정하는 중재자의 위상을 갖지만, 공공부문에서는 직접 고용주로 나서기도 하며, 또한 노동시장의 주요 의 제(agenda)에 관해서 노 · 사 · 정이 함께 결정하는 경우도 빈번하다.

정부의 가장 중요한 역할은 **규칙제정자**(rule setter)로서의 역할이다. 정부는 노동에 대해 사회적으로 최소한 보장해 주어 할 가격을 제시한다거나(최저임금제), 조세 및 재정정책을 통해 사회적으로 바람직하다고 여겨지는 노동시장의 모습을 구현하고자 노력한다.

불완전 노동시장(imperfect labor market)이란 경쟁노동시장과 대치되는 개념이다. Tito Boeri와 Jan van Ours는 그들의 2008년 저서 『*The Economics of Imperfect Labor Markets*』(Princeton University Press)에서 불완전 노동시장이란 각종의 노동시장 제도와 정책이 작용하는 노동시장으로 정의하였다. 불완전 노동시장은 상품시장의 불완전성, 정보의 비대칭성, 외부경제, 거래비용 등을 완화시켜 경제효율을 높이고자 하는 목적으로 고안된 정책과 제도가 작용하는 노동시장이며, 빈곤대책인 공적 부조금과 실업부조 등 형평성 증진을 목적으로 고안된 정책과 제도가 작용하는 노동시장이다. Tito Boeri와 Jan van Ours는 불완전 노동시장이란 사회제도와 정부정책이 있을 경우의 노동시장이며, 불완전 노동시장에서의 임금과 고용의 결정을 불완전 노동시장의 경제학이라고 하였다

불완전 노동시장은 우리가 살아가는 현실의 노동시장인 셈이다

2 한국의 산업재해

한국 현실의 노동시장, 즉 불완전 노동시장에서 가장 중요한 이슈 중의 하나는 산업재해이다. 우선 산업재해의 심각성을 살펴보기로 한다.

산업재해 통계에 관한 국제노동기구(ILO)의 결의안(1992)에 의하면 "산업재해(occupational accidents)란 사망, 부상, 질병을 야기한, 업무수행 중에 일어나는 재해(work accident)를 의미한다"고 규정하고 있다.

우리나라에서는 〈표 4-3〉에 나타난 바와 같이 산업재해를 측정하는 여러 지표들을 이용하고 있다.

우리는 더 나아가기 전에 한국의 산재통계의 부정확성을 지적하고자 한다. 산재통계의 국제비교를 위해서는 ILO의 산재통계를 이용해야 한다. 그러나 〈표 4-4〉에 나타난 미국, 영국, 프랑스, 스웨덴 등 선진국의 경우, ILO에 보고하는 산재통계는 신뢰성을 갖는다. 왜냐하며 표본사업체를 추출하여 실시하는 실태조사결과이기 때문이다. 한국과 일본이 ILO에 보고하는 산재통계는 구미(歐美)국가들과 비교할 수 없

표 4-3 산업재해 지표의 정의

산업재해의 지표	정의
재해자천인율	(재해자수/근로자수)×1,000
사망자천인율	(사망재해자수/근로자수)×1,000
강도율	(총근로손실일수/연근로시간수)×1,000
도수율	(재해건수/연근로시간수)×1,000,000
직접손실액	산재보상금
간접손실액	직접손실액×4(하인리히 방식에 의한 추정액)
노동손실일수	신체장애자의 등급별 손실일수+사망자손실일수 +부상자 · 직업병자의 요양일수

자료: 노동부, 『산업재해분석』, 각 년도.

는 통계를 제출한다. 미국, 영국, 스웨덴 등 근로자 10만명당 사망자율을 ILO에 보고하나 한국과 일본은 10만 근로시간 기준 사망자수를 보고하고 있어 서로 비교가능한 통계가 아니다. 한국도 실태조사에 의거 근로자 10만명당 사망자수에 관한 엄밀한 통계를 작성, ILO에 제출하여야 할 것이다.

ILO에 보고하는 산재통계와는 별도로 한국의 노동부는 산업재해통계를 국내용으로 발표한다. 그러나 노동부가 작성하는 한국의 산업재해 통계 이용시 주의할 점은 실제 발생한 재해자가 아니라 산재보험으로 보상을 받은 재해자만을 대상으로 하였다는 점이다. 미국과 일본 등의 경우는 신고제로 되어 있는데 반하여, 우리나라의 경우는 산재보험에 의거해 실제 보상받은 근로자만이 통계에 포함되므로 산재가 과소평가되어 있다고 예상된다.

한국에서는 산업재해 다발업체에는 금융, 정부조달청에 납품 신청, 정부발주사업 참여 신청, 정부 포상 등에서 불이익이 있고, 무재해업체에게는 인센티브가 있기 때문에 기업들은 산재발생시 근로자에게 보상금, 위로금 지급을 전제로 산재신청을 하지 못하게 하는 관행이 뿌리박혀 있다. 노동부 작성 산재통계, 즉 산업재해보상보험에 신청한 사람기준으로 작성한 통계는 잘못된 통계라고 할 수 있다.

정확하지 못한 산재통계를 바탕으로 하는 산업안전정책은 그 효과성이 떨어질 뿐만 아니라 현실과 부합하는 산재예방 정책이 수립되지 못하게 만드는 부작용을 낳는다. 보다 정확한 산업재해 통계를 위해 미국, 영국과 같이 표본사업체를 추출하여 실시하는 실태조사를 병행하여야 한다.

표 4-4 산업재해율의 국제비교

	중대재해율 (Fatality rate)			산재발생률 (Occupational accident rate)		
	1998	2001	2003	1998	2001	2003
영국	0.8	0.8	0.8	632	639	757
스웨덴	1.9	1.5	1.3	1,469	1,135	1,243
네덜란드	1.5	1.5	1.3	1,145	1,125	1,232
덴마크	3.4	2.1	1.9	2,561	1,577	1,781
독일	3.6	3.0	2.5	2,729	2,295	2,342
프랑스	3.0	3.0	3.2	2,282	2,310	2,985
일본	3.2	3.1	3.2	2,434	2,399	2,980
미국	5.2	4.9	5.0	3,959	3,753	4,681
한국	15.7	10.5	11.4	12,015	8,021	10,674

주: 산재발생률은 근로자 10만명당 산업재해 발생빈도. 중대재해율은 근로자 10만명당 중대재해 발생빈도.

자료: Hämäläinen, Päivi, Kaija Leena Saarela, and Jukka Takala, "Global trend according to estimated number of occupational accidents and fatal work-related diseases at region and country level," *Journal of Safety Research* 40.2 (2009): 125-139.

국가간 산재를 비교할 수 있을 정도의 표준화된 자료는 없고, 그나마도 체계적으로 비교작업을 한 자료는 제한적으로만 존재한다. 우리는 2009년에 작성된 논문이 있어 그로부터 수치를 정리하여 〈표 4-4〉에 제시하였다. 비교적 최근 논문임에도 기준년도는 2003년이다.

노동부에서 산재보험 대상근로자에 대해 수집하는 근로자 10만명당 사망자수는 2013년 12.5명, 2014년 10.8명이다. 그리고 사망, 질병, 부상 등으로 경제적 손실액(이는 산재보상금의 5배로 추정한 수치)을 제시하고 있는데, 이는 2013년 18조 9,771억원, 2014년 19조 632억원이다.

한국의 산재통계가 과소추정의 가능성이 큼에도 불구하고, 한국의 산업재해 발생률은 매우 높아 산업재해로 인해 경제적 손실이나 인력손실이 매우 크다. 〈표 4-4〉에 나타난 국제비교 통계에 의하면, 2003년 우리나라의 중대재해율(fatal injury rate)은 다른 선진국에 비해 지나치게 높은 수준이다. 그나마 2000년대 들어 빠른 속도로 재해건수 및 사망자 수가 감소하고 있으나, 여전히 산재왕국이라는 오명에서 벗어날 수 없을 것이다.

3 산업안전의 한계비용, 한계이익 및 균형

헤도닉 임금론의 아이디어를 일부 살리되, 경제학의 전통적인 접근방식인 한계비용-한계이익의 개념들을 이용하여, 지나치게 심각한 한국 산업재해의 원인과 이를 해결하는 정책처방에 대해 논의해 보기로 한다.

(1) 대표적 기업의 이해타산과 시장균형

현실의 노동시장에서 활동하는 임의의 대표적인 기업을 고려하여 산업안전(또는 산업재해)의 경제 분석을 전개할 수 있다.

산업안전의 경제 분석을 통해 왜 한국에서 산업재해가 높은가를 설명할 수 있으며, 산업안전을 높이기 위한 정부의 개입정책은 과연 효과를 발휘하는가를 평가할 수 있으며, 산업안전을 높이는 시장 친화적 정부정책이 무엇인지를 규명할 수 있게 된다.

경제학적 사고방식의 핵심은 한계적 사고방식에 있다(Economic thinking is marginal thinking). 기업이 산업안전을 생산할 때 산업안전의 한계비용과 근로자가 평가하는 산업안전의 한계이익이 있을 수 있다. 그러므로 한계비용과 한계이익이 동등해지는 수준의 산업안전 수준을 고려할 수 있다. 이러한 접근이 경제학적인 한계적 사고방식이다.

우선, 산업안전에 관한 기업의 한계비용을 고려하자. 산업안전 생산함수가 있을 때, 그리고 가변생산요소가 산업안전 시설 투입량일 때, 산업안전 한 단위 증가될 때 추가되는 기업의 산업안전 투자비용, 즉 한계비용은 산업안전이 증가할수록 점차 증가할 것이다. 산업안전 시설 투자의 한계생산력이 체감하기 때문이다. 시장에 있는 모든 기업들의 산업안전의 한계비용의 수평적 합계로 계산되는 시장의 **산업안전의 한계비용**(marginal cost of industrial safety)은 [그림 4-14]에서 *MCS* 곡선으로 표시할 수 있다.

다음으로 산업안전의 한계이익을 살펴보자. 개인의 효용함수가 개인의 임금과 산업안전의 함수라고 가정하면, 개인의 무차별곡선은 산업안전에 대해서는 개인이 안전에 대한 가격을 지불할 의사가 있음을 나타낸다. 이는 임금과 산업안전간의 한계대체율을 의미한다. 그런데 산업안전이 증가할수록 노동자가 지불하려는 산업안전의 가격은 낮아진다. 개인이 파악하는 산업안전 한 단위 증가하면 한계이익은 점차 감소한다. 시장에 있는 개인들의 한계이익을 **산업안전의 사적 한계이익**(private marginal benefit of industrial safety: *MBS*)이라고 부르자. 산업안전이 증가할수록 개인

그림 4-14 최적 산업안전 수준의 결정

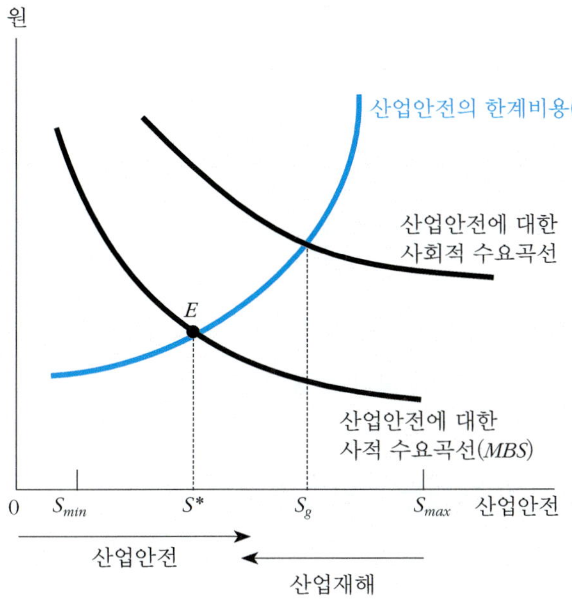

의 한계이익은 체감할 것이므로 이는 [그림 4-14]에서 *MBS*로 나타낼 수 있다. 쉽게 표현하면 이는 산업안전에 대한 시장의 수요곡선이 된다.

[그림 4-14]에서 가로축의 S_{min}은 산업안전의 최저수준이고, S_{max}는 산업안전의 최대수준인데, 산업재해의 관점에서 보면 S_{max}는 산업재해의 최저수준이며, S_{min}은 산업재해의 최대수준이 되므로, 산업안전의 최적수준에 대응하는 산업재해의 최적수준을 개념적으로 설정할 수 있을 것이다.

산업안전의 기업 측 한계비용과 사적 한계이익(산업안전의 시장수요곡선)이 만나는 점인 *E*에서 시장의 최적산업안전수준 S^*가 결정된다. 개념적으로 최적산업안전수준에 해당하는 시장의 최적산업재해 수준을 여러분은 상상할 수 있을 것이다.

(2) 산업재해의 부정적 외부효과

산업재해는 심각한 부정적 외부효과를 낳는다. 한 작업장에서 발생한 산업재해, 즉 부상, 질병, 사망은 제3자의 경제적 후생에 큰 부정적 영향을 미치지만 그에 대한 보상은 하지 않는 외부효과를 낳는다. 산업재해로 일을 하는데 지장을 받는 근로자는 대개 우울증, 열등감, 자포자기의 심정을 갖기 쉬운데, 이로 인해 가족들도 심각한 영향을 받는다. 신체기능에 이상이 생긴 근로자가 우울감 때문에 직접 다른 사람들에게 부정적인 영향과 고통 및 손해를 끼칠 수도 있다.

반대로 산업안전은 긍정적 외부효과를 낳는다는 것을 미루어 짐작할 수 있다. 건강한 근로자는 독립심, 자율성, 책임감을 가지며, 시장경제를 원활하게 작동시키며, 이웃과 지역에도 큰 기여를 한다는 의미에서 산업안전으로 인한 근로자 건강은 긍정적 외부효과를 낳는다.

따라서 **산업안전의 사회적 한계이익**은 [그림 4-14]의 사적 한계이익보다 훨씬 크다. 따라서 균형 산업안전수준은 사회적으로 바람직한 수준보다 낮다. 달리 말하면 실제 시장에서 결정되는 산업재해 수준은 사회적으로 바람직한 산업재해 수준보다 높기 마련이다. 이는 대표적인 **시장실패**(market failure)에 속한다.

4 왜 한국의 산업재해는 그리도 높은가?

이와 같은 분석에서 도출될 수 있는 결론과 정책적 함의는 다음과 같다.

(1) 경제발전 초기단계의 높은 산업재해수준

개발도상국의 경우, 선진국의 산업재해 유발산업이 공장입지를 개발도상국에로 이전함에 따라 자국내 산업재해가 심각해질 수 있다.

산업재해 유발산업이란 산업안전 기업측의 산업안전 한계비용이 대단히 높은 산업을 일컫는다. [그림 4-15]의 (i)에서 산업안전의 기업측 한계비용곡선이 *MCS*보다 높은 곳에 위치하는 것으로 나타낼 수 있다. 그 결과 산업안전의 기업측 한계비용과 기업측 한계이익이 만나는 점에서 결정되는 산업안전수준은 낮다. 즉 산업재해수준은 대단히 높다고 할 수 있다.

한국의 경우, 1차 금속, 비철금속, 조립금속, 목재 등의 중소기업 분야에서 산업안전의 기업측 한계비용이 지나치게 높아 산업재해가 빈번히 발생한다. 우리나라 중소기업은 대부분 하청업체가 많고, 대기업은 가능하면 유해한 작업공정을 중소기업에 하청을 주는 방침을 시행하고 있다. 중소기업의 기술수준이 낮고 기계화가 이루어지지 않아 유해하고 힘든 작업을 노동자의 손에 의존하는 경우가 많은데, 이 때문에 중소기업의 산업재해 발생률이 높다. 즉 중소기업의 낮은 이윤 및 낙후된 기술력은 산업안전투자의 기업측 한계비용을 지나치게 높게 만든다.

(2) 한계노동자의 선호

산업재해의 위험에 대해 염려하는 근로자가 많아질수록 산업안전에 대해서는 개인이 지불할 의사가 강해지면 사적 산업안전 한계이익은 커진다. 특히 한계노동자(marginal worker)의 선호가 중요한데, 사적인 한계이익은 한계노동자의 선호를 반영한 것이다. 산업안전의 사적 한계이익은 [그림 4-15]의 (ii)에서 *MRS*는 *MRS′*로 우측 이동하며, 그 결과 산업안전 수준은 높아진다.

반대로 산업재해의 위험에 별로 개의치 않는 노동자가 많을수록 산업안전의 사적 한계이익이 적어지며 [그림 4-15]의 (ii)에서 *MRS*는 *MBS″*로 좌측 이동하며, 그 결과 산업안전 수준은 낮아진다. 즉 산업재해는 높아진다.

소득과 재산이 높아질수록 산업안전에 대한 선호가 높아진다(또는 재산과 소득이 낮을수록 위험부담에 둔감하다). 왜냐하면 산업안전은 소득이 증가함에 따라 수요가 증가하는 정상재(normal goods)이기 때문이다.

소득과 재산이 개인의 인적자본과 직결되어 있다면, 장기적으로는 국민경제 구성원의 숙련수준을 높여 국민경제의 소득과 부가 증진되어야 산업재해 감소가 가능하다고 할 것이다.

그림 4-15 산업안전 한계비용곡선과 한계이익곡선의 이동

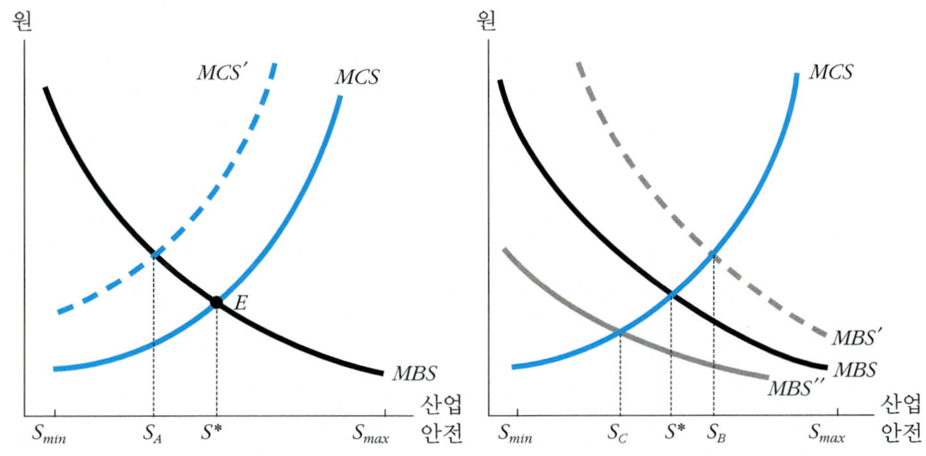

(i) 산업안전 투자의 한계비용 증가 (ii) 산업안전 투자의 한계이익 증가 또는 감소

(3) 산업재해에 대한 정보

산업재해의 경제 분석에서는 산업재해에 관한 정보와 지식이 정확하다는 것을 전제하였다. 만약 노동자들이 산업재해에 대한 정보를 충분히 갖고 있지 않아서 산업재해를 실제보다 낮은 것으로 평가하면 어떻게 될까? 그러면 개인이 평가하는 산업안전의 사적 한계이익은 낮아진다.

[그림 4-15]의 (ii)에서 *MBS*곡선 역시 *MBS''*로 좌측으로 이동하여 오히려 산업안전수준은 낮아지고 산업재해율은 높아지게 된다.

이때는 기업의 산업재해를 잘 파악하고 있는 노동조합이 적절한 정보제공자 역할을 행함으로써 산업재해율을 낮출 수 있다. 산업재해를 방지하는 강력한 힘 중의 하나가 산업재해에 대한 정보를 정확히 평가하고 산업안전의 한계이익을 제대로 책정하는 노동조합의 집단적 발언(collective voice) 기능인데 한국에서는 노동조합의 취약성으로 산업안전의 사적 한계이익이 낮게 평가되고 있어 산업재해가 심각하다고 할 수 있다.

(4) 산업안전시설 설치를 강제하는 정부개입

구체적으로 정부가 시장에서의 산업재해가 너무 심각하다고 하여 산업안전 설치를 강제한다고 하자.

[그림 4-14]를 다시 살펴보도록 하자. 기업의 균형 산업안전 수준인 S^*가 지나치게 낮다고 하여, 보다 높은 수준의 산업안전 기준을 강제하여 산업안전수준을 예컨대 [그림 4-14]의 S_g만큼까지 높이려고 한다고 하자. 산업안전 S_g수준에서는 산업안전의 한계비용이 산업안전의 한계이익을 초과한다. 그 결과 특히 중소영세기업은 도산할 수 있고, 중소영세기업에 고용된 노동자들의 고용감소를 가져올 수 있다. 정부의 산업안전정책이 산업재해를 줄이려는 선의에서 출발했음에도 불구하고, 이상적인 산업안전수준의 강제가 결과적으로 한계 근로자의 고용 감소를 가져올 수 있다. 따라서 산업안전 기준을 너무 이상적인 수준에 맞추지 말고 필요한 최소한의 수준으로 단순화, 명료화, 현실화하되 일단 설정된 기준은 반드시 준수토록 하고 불이행시의 처벌기준을 강화하는 것이 더욱 바람직하다.

(5) 산업안전관련 연구개발 비용의 지원

산업재해를 감소시키는 정부정책 중 가장 효과적인 방안은 산업안전의 한계비용을 낮추는 것이다. 예컨대 [그림 4-15]의 (i)에서 *MCS*가 하향 이동하도록 산업안전 관련 연구개발비용을 지원하거나 산업안전 관련 공정의 도입에 세제 또는 행정지원이라는 편익을 제공하는 것이다. 이러한 산업안전 정책이 산업안전에 관한 시장실패를 교정하는 가장 시장친화적 정책이다.

산업안전의 한계비용을 낮추기 위해서는 정부가 산업안전관련 연구개발 비용을 지원하거나, 산업안전관련 공정도입의 외국기업을 국내에 적극 유치하거나 또는 산재유발공정의 해외이전을 위하여 세제 및 행정지원을 적극적으로 행하여야 한다.

현재 노동부는 산업안전의 비용을 낮추고자 하는 몇 가지 사업을 진행 중이다. 이 중 두 가지만 소개하면 다음과 같다. 첫째, 클린사업장 조성사업을 진행 중인데 이는 작업환경이 열악한 50인 미만 사업체에 대해 작업장 바닥, 조명, 위험기계 등 안전보건시설 개선에 대한 자금지원 프로젝트이다. 2001년부터 2014년까지 50인 미만 사업체의 약 5%인 95,341업체에 대해 총 9,975억원의 재정을 투입하였다. 2014년 현재 사업장당 지원한도가 최대 2천만원에 불과하다. 적용대상기업의 범위와 재정지원 금액 등이 앞으로 더욱 확대되어야 할 것으로 보인다.

둘째, 산재예방시설 자금융자사업은 산재예방시설의 투자를 통해 산재감소를 이루어내기 위해 전체사업장 대상으로 사업장당 5억원 범위 내에서 현재 3%의 저금리로 7년간 분할상환 자금융자 프로젝트이다. 2000년~2014년간 14,673사업체 1조 2,945억원이 대출되었다. 이는 연평균 8천억원 수준에 불과하다.

사망, 질병, 부상 등으로 경제적 손실액(이는 산재보상금의 5배로 추정한 수치)이 2014년 19조 632억원에 이르고 있는 점을 감안하여 재정지원과 융자에 보다 적극적인 대처가 필요하다.

(6) 산재에 대한 정확한 통계 수집

우리나라 정부의 산업재해 예방에 대한 책임행정이 대단히 약하다고 할 수 있다.

산업재해에 관한 통계부터라도 미국, 일본과 같이 전 사업장을 모집단으로 하는 표본조사에 의거 작성되어야 할 것이다. 산업재해에 관해 신빙성 있는 정보가 수집되어야 적절한 정책처방이 가능하기 때문이다. 산업재해에 대한 통계를 작성하지 않고, 산업재해 보상보험을 받기 위해 신고한 통계에만 의존하는 것은 정부의 책임성을 방기하는 것이며, 정부실패에 속한다.

정부 담당자의 입장에서 보면 산업재해 통계에 의해 산재의 심각한 실상이 드러나면, 사회적으로 불리한 여론, 정책실패에 대한 책임 등 불이익이 뒤따르기 때문에 이 분야에 정확한 통계작성을 기피한다.

지난 45년간 시장실패와 정부실패가 가중되어 있는 분야가 바로 한국의 산업안전 분야이다.

5 한국의 산업재해보상보험

(1) 한국의 산업재해보상보험의 현황

산업재해보상제도는 역사적으로 1897년 영국에서 최초로 입법화되었다.

산업재해보상보험 제도는 5·16이후 1963년에 사회보장에 관한 법률과 산업재해보상보험법이 동시에 제정·공포됨으로써 근대적인 재해보상보험 제도로 창설되었다.

제도의 실시 초기에는 적용범위를 광업과 제조업으로 하고, 우선 500인 이상의 근로자를 가진 사업장에서부터 시작하였다. 그리고 산재보험료는 사용자 전액부담 원칙을 채택하였으며, 부분적으로 실적요율주의를 취함으로써 사업주의 공평부담을 도모하였다. 그 이후 적용사업자의 규모는 1965년 상용근로자 200인 이상, 1966년 150인 이상, 1967년 100명 이상, 그리고 1969년 50인 이상, 1973년 16인 이상, 1982년에는 10인 이상, 1988년에는 5인 이상 사업장으로 확대되었으며, 2000년부터는 1인 이상 사업장에까지 확대적용하게 되었다.

〈표 4-5〉에는 산업재해보상보험의 적용 현황이 나타나 있다. 이에 의하면 산재

표 4-5 산업재해보상보험 적용 현황

(단위: 개소, 천명)

연도	적용범위	적용사업장수	적용근로자수
1964	500명이상	64	82
1970	50명이상	5,583	739
1980	16명이상	63,100	3,753
1990	5명이상	129,697	7,543
2000	1명이상	706,231	9,486
2010	1명 이상	1,608,361	14,199
2014	1명 이상	2,187,391	17,062

자료: 노동부, 『산재보험사업연보』, 각년도.

보험제도가 적용사업장 수나 적용근로자 수 측면에서 산재보험제도는 급속히 발전해 왔음을 알 수 있다. 그리하여 2014년 2,187천개소의 사업장에 모두 1,706만명 이상의 근로자가 적용을 받고 있다. 이러한 적용범위의 확대와 함께 급여수준도 계속 높아졌으며, 최근에는 동 제도에서 산업재해의 예방사업까지 할 수 있도록 되어 앞으로 보험재정에 심각한 우려가 제기된다.

그러나 가내근로자, 농민, 자영업자는 여전히 가입대상이 아니다. 특수형태근로자 중 10%만 적용(예컨대 보험설계사, 레미콘운전자, 학습지 교사, 캐디, 택배 · 퀵서비스 기사 등은 적용 대상), 나머지 90%는 미적용(이호근, 2015)이다. 학생, 견습생, 직업훈련생 등은 적용대상에서 배제되고 있다. 군인연금, 교직원연금, 공무원연금 대상자도 산재적용대상이 아니며, 각 연금에서 자체적으로 산재보상을 하도록 강제되어 있다.

산재보험정책의 관장은 고용노동부 산업안전국에서 담당하고 있고, 업무의 집행은 근로복지공단에서 행한다. 근로복지공단은 보상급여 신청을 받고, 요양급여, 휴업급여, 장해급여, 유족급여를 지급한다. 지급방식은 펌뱅킹(Firm Banking System)을 도입하여 근로복지공단 각 지사에서 보험급여 지급결정과 동시에 은행계좌에서 신청인 개인계좌로 지급한다. 그리고 재해근로자에 대한 적정의료와 직업재활훈련 등 근로자의 복지증진을 위하여, 1995년에는 산재의료관리원이 근로복지공단에서 분리 · 설립되어 산재병원 운영을 맡고 있다. 산재발생을 근원적으로 억제하기 위한 예방기술의 연구 · 개발 · 보급은 1987년에 설립한 산업안전관리공단에서 맡아서 하고 있다.

(2) 산업재해보상보험의 개혁

산업재해보상보험 제도는 그 동안 괄목한 만한 발전을 거듭해 온 것이 사실이지만 그러나 몇 가지 문제점도 가지고 있다.

첫째, 보험료 책정 및 기금관리 전문가가 없다. 산재보험요율 산정이 전문가에 의해 이루어지지 않고 비전문가에 의해 결정되어 왔다(김상호, 1999). 2015년까지도 11조원에 달하는 산재기금을 비전문가들이 관리하고 있다. 아래에 언급할 미국의 경우와 같이 산재보험업무를 민간보험회사에 위탁(이기영 외, 1998)하고, 일부 업무는 근로복지공단에서 수행하여, 민간보험회사와 근로복지공단간에 경쟁시스템을 작동하게 하여야 한다.

둘째, 한국은 중앙집권적 산재보험관리를 하고 있어 지역별로, 예컨대 수도권, 수도권제외 경기지역, 충청, 영남, 호남 등에로의 분권화가 요청된다. 지역별로 산업과 직업의 분포가 달라 산재위험이 다르기 때문이다. 또한 지역별로 보상의 기준이 되는 생계비도 다르기 때문이다.

외국의 예를 들어보자. 산재보험관리를 미국은 50개 주정부가 주관·감독한다. 24개주에서는 민간보험회사에 전적으로 위탁하여, 민간보험회사가 보험료징수, 급여지급업무를 수행한다. 21개 주는 민간보험회사와 산재관리 주(州)기금이 상호 경쟁하는 시스템이며, 단지 5개 주만 주의 산재관리 기금이 독점적으로 운영한다. 독일은 전국 91개 산재보험조합이 산업별·지역별로 보험료징수, 급여지급업무를 수행한다.

셋째, 우리나라 산재보상보험료율 체계는 부분적으로 개별실적요율 체계를 포함하고 있지만, 전반적으로는 58개 산업별 동일요율 체계로 형성되어 있다. 예컨대 2013년 제조업에서는 목재나무는 임금액의 4.7%, 비금속광물 4.2%이 높고, 전자는 0.7%로 가장 낮다. 건설업은 모두 3.7%가 부과된다. 낮은 요율은 교육(학원) 0.7%, 금융보험 0.6%이다.

미국의 워싱턴주(州) 사례는 사업장의 위험도에 따라 300개 종류의 기본요율이 있음을 보여준다. 독일은 700개의 상이한 요율이 존재한다(박찬임·이정우·원종학, 2003). 다양한 사업의 위험에 따라 비례하는 다양한 요율이 있으면 산업재해보상보험이 개별기업으로 하여금 산재감소의 경제적 유인 기능을 제공한다. 기업의 집합이 산업이라고 할 때, 산업을 비교적 넓게 정의한 후 산업별로 부과되는 평균적 요율 제도에서는 산업의 개별기업은 보험금만 납부하고 산재예방에 성실히 하지 않게 된다. 따라서 산업재해보험료율 결정방식을 바꾸어 산업별 동일요율에서 기업별 개별실적요율방식으로 바꾸고, 개별기업의 산업재해 횟수와 강도를 고려한 산업재해부과금(injury penalty) 제도를 도입할 필요가 있다.

컴퓨터 보급과 확산에 따라 개별 기업에 관한 정보입력이 간편해지고, 개별 기업의 과거 실적 조회도 대단히 쉽고, 개별 기업 산재정보도 투명하게 공개되고 검증할 수 있기 때문에 이제는 개별 기업 단위 산재보험을 부과할 때가 되었다. 정보기술발달로 보험료 지급방식이 펌뱅킹(Firm Banking System) 방식으로 근로복지공단 각 지사에서 보험급여 지급결정과 동시에 은행계좌에서 신청인 개인계좌로 지급하는 방식으로 바뀌었듯이, 보험료부과방식도 지역별 펌보험(Firm Insurance System)으로 전환되어야 한다.

(3) 산업재해보상제도의 영향

우리는 여기서 산업재해보상제도가 산업안전에 미치는 영향은 불명확하다는 점을 설명하고자 한다.

보상적 임금격차가 노동시장을 통한 사전적 보상인 데 반해 산업재해보상보험법에 의한 보상은 산업재해 발생 후 재해자에게 지불되는 **사후적 보상**이다. 사전적 보상으로서의 보상적 임금격차가 충분하지 못하다는 것이 사후적 보상의 정당성의 근거이다. 산재보험보상법에 의한 사후적 보상은 사전적 보상과 상호 연관관계를 가지며 산업재해의 전반적인 보상체계를 구성한다.

사후적 보상도 사전적 보상과 같이 산업재해 감소의 경제적 유인을 가지고 있다. 이러한 사후적 보상의 경제적 유인기능은 산업재해율에 대한 영향을 통하여 작용한다. 사후적 보상이 증가함에 따라 노동자들은 비록 그들의 보장소득은 증가하지만, 기꺼이 더 높은 위험을 감수하려고 하거나 혹은 위험에 대해 주의를 덜 기울이게 된다. 따라서 정보를 많이 갖고 있는 지역단위에서 결정되는 적정보상은 근로자의 도덕적 해이를 감소시킨다. 중앙집권하에서는 정보부족으로 오히려 도덕적 해이를 방조하게 된다.

또한 기업주의 경우에는 산재보험료의 부담이 산업재해율에 따라 증가하는 **개별실적요율**(accident experience rating)이 있다면 비용감소를 위해 적극적인 산재예방 노력을 하겠지만, 개별실적요율이 형식적으로 존재하거나 아예 없다면, 사후적 보상이 증가할 때 종업원에게 산업재해를 더 장려하는 결과를 낳을 수 있다.

따라서 지역별로 이루어지는 적정한 사후보상과 개별실적요율 제도가 동시에 작동하면 노동자들의 부주의 감소와 기업주의 산재방지투자 증가로 산재 감소에는 명백한 효과를 지닐 것이다.

반대로 사후적 보상의 증가에 기인하는 노동자들의 부주의, 도덕적 해이 증가, 개별실적 요율이 형식적이어서 기업주들이 산재방지 투자를 태만하거나 기피한다면 산재는 오히려 증가하게 된다.

한국은 산업재해와 직업병 발생률이 산재왕국이라고 할 정도로 매우 높은 데도 불구하고 이에 대한 근본적인 예방, 방지의 산업안전정책이 미흡하다. 선진국과 비교하여 지나치게 높은 재해수준이 지난 45년간 지속되어 온 것에 대한 특단의 종합적 대응정책이 요청된다.

제 5 장

인적자본과 개인간의 임금격차

제 1 절 | 개인간 생산성 격차를 낳는 요인들
제 2 절 | 대학교육의 선택과 그 결과: 인적자본 모형의 예시
제 3 절 | 간판으로서의 교육 투자: 신호모형의 적용
제 4 절 | 노동시장에서의 인적자본 투자: 훈련
제 5 절 | 생애에 걸친 인적자본 투자
제 6 절 | 부모의 재산 · 소득의 역할
제 7 절 | 숙련편향적 기술진보
제 8 절 | 교육과 훈련 시장에의 정부 개입

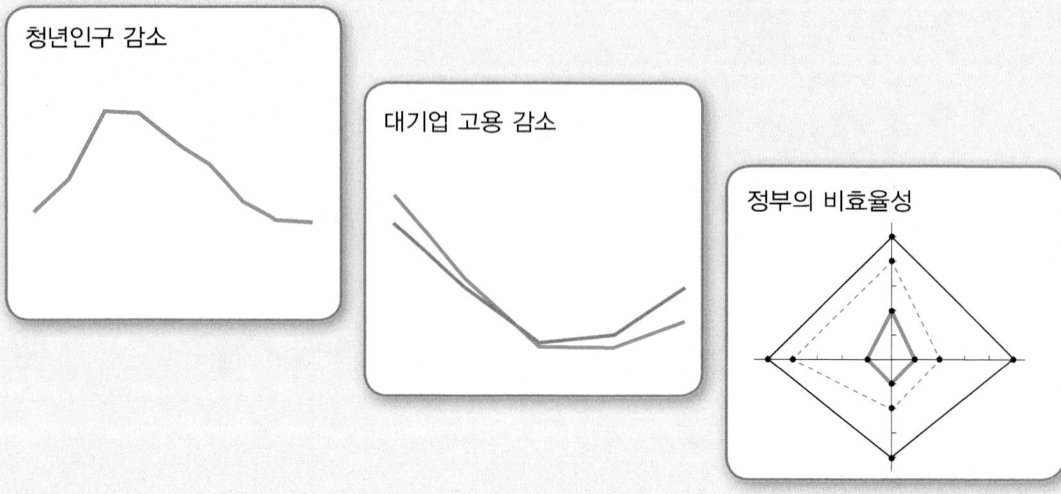

장을 시작하며

우리는 제1장 4절에서 노동시장의 작동원리를 개괄하면서 경쟁노동시장에서 임금과 고용량이 어떻게 결정되는지를 살펴보았다. 제4장에서는 개인의 능력은 동일한데 일자리의 특성이 다를 때 나타날 수 있는 임금격차를 다루었다. 이 장에서는 반대로 일자리 특성은 동일한데 근로자의 능력이 다를 때 나타나는 임금격차를 다룬다. 근로자의 능력이 다르기 때문에 나타나는 임금격차, 즉 상이한 생산성에 기인한 임금격차를 논의한다. 시장에서 경쟁적 노동시장의 다른 가정들은 여전히 유효하다고 간주된다.

앞 장에서 논의한 보상적 임금격차와 이 장에서 논의할 생산성 격차에 따른 임금격차는 경쟁적 요인에 의한 임금격차이다. 보상적 임금격차와 노동생산성에 따른 임금격차는 '동일노동에 대한 동일임금'이라는 경쟁노동시장의 임금수준 결정이론에 부합한다. 동일노동에 대한 동일임금, 보상적 임금격차 그리고 생산기여도에 따른 임금격차는 현대노동경제학의 백미(highlight)에 속한다. 그 이외의 요인에 의한 임금격차는 비경쟁적 요인에 의한 임금격차이다.

제 1 절 개인간 생산성 격차를 낳는 요인들

1 개인간 생산성 격차에 따른 임금격차

개개인은 천차만별로 다르다. 현실에서 개인간 노동의 질적 수준 차이(식 (3.31)에 표시되어 있음)에 따른 임금격차를 관찰할 수 있는 가장 간명한 방법은 직업별 노동시장을 살펴보는 것이다.

두 직업(직업 *X*, 직업 *Y*)을 고려하자. 즉, 노동시장의 일자리가 요구하는 기술, 숙련, 학력에서 차이가 있다고 하자. 높은 인적자본, 예컨대 대졸 학력(또는 높은 숙련)을 요구하는 일자리와 낮은 인적자본, 예컨대 고졸 학력(또는 낮은 숙련)을 요구하는 일자리가 있다고 하자.

상이한 일자리에 채워지는 근로자 또한 상이한 인적자본량을 갖고 있어 상이한 노동생산성을 발휘할 수 있다고 하자. 근로자도 두 유형, 즉 생산성이 높은 대졸(또는 높은 숙련) 근로자와 생산성이 낮은 고졸(또는 낮은 숙련) 근로자 유형이 존재한다고 하자.

직업 *X*는 생산성이 낮은 고졸(또는 낮은 숙련) 근로자를 고용하고, 직업 *Y*는 생산성이 높은 대졸(또는 높은 숙련) 근로자를 고용한다고 하자. 직업 *X*에서는 근로자의 낮은 생산성으로 인해 노동수요곡선이 상대적으로 낮은 곳에 위치하고, 직업 *Y*에서는 근로자의 높은 생산성으로 인해 노동수요곡선이 상대적으로 높은 곳에 위치한다. 그 결과 직업 *X*에서는 수요와 공급의 상호작용으로 낮은 임금, 직업 *Y*에서는 높은 임금이 결정되는데, 두 직업에서의 임금격차는 두 직업에 속한 근로자의 생산성 격차를 반영하게 된다([그림 5-1] 참조).

그러나 문제는 여기서 끝나지 않는다. 근로자는 대학졸업 또는 높은 숙련을 얻기 위해 바친 시간, 노력, 금전적 직접비용 및 포기된 소득 등에 대한 보상을 요구할 수 있다. 즉 노동공급 가격이 높아진다는 것이다. 그러면 [그림 5-1]에서와 같이 *Y*에서의 노동공급곡선 또한 *X*에서의 노동공급곡선보다 각 고용수준에서 높게 위치하게 된다.

그리하여 일자리 *Y*에서보다 높은 학력(또는 높은 숙련)에 대한 수요와 공급에 의해 결정되는 시장결정임금(w_Y)은 *X*에서의 균형임금(w_X)보다 높다. 이 임금격차($\frac{w_Y}{w_X}$)는 개인의 인적자본량 차이, 즉 생산성의 차이와 대학교육(또는 높은 숙련) 투자비용

그림 5-1 학력별 임금격차의 결정

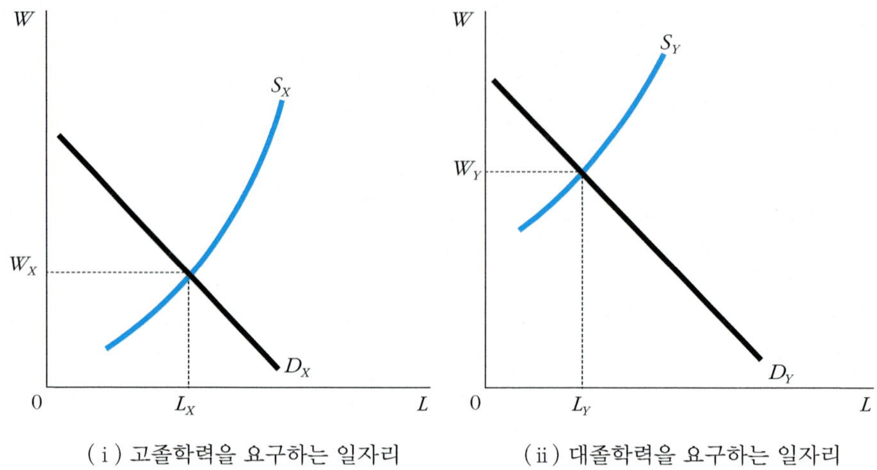

에 대한 보상을 동시에 반영하는 것이므로 경쟁적 요인에 의한 **학력별**(또는 숙련별) **임금격차**라고 부른다. 이러한 격차는 경쟁시장에서 계속 유지되는 경향이 있는데, 그러한 격차가 없으면 대졸자(또는 높은 숙련인력)의 공급이 감소할 것이기 때문이다.

이때 경쟁노동시장의 기능은 대졸(또는 높은 숙련) 노동과 고졸(또는 낮은 숙련) 노동 간에 임금격차를 결정함으로써 인적자본투자가 재생되는 것을 가능하게 한다.

여기서 우리는 X와 Y라는 두 개 일자리를 예로 들어 설명하였지만, 무수한 많은 일자리가 있는 경우에도 동일하게 적용할 수 있다. 즉 시장에서 결정되는 다양한 인적자본 수준별 임금격차는 근로자로 하여금 인적자본투자를 할 유인을 제공하고 다양한 인적자본을 보유한 근로자를 국민경제의 각 부문에 배분하는 역할을 수행한다. 한마디로, 경쟁노동시장에서 생산성에 따라 결정되는 임금격차는 질적 수준이 다른 노동을 상이한 각 분야로 배분시키는 순기능을 수행한다.

2 인적자본론

그렇다면 개인간 생산성 격차를 낳는 요인은 무엇일까? 개인의 능력 차이 때문에 생산성 격차가 발생한다는데, 도대체 무엇이 개인간 능력 차이를 야기하는가? 한 이론은 교육이 개인간 능력 차이, 생산성 격차를 낳는다는 가설을 제시하며, 다른 이론은 개인의 타고난 재능 차이가 개인간 생산성 격차를 낳는다는 가설을 제시한다. 전자가 **인적자본론**이며, 후자는 **신호이론**이다. 이를 차례로 설명해 보기로 한다.

(1) 인적자본으로서의 교육

일반적으로 능력이라는 말에는 두 가지 의미가 포함되어 있다. 능력은 부모로부터 물려받은 선천적인 재능을 뜻하기도 하고, 후천적으로 교육과 훈련에 의해 습득된 전문기술(노동경제학에서는 이를 숙련(skill)이라고 부른다)을 말하기도 한다. 인적자본론에서 사용하는 능력개발은 후자로서, 후천적으로 획득된 전문기술의 연마 및 이를 위한 노력을 지칭한다.

인적자본론의 관점을 한마디로 요약하면, 제1장 4절에서 제시한 경쟁노동시장의 여러 가정 중 모든 근로자는 동질적이어서 개인의 선천적 재능 차이는 없으며, 오직 교육과 훈련에 의한 능력개발만이 개인의 생산성 격차를 낳는다고 보는 것이다.

현대의 능력개발은 교육을 통해서 이루어진다. 교육에 의해 능력개발이 이루어지고, 그에 따라 직업을 선택하여 노동시장에서 장래수익이 발생하는 것이다. 교육은 현재의 희생, 예컨대 교육비 지출, 공부하는 노력과 고통, 교육을 받지 않고 시장에서 일을 함으로써 벌 수 있었던 소득, 즉 교육으로 인해서 포기된 소득 등을 지불하고 미래의 수익을 추구하는 것이므로 일종의 투자행위이다.

교육을 통해서 획득되는 새로운 지식, 정보, 전문기술은 인간의 몸속에 내재(內在)되는 특징을 지니되, 동시에 개인의 생산성을 높이는 자본의 특징을 지닌다는 의미에서 교육을 **인적자본**(human capital)이라고 부른다.

(2) 인적자본의 종류

우선 우리는 **인적자본**과 **인적자본 투자**를 구분하고자 한다.

인적자본이란 기계설비 등의 자본이 장기간에 걸쳐 형성되고 생산성을 높이는 것과 마찬가지로, 인간 체내에 내재하되 장기간에 걸쳐 형성되고 생산성을 높이는 기술, 기능, 지식을 통칭한다. 개인의 인적자본은 기업에서 향상되는 지식·기술뿐만 아니라 학교에서 형성되는 지식·기술을 포함한다. 건강유지활동에는 시간이라는 귀중한 자원의 투자가 필요하고, 건강한 자는 병든 자보다 생산성이 높을 것이기 때문에 건강 또한 인적자본이다. 노동시장 정보를 취득하는 데는 시간과 비용이 들고, 이를 자신의 재능, 기술에 보다 적합한 직장을 찾아내는 데 이용함으로써 개인의 생산성을 높이는 데 기여할 것이기 때문에 노동시장에 관해 취득된 정보도 인적자본이다.

(3) 인적자본 투자의 종류

인적자본은 저량(stock)인데 비해 **인적자본 투자**는 일정 기간에 이루어지는 유량(flow)이다. 학교 다니기, 건강유지를 위한 지출, 정보수집을 위한 활동(직장이동 또는 지역이동), 현장훈련 등은 인적자본에 대한 투자행위이다(〈표 5-1〉).

인적자본 중 교육, 건강, 노동시장 정보는 주로 개인과 가계에 의해서 투자된다. 개인의 전문기술(또는 숙련)과 지식은 **학교교육**(schooling)과 **훈련**(training)을 통하여 획득된다.

인적자본론과 인적자본 투자이론은 현대경제학의 대단히 중요한 부분이다. 경제학 분야에서 인적자본이론의 기여를 높게 평가하여, 1979년에는 시어도어 슐츠(Theodore Schultz)에게, 1992년에는 게리 베커(Gary Becker)에게 노벨경제학상이 수여되었다. 두 교수는 인적자본이론을 구축한 대표적인 노동경제학자이다.

표 5-1 인적자본 투자와 투자의 주된 경제주체

인적자본(stock)	인적자본 투자(flow)	투자의 주된 경제주체
숙련, 전문기술	훈련 또는 숙련형성	기업, 개인, 정부
교육(education)	학교 다니기(schooling)	개인, 정부
건강	건강유지 활동	개인
노동시장 정보	직장이동, 지역이동과 같은 시장정보취득 활동	개인, 정부

(4) 물적자본과 인적자본의 같은 점과 다른 점

인적자본에 대한 수익은 투자가 끝난 후 소유자인 근로자가 인적자본량의 이용을 남에게 임대해 줌으로써 발생한다. 투자가 끝난 후의 증대된 인적자본량은 생산성을 높이고 소득능력(earning power)을 높이는데, 그것을 임대해 줌으로써 발생하는 투자의 수익은 노동시장에서의 높은 임금이라는 형태로 나타난다. 따라서 인적자본서비스의 시장교환은 임대시장 거래(rental market transactions)이며, 인적자본서비스의 가격은 인적자본의 임대료이다. 장래에 장기간에 걸쳐 발생하는 높은 임대료(즉, 임금)가 인적자본 투자에 대한 수익일 때, 투자자는 투자의 수익과 투자의 비용을 비교하여 기대되는 수익이 투자비용보다 클 때 투자를 하게 될 것이다. 투자수익과 투자비용을 비교하여 투자를 결정한다는 점은 물적자본의 투자이론과 동일하다.

그러나 인적자본 투자와 물적자본 투자 간에는 중대한 차이가 있다. 물적자본은 시장에서 매매될 수 있지만 인적자본은 매매될 수 없다. 물적자본은 은행의 담보물이 될 수 있지만, 인적자본을 담보로 돈을 대여해 주는 은행은 없다. 이러한 경우를 자본시장의 불완전성이라고 한다. 물적자본은 기업의 소유물로 공장 내에 남아 있을 수 있으나 인적자본은 근로자의 소유물로서 회사를 떠나 근로자 의사에 따라 자유롭게 사용될 수 있다. 인적자본 투자의 이러한 특수성 때문에 교육투자의 경우 개인이 투자비용을 전담하고 개인이 투자수익을 전부 갖는 방식으로 투자가 이루어진다.

3 신호이론

신호이론은 인적자본론과 달리, 첫째 개인의 선천적 재능은 다 다르며, 둘째 개인의 숨겨져 있는 우수한 재능이 나중에 기업에게 밝혀짐으로써 높은 임금을 받게 되어, 개인의 재능간 격차가 생산성 격차를 낳는다고 본다. 현실의 임금격차는 숨겨져 있는 개인의 재능 차이에 기인하는데, 숨겨진 재능이 뛰어난 사람일수록 자신의 재능을 고용주에게 신호하기 위해 교육이라는 고급 간판을 취득할 유인을 갖고, 사용자 역시 선발비용을 줄이려는 목적으로 교육이라는 간판을 이용하여 채용하므로, 결국 교육이라는 고급 간판이 고품질의 재능을 대변하게 된다는 설명이다.

신호이론은 이 책의 제1장 4절에서 제시한 경쟁노동시장의 여러 가정 중 근로자와 기업은 완전정보 상태이이며, 고용주(기업)는 근로자의 특성에 대하여 완전한 정보를 갖고 있다는 가정이 현실에서 적용되지 않는 상황을 전제로 하고 있다.

우리는 신호이론의 골격 중 교육이 수행하는 간판으로서의 역할에 초점을 맞추겠다.

(1) 신호가설: 개인의 관점

대학교육이 영리한 사람과 우둔한 사람을 구분하여, 우둔한 사람은 대학 졸업장을 갖지 못하게 되고, 영리한 사람에게만 대학 졸업장을 부여하면, 대학 졸업장이라는 간판은 개인의 숨겨져 있는 선천적 재능을 **신호**(signal)해 주는 역할을 담당한다.

기업이 사람을 채용할 때 각 개인들은 자신의 질적 수준을 알고 있으나 기업은 개인들의 능력과 생산성을 알 수 없는 상황, 즉 **정보의 비대칭성**(information asymmetries)에 직면한다. 겉만 번드레하고 실력은 없는 외화내빈의 근로자를 기업이 솎아내고, 능력 있고 생산성이 높은 근로자를 **선별**(screening)하고자 할 때, 기업은 일류대학 졸업장이라는 간판을 능력과 생산성의 지표로 이용할 수 있다. 이러한 경우 개인은 일류대학 졸업장을 따서 자신의 선천적 재능과 숨겨져 있는 생산성을 기업에 신호하기 위해 교육투자를 하게 된다. 이와 같이 교육이 개인의 선천적 재능과 숨겨져 있는 생산성을 신호하는 기능을 가지므로 개인의 교육투자는 신호에 대한 투자라는 시각이 있다. 이를 교육의 신호가설이라고 한다.

교육 신호가설을 강하게 신봉하는 일부 학자들은 교육(또는 인적자본)은 개인의 능력개발을 통해 개인의 생산성을 높인다는 것을 부인하고, 단지 개인의 선천적 재능을 신호하는 역할만 담당한다고 주장한다.

이와 같이 정보의 비대칭성이라는 현실에서 교육이 개인의 유능함을 신호하는 간판기능을 수행한다는 설명이 1973년 **스펜서**(Michael Spencer)에 의해 처음으로 제시되었다. 이에 대해 정보의 비대칭성 문제를 처음으로 제시한 **애컬로프**(George Akerlof)는 정보의 비대칭성 문제를 더욱 발전시킨 **스티글리츠**(Joseph Stiglitz)와 함께 2001년 노벨경제학상을 공동 수상하였다.

(2) 선별가설: 기업의 관점

기업이 근로자를 채용할 때는 **선별비용**(screening cost)과 **훈련비용**이 든다. 기업은 능력 있고 우수한 그리고 직장에 오래 있으려는 성향을 가진 근로자를 채용하고자 하지만, 근로자의 이러한 바람직한 잠재적 성향은 기업에게는 쉽게 관찰되지 않는다. 특히 채용여부를 결정하게 되는 초기에는 더욱 그러할 것이다.

기업이 쉽게 관찰할 수 있는 것은 성, 나이, 경력, 학력 등의 개인적 지표뿐이다. 고용주는 개인적 지표 중 특히 학력이 근로자의 능력, 우수성 및 작업장에서 요구되는 바람직한 성격과 정(+)의 관계를 갖는다는 것을 다년간의 경험을 통해 축적한 통계적 정보에 의해 알게 되었다고 하면, 기업은 종종 학력을 채용기준으로 사용한다.

고용주들이 근로자의 능력과 재능을 직접 측정하고 시험해 본 후 채용을 결정한다면 선별비용이 엄청날 것이다. 즉, 근로자의 능력과 재능을 직접 계측하는 선별비용을 줄이기 위해, 능력의 대리변수인 학력이라는 간판에 대해 높은 보수를 지불하려는 유인이 있다. 유능한 사람일수록 오랜 기간에 걸쳐 각종 시험을 통과하고 좋은 '간판'을 딸 것이기 때문에, 교육은 지식이나 생산성을 높이는 것이 아니라 유능한 사람을 솎아내는 채(filter)의 역할을 한다고 간주된다. 이 관점에서 보면, 학력이 높은 사람이 소득이 높은 것은 교육 때문이 아니고 원래의 우수한 능력에 기인한다는 것이다.

따라서 교육이 개인의 능력을 신호해 주는 역할을 하므로 근로자는 교육이라는 신호를 구입하려('간판'을 따려) 하고, 고용주는 선별비용을 줄이기 위해 능력의 대리변수인 우수한 학위의 소지자에게 높은 임금을 지불하는 것이다.

이때, 기업이 선별비용을 줄이기 위해 유능한 사람을 솎아내는 기구(sorting mechanism)로서의 교육을 강조하는 이론을 **선별가설**(screening hypothesis)이라고 하며, 유능한 근로자가 스스로 비용을 들여 신호로서의 교육에 투자하는 것을 강조하는 경우에는 **신호가설**(signaling hypothesis)이라고 말한다.

4 한국의 지나치게 과도한 고학력화와 그 부작용

우리는 교육이 일종의 인적자본 투자로서 개인의 능력과 생산성을 높일 뿐만 아니라 신호기능도 갖는다는 통합적 관점을 갖는다.

한국 고등학교 3학년 졸업자들의 대학(전문대 포함)진학률은 〈표 5-2〉가 보여주듯 1970년 26.9%에서 2000년 68.3%로 계속 상승하다가, 피크는 2008년, 83.8%에 이르렀다. 2008년의 피크 이후 다소 낮아지고 있으나 2014년 기준 70.9% 수준이다. 여전히 세계 최고의 대학 진학률을 보이고 있다. 선진국 대부분에서 고졸자의 대학 진학률은 30~40% 수준이다.

지난 50여년간 간판을 따기 위해 무작정 대학에 진학한 사람이 증가하였음을 부인하기 어렵다. 사회적으로 일류대학 졸업자들이 우수한 재능을 갖고 있다고 선망의 눈으로 보는 것이 다반사이고, 한국의 대기업 또한 일류대학 졸업자를 우선적으로 채용하기 때문에 일류대학 졸업장은 한국에서는 고급 간판기능을 수행하고 있다고 할 것이다.

실업계, 특성화고교, 마이스터 고교 등 고교교육과 대학교육에 있어서 정부의 미미한 역할도 변화되지 않을 전망이다. 학부모의 교육비 부담이 선진국과의 비교에서 가장 높은 국가가 한국이다.

표 5-2 한국의 대학진학률

	1970년	1980년	1990년	2000년	2008년	2010년	2014년
대학진학률	26.9%	27.1%	33.2%	68.0%	83.8%	79.0%	70.9%

자료: 한국교육개발원, 『간추린 교육통계』, 1991, 2000, 2014.

또한 고학력자의 과잉공급은 당연히 대졸자의 임금을 하락시키고, 대졸자와 고졸자간의 임금격차를 축소시킨다. 선진국에서는 숙련편향적 기술진보로 대졸자와 고졸자간의 임금격차가 확대되나, 한국에서는 그 격차가 크게 축소되고 있는 것이다.

더군다나 대졸자의 취업난, 취업준비, 대기실업, 그리고 고졸이 맡아온 일자리에로의 하향취업은 우리나라의 교육투자를 대단히 비생산적으로 만들며, 막대한 자원의 낭비를 결과하고 있는 것처럼 보인다. 여기서 **하향취업**(under-employment)이라함은 일반적인 대졸자가 취업하는 일자리에 고용되지 못한 대졸자들이 대졸학력이 필요없는 일자리에 취업하는 현상을 지칭한다. 고학력자의 실업과 하향취업은 고학력화가 낳는 대표적 폐해다. 한편으로는 고학력자의 과잉공급 때문에, 다른 한편으로는 산업수요와 부합되는 지식·기술·기능을 갖추지 못하고 노동시장에 진출함으로써 발생하는 구인·구직자간의 불합치(mismatch) 때문에 고학력자의 실업과 하향취업이 만연하고 있다.

제2절 대학교육의 선택과 그 결과: 인적자본 모형의 예시

교육이 인적자본으로서 개인의 생산성을 높일 때, 교육투자는 투자수익과 투자비용을 비교하여 결정한다. 대학교육의 예를 통해 이를 살펴보기로 한다.

1 고졸 근로자와 대졸 근로자의 연령－임금곡선

우리는 고등학교를 졸업하는 청년이 노동시장에 곧바로 진입할 것인가 아니면 대학진학이라는 인적자본 투자를 행할 것인가 여부에 관한 이분법적인 선택을 예로 하여 각 청년의 인적자본 투자 결정을 분석하고자 한다.

고등학교 졸업자는 졸업 시점에서 고등학교 졸업자의 기대생애소득과 대학교 졸업자의 기대생애소득을 비교하게 된다. 기대생애소득은 **연령－임금곡선**(age-earnings profile)으로 나타낼 수 있는데, 연령－임금곡선이란 나이를 가로축에 놓고 소득을 세로축에 놓아 나이가 증가함에 따라 소득이 어떻게 변화하는지를 보여주는 곡선이다.

각 개인은 고졸자의 연령－임금곡선과 대졸자의 연령－임금곡선을 비교할 뿐만 아니라 대학교육의 비용도 동시에 고려하게 될 것이다. 결국 그는 대학교육 투자의 예상수익과 투자비용을 비교하게 될 것이다.

한 개인이 고등학교를 졸업하는 시점에 있다고 하자. 그가 취업한다면 취업하는 나이인 18세에 H_0라는 임금을 받고, 19세 H_1, 20세 H_2, 21세에 H_3 … 을 받고, 정년 65세에 받는 임금이 H_R이라고 하자. 시장이자율이 r일 때, 19세 H_1의 현재가치는 $\frac{H_1}{1+r}$, 20세 H_2의 현재가치는 $\frac{H_2}{(1+r)^2}$ 등으로 표시하면, 그가 고졸자로 취업을 한다면 현재가치로 표시한 고졸자 연령-임금곡선은 [그림 5-2]에서 CDE와 같은 모양을 지닐 것이다.

시장이자율이 r일 때, 고졸자 생애소득의 현재가치(PV_H)는 다음과 같이 표현된다.

$$PV_H = H_0 + \frac{H_1}{(1+r)} + \frac{H_2}{(1+r)^2} + \cdots + \frac{H_R}{(1+r)^R} \tag{5.1}$$

한 개인이 대학에 들어가면 대학졸업 후 나이가 22세 될 때 U_4라는 임금을 받고, 23세에 U_5, 그리고 65세 정년이 되는 해에 U_R을 받는다고 하자. 현재가치로 표시한 대졸자의 연령-임금곡선은 [그림 5-2]에서 AB와 같은 형태를 지닌다. AG는 대졸자의 초임이며, 이것은 고졸자의 5년째 임금인 DG 수준보다 높게 표시되어 있다. 18세

그림 5-2 고졸자와 대졸자의 연령-임금곡선

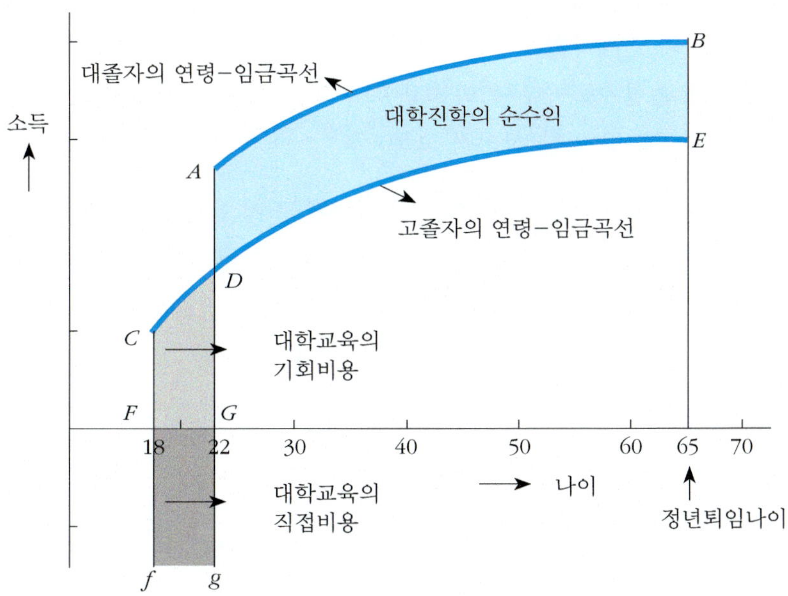

청년의 관점에서 대학졸업 후 받는 생애소득의 현재가치(PV_U)는 다음과 같게 된다.

$$PV_U = \frac{U_4}{(1+r)^4} + \frac{U_5}{(1+r)^5} + \cdots + \frac{U_R}{(1+r)^R} \tag{5.2}$$

(1) 대학교육의 예상 순수익

18세 청년의 입장에서 파악된 대학교육의 순수익의 현재가치(PV_B)는 22세 이후 대졸자가 받을 생애소득과 22세 이후 고졸자의 생애소득간의 차액이 된다. 즉,

$$PV_B = \frac{(U_4 - H_4)}{(1+i)^4} + \frac{(U_5 - H_5)}{(1+i)^5} + \cdots + \frac{(U_R - H_R)}{(1+i)^R} \tag{5.3}$$

이는 [그림 5-2]에서 $ABED$의 면적으로 표시된다.

(2) 대학교육의 비용

그렇다면 이 청년의 대학교육의 비용은 무엇인가? 대학교육의 비용은 구체적으로 다음의 세 구성요소를 갖는다.

① 대학교육의 **직접비용**, 예컨대 등록금, 교과서 비용, 각종 납부금
② 대학교육의 **기회비용**, 즉 고졸자로 취업했더라면 벌 수 있었던 소득(H_0, H_1, H_2, H_3)의 현재가치
③ **심리적 손실**, 즉 공부는 힘들고 대부분의 사람이 싫어하는 일이므로 입시준비와 대학공부로 인한 심리적 고통

논의를 단순화시키기 위해, 우리는 심리적 손실은 없다고 가정하겠다. 그리고 대학교육의 기회비용과 직접비용만을 고려하기로 한다. 대학 재학시 대학교육의 직접비용이 18세에서 D_0, 19세에서는 D_1, 20세에는 D_2, 21세에는 D_3라고 하면 직접비용과 기회비용의 합계로 구성되는 대학교육 비용의 현재가치(PV_C)는 다음과 같다.

$$PV_C = (D_0 + H_0) + \frac{(D_1 + H_1)}{(1+r)} + \frac{(D_2 + H_2)}{(1+r)^2} + \frac{(D_3 + H_3)}{(1+r)^3} \tag{5.4}$$

분석의 편의상 대학교육의 직접비용이 4년간 동일하다고 가정하자. 즉, $D_0 = D_1 = D_2 = D_3$가 된다고 간주하는 것이다. 그러면 [그림 5-2]에서 현재가치로 표시한 대

학교육의 직접비용은 *FGgf* 이며 대학교육으로 포기된 소득(현재가치로 표시)은 *CDGF* 이므로 대학교육의 총 비용(현재가치로 표시)은 *CDgf* 로 나타낼 수 있다.

2 개인의 인적자본 투자 결정기준

개인의 인적자본 투자 여부의 결정기준은 두 가지가 있다. 하나는 **현재가치기준**(present value criterion)이며, 다른 하나는 **내부수익률기준**(internal rate of return criterion)이다.

(1) 현재가치기준

식 (5.3)에서 나타난 대학교육 순수익의 현재가치(PV_B)가 식 (5.4)에 나타난 대학교육 비용의 현재가치(PV_C)보다 크다면, 한 개인은 대학진학을 선택할 것이다. 만약 $PV_B < PV_C$이면, 졸업 후 바로 취업하게 될 것이다. 따라서 대학교육투자 결정에 관한 개인의 의사결정준칙은 다음과 같다.

$$\begin{aligned} &PV_B > PV_C \rightarrow \text{대학교육을 받는다.} \\ &PV_B < PV_C \rightarrow \text{대학교육을 받지 않는다.} \end{aligned} \tag{5.5}$$

식 (5.5)에 나타난 의사결정이 **현재가치법**에 의한 투자결정이다. 대학교육 선택을 [그림 5-2]에 나타난 현재가치로 표시한 연령-임금곡선을 이용하여 표현하면 다음과 같다.

$$\begin{aligned} &ABED > CDgf \rightarrow \text{대학교육을 받는다.} \\ &ABED < CDgf \rightarrow \text{대학교육을 받지 않는다.} \end{aligned}$$

(2) 내부수익률기준

우리는 앞에서 대학졸업의 예상순수익의 현재가치와 대학교육 비용의 현재가치를 구하는데 **할인율**(discount rate)로 시장이자율을 이용하였다. 그러나 식 (5.3)의 예상순이익과 식 (5.4)의 비용을 같게 하는 그러한 할인율의 개념이 있을 수 있다. 즉,

$$(D_0+H_0)+\frac{D_1+H_1}{(1+\rho)}+\frac{D_2+H_2}{(1+\rho)^2}+\frac{D_3+H_3}{(1+\rho)^3}=\frac{U_4+H_4}{(1+\rho)^4}+\cdots+\frac{U_R+H_R}{(1+\rho)^R} \tag{5.6}$$

식 (5.6)을 성립시키는 할인율 ρ를 **내부수익률**이라고 한다. 식 (5.6)에서는 개인의 투자비용과 개인의 투자수익만을 고려하고 있기 때문에 ρ를 **교육의 사적 수익률**(private rate of return)이라고 부른다.

앞으로 설명하겠지만, 교육투자로 발생하는 수익에는 사적 수익뿐만 아니라 사회적 수익도 있다. 대학교육을 받으면, 법과 질서를 보다 잘 지키고, 술·담배를 멀리하는 등 개인의 건강과 안전에도 보다 관심을 기울이며, 민주적 정부 구성에 적극적으로 참여함에 따라 본인뿐만 아니라 다른 사람에게도 이득을 제공한다. 이러한 사회적 수익을 위의 식 (5.6)의 우측에 포함시킨 후 계산되는 내부수익률을 교육의 **사회적 수익률**(social rate of return)이라고 한다. 그러나 여기서는 교육의 사적 수익률에만 논의의 초점을 맞출 것이다.

장래순수익과 비용을 균등화시키는 내부수익률은 교육투자 1원어치의 투자수익률이라고 할 수 있다. 예컨대 내부수익률이 0.14이면 교육투자를 1원어치 행할 때, 0.14원의 수익, 즉 14%의 수익률이 발생한다. 교육투자 1원어치의 기회비용은 시장이자율(r)이다. 교육투자 1원어치의 투자수익률이 교육투자 1원어치의 기회비용보다 크면 투자가 행해진다. 따라서 **내부수익률법**에 의한 투자판단기준은 다음과 같다.

$$\begin{aligned} \rho > r &: \text{투자함} \\ \rho < r &: \text{투자하지 않음} \end{aligned} \tag{5.7}$$

내부수익률법과 현재가치법은 예외적인 경우에는 일치하지 않지만, 일반적으로는 일치한다. 두 방법이 일치하지 않는 경우는 수리경제학에서 다루어질 수 있는 주제이다. 내부수익률의 개념을 응용하면 개인의 인적자본 투자결정을 보다 넓게 고찰할 수 있다.

3 대학교육의 선택에 영향을 미치는 요인들

이제 현재가치법을 활용하여 청년의 대학교육 투자에 영향을 미치는 요인들을 살펴보도록 하자. PV_B와 PV_C간의 차액을 대학교육의 순수익이라고 할 때, 식 (5.5)에 나타난 의사결정은 $PV_B - PV_C > 0$이면 대학교육을 받고, $PV_B - PV_C < 0$이면 고졸자 노동시장에 진입하는 것이 된다.

대학교육의 순수익($PV_B - PV_C$)의 크기를 결정해 주는 요인으로는 ① 대졸자와 고졸자 간의 임금격차, ② 대학졸업 후 예상수익 회수기간, ③ 시차할인율의 크기, ④

대학교육의 금전적 비용, ⑤ 대학교육의 비금전적 비용 등 다섯 가지를 들 수 있다.

(1) 학력간 임금격차

18세 청년의 입장에서 대졸자와 고졸자간의 임금격차가 클수록, 대학교육 투자의 순수익이 커지고, 대학교육에 대한 수요가 증가하게 된다. 즉, 식 (5.3)에 (U_i-H_i)의 값이 커질수록 PV_B가 커지고, 따라서 대학교육에 대한 수요가 커지게 된다.

예컨대 1960년대와 1970년대에 경제개발 추진과 관련된 기업에서의 고급두뇌에 대한 높은 보수는 대학생들로 하여금 상경계 쪽을 자원하게 만들었다. 또한 산업구조의 고도화에 따라 고급기술 근로자가 높은 보수를 받으면서, 이들을 공급하는 공대계열의 학과에 대한 응시자가 증가하였다.

대졸자와 고졸자간의 임금격차 이외에도 부가급여(fringe benefit)와 비금전적 근로조건(예컨대 근무 환경, 승진 가능성, 직장 안정성) 등의 차이를 고려하면 대졸자와 고졸자간의 순수익의 격차는 더 커질 것이다. 이러한 요인을 아울러 고려하면, 학력 간의 임금격차가 커질수록 교육에 대한 수요는 증가하게 된다.

(2) 예상수익 회수기간과 기회비용에 영향을 미치는 나이

교육에 대한 수요는 나이가 어린 청년일수록 크다. 어린 나이에 교육투자를 마치면 투자에 대한 수익 회수기간이 길어지기 때문이다. 또한 어린 나이일수록 교육투자를 할 때 포기하여야 하는 근로소득(교육 투자의 기회비용)이 나이 든 사람보다 적다. 투자의 비용이 낮고 투자수익의 회수기간이 길어지므로 젊은 사람일수록 투자수익률이 높아진다. 그러므로 대부분의 고졸자는 노동시장에서 4~5년 일한 후 대학을 진학하는 것이 아니라 졸업 후 바로 대학에 진학하여 대학교육에 전념(full-time schooling)하게 된다.

개인의 시간을 시장노동에 전혀 사용함이 없이 100% 인적자본 투자에 사용하는 것을 **인적자본 특화**(human capital specialization)라고 한다. 그리하여 우리는 젊은 나이에 인적자본 특화를 하기 때문에 젊을수록 교육투자가 많아진다는 예측을 하게 되는데, 이는 현실의 관찰과도 부합된다.

(3) 현재지향성과 미래지향성

투자란 미래를 위한 것이며, 투자를 행하는 재원으로 현재소비를 행할 수 있었던 것을 포기하는 것이다. 장래소득을 위해 오늘의 소비를 포기하는 것의 불편함과 고통을 어느 정도까지 감내할 것인가? 여기에 개인의 현재–미래 간 시간선호가 반영된다.

사람들은 통상적으로 장래소득보다는 현재소득을 선호하는데, 이때 장래소득보다 현재소비를 선호하는 것을 양(+)의 **시간선호**(positive time-preference)를 가진다고 말한다. 양(+)의 시간선호가 강한 사람, 즉 현재지향성향을 가진 사람은 장래소득을 할인하는 율, 즉 시차할인율이 높아진다. 반대로 양(+)의 시간선호가 약한 사람, 즉 미래지향성향을 지닌 사람은 장래소득을 할인하는 시차할인율이 낮아진다.

낮은 시차할인율을 가진 사람은 장래소득의 현재가치가 상대적으로 크기 때문에 대학교육에 대해 수요는 증가한다.

(4) 민간부담 교육비의 크기

총교육비는 교육의 직접비용인 직접교육비와 교육의 기회비용인 교육의 간접비용의 합계이다. 또한 총교육비는 교육비 부담의 주체가 누구냐에 따라 정부부담 교육비와 민간부담 교육비로 나누어진다.

우선 공교육비와 사교육비 개념을 정확히 이해할 필요가 있다. 공공회계 절차를 거쳐 지출되는 교육비를 공교육비라고 하며 공공회계를 거치지 않고 학부모와 학생이 교육을 위해 사적인 의지로 직접 지출하는 비용이 사교육비이다.

이때 공교육비 중 일부는 국가와 지방공공단체가 부담하는 공부담 공교육비이다. 이를 정부부담 교육비라고 한다. 반면 입학금, 수업료, 육성회비(학교운영지원비)와 같이 민간이 부담하는 공교육비가 있는데, 이를 사부담 공교육비라고 한다. 사부담 공교육비와 사교육비의 합계가 민간부담 교육비가 된다([그림 5–3] 참조).

그림 5–3 교육비 부담 주체별 총교육비의 구성

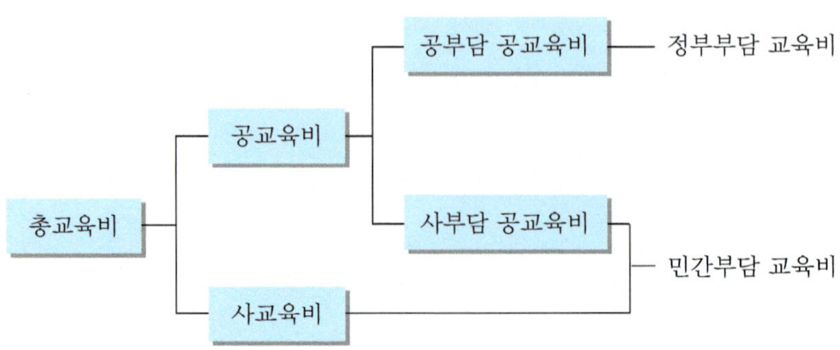

민간부담 공교육비, 예컨대 대학 입학금, 등록금이 클 뿐만 아니라 사교육비 예컨대 어학연수비, 취업준비를 위한 각종 학원비 등이 클수록, 즉 민간부담 교육비(식 (5.4)에서 D_0, D_1, D_2, D_3는 민간부담 교육비를 나타냄)가 클수록 개인의 대학진학 수요는 감소할 것이다.

반대로 대학이 거의 국·공립으로 운영되면, 민간부담 교육비는 적어지게 되어, 대학진학을 결정하는 18세 청년의 경우 대학교육을 더 받고자 할 것이다.

(5) 대학교육의 비금전적 비용

대학진학의 의사결정에서 인적자본론이 가장 소홀히 다룬 분야는 아마도 대학교육과 관련된 비금전적 비용, 즉 심리적 고통일 것이다.

우선, 공부에 비교우위를 갖는 학생들은 대학교육에 따른 심리적 고통 비용이 낮을 것이다. 반대로 공부에 비교열위를 갖는 학생은 심리적 고통이라는 비용이 대단히 높을 것이다. 따라서 공부에 비교우위를 갖는 사람이 대학교육을 더 선택할 것이다.

다음으로 대학의 학문의 각 영역에서 지식교육과 인성교육에 있어서 높은 수준을 정해 놓고 그러한 절대적 기준을 충족시키지 않는 학생은 결코 졸업시키지 않는, 수준 높은 교육품질관리를 행한다고 하자. 대학에서 설정한 엄격한 기준을 충족시키는 자질을 갖추지 못한 학생은 대학에 진학하더라도 심리적 고통이 엄청날 것이다. 대학에서 7~8년을 보내도 졸업을 못하게 된다면, 대학교육에 소질을 갖지 못한 학생은 본인의 기회비용 및 심리적 고통이라는 비용을 심각하게 고려하여 대학교육을 선택하지 않게 될 것이다. 반면 대학에 입학하기만 하면 자동으로 졸업하게 되는 교육시스템 하에서는 대학교육의 심리적 고통 비용이 낮고 기회비용도 낮아 누구나 다 대학에 지원하려는 경향이 생긴다.

한국 사회에서 대부분의 청년들이 대학에 진학하려는 현상은 일정 부분 대학교육기관의 교육품질관리의 부재에서 기인하고 있음을 부인하기 힘들 것이다.

4 회귀분석에 의한 교육투자수익률의 계산

대학교육의 PV_B와 PV_C를 계산하는 것은 대단히 복잡하고 시간이 많이 걸리는 작업이다. **민서**(Jacob Mincer)는 교육투자수익률을 회귀분석(regression analysis)에 의해 간명하게 추정하였다.

(1) 민서의 임금함수

민서는 1974년에 교육투자수익률을 통계적으로 계산하는 단순모형을 제시하였다. 그 방법은 근로소득창출함수(earning-power generating function) 또는 단순하게 표현하여 임금함수를 이용하는 것이다.

임금함수는 다음 세 가지 가정을 전제로 한다. 첫째, 노동시장은 경쟁적이며, 기업규모간 산업간 임금격차는 없고, 단지 개인의 생산성차이에 따른 임금격차만 존재한다. 둘째, 각 직업은 서로 다른 수준의 학교교육을 요한다는 것만 다르고 그 이외의 비금전적 이득의 차이는 없다. 셋째, 교육 받는 기간 동안 소득을 벌지 못하며, 교육투자비용은 단지 기회비용만으로 구성된다.

이러한 가정에서 교육이 없을 시의 근로소득을 E_0, 교육투자 1년 후의 근로소득을 E_1이라고 표시하고, 교육투자수익률을 r이라고 하면, 다음 항등식이 성립한다. 즉

$$E_1=(1+r)E_0 \tag{5.8}$$

1년 교육 후 추가로 1년 더 교육을 받을 시, 즉 2년 그리고 3년 교육을 받을 시의 근로소득 E_2는 다음과 같게 된다.

$$E_2=(1+r)E_1=(1+r)^2E_0$$

이와 같은 논리를 연장하면 s년 교육을 받을 시의 근로소득은

$$E_s=(1+r)^sE_0 \tag{5.9}$$

가 된다. 이 식의 양변에 자연대수(natural log)를 취하면

$$\ln E_s=\ln E_0+s\cdot\ln(1+r) \tag{5.10}$$

이 된다. 이때 r이 0.3 미만이면, 즉 인적자본수익률이 30% 미만이면 $\ln(1+r)\cong r$이 되므로, 다음 관계식을 얻는다.

$$\ln E_s=\ln E_0+rs \tag{5.11}$$

이 항등식이 근로소득창출함수(earning-power generating function)이다. 앞으로 이를 간단히 **임금함수**(earnings function)라고 부르기로 한다.

식 (5.11)에 절편을 고려하면 회귀식은 다음과 같게 된다.

$$\ln E_s = \alpha + rs + \text{여타 변수의 영향 (단, } \alpha = \ln E_0) \tag{5.12}$$

식 (5.12)에서 r은 여타 조건이 일정불변일 때, 교육투자 1년 증가에 기인하는 임금의 %증가율, 즉 한계수익률을 지칭한다. 식 (5.12)에서 $\ln E_s$를 s에 대해 미분하면 다음과 같다.

$$r = \frac{\frac{\partial E_s}{\partial_s}}{E_s} = \frac{\dot{E}}{E_s} \text{ (여기서 } \frac{\partial E_s}{\partial s} = \dot{E} \text{ 으로 표시)} \tag{5.13}$$

즉, r은 교육년수 1년 증가시 근로소득의 %증가율을 의미하게 되며, 이를 교육투자의 **한계수익률**이라고 한다.

민서의 임금함수에 의해 교육투자수익률을 손쉽게 계산할 수 있다. 세계 각국의 거의 대부분의 연구는 교육이 각 개인의 임금에 실로 강력한 양의 효과를 미친다는 실증분석 결과를 보여주고 있다. 민서의 임금함수를 세계 각국의 연구자들이 활용하는 이유는 그 실용성에 있다.

여러분도 표본을 구성하여, 개인의 교육, 임금 등에 관한 자료를 통계분석 패키지를 활용, 회귀분석을 하여 교육투자수익률을 계산해 볼 수 있을 것이다.

(2) 대학교육투자의 한계수익률 계산의 실용적인 방식

실제에 있어서 교육투자는 1년 단위로 이루어지는 것이 아니다. 교육은 초등학교 6년, 중학교 3년, 고등학교 3년, 전문대 2년, 대학교 4년이라는 단위로 이루어진다. 이때는 더미변수(dummy variable) 기법을 이용한다. 고졸자 그룹을 기준으로 하여 초졸자 더미변수(ELEM), 중졸자 더미변수(JUNI), 전문대졸자 더미변수(COLL), 대졸자 더미변수(UNIV)라는 네 개의 더미변수를 만들면 식 (5.12)는 다음과 같게 된다.

$$\begin{aligned}\ln E_S = {} & \alpha + \beta_1 ELEM_i + \beta_2 JUNI_i + \beta_3 COLL_i + \beta_4 UNIV_i \\ & + \text{ 기타 변수들의 영향}\end{aligned} \tag{5.14}$$

고졸자의 임금과 대졸자의 임금은 다음과 같게 된다.

고졸자 : $\ln E_{\text{고졸}} = \alpha + \text{기타 변수들의 영향}$

대졸자 : $\ln E_{\text{대졸}} = \alpha + \beta_4 + \text{기타 변수들의 영향}$

따라서 고졸자와 대졸자간의 임금의 차이는 β_4로 측정된다.

$$\beta_4 = \ln E_{대졸} - \ln E_{고졸} \tag{5.15}$$

그런데 $\ln E_{대졸} - \ln E_{고졸}$은 $(E_{대졸} - E_{고졸})/E_{고졸}$과 대략적으로 같아진다는 성질을 이용하여 식 (5.15)를 다음과 같이 놓기로 한다.

$$\beta_4 = \ln E_{대졸} - \ln E_{고졸} = \frac{E_{대졸} - E_{고졸}}{E_{고졸}} \tag{5.16}$$

대학교육이 4년에 걸쳐 이루어짐을 감안하면, 대학교육 1년 추가적 투자에 따른 임금증가분은 β_4를 4년으로 나누어 주면 계산된다.

$$\frac{\beta_4}{4} = \frac{E_{대졸} - E_{고졸}}{4E_{고졸}} \tag{5.17}$$

$4 \times E_{고졸}$은 4년 대학교육의 기회비용이며, 4년 대학교육의 수익은 $(E_{대졸} - E_{고졸})$이므로 식 (5.17)은 대학교육 1년 증가에 따른 수익률, 즉 대학교육의 한계수익률의 추정치가 된다. 즉

$$\hat{r} = \frac{\hat{\beta}_4}{4} \tag{5.18}$$

식 (5.14)를 현실의 자료에 적용하여 식 (5.18)과 같은 방식으로 고졸자 대학교육 투자 한계수익률을 구하고, 이와 같은 방식을 계속 응용하여 고졸자 대비 전문대졸자의 교육투자 한계수익률 등을 구할 수 있게 된다.

제3절 간판으로서의 교육 투자: 신호모형의 적용

한국에서는 고학력화가 매우 빠르게 진행되어 대체로 고등학교 졸업자의 약 70% 이상이 대학에 진학하고 있다. 한국 사회에서는 왜 이처럼 너도나도 다 대학에 가려고 할까? 인적자본 투자모형에 의하면 대졸자와 고졸자 간에 임금격차가 커서 교육투자수익이 대단히 크기 때문이라는 설명이 제시된다. 그러나 신호모형을 이용하면 한국의 고학력화 현상을 대단히 효과적으로 설명할 수 있다.

1 스펜서의 신호모형

(1) 신호가 존재하지 않을 때

개인은 노동시장 진입 전 대학 및 대학원 교육을 받을 수 있다. 대학교육이 개인의 생산성을 높이는 것은 분명하다. 이는 앞 절의 주제였다.

그러나 교육이 개인의 생산성을 높이기보다 단순히 간판으로서 가치를 지니는 경우도 허다하다. 학사학위증, 석사학위증이라는 간판은 정보의 비대칭성의 세계에서 자신이 유능한 사람이라는 것을 신호하는 기능을 담당한다. 지방대학에서 서울소재 대학으로 학사편입이 대규모로 이루어지고, 서울소재 대학생들은 세칭 일류 대학으로 학사 편입을 하는데, 그 이유는 좋은 간판을 따기 위한 것이다. 우리는 제1절에서 간판이 무엇을 의미하는지를 개괄적으로 살펴 본 바가 있다.

학력이 간판효과를 가져, 자신의 질적 수준을 신호한다는 이론을 처음으로 제기한 사람은 **스펜서**(M. Spencer, 1973)이다. 그는 정보의 비대칭성이 존재하는 상황에서 학력이 개인의 유능함을 대리하는 신호기능을 수행한다고 지적하였다. 그의 이론을 좀 더 살펴보기로 한다.

노동시장에 두 종류의 사람이 있다고 하자. 한 유형은 영리한 사람들(quicks)로 생산성이 높은 자들이고, 다른 유형은 우둔한 사람들(slows)로 생산성이 낮은 자들이다.

그런데, 근로자 개인은 자신이 어느 유형인지 알고 있지만 그들을 채용하는 기업은 어느 지원자가 영리한 사람(quicks)인지, 우둔한 사람(slows)인지 알 수가 없다. 이는 정보의 비대칭 상황을 나타낸다.

각 지원자에 대해 'quicks'와 'slows'의 구분을 할 수 없을 때, 기업은 지원자에 대한 보수를 과거의 경험을 통해 통계적으로 얻어지는 평균생산성에 맞추어 책정하게 될 것이다. 'quicks'의 생산성에 부합하는 임금이 Q_q, 'slows'의 생산성에 부합하는 임금이 Q_s이고, 노동시장에 'quicks'의 비중이 α, 'slows'의 비중이 $(1-\alpha)$만큼 있다고 하면, 평균생산성 임금($\bar{Q}$)은 다음과 같이 된다.

$$\bar{Q}=\alpha Q_q+(1-\alpha)Q_s \tag{5.19}$$

이처럼 평균생산성에 입각해 근로자의 임금을 책정한다면, 기업 입장에서는 손해는 없다(평균생산성과 평균임금이 일치하므로). 그러나 이 경우 $Qs<\bar{Q}<Q_q$의 관계가 성립하기 때문에, 'quicks'에 속하는 근로자(즉 생산성이 높은 근로자)는 명백히 손해를

보게 될 것이고, 'slows'에 속하는 근로자(즉 생산성이 낮은 근로자)는 명백히 이익을 볼 것이다. 즉, 모든 근로자가 신호하지 않으면 영리한 자는 손해를 보고 우둔한 자는 이익을 누린다.

모든 근로자들이 이러한 상황을 받아들인다면 다행이지만 영리한 근로자가 이러한 상황을 계속 감내할 것 같지 않다. 'quicks'에 속하는 근로자는 자신의 생산성만큼 임금을 받기 위해 기업을 떠날 유인이 증가할 것이고, 반대로 'slows'에 속하는 근로자는 회사에 남아 있으려 할 것이다. 기업 입장에서 보면, 정확히 **역선택**(adverse selection)이 일어나는 상황이다. 결과적으로 기업의 생산성은 낮아지고 회사는 경제적 손실을 보게 된다.

(2) 신호가 존재할 때

개인의 생산성은 개인의 능력과 직결되어 있으며, 대학졸업장은 개인의 능력을 신호하는 간판이라고 하자. 이제 기업이 대졸자에게 'quicks'의 생산성임금 Q_q를 주고, 고졸자에게는 'slows'의 생산성임금 Q_s를 준다고 하면 어떻게 될까?

논의를 간명하게 하기 위해 2기간 모형을 고려하자. 2기간 모형이란 기간이 두 기간, 즉 투자기간과 투자수익 회수기간으로 구성된다고 가정하는 모형이다. 두 기간의 길이가 같다는 가정하에서 논의를 매우 단순화시킬 수 있다. [그림 5-4]에서 투자기간은 제0기로, 투자수익 회수기간은 제1기로 표시되어 있다. 대졸자의 임금은 간판을 획득한 후인 제1기에만 관찰된다.

대학 간판이 없을 때 정보의 비대칭성으로 평균생산성에 맞추어 결정된 임금을 지급받던 근로자들이 이제 간판에 효과가 있다는 사실을 알고 나서 어떠한 선택을 할 것인가?

간판 취득 후 대졸자 임금(현재가치로 표시)은 uv이고, 간판이 없을 때의 임금은 ij(현재가치로 표시)이므로, 간판 취득으로 인한 수익(현재가치로 표시)은 $uvji$이 된다. 따라서 사람들은 이 수익이 대학간판 취득비용보다 크다면 대학졸업장을 얻기 위해 투자를 할 것이다.

그런데 대학교육 비용은 ⅰ) 학비, 교재비, 취업준비학원비 등 직접비용, ⅱ) 대학교육으로 포기한 고졸자 보수인 기회비용, 그리고 ⅲ) 심리적 고통 비용으로 구성된다.

영리한 사람들은 대학을 4년 또는 그보다 짧은 기간에 마칠 수도 있고 교과과정

그림 5-4 신호모형의 예시

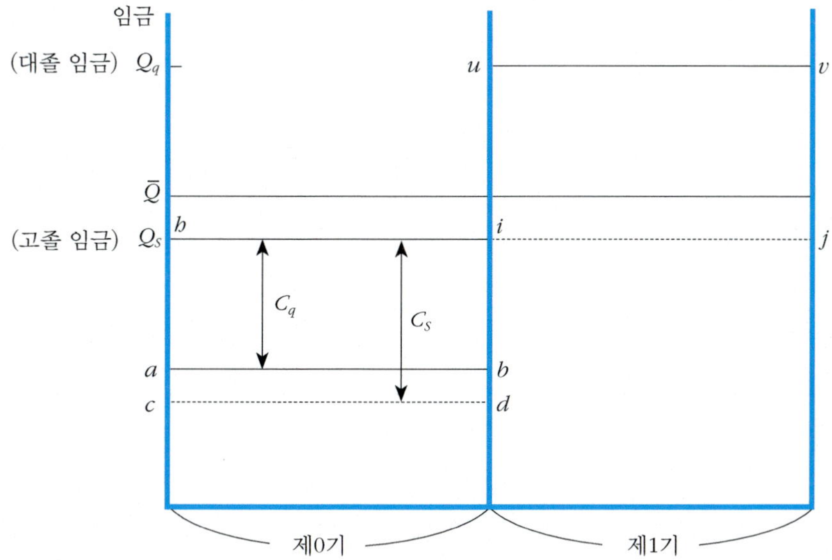

에서 쉽게 성적을 올릴 수 있어 심리적 고통 비용이 낮다. 그러나 우둔한 사람들은 대학을 졸업하는 데, 7~8년 이상의 오랜 시간이 걸리고 공부하는 데 상당한 어려움을 겪기 때문에 심리적 고통비용이 대단히 높다. 이를 반영해 [그림 5-4]에서 영리한 사람의 교육비용은 C_q, 우둔한 사람의 교육비용은 C_s로 표시되어 있다. 이때 $C_q < C_s$이다. 따라서 영리한 사람의 간판 취득비용은 *hiba*가 될 것이고, 우둔한 사람의 간판 취득비용은 *hidc*가 될 것이다.

앞서 우리는 투자기간과 투자회수기간의 길이가 같다고 가정하였다. 따라서 간판 취득으로 인한 수익(현재가치로 표시)은 $Q_q - Q_s$, 대학간판 취득비용은 'quicks'와 'slows'에 대해 각각 C_q와 C_s로 표시해도 무방하다. 면적으로 표시되던 수익과 비용을 이제 길이로 표현할 수 있게 된 것이다.

영리한 사람들만 대학간판에 투자하여 본인이 유능한 사람이라는 것을 신호하고, 우둔한 사람들은 고등학교만 졸업하여 대학교육이라는 신호를 구입하지 않을 때, 이를 영리한 자와 우둔한 자를 서로 분리시키는 균형, 즉 **'분리균형'**(separating equilibrium)이라고 한다.

이미 설명한 바와 같이, 영리한 사람이 대학졸업장이라는 간판에 투자할 때는 대학교육의 순이익($Q_q - Q_s$)이 대학교육의 비용(C_q)보다 클 때이다. 한편 우둔한 사람이 대학졸업장이라는 간판에 투자하지 않을 때는 대학졸업의 순이익($Q_q - Q_s$)이 그의 대학졸업 비용(C_s)에 미치지 못할 때이다.

따라서 영리한 자와 우둔한 자를 분리시키는 균형조건은

$$C_q < Q_q - Q_s < C_s \tag{5.20}$$

이다.

그런데 분리균형이 성립하자면, 위의 조건만으로 불충분하고 한 가지 조건이 더 추가된다.

즉, 영리한 사람들이 모두 대학교육이라는 신호에 투자하자면, 대학교육 후 보수 Q_q와 투자하지 않을 때 받을 수 있는 보수 $\bar{Q}$ 간의 차액이 영리한 사람의 대학교육 투자비용(C_q)보다 커야 한다는 것이다. 즉 영리한 사람은

$$C_q < Q_q - \bar{Q} \tag{5.21}$$

이면 신호(signal)에 투자한다. 식 (5.19)를 식 (5.21)에 대입하여 정리하면, 다음 식이 성립한다.

$$\frac{C_q}{1-\alpha} < Q_q - Q_s \tag{5.22}$$

즉, 영리한 사람과 우둔한 사람의 생산성이 정확히 식별되어 각각 Q_q, Q_s로 지불될 때, 그 차이 $Q_q - Q_s$가 $C_q/(1-\alpha)$보다 크면 영리한 사람은 신호에 투자하게 된다.

따라서 엄밀히 말하자면, '분리균형'은 식 (5.20)과 식 (5.22)가 동시에 성립할 때 이루어진다. [그림 5-4]에는 ($Q_q - Q_s$)가 C_q보다 크고, C_s보다는 적은 관계만을 보여주고 있으나, α가 주어져 있다면 $Q_q - Q_s$가 $C_q/(1-\alpha)$보다 커야 하는 조건도 충족되어야 한다.

2 신호기능을 상실하는 경우: 과잉교육

'분리균형'과 대립되는 개념은 영리한 자와 우둔한 자가 뒤섞여 있는 '**혼재균형**'(pooling equilibrium)이다. 즉, 영리한 자든 우둔한 자든 모두 간판에 투자하는 것이 유리하다고 판단하는 상황을 의미하며, 이 경우 대학졸업이라는 간판은 신호기능을 상실한다.

'**혼재균형**'은 다음 세 가지 경우에 발생할 수 있다.

첫째, 간판 투자비용이 간판 취득 후 수익에 비해 모두에게 크지 않은 경우이다. 대학이 학사관리를 철저히 하지 않아 누구나 대학에 입학만 하면 정해진 기간 내에 졸업할 수 있는 상황에서는 우둔한 자에게도 C_q라는 비용으로 대학졸업장을 딸 수 있게 함으로써 그들 역시 대학 간판의 수익($Q_q - Q_s$)이 투자비용을 초과하여 대학에 진학하게 된다. 이 경우 모두가 대학교육을 받을 것이기 때문에 대학졸업장의 신호효과는 없어진다.

둘째, 간판 투자의 수익이 지나치게 높은 경우이다. 노동시장에서 대졸자를 과도하게 우대하여 대졸임금이 너무 높게 책정되어 있거나, 또는 고졸자를 천대하여 고졸임금이 너무 낮게 책정되어 있는 상황이라면 누구나 대학에 가는 상황이 발생한다. 대학 간판의 순수익($Q_q - Q_s$)이 우둔한 자의 높은 교육비용(C_s)을 초과하게 되어 모두 간판 투자를 결정하게 된다.

셋째, 간판 투자수익의 회수기간이 충분히 길면 대졸자와 고졸자의 임금격차가 그리 크지 않더라도 투자수익이 투자비용을 넘어설 수 있다. 앞서의 단순한 2기간 모형에서는 투자기간과 투자수익 회수기간을 같다고 가정하고 기간에 관한 논의를 생략하였지만, 만약 투자수익 회수기간이 투자기간의 2배, 3배 등으로 길어지면([그림 5-4]에서 제2기가 가로로 연장되는 그림을 상상해 보자), 이들 기간 중에 발생하는 수익의 합계가 투자비용(C_q, C_s)보다 크면 투자를 결정하게 될 것이다.

기업이 근로자 채용 당시에는 정보의 비대칭 상황이라고 할 수 있지만, 회사에 채용되어 일정 기간 일을 한 후에는 기업은 얼마든지 근로자의 능력을 파악하고 이를 보수에 반영할 수 있다. 기업이 근로자들의 직무성과를 평가하여 유능한 사람의 생산성과 우둔한 사람의 생산성을 정확히 찾아내고 그에 상응하는 보수를 제공한다면 대학의 신호효과는 큰 기능을 하지 못할 것이며, 따라서 간판에 의존할 유인도 줄어들 것이다. 그러나 기업이 근로자가 입사한 후에도 개인들의 생산성을 평가하는 데 관심이 없다든지 평가하더라도 평과결과를 보상에 반영하지 않으면 모두 대학 간판을 취득하는 데 열을 올릴 수밖에 없다. 입사하는 요행을 잡기만 하면 초기에 정해진 임금이 평생 보장될 수 있을 것으로 기대되기 때문이다.

신호이론을 적용하면 한국에서 고졸자가 예외 없이 대학에 진학하는 과도한 고학력화를 해명할 수 있게 된다. 대학교육이 지나치게 부실하다든지, 대졸-고졸 간 학력격차가 크다든지, 기업의 임금이 개인의 성과와 적절하게 연관되지 못하다든지 하는 이유로 인해, 한국에서는 '혼재균형'이 발생하여 과도한 고학력화가 발생하고, 결국 대학졸업장이 유능한 자와 우둔한 자를 구분하는 신호역할을 수행하지 못하고 있는 것이다.

제4절 노동시장에서의 인적자본 투자: 훈련

학교교육을 통해 인적자본이 축적되는 것과 마찬가지로 노동시장에서도 개인의 인적자본에 대한 투자가 지속적으로 일어난다.

개인들은 직장을 다니면서 별도의 자격증을 취득하기 위해 근무시간 후 학원에 다니기도 하고 직업훈련기관에서 전문적 기능·기술을 연마하기도 한다. 회사 차원에서 지원하여 보내지는 훈련도 적지 않다. 어떤 숙련의 경우에는 특별히 시간을 내 다른 사람으로부터 배웠다기보다는 오랜 직무경험을 통해 자연히 습득된 경우도 있을 수 있다. 여기서는 직업세계에서 이루어지는 다양한 인적자본 투자행위에 대해서 살펴보고자 한다.

1 일반적 숙련과 기업특수적 숙련

(1) 일반적 인적자본

숙련 또는 인적자본은 개념적으로 일반적 숙련(인적자본)과 기업특수적 숙련(인적자본)으로 구분할 수 있다.

일반적 인적자본(general human capital) 또는 **일반적 숙련**(general skill)은 현재 일하는 기업에도 유용하고 타 기업으로 이직하면 타 기업에서도 똑같이 유용한 인적자본(숙련)이다.

대학교육은 한 기업에만 유용한 것이 아니라 여러 기업에 동시에 유용하다는 의미에서 일반적 인적자본이라 할 수 있다. 인턴, 레지던트 과정을 이수한 의사의 의술은 그 훈련을 제공한 병원에도 유용하지만 타병원에서도 유용하므로 일반적 인적자본이다.

일반적 인적자본에 대한 투자를 **일반적 훈련**(general training)이라고 하는데, 일반적 훈련에 드는 비용은 보통 근로자 본인이 부담하고 수익도 본인이 회수한다.

(2) 기업특수적 인적자본

기업특수적 인적자본(firm-specific human capital) 또는 **기업특수적 숙련**(firm-specific skill)이란 특정한 기업에만 유용한 기술, 기능, 정보, 지식이며, 특정 기업과의 고용관계가 끝나면 그 가치가 상실되는 인적자본이다. 기업특수적 인적자본이 형성되는 경우를 다음과 같이 다섯 가지로 정리할 수 있다.

첫째, **차별화된 제품생산**: 상품시장에서 일반기술만 가지고서는 경쟁에서 우위를 갖기 힘들고, 기업특수적 기술에 의거한 차별화된 제품생산이 시장경쟁에서의 성패를 가르게 된다. 디자인·성능·모양 등에서 타 상품과 차이가 나도록 하는 과정에서 기업특수적 인적자본이 형성된다.

둘째, **장비 특수성**: 한 기업만 갖고 있는 장비가 있고, 그 장비의 작동방법이 표준화되어 있지 않기 때문에 경험을 통하여 그 작동방법을 익혀야 하는 경우에 기업특수적 인적자본이 형성된다.

셋째, **공정**(process) **특수성**: 종업원들이 작업수행과정에서 고안해 낸 작업방법으로서 해당 기업에서만 적용할 수 있는 작업방법이 있을 수 있는데, 이러한 기술의 이해는 기업특수적 인적자본 투자가 된다.

넷째, **기업 특수적인 팀워크**: 작업 팀 구성원들이 계속적으로 서로 접촉하는 과정에서 상호협조관계가 생겨난다(informal team accommodation). 이러한 팀워크는 특정 기업의 현장에서 특정 근로자 사이에 형성되기 때문에 팀 구성원에 변화가 생기면 생산성에 영향을 주게 된다. 팀워크는 한 기업에서의 생산성에는 중요하지만, 다른 기업에는 소용이 없게 되는 경우 팀워크 형성은 기업특수적 인적자본 투자가 된다.

다섯째, **의사소통 특수성**: 한 기업에서 장기간 근무하는 구성원 간에는 기업 내에서만 사용가능한 정보통로와 언어가 생긴다. 이것도 한 기업 내에서만 사용가능한 능력이기 때문에 기업특수적 인적자본이라고 할 수 있다.

기업특수적 인적자본에 대한 투자행위를 **기업특수적 훈련**(firm-specific training)이라고 일컫는다. 기업특수적 훈련의 비용은 일반적으로 노사가 나누어 내고, 투자수익도 나누어 가진다.

그러나 현실에서는 대부분의 기업이 제공하는 훈련이 완전히 일반적이지도 않고 완전히 기업특수적이지도 않다. 그렇다고 하더라도 숙련의 성격에 따라 일반적 숙련과 기업특수적 숙련을 개념적으로 구분하는 것은 기업의 근로자에 대한 투자를 분석하는 데 대단히 유용하다.

(3) OFF-JT와 OJT

일반적 훈련과 기업특수적 훈련은 숙련 또는 인적자본의 성격과 관련해 정의된 훈련 개념이다. 훈련의 방식에 의해서도 훈련 유형을 구분할 수 있는데, 특히 기업이 제공하는 훈련의 경우 OFF-JT와 OJT로 구분하는 것이 일반적이다.

OFF-JT(off-the-job training)란 작업현장 바깥에서 진행되는 훈련을 지칭하는데, 종종 현장외 훈련으로 번역된다. 예컨대 기업이 신입사원을 작업현장에 배치하기 전에 집체식 오리엔테이션을 하는데 이러한 집체식 훈련이 OFF-JT이다. 직무능력 향상을 위해 실시되는 전문기술 업그레이딩(upgrading)교육도 주로 사내훈련원이나 외부 훈련기관에서 OFF-JT로 이루어지는데, 이러한 현장외 훈련들은 대부분 체계적인 훈련프로그램에 의해 수행되는 것이 보통이기 때문에 공식적 훈련(formal training)으로 분류된다.

반면에 **OJT**(on-the-job training)는 작업현장에서 고참사원과 신참사원 간에, 사수와 조수 간에, 반 내 또는 반 간 이동(rotation)을 통해 이루어지는 모든 비공식적인 훈련을 통칭하며, 통상 현장훈련이라고 부른다. 예컨대 신참근로자는 작업현장에서 고참근로자의 감독 하에 작업을 하면서 기본적인 숙련을 익히게 되며, 작업에 어느 정도 익숙해지면 독자적으로 작업을 하게 되고, 작업과정에서 현장에서 이상한 문제가 발생하면 숙련공과 기술공의 도움으로 보다 난이도가 높은 일을 수행할 능력을 갖추게 된다. 근로자의 숙련이 더욱 높아져 일정 단계에 이르면 이제 반대로 새로 들어온 신참근로자에게 작업을 가르쳐 주는 위치에 서게 된다. 이렇듯 OJT, 즉 현장훈련은 특별한 프로그램이나 체계적인 훈련과정을 의미하기보다는 고참사원-신참사원 간, 숙련공-미숙련공 간에 자연스럽게 작업기술이 전수되는 과정을 지칭하는 것이다.

2 일반적 훈련, 기업특수적 훈련 및 기업의 임금·고용 정책

근로자가 기업에 입사하면 여러 종류의 훈련을 받는다. 이러한 훈련을 통해 근로자는 다양한 형태의 숙련(skill)을 쌓는다.

일자리에서 훈련이 있으면 항상 **훈련비용**이 발생한다. 훈련의 결과 숙련수준이 높아지면 임금이 상승하므로 **훈련수익** 또한 예상된다. 훈련의 비용이 들고, 또한 수익이 예상될 때, 누가 훈련비용을 부담하고 누가 수익을 가질 것인가라는 문제가 늘 발생한다. 일반적 숙련과 기업특수적 숙련의 구분은 이러한 문제에 대해 명쾌한 해

답을 제시한다. 이는 1964년 미국 시카고 대학의 **베커**(Becker) 교수에 의해 다루어진 것이다. 이를 다루기 위해 인적자본 모형을 단순화시키겠다.

(1) 인적자본투자 모형의 단순화

논의를 단순화하기 위해 2기간 모형을 가정하자. 제0기는 인적자본투자가 일어나는 기간이고 제1기는 인적자본이 증가한 후 발생하는 수익의 회수기간이라고 하자. 독자들이 2기간 모형을 고려할 때, 늘 유념할 사항은 제2기라는 장래에 발생하는 금액은 모두 현재가치로 전환되어 있다는 점이다. 현재가치로 전환하지 않으면 현재금액과 미래금액의 단순비교는 사과와 배를 비교하는 것과 같은 잘못이기 때문이다.

우선 훈련비용을 고려해 보자. 제0기에서의 훈련비용은 ① 훈련을 담당하는 사람에게 지불되는 금전적 비용과 훈련과정에 사용되는 재료 등의 직접적 지출비용, ② 훈련을 받는 사람의 시간을 훈련에 사용하지 않고 직접 생산에 사용했더라면 증대될 수 있었으나 훈련에 투입됨으로써 포기된 산출물의 양, 즉 훈련 받는 자들의 훈련시간의 기회비용, ③ 훈련에 동원된 기계장비 및 상급자의 시간 등이 훈련에 이용되지 않고 직접 생산에 사용되었더라면 증대될 수 있었으나 훈련에 이용됨으로써 포기된 산출물의 양, 즉 훈련에 사용된 기계장치의 기회비용 및 훈련시키는 상급자의 시간의 기회비용 등으로 구분할 수 있다. 여기서는 논의의 편의를 위해 ①에서 설명한 직접비용과 ③에 나타난 기회비용을 무시하고 ②에서 설명한 훈련당사자의 기회비용만을 현장훈련비용이라고 가정하기로 한다.

한 근로자가 타 직장에서 일했을 때, 그의 한계생산가치를 VMP^*라고 하자. 달리 표현하자면, 현 직장에서 그가 훈련을 받지 않고 바로 생산활동을 하는 경우 그는 VMP^*만큼의 생산성을 낼 수 있다는 것이다. 그리고 그가 현 직장에서 훈련을 받으면, 제0기에서 그의 한계생산가치는 VMP_0으로 낮아지고 훈련 후인 제1기에서 VMP_1으로 높아진다고 하자([그림 5-5]).

시장이 경쟁적일 때, 훈련이 없으면 이 근로자의 임금은 그의 한계생산가치와 같게 결정된다. 즉 $VMP^*=W^*$가 된다. 그러나 근로자가 훈련을 받게 되면, 제0기에서 한계생산가치가 VMP^*에서 VMP_0로 낮아지므로 VMP^*-VMP_0이 훈련의 순비용(net cost)이 된다. 마찬가지로 제1기에서 증가한 한계생산가치, VMP_1-VMP^*가 훈련으로 인한 순수익(net return)이 된다.

기업이 근로자의 생산성과 동일하게 임금을 준다면, 즉 생산성이 낮을 때는 낮게(즉, $W_0=VMP_0$), 생산성이 높을 때는 높게(즉, $W_1=VMP_1$) 임금을 준다면, 이는 근로자

그림 5-5 일반적 훈련과 근로자의 한계생산가치

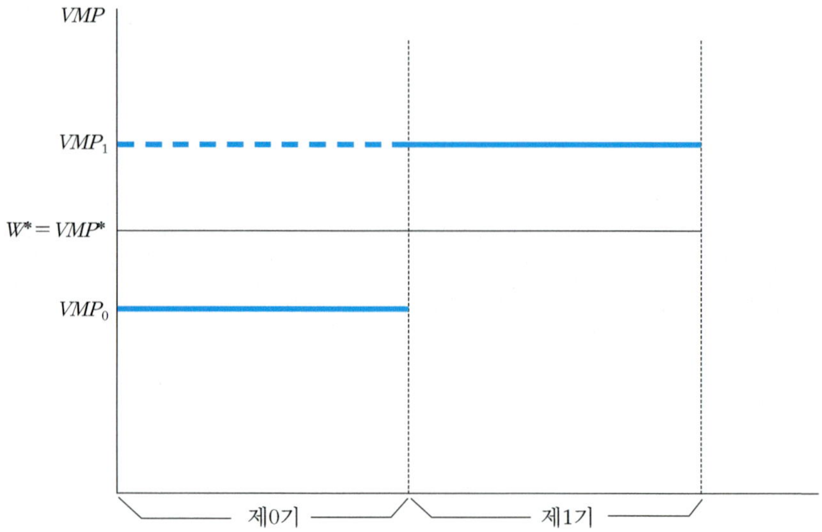

가 훈련비용($VMP^* - VMP_0$)을 모두 부담하고 훈련수익($VMP_1 - VMP^*$)을 모두 가져가는 것이 된다.

이것은 앞의 대학교육의 다기간 모형을 단순화한 것이다. 예컨대, ($VMP^* - VMP_0$)을 대학교육의 비용(기회비용만 고려, 직접비용은 무시)이라고 간주하고 ($VMP_1 - VMP^*$)을 대학교육투자의 순수익이라고 간주하자. 단, 학교교육을 받을 때는 공부에 전념(full-time schooling)하는 것으로 하여 VMP_0을 0으로 놓으면 [그림 5-5]는 대학교육의 다기간 모형의 단순화와 완전하게 일치한다. 대학교육은 본인이 교육비용을 다 내고 수익도 본인이 다 회수한다는 의미에서 일반적 훈련이며, 훈련의 결과 축적되는 인적자본은 어느 기업에 고용되든 관계없이 개인의 생산성을 높이기 때문에 일반적 전문기술 또는 숙련이다.

일의 세계에서도 일반적 훈련일 때, 기업은 근로자가 비용을 다 내고 수익도 다 가져가는 방식으로 임금정책을 수립할 것이다.

(2) 일반적 훈련은 근로자가 비용부담

앞에서 일반적 인적자본 투자의 경우 개인이 그 비용을 부담하고 수익도 가져가는 방식으로 기업은 임금을 설정할 것이라고 예측한 바 있다. 이를 분석적으로 살펴보기로 한다.

일반적 인적자본 투자의 경우 근로자가 훈련비용을 부담하고 수익도 근로자가 회수하는 이유는 무엇일까? 다시 말해 기업이 일반적 인적자본 투자를 하지 않는 이유는 무엇일까?

기업이 일반적 훈련을 제공한다면, 기업이 투자비용을 전액 부담하고 수익도 모두 취하고자 하는 것이다. 이는 근로자에게 일반적 훈련 전 후에 동일하게 $VMP^*=W^*$의 임금을 지불한다는 것을 의미한다. 훈련기간 중의 낮은 생산성으로 발생하는 손해(VMP^*-VMP_0)를 기업이 모두 떠안고, 훈련 후에는 근로자의 높은 생산성에도 불구하고 훈련을 받지 않았을 때의 임금을 계속 지불함으로써 VMP_1-VMP^*만큼의 투자수익을 회수할 수 있다.

그러나 과연 이러한 상황이 유지될 수 있을까? 일반적 인적자본은 현재의 기업에서뿐만 아니라 타 기업에서도 유용한 인적자본이라는 점을 상기하자. 훈련 후 근로자는 VMP_1의 생산성을 갖게 되었고 이제 타 기업으로 이직하면 높아진 생산성에 부합하는 $VMP_1=W_1$의 임금을 받을 수 있다. 그러나 현재의 기업에 남아 있으면 W^*의 낮은 임금을 감수해야 한다. 비록 훈련 전에 노사가 비용부담과 수익회수에 대한 합의를 하였다고 하더라도 근로자는 이직이라는 기회주의적 행동을 할 유인을 강하게 갖는다. 근로자는 이직을 하거나 이직 위협을 무기로 기업에게 더 높은 임금을 요구할 수 있다. 이러한 상황에서 **강탈**(hold-up)의 문제가 발생한다.

강탈문제란, 투자가 있을 때 한 사람이 투자하고 수익을 거두어들일 시점에서 다른 사람이 우월적 지위를 이용하여 거래를 불발시키거나 부당한 요구를 하는 경우를 가리킨다. 만약, 근로자가 이직을 한다면, 기업은 VMP^*-VMP_0만큼 투자했지만 수익은 근로자가 타 기업에서 높은 임금의 형태로 다 가져가는 결과가 되어 기업은 손해만 보게 된다.

일반적 훈련 후 근로자의 우월적 지위는 그 훈련을 통해 쌓아지는 인적자본이 모든 기업에 유용하다는 특성 때문에 비롯되는 것이다. 가장 단적인 예로 영어 및 중국어 등 외국어능력 향상을 위한 어학강좌를 생각해 보자. 외국어능력은 특정 기업에서만 필요로 하는 전문기술이 아니라 많은 기업에서 보편적으로 인정받을 수 있는 전문기술이다. 어학강좌 비용을 기업이 부담한다면 근로자는 누구나 강좌를 들으려 할 것이고, 훈련과정을 거쳐 어학능력이 향상되면 더 좋은 조건의 일자리를 찾아 떠날 것이다. 기업은 비용만 부담하고 정작 수익은 회수하지 못할 공산이 크다.

물론 노사 간 짝짓기가 잘된 근로자를 대상으로 기업이 일반적 훈련을 제공할 수 있고, 우수근로자를 스카우트하기 위해 훈련의 특전을 제공할 수는 있지만, 이는 예외적인 경우이다.

(3) 기업특수적 훈련은 노사가 비용을 분담

(i) 기업특수적 훈련을 둘러싼 기회주의

기업이 근로자에게 기업특수적 훈련만을 제공한다고 하자. 기업의 임금·고용 정책은 어떻게 될까?

2기간 모형에서는 기업특수적 훈련의 결과 근로자의 생산성은 현재의 기업에서만 VMP_1으로 높아지고 타 경쟁기업에서의 생산성은 높아지지 않는다. 만약 근로자가 현재의 기업을 그만두고 타 기업으로 옮겨가면 그의 임금은 그의 한계생산가치인 VMP^*가 될 것이다. 즉, 그가 현재의 기업에서 기업특수적 훈련을 받는다고 해서 다른 경쟁기업으로 이직했을 때 그의 생산성이 높아지는 것은 아니다. 근로자가 다른 경쟁기업으로 옮겨가더라도 $VMP^* = W^*$인 임금밖에 벌 수 없다면, 근로자는 훈련비용을 조금도 부담하려고 하지 않을 것이다.

기업은 제0기에 기업특수적 훈련비용을 부담하되, 제1기에 훈련의 수익을 거두어들일 수가 있다면 기업특수적 훈련을 제공하게 된다. 이때 기업의 임금정책은 제0기와 제1기에 모두 근로자에게 $VMP^* = W^*$의 임금을 지불하여, 제0기에는 훈련의 순비용인 $VMP^* - VMP_0$ 만큼을 전부 부담하고, 제1기에는 훈련의 순수익인 $VMP_1 - VMP^*$ 만큼을 전부 거두어들이는 방법을 택할 수 있다.

그러나 기업특수적 훈련비용을 기업이 전부 부담하는 경우에는 여전히 문제가 발생할 수 있다. 예컨대 기업이 기업특수적 훈련비용을 전부 부담했을 때, 기업은 훈련수익을 회수해야 하는데, 근로자가 훈련 후 현재의 회사를 이직해버리면 기업특수적 훈련의 투자비용만큼을 완전히 낭비하는 셈이 된다. 근로자는 현재의 기업에서 W^*를 받든 타기업에서 W^*를 받든 개의치 않고 이직할 수 있는데, 이 경우 기업특수적 훈련으로 손해 보는 것은 기업측뿐이다.

근로자는 이직을 하면 발생할 기업의 손해를 약점으로 잡아, 이직하지 않을 테니 그 대가로 W^*보다 높은 임금을 달라고 요구할 수 있다. 기업은 일반적 훈련에서와 마찬가지로 **근로자에 의한 강탈**(hold-up) 문제에 직면한다. 따라서 기업특수적 훈련에서도 기업이 훈련비용을 전액 부담하는 경우 [그림 5-6]에서의 *abc*와 같은 임금정책을 사용할 수가 없다.

그림 5-6 기업특수적 훈련과 훈련비용의 분담

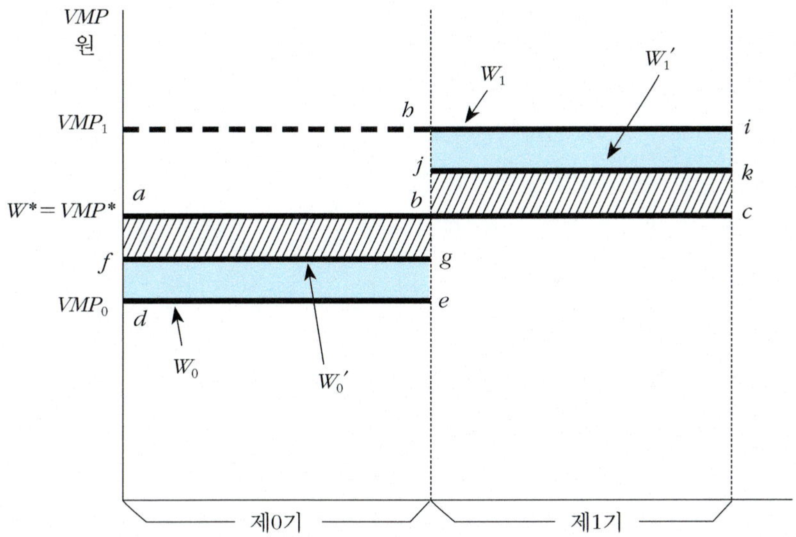

혹자는 기업특수적 훈련의 경우도 일반적 훈련과 같이 근로자가 훈련비용 $VMP^* - VMP_0$를 전부 부담하고, 즉 임금을 [그림 5-6]에서 $VMP_0 = W_0$되게 받고, 기업특수적 훈련의 순수익 $VMP_1 - VMP^*$를 근로자가 회수하면, 즉 임금을 $VMP_1 = W_1$이 되게 받으면 되지 않겠냐고 생각할지도 모른다. 그러나 경기후퇴기에 근로자가 뜻밖에 해고를 당하게 되면 그는 제0기의 기업특수적 훈련의 투자비용을 회수하지 못하고 손해만 보게 된다.

경기후퇴기가 아닌 정상적인 상태에서도 근로자가 다른 기업에 가면 기업특수적 훈련이 쓸모가 없다는 것을 악용하여, 기업이 해고하지 않을 테니 임금을 W_1보다 낮게 주겠다고 하면, 이번에는 근로자가 **기업에 의한 강탈문제**에 직면하게 된다. 즉, 기업특수적 훈련의 경우 기업의 임금정책이 [그림 5-6]에서의 *debi*가 될 가능성은 희박하다.

기업특수적 훈련은 기업 및 개인의 생산성을 높이기 위해 반드시 필요한 것이며, 궁극적으로 사용자와 근로자 모두에게 매우 유익한 것이다. 그러나 상대방의 기회주의적 행동이나 강탈 문제 때문에, 기업도 투자하지 않고 근로자도 투자하지 않으면 최악의 결과, 즉 기업 생산성과 개인의 생산성이 모두 정체되는 결과를 낳는다. 이는 **용의자의 딜레마**(prisoner's dilemma)문제와도 매우 흡사하다.

(ii) 암묵적 계약과 장기계약 고용

이를 해결하는 방법은 무엇일까? 한 가지 방법은 노사 간에 **암묵적 계약**(implicit contract)을 체결하는 것이다.

기업이 기업특수적 훈련의 투자비용을 전담할 때에는 훈련이 끝난 후 근로자가 이직하게 되는 경우, 또는 근로자의 강탈문제로 생기게 될 손해에 대한 대비책으로, 반면에 근로자가 기업특수적 훈련의 투자비용을 전담한다면 훈련이 끝난 후 기업이 일방적으로 해고를 함으로써 생기는 손해 또는 기업의 강탈문제로 생기는 손해에 대한 대비책으로 기업과 근로자는 다음과 같은 암묵적인 합의에 도달할 수 있다. 즉, 기업과 근로자가 기업특수적 훈련비용을 분담하고 훈련이 끝난 후 기업특수적 훈련의 수익을 나누어 갖자는 거래가 바로 그것이다.

기업은 [그림 5-6]에서와 같이 임금을 ① 제0기에 W_0'으로 하면, 근로자의 기업특수적 훈련비용은 *abgf*가 되고 사용자의 기업특수적 훈련비용은 *fged*가 된다. ② 기업이 제1기에 [그림 5-6]에 나타난 바와 같이 임금을 W_1'으로 하면, 근로자의 투자수익은 *jkcb*가 되며, 사용자의 투자수익은 *hikj*가 된다. 즉 *abed*에 해당하는 기업특수적 훈련비용을 노사가 분담하며, *hicb*에 해당하는 기업특수적 훈련의 수익을 노사가 나누어 가질 수가 있다.

기업은 근로자에게 기업의 투자분을 훈련 후에 회수할 수 있도록 이직하지 말 것을 요청하고, 근로자는 기업에게 자신의 투자분을 회수할 수 있도록 해고하지 말 것을 요청하는 것이 노사 간 암묵적 합의의 주된 내용이다. 근로자의 이직이 자유롭고, 기업가의 해고 또한 자유로운 자본주의 사회에서 위와 같은 합의는 계약상 명시되는 것이 아니고 서로에 대한 신뢰를 바탕으로 지켜지는 **암묵적 계약**(implicit contract)의 성격을 지니게 된다.

기업특수적 인적자본은 주로 대기업에서, 대기업 중에서도 첨단산업의 대기업에서 특히 중요하다. 이러한 기업에서는 근로자와의 장기계약에 의한 고용관계(흔히 종신고용이라 불린다)를 유지하면서 기업특수적 인적자본 투자가 이루어진다. 이러한 시스템이 차별화된 제품생산을 통한 경쟁력을 보장해 준다고 할 수 있다.

이상에서 우리는 일반적 인적자본과 기업특수적 인적자본으로 나누어, 훈련과 훈련비용에 관한 논의를 하였는데, 이를 결합한 경우, 즉 기업숙련이 일부는 일반적이고 나머지 일부는 기업특수적일 때의 훈련과 훈련비용에 관한 논의에 관해서는 독자 스스로 해 보기를 권한다.

3 기업특수적 숙련과 내부노동시장

(1) 현장훈련(OJT)이 갖는 함의

일반적 훈련과 기업특수적 훈련에 관한 논의가 가지는 몇 가지 함의를 살펴보기로 하자.

첫째, 임금은 개인의 경력과 근속연수에 따라 상승한다. 이는 개인의 경력과 근속연수가 증가함에 따라 현장훈련(OJT) 등에 의해 인적자본이 축적되어 근로자의 생산성이 증가하는 데서 비롯된다.

둘째, 기업은 일반적 인적자본의 경우에는 근로자의 직장이동에 관심을 갖지 않는다. 그러나 기업특수적 훈련의 경우에는 기업은 근로자의 직장이동 관리에 많은 노력을 하게 된다.

셋째, 기업특수적 훈련이 있는 경우, 임금과 고용은 경기에 민감하게 반응하지 않는다. 즉 기업특수적 훈련이 한 기업 내에 광범위하게 실시되면 그 기업에서는 경기후퇴기에도 고용이 크게 감소되지 않는 경향이 있다. 임금 또한 경기변동에 그리 크게 좌우되지 않고 하방경직성을 띠게 된다. 호경기에도 그러한 산업의 근로자는 타 산업의 임금상승에 동요되지 않으므로 이직률은 낮아진다.

넷째, 노동시장이 두터우면, 즉 교육기관과 직업훈련기관에 의해 다양한 직업에서 요구되는 기술과 숙련을 가진 인재들이 많이 공급되면, 기업은 외부노동시장을 활용한다. 그러나 노동시장이 얇으면, 즉 교육기관과 직업훈련기관에 의해 배출되는 인재가 거의 없으면, 사용자는 기업 내부에서 인재를 훈련하고 양성하는 기업 내부노동시장에 의존하게 된다. 경제가 선진화될수록 노동시장이 두터워져 기업은 외부노동시장에 의존하는 경향이 강해지지만, 경제개발 초기에는 기업은 외부노동시장에서 숙련기술자를 구할 수 없으므로 기업 내에서 훈련·양성하는 제도를 가진다.

다섯째, 대기업일수록 내부노동시장을 형성하여 기업특수적 훈련을 행한다. 다음에서 이 주제를 다룬 도린저와 피오르의 관점을 살펴보자.

(2) 내부노동시장론

1964년 베커 교수에 의해 일반적 인적자본과 기업특수적 인적자본의 구분이 이루어진 이후, 미국의 제도학파 경제학자에 속하는 **도린저**와 **피오르**(P. Doeringer and M. Piore)는 기업특수적 인적자본론을 확장하여 1971년 **내부노동시장**에 관한 논의를 진전시켰다.

도린저와 피오르는 **내부노동시장**을 "노동의 가격결정과 배치가 일련의 규칙과 절차에 의해 지배되는 하나의 관리단위(an administrative unit)"로 정의한다. 내부노동시장은 한 기업 내에 직종별·숙련수준별로 여러 종류로 각각 상이하게 작동할 수 있다. 화이트칼라는 하급사원에서 최고경영자까지의 생애경력경로가 전체 기업을 범위로 설계되어 있으며, 생산직의 경우는 하나의 사업장이라는 경계 안에서 몇 개의 직무를 수행하면서 승진하도록 설계되어 있다.

외부노동시장에서는 임금수준에 따라서 고용결정이 이루어지지만, 내부노동시장에서는 **입직구**(port of entry) 일자리에서만 신참근로자의 채용이 이루어지고 현역 근로자에게 비입직구의 일자리를 맡을 권한을 부여하여 장기고용 기회를 제공하는 등 기업의 규칙과 절차에 의해 임금과 고용의 제 측면이 결정된다.

도린저와 피오르는 내부노동시장이 형성되는 요인을 다음과 같이 세 가지 측면에서 제시하였다.

(i) 숙련의 특수성

도린저와 피오르는 숙련의 특수성 내지 고유성(skill specificity)을 내부노동시장의 형성을 촉진하는 첫 요인으로 들고 있다. 고유한 숙련이란, 기록되거나 문서로 전수가 불가능하며 기업 내의 내부노동력만이 유일하게 소유하는 숙련을 말한다. 기업은 이러한 기업특수적 숙련을 유지하기 위해서는 근로자의 이직 억제 등 노동력을 특별히 유지할 필요가 있으며, 그 때문에 내부노동시장을 만들게 된다.

숙련의 특수성은 첫째, 훈련비용에서 근로자의 부담비율에 비하여 고용주가 부담하는 상대적 비율을 증가시키고, 둘째, 숙련에 필요한 훈련비의 절대액을 증가시키기 때문에 사용자는 노동이동을 감소시키려고 한다.

도린저와 피오르는 또한 **직무의 특수성**(job specification)과 **기술의 특수성**(technology specification)의 두 가지가 상호보완적임을 지적하고 있다. 직무의 특수성이 발생하는 것은 어떤 직무를 행함에 있어서 작업팀의 협조적 요소가 필요하다든지 어떤 작업장에서 환경에 친숙해진다든지 하는 요인이 필요하기 때문이다. 다음으로 기술의 특수성이란 어떤 작업장에서의 기계나 장비, 원료의 종류, 특별한 제품의 종류, 생산기간, 생산되는 상품의 제조공정 등과 관련되어 고유한 어떤 기술적 요소가 있다는 것이다. 이러한 직무의 특수성과 기술의 특수성이 합쳐서 숙련의 특수성을 구성하며, 그것이 내부노동시장을 형성·발전시키는 요인이 된다.

(ii) 현장훈련

현장훈련(on-the-job training)은 내부노동시장을 발전시키는 두 번째의 결정적인 요인이다. 훈련을 통해 전수되는 지식과 기술은 체계화되거나 기록되지 않은 채 고참의 경험과 시범을 통해 신참자에게 전달된다. 앞서 언급한 숙련의 특수성은 현장훈련과 상호작용하게 된다. 숙련의 특수성은 대규모적인, 그리고 표준화된 교육훈련을 배제하며 피훈련자의 수를 소수화시킨다. 현장훈련과정에서는 비성문화된, 실제 현장의 고참자만이 아는 지식을 고참이 신참에게 생산과정을 통해 직접 전수해야 하기 때문에 피훈련자가 소수가 될 수밖에 없다. 이와 같이 숙련이 개인전수 형태를 취할 때, 고참과 신참 간의 신뢰가 중요하며 고참이 신참을 경쟁상대로 여기지 않아야 한다. 기업이 고참에게 고임금을 지급하고 승진에서도 고참 우선을 원칙으로 하는 것은 고참이 신참을 경쟁상대로 여겨 현장 훈련지도를 등한시하지 않도록 하기 위해서이다. 따라서 숙련특수성 관련 현장훈련은 내부노동시장을 강화시킨다.

(iii) 관습

작업장에서의 **관습**(custom)이란 작업의 여러 측면, 예컨대 결근·지각 등의 통제, 징계문제, 훈련, 근로시간, 임금 등을 지배하는 일련의 불문율, 즉 비성문화된 전례, 선례, 관행체계이다. 시장여건을 반영한 전례 또는 선례가 만들어지더라도, 오랜 기간 동안 계속 수용되고 적용되면서 관습으로 정착되기도 한다. 관습은 현역근로자에게 적용될 뿐만 아니라 근로자의 미래에 대한 기준(expectational norms)이 되기 때문에 잘 변화하지 않는다는 의미에서 경직성을 지닐 수 있다.

도린저와 피오르는 숙련특수성, 현장훈련, 그리고 관습이 내부노동시장 형성의 세 요인이라고 지적하면서 내부노동시장이 경제적 효율성을 가질 수 있음을 강조하였다. 즉 내부노동시장의 고용안정성은 기업과 근로자 모두에게 이익이 될 수 있다는 것이다. 근로자는 고용안정성, 승진가능성, 그리고 규칙과 절차가 제공하는 정당한 절차 및 공정성에서 오는 이익을 계산하며, 기업은 근로자 이직을 억제함으로써, 그리고 내부노동시장에서 외화내빈의 불성실근로자를 솎아 내고 참된 유능한 근로자를 선별함으로써 생산성 향상의 이익을 누릴 수 있다. 또한 기업내부승진은 외부노동시장에서 상급직 근로자를 채용하자면 들기 마련인 상급직 근로자 탐색·채용비용과 훈련비용의 절감을 가능하게 한다.

제도학파인 도린저와 피오르가 내부노동시장론을 제시하기 이전까지 신고전학파 경제학자들은 내부노동시장에 별다른 관심을 보이지 않았다. 도린저와 피오르가 신고전학파 경제학자들의 내부노동시장에 관한 이론적 분석에 대한 관심을 촉발시킨 셈이다. 베커, 도린저와 피오르 이후, 가장 최근의 내부노동시장론에 대해서는 제8장에서 보다 상세하게 다뤄질 예정이다.

제5절 생애에 걸친 인적자본 투자

1 생애에 걸친 인적자본 투자

(1) 2기간 모형을 다기간 모형으로 확장

지금까지의 2기간 모형을 연장하여 다기간에 걸쳐 일어나는 인적자본 투자 모형으로 확장해 보기로 한다. 다기간에서 인적자본 투자와 근로자 생산성 수준의 변화는 어떻게 되는가? 모든 금전의 크기는 현재가치로 표시된 값이기 때문에 서로 비교 가능하다고 하자.

한 개인이 고등학교 졸업 후 대학에 다니는 기간이 제0기라고 하자. 졸업 후 VMP^*의 임금을 받고 일할 수도 있었다. 그러나 제1기에 훈련이 있을 경우, [그림

그림 5-7 다기간에 걸친 인적자본 형성

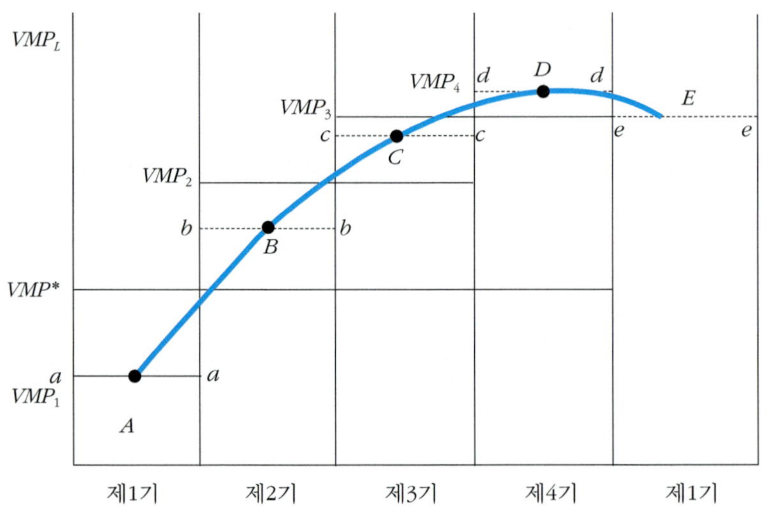

5-7]에서 기업에서 일반적 훈련을 받는 동안 생산성이 *aa*수준으로 낮아지고, 훈련 후에는 그의 생산성이 VMP_2으로 상승한다. 그러면 제1기에는 임금이 *aa*수준이 된다. 다기간 모형은 이러한 과정이 연속적으로 이루어진다고 가정한다. 이제 제2기에서도 훈련에 대한 투자가 계속 이루어지는데, 다만 제1기보다는 적다고 하자. 제2기에 훈련이 없었으면 개인의 생산성은 VMP_2수준이나, 제2기에도 다시 인적자본 투자를 하기 때문에 그의 생산성은 VMP_2보다 적은 *bb*수준으로 떨어지게 된다. 이러한 과정을 [그림 5-7]에서 도시하고 있다.

제2기 훈련 후 제3기에 생산성은 VMP_3로 증가한다. 제3기에도 훈련이 계속 이루어지고, 투자가 제2기보다 적다고 가정하면, 훈련 중의 개인의 생산성은 *cc*가 되고, 훈련 후 제4기에는 VMP_4가 된다. 제4기에는 더 이상의 인적자본 투자가 없다고 가정하자. 그러면 제4기 이후에는 **인적자본 부식**(human capital depreciation)으로 VMP_L은 하락하기 시작한다. [그림 5-7]의 *ABCDE*가 개인의 생산성 경로가 된다.

(2) 생애에 걸친 인적자본투자량

(ⅰ) 나이가 듦에 따라 줄어드는 인적자본 투자

왜 인적자본 투자량은 나이가 듦에 따라 줄어든다는 가정을 할까? 현실적인 타당성은 있는가?

우리는 앞에서 개인의 시간을 시장노동에 전혀 사용함이 없이 100% 인적자본 투자에 사용하는 것, 즉 공부에 전념(full-time schooling)하는 것을 인적자본 특화(human capital specialization)라고 한 바 있다. 제0기, 즉 공부에 전념(full-time schooling)하는 시기의 인적자본 투자액은 고졸 후 취업했으면 벌 수 있었던 기회비용과 교육의 직접비용의 합이다. 일의 세계에 진입한 후 1기, 2기, 3기의 인적자본 투자액은 각각 $VMP_1 - aa$, $VMP_2 - bb$, $VMP_3 - cc$ 수준이 된다. 이렇게 인적자본 투자량이 나이가 듦에 줄어드는 것은 다음 두 이유와 관련되어 있다.

첫째로, 인간의 주어진 체구와 능력에 비추어 인적자본 투자가 증가할수록 추가적인 투자에 대한 수확은 체감할 것이기 때문이다. 기업이 주어진 자본에 가변투입요소인 노동투입을 증대시켰을 때, 노동의 한계생산물이 체감하듯이, 한 개인의 주어진 체구와 능력에 가변투입요소인 투자가 증가할수록 투자에 의해 결과되는 인적자본량은 점차 줄어들 것이고, 따라서 추가적 인적자본 투자는 체감하게 된다.

둘째로, 인간의 체내에 인적자본 스톡이 증대하면 인간의 소득을 얻는 힘도 또한 증대하고, 나이가 들고 인적자본 스톡이 증가한 결과 추가적 투자가 이루어질 때 포기해야 하는 소득은 커지게 마련이다. 추가적 투자가 이루어질 때 포기해야 하는 소득, 즉 기회비용이 커지면, 인적자본 투자는 점차 낮아지게 된다.

따라서 가로축에 나이를 놓고 세로축에 인적자본 투자액을 놓으면 생애에 걸친 인적자본 투자액은 나이가 듦에 따라 투자의 기회비용이 증가하여 투자를 줄여가기도 하며, 동시에 인간의 주어진 체력과 능력 등의 제약 하에 인적자본 투자가 증가할수록 추가적인 투자에 의해 얻을 수 있는 수확은 점점 감소할 것이기 때문에 우리는 나이가 듦에 따라 인적자본 투자는 감소하는 것으로 가정하게 된다.

(ii) 인적자본의 부식(depreciation)

숙련은 노후화하여 때로는 쓸모가 없어진다. 개인은 나이가 들면서 숙련수준이 높아지지만, 동시에 기억력 쇠퇴로 지식 · 기술 · 정보들을 잊어버려 숙련이 쓸모없어지거나 또는 건강이 서서히 하강국면에 접어듦에 따라 숙련은 부식한다.

죽어가는 인간의 뇌세포의 개체 수가 새로 태어나는 뇌세포의 개체수를 상회하면 뇌세포의 노화가 진전된다. 마찬가지로 인간은 지식, 숙련을 습득하고 잊어버리는데, 잊는 양이 새로 습득한 양보다 크면 인적자원 부식이 본격적으로 진행된다.

나이가 40세 넘어가면, 숙련의 형성보다는 **숙련의 부식**(skill depreciation)이 더 빨라질 수 있다. 따라서 인적자본의 부식을 감안하면, 개인의 생애경력경로는 [그림 5-7]에서와 같이 정년 때까지 계속 상승만 하는 것이 아니라 40대 중반에 정점에 도달하였다가 그 이후 하강하는 모습을 지닌다고 보는 것이 보다 현실적이다.

2 생애경력경로와 경력-임금 곡선

(1) 생애경력경로

개인은 학교에서의 교육을 통해, 그리고 일의 세계에서의 훈련을 통해 숙련 또는 전문기술이라는 인적자본을 형성하게 된다. 평생에 걸쳐, 인적자본 투자를 행하고, 개인의 인적자본량이 많아짐에 따라 임금이 높아지게 된다. 이때 생애에 걸쳐 인적자본량을 축적하는 과정을 **생애경력경로**(career path)라고 한다.

이러한 과정을 거치는 동안 근로자의 실제 생산성 수준은 *aa*, *bb*, *cc*, *dd*가 된다. 각 구간의 중앙값을 *A*, *B*, *C*, *D*라고 하면 곡선 *ABCD*가 개인의 생산성 경로이다. 개인의 생산성이 개인의 인적자본량에 연동되어 있다는 것이 인적자본론의 핵심이다. [그림 5-7]의 세로축을 인적자본량으로 놓으면 *ABCD*는 개인의 인적자본 스톡경로가 된다. 이는 **생애경력경로**(career path)가 된다.

일의 세계에서 나이가 들면서 인적자본 투자는 지속하되 한편으로는 투자량이 줄어들고 다른 한편으로는 기억력이 쇠퇴하거나 건강이 서서히 약화될 때, 개인의 인적자본량 자체가 마모되거나 쓸모없게 되면, 40대 후반 무렵 개인의 인적자본 스톡 경로, 즉 생애경력경로는 정점(peak)에 도달한 후 점차 하강하는 모습을 지니게 될 것이다.

(2) 경력-임금 곡선

경력(또는 연령)에 따라 임금이 어떻게 상승하는가를 보여주는 곡선을 **경력-임금곡선**(또는 연령-임금곡선)이라고 한다.

노동에 대한 보상인 임금은 인적자본량이 증가하면 증가하다가, 인적자본량이 피크에 도달한 후에는 하락한다. 만약, 인적자본의 부식을 추가적으로 고려한다면 40대 중반을 정점으로 하강하는 역U자형의 생애경력경로와 그에 상응하는 경력-임금곡선을 예상할 수 있다. 이처럼 개인의 경력-임금곡선의 이면에는 개인의 생애경력경로가 있는 셈이다. 그러면 개인의 경력-임금곡선 또한 [그림 5-7]과 유사한 모습

그림 5-8 학력별 경력-임금곡선: 비농가 백인남자의 경우

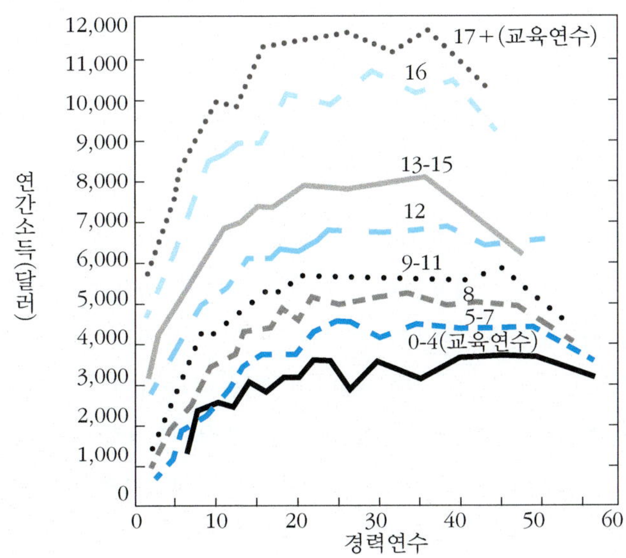

자료: Jacob Mincer, *Schooling, Experience and Earnings*, Columbia University Press for NBER, 1974, p. 67.

을 지닐 것으로 예측할 수 있다. 즉, 개인의 생애경력경로와 연결되어 있는 것으로 파악할 수 있다.

[그림 5-8]은 **민서**(Jacob Mincer)에 의해 작성된 그림으로, 세계 각국의 경제학자 및 교육학자로 하여금 각국의 교육수준별 경력연수-임금곡선을 그림으로 나타내게 한 계기가 된 유명한 그림이기 때문에 여기에 그대로 싣는다.

민서는 경력(또는 연령)이 증가함에 따라 임금이 상승하는 것을 개인이 끊임없이 인적자본 투자를 행하고 그에 대한 수익을 회수하는 과정으로 파악하였다. 민서의 그림은 생애임금의 변화가 생애경력경로의 변화와 유사한 궤적을 보일 것이라는 앞서의 예측을 뒷받침하는 것이다

제6절 부모의 재산·소득의 역할

인적자본론의 열렬한 주창자인 게리 베커는 지금부터 약 40년 전인 1975년에 집필한 『*Human Capital*』이란 저서에서 학교교육투자의 수요공급모형을 이용하여 부모의 재산 소득이 개인의 인적자본 투자량에 미치는 영향을 논의한 바 있다. 우리는 그에 의해 제시된 인적자본투자모형을 그대로 이용하여 설명해 보기로 한다.

1 베커의 개인의 학교교육 투자의 결정이론

(1) 인적자본 투자에 대한 수요곡선

앞에서 교육투자에 대한 **내부수익률**이라는 개념이 설명되었다.

내부수익률 개념을 이용하여 인적자본 투자에 대한 수요곡선은 손쉽게 도출된다. 우선, 인적자본에 대한 투자가 중학교 교육, 고등학교 교육, 대학교 교육 등과 같이 비연속적으로 이루어지는 것이 아니며, 더군다나 1년 학교교육, 2년 학교교육 등과 같이 비연속적으로 이루어지지 않고 1원어치의 추가적 투자(학교교육, 현장훈련) 등으로 측정될 수 있다고 극단적으로 가정하자. 그리고 1원어치를 추가적으로 투자했을 경우 발생하는 장래소득과 1원어치의 추가비용을 같게 하는 내부수익률이 다 계산될 수 있다고 하자.

그러면 우리는 1원어치의 추가적 투자의 내부수익률이 제일 높은 것부터 제일 낮

은 것까지 순서대로 배열할 수 있을 것이다. 가장 높은 수익률을 가진 투자 '프로젝트'가 가장 먼저 착수되고 그 다음으로 높은 수익률을 가진 것이 그 다음으로 착수될 때, 투자액이 많아질수록 추가적 1원의 내부수익률은 점차 낮아지게 된다. 인적자본 투자에 대한 수요곡선은, 세로축에 내부수익률을 놓고 가로축에 인적자본 투자액을 놓을 때, 인적자본 투자액에서 1원어치의 추가적 투자의 내부수익률을 높은 것에서 낮은 것의 순으로 배열한 것이다.

각 인적자본 투자액에서 1원어치의 추가적 투자의 내부수익률은 다음과 같은 두 가지 이유 때문에 하락한다. 두 가지 이유들은 앞에서 논의한 바 있지만, 여기서 다시 반복하여 설명하겠다. 첫째로, 인간의 주어진 체구와 능력에 인적자본 투자가 증가할수록 추가적인 투자에 대한 수확은 체감할 것이기 때문이다. 기업이 주어진 자본에 가변투입요소인 노동투입을 증대시킬 때 노동의 한계생산물이 체감하듯이, 한 개인의 주어진 체구와 능력에 가변투입요소인 투자가 증가할수록 투자에 의해 결과되는 인적자본량은 점차 줄어들 것이고, 따라서 추가적 투자의 수확은 체감하게 된다.

둘째로, 인간의 체내에 인적자본 저량이 증대하면 인간의 소득을 얻는 힘도 또한 증대하고, 나이가 들고 인적자본 저량이 증가한 결과, 추가적 투자가 이루어질 때 포기해야 하는 소득은 커지게 마련이다. 추가적 투자가 이루어질 때 포기해야 하는 소득이 커지면, 이것을 투자의 수익과 동일하게 하는 내부수익률은 낮아지게 된다. 나이가 들면서 투자가 이루어짐에 따라 투자수익의 회수기간 또한 짧아져 내부수익률을 낮추게 된다. 따라서 인적자본 투자량이 증가한 결과 인적자본이 증가하므로 추가적 투자의 수익률은 점차 낮아지게 된다.

이와 같이 추가적 투자에 의한 한계생산이 체감하고 그리고 추가적 투자의 기회비용이 증대된 결과 교육투자가 증가함에 따라 추가적 투자의 내부수익률은 감소한다. 추가적 투자의 내부수익률을 ρ로 하고, 이를 세로축에 놓고 투자액을 가로축에 놓으면 교육에 대한 수요곡선이 도출되는데, 그것이 [그림 5-9]의 (i)에서 D_H와 같이 우하향하는 기울기를 가질 것이다.

(2) 이자율과 인적자본 투자자금의 공급

학교교육을 위한 투자를 한 단위 더 증가시킬 때 이 투자재원은 어떻게 조달되는가? 투자재원을 한 단위 더 조달할 때 드는 비용은 무엇인가? 투자재원을 한 단위 더 조달할 때 드는 비용은 이자율이다. 이자율이 상승하면 공급될 수 있는 투자재원은 증가할 것이다. 이 관계를 그래프에 표시한 것이 투자재원의 공급곡선이다.

그림 5-9 인적자본 투자, 기회와 능력의 차이

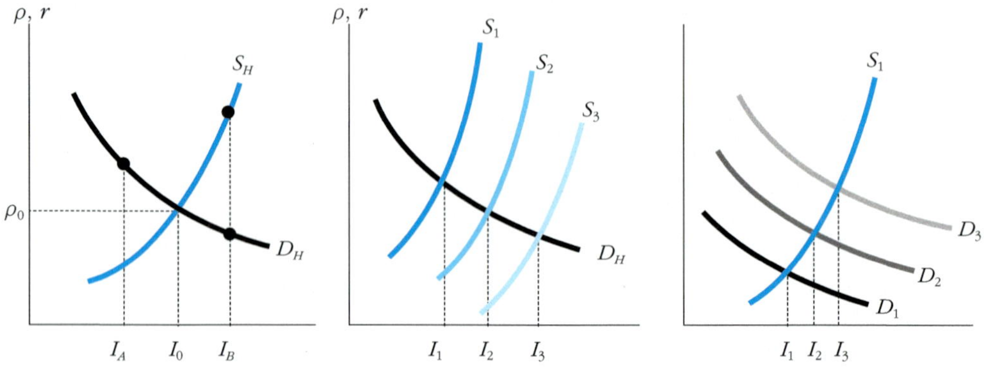

(i) 균형 인적자본 투자량 (ii) 기회의 차이 (iii) 능력의 차이

만약에 여러분이 집을 구입한다고 하자. 집을 구입하는 것은 투자이며, 투자재원은 은행에서 집을 담보로 시장이자율로 빌릴 수 있다. 여러분이 공장을 짓는다고 하자, 공장을 짓는 것은 투자이고, 투자재원은 은행에서 공장을 담보로 시장이자율로 빌릴 수가 있다.

우리가 인적자본을 형성하려고 대학교육을 받는다고 하자. 그러나 자본시장의 불완전성 때문에 대학교육의 투자재원은 우리를 담보로 해서 은행에서 시장이자율로 조달될 수가 없다. 공장이나 집을 구입할 때 빌린 돈을 우리가 갚지 않는다면 은행은 담보물을 처분할 수 있겠지만, 인적자본을 형성하는 데 빌린 돈을 우리가 갚지 않는다면, 은행은 그 돈을 회수할 방법이 없을 것이기 때문에 은행은 교육투자에 대한 융자를 하지 않으려 할 것이다. 따라서 인적자본 투자에 대한 재원을 확보하는 데 어려움이 많고, 투자를 많이 하면 할수록 추가적 재원조달에 있어서 어려움은 더욱 커져 추가적 재원의 비용, 즉 이자율은 점차 증가할 것이다. 그러므로 투자재원의 공급곡선은 이자율을 세로축에 놓고 투자액을 가로축에 놓았을 때 [그림 5-9]의 (i)에서 S_H와 같이 우상향하는 기울기를 가질 것이다.

(3) 교육투자량

개인의 인적자본 투자에 대한 수요곡선과 인적자본 투자의 공급곡선을 동시에 같이 놓으면 [그림 5-9]의 (i)에서와 같이 인적자본 투자량이 결정된다. 이때 인적자본

투자액은 초등학교·중·고·대·대학원으로 학교 교육년수가 늘어날수록 증대되므로, 가로축은 인적자본 투자량을 측정하되 그것을 투자액으로, 때로는 학교 교육년수로 해석할 수 있다.

수요와 공급이 만나는 점에서 추가적 재원조달의 한계비용이 추가적 투자의 한계수익과 동일해진다. 즉, 균형에서는 이자율은 내부수익률과 동일해진다. 시장이자율(r)보다 내부수익률(ρ)이 높으면 당연히 투자를 더 하는 것이 이익이 된다(시장이자율로 할인한 교육투자의 수익의 현재가치가 투자비용보다 클 것이기 때문이다). 예컨대 [그림 5-9]의 (i)에서 I_A만큼 인적자본 투자가 되었을 때는 추가적 투자의 한계수익이 이자율보다 높다. 반대로 시장이자율이 내부수익률보다 높으면, 예컨대 [그림 5-9]의 (i)에서 I_B만큼의 인적자본 투자가 되었을 경우에는 투자를 줄임으로써 이익은 증진된다. 개인의 이익의 극대화는 $\rho=r$이 될 때까지 투자를 하는 것이다.

2 기회와 능력의 차이

(1) 학교교육 투자에서 부모의 재산·소득의 영향

학교교육 투자의 수요·공급모형은 개인간의 학교교육 투자량이 왜 서로 다른가를 설명하는 데 대단히 유용한 분석도구이다.

지금까지 우리는 각 개인은 그들의 기회와 능력 면에서 차이가 없다는 것을 기본적인 가정으로 삼았다. 즉, 우리는 모든 사람은 동등하다고 가정하였던 것이다. 그러나 현실적으로는 그들이 직면하는 기회에는 상당한 차이가 있다. 가족의 재산과 소득의 차이로 인해서 부유한 가정의 아이들과 가난한 가정의 아이들은 전혀 다른 기회에 직면하게 된다.

부모의 재산·소득이 많은 아이는 부모로부터 교육비 전체를 무상으로 지원받는다. 뿐만 아니라 부모로부터 현금지원, 증여, 상속 등을 받는다. 부유한 가정의 아이들은 대학교육의 직접비용을 대단히 값싸게 또는 무료로 부모에게서 빌릴 수가 있으므로 각 투자수준에 대응하는 투자자금조달의 한계비용은 대단히 낮다([그림 5-9]의 (ii)에서 보는 바와 같이 투자자금의 공급곡선은 S_3의 모양을 지니게 될 것이다).

가난한 집의 자녀는 은행으로부터 학자금 대출을 받아 대학교육의 직접비용을 조달할 경우, 이자부담만큼 교육의 직접비용은 증대된다. 가난한 집의 자녀는 학자금을 은행으로부터 저리의 융자를 받을 수 없고, 제2금융권으로부터 고율의 이자로 빌릴 때, 교육의 직접비용 총액은 개인이 감내할 수 없는 수준이 될 것이다. 이러한 상황을 **불완전한 자본시장**(imperfect capital market)이라고 한다. 그 결과 가난한 집안의 아이들은 각 투자수준에서 투자자금조달의 한계비용이 대단히 높을 것이므로 그가 직면하는 공급곡선은 S_1의 모양을 지닐 것이다. S_2는 중류계층의 가정의 아이가 직면하는 투자자금의 공급곡선이라고 상정할 수 있다.

기회가 가장 유리한 사람은 가장 많은 인적자본투자(I_3)를, 그 다음으로 기회가 유리한 사람은 I_2를, 기회가 가장 불리한 사람은 I_1을 투자한다.

만약, 개인 재능이 모두 동일하다면, 교육투자의 크기는 부모의 재산·소득 크기를 그대로 반영하게 된다. 한국의 경우, 대학교육 비용이 대단히 높기 때문에, 빈곤한 가계에서 출생한 자녀는 대학을 가지 못하고, 자녀의 저학력은 저소득과 빈곤을 초래하게 되어 부모의 낮은 소득·재산이 자녀 빈곤으로 세습되어 빈곤의 악순환이 초래될 수 있다.

(2) 학교교육 투자에서 개인 재능의 차이

개인은 또한 재능 면에서 대단히 상이하다. 비록 직면한 기회는 동일하다고 하더라도, 즉 직면한 투자자금 공급곡선은 같다고 하더라도, 보다 유능한 아이는 교육투자로부터의 수익을 증대시킬 수 있어, 각 투자수준에서의 수익률은 높아질 것이므로 유능한 아이의 교육에 대한 수요곡선은 [그림 5−9]의 (iii)에서 D_3가 될 것이다. 아둔한 아이의 교육투자로부터의 수익은 낮을 것이고, 따라서 각 투자수준에서의 수익률이 낮아져, 그의 교육에 대한 수요곡선은 D_1이 될 것이다. D_2는 재능이 보통인 아이의 교육투자에 대한 수요곡선이 될 것이다. 보다 유능한 사람은 보다 많은 투자(I_3)를 하게 되고, 아둔한 아이는 가장 적은 투자(I_1)를 하게 된다.

만약, 부모의 재산·소득이 동일하다면, 교육투자의 크기는 개인간 능력차이를 그대로 반영하게 된다.

(3) 부유한 집안의 평범한 아이의 '만들어진' 능력

개인의 능력 차이는 천부적인 재능의 차이일 수도 있으나 자본주의사회에서는 대부분 가계에서 어린이에 대한 투자의 결과이다. 가계의 소득과 부가 많을수록 양질의 어린아이가 '만들어진다'는 것은 우리의 경험이 가르쳐 주는 바이다. 가계의 부와 소득을 어릴 때부터 사교육 등에 의존하여 집중 투자하여, 그 집의 평범한 재능의 어린아이의 능력을 크게 향상시키고, 이러한 '만들어진' 능력을 가진 아이의 교육투자에 대한 수요가 크다고 할 때, 그리고 부유하기 때문에 교육투자를 위한 자금조달의 한계비용이 대단히 낮을 때, 이 사람의 교육투자의 수요곡선은 [그림 5-9]의 (iii)에서 D_3, 교육투자의 공급곡선은 S_1보다 낮은 곳에 위치하여, 인적자본투자량은 대단히 클 것으로 예상할 수 있다.

반면에, 가난한 집안에 태어나 어릴 때부터 진행된 투자가 없어 능력이 부족해진 아이의 교육투자의 수요곡선은 [그림 5-9]의 (iii)에 D_1이며 투자자금공급곡선은 S_1보다 높은 곳에 위치하여, 인적자본투자량은 대단히 낮을 것으로 예상할 수 있다.

개인의 인적투자량은 가족의 재산과 소득의 차이에 의해 크게 영향을 받으며, 이는 교육투자의 수요와 공급의 상대적 이동정도에 따라 결정될 것이다.

분명한 것은 '만들어진' 능력을 가진 아이의 교육투자량은 대단히 크게 될 것이라고 예상할 수 있다는 점이다. 이와 같이 부모의 재산·소득은 일류 고등교육(일류 대학교육, 대학원교육) 형태로 자녀에게 '상속'되어 부유한 집안의 자녀들이 좋은 직업, 많은 소득을 누림에 따라 부모의 재산·소득의 불평등은 교육을 매개로 하여 자녀의 재산·소득의 불평등으로 대물림된다. 즉 세습사회가 강화되고 '업적에 의한 지위' 사회는 약화된다.

3 생애경력경로의 차이와 불평등

인적자본론은 왜 개인간 소득불평등이 존재하는지를 잘 설명하고 있다. 즉 개인간 인적자본스톡이 다르고, 따라서 개인간 생산성 격차가 발생하며, 이에 따라 개인간 임금과 소득 격차가 존재하게 된다.

[그림 5-10]은 개인간 생애경력경로의 차이를 보여주고 있다. 갑은 일류대, 대학원 출신, 을은 이류대 출신, 병은 고졸이라고 하자. 학교 졸업 직후의 인적자본량의 차이에 따른 생산성 격차가 발생하고, 이는 임금 격차로 나타나게 된다. 각자 취업해서 인적자본 투자를 계속한다고 할 때, 그리고 일류대, 대학원 출신자는 일의 세계에서 더 많은 인적자본 투자를 하고, 병은 일의 세계에서 인적자본 투자가 별로 없는 일자리를 전전하면 근로생애에 걸쳐 개인간 생산성 격차는 확대된다. 생애경력경로의 정점도 갑은 A, 을은 B, 병은 C로 되어, 을과 병이 생애경력경로의 정점을 지나 하강할 때도 갑의 그것은 계속 상승하여 생산성 격차가 더 확대된다. 개인간 생애경력경로는 개인의 경력-임금으로 나타난다. 따라서 근로생애에 걸쳐 갑과 병간의 임금 격차는 더 확대된다.

그림 5-10 개인간 생애경력경로의 차이

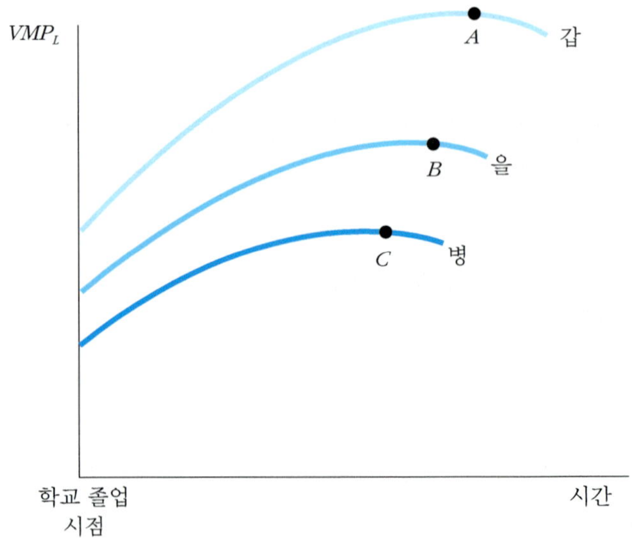

만약 갑이 위에서 설명한 것처럼 부유한 집안의 '만들어진 재능'이 뛰어난 자녀이고, 병이 가난한 집안의 보통의 자녀라면, 갑과 을의 임금격차의 상당 부분은 부모의 재산, 소득 및 부모의 자녀에 대한 인적자본 투자 결정에 기인하게 된다고도 말할 수 있다.

제 7 절 숙련편향적 기술진보

현재 진행되고 있는 **기술진보**(technological progress)는 **숙련편향적**(skill-biased)이다. 그 결과 숙련직과 미숙련직의 임금격차가 확대되고 있다. 또는 현대의 전문기술 교육은 주로 대학에서 이루어지므로 대졸자와 고졸자간의 임금격차가 선진국들에서 확대되는 경향을 보여주고 있다.

1 숙련편향적 기술진보란?

경제학에서 기술진보란 생산기술 변화로 종전과 같은 요소투입량을 갖고 더 많은 산출물을 생산하거나 또는 종전과 같은 수준의 산출물을 보다 적은 요소투입량으로 생산하는 경우를 지칭한다. 정의를 간결히 하기 위해 기업이 사용하는 생산요소를 자본, 숙련노동, 미숙련노동 셋밖에 없다고 가정하자.

기술진보로 더 많은 산출물을 생산하더라도 세 생산요소를 계속 같은 비율로 결합하는 경우, 숙련노동의 비율을 더 높이는 경우, 숙련노동의 비율을 낮추는 경우로 나눌 수가 있는데 이들을 각각 **중립적**, **숙련편향적**, **숙련노동절약적**(skilled-labor-saving) 기술진보라고 일컫는다. 기업이 새로운 기술도입에 의해 산출량을 높일 때, 숙련노동에 대한 수요는 증가하고 미숙련노동에 대한 수요는 감소하는 그러한 기술진보를 **숙련편향적 기술진보**(skill-biased technological progress)라고 한다.

특히, 최근 수십 년간의 기술발전은 보다 숙련되고 많은 교육을 받은 전문기술근로자들에게 유리하였다. 자동차 생산의 발달은 적절한 사례이다. 1920년대 대량생산기술의 도래는 비교적 낮은 기술수준을 가진 자동차 근로자들에게 지난 50년 이상의 기간 동안 높은 보수의 일자리를 제공하였다. 그러나 최근에는 자동차 생산은 상당한 정도로 복잡해졌다. 생산공정에서 가장 단순한 생산직은 로봇과 컴퓨터가 제어하는 기계로 대체되었고, 이러한 새로운 장비들을 이들을 사용하고 유지하는 방법을 알고 있는 숙련공에 대한 수요를 증가시켰다. 생산공정뿐만 아니라 무인자동차, 전기자동차, 수소자동차의 예에서 보듯 IT 활용, 고성능 배터리 개발, 석유 대신 수소에너지 활용, 그리고 새로운 디자인 등에 관한 최고 수준의 전문 지식을 갖춘 근로자를 자동차 산업은 수요한다. 또한 호화스러운 특성을 가진 제품에 대한 소비자 수요 증가와 소비자 주문에 맞춘 선택품목의 증가는 고도의 전문기술자들에 대한 수요는 증대되었다. 따라서 이제는 과거와 달리 자동차 산업에서 상당한 수준의 숙련을 갖춘 생산직 및 전문기술직에 대한 수요가 대단히 크다.

기술진보는 ① 새로운 제품, 예컨대 무인 자동차, ② 새로운 원료, 예컨대 화석연료 대신 전기, 수소 등, ③ 새로운 공정, 예컨대 컴퓨터 제어 공정(CAD/CAM), 로봇과 인공지능 활용 공정, ④ 새로운 기업 조직, 예컨대 과거의 상명하달의 관료적 조직, 부서와 부서간의 높은 폐쇄적 벽, 과학적 관리기법에 의해 엄밀히 정의된 단순직무의 반복적 수행 등을 바꾸어 조직간 유기적 상호의존성이 이루어지는 조직, 근로자가 여러 업무를 수행하는 조직으로 재조직하는 최근의 조직 리엔지니어링(organizational re-engineering), ⑤ 새로운 시장, 예컨대 소형 제트기 활용 저가 단거리 항공의 여행, 여가시장, 생명공학기술(유전자학, 단백질연구, 생물정보학) 활용 노인치료 시장 등의 다섯 차원에서 전개되고 있다.

경영학에서는 **기술혁신**(technological innovation)이라는 용어를 선호하여, 제품혁신, 생산원료의 혁신, 공정혁신, 기업조직혁신, 시장혁신이라는 표현을 사용한다. 그러나 경제학에서는 **기술진보**(technological progress)라는 용어를 선호한다. 전자는 동학적, 과거와의 단절이라는 의미가 포함하고 있으며, 후자는 과거와의 연속선상에서 서서히 진행된다는 뉘앙스를 갖고 있다.

이 책이 경제학의 한 분야이기 때문에 기술진보라는 용어를 채택하나, 때로는 기술혁신이라는 용어도 함께 사용하게 될 것이다.

2 숙련편향적 기술진보와 노동시장

(1) 숙련 근로자의 노동공급이 탄력적인 경우

숙련편향적 기술진보가 노동시장에 미치는 영향을 살펴보도록 하자.

기술진보는 실질소득을 향상시키며 고용을 증대시킴으로써 사회적으로 이득이 된다. 그러나 기술진보의 혜택이 누구에게나 다 공평히 돌아가지는 않는다.

특히, 숙련편향적 기술진보가 일어나면 일자리를 잃는 사람들이 있다. 일자리 상실이라는 손해를 입는 사람들은 주로 미숙련/반숙련 근로자들이다.

생산현장에서의 숙련편향적 기술진보의 채택은 많은 경우, 신기술을 담고 있는 신형 기계나 설비를 설치하는 형태를 띠는데, 미숙련노동은 자본과 대체관계에 있으므로 인해 이들 근로자들의 일자리가 먼저 사라지게 된다.

반면, 신형기계나 설비를 다룰 전문기술직의 일자리는 증가한다. 이와 같이 새로운 제품혁신, 생산원료의 혁신, 공정혁신, 기업조직혁신, 시장혁신이 전개됨에 따라 이와 보완관계에 있는 전문기술직, 숙련노동에 대한 수요는 증가하고, 대체관계에 있는 미숙련노동에 대한 수요는 감소한다. 이와 같은 기술진보를 숙련편향적 기술진보(skill-biased technological change)라고 앞에서 정의한 바 있다.

[그림 5-11]은 숙련 근로자의 공급이 탄력적인 경우, 숙련 노동에 유리한 기술변화의 노동시장 효과를 예시하고 있다.

[그림 5-11]의 (i)은 숙련 근로자에 대한 시장을 보여주고, [그림 5-11] 의 (ii)는 미숙련 근로자에 대한 시장을 보여준다. $D_{숙련}$과 $D_{미숙련}$으로 표시된 수요곡선은 숙련편향적 기술변화가 일어나기 전의 각 유형의 근로자에 대한 수요곡선을 가리킨다. 각 유형의 근로자에 대한 임금과 고용은 각 시장의 수요곡선과 공급곡선을 가리킨다. 각 유형의 근로자에 대한 임금과 고용은 각 시장의 수요곡선과 공급곡선의 교차

그림 5-11 숙련편향적 기술진보의 노동시장 파급효과

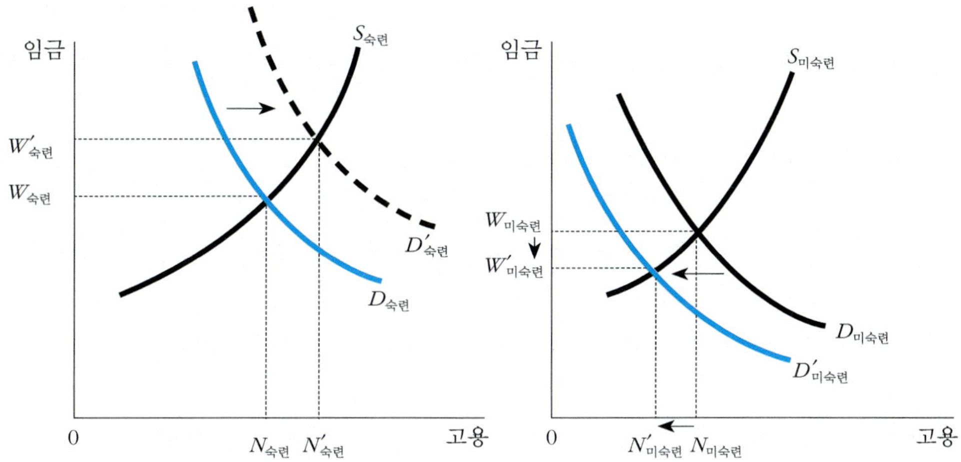

(i) 숙련 근로자　　(ii) 미숙련 근로자

점에서 결정된다. [그림 5-11]에서는 기술변화 이전에 미숙련 근로자는 낮은 한계생산을 반영하여 숙련 근로자보다 낮은 임금을 받았음을 보여 준다($W_{미숙련} < W_{숙련}$).

이 그림은 숙련 근로자의 한계생산을 증가시키고 미숙련 근로자의 한계생산을 감소시키는 숙련편향적 기술변화의 효과를 보여준다. 새로운 기술 — 예를 들면, 컴퓨터로 제어되는 기계 — 이 도입되었다고 가정하자. 이러한 기술변화는 숙련도가 높은 근로자에게 편향된 것이며, 미숙련 근로자에 비해 숙련 근로자의 한계생산을 증가시킨다는 것을 의미한다. [그림 5-11]은 이러한 기술변화의 한계생산에 대한 효과를 보여주고 있다. [그림 5-11]의 (i)에서는 숙련 근로자의 한계생산의 증가가 이들 근로자들에 대한 수요를 증가시키고, 수요곡선을 오른쪽 $D'_{숙련}$으로 이동시킨다. 따라서 숙련 근로자의 임금과 고용은 증가한다. 반대로 미숙련 근로자에 대한 수요는 $D'_{미숙련}$으로 좌측 이동하여([그림 5-11]의 (ii) 참조) 미숙련 근로자에 대한 수요의 감소는 그들의 임금과 고용을 감소시킨다.

요약하면, 이 분석은 숙련 근로자에게 유리한 편향된 기술변화가 숙련 근로자와 미숙련 근로자의 임금격차를 확대시킨다는 결론을 제시한다. 실증적 연구들은 숙련편향적 기술변화가 최근의 임금격차 확대에 일정부분 역할을 담당했다는 것을 확인해 주고 있다.

(2) 숙련직, 전문기술직 노동시장에서의 조정방식의 특이성

숙련편향적 기술진보의 경제에서 숙련직, 전문기술직에 대한 수요 증가가 있고 숙련직, 전문기술직 공급이 수요증가에 대응하는 시차상의 갭(gap)에 기인하는 단기적 불균형상태에서 숙련직, 전문기술직 임금이 과도적으로 크게 치솟아, 생산성격차 이상의 임금격차가 발생할 수도 있다.

[그림 5-12]를 고려하자. 이는 [그림 5-11]의 (i)을 약간 다르게 재생한 것이다. 숙련직, 전문기술직에 대한 수요가 D에서 D'로 증가한다고 하자. 단기에 있어서 숙련직, 전문기술직의 공급은 E_0에서 비탄력적이다. 왜냐하면 숙련직, 전문기술직에 종사하는 대졸자의 경우, 공급에는 대학교육 4년, 군대 3년 등 7년이 걸리기 때문이다. 단기에서는 상대임금은 W_1까지 치솟는다. 상대임금이 W_1인 상태는 과도적인 상태이다. W_1에서 숙련직, 전문기술직 인적자본투자 수익률이 크게 증대하므로 대학과 훈련기관에의 등록이 크게 증가된다. 숙련직, 전문기술직 후보자들이 대학 졸업할 시점, 훈련기관 수료시점에서는 숙련직, 전문기술직의 공급은 E_1까지 증대된다.

일단 E_1까지 공급이 증가되면 단기에서는 숙련직, 전문기술직의 공급은 E_1에서 비탄력적으로 되어 W_2까지 하락한다. 상대임금이 하락함에 따라 대학 및 훈련기관 진학자가 줄고, 이들이 몇 년 후 졸업할 시점에서 숙련직, 전문기술직 공급은 E_2에서 비탄력적으로 되어 상대임금은 다시 W_3으로 상승하고, 결국에는 이러한 과정의 반복

그림 5-12 숙련직, 전문기술직 노동시장: 거미집모형

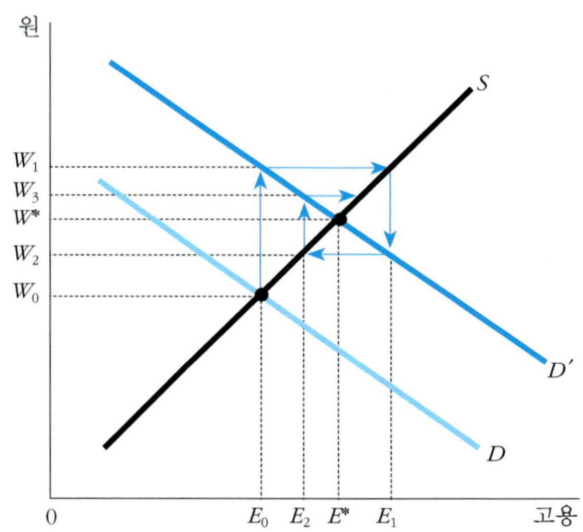

으로 W^* 접근하게 된다. 이와 같은 모형을 **거미집모형**(cobweb model)이라고 한다.

거미집 모형에서는 첫째, 새로운 숙련직, 전문기술직 근로자가 노동시장에 참여하는데 시간차(time-lag)가 존재하고, 둘째, 인적자본투자는 현재(今期)의 시장가격기준으로 이루어진다는 것을 전제로 한다. 두 번째 가정, 즉 근로자가 미래에 대한 결정을 할 때, 현재 관찰되는 임금이 미래에도 유지될 것으로 가정하는 것이다. 셋째, 수요곡선이 공급곡선보다 더 평평하다. 그래야, 수요곡선의 이동이 있을 때, 적응기간을 거쳐 균형에 도달하게 된다.

대졸자 노동시장을 살펴보면, 우리나라에서는 과거 대졸자에 대해 높은 임금(W_1)이 지불됨에 따라 대졸자의 공급의 증대($E_0 \rightarrow E_1$)가 이루어지고, 대졸자 과잉공급의 결과 대졸자임금이 W_2로 하락하는 상황, 예컨대 대졸자가 고졸자 일자리에로의 하향취업이 이루어지는 현상이 전개되고 있다고 할 수 있어, 거미집모형도 부분적으로 타당하다고 하겠다.

제8절 교육과 훈련 시장에의 정부 개입

1 정부 개입의 이유

교육과 훈련에는 늘 정부가 개입한다. 그 이유는 크게 보면 세 가지로 요약된다.

(1) 외부효과

(i) 대학교육 시장

대학교육의 예를 가지고 외부효과를 설명하도록 하자.

대학교육 시장에서는 소비자인 학부모와 학생은 대학교육이라는 재화를 수요한다. 대학교육에 대한 수요란 소비자인 학부모와 학생이 값을 치르고 구입할 의사와 능력이 있는 대학교육 서비스의 양을 지칭한다. 다른 재화에 대한 수요와 마찬가지로 대학교육에 대한 수요도 대학교육이라는 서비스에 대해 돈으로 하는 투표(dollar vote)인 것이다. 다른 조건이 일정불변이라고 할 때, 대학교육 서비스의 가격이 상승하면 수요량은 감소하고 대학교육 서비스의 가격이 하락하면 수요량은 증가한다.

교육서비스의 공급을 담당하는 기관은 학교이다. 학교가 학교법인에 의해 설립되었을 경우 사립이라고 하고, 국가와 지방정부에 의해서 설립되었을 경우 국·공립이라고 한다. 사립에서 공급하는 대학교육 서비스와 국·공립에서 제공하는 대학교육 서비스 간에는 본질적 차이는 없다. 다른 조건이 동일하다면, 대학교육 서비스의 가격이 상승하면, 공급량은 증가하고 대학교육 서비스의 가격이 내리면 공급량은 감소한다.

대학교육 서비스의 균형가격은 대학교육에 대한 수요와 공급이 만나는 점에서 결정된다. 이 균형 가격이 바로 대학교육 투자자인 개인에게는 대학교육의 직접비용이 된다.

대학교육에 대한 수요곡선은 학생 및 학부모가 대학교육이라는 서비스를 구입하기 위해 지불하고자 하는 최고금액을 나타낸다. 이 금액을 사적(私的)인 지불용의(willingness to pay)라고 한다. 이 지불용의는 대학교육 구입 희망자가 대학교육에 얼마만큼의 가치를 부여하는지를 나타낸다. 그 가치는 인적자본에 의한 능력과 생산성 증가에 대한 평가일 수도 있고, 신호에 대한 평가일 수도 있다. 대학교육에 가장 높은 가치를 부여하는 사람으로부터 가장 낮은 가치를 부여하는 사람의 순서대로 연속적으로 줄을 세워놓는 것이 대학교육의 수요곡선이다. 첫 번째 사람의 대학교육 가치, 두 번째 사람의 대학교육 가치, 세 번째 사람의 대학교육 가치, … 의 순서대로 세워 놓으면, 대학교육에 대한 수요곡선은 각 개인의 대학교육의 한계가치가 되는 셈이다. 이를 **사적(私的) 한계가치**라고 하자.

대학교육에는 사적 한계가치만 있는 것이 아니라 **사회적(社會的) 한계가치**도 있다. 개인의 교육수준이 높으면 더 나은 정부를 구성하고, 모든 사람이 이득을 본다. 개인의 교육수준이 높아지면 담배, 알코올, 마약 등에 대한 의존도가 낮아지고, 법, 질서, 규칙에 대한 준수도 높아져 건강과 안전이 보다 확보되며, 이로부터 사회 전체가 득을 보게 된다. 또한 지식근로자의 활동에 의한 기술진보 등으로 본인이 속한 기업뿐만 아니라 다른 기업들에게도 이득을 준다. 한 사람의 행위가 제3자에게 이득을 제공하는 것은 **긍정적인 외부효과**(positive externality)라고 한다. 교육은 긍정적인 외부효과를 제공하는 대표적인 예이다. 이 경우 대학교육의 사회적 가치는 사적 가치보다 크기 때문에 사회적 가치 곡선은 수요곡선보다 높은 곳에 위치한다.

최적 대학교육의 양은 사회적 가치곡선이 공급곡선과 만나는 점에서 결정된다. 긍정적 외부효과를 낳는 교육의 최적산출량은 사적 시장균형량보다 많다. 이와 같이 사적 시장의 수요공급에 의해 결정되는 대학교육량이 사회적으로 바람직한 양보다 부족한 경우를 **대학교육의 시장실패**(market failure)라고 한다.

긍정적 외부효과를 갖는 대학교육량이 사회적으로 최적인 양보다 시장에서 작게 생산되는 경향에 대응하여, 정부는 국·공립대학을 운영하거나 사립대학에 대해 보조금을 지급하게 된다. 이는 대학교육의 공급곡선을 하방으로 이동시켜, 최적에 가까운 대학교육량이 공급되도록 유인하는 효과를 갖는다.

(ii) 직업훈련시장

위의 대학교육에 관한 설명을 훈련시장에도 그대로 적용할 수 있다. 훈련시장에서도 훈련의 수요와 공급에 의해 시장균형 훈련량이 결정된다고 볼 수 있다. 훈련시장의 수요자는 전문기술인력이 되길 원하는 근로자이며, 공급자는 재훈련·향상훈련 전문학원, 대학의 6개월 정도의 비학위 과정, 영리목적의 사이버 교육기관 등이다.

훈련된 근로자들은 정(正)의 외부효과를 낳는다. 훈련기관에서 **기술 업그레이딩**(upgrading)된 전문기술자들은 현장의 불량파악, 공정개선, 디자인 개선에 대해서, 기술 업그레이딩된 중급 사무직은 조직 관리, 판매, 유통 관리에 대해서 보다 많은 정보를 각각 보유하고 있으며, 현장 차원의 기술개선, 공정개선, 조직혁신, 시장혁신에 큰 기여를 한다. 대학 또는 대학원 졸업의 고급 엘리트들이 생각하지 못한 분야, 쉽게 접근하기 어려운 분야에서 **블루오션**(blue ocean)을 찾아내는 현장 혁신들은 근로자가 소속된 기업뿐만 아니라 다른 기업에게도 이득을 제공한다는 의미에서 양질의 중급 전문기술자와 중급 사무직의 체계적 직업훈련과 양성은 긍정적인 외부효과를 창출한다.

긍정적 외부효과를 창출하는 직업훈련에 대한 수요곡선은 사적 가치만 반영할 뿐 사회적 가치를 반영하지 못한다. 이 경우 사회적 가치는 사적 가치보다 크기 때문에 사회적으로 바람직한 직업교육량은 시장에서 결정되는 균형량보다 크다. 이러한 경우를 **직업훈련의 시장실패**라고 한다.

시장균형을 최적으로 바꾸려면 직업교육학교를 공립으로 운영하거나 사설 직업교육기관에 대해 보조금을 주어야 한다. 정부가 공립 직업학교의 운영과 수강학생에 대한 정부장학금 지급 등을 통해 직업교육에 많은 보조금을 지급하여야 하는 것이다. 직업훈련에서의 시장실패에 대응하여 공업계 고교 등의 마이스터 고교, 상업계 고교 등의 특성화 고교, 그리고 근로자의 직업기술교육 관련기관 등에 정부지원이 확대되어야 하는 이유가 여기에 있다.

(2) 기술진보의 내생성

노동수요의 논의에서 우리가 제시한 생산함수를 **기술진보**의 영향을 강조하여 다음과 같이 변형하기로 하자.

$$X_t = A(t)f(K, L^S, L^U) \tag{5.23}$$

여기서, $A(t)$는 기술진보의 영향을 반영하고 있으며, K는 자본, L^S는 숙련노동, L^U는 미숙련노동이다. $A(t)$에서 t는 시간을 나타내는 변수이다. 시간의 경과에 따라 기술진보가 일어나면, $A(t)$의 값이 증대하고, 자본과 숙련노동, 미숙련노동 투입량의 변화가 없어도 X_t가 증가하거나 또는 $A(t)$의 값이 증가했는데도 X_t가 종전과 동일할 때, 자본과 숙련노동, 미숙련노동의 투입량은 감소하게 된다.

기술진보는 왜 일어날까?

다시 식 (5.23)으로 되돌아가 보자. 기술진보 A_t는 시간이 지남에 따라 저절로 이루어지는가? 수많은 인간 중에서 전혀 예견하지 않았는데, 학력도 없는 천재가 나타나 발명을 하고, 이 발명이 산업에 응용되어 기술진보가 일어나는가? 시간이 지남에 따라 발명과 기술진보는 무작위(random)로 일어나는 것인가? 아니면 기술진보가 계획에 의거해 개인투자, 기업투자 또는 정부투자의 결과로 일어나는가?

경제학은 1980년 이전까지는 기술진보에는 관심을 갖지 않았다. 기술진보는 무작위로 이루어지기 때문에 경제학의 모형 바깥에서 결정되는 외생적(exogeneous) 변수로 간주되었다. 그러나 1980년대부터 미국의 로머(P. Romer), 베커(G. Becker), 루카스(R. E. Lucas) 등은 "왜 어떤 나라들은 1인당 GNP가 빨리 증가하고, 어떤 나라는 느리게 증가하는가?"라는 문제에 대한 이론적 해명을 시도하게 되는데, 이들은 기술진보가 개인의 인적자본투자, 기업의 R&D 투자, 정부의 교육제도 지원 및 R&D 투자 지원, 그리고 경제의 개방성에 의존함을 이론적으로 설명하고, 이를 뒷받침할 실증분석 결과를 제시하였다.

이제는 지속적 성장의 원인으로 기술진보가 경제학의 모형 안에서 결정되는 내생적(endogeneous) 변수로 간주되고 있다. 이와 같이 경제성장의 원천으로서 기술진보가 내생적으로 결정된다는 이론이 이른바 **내생적 경제성장론**(endogeneous growth theory)이다.

이 책 제0장에서 설명한 개인의 탁월한 재능의 발견과 연마가 교육제도에 의해 제대로 이루어지면, 기술진보가 내생적으로 결정된다고 할 수 있다. 기업이 연구개발부문(R&D) 투자를 체계적으로 지속해나갈 때 그리고 탁월한 인재를 선발하고 연마하며 이들에게 적절한 동기유발을 제공할 때, 기술진보는 내생적으로 결정된다. 정부가 조세정책으로 R&D를 체계적으로 지원할 때, 기술진보는 내성적으로 결정된다고 할 수 있다. 마지막으로 글로벌 경제에서 개방적 경제체계를 갖출수록, 국경의 협소한 틀을 벗어난 글로벌 경쟁여건을 조성할수록, 기술혁신은 내생적으로 일어난다고 말할 수 있게 된다.

(3) 평등 촉진

제6절의 분석, 즉 소득불평등과 빈곤이 교육 및 훈련의 결여에서 비롯되는 것이라면, 그리고 교육 및 훈련의 결여가 가족들이 직면하는 재정적 제약조건에 기인하는 것이라면, 이러한 재정적 제약조건을 완화시키는 것이 대단히 중요한 불평등완화 대책으로 등장하게 된다.

선진국에서 초등학교, 중학교, 고등학교 교육을 의무교육으로 하고 대학교에 보조금을 지급하거나 국가가 직접 운영하는 것은 가계가 직면하는 재정적 제약조건을 완화시키기 위한 것이었다.

한국의 경우, 부모의 재산이나 소득이 자녀의 교육에 미치는 영향은 세계적으로 최고 수준에 속해, 이제는 '개천에서 용나기'가 사실상 불가능하다. 따라서 가난한 집의 뛰어난 재능의 자녀는 고등학교부터 학비 면제, 기숙사비 지원, 일정액의 생활비 지원 등의 특단의 정책을 통해 그들이 이 사회의 중·상류 계층으로 상승할 수 있도록 하여야 한다. 동시에, 학업에 뒤처지는 학생이라면 본인이 고유하게 갖고 있는 공부 이외의 재능을 찾고 개발하고 연마하도록 직업교육이나 훈련을 받아 20대 중후반부터는 전문기술자로 삶을 살아가며 중산층의 삶을 누릴 수 있도록 하여야 할 것이다.

가난한 집의 자녀는 부유한 집의 자녀와 다르게 사물을 인식하고, 사회의 작동원리를 다르게 이해한다. 농촌, 어촌의 어린아이와 청년은 도시의 사람과 다르게 자연과 사회를 바라본다. 다양성이란 상이한 재능을 갖춘 개인이 공존하며, 자아 실현해 나감으로써 사회전체가 발전할 수 있게 해 준다. 특히, 사물을 다르게, 새로운 각도에서 보는 가난한 집의 유능한 자녀가 용기를 갖고 다른, 새로운 방식으로 큰 성취를 이루어내면, 그 사회는 지속적으로 발전하고 그렇지 않은 사회는 쇠퇴한다. 식물의 다양성이 있을 때, 동물과 조류의 다양성이 있고 생태계가 건강성과 활력을 갖는 반면, 단종 작물재배는 쉽게 병충해로 소멸하는 것과 같이 가난한 집의 유능한 자녀가 계층 상승하는 것은 사회의 역동성과 번영에 핵심적 요소가 됨을 명심하여야 한다.

2 정부실패

정부가 개입한다고 바람직한 결과가 이루어지지 않고, 정부개입이 없을 때보다 오히려 더 비효율적이거나 더 부정적인 결과가 초래될 수도 있다. 이를 **정부실패**(government failure)라고 한다. 그 이유는 다음과 같다.

첫째, 초·중등교육, 대학, 직업훈련기관, R&D 담당 조직 등에 대해 정부가 과도한 규제나 통제를 위해 정부 조직을 키울 수 있다. 정부의 조직은 비대해지고 공무원 수는 크게 증가하여 예산이 낭비된다.

둘째, 정부의 규제와 통제는 다양성, 독특성을 허용하지 않고, 표준화, 평준화된 업적과 양적 결과를 중시함에 따라 초·중등교육, 대학, 훈련기관, R&D 담당조직에서의 교육의 질, 훈련의 질, R&D의 질이 형편없이 낮아질 수 있다.

셋째, 가난한 자녀들에게 평등한 기회를 제공하고 형평성을 높인다는 목적으로 개입하는 정부 때문에 오히려 불평등이 심화되는 역작용이 발생하기도 한다. 고교평준화의 예를 들어보자. 부유한 집은 자녀교육을 위해 좋은 중·고등학교가 몰려있는 강남학군에 거주하거나, 또는 비싼 학비의 특목고·자사고에 보낸다. 부유한 집은 초등학교에서부터 시작하는 사교육기관에서의 선행학습, 다양한 교과목 심화교육에 집중 투자한다. 학원에서의 성적순위가 평준화된 정규학교에서의 성적순위를 결정하고, 일류대 진학을 결정한다. 가난한 집은 강남으로 이사할 수 없어 질 낮은 학교에 다니며, 사교육에의 투자도 작아 일류대학에의 진학이 좌절된다. 즉 평준화교육이 기회와 성과의 엄청난 불평등을 낳고 있으므로 이는 **정부실패**이다.

넷째, 정부의 재정지원과 예산 투입은 항상 지대추구 행위와 부패를 수반한다. 정부의 재정지원은 그 자체로 힘들지 않고 쉽게 돈을 벌 수 있는 기회를 제공해 주는, 일종의 주인 없는 이권이기 때문이다. 지대라는 말이 어떤 경우에는 한 사회에 주인 없이 떠돌아다니는 이권(利權)을 의미하는 용어로 쓰이기도 한다. 사람들이 이 이권을 얻기 위해 노력하는 행위를 **지대추구행위**(地代追求行爲, rent seeking activity)라고 말할 수 있다. 다시 고교평준화의 예를 들어보자. 교사들이 다양한 질적 수준을 가진 학생들 중에서 중간(median)기준으로 교육시키는데 이렇게 되면 심화교육도 없고, 다양한 재능을 연마시키는 교육도 없게 된다. 즉 교사들은 중간에 안주하고 최선을 다하지 않는다. 이것은 교사들의 지대추구행위이다. 교사로 임용되기만 하면, 일을 하지 않고도 높은 보수를 받으니, 교사직은 떠돌아다니는 이권과 다름없다. 교사가 되기 위해, 즉 이권을 따기 위해 열심히 공부하고, 교사된 후에는 일을 않고 정부

재정만 축낸다. 교사된 후, 학부모로부터 받는 촌지는 뇌물수수에 속하며, 부패에 속한다. 지대추구행위는 뇌물수수와 부패를 수반한다.

기술진보의 내생성으로 세계 각국은 대학교육, 전문 기술인력 양성을 위한 직업교육, 기업의 R&D 지원에 정부가 개입한다. 정부가 예산을 대학, 직업훈련기관, R&D 담당 조직배분할 때, 누가 선택되는가에 따라 막대한 이권이 부여된다. 당연히 이권의 향방을 결정하는 정치가나 관료가 그 이권으로부터 얻는 지대의 일부를 요구할 수 있을 것이다. 우리가 정경유착(政經癒着)이라고 부르는 것은 이와 같이 지대를 나누어 먹는 구조가 정착된 것을 의미한다. 앞에서 일정한 주인이 없이 사회를 떠도는 이권을 지대라 부른다고 말했지만, 사실 그것의 진정한 주인은 국민 모두라고 할 수 있다. 정치인과 관료는 국민들로부터 그것을 투명하고 엄정하게 관리할 권한을 위임받은 데 지나지 않는데도 불구하고 예산의 배분 과정에서 이해관계 당사자로부터 뇌물을 받으면 부정부패이며, 자신의 몫을 챙기는 행위는 독직, 권한남용인 것이다.

3 교육에서 국가의 참된 역할

인간의 재능이 〈표 5-3〉에 나타나 있는 바와 같이 언어능력, 논리·수학능력, 공간·시각능력, 인간소통능력, 자기성찰능력, 음악능력, 신체운동, 손재능, 자연탐구능력 등 다양한, 독립된 구성요소를 갖고 있고, 이런 재능의 조합으로 개인이 다양한 재능을 발현되도록 지원하는 것이 교육이다. 우리는 이러한 관점을 제0장에서 이미 제시한 바 있다. 개인의 재능의 발견과 연마가 교육의 목표이며, 각 개인은 재능개발의 평등한 기회를 가져야 한다.

그렇다면 국가의 참된 역할은 무엇일까? 시장실패를 교정하고 정부실패까지 극복하는 방안은 무엇일까?

(1) 대학선택권 및 전공선택권의 보장

정부규제 중 가장 먼저 폐지되어야 할 것은 대학정원에 대한 교육부의 규제이다. 그동안 수도권 인구집중 억제라는 명분으로 교육부가 수도권 각 대학의 정원을 정해 왔지만, 수도권 대학 정원규제가 수도권 인구집중을 억제하는 데 기여했다는 증거는 전혀 없다. 더군다나 인구감소 시대에는 청년인구가 종전보다 40% 정도 감소하여 더 이상 수도권 인구집중 억제의 논리로 대학 정원 규제의 타당성을 갖기는 어렵

표 5-3 직업과 관련하여 요청되는 상이한 능력

구 분	정 의
언어	말과 글로써 자신의 생각과 감정을 표현하며, 다른 사람의 말과 글을 잘 이해할 수 있는 능력
수리·논리	논리적으로 사고하며, 수학적으로 문제를 해결하는 능력
공간·시각	시각적이거나 공간적인 정보를 받아들이고, 이를 새롭게 조직할 수 있는 능력
대인	다른 사람과 의사 소통하고 함께 작업할 수 있는 능력
자기 성찰 능력	자신의 내적인 상태를 잘 알며, 자신을 반성하고, 감정을 조절할 수 있는 능력
자연친화	환경적 상호 의존성을 이해하며, 자연에 대한 관심을 바탕으로 자연을 탐구하고, 보호할 수 있는 능력
음악	음감이 있으며, 노래를 부르고 악기를 연주하며, 음악을 감상할 수 있는 능력
신체·운동	신체 기능이 민첩하고, 사고와 신체 간의 협응을 잘 할 수 있는 능력
손재능	손과 눈의 협응이 잘 되며, 세밀한 것들을 만들거나 다룰 수 있는 능력
창의력	새롭고 독특한 방법으로 문제를 해결하고, 아이디어를 내는 능력

자료: 교육인적자원부 외, 『2005 미래의 직업세계-직업편』, p.27.

게 되었다. 학생들이 자신이 원하는 대학에 진학하도록 하여 대학간 경쟁을 독려하면 학생의 대학 선택에 따라 흥하는 대학이 있고, 망하는 대학이 생긴다. 흥하는 대학은 더 발전하기 위하여 교수를 더 충원할 것이며, 망하는 대학은 망하지 않기 위해 노력하며, 바로 이러한 대학 간 경쟁이 구조조정을 낳고, 대학 교육의 질을 획기적으로 높인다.

동시에 교육·훈련 소비자들의 선택을 확대하여 교육·훈련 공급기관 간의 경쟁을 유인하도록 규제를 재정비하여야 할 것이다. 구체적으로 대학생들이 재학 중 자신의 재능, 능력, 소질, 장래 희망에 따라 본인의 전공을 3~5회 자유롭게 바꿀 수 있도록 하여야 한다. 학생들의 선택에 따라 소멸되는 학과가 생기고 학생 수가 크게 증가하는 학과가 생기면, 소멸되는 학과의 교수, 강의 공간을 조정하면 교육 소비자인 학생의 선택에 의거한 대학의 구조조정이 저절로 일어난다. 대졸인력의 질적 수준은 청년이 하고 싶은 분야, 본인의 재능과 부합되는 분야에서 열과 성을 다해 공부하고, 탐구하고 새로움을 추구할 때 크게 높아진다. 따라서 본인의 전공을 자유롭게 선택하면, 대학의 구조조정과 교육의 질 제고 모두를 얻을 수 있다. 개인의 선택권 보장 및 확대가 정부실패를 막는 가장 중요한 조치가 될 것이다.

교육부의 대학정원제라는 규제를 폐지하고 학생들이 대학을 자유롭게 택하는 기회를 제공한다면 미래에 어떤 일들이 전개될까? 미래를 예상해 보자. 일단 대학에 대한 규제는 교육을 위해서 필요한 공간 규제 예컨대 대학생 1인당 필요한 공간을 10평, 교육의 질 규제 학생 20명당 교수 1인이라는 두 가지밖에 없다고 가정하자. 그리고 이러한 두 규제를 충족시키는 대학에 대해 정부는 정원 규제 및 등록금 규제를 폐지한다고 하자.

수도권에 있는 일류대학은 공간과 교수확보를 해가면서 정원을 늘려간다. 아마도 대학생 총수가 10만명이 되는 대학도 형성된다. 수도권에서는 10만명의 학생을 보유하자면 공간규제로 100만평의 부지가 필요하므로 수도권에 있는 일류대학은 지방으로 이전한다. 10만명의 학생을 보유하자면 교수규제로 교수 5천명의 고용이 필요하다.

지방에로 이전한 10만명 학생을 보유한 일류대학에서 학생들의 전공선택권을 부여하면 어떤 일이 일어날까? 인기있는 경영대에는 10만명의 학생 중 30%가 몰려, 3만명의 학생, 1천5백명의 교수가 소속될 수도 있다. 세계적 경쟁력을 갖춘 경영대가 탄생할 수 있게 된다. 규모의 경제로 교육단가가 낮아져 등록금은 오히려 싸질 수가 있다. 학부모의 입장에서도, 현재 세계 최고수준에 접근하는 사립대 등록금을 지불하고, 2~3류 대학에 가느니 일류대학 진학의 기회를 더 갖게 되고 우수한 교수진의 교육을 자녀들이 받게 되어 이러한 제도 변화를 오히려 환영할 것이다.

학생 10만명이 거주하면 대학도시가 생긴다. 대학과 산학연계에 의해 과학기술의 응용, 상업화가 대규모로 진행될 수 있다. 그리하여 대학이 과학, 기술 혁신의 중심이 될 수 있는 것이다. 단순한 대학도시가 아니라 산학클러스터가 형성되는 것이다.

(2) 국·공립대의 고유한 역할

대학에 대한 규제 폐지는 사립대학에 국한된다. 국립대는 정부예산으로 운영되기 때문에 국가차원의 학문의 균형발전, 현재가 아니라 미래의 학문세대의 육성이라는 목적을 가져야 한다.

인간은 위험회피적이고 불확실성 회피적이며, 현재지향적이기 때문에 미래의 불확실성과 관련된 학문은 사립대학에서 발전할 수 없다. 정부예산으로 운영되는 국립대는 인문계열, 사회계열, 자연과학계열의 비인기 분야에 특화되며, 공학계열 중 고가의 실험실습 장비가 필요한 분야에 특화하여, 이들 분야들에 관심을 갖는 학생을 선발하여 심화교육을 시켜야 한다.

한국을 권역별로 수도권, 경기권, 충청권, 호남권, 경상권으로 나누어 권역별로 학생의 선택에 의해 이루어지는 대형의 세계적 명성을 갖는 국립대가 형성되어야 한다. 국립대학에서는 바로 이러한 인문학, 사회과학, 자연과학, 특정의 공학 분야 등 기초학문 분야에 특화하여 학생을 뽑고 교수들을 확보해 나가도록 하면, 국가전체 차원에서의 학문의 균형발전뿐만 아니라 대규모 학과에 모인 교수들의 경쟁과 상호 교류에 의해 세계적으로 우수한 지식축적과 새로운 연구가 진전될 수 있다.

현재 교육부의 구조조정 방안은 대학을 다면평가하여, 평가 후 순위별로 정원유지 또는 감축을 시행하고, 각 대학은 각 학과를 평가하여 평가 순위별 학과별 정원 감축을 행하는 것이다. 교육부의 정원 규제권을 보유하면서 대학의 다면평가에 의한 정원 감축은 그 자체가 새로운, 강한 규제의 추가에 불과하다. 규제의 시행과 집행을 위한 교육부의 조직과 예산만 증가하고, 관료의 권한만 확장될 뿐, 이미 낮은 한국 대학교육의 질적 수준은 앞으로도 낮은 수준을 벗어나지 못할 것이다.

대학 간의 경쟁, 학생의 선택에 의해 주도되는 간명한 구조조정을 사립대학이 하고, 그 부작용인 학문의 다양성의 제약은 국·공립대학제도로 치유하는 대학정책의 시행이 있어야 할 것이다.

(3) 고교평준화체계에서의 개인의 선택권 확대

고교평준화를 유지하더라도 학생들에게 고교선택권을 주면, 학업에 재능있는 학생들이 모인 학교가 형성되고 학업재능 있는 학생들을 위한 수준 높은 교육이 전개되어 고등학교의 교육의 질이 높아진다. 사교육의 필요성이 없어지고, 교사들은 가르키기 위해 열과 성을 다할 것이며, 가난한 집의 자녀가 우수대학으로 쉽게 진학할 수 있는 길도 저절로 열린다.

학업에 재능이 없는 학생들은 고교단계부터 전문적 기술교육을 받는다. 대학입학의 평등한 기회를 고등학교가 제공하여야 한다는 관점에서 벗어나 개인재능개발의 평등한 기회를 제공하여야 한다는 관점에서 고교평준화를 접근하여야 할 것이다.

이러한 관점에서 학업에는 우수하지 않으나 학업 이외의 본인 고유의 잠재력을 발견하는 기회를 갖도록 초·중학교육에서부터 개인의 재능을 스스로 찾도록 다양한 기회제공, 직업세계 관찰, 멘토제의 시행 등이 시행되어야 한다. 그러면 평준화의 틀 속에서 이루어지는 다양한 재능교육체계가 성립될 것이다.

청년의 나이인 15세에 달하면, 공부에 적성을 가진 40% 정도의 학생들은 대학진학을 준비하는 일반계 고등학교에 진학하게 하고, 그 외 학생들은 기술·기능을 연마하도록 직업고등학교 3년, 취업 후 7년 합하여 10년의 기간을 훈련받도록 하는 시스템을 갖추어야 한다. 이 경우 25세 나이가 되면 노동시장에서 준전문기술자 또는 숙련기능공으로 살아 갈 수 있게 된다. 이는 인구감소 대책으로 앞에서 누차 강조된 바 있다.

(4) 학교의 자율성 확립과 정보공개

고등학교 단계부터 교육이 효율성을 갖도록 하기 위해서는 자율적 선택권의 확대(학생정원, 등록금 수준, 교재 선택, 교과과정 편성, 교사임용 등)와 개방성 확대(노동시장으로부터 다양한 교사 임용)가 필요하다. 특히 교사직이 이권이 되고, 학교가 이권추구의 장이 되지 않도록 하자면, 학교 외부의 박사학위소지자들에게 초·중등 교사직이 전면 개방되어야 한다.

교육기관과 훈련기관의 품질에 관한 정보를 공개하고, 이를 소비자들에게 제공하여야 한다. 정보의 비대칭성, 즉 학교는 자신의 성과 수준, 질적 수준에 대해서 알고 있으나 교육소비자는 모르는 상황에서 투명한 정보공개로 교육소비자가 스스로 선택하는 것을 지원하는 것이 정부의 임무이다.

관치의 교육·훈련 시스템을 시장메커니즘 활용의 개방적이고 자율적 교육·훈련 공급 시스템으로 전환하고, 중앙정부 주도에서 지방자치단체 주도의 교육·훈련 공급 시스템으로 전환하여야 정부실패를 막을 수 있다.

이러한 교육개혁의 방안이 인구감소시대 교육의 질을 획기적으로 높이는 방안이 될 것이다.

교육의 질이 높아지면, 노동수요의 증대가 일어난다. 우리는 식 (3.31)에서 노동수요를 결정하는 요인으로 임금(W), 자본의 가격(r), 생산기술(T), 산출량(X^D), 기업의 수(N_F), 정부규제(g_R) 그리고 노동의 질(Ω)을 들었다. 교육의 질이 높아지면, 노동의 질(Ω)이 높아지며, 생산기술(T) 혁신이 용이해져 노동수요는 크게 증대될 수 있다. 인구감소 및 고령화는 노동수요를 감소시키나, 교육의 질 제고는 노동수요를 증대시킨다. 이제는 교육의 질의 획기적 제고를 지속적으로 추구하여야 할 시점이다.

제 6 장

인구감소시대 한국의 노동시장과 정책과제

제 1 절 | 한국 노동시장 분단의 심화
제 2 절 | 과보호 내부노동시장의 부정적 파급효과
제 3 절 | 지역간 이동의 제약과 노동시장 파급효과
제 4 절 | 사회적 이동성의 제약과 숙련편향적 기술진보
제 5 절 | 비정규직 근로자의 노동시장
제 6 절 | 이민의 개방주의와 정책 과제
제 7 절 | 노동시장 유연성과 정책 과제
제 8 절 | 일자리 창출의 미시경제정책

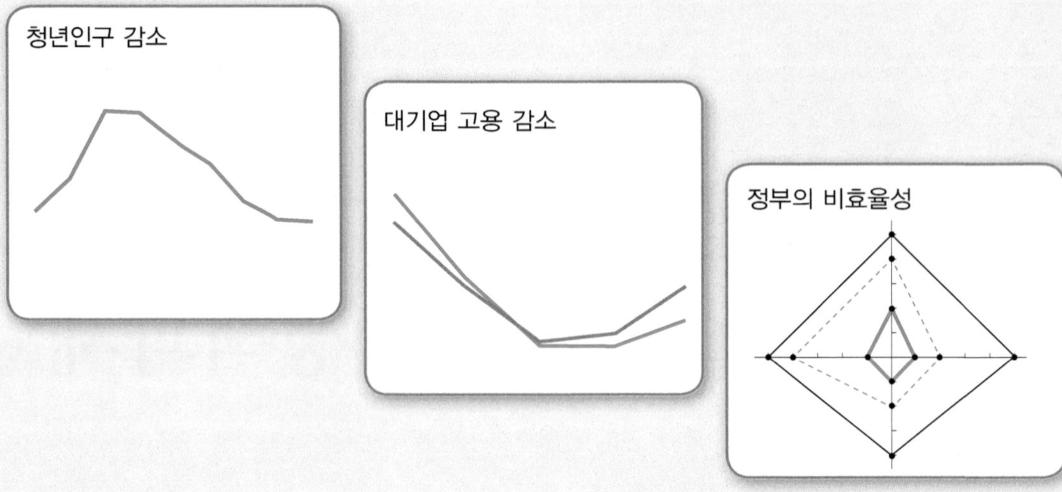

장을 시작하며

이제 우리는 제1장에서 제5장까지의 응용으로서 인구감소시대 한국 노동시장의 몇 측면을 살펴보기로 한다. 우선 1절에서는 인구감소시대 노동수요 감소의 노동시장 파급효과를 다룬다. 인구감소와 병행하여, 한국의 제조업 대기업들이 대거 해외로 공장 이전하여 한국 노동시장의 분단이 심화되고 있음을 설명한다.

2절에서는 인구감소시대 분단된 노동시장에서 핵심적 역할을 하는 대기업의 과보호 내부노동시장의 부정적 파급효과를 다룬다. 3절에서는 노동수요와 노동공급이 상호작용하는 인구감소시대 수도권-지방간의 불균형 심화를 핵심주제로 다룬다. 4절은 인구감소시대 세습사회의 고착화를 노동수요와 노동공급 곡선을 응용하여 설명한다. 5절은 비정규직 노동시장의 특징과 분석방법, 그리고 그 파급효과를 다룬다. 6절은 심각한 청년층 인구감소로 외국인을 국내에 대거 영입하는 개방적 이민정책이 필요함에도 불구하고, 노동시장에서 한국 근로자 보호를 위하여 외국인 이민을 차단하고 있는 쇄국적 이민정책을 살펴본다. 7절은 노동시장 유연성의 선택과 정책과제를 살펴보고 마지막으로 8절의 주제는 한국 노동시장에서 노동공급감소, 노동수요감소에 대응하는 일자리 창출을 위한 미시경제학적 정책을 다룬다. 일자리 창출의 거시경제적 분석은 이 책의 마지막 장인 제12장에서 다룬다.

제 1 절 한국 노동시장 분단의 심화

1 인구감소가 한국노동시장에 미치는 영향

우리는 제2장에서 노동공급(L^S)은 시장임금(W), 대안적 기회의 가치(W_A), 비근로소득(I_{TG}), 경제활동인구의 규모(N), 개인의 취향(μ), 근로시간제약(C_F), 가계생산방법(H_P)에 의존한다고 가정하였다. 이를 함수로 표시하면,

$$L^S = g(W, W_A, I_{TG}, N, \mu, C_F, H_P) \tag{6.1}$$

가 된다고 설명한 바 있다.

우리는 제3장에서 노동수요(L^D)를 결정하는 요인으로 임금(W), 자본의 가격(r), 생산기술(T), 수요되는 산출량(X^D), 기업의 수(N_F), 정부규제(g_R) 그리고 노동의 질(Ω)을 들었다. 즉

$$L^D = f(W, r, X^D, T, N_F, g_R, \Omega) \tag{6.2}$$

인구가 감소하면 식 (6.1)에서 경제활동인구의 규모(N)가 감소하여 노동공급의 감소가 예상된다. 인구가 감소하면서 고령화가 진전되면, 식 (6.2)에서 노동의 질(Ω)의 하락, 해외로의 공장이전에 의한 기업의 수(N_F)의 감소로 노동수요 감소가 예상된다. 노동공급의 감소([그림 6-1]에서 S_L^0에서 S_L^1으로 상방이동)와 노동수요 감소([그림 6-1]에서 D_L^0에서 D_L^1으로 좌측이동)가 동시에 진행되기 때문에 고용의 감소는 명백하게 전개된다. 그러나 노동시장에서 임금은 노동수요곡선과 노동공급곡선의 좌측이동의 상대적 크기에 따라 증가할 수도 있고, 불변일 수도 있으며, 감소할 수도 있다.

인구감소가 노동시장에 미치는 영향에 관한 이러한 예측은 경쟁노동시장 모형에 의거한 것이다.

그러나 우리는 이 장에서 경쟁노동시장의 예측은 극히 초보적이고 개괄적 예측에 불과하며, 현실의 노동시장에서는 인구감소의 파급효과가 다를 수 있음을 보일 것이다.

우리는 부문별 노동시장의 변모를 살펴보는데 그 순서는 다음과 같다.

첫째, 이 절에서는 기업 수(식 (6.2)의 N_F)의 감소가 주로 제조업 대기업 수 감소에

그림 6-1 노동공급과 노동수용의 동시적 감소

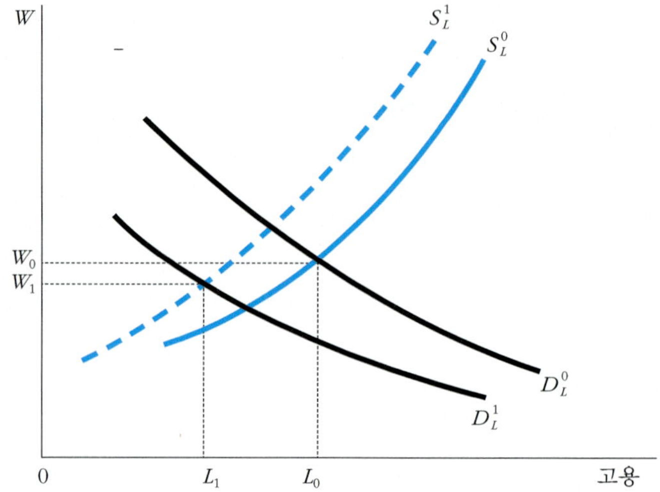

서 나타나고 있음을 설명하고, 대기업의 노동시장과 중소기업의 노동시장, 즉 1차노동시장과 2차노동시장에서 나타난 인구감소의 파급효과를 다룬다. 분단노동시장은 노동자의 부문간 이동이 제약되는 불완전 노동시장이다. 이는 이 절의 주제가 된다.

둘째, 한국의 대기업 부문 노동시장(1차 노동시장)에서는 고용되어 있는 사람, 즉 내부자와 고용되어 있지 않은 사람 즉 외부자 간에 형성되어 있는 노동이동의 제약이 존재하는데, 대기업부문에 고용된 근로자의 노동의 질적 수준(식 (6.2)에서 노동의 질(Ω)) 저하와 저생산성은 인구감소시대 노동수요를 더 감소시키는 역할을 하게 된다. 이는 제2절의 주제이다.

셋째, 한국의 부문별 노동시장의 또 다른 차원은 수도권 노동시장과 지방노동시장인데, 인구감소가 수도권–지방 노동시장에 미치는 파급효과를 제3절에서 검토한다.

넷째, 인구감소시대 한국의 부문별 노동시장에서 결정적으로 중요한 사항은 부유한 집의 자녀가 직면하는 노동시장과 가난한 집안의 자녀가 직면하는 노동시장인데 이는 제4절의 주제가 된다.

다섯째, 최근 10여년간 크게 확산된 비정규직 노동시장을 제5절에서 다룬다. 노동시장에 대한 정부의 과도한 규제 (식 (6.2)에서 g_R) 때문에 한국 노동시장이 지나치게 경직적이고, 그 결과 비정규직이 크게 확산되었음을 설명한다.

제6절에서 8절까지는 일자리창출에 관한 정책 제안이다. 일자리창출정책이란 [그림 6-1]에서 노동공급을 증대시키며, 동시에 노동수요를 증대시키는 정책이다. 앞으로 인구감소시대에 대응하는 주요한 정책 중의 하나가 되어야 할 개방적인 이민정책, 노동시장 유연성 제고, 그외 인구감소시대에 대응하는 신제도경제학적 처방과 미시경제정책을 제시한다.

특히, 신제도학파의 관점을 수용하여, (정치지도자, 관료) → 정부 구성 → 정부규제 → 노동시장의 작용과 결과라는 연결고리에서 이 장에서는 시장억압적 정부규제의 폐지와 시장정합적 규제의 도입을 강조한다. 정부규제는 노동수요의 결정요인인 식 (6.2)에서 g_R로 표시되어 있고, 노동공급측면에서 경제활동인구를 결정하는 이민정책도 정부규제와 관련되어 있다.

2 제조업 대기업의 해외로의 공장 이전

(1) 지난 20년간 제조업 대기업의 일자리 소멸

〈표 6-1〉은 지난 20년간 제조업 사업체 수 및 종사자 수의 변화를 보여준다. 그리고 [그림 6-2]는 이를 토대로 지난 20년간의 기업규모별 근로자 수의 분포와 그 변화를 그래프로 보여주고 있다. 이는 지난 20년간 제조업 대기업의 일자리 소멸을 단적으로 보여준다.

[그림 6-2]의 사업체 분포에서 세 가지 특징이 두드러진다. 첫째는 대기업 사업

표 6-1 종사자 규모별 사업체 수와 종사자 수

종사자규모별	제조업			
	1993		2012	
	사업체수	종사자수	사업체수	종사자수
계	281,590	3,884,496	360,394	3,715,162
1~49명	271,687	1,679,725	350,273	2,029,260
50~299명	8,680	867,469	9,434	961,325
300~499명	504	178,856	372	139,926
500~999명	420	277,275	194	131,554
1,000명 이상	299	881,171	121	453,097

자료: 통계청, 전국사업체조사(http://kosis.kr/statHtml)

그림 6-2 제조업 대기업 고용의 급격한 감소

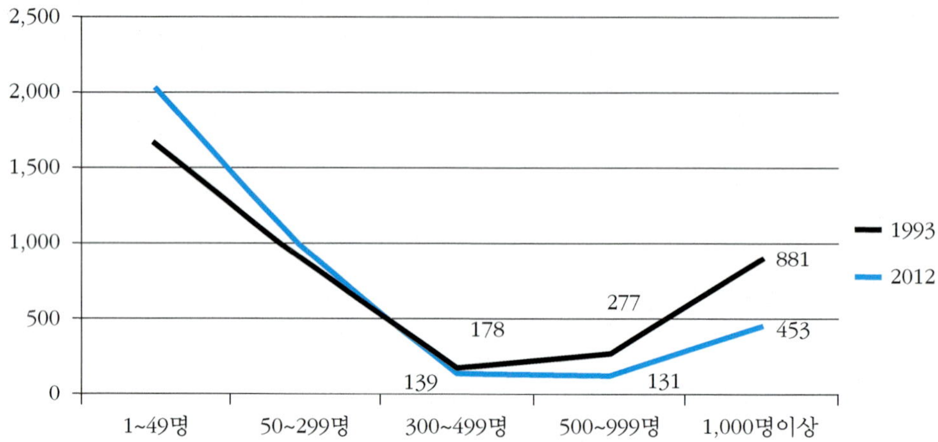

장의 급격한 고용 감소이다. 2012년 1,000명 이상 제조업 사업체에 종사하던 근로자 수는 약 45만명, 1992년 88만명 대비 거의 50% 감소하였고, 500~999인 제조업사업체 근로자 수는 2012년 13만명으로 1993년 27만명에 비해 50% 이상 감소하였으며, 300~499인 규모의 사업체에서는 2012년 14만명으로 1993년 18만명에서 약 25% 감소하였다. 그리하여 300인 대기업에서 감소된 근로자 수는 무려 60만명에 달한다. 지난 20년에 걸친 이러한 제조업 대기업 고용의 급감을 우리는 한국의 산업공동화라고 지칭한다.

둘째는 소규모 사업체의 고용 증가이다. 50~299인 규모의 사업체에서는 지난 20년간 1993년 대비 10%의 고용 증가가 있었고, 1~49인 규모 사업체에서는 같은 기간 중 20% 정도 고용이 증가하였다. 그러나 300인 미만 중소기업에서 고용 증가는 44만 명으로 대기업에서 감소한 고용에 크게 못 미친다. 제조업 전체로 고용이 감소하였다는 것이다.

셋째는 중견기업이 성장하지 못하고 있다는 것이다. 이는 [그림 6-2]에서 기업분포가 중간부문이 함몰된 것으로 나타나는데, 한국의 경우는 중견기업이라 할 수 있는 300~499인 사업체가 20년 전이나 지금이나 대단히 취약하다는 것을 보여준다. 기계류, 핵심 소재 또는 부품을 생산하는 기업의 크기가 주로 300~499인 규모인데, 한국의 경제정책적 과제는 이러한 기업들을 증가시키는 방향이 되어야 한다. 중견대기업이 두텁게 형성되는 산업구조가 형성되어야 중급의 일자리가 많이 창출될 것이다.

여기서 우리는 질문을 던지지 않을 수 없다. 왜 우리나라에서 제조업 대기업의 고용이 지난 20년간 급격히 감소하였는가? 올바른 사회경제정책의 수립을 위해서는 그 원인에 대한 규명이 필수불가결하다.

첫째 원인은 제조업 대기업의 해외로의 공장이전 및 해외공장 신축, 세계 전 지역, 예컨대 태국, 베트남, 인도, 중국, 우즈베키스탄, 폴란드, 헝가리, 미국 등지로 해외 공장망이 확대되고 있기 때문이다. 둘째는 무인공장, 공장자동화, 로봇활용으로 국내 제조업 대기업들이 노동 대신 기계를 집중 활용하였기 때문이다. 셋째 이유는 기업들이 구조조정 차원에서 단순 행정업무, 단순 조립업무, 단순 유지보수업무 등을 용역회사에 맡기거나 파견업체를 활용하여 직접고용 근로자 수를 줄였기 때문이다. 그리고 이들 요인 중에서도 해외로의 공장이전이 제조업의 고용 감소에 가장 심대한 영향을 끼쳤을 것으로 판단한다.

그렇다면 또 다른 의문이 생긴다. 왜 기업은 해외로 공장을 옮길까?

(2) 글로벌 생산의 등장배경

글로벌 생산 또는 **생산의 세계화**(globalization of production)란 기업이 세계 각국의 생산비용 차이, 생산요소의 질의 차이, 최종 소비시장에의 접근성 등을 활용할 목적으로 재화와 서비스의 생산을 지구상의 곳곳에로 위치시키는 것을 의미한다. 그렇게 함으로써 기업은 총생산비를 낮추거나 또는 높은 품질의 제품을 만들어 기업이 보다 높은 경쟁우위의 확보를 추구한다.

글로벌 생산은 지난 100년간의 ⅰ) 운송기술의 혁신, ⅱ) 통신기술의 혁신, ⅲ) 국가간 교역장벽의 제거 등에 기인한다. 여기에 한국의 추가적인 요인으로 ⅳ) 청년인구 감소와 노동력의 고령화를 들 수 있다.

(ⅰ) 운송기술의 혁신

운송기술의 혁신으로는 우선 상업비행기, 화물운송용 비행기의 확산을 들 수 있고, 그 다음으로는 컨테이너에 의한 운송을 들 수 있다. 19세기 중엽까지 마차나 범선으로 기껏해야 시속 15km, 1850~1930년간 증기선은 시속 50km, 증기철도는 시속 100km 정도였으나, 1960년대부터는 제트여객기는 시속 1,000km로 달려, 각국간의 거리가 크게 단축되었다. 예컨대 서울과 뉴욕간의 비행거리는 불과 14시간밖에 되지 않는다. 한국의 유명한 작곡가 윤이상은 일제 식민시대, 경남 통영에서 서울까지 걸어서 2주일 걸려서 갔던 바 있다. 식민지시대 경남에서 서울까지의 거리감이 오늘날 서울-뉴욕간의 거리감보다 훨씬 멀고 멀었던 것이다. 제트 비행기는 세계를 하나의 지구촌으로 만들고 있는 셈이다.

1970년대 컨테이너에 의한 운송은 교통·운송업을 혁신하였다. 요즈음 제작되는 컨테이너선은 폭이 65m, 길이 330m 되는 대형 화물선이며, 이 화물선에 담긴 컨테이너의 총 길이는 80km(서울서 천안까지의 거리)가 되고 있다. 이같은 컨테이너에 의한 해상운동은 화물수송비를 획기적으로 낮추고 있다. 또한 장거리에 대량화물을 값싸게 운송하는 방법인 컨테이너는 과거 노동집약적이고 장시간 걸리며 값비싼 하역노동을 대체하였다. 과거 4~5백명의 하역 인부가 배에서 물건을 내리고 운송 기차에 옮겨 싣는 데 수십 일이 걸렸던 일이 이제는 수십 명의 하역 인부가 하루 이틀에 일을 끝내게 한다. 컨테이너화가 이루어져, 기계장비로 컨테이너를 올리고 내리며, 기계장비로 열차, 화물트럭에 컨테이너를 올리고 내리기 때문이다. 컨테이너화에 의해, 미국의 경우 1990년의 화물 1톤당 해상화물 운송 및 항만 사용료가 1920년의 1/3 수준으로 급격히 떨어진 바가 있다.

화물비행기나 컨테이너 대형화물선을 이용하면서 생산기지가 반드시 한국이어야 할 필요가 없어졌다. 특히 생산비용과 생산요소의 질이 글로벌 생산의 중요 요인이 되고 있다.

(ii) 통신기술의 혁신

마이크로프로세서(microprocessor)의 발전으로 고성능의 저가 컴퓨터 이용이 가능해지고, 엄청난 양의 정보가 개인간, 기업간 아주 빠른 속도로 전달될 수 있게 되었다.

지난 30년간 마이크로프로세서, 인공위성, 광섬유, 무선기술 그리고 지금은 인터넷과 월드와이드웹(World Wide Web)에 의해 통신기술이 급격하게 발달하고 있다. 전세계에 깔린 정보고속도로를 따라, 세계에서의 통신비용이 급격히 하락하였으며, 동시에 세계적 기업 활동을 통제하고 조정하는 비용도 급속히 감소하게 되었다.

기업의 본부는 기획, 디자인설계, 마케팅전략을 수립하며, 본부의 디자인 설계는 전자전송수단으로 인건비가 싼 지역에 있는 생산·조립공장에 보내지고 생산이 전개된 후, 제품은 선진국의 주요 판매처에 비행기로 컨테이너선으로 실시간으로 배분된다. 이러한 교역패턴이 산업내 무역의 예가 된다. 한 나라는 공업제품에 특화하고 다른 나라는 농림수산, 광업에 특화하여 교역하는 과거의 **산업간 분업**(inter-industrial division of labor)에서 이제는 하나의 산업(기업)이 각 공정을 기준으로 또는 차별화된 제품을 기준으로 각 나라가 특화하여 교역하는 **산업내 분업**(intra-industrial division of labor) 형태로 국제무역 패턴이 바뀌고 있다.

산업내 분업에서도 제품차별화 분업과 공정다각화 분업이 전개되고 있다.

산업내의 차별화된 제품, 예컨대 자동차 산업내의 대형차와 소형차, 트럭과 스포츠차량 등에서 각 국의 특수한 생산요소의 이점에 따라 각국에서 생산을 나누어 하는 것을 **제품차별화**(product diversification) 분업이라고 한다. 철강생산의 글로벌 기업은 생산요소의 이점에 따라 어떤 나라에서는 5,000명~10,000명의 종업원을 거느리고 표준화되고 획일적인 철제품을 생산하는 거대한 제련소를 갖고 있으며, 어떤 다른 나라에서는 다양한 용도의 철강, 예컨대 특수차량, 트럭, 부속품을 위해 생산되는 부식방지 철강, 엔진의 고강도 부분에 사용되는 특수철강, 니켈, 코발트 등과 합성한 비행기 부품용 철강 등을 생산하는 전문화된 공장을 갖고 있다.

반면, 하나의 완성품을 만들기 위하여 요구되는 부품생산을 각기 특화하는 것을 **공정다각화**(process diversification) 분업이라고 한다. 공정다각화 분업의 예를 들면 다음과 같다.

- 보잉회사의 제트기 생산에서는 8개의 일본회사가 비행기 기체, 문, 날개를 위한 부품을 만들고 싱가포르 회사가 착륙기어를 위한 문을 만들고, 이탈리아의 세 회사가 날개 덮개를 만든다. 원추형 배기통은 캐나다에서 공급받으며, 엔진 일부는 영국에서 공급받고, 미국의 시애틀에서 조립된다. 보잉은 세계 최고의 공급업자로부터 부품을 공급받아, 경쟁상대인 에어버스보다 높은 시장점유율을 유지하려 한다.
- 마이크로프로세서는 미국 캘리포니아에서 디자인되고, 미국과 서독에서 금융지원을 받아 한국에서 조립된다.
- 인공위성은 미국 캘리포니아에서 디자인되어 프랑스에서 제조되며 호주에서 금융지원을 받아 소련에서 만든 로켓으로 발사된다.
- 미국 뉴욕의 롱아일랜드 시에 있는 가족 소유의 스완 옵티컬(Swan Optical Corporation)은 안경테를 생산하는 중소기업인데, 스완의 공장들은 홍콩, 중국에 제조업체를 갖고 있으며 이탈리아, 프랑스, 일본의 안경 디자인 회사에 투자하고 있다. 스완의 사장인 글라스맨(Alan Glassman)은 "우리는 경쟁력 있는 노동력을 발견할 수 있는 곳을 향해 희망을 갖고 뛰며 도약한다"로 그 회사의 전략을 설명하고 있다. 즉 중소기업인 이 회사도 세계의 저임금 지역에서의 조립, 세계의 뛰

어난 숙련 인력의 디자인 등을 조합하여, 최고 품질의 안경테를 생산하고 있는 것이다.

(iii) GATT와 WTO에 의한 자유무역의 증진

전후 세계경제는 IMF · GATT체제에 의해 만들어졌다. IMF의 고정환율제 및 GATT의 자유무역주의라는 두 개의 기본원칙 아래, 자본주의 세계경제는 예상 밖의 놀라운 발전을 성취하였다.

GATT 규정 제1조인 일반적 최혜국대우 규정에 의하면, 모든 무역상대국은 우선 관세 이외의 모든 무역제한조치를 철폐해야 할뿐더러, 호혜주의 원칙에 따라 타결된 자유무역조치는 그 어떤 다른 제3국에 대해서도 아무 차별 없이 동일하게 적용하도록 규정되어 있었다.

이를 위해 GATT는 1947년부터 1993년에 이르기까지 모두 8차에 걸친 다자간 관세 일괄인하 교섭을 벌였다. 1993년 타결된 제8차 회의를 우루과이 라운드(UR)라고 부르며, 이때 WTO 협정을 체결함으로써 마침내 GATT 시대는 막을 내렸다.

WTO 신체제는 이전의 GATT에 비하여 제도적으로 가일층 폭넓은 자유무역제도를 지향하고 있다. 그것은 단순한 자유무역의 확대 · 심화의 수준을 넘는 것이었다.

WTO 체제가 추구하는 것은 상품거래만이 아니라 자본거래에서도, 완제품의 거래만이 아니라 중간재나 시설재와 같은 거래에서도 자유로운 거래를 추구한다는 의미에서 광의의 자유무역이라 할 수 있다. 또한 WTO는 한 나라 안에서의 생산활동을 전제로 한 국민경제 단위에서의 자유무역이 아니라, 세계시장을 상대로 한 다국적기업의 자유로운 생산 · 교역활동을 전제로 하는 자유무역의 구현을 추구하고 있다.

현재의 WTO체제 하에서의 자유무역은 기본적으로 각국의 경제적 국경을 허물어 궁극적으로는 국내시장과 국제시장 간의 성격구분을 없애고자 하는 것, 다시 말하면 전통적 개념으로서의 국민경제의 카테고리 그 자체를 부정하게 된다는 점에서 앞의 GATT체제 하에서의 그것과는 근본적으로 다르다고 할 수 있다. GATT체제 하에서의 자유무역주의가 국가 간의 교역, 곧 '**국제무역의 자유화**'였다고 한다면, WTO 체제 하에서의 그것은 세계시장에서의 모든 상품 및 그 교역형태의 자유화를 의미하는 것이라고 할 수 있는, 소위 '**세계무역의 자유화**'라고 말할 수 있다.

(iv) 한국 청년인구 감소와 생산직의 고령화

한국 기업의 해외공장 이전은 위의 요인들과 직접적인 관련성이 있으나, 그 근저에는 청년인구 감소와 생산직 고령화 등 노동공급 구조 변화가 자리하고 있다. 한국

제조업 생산직의 평균나이는 2013년 기준 48세이다. 나이든 인력들이 제조업 생산현장에서 일하고 있으니 생산성이 올라갈 수가 없게 되어 있다.

제조업은 1년 내내 출근을 정시에 하고, 결근이 없을 정도로 건강한 육체를 갖되, 손놀림이 빠르고 섬세하며, 조립·가공을 정확히 하는 근로자를 선호한다. 컨베이어 벨트의 흐름에 맞추어 부품을 조립, 가공하여 완제품을 생산하는 제조공정에서 신속·정확하지 않아 한 부문의 결함이 있게 되면 제품 전체의 불량을 낳아 엄청난 손해가 야기되기 때문에 제조업은 젊은 근로자의 높은 생산성을 요구한다. 1970~80년대 한국 제조업의 높은 생산성은 한국의 젊은 노동력에 있었다라고 해도 과언은 아니다. 청년 인구감소, 고학력 청년층의 대기업에서의 사무직 취업 선호, 그 결과 발생하는 생산인력의 고령화는 제조업의 만성적 저생산성의 원인이라고 할 것이다.

따라서 1990년부터 청년층인구 감소를 예견하고 조립가공의 제조업 대기업들은 젊은 근로자의 높은 생산성을 찾아 해외로 공장을 이전하였으며 국내 투자는 기피하고 대신 해외 생산기지를 확충하여, 수출은 지속적으로 확대되었지만 국내 고용은 거의 늘지 않는 이른바 '**고용 없는 성장**'의 시대에 처하게 되었다.

3 노동시장 분단: 취업난과 구인난의 병존

한국 노동시장에서는 피상적으로 보면 20대 후반 대졸 청년의 극심한 취업난과 중소기업의 구인란이 병존하는 패러독스가 관찰된다. 취업난은 인력공급과잉 현상, 구인난이란 인력부족 현상을 일컫는다.

(1) 대기업 노동시장

(i) 노동수요 감소 그러나 노동공급의 증대

한국의 노동시장을 대기업의 노동시장과 중소기업의 노동시장으로 나누어 보자. 우리가 제시한 [그림 6-3]에 의하면 대기업의 노동수요는 D_l^0에서 D_l^1으로 줄었다. 그러나 반면 고졸자의 75%가 대학에 진학하고 졸업한 후, 비싼 대학투자를 보상받을 수 있는 정도의 높은 임금을 제공하는 대기업에 취업하기를 희망하기 때문에 대졸인력의 공급은 S_l^0에서 S_l^1로 명백히 증가하였다.

우리는 제0장에서 1970년~1980년 15~24세 청년의 수는 매년 90만명 수준이었으나 2020년에는 52만명으로 줄었다고 하였다. 1970년~1980년 당시 청년 중 대학진학자는 25%에 불과하였고, 90만명 중 대학진학자는 22만 5천명이고, 67만 5천명

그림 6-3 한국의 이중노동시장

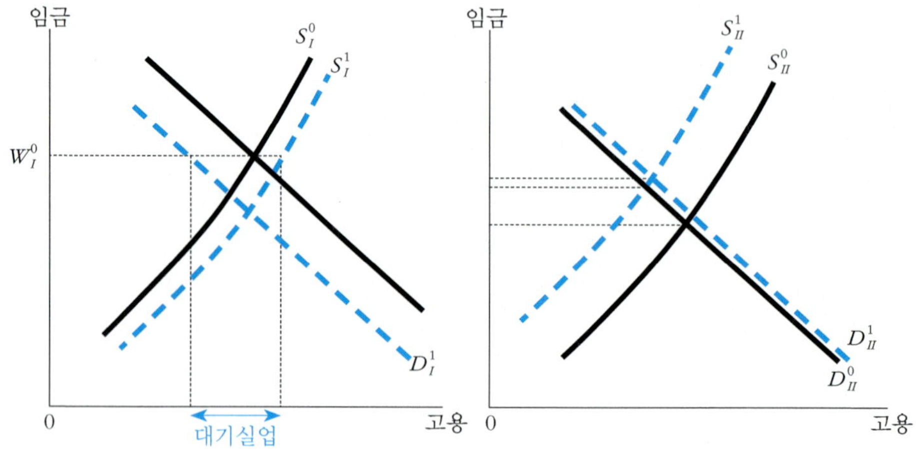

(i) 1차 노동시장　　(ii) 2차 노동시장

의 고졸자가 바로 노동시장에 진출하였다. 그러나 2013년에는 청년 52만명 중 75%인 39만명이 대학에 진학하고, 고졸자로 노동시장에 진출하는 사람은 불과 13만명에 불과하다. 대졸자가 모두 대기업에 취업하길 원한다면 대기업 노동시장의 노동수요는 감소하는데 노동공급은 증가한 것이다. 따라서 대기업 노동시장에서는 노동의 초과공급, 즉 취업난이 심각하다.

대기업의 경우 앞에서 설명한 연공임금 또는 효율임금정책 때문에 임금이 하방경직적이라면, 또는 노조의 저항으로 임금의 하향조정이 이루어지지 않으면, 예컨대 임금이 W_I^0로 고정되어 있다면, 대기업 노동시장에는 비자발적 대기실업이 심각해진다. 서울의 명문대를 나와도 백수 1~2년을 경험하기 십상이다.

(ii) 비정규직의 확산

대기업의 근로자 임금 상승에 대해 정규직보다는 값싸며, 준고정적 노동비용이 낮은 비정규직을 고용하려 한다. 해고가 어려운 한국에서는 신규인력을 채용할 때, 쉽게 고용종료가 가능한 단기 계약의 한시적 근로자, 파견 근로자, 즉 비정규직을 고용하려는 유인을 갖게 된다.

(2) 중소기업 노동시장

그러나 중소기업의 경우, 노동수요의 미미한 증가가 있어 [그림 6-3]에서 노동수요곡선은 D_{II}^0에서 D_{II}^1로 근소히 증가하였고 노동공급은 S_{II}^0에서 S_{II}^1로 크게 감소하였다. 중소기업은 고졸인력을 주로 고용하려 하지만 고졸인력은 이제 크게 줄었다. 1970~1980년에 고졸자가 매년 67만 5천명이던 15~24세 청년 규모가 이제는 13만명에 불과하다. 감소된 청년인구 중 25%만이 고졸자로 노동시장에 나오기 때문이다.

따라서 중소기업 노동시장에는 명백한 초과수요가 있고, 이 부문에서 구인난이 관찰된다. 더군다나 국민소득 2만5천 달러 시대에 고졸청년의 취향과 선호가 중소기업의 3D(dangerous, difficult, dirty) 직업을 기피하는 방향으로 바뀌었기 때문에 중소기업 노동시장의 노동공급은 더 감소한다. 구인난의 결과, 임금이 상승한다. 그리하여 우리는 취업난과 구인난의 병존이라는 패러독스를 현실에서 관찰하게 되었다.

(3) 노동시장 양극화의 심화

제조업 대기업들이 제1차 노동시장에서의 주된 행위자들이고, 제2차 노동시장에서는 중소기업들이 주된 행위자들이라면, 제1차 노동시장에서의 취업난과 대기실업, 제2차 노동시장에서는 구인난을 관찰하게 된다. 중소기업에 채용될 근로자들이 고령인력밖에 없어 계약직이 확산되면 노동시장의 이중구조는 더 심화될 것이다. 이것이 근로자간 현격한 임금격차를 확대시키는 노동시장 양극화의 모습이다.

제 2 절 과보호 내부노동시장의 부정적 파급효과

제1차 노동시장에서의 주된 행위자인 한국의 대기업 내부노동시장이 인구감소시대에 심각한 문제점을 드러내고 있다. 한국 대기업은 비효율적이며, 폐쇄성이 지나치게 강한 과보호의 내부노동시장을 갖고 있어 노동의 질적수준(식 (6.2)에서의 Ω)이 하락하고 기업의 생산성 저하와 경쟁력 약화를 낳고 있다. 이 절에서는 내부노동시장이 형성된 배경, 내부 노동시장의 유형을 살펴본 후, 한국의 과보호 내부노동시장이 낳는 노동시장 파급효과를 살펴보기로 한다.

1 내부노동시장의 등장배경과 전망

기업 내에서 근로자들이 암묵적 계약(implicit contract)으로 장기간 일하며 일자리 서열구조(job hierarchy)에 따라 임금을 받고 승진할 기대를 갖는 경우를 **내부노동시장**(internal labor market)이라고 한다. 내부노동시장은 일반적인 (외부)노동시장과 분리되어 독립적인 규칙과 절차에 따라 특정한 고용관계를 유지·보호하는 것을 핵심적인 특징으로 한다.

대기업이나 공공부문의 기업들을 생각해 보자. 이들 기업에서는 대학을 갓 졸업한 청년들이 신입사원으로 기업에 입사하여, 평사원, 계장, 과장, 부장, 이사 등 승진을 거치면서 평생을 근무하다가 50~60대에 정년퇴직하는 근로생애를 보내는 것이 일반적인 근로자의 모습이다.

이들 기업에서는 모든 근로자는 입직구(port of entry)에 해당되는 가장 낮은 수준의 일자리로 채용되고, 그보다 높은 수준의 일자리는 내부승진을 통해 채워진다. 근로자들은 단계적으로 상향이동하면서 장기의 고용관계를 지속한다. 당연히 임금도 내부적인 규칙이나 관행에 의해 결정되며 (외부)노동시장의 압력을 거의 받지 않는데, 대체로 외부노동시장에서 결정된 임금보다 훨씬 높은 수준의 임금을 보장받는다.

그렇다면 내부노동시장은 왜 형성되었는가? 그리고 내부노동시장은 지속될 수 있는가? 현대의 대기업이 발전한 미국에서 내부노동시장이 왜 출현했는지, 그리고 그 전망을 살펴보자.

(1) 100년 전의 미국노동시장

1900년대의 미국 노동시장은 경쟁적 노동시장의 모습 그 자체였다. 근로자들이 상당한 정도의 이동성을 갖고 있었고, 다양한 일자리의 기회를 얻을 수 있었다. 노동시장에서 경쟁적 노동시장 모형의 예측에 따라 임금과 고용이 결정되었을 뿐만 아니라 수요와 공급의 변화에 대해 조정해가는 과정도 매우 즉각적이고 유연했다. 그리고 위험한 일자리나 실직의 가능성이 큰 일자리의 경우에는 보상적 임금격차가 존재했다.

제조업의 기업들은 소위 현장 경영의 방식으로 효율성을 추구했는데, 그 당시 뉴잉글랜드와 Mid-Atalantic주에 있던 기계류 제조업체에서 지배적으로 사용되던 방법은 부서의 작업반장(foreman)이 그 작업현장에서 채용, 해고, 임금지급 등의 모든 권한을 행사하는 것이었다. 작업반장은 작업과정을 설계하고 근로자를 각각의 작업에 배치하며, 철저한 감독을 통해 생산성을 극대화하려고 노력한다. 물론 기업의 소유자나 그 대리인들이 작업반장의 행동을 자세하게 관찰하지만, 1900년대의 제조업체에서 작업현장은 말 그대로 '작업반장의 제국(Foreman's Empire)'이었다.

(2) 내부노동시장 출현의 이유

경쟁적 노동시장의 원리에 따라 잘 작동되었던 이러한 시스템이 왜 많은 제조업체에서 내부노동시장에 의해 대체가 되었는지 궁금한 일이다. 몇 가지 요인들이 이들 기업에서 노동력관리의 관료화를 이끌었다고 판단된다.

(i) **기업의 규모와 복잡성:** 제조업체들이 규모의 경제를 통해 규모가 커지고, 제품이 다양해지고, 생산과정이 복잡해지면서, 기업의 경영에 '과학(science)'을 도입하고자 하는 동기가 생겼다. 보다 구체적인 '과학적 경영'을 하고자 하는 동기와 기업들이 보유한 인적자원을 최대한도로 이용하고자 하는 동기는 공학적인 원리를 제품의 설계 및 생산과정에 적용하고자 하는 공학기술자(engineer)들로부터 나왔다. 과학을 경영에 적용하는 것을 **테일러주의**라고 말하며 이는 노동력관리를 전문화한다는 것을 의미했다.

(ii) **직장이동 비용:** 노동시장에서 동일노동에 대한 동일임금의 법칙이 강하게 작동되고, 권위적인 작업반장의 철저한 감독이 작업현장을 지배했을 때 근로자의 직장이동률은 매우 높았다. 연평균 직장이동률이 100%를 넘어서면서 이 문제는 매우 중요하게 인식되었다. 이에 따른 직장이동 비용(turnover costs) 부담도 상당했다. 한 연구에 따르면, 1914년 중서부에서 20개의 금속관련 제조업체의 평균 직장이동률은 연평균 157%에 달했다. 이들 기업에서 새로 채용하고 훈련하는 데 상당한 수준의 비용부담을 인식한 고용주들은 보다 안정적인 고용을 확보하기 위해 노력했다.

(iii) **노조활동:** 1880년대부터 제1차 세계대전 사이의 기간은 노조의 설립과 관련해 분쟁이 계속되었고, 종종 사상자를 경험하는 대규모 파업이 많았다. 한 연구에 의하면, 1880년부터 1900년까지 23,000건의 파업이 있었고, 매일 평균 3건의 파업이 발생했다. 이러한 노조활동은 사회주의나 공산주의 활동과 혼재되었는데, 이에 대해 미국 내 대부분의 기업들이 위협을 느꼈다. 근로자 직장이동 문제와 노조의 호전성에 대한 대응은 '**복지적 자본주의**(welfare capitalism)'였다. 많은 고용주들은 주택,

교육, 의료, 휴가, 이윤의 공유, 연금 및 사회복지사업을 위한 기업프로그램을 이용하면, 근로자들을 보다 생산적이고 기업에 충성하도록 하고, 나아가 노동조합이나 사회주의자들의 주장에 관심을 덜 갖게 할 것이라고 판단했다.

이상의 이유들 때문에 20세기 전반에 걸쳐서 내부노동시장이 점차 발전되어 갔고, 1950년쯤에는 대부분의 대기업에서 지배적인 방식으로 사용되면서 하나의 유행이 되었다. 그 결과 대부분의 대기업, 그리고 많은 중소기업에서 내부노동시장이 형성되었다. 내부노동시장은 당시의 시대상황에서 기업들이 직면한 노동문제에 대한 나름의 해결책이었던 것이다.

(3) 내부노동시장의 장래

지난 20여 년간 세계경제가 많은 변화를 경험하면서 일부의 경제학자들은 노동문제에 대한 해결책으로서 내부노동시장이 그 유용성을 다했다고 주장하게 되었다.

이 주장은 다음 세 가지의 구체적인 현상을 원인으로 제시하고 있다. 첫째는 기업들이 글로벌 경제에서 극심한 경쟁을 경험하고 있고, 그 결과 그간의 직무보상체계를 유지할 수 없게 되었다는 것이다. 둘째는 기술변화가 진행되어 기업특수적 인적자본의 중요성이 감소되고, 오히려 일반적인 기술을 보유한 근로자가 기업들 간에 자유롭게 이동하게 되었다는 점이다. 이러한 요인들은 기업들로 하여금 감량경영(downsizing)을 하도록 하고, 내부노동시장 구조 하에서 유지했던 장기간의 안정적인 고용과 부가급여 제공을 꺼리도록 하고, 정규직 대신 계약직을 고용하려는 유인을 갖게 한다는 것이다. 셋째는 최근에 노동시장에 진입하는 근로자들이 과거의 근로자들에 비해 고학력이고 개인주의적이어서 일자리, 고용주, 직업을 자주 바꾸려 한다는 것이다.

이러한 특징들을 종합해 보면, 유연하고 보다 신축적으로 기업을 운영해야 하는 상황에서 내부노동시장이라는 경직적인 구조가 유지되고 그 내부에서 근로자들이 직무사다리를 통해 승진해가는 체계는 그다지 적합하지 않다는 것이다.

현실의 노동시장에서 내부노동시장이 약화되었는지를 확인하는 가장 간명한 방법은 근로자들의 근속기간을 살펴보는 것이다. 〈표 6-2〉를 보면 국가별로 평균 근속기간의 추세에 대한 통계가 제시되어 있다. 대부분의 경우 근속년수가 증가하고 있으며 최근 들어 오히려 더 길어지는 양상을 보인다.

글로벌 경제의 전개, 정보화의 진전, 기술혁신 등의 변화가 내부노동시장의 비중

표 6-2 평균 근속연수

국가	1984~86년	1994~96년	2010~12년
오스트레일리아	5.5	6.4	–
캐나다	7.4	7.9	–
핀란드	8.4	9.2	11.0
프랑스	10.1	10.4	11.9
독일	9.8	10.8	11.5
일본	10.3	11.3	11.9
네덜란드	9.4	9.6	10.7
스페인	11.5	9.1	11.1
영국	8.3	8.3	9.4
미국	7.5	7.4	–

주: 2010~12년은 OECD, 일본후생노동성 자료를 이용하여 저자가 작성.
자료: OECD, "Is Job Insecurity on the Increase in OECD Countries?", Employment Outlook(1997): 140.
OECD, Labour Force Statistics, 일본 후생노동성, 임금구조기본통계조사.

을 감소시킬 것이라고 예측되었음에도 불구하고, 실제로는 내부노동시장은 미국과 다른 선진국가에서 계속해서 노동시장의 중요한 제도로 작동해 오고 있다.

2 내부노동시장의 유형

(1) 효율적 내부노동시장과 비효율적 내부노동시장

내부노동시장을 크게는 근로자의 전체 근속기간 중의 생산성과 임금이 연계되는 효율적 내부노동시장과 생산성 향상이 별로 없는데도 높은 임금이 지급되는 비효율적 내부노동시장으로 나눌 수 있다. 이때 생산성은 근로의욕, 노력을 감안한 노동생산성을 의미한다.

효율적인 내부노동시장은 근로자에게 직무급 또는 직능급에 의해 숙련형성을 자극하고, 고숙련 근로자에게는 보다 높은 임금을 제공하며, 승진을 통해 자신의 생애경력(lifetime career)을 실현시켜 기업의 효율과 생산성 증대가 이루게 한다. 이때, 직무·직능연계 임금, 내부승진 및 장기계약 고용 등은 근로자의 생산성과 직결된다.

반면, 외부와의 경쟁이 단절된 공기업, 일부 독과점기업에서는 보호된 시장에서의 높은 초과이윤의 일부를 근로자에게 배분함으로써 고임금을 지급하고 근로자에게 직장안정성을 보장한다. 이들 기업에서 중간관리층은 최고경영자 또는 소유주의 지시를 받아 관리통제기능만을 담당하며, 상명하달(上命下達)의 기능에 대한 대가로 높은 임금과 직장안정성을 보장받는다. 이처럼 근로자의 숙련향상 혹은 생산성 향상은 없는데도 높은 임금이 지급된다면, 이는 비효율적 내부노동시장이 될 것이다. 비효율적 내부노동시장은 과보호된 상품시장에서의 독점적 이윤과 관련되어 있고 근로자의 **도덕적 해이**(moral hazard)를 야기한다.

(2) 개방적 내부노동시장과 폐쇄적 내부노동시장

내부노동시장의 또 다른 기능은 내부노동시장은 유능한 사람을 솎아내는 채(filter)의 역할을 행하는 데 있다. 유능한 사람이 내부승진으로 상위직을 맡고, 상위직에서의 아둔한 근로자는 이직하거나 해고할 수 있어야 내부노동시장이 유능한 사람을 솎아내는 채(filter)의 역할을 제대로 행할 수 있다. 그리고 내부에서 상위직 적격자가 없을 때 외부에 더 유능한 후보가 있어 외부채용이 이루어지면, 내부노동시장은 제 기능을 수행할 수 있다. 아둔한 근로자를 해고하지 못하거나, 유능한 외부자의 진입이 용이하지 않으면, 즉 외부자(outsider)에 대한 진입장벽이 높은 경우를 **폐쇄적 내부노동시장**이라고 한다. 아둔한 내부자(insider)에 대한 해고가 쉽게 이루어지고 외부자에 대한 진입장벽이 높지 않아 내부자–외부자간 경쟁이 있는 내부노동시장을 **개방적 내부노동시장**이라고 한다([그림 6–4] 참조).

내부노동시장의 개방정도는 기업의 각 직무를 맡고 있는 근로자 중 외부노동시장에서 충원된 사람의 비중(또는 내부에서 충원된 사람의 비중)을 통해 측정할 수 있다.

폐쇄형 내부노동시장은 외부채용이 오직 하급직 입직구에서만 허용되고, 하위직 입직구 이외의 상위직 일자리에서의 채용은 배치전환, 승급, 승진 등의 방식인 내부충원으로 이루어지는 경우를 일컫는다. 개방형 내부노동시장은 회사 내의 모든 직무가 외부지원자에게도 개방되어 있는 경우이다. 폐쇄형 내부노동시장은 현직근로자를 외부의 경쟁으로부터 차단하는데 비해 개방형 내부노동시장은 현직 근로자와 외부의 자격 있는 지원자가 경쟁관계를 유지하는 특징을 갖는다.

대부분의 내부노동시장은 완전히 폐쇄형도 아니고, 완전히 개방형도 아니다. 개방의 정도는 기업 내 직업집단과 관리단위에 따라서 달라진다. 한 기업 내에 하나의 내부노동시장이라는 개념은 옳지 않으며, 한 기업 안에서도 다수의 내부노동시장을 가질 수 있다. 또한 각각의 내부노동시장이 독자적인 규칙과 절차를 가질 때 한 기업

그림 6-4 내부노동시장의 개방정도

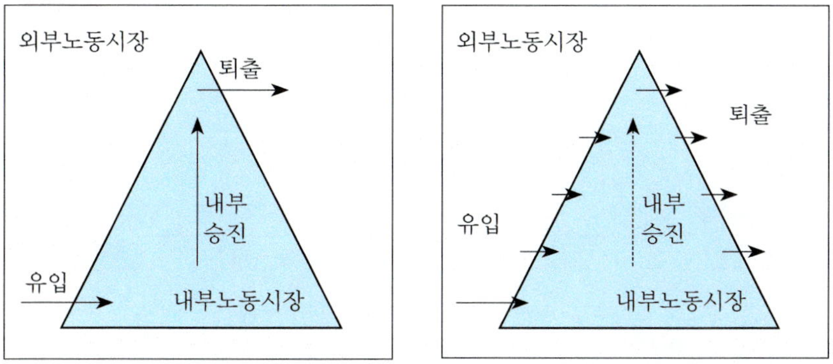

(i) 폐쇄적 내부노동시장 (ii) 개방적 내부노동시장

내에서 개방의 정도가 다른 내부노동시장이 다양하게 존재할 수 있다.

미국의 오스터먼(P. Osterman)은 1984년 『내부노동시장』(Internal Labor Market)이라는 저서에서 4개 화이트칼라 직업집단(판매직, 하급관리직, 컴퓨터프로그래머, 서무·경리직)의 직무사다리(job ladder)에 관해 12명의 고용주와의 인터뷰 결과를 실었는데, 이에 의하면 하급관리직이 직면한 직무사다리 중 최고위직은 외부채용이 10% 수준으로 거의 내부충원에 의존하는 것으로 나타났고, 판매직의 직무사다리 중 최고위직의 외부채용은 30%, 컴퓨터 프로그래머의 직무사다리 중 최고위직의 외부채용은 40% 수준으로 나타났다. 직업에 따라서도 개방의 정도가 다르며, 특히 전문직일수록 개방 정도가 높다는 것을 보여주고 있다.

(3) 과보호 내부노동시장과 동기유발의 내부노동시장

비효율적 내부노동시장이 폐쇄적으로 운영되는 경우를 우리는 **과보호 내부노동시장**이라고 부르겠다. 내부노동시장 유형 중 기업의 이윤에 최악의 영향을 미치는 경우가 될 것이다. 그리고 효율적 내부노동시장이면서 상위 일자리가 적정 수준으로 외부에 개방되어 있는 내부노동시장을 **동기유발의 내부노동시장**이라고 부르도록 하겠다. 높은 진입장벽과 과도한 경쟁제한이 있으면 내부자들은 자신의 능력개발에 소홀해지기 쉽고 나태해져 과보호의 폐해가 나타난다. 때문에 개방적인 내부노동시장이 동기유발 기능을 갖게 된다.

그림 6-5 내부노동시장의 유형

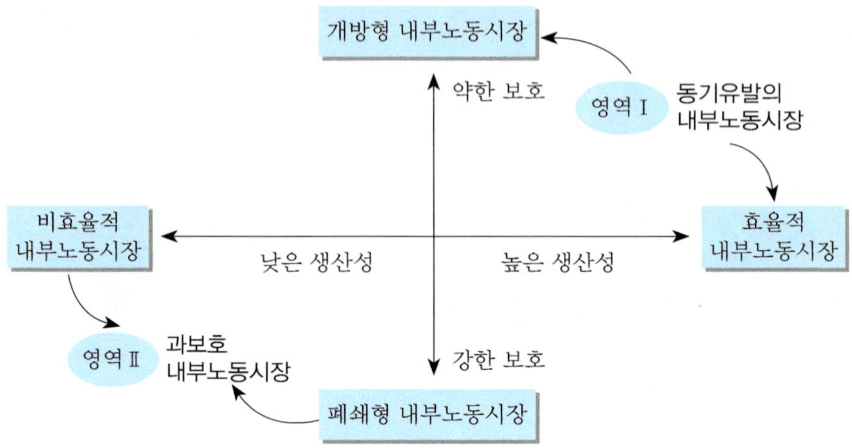

일부 학자나 경영자들은 외부노동시장은 효율적이며 내부노동시장은 비효율적이라는 인식을 갖고 있는데, 이는 과보호 내부노동시장과 동기유발의 내부노동시장을 구분하고 있지 않기 때문이다.

기업 내부에서 형성된 숙련과 지적 능력이 낮은데도 높은 임금과 높은 직장안정성을 보장해 주는 기업들(예컨대 일부 독과점 대기업과 공기업)이 과보호 내부노동시장에 속할 것이다. 여기에서는 장기근속 근로자의 경우, 임금 및 준고정적 노동비용이 급상승하는데 비해 근로자의 생산성은 떨어져 기업이윤에 심각한 문제가 된다. 한편, 동기유발의 내부노동시장은 기업 내부에서 형성된 근로자의 숙련과 높은 지적 능력에 대해 고임금과 높은 승진기회를 보장하되 외부와의 경쟁가능성을 열어 놓은 내부노동시장이라고 할 수 있다.

[그림 6-5]에는 개인의 생산성(인적자본량)을 기준으로 가로축에 효율적 내부노동시장과 비효율적 내부노동시장을 구분하였고, 개방의 정도를 기준으로 폐쇄형 내부노동시장과 개방형 내부노동시장을 구분해 놓았다. 동기유발의 내부노동시장은 [그림 6-5]의 영역 I에 위치한다고 할 수 있으며, 과보호 내부노동시장은 영역 II에 위치한다고 할 수 있을 것이다.

3 한국의 과보호 내부노동시장과 그 부정적 파급효과

한국의 내부노동시장은 비효율성을 갖는다. 근로자의 전체 근속기간 중 생산성과 임금이 연계되어 있지 않아 노동의 질적 수준 및 생산성의 향상이 별로 없는데도 높은 임금이 지급된다. 직무급, 직능급이 확립되지 않고 대부분 연공급에 의거해 임금이 결정되기 때문이다.

한국의 내부노동시장는 극도의 폐쇄성을 갖는다. 외부채용이 오직 하급직 입직구에서만 이루어지고 상위직은 내부승진으로 이루어져, 외부자에 대해 극히 높은 진입장벽을 쌓아놓고 있다. 대기업, 정부, 공기업, 그리고 한국에서 '기관'이란 이름이 붙는 민간기업, 예컨대 금융기관, 교육기관, 방송 · 언론기관 등의 내부노동시장에서 공통적인 인사관행은 신입직원은 외부노동시장에서 충원하되, 고위직, 즉 과장, 부장 또는 국장, 임원 또는 실장 등의 직책에서의 외부채용은 전무하다는 것이다. 한국은 내부노동시장 근로자(insider)들이 진입장벽을 쌓아 그들보다 더 유능한 외부자(insider)의 채용을 극도로 제한하는 폐쇄성을 갖고 있다고 하겠다.

과보호 내부노동시장에서는 근로자의 생산성은 크게 떨어진다. 해고의 위협이 없고 평생고용이 보장되니 도덕적 해이가 심각하게 되기 때문이다. 반면, 근로자의 준고정적 노동비용이 크게 높아진다. 근속년수가 증가함에 연공급과 연동된 부가급여가 크게 늘어나고, 장기 근속자에 대한 해고의 어려움이 더욱 가중된다. 생산성은 낮아지고 임금과 준고정적 노동비용이 증가하면 기업이윤은 크게 감소한다. 결국 노동생산성이 낮아지면, 기업의 노동에 대한 수요는 감소하는 경향성을 가질 것이다.

현실에서는 다음 세 가지 종류의 추가적 부작용이 나타난다.

첫째, 기업은 신규채용을 억제하고 기존 근로자의 활용도를 높인다. 구체적으로 신규채용 대신에 기존 근로자에게 장시간 근무를 강제한다. 이미 고용된 기존 근로자에게는 준고정적 노동비용은 매몰비용이며, 이들에게 초과근무수당만 지불하면 되지만 신규근로자의 채용에는 임금과 준고정적 노동비용을 동시에 지불해야 한다. 따라서 신규근로자의 비용이 상대적으로 비싸므로 기업은 장시간 노동을 선호한다.

둘째, 기업의 장시간 노동가능한 사람을 채용하면, 이는 근로자에게는 최소근로시간제약이 되어, 기혼여성, 청년, 중고령자의 과소고용을 낳는다. 즉 15세 이상 민간인구 중 취업자의 비중, 즉 고용률이 낮아진다. 반면 기존 근로자는 과다 고용된다. 즉 장시간 노동을 하게 된다.

한국의 근로자들이 한편으로는 OECD 국가 중 가장 긴 장시간 노동을 하면서, 다른 한편으로는 OECD 국가 중 고용률이 가장 낮은 나라에 속하는 이유는 사실상 과보호 내부노동시장과 관련되어 있다. 일부 논자들은 워크셰어링(work sharing) 차원에서 기존근로자의 장시간 근로를 줄이고 신규 근로자를 더 고용하자고 주장하고 있으나, 이는 기업이 왜 장시간 근로를 강제하는가에 대한 몰이해에 근거하고 있다.

기존근로자의 장시간 근로를 줄이고 신규 근로자를 더 고용하게 하는 것은 과보호 내부노동시장을 동기유발의 내부노동시장으로 전환할 때 가능해진다. 대기업 내에서 직무급, 직능급이 보편적 규범이 되고, 내부노동시장의 상위직이 외부에 개방되며, 아둔한 자의 해고가 가능할 때, 기업은 장시간 노동에 의존하지 않고 신규채용을 늘리게 된다. 그리고 한국의 고용률도 높아진다.

셋째, 과보호 내부노동시장 때문에 기업이윤의 감소가 있고, 준고정적 노동비용이 높으면, 해고하기가 쉬운 비정규직, 계약직, 파견직, 하도급직, 소사장제에의 의존도를 높인다. 대기업은 파견근로, 하도급, 소사장제를 선호하고, 중소기업은 계약직을 선호한다.

이제 우리는 한국의 과보호 내부노동시장에 관한 알기 쉬운 사례 한 가지를 들어보겠다.

4 한국의 과보호 내부노동시장의 사례: 대학의 경우

비효율성과 폐쇄성이 결합된 한국의 내부노동시장은 [그림 6–5]의 영역 II에 위치하는 과보호 내부노동시장이라고 할 수 있다.

독자들에게 가장 친근한 예인 대학사회를 살펴보자. 대학은 내부노동시장을 갖고 있다. 교수들의 급여는 대부분 연공급에 기초하고 있기 때문에 나이가 들어가면 그의 생산성과 관계없이 상승한다. 대개 35세에 조교수로 채용되어 조교수 6년, 부교수 5년 후인 46세부터 정년인 65세까지 19년간이라는 긴 기간을 정교수로 일한다. 신분보장이 되니 정교수가 된 후 19년간은 연구를 그다지 열심히 하지 않는다. 연구성과와의 연동이 극히 미약한 연공급이기 때문에 열심히 일할 유인이 없다. 학생수가 크게 감소하여 클래스당 수강생이 20~30명인 인문계 대학 교수들도 클래스당 수강생이 50~100명인 인기있는 전공인 경영, 경상계열의 교수들과 같은 임금을 받는다. 임금이 개인의 노력과 힘듦을 전혀 반영하지 못 하는 것이다. 이처럼 임금에 비해 교수의 연구와 교육 생산성이 크게 떨어지므로 대학 내부노동시장은 비효율적이다.

대부분의 대학에서 교수의 입직구는 조교수직이며, 부교수직과 정교수직의 개방성은 극히 약하다. 대학의 CEO인 대학총장은 당연히 내부인사가 맡으며, 외부 인사에게의 개방은 예외적인 경우에 한정된다. 즉 폐쇄적 내부노동시장을 갖고 있다.

대학교수에 대한 해고는 거의 불가능에 가깝다. 교수가 범죄로 인한 형집행이 대법원에서 확정되지 않는 한, 연구실적과 강의성과 미비로 해고되는 경우는 거의 없다. 비효율적이며, 폐쇄적인 대학의 내부노동시장은 대표적인 과보호 내부노동시장이라고 할 것이다.

대학교수의 과보호 내부노동시장의 폐해를 살펴보자. 학부학생 1만5천명의 사립대학의 경우, 매학기 개설되는 총 과목 중 1/2은 정규직 교수에 의해 강의가 이루어지며, 나머지 1/2은 시간강사, 겸임교수, 계약교수라는 비정규직 교수에 의해 강의가 이루어진다. OECD 국가 중 각국의 GDP 대비 등록금 수준으로 보면, 가장 비싼 등록금을 내는 한국학생들은 왜 정규직 교수에게서 모든 강의를 받지 않고 본인 수강과목의 1/2을 비정규직 교수에게 받을까? 한국의 GDP 대비 한국 교수의 임금이 대단히 높고, 해고가 거의 불가능하기 때문에 각 대학은 비정규직인 시간강사, 계약직 교수의 강의에 의존한다. 교수들에게 연봉제라는 성과급형 임금제가 도입되고, 성과에 따라 급여가 차등 지급되며, 그리고 저성과 교수의 해고가 쉽다면, 대학이 시간강사 또는 계약직 교수를 고용할 필요가 크게 감소할 것이다.

대학에는 교수의 과보호 내부노동시장만 있는 것이 아니라 대학직원의 과보호 내부노동시장도 있는데, 이것의 폐해도 심각하다. 직원들은 6급에서 신규채용되어 5-4-3-2-1급으로 내부 승진한다. 입직구인 6급 이외에는 외부채용이 전무하다. 기획, 경리, 도서전문가의 외부채용은 없다. 예컨대 일반직인 6급으로 채용된 대학 법학과 졸업자가 10년간 경리과에 근무하면서 경리전문가가 된다. 공인회계사나 대기업 회계전문가를 외부 채용하는 일은 없다. 소위 경리전문가가 된 일반직 직원도 경리과장으로 몇 년 근무하다가 다시 순환보직 또는 승진으로 다른 부서에 배치된다. 물론 저성과 직원의 해고도 불가능에 가깝다. 즉 대학 직원의 내부노동시장도 과보호 내부노동시장이다.

각 대학에는 직원 수 만큼의 학과조교, 행정조교라는 명칭의 비정규직인 계약제 근로자가 광범위하게 존재한다. 이들은 급여는 정규직 최하위직인 6급직원의 약 1/2 수준에 불과하다. 즉 반값 근로자인 셈이다. 한국의 GDP 대비 한국 대학직원의 임금이 대단히 높고, 해고도 거의 불가능하기 때문에 각 대학은 직원이 해야 할 일인 수업 지원, 학과행정 지원업무를 비정규직인 행정조교에 의존한다. 학교 내의 식당운영, 청소, 주차, 건물관리 등 직원이 해야 할 일들은 모두 외주로 돌렸다. 직원의 다양한 직무, 예컨대 학과행정사무원, 도서관전문가, 경리전문가, 시설관리전문가, 그리고 경영자라는 직무를 중심으로 직무급을 책정하고, 직무별로 내부승진 또는 외부채용의 방식을 택하며 저성과자의 해고가 자유롭다면, 구태여 행정조교라는 비정규직을 고용할 필요가 없을 것이다.

미국의 유명한 사립대학인 스탠포드 대학(Stanford University)의 1990년 직무 분류와 직무별 임금범위를 살펴보기로 한다. 〈표 6-3〉에 의하면, 직무등급은 총 27개이다. 즉 B7에서 B24까지, C4에서 C10까지 그리고 C99 및 N11 등 총 27개이다. B등급의 직무는 근무시간표에 따라 근무하며, 초과근무를 하면 초과근무수당을 받는다. C, N등급은 초과근무수당이 없는 직무이며, 일반적으로 전문직, 감독직, 행정직들이다. 〈표 6-3〉에는 각 직무등급에서 직업의 예와 임금의 최고·최저액이 나타나 있다.

직무는 숙련수준, 권한 및 책임수준에 따라 분류된다. 예컨대 비서직업은 6개의

표 6-3 스탠포드 대학의 1990년 직무분류와 월임금 등급

등급	등급과 관련된 직무	최저액	최고액
B7	사무보조원 Ⅰ: 의료보조원	1,414	2,071
B8	간호보조원	1,485	2,174
B9	비서 Ⅰ: 사무보조원 Ⅱ, 운동보조원 Ⅰ, 의료보조원 Ⅱ	1,558	2,285
B10	비서 ⅠS: 계보조원 Ⅰ, 도서관전문가 Ⅰ	1,639	2,405
B11	비서 Ⅱ: 사무보조원 Ⅲ, 운동보조원 Ⅱ, 의료보조원 Ⅲ	1,717	2,523
B12	비서 ⅡS: 회계보조원 Ⅱ, 사서전문가 Ⅱ	1,807	2,654
B13	편집인 Ⅰ	2,197	2,789
B14	비서 Ⅲ: 사무보조원 Ⅳ: 회계보조원 Ⅲ: 도서관전문가 Ⅲ	1,985	2,929
B15	비서 Ⅲ(프리미엄)	2,088	3,082
B16	행정지원가Ⅰ : 법률비서	2,197	3,231
B17	그래픽 감독자	2,304	3,394
B18		2,423	3,560
B19	환자테스트 기술전문가	2,547	3,745
B20		2,673	3,931
B21	의료기술자	2,813	4,122
B22	상급의료기술자	2,950	4,336
B23		3,098	4,553
B24		3,252	4,782
C4	학생봉사요원Ⅰ : 편집인 Ⅱ: A. A. Ⅰ	2,179	3,302
C5	보조사서: 회계원 Ⅰ: A. A. Ⅱ	2,406	3,766
C6	SSO Ⅱ: 보조사서: 회계원 Ⅱ, 편집인 Ⅲ: 행정지원가 Ⅲ	2,668	4,225
C7	SSO Ⅲ: 사서: 회계원Ⅲ: 편집인Ⅳ: 경영자 Ⅰ	3,043	5,080
C8	수석사서: 회계원 Ⅳ: 경영자 Ⅱ	3,550	5,856
C9	경영자 Ⅲ	4,280	6,685
C10	경영자 Ⅳ	5,034	7,797
N11	경영자 Ⅴ	6,667	OPEN

자료: P. Milgrom and J. Robert, *Economics, Organization & Management*, Prentice Hall, 1992, p. 361.

다른 수준, 즉 Ⅰ, ⅠS, Ⅱ, ⅡS, Ⅲ, Ⅲ(프리미엄)으로 나누어지는데, 각 수준은 보다 높은 자격요건과 책임성을 요구한다. 또한 동일한 숙련수준이면, 동일한 직무등급에 포괄되기도 한다. 예를 들어, 비서Ⅲ, 사무보조원Ⅳ, 회계보조원Ⅲ의 직업들이 서로 비슷한 수준으로 간주되어, 이들 직업은 B14라는 같은 직무등급으로 분류되는 것이다.

직무상의 상향이동은 전문직, 행정직(C, N등급)에서는 일반화되어 있으나 그 이외의 등급에서는 거의 일어나지 않는다. 단지 임금의 최저액에서 최고액으로의 상승이 1개년 단계(step)를 정해 이루어지고, 같은 직업 내에서, 예컨대 비서직은 하위직(B9)에서 상위직(B14)까지 승진할 수 있다. 미국에서는 하위등급에서는 자신의 직업, 예컨대 비서직 내에서 정년퇴임하는 것이 보통이다. 비서는 Ⅰ에서 Ⅲ(프리미엄)까지 승진 가능하며, 의료보조원은 Ⅰ(B7)에서 Ⅲ(B11)까지 승진 가능하고, 경영자도 Ⅰ(C7)에서 Ⅴ(N11)까지 승진할 수 있다. 모두 승진하는 것이 아니라 일정 직무등급에서는 승진이 없어서 평생 일정 직무등급에서 정해진 최고임금을 받으며, 정년퇴임으로 이어지는 것도 흔히 관찰된다.

한국의 대학직원의 내부노동시장에서도 다양한 직군의 설정, 각 직군별 급여의 범위, 승진경로의 유무를 명확히 하는 직군제를 두면, 비정규직인 조교에 의존할 필요를 크게 줄일 수 있다. 현재 직원의 과보호 내부노동시장이 대학에 비정규직을 광범위하게 존치시키는 원인임을 자각하여야 할 것이다.

과보호 대학노동시장을 살펴본 후 우리가 추론할 수 있는 것은, 우리나라 비정규직 문제의 해결은 정부, 공기업, 언론기관, 금융기관, 대학 그리고 대기업의 과보호 내부노동시장을 동기유발의 내부노동시장으로 전환하는 데서 출발해야 한다는 것이다.

제3절 지역간 이동의 제약과 노동시장 파급효과

앞 절에서는 대기업, 정부, 공기업, 한국에서 '기관'이란 이름이 붙는 민간기업, 예컨대 금융기관, 교육기관, 방송 언론기관 등의 과보호 내부노동시장의 근로자들은 '특권계층'에 속한다는 것을 살펴보았다. 다른 한편으로 한국에는 수도권이라는 '특권지역'도 존재한다. 인구감소시대, 즉 장기적인 노동공급의 구조변화로 야기되는 수도권과 지방의 노동시장 변화를 예측해 보기로 한다.

1 근로자 이동의 제약성

근로자들은 직장을 옮기는 데 상당한 제약에 직면한다. 현재 지방의 기업에서 일하고 있는 근로자가 수도권의 다른 기업에서 같은 일에 대해 더 높은 임금을 지급하고 있다는 사실을 알았다고 하자. 그러나 이 근로자가 직장을 옮기려면 대도시의 추가적인 주거비용, 대도시에서 들기 마련인 추가적인 교통비, 출·퇴근 시간비용 등을 감안하고도 남는 정도의 임금격차가 있을 때만 이직을 고려하게 될 것이다. 이때의 교통비, 시간의 기회비용, 주거비용 등이 일종의 진입장벽(entry barrier)으로 작용하게 된다.

일반화하자면, 장기간에 걸친 수도권 임금의 현재가치를 W_M, 또 그러한 기간에서의 지방의 임금의 현재가치를 W_R, 노동이동의 비용을 M으로 표시하면, $(W_M - W_R) > M$이면 이동이 일어나고 $(W_M - W_R) < M$이면 이동이 일어나지 않는다.

노동이동을 결정하는 요인은 이동의 순수익의 현재가치, 즉 $(W_M - W_R)$과 노동이동비용 M이다. 이동의 순수익의 현재가치를 결정하는 요인으로는, 첫째 새로운 수도권 직장과 지방의 구직장 간의 임금격차, 둘째 시차할인율의 크기, 셋째 수도권에서의 예상 거주기간이다. 여기에 이동비용을 추가하면, 이동을 결정하는 요인은 다음 네 가지로 압축된다.

신·구 직장간의 임금격차가 클수록, 미래지향적이어서 시차할인율이 낮을수록, 새로운 지역에서의 예상거주기간이 길수록 노동이동이 일어날 확률이 높으며, 노동이동 비용이 높을수록 노동이동이 일어날 확률은 낮아진다.

노동이동은 국가의 인재를 적재적소에 배치시킴으로써 이들의 생산성을 높이며, 그 결과 경제 전체의 생산성을 향상시키게 된다. 이렇게 보면, 자발적 노동이동의 분석은 개인의 인적자본투자모형의 응용이 된다.

이동비용이 높아 이동성 제약이 성립하면 지방에서 수도권에로의 이동이 줄어 노동공급 결정이 단기적으로 특정지역 범위 내로 한정되게 하는 결과가 나타난다. 만약 노동이동이 일어나지 않는다고 하자. 즉 노동공급이 현재의 수준에 고정되어 있다고 하자. 과거에는 지방 농촌부문에 잠재된 인력들이 광범위하게 존재했지만 이제는 대부분 이농하여 도시지역에 살고 있다. 즉, 수도권에 임금이 상승하더라도 잠재된 인력이 없어 추가적인 노동공급이 일어나지 않는 상황에서는 수도권과 지방간에 임금격차라는 불균형이 발생한다. 이는 [그림 6-6]의 (i)에서 a_0f_0로 표시된다. 근로자들의 지역간 이동이 없으면, 완전경쟁의 노동시장 균형과 비교하여 총생산은 $a_0e_0f_0$만큼 감소한다. 한 경제의 인적자원이 비효율적으로 배분되고 있는 것이다.

그림 6-6 지역간 임금격차

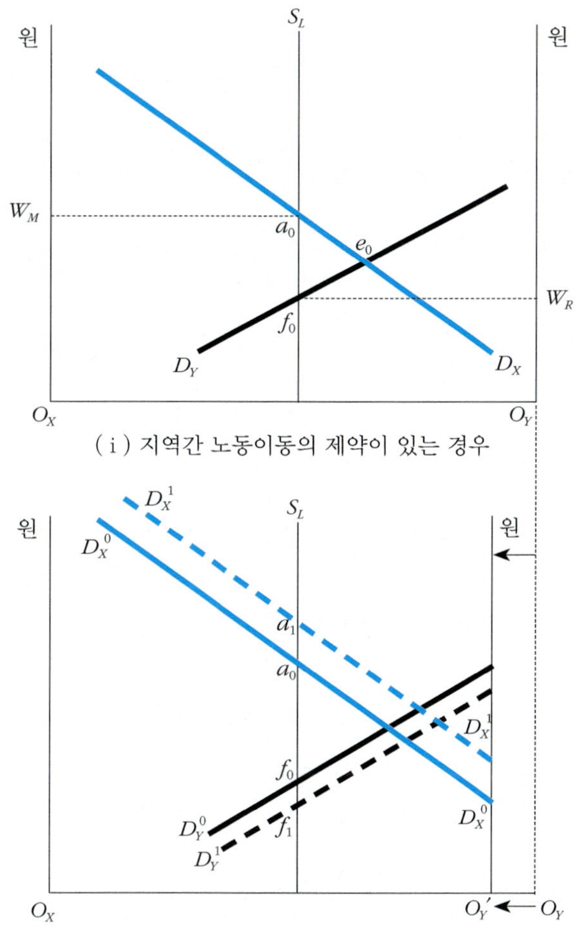

2 기업 이동의 제약성

이때 기업도 낮은 임금의 지방에로의 이동이 일어나지 않는다. 왜 그럴까?

한국은 1950년대 이후 고도의 중앙집권체제에 의해 고도성장을 추구하였다. 강력한 재정, 금융, 행정지원에 의해 대기업집단을 육성해 온 중앙집권체제에서 정경유착에 의해 그 혜택을 받고자 대기업들은 수도권에 위치하였다. 일자리가 있는 수도권에 인구가 집중되고, 집중된 인구에 서비스를 제공하는 대학교, 의료기관, 공기업(도로, 지하철, 주택, 전기, 가스 등)이 대부분 수도권에 위치하게 되었다. 동시에 중앙정부의 지원을 받는 각종 연구소도 수도권에 위치하였다. 수도권의 도시 인프라, 도로망, 철도망, 전기, 통신망이 우선적으로 정비되면서 산업들은 수도권에 더 집중하게 된다.

수도권 지역은 기업에게 상당한 이익을 제공하되 기업은 그 이익에 대해 보상을 하지 않는 긍정적 외부효과를 보유한다. 정부, 정치권 인사와의 교류로 최신 정보를 수집하고, 다른 기업의 기술개발을 쉽게 이용할 수 있으며, 고급의 인력, 고숙련의 현장기술인력을 기업의 훈련비 투자 없어도 쉽게 고용할 수 있는 긍정적 외부효과를 누린다. 또한 인터넷 접속, 교통망에 의거한 물류 등의 사회인프라 시설도 수도권에 잘 되어 있다. 긍정적 외부효과 및 잘 정비된 사회간접자본 때문에 수도권기업은 공장을 지방으로 이전하려 하지 않는다. 오히려 지방기업이 수도권으로 이전하려고 한다.

현재 수도권은 국토면적의 11.8%밖에 되지 않으나, 인구집중은 47.6%(성경륭 외, 2004)나 된다. 미국, 독일은 수도권 인구 집중도가 1.5%, 5.0% 수준이며, 영국, 프랑스도 12%, 19% 수준이다. 한국에서는 금융거래와 조세수입의 70%, 100대 대기업 본사의 91%, 10대 명문대학의 90%가 수도권에 위치한다. 가히 서울공화국이라고 할 것이다.

한국 땅의 10% 정도밖에 되지 않는 수도권에 제조업 업체의 56.4%가 위치하는데 비해 비수도권의 면적은 90% 수준이나 제조업체 수는 불과 43.6%에 지나지 않는다. 코스탁 등록 벤처기업의 72%, 창업투자 회사의 75%가 수도권에 위치한다. 기업, 산업이 수도권에 집중되어 있기 때문에 전국의 우수인재가 수도권에 몰리고, 우수인재를 찾아 기업들이 수도권에 공장을 설립하거나 지방공장을 서울로 이전하여, 수도권의 경제력 집중은 더 높아지고, 지방의 경제적 피폐는 더 심화된다.

지방에 잠재인력의 원천이 고갈되어 노동이동이 즉각적으로 일어나지 않고, 수도권 기업이 지방이전하지 않으면 수도권과 지방간에는 심각한 임금격차, 즉 [그림 6-6]의 (i)에서 a_0f_0라는 임금격차가 지속된다.

3 청년인구 감소가 지역간 불균등에 미치는 영향

청년층 인구의 감소가 진행되어 한 가구에 한 자녀만 태어난다고 하자. 지방에서 태어난 자녀는 대학을 수도권에 진학하여 졸업 후 수도권에 정착하거나 또는 지방에서 대학 졸업 후 취업하러 혹은 결혼하러 수도권에 진출한다.

수도권과 지방의 인구가 종전에 같았다고 하자. 종전에 1가구 2인을 낳았으나 이제는 1가구 1인밖에 낳지 않는다고 하자. 이렇게 되면 청년인구가 곧 1/2로 감소한다. 수도권에로 지방청년들이 모두 집중한다고 가정하자. 그러면 수도권에서는 노동공급의 변화가 없다. 1가구 1자녀밖에 낳지 않아 청년인구가 감소되나 감소된 청년인구를 지방청년의 수도권 이주로 모두 만회한다. 즉 수도권은 노동공급의 감소가 없다. 청년이 수도권에 집중되면, 지방에는 중·장년, 노령 부부밖에 남지 않는다. 현재 농촌에 가면 70대의 노인밖에 없듯이 조만간 한국의 상당한 지방도시에도 60~70대의 노인만 관찰될 것이다. 지방은 인구감소의 충격이 심각하고, 지방의 기업들은 예컨대 조선, 전자, 석유화학, 자동차 등의 회사들이 해외로 공장 이전한다. 즉 지방 노동시장에서는 노동공급이 감소하고 노동수요 또한 감소한다.

수도권 노동시장에서 노동공급이 고정되어 있고, 금융, 의료, 교육 등의 서비스산업에서 노동수요 증대가 일어난다고 하자. 지방노동시장에서 노동공급과 노동수요가 동시에 감소하면 전체 노동력 중 수도권에의 집중은 종전보다 더 심화되고, 수도권과 지방간의 임금격차가 상당한 수준에 도달하게 된다.

이를 그림을 이용하여 설명해 보자. 청년인구 감소에 따른 노동인구 감소로 총노동력은 [그림 6-6] (i)의 O_XO_Y에서 [그림 6-6] (ii)의 $O_XO'_Y$로 감소하였다. 즉 $O_XO_Y > O_XO'_Y$ 이다.

[그림 6-6]의 (ii)에서 청년인구가 1/2만큼 감소하되, 지방 청년들이 모두 수도권으로 이동한다는 극단적인 가정을 했을 때, 수도권의 노동공급에는 변화가 없고 노동수요 증대만 있을 때의 임금과 고용을 보여준다. 수도권 임금은 a_1으로 상승한다.

또한 [그림 6-6] (ii)에는 지방에서의 노동수요 감소와 노동공급 감소가 동시에 일어날 때, 임금이 f_1으로 감소함을 보여주다. 이러한 수도권과 지방간의 임금격차, 즉 a_1f_1은 지속된다.

왜냐하면 지방에 남아 있는 고령 근로자들은 주거비, 생활비가 비싼 수도권으로 이동하지 않기 때문이다. 기업도 지방으로 이전하지 않는다. 그렇다면 임금격차가 지속되게 된다. 동일노동에 대한 동일임금이 성립하지 않게 된다. 즉 동일노동에 대한 동일임금은 근로자가 신속히 노동이동하거나 기업이 이동하는 경우에 성립한다. 이때 인구감소로 총노동력은 감소했는데 수도권 고용이 차지하는 비중은 더 높아지고, 지방의 고용비중은 더 낮아짐을 여러분은 상상할 수 있을 것이다.

특히 우수인재들의 수도권 집중이 심화된다. 우수인재의 서울 집중은 고교졸업부터 시작된다. 지방거주의 고소득 부모도 고교졸업 자녀를 서울로 진학시킨다. 왜 그럴까?

류장수(2005)는 지방대학 졸업생과 수도권대학 졸업생의 노동시장 성과를 비교·분석하였다. 지방대 학생들은 첫 직장 구하는데도 시간이 더 걸리고, 첫 일자리에서의 사업체 규모도 작았으며, 임금수준도 낮음을 보고하고 있다. 더군다나 지방대학 기피로 미충원율은 점차 높아져, 지방대학은 위기 상황에 있다고 하였다. 연보라 등(2015)은 보다 정교한 기법을 이용하여, 류장수의 연구 결과를 재확인하고 있다. 취업기회가 많고 임금수준이 높은 수도권에 당연히 우수인재가 몰린다.

남기곤(2012)은 서울소재 대학 출신자들이 지방대학 출신자에 비해 누리는 임금프리미엄은 1982, 1992, 2002년의 경우 15~20% 수준이라는 결과를 제시하였다. 또한 우수한 고교 졸업학생들이 수도권대학에 진학하고, 그 결과 높은 임금프리미엄을 누린다는 것이다.

정인수(2003)는 지방의 실업기간은 수도권보다 길고, 실업탈출 확률이 낮다고 분석하였다.

보다 나은 취업기회, 보다 낮은 실업, 보다 높은 임금은 수도권에의 우수인재 집중을 가속화시켜 온 것이며, 앞으로도 계속 진행되어 남는 것은 지방의 황폐화이다.

그러나 장기적으로 수도권에의 인구집중, 기업집중은 수도권의 땅값을 크게 상승시킨다. 식 (6.2)는 자본과 노동 외에도, 토지 등 다른 생산요소도 노동수요에 영향을 미침을 보여주고 있다. 이에 따르면 토지임대료도 노동수요에 영향을 미친다. 인구집중, 기업집중으로 수도권의 토지임대료 상승은 노동수요를 감소시키게 작용한다. 지방 황폐화, 노동수요 감소는 수도권 국민경제 전체의 침체를 낳게 한다.

제4절 사회적 이동성의 제약과 숙련편향적 기술진보

인구감소시대에는 지역 간 이동의 제약이 있을 뿐만 아니라 사회적 이동의 제약성이 강화된다. 가난한 집의 자녀가 중산층이 되거나 중산층의 자녀가 상류층으로 계층 상승하는 것을 **사회적 이동**(social mobility)이라고 일컫는데 인구감소시대에는 '개천에서 용나는' 시대는 종언을 고하고 '강남에서 용나는' 시대가 전개되어, 사회적 이동에 중대한 장애가 관찰된다. 즉 부유한 집의 자녀는 장래에 높은 소득과 재산을 갖게 되고, 가난한 집의 자녀는 장래에 높은 소득과 재산에의 길이 차단된 세습사회의 전개가 인구감소시대에 심화된다.

1 부유한 집과 가난한 집 자녀의 교육과 그들이 직면하는 노동시장

부유한 집안의 자녀는 대학 다닐 때는 부모가 무상으로 지원하니 본인 부담의 투자비용은 낮다. 집의 부유함 때문에 시차할인율이 낮아 투자의 순수익이 상당히 높다. 그는 인적자본투자를 적극적으로 행한다. 그가 일류 대학을 나오고 일류 기업에 취업하면 투자비용을 상당부문 기업이 부담하게 된다. 교육과 훈련에 의한 투자량은 크게 된다.

반면 가난한 집안의 유능한 자녀는 인적자본투자 비용이 높다. 자본시장의 불완전성으로 그는 은행에서 시장금리로 투자비용을 조달할 수 없다. 자금을 빌릴 담보가 없기 때문이다. 높은 금리를 주고 제2금융권에서는 가능할지도 모르겠다. 생활의 급박함 때문에 그의 시차할인율은 높고 투자의 순수익은 낮다. 교육투자수준이 낮고 그 결과 이류기업에 취업하면, 기업이 제공하는 인적자본투자가 없거나 작다.

생애경력경로(career path)는 그의 생애에 걸쳐 형성되는 개인의 인적자본스톡량을 보여준다. 학교교육은 먼 여정의 출발점(station)이며, 현재 직장의 현 일자리는 다음 일자리의 디딤돌(stepping-stone)이다. 각 개인은 다음 일자리로 상향이동(occupational upward mobility)한다. 그리하여 일자리 위계질서(job hierarchy)의 높은 곳으로 나아간다. 부유한 집안의 자녀와 가난한 집안의 유능한 자녀의 교육과 훈련으로 형성된 인적자본 스톡이 크게 차이가 나고 이들은 점차 비경쟁 그룹이 되어 가는 것이다.

높은 경제적 지위와 부를 가진 가계의 자녀가 결국 수준 높은 교육을 받고, 1차 노동시장의 대기업에서 고급의 전문기술, 숙련을 획득하고, 부모가 가난한 집의 자녀는 낮은 수준의 교육을 받고, 2차 노동시장에서 낮은 수준의 숙련을 획득하게 되면 부모의 부와 빈곤은 세대별로 세습된다.

다수의 재능있는 자녀들이 부모의 가난과 자본시장의 불완전성 때문에 전문기술인력에로의 길이 막히면, 경쟁노동시장은 고급 숙련직의 전문기술인을 충분히 양성하는 데 실패하게 된다.

특히, 숙련편향적 기술진보의 시대에는 더욱 그러하다. 숙련편향적 기술진보로 대졸 전문기술직 근로자에 대한 수요가 증대한다고 하자. 미숙련 인력에 대한 수요는 감소하거나 같다고 하자. 전문기술직 근로자에 대한 수요의 증가는 그들의 임금을 상승시키는 반면, 미숙련 근로자에 대한 수요는 종전과 같더라도 전문기술직과 미숙련직간의 임금격차는 확대된다. 현대의 전문기술 교육은 대학에서 이루어지므로 전문기술 교육을 받은 대졸자에 대한 수요는 증가하고, 그렇지 않은 고졸자에 대한 수요는 감소하여, 학력별 임금격차 또한 확대될 것이다.

2 인구감소시대 숙련편향적 기술진보의 노동시장 파급효과

1가구 1자녀의 시대가 두 세대에 걸쳐 전개되면 어떤 일이 벌어질까?

[그림 6-7]이 보여 주는 바와 같이 본인은 아버지, 어머니의 외아들이다. 아버지는 친할아버지, 친할머니의 외아들이고, 어머니는 외할아버지, 외할머니의 외동딸이면, 본인은 종국적으로 친가의 할아버지, 할머니의 유산, 외가의 할아버지, 할머니의 유산, 그리고 아버지, 어머니의 유산을 물려받는다.

본인이 결혼할 여성도 그렇게 유산을 물려받는다면 본인의 가구는 무려 12명의 유산을 물려받는 셈이 된다. 이는 한 가구의 자녀가 5~6명이었던 70년대, 3~4명이었던 80년대의 과거 상황과 매우 다르다. 인구 감소시대에 자산 세습시대가 전개되고 고착화된다.

인구감소와 더불어 부모의 소득, 재산이 압도적으로 중요해져 양극화가 심화되면 노동시장에는 어떤 일이 일어날까? 다시 [그림 0-12]에 나와 있는 청년층 인구감소 통계를 이용해 설명해 보자. 비교 시점을 최근 연도인 2010년과 20년 후인 2030년을 비교해 보기로 한다. 2010년에는 15~24세 청년 수가 매년 68만명이고 2030년는 이 수치가 매년 45만명으로 감소한다. 2010년에 75%가 대학에 가지만, 세습사회의 전개, 또는 가중되는 경제난으로 2030년에는 대학 진학률이 60%로 떨어진다고 하자.

그림 6-7 인구감소시대 세습사회 고착화

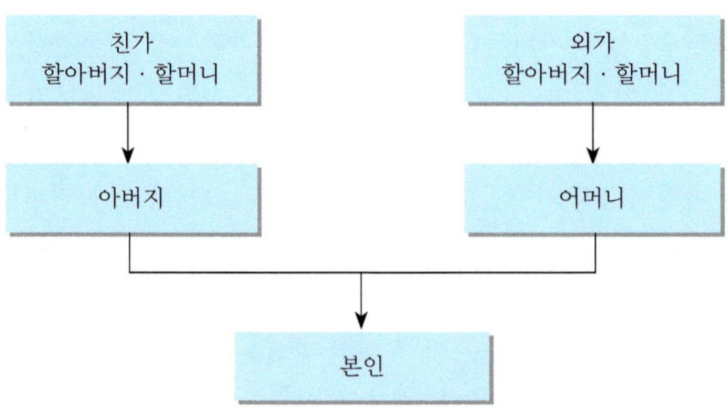

그러면 2010년에 대졸자가 51만명, 고졸자 17만명, 2030년에는 대졸자가 27만명, 고졸자 18만명으로 대졸자도 크게 감소하며, 고졸자는 근소하게 증가한다. 대졸자는 모두 전문기술직이며, 고졸은 모두 미숙련이라고 가정하자. 그러면 2030년에는 2010년 대비 전문기술인의 공급이 감소하며, 미숙련근로자의 공급은 근소하게 증가한다.

[그림 6-8]은 숙련편향적 기술진보가 전개될 때, 전문기술 인력에 대한 노동수요는 $D^0_{숙련}$에서 $D^1_{숙련}$으로 증가하고([그림 6-8] (i)), 미숙련 인력에 대한 수요는 $D^0_{미숙련}$에서 $D^1_{미숙련}$으로 감소([그림 6-8] (ii))함을 묘사하고 있다. 인구감소와 더불어 부모의 소득, 재산이 압도적으로 중요해져 양극화가 심화되면, 이는 전문기술인력의 공급곡선을 좌측으로 이동시킨다. 전문기술인력의 임금이 크게 치솟고, 기업의 전문기술 인력의 고용은 감소한다. 숙련편향적 기술진보시대에 노동시장은 전문기술 보유자를 충분히 양성하는데 실패하여, 전문기술 근로자의 심각한 부족(skill shortage)을 야기하고 이를 지속시키는 부작용을 낳는다.

반면, 미숙련직의 경우 인구감소 시대에 여성을 추가로 충원할 수 있다. 동시에 고령화로 노동시장을 퇴장한 고령인력을 추가로 충원할 수 있다. 그러면 인구감소시대 미숙련직의 공급은 2030년에는 2010년대비 다소 증가한다고 할 수 있다. 인구감소시대에 미숙련 노동의 공급량은 이와 같이 여성, 중고령 인력의 노동시장 참여로 증가될 수가 있다. 그러나 노동공급이 증가하는데 비해 숙련편향적 기술진보로 미숙

그림 6-8 숙련편향적 기술진보와 노동시장

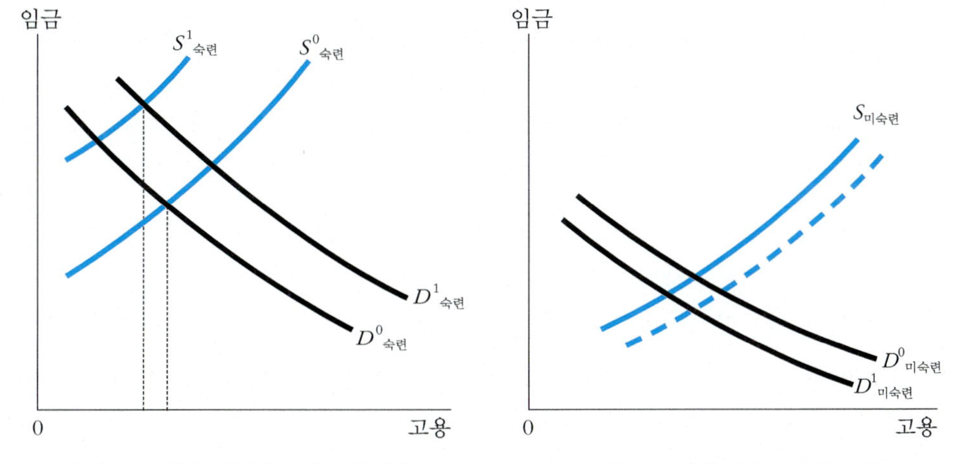

(i) 2030년의 전문기술직 노동시장 (ii) 2030년의 미숙련 노동시장

련직에 대한 노동수요가 확대된다면 2030년에 이르면 전문기술직과 미숙련직간의 임금격차는 더 확대될 것이다.

지식경제 시대에 젊은 노동력 감소에 대응하는 방법은 노동의 질을 획기적으로 높이는 것이다. 노동의 질을 높이자면, 제5장 8절에서 논의한 바와 같이 교육의 질을 높여야 한다.

제5절 비정규직 근로자의 노동시장

이제 한국 사회에서 비정규직을 빼놓고는 노동시장의 상황이나 특징을 올바로 이해할 수 없게 되었다. 2014년 말 '미생(未生)'이라는 드라마가 선풍적인 인기를 끌 수 있었던 것도 많은 사람들이 비정규직으로 직장생활을 시작한 주인공 장그래에 그만큼 공감하고 몰입할 수 있었기 때문일 것이다.

1 비정규직의 정의와 규모

(1) 비정규직 규모 논쟁의 배경

우리나라에서 **비정규근로자**(non-regular worker) 문제가 사회 전면에 부상되기 시작한 것은 외환위기를 거치면서이다. 그 이전에도 비정규직이 없었던 것은 아니지만 주로 아르바이트생, 건설일용직과 같이 특수한 직업군에서만 활용되고 있었기 때문에 그다지 큰 문제로 인식되지는 않았다. 그러나 외환위기 이후 우리 주변에서 보는 통상의 일자리에서도 단기 계약직 같은 비정규직이 크게 증가하면서 최대 노동이슈로 급부상했다.

외환위기 이후 비정규직의 급증은 비정규직의 규모에 관한 논쟁을 야기했다. 당시에는 비정규근로자의 규모를 개략적으로나마 파악할 수 있는 유일한 자료가 「경제활동인구조사」였는데, 여기에서는 별도로 고용형태를 조사하지는 않지만 '종사상 지위'(status of work)라 하여 임금근로자를 상용직(regular), 임시직(temporary), 일용직(daily)으로 구분하고 있으며 이 중 상용직이 아닌 임시직과 일용직을 합해 비정규직으로 파악하였다.

2000년 당시 이렇게 파악된 비정규근로자 규모는 임금근로자의 52%를 넘어섰다.

임금근로자 두 명 중 한 명이 비정규직이라는 조사결과가 알려지면서 우리 노동시장 구조에 대한 우려와 함께 과연 이 비정규직 통계가 옳은 것인지를 두고 논쟁이 벌어졌다. 이러한 통계치가 아무래도 현실과 괴리가 있어 보였기 때문이다.

비정규직 규모가 이처럼 과다하게 파악되는 데는 비정규직을 파악하는 방식이 잘못되었기 때문이라는 지적이 제기되었다. 즉 당시 상용직의 판별은 고용계약만이 아니라 퇴직금 수혜여부와 같은 근로조건까지를 고려하여 엄격하게 정의하고 있었는데, 상용직을 그렇게 정의하고 그 여집합인 임시·일용직 모두를 비정규직으로 파악하면 당연히 그 규모가 과다 추정될 수밖에 없다는 것이다.

(2) 비정규직 정의에 관한 사회적 합의

결국 비정규직 정의 및 규모 파악의 문제가 노사정위원회 안건으로 넘겨졌고 수차례의 전문가회의와 시험조사를 거쳐, 2002년 7월 마침내 비정규직 정의에 관한 합의가 이루어졌다(Box 6-1). 노사정위원회의 합의에 따르면 비정규근로자는 다음 세 부류로 구성된다.

첫째, 고용계약기간이 정해져 있거나 별도의 계약기간을 정하지 않았더라도 그 일자리에서 계속 근로할 것을 기대할 수 없는 근로자(한시적근로자 혹은 기간제근로자),

둘째, 전일제(full-time) 근로를 하지 않는 근로자(단시간근로자 혹은 시간제근로자),

셋째, 통상의 고용관계에서 벗어난 다양한 대안적 고용형태의 근로자(비전형근로자), 예컨대 고용계약을 맺은 고용주와 노동력을 사용하는 사용자가 다른 경우(파견·용역), 고용관계와 사업관계의 성격이 혼재되어 있어 자신의 노동력 제공에 대한 결정권이 어느 정도 본인에게 주어져 있는 경우(특수고용·가내·호출) 등이 포함된다.

달리 표현하면, 장기 고용관계에 있고 전일제로 일하는 직접고용 근로자만을 정규직으로 파악하고, 그외 모든 다른 형태의 근로자를 비정규근로자로 정의한다.

한편, 고용형태 측면에서는 통상의 고용관계에 있지만 실질적인 근로조건이 열악하여 임시·일용직으로 파악되는 근로자들에 대해서는 취약근로자라고 하여 비정규직의 범주에 포함시키지 않는다([Box 6-1]의 세 번째).

비정규직 정의에 관한 이러한 사회적 합의를 기초로 매년 두 차례씩(3월과 8월) 「경제활동인구조사 근로형태별 부가조사」가 실시, 공표되고 있다.

[Box 6-1] 비정규근로자 대책 관련 노사정 합의문 (제1차)

21세기 지식정보화 사회의 새로운 경제 환경, 외환위기로 초래된 경제위기의 극복 과정, 산업구조의 다변화·고도화 경향 속에 우리사회에는 다양한 형태의 비정규근로가 증가하고 있는바, 이와 관련한 대책마련의 필요성이 다각도로 제기되어 왔다.

이러한 배경 하에 2001년 7월 23일 발족한 노사정위원회『비정규직근로자 대책 특별위원회』는 비정규근로자의 권익보호와 노동시장의 장기적 발전을 기하기 위한 법·제도개선 등을 논의하는 과정에서 우선적으로 필요하다고 인식한 다음의 사항들에 합의한다.

– 다 음 –

1. 비정규근로자 범위와 통계개선

- 비정규근로자는 각각의 개별적 고용형태에 따라 분류할 수 있으며, 고용계약기간, 근로제공의 방식, 고용의 지속성, 근로시간 등 국제적 기준과 아울러 우리나라 특성을 고려하는 다차원적인 기준에 의거 파악되어야 한다.
- 우리나라의 비정규근로자는 1차적으로 고용형태에 의해 정의되는 것으로 ① 한시적근로자 또는 기간제근로자, ② 단시간근로자, ③ 파견·용역·호출 등의 형태로 종사하는 근로자를 대상으로 한다.
- 우리나라 노동시장의 특성상 위의 범주에는 포함되지 않으나 고용이 불안정하고 근로기준법상의 보호나 각종 사회보험의 혜택에서 누락되어 사회적 보호가 필요한 근로계층이 광범위하게 존재한다는 점을 인식하며 우리 특위는 이를 '취약근로자'로 파악하고 이에 대한 보호방안도 필요하다는 데 공감한다.
- 정부는 비정규근로자 및 취약근로자의 규모 및 실태를 보다 정확히 파악하기 위해 현재 실시하고 있는 가구조사에 더해서 사업체조사를 병행 실시하도록 한다.
- 향후 조사문항 및 조사방법은 별첨과 같은 점에 유의하여 노·사·정 및 전문가의 참여하에 면밀히 검토하여 마련한다.

1. 근로감독 강화 (중략)

1. 사회보험의 적용확대 및 복지확충 (중략)

– 노사정위원회, 2002. 7. 22.

(3) 비정규근로자의 규모

이 같은 합의에도 불구하고 비정규직의 규모와 관련해 현실에서는 여전히 두 가지 통계가 혼용되고 있다. 엄밀한 의미에서 「경제활동인구조사 근로형태별 부가조사」(이하 '경활 부가조사')로부터 비정규직을 정의하는 방식이 정확하다고 할 수 있지만, 연 2회만 조사되고 자료 시계열이 짧기 때문에, 편의상 매월 발표되는 「경제활동인구조사」(이하 '경활 본조사')의 임시·일용직을 비정규직으로 갈음하는 방식이 빈번히 활용되고 있기 때문이다.

[그림 6-9]는 여러 가지 정의를 이용해 비정규근로자의 규모를 산출하고 그 변화 추이를 나타낸 것이다. (ⅰ)에서는 임금근로자 대비 임시일용직 비중과 비정규직 비중의 추이를 보여주며, (ⅱ)에서는 비정규직을 유형별로 세분하여 그 규모 변화를 보여준다.

경활 부가조사를 이용해 비정규직을 파악하면, 2014년 8월 현재 비정규근로자는 6,077천명이며, 임금근로자에서 차지하는 비중은 32.4%이다. 이같이 고용형태를 기준으로 파악된 비정규직 규모는 [그림 6-9]의 (ⅰ)과 (ⅱ)에서 청색 선으로 표시되어 있다. 경활 부가조사의 비정규직 비중은 2004년 이래로 전반적으로 감소하는 양상을

그림 6-9 비정규직 근로자의 규모 변화

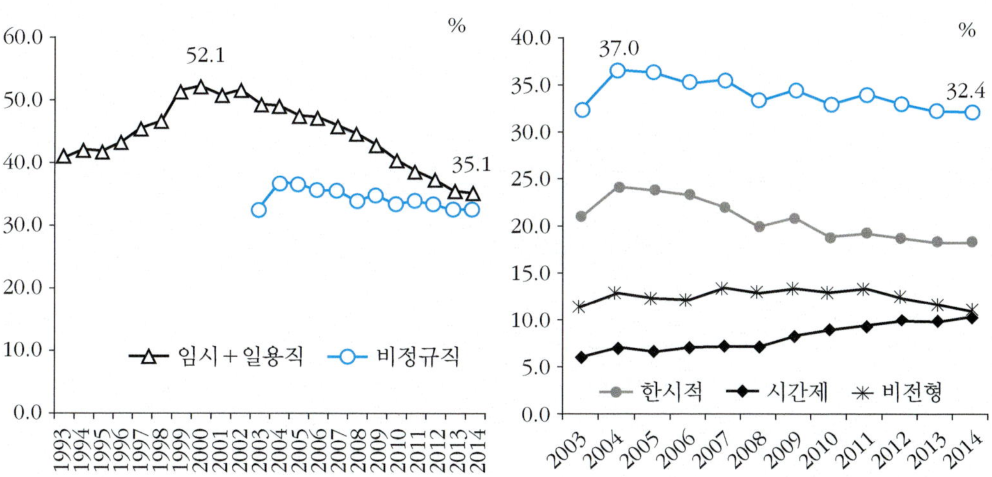

(ⅰ) 비정규직 계 (ⅱ) 비정규직 유형별

주: 모든 비중은 임금근로자 대비 비중이며, 유형별 비중은 유형간 중복이 있어 합계가 불일치함.
자료: 통계청, 「경제활동인구조사 근로형태별 부가조사」, 각년도 8월 기준.

보여주고 있다.

한편, [그림 6-9]의 (ii)를 토대로 비정규직 유형별 구성비를 살펴보면, 한시적근로는 꾸준히 감소하는 추세이고, 비전형근로는 일정 수준을 유지하다 최근 감소양상을 보여주고 있는데 반해, 시간제근로는 지속적인 증가추세에 있는 것으로 나타난다.

2 비정규근로자의 임금 및 근로조건

(1) 비정규근로자의 상대임금

고용형태별로 근로자의 임금수준을 분석한 결과가 〈표 6-4〉에 요약되어 있다. 2014년 3월 기준으로 정규직의 평균임금은 월 260.1만원이고, 비정규직의 평균임금은 월 145.1만원이다. 시간당임금으로 환산하면 정규직 14만 3천원, 비정규직 9만 4천원으로, 비정규직 근로자는 정규직의 65.5% 수준의 임금을 받고 있다. 2007년 기준으로는 이 상대임금이 73.2%였으므로 정규직-비정규직간 임금격차가 7년 사이에 크게 확대되었다고 할 수 있다.

같은 기간 동안 비정규직의 전 유형에서 상대임금이 하락한 것으로 파악된다. 한시적근로자는 81.6% → 75.5%, 비전형근로자는 60.4% → 60.0%, 시간제근로자는 72.9% → 57.5%로 상대임금이 낮아졌다. 특히, 시간제근로자의 상대임금이 가장 많이 떨어졌는데, 이는 이 기간 중 청년층과 고령자들이 최저임금 수준의 시간제일자리에 대거 편입되면서 나타난 현상이다.

(2) 비정규직의 임금격차 - 임금함수 추정법

성별 임금격차와 마찬가지로 정규직-비정규직간 임금격차도 일정 부분은 차별이 아닌 차이에 의해 설명될 수 있을 것이다. 예컨대 앞의 〈표 6-4〉를 보면 비정규근로자의 평균근속년수는 정규직 근로자에 비해 현저히 낮다는 것을 알 수 있다. 인적자본론의 관점에서 보면 근속년수는 기업특수적 숙련을 대리하는 지표로서 생산성과 밀접하게 관련된다. 즉 근속년수 차이로 인한 임금격차는 차별로 보기 어렵다는 것이다.

또한, 성, 연령이나 학력에 따른 임금격차도 각각의 인적특성에 의한 효과로 보아야지 비정규직이기 때문에 받는 차별이라고 할 수는 없을 것이다. 그렇다면 임금격

표 6-4 비정규근로자의 시간당임금과 상대임금 수준

시점	항 목	정규직	비정규직			
				한시적	비전형	시간제
2014. 3	1주 정규근로시간	44.0	36.8	44.3	40.5	20.6
	월평균임금 (만원)	260.1	145.9	199.4	144.6	67.1
	시간당임금 (천원)	14.3 (100.0)	9.4 (65.5)	10.8 (75.5)	8.6 (60.0)	8.2 (57.5)
	근속년수 (년)	7.1 (100.0)	2.6 (36.8)	3.2 (45.2)	2.6 (36.8)	1.6 (22.6)
2007. 3	1주 정규근로시간	48.0	42.5	47.8	43.3	21.2
	월평균임금 (만원)	198.5	127.3	162.9	108.7	54.2
	시간당임금 (천원)	10.2 (100.0)	7.4 (73.2)	8.3 (81.6)	6.1 (60.4)	7.4 (72.9)
	근속년수 (년)	5.9 (100.0)	2.1 (36.3)	2.9 (49.5)	1.6 (26.7)	0.9 (15.0)

주: 1. 시간당임금은 월평균임금을 정규근로시간×4.3으로 나누어 산출함.
2. ( )안은 정규직을 100으로 한 상대수준임.
자료: 통계청, 「경제활동인구조사 근로형태별 부가조사」, 2007.3, 2014.3.

차 중 비정규직이기 때문에 임금에서 차별받는 부분을 측정하기 위해서는 어떻게 해야 할까?

이를 위해 우리는 식 (5.11)과 같은 임금함수를 추정할 수 있다. 〈표 6-5〉는 임금함수 방법을 이용해 비정규직의 임금격차를 추정한 결과이다. 근로자의 인적특성(성, 연령, 학력, 배우자 유무, 근속년수) 및 수요특성(산업, 직업, 사업체규모)을 통제하고 나면, 2014년 기준으로 비정규직은 정규직에 비해 임금이 6.3% 낮은 것으로 분석된다.

비정규직 유형별로는, 한시적근로자와 비전형근로자는 약 8% 정도의 임금격차가 있으나 시간제의 경우 유의한 임금격차가 없는 것으로 나타났다. 이는 시간제와 전일제의 임금 차이의 대부분이 인적특성과 수요특성으로 설명될 수 있다는 것을 의미한다.

한편, 2007년과 비교하면 인적특성과 수요특성으로 설명되지 않는 비정규직의 임금 격차가 증가하였음을 보여준다('07, 3.4% → '14, 6.3%). 각 비정규직 유형별로도 임금격차는 확대된 것으로 나타나고 있다.

표 6-5 임금함수를 이용한 비정규직의 임금격차 추정

	2007. 3		2014. 3	
	모형 I	모형 II	모형 I	모형 II
	추정계수 (표준오차)	추정계수 (표준오차)	추정계수 (표준오차)	추정계수 (표준오차)
여성	−0.231 (0.006)***	−0.234 (0.006)***	−0.237 (0.006)***	−0.239 (0.006)***
30~49세	0.094 (0.009)***	0.094 (0.009)***	0.114 (0.009)***	0.117 (0.009)***
50~64세	0.021 (0.011)*	0.022 (0.011)*	0.059 (0.010)***	0.063 (0.010)***
65세 이상	−0.283 (0.018)***	−0.291 (0.018)***	−0.200 (0.015)***	−0.214 (0.015)***
유배우자	0.060 (0.007)***	0.059 (0.007)***	0.069 (0.006)***	0.069 (0.006)***
고졸	0.130 (0.009)***	0.129 (0.009)***	0.079 (0.009)***	0.079 (0.009)***
초대졸	0.208 (0.012)***	0.211 (0.012)***	0.170 (0.011)***	0.173 (0.011)***
대졸	0.383 (0.011)***	0.383 (0.011)***	0.273 (0.011)***	0.274 (0.011)***
석사 이상	0.510 (0.018)***	0.509 (0.018)***	0.398 (0.016)***	0.397 (0.016)***
근속년수	0.043 (0.001)***	0.043 (0.001)***	0.027 (0.001)***	0.027 (0.001)***
근속년수^2×100	−0.049 (0.005)***	−0.050 (0.005)***	−0.010 (0.004)***	−0.010 (0.004)***
비정규직	−0.034 (0.006)***		−0.063 (0.006)***	
한시적		−0.062 (0.007)***		−0.082 (0.008)***
비전형		−0.048 (0.009)***		−0.080 (0.009)***
시간제		0.065 (0.011)***		0.009 (0.009)
N	26,673	26,673	25,307	25,307
ADj. R^2	0.5894	0.5909	0.6142	0.6151

주: 1. 임금함수 추정에는 상수항과 산업, 직업, 사업체규모 더미가 포함되었으나 표에서는 생략함.
2. ***는 1%, **는 5%, *는 10% 수준에서 통계적으로 유의함.
자료: 통계청, 「경제활동인구조사 근로형태별 부가조사」, 2007.3; 2014.3.

(3) 임금 이외의 근로조건 격차

임금 이외의 근로조건, 예컨대 부가급여 또는 사회보험 가입 등에서도 정규직과 비정규직 간에 큰 차이가 나타난다.

2014년 기준으로 비정규직 근로자의 약 40%만이 퇴직금과 상여금의 수혜를 받는다. 정규직(퇴직금 82%, 상여금 85%)과 비교하면 절반 수준에 불과하다. 사회보험의 경우에도 크게 다르지 않다. 2014년 기준으로 비정규직 근로자의 국민연금, 건강보험, 고용보험 가입률은 각각 39.7%, 46.2%, 44.0%이다. 정규직의 사회보험 가입률(각각 82.0%, 83.9%, 81.5%)의 절반 혹은 절반을 약간 웃도는 수준이다.

지난 7년간 부가급여 및 사회보험 수혜율 및 그 격차의 추이를 살펴본 것이 [그림 6-10]이다. 퇴직금과 상여금은 글로벌 금융위기 무렵 수혜율이 급격하게 하락하였다가 2010년 이후 서서히 복귀되는 양상을 보여준다. 그러나 정규직과의 격차에서는 기업성과와 관련이 있는 상여금 수혜율 격차는 근소하게 줄어들고 있지만 기업성과와 직접 관련이 없는 퇴직금 수혜율 격차는 확대되고 있는 것으로 나타난다.

사회보험 가입률에서의 격차도 2012년 이후 전반적으로 확대되는 양상이다. 이는 최근의 비정규직이 단시간근로(시간제) 위주로 증가하면서 적용제외 대상이 늘어나

그림 6-10 비정규직의 부가급여 및 사회보험 수혜율 및 정규직 대비 격차

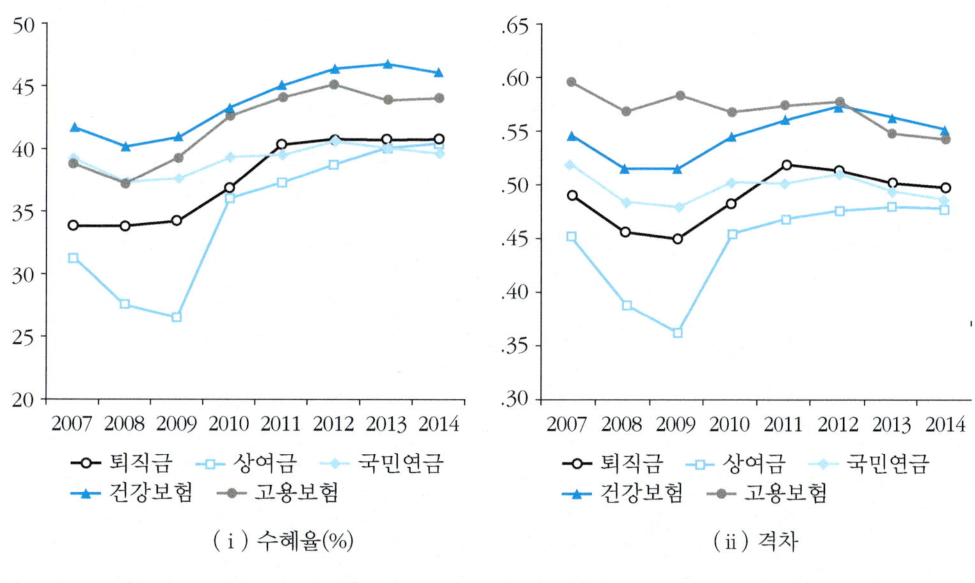

주: 수혜율 격차는 정규직 수혜율과 비정규직 수혜율의 상대비로 측정.
자료: 통계청, 「경제활동인구조사 근로형태별 부가조사」, 각 년도.

고 있는 것과 무관하지 않아 보인다.

3 구조화된 이중노동시장과 비정규근로의 역기능

비정규근로는 고용주에게는 상대적으로 값싼 인건비, 신속하고 유연한 고용조정을 제공하고, 여성, 고학력 청년층, 노령층의 일부 근로자에게는 선호와 선택을 충족시키는 순기능이 있는 반면, 대다수의 근로자에게는 고용불안정성, 기술혁신을 위한 숙련기반(skill base) 형성의 저해라는 역기능을 갖는다.

(1) 이중노동시장과 임금·근로조건의 불평등 심화

기업이 일류기업과 이류기업으로 나누어지고, 노동시장은 일류기업이 작용하는 1차 노동시장, 이류기업이 작용하는 2차 노동시장으로 분단되며, 근로자는 1차 노동시장에 고용된 중심부문 근로자, 2차 노동시장에 고용된 주변부문 근로자로 나누어진다.

노동시장이 구조적으로 분단되어 있을 때, 즉 노동시장이 1차 노동시장과 2차 노동시장, 독과점기업과 경쟁기업, 내부자와 외부자 등으로 양분되어 있다면, 1차 노동시장, 독과점기업, 내부자는 시장지배력(market power)을 이용해 자신들이 누리는 우월적 지위를 유지하기 위해 진입장벽을 쌓고, 차별관행을 지속시키려는 유인을 가진다. 예컨대, 1차 노동시장의 핵심인 대기업은 근로자에 대한 동기부여제도를 시행하고 장기계약관계를 맺으면서 여성, 일부 청년, 고령자의 채용을 기피하게 되며, 이러한 차별관행에 의해 여성, 일부 청년, 고령자 등은 2차 노동시장으로 내몰릴 수밖에 없게 된다.

한편, 내부노동시장의 경직성은 기업으로 하여금 정규근로자 신규채용 억제, 명예퇴직 및 조기퇴직 등 다양한 형태로 정규직 인력 축소를 꾀하도록 하고 더 나아가 내부노동시장에 편입되지 못한 근로자에 대해서는 비정규화, 아웃소싱으로 대응하게 된다. 일류 부문으로의 진입은 더욱 어려워지고 이류 부문은 더욱 경쟁적이 된다. 이에 따라 이류 부문의 임금수준은 더욱 떨어지고 결과적으로 임금격차는 더욱 확대된다. 따라서 이 유형의 차별은 처음에는 채용과정에서 고용차별의 형태로 나타나지만, 그 결과 노동시장에서는 일류 노동시장의 중심부문 근로자와 이류 노동시장의 주변부문 근로자간에는 생산성 격차 이상의 임금격차가 구조화되도록 만든다.

비정규직 일자리에 취업한 근로자에게는 **낙인효과**(stigma effect)가 유발되어 정규직 일자리에의 취업이 저해되거나 비정규직 일자리의 낮은 숙련으로 인하여 높은 숙련의 정규직 일자리에의 취업 가능성이 저하된다는 의미에서, 비정규직 일자리는 한 번 들어가면 빠져나오기 힘든 함정(trap)이 되기도 한다.

비정규근로자들 중에서는 한 기업에서 하나의 일을 하는 것이 아니라 여러 기업에서 둘 이상의 일을 동시에 행하는 여러 일자리 보유자(multiple job holder)도 확산될 수 있다. 여러 일자리 보유자는 하나의 일자리에서 오는 낮은 소득 때문에 둘 이상의 일자리에서 비정규근로를 통해 상당한 소득을 만회하려 한다.

(2) 고용불안정성

기업들은 근로자를 핵심의 정규근로자와 주변부의 비정규근로자로 나누어 핵심의 정규근로자에게는 내부노동시장에 의한 고용안정성을 제공한다. 그러나 주변부의 비정규근로자, 단기계약노동, 파트타이머, 파견근로자, 외국인근로자들의 경우에는 이직, 해고 등이 빈번히 일어난다. 이들은 직장 탐색과정에서 빈번하게 실업을 경험한다.

과거 내부노동시장의 피라미드형 위계구조에서 중간계층을 이루던 중간관리업무가 컴퓨터의 활용으로 크게 줄어들면서 주변부의 비정규근로자로 대체되어 중간계층이 쇠락하며, 기업차원 고용불안정성이 커지게 된다.

(3) 저기능균형 함정

비정규근로자가 정규근로자를 대체하면 근로자의 기업에 대한 헌신 및 충성도는 크게 약화된다. 장기적으로 기업 내에서 이루어지는 근로자 숙련형성은 저해되고, 따라서 기업의 독자적인 창의력 있는 기술 개발은 지연된다. 즉, 기업가는 창의적 기술혁신을 추구하지만 기업 내 인력의 숙련수준이 기업가의 창의적 기술혁신을 뒷받침해 주지 못하는 **숙련 갭**(skill gap) 문제가 심각해질 수 있다.

노동시장에서 2차 노동시장의 주변부 일자리에 종사하는 근로자의 층이 두터워지면서 기업은 일상적·반복적 업무를 담당하며 낮은 숙련수준을 지닌 임시·일용직의 값싼 인건비만 향유하려 함으로써 우리 경제 전반이 저숙련 균형의 함정에 빠질 수 있다. 결국 이로 인해 세계화된 지식경제에서 타국에 비해 경쟁적 우위를 지속적으로 상실할 가능성도 배제할 수 없다.

4 비정규직 확산의 원인들

(1) 지나치게 경직적인 노동시장

비정규근로자가 노동력의 1/3이상으로 확산된 현상에 대해 명확한 원인 분석이 있어야 한다.

노동계 및 일부 학자들은 한국에 비정규근로자가 1/3이상으로 증가한 것은 한국 노동시장이 고용주 전략과 의지가 별다른 제약 없이 관철되는 노동시장 유연성에 있다고 보고 있다. 그러나 국내 학자들 대다수는 한국의 노동시장이 지나치게 경직적이어서 비정규근로자가 확산되고 있다고 설명하고 있다.

비정규근로자 확산의 원인에 대해 극도로 상이한 두 견해는 상이한 정책 처방을 낳는다. 한국 노동시장이 고용주 의지가 제약 없이 관철되는 유연한 노동시장이기 때문에 비정규근로자가 확산된다면 노동시장 규제 및 비정규보호법이 필요하다고 할 것이며, 한국 노동시장이 지나치게 경직적이어서 비정규근로자가 확산된다면 노동시장규제 폐지 내지 완화가 필요하게 된다.

OECD(2004)는 노동시장 유연성(또는 경직성)을 나타내는 지표로 정규근로자에 대한 해고의 어려움에 관한 8개 항목(해고 통보기간, 해고절차의 어려움, 해고 시 퇴직수당, 해고의 엄격성, 재채용의 가능성 등), 비정규근로자 채용의 어려움에 관한 6개 항목(계약직 이용이 허용되는 정도, 파견근로가 허용되는 정도 등)에 관해 점수를 매겨 지수화하고 이를 **고용보호규제**(employment protection regulation: EPL)지수라고 명명하였다. 고용보호규제(EPL) 지수가 높을수록 유연성이 낮은 상태를 나타낸다. OECD는 고용보호규제 지수를 1980년대 후기, 1990년대 후기 그리고 2003년의 세 시점을 기준으로 하여 작성한 바 있다. 만약 우리가 2003년 조사대상국 기준으로 최상위 1/4의 국가들을 고용보호가 '매우 강한' 나라로 분류하고, 그 다음 1/4의 국가를 '강한' 나라, 그 다음 1/4의 국가를 '약한' 나라, 최하위 1/4의 국가를 고용보호가 '아주 약한' 나라로 간주할 수 있다면, 조사대상 국 28개국 중 한국은 고용보호가 '강한' 나라로 분류된다.

특히 한국의 경우는 해고가 어렵다. 정리해고의 경우, 근로기준법 제24조는 '사용자가 경영상의 이유에 의하여 근로자를 해고하려면 긴급한 경영상의 이유가 있어야 한다'고 규정하고 해고회피노력, 합리적이고 공정한 선정기준, 노조와의 협의 등 정당한 절차를 거치도록 규정하고 있다. 따라서 정리해고를 위해서는 ① 긴급한 경영상의 이유로 인한 인원 삭감의 필요성, ② 회사소유 타공장에의 전환배치, 명예퇴직 등에 의거한 해고회피 노력, ③ 피해고자 선정 기준의 합리성과 공정성, ④ 노조와의 성실한 협의, 노조가 없으면 사원총회 등을 열어 성실한 설명 등의 정당한 절차와 사전 정보공지 등 해고절차의 정당성이라는 정리해고의 4대요소를 충족시켜야 한다.

일반해고의 경우, 근로기준법 제23조 1항은 '사용자는 근로자에게 정당한 이유 없이 해고, 정직, 전직, 감봉, 그 밖의 징벌을 하지 못한다'고 규정하고 있다. 이 조항에 의거, 개인에 대한 해고가 제한된다. '정당한 이유'의 요건은 법에 규정되어 있지 않고 판례에 의거한다. 판례로 확립된 일반해고의 요건은 ① 근로자가 업적 평가 등 개인 해고의 공정성, ② 대화, 설득, 경고의 절차, 재교육의 여부, 또는 타 부서로의 전환배치 등 해고회피 노력, ③ 징계위원회의 구성, 사전 징계통고, 징계위원회에서의 근로자 소명 청취, 문서로 한 해고 통고 등 해고절차의 정당성이다. 이 3대 요소를 충족하지 않으면, 근로자는 지방노동위원에 초심 신청, 중앙노동위원회에 재심 신청할 수 있다. 물론 중앙노동위원회 결정에 불복하면, 행정법원-고등법원-대법원까지 분쟁이 지속된다.

이와 같은 해고의 어려움은 높은 준고정적 노동비용을 낳고, 비정규직을 확산시키는 가장 큰 요인이 된다.

(2) 지식경제의 진전

숙련편향적 기술진보로 인하여 쇠퇴하는 단순조립가공의 산업과 장래 불확실성이 높은 산업에서는 준고정비용이 낮고 고용조정이 용이한 비정규근로자가 선호된다. 장래가 불확실한 업종일수록 인건비보다 시장수요에 맞추어 신속히 대응할 수 있는 고용조정의 용이성이 더욱 필요하기 때문이다.

지식경제에서의 정보통신기술의 발달로 기업의 핵심부문을 제외하고는 아웃소싱이 전개된다. 아웃소싱은 Out과 Sourcing의 결합어로, 외부의 전문회사를 활용하여 기업활동의 일부를 수행하게 하거나 위탁시키는 것을 말한다. 외부전문업체는 계약에 의해 일하므로 계약근로자라는 비정규직을 낳거나 파견업체에 위탁함으로써 파견근로자를 증대시킨다. 특히 생산직의 단순반복 업무는 아웃소싱의 대상이 되기 쉽다. 전문직의 일도 스마트 워크(smart work) 방식의 재택근무로 수행되거나, 스마트워크센터에서 회사와 계약에 의해 일하는 독립된 1인 업체 형태로 수행되곤 한다.

즉 지식경제에서는 기술발전 속도가 빨라져 제품사이클이 단축되고 소비자의 기호가 수시로 변화하는 등 기업환경의 변동성이 높아져, 기업은 훈련 없이 적기에 투입하여 일할 수 있는 사람을 요구하고, 이러한 근로자 충원, 선발에 전문성을 갖고 있는 파견업체에의 의존성이 나타난다.

(3) 노동공급 측 요인에 의한 비정규직 확산

학업에만 전념하여 비경제활동인구였던 대학생들의 경제활동참가가 증가하고 여성의 경제활동참가가 늘어나면서 노동공급자 중 파트타임근로나 재택근무 등의 대안적 노동계약을 선호하는 경우가 증가한다. 고령인구가 늘어나면서 이들 역시 파트타임, 단기계약 등 비정규 근로형태를 선호한다. 즉 노동공급 측 요인에 의해 비정규직이 선호되는 경우도 있다.

단시간근로의 고용형태가 가장 대표적인 예이다. 단시간근로자 가운데 스스로 원해서 단시간근로를 선택한 이른바 자발적 단시간근로자의 비중은 2014년 현재 85.7%이고, 최근에 올수록 그 비중이 증가하고 있다. 남성의 경우, 자발적 단시간근로자 비중은 2000년 47.6%에서 2014년에 76.8%로 껑충 뛰었고, 여성의 경우도 같은 기간 중 자발적 단시간근로자 비중이 68.6%에서 89.1%로 높아졌다.

[그림 6-11]은 성, 연령대별로 자발적 단시간근로자 비중을 보여준다.

그림 6-11 자발적으로 단시간근로를 선택한 비중

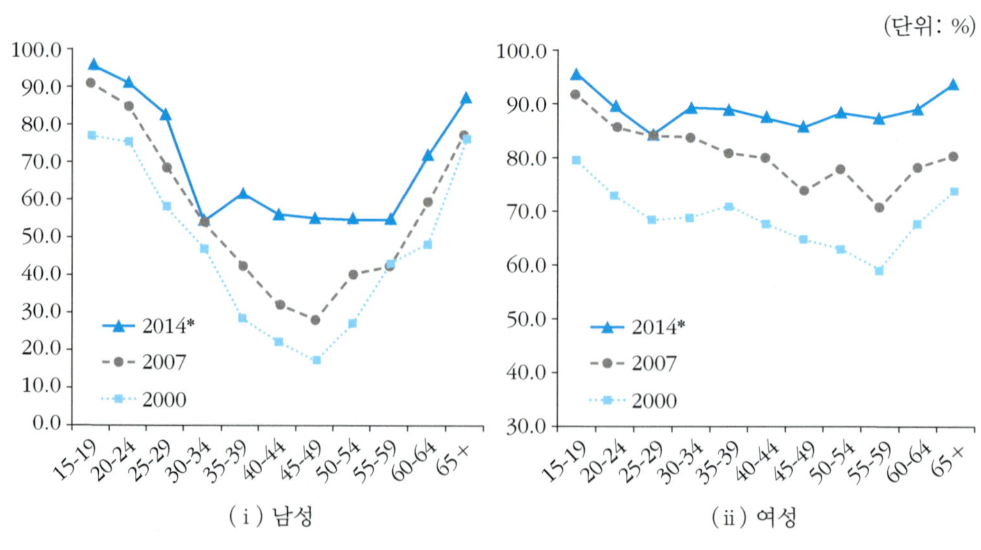

주: *2014년은 1~9월 평균.

자료: 통계청, 「경제활동인구조사」, 각 년도. 황수경(2014)에서 재인용.

2014년의 경우 남성 핵심 연령층에서만 비자발적 단시간근로 비중이 40~50%로 비교적 높고 그 외 인구계층에서는 10% 전후에 불과하다. 이는 자발적 필요에 의한 단시간근로가 광범위하게 존재함을 의미하는 것이다.

따라서 비정규직 논의에서는 노동공급측 요인에 기인하는 요인을 분리해낸 후 노동수요측 요인에 기인하는 비정규직의 임금과 고용문제에 초점을 맞추어야 할 것이다.

(4) 노동생산성의 전반전인 저하에 따른 비정규직 확산

경제이론은 노동생산성이 일정불변일 때, 정규직 고용비용 및 임금이 비정규직의 고용비용 및 임금에 비해 상대적으로 상승하면 보다 값싼 비정규직을 더 고용하게 되어 비정규직이 확산한다고 예측한다.

우리는 이를 제3장의 식 (3.19)를 변형한 다음과 같은 이윤극대화 조건식을 이용하여 설명할 수 있다. 여기서 W_R과 MP_R은 비정규직 근로자의 임금과 한계생산이고, W_N과 MP_N은 정규직 근로자의 임금과 한계생산을 나타낸다.

$$\frac{MP_N}{W_N}=\frac{MP_R}{W_R} \tag{6.3}$$

즉, 정규직과 비정규직의 임금 대비 노동생산성이 일치하는 수준에서 정규직과 비정규직의 고용량이 결정된다는 것이다. 만약 정규직과 비정규직의 노동생산성이 균형수준을 유지하고 있는데, 정규직의 임금이나 준고정적 노동비용이 상승하면 기업들은 비정규직 고용을 증가하려 할 것이다.

그런데 위 식은 노동생산성의 변화도 정규직과 비정규직의 균형고용량에 영향을 줄 수 있음을 시사한다. 만약 정규직의 노동생산성이 상승하여 고용비용 및 임금의 상승보다 더 크게 증가한다면 오히려 정규직 수요가 더 확대되고 비정규직이 확산될 이유는 없어진다. 반대로 정규직의 노동생산성이 상대적으로 더 하락하여 비정규직에 근접하게 된다면 정규직 대신 비정규직을 이용하려는 고용대체가 일어나게 된다. 우리는 한국 노동시장에서 지난 십여년 이상에 걸쳐 진행된 비정규직 확산은 그와 맞물려 진행된 장기간에 걸친 정규직 근로자의 노동생산성 저하와 밀접하게 관련되어 있다고 추론할 수 있다.

특히 제1차 노동시장과 제2차 노동시장으로 노동시장을 구분했을 때, 제1차 노동시장의 주요 기업들에 있어서 정규직의 노동생산성 감소는 이들 기업에서의 아웃소싱, 하청업체에 대한 납품 단가 인하로 이어지고, 비정규직, 사내하청, 도급이 확산될 것이다.

제6절 이민의 개방주의와 정책 과제

이상에서 살펴본 바와 같이 청년인구의 급격한 감소는 제조업 대기업의 해외 공장이전을 가속화시키는 요인이 되며, 한국 노동시장의 분단을 심화시키며, 지역·계층간 양극화를 더욱 심화시키고 있기 때문에 이에 대응하는 출발점은 개방적 이민정책이다. 구체적으로 외국의 청년인력, 특히 전문기술 인력을 대거 국내로 영입하여야 한다.

1 쇄국주의와 개방주의

쇄국주의란 자국민의 이익을 보호하기 위해 타국과의 통상, 교역, 이민을 수용하지 않는 사상을 말하며, 개방주의란 타국과의 통상, 교역, 이민수용을 적극적으로 행하는 사상을 말한다. 한국은 상품거래와 자본거래에서는 개방주의를 택해 왔으나, 이민에 관한한 쇄국주의를 채택하고 있다. 일본은 한국과 마찬가지로 노동력에 관한한 쇄국주의를 갖고 있다. 선진국 중 주요국가들은 상품, 자본, 노동력 모든 측면에서 개방주의를 택하고 있다.

쇄국적 이민정책의 지표로는 전체 인구에서 외국에서 태어났으나 현재 체류 중인 외국인의 비중을 고려할 수 있다. 한 나라에 들어 온 국내체류 외국인은 관광목적이 아니라 비자를 발급받아 들어온 외국인과 귀화한 사람들의 합계인데, 〈표 6-6〉에 의하면 2010년 기준으로 한국, 일본은 N/A(not available)로 나와 있으나 인구 중 비자를 발급받은 외국인의 비중이 2%인 점을 감안하면, 2% 미만일 것으로 판단된다. 이는 이민정책에 관한한 쇄국주의를 택하고 있음을 반증한다. 전체인구에서 외국에서 태어났으나 현재 체류 중인 외국인의 비중이 20% 이상인 나라는 호주, 뉴질랜드, 스위스, 룩셈부르크 등이며, 10%에서 20% 사이인 국가는 미국, 영국, 캐나다, 독일, 오스트리아, 스웨덴, 노르웨이, 네덜란드, 스페인 등이다.

표 6-6 OECD 국가 이민자 현황

국가	총인구 (천 명)	외국인 (천 명) (%)	외국인 출생자 (천 명) (%)	이민자 유입 (천 명)		외국인 전문 인력 (천 명)	귀화자 (명)
				장기	단기		
호주	22,342	N/A	5,994 (26.8)	209	277	95,284	897
오스트리아	8,388	928 (11.1)	1,316 (15.7)	46	13	6,135	105
캐나다	34,109	N/A	6,778 (19.9)	281	173	143,562	2,033
덴마크	5,44	424 (4.0)	429 (7.7)	41	5	3,006	62
프랑스	62,636	168 (3.1)	N/A	193	14	143,275	1,001
독일	81,902	3,769 (6.0)	10,591 (13.0)	222	341	101,570	N/A
이탈리아	60,193	4,570 (7.6)	4,799 (8.0)	332	28	40,223	247
일본	127,510	2,133 (1.7)	N/A	56	103	13,072	278
대한민국	50,516	1,003 (2.0)	N/A	157	39	17,323	N/A
룩셈부르크	494	221 (44.1)	189 (37.6)	16	N/A	4,311	24
멕시코	108,396	N/A	961 (0.9)	26	29	2,150	80
네덜란드	16,530	760 (4.6)	1,869 (11.2)	96	18	26,275	270
뉴질랜드	4,368	N/A	1,013 (23.2)	48	85	15,173	170
노르웨이	4,889	369 (7.6)	569 (11.6)	56	33	11,903	67
포르투갈	10,632	448 (4.2)	669 (6.3)	50	3	24,478	113
스페인	46,073	5,731 (12.4)	6,660 (14.5)	300	12	123,721	401
스웨덴	9,379	633 (6.8)	1,385 (14.8)	64	18	32,457	208
스위스	7,822	1,720 (22.1)	2,075 (26.6)	115	92	39,414	277
영국	61,349	4,524 (7.4)	7,056 (11.5)	414	88	195,046	1,374
미국	309,051	21,581 (7.0)	39,917 (12.9)	1,042	468	319,913	8,203

자료: 모종린, 『이민강국』, 2013, pp. 21~23을 재구성.

왜 선진 주요국들은 개방적인 이민정책을 채택할까? 미국, 호주, 뉴질랜드 등은 원래 이민자들이 건설한 국가들이어서 전통적으로 이민에 개방적인 법을 갖고 있다. 미국의 예를 들자면, 19세기에는 영국, 독일, 스웨덴, 이탈리아, 오스트리아, 헝가리, 러시아, 아일랜드 등의 국가에서 미국으로 대량 이민이 있었고, 19세기 후반부터는 중국인, 인도인 그리고 20세기 중반 이후에는 멕시코 등 중남미국가로부터의 이민이 전개되어 왔다. 현재 미국의 오바마정부는 이민법 개정을 추구하고 있는데 약 1,100만 명의 불법이민자들에게 사면을 실시하고 이들에게 영주권을 부여할 것으로 예상되고 있다.

스위스, 독일, 스웨덴 등의 유럽 국가들은 왜 개방적인 이민정책을 시행할까? 이는 각국의 출산율 저하 및 청년층 인구감소와 직결되어 있다. 부부 한 쌍이 자녀 2.1명 이하로 출산하면 인구가 줄어들게 되는데, 거의 모든 선진국에서 1.5명 이내의 출산율을 보여 인구감소가 1970년 이후 지속되고 있다. 즉 유럽에서는 1970년 이후 태어난 사람들이 보통 18세의 청년으로 노동시장에 등장하는 시기가 1988년인데 이때부터 유럽 각국은 개방적 이민정책을 만들어 시행해 왔다고 할 수 있다.

저출산에 관한 한, 한국도 예외는 아니다. 1970년부터 출산율이 감소하여, 현재 1.1명으로 초저출산의 국가에 속한다. 우리는 제0장과 제2장에서 청년인구의 급격한 감소와 그 원인을 살펴보았는데, 2016년부터는 생산가능인구(15세~64세 민간인구)가 감소한다. 유럽과 같이 최소 1990년부터 개방적인 이민정책으로 국가정책을 전환했었어야 했으나, 아직까지도 쇄국적 이민정책을 시행하고 있다.

2 국제간 노동이동의 효과

(1) 2부문 모형을 활용한 국제간 노동이동 효과 분석

제1장에서 보인 동일노동에 대한 동일임금의 설명에 이용된 2부문 모형은 국제간 노동이동의 효과를 분석하는 데에도 이용될 수 있다. 국제간 노동이동을 설명하기 위해서 몇 가지 가정이 필요하다.

첫째, 본국과 외국 두 국가만 존재하고, 양국 모두 자본과 노동 두 가지 생산요소를 이용하여 생산하며 단 한가지 재화 X를 생산하되 생산함수는 수확체감의 성질을 지닌다.

둘째, 본국과 외국 사이에 노동이동이 완전히 자유롭다.

셋째, 생산요소는 완전고용되며, 생산물시장과 상품시장이 모두 완전경쟁적이다.

그리하여 생산요소의 보수는 한계생산물 가치와 일치한다. 두 국가의 노동력의 질적 수준이 다르지만 같은 질로 전환한 척도로 각국의 노동량을 측정하고 표시할 수 있다고 가정하자. 그래서 양 국가 노동력의 합계가 [그림 6-12]의 OO' 라고 하자.

그림의 원점이 O인 좌표에서 세로축을 달러로 표시한 한국의 임금이라고 하자. 가로축은 한국의 근로자 수, 노동수요곡선은 달러로 표시한 한국의 한계생산물가치 곡선이라고 하자. 그림의 원점이 O'인 좌표에서 세로축을 달러로 표시한 외국의 임금이라고 하자. O'에서 O 방향으로는 외국의 근로자 수, 노동수요곡선은 달러로 표시한 외국의 한계생산물가치곡선이라고 하자.

양국 간에 이민제한 정책으로 노동공급은 S^0로 정해져 있다. 한국에서의 임금은 W_d, 외국에서의 임금은 W_f가 된다.

한국의 높은 임금에 유인되어 글로벌 경제에서 외국 근로자들이 한국으로 이동하고, 외국에서는 노동공급이 감소한다. 한국과 외국간의 임금격차는 축소된다. 만약, 노동이동이 완전히 자유롭게 허용된다면, 외국의 노동력이 한국으로 이동하여 결국 양국 간 임금은 균등화되고, 두 국가로 이루어진 세계의 생산은 최대가 될 것이라고 예측할 수 있을 것이다.

그러나 한국이 이민을 전혀 받아들이지 않고 엄격히 제한하면, 노동공급은 S^0로 정해져 있고, 양국 간의 임금격차는 유지된다. 이 경우 외국에서의 저임금을 활용하

그림 6-12 국제간 노동이동이 있는 경우와 전혀 없는 경우의 비교

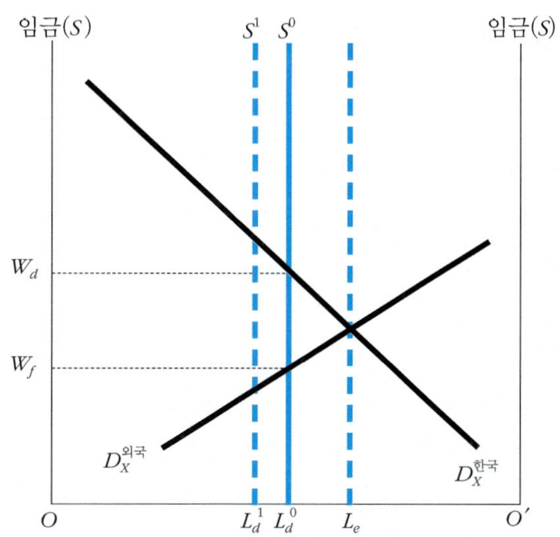

기 위하여 자본이 한국에서 외국으로 이동하여, 국내 산업의 공동화가 전개될 수 있다. 결국 쇄국적 이민정책은 국내 산업의 공동화에 기여하게 되고 국내 근로자를 보호하기는 커녕 일자리 소멸을 낳게 될 것이다.

이제 [그림 6-12]에 나타난 노동수요가 국제간 자본이동이 일어난 후의 한국과 외국의 노동수요 곡선이라고 가정하자. 이때 한국에서는 청년인구 감소가 일어나고, 외국에서는 청년인구의 증가가 일어나 양 국가 노동력의 합계는 불변이라고 가정하자. 즉 [그림 6-12]의 OO'의 크기는 변화하지 않는다. 한국의 노동공급 감소와 외국의 노동공급 증가로 노동공급 곡선은 S^0에서 S^1으로 이동하여, 양국 간에는 임금격차가 더 확대된다.

이때 완전한 자유이동이 있는 경우, 외국인력의 국내 유입은 $L_d^1L_e$ 만큼이며, 개방형 이민정책은 최대 $L_d^1L_e$ 만큼의 범위 내에서 이민을 결정할 수 있다. 부분적인 이동이 있어 노동공급이 S^0에서 S^1으로 증가한다고 하자. 그 결과는 다음과 같다.

첫째, 외국의 노동이 한국으로 이동하여 한국에서의 임금수준은 하락하고, 외국에서의 임금수준은 상승하는 경향성을 지닌다.

둘째, 한국은 노동유입으로 총생산이 증가하고, 외국은 노동유출로 총생산이 감소한다.

셋째, 한계생산물가치곡선 아래의 면적은 총생산물가치를 나타내며 이는 이윤 몫과 임금 몫으로 나누어지는데 한국의 자본가와 외국의 근로자는 이익을 보고, 외국의 자본가와 한국의 근로자들은 손해를 본다.

즉, 해외근로자들의 유입이 한국의 생산을 증가시키고, 국내 자본가에게 이윤을 증대시켜주고 세계적 차원에서 효율적인 인적자원배분을 낳지만, 국내 근로자들에게는 외국 근로자와의 경쟁에서 오는 고용기회의 감소와 임금의 하락을 초래하기 때문에 민족주의자나 노동조합은 반대하기 십상이다.

국내에서의 정치적 반대 때문에 쇄국적 이민정책을 유지하면, 산업공동화 및 장기간에 걸친 경제침체가 일어나 근로자들의 일자리 소멸이 전개된다. 따라서 개방적 이민정책을 국가정책으로 천명하고, 민주주의 원칙에 의거, 대화와 타협으로 이민의 범위를 정해야 할 것이다.

최근 타계한 리콴유 전 싱가포르 총리는 최근 펴낸 자신의 책 『리콴유가 바라본 세계』에서 일본의 미래가 암울하다는 평가를 내놨는데, 일본의 인구감소, 쇄국적 이민정책으로 일본은 25년 전부터 경제침체를 겪고 있는데, 순혈주의 사고를 버리고 개방적 이민정책을 시행하지 않는다면, 앞으로 10~15년 내에 파국으로 갈 수 있다고 경고하였다. 일본을 약 25년 격차를 두고 따라가고 있는 한국의 경우에도 그대로 적용되는 경고라고 할 것이다.

(2) 노동공급이 비탄력적인 경우의 이민잉여

[그림 6-13]의 (i)은 한국의 경우만 분리하여 개방적 이민의 효과를 살펴보고 있다. 이민 전 한국의 노동수요곡선은 D_X, 노동공급곡선은 S^1N_1으로 표시되어 있고, 총생산은 ABN_1O이다. 이 중 임금 몫은 W_1BN_1O이며, 이윤 몫은 ABW_1로 표시되고 있다. N_1N_2 만큼의 개방적 이민으로 노동공급이 증가하면, 임금이 하락하여, 국내 근로자 임금 몫이 OW_2GN_1이 되고 외국인 근로자의 임금 몫이 N_1GCN_2로 된다. 기업의 이윤 몫은 AW_2C로 증가한다.

이윤 몫의 증가 중 W_1W_2GB 만큼은 과거 근로자 몫이었으나 자본가에게로 이전된 것이다. 그러나 BGC는 개방적 이민으로 새로 창출된 이윤으로서 이를 **이민잉여**(immigration surplus)라고 한다. 이때 이민잉여는 $\frac{1}{2}(W_1-W_2)(N_2-N_1)$으로 계산될 수 있다.

따라서 개방적 이민은 총생산을 증가시키고, 기업의 이윤을 증대시키나. 국내 근로자의 임금을 하락시키며, 국내 근로자 임금 몫의 하락을 가져온다.

그림 6-13 이민잉여

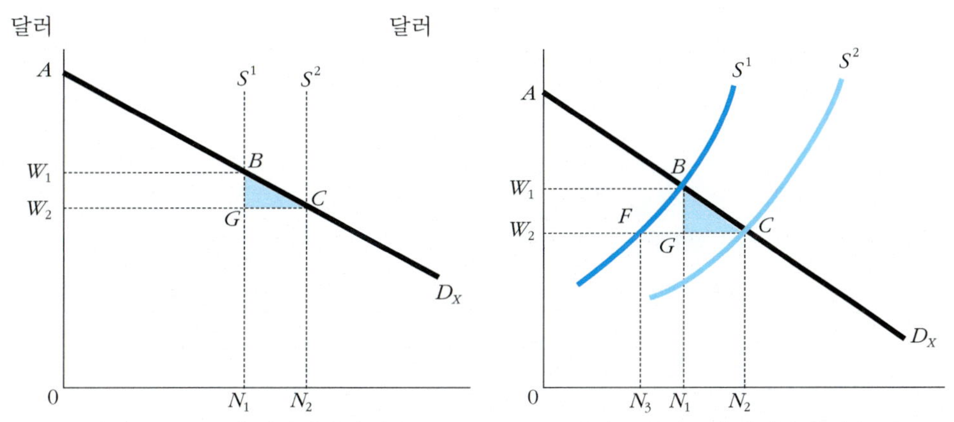

(i) 노동공급이 비탄력적인 경우 (ii) 노동공급이 탄력적인 경우

(3) 노동공급이 탄력적인 경우의 이민잉여

노동공급이 탄력적일 때, 외국인 근로자 유입의 효과는 [그림 6-13]의 (ii)를 이용하여 분석될 수 있다. 노동수요곡선이 D로 나와 있고, 원래의 노동공급곡선은 S^2이다. 국내에서 인구감소로 국내 노동공급곡선은 S^1까지로 이동하여 국내 임금이 W_1까지 상승하게 되었다고 하자.

국내의 높은 임금에 대해 국내 기업이 해외투자로 공장입지를 외국으로 이동시킬 수가 있다. 이 경우 국내 임금이 하락하는 경향성을 갖게 될 것이다. 그러나 임금이 W_1까지 상승할 때 외국인 노동력 도입을 적극 모색하게 되어 노동공급이 S^2로 되면, 임금은 W_2로 하락한다.

국내 노동공급곡선은 S^1이므로 W_2임금 수준에서 공급되는 국내의 고용인원은 ON_3가 된다. ON_2가 시장고용량이고 ON_3가 국내 고용인원이면 외국인 근로자의 고용은 N_2N_3가 될 것이다.

외국인 근로자 유입이 국내기업에 미치는 효과는 기업총생산과 기업이윤의 증대이다. 노동공급곡선이 S^1인 경우, 기업총생산의 가치는 $OABN_1$이며 기업이윤은 AW_1B이고 근로자의 임금은 OW_1BN_1이다. 외국인 근로자의 유입으로 공급곡선이 S^2가 되면 기업 총생산의 가치는 $OACN_2$, 기업이윤은 AW_2C, 근로자의 임금은 OW_2CN_2가 된다. 근로자의 임금 중 국내 근로자에게 가는 몫은 OW_2FN_3, 외국인 근로자에게 가는 몫은 N_3FCN_2이다. 외국인 근로자의 유입으로 기업의 총생산은 크게 증대되고 기업이윤은 AW_1B에서 AW_2C로 크게 증대되었다.

국내 근로자들은 외국 근로자를 다 축출하면 국내고용이 N_2N_3만큼 증대될 것이라고 주장할 수 있다. 이 주장이 옳을까? 가상적으로 N_2N_3만큼의 외국인 근로자를 모두 국외로 내보낸다고 가정해 보자. 노동공급곡선이 S^1으로 이동하고 국내고용은 ON_1 이 된다. 그러면 국내고용은 ON_3에서 ON_1으로 N_1N_2만큼 증대한다. 축출한 외국인 근로자 N_2N_3만큼 고용이 증대하는 것은 아니다. 따라서 외국인 근로자 취업을 금지한다고 해서 국내인의 고용이 일 대 일로 증가하는 것은 아님을 알 수 있다. 내국인과 외국인의 노동력 구성 및 취업직종이 이질적일수록 외국인 고용의 대체효과는 작아진다.

3 국제간 노동이동의 결정요인

국제간 노동이동시 개인의 첫 결정은 이동할 것인가 아닌가하는 것이며, 두 번째 결정은 어느 나라로 이주할 것인가이다.

(1) 이동하느냐, 마느냐의 결정

외국인의 노동이동은 인적자본투자 모형에 의해 설명된다. 즉 이동의 순수익과 이동의 비용을 비교하여 노동이동이 결정될 것이다.

장기간에 걸친 한국 임금의 현재가치를 W_M, 또 그 기간 중 송출국(source country)인 외국에서의 임금의 현재가치를 W_R, 노동이동 비용을 M으로 표시하면, $(W_M - W_R) > M$이면 노동이동이 일어나고 $(W_M - W_R) < M$이면 노동이동이 일어나지 않는다. 노동이동을 결정하는 요인들은 이동의 순수익의 현재가치, 즉 $(W_M - W_R)$와 노동이동 비용 M이다. 노동이동 비용(M)은 송출국에서 한국으로의 이주비용이 포함된다.

외국인 노동이동 분석시 유의할 점은 국내 취업시 임금 W_M이 불확실하다는 점이다. 외국인 근로자가 이주시 고려하는 임금은 국내 취업시의 임금에 취업할 확률이 고려된 기대임금(expected wage)이다. 이를 B_M으로 표시하고, 송출국 임금의 기대임금을 B_R이라고 하면, $(B_M - B_R) > M$이면 국제간 노동이동이 일어날 것이다.

국제간 노동이동의 결정요인은 다음과 같다. ① 양국 간 임금격차가 클수록 이주성향이 높아진다. ② 근로자가 젊을수록 이주의 이익 회수기간이 길어져 이주성향이 높다. ③ 시차할인율이 낮은 미래지향적인 사람일수록 순이익의 현재가치가 높다. ④ 노동이동비용에는 불법취업시 적발될 경우의 벌금 등이 포함된다. 따라서 외국인 노동이동에 있어서 불법취업자를 적발하는 한국 정부의 단속노력이 약할수록 국내 취업의 기대임금이 높아지고, 동시에 이주비용이 낮아진다. 그 결과 국내에의 취업을 원하는 외국인 노동유입이 커지게 될 것이다. 외국인 근로자가 위험회피적(risk averse)이 아닐수록 국내 취업시 기대임금이 높고, 외국인 노동유입은 커질 것이다.

(2) 어느 나라로 이동할 것인가?

한국이 외국인 근로자를 이민의 형태로 받고자 하는 것은 두 분야일 것이라고 판단된다. 한 분야는 전문인력의 도입인데, 이는 송출국의 입장에서 보면 두뇌유출(brain drain)이다. 다른 분야는 3D 직업 분야이다. 3D 직업 분야는 ⅰ) 경비, 수리, 청소 등의 기업활동에 대한 서비스 부문, ⅱ) 가사도우미, 간병도우미 등 가계지원의 서비스부문, ⅲ) 생활용품 생산 관련 영세 기업부문, 그리고 ⅳ) 건설, 농업과 어업의 계절노동 부문 등이다.

외국 근로자의 이민 목적지 국가 선택을 살펴보기 위한 모형은 **로이**(*Roy*) **모형**이다. 그는 1951년에 이민 근로자가 어떤 나라를 선택하는지를 분석한 바 있다. Roy모형을 설명하기 위해, 다음 몇 가지 가정을 하도록 하자.

첫째, 다기간을 고려하지 않고, 하나의 기간에 의사결정을 한다고 가정한다. 외국의 송출국으로 두 나라, 예컨대 중국과 필리핀을 고려한다. 이들 송출국에서는 한국이라는 목적지 국가로 이민을 올 것인지를 결정한다. 그들은 이동의 비용을 감안한 순임금이 증가한다면 이민을 온다고 가정한다.

둘째, 각국의 숙련분포는 동일하다.

셋째, 각국에서 임금은 숙련수준에 비례한다.

[그림 6-14]는 한국, 중국, 필리핀에서의 숙련수준-임금간의 가상적 관계를 보여 주고 있다. 가로축은 숙련수준, 세로축은 이동비용을 감안한 순임금을 나타낸다. [그림 6-14]의 (i)에서 중국의 사회주의 시장경제에서 평등지향의 임금 또는 누진과세제 때문에 전문숙련직 보수의 기울기가 낮고, 한국은 가파르다. 중국의 숙련-임금곡선은 $W^C W^C$, 한국의 그것은 $W^K W^K$이다. 이 경우, 숙련수준 a_1 이상의 중국의 고급숙련직은 한국으로 이민을 올 것이다. 러시아, 인도 등의 국가에서의 한국으로의 이민은 동일하게 분석될 수 있다.

[그림 6-14]의 (ii)에서 필리핀의 숙련수준-임금간의 가상적 관계를 나타내는 선인 $W^P W^P$은 가파르다. 왜냐하면 전문숙련인력이 희소하기 때문에 높은 보수를 받기

그림 6-14 로이(*ROY*) 모형

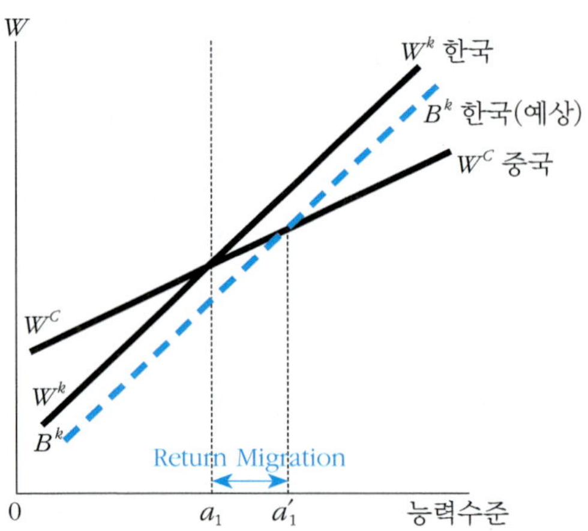

(i) 숙련 중국 이민자는 한국으로 오며,
미숙련 한국 이민자는 중국으로 이동

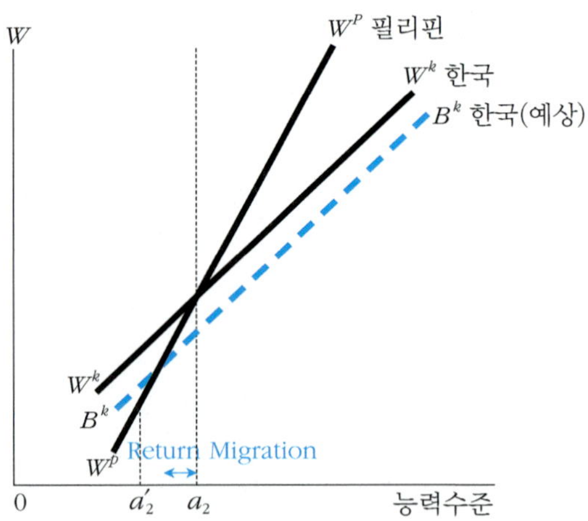

(ii) 미숙련 필리핀 이민자는 한국으로 오며,
숙련 한국 이민자는 필리핀으로 이동

도 하고, 누진과세를 쉽게 회피할 수 있는 조세제도가 있기 때문이다. 이 경우 숙련수준 a_2 이하의 미숙련자가 한국으로 이민을 오게 될 것이다.

따라서 Roy 모형은 숙련과 전문기술에 대한 상대적 보수의 크기가 숙련 이민근로자의 국가선택에 영향을 미치고, 동시에 미숙련 인력의 상대적 보수가 미숙련 임금근로자의 국가 선택에 영향을 미친다는 것이다.

(3) 어떤 사람이 되돌아가는가?

한국에 이민 온 사람이 자신의 모국으로 되돌아가는 경우는 어떤 경우인가? 외국인이 한국에 와서 한국 노동시장에서의 경험과 자녀의 교육, 가족의 주거 등에서 본인의 기대가 어긋날 때, 본인의 모국으로 되돌아 갈 것으로 예상할 수 있다.

[그림 6-14]에서 점선 B^KB^K는 그의 소득에 대한 기대가 어긋나 실현된 숙련수준-임금간의 관계를 보여주고 있다. [그림 6-14]의 (i)에서는 a_1a_1' 만큼의 되돌아가는 숙련 중국근로자(return migration)가 있게 된다. [그림 6-14]의 (ii)에서는 a_2a_2' 만큼의 되돌아가는 미숙련 필리핀근로자가 있게 된다.

따라서 Roy 모형은 숙련과 전문기술에 대한 상대적 보수의 크기뿐만 아니라, 보수수준에 관한 기대값도 중요함을 보여준다. 보수수준에 대한 기대값이 어긋나 실현되는 보수수준이 낮아지는 경우는 높은 주거비용, 높은 커뮤니케이션 비용 등과 관련되어 있다. 외국인 노동력을 유입하여 미숙련노동력 부족을 보완하되, 동시에 고급 외국인력의 국내유치를 성공적으로 이루어 낼 필요가 있는데, 이때 국제 노동이동의 부정적 효과를 최소화하고 긍정적 효과를 극대화하도록 하기 위해서는 외국 근로자의 기대를 충족시킬 수 있도록, 언어, 주택, 문화 등의 측면에서 획기적 정책의 전환이 필요하다.

4 한국의 고용허가제

1980년대 중반부터 3D 단순기능 인력의 부족 현상이 가시화되던 중 1988년 서울올림픽을 계기로 취업을 목적으로 한 불법체류자가 급증하였다. 이에 정부는 1991년 11월 해외투자기업 연수생제도, 1993년 12월 외국인 산업연수생제도를 도입하여 외국 인력의 유입을 부분적으로 허용하였다. 그러나 연수제도를 통한 노동력 공급은 매우 제한적이었기 때문에 불법체류자를 줄이는 데 큰 기여를 하지 못했다. 계속되는 중소기업 기능직 인력난을 완화하고 외국인력 고용을 체계적으로 관리하기 위하여

2003년 8월 「외국인근로자의 고용등에 관한 법률」이 제정되어 2004년부터 **고용허가제**가 시행되었으며, 2007년부터는 외국국적 동포의 **방문취업**이 허용되고[1] 기존 산업연수생제도가 고용허가제로 흡수되어 일원화된 외국인력 관리체계를 갖추게 되었다.

국내에서 취업하고 있는 외국인 노동력 규모는 2014년 6월 현재 170만명으로 인구대비 3% 수준이다. 취업자격 외국인 이주자 59만명, 방문취업 제도하의 재외동포 53만명, 결혼 이주자 50만명, 유학생 및 연수자 8만명 등으로 구성되어 있다. 2007년 방문취업제의 허용은 외국인 고용규모를 크게 증가시킨 것으로 나타나는데, 해외동포들은 언어소통이 상대적으로 용이하다는 장점을 갖기 때문에 제조업뿐만 아니라 고객과 직접 마주하는 서비스업에서 외국인 고용규모가 대폭 확대되는 결과를 가져왔다.

고용허가제의 도입은 산업연수생제도가 갖고 있던 폐해를 줄이는 데 크게 기여한 것으로 평가된다. 산업연수생제도는 명칭에서도 알 수 있듯이 외국인 근로자를 우리 산업현장에서 연수생 자격으로 한시적으로 받아들이는 제도이다. 그러나 이들은 이름만 연수생일 뿐 실제로는 근로자이다. 이러한 제도와 현실의 불일치가 외국인 근로자의 임금, 근로시간, 사회보험 등 기본적인 노동권으로부터 배제되도록 만들었다. 연수생 임금과 시장임금과의 괴리가 커 연수생의 사업장 이탈이 빈발하고 불법체류자가 급증하는 부작용도 나타났다. 더욱이 연수생의 공급을 독점하고 있던 인력송출회사의 횡포로 외국인 근로자가 국내에 들어오기 위해 치러야 하는 송출비용이 증가함에 따라 불법체류 유인은 더욱 증대하였다. 그러나 2004년 고용허가제 도입을 기점으로 불법체류자는 크게 줄어들었다.

고용허가제를 통해 외국인력 채용이 허용되는 업종은 300인 미만의 중소제조업, 건설업, 서비스업 중 6개 산업(음식점업, 사업지원서비스업, 사회복지사업, 청소관련 서비스업, 간병서비스업, 가사서비스업), 농축산업, 연근해어업 등이다. 송출국가는 필리핀, 몽골, 베트남, 태국, 중국, 네팔 등 15개국으로 되어 있다. 고용허가제는 내국인 우선고용의 원칙에 따라 일정 기간 동안 국내에서의 구인노력을 요건으로 하고 있으며, 일단 외국인 근로자를 채용하면 3년 계약을 원칙으로 하되 4년 10개월까지 연장이 가능하다. 4년 10개월 후 한국에 재취업하는 것은 예외적 조건 하에서만 가능하다.

---

1) 고용허가제로 통합되기 이전에 국내 친인척이 있거나 대한민국 호적에 등재되어 있는 자 및 그 직계존비속 중 일정 연령 이상인 자는 노동부의 '취업관리제' 하에서 국내 취업이 허용되었다. 고용허가제 도입 이후 특례고용대상자는 비전문취업(E-9) 사증으로 전환되었고, 2007년 3월 '방문취업제'가 도입되면서 방문취업 비자(H-2)를 발급받은 외국국적 동포에 대해서는 취업활동을 대폭 완화하였다. 즉 방문취업사증 소지자는 특례고용가능확인서를 발급받은 업체에 자율적으로 취업하고 사후에 신고할 수 있다.

50인 이하 제조업 사업체에 종사한 외국인 근로자, 농축산업 및 어업 종사자 등에게 만 허용되는데, 단 3개월 동안 모국으로 귀국해야 한다(4년 10개월과 3개월 출국 요건 충족시 4년 10개월 추가). 고용이 허가된 외국인 근로자들은 국내 근로자들과 동일하게 한국 노동법의 규율을 받는다.

고용허가제와 이민은 근본적으로 다르다. 고용허가제는 단기의 외국인력 활용이 목적이며, 계약기간이 종료되면 반드시 모국으로 귀국해야 한다. 한국 영주권 취득의 기본 요건이 5년 거주기간인데 고용허가제로 입국한 근로자는 대부분 최대 4년 10개월 후 귀국하여야 하므로 영주권 신청이 원천적으로 봉쇄되어 있다. 고용허가제의 취지도 한국으로의 영주권 신청을 방지하는 데 있다. 반면 이민은 영주권을 제공하며, 일정기간 후 한국 국적을 취득하는 경로를 제공하는 것이다. 이러한 의미의 이민은 한국에 존재하지 않는다. 한국에는 이민법이 없고 비자의 종류에 의해 한국에 입국하고 송출국으로 귀환하는 외국인 출입관리를 담당하는 법이 있을 따름이다.

앞으로 개방적인 이민정책을 시행하자면, 이민법을 제정하고 법무부, 외교부, 고용노동부, 복지부, 중소기업청 등으로 나누어 관리되는 이민관련 행정을 이민청으로 일원화할 필요가 있다.

5 외국인근로자 정책의 방향: 다민족, 다문화 국가에로의 지향

개방적 이민정책의 긍정적 효과는 다음의 다섯 가지로 요약된다.

첫째, 외국인노동력은 국내 청년인구 감소를 대체할 수 있다. 우리는 한국의 경우, 청년의 수가 급격하게 감소하고 있음을 여러 차례 지적한 바 있다. 2020년 기준 청년인구 감소분 40만명 중 제2장에서 제시한 출산율을 높이는 방안들을 시행하여, 국내 출산율을 현재 1.1명에서 1.6명 수준으로 올려 약 20만명의 추가 청년 노동력 증가를 도모하고, 인구유지 수준의 출산율 2.1명과 목표 출산율 1.6명간의 차이를 매년 외국인 이민 20만명으로 대체하는 정책을 강구할 필요가 있다.

그렇게 하면 현재 약 5천만명의 인구를 유지할 수 있게 된다. 이는 매년 20만명 외국인에게 이민을 앞으로 최소 35년간, 즉 2050년까지 시행하는 것을 의미하며, 2050년에는 외국으로 부터의 이민자가 약 700만명, 현재 한국에 있는 외국인 170만명을 합하면 약 870만명의 외국인이 경제활동인구가 된다. 이는 현재 한국의 경제활동인구 2천7백만명 대비 약 32%에 달하는 막대한 규모가 된다. 약 870만명의 외국인은 5천만 인구 대비 약 17% 수준으로 된다. 이로써 다민족 다문화 국가가 한국에 정착되게 된다.

둘째, 이민은 노동력 부족을 보충할 수 있는 기회를 제공한다. 한국의 경우 미숙련 인력부족이 심각하다. 한국 노동시장은 1970년대 후반기에 노동공급의 무제한적 단계가 종료되었고 1980년대 후반부터 미숙련 생산직을 중심으로 노동공급 부족이 심각하게 되었다. 이러한 노동공급 측면의 구조변화에 기인하는 구조적 불균형에 대해 외국인력을 도입하는 것은 노동시장 구조상의 애로를 완화할 수 있으며 이는 도입국의 생산과 소득 증가에 기여한다.

셋째, 도입국에서는 우수한 외국인 노동력을 유치할 수 있다면 우수 기술과 지식을 확보하는 계기가 된다. 반대로 지식근로자의 송출국은 **두뇌유출**(brain drain)을 경험하게 될 것이다. 우수 외국인력을 확보하기 위한 캐나다의 이민정책은 흥미롭다. 1960년대 중반 이후 캐나다는 점수제에 의한 이민심사와 이민비자 판매제를 도입하였다. 예컨대, 이민신청자의 교육, 직업능력, 경력, 직업, 나이, 어학능력 등을 평가하여 이민신청자를 선별하고 100만 달러 이상의 투자이민자를 받아들임으로써 캐나다 이민구성에서 정(正)의 선택(positive selection)이 있었음이 보고되고 있다.

넷째, 노동력 송출국의 입장에서 보면 미숙련 노동력 송출은 불완전고용과 실업 해소의 수단이 된다. 외국인 근로자의 입장에서는 도입국에 취업하여 보다 높은 기술을 습득하고 보다 높은 소득을 얻을 수 있으며, 이들이 고국에 송금하는 돈은 외화 획득이 되어 출신국의 부족한 자본공급을 보충하는 효과적인 수단이 된다. 그들이 습득한 기술 역시 기능이전의 중요한 원천이 될 것이다.

다섯째, 국제간 노동력이동은 세계의 인적자원을 보다 효율적으로 배분되도록 하여 세계의 경제발전에 기여할 것이다.

노동력의 국제적 이동이 송출국과 도입국간의 상호이익을 증진시키고 새로운 이익을 창출할 수 있는 잠재력을 지녔으나 다음과 같은 부작용도 지닌다.

첫째, '국내 노동력=상대적 고임금의 일류 직종', '외국인 노동력=상대적 저임금의 이류 직종'이라는 형태의 노동시장 분단이 형성될 수 있다. 프랑스, 독일에서는 자동차조립공, 청소, 건설현장의 육체근로자, 농업의 계절근로자는 외국인 근로자로 대체되었다. 일단 어느 직종이 외국인 근로자로 채워지면 그 직종의 지위가 떨어지는 **낙인효과**(stigma effect)가 발생하여 자국민은 실업해도 그 직종에 취업하는 것을 기피하게 되었다. 특히 저임금의 미숙련근로자들이 체재기간을 5년, 10년으로 장기화하면서 정착하여 자녀를 낳고 가족을 꾸리면서 노동시장이 내국인-외국인의 노동시장 분단구조가 고착화될 수 있다.

둘째, 한번 외국인 노동력을 이민으로 도입하면, i) 가족초청, 자녀교육 등으로 외국인근로자의 삶을 위한 인프라 구축, ii) 국내에 인도촌, 태국촌, 필리핀촌, 베트남촌, 방글라데시촌 등 외국인 집단거주지 형성 등에 정부가 행정, 재정, 세제상의 지원을 해야 한다. 외국인이 한국에 살 때, 마치 자기 나라에 살고 있는 듯한 느낌을 갖도록, 한국에서 활동하는 사회통합정책 등이 수반되어야 한다. 동시에 iii) 인간 간에 서로 소통하고 교류하는 것을 원활하게 하여, 한국에의 장기정착이 가능하도록 영어를 공용화하는 등의 제도 정비가 수반될 필요도 있다.

따라서 외국인 노동력을 유입하여 미숙련노동력 부족을 보완하되, 동시에 고급 외국인력의 국내유치를 성공적으로 이루어 냄으로써 국제노동이동의 부정적 효과를 최소화하고 긍정적 효과를 극대화하도록 하여야 한다. 외국인 노동정책 수립시 노동시장 불균형에 대한 정확한 예측과 국내 유휴인력의 활용계획에 근거하여 적절한 규모의 외국인력 공급, 기업수요에 부응하는 외국인력 공급 및 관리체계 구축 등 다양한 제도적 노력이 요구된다.

아시아 국가와의 경제협력 및 외국인 인력활용이라는 경제적 측면뿐만 아니라 외국의 고급인력이 갖고 들어오는 외국문화가 한국문화에 접목되어 한국문화가 더욱 발전할 수 있도록 노력하여야 한다. 그리하여 한국이 다민족 국가, 다문화 국가로 나아가는 것이 글로벌 경제에서 한국의 지향성이 되어야 할 것이다.

제 7 절 노동시장 유연성과 정책 과제

인구감소시대 노동수요가 감소하고 노동공급이 동시에 감소함으로써 야기되는 심각한 고용위기에 대응하는 효과적인 방법은 시장저해적 규제를 폐지하여 노동수요를 진작시키고, 시장친화적 규제로 노동공급을 증대시키는 것이다. 구체적으로 시장저해적 정부규제 폐지는 식 (6.2)에서 노동수요를 증대시키는 효과를 갖고 있는데, 탁월한 인재를 낳는 교육제도는 연구·개발에 의한 기술혁신을 쉽게 하고, 노동의 질 제고를 통해 노동수요를 증대시킨다.

1 시장을 옥죄는 정부규제

정부규제가 시장저해적인지 아니면 시장친화적인지를 어떻게 평가할 수 있을까?

지표에 관한 상대평가는 가능하며, 이 상대평가에 의거하여 한국 공무원 생산성 수준을 가늠해 볼 수는 있다.

〈표 6-7〉은 세계은행(World Bank)이 작성한 2013년 기준의 **거버넌스 지표**(governance indicator)를 보여준다. 한국 정부의 효과성, 즉 공공서비스의 질, 관료의 질 및 정치적 영향력으로부터의 독립성, 정책 입안 및 집행의 질, 정부의 정책집행 의지는 212개 조사 대상국 중 37위이며, 규제관련 정부능력, 즉 민간부문의 발달을 허용하고 촉진하는 건전한 정책과 규제를 입안하고 집행할 수 있는 정부의 능력은 210개국 중 43위, 법 집행·경찰·법원의 질적 수준은 212개국 중 46위, 공권력 부패

표 6-7 세계은행(World Bank)의 거버넌스 지표(Governance Indicator)

항목	의미	연도	순위					
			한국	홍콩	일본	싱가포르	대만	조사 국가수
정부의 효과성	공공서비스의 질, 관료의 질 및 정치적 영향력으로부터의 독립성, 정책 입안 및 집행의 질, 정부의 정책집행의지	2004	42	18	22	9	29	204
		2007	33	7	24	1	35	207
		2010	33	14	21	1	35	210
		2013	38	10	14	2	35	210
규제의 질	민간부문의 발달을 허용하고 촉진하는 건전한 정책과 규제를 입안하고 집행할 수 있는 정부의 능력	2004	52	1	38	3	32	204
		2007	45	1	32	5	43	207
		2010	45	1	39	5	35	210
		2013	43	2	36	1	33	210
법질서	경제주체들이 사회의 법질서를 신뢰하고 준수하는 정도 특히 계약집행·경찰·법업의 질적 수준 및 범죄와 폭력의 빈도	2004	46	16	26	12	37	210
		2007	37	20	23	17	58	210
		2010	40	20	26	16	39	212
		2013	46	20	23	11	35	212
부패의 통제	사적 이득을 위해 공권력이 사용되는 정도. 소규모 및 대규모의 부패 및 특권계층과 사적 이해집단에 의한 정부 장악 포함	2004	71	13	29	4	44	206
		2007	57	14	31	5	58	207
		2010	66	12	18	4	56	211
		2013	63	17	16	8	58	210

주: 조사국가들에 대한 백분위 순위를 이용하여 순위를 재산정함.

자료: Worldbank, *The Worldwide Governance Indicators, 2014 Update*.(www.govindicators.org. 접속일자: 2015. 8. 26)

의 통제 강도는 210개국 중 63위이다. 한마디로 한국 정부의 역량은, 세계 15위권인 한국의 경제규모에 비교하면 매우 낮다.

문제의 심각성은 아시아 주요국인 싱가포르, 홍콩, 일본, 대만과 비교해서도 전 부문에 걸쳐 뒤떨어지고 있다는 점이다.

2014년 OECD가 작성한 상품시장 규제 지표에서 2013년 기준 조사대상국 중 한국은 터키, 이스라엘, 멕시코에 이어 제4위를 차지할 정도로 높은 규제 수준을 보이고 있다(기획재정부, 2014, 「OECD 규제개혁 평가보고서[Going for Growth] 주요 내용」, 보도참고자료(2014. 3. 2).

〈표 6-8〉에 나타난 헤리티지 재단의 **경제자유도** 평가를 살펴보면, 2014년 전체 항목 평점 기준으로 한국은 29위를 기록하여 경제적 자유도가 상대적으로 낮은 것으로 평가되었다. 특히 노동(135위), 재정(129위) 분야 자유도가 낮고 부패지수(45위)도 높은 편이다.

이한구(2015)는 국회 대정부 질문에서, 알맹이는 '맹탕'인데, '껍데기 실적'에 자화자찬하는 공공부문 개혁, 진정성도 없고 목표제시도 없는 금융분야 규제개혁, 사소한 규제만 바꾸어 규제개혁 숫자 부풀리기, 앞에서는 규제개혁, 뒤로는 대형 규제 신설·강화, 재탕, 삼탕 규제개혁 추진계획 발표, '기업애로 핵심규제 개선 등 꼭 필요한 과제는 해결 못하고 매년 포장만 바꿔 또다시 추진계획으로 발표' 등 정부의 규제개

표 6-8 헤리티지 재단의 경제자유도 국별 순위(2014)

	재산권	부패	재정	정부지출	기업	노동	통화	무역	투자	금융	전체
한국	25	45	129	92	13	135	32	116	47	3	29
미국	20	19	155	129	15	1	89	40	47	19	12
영국	3	14	162	161	10	41	114	11	2	3	13
프랑스	20	22	176	174	32	157	82	56	47	19	73
독일	3	12	168	152	17	134	33	11	2	19	16
스웨덴	3	3	179	171	18	122	8	11	2	3	23
일본	20	18	144	137	24	9	4	58	47	70	20
대만	30	35	77	26	8	119	16	43	36	39	14
중국	138	80	139	43	147	90	118	123	158	131	139

자료: Terry Miller and Anthony B. Kim, *2015 Index of Economic Freedom*, The Heritage Foundation, 2015.

혁을 강도 높게 비판하고 있다. 그는 또한 금융, 의료, 교육, 관광, 소프트웨어 등 청년층이 가고 싶어 하는 서비스 분야의 일자리 확대를 위해 규제를 전면 재검토하겠다고 정부가 밝혔는데도 불구하고 기재부가 제출한 규제개선 실적에 의하면 효과적 규제해제는 전무함을 지적하고 있다. 지난 20년간 공무원은 규제개혁에 대해 위에서 언급한 자세를 취해 왔고, 규제의 질은 더 악화되어 왔다고 할 것이다.

2 노동시장 유연성의 제고

시장을 옥죄는 규제의 대표적인 예는 노동시장 유연성을 크게 떨어 뜨리는 고용보호 규제이다. 우선 노동시장 유연성을 정의하도록 하자.

(1) 정의와 유형

한국의 노동시장 유연성을 높여야 하는 부문을 몇 가지로 식별하기 위해 우선 노동시장 유연성의 정의와 유형을 간단히 살펴보기로 한다.

노동시장 유연성(labor market flexibility)이란 일반적으로 외부환경 변화에 인적자원이 신속하고 효율적으로 배분 및 재배분되는 노동시장의 능력을 지칭한다. 유연노동시장(flexible labor market)이란 경쟁노동시장의 새로운 이름이다. 경쟁노동시장에서는 기업의 자유로운 선택, 즉 자유로운 고용과 해고를 할 수 있고, 근로자는 자유롭게 직장이동을 할 수 있으며, 임금은 외부 환경변화에 따라 탄력적으로 변동한다. 바로 이러한 경쟁노동시장을 유연노동시장이라고 한다. 유연노동시장과 대립되는 개념은 경직적 노동시장이다. 임금이 하방경직성을 갖고 있으며, 준고정적 노동비용이 높으며, 해고가 대단히 어려운 노동시장을 경직적(inflexible) 노동시장이라고 한다.

노동시장 유연성의 유형에 대해서도 여러 가지 의견이 나오고 있다. 그 중에서도 Bernard Brunhes(1989)의 구분이 가장 널리 인용되고 있다. 그는 1989년 OECD 보고서(Labor Market Flexibility: Trends in OECD Countries)에서 노동유연성의 형태를 ① 외부적 수량적 유연성(external numerical flexibility), ② 외부화(externalization), ③ 내부적 수량적 유연성(internal numerical flexibility), ④ 기능적 유연성(functional flexibility), ⑤ 임금유연성(wage flexibility) 등 다섯 가지 형태로 구분하고 있다.

첫째, **외부적 수량적 유연성**이란 고용의 유연성으로서 기업의 사정에 따라 임시직 및 계약직 활용, 채용 및 해고규정의 완화 등을 통해 용이하게 고용량을 조절할 수 있는 정도를 나타낸다. 즉, 기존의 법률과 규제의 수정, 그리고 단체교섭의 수정을 통해서 고용과 해고 등을 좀 더 자유스럽게 하고, 다양한 형태의 기간제 또는 계약직을 도입하며, 파트타임직을 보다 확장시키는 것이다. 해고가 자유로운 국가들은 미국, 캐나다 등 앵글로색슨 국가, 덴마크, 네덜란드, 스웨덴 등 북유럽의 국가들이다.

둘째, **외부화**의 주요한 목적은 생산의 불확실성과 변동에 관련한 위험을 다른 기업으로 전가시키는 것이다. 이 또한 고용유연성에 속한다. 작업을 하청의 형태 또는 외부에 주거나 파견근로의 형태로 용역업체에 의해 근로자를 고용하거나 또는 소사장제라는 내부하청을 통해 근로자를 고용하는 것이다.

셋째, **내부적 수량적 유연성**이란 근로시간의 유연성으로서 기업의 사정에 따라 기 채용된 근로자의 근로시간을 조절할 수 있는 정도를 의미하며 시간제근로, 유연근로시간, 교대제, 근로시간계좌제, 휴가제도, 연장근로 등을 포함한다. 즉, 고용주가 기업 내 근로자 수를 조정하지 않고도 노동시간을 조정할 수 있는 능력을 말한다. 탄력적 근로시간제란 2주간, 6개월간, 1년간 등과 같이 일정기간을 정하여, 그 기간 평균 근로시간이 1일 또는 1주일간 근로시간의 법정기준근로시간(1일 8시간, 1주 40시간)을 초과하지 않으면, 특정 일 또는 특정 주에 초과근무를 하더라도 초과근무수당을 지급하지 않아도 되는 제도이다. 과거에는 변형근로시간제라고 하였다. 한국은 2주간, 3개월간 탄력적 근로시간제를 허용하고 있으나 3개월간의 제도는 대단히 엄격한 조건을 요구하여 사실상 유명무실하다. 미국, 독일, 프랑스에서는 1년 단위 탄력적 근로시간제를 허용하고 있다. 선택적 근로시간제는 흔히 플렉스타임(flex-time)제라고도 하며, 1주일을 평균하여 40시간(법정근로기준시간)을 일하되, 출근과 퇴근 시간을 근로자의 선택에 맡기는 제도이다. 최근 삼성전자가 선택적 근로시간제 시행을 발표하였다.

넷째, **기능적 유연성**이란 다능공 훈련, 배치전환, 작업장간 노동이동 등을 통해 생산과정에서의 이상과 변화에 대한 근로자의 적응력을 높이는 것을 말한다. 근로자로 하여금 몇 가지 기술을 갖도록 하여 그들이 보다 많은 기술을 가지면 가질수록, 불량의 원인탐지 및 교정이 빠르게 이루어지며, 어떤 직무에서 다른 직무로 전환할 수 있기가 쉬워지며 생산조건이 변할 때 근로자들은 직무를 전환할 수 있다.

다섯째, **임금유연성**이란 과거의 연공서열이나 단체협상에 의해 결정되었던 경직적 임금제도를 개인이나 팀별 능력과 성과에 연동되는 직능급, 직무급, 연봉제 등의 임금체계로 전환하는 것을 의미한다. 임금유연성은 임금이 집단적으로 결정되지 않는 정도가 약하고, 개인의 성과를 반영하여, 근로자간에 임금차이가 클수록 유연성이 높다.

Brunhes의 노동시장 유연화에 대한 다섯 가지 개념정리를 좀 더 간략히 구분하면 수량적 유연성, 기능적 유연성, 임금유연성으로 정리된다. 수량적 유연성이란 Brunhes의 외부적 수량적 유연성, 내부적 수량적 유연성, 그리고 외부화를 합친 것이다. 기능적 유연성과 임금유연성은 Brunhes의 개념정리를 그대로 따른다.

이렇게 세 가지로 분류했을 때, 수량적 유연성과 기능적 유연성은 고용의 유연성을 이루는 방법을 지칭한다. 왜냐하면 고용량은 '근로자수×노동시간×노동의 질'에 의해 결정되므로 수량적 유연성은 근로자수와 노동시간을 시장환경 변화에 유연하게 조정하는 것이며 기능적 유연성은 노동의 질을 보다 수준 높게 조정하는 능력을 말하기 때문이다.

결국, 수량적 유연성, 기능적 유연성, 임금유연성이라는 세 분류는 고용유연성과 임금유연성이라는 두 분류로 압축된다.

(2) 한국의 노동시장 유연성 평가

오호영(2015)은 세계은행 『Doing Business』의 국가별 원자료와 세계경제포럼(WEF) 『국가경쟁력보고서』의 국가별 시계열자료를 이용하여 2006~2013년간 전 세

그림 6-15 한국의 노동시장 유연성 순위(107개국)

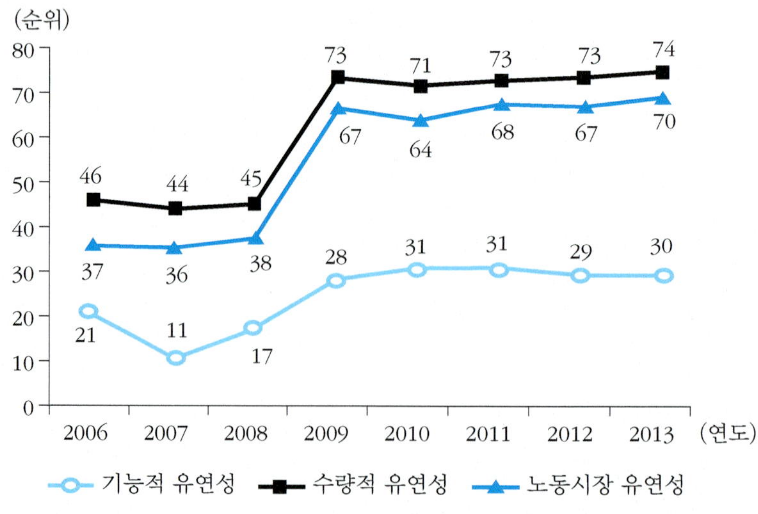

자료: 오호영, 「노동의 미래와 노동시장 유연성」 한국경제연구원, 2015.

계 107개국의 패널자료를 만들고 이를 토대로 각국의 노동유연성을 평가하였다.

그 결과, 전체 107개국 중 한국의 노동시장 유연성은 2006년 37위에서 2013년 70위로 추락하였음을 보고하고 있다([그림 6-14]). 한국의 노동유연성이 상대적으로 하위권에 속할 뿐만 아니라 최근에 올수록 노동시장 경직성이 심화되고 있음을 보여주는 것이다.

오호영(2015)은 34개 OECD 회원국 중에는 한국의 노동시장 유연성은 2006년 18위에서 2013년 22위로 하락하였다고 분석하고 있다(〈표 6-9〉). 그는 해고유연성만 보면 한국은 30위로 최하위권에 속한다는 자료를 내 놓았다.

표 6-9 OECD 34개국의 노동시장 유연성 순위

국가	2006년 순위	2013년 순위	순위 변동	국가	2006년 순위	2013년 순위	순위 변동
스위스	4	1	⇑3	칠레	19	18	⇑1
미국	1	2	⇓1	에스토니아	28	19	⇑9
덴마크	3	3	-	이태리	25	20	⇑5
뉴질랜드	6	4	⇑2	터키	24	21	⇑3
영국	2	4	⇓2	한국	18	22	⇓4
일본	5	6	⇓1	스페인	31	23	⇑8
캐나다	8	7	⇑1	독일	25	24	⇑1
벨기에	9	8	⇑1	스웨덴	20	25	⇓5
아일랜드	10	9	⇑1	핀란드	22	26	⇓4
체코	12	10	⇑2	네덜란드	23	27	⇓4
슬로바키아	16	11	⇑5	노르웨이	21	28	⇓7
호주	7	12	⇓5	그리스	29	29	-
이스라엘	13	13	-	멕시코	30	30	-
폴란드	15	13	⇑2	슬로베니아	27	31	⇓-4
헝가리	16	15	⇑1	룩셈부르크	33	32	⇑1
아이슬란드	11	16	⇓5	프랑스	34	33	⇑1
오스트리아	14	17	⇓3	포르투갈	32	34	⇓2

자료: [그림 6-15]와 동일

3 시장친화적인 규제: 유연성과 안정성을 연계하는 노동시장정책

시장친화적인 노동시장 유연성 제고 정책은 반듯이 사회적 안정망의 확보와 연계되어 추진하여야 한다.

쉬운 해고로 인한 실업에 대한 정부의 대응정책은 다음 몇 가지로 나눌 수 있다.

첫째는 **소극적**(passive) **노동시장정책**이다. 이는 실업이 발생했을 때, 실업자에게 실업부조 또는 실업급여를 제공하는 실업대책을 말한다.

둘째는 적극적(active) 노동시장정책의 단계이다. 여기서 'active'의 의미는 '국가가 적극 개입한다'는 의미이다. 1980년대부터 미국·유럽에서는 실업이 장기실업의 특징을 지니게 되어, 실업급여의 지급과 더불어 직업훈련에 의한 기술업그레이드와 고용보조금에 의한 취업기회 제공 등 실업기간의 단축에 초점을 맞춘 정책이 **적극적 노동시장정책**(active labor market policies; ALMPs)이다. 기술업그레이드를 위한 직업훈련과 공공고용서비스 제공에 정부재정을 투입하기 때문에 '취업을 통한 소득확보' 정책이라고 할 수 있다.

제11장에서 소개할 덴마크의 유연안정성 모형은 적극적 노동시장정책의 성공사례이다. 그러나 실업자와 훈련기관, 복지기관 간의 통합적이고 협력적인 관계 설정에 성공하지 못하면 정부는 돈만 쓰고 고용촉진의 효과는 기대할 수 없게 된다.

셋째 단계는 **활성화**(activation) **노동시장정책**이다. 적극적 노동시장정책(ALMPs)을 진행하되, 실업부조와 실업급여 기간을 축소하고, 실업자의 활발한 구직활동을 실업급여 수령의 조건으로 하며, ALMPs 프로그램 참여를 강화한 것이 '활성화' 정책이다. 즉 실업자 개인의 책임과 의무를 보다 강화한 장기실업자의 고용촉진 프로그램인 것이다. 이는 실업자의 참여를 요구하고 취업을 유인하는 제도에 의해 '실업으로부터 취업에로의 이행'을 촉진하는 정책이다.

이 정책은 수급자에 대한 기술업그레이딩 훈련과 고용정보 제공이라는 고전적 방식 이외에도 근로장려수당(in-work benefits)과 같은 금전적 인센티브와 육아지원 등의 사회서비스 인센티브를 제공하였다. 한편으로는 수급자에 대한 요건을 강화하고, 다른 한편으로는 수급자의 능력을 강화하는(enabling) 것이 특징이다.

장기실업자에 대한 과거의 노동시장정책에 대해 선별적 복지의 방식이 적용된 것이 활성화 정책이다. 제11장에서 소개할 덴마크의 유연안정성(flexicurity) 모형에도 활성화 조치가 도입된 것은 물론이다

네 번째 단계는 1990년대 중반 이후 10여년의 논의를 거쳐 정립되고 있는 **이행노**

동시장(Transitional Labor Markets; TLM) 이론과 정책이다. 이는 활성화 노동시장 정책, 즉 실업자의 참여를 요구하고 유인하는 제도에 의해 '실업으로부터 취업에로의 이행'을 촉진하는 정책의 범위를 확장하여, 경제활동상태 간 이행에서 상향이동(즉 '좋은 이동')을 촉진하는 노동과 복지의 결합정책을 일컫는다. 현재의 비경제활동인구인 전업주부를 경제활동인구로, 현재의 실망실업자를 취업자로, 현재의 비정규직 근로자를 정규직 근로자로, 현재의 정년퇴직자를 파트타임 근로자로 이행하는 것을 돕고 촉진하는 노동과 복지의 다양한 정책조합이 이행노동시장 전략이다.

취업을 원하는 가사활동전담자와 실망실업자의 취업자로의 이행, 취업을 원하는 은퇴자의 취업자로의 이행을 활성화모형에 추가한 것이 TLM 모형이라고도 할 수 있다. 젊은 비경활(청년, 여성) 인구→경활인구, 경활인구 중 실업자→취업자(적극적 노동시장 정책의 대상), 경활인구 중 비정규직→정규직, 은퇴자→경활인구로의 이동은 그야말로 근로자 생애단계별로 직면하는 위험요소들을 예방 관리함으로써 상향이동을 지원하고 촉진하는 것이 된다. 해고라는 고용유연성, 근로시간 유연성, 훈련에 의한 기능적 유연성, 고용정보 및 서비스 제공, 복지서비스 제공의 결합을 통해 근로자의 임금과 고용의 안정성을 높이는 포괄적 정책이다.

김동헌(2013)은 "TLM은 노동시장의 주변 혹은 경계에 위치한 취약계층 근로자들을 노동시장에 통합시키기 위한 노동시장정책·사회정책을 구상하는 데 매우 유용한 분석틀"이라고 평가하였다.

한국 노동시장정책의 출발점은 사회에서 가장 불우한 위치에 있는 사람들에 대한 기초생활보장제의 내실화, 쉬운 해고, 기술업그레이딩을 위한 직업훈련, 사회안정망의 결합에 있다. 노동시장정책의 발전단계로 보면, 제2단계인 적극적 노동시장정책의 정착과 내실화가 시장친화적 규제라고 할 것이다.

구체적으로 기업에 대한 보조금, 산업의 구조조정지원금 등은 WTO체제에서는 금지되어 있는데 그 이유는 보조금은 불공정무역을 낳기 때문이며, 보조금을 기업과 산업에 지원하면 WTO에 제소 당하고 높은 관세라는 형태로 패널티가 부과되며, 무역보복을 당한다. 한국은 1960년대 이후 수출주도형 공업화과정에서 만연되어 있고, 관행으로 되어 있는 각종 보조금을 폐지하고, 그 재원으로 기업이 해고하는 근로자에 대해 실업부조금, 실업급부, 직업훈련, 재취업 알선에 사용하는 방식으로 재정의 운용을 달리 하여야 한다. 기업이 전담하다 시피 해온 해고비용을 사회화하면, 이는 근로자에 대한 직접 지원 그러나 기업에 대한 간접지원이 되며, WTO체제 규범과 부합하는 시장친화적 규제라고 할 수 있다.

제8절 일자리 창출의 미시경제정책

한국 청년의 고용절벽이란 용어가 회자되고 있다. 절벽이란 떨어지는 급경사를 의미하는데 고용절벽이란 기업의 고용여력이 급감해 일자리가 크게 줄어드는 현상을 지칭한다. 즉, 인구감소시대 노동에 대한 수요가 급감하여 청년층들의 일자리가 크게 소멸되고 있는 상태를 말한다. 이제 인구감소시대 한국노동시장에 관한 장을 마치면서, 일자리 창출을 위한 정책을 한 문장으로 요약하면 노동수요를 진작시키고 노동공급을 증대시키는 것이다. 이절에서는 지금까지 제안해 온 미시경제학적 처방을 요약하여 정리하고자 한다.

1 노동공급 가능인구의 증대 정책

개방적인 이민, 여성·중고령 인력의 활용 등의 정책들은 노동공급을 증가시키고 노동공급곡선을 하방으로 이동시켜, 임금은 떨어지지만 고용을 증대시킨다.

(1) 개방적 이민정책

외국인에게 개방적인 이민정책을 펴서 1년에 20만명의 청년과 전문인력을 들여오되, 앞으로 35년간, 즉 2050년까지 700만명의 외국인 이민자를 받아들이자고 이 책의 5절에서 제안한 바 있다.

한국인의 대부분은 개방적 이민정책에 반대한다. 왜냐하면, 한국은 단일민족으로 민족적 동질성은 앞으로 유지되어야 한다고 믿는다."우리나라의 노동력 감소 및 고령화 추세의 속도를 감안할 때, 이를 가시적으로 반전시킬 수 있을 정도의 대규모 이민을 받아들인다는 것은 현실적으로 가능성이 높다고 보기 어려우며"(조동철, 2014)라는 표현은 예외 없이 등장한다.

한국인에게는 그 사고와 행위를 지배하는 문화의 원형이 있다. 삼국시대에 부여족이 지배계층이 된 고구려와 백제, 만주의 말갈족, 거란족, 여진족과의 공존한 고구려, 흉노족이 지배계층이 된 신라, 실크로드를 거쳐 당시 우즈베키스탄까지 교류한 신라와 고구려, 일본과 밀접히 교류한 백제 등 3국의 역사를 살펴보면 한국은 다민족국가였으며, 삼국간의 경쟁이 있을 때 가장 강대했고 문화가 융성했다. 삼국시대의 이러한 다민족국가가 한민족의 원형, 즉 DNA라고 할 것이다. 조선시대에 형성되고 일제 치하에서 더 강고하게 된 폐쇄적 민족주의와 단일민족국가의 허상을 깨고 다민족국가 형성에 의해 한국의 저성장, 실업이라는 경제난이 해결될 수 있고 문화적으로도 융성할 수 있다고 말할 수 있어야 한다. 이민 쇄국주의를 택한 일본이 1990년에서 2013년까지의 장기침체를 겪었고 미래 일본의 장래도 여전히 암울하다는 점을 감안할 때, 우리가 일본의 전철을 밟지 않기 위해서는 개방적 이민정책이 긴요하다 하겠다.

(2) 여성, 중고령자, 청년의 활용

2020년이면 최고점인 1980년대 기준으로 매년 약 40만명의 청년이 감소하기 때문에 20만명은 외국인 이민으로 충원하되, 청년의 대체인력으로 여성, 중고령자 등을 매년 20만명을 활용하여야 한다.

인구감소시대 청년의 대체인력인 여성, 중고령자, 청년의 활용을 위해서는 두 가지 조치가 필요하다.

첫째, 여성을 위한 좋은 파트타임 근로기회를 대폭 확대하여야 한다. 주 40시간 이상의 근로시간 제약은 여성, 노인, 학생들을 과소 고용케 한다. 파트타임 고용제의 정착을 위해서는, 정부 부문과 다양한 공공부문부터 파트타임 근로제를 확립하고 민간부문으로 확산시키는 정책의 시행이 요청된다.

둘째, 우리는 앞서 과도한 노동보호와 높은 준고정적 노동비용 → 40시간 이상의 장시간 노동 및 최소근로시간 제약 → 여성, 노인, 학생들의 과소고용이라는 인과관계를 제2장과 제3장에서 설명한 바 있는데, 거꾸로 과도한 노동보호를 완화하고 준고정적 노동비용을 줄여 주면, 이는 여성, 노인, 학생의 고용을 촉진하여 한국의 전체 고용률을 높이는 결과를 가져올 것이다.

(3) 출산의 장려

우리는 결혼지연, 만혼, 노산, 초저출산, 청년인구 감소를 낳는 근원적인 구조적 문제들을 해결하는 데 30년 이상의 세월이 걸린다는 점을 제2장에서 지적하였다. 1970년에 시작한 정부 주도의 1가구 2자녀 모형이 45년이 지난 오늘날 초저출산, 인구감소로 파탄이 났듯이, 국내출산율을 현재 1.1명에서 1.6명 수준으로 올리는 데는 상당한 시간이 걸릴 것이다. 청년들이 취업에 어려움이 없고, 결혼 후의 주거확보에도 어려움이 없으며, 사교육비의 과다지출 없이 자녀를 교육시킬 수 있으며, 남녀 간의 가사노동이 분담되어 있고, 여성의 경제활동참가 인프라가 구축되어 여성이 일하면서 자녀 2명을 키울 수 있는 여건이 사회에 자리잡는 데 최소 25년은 걸릴 것이다.

2020년 기준 청년인구 감소분 40만명 중, 국내출산율을 현재 1.1명에서 1.6명 수준으로 올려 약 20만명의 추가 청년노동력 증가를 도모하고, 현 인구 5천만명을 유지하는 수준의 출산율 2.1명과 목표출산율 1.6명간의 차이를 매년 외국인 이민 20만명으로 대체하는 정책을 강구할 필요가 있다.

2 기업과 산업의 노동생산성 증대 지원정책

외국인의 국내 투자, 성과와 업적 중시의 조직 개편과 인사관리 그리고 개방적 내부노동시장은 노동생산성을 크게 증대시키고, 노동수요곡선을 우측으로 이동시켜, 고용 증대와 임금 상승을 가능하게 한다. 이는 비정규직 축소로 연결되어 고용의 질을 높인다. 숙련편향적 기술진보 시대, 교육체제에서의 R&D 역량 강화, 전문기술인의 배양도 노동수요곡선을 우측으로 이동시킨다.

(1) 외국인 자본투자 증대에 의한 노동생산성 증가

우리는 무엇보다도 세계 일류의 생산입지 조성과 외국인투자 유치를 강조하고자 한다.

한국의 해외직접투자는 매우 빠른 속도로 증가해 왔으며 앞으로도 한국의 청년인구 감소 및 노동력의 고령화와 맞물려 해외직접투자가 급증세를 보일 것으로 예측된다. 문제는 한국의 경우 한국에로의 직접투자가 항상적으로 너무 적다는 데 있다. 2011년 기준 해외직접투자는 45.5십억 달러(GDP 대비 4.1%), 외국인 직접투자는 13.7십억 달러(GDP 대비 1.2%)이다(제12장 참조). 해외직접투자는 급증하고 있는데 비해, 외국인 직접투자는 계속 정체되어 있다.

무엇보다도, 세계적 경쟁에서 유망한 생산입지를 조성하는 데 매진하여야 한다. 세계의 유수한 기업들뿐만 아니라 중소기업들도 유망한 생산입지를 찾아 기업을 이전시키기 때문에 생산입지에 있어서 이점을 갖지 않으면 직장 및 고용의 유출이 생겨 구조적 실업이 장기화한다. 따라서 외국기업들의 생산입지 선택에 적극적으로 대응하여야 하며, 외국인 투자에 유리한 조건을 창출하여야 한다. 상품시장 규제, 서비스시장 규제, 및 노동시장 규제 등의 폐지 및 완화가 필요하다. 이렇게 함으로써 한국의 총투자량이 증가하고, 자본스톡의 증가, 새로운 기술의 도입 등에 의해 노동생산성의 증대가 이루어진다.

뿐만 아니라 외국 기업에게 적용된 규제완화가 국내 기업에도 같이 적용되는 긍정적 외부효과를 기대할 수 있어 국내 기업의 투자활성화, 자본스톡 증가에도 기여하게 된다.

(2) 노동시장 유연성 제고에 의한 노동생산성 증대

우리는 한국 대기업과 정부, 공공기관의 폐쇄적이며 비효율적인 내부노동시장을 개방적이고 효율적인 내부노동시장으로 전환하여야 한다고 지적하였다. 또한 공무원, 민간부문 모두에게 공통되게 적용되는 개혁과제로 능력, 실력, 성과 중시의 급여체계, 해고를 쉽게 하는 법제도 정비, 다양한 개방적 직무급제 도입이 있어야 한다.

우리는 한국의 공공부문이 국제적 기준에서 볼 때 대단히 낙후되어 있기 때문에 공공부문의 유연성 제고가 우선적으로 진행되어야 한다고 믿는다. 그 다음 민간 부문의 노동시장 유연성 제고 조치가 수반되어야 한다. 왜 이러한 순서를 밟을 필요가 있을까? 한국은 불확실성을 회피하는 성향이 강해 과거의 전례와 타인 또는 타기관의 관례를 중시한다(Hofstede, 1984). 정부가 행하면, 이것이 전례 또는 관례가 되어 쉽게 민간부문이 따라간다.

노동시장의 유연성 제고 추진의 우선순위를 정부 부문, 공기업 부문, 정부가 예산을 지원하는 각종 기관과 조직에 두어야 한다. 이들 부문에서에서의 해고를 쉽게 하는 방식으로의 관련법과 행정규칙의 개정이 있어야 한다. 정부부문은 공무원 연금이라는 사회안전망이 견실하므로 쉬운 해고를 위한 법제가 가장 먼저 도입될 수 있을 것이다. 공공부문은 다양한 직무급제의 도입과 역량 수행 결과에 따른 임금 위주의 임금 체계개편을 솔선수범하여야 한다. 정부가 최대의 고용주임을 자각하고 공공부문 고용과 임금 유연성을 선도적으로 추구하며, 민간부문의 참여를 견인하여야 할 것이다.

지금처럼, 노사의 대타협에 의존하여 민간부문에 먼저 추진하고, 공공부문은 덮어놓는 방식으로는 노동시장 유연성은 성공적으로 추진될 수가 없다. 민간부문 노동시장유연성을 추구할 때는 실업부조, 실업급부, 재취업 직업훈련, 직장정보 제공 등의 적극적 노동시장정책과 병행하는 균형감을 가져야 할 것이다.

노동시장 유연성 제고 및 성과와 업적 중시의 조직 개편은 노동생산성의 획기적 증대를 낳아, 노동수요곡선을 우측으로 이동시켜, 고용증대와 임금 상승을 가능하게 한다.

이러한 노동시장 유연성 제고 및 조직개편만으로도 비정규직 문제를 상당부문 해결할 수 있다. 경제이론적으로 보면 정규직의 노동생산성이 높아지면, 낮은 임금의 비정규직을 고용할 유인이 크게 줄게 되어 비정규직이 감소한다.

한국의 비정규직 확산의 진정한 요인은 해고의 어려움과 관련된 높은 준고정적 노동비용, 과보호 내부노동시장에서 생산성을 초과하는 높은 임금 등이 일차적인 원인이지만, 획일적이고 폐쇄적인 일자리 서열구조, 즉 다양한 직무급제를 설정하고 성과연동의 인사관리를 행하지 않은 전근대적 인사관리의 결과라고도 할 수 있다.

(3) 교육개혁에 의한 노동의 질 제고와 연구·개발의 촉진

교육이란 무엇일까? 교육의 이념은 첫째는 인간이 교양인으로써 다른 사람과 더불어 살아갈 인격체를 형성시키는 것이다. 간단히 말하자면 사람이 사람이 되게 하는 것이 교육이다. 남과 대화하고, 스스로 생각하고, 되돌이켜 생각하고 독단에 빠지지 않고 더불어 생각하는 능력을 갖게 국어, 영어, 수학, 과학, 도덕, 윤리, 체육, 예술이라는 기초교육을 각 개인에게 한다

교육의 또 다른 이념은 각 개인이 자신의 재능을 탐색하고, 발견하고, 연마하여 개인이 자신이 좋아하고 본인 재능에 부합하는 일을 할 수 있는 능력을 배양하는 것이다.

위에서 언급한 교육의 첫째 이념은 전인교육, 즉 보편적인 인간성의 실현을 위한 기초교육이며, 둘째 이념은 개성적인 전문교육, 즉 개개인의 고유한 개성, 소질과 적성을 찾고 계발하는 개별 인격체의 자아실현을 위한 전문교육이다. 전인교육과 개성적인 전문교육이 인간을 인간답게 만드는 것이다.

그러나 한국의 현실은 전인교육도 아니고 개성적인 전문교육도 아닌 입시교육이 교육의 목적이 되어 왔다. 여러분들이 고등학교 교무실을 방문해 보라. 고등학교에 소속된 교사들이 교무실이라는 넓은 공간에 책과 책꽂이를 경계로 교사 개인의 공간을 점유하고 있는데, 교사들의 책꽂이를 보면 모든 교사들의 책은 수능, 대학입시 준비의 책으로만 되어 있다. 인간이 교양을 갖춘 훌륭한 사람, 개인적으로 탁월한 사람이 되는 것을 돕는 책은 유감스럽게도 한 권도 없다. 일류대학에 들어가 최고의 학벌을 얻고, 재벌기업에 취업하거나 공무원으로 살아가며, 사회 고위직의 신분을 획득

하게 하는 것이 한국교육이 실질적으로 추구하는 유일한 가치이다.

교육이 원래의 목적, 전인교육과 개성적인 전문교육을 수행하자면 교육제도의 전반적 개편이 불가피하다. 초등교육과 중학교 교육을 묶어 9년 동안의 교육과정에서는 교양인이 되기 위한 기초교육과 개개인의 고유한 개성, 소질과 적성을 찾고 계발하는 교육을 결합하는 교과과정을 운영해야 할 것이다. 초등학교와 중학교의 9년 교육이 끝나면, 학생들이 공부에 소질이 있는지 아니면 손재능, 음악능력, 공간·시각능력, 신체·운동 능력, 소통능력, 감정이입 능력 등에 따른 직업에 소질이 있는지에 관한 교사의 종합적 판단이 형성되고, 9년간의 교사, 학부모, 학생간의 상호작용으로, 동의와 공감이 형성된다.

고등학교는 두 종류로 나누어 대학예비고등학교, 즉 인문계 고등학교와 다양한 직업준비학교, 즉 실업계고교로 나눈다. 대학예비고등학교 3년과 대학 4년을 묶어 7년의 교육을 통합교과과정으로 운영하여, 대학 1학년이 되기 전, 고급의 교양교육이 끝나고 대학 1학년부터 전공교육, 전공심화교육이 이루어져야 한다. 다양한 직업교육은 고등학교 3년과 직장생활 4년에서의 현장교육이라는 7년간의 전문직업교육을 시행하여, 이 7년의 과정동안 전문기술인으로 각자의 삶을 살아 갈 전문기술을 연마하게 하여야 한다. 이러한 교육모형은 제11장에 간단히 소개할 덴마크의 교육시스템에 근거한다. 대학과 대학원에서의 세계 최고의 교육이 일어나며, 다양한 직업학교에서는 탁월한 전문기술인의 체계적 양성이 가능하도록 교육체계의 개혁이 있어야 한다. 그 결과, 인적자본의 질적 수준이 높아지고 따라서 노동의 질적 수준이 높아지며, 연구·개발에 의한 생산기술의 혁신이 용이해져, 노동수요의 큰 증대가 가능해진다.

일자리 창출을 위해서는 규제 폐지, 그리고 지역별로 이루어지는 외국 기업 유치, 산업 진흥, 서비스업 진입규제 폐지 등으로 자유시장경제 질서가 확립되어야 한다. 동시에 개방적 이민정책, 청년에게 능력발휘의 평등한 기회를 제공하는 교육제도의 확립 등의 중장기 정책을 진행하면서, 한국노동시장의 유연성을 높이는 정교한 노동시장 프로그램이 진행되어야 할 것이다.

제 7 장

일자리 탐색과 짝짓기

제 1 절 | 정상상태에서도 존재하는 실업

제 2 절 | 일자리탐색이론의 단순 모형

제 3 절 | 효용극대화하는 개인의 일자리탐색 모형

제 4 절 | 일자리매칭과 베버리지 곡선

제 5 절 | 직장이동과 실업

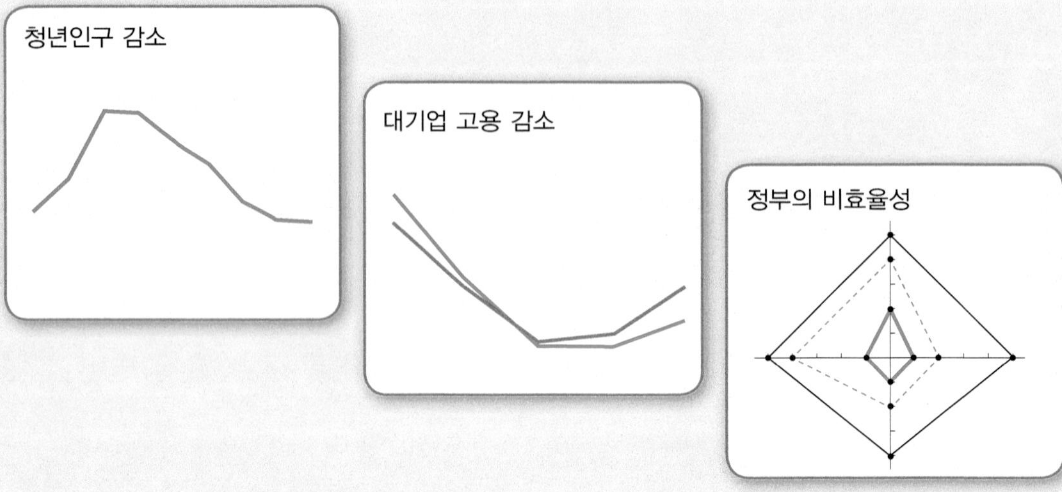

장을 시작하며

이 장에서 다루는 주제는 일자리 탐색, 기업과 근로자간의 짝짓기 그리고 근로자의 이동이다. 경쟁노동시장은 외부환경 변화에 따라 임금 및 고용이 탄력적으로 변화하며 효율적 인적자원배분을 수행하는 노동시장을 지칭하는데, 이 때 일자리에 관한 불충분한 정보가 있게 되면, 근로자가 직장탐색을 하는 과정에서 실업이 발생한다. 이를 정상상태에서 존재하는 실업이라고 하며, 제1절의 주제가 된다. 제2절과 제3절은 근로자 일자리 탐색의 단순 모형과 정교한 모형을 설명한다.

한편으로는 근로자의 일자리 탐색이 일어나지만, 다른 한편으로는 근로자에 대한 불충분한 정보 때문에 기업은 일자리를 공석으로 두고 공석을 전략적으로 관리한다. 이는 제4절의 주제가 된다. 이 절에서는 기업과 근로자간의 매칭 즉 짝짓기 과정에서 실업이 일어남을 강조한다. 제5절에서는 노동시장의 자원배분 기능에 핵심적인 역할을 수행하는 노동이동을 살펴본다. 노동이동의 개념을 정의한 후, 노동이동을 해명하는 이론 모형으로 일자리탐색론, 노사간 짝짓기 모형 그리고 인적자본론 등을 살펴본다.

이 장을 마치면, 독자들은 정보의 불충분성에 기인하는 근로자의 자발적 실업, 잘못된 짝짓기로 인한 실업 등에 대한 이해를 갖게 될 것이다.

제 1 절 정상상태에서도 존재하는 실업

노동공급 의사를 가진 근로자는 일자리에 관한 불충분한 정보에 직면하여 탐색을 하고, 기업은 공석을 메우는 거래비용 및 근로자에 대한 정보에 대한 불충분한 정보에 직면하여 공석을 전략적으로 관리한다. 구직정보의 불완전성, 그 결과 발생하는 직장탐색, 노사간의 미스매치에서 발생하는 실업 등 주로 정보의 제약, 거래비용으로 인해 발생하는 문제들을 이 장에서 다루게 된다.

논의의 범위를 경제 전체로 확장하면, 경제가 정상적인 상태에서도 존재하는 정보의 불충분성 및 거래비용 때문에 실업이 존재한다. 이러한 실업을 **정상균형 실업**이라고 하는데 정상균형 실업의 다른 표현이 **자연실업**이다. 이러한 실업의 대부분은 마찰적, 자발적 실업이다. 이와 같이 마찰적 실업, 정상균형 실업(또는 자연실업)의 개념은 상호 연관되어 있기 때문에 우리는 이를 먼저 탐구하고자 한다.

1 불충분한 정보와 거래비용

경쟁노동시장이 제대로 작용하고, 경제가 호황, 불황이 아닌 정상적인 상태에서도 실업이 존재한다. 왜 그럴까?

(1) 불충분한 정보

가장 큰 요인은 **정보의 불충분성** 때문이다.

완전경쟁노동시장에서는 노동에 대한 수요와 노동의 공급에 의해 고용과 임금이 결정된다. 즉 시장임금에서 기꺼이 노동공급 의사를 가진 사람은 모두 고용되고, 동일노동에는 동일임금이 확립되는 경향성을 지닌다. 그러나 현실의 노동시장에서는 동질의 근로자들이 아주 다른 임금을 받고 있으며, 시장임금을 받고 일을 하고 싶은 근로자가 고용되지 않고 실업에 있기도 한다. 완전경쟁의 노동시장이란 현실의 노동시장의 이면에 작용하는 원리를 제시할 뿐이다. 예컨대, 경쟁노동시장은 완전정보, 충분한 정보를 가정한다. 하지만, 현실의 노동시장에서는 근로자와 기업(고용주)이 이용할 수 있는 정보에 많은 제약이 존재한다.

개별 근로자의 차원에서 보면, 노동공급 의사를 가진 근로자는 그에게 제시되는 임금이 연봉 2천만원에서 3천5백만원 사이가 됨을 알고 구직활동, 일자리 탐색활동을 벌인다. 신문 구인광고, 인터넷 구인광고를 검색하고, 구인광고 낸 회사가 어떤 회사인지에 관한 정보를 수집하고, 입사원서를 작성하고, 제출하고 면접을 본다. 일할 의사가 있음에도 불구하고, 현실적으로 존재하는 다양한 임금과 상이한 근로조건, 여러 종류의 회사 등에 대한 정보가 없어 직접 시간, 노력, 비용을 투입하여 정보를 모으게 된다.

개별 기업의 입장에서 보면, 기존 근로자들이 자발적으로 사직하거나 성과가 낮은 근로자를 해고하여 생긴 공석을 채우기 위해 근로자를 신규 채용하려 하나, 실로 다양한 질을 가진 지원자를 만난다. 도전적인 사람, 적극적인 사람, 성실한 사람, 외화내빈(外華內貧)의 사람 등 지원하는 근로자는 자신의 질적 수준에 대해 알고 있으나 채용하려는 기업은 그것을 모르는 정보의 비대칭성에 직면한다. 기업도 서류심사, 면접, 수습기간 등을 활용하여 근로자에 대한 정보를 모은다.

불충분한 정보의 세계에서 개인은 일자리 탐색을 하여 취업에 성공하기도 하지만, 실패하여 자발적으로 실업에 머물러 있을 수도 있다. 노동시장에서 수요와 공급이 경쟁적으로 작용하고 있어도 불완전 정보라는 마찰적 요인 때문에 자발적 실업이 존재한다. 제2절과 제3절은 이러한 현실을 분석하는 **일자리 탐색 모형**을 제시한다.

(2) 거래비용

또 다른 요인은 직장이동 관련 거래비용과 관련되어 있다. 기업을 중심으로 볼 때 노동력은 끊임없이 유입되고 유출되는데, 이때 **직장이동**(job turnover)이란 하나의 기업을 중심으로 근로자가 기업으로 유입되는 입직(accessions)과 기업에서 유출되는 이직(separation)을 포괄한다. 입직에서도 근로자에 대한 불충분한 정보 때문에 기업은 공석(vacancy, 빈자리)을 갖는다. 근로자가 채용된다고 하더라도 기업이 부적격자로 판정하면 해고와 사직이 뒤따르기 때문에 기업에는 늘 충원되지 않는 공석이 존재한다. 즉 기업과 근로자 간에 고용계약 조건을 교섭하고 계약을 체결하며, 계약을 유지하는 거래관계에서 계약 교섭, 체결, 유지의 비용을 거래비용이라고 하는데, 불충분한 정보와 높은 거래비용 때문에 **노사간 짝짓기**(matching)가 제대로 되지 않아 기업은 공석을 갖게 된다.

이와 같이 한편으로는 근로자가 정보취득의 구직활동을 위해 탐색을 하고 다른 한편에서는 기업이 직면하는 거래비용 때문에 매칭이 제대로 되지 않아 공석을 가지며, 빈 일자리에 맞는 근로자를 탐색하는 구인활동을 한다. 공석과 실업에 초점을 맞

그림 7-1 실업풀에로의 진입과 탈출

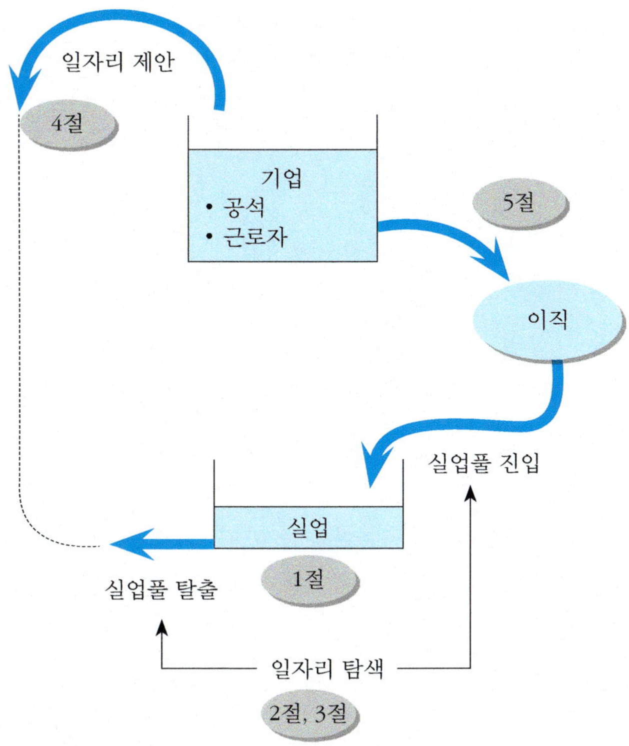

추어 고용주와 근로자 간의 **일자리 미스매치**(mismatch)에 따른 실업을 분석하는 것은 제4절의 주제이다.

이 장의 4절까지는 실업이 중심 주제이나 5절에서는 실업의 발생과 관련하여 이직(해고, 사직 등)의 결정요인을 살펴본다.

2 실업풀에의 진입과 탈출

취업상태를 고려해 보자. 어떤 사람들은 취업상태로 진입하지만, 반면에 어떤 사람들은 취업상태를 떠나 실업이나 비경제활동상태로 빠져 나온다.

이제 실업상태를 중심으로 살펴보자. 어떤 사람들은 일자리를 잃어 실업상태에 들어 오기도 하고, 취업하여 실업상태에서 탈출하기도 한다.

취업상태, 실업상태라는 용어를 방금 사용했는데 이러한 용어를 사용할 수 있는가? 먼저, 실업상태에 초점을 맞추기로 한다.

제1장에서 정의하였듯이, 실업은 조사 시점에서 지난 4주간의 활동상태라는 대단히 짧은 기간을 기준으로 파악되는 통계량이다. 일정 시점에서 파악되는 변수가 **스톡**(stock)**변수**(예컨대 國富, 재산 등)이므로 실업은 스톡적인 변수라고 해야 옳다. 이처럼 실업이 스톡적인 변수이기 때문에 실업상태라는 표현이 허용될 수 있다.

노동시장에서 개인은 취업, 실업 그리고 비경제활동 상태라는 스톡적인 노동력 상태를 끊임없이 이동하는 동태적인 성격을 갖고 있는데, 예컨대 실업풀에의 유입과 실업풀로부터의 탈출은 **플로우**(flow)**개념**이다. 이처럼 이번 달(또는 금년)에서 다음 달(또는 내년)이라는 기간 동안에 개인의 노동력 상태가 어떻게 변화하는가를 분석하는 것을 노동시장의 **스톡-플로우 모형**이라고 한다.

실업상태를 중심으로 실업상태로의 진입과 실업상태로부터의 탈출이라는 개념은 [그림 7-1]로 설명될 수 있다. 실업풀 대신에 목욕탕에 있는 욕조를 상상해도 좋다. 한편에서는 물이 들어오고 다른 한편에서는 물이 배수구로 빠져 나간다. 들어온 물이 빠지는 물보다 많으면 풀 수위는 높아지고 그 반대이면 풀 수위가 낮아진다. t시점의 실업풀에 있는 사람을 U_t라고 하고, $t+1$시점의 실업풀에 있는 사람을 U_{t+1}라고 하면, $U_{t+1}-U_t=\Delta U_t$는 실업풀(pool)에로의 진입과 탈출의 차이가 된다. $\Delta U>0$이면 실업풀 수위는 높아지며 $\Delta U<0$이면 실업풀 수위는 낮아진다.

3 정상균형실업률 또는 자연실업률

[그림 7-1]에서 실업풀 진입자 수와 실업풀 탈출자 수가 같을 때에는 실업풀에 있는 사람 수는 더 이상 변화하지 않는다. 즉 $\Delta U=0$이면 실업풀 수위의 변화가 없다. 실업풀에의 진입자 수와 탈출자 수가 동일하다는 것은 노동수요와 노동공급이 균형을 이루는 정상적인 상태이며, 이때를 **정상균형 상태**라고 한다.

정상균형 상태에서 취업자를 $\hat{E}$, 실업자를 $\hat{U}$이라고 하고, 일자리 소멸률이 일정기간 q로 이루어지면 실업풀에의 진입은 $q\cdot\hat{E}$가 된다

일정기간 기업이 일자리를 제시하는 비율이 λ이고, 개인이 일자리를 수용할 확률을 α라고 하자. 실업에서 탈출하자면 이 두 독립적인 사건, 즉 기업이 일자리를 제안하고, 근로자가 이를 기꺼이 수락하는 것이 동시에 이루어질 때 가능하다. 그러면 실업탈출률은 $\lambda\cdot\alpha$로 구할 수 있다. 그러면 실업풀에서의 탈출한 사람 수는 $\lambda\alpha\hat{U}$이 된다.

$$\text{실업탈출률: } h=\lambda\alpha \tag{7.1}$$

실업탈출률은 영어로 hazard rate이라고 한다. 골프장에 가면 위험지역이 있는데, 예컨대 큰 호수를 만들어 놓고 골프공을 잘못 쳐 호수에 빠지게 되면 벌점을 받는데 이러한 위험지역을 '해저드'라고 한다. 마찬가지로 실업이라는 위험지역을 벗어나는 확률이 바로 hazard rate이다.

정상균형상태에서는 다음 식이 성립한다.

$$\Delta U=q\hat{E}-\lambda\alpha\hat{U}\equiv 0 \tag{7.2}$$

그리고 경제활동인구를 L로 표시하고, $L\equiv\hat{E}+\hat{U}$을 활용, $\hat{E}=L-\hat{U}$을 대입하고 항을 정리하면,

$$\hat{U}=\left\{\frac{q}{q+\lambda\alpha}\right\}\cdot L \tag{7.3}$$

이 때의 실업률은 $\hat{U}/L(=\hat{E}+\hat{U})$이며, 이를 $\hat{u}$으로 표시하면

$$\hat{u}=\frac{\hat{U}}{L}=\frac{q}{q+\lambda\alpha} \tag{7.4}$$

이 된다

이 실업률을 **정상균형상태 실업률** 또는 **정상균형실업률**(steady state unemployment rate)이라고 부른다. 실업풀에의 진입자 수와 탈출자 수가 동일하다는 것은 노동수요와 공급이 균형을 이루는 상태에서 일어난다는 의미에서 정상균형상태 실업률이란 이름이 붙게 된다. 정상균형실업률을 **자연실업률**(natural rate of unemployment)이라고도 부른다.

정상균형실업률은 세 개의 파라미터 q, λ, α에 의해 결정된다. 각각은 일자리 소멸률, 기업이 제안할 확률, 개인이 이를 수락할 확률이다. 앞 두 절에서 다루는 것은 α의 결정요인에 관한 것이다. 뒤이어 4절에서는 λ를 결정하는 요인들을 살펴보게 된다.

정상균형실업률이 증가하는 경우는 첫째, 일자리 소멸률(q)이 증가하는 경우, 둘째 기업이 임금을 제안할 확률(λ)이 감소하는 경우, 셋째 개인의 눈높이임금이 높아져 일자리를 수락할 확률(α)이 낮아진 경우이다.

마지막으로 실업탈출률이 $\lambda\cdot\alpha$의 값을 지닐 때, 평균실업기간은 개념적으로 쉽게

구해질 수 있다. 예컨대, 어떤 날에 실업 탈출확률이 10퍼센트라면 그는 적어도 10일째 실업이 지속되면 반드시 실업을 탈출하여 취업할 수 있다는 것을 의미한다. 어떤 주에 실업 탈출확률이 10퍼센트라면 그는 적어도 10주간 실업하면 그 주에는 실업을 탈출하여 취업할 수 있다는 것이다. 즉, 평균실업기간은 통상적으로 실업탈출률의 역수로 구해진다.

$$\text{평균실업기간:}\quad T_u = \frac{1}{\lambda\alpha} \tag{7.5}$$

따라서 개인의 기대 실업기간은 기업이 임금을 제안할 확률(λ)이 높을수록, 근로자의 일자리 수락확률(α)이 높을수록 짧아질 것이다.

제2절 일자리탐색이론의 단순 모형

1 일자리탐색이론(Job Search Theory)이란?

일자리탐색(job search)**이론**은, 일자리와 임금에 관해 불충분한 정보만 존재할 때 구직자의 행동을 탐구하는 이론이다. 노동시장에 불완전정보 상황을 도입함으로써, 왜 구직자들이 실업상태에 남아있게 되는지, 그리고 노동시장에 어떻게 실업과 빈 일자리(vacancy)가 동시에 존재할 수 있는지에 대해 효과적으로 답을 제시할 수 있게 되었다.

정보경제학의 창시자로 알려진 스티글러(George J. Stigler) 시카고대 교수가 노동시장의 불완전 정보 상황에 대해 처음으로 주목하였고, 그 후 다이아몬드(Peter A. Diamond) MIT대 교수, 모텐슨(Dale T. Mortensen) 노스웨스턴대 교수, 피사리데스(Christopher A. Pissarides) 런던정경대(LSE) 교수 등이 불완전 정보 상황 하에서 실업과 빈 일자리의 동태적 흐름을 탐구하여 일자리탐색이론으로 정식화하였다. 위의 세 명의 교수는 일자리탐색 모형을 체계적으로 이론화하여 현실의 노동시장을 이해하는 데 기여했다는 공로를 인정받아 2010년에 노벨경제학상을 수상하였다.

일자리탐색이론은 처음에는 불확실성 하의 의사결정을 다루는 정보경제학(information economics)의 관점에서 시작되었으나, 점차 일자리 창출과 소멸, **일자리매**

칭(job matching)과 같은 노동시장의 동학적(dynamics) 요소에 주목하면서 독자적인 이론체계를 구축해 가고 있다.

한국에서는 job search를 일자리탐색 대신 직업탐색으로 번역하여 **직업탐색이론**이라고 부르기도 한다.

2 정보취득 활동의 한계이익과 한계비용

(1) 정보취득활동의 이익과 비용

앞서 언급한 바와 같이 일자리탐색이론은 정보가 충분치 않은 상황에서 일자리를 찾는 구직자의 행동을 보다 현실적으로 묘사하는 데 있다. 일자리탐색이론의 핵심은 일자리 탐색에는 이익이 있고 동시에 비용도 발생하며, 따라서 근로자는 일자리 탐색에 투입한 시간, 노력, 자원에서 기대하는 추가적인 이익이 그 비용보다 크다면 일자리 탐색을 계속한다는 것이다. 이는 불충분한 정보의 세계에서 일자리 정보라는 인적자본에 대한 투자이론으로 간주될 수 있다.

만약, 여러분이 일자리를 찾고 있다고 가정해 보자. 어디어디에 빈 일자리가 있고 각각의 일자리에서 얼마의 임금을 줄 것인지를 알아보는 것이 우선 필요할 것이다. 이를 위해 주변 친구나 지인들에게 관련 정보를 물어볼 것이고, 신문이나 인터넷의 구인광고를 찾아 보면서 일자리 정보를 체크하고 비교해 볼 것이다. 그리고 어느 정도 정보가 모이면 그 중에서 가장 조건이 좋다고 생각되는 일자리에 취업할 것이다. 즉 일자리 탐색에는 보다 높은 임금이라는 명백한 이익이 존재한다.

당연히 더 많은 정보를 가질수록 그 중 제일 좋은 조건의 일자리를 선택할 수 있으므로 구직자는 그러한 이익을 얻는 대가로 탐색비용을 지불하게 된다. 탐색비용은 교통비, 통신비 등 직접비용과 근로자가 직장탐색에 투입하는 시간의 기회비용으로 구성된다. 아무래도 투입시간의 기회비용이 직접비용보다 압도적으로 크므로 우리는 일자리 탐색의 기회비용에 초점을 맞춘다. 기회비용은 두 차원을 갖는다. 첫째, 현재 직장을 갖고 있는 근로자가 다른 기업으로 이직하기 위해 일자리 탐색을 했다면, 이때 탐색의 기회비용은 탐색하지 않고 현 직장에서 그 시간을 투입했더라면 벌 수 있었던 근로소득이다. 둘째, 실업자의 경우는 일자리를 탐색함으로써 영화를 본다든지, 책을 읽는다든지, 조깅을 한다든지 하는 그의 여가시간을 포기해야 한다. 즉 실업자의 탐색의 기회비용은 그러한 포기된 여가활동이 가져다 줄 수 있었을 효용이다.

불완전 정보 상황으로 인해 근로자가 받을 수 있는 임금이 기업마다 다를 수 있다. 예컨대, 수도권지역 노동시장을 상상하면, 광명에 거주하는 실업자는 수도권 지역에서 높은 임금을 주는 사업체가 어디에 있는지 모른다. 그 일자리를 구하기 위해 광명, 시흥, 영등포, 안양, 부천 등의 지역을 탐색하게 된다. 구직자는 자신이 수집한 정보를 토대로 그 중 가장 높은 임금을 제시하는 기업을 선택할 것이다. 여러분은 정보취득 활동의 한계이익은 점차 감소할 것이라고 예측할 수 있을 것이다. 대부분의 경우 정보량이 일정 수준을 넘어서면 추가적 정보의 가치, 즉 정보획득 활동의 한계이익은 하락하게 된다. 반면, 여러분은 정보획득 활동의 한계비용은 체증한다고 예측할 수 있다. 구직활동에 투입된 시간과 노력이 많아질수록, 추가적 투입시간으로 포기된 다른 근로소득은 점차 커지거나 또는 포기된 여가시간에 기인하는 비효용이 커지기 때문이다. 구직기간이 길어짐에 따라 그는 갖고 있던 저축이나 실업급부를 다 소진하여 더 궁핍함을 느낄 수도 있다.

경제학적 사고방식의 핵심은 한계이익이 한계비용을 초과하면 계속 정보를 획득하는 것이 유리하고 반대로 한계비용이 한계이익을 초과하면 정보획득 활동을 중단하는 것이 낫다고 판단하는 것이다.

(2) 정보취득 활동의 한계이익과 한계비용

이제 정보취득 활동의 한계이익과 한계비용을 구체적으로 계산해 보기로 한다.

이를 위해 몇 가지 가정을 하겠다.

첫째, 탐색은 순차적으로 이루어진다고 가정하자. 구직자가 일자리를 찾는 과정을 구체적으로 들여다 보면, 일단 한 기업을 방문하여 제안을 듣고 취업을 할지 말지를 결정하며, 취업을 하지 않기로 결정했을 때에만 다음 기업을 방문하여 일자리탐색을 계속하게 된다. 이러한 방식을 **순차적 탐색**(sequential search)이라고 한다.

둘째, 순차적 탐색에서 근로자가 직면하는 장래임금은 현재가치로 할인된다. 할인율로는 시장이자율(r)을 사용하여 $1/(1+r)$ 비율로 미래가치를 할인한다. 앞으로의 논의에서 우리는 편의상 탐색 후 받는 장래임금을 w로 표시하는데, 이때 시차할인율을 적용하여 현재가치로 전환된 값은 $w/(1+r)$가 된다.

셋째, 일자리는 q라는 비율로 소멸된다. 즉, 그가 취업을 하면 w라는 임금을 받되 그 일자리의 소멸률이 q이면, 그가 취업하면 받는 기대소득은 소멸되지 않을 때 받는 소득 $w(1-q)$와 소멸될 때의 소득 $0 \cdot q$의 합이 된다. 일자리소멸을 감안한 w라는 고정된 임금소득의 할인된 기대값(the expected discounted value of a constant payment w)인 y는 다음과 같이 계산된다.

$$y=\frac{(1-q)w+q\cdot 0}{1+r}, \quad \text{즉 } y=\frac{1-q}{1+r}\cdot w \tag{7.6}$$

넷째, 탐색할 때 기업으로부터 일정한 λ라는 확률로 일자리 제안을 받는다. 이때의 λ는 노동시장의 일반적 상황, 그리고 구직자의 연령과 교육수준, 구직활동에 투입된 노력 등에 의해 크게 영향을 받는다. λ를 노동시장의 급박한 정도(tightness)를 대표하는 지표로 간주해도 좋을 것이다

다섯째, 고용주마다 일자리를 탐색하는 근로자에게 제시하는 임금은 다르며, 제시임금의 분포, 즉 밀도함수(density function)를 $f(y)$라고 하자. 제시임금 y는 근로자의 기술수준인 k를 반영한다고 하자. 이때 근로자는 자신에게 제시될 임금분포는 알고 있으나, 어느 고용주가 높은 임금을 지불하는지는 모르고 탐색의 결과에 의해서만 확인할 수 있다.

이를 구체적으로 설명해 보자. 한 근로자가 k수준의 기술을 가지고 구직활동을 한다고 하자. 노동시장에서 k수준의 기술에 대해 받을 수 있는 임금이 기업마다 다를 수 있다. 각 기업이 근로자에게 기꺼이 지불하겠다고 제시하는 임금수준을 제시임금(offer wage)이라고 하는데, k수준의 기술을 가진 구직자가 받을 수 있는 제시임금을 y라고 하면, 제시임금이 기업마다 다르다는 것은 y가 일정한 분포를 취한다는 것과 동의어가 될 것이다.

노동시장에서의 임금분포를 $f(y)$라고 하고, 그 중 k수준의 기술을 가진 근로자가 받을 수 있는 임금이 y_{min}와 y_{max} 사이의 값을 취한다고 하자. 이를 그림으로 나타내면 [그림 7-2]와 같다. 그림에서의 곡선이 k수준의 숙련근로자가 받을 수 있는 제시임금의 분포를 나타낸다. 곡선의 아래 면적은 확률을 나타낸다. y_{min}와 y_{max} 값 사이의 확률은 물론 1이다. $F(y_1)$은 y_1 왼쪽에 있는 분포곡선 아래의 면적을 나타내며, 제시임금이 y_1보다 작을 확률을 의미한다. 따라서 $(1-F(y_1))$는 제시임금이 y_1보다 클 확률을 지칭한다.

이 근로자가 시장에서 받을 수 있는 최대임금은 y_{max}인데, 불행히도 어느 기업이 그 임금수준을 제공하는지 알 수 없기 때문에 근로자는 탐색을 해야 한다. 첫 탐색으로 이 근로자가 제시받은 임금이 y_1이라고 하자. 그는 이 제안을 받아들일까 아니면 탐색을 계속할까? 물론 탐색의 기대이익과 기회비용을 비교해야 한다. 기회비용은 탐색함으로써 포기한 임금 y_1을 포함한다.

그림 7-2 제시임금의 분포, 의중임금과 취업확률

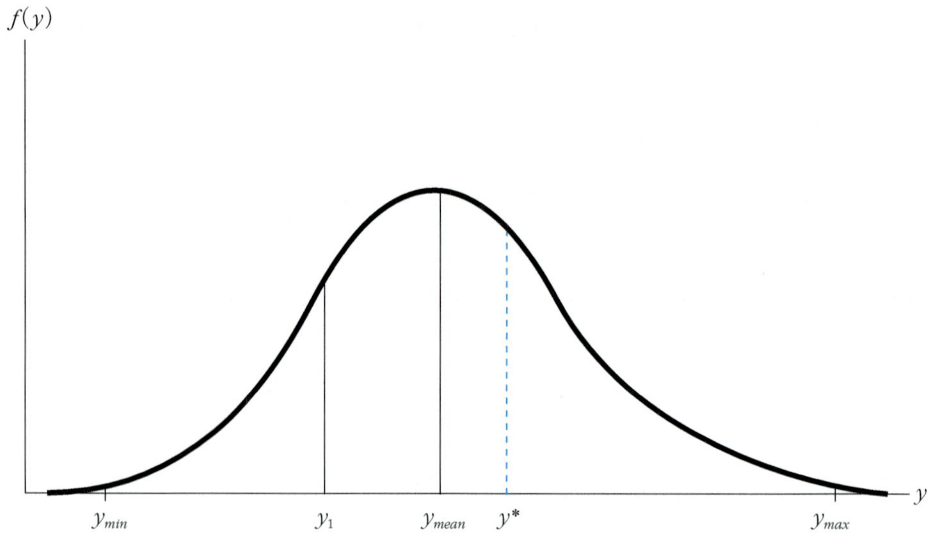

더 탐색함으로써 얻을 수 있는 기대이익은 무엇일까? 기대이익을 계산하자면, 두 개의 값을 알면 된다. 즉 하나는 그가 노동시장에서 받을 수 있는 더 높은 임금수준과 이를 받을 수 있는 확률이다. 이 두 개의 값을 알면 기대이익을 계산할 수 있게 된다.

우선, 기업이 y_1의 임금으로 일자리를 제의할 확률을 λ라고 하자. 근로자가 계속 탐색할 경우, 그가 노동시장에서 받을 수 있는 임금은 y_1에서 y_{max} 사이에 위치한다. 그가 y_1보다 높은 임금을 받을 확률 $(1-F(y_1))$에 사용자가 그러한 제의를 할 확률을 곱하면, 즉 $\lambda(1-F(y_1))$가 시장에서 y_1보다 높은 임금을 받을 수 있는 확률이다.

임금이 y_1 이상이라는 조건 하에서 탐색으로 받을 수 있는 임금은 조건부 기대값, 즉 $E(y|y>y_1)$으로 표시하자.

따라서 $(1-F(y_1))\cdot E(y|y>y_1)$가 탐색의 기대이익이다.

$$\begin{aligned}\text{탐색의 기대이익} &= \text{더 높은 임금을 받을 확률} \times \text{보다 높은 임금의 기대값} \\ &= \lambda(1-F(y_1))\cdot E(y|y>y_1) \qquad (7.7)\end{aligned}$$

한계기대이익은 이러한 기대이익에서 첫 탐색의 이익인 임금 y_1을 빼면 구해진다.

$$\text{탐색의 한계이익} = \lambda(1-F(y_1)) \cdot (E(y \mid y > y_1) - y_1) \tag{7.8}$$

일자리탐색에 c만큼의 탐색비용, 예컨대 시간, 노력, 교통비 등이 수반되고, 실업기간에 b만큼의 실업급여를 제공받는다고 가정하면, 이 구직자가 구직활동 중에 지출하는 순비용 $\hat{c}$은 $(c-b)$로 나타낼 수 있다. 그리고 탐색의 한계비용은 순비용 $\hat{c}$과 탐색으로 포기된 기회비용인 y_1의 합계이다.

$$\text{탐색의 한계비용} = \hat{c} + y_1 \tag{7.9}$$

3 눈높이임금과 탐색의 중단규칙

우리는 **눈높이임금**(asking wage, 또는 reservation wage)을, 탐색을 중단하고, 고용을 수용하기 위해 개인들이 마음속에 갖고 있는 최소한의 주관적 요구임금수준이라고 정의하겠다. 엄밀히는 눈높이임금은 탐색의 한계이익이 한계비용과 같아지는 그러한 임금수준을 지칭한다. 눈높이임금을 y^*라고 표시하면, 다음 식이 성립한다.

$$\lambda(1-F(y^*)) \cdot E(y \mid y > y^*) = \hat{c} + y^* \tag{7.10}$$

위 식에서는 미지수 y^* 하나, 방정식 하나이기 때문에 해(solution)를 갖는다.

구직자의 가장 일반적인 전략은 그가 갖고 있는 눈높이임금 이상의 임금을 제시하는 일자리를 선택하는 것이다.

만약, 탐색비용이 존재하지 않는다면 가장 높은 임금, 즉 y_{max}을 제시하는 기업을 만날 때까지 탐색을 계속할 것이다. 그러나 탐색비용이 존재하기 때문에 일정 시점에서 탐색을 중단하는 결정을 하지 않으면 안 된다. 그리고 이러한 상황에서 구직자의 최적 전략은 앞서 언급한 것처럼 눈높이임금 이상의 임금을 제시하는 기업을 만났을 때 일자리탐색을 중단하고 취업하는 것이다. 이처럼 순차적 탐색의 경우, 구직자가 자신의 마음속에 일정한 기준을 갖고 있는 상태에서 기업의 제안을 받게 되며, 만약 기업의 제안이 이 기준을 충족하면 취업을 결정하고, 그렇지 않으면 취업을 하지 않는데, 이때 취업을 하게 되면 탐색활동이 중단되므로, 취업 여부를 결정하는 규칙이 바로 **탐색의 중단규칙**(stopping rule)이 된다.

이렇게 찾아진 임금수준인 눈높이임금 y^*을 [그림 7-2]에 나타내 보자.

이 구직자의 눈높이임금을 y^*이라 하면, 이 구직자가 취업할 확률은 $1-F(y^*)$로 나타낼 수 있다.

독자 여러분은 이제 구직자의 눈높이임금에 따라 취업확률이 어떻게 변하는지를 쉽게 짐작할 수 있을 것이다.

예컨대, k수준의 기술을 가진 또 다른 구직자의 의중임금이 y^*보다 높은 수준일 때의 취업확률을 생각해 보자. 기술수준이 동일하므로 제안임금 분포는 [그림 7-2]와 같지만 이제 눈높이임금만 오른쪽으로 이동하게 된다(그림에서 청색 점선으로 표시). 따라서 제안임금의 누적분포에서 눈높이임금 이상의 제안을 받을 확률로 산출되는 취업확률은 그 크기가 작아지게 된다.

따라서 눈높이임금이 높아지면 취업확률은 낮아지고 실업기간은 길어지게 된다(취업결정이 바로 탐색중단을 의미한다는 점을 상기하자!).

이처럼 눈높이임금은 일자리탐색이론에서 개별 구직자가 수용할 수 있는 최소한의 제시임금이며, 최적의 탐색전략에서 매우 중요한 역할을 담당하게 된다.

4 정보취득 활동의 한계이익곡선과 한계비용곡선

지금까지 주로 수식에 의존해 설명했던 논의를 그림을 통해 보다 직관적으로 설명해 보자.

[그림 7-3]은 정보획득 활동 기간 또는 구직활동 기간을 가로축에 놓고 세로축에

그림 7-3 구직활동의 한계비용과 한계이익

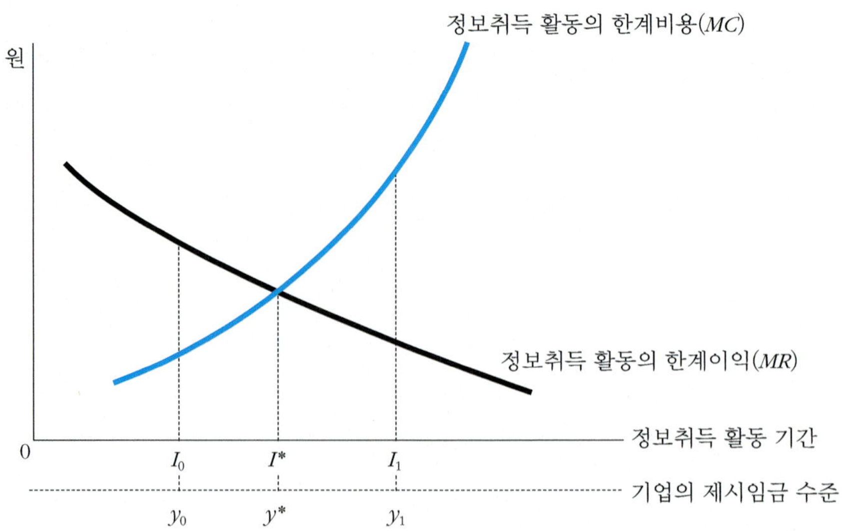

금액(비용 또는 이득)을 놓았을 때, 각 근로자가 겪는 구직활동기간의 한계비용곡선과 한계이익곡선을 묘사한 것이다. 그리고 정보취득 활동 기간 밑에 해당 정보취득 활동에 의해 얻을 수 있는 최대 제시임금 수준을 표시하였다.

정보취득 활동 기간의 한계비용과 한계이익이 [그림 7–3]과 같이 주어지면 최적 정보취득 활동 기간이 결정되고, 최적정보 활동으로 기대되는 임금이 바로 개인의 **눈높이임금**(asking wage 혹은 reservation wage)이 된다. 최적정보 획득 활동의 개념은 근로자의 일자리 탐색과정에서 일정 기간 동안 실업이 발생할 수 있음을 시사한다. 가로축의 정보획득 활동은 구직활동을 의미하는 것이고 그렇게 구직활동을 하고 있는 상태가 바로 실업상태이기 때문이다. 아울러 최적정보량을 취득하는 데 소요되는 기간이 실업기간이 될 것이다. 이처럼 정보취득 활동 관련 실업을 **마찰적 실업**(frictional unemployment)이라고 한다.

만약, 시장에서 개인의 눈높이임금 y^*보다 낮은 임금, 예컨대 y_0가 제시되면, 이 시점에서는 정보의 한계이익이 정보의 한계비용을 초과하므로 정보취득 활동을 더 하게 된다. 이때 근로자는 취업하지 않고 자발적으로 실업상태에 머무르게 되는데, 이러한 실업이 바로 마찰적 실업이다. 따라서 마찰적 실업은 자발적 실업으로 분류된다.

비경제활동인구로 머물던 전업주부가 자신의 눈높이임금에 맞는 임금을 제공하는 기업을 탐색하는 정보취득 활동을 하면 자발적 실업자로 분류된다. 마찬가지로 신규 대졸자도 취업하지 않고 더 높은 임금, 혹은 더 좋은 근로조건을 제공하는 직장을 구하기 위해 자발적으로 실업에 머무를 수 있다.

만약에 시장에서 개인의 눈높이임금 y^*보다 높은 임금, 예컨대 y_1이 우연히 제시되면 추가적 정보의 한계비용이 한계이익을 훨씬 초과하므로 개인은 정보취득 활동을 중단하고 취업하게 될 것이다.

5 실업탈출률과 평균실업기간

눈높이임금을 이해하면 실업탈출률과 평균실업기간의 개념이 쉽게 설명될 수 있다. 실업탈출률은 식 (7.1)에 나와 있듯이 그가 고용이 되는 조건, 즉 기업이 그러한 제의를 할 확률 λ와 그가 이를 수용할 확률 $(1-F(y^*))$에 달려 있다.

$$\text{실업탈출률: } h=\lambda\cdot(1-F(y^*)) \qquad (7.11)$$

실업탈출률이 $\lambda \cdot (1-F(y^*))$의 값을 가지면, 평균실업기간은 식 (7.5)에서 설명한 바와 같이 실업탈출률의 역수로 쉽게 구해질 수 있다.

$$\text{평균실업기간: } T_u = \frac{1}{\lambda \cdot (1-F(y^*))} \tag{7.12}$$

6 근로자의 일자리탐색에 영향을 주는 요인들

(1) 높은 실업급여 수준

실직자에게 제공되는 실업급여 수준이 높으면, 정보취득활동의 한계비용을 낮추어, 실업기간이 길어진다([그림 7-4]의 (i)).

그러나 한국의 현실은 실업급여 수준이 낮을 뿐만 아니라, 실업급여 수혜 범위가 제한되어 있어 정보취득활동의 한계비용이 지나치게 높은 편이다. 한계비용이 높아지면, 실업자의 눈높이임금은 낮아지고, 실업기간을 길게 가져가려는 근로자가 줄어든다.

그림 7-4 정보의 한계비용곡선과 한계이익곡선의 이동

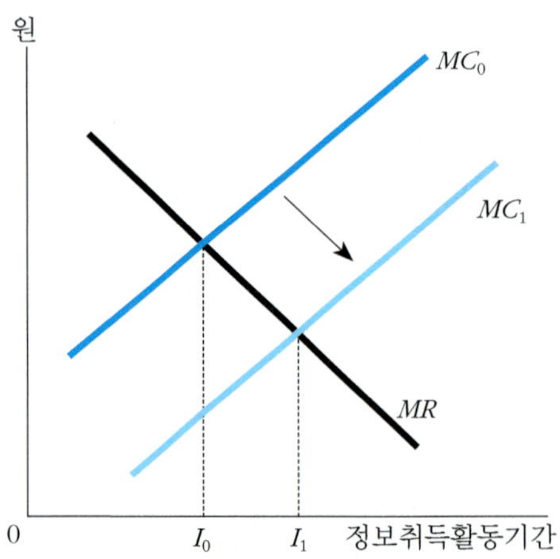

(i) 고용보험의 실업급부수준이 높을 때

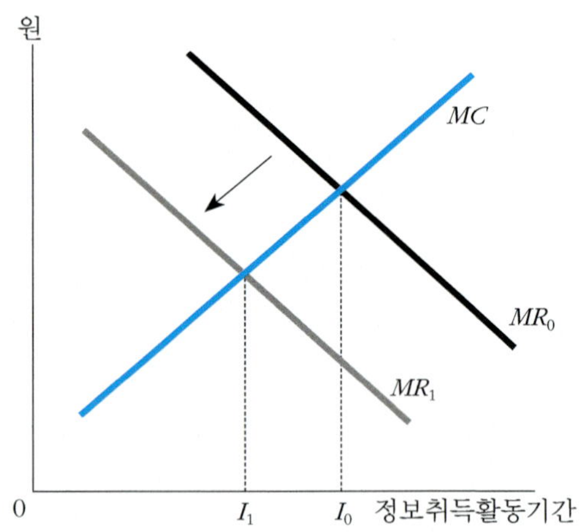

(ii) 현재를 중요시하는 선호를 가질 때

(2) 현재를 중요시하는 선호

정보의 한계이익은 일자리에서 발생하는 임금소득의 현재가치로 계산된다. 현재가치를 계산하는 데 이용되는 시차할인율이 클수록, 즉 현재지향적인 사람일수록 정보의 한계이익은 낮아져, 눈높이임금을 낮추며 실업기간이 짧아진다([그림 7-4]의 (ii)). 예컨대 가난한 가계의 주부는 생계가 다급하기 때문에 시차할인율이 높고, 부유한 가계의 주부는 시차할인율이 낮은 경향성을 지닌다. 따라서 가난한 가계의 주부는 눈높이임금이 낮고, 부유한 가계의 주부는 눈높이임금이 높다. 따라서 부유한 가계의 주부의 실업기간은 길어지기 마련이다.

(3) 일자리 소멸률의 변화

만약, 일자리 소멸률이 높아진다고 하자. 무슨 일이 일어날 것인가? 우리는 앞서 개인이 직장탐색에서 받을 수 있는 임금을 y로 표시하면, 그 크기는 식 (7.6)과 같이 $y=\frac{(1-q)}{(1+r)}\cdot w$로 쓸 수 있다고 하였다. 일자리 소멸률 q의 증가는 y의 크기를 낮추고, y의 분포 $f(y)$의 모습도 변화시킬 것이다. 즉 [그림 7-2]에서 y의 최대값의 크기가 크게 축소된다. y의 최대값의 크기가 크게 축소되면 y의 최소값과 최대값 아래 면적은 항상 1이어야 하므로 $f(y)$ 분포의 모습이 종모양의 분포가 높아지고 홀쭉한 모습을 지니게 될 것이다. 그렇게 분포가 변화함에 개인의 정보취득의 한계이익이 감소하여([그림 7-4]의 (ii)와 같이 MR곡선의 좌측이동), 눈높이임금의 크기도 작아지며, 실업기간이 짧아지게 된다.

(4) 구인·구직의 공공 직업알선기관의 역할

이제, 마지막으로 k^*만큼의 기술을 갖고 있는 근로자가 y^*만큼의 임금을 시장에서 받으려고 함에도 불구하고, 정보의 한계비용이 너무 높아 [그림 7-2]에서 y_1의 임금을 받고 있으면, 그는 그에게 적합한, 그가 원하는 일자리에 고용되어 있지 않다는 의미에서 **잘못된 일자리매칭** 또는 **불완전고용**(underemployed)의 상태에 있다고 말할 수 있다.

잘못된 일자리매칭은 불완전 정보의 세계에서 정보의 한계비용이 너무 높기 때문에 발생할 수 있다. 구인·구직에 대한 정보가 전국 전산망을 통해 경제주체에게 정확하고 신속하게 전달되고, 공공 또는 민간 직업알선기관의 상담과 알선이 효과적으로 이루어지면 한계비용은 크게 낮아져, 개인의 기술수준에 적합한 일자리에의 취업확률을 높이게 된다.

특히, 정부는 일자리 정보시장에서의 시장실패, 즉 사회적으로 바람직한 정보의 한계비용보다 시장에서 제공되는 정보의 한계비용이 너무 높아, 사회적으로 바람직한 정보량이 공급되지 않는 상황에 대해 능동적으로 대처하여야 한다. 공공 직업알선기관의 확충이나 정부의 보조를 받는 민간직업알선기관의 성장은 일자리매칭의 질을 크게 높여, 기업의 경쟁력을 높이는 데 기여할 것이다.

7 의중임금과 눈높이임금간의 미묘한 차이

의중임금이란 영어로 reservation wage이다. 의중임금이란 비경제활동인구 상태에서 한 시간 노동하려고 할 때, 포기하는 한 시간 여가의 가치이며, 제2장에서는 이를 노동시간이 0일 때 여가와 소득간의 한계대체율 MRS^*_{AM}로 엄밀히 정의한 바 있다.

시장임금이 의중임금보다 크면 이 개인은 경제활동참가를 선택하고, 반대로 시장임금이 의중임금보다 작으면 비경제활동참가를 선택하여 비경제활동인구가 된다. 의중임금을 정의한 모형에서는 실업이 전혀 고려되지 않은 모형이므로 경제활동참가 선택은 당연히 취업 선택인 것이다. 엄밀히 말하자면 의중임금은 취업과 비경제활동참가의 선택기준이 되는 임금이다.

눈높이임금은 영어로 asking wage의 번역이다. 눈높이임금은 일자리탐색이론에서 개인이 취업과 실업에 대해 무차별적으로 느끼는 그러한 임금수준이다. 취업과 실업간의 선택기준이 되는 임금이다. 기업의 제시임금이 개인의 눈높이임금보다 높으면 개인은 취업하고 반대로 기업의 제시임금이 개인의 눈높이임금보다 낮으면 실업을 선택한다.

당연히 의중임금과 눈높이임금 간에는 미묘한 차이가 존재한다. 취업과 비경제활동참가의 판단기준과 취업과 실업의 판단기준이 다르되, 그 차이는 대단히 근소할 것이다.

원래 일자리탐색모형을 제시한 경제학자들은 개인이 취업과 실업에 대해 무차별적으로 느끼는 그러한 임금수준을 asking wage 또는 reservation wage라고 불렀다. 학계의 전통은 그렇다고 하더라도 취업과 비경제활동 간의 선택과 취업과 실업 간의 선택에는 분명 차이가 있기 때문에 우리는 의중임금과 눈높이임금을 구분하여 사용한다.

제3절 효용극대화하는 개인의 일자리탐색 모형[1)]

학계에서 제시된 대부분의 일자리탐색 모형은 기본적으로 개인의 효용극대화모형에 입각하고 있다. 우리는 이 전통에 따라 앞 절에서 논의한 기대소득을 극대화하는 일자리탐색모형 대신 개인의 효용극대화 일자리 탐색모형을 제시한다. 제2절의 모형은 기초모형, 제3절의 모형은 기본모형이라고 이름 짓는다. 이 절에서는 정교한 형태, 예컨대 여러 기간에 걸친 개인의 효용, 개인 효용의 할인된 현재가치, 할인된 효용의 기대값 등 대학생에게는 다소 난해한 형태로 모델을 제시하지만 결론은 앞 절에서 설명한 것과 별다른 차이가 없다.

1 일자리탐색의 기본 모형

(1) 취업자의 기대효용

우선, 현재 취업상태에 있는 근로자가 누리고 있는 효용을 생각해 보자. 취업한 근로자는 다른 소득 없이 w의 임금만으로 생활을 영위하며, 따라서 임금이 온전히 그의 효용을 대표한다고 가정한다. 여기서의 임금 w는 실질임금률이다.

임금은 기간을 단위로 지급되며, 따라서 일정 기간 동안 임금을 받았을 때의 금전적 가치는 $w \cdot \Delta t$로 측정할 수 있다. 마찬가지로 일정 기간을 아주 짧은 찰나의 시간으로 가정하면, $w\,dt$로 표시할 수 있을 것이다. 이는 아주 짧은 기간, 즉 dt의 기간 동안 취업자가 누리는 순간적인 만족도를 대표한다고 해석될 수 있을 것이다.

그런데 노동시장에서 취업자는 언제나 직장을 잃을 위험을 어느 정도 안고 있다. 이때의 일자리상실률을 q라고 하면, 아주 짧은 기간 동안 취업자가 직장을 잃을 확률은 $q\,dt$로 표시할 수 있다. 앞 절에서는 한 번 취업하면 영구히 그 일자리에서 고용되는 것으로 가정되었으나 이제 보다 현실적으로 취업했을 때도 그 일자리가 소멸될 가능성을 포함하기로 한다.

시간이 고려되는 경제학 모형에서 반드시 고려되어야 하는 것은 **시간할인율**(time-discount rate)이다. 여러분은 이미 2기간 투자모형에서 투자를 결정하는 시점에서 투자수익을 얻는 단계에서의 금전적 이득을 현재가치로 환산하기 위한 할인율(discount rate)의 개념을 배운 바 있다.

1) 여기서의 논의는 상당 부분 Cahuc, P. and A. Zylberberg(2004)의 *Labor Economics*를 참조하고 있다.

시간할인율로 실질이자율 r을 고려하자. 그러면 현재의 1원은 아주 짧은 기간, 즉 dt의 기간이 지나면 $1+r\,dt$원이 되는데, 이를 달리 표현하면 dt 시간 후 1원의 할인된 가치가 $1/(1+r\,dt)$라는 것이다.

우리는 이제 정상 상태에서 임금 w를 받는 취업자의 할인된 기대효용(discounted expected utility) V_e를 아래와 같이 표현할 수 있다.

$$V_e=\frac{1}{1+r\,dt}[w\,dt+(1-q\,dt)V_e+q\,dtV_u] \tag{7.13}$$

여기서, V_u는 실업자의 할인된 기대효용을 나타낸다. 이 식이 의미하는 바는 취업자의 할인된 기대효용은 시간구간에서의 소득흐름 $w\,dt$와 할인된 기대장래소득(expected future income)의 합계와 같다는 것인데, 이때 기대장래소득이란, $(1-q\,dt)$의 확률로 계속 취업상태에 머무르면서 그로부터 얻을 수 있는 할인된 기대효용 V_e와 $q\,dt$의 확률로 일자리를 잃어 실업자가 됨으로써 그로부터 얻어지는 할인된 기대효용 V_u를 결합한 기대소득을 의미한다. V_u는 실업자가 영화를 본다든지, 책을 읽는다든지, 조깅한다든지 하는 그의 여가활동이 낳는 효용이라고 말할 수 있다.

식 (7.13)의 양변을 $1+r\,dt$로 곱하고 다시 정리하면 다음과 같이 된다.

$$rV_e=w+q(V_u-V_e) \tag{7.14}$$

이 식은 일자리가 제공하는 소득흐름, 즉 rV_e는 그 일자리가 제공하는 임금 w에, q의 비율로 발생하는 실직에 의한 소득 변화의 가치, 즉 $q(V_u-V_e)$를 합한 것과 같음을 보여주고 있다.

위 식의 양변을 rV_u으로 각각 빼면,

$$rV_e-rV_u=w+q(V_u-V_e)-rV_u$$

이를 정리하면 흥미로운 식이 유도된다. 즉

$$V_e-V_u=\frac{w-rV_u}{r+q} \tag{7.15}$$

식 (7.15)의 왼쪽은 취업자와 실업자간의 기대효용의 차이인데, 이는 w가 커지면 증가하고, 실업자의 할인 기대효용이 커지면 작아진다는 것을 보여주고 있다. 이 식은 이 절의 마지막에서 다시 사용된다.

(2) 구직자(실업자)의 기대효용

이제 구직상태에서의 기대효용에 대해서 살펴보기로 하자.

일자리탐색이론에서 구직자는 어느 기업이 어떤 수준의 임금을 제시할지 정확히 알 수 없지만, 노동시장에서 자신이 받을 수 있는 임금의 분포를 예측할 수 있다고 가정한다. 그리고 이 임금 분포는 각 시점에서 동일하며, 구직자는 이 분포로부터 매번 독립적인 임금제의를 받으므로 항상 똑같은 정보 상황에 직면한다고 가정된다.

구직자가 직면한 임금의 누적분포함수를 $F(w)$라고 하자. 구직자는 이 임금분포를 토대로 기업으로부터 임금제의를 받으며, 그에 대해 승낙과 거절을 결정할 수 있다.

이때 일자리탐색의 최적전략은 다음과 같은 두 가지 조건으로 묘사될 수 있다.

첫째, 구직자가 t기에 아무런 일자리 제의를 받지 못했다면 그는 탐색을 계속한다. 이때 그는 V_u만큼의 효용을 누린다.

둘째, 구직자가 w의 임금제의를 받았다면, 그는 $V_e(w) > V_u$인 경우에 한하여 그 제의를 수락하며, 만약 이 조건이 충족되지 않는다면 탐색을 계속한다.

이 중 두 번째 조건은 일종의 **탐색중단규칙**(stopping rule)이다. 즉, 구직자는 w의 임금이 제공되는 일자리에 취업했을 때의 기대효용이 실업상태에서 누릴 수 있는 기대효용보다 높은 한에서만 그 제안을 수락하게 된다는 것이다.

이러한 관계를 성립시켜 주는 최소임금수준을 w^*라고 하면, 임금 w^*는 눈높이 임금의 의미를 갖게 된다. 그리고 이 임금수준은 V_u의 할인된 기대가치(discounted expected flow of value)로 표시할 수 있다.

즉,

$$w^* = rV_u \tag{7.16}$$

와 같이 쓸 수 있게 된다.

이제 구직자의 동학적 탐색과정을 묘사하기 위해 일자리 제의의 도달률(arrival rate of job offer)이라는 개념을 도입하자. 즉, 구직자가 외생적으로 결정된 λ의 비율로 일자리 제안을 받을 수 있다고 가정하는 것이다. 이때의 제의도달률 λ는 노동시장의 일반적 상황, 그리고 구직자의 연령과 교육수준, 구직활동에 투입된 노력 등에 의해 크게 영향을 받는다. λ는 노동시장의 긴박한 정도(tightness)를 대표한다고 볼 수 있다.

한편, 일자리탐색에 c만큼의 탐색비용이 수반되고, 실업기간에 b만큼의 실업급여를 제공받는다고 가정하면, 이 구직자가 구직활동 중에 얻는 순소득 z는 $(b-c)$로 나타낼 수 있다(앞 절에서는 $(c-b)$를 구직자가 구직활동 중에 지출하는 순비용 $\hat{c}$로 표현하였다. 즉 $z=-\hat{c}$.)

따라서 구직자는 dt의 짧은 기간 동안 $z\,dt$의 효용을 얻으면서 일자리 제의를 받을 확률 λdt를 갖게 된다. 이제 그가 눈높이임금 이상의 임금을 제시받고 취업한다면 V_e를 누리고, 눈높이임금 미만의 임금 제시가 있어 실업하면 V_u를 누릴 것이므로, 탐색자의 효용기대값 V_λ는 다음과 같이 쓸 수 있다.

$$V_\lambda = \int_0^{w^*} V_u dF(w) + \int_{w^*}^{\infty} V_e(w) dF(w) \tag{7.17}$$

우리는 이제 정상상태에서 임금 w를 받는 취업자의 할인된 기대효용(discounted expected utility) V_e를 식 (7.13)으로 표현한 바와 마찬가지 논리로 실업탐색자의 할인된 기대효용 V_u를 아래와 같이 표현할 수 있다. 즉 그는 현재 순소득 z를 갖고 탐색하는데 λdt의 확률로 V_λ를 누리고 $(1-\lambda dt)$의 확률로 아무런 일자리 제의를 못 받아 V_u를 누린다면, 그의 기대효용은 다음과 같게 된다.

$$V_u = \frac{1}{1+r\,dt}[z dt + \lambda dt V_\lambda + (1-\lambda dt) V_u] \tag{7.18}$$

식 (7.18)의 양변을 $1+r\,dt$로 곱하여 재정리하면, 다음과 같이 쓸 수 있게 된다.

$$rV_u = z + \lambda(V_\lambda - V_u) \tag{7.19}$$

따라서 구직자의 소득흐름 rV_u는 구직활동 중에 얻는 순소득 $z(=b-c)$와, λ의 비율로 일자리 제의가 들어왔을 때 그로 인한 소득 변화의 가치의 합과 같아진다. 여러분은 식 (7.19)가 식 (7.14)와 대칭적인 구조를 갖고 있음을 쉽게 확인할 수 있을 것이다.

이제 모형의 최종 단계에 도달하였다. 식 (7.17)을 식 (7.19)에 대입하고, $V_u = \int_0^{\infty} V_u dF(w)$의 관계를 이용하면, 다음과 같은 식이 도출된다.

$$rV_u = z + \lambda \int_{w^*}^{\infty} [V_e(w) - V_u] dF(w) \tag{7.20}$$

이 식의 의미는 간단하다. 식의 좌측 항 rV_u는 실업상태에서 얻게 되는 효용, 즉 V_u를 포기하고 직장탐색형태의 정보획득활동에 투자했을 때의 기대이익의 현재가치이다. 이는 두 부분으로 구성된다. 하나는 현재의 순소득이며 다른 하나는 눈높이임금 이상의 임금제시를 받고 취업했을 때의 순이익(실업시의 효용을 차감한 후의 취업효용)이다.

(3) 눈높이임금, 실업탈출률, 실업기간

이때 우변의 $[V_e(w)-V_u]$는 식 (7.15)와 식 (7.16)의 관계, 즉 $w^*=rV_u$를 이용해 다시 쓰면, 다음과 같이 된다.

$$V_e-V_u=\frac{w-rV_u}{r+q}=\frac{w-w^*}{r+q} \tag{7.21}$$

따라서 눈높이임금을 정의하는 식 (7.20)은 다음과 같이 고쳐 쓸 수 있게 된다.

$$\text{눈높이임금: } w^*=z+\frac{\lambda}{r+q}\int_{w^*}^{\infty}(w-w^*)dF(w) \tag{7.22}$$

식 (7.22)는 방정식 하나에 미지수가 w^*로 하나인 경우이므로 이제 개인의 눈높이임금은 탐색모형에서의 파라미터(parameter)들의 함수로 표현될 수 있게 된다.

탐색활동을 하는 근로자의 효용을 극대화하자면, 식 (7.16)에서 w^*는 V_u의 함수이므로, 식 (7.22)를 충족하는 w^*에서 이 함수의 미분 값이 0이 된다. 즉 눈높이임금은 구직자의 탐색 전략의 최적조건(optimality)을 충족시킨다고 말할 수 있다.

우리는 눈높이임금으로부터 추가적으로 두 가지의 주요 지표를 도출할 수 있는데, 하나는 실업탈출률이고, 다른 하나는 실업기간이다. **실업탈출률**(hazard rate)이란 구직자가 일자리 제의를 승낙해 탐색을 종료할 확률을 말하며, **실업기간**(unemployment spell)은 일자리탐색에 소요된 기간을 의미한다.

구직자의 실업탈출률, 즉 탐색을 종료할 확률은 일자리 제의를 받을 확률 λ에, 그 제의가 눈높이임금보다 같거나 클 확률 $[1-F(w^*)]$을 곱한 값이 될 것이다. 실업탈출률 h는 다음과 같이 쓸 수 있으며 이는 2절에서의 식 (7.11)과 일치한다. 즉,

$$\text{실업탈출률: } h=\lambda[1-F(w^*)] \tag{7.11$'$}$$

이 된다.

또한 실업기간은 실업탈출률의 역수로 구해질 수 있는데, 이를 T_u로 표시하면, 이 역시 식 (7.12)와 같아진다. 즉

$$실업기간:\ T_u = \frac{1}{\lambda[1 - F(w^*)]} \tag{7.12$'$}$$

이 된다.

위의 두 식으로부터 눈높이임금(w^*)이 증가하면 실업탈출률(h)은 감소하고, 실업기간(T_u)은 증가한다는 사실을 재확인할 수 있다. 이미 우리는 앞에서 제시임금의 분포를 논의하면서 동일한 결론을 도출한 바 있다.

2 비교정태분석

앞의 모형에서 도출된 눈높이임금, 실업탈출률, 실업기간의 관계식을 이용하면, 다양한 파라미터들이 일자리탐색 모형의 주요 변수들에 미치는 영향을 분석할 수 있다.

(1) 눈높이임금에 영향을 주는 요인들

우선, 눈높이임금에 영향을 주는 요인부터 살펴보자. 식 (7.22)의 편미분으로부터 다음과 같은 부호를 얻을 수 있다.

$$\frac{\partial w^*}{\partial z} > 0,\ \frac{\partial w^*}{\partial \lambda} > 0,\ \frac{\partial w^*}{\partial r} < 0,\ \frac{\partial w^*}{\partial q} < 0 \tag{7.23}$$

따라서 이로부터 눈높이임금이 다음과 같은 요인들에 의해 영향을 받게 됨을 확인할 수 있게 된다.

첫째, 실업상태에서 누릴 수 있는 순소득(z)이 증가할수록 눈높이임금이 증가한다. 또한 $z = b - c$이므로 실업급여가 증가할수록, 그리고 탐색비용이 감소할수록 눈높이임금은 증가하게 된다.

둘째, 일자리 제의의 도달률(λ)이 증가할수록 눈높이임금이 증가한다. 제의도달률이 증가한다는 것은 노동시장이 점점 긴박(tight)해진다는 것을 의미하며 구직자 입장에서 일자리를 구하기가 좀 더 쉬워진다는 것을 의미하므로 당연히 눈높이임금이

올라갈 것임을 짐작할 수 있다.

셋째, 시간할인율, 즉 이자율 r이 증가하면 눈높이임금은 감소한다. 시간할인율이 높다는 것은 현재를 보다 중요시하게 된다는 것을 의미하기 때문에, 더 오래 탐색을 하여 좀 더 높은 임금을 받는 것에 대한 선호가 감소하는 결과를 가져온다.

넷째, 일자리상실률(q)이 증가할수록 눈높이임금은 감소한다. 일자리상실률이 높아진다는 것은 노동시장에서 일자리가 보다 빠르게 감소하는 상황을 의미하여, 구직자가 빈 일자리 찾기가 더 어려워질 것이고 이러한 여건이 구직자의 눈높이임금을 낮추도록 작용할 것이다.

(2) 실업기간에 영향을 주는 요인들

이번에는 실업기간에 영향을 미치는 주는 요인들과 그 변화 방향을 살펴보자. 식 (7.12)′과 식 (7.23)의 부호로부터 다음의 관계식을 얻을 수 있다.

$$\frac{\partial T_u}{\partial z} > 0, \ \frac{\partial T_u}{\partial r} < 0, \ \frac{\partial T_u}{\partial q} < 0 \tag{7.24}$$

즉, 실업상태에서 누릴 수 있는 순소득(z)이 증가할수록, 시간할인율(r)이 감소할수록, 그리고 노동시장에서 일자리상실률(q)이 감소할수록, 구직자의 평균실업기간은 증가할 것이다. 한편, 실업탈출률에 미치는 효과는 이와는 반대방향이 될 것이다.

제 4 절 일자리매칭과 베버리지 곡선

앞 절에서 정상균형실업률(식 (7.4) 참조)은 일자리 소멸률, 기업의 일자리 제안 확률, 근로자의 일자리 수락 확률에 의존한다고 하였다. 이 중에서 일자리 탐색이론은 근로자가 일자리를 수락할 확률(α)을 설명하였는데, 이제 기업의 일자리 제안확률(λ)이 어떤 경우에 높아지고 어떤 경우에 낮아지는지를 다루고자 한다. 구체적으로 사용자는 근로자가 사직하거나 근로자가 해고되거나, 호경기이면 늘 공석(vacancy)들을 갖는데, 공석이 늘어나면 일자리를 제안할 확률이 높아진다. 이제 일자리 공석과 관련된 논의를 해보기로 한다.

1 베버리지 곡선(Beveridge curve)

일자리탐색이론은 노동시장에서 정보의 불완전성으로 인해 근로자의 구직활동과 기업의 구인활동이 서로 연결되지 못하고 일정 기간 근로자는 실업 상태로, 일자리는 공석(vacancy) 상태로 유지될 수 있음을 시사하고 있다.

이러한 미스매치 상황을 나타내는 지표로 **베버리지 곡선**이 주로 활용된다. 베버리지 곡선은 가로축에 실업률(unemployment rate)을, 세로축에 공석률(job vacancy rate)을 표시하여, 실업률과 공석률 간의 역의 관계를 보여주는 곡선이다([그림 7-5]).

(1) 완전고용 상태

1942년 영국의 경제학자 베버리지(William Beveridge)가 그 통계적 관계를 처음 작성하였고, 1979년 피사리데스(Pissarides)에 의해 매칭이론으로 베버리지 곡선의 이론적 작업이 이루어졌다.

공석률은 분모를 경제활동인구로 하여 그 중 빈 일자리 수의 비중으로 측정된다. 통상 실업률을 u, 공석률을 v로 표시하기 때문에 $U-V$ 커브로 불리기도 한다. 공석률은 때로는 구인율로 번역되기도 하며, EU의 경우는 공석률 대신 **노동력부족지수**(labor shortage indicator; LSI)를 사용하여 베버리지 곡선을 작성하고 있다.

베버리지 곡선은 통계적 상관관계인데, 이는 우하향의 기울기를 갖는다. 왜냐하면

그림 7-5 베버리지 곡선(Beveridge curve)

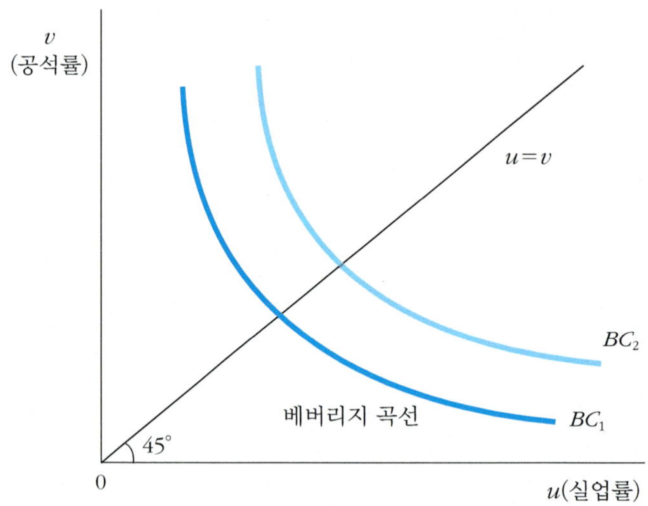

높은 실업률과 낮은 공석, 낮은 실업과 높은 공석은 동전의 양면과 같기 때문이다. 즉 호경기에서는 낮은 실업률과 근로자 부족으로 늘어난 공석, 그리고 불경기에서는 높은 실업률과 기업 채산성 부족으로 줄어든 공석이 나타날 것이다.

[그림 7-5]에서 45°선이 의미하는 바는 실업률과 공석률이 같다는 것이다. 다시 말해, 베버리지 곡선의 45°선은 노동시장에 실업자 수와 일자리 수가 정확히 일치하는 상황을 의미한다. 이는 노동시장에 마찰적 실업만 존재하는 상황을 묘사하는 것으로 완전고용 상태를 뜻한다.

(2) 베버리지 곡선과 경기순환

노동시장 상황을 베버리지 곡선으로 묘사했을 때, 왼쪽 상단 부분에 위치한다면 이는 실업률은 낮고 공석률은 높은 상태, 즉 노동시장에 구직자보다 구인자가 훨씬 많은 상태를 의미한다. 이런 상황에서는 근로자는 쉽게 일자리를 찾을 수 있고 반대로 기업이 근로자를 찾는 데 어려움을 겪게 되는데, 이때 사용자는 노동시장이 매우 다급하다(tight)고 표현한다.

반면에 베버리지 곡선의 오른쪽 하단 부분에 위치하면 실업률은 높고 공석률은 낮은 상태를 나타낸다. 즉 노동시장에 일자리는 부족하고 구직자가 넘쳐나는 상황으로 경기가 좋지 않은 상황을 의미하게 된다. 이때는 사용자는 노동시장이 헐겁다(loose)라고 말한다.

그림 7-6 베버리지 곡선상의 이동과 베버리지 곡선의 이동

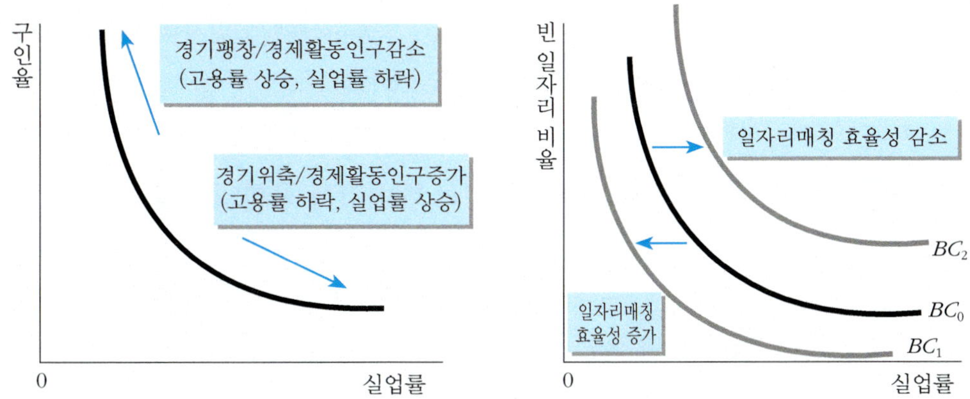

(i) 경기순환 (ii) 일자리매칭의 효율성

이렇게 보면 베버리지 곡선은 경기가 호황기에서 불경기로 이동함에 따라 왼쪽 상단에서부터 우하향하는 방향으로 이동하는 움직임을 보일 것임을 짐작할 수 있다. 마찬가지로 반대 방향으로 이동하는 경우도 생각해 볼 수 있다([그림 7-6]의 (i)).

(3) 베버리지 곡선의 이동

매칭(matching)이란 짝짓기를 뜻한다. 남성이 여성을 짝으로 찾고, 여성은 남성을 짝으로 찾아 성공하는 경우를 지칭한다. 노동시장에는 베버리지 곡선이 보여주는 바와 같이 실업과 공석이 병존하는데, 이때 실업자는 공석의 일자리를 찾고, 공석은 자신과 부합하는 사람을 찾는다고 볼 수 있다. 공석이 자신과 맞는 사람을 찾는다라는 표현은 타당한가? 과거 명검은 그 검에 맞는 무사를 기다리고, 적토마는 자신에 맞는 장수를 기다린다는 표현이 있어 왔듯이 일자리 공석도 자신에게 부합하는 사람을 찾는다고 표현할 수 있을 것이다. 일자리 매칭은 이와 같이 실업자가 공석 일자리를 찾고, 공석이 합당한 사람을 찾아 짝짓기가 이루어지는 경우를 지칭한다.

원점에서 45°선을 따라 멀리 위치하면, 그 사회에는 정보의 불충분성이 심각하여 잘못된 매칭으로 마찰적 실업이 높은 경우이며, 원점에서 45°선을 따라 원점 쪽으로 가깝게 위치하면 기업과 근로자에게 충분한 정보가 제공되어 매칭이 잘 이루어져 마찰적 실업수준이 낮음을 의미한다.

즉 베버리지 곡선이 원점에서 멀어질수록 노동시장에 더 많은 일자리 불일치가 있다는 것을 의미한다. 따라서 베버리지 곡선이 원점에서 멀어지는 방향으로 이동하는 경우, 일자리 매칭(job matching)의 효율성이 낮아진 것으로 평가될 수 있을 것이다.

이처럼, 베버리지 곡선 자체의 이동은 노동시장에서 일자리 매칭의 효율성의 변화를 나타낸다고 해석될 수 있다([그림 7-6]의 (ii)).

2 일자리매칭(Job Matching) 모형과 베버리지 곡선의 도출

구직자가 일자리를 찾는 일자리 탐색과정은 일방적이다. 오히려 일반적인 상황은 일자리를 찾고 있는 구직자와 빈 일자리를 갖고 있는 고용주의 쌍방향 탐색이 이루어지는 것이다. 일자리매칭(Job Matching) 모형은 쌍방향 탐색을 다루어 일자리 탐색이론이 일방적 탐색이라는 단점을 보완한다. 이는 베버리지 곡선의 이론적 도출에 이용된다.

(1) 매칭함수(matching function)

일자리매칭 이론의 근간을 이루는 것이 **매칭함수**(matching function)이다. 매칭함수는 일자리 짝짓기 성공횟수와 빈 일자리 수 V와 실업자 수 U와의 함수적 관계를 지칭한다. 매칭함수는 다음과 같이 표시된다.

$$M=M(V, U) \tag{7.25}$$

식 (7.25)는 마치 생산함수와 같은 모습이다. 즉 V와 U를 투입하여 M이 생산되는 것이다. 매칭함수는 종종 **매칭기술**(matching technology)로 불리어지기도 하는데, 앞서 살펴 본 베버리지 곡선은 바로 이 매칭함수 또는 매칭기술을 가로축에 U, 세로축에 V라는 2차원의 공간에 그래프로 나타낸 것이다. 매칭함수에 의해서 산출된 값은 매칭이 이루어진 일자리 수(혹은 근로자 수)를 의미한다. 현실 자료를 이용한 실증분석에서는 신규 채용자 수를 사용하기도 한다.

식 (7.25)에서 양변을 V로 나누면, $\frac{M}{V}$은 공석이 적격의 사람을 찾을 확률이다. 또한 식 (7.25)에서 양변을 U로 나누면, $\frac{M}{U}$는 실업자가 일자리를 찾을 확률이다.

매칭함수가 규모에 대한 수확 불변(constant return to scale)이라고 가정하자. 즉 V와 M이 각각 2배 증가하면 M도 2배 증가하는 함수형태를 취하면, 공석이 적격의 근로자를 찾을 확률은 아래와 같이 고쳐 쓸 수 있다.

$$\frac{M(V, U)}{V}=M\left(1, \frac{U}{V}\right)=M\left(1, \frac{1}{V/U}\right) \tag{7.26}$$

베버리지 곡선에서 V/U는 노동시장의 다급성(tightness)을 나타낸다. 이를 θ로 표시하자. 즉, $\theta\equiv\frac{V}{U}$ 이다. 그러면 공석이 적격의 근로자를 찾을 확률은 노동시장 다급성 θ 에 의존하며, 위 식은 새로운 함수 $m(\cdot)$으로 표시될 수 있다.

$$\frac{M}{V}=m(1/\theta) \tag{7.27}$$

이제 실업자가 일자리를 성공적으로 갖게 될 가능성, 즉 실업상태에서 탈출할 확률은 어떻게 되는지 살펴보자. 이는 일자리탐색 기본모형에서 실업탈출률($\lambda\alpha$)과 유사한 개념이라고 할 수 있다.

구직자 중 일자리를 구할 확률은 매칭함수를 실업자 수로 나누어, 즉 $\frac{M}{U}$로 계산된다. 구직자가 일자리를 찾을 확률은 기업이 그러한 제안을 할 확률 λ와 근로자의 눈높이임금 이상이 되어 근로자가 수락하는 확률 α, 즉 $\lambda\alpha$에 의존하는데, 독자 여러분은 $\frac{M}{U}$이란 다름 아닌 일자리탐색 모형에서 $\alpha=1$, 즉 기업이 제시하는 일자리는 그냥 무조건 받아들이는 특수한 경우임을 알 수 있을 것이다. $\frac{M}{U}(=\lambda)$는 다음과 같이 표시된다.

$$\frac{M(V, U)}{U}=\frac{V}{U}\cdot\frac{M(V, U)}{V}=\frac{V}{U}\cdot M\left(1, \frac{U}{V}\right)=\theta\cdot m(1/\theta) \tag{7.28}$$

마찬가지로 실업자가 구직에 성공할 확률, 즉 $\frac{M}{U}(=\lambda)$도 노동시장 다급성 θ에 의존함을 확인할 수 있다.

(2) 정상상태(steady state) 실업률과 베버리지 곡선

노동시장이 정상상태(steady state)에 있다고 가정하자. 우리는 정상상태실업률을 식 (7.4)에서 $\hat{u}=\frac{q}{q+\lambda\alpha}$라고 표시한 바 있다. $\alpha=1$일 경우, 위 식에 나타난 $\lambda=\frac{M}{U}$의 값을 대입하면, 정상균형실업률은 아래와 같이 구해진다. 이때, 정상균형상태에서도 기업이 공석을 전략적으로 관리하기 때문에 다양한 실업이 있을 수 있다. 따라서 우리는 $\hat{u}$ 대신에 u를 이용한다. 즉,

$$u=\frac{q}{q+\theta\cdot m(1/\theta)} \tag{7.29}$$

$\theta=\frac{U}{V}$인데 분모와 분자를 각각 경제활동인구 L로 나누어 주면 $\theta=\frac{V/L}{U/L}=\frac{v}{u}$이므로, 결국 식 (7.29)는 (u, v) 평면에서 실업률과 공석률의 관계를 보여준다고 할 수 있다. 바로 이 식이 **베버리지 곡선**을 나타낸다.

한편, 식 (7.29)는 정상상태, 즉 실업의 유입과 유출이 동일한 상태에서의 실업률을 의미한다. 이는 다름 아닌 **자연실업률**(natural rate of unemployment)을 의미하는 것이다.

여기서 매칭함수의 구체적 예를 들어서 베버리지 곡선을 개략적인 방식으로 도출해 보기로 한다.

매칭함수가 콥-더글러스 함수의 하나로 다음과 같은 모습을 지닌다고 하자.

$$M=AU^{1-\alpha}V^{\alpha} \tag{7.30}$$

여기서, A는 매칭효율을 나타낸다. 위 함수는 규모에 대한 수확 불변을 내포한다. 독자 여러분은 $\alpha=0.5$인 경우 위의 과정을 반복하면 베버리지 곡선을 도출할 수 있을 것이다. 여기서는 엄밀한 연습은 독자들에게 맡기고자 한다.

정상균형 상태에서 실업풀에 진입하는 사람들이 취업자 중 일자리 소멸로 실업하는 사람들로 구성된다고 하자. 즉 qE가 실업풀에 들어오는 사람이다. 실업풀에서 탈출하는 사람은 성공적인 일자리 매칭이 되어 실업풀을 떠난 사람인 M이다. 정상균형 상태에서는 $M=qE$이다. 그리고 양변을 경제활동인구 L로 나누어 주면, 다음 식이 성립한다.

$$\frac{qE}{L}=A(U/L)^{1-\alpha}(V/L)^{\alpha} \tag{7.31}$$

$L/U=u$(실업률), $V/L=v$(공석률)을 대입하면, 개략적으로 다음 식이 성립한다.

$$q/A\cong u^{1-\alpha}v^{\alpha} \tag{7.32}$$

이 식은 공석률과 실업률간의 관계, 즉 베버리지 곡선을 나타낸다.

이상에서 우리가 보인 바는 일자리 매칭함수를 이용한 베버리지 곡선의 도출이다. 베버리지 곡선은 우하향하고, 원점에 대해 볼록한 모습을 지닌다. 베버리지 곡선의 위치는 매칭의 기술의 효율성을 나타내는데, 원점에서 멀리 떨어진 베버리지 곡선은 매칭기술이 비효율적임을 의미한다.

3 노동시장 다급성 변화가 실업에 미치는 영향

[그림 7-7]에는 위의 식 (7.29)에서 도출된 베버리지 곡선을 BC로 표시하고 있다. 이 베버리지 곡선과 노동시장 다급성의 정도를 나타내는 $\theta^*(=\frac{v}{u}=\frac{V/L}{U/L}=\frac{V}{U})$가 만나는 점 E^*에서 균형실업률 u^*와 균형공석률 v^*를 찾을 수 있다.

경제가 불황에 진입하였다고 하자. 경제의 총수요 부족이 전개되면 기업은 구인에 다급해 하지 않는다. 즉 실업은 늘고, 불경기로 공석을 오히려 줄여 $\frac{V}{U}$가 감소한다. 즉, θ^*이 θ'로 감소한다. 경제는 E^*에서 E'로 이동할 것으로 예상된다. 이를 **총수요 변화 충격**(aggregate shock)이라고 한다.

그러나 실제로는 불경기에 기업들은 E^*에서 E_1로 이동한다. 즉 실업률이 고정되어 있으니 공석을 우선적으로 크게 줄여 대응한다. 그 다음에 E_1에서 E'으로 나아간

그림 7-7 총수요 부족 충격

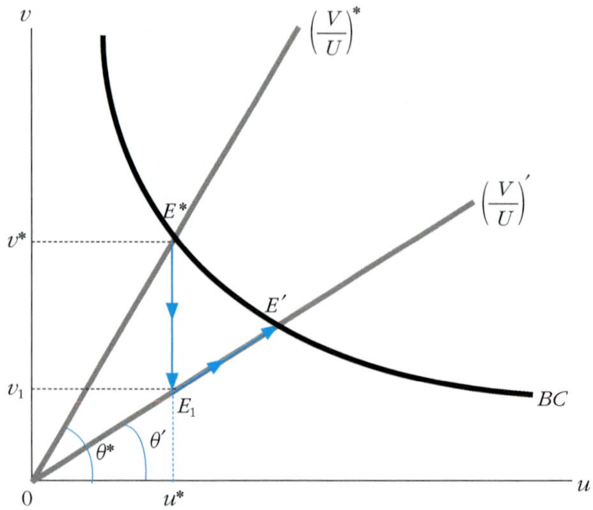

다. 즉 E^*에서 E'로의 이동은 시계의 반대 방향으로 균형을 잡아간다. 이는 실증분석 결과와 일치한다.

불경기가 전개되고 노동시장 다급성이 약화되어 노동시장이 헐거울 때, 방금 우리는 기업이 공석을 우선적으로 크게 줄인다고 하였는데, 그러면 곧 기업이 일자리를 제시할 확률 λ가 감소하고 그 결과 정상균형 실업률이 상승하게 된다.

4 일자리소멸률이 실업에 미치는 영향

이제 정상균형 실업률에 영향을 미치는 또 다른 요인인 **일자리소멸률**(the break-up rate) q에 대해 알아보자.

구조조정기에 대량으로 공장이 폐쇄된다든지 하여 일자리소멸률이 증가한다고 하자. 일자리 소멸률의 증가는 [그림 7-8]에서 베버리지 곡선을 BC에서 BC'로 바깥쪽으로 이동시킨다. 동시에 공장폐쇄로 공석이 줄어들어 $\left(\frac{V}{U}\right)^*$가 $\left(\frac{V}{U}\right)'$로 감소한다.

경제의 새로운 균형점은 E'으로 변화한다. 이를 **재배분 충격**(reallocation shock)이라고 한다. 기술혁신, 구조조정 등으로 일자리와 근로자간의 재배치를 요청하는 충격이란 뜻이다.

E^*에서 E'로의 이동은 노동시장의 다급성이 완화된 앞의 분석과 동일한 경로를

그림 7-8 재배분 충격

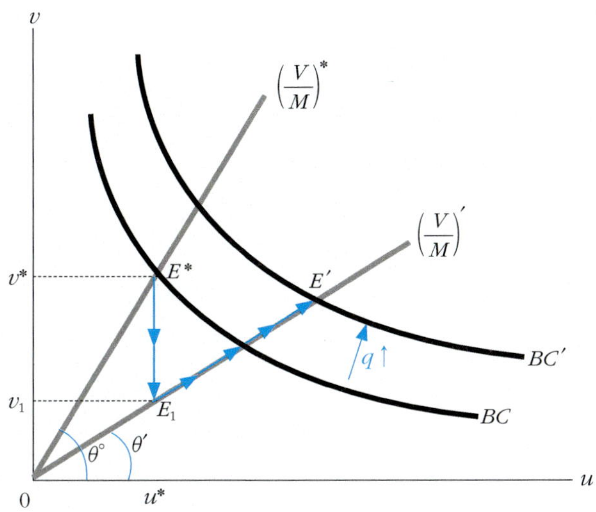

거치며 조정된다. 결국 공석률과 실업률이 증가하게 된다.

중요한 것은 실업이 총수요 변화에 따른 변화인지 아니면 일자리소멸률의 변화에 따른 실업인지를 구분하여 정책 대응을 하여야 한다는 점이다.

매칭모형은 정상균형실업률의 결정요인에 관한 대단히 중요한 통찰력을 제공하고 있다고 하겠다. 뿐만 아니라 불경기에 실업 증가의 원인 해명에 있어서도 종전과 다른, 보다 현실적인 시각을 제시한다. 종전에는 불경기가 되면 기업이 경영상의 목적으로 대량 해고를 하여 실업이 증가하는 것으로 파악하였으나, 매칭이론은 기업들이 해고 이전에 공석을 줄이고 직장을 제의하는 확률을 낮추어, 즉 신규채용을 감소시켜 실업이 증가하는 것으로 파악하고 있다.

5 우리나라 노동시장의 베버리지 곡선

1996년부터 2008년까지의 실제 한국 노동시장의 베버리지 곡선을 작성한 결과가 [그림 7-9]에 나타나 있다.

외환위기 직후 베버리지 곡선이 우하향하는 방향으로 급격하게 이동하였으나 그 후 경기가 회복되면서 서서히 좌상향하는 방향으로 복귀하는 모양새를 취하고 있다. 그러나 외환위기 이전과 비교하면, 베버리지 곡선이 원점에서 점점 멀어지는 현상이

그림 7-9 우리나라의 최근 베버리지 곡선 추이

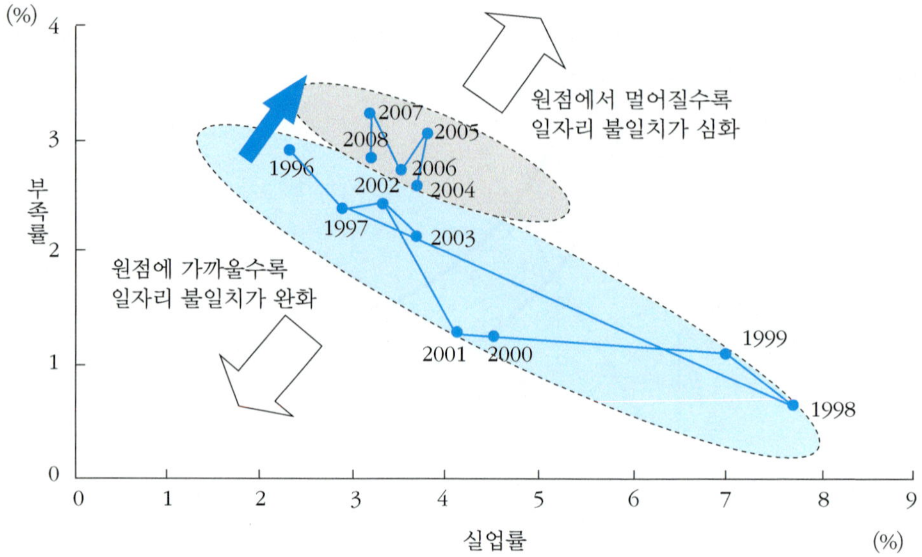

자료: 유병규(2009), 「최근 국내 고용 시장의 특징과 전망」, 현대경제연구원.

동시에 나타나고 있다. 이는 2000년대 중반 이후 우리나라 노동시장에서 일자리 미스매칭이 점점 심화되고 있음을 보여주는 것이다.

우리는 제6장에서 제조업 일자리의 소멸이 대규모로 일어나고 있는 통계를 제시하였는데, 이러한 상황은 베버리지 곡선을 원점에서 점점 멀리 위치하게 만드는 재분배 쇼크와 관련 있는 것처럼 보인다. 앞으로 이것이 총수요 부족에 기인하는 충격인지, 아니면 일자리 소멸의 급격한 증대에 따른 재분배 충격인지에 대해 보다 명백히 심층적으로 규명될 필요가 있을 것이다.

제 5 절 직장이동과 실업

현실에서는 노동이동과 직장이동이 역동적으로 일어난다. 이 과정에서 실업이 늘 수반될 수 있다.

1 직장이동이란?

직장이동(job turnover)이란 하나의 기업을 중심으로 근로자가 기업으로 들어오는 **입직**(accessions)과 기업에서 떠나는 **이직**(separation)을 말한다. 노동이동은 근로자의 지역 간, 산업 간, 직종 간, 기업 간 이동을 지칭한다. 직장이동은 기업을 중심으로 노동력의 유입과 유출, 즉 직장이동은 기업의 관점에서 본 노동이동이다. 따라서 노동이동이라고 하는 용어는 직장이동을 포괄하는 광의의 개념이 된다.

입직은 새로운 근로자의 채용인 신규고용(new hires)과 기존 근로자의 재채용, 즉 일시 해고된 근로자의 재채용 및 회사내 공장간 전직(transfer)으로 구성된다(〈표 7-1〉).

이직은 고용의 종료로서, 근로자가 주도한 고용종료인 사직(quits), 고용주가 주도한 고용종료로서 기업의 경영상 이유에 의한 해고(layoffs), 고용주가 주도한 고용종료로서 회사규칙 위반 등으로 징계면직인 파면(discharge), 군복무, 정년퇴직, 사망 등에 기인하는 기타 이직으로 구성된다.

이 장에서 지금까지 살펴 본 일자리탐색 모형과 매칭모형은 입직과 신규채용에 관한 것이다. 일자리탐색은 신규 채용되는 과정에서 정보의 불충분성 때문에 나타나는 근로자의 선택에 관한 것이었다. 핵심은 선택으로 기대되는 이익과 선택의 기회비용을 감안하여 최적의 선택을 한다는 것이다.

매칭모형은 짝짓기가 성공하면 신규채용으로 나타나고, 짝짓기가 실패하면 실업

표 7-1 직장이동의 구성과 정의

직장이동의 구성	정 의
입직(accessions)	임금대장에 근로자의 이름의 추가
신규채용(new hires)	기업에 채용되어 있지 않았던 근로자의 채용
재채용(rehires)	일시해고된 근로자의 소환(recall), 회사내 공장간의 전직
이직(separations)	고용의 종료
사직 또는 자발적 이직(quits)	근로자 주도의 고용종료
해고(layoffs)	고용주 주도로 이루어지며, 긴급한 경영상의 이유에 의한 고용종료, 일시해고(또는 무급휴직) 또는 영구해고가 있음.
파면(discharges)	회사규칙위반 등의 징계 면직
기타 이직	군복무, 정년퇴직, 사망 등에 기인하는 고용종료

으로 나타나는데, 핵심은 기업이 공석을 전략적으로 관리하여, 불경기에는 공석을 급격하게 줄이며, 동시에 일자리를 제시할 확률이 급격하게 감소시켜 신규채용이 줄고 실업이 증가한다는 것이다.

2 사직과 해고를 해명하는 가설들

직장이동 중 사직과 해고에 초점을 맞춰보자. 직장이동 통계에서 가장 특징적으로 나타나는 사실은 장기근속자는 사직도 적고 해고도 거의 없다는 것이다. 대체로 갓 채용된 근로자, 근속기간이 짧은 단기근속의 근로자에게 해고와 사직이 빈번히 일어난다. 이러한 현실을 해명하는 몇 가지 가설을 간단히 살펴보자.

(1) 일자리 탐색 모형의 예측

일자리 탐색 모형은 자발적 이직, 즉 사직을 해명하는 데 이용된다. 이는 불충분한 정보의 세계에서 일자리 정보라는 인적자본에 대한 투자이론으로 간주될 수 있다.

재직근로자가 자발적 이직, 즉 사직하려 할 때는 근로자가 사직으로 기대하는 이익과 사직의 기회비용을 비교하여 사직의 기대이익이 클 경우이다. 재직자 탐색과 실업자 탐색의 다른 점은 기회비용에 있다. 재직자의 기회비용은 현직의 임금수준이지만 실업자의 구직 및 취업의 기회비용은 고용보험 수입의 포기와 여가가 가져다주는 효용의 포기에 있다.

사직의 결정기준은 재직자에게 제안된 임금(w_H라고 하자)이 그의 눈높이임금인 현직 임금(w_0라고 하자)보다 큰 경우이다. 실업자의 경우 그에게 제시된 임금(w_0)이 그의 눈높이임금(w^*)보다 큰 경우 취업한다. 실업자가 취업하고, 얼마 후 다른 일자리를 구해 사직하는 경우에는 제안임금, 본인의 현직의 눈높이임금, 본인 실업시의 눈높이임금수준 간에 다음의 관계가 성립한다. 즉 $w_H > w_0 > w^*$가 된다.

이제 네 개의 일자리가 있다고 하자. 0, 1, 2, 3이라는 일자리와 관련된 임금이 $w_0 < w_1 < w_2 < w_3$라고 하자. 첫 일자리의 낮은 임금 w_0에서 근로자는 쉽게 w_1을 제시하는 기업으로 이직한다. 이직의 기회비용이 낮기 때문에 사직하는데, 이때 그의 근속연수는 짧다. 그러나 w_1을 제공한 기업에서 w_2를 제시하는 기업을 찾는 데는 시간이 더 걸리고 기회비용이 더 크다. 따라서 근속년수가 더 길어지고 이직확률은 낮아진다. 이와 같은 논리가 계속 적용되어 그가 받을 수 있는 가장 높은 임금 w_3을 제안받으면 그는 사직을 중단하고 직장이동은 일어나지 않는다.

즉 취업 후에도 일어나는 순차적 직장탐색은 **일자리쇼핑**(job shopping 또는 job hopping)이며, 이는 사직과 근속년수간의 마이너스 관계를 설명해 주고 있다.

(2) 인적자본론의 예측

(i) 인적자본이 일반적 성격을 지니는 경우

일자리탐색이론은 한 개인이 시장에서 받을 수 있는 임금은 하나가 아니라 각기 다른 기업에서 다른 수준의 임금을 받을 수 있으며 개인은 임금분포에 직면하여 선택한다고 가정한다. 그러나 인적자본론은 한 개인이 받을 수 있는 임금은 단 하나라는 전제에서 출발한다. 그의 생산에의 기여도가 그가 받을 수 있는 임금이다.

따라서 근로자의 사직은 어떤 기업이 그의 생산에의 기여도보다 낮은 임금을 제공할 때 발생한다. 단, 사직해서 타 기업으로 이동할 때에도 시간과 노력이 투입되므로 투자의 순이익(=다른 곳에서의 임금－현직 임금)이 투자의 기회비용보다 큰 경우에만 근로자는 자발적으로 이직한다. 그리고 기업은 근로자가 현재 기업이 제공하는 임금보다 낮은 생산성을 보이면 해고한다.

인적자본론은 개인의 생애에 걸쳐 경력, 근속에 따라 개인의 인적자본량과 생산기여도가 증가하고, 그에 따라 보다 높은 임금을 제공하는 일자리로의 상향이동이 일어나는데 기업이 근로자의 많아진 인적자본량, 높아진 생산에의 기여에 상응하는 일자리와 임금을 제공하지 않으면 언제든지 자발적 사직이 일어남을 예측하고 있다. 반대로 기업이 제공하는 임금보다 낮은 생산성을 나타내면 그 근로자는 해고된다. 이는 고급전문직의 노동시장에는 타당하다.

생애경력경로(career path)는 근로자가 그의 생애에서 인적자본이 증가함에 따라 일자리의 위계질서(job hierarchy)를 따라 상향이동(upward mobility)함을 반영한다. 각 일자리 단계에서 근로자는 현재의 일자리에서 다음의 일자리를 취할 때의 예상수입, 그리고 차액인 순이익, 그리고 기회비용을 비교하여 직장이동 결정을 내린다. 현재의 일자리는 다음 일자리에의 디딤돌(stepping-stone)이다. 이와 같은 직장이동을 직업에서의 상향이동(occupational upward mobility)이라고 한다.

다시 반복하자면 근로자가 자신의 생애경력경로를 실현하는 것은, 직장이동을 수반할 수도 있고 기업 내부노동시장에서 이루어질 수도 있다. 현 기업에서 직무 상향이동 가능성이 제공되지 않으면, 자신의 이익을 추구하는 개인은 노동시장에서 대안적 기업을 모색하기 때문에 직장이동은 그야말로 효율적 인적자원배분을 결과하는 긍정적 역할을 수행한다.

(ii) 기업특수적 인적자본이 사직과 해고에 미치는 영향

기업특수적 인적자본의 존재는 일반 노동시장에서 일어나는 사직과 해고를 설명하는데 기여한다. 입사초기에는 기업특수적 인적자본량이 거의 없거나 있더라도 그 양이 적다. 당연히 위에서 말한 방식대로 이직과 해고가 빈번히 일어난다. 그러나 장기근속이 일어나면 기업특수적 인적자본투자에 노사가 각각 비용을 분담하고 투자의 수익을 노사가 나누어 갖는데, 불경기에 근로자의 생산기여도가 떨어진다고 해서 기업은 근로자를 쉽게 해고하지 않는다. 이는 제5장에서 설명된 바 있다. 근로자 역시 호경기에 타 기업이 근로자에게 제시하는 임금이 높아진다고 해서 쉽게 이직하지 않는다.

사직률과 해고율은 기업특수적 인적자본과 정(正)의 관계를 갖는다. 여성과 단기근속의 젊은 근로자의 사직률이 높게 나타난다. 이들은 기업특수적 인적자본투자량이 적고 따라서 낮은 임금을 받으며, 그 결과 높은 사직성향을 보이게 된다. 동시에 여성은 결혼, 임신과 출산 그리고 육아로 인하여 비연속적으로 경제활동참가를 함에 따라 기업특수적 인적자본투자가 더 적어지며 이 역시 사직률을 높이는 요인이 되고 있다.

장기근속자일수록 기업특수적 인적자본량이 많아져 해고율은 낮아진다. 기업이 노조와 협의하여 정리해고자를 선정하는 과정에서 고참을 우대하는 정책, 즉 선임권(先任權, seniority right)에 의거, 장기근속자를 보호하고 단기근속자를 우선 해고대상으로 하는 경향이 있다. 이는 기업특수적 인적자본 투자비용의 회수를 보장하는 경제적 합리성을 지닐 수도 있다.

3 일자리매칭과 효율적 직장이동가설

한편 일자리 매칭 모형에서는 일자리 짝짓기가 잘 되면 장기근속, 짝짓기가 실패하면 그 형태는 해고로 나타나거나 근로자의 자발적 이직으로 나타나기 때문에 해고와 자발적 이직을 구분할 필요가 없다는 관점을 취한다.

일자리매칭에 기초하여 제시된 직장이동 이론이 **효율적 직장이동**(efficient turnover) **가설**이다. 효율적 노동이동 가설은 임금수준과 사직률은 부(負)의 관계에 있을 뿐만 아니라 임금수준과 해고율 또한 부(負)의 관계가 있다는 가설을 제시하고 있다.

노동시장에 참여하는 근로자는 상이한 능력과 재능을 갖고 있다. 기업이 제시하는 일자리의 성격과 근무조건도 다 다르다. 노동시장에서는 서로에 대한 정보가 불완전하거나 비대칭적으로 존재하기 때문에 근로자의 구직활동과 고용주의 구인활동이 왕성히 일어난다.

완전정보가 있다면 구인·구직은 완벽하게 연결될 것이다. 근로자는 일자리에 관한 정보를 공공 또는 사설 직업소개소, 신문광고 또는 벽보, 친구나 친지를 통해서 구하는데, 불완전정보 때문에 구직기간 중 실업상태에 빠질 수도 있다.

일자리 매칭에서는 정보의 비대칭성이 큰 문제가 된다. 불성실한 근로자는 스스로의 자질을 잘 알고 있지만 구직하기 위해서는 참되고 성실한 근로자로 거짓 변신한다. 불량기업은 스스로의 기업특성에 대해서는 잘 알지만 구인을 위해서는 자신의 기업을 우량기업으로 위장하려 한다. 이와 같이 양거래 당사자 간에 한 쪽의 정보는 자신만 잘 알고 있을 뿐 다른 쪽에게는 감추어져 있는 상태가 **비대칭적 정보**(asymmetric information)의 상태이다.

근로자는 기업이 제시하는 직장의 성격과 근무조건을 경험해 보기 전에는 알 수 없고, 고용주 또한 근로자의 생산성을 사전적으로 식별하는 것이 힘들다. 만일 근로자와 기업이 서로 맞는 짝을 이루면, 기업으로서는 근로자가 제 능력과 재능을 잘 발휘함으로써 이윤이 증대하고, 근로자는 생산성 증대에 따른 임금상승을 기대할 수가 있다.

잘못된 짝짓기가 이루어지면, 근로자의 생산성 발휘는 되지 않고 임금은 낮게 될 것이다. 기업은 근로자를 해고하려 하고 다른 한편으로는 근로자는 사직하려 하게 될 것이다. 특히 젊은 근로자들은 짝짓기가 잘 이루어지도록 이곳저곳 **일자리 쇼핑**(job shopping)을 한다. 이 과정에 있는 단기근속의 젊은 근로자들은 이직률도 높고 잘못된 짝짓기 때문에 해고도 쉽게 된다.

우선 기업 내 근로자가 성공적 짝짓기를 한 근로자, 잘못된 짝짓기가 된 근로자라는 두 유형으로 나누어진다고 하자. 이 두 유형의 근로자의 일반적 인적자본량은 동일하다고 가정하자.

[그림 7-10]의 (i)에서 노사 간 성공한 짝짓기에 의해 근로자가 적재적소 상태에 있으면, 그의 임금은 W_G로 높다. 그림 (i)에서 짝짓기가 성공적으로 된 근로자는 근속년수와 관계없이 높은 임금을 받는 극단적 경우를 상정하고 있다. 잘못된 짝짓기가 된 근로자는 적재적소 배치상태에 있지 못해 그가 성공적인 짝짓기의 근로자와 같은 일반적 인적자본량을 갖는다고 하더라도 임금수준은 W_B로 낮다.

근속년수와 임금에 관한 횡단면자료를 수집하여 점상관도를 그리면 노사간 성공적 짝짓기의 근로자는 이직확률이 당연히 낮고, 근속년수는 길고, 그의 임금수준은 그가 적재적소에 있기 때문에 높아 [그림 7-10] (ii)의 G영역에 위치하게 된다. 반면,

그림 7-10 근속년수와 임금 간의 진정한 관계

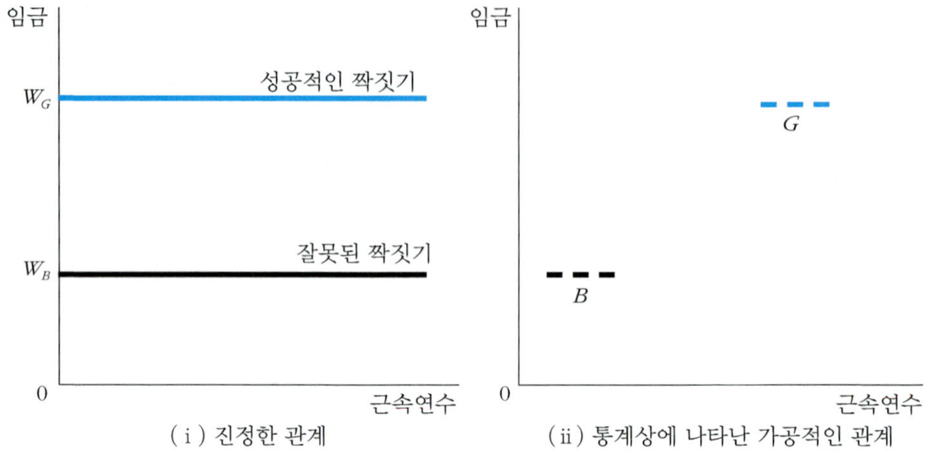

잘못된 일자리매칭이 이루어졌다면 근로자의 이직확률이 높아 당연히 근속년수는 짧고, 잘못된 짝짓기 때문에 임금수준은 낮게 나타나 그림 (ii)의 *B*영역에 있게 될 것이다.

관측가능한 통계자료에서 그림 (ii)와 같은 결과가 나타나는 것은 일자리매칭의 질적 수준 차이 때문에 발생한다. 진정한 관계는 성공적인 짝짓기가 되면 근속년수가 길어져 그 결과 임금이 상승한다는 것이다.

결국, 임금수준과 사직률 그리고 임금수준과 해고율은 모두 부(負)의 관계를 갖게 된다. 따라서 임금수준과 이직률(사직률과 해고율의 합계)도 부(負)의 관계를 갖게 된다.

우량기업이 참근로자, 성실한 근로자와 짝을 이루어 근로자의 생산기여도가 최대로 되는 상태를 **적재적소 배치상태**(optimal sorting)라고 할 수 있다. 각 근로자와 각 기업 간에 짝짓기에 의해 근로자가 적재적소에 있지 않으면, 근로자는 더 나은 짝짓기를 위해 이직하며, 기업은 잘못된 짝짓기를 교정하기 위해 해고를 행한다. 이를 통해 보다 효율적 인적자원배분이 이루어질 수 있다. 경쟁노동시장에서 근로자의 생산기여도를 최대로 하는 적재적소 배치상태를 이루기 위해 사직 및 해고, 즉 이직이 진행된다는 가설을 **효율적 직장이동**(efficient turnover) **가설**(Parsons, 1986; McLaughlin, 1991)이라고 한다.

효율적 직장이동 가설은 이직 분석에서 사직과 해고를 구분할 필요가 없으며, 모든 사직과 해고는 기업 및 근로자 양자에게 상호혜택을 제공한다는 결론을 제시한다.

제8장

기업 인사관리의 경제분석

제 1 절 | 입직에서의 기업의 선별과 근로자의 신호
제 2 절 | 도덕적 해이와 인센티브 임금
제 3 절 | 동기유발의 내부노동시장
제 4 절 | 정년제
제 5 절 | 한국의 CEO에 대한 인사관리
제 6 절 | 공무원의 과보호 내부노동시장

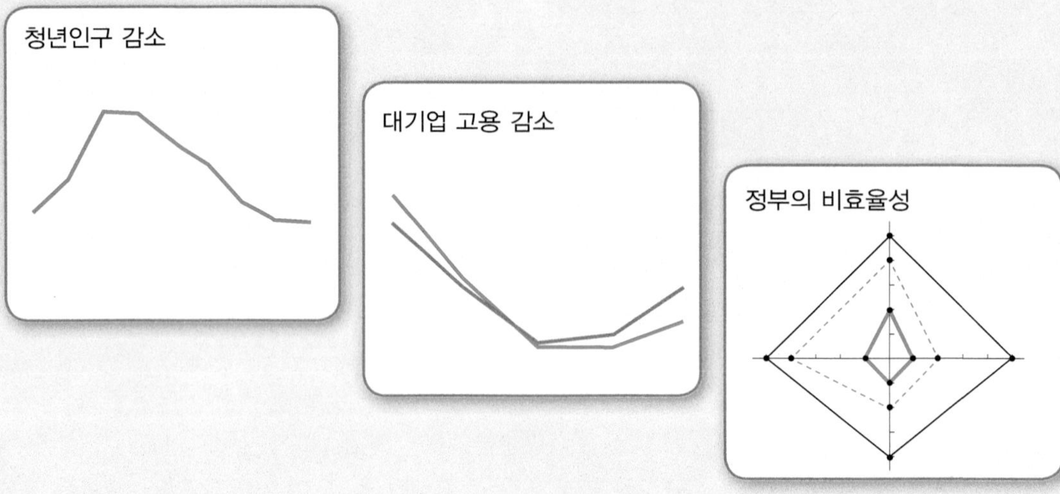

장을 시작하며

기업은 유능한 인재를 확보하려고 노력한다. 뿐만 아니라 그가 나태, 해이, 불완전 헌신에 빠지지 않고, 열과 성을 다해 최선의 노력을 다하도록 각종 인센티브 제도를 설계한다. 물론 해고도 감행한다. 근로자들은 언제든지 더 좋은 조건의 기업을 찾아가기 때문에, 기업으로서는 우수한 인재의 모집, 최선의 노력 발휘를 위한 인센티브 임금, 동기유발의 조직을 만드는 것이 기업 생존에 필수적이다. 지난 40년간 기업은 외형적 성장을 위한 투자자금 조달과 판매망 확보에 전력을 투구했으나, 이제는 차별화된 신상품의 개발이 가장 중요해지고, 이를 위한 유능한 인재의 확보와 체계적인 보상관리가 기업의 성패에 결정적이게 되었다. 이는 전통적으로 경영학의 인사관리 분야인데, 최근에는 경제학에서도 기업 인사관리의 경제분석을 행한다.

입직으로부터 퇴직까지의 기업 인사관리의 경제분석이 이 장의 주된 주제이다. 기업은 경쟁노동시장이론이 가정하듯이 단순한 가격 순응자가 아니다. 동학적 현실의 노동시장에서 행하는 기업의 선택과 전략을 차례로 살펴보기로 한다.

제 1 절 입직에서의 기업의 선별과 근로자의 신호

1 비대칭적 정보와 역(逆)선택 문제

경쟁노동시장에서 고용주는 근로자의 특성, 질적 수준에 대해 완전한 정보를 갖고 있는 것으로 간주된다. 기업이 완전한 정보를 가진다면, 유능한 근로자에 대해서는 높은 생산성에 맞는 높은 임금을, 능력이 떨어지는 근로자에 대해서는 낮은 생산성에 맞는 낮은 임금을 지급할 것이다. 생산성이 높은 근로자에게 그에 합당한 높은 임금을 지급하지 않으면 근로자는 자신의 생산성에 맞는 임금을 받으려고 이직하거나, 타 경쟁기업이 높은 임금을 제시하여 그를 스카우트해 가게 된다. 한편, 생산성이 낮은 근로자에게 그의 생산성에 비해 높은 임금을 지급하면 기업은 손실을 보게 되므로 그를 해고하려 할 것이고 해고된 근로자는 자신의 생산성에 맞는 임금을 제공하는 기업으로 전직하게 된다. 이와 같이 근로자의 능력에 관한 완전정보를 가정하는 경쟁노동시장에서는 결국 각 개인의 생산성에 맞는 임금이 지급될 수 있도록 작용한다.

그러나 근로자의 능력에 관한 정보는 불완전하다. 더욱이 근로자 본인은 자신의 능력을 알 수 있지만 고용주는 그를 채용해 겪어보기 전까지는 그의 정확한 능력을 알 수가 없다. 즉, 개인의 능력과 자질에 관한 정보는 자신에게는 제공되어 있지만 고용주에게는 드러나지 않고 감추어져 있는데, 이와 같은 상황을 **정보의 비대칭성**(information asymmetries)이 존재한다고 말한다.

정보의 비대칭성이 존재하는 현실에서는 실제로는 무능한 근로자가 얼마든지 자신을 유능한 근로자로 위장할 수 있다. 그리고 무능한 근로자일수록 겉을 번지르르하게 위장하여 자신이 능력이 있는 것처럼 포장할 유인을 더 크게 갖는다. 그렇게 되면 고용주는 겉만 번드레한 불량근로자와 계약을 맺는 오류를 범할 가능성이 높아지게 된다. 이처럼 근로자 능력에 관한 정보가 비대칭적으로 존재할 때, 정보를 갖지 못한 고용주가 가장 바람직하지 않은 상대방과 거래할 가능성이 높아지게 되는 현상을 **역선택**(adverse selection)이라고 한다. 즉 정보를 갖지 못한 고용주 측이 자신의 능력에 관한 정보를 갖고 있는 근로자 측의 역선택에 직면하게 되는 것이다.

비대칭적 정보와 역선택의 가장 대표적인 예로 중고차 시장을 생각해 볼 수 있다. 판매자인 중고차 주인은 차를 장기간 운전하면서 차의 엔진, 트랜스미션, 냉각기 등의 상태가 좋은지 나쁜지에 관한 모든 정보를 갖고 있다. 반면에 중고차를 구입하려고 하는 구매자는 그 차의 성능에 대해 전혀 알 수가 없다. 이런 상황이 정확히 비대칭적 정보 상황이다. 이때 중고차의 평균 거래가격이 P라고 하면, 평균보다 훨씬 양호한 차를 갖고 있는 중고차 주인(판매자)은 평균가격보다 더 받으려 하기 때문에 구매자가 가격 P를 제시하면 차를 팔지 않고 계속 갖고 있으려고 하고, 중고차 질이 나쁘다는 것을 잘 아는 중고차 주인(판매자)은 그 가격에 기꺼이 차를 매각하길 원하므로, 결국 중고차 구매자의 입장에서 보면, 원하지 않는 나쁜 성능의 차를 구입할 가능성이 높아진다. 바로 이러한 상황이 역선택의 상황이다.

남녀 간의 결혼시장, 정확히는 맞선시장에서도 정보의 비대칭성이 일어난다. 한 당사자는 자신의 능력, 자질을 잘 알고 있지만 그와 소개팅을 갖는 상대방의 능력, 자질을 알 수가 없다. 이때 정보를 더 많이 가진 쪽에서 자신의 능력과 자질을 위장하여 유능한 사람으로 포장하여 좋은 짝을 만나려고 할 것이기 때문에, 정보가 부족한 쪽은 항상 역선택에 직면하게 된다.

이러한 비대칭적 정보와 역선택의 세계에서 성공적인 짝짓기를 위해 고용주와 근로자 모두 각각의 입장에서 노력을 하게 된다. 고용주는 제한된 정보를 활용해 참근로자를 선별(screening)하거나, 거짓근로자를 솎아내며(weeding-out), 그 과정에서 이연급여제(deferred wages) 및 성과연동급여를 활용하기도 한다. 반면, 근로자는 자신이 갖고 있는 사적정보(private information)인 자신의 참된 질적 수준을 고용주에게 신호(signaling)하게 된다. 노동시장에서는 이 같은 기업의 선별과 근로자 신호의 상호작용에 의해 노사 간 옥석가려내기(sorting)와 짝짓기(matching)가 이루어진다.

2 기업의 선별(Screening)

선별(screening)이란 양질의 신입사원을 유인하고, 지원자 중 낮은 질의 신입사원을 솎아내는 과정을 지칭한다. 이는 정보의 비대칭성 속에서 역선택을 방지하고자 하는 목적을 지닌다(Lazear & Gibbs, 2009). 이하에서 논의하는 것은 개방적 내부노동시장의 신규채용, 중도채용 모두 적용된다.

(1) 선별의 여러 전략들

우수한 근로자를 채용하고자 한다면, 기업은 무엇보다도 높은 임금을 제시하여 좋은 근로자를 유인하여야 한다. 시장경제에서 임금을 낮게 주면서 우수한 근로자를 채용한다는 것은 불가능하다. 설혹 채용하는 데 성공한다 해도 곧 다른 기업으로 이직하거나, 다른 기업의 스카우트로 근로자를 빼앗기게 될 것이다.

그러나 기업이 높은 임금을 제시한다고 해도 또 다른 문제가 발생한다. 기업이 우수한 근로자를 유인하기 위해 높은 임금을 제시하고 채용공고를 냈다고 하자. 그러면 우수한 근로자들이 많이 오겠지만, 지원자 중에 질 낮은 근로자가 섞여 있을 가능성을 배제할 수 없다. 질 낮은 근로자는 요행을 바라고 지원하여, 성공하면 높은 임금을 받을 수 있게 된다. 만약, 기업이 요행을 바라고 지원한 질 낮은 근로자를 솎아내지 못하고 채용하게 되면, 생산 차질과 비용 유발을 낳아 기업에 손해를 끼칠 수도 있다. 따라서 다음과 같은 선별 전략이 필요하게 된다.

첫째, 기업은 지원자들을 학력과 경력으로 1차 선별한다.

둘째, 기업은 1차 선별된 지원자를 대상으로 시험과 면접에 의해 2차 선별한다.

셋째, 학력과 경력에 의한 1차 선별, 시험과 면접에 의한 2차 선별을 거치더라도 근로자의 능력과 질적 수준을 파악하는 데는 불완전하므로, 기업은 근로자에게 일정기간 직접 일을 시켜본 후에 양질의 근로자만을 정식으로 임용하는 **임용유예기간에 의한 선별**(probationary screening)을 행할 수 있다. 우리나라에서는 '**시용**(試用)**제도**'라는 이름으로 본채용(또는 확정적 근로계약 체결) 전에 시험적으로 고용하는 기간을 두는 것을 인정하고 있으며, 그러한 기간을 시용기간 혹은 수습기간이라 하고, 그러한 고용관계에 있는 근로자를 시용근로자 혹은 수습근로자라고 부른다.

(2) 서류심사, 시험과 면접 등의 선별의 투자 결정

기업이 1차로 학력·경력에 의한 선별, 2차로 시험과 면접, 그리고 마지막으로 임용유예기간 설정에 의한 선별을 고려할 때, 기업은 이러한 선별에 드는 투자비용과 선별로부터 기대되는 수익을 비교한다. 즉, **선별투자**가 만족할 만한 수익을 발생시킬 수 있다고 믿을 때만 선별투자를 하게 된다.

선별(screening)의 투자비용과 수익을 비교하여 선별투자를 할 것인지 말 것인지, 또한 투자수준을 어느 정도로 할 것인지를 결정하는 기업의 선택 문제를 살펴보자.

우선, 기업에서의 생산성은 개인의 능력과 자질을 반영한다고 가정하자. 지원자들은 능력 차이로 인해 평균, 평균미만, 또는 평균초과의 생산성을 갖고 있는데, 지원자 자신은 스스로의 능력을 정확히 알고 있다고 가정하자. 그러나 정보의 비대칭성 때문에 기업은 지원자들의 능력에 관한 정보를 얻기 위한 별도의 투자 없이는 어떤 지

표 8-1 자산운용회사 지원자의 생산성 정보

유형	A	B	C	D	E
과거 지원자 중에서의 비중	10%	20%	40%	20%	10%
생산성 (단위: 백만 원)	−500	0	250	400	900

원자가 어떤 생산성을 갖고 있는지 구별할 수 없다고 하자.

만약, 기업이 선별투자를 하지 않으면, 기업은 어떤 지원자라도 평균적인 능력을 갖는다고 가정하고 이에 따라 보수를 지급하게 된다. 이때 근로자의 채용에서 기대되는 이윤은 '근로자의 평균생산성－근로자 임금'이 된다. 그러나 기업이 지원자들에 대한 정보를 얻기 위해 투자를 하여, 오직 생산성이 근로자 임금을 초과하는 지원자들만을 채용할 수 있다면, 이 경우 기업의 이윤은 '선별된 근로자의 평균생산성－임금 선별비용'이 된다. 선별투자를 할 것이냐 아니냐는 선별투자할 경우의 이윤과 선별투자를 하지 않을 경우의 이윤을 비교하여 결정할 것이다.

구체적 예를 들어보자. 미래에셋과 같은 자산운용회사와 예금·대부 금리차에 의존하는 저축은행을 고려해 보자. 두 회사 모두 한 사람을 채용하려 하며, 그 일자리에서의 연봉은 2억원이라고 하자.

우선, 자산운용회사의 경우를 살펴보자. 과거의 경험에 의해 자산운용회사에의 지원자는 〈표 8-1〉과 같이 다섯 범주로 나누어진다고 하자.

선별이 없을 때의 지원자의 평균생산성은 다음과 같이 계산된다.

$$0.1\times(-500)+0.2\times(0)+0.4\times(250)+0.2\times(400)+0.1\times(900)=220$$

따라서 선별이 없으면, 기업의 기대이윤은 '평균생산성－임금', 즉 평균생산성 2억 2천만원에서 임금 2억원을 뺀 2천만원이 된다.

선별이 있다면 자산운용회사는 지원자의 생산성이 임금보다 낮은 A유형과 B유형을 탈락시킨다. 그러면 선별된 근로자 C, D, E의 평균생산성은 3억 8천 6백만원이 된다. 즉,

$$\frac{40}{70}\times(250)+\frac{20}{70}\times(400)+\frac{10}{70}\times(900)=386$$

그리고 5명의 후보자에 대한 선별 비용으로 총 4백만원이 든다고 하자. 탈락되지

표 8-2 저축은행 지원자의 생산성 정보

유형	A	B	C	D	E
과거 지원자 중에서의 비중	10%	20%	40%	20%	10%
생산성 (단위: 백만 원)	190	200	220	240	250

않는 후보자 C, D, E유형은 확률적으로 $\frac{70}{100}$이므로, 탈락되지 않는 후보자 1인당 선별비용은 4백만원$\times\frac{100}{70}$=571만 4천원이 된다.

선별이 있는 경우, 기업의 예상 이윤은 '선별된 근로자의 평균생산성－임금－선별비용'이므로 1억 8,029만원이 된다. 이는 선별이 없는 경우의 예상이윤 2천만원을 크게 상회하므로 자산운용회사는 분명히 선별투자를 하게 된다.

저축은행의 경우 과거 지원자들의 유형과 생산성 정보는 〈표 8-2〉와 같다고 하자. 이때 선별이 없으면 근로자 평균생산성은 2억 2천만원이며, 연봉은 2억원이므로 예상이윤은 2천만원이다.

그러나 4백만원의 비용을 들여 선별을 한다면, 생산성이 임금보다 낮은 A유형만 탈락시키려 할 것이다. A를 탈락시킨 후의 근로자 평균생산성은 2억 2,400만원, 연봉은 2억원, 탈락되지 않는 후보자 그리고 1인당 선별비용은 4백만원$\times\frac{100}{90}$=약 444만원이 되므로, 예상이윤은 1,956만원이 된다. 선별 후 예상이윤이 선별 전 예상이윤보다 오히려 낮기 때문에, 이 경우 기업은 선별투자를 하지 않을 것이다.

(3) 세련된 선별 전략: 임용유예기간의 설정과 이연급여

(i) 해고가 자유로울 때 이연급여의 기능

근로자를 선발하는 데 있어서 개인의 정직성, 신뢰성, 창의성, 도전정신, 융통성 등의 특질은 서류심사, 시험, 면접 등의 테스트만으로는 확인하기 어렵다.

그 대안으로서 현대의 기업들이 가장 많이 이용하는 전략은 현재직에 채용하여, 채용된 근로자의 특성을 정확히 관찰한 후, 장래직으로 승진시키는 전략이다. 현재직에서는 낮은 임금이 제공되며, 낮은 수준의 책임과 권한이 부여된다. 생산성과 개인능력이 관찰된 후, 승진하지 못한 자는 해고되며, 승진한 자에게는 높은 수준의 책임과 권한이 부여되고 그에 상응하는 높은 임금이 제공된다. 이때 현재직에서의 근무는 장래직의 임용유예기간(probation)이 되는 것이다.

현재직 채용과 능력 있는 자의 장래직 승진 및 능력 없는 자의 해고 전략은 현재직에서는 개인의 생산성보다 낮은 임금을 지급하고, 장래직에서 그의 생산성에 맞는 임금에 더해, 하위직에서 생산성보다 낮게 받았던 임금을 추가적으로 제공하는 보상 전략과 동일하다. 이는 다름 아닌 **이연급여전략**이다.

이렇게 되면 우수인재들은 기업의 이러한 전략을 선호하며 지원한다. 하지만 열등인재들은 현재직에서의 낮은 임금, 승진 탈락 후의 해고 등 손해만 보게 되므로, 임용유예기간을 두는 기업에의 지원을 회피하게 된다. 기업은 현재직에서의 낮은 임금, 유능한 자의 승진 및 높은 임금, 그리고 부적합 근로자의 해고라는 일련의 전략을 통해 정보의 비대칭성 속에서 일어나는 역선택을 통제할 수 있게 된다.

뿐만 아니라 임용유예기간 혹은 이연급여전략은 근로자에게 자신의 능력, 자질에 대해 속임수를 사용하여 과하게 위장하는 것을 단념시키고, 자신의 능력과 자질을 진실하게 나타내 보이도록, 즉 **신호**(signaling)하도록 유발하는 긍정적 기능을 수행한다.

이를 예를 들어 설명해 보기로 한다.

자산운용회사에 최종 후보로 두 사람 D와 E가 선정되었다고 하자. 자산운용회사는 현재직에는 임금 248, 장래직에서는 장래 임금의 현재가치인 560을 지급하는 임금정책을 시행한다고 하자. 현재직에서 일하는 기간을 제1기, 장래직에서 일하는 기간을 제2기라고 하며, 현재직에서 일한 성과를 토대로 능력이 낮은 근로자는 예외

그림 8-1 2기간 모형에서 현직임금과 기회임금

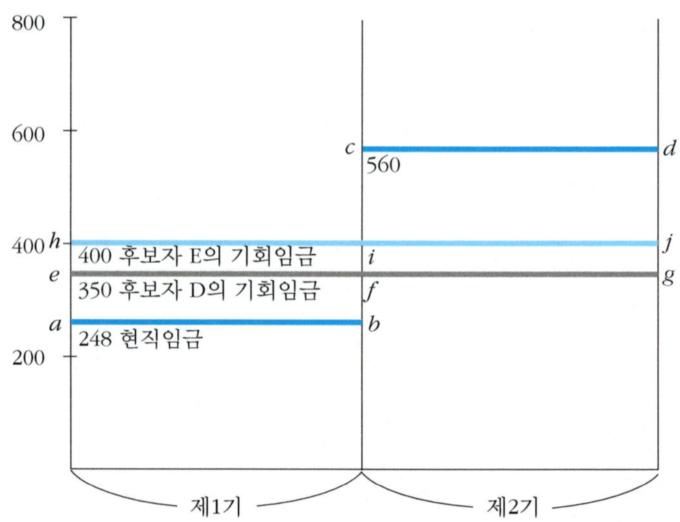

없이 해고된다고 가정한다.

후보자 D는 그의 능력이 정확히 나타내는 생산성, 즉 기회임금이 350이고, 후보자 E는 기회임금이 400이라고 하자. 기회임금이 의미하는 바는 그 근로자가 노동시장에서 언제라도 그만큼의 보수를 받을 수 있다는 것이다. 즉 다른 기업에서는 그의 능력정보를 처음부터 밝혀 제1기와 제2기에 동일하게 자신의 생산성에 해당하는 임금을 받을 수 있다([그림 8-1] 참조).

후보자 D는 제1기에 현재직에서 일한 후에는 생산성 수준이 낮은 것으로 판명되어 제2기에 들어가기 전에 해고될 것이다. 그렇다면 후보자 D는 제2기에 다른 기업에서 일하게 되는데, 이때 후보자 D가 제1기와 제2기에 걸쳐 기대할 수 있는 임금의 총계는 '현재직 임금 248+제2기 타 기업에서의 임금 350=598'이 된다. 이는 처음부터 다른 기업에 종사했더라면 벌 수 있었던 임금(=제1기 350+제2기 350=700)보다 훨씬 낮다. 후보자 D가 이해타산을 정확히 하는 근로자라면 이 자산운용회사에 지원하지 않게 될 것이다.

후보자 E는 어떤 선택을 할 것인가. 그가 자산운용회사의 현재직에서 그의 생산성인 400보다 훨씬 낮은 임금인 248을 받지만, 임용유예기간 후에는 임금 560을 받는 게 확실하므로 자산운용회사에서 그의 예상임금의 합계는 808이 된다. 이는 1, 2기에 걸쳐 타 기업에서 일할 때의 기대임금인 800(제1기 400, 제2기 400의 합)보다 높기 때문에 후보자 E는 이 자산운용회사에 지원하게 된다.

이를 수식으로 표현해 보자.

현재직(제1기)의 임금을 W_1, 장래직(제2기)에서의 임금(현재가치로 평가)을 W_2, 능력이 우수한 자의 기회비용(타 기업에서의 임금)을 W_q, 능력이 떨어지는 자의 기회비용을 W_s라고 하자. 제1기에서 능력과 생산성이 검증된 후, 능력이 떨어지는 자는 정확히 해고된다고 가정하자.

유능한 근로자는 다음 조건에서 자산운용회사에 지원한다. 즉,

$$W_1 + W_2 \geq 2W_q \qquad (8.1)$$

또한 능력이 떨어지는 근로자가 이 회사에 지원하지 않을 조건은

$$W_1 + W_s < 2W_s \qquad (8.2)$$

이 성립하게 된다. 식 (8.1)과 식 (8.2)를 동시에 만족시키는 임금 W_1과 W_2를 설계하는 것이 역선택을 해결하는 기업의 과제가 된다.

표 8-3 이연급여와 근로자의 지원여부

임금 플랜	W_1	W_2	D유형 근로자			E유형 근로자		
			기회임금합계	자산운용회사에서의 예상임금합계	지원여부	기회임금합계	자산운용회사에서의 예상임금합계	지원여부
(1)	400	400	700	400+350=750	지원함	800	400+400=800	?
(2)	324	480	700	324+350=674	지원안함	800	324+480=804	지원함
(3)	248	560	700	248+350=598	지원안함	800	248+560=808	지원함
(4)	172	640	700	172+350=522	지원안함	800	172+640=812	지원함

이상의 논의를 연장하여, 자산운용회사가 〈표 8-3〉과 같은 몇 가지 임금플랜(W_1, W_2)을 제시할 수 있다고 하자. 제2기에 발생하는 임금은 일정한 할인율로 이미 할인한 현재가치이기 때문에, 제1기와 제2기의 임금을 합계하여 지원여부를 결정하게 된다. 앞의 논의와 같이 D형 근로자의 기회임금은 350이며, E형 근로자의 기회임금은 400이라고 가정할 때, 임금플랜 (1)하에서는 두 유형의 근로자가 모두 지원하거나 오히려 유능한 근로자가 지원을 꺼리는 상황이 발생할 수 있다. 그러나 (2), (3), (4)의 임금플랜이 제시되면 D유형 근로자는 스스로 지원을 포기함으로써 분리균형에 도달할 수 있다.

(ii) 강한 고용보호가 있을 때의 역선택 현상과 비정규직 고용

이제, 자산운용회사가 임용유예기간에 있는 근로자들에 대해 엄밀하고 정확하게 평가하지 못하여, D유형의 근로자가 채용되더라도 살아남을 확률이 p%이며, E유형 근로자의 살아남을 확률도 (1−p%)가 된다고 가정하면 어떤 일이 발생할까?

D유형 근로자가 지원하면 예상임금은 다음과 같다.

$$D\text{의 예상임금} = W_1 + (1-p) \times W_s + p \times W_2 \tag{8.3}$$

E유형 근로자가 지원하면 예상임금이 다음과 같게 된다.

$$E\text{의 예상임금} = W_1 + p \times W_q + (1-p) \times W_2 \tag{8.4}$$

이연급여 및 임용유예기간 제도는 제1기에 두 사람을 뽑고 제2기에는 두 사람 중 한 사람을 내 보내는 것을 전제로 하고 있다. 정확한 평가에 근거해 두 사람 중 한 사람을 해고하는 것이 가능하다고 가정한 〈표 8-3〉의 경우는 능력이 떨어지는 D유형

표 8-4 살아남을 확률이 0.5일 때, 근로자의 예상임금과 지원여부

W_1	W_2	D유형 근로자			E유형 근로자		
		p=0.5일 때 예상임금			p=0.5일 때 예상임금		
		기회임금 합계	합계	지원여부	기회임금 합계	합계	지원여부
400	400	700	775	지원	800	800	?
324	480	700	739	지원	800	764	지원안함
248	560	700	703	지원	800	728	지원안함
172	640	700	671	지원안함	800	692	지원안함

근로자가 채용되었더라도 제2기에 살아남을 확률은 0%, 즉 $p=0$이었다.

이제, 기업이 제1기에 근로자 능력을 정확히 평가할 수 없고, 제2기에 한 사람을 내보내는 방법은 무작위 추첨뿐이라고 가정하자. 그러면 D유형 근로자가 제2기에 살아남을 확률은 50%, 즉 p가 0.5로 상승한다. 한편, E유형의 유능한 근로자가 제2기에 살아남을 확률은 1에서 0.5로 줄어들게 된다($1-p=0.5$).

제2기에 살아남을 확률이 변함에 따라 두 유형 근로자의 예상임금도 크게 변하는데, D의 예상임금은 상승하고, E의 예상임금은 하락한다. 특히 E의 예상임금 하락이 심각하여 우수한 E유형 근로자가 이 회사에 지원하지 않을 가능성이 더욱 커진다(〈표 8-4〉 참조).

즉, 가장 우수한 근로자를 채용하려는 이연임금 및 임용유예기간 전략이 더 이상 **역선택**을 막지 못하고 기업의 손해를 더욱 증폭시키는 역할을 하게 된 것이다.

만약, 고용보호입법이 대단히 강하다면, 위의 예와 유사한 상황이 발생할 수 있을 것이다. 임용유예기간 후 근로자 평가에 의거해 근로자를 해고하는 것이 불가능해지기 때문에 p의 값이 거의 0.5에 가까워지게 된다. 이때 D의 예상임금은 상승하고, E의 예상임금은 하락하여 역선택 현상이 매우 심각해질 것임을 쉽게 예측해 볼 수 있다.

임용유예기간은 한국의 노동법에는 수습기간으로 표현되고 있으며, 수습근로자란 수습 사용한 날부터 3개월 이내인 자로 정의되고 있다. 한국의 판례는 수습기간이라고 해도 정사원의 시작으로 보기 때문에 기업이 수습근로자에게 본 채용을 거부하면 부당해고로 간주하고 있다. 수습근로자의 경우도 합리적이고 정당한 이유 없이 정사원 채용을 거부할 수가 없다. 따라서 한국의 기업에게는 정사원 후보로 시험적

으로 고용해 본다는 것은 사실상 불가능하다.

따라서 강한 고용보호입법이 있을 때, 기업이 엄밀한 능력 평가에 의해 바람직하지 않은 근로자를 해고시킬 수 있는 유연성이 보장되지 않는다면, 기업은 언제라도 고용조정이 가능한 비정규직, 단기계약직 또는 파견근로자를 채용하려는 경향성이 높아질 것이다.

일본의 오우우친 신야(2015)는 향후 일본 노동법 개정에서 '근로계약의 최초 6개월 정도는 차별적인 해고 등의 악질적인 경우를 제외하고는 해고를 자유롭게' 할 것을 제안하고 있다.

3 근로자의 노동시장 신호(Signaling)

임용유예기간 동안의 낮은 임금, 엄밀한 업적평가, 그리고 승진 또는 해고에 의한 선별은 다른 측면에서 보면 근로자가 자발적으로 신호하게 할 유인을 갖게 하는 긍정적 효과를 발휘할 수 있다.

[그림 8-1]에서 유능한 사람의 기회임금은 *hi*인데 현재직에서 임금을 *ab*로 받는다면 *abih*만큼의 기업채권(bond)을 구입하여 기업에 돈을 빌려주는 것으로 볼 수 있다. 그 대가로 유능한 사람은 일을 잘해서 승진하여 *cd*만큼의 임금을 받게 되면, 그의 기회임금 *ij*를 초과하는 *ijdc*만큼의 원리금을 기업으로부터 되돌려 받는 것으로 파악할 수 있다. 기업이 돈을 빌릴 때는 채권을 발행하므로 기업은 *abih*만큼 채권을 발행하여 근로자에게 돈을 빌리고, *ijdc*만큼 원금과 이자를 되갚는다고 볼 수 있는 것이다. 달리 보면 근로자는 자신이 기업채권을 구입하여 돈을 빌려줄 만큼 자신이 매력적인 능력을 갖추고 있음을 기업에게 신호한다고 할 수 있다.

이제, 근로자 신호의 비용과 수익의 관점에서 앞서 논의한 문제를 다시 살펴보자. 신호의 비용은 개인의 능력 및 이에 관련된 기회 임금과 관련되어 있다. 신호의 수익은 신호가 있을 때와 신호가 없을 때 간의 임금격차이다.

[그림 8-1]에서 유능한 사람(E유형)의 신호비용은 면적 *abih*이며, 신호의 수익은 면적 *ijdc*이다. 능력이 다소 떨어지는 사람(D유형)의 신호비용은 *abfe*이며, 신호를 했음에도 불구하고 유능하지 않다고 판명되어 해고되기 때문에 이 기업에서 신호의 투자수익은 0의 값을 갖는다. 이를 수치로 보면, 유능한 사람의 신호비용은 152이며, 신호수익은 160이다. 따라서 유능한 사람은 신호를 할 것이다. 그러나 능력이 떨어지는 사람의 신호비용은 102이나, 수익은 0이기 때문에 하등 신호할 유인을 갖지 않

는다.

이와 같이 신호는 기업이 직면하는 역선택 문제를 해결하는 결과를 낳는다. 유능한 사람은 자신의 기회임금보다 낮은 임금을 받음으로써 자신이 높은 질을 갖고 있다는 것을 신호하는 것이다. 한편, 질이 낮은 사람은 자신의 기회임금보다 낮은 임금 수령을 거부하여, 신호의 투자비용을 지불하려 하지 않는다. 이와 같이 신호는 높은 질의 근로자가 낮은 질의 근로자와 스스로를 구분하고 차별화시키는 방안이 될 수 있다.

앞서 정보의 비대칭성과 역선택 문제의 대표적인 예로 중고자동차 시장을 소개한 바 있다. 그런데 중고차 시장에서 좋은 품질의 중고차를 소유하고 있는 중고차 주인이 자신의 차를 질이 나쁜 다른 중고차들과 차별화하기 위해 본인 비용으로 품질보증을 제공하는 경우가 있다. 예컨대, 엔진, 트랜스미션 및 라디에이터 등 중요 부품의 고장 시 1년간 무료 수리를 본인 비용으로 제공하는 것이다.

이 경우 품질보증은 차 품질이 좋다는 일종의 신호인 셈이다. 이때 품질보증과 관련되어 발생하는 비용이 신호비용이며, 중고차가 좋은 값에 빨리 팔리는 것이 신호의 수익이 된다. 신호수익이 신호비용을 초과하리라고 예상되면, 좋은 품질의 중고차 주인은 품질보증을 제공할 것이다. 중고차의 질이 떨어질수록 풀질보증으로 인해 발생하게 될 비용이 증가할 것이므로 신호의 유인이 줄어들게 된다. 거래에서 정확한 신호가 비대칭 정보와 역선택의 문제를 일정 정도 해소하게 하는 사례이다.

제 2 절 도덕적 해이와 인센티브 임금

이제 기업은 입직에 성공한 근로자들, 즉 내부자들(insiders)이 게으름, 눈치보며 슬슬 일하기, 태만 등, 즉 도덕적 해이에 빠지지 않고 최선의 노력을 다하기를 기대한다. 그러나 이는 결코 쉬운 일이 아니다.

1 도덕적 해이와 이를 해결하려는 인사제도

이 장에서 **도덕적 해이**(moral hazard)는 대리인(agent)이 주인(principal)을 위해 특정 업무를 수행하는 상황에서 주인이 대리인의 행동을 완벽하게 감시할 수 없을 때,

대리인이 사용자가 원하는 만큼 열심히 일하지 않는 것을 지칭한다.

이는 사용자가 대리인 행동에 대해 정보를 갖지 못한 상황, 즉 대리인이 주인의 이익을 위해 얼마나 일을 열심히 하는지 파악할 수 없는 정보의 불완전성인 **주인-대리인**(principal-agent) **문제**에서 발생한다. 대리인이 주인의 정보 부족을 이용하여 자신의 이익을 우선적으로 챙기거나 사용자를 속이거나 하는 비도덕적 행위를 할 때, 이것이 도덕적 해이인 것이다.

예컨대 주주는 기업의 주인인데, 대리인인 최고경영자가 자신의 보수 인상, 권력과 지위 유지를 위한 낭비적 지출, 예컨대 직원들에게 선심성의 과다한 보수와 부가급여 지급을 행하여, 주주의 관점에서 보면 바람직한 행동을 취하지 않을 때, 이 또한 도덕적 해이가 된다. 이는 주주가 대리인인 최고경영자가 취하는 행동을 일일이 관찰할 수 없기 때문에 발생하는 문제이다.

또 다른 예를 들어보자. 영업용 택시의 경우, 주인은 차주이며, 대리인은 택시기사인데, 차주가 택시기사의 행동을 일일이 관찰할 수 없을 때, 택시기사가 사용자의 정보부족을 이용하여 길가에 차를 빈번히 세워 놓고 휴식을 취하여 자신의 이익을 챙기고 사용자가 원하는 만큼 일을 하지 않을 수 있다. 이 역시도 도덕적 해이가 된다.

1절에서 논의한 외화내빈의 불량근로자 문제, 달리 말해 역선택은 근로자의 질적 수준에 관한 감추어진 정보(hidden knowledge) 문제라면, 이 절에서 논의하고 있는 **도덕적 해이**의 문제는 감추어진 행동(hidden action)에 관한 것이다. 어느 경우이든 정보의 비대칭성 속에서 정보량에서 열등한 지위에 있는 쪽은 필요한 정보를 더 얻고자 하며, 우월한 정보를 가진 쪽은 필요한 정보를 감출 유인을 갖는다.

도덕적 해이가 있을 때, 사용자는 다음과 같은 급여제도를 시행하여 대리인의 태만과 불완전 헌신의 기회주의적 행위를 교정하고자 하며, 대리인이 열과 성을 다하여 일하도록 유인한다.

(i) **감시 감독의 강화:** 슈퍼에 가면 현금출납기 근처에 감시 카메라가 설치되어 있다. 물론 목적은 종업원의 부도덕한 행위나 무책임한 행위를 방지하기 위한 것이다. 영업용 택시의 경우, 주행속도, 주행거리, 손님 태운 횟수, 빈차 운행 횟수, 안전운전 등을 감시할 목적으로 타코메타(디지털 운행 기록 기계)와 블랙박스를 장착하여, 택시기사의 도덕적 해이를 방지하려고 한다.

(ii) **효율임금의 지급:** 제6장에서 배운 **효율임금이론**(efficiency wage theory)에 따르면 어떤 고용주들은 근로자에게 시장 균형임금보다 높은 임금을 지급한다.

시장 균형임금보다 높은 임금을 받는 근로자는 게으름을 피울 가능성이 적다. 왜냐하면 만약 게으름을 피우다가 해고되면 지금과 같이 높은 임금을 제공하는 일자리를 다시 구할 가능성이 적기 때문이다.

(iii) **이연보수의 지급 연기**: 기업들은 근로자에게 지급되는 보수의 일부를 나중에 지급하는 이연급여제를 채택하기도 한다. 이 경우, 만약 어떤 근로자가 게으름을 피우다 해고되면 이연급여제 하에서는 그가 치르는 대가가 커진다. 이연급여제에서는 근로자는 젊어서 생산성이 높을 때는 낮은 임금을 받아, 기업의 채권을 구입하고, 나이가 든 후 생산성이 떨어질 때 높은 임금을 받는데 이는 젊을 때 구입한 채권에 대한 원지급을 회수하는 것과 같다. 나이들어 도덕적 해이로 해고되면 채권의 원리금 회수를 못하게 된다. 이연보수로 근로자의 근무 경력에 비례해서 임금이 증가하는 것은 그들의 증가된 경험에 대한 보상의 의미도 있지만 도덕적 해이를 방지하기 위한 대응일 수도 있다.

(iv) **성과연동보수 시행**: 언제나 일정한 보수를 받게 되어 있는 근로자라면 구태여 열심히 일하려 하지 않을 것이다. 열심히 일해 기업의 이윤이 올라가도 그의 보수에는 아무 변화가 없을 것이기 때문이다. 근로자에게 열심히 일할 유인을 주기 위해서는 작업 실적에 따라 그의 보수가 달라지게끔 만들어야 한다. 그렇지만 실적이 나쁘다고 해서 아무런 보수를 주지 않을 수도 없는 일이다. 따라서 현실적으로 기본급을 아주 낮게 책정하고 나머지 부분의 보수는 작업 실적에 비례하도록 만드는 방법을 많이 쓴다.

(v) **소사장제의 활용**: 소사장제(intrapreneurship)란 기업 내에 분야별로 독자적인 책임을 지는 소사장을 두는 경영방식을 말한다. 공장의 경우, 소사장은 모기업으로부터 생산라인 일부를 위임(도급)받아 시설과 원자재를 공급받고, 자기 계산 하에 직접 근로자를 모집, 선발하여 일을 시키고, 임금을 지급한 후 잔여수익을 본인의 이윤으로 취한다. 소사장은 이윤동기 때문에 우수 근로자를 선발하며, 성과연동급여를 지급하여 노동생산성을 높이고, 유연하고 신속한 의사결정에 의한 원가절감 노력을 한다. 그 결과 생산성 향상이 이루어질 수 있다. 대리인이 주인처럼 행동하도록 유인하는 제도 중의 하나가 소사장제를 도입하여 기업이윤을 공유하는 방법인 것이다.

이상의 인센티브 임금제도 중에서 효율임금과 이연급여에 대해서는 이미 논의하였으므로, 이제 성과연동의 보수와 소사장제에 초점을 맞추도록 하겠다.

2 성과연동의 임금체계

근로자의 임금은 한 시간 근로의 대가로 지급하는 시급이 있고, 하루 일한 시간 기준으로 지급하는 일급, 주 근로시간을 기준으로 지급하는 주급, 월 근로시간으로 지급하는 월급, 연 근로시간으로 지급하는 연봉 등이 있는데, 이는 근로시간을 기준으로 급여를 산정하기 때문에 **시간제**(time rate) 임금이라고 한다.

경우에 따라서는 근로자의 임금이 근로자의 생산량을 기준으로 지급된다. 인형을 만드는 사람은 그가 만든 인형의 개수에 따라 임금이 지급된다. 옷을 만드는 사람은 그가 만든 옷의 개수에 의해 임금이 결정된다. 이를 **개수제**(piece rate) 임금이라고 한다.

그런데 문제는 어떤 보상체계를 취할 때 근로자로 하여금 더 열심히 일하도록 하고, 더 높은 생산성을 낼 수 있게 할 것인가 하는 것이다. 바로 이러한 목적 하에 설계된 임금제도를 **인센티브 임금제도**라 부를 수 있는데 핵심은 시간급과 개수제의 선택에 관한 것이다(Lazear, 1995).

(1) 개수제 임금과 시간제 임금

기업들은 근로자의 노력을 최대한 끌어내기 위해 다양한 방식의 인센티브 임금제도를 채용한다.

인센티브 임금제도의 가장 대표적인 방식이 바로 개수제 임금 또는 능률급이다. 우리는 개수제 임금의 약칭으로 능률급이라는 용어를 수시로 사용할 것이다. 이와 대비되는 임금체계는 시간제 임금이다. 시간제 임금의 약칭으로 시간급이라는 용어가 사용된다. 시간급이 투입노동량에 대해 보상하는 방식이라면, 능률급은 노동의 결과로 만들어진 성과에 대해 보상하는 방식이다.

직관적으로 보아도, 시간급은 생산량이 많든 적든 똑같은 보수를 지급하기 때문에 능력 수준이 평균이상 되는 사람들은 불만을 야기할 것이다. 게다가 작업과정을 충분히 관리할 수 없다면 근로자들로 하여금 도덕적 해이를 야기할 가능성도 있다. 반면에 능률급은 보다 유능한 사람을 유인하는 효과를 지닐 뿐만 아니라 더 나은 성과를 내도록 동기를 유발하는 기능을 가진다.

이 주제를 보다 분석적으로 살펴보기로 하자. 시간급 및 능률급의 기본적인 특징

그림 8-2 시간급과 능률급

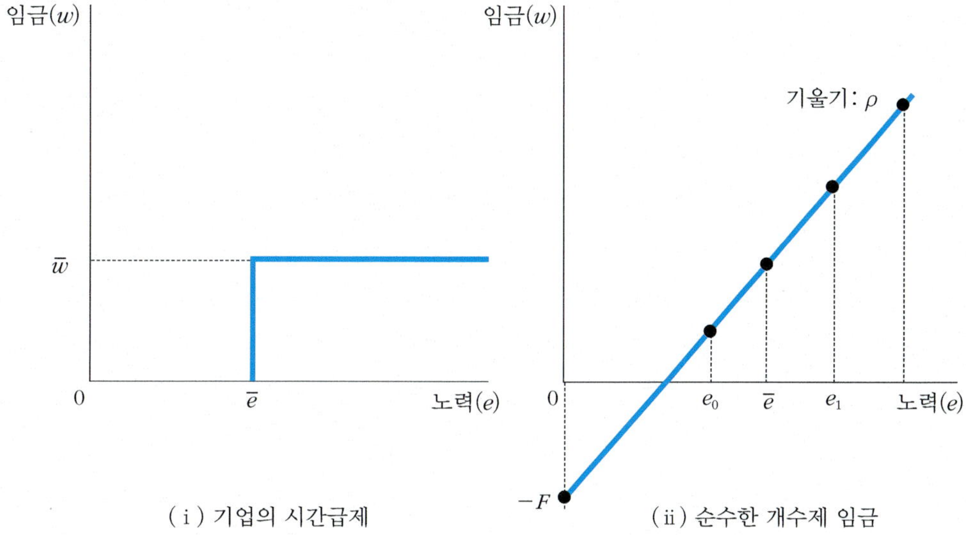

을 살펴보기 위해 경쟁기업의 경우를 예로 들어보자.

기업이 현재 '제로의 경제적 이윤' 상태에 있다고 가정하자. 이는 기업이 정상이윤만 벌고 있는 상황을 의미한다. '제로의 경제적 이윤'과 관련된 근로자의 노력수준을 $\bar{e}$라고 하고, 이와 관련된 생산수준을 $\bar{q}$, 그리고 이때의 임금수준을 $\bar{w}$라고 하자. 경쟁기업의 경우, 시간급제에서는 $\bar{e}$보다 낮은 노력을 제공하는 근로자는 해고한다고 가정한다. 그러면 이 기업에서의 노력과 임금의 관계는 [그림 8–2]에서 (i)의 모습과 같을 것이다.

한편, 기업이 시간급 대신 완전한 능률급(=성과연동임금)을 택하고 있다면 그림에 어떻게 표시될까? 근로자가 e만큼의 노력을 투입하면 그에 비례해 정확히 q 만큼 생산할 수 있다고 가정하자. 이때 생산 단위당(또는 노력 단위당) 임금이 ρ라고 하면, 개수제 하에서의 근로자의 임금은 $w(=\rho \cdot e)$가 된다. 이때의 노력수준과 임금수준을 그래프에 표시하면 [그림 8–2]에서 (ⅱ)의 모습을 갖게 될 것이다. 예컨대, 옷생산 근로자의 경우, 옷을 제작하는 기계구입시 은행에서 자금을 빌렸으면 갚아야 하는 원리금, 원재료 값 등이 있는데, 이것이 $0F$수준이다. 옷 개수당 임금이 ρ이면, 개수제 하에서의 근로자의 임금은 $w(=\rho \cdot e)$, 근로자의 소득은 $(\rho \cdot e-0F)$가 된다.

(2) 시간급과 도덕적 해이

우리가 알고 있는 대부분의 대기업, 즉 내부노동시장을 형성하고 있는 기업들에서는 기본적으로 시간급 임금을 채택하고 있다. 근로자 개개인의 성과를 정확히 측정하기 어렵기 때문이다. 그러나 이 경우 **도덕적 해이**라는 심각한 문제를 야기할 수 있다.

이를 살펴보기 위해 개인의 무차별곡선을 노력수준과 임금수준의 평면에 나타내 보자. 여기서 근로자는 일자리가 제공하는 금전적 보상, 즉 w에서 효용을 얻는다고 가정한다. 물론 자기성취, 권위, 자기만족 등과 같은 비금전적인 보상도 중요하지만, 논의의 단순성을 위해 임금만을 효용의 원천으로 간주한다. 반면, 노력의 투입은 비효용을 야기한다고 가정한다. 즉 일자리에서 개인은 노력 투입이라는 비효용 대가로 임금을 지급받는다고 할 수 있다.

시간급의 경우를 나타내고 있는 [그림 8–2]의 (i)에 근로자의 무차별곡선 U_1, U_2, U_3를 추가한 것이 [그림 8–3]이다. 여기서 B점은 A점에 비해 노력수준이 높고 따라서 높은 임금으로 보상된다. A점은 B점에 비해 노력수준이 낮고 따라서 낮은 임금으로 보상된다. 동일한 만족을 유지하기 위해서는 노력 증가에 보다 높은 임금이 수반되어야 한다는 것을 의미한다. 즉 무차별곡선은 양(+)의 기울기를 갖는다.

기업이 순수한 시간급을 채택하고 있다고 하자. 기업은 근로자에게 평균적으로

그림 8–3 시간급제 하에서의 노력 수준

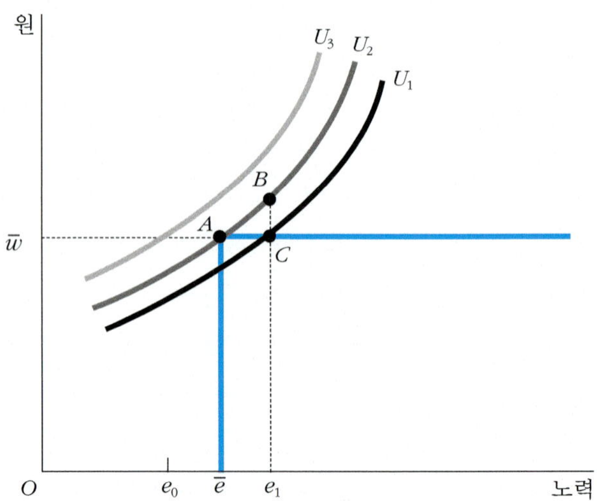

$\bar{e}$수준의 노력을 요구할 것이다. 평균적인 노력의 의미는 무엇일까? 현실에 있어서 예상치 못한 일이 수시로 발생할 수 있다. 예컨대 기계고장, 전기단전 등으로 근로자의 노력수준이 $\bar{e}$보다 낮은 e_0가 되는 것이 불가피한 경우가 있다. 또한 예측하지 못한 시장수요 증가로 근로자의 노력 수준이 $\bar{e}$보다 높은 e_1이 되는 경우도 있다. 이러한 외부적 요인의 영향을 평균하여 $\bar{e}$수준의 노력을 요구한다는 것이다. 이때 근로자의 효용극대화는 $\bar{e}$만큼의 노력과 $\bar{w}$ 만큼의 임금을 제공하는 A점에서 이루어진다.

그런데 예측하지 못한 외부적 여건 때문에 기업이 근로자에게 e_1의 노력을 요청한다고 하자. e_1의 노력이 요구되었을 때, e_1의 노력과 $\bar{w}$의 임금(임금은 노력과 관계없이 고정되어 있음)을 제공하는 C점은 근로자에게는 낮은 수준의 효용을 제공하므로 절대로 선택되지 않을 것이다. 기업이 e_1을 강제해도 근로자는 일하는 척만 하고 시간을 때우는 눈속임 현상이 일어난다. 이것이 곧 도덕적 해이가 된다. 노력을 더 해 보았자, 비효용만 증가(효용 감소)하며, 임금은 전혀 올라가지 않기 때문에 근로자는 노력을 더 많이 할 하등의 유인을 갖지 않는다.

(3) 능률급을 가미한 시간급

이러한 도덕적 해이의 문제 해결을 위하여 기업은 시간급에 일정 정도 능률급적 요소를 가미할 수 있다. 즉 e_1 이상의 노력에 대해서는 임금을 높여주는 방식으로 인센티브 설계를 하는 것이다.

구체적으로 $\bar{e}$와 e_1 사이의 노력에서는 $\bar{w}$라는 고정급을 지불한다고 하자. 어느 일자리에든 [그림 8-4]에서처럼 $\bar{e}$와 e_1 사이에 고정급을 주는 제도가 존재한다. e_1 이후, 즉 점 C에서 성과연동급여가 시작된다. 그러한 제도가 없으면 점 C이 아니라 점 A에서 성과연동급여가 시작된다. $\bar{e}$이하의 노력에서는 그 노력수준이 우연적 요인에 의한 것이 아니라 근로자의 근무태만에 기인하는 경우 해고를 한다고 하자. e_1 이상의 노력수준에서는 양(+)의 기울기를 갖는 CG선을 따라 임금을 받는다고 하자. CG선이 성과연동급여를 나타내게 된다. 그 기울기는 노력 한 단위(산출량 한 단위) 증가할 때 지급되는 보수, 즉 능률급 임금수준이 된다.

[그림 8-4]에는 두 명의 개인, 갑과 을의 무차별지도가 나와 있다. 갑은 노력 회피적인 사람이고, 을은 노력에 대해 덜 회피적인 사람이다. 갑의 경우는 종전처럼 A에서 효용극대화를 이룬다. 그리하여 $\bar{e}$수준의 노력을 지출한다. 그러나 을과 같은 선호체계를 갖는 사람은 e_1보다 훨씬 높은 수준의 노력 e_2를 지출할 것이다.

그림 8-4 시간급에 개수제를 가미한 경우의 노력

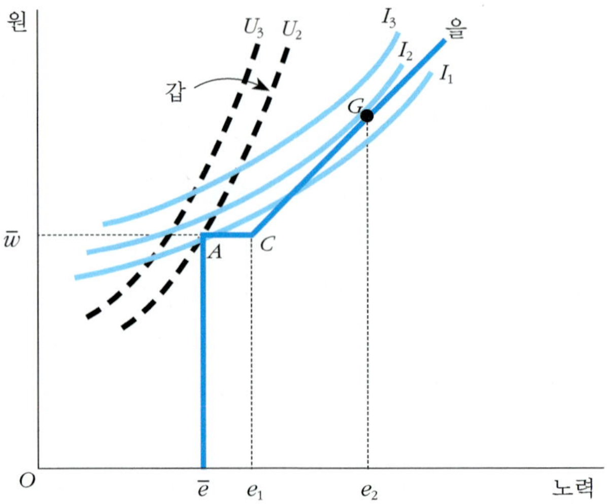

여기서 핵심은 [그림 8-4]에서 CG의 기울기이다. 성과급의 기울기가 낮으면 근로자들은 이를 외면할 수가 있다. 성과급의 기울기가 가파르면 노력과 성과를 유인하는 데는 효과가 있지만 기업의 노동비용이 높아지는 부작용을 낳는다. 따라서 기업은 [그림 8-4]에서 기본급인 $\bar{w}$를 낮추고 CG의 기울기를 가파르게 하여, 주어진 인건비 또는 약간 상승하는 인건비를 갖고 보다 높은 노력과 보다 많은 생산을 유인하는 전략을 구사하려 할 것이다.

이러한 논의를 요약하면 다음과 같다.

첫째, 능률급의 도입은 어떤 근로자의 행위를 바꾸지는 않으나, 다른 사람의 행위를 바꾸어, 근로자 전체의 평균적 노력 수준은 높아지게 되는 결과를 낳는다. 이는 앞서의 고정된 시간급 임금제도가 비효율적이라는 의미를 함축하고 있다.

둘째, 능률급의 도입은 이에 의해 가장 이익을 보는 근로자들을 유인하는 경향성을 갖는다. 개인의 능력이 뛰어나면 같은 성과를 내는 데 힘이 덜 들고 고통도 적게 든다. 반면 개인의 능력이 보통보다 낮은 수준이면 생산하는 데 힘도 더 들고 고통도 커지게 된다. 능률급에 의해 능력 수준이 평균 이상인 사람은 많은 양을 생산할 수 있고 임금수준이 시간급보다 높아지는 이익을 누리므로, 평균 이상의 능력을 가진 근로자들이 스스로 자신을 신호하여 입사하게 된다.

미국에서 1990년대 중반 자동차 유리를 장착시키는 모 회사의 경우, 시간급에 능률급이 가미된 시간급으로 급여제도를 바꾸었을 때, 기업의 재직 중인 기존 근로자의 산출량이 22% 증가하였고, 능률급으로의 전환이 회사로 하여금 유능한 근로자를 유치·보유할 수 있게 됨으로써 근로자 생산성의 총 증가는 약 44%에 이르렀다고 보고되었다.

3 순수한 형태의 능률급제

(1) 순수한 개수제 임금

현실의 세계에서 시간급에서 능률급을 도입할 때, 기업의 전략은 다양하다.

첫째, 우리가 앞에서 논의한대로 시간급의 수준(앞의 [그림 8-4]에서 $\bar{w}$)을 유지하면서 능률급을 도입하는 것이다.

둘째, $\bar{w}$ 수준을 낮추면서 강한 능률급을 도입할 수도 있다.

셋째, $\bar{w}$ 를 없애고 능률급만을 시행할 수 있다.

이 세 경우 중 셋째 방안, 즉 고정급이 없는 순수 개수제를 도입하는 경우를 [그림 8-5]를 이용하여 검토해 보기로 한다.

[그림 8-5]는 [그림 8-2]의 (ii)를 재현한 것이다. *OF*는 기업이 근로자에게 임대해 주는 기계장비의 임대료이다. 만약 시간급제하에서 $\bar{e}$의 노력이 요청되었고 이와 같은 노력에 $\bar{w}$를 지불하였다면, 순수 개수제에서도 $\bar{e}$의 노력을 지출하면 $\bar{w}$를 보장하고 있다. 그러나 노력수준이 $\bar{e}$를 초과하면 곧바로 성과연동 보너스가 지급되고, 노력수준이 $\bar{e}$를 밑돌면 임금을 삭감한다. 따라서 *MF*선이 순수 개수제 임금을 나타낸다.

갑, 을, 병이라는 세 근로자를 상정하면, 세 사람은 상이한 무차별지도를 갖고 있다. 각각의 효용극대화 균형점은 *B*, *A*, *C*이다.

예산선 *FM*상의 *A*점에서, 무차별곡선과 접하는 '갑'의 경우, e_0의 노력을 지출하고 w_0의 급여를 받는다. 그런데 근로자 '갑'은 이 일자리에 전혀 집착하지 않는다. 그 이유는 갑이 노동시장의 다른 일자리에서도 그 정도의 임금을 받을 수 있기 때문이다. 또한 '갑'의 경우, 그의 노력 회피적 선호와 부합하는 일자리나 낮은 생산성이 덜 식별되는 시간제 일자리를 찾아 떠날 수도 있다.

노력선호적 취향을 갖고 있는 근로자 병의 경우는 *C*에서 균형을 이루며, e_3의 노력을 지출하고 w_3의 급여를 받는다.

이와 같이 각 개인은 노력의 한계이익인 보수의 증대와 노력의 한계비용, 즉 노력

그림 8-5 순수 개수제에서의 노력수준

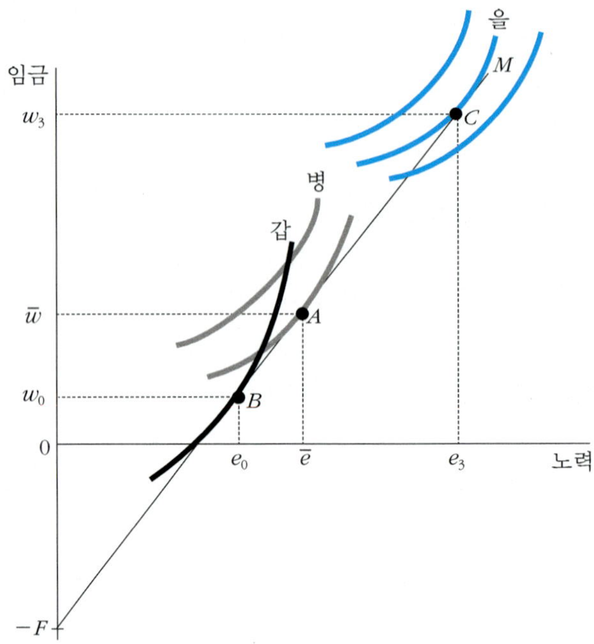

으로 포기된 효용을 고려하여, 최적 노력투입을 결정할 것이다. 최적 노력투입은 노력의 한계이익과 노력의 한계비용(즉 노력의 한계대체율)이 같을 때 이루어질 것이다.

순수 개수제 임금의 경우 근로자의 도덕적 해이는 전혀 일어나지 않는다. 그리고 평균 이상의 능력을 가진 근로자들이 이 급여체계를 택하는 **자기선택**(self-selection)이 일어나며, 노사 간의 좋은 짝짓기를 기대할 수 있다. 더군다나 회사는 임대료만 회수할 뿐, 근로자의 노력을 감시해야 할 필요가 전혀 없다.

미국의 경우 산업화학, 구조물 철강업, 제과업에서는 근로자의 90% 이상이 시간제에 의해 급여를 받고, 신발, 셔츠, 기초 철강업 종사자의 75% 이상이 개수제에 의해 급여를 받는데, 개수제는 개인의 능력, 노력의 측정 및 감시비용이 낮을 때 시행되는 경향성이 있다.

이러한 순수 개수제 급여는 그 내용이 소사장제와 본질적으로 동일하다. 기업이 *OF*만큼의 원자재, 기계 등의 대여 관련 임대료를 독립업체의 사장, 즉 소사장에게 요구하고, 소사장은 자신의 노력투입에 따라 소득을 벌어간다. 소사장 총수입 중 기업에 지불하는 임대료, 자신이 직접 고용한 근로자에 대한 임금을 지불한 후 남은 나머지에서 본인의 소득을 청구(residual claimant)하는 체계에서는 소사장들의 경우 노력 수준 e_3를 선택하고 소득 w_3를 받는다.

예컨대, 한국 최대의 택배회사 중의 한 기업은 회사가 고용해 온 수 천명의 트럭 운전수를 전부 자영업자(소사장)로 전환하였는데, 구체적으로 회사보유 택배트럭을 트럭 운전수에게 장기로 원리금 상환 방식으로 매각하여, 이들에게 택배 업무를 맡긴다. 소사장의 보수는 택배 실적 연동의 보수, 즉 개수제로 지급하고 있다.

왜 이러한 구조조정을 단행할까? 위에서 설명한 바와 같이 소사장제에서는 트럭 운전수의 도덕적 해이는 전혀 일어나지 않는다. 그리고 평균 이상의 능력을 가진 트럭 운전수들이 이러한 소사장제를 택하는 자기선택이 일어나며, 대기업과 소사장 간의 좋은 짝짓기를 기대할 수 있다. 더군다나 회사는 트럭매각의 원리금만 회수할 뿐, 근로자의 노력을 감시해야 할 필요가 전혀 없다.

(2) 능률급의 장점과 단점

능률급의 이점은 능력있는 근로자를 유인하고 그들로부터 높은 수준의 작업노력을 유발시키며, 보수와 능력의 연계성이 크고, 차별이나 연고자 채용을 최소화하고, 기업의 생산성을 높일 수 있다는 점이다.

이러한 장점에도 불구하고 능률급이 널리 사용되지는 않는다. 기업의 생산이 개인의 노력보다도 팀(team)의 노력에 의해 결정되는 경우, 능률급에 의한 동기유발은 효과를 발휘하지 못한다. 조립라인에서 일하는 근로자에게 능률급을 적용하는 것은 그의 생산성 향상에 거의 영향을 미치지 못하는데, 그 이유는 조립라인이 움직이는 속도는 조립라인에 있는 모든 다른 근로자들의 생산성에 의해 결정되기 때문이다. 이런 경우 팀의 생산실적에 따라 보상을 결정하는 제도를 구상할 수도 있다. 이 경우에도 몇몇 근로자들은 다른 근로자들의 노력에 **무임승차**(free riding)하려는 성향을 통제할 필요가 있다. 여하튼 능률급은 근로자 개인의 보수와 개인의 생산성을 직접적으로 연계시킬 있는 경우에 적합한 제도이다.

능률급은 생산량에 지나친 강조점이 두어지기 때문에 품질이 무시되기 쉽다. 근로자들이 높은 생산량을 달성하기 위해 품질을 소홀히 할 것이기 때문이다(위에 언급한 택배회사의 경우, 택배가 신속히 이루어지는 장점이 있으나, 택배된 물품의 손상 등 고객 불만이 높고, 손상에 대한 배상도 너무 늦어진다는 단점을 갖는다. 즉 택배서비스의 품질 저하가 제기된다). 생산량과 품질을 동시에 감안하여 보수를 정하면 이런 문제가 해결될 것이나, 이 경우 품질에 대한 측정비용과 감독비용이 너무 많이 들기 때문에 기업은 능률급을 회피하고 시간급을 선택하려 할 것이다.

위험을 기피하는 많은 근로자들도 임금의 변동률이 크기 때문에 능률급을 싫어한다. 예를 들어, 판매량에 따라 커미션을 받는 판매원의 경우, 경기불황이 있게 되면 임금변동률은 더 크게 된다. 즉, 근로자들이 **위험기피적**(risk-averse)이라면 임금변동률이 큰 능률급을 선호하지 않을 것이다.

마지막으로 능률급을 시행하는 회사에서 근로자들은 이른바 **톱니효과**(ratchet effect)를 두려워한다. 한 근로자가 회사에서 기대했던 것보다 더 많은 생산을 했다고 가정해 보자. 이 경우 경영자는 그의 능력을 높게 평가하는 대신, 오히려 그가 하는 일이 쉽기 때문이라고 잘못 해석하여 능률급하의 개수당 임금률(piece rate)을 하향조정할 수 있다. 만약, 다음 기에 임금률을 낮추면 해당 근로자가 전월과 같은 임금을 받자면 더 열심히 일해야만 한다. 이러한 방식으로 근로자로 하여금 더 열심히 노력하게 만드는 것을 톱니효과라 한다. 결과적으로 유능한 근로자는 톱니효과를 두려워하여 유능성을 내 보이지 않고, 오히려 최소한의 기준만 충족시키려고 할 가능성도 있다.

(3) 대안적 성과연동임금: 보너스, 집단성과급 및 이윤분배제도

현재 많은 기업들은 순수 능률급 대신 시간급에 능률급을 가미하는 제도를 사용하고 있다.

기업은 생산성이 높은 근로자에게 능률급에 의해 보상하지 않고 성과연동보너스를 통해 보상한다. 보너스는 일정 기간 동안 근로자의 실적에 따라 기본급 외에 보상하는 임금형태이다. 미국의 경우, 고위관리직에서는 보너스가 일상화가 되어있고, 그 액수는 연봉(annual salary)의 거의 10%에 해당하고 있다.

많은 보너스 프로그램은 특정 근로자의 업무성과가 아닌 팀이나 기업의 성과에 의해 결정된다. **팀 유인제도**(team incentives)와 같은 집단 성과급에서는 개인의 성과와 개인의 보상간의 관계가 느슨하게 연계되어 있어 개별근로자들이 열심히 일할 동기를 갖기 어렵다. 만약, 모든 근로자들이 태만한 자세로 일하면 생산성이 낮아지고 이윤을 배분할 몫이 발생하지 않을 것이다. 따라서 팀의 동기유발을 저해하는 무임승차 및 도덕적 해이 문제를 해결하여야 하는 과제를 안게 된다.

기업의 성과에 따라 제공되는 보너스는 일종의 이윤공유(profit-sharing)라고 볼 수 있다. 이윤공유제도는 회사의 이윤 중 일부를 종업원에게 배분하는 제도이다. 개인의 생산성을 능률급으로 보상하듯이 이윤공유제도는 근로자집단 전체의 생산성에 대한 보상제도라고 해석할 수도 있다.

제3절 동기유발의 내부노동시장

1 내부노동시장에 관한 최근의 이론적 논의

기업은 일자리 서열구조(job hierarchy), 즉 하급직 직원은 대리, 과장, 부장, 이사, 부사장, 사장 등의 서열구조라는 **내부노동시장**을 두어, 불량근로자의 역선택을 방지하거나 또는 가장 우수한 근로자를 선별하고, 근로자의 도덕적 해이를 동시에 해결하고자 한다. 내부노동시장의 이러한 기능에 대한 해명은 Baker, Gibbs & Holmstorm(1994)의 연구에 의해 제시되었으며, 이러한 기능을 갖는 내부노동시장은

그림 8-6 도린저와 피오르가 본 기업조직

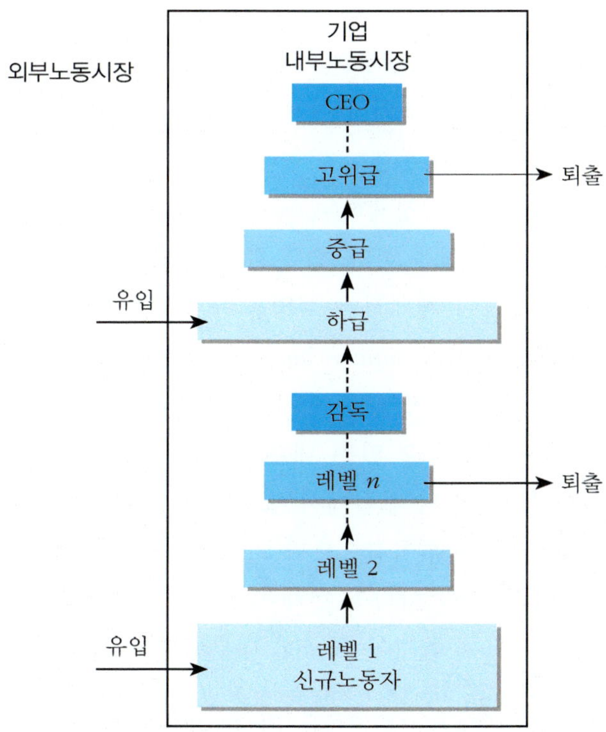

동기유발의 내부노동시장이라고 할 것이다. 이 절에서의 논의는 그들의 연구에 의존한다.

내부노동시장에 관한 최초의 논의는 1964년 베커(G. Becker)의 **기업특수적 인적자본론**을 토대로 1971년 도린저와 피오르(P. Doeringer and M. Piore)가 **내부노동시장론**을 전개한 데서 비롯되었다. 이에 대해서는 이미 제5장에서 살펴 본 바가 있다.

도린저와 피오르가 살펴 본 내부노동시장의 모습은 [그림 8-6]과 같다. 이는 [그림 6-4]의 (i)을 확장한 것이다. 그 특징은 첫째, 내부노동시장은 분명하고 안정적인 일자리 위계질서를 갖는다. 둘째, 근로자는 기업 내에서 장기간에 걸쳐 커리어(career)를 추구하고 그 커리어는 개인의 생산성보다 근속년수, 연공서열에 의한 승진에 의거 이루어진다. 즉, 도린저와 피오르가 살펴 본 내부노동시장은 비효율적 내부노동시장이다. 셋째, [그림 8-6]에서와 같은 입직구에서는 외부노동시장과 접촉이 있으나, 그 이외의 일자리는 외부 경쟁과 차단되어 있으며, 내부의 일자리는 내부승진에 의해 충원된다. 즉 내부노동시장은 폐쇄적이다. 넷째, 임금은 일자리 위계질서에서의 직무와 연계되어 있다. 도린저와 피오르가 살펴 본 내부노동시장에서는 임금은 개인의 역량과는 다소 무관하다.

그 후 기업의 내부노동시장에 관한 연구는 Baker, Gibbs & Holmstorm(1994)의 두 편의 연구논문[1)]을 계기로 새로운 전환기를 맞게 된다. 그들은 미국의 한 서비스업 중견기업의 20년에 걸친 대외비 인사자료를 활용하여 실증분석 결과를 발표하였는데, 그동안 크게 주목받지 못했던 기업에서의 내부승진의 의미가 새롭게 조명되었다. Lazear(1995)의 『**인사관리경제학**(*Personnel Economics*)』도 내부노동시장 이론이 재조명되는 데 결정적인 역할을 한다. 그는 주로 기업 내부에서 평가와 보상이 어떻게 이루어지는지에 주목하여 체계적인 설명을 제공하였다. Lazear and Gibbs(2009)의 『현실의 인사관리경제학』(*Personnel Economics in Practice*)은 기업의 내부노동시장 분석을 독립된 하나의 경제학 영역, 즉 인사관리경제학의 영역으로 확립하고 있다.

새로운 흐름으로 정착되고 있는 내부노동시장 연구의 핵심은 크게 세 가지이다. 첫째, 정보의 비대칭성의 현실에서 입직구에서는 근로자의 **신호**(signaling)와 기업의 **선별**(screening)이 이루어짐으로써 기업과 근로자간의 성공적인 **짝짓기**(good matching)를 유도하며, 뿐만 아니라 현재 일자리에서의 성과를 관찰한 후 기업에 맞는 탁월한 인재를 다시 솎아내어(sorting) 내부승진을 시킴으로써 가장 유능한 근로

1) 두 편의 논문은 이례적으로 *The Quarterly Journal of Economics*의 같은 호에 나란히 게재되었는데(Vol. 109, No. 4, Nov. 1994), 논문 제목은 'The Internal Economics of the Firm: Evidence from Personnel Data', 그리고 'The Wage Policy of a Firm'이다.

자에게 기업특수적 인적자본투자가 이루어질 수 있도록 한다는 것이다. 즉 도린저와 피오르가 상정한 내부노동시장에서의 근속년수, 연공서열에 의한 승진을 부인하고, 보다 성공적인 짝짓기와 솎아내기의 결과, 개인의 유능성에 따른 승진이 이루어짐을 보인다. 즉 현대의 내부노동시장은 비효율적 노동시장이 아니라 효율적 노동시장이라는 것이다.

과거 Becker, Piore & Doeringer에 의한 내부노동시장의 전통적 논의는 기업특수적 인적자본투자에 의해 장기근속이 이루어지고 장기근속자들이 내부 승진한다는 것이었다. 그러나 Baker, Gibbs & Holmstorm은 기업특수적 인적자본투자 이전에 성공적 짝짓기와 솎아내기가 선행된다는 점을 밝혀냈을 뿐만 아니라, 장기근속의 근로자가 승진하는 것이 아니라 유능한 인재가 먼저 승진하는 것을 실증적으로 보임으로써 내부노동시장의 기본 기능이 유능하고 탁월한 인재를 찾아내고, 솎아내고, 성공적인 짝짓기를 이루어내는 데 있음을 보여주고 있다. 동시에 내부노동시장에서는 장기근속에 따른 도덕적 해이를 해결하기 위해 각종 성과연동 급여제도가 시행됨을 설명하였다.

둘째, Baker, Gibbs & Holmstorm의 연구와 Lazear의 연구에서는 제한적 입직구는 외부노동시장과 연결되어 있으나 대부분의 일자리는 외부경쟁과 차단되어 있다는 도린저와 피오르의 폐쇄적 내부노동시장을 부인한다. 현대 기업의 내부노동시장은 대부분의 일자리가 외부노동시장과 연관 되어 있는 개방적 내부노동시장임을 이들의 실증연구는 밝혀내고 있다.

셋째, 최근의 연구들은 개인의 임금이 개인이 맡은 일자리에 의해 결정된다는 도린저와 피오르의 내부노동시장 관점을 부인하고, 임금은 개인이 맡은 일자리와 동시에 개인의 생산성, 개인의 성과에 의존함을 보이고 있다. Gibbs, Levenson & Zoghi(2010)에서는 여기서 한걸음 더 나아가 기업은 일자리를 디자인(job design)할 때, 여러 업무 수행하기(multi-tasking), 의사결정 권한(discretion), 직무간 상호연관성(interdependence) 그리고 높은 숙련(skill)이 같이 결합되도록 하며, 하나의 업무수행, 낮은 재량권, 독자적 일의 반복, 낮은 숙련이 같이 결합되도록 일자리를 디자인한다는 것을 찾아냈다. 이러한 실증분석은 기업이 내부노동시장에서의 일자리를 계획적으로 디자인하고 있음을 보여주는 것이다. 이러한 분석의 함의는 유능한 개인은 여러 업무를 수행하고(multi-tasking), 의사결정 권한(discretion)을 가지며, 직무간 상호연관성(interdependence) 및 높은 숙련(skill)이 같이 결합된 고난도의 일자리를 맡게 되는 반면, 유능하지 않은 근로자는 단순, 반복적 업무, 지시를 받아 수행하는 업무,

낮은 숙련의 업무를 맡게 된다는 것이다. 따라서 임금과 커리어는 개인의 생산성과 밀접한 관련성이 있음을 시사한다.

즉, 최근의 연구들은 현대의 내부노동시장이 도린저와 피오르가 살펴 본 폐쇄적이고 비효율적인 내부노동시장이 아니라, 개방적이며 효율적인 내부노동시장임을 밝혀내고 있다.

Baker, Gibbs & Holmstorm의 연구를 추종하는 연구들이 영국, 일본, 독일, 스웨덴의 기업들을 대상으로 이루어졌다. 대부분의 연구들은 Baker, Gibbs & Holmstorm의 연구결과와 일치되는 결과를 보여주고 있다.

2 일자리 서열구조의 개방성: BGH(1994)의 서열구조 연구 사례

(1) 내부노동시장에서 고용의 특징

[그림 8-7]은 서비스 산업에 속해 있는 미국의 한 기업의 경영관리부서에 관해 1969년부터 1988년까지 약 20년 이상 축적된 대외비 인사자료를 정리한 것이다. 이는 Baker, Gibbs & Holmstorm(이하 'BGH')의 1994년 두 논문에서 제시된 것이다. 이 회사 이름은 'A'로 지칭하기로 한다.

그림 8-7 미국 A회사의 서열구조

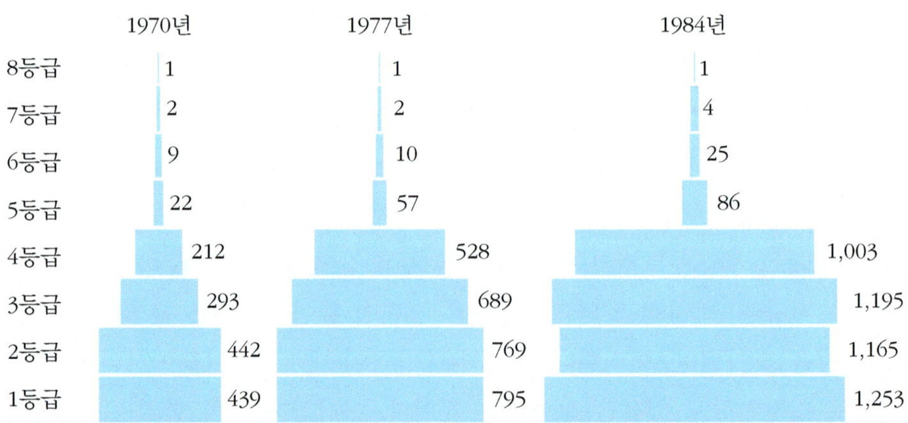

주: 각 막대의 크기는 등급 1~8의 상대적 크기를 나타냄. 막대 옆에 표기된 수는 그해 그 등급에 속하는 근로자 수를 의미함.

자료: Baker, Gibbs & Holmstorm(1994), p. 894.

A회사의 경영관리부서의 직무는 8단계의 서열구조를 갖고 있다. 입직구에 해당하는 최하위직은 1급이며, 2급은 1급보다 상위직이다. 이 회사의 CEO는 8급이다. 유의되어야 할 점은 A회사의 일자리 명칭(job titles)은 400개 이상이며, 이들 일자리가 8단계의 등급으로 구분된다는 것이다. 즉, A회사는 광범위한 직무급을 갖고 있고, 8등급의 서열구조를 갖는다. 이 회사 내부 노동시장에서 고용의 특징은 다음과 같다.

(i) 일자리 서열구조와 그 안정성

A회사의 내부노동시장은 일자리 사다리(job ladder), 즉 하급일자리, 중급 일자리, 상급 일자리라는 서열구조(hierarchy)를 갖고 있다. 상위직 일자리 수는 하위직 일자리 수보다 적은, 전형적인 피라미드형의 서열구조를 보여주고 있다([그림 8-7] 참조).

A회사의 1970년 종업원은 1천 3백명 수준이었으나, 1977년에 3천명, 1984년에 4천 5백명으로 증가하였는데, 각 등급에서의 인원이 비례적으로 증가하여, 서열구조 1급~8급의 구조는 비교적 유사하게 유지되고 있다. 즉 이 회사의 서열구조는 매우 안정적이라는 특징을 보여준다.

(ii) 제한된 입직구와 내부 승진

최하위 등급의 직원은 거의 예외 없이 외부노동시장에서 충원된다. A회사의 경우, 1급의 99%가 외부충원에 의해 채용되었다.

그러나 중간관리직급인 2급, 3급, 4급에서는 내부승진의 비중이 매우 높다. 이들 중간관리직급의 경우 내부 승진자가 각 등급 인원에서 차지하는 비중은 74.0%, 71.3%, 75.1%이다. 최고위 직급인 5급~8급에서는 90.0%가 내부승진자로 구성되어 있다(〈표 8-5〉 참조).

중간관리직, 최고위직의 상당 부분이 하위직에서 충원된다는 의미에서, 최하위직은 이 회사에의 주된 입직구라고 할 수 있다. 마치 도시에서 먹는 물을 각 가구에 공급하기 위해 강물을 끌어들여 정수한 후 파이프라인으로 배송하듯이, 기업은 외부노동시장에서 인력을 신규채용한 후 옥석을 가려 파이프라인으로 상위직까지 진출시키는 일을 수행한다.

(iii) 내부노동시장의 개방정도

그러나 유념할 것은 입직구가 유일하게 하위직에만 존재하는 것이 아니라는 점이다.

〈표 8-5〉의 A회사의 경우, 외부 채용자의 비중이 2급 26.0%, 3급 29.7%, 4급

표 8-5 미국 A회사의 근로자 채용, 승진 및 이직 통계

서열 구조 등급	전체 근로자의 구성비	내부승진의 중요도		평균 나이		승진과 이직	
		내부 승진자 비중	외부 채용자 비중	내부 승진자 평균나이	외부 채용자 평균나이	매년 승진자의 비율	매년 이직자의 비율
1	25.4	1.0	99.0	-	32.5	26.3	11.4
2	26.2	74.0	26.0	34.0	35.3	18.0	11.5
3	25.4	71.3	29.7	36.1	38.3	10.9	11.0
4	20.5	75.1	24.9	38.7	43.5	1.4	9.6
5~8	2.5	90.0	10.0	45.6	43.4	4.5	8.2

자료: Lazear & Gibbs(2009), *Personnel Economics in Practice*, p.26.

24.9%가 되고 있다. 즉, 중간관리직의 경우 25~30% 가량 개방되어 있다고 말할 수 있을 것이다. 최고위직의 경우에도 외부채용이 10%로 나타나고 있다. A회사는 전형적인 미국 내부노동시장의 모습을 보여 준다고 평가된다.

(2) 이연임금과 장기계약: Lazear and Gibbs

A회사의 사례에 나타난 바와 같이, 최하위 직급에서 외부충원과 상위 직급으로의 내부승진은 왜 일어나는가? 그리고 이러한 구조가 어떻게 안정성을 갖게 되는가? Lazear and Gibbs(2009)는 이에 대한 이론적 해명을 시도하였다. 내부노동시장과 관련한 핵심 논의는 다음과 같다.

이연임금이론에 의하면 비대칭적 정보의 상황에서 기업의 합리적 선택의 결과로, 참되고 성실한 근로자와의 장기계약이 이루어지고 진다(제7장 1절). 이 이론에 의하면 입직구에서의 임금은 개인의 생산성보다 낮게 책정되지만, 작업노력이 좋은 개인은 일정한 근속기간이 지나면서 임금이 자신의 생산성보다 높게 책정되어 초기의 낮은 임금을 보상하는 성격을 지닌다. 작업노력이 나쁜 개인은 고용관계 초기에 해고된다.

[그림 8-8]은 이연임금제 하에서의 근속에 따른 임금과 생산성을 비교하고 있다. 이는 [그림 8-1]의 2기간 모형을 다기간으로 연장한 것이다. 그림에서와 같이 근속년수가 짧은 근로자에게는 생산성 이하의 임금을 지급하고 근속년수가 특정기간을 지나면 생산성 이상의 임금을 지급하는 것을 **이연보수계약**(delayed-compensation

그림 8-8 장기계약과 이연임금제

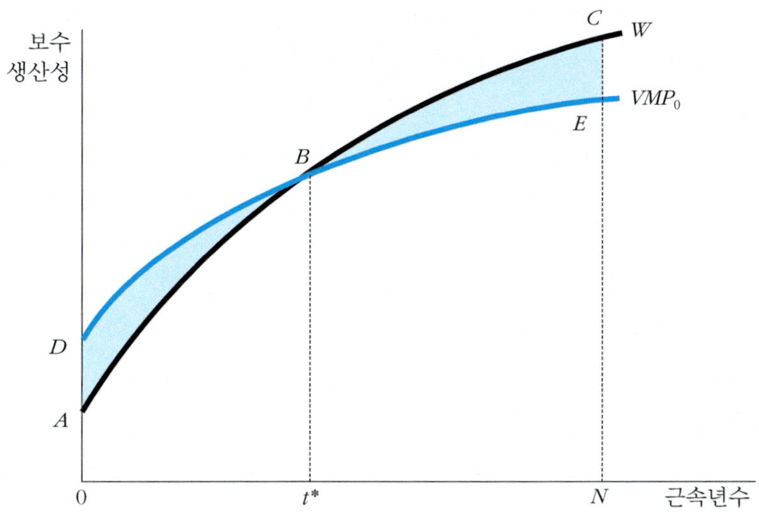

contract)이라 하는데, 이러한 계약은 장기계약관계로 특징지어지는 내부노동시장을 가진 대기업의 경우에 유효할 것이다. 근로자들은 [그림 8-8]에서 t^* 만큼의 경력과 근속년수를 축적한 후에 정년 시점까지 고용을 보장하는 기업과 이연보수계약을 받아들일 것이다. t^* 점은 기업이 생산성 이상의 임금을 지급함으로써 그 동안의 근로자로부터 빌린 돈을 갚기 시작하는 점을 말한다.

근로자가 [그림 8-8]의 t^* 년만큼 이 기업에 종사했을 때, 일부 기업들은 당초의 고용계약을 어기고 근로자들을 해고시키려는 유인을 갖는다. 그에 따라 정년시점까지 고용을 보장하지 않을 가능성이 없지는 않지만, 이러한 사용자 측의 부정직한 행태가 빈번하게 나타나지는 않는다. 만약, 특정회사가 근로자들의 생애에 걸친 노동의 한계생산가치보다 더 적은 임금을 지급하여 근로자들을 착취한다면, 이 회사는 신용과 명성(reputation)을 잃게 되어 우수한 근로자를 구하는 것이 어렵게 될 것이고, 결국 시장에서 경쟁력을 잃게 될 것이다. 기업의 **명성효과**(reputation effect)가 존재한다면 근로자와의 이연임금계약과 장기고용계약은 지속된다. 특히, 신용과 명성의 메커니즘을 중시하는 대기업은 t^* 년 이후 정년 시점까지의 장기계약을 보장하려는 경향성을 갖는다.

3 내부노동시장에서의 끊임없는 승진경쟁: BGH의 승진 연구 사례

내부노동시장이 형성된 기업 내에서 더 높은 직위로의 승진 경쟁이 왜 존재하게 되는가? Lazear와 Gibbs는 이에 대해 끊임없는 솎아내기와 짝짓기 이론을 제시한다.

(1) 승진과 기업특수적 인적자본 투자

(i) 유능한 자의 빠른 승진

내부노동시장에서는 입직구를 통해 선발된 근로자를 대상으로 끊임없는 **솎아내기**(sorting)와 **짝짓기**(matching)가 전개된다. 그 결과 빠른 승진자와 느린 승진자가 식별된다.

빠른 승진자와 느린 승진자간의 승진 경로의 상이성을 보여주는 통계가 앞서 소개된 〈표 8-5〉와 여기서 제시되는 〈표 8-6〉이다. 이를 차례로 설명해 보기로 한다.

앞의 〈표 8-5〉에서는 1급~4급까지의 하급직 근로자의 10~11%가 이직하며, 승진율은 1급에서 26.3%, 2급에서 18.0%, 3급에서 10.9%, 4급에서 1.4%로 나타나고 있다. 하급직에서 잘못된 짝짓기(mismatch)가 있는 경우, 상당한 이직이 발생하고 있음을 의미한다. 성공적인 짝짓기(good match)의 경우, 하위직에서 중간관리직으로의 승진이 이루어지거나 또는 하위직에서의 장기근속이 이루어진다.

이를 엄밀히 살펴보기 위해서는 하급직인 2급에 있는 근로자들이 어떤 미래를 갖는지 살펴보는 것이 중요하다. A회사의 경우 2급직은 70% 가량이 1급 근로자 중에서 내부승진으로 발탁되며, 30% 가량은 외부에서 충원된다.

〈표 8-6〉에 의하면 내부승진으로 2급이 된 사람 중 2년 근무하는 동안 이직이 11.3% 발생하는데, 이직하지 않은 2년차 중에서 승진이 15.8%, 동일직급(2급) 유지가 84.2%가 된다. 또한 내부승진으로 2급이 된 사람 중에서 2급에서 3년 근무하는 동안에는 21.1%가 이직하는데, 이직하지 않은 2급 3년차 중에서는 승진 50.3%, 동일직급 유지 49.7%가 된다. 즉 2급 내부승진자들의 경우에도 자신과 맞지 않으면 이직을 하고 유능한 사람은 상대적으로 빠르게 승진하게 된다.

한편, 외부에서 2급으로 충원된 사람 중 2년차의 경우, 이직률이 15.4%이며, 이직하지 않은 2년차는 좌천(1급) 1.6%, 승진 19.2%, 동일등급(2급) 유지 79.4%로 나타나고 있다. 잘못된 짝짓기는 이직 또는 좌천, 잘된 짝짓기는 승진으로 연결됨을 알 수 있다.

내부에서 2급으로 승진된 자보다 외부에서 2급으로 채용된 자는 짧은 근속으로

표 8-6 2등급에 있는 근로자들의 미래

구 분			2급에서의 근속년수					
			2년	3년	4년	5년	…	10년
내부에서 2급으로 승진한 사람 중에서	이직률		11.3	21.1	28.4	33.6	…	59.1
	이직하지 않은 자 중에서의 비중	좌천	0.0	0.0	0.0	0.1	…	0.0
		2급 유지	84.2	49.7	32.1	23.7	…	8.6
		승진	15.8	50.3	67.9	76.2	…	91.4
외부에서 2급으로 충원된 사람 중에서	이직률		15.4	25.6	33.3	42.0	…	61.7
	이직하지 않은 자 중에서의 비중	좌천	1.4	1.6	1.8	2.1	…	1.0
		2급 유지	79.4	51.5	39.7	33.3	…	22.0
		승진	19.2	46.9	58.5	64.6	…	77.0

자료: 〈표 8-5〉와 출처 동일, p.48을 일부 수정.

다음 등급으로 빨리 승진되지만 상대적으로 좌천도 많고 이직도 높다는 특징을 보인다. 즉 외부 채용된 근로자에 대해서는 정보의 비대칭성으로 솎아내기와 짝짓기가 격렬히 진행됨을 시사한다. 내부에서 2급으로 승진된 자는 이미 1급에서의 솎아내기와 짝짓기를 수행하였기 때문에 외부에서 채용된 2급에 비해 좌천도 거의 없고 이직도 상대적으로 낮다.

(ii) 기업특수적 인적자본의 투자

기업에 채용된 근로자와 짝짓기에 성공하면, 상당한 수준의 **기업특수적 인적자본** 투자가 이루어진다고 예상할 수 있다. 기업특수적 인적자본투자가 이루어진다는 증거는 어디에서 찾을 수 있을까?

미국 A회사의 경우, 서열상 2등급, 3등급, 4등급에서 내부 승진자와 외부 채용자의 평균 학력과 평균 경력이 〈표 8-7〉에 나타나 있다.

내부 승진자와 외부 채용자 간에는 **일반적 인적자본**(general human capital) 격차가 존재하여, 외부자는 내부자보다 학력은 1/2년, 경력은 1년 이상 높은 것으로 나타나고 있다. 즉 각 등급에서 내부승진자의 학력과 경력은 각 등급에서 외부채용자의 학력과 경력보다 낮다. 만약, 내부자가 기업특수적 인적자본을 갖게 되어, 일반적 인적자본과 기업특수적 인적자본의 합계가 높아진다면 외부에서 지원한 사람에게 요구하는 학력과 경력년수는 높아져야 할 것이다.

표 8-7 내부승진자, 외부채용자의 학력과 경력 – 미국 A회사의 경우

서열상의 등급	평균학력		평균경력	
	내부승진	외부채용	내부승진	외부채용
2	15.7	16.4	12.3	12.9
3	16.1	16.5	14.0	15.8
4	16.5	17.0	16.2	20.5

자료: 〈표 8-5〉와 출처 동일, p.48.

이때 내부자가 1급에서 기업특수적 인적자본과는 관계없는 일반적 인적자본만을 축적하게 되지는 않았을까 하는 의문이 들 수 있다. 내부자가 일반적 인적자본만 축적한 결과, 2급에서 외부 채용자와 내부 승진자 간의 인적자본량이 동일하게 되었다면, 2급에서 그 상위직급으로의 승진율에 별다른 차이가 없을 것으로 예상할 수 있다.

그러나 앞의 〈표 8-6〉에 의하면 2급에서 그 상위등급으로의 승진은 2급에서 근속 2년차의 경우에는 외부 채용자가 상위직급으로 승진이 빠르지만 2급 근속 3년차, 4년차, 5년차 등에서 내부승진자의 승진이 훨씬 높게 나타나고 있다. 즉 평균학력과 평균경력이 낮은 내부자의 경우 근속기간이 길어짐에 따라 일반적 인적자본을 축적하였다고 볼 수 없으며, 그 결과 내부자의 승진이 외부자보다 빠르게 된다고 추론할 수 있게 된다.

우리는 내부 승진자가 외부 승진자보다 학력, 경력이 낮지만 이를 만회할 수 있는 인적자본 축적이 근속기간 중 이루어지고 있으며, 이러한 인적자본의 성격은 일반적 인적자본이 아니라 기업특수적 인적자본이라고 추론할 수 있을 것이다.

(2) 끊임없는 솎아내기(sorting)와 짝짓기(matching)

Lazear and Gibbs(2009)는 기업특수적 인적자본보다는 솎아내기와 짝짓기가 내부노동시장의 보다 중요한 기능이라는 관점을 제시하였다. 이를 살펴보기로 한다.

〈표 8-6〉의 A회사 사례에서 2급 근로자 중 이직하지 않은 근속 2년차에서 상위직급으로의 승진율이 내부자는 16%, 외부자는 19%이며 이직하지 않은 2급 근속 3년차에서 상위직급으로 승진율이 내부자 50%, 외부자 47% 수준임을 살펴보았는데, 2급 근로자 중 2년차에서 승진한 근로자는 '빠른 승진(fast track)'을 한 사람에 속한다. 2급에서 상위 등급으로의 빠른 승진자의 경우, 1급에서 2급이 될 때에도 빠른 승진

표 8-8 빠른 승진자와 느린 승진자의 과거

<table>
<tr><th colspan="2" rowspan="2"></th><th colspan="7">과거 1급에서의 근속연수</th><th rowspan="2">평균</th></tr>
<tr><th>1</th><th>2</th><th>3</th><th>4</th><th>5</th><th>6</th><th>7년 이상</th></tr>
<tr><td rowspan="3">2등급에서 2년 근속 후 진로</td><td>승진율</td><td>40%</td><td>27%</td><td>19%</td><td>17%</td><td>9%</td><td>11%</td><td>6%</td><td>28%</td></tr>
<tr><td>이직률</td><td>18%</td><td>10%</td><td>8%</td><td>10%</td><td>7%</td><td>11%</td><td>11%</td><td>12%</td></tr>
<tr><td>표본 크기</td><td>85</td><td>805</td><td>393</td><td>175</td><td>97</td><td>44</td><td>64</td><td>2429</td></tr>
<tr><td rowspan="3">2등급에서 5년 근속 후 진로</td><td>승진율</td><td>11%</td><td>14%</td><td>17%</td><td>16%</td><td>18%</td><td>10%</td><td>7%</td><td>14%</td></tr>
<tr><td>이직률</td><td>15%</td><td>7%</td><td>11%</td><td>7%</td><td>6%</td><td>0</td><td>0</td><td>9%</td></tr>
<tr><td>표본 크기</td><td>80</td><td>164</td><td>115</td><td>56</td><td>34</td><td>10</td><td>29</td><td>488</td></tr>
</table>

자료: [그림 8-7]과 출처 동일, p.902를 수정.

을 했을까? 즉 내부노동시장에서는 보다 뛰어난 능력을 가진 자의 빠른 승진이 이루어지고, 빠른 승진을 한 자는 계속 빠른 승진을 하는가? 승진이 과연 근로자를 솎아내는 역할을 수행한다고 말할 수 있는가?

〈표 8-8〉은 2등급에서 상위직으로 2년 만에 고속승진한 사람과 5년 근속 후에 승진한 '느린 승진자'를 구분하여, 이들이 제1등급에서 제2등급으로 승진할 때에도 '빠른 승진'을 하였는지 '느린 승진'을 하였는지 여부를 비교한 것이다. 2급 2년차에서 상위직으로 빠른 승진을 한 사람은 과거 1급에서 1~2년 근무 후 2급이 되었고, 2급 5년차에서 상위직으로 느린 승진한 사람은 1급에서 3년, 4년, 5년 근속 후 2급으로 승진하였다. 빠른 승진자에게는 직전 등급에서의 근속연수와 현 등급에서의 승진률이 반비례관계에 있다고 할 것이다.

여기서 우리는 내부노동시장의 각 등급이 개인의 숨겨져 있는 재능과 자질을 솎아내기 위해 존재하며, 승진은 이러한 솎아내기 도구임을 알 수 있다.

각 등급에서 근속년수가 길어지면서 기업특수적 인적자본 축적이 더 많이 이루어진다면, 동일 등급에서 장기근속자가 승진에 유리해야 할 터이나, 실상은 그렇지 않다. 또한 기업특수적 인적자본축적이 대단히 중요하다면, 각 등급에서 빠른 승진자(1~2년 내 승진)의 기업특수적 인적자본 축적량이 적기 때문에, 일단 승진된 후 다음 등급으로 승진하기까지 상당히 긴 기간 기업특수적 인적자본을 축적할 것으로 보이지만 실상은 그렇지 않다.

기업에서 솎아내기보다 더 결정적으로 중요한 것은 **좋은 짝짓기**이다. 빠른 승진자의 경우, 느린 승진자보다 이직률도 높기 때문에 좋은 짝짓기의 중요성이 부각된

그림 8-9 빠른 승진자와 느린 승진자

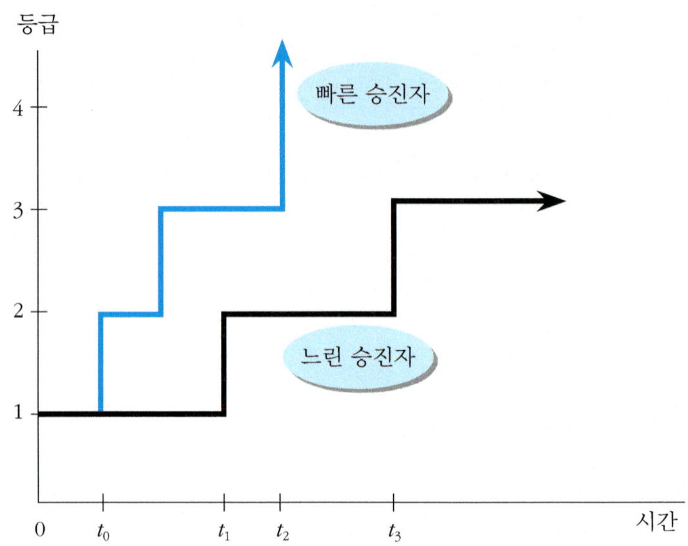

다. 〈표 8-8〉에 과거 1급에서 1년 근무 후 2급으로 내부 승진한 빠른 승진자 중에서 2급 2년차 근로자가 보인 이직률은 18%인데 반해, 과거 1급에서 5년 근무 후 2급으로 내부 승진한 느린 승진자 중에서 2급 2년차 근로자가 보인 이직률은 7%로 현격한 격차를 보이고 있다. 즉 능력에서 뛰어난 근로자는 A회사 내부에서 빠른 승진을 보일 뿐만 아니라, A기업이 제시하는 임금이 합당하지 않으면 타 기업으로 쉽게 이직하기도 한다는 것이다.

내부노동시장에서는 '**솎아내기**'(sorting)만 중요한 것이 아니라 노사 간의 **짝짓기**(matching)도 성공적으로 이루어져야 한다. 솎아내기는 짝짓기의 전 단계이며, 잘 솎아내었다고 좋은 짝짓기로 귀결된다고 볼 수 없기 때문에, 성공적인 짝짓기 자체가 솎아내기라는 개념과 분리되어 독자적 영역인 **짝짓기 자본**(matching capital)의 성격을 지닌다고 할 수 있을 것이다.

[그림 8-9]는 빠른 승진자인 갑과 느린 승진자인 을 간의 승진 경로가 확연히 다름을 보여준다.

4 내부노동시장에서의 인센티브 임금

(1) BGH의 인센티브 임금 연구 사례

기업 내부노동시장에서 임금이 어떻게 결정되는가를 살펴보기 위해 A회사의 내부자료를 좀 더 살펴보자. A회사의 서열에 따른 임금은 [그림 8-10]에 묘사되어 있다.

A회사에는 8등급이 있고, 각 등급마다 일자리와 직무가 상당히 많이 존재하나, 하나의 등급 내에서의 각 일자리와 직무는 유사한 수준의 급여를 보여준다. [그림 8-10]은 각 등급의 평균값을 보여주고 동시에 하위 5%와 상위 5%의 값을 보여준다. 이로부터 다음과 같은 몇 가지 특징이 도출된다.

첫째, 하위 등급에서는 급여의 폭(band)이 작으나 등급이 높아질수록 급여 변동 폭이 커진다. 즉 [그림 8-10]의 선분 *gh*는 *ef*보다 길고 *ef*는 *cd*보다 길며, *cd*는 *ab*보다 길게 나타난다.

둘째, 각 등급에 있어서 평균값의 추이를 보면, 평균값은 초기(1급~3급)에는 극히 미미하게 상승하다가 후기(4급~7급)에는 크게 상승한다. 또한 초기(1급~3급)에는 평균값의 상승이 중요하며 후기에는 평균값과 아울러 급여의 변동 폭이 중요하다.

셋째, CEO인 8급과 부사장인 7급에서는 4급, 5급, 6급에 비해 엄청난 급여의 상

그림 8-10 회사 위계등급과 급여

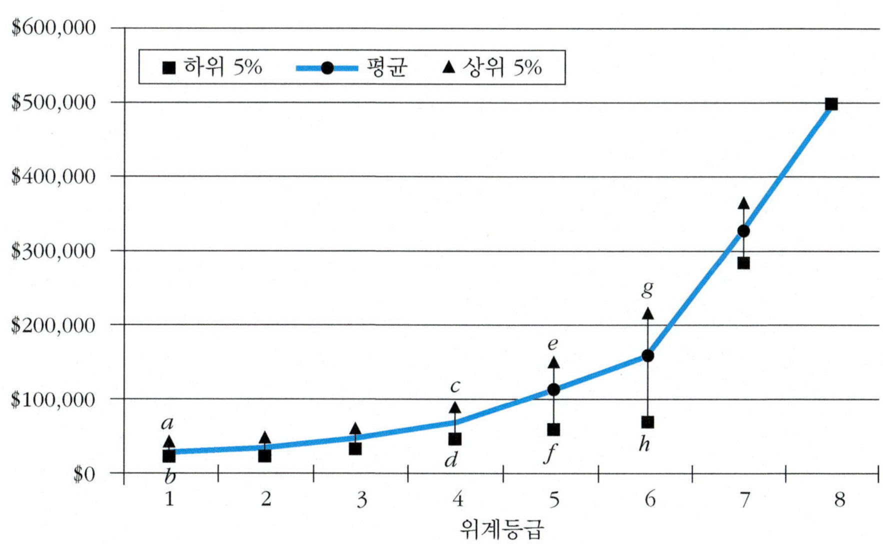

자료: Baker, Gibbs & Holmstorm(1994), p. 906.

승이 있다.

넷째, 고위직(예컨대 5급, 6급)의 하위 5%의 급여는 하위직(1급, 2급, 3급)에서 높은 급여를 받는 상위 5%와 유사하다. 즉 등급이 높아진다고 해도, 유능성을 발휘하지 못하는 하위 5%는 급여가 상승하지 않는다.

한편, A회사의 경우, 승진(promotion), 현직유지(stay), 그리고 강등(demotion)이 존재하는데, 각 등급별 실질임금 상승률은 승진, 현직유지, 강등의 경우 모두 다르다. 〈표 8-9〉에 의하면, 현직유지는 1~8등급 평균 실질임금이 유지되며(실질임금 상승률 0%), 강등은 1~8등급 평균 실질임금 상승률은 마이너스(-0.9%)이며, 승진의 경우에만 실질임금 상승률이 5.8%로 높다.

〈표 8-9〉에서 가장 주목을 요하는 통계는 하위직에서 상위직으로의 승진시 즉각적 임금인상보다 평균적 임금인상이 훨씬 크다는 점이다. 〈표 8-9〉에서 예컨대 1급에서 2급으로의 승진시 즉각적 임금상승은 5.1%이나 2급 평균과 1급 평균의 차이는 무려 19%에 달한다. 이러한 차이는 상위직급으로 갈수록 더 강하게 두드러진다.

또한 1급의 임금분포에서 하위에 있는 근로자가 2급의 임금분포에서 상위직급으로 승진하면 엄청난 임금 상승이 있을 것으로 추론할 수 있다. 예컨대 근로자 중에 처음에는 민첩하지 못하여 뒤늦게 출발하지만 짝짓기가 제대로 되면 곧 조기승진자도 따라 잡을 수 있는 가능성이 열려 있는 셈이다.

더군다나 1급~8급까지 실질임금 상승폭은 점점 커지고 직급 간 평균임금의 차이를 더 확대시키는 임금정책 때문에 [그림 8-10]에서와 같이 가파르게 상승하는 등급별 임금이 형성된다고 볼 수 있다.

이러한 사례 연구로부터 몇 가지 이론적 이슈가 제기된다.

우선 [그림 8-10]이 보여주는 바와 같이 같은 등급에서조차 임금이 모두 동일하지 않고 왜 변동 폭이 존재하는가하는 것이다. 이는 임금을 노동투입량에 따라 지급하는 대신 그 성과에 연동하는 임금제도를 채택하는 데서 비롯된 것이라 할 수 있다. 이러한 임금체계를 **성과연동임금**이라고 부른다.

다음으로 상위직급으로 승진하는 경우는 그렇지 않았을 때에 비해 더 큰 폭의 임금상승이 있음을 알 수 있다. 이는 승진이 명백히 인센티브 제도로 활용되고 있음을 의미하는데, 이에 대한 이론적 해명은 뒤이어 설명할 토너먼트 임금이론에서 자세히 설명하고자 한다.

또한 CEO, 부사장을 의미하는 7~8급의 최상위 직급에서 매우 높은 임금이 주어지는 이유에 대해서도 별도의 소절에서 분석하게 될 것이다.

표 8-9 A회사의 일자리간 이행시 급여 상승률

(단위: %)

등급	실질임금 상승률			하위등급대비 상위등급의 평균급여의 차이(%)
	현등급 유지	강등	승진	
1	−0.5	−0.7	-	−
2	−0.4	−0.2	5.1	18
3	0.1	−3.2	5.6	23
4	0.8	0.4	7.4	47
5	−0.1	0.5	8.7	64
6	0.1	−	4.5	40
7	−0.9	−	22.3	107
8	0.0	−	14.8	48
1~8 평균	0.0	−0.9	5.8	

자료: [그림 8-7]과 출처 동일, p. 909.

(2) 토너먼트 임금론

(i) 토너먼트 임금이란?

지금까지 우리는 근로자들이 절대적으로 측정된 직업능력에 의해 보상받는다고 가정하였다. 예를 들어, 특정 근로자의 노동의 한계생산가치가 시간당 $50이면 그에 상응하는 임금을 받는다고 가정하였다.

그러나 노동시장에서 근로자들이 그들의 절대적인 생산성에 의해 보상받지 않는 경우도 있다. 한 근로자가 다른 근로자에 비해 상대적으로 어느 정도 생산하는지를 기준으로 임금이 지급되는 경우가 이에 해당한다. 이 경우 회사는 근로자의 상대적 생산성을 기준으로 소속 근로자들의 서열을 매긴다. 그리고 승자에게는 더 많은 보상을 하고, 패자에게는 적은 임금을 제공하는 **토너먼트**(tournament) 임금제도를 제시한다. 보통 프로스포츠 세계에서 운동선수의 보상구조는 이러한 유형을 따른다. 이 이론은 Lazear and Rosen(1981)에 의해 제시되었다.

토너먼트 임금이론에서는 기업이 사전에 일자리(job) 수와 직위(slot) 수를 디자인한다는 관점을 갖는다. 기업 내에서 일자리 수와 직위 수는 때로는 증가되기도 하고 때로는 감소된다. 기업의 인사관리에서는 일자리 수와 직위 수를 변화시키는 일이 대단히 중요하다. 토너먼트이론은 기업이 일자리·직위의 수를 결정하고 일자리·직

위와 관련된 한계생산물에 따라 임금수준을 결정한다고 가정한다.

보통 기업은 기업 내 일자리 위계에서 몇몇의 핵심 일자리(key jobs)의 임금을 외부노동시장에서 결정되는 임금과 동일하게 놓고, 핵심 일자리를 중심으로 일자리군(job clusters)을 설정하여 상대임금을 정하는 방식으로 임금을 결정한다.

토너먼트 임금이론이 이연임금이론과 다른 점은 이연임금이론은 이질적인 개인의 선별기능을 강조하는 반면, 토너먼트이론은 동질적인 개인의 경우에 상이한 작업노력을 유발하는 기능을 강조한다.

대기업의 부사장들은 치열하게 경쟁하여 사장으로 승진하고, 부사장일 때보다 더 많은 보상을 받게 되는 것도 일종의 토너먼트라고 볼 수 있다. 미국의 200대 기업의 경우 사장의 보수는 부사장의 보수보다 142% 높은데, 이것이 노동의 한계생산가치에 근거한 것이라고 보기는 어렵다. 즉, 부사장과 사장에게 주어지는 보상은 절대적 성과보다는 상대적 성과에 의해 결정되는 보수체계로 이해해야 할 것이다.

기업들이 능률급과 같은 성과연동급여 대신 토너먼트형의 임금을 제시하는 이유는 무엇일까? 우선 회사마다 사정이 다르겠지만, 회사에 대한 근로자들의 기여도의 절대수준을 측정하는 것보다 근로자들의 순위로 측정하는 것이 더 쉬운 경우가 많다. 축구게임을 한번 치르고 나면 적어도 특정 시점에서 어느 팀이 상대적으로 더 나은지는 쉽게 결정할 수 있다. 그러나 승리한 팀의 전력이 패한 팀에 비해 어떤 부분이 얼마만큼 더 우월한지를 판단하기는 어렵다. 마찬가지 이유로 부사장들 간의 토너먼트는 이들 중 누가 사장이 될 것인지를 상대적으로 평가하여 결정할 수는 있지만, 각 부사장들의 회사에 대한 기여도를 절대적으로 평가한 후 사장을 선정하는 것은 대단히 어려운 일이다.

(ii) 토너먼트와 작업노력

회사에 따라서 어떤 회사는 실제 노동의 한계생산가치에 따라 보상을 지급하고, 다른 회사들은 토너먼트에 의해 승진과 보수를 결정하는 이유는 무엇인가? 토너먼트에서의 승자는 패자에 비해 한계노동생산성의 차이가 크지 않은데도 몇 배나 많은 보수를 받게 되는 이유는 무엇인가?

토너먼트방식을 채택하는 이유는 회사가 근로자의 노동의 한계생산성을 측정하기는 어려우나 이들의 생산성을 상대적으로 비교하는 것은 쉬운 경우에 근로자들로부터 적정한 수준의 노력을 끌어내기 위한 수단이다. 그리고 토너먼트방식을 채택하는 경우 승자는 명성과 부를 동시에 얻을 수 있기 때문에 근로자들은 승리하기 위해 많은 노력을 기울일 것이다.

토너먼트가 유인해 내는 작업노력을 도식화하기 위해 단지 근로자 갑과 을 둘만이 경쟁하는 경우를 상정해 보자. 회사는 우승자에게는 상당수준인 W_1이라는 재정적 보상을, 그리고 2등을 한 사람에게는 단지 W_2수준의 보상만을 지급한다고 공표했다고 가정하자.

근로자들은 직무에 보다 많은 노력을 투입하면 토너먼트에서 이길 확률이 크다는 것을 알고 있다. 근로자 갑은 e_A만큼, 근로자 을은 e_B단위에 해당하는 노력을 투입했다고 가정하고, 갑과 을은 타고난 능력이 같기 때문에 누구든 더 많은 노력을 투입한 사람이 시합에서 이길 확률이 크다고 가정하자. 이길 확률을 각각 P_r^A, P_r^B라고 표시하고, 여기에 아주 단순한 가정, 즉 승리할 확률 P_r^A가 갑의 노력(e_A)에 의존한다는 가정을 도입하자. 예컨대,

$$P_r^A = a_A \cdot e_A \tag{8.5}$$

여기서, e_A는 노력수준이고 a_A는 노력이 승진에 얼마만큼 영향을 미치는가를 나타내는 계수이다.

이제, 갑이 게임에서 승리할 확률이 P_r^A, 그때의 상금이 W_1, 2등에 머물 확률이 $(1-P_r^A)$, 그 때의 상금이 W_2라고 하자. 승리하고자 하는 노력의 투입에는 고통(비효용)이 따르고, 이 고통의 금전적 가치를 $D(e)$로 표시하면, 갑의 기대보수, 즉 $E(W)=P_r^A W_1+(1-P_r^A)W_2-D(e_A)$가 된다. 여기에 식 (8.5)의 값을 대입하면, 식 (8.6)이 성립한다.

$$E(W) = W_2 - (W_1 - W_2)a_A e - D(e_A) \tag{8.6}$$

$E(W)$를 극대화하는 e수준의 선택은 다음과 같게 된다.

$$\frac{\partial E(W)}{\partial e} = (W_1 - W_2)a_A - \frac{\partial D(e)}{\partial e} = 0 \quad \text{또는} \quad (W_1 - W_2)a_A = D'(e) \tag{8.7}$$

$(W_1 - W_2)a_A$는 근로자 갑의 한계수입, $D'(e)$는 근로자 갑의 한계비용을 의미하며, 이를 [그림 8-11]에 나타낼 수 있다.

[그림 8-11]에서는 근로자 갑의 한계비용과 한계수입을 고려하여 얼마만큼의 노력을 투입할 것인지를 결정하는 방식을 예시하고 있다. 한계비용곡선은 우상향하고

그림 8-11 토너먼트에서 투입되는 노력의 양의 결정

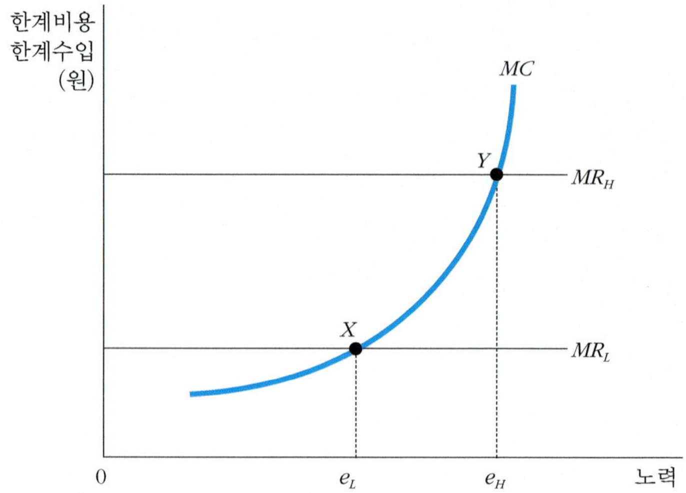

기울기가 점차 가팔라지는 모양을 하고 있는데, 그 이유는 근로자 갑이 더 많은 추가적인 노력을 투입할수록 이에 수반되는 고통(비효용)이 점차 커지기 때문이다. 갑이 한 단위의 노력을 추가적으로 투입하여 얻은 한계수입은 상금의 격차인 $(W_1 - W_2)$에 의해 결정된다. 상금의 격차가 상대적으로 적은 경우, 추가적 노력에 따른 한계수익은 [그림 8-11]의 MR_L에 해당하며, 이때 특정 근로자가 투입하는 노력은 한계비용과 한계수입이 만나는 점 X에서 결정되고, 이 경우 토너먼트에 임하는 근로자는 e_L만큼의 노력을 투입하고자 할 것이다. 그러나 상금의 격차가 큰 경우, 추가적 노력에 대한 한계수입은 MR_H와 같이 되고, 이 경우 이 근로자는 e_H만큼의 노력을 투입하고자 할 것이다.

기업에 승진 토너먼트가 설계되어 있을 때, 공정한 평가가 대단히 중요하다. 상이한 작업노력을 정확히 평가하지 않고 제멋대로 승진을 결정하거나 또는 무작위로 승진을 결정하면 토너먼트에서 노력투입이 제대로 이루어질 수 없다. 식 (8.5)에서는 승진확률이 노력투입과 관련되어 있는 것으로 가정한 후, $P_r = ae$에서 $\partial P_r / \partial e = a$로 놓을 수 있었다. 그러나 승진확률이 노력투입과 관련되어 있지 않으면 $\partial P_r / \partial e = 0$이 될 것이며, 그 결과 기업이 임금정책을 어떻게 하든 간에, 즉 $(W_1 - W_2)$라는 상금격차를 어떻게 놓든 간에 작업노력을 유발하지 못하게 된다. 따라서 토너먼트의 운영에서 공정한 평가의 중요성은 아무리 강조해도 지나침이 없을 것이다.

기업의 인센티브 설계, 즉 상급직의 높은 임금과 하급직의 낮은 임금을 만들어야 할 경우에, 식 (8.6)의 $(W_1 - W_2)$라는 상금 격차가 클수록 근로자로 하여금 더 많은 노력을 유인할 수 있을 것이다.

토너먼트 모형에서 각 개인이 상이한 능력을 가진다면, [그림 8-11]에서 MC곡선의 위치가 달라진다. 능력이 없는 자는 노력의 한계비용이 높아져 MC곡선이 보다 높은 곳에 위치하게 될 것이다.

높은 임금을 제공하는 일자리에서 개인의 작업노력뿐만 아니라 개인의 능력이 중요하다면, 기업은 **일자리의 위계**(job hierarchy)를 만들어 최고직을 가장 유능하고 부지런한 사람으로 채우고, 그 다음 직은 그 다음으로 유능하고 부지런한 사람이 맡도록, 기업내부에서 일자리와 근로자간의 짝짓기(job match)가 성공적으로 일어나도록 유인할 수가 있다. 토너먼트는 작업노력을 유발할 뿐만 아니라 이질적 근로자를 기업 내에서 선별하는 메커니즘으로 이해될 수 있다.

(iii) 토너먼트 임금의 장점과 단점

토너먼트 임금은 능률급에 비해 몇 가지의 장점을 가지고 있다.

첫째, 산출량을 측정하는 것보다 상대적으로 업적을 평가하는 것이 훨씬 쉽다. 더우기 토너먼트에서는 개인의 생애경력 중 몇몇의 승진시점에서 상대평가만 하면 되기 때문에, 생애경력 내내 개인의 업적을 계산하는 것보다 훨씬 비용이 적게 든다.

둘째, 토너먼트에서는 승자가 크게 부각되지만, 패자는 승리에 실패했다고 크게 비난받지는 않는다. 패자는 상대방이 운이 좋아 이긴 것이지, 자신이 못나서 진 것은 아니라고 자위할 수 있다. 또한 패자는 승진경쟁에서 패배했다고 생각하지 않고, 다른 사람에게 승진에서 추월당한 것이라고 자위할 여지가 있으며, 현 직위를 유지하며 다음 기회를 노릴 수 있다. 반면에 능률급에서는 일 잘하는 근로자나 못하는 근로자가 너무 뚜렷하게 부각된다.

셋째, 토너먼트에서는 직무 수행시 발생하는 우연한 사고로 인한 손해가 능률급 때보다 작다. 능률급 하에서는 직무 수행시 우연한 사고가 발생하면 임금이 크게 삭감된다. 따라서 근로자의 관점에서 볼 때 토너먼트에서 임금변동으로 나타나는 위험이 더 작다.

반면에 토너먼트의 단점으로는 다음의 두 가지를 들 수 있다.

첫째, 참가 선수들 간에 부정경쟁의 가능성을 들 수 있다. 상금의 격차가 클수록 선수들은 자신의 우승 확률을 높이고, 다른 선수의 우승 확률을 낮추기 위한 의도적이고 이기적인 행동을 취할 유인을 갖게 된다. 구체적으로 각 부서의 사람들이 자신의 본연의 업무는 소홀히 하면서, 심판자인 기업소유자에게 아부하고, 타인을 헐뜯고, 로비활동이라는 정치적 활동에 의해 기업소유자의 환심을 얻고자 하는 활동, 즉 영향력 행사활동(influence activity)이 일어날 가능성이 크다. 각 부서의 장들이 모두 영향력 행사활동을 하게 되면, 회사에 투입될 시간과 노력이 낭비(이를 **영향력 행사비용**(influence cost)이라고 한다)되며, 기업의 효율이 크게 저하된다.

둘째, 토너먼트는 현재의 직무에서 상대적으로 최고 성과를 보인 사람이 승진 후 직무에서도 최고 성과를 보일 것이라는 전제를 하고 있으나, 이는 반드시 그렇지 않다. 예컨대 유능한 경리계장이 승진해서 반드시 유능한 인사·총무과장이 되리라는 보장이 없기 때문이다. 유능한 제조담당 부사장이 승진해서 유능한 최고경영자가 되리라는 보장 또한 없다. 승진 전 직무수행 능력과 승진 후 직무수행 능력 간에 불일치가 있기 때문이다. 따라서 토너먼트 설계시 승진 전 직위와 승진 후 직위 간에 업무에 있어서 상호연결성을 고려하는 것이 필요하며, 그렇지 않으면 상급직일수록 근로자와 직무간의 잘못된 짝짓기로 인한 비효율이 증폭되어, 전체 조직의 생산성을 크게 저하시킬 것이다.

(3) CEO에 대한 보수

(i) 미국 CEO의 보수

미국 노동조합총연맹(AFL-CIO)은 자신의 홈페이지(www.aflcio.org)의 'Corporate Watch' 부분에 CEO의 보수를 매년 공개하고 있다. 또한 미국의 100대 CEO 연봉을 제시하고 있는데, 이에 의하면 2013년 기준 미국 최고 CEO 연봉은 1억 4천 1백만 달러(1,478억원)이며, 상위 10번째 연봉은 5천 1백만 달러(507억원), 상위 20번째 연봉은 3천 4백만 달러(386억원), 그리고 100번째 연봉은 1천 8백만 달러(199억원)이다. 한국에 잘 알려진 회사, 예컨대 GE, Ford, Coca-cola 대기업 CEO는 2천만 달러~3천만 달러의 연봉을 받는 것으로 나타나고 있다.

미국 생산직 근로자 평균임금 대비 500대 기업 CEO의 평균보수는 1980년 초에는 50배, 2013년 331배로 CEO의 보수는 급상승하고 있다.

(ii) CEO가 되기까지의 토너먼트

회사의 소유자는 아니나 실제로 회사를 경영하는 최고 전문경영자의 보수는 어떻게 결정되는 것일까?

최고경영자(CEO; chief executive officer)는 회사소유자(이 소유자를 principal이라고도 부른다)의 대리인(agent)이다. 회사의 주식을 가지고 있는 소유자는 최고전문경영인이 그의 이윤과 부(wealth)를 늘려 주기를 바란다. 그러나 대리인은 고급 전용비행기를 갖고 여행하며, 자신의 사무실을 고가의 골동품과 미술품 등으로 호화롭게 치장하는 등 자신의 효용을 늘리는 데 관심을 가질 수도 있는데, 이 경우 주식 소유자의 이윤과 부는 줄어들게 된다. 이와 같이 회사의 소유자와 그의 대리인으로 일하는 전문경영인 사이의 이해관계의 갈등이 발생하는 것을 **주인-대리인**(principal-agent) 문제로 파악할 수 있다.

미국 CEO의 보수가 높은 것은 도덕적 해이를 해결하기 위한 것이라기보다는 CEO가 되기 전 토너먼트 임금이론과 CEO가 된 후 성과연동급여에 의해 설명될 수 있다.

우선, 최고경영자(CEO)의 보상은 부사장들 사이의 토너먼트를 통해 승자가 얻는 대가라고 해석할 수 있다. 회사의 중간경영자들이 다음 높은 단계의 경영자의 위치로 승진하는 경우에 비해, 부사장에서 최고경영자로 승진하는 경우에 있어서 전 단계와 현 단계 직무간의 보수격차는 매우 크다. 미국의 경우 최고경영자로 승진하는 경우 그의 보수는 평균 142%나 높아지지만, 부사장(예를 들어 junior vice president)에서 선임부사장(예를 들어 senior vice president)으로 승진하는 경우 보수 인상률은 43%에 불과하다. 또한 [그림 8-10]에서도 8급, 즉 CEO의 보수는 7급인 부사장보다 월등히 높게 나타난다.

이것이 바로 **토너먼트이론**이 제시하고 있는 보수구조라고 할 수 있다. 예를 들어, 회사의 최고 관리층에 최고경영자(CEO)·선임부사장·부사장의 세 단계가 있다고 가정하자. 부사장들은 선임부사장으로 승진하기 위해 경쟁하고, 선임부사장들은 최고경영자가 되기 위해 경쟁할 것이다. 첫 단계의 토너먼트에서 승리하여 선임부사장이 된 사람들은 자신의 처지에 만족하며 최고경영자가 되기 위한 경쟁에는 나서지 않으려고 할 수도 있다. 따라서 선임부사장들로부터 더 많은 노력 투입을 끌어내기 위해서는 최고경영자로 승진된 경우의 임금인상이 부사장에서 선임부사장으로 승진된 경우의 임금인상보다 더 커야만 할 것이다.

(iii) CEO가 된 후의 성과연동급여

이미 정상 자리를 차지한 CEO에게는 토너먼트는 아무런 의미가 없다. CEO가 되기 전에는 상대적 비교에 의한 토너먼트가 유효한 동기유발 장치였지만, CEO가 된

후에는 다시 절대적인 성과평가에 의한 동기유발 방식이 사용될 수 있다. 미국에서는 주식가격이 CEO의 경영성과의 척도이므로 주식가격과 연동된 보수체계가 흔히 사용되고 있다. 이는 능률급의 변형에 속한다. 미국에서는 1980년대 이후 회사 경영성과와 연동된 CEO 보수제도로서 스톡옵션 또는 무상(또는 저가에 의한) 주식제공 등이 크게 확산되었고, 현재는 보편화되어 있다.

스톡옵션(stock option)이란 종업원(특히 CEO)으로 하여금 미래의 일정 시점에 회사주식을 현 시점의 가격으로 구입할 수 있는 선택적 권리를 제공하는 것을 의미한다. 보통 미국에서는 CEO 취임 몇 년이 지난 후 회사주식의 시장가격이 높아지면, 몇 년 전의 시장가격으로 현금 지불 없이 외상으로 회사주식을 구입할 수 있는 선택권리를 CEO에게 부여된다. 주식선택권이 부여되는 시점에서 주식가격은 몇 년 전보다 높은 것이 보통이며, 몇 년 전 주식 구입가격과 현재가격 간의 차액이 CEO에게 주어지는 보상인 셈이다.

주식가격과 CEO의 보수가 연동된다고 했을 때, 논리적으로 CEO의 경영노력이 기업의 주식가격에 영향을 미치고, 이것이 CEO의 보수 및 인센티브 임금에 영향을 미친다고 볼 수 있다. 즉, CEO의 노력 → 기업 주식가격 → CEO의 보수라는 인과관계를 식으로 나타내면 다음과 같다.

$$\frac{\Delta(\text{보수})}{\Delta(\text{노력})} = \frac{\Delta(\text{보수})}{\Delta(\text{주식가격})} \times \frac{\Delta(\text{주식가격})}{\Delta(\text{노력})} \tag{8.8}$$

식 (8.8)의 오른쪽 첫째 항은 주식가격에 연동하여 CEO에게 제공하는 인센티브이다. 미국에서 $\frac{\Delta(\text{보수})}{\Delta(\text{주식가격})}$을 측정한 연구에 따르면, 미국 대기업의 경우 1,000달러의 주식가격 상승이 있을 때 CEO의 보수 증가는 1달러 미만으로 나타났다. 즉 주식가격 상승에 따른 인센티브는 매우 낮았다. 반면에 식의 오른쪽 둘째 항의 값은 매우 크고 중요하였다. 기업의 경영노력(managerial effort)이 클 때의 주식가격 상승, 즉 이는 기업의 전략적 경영결정이 제대로 되었을 때의 주식가격 상승을 의미하는 것이다. 특히 대기업일수록 CEO의 경영노력과 전략적 결정이 중요하고, 그에 따른 주식가격 상승이 크기 때문에 CEO의 보수는 커진다.

대기업이 처한 시장상황이 동학적일수록, 불확실할수록, CEO의 전략적 결정이 주식가격에 큰 영향을 미친다고 할 수 있다. 금융산업, 오락산업, 미디어 산업의 경우 CEO의 전략이 중요하게 작용하므로 이들 산업의 CEO보수가 대단히 높을 것이라고 예상할 수 있다.

제4절 정년제

1 정년제에 관한 Lazear(1979) 모형

한국의 대부분의 기업에서는 정년제를 두고 있다. 정년제란 근로자가 일정 연령이 되면 특별한 이유가 없더라도 퇴직하도록 하는 제도로서, 연령을 기준으로 한 **강제퇴직**(mandatory retirement) 제도이다.

정년제 또는 강제 퇴직제도는 왜 존재하게 되었을까? 미국과 유럽에서 20세기 초까지만 해도 강제 퇴직제도가 존재하지 않았다. 강제퇴직제도는 내부노동시장의 정착과 함께 확립돼 온 제도로서, 이연임금제와 함께 내부노동시장의 핵심 특징 중의 하나로 파악될 수 있다.

여기서는 강제퇴직제도의 존립근거를 이론적으로 제시한 Lazear의 **이연임금이론**을 다시 검토해 보자.

(1) 이연임금의 기능

직업세계의 현실에서 **연령-임금곡선**(age-wage profile) 혹은 **경력-임금곡선**(experience-wage profile)은 우상향의 기울기를 갖는다. 연령 혹은 경력에 따라 임금이 상승하는 원인에 대해서는 일반적 인적자본론, 기업특수적 훈련, 이연임금론 등 다양한 설명이 가능하며, 이에 대해서는 [그림 8-1]과 [그림 8-8]에서 이미 자세히 소개한 바 있다.

시카고 대학의 Edward Lazear 교수는 우상향하는 **연령-임금곡선**은 **이연임금**에 의한 것이라고 설명하고, 이러한 이연임금제도가 승진기회가 없는 직종의 근로자들로 하여금 일을 더 열심히 하게 하고, 또한 근로자의 태만을 막는 유용한 수단이 되고 있음을 보였다.

그의 모형을 앞의 [그림 8-8]을 이용하여 설명해 보자. 근로자의 한계생산성이 생애에 걸쳐 증가하지만 그 증가폭은 나이가 증가함에 따라 점차 감소하는 모양새를 지닌다고 가정되며, 이는 [그림 8-8]에서 VMP_0로 표시되어 있다.

만약, 회사가 노동자를 감시하는 것이 쉽다면 VMP_0에 따른 임금, 즉 DBE의 임금을 지급할 것이다. 항상적인 경쟁에 의해 임금이 결정되는 외부노동시장에서도 이와 같은 연령-임금곡선이 나타날 것이다.

그러나 암묵적 계약에 의해 장기의 고용관계를 갖고 있는 내부노동시장에서 *DBE*의 임금을 지급한다면 어떻게 될까? 장기고용관계를 맺고 있는 근로자는 자신의 생산성을 충분히 발휘하지 않더라도 고용관계가 유지될 것을 알고 있기 때문에, 만약 탄로 날 위험이 적다면 작업에 태만할 유인을 갖게 된다. 그렇게 되면 근로자의 생산성은 VMP_0을 밑돌게 되고 기업은 손해를 보게 된다. 대기업일수록 근로자의 근무태만이나 작업노력을 감시하는 데 더 큰 비용이 들 것이고 따라서 근로자의 태만으로 인한 손실도 그만큼 크게 증가할 것이다.

그러나 작업과정을 감독하는 데 비용이 많이 드는 경우, *ABC*와 같은 임금구조를 택하면 근로자의 높은 노력을 유도하고 태만을 줄일 수 있다는 것이 Lazear(1979)의 설명이다. *ABC*곡선은 입사 후 일정 기간(t^*년)까지는 그의 생산성보다 낮은 임금을 지급하며, 그리고 t^*년이 지난 후에는 그의 생산성보다 높은 임금을 지급하는 임금제도, 즉 **이연임금** 혹은 **이연보수**(delayed-compensation) 제도를 보여주는 곡선이다.

이연임금제도에서는 근로자의 평생임금의 현재가치는 평생의 노동생산성의 현재가치와 동일하다. 즉,

$$\sum_{t=0}^{N} \frac{W}{(1+r)^t} = \sum_{t=0}^{N} \frac{VMP}{(1+r)^t} \tag{8.9}$$

이 된다.

여기서, 현재가치로 환산한 경우 면적 *DBA*는 면적 *BEC*와 같다. 즉 이 경우, 근로자들은 초기에 받은 자신의 노동의 한계생산가치(*VMP*)보다 낮은 임금은 t^*점 이후의 높은 임금에 의해 보상된다. 근로자들은 *DBE*라는 임금계약과 *ABC*라는 임금계약 간에 무차별하다.

그러나 *ABC*의 연령·임금곡선을 갖는 경우, 근로자들의 태만을 방지하는 효과를 갖는다. 회사가 근로자들의 근무태도를 감독하여, 태만을 발견하여 해고하게 되면, 중도에 해고된 근로자의 경우, 근무연수에 따라 증가하는 임금의 이익을 얻지 못하게 되어 태만에 따른 비용이 상당히 크게 된다. 즉 근로자들에 대한 보상을 미래로 미룸으로써(이연함으로써) 회사는 종업원들로부터 더 많은 노력과 높은 노동생산성을 끌어낼 수 있으며, 근로자들로 하여금 내부노동시장에서 사용자와 장기적 계약관계를 잘 유지하게 하도록 유인할 수 있게 된다는 것이다.

(2) 이연임금과 강제퇴직

이연임금론은 근로자가 기업에 오래 근무할수록 특별히 그의 생산성이 증가하지 않더라도 높은 임금을 받게 되는 이유를 설명해 준다. 이로부터 강제퇴직제가 필요한 이유도 쉽게 유추해 볼 수 있다.

Lazear의 모형에서, 사용자는 [그림 8-8]의 *N*점 이상에서는 고용관계를 유지하는 것을 원하지 않을 것임을 알 수 있다. *N*점에서 기업은 그 이전까지 근로자에게 생산성 이하의 임금을 지급한 것을 모두 갚은 셈이 되고, 만약, *N*점 이후에 더 고용을 지속한다면 기업은 근로자에게 노동의 한계생산성 이상으로 임금을 지급하게 되어 손해를 보게 될 것이다.

그러나 근로자의 입장에서 보면, *N*점이 지난 이후에는 자발적으로 퇴직할 유인이 하나도 없게 된다. 이미 생산성보다 높은 임금을 받고 있는 상태에서 퇴직하면 노동시장 어디에서도 그만한 보상을 기대할 수 없기 때문이다. 결국 이러한 고용계약에서 *N*시점에서의 강제적인 퇴직규정이 발생하게 되었다고 Lazear는 분석하고 있다.

정년제, 즉 강제퇴직제가 왜 내부노동시장만의 핵심 특징일까? 외부노동시장은 항상적인 경쟁에 노출되어 있어 그에 따라 임금이 결정된다는 점을 강조한 바 있다. 따라서 외부노동시장에서 근로자들이 나이가 듦에 따라 생산성이 감소하는 경우 즉각적인 임금삭감이 이루어질 수 있다. 굳이 고용계약을 종결시키기 위한 수단으로써 강제퇴직제를 사용할 필요가 없다는 것이다.

2 조기퇴직은 왜 시행하는가?: Lazear 모형의 응용 1

한국의 기업에서는 해고가 거의 불가능하기 때문에, 나이가 증가하면서 근로자들이 해이해지고 열심히 일을 하지 않아 생산성이 떨어지게 되는 경우가 종종 발생한다. 해고의 위협이 있을 때는 이러한 도덕적 해이나 직무태만이 발생하지 않을 것이다.

지나친 고용보호와 그에 따른 근로자의 무사안일 때문에 근로자의 생산성이 [그림 8-12]의 t^* 이후에 VMP_1으로 하락한다고 하자. 그러나 보수체계는 **연공임금제**(seniority wages)에 의해 성과와 무관하게 *ABC*로 고착화되어 있다고 하자.

이때 기업은 *DBA*의 면적과 같은 *Bcf*를 찾아내고 근로자의 몫(*DBA*)을 되갚은 직후가 되는 t_1시점에서 근로자를 해고하려 할 것이다. 해고가 불가능한 현실에서는 조기퇴직 혹은 명예퇴직을 유도하고자 할 것이다. 그렇게 함으로써 기업들은 근로자

그림 8-12 장기고용관계에서 근로자 생산성이 하락하는 경우

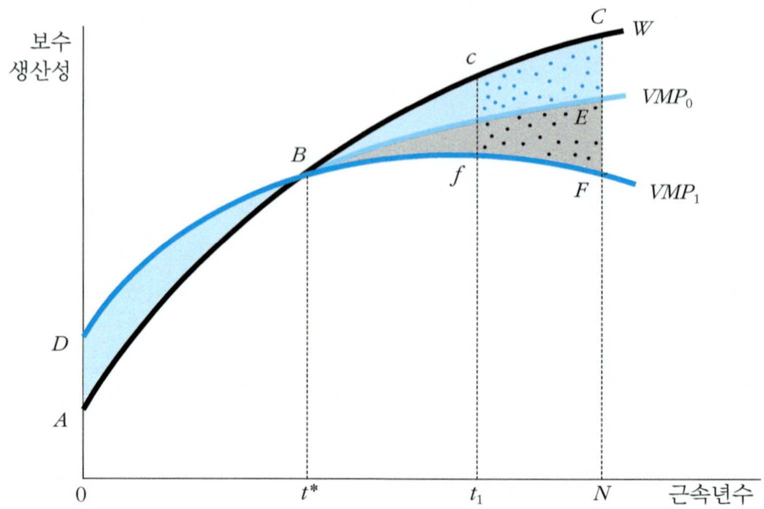

를 정년까지 계속 고용한다면 발생할 수 있는 기업 손실을 최소화하려고 노력하게 된다.

3 정년 연장과 임금피크제: Lazear 모형의 응용 2

(1) 고령화와 정년 연장

2011년 현재 우리나라 300인 이상 대기업의 약 80%가 60세 미만의 정년을 설정하고 있다. 근로자 수로 보면 약 86%의 근로자가 정년제 규정에 의해 구속을 받는다(〈표 8-10〉 참조).

그런데 한국 사회가 급격하게 고령화됨에 따라 조만간 노동력 부족을 우려하는 목소리가 높아졌다. 전체 인구 중 65세 이상의 고령자가 차지하는 비중은 2010년 현재 11%에서 2017년에 14%로 증가하여 고령사회에 진입하고, 2026년에는 고령인구 비율이 20%를 넘어 일본과 마찬가지로 초고령사회에 도달할 것으로 전망된다. 그에 따라 15~64세 생산가능인구가 부양해야 할 인구비가 2020년 이후 급증할 것으로 파악되는데, 특히 노년부양비가 2010년 15.2%, 2020년 22%를 넘어서 2030년에는 거의 40%에 육박할 것으로 파악된다. 이는 2020년이 되면 생산가능인구 10명당 고령인구 2명을, 그리고 2030년이 되면 고령인구 4명을 부양해야 한다는 것을 의미한다.

표 8-10 정년제 채택 사업장의 정년 현황(2010)

(단위: 개소, 천명, %)

	54세 이하	55세	56세	57세	58세	59세	60세 이상	평균 정년
사업장수	8	668	79	190	415	66	403	57.3세
[1,829]	(0.4)	(36.5)	(4.3)	(10.4)	(22.7)	(3.6)	(22.0)	
근로자수	5.0	782.6	84.9	192.2	809.0	75.0	374.3	
[2,323]	(0.2)	(33.7)	(3.7)	(8.3)	(34.8)	(3.2)	(16.1)	

자료: 노동부, 「고령자고용 현황 및 정년제도 운영현황」, 2011. 6.

이러한 인식 하에서 향후 중고령자 고용을 촉진해야 할 당위성이 제기되었고, 이를 배경으로 2013년에 60세 정년 보장을 골자로 하는 정년연장 법안('고용상 연령차별금지 및 고령자고용촉진에 관한 법률 개정안')이 채택되었다. 이에 따라 우리나라에서 2016년부터 60세 정년이 단계적으로 의무화될 예정인데, 공공기관, 지방공사, 지방공단, 300인 이상 사업장은 2016년부터, 국가 및 지자체, 300인 미만 사업장은 2017년부터 이 법의 적용을 받게 된다.

(2) 정년 연장의 쟁점

정년연장의 당위성이나 필요성을 부정할 수는 없지만, 한국 노동시장 현실을 감안할 때 정년연장의 부작용에 대한 우려는 매우 크게 존재한다. 특히 임금조정을 수반하지 않는 정년 연장은 기업의 노동비용을 증가시키고 청년의 신규채용을 축소할 우려가 있으며, 제도 취지와 달리 오히려 중고령자 조기퇴직의 원인을 제공할 수도 있다고 지적된다.

이러한 우려가 나오는 이유를 이론적으로 살펴보자.

앞서 살펴본 바와 같이 정년제는 이연임금을 제공하는 내부노동시장에서의 묵시적 약속과 같은 것이다. 만약, 경쟁노동시장이라면 정년 연장이 있다고 해서 높은 비용을 유발할 염려가 없고 정년제 자체도 굳이 필요하지 않다.

그러나 기업의 임금이 외부노동시장과 독립적으로 결정되고 생산성과 무관하게 연공(年功)적 성격을 강하게 띠고 있다면 상황은 달라진다. 연공임금은 일본과 한국에서 주로 관찰되는 고용관행이다. [그림 8-13]은 주요국의 연령-임금 곡선을 비교하고 있는데, 한국은 40대 후반까지 일본은 50대 초반까지 매우 가파른 연공성을 보여주고 있다(남성의 경우). 그림에서 우리나라 근로자 임금이 40대 후반에서 피크를 이루고 감소하는 것은 기업 내 임금체계에 의한 것이라기보다는 중고령자 노동시장의 이중구조를 반영한 것이고 실제 근로자가 기업내부 노동시장에 남아있는 한 임금은 지속적으로 상승하는 것이 일반적이다.

Lazear(1979)의 장기근속 모형에 따르면, 연공임금은 기업이 근로자의 장기근속을 유도하기 위해 젊었을 때는 생산성보다 낮은 임금을, 장기근속자에게는 생산성보다 높은 임금을 제공하는 인센티브 시스템을 가질 때 채택된다고 설명할 수 있다.

기존의 그림을 이용해서 설명하자면, [그림 8-12]에서 근로자의 생산성이 VMP_1이라고 하자. 이연급여가 ABC로 설계되어, 연공임금은 일정 시점([그림 8-8]의 t_1점)에서의 퇴직을 전제로 생애에 걸친 임금과 생애에 걸친 생산성을 일치시키는 데서 경제적 합리성을 구하는 임금체계라고 가정하자.

그런데 갑자기 정년이 연장되어 정년 연령이 $t_1 \rightarrow N$으로 늘어났다고 하자. 이때, 만약 생애에 걸친 임금과 생애에 걸친 생산성을 다시 일치시키는 임금조정(fF수준)이 없다면 정년 연장은 기업의 노동비용을 급격하게 높여 기업이 손해를 $cfFC$만큼 보게 되는 결과를 초래할 것이다.

기업 내부적으로 인력의 고령화 문제에 직면해 있다면 연공임금의 피해는 더욱 커진다. 예컨대 젊은 근로자에 비해 장기근속 근로자가 더 많은 기업이라면 기업은

그림 8-13 주요국의 연령-임금곡선 (25~29세=100)

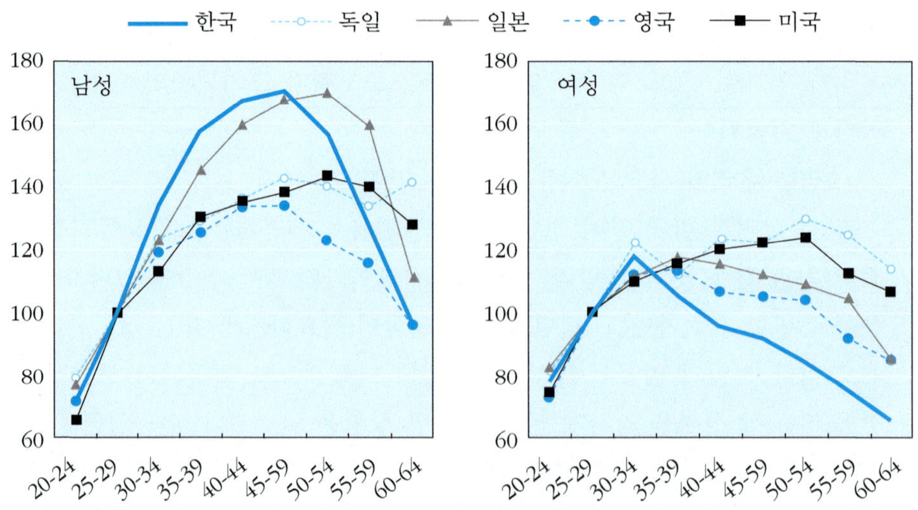

자료: OECD(2004), p.99.

항상적으로 근로자들의 생산성을 초과하는 인건비 부담을 감수해야 할 것이기 때문이다.

이러한 여건을 배경으로 기업은 다양한 형태로 중고령자의 조기퇴직을 유도하고 결과적으로 연공임금의 기반이 되었던 장기고용관계 자체가 위협받는 상황이 될 수 있다.

(3) 임금피크제와 임금체계의 개편

그렇다면 정년연장과 병행되어야 할 임금체계 개편은 어떠해야 하는가?

인적자본이론에서는 연령-생산성은 역U자형의 관계를 가질 것으로 예측한다. 정년이 가까워질수록 인적자본에 대한 투자가 줄어들어 인적자본의 신규 증가는 없고 오히려 쇠퇴(depreciation)가 지배적일 것이기 때문이다.

이러한 가정 하에 연령과 생산성/임금의 관계를 다시 그린 것이 [그림 8-14]이다. 그림에서 근로자의 생산성경로는 VMP_1이고 임금은 ABC이다. 이때 정년 시점에서 임금과 생산성의 간극은 매우 커져 있기 때문에 정년 연장시 생애에 걸친 임금과 생애에 걸친 생산성을 다시 일치시키는 임금조정이 요구된다(직선 CfD). 이러한 임금조정이 바로 **임금피크제**이다.

그러나 정년 시점에서부터 시작되는 임금피크제의 경우 연장된 고용기간 동안 급

그림 8-14 정년 연장, 피크형 임금제 그리고 임금체계 개편

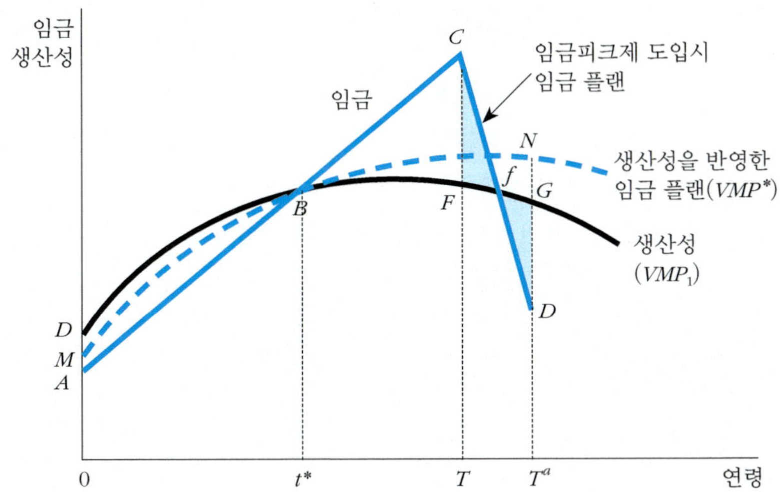

속한 소득 감소를 경험할 수 있어 근로자의 수용이 쉽지 않은 문제가 있다. 중장기적으로는 기업의 임금 플랜이 장기근속의 인센티브는 지니되 실제 생산성과 거의 유사하도록 점선의 임금스케줄처럼 조정([그림 8-14]의 *VMP**)되어야 중고령 근로자의 실질적인 고용안정을 기할 수 있을 것으로 판단된다. [그림 8-14]에서 면적 *MBA*가 면적 *BNG*가 같도록 임금스케줄을 조정하여, 연공급 대신 근로자의 생산성을 반영하는 성과연동의 급여체계를 확립하는 것이 진정으로 중고령자를 우대하는 방법이 될 것이다.

제5절 한국의 CEO에 대한 인사관리

1 재벌의 순환출자와 CEO 임명 방식

우리는 민간부문의 동기유발의 내부노동시장 정립을 강조하였는데 이제 민간부문 내부노동시장 위계질서의 정점, 즉 CEO에 대한 동기유발 인사관리의 중요성을 강조하고 싶다.

한국의 30대 재벌은 2011년 기준 계열회사를 평균적으로 29개에서 57개의 계열회사를 갖고 있다(위평량 · 김우찬, 2012). 이러한 재벌구조에서 CEO란 재벌 중심 본부의 CEO와 각 계열기업의 CEO로 나누어진다. 재벌 중심본부의 CEO를 그룹회장이라고 하자(지금부터는 계열기업의 CEO를 그냥 CEO라고 부르겠다). 이제 그룹회장에 의한 CEO의 발탁, 선임과 해임은 그룹 차원의 인사관리라고 부를 수 있다. 그룹 차원의 인사관리에 대해 논의해 보기로 한다.

한국의 그룹회장은 창업주이었는데 창업주의 인사관리 방식의 첫째 특징은 혈족에 의한 경영이다. 그룹회장은 그 형제, 자녀, 손자녀를 CEO로 임명하고 그룹 전체를 지배하는 형태, 즉 창업주와 그 혈족에 의한 중심본부 회장-주변부형 기업 CEO와 같은 인사관리 방식을 채택해 왔다. 그룹회장은 개인의 지분의 2%이내이나 계열회사들에 의한 순환출자에 의해 과반수 이상의 주식을 보유하는 경우가 많기 때문에 이러한 CEO의 인사관리가 가능했다.

여기서 순환출자란 재벌그룹들이 계열사를 늘이고 지배하기 위하여 사용하고 있는 방법의 하나로 계열사간에 순환적으로 출자하여 지배구조를 확립하는 방법을 말한다. [그림 8–15]에서 순환출자는 계열사간 출자구조가 'A사→B사→C사→D사→A사'와 같이 원 모양(환상형)으로 순환하는 구조를 말한다. 현행 상법과 공정거래법에서는 A와 B 두 계열사 간 출자, 즉 상호출자를 금지하고 있는데 순환출자에 대해서는 별도의 규정을 두고 있지 않다. 단 다른 기업에 대한 출자 총액을 그 기업의 순자산의 40%이하로 제한하고 있을 뿐이다.

먼저 계열사간 순환출자에 의해 재벌회장이 어떻게 주식회사인 계열기업을 지배하고 혈족을 CEO로 임명하는 것이 가능한지를 살펴보자.

[그림 8–15]는 현행 법률적 제도 아래 형성 가능한 주식 상호보유구조의 가상적 예이다. 그림에 나타나 있듯이 회사 A, B, C, D가 있다고 하자. 모두 주식시장에 상장된 기업이라고 하자. 각 회사의 자본은 회사 A, B, C, D는 각각 72이라고 가정하자.

회사 A에서 갑은 재벌회장을 칭하고 을은 다수의 소액주주를 총칭한다. 회사 A에서는 갑은 51의 지분을 갖고 있고 을은 21의 지분을 갖는다고 하자. 갑은 51의 지분을 갖고 있어 최대주주로서 경영권을 장악할 수 있다. 그리고 회사 B에서는 갑의 자본은 23에 불과하며 을의 49보다 훨씬 작다.

그런데, 갑이 회사 A의 72이라는 지분의 40%, 즉 28만큼을 회사 B의 유상증자시 주식 구매에 지출한다고 하자. 그러면 회사 B에서 갑의 자본은 51이 되고 갑은 최대

그림 8–15 재벌의 상호출자 메커니즘

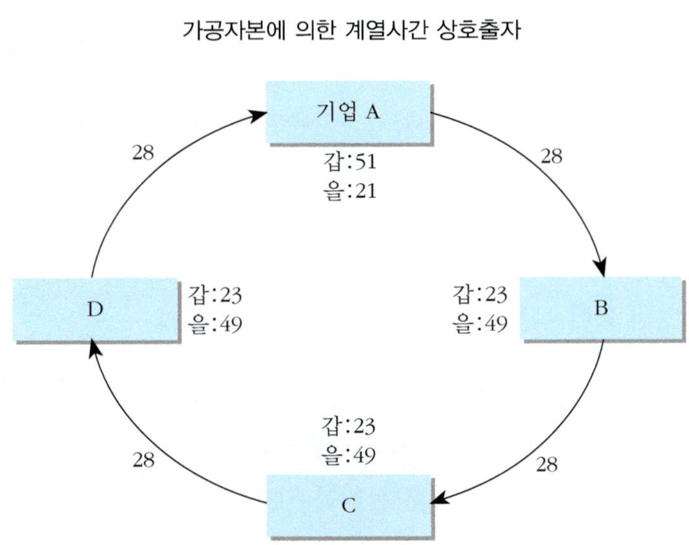

주주로 행세할 수 있다. 따라서 갑은 개인지분으로는 을에 훨씬 못 미치지만 회사 B의 경영권도 장악한다. 같은 방법으로 회사 C와 D의 경영권도 갑에게 귀속된다. 회사 D가 A에 다시 28의 지분을 투자하면 회사 A에서 갑은 49의 지분이 아니라 23의 자기 지분으로 기업 A를 장악하게 된다. 따라서 각 회사의 자본금 가운데 28씩은 순전히 순환출자로 인한 가공적인 것이다.

각 회사의 서류상의 자본은 회사 A, B, C, D는 각각 72로써 네 회사의 서류상의 총자본은 288이다. 이 중 가공자본 28을 제외하면 실제 총자본은 260이다 이 가운데 을의 지분은 168이며 갑의 지분이 92에 불구함에도 불구하고 을 아닌 갑이 지배적 대주주로 행세하게 된다. 현실에서는 을이 단일개인이 아니고 수많은 소액주주들이다.

이 예가 보여 주는 것은 갑의 개인지분율이 실제로 92/288=0.32에 불과한데도 각 기업에 대해서는 51%의 의결권을 행사할 수 있으며, 을은 실질적으로는 최대주주이어야 하나 현실적으로는 소액주주로 전락한다. 계열기업의 숫자가 많아질수록 재벌총수는 더 낮은 지분율을 가지고서도 각 기업의 경영권을 완전하게 장악할 수 있게 되었다.

회사 A에서는 갑은 51의 자기지분을 갖고 있는 한, B, C, D의 지배는 가능하고, B, C, D의 CEO 임명은 가능하다. 위의 순환출자의 예에서는 갑은 A에서 23의 자기 지분과 28의 가공자본을 가지고, A의 회장직을 맡고 B, C, D의 CEO를 임명한다.

2012년부터 시행되고 있는 개정상법에 따라 한국에서 시행되는 주된 이사회 형태는 '대표이사+이사' 체제로 한국의 상장회사의 이사수의 평균은 2014년 5.9명이다. 위의 A, B, C, D의 '대표이사+이사'의 수가 5명이라고 하자. 또한 현행 상법은 사외이사제를 강제하고 있다. 이 제도도 외환위기 이후 기업의 투명성과 책무성을 강화하기 위한 외부감시제도로 도입되었다. 상법은 이사의 1/4 이상이되 최소 2인을 사외이사를 두도록 규정하고 있기 때문에 A, B, C, D의 이사회는 '대표이사+이사+사외이사'로 7명이 되고, 7명 중 과반수인 4명의 의결로 회사의 주요 결정, 예컨대 CEO의 선임 등이 이루어진다.

2 CEO에 대한 동기유발의 인사관리

CEO에 대한 동기유발의 인사관리를 위해서는 그룹회장은 다음의 두 가지 조치를 취해야 한다.

첫째, 계열기업의 최대주주로서 CEO 선임시 가족주의 전통에서 벗어나야 한다. 능력위주로 최고경영자를 선임하고 계열회사의 CEO로 활동하게 하여야 한다. 그룹의 규모가 작았던 시절에는 그룹회장의 전략적 경영 결정, 빠른 의사결정, 과감한 추진력, 단기적 성과에 연연하지 않는 긴 시야 등이 유효했다. 그러나 그룹의 규모가 커져, 전자, 조선, 증권, 보험, 병원 등 여러 산업에 걸친 분야 각각에서 회장이 리더십을 발휘할 수는 없다. 더군다나 각각의 분야에서 최고의 인재가 경영을 맡고, 기업성과와 연동된 보수를 받는 것이 아니라, 세습 수업 중이 자녀들이 CEO가 된다면, 아부하는 사람, 충성하는 사람, 로봇처럼 지시에 따라 움직이는 사람이 득세하고, 유능한 전문경영자는 도태되며, 그룹의 장기적인 경쟁력이 떨어지게 된다.

둘째, 사외이사 선임시 풍부한 사업경험과 회사 경영경험을 가진 다른 기업의 은퇴 임원을 활용하여야 한다. 한국에서 사외이사는 전직 고위관료, 전직 검사나 판사, 전직 세무 공무원, 경영학 교수로 채우고 있다. 그룹회장 또는 그 일가의 폐쇄적인 집단 연고인 혈연, 지연, 학연, 혼척 등의 연고라는 망에 속하는 사람을 사외이사를 시키고, 감사를 시키면, 기업경영의 투명성 제고와 투자자의 이익 보호라는 원래의 목적을 달성할 수 없다. 사외이사는 독립적인 위치에서 지배주주를 비롯한 이사의 직무집행에 대한 감시와 감독 직무를 객관적으로 수행해 경영의 투명성을 제고하고 정책사항의 결정을 위한 조언과 전문지식의 제공 등 기업의 발전을 위한 내부통제의 직무를 수행하여야 한다. 현재 사외이사제는 정부 및 관료와의 유착의 일환으로 이용되고 있고, 1년에 몇 회씩 수박 겉핥기식으로 회사를 살피는 정도의 장식품으로 운영되어, 그 본래 기능은 유명무실하다.

현재와 같이 재벌 그룹이 가족 형제, 자녀들에게 분할되어 상속되는 형태를 취하면, 한국에서 대규모 기업 집단은 그 크기가 점점 축소될 것이다. 또한 경영권이 가족에게 세습되면, 그 세습을 위해 그룹회장과 혈연, 지연, 학연 등의 연고관계의 망이 조직적으로 움직여 상속법, 증여세법 관련 각종 탈법, 편법, 횡령, 배임 등이 이루어진다. 가족주의 운영으로 전문경영인이 도태되고 재벌 그룹이 경쟁력 위기에 직면하여, 국민경제가 큰 비용을 치르게 되면, 재벌해체, 재벌규제 확대 등으로 글로벌 경제에서 대규모 기업집단은 해체될 운명을 맞게 될지도 모른다. 동시에 한국 경제의 몰락도 동반하게 된다.

반면, 기업의 경영이 주주의 이익 위주로 투명하게 운영된다고 하자. 그리고 주식시장과 M&A라는 외부감시, 전문성 높은 사외이사에 의한 외부감시에 효율적으로 의해 운영된다고 하자. 또한 최고의 능력을 갖춘 전문경영자의 분권형 경영이 이

그림 8-16 중심부-주변기업형 조직과 매트릭스형 조직

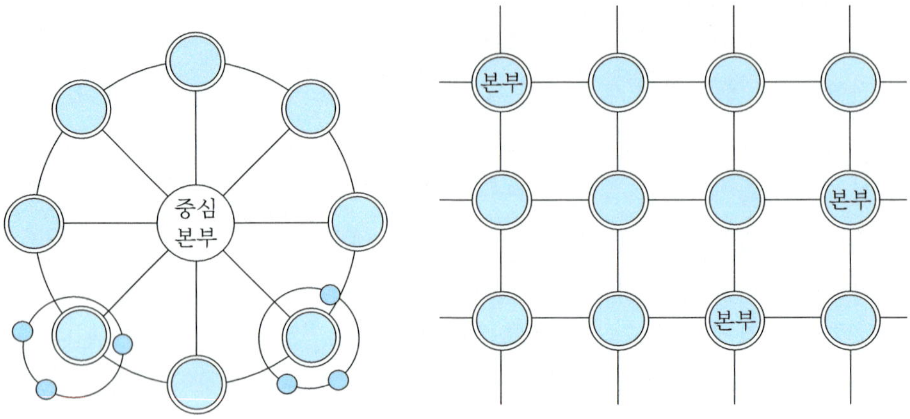

(i) 중심본부 – 주변부형 기업　　(ii) 여러 개의 본부를 갖는 매트릭스형

루어지고, 전문경영자의 리더십으로 노동자의 헌신과 창의에 의해 경쟁력이 발휘되고 신뢰의 노사관계가 정립될 수 있다. 이렇게 되면 재벌도 [그림 8-16]에 나타나 있듯이 창업주와 그 혈족에 의한 중심본부 회장-수직 종속의 주변부 기업의 CEO라는 인사관리 방식에서 벗어나 매트릭스 구조 즉 기업간의 수평동업 관계로 전환된다(조우현, 2007).

재벌 그룹회장은 소유권을 갖되 경영은 전문경영인에 맡기며, 비유하자면 오케스트라의 지휘자와 같은 역할만을 하게 된다. 글로벌 경제에서는 각 재벌은 대규모 기업집단을 유지하면서, 소속 계열기업들은 각 지역의 다양한 소비자의 수요에 민첩하게 대응하는 체제로서 고도의 생산성을 발휘하게 될 것이다. 즉, 자유시장 경제에 의한 번영의 길이 열리는 것이다.

제6절 공무원의 과보호 내부노동시장

한국에서 최대의 고용주를 꼽으라면, 단연 정부라고 할 수 있다. 2014년 한국의 정규직 공무원 수는 120만명에 이른다. 공공기관, 지방공기업 종사자, 공공부문 비정규직 근로자 모두를 합하면 183만명에 이른다(제11장 〈표 11-21〉 참조). 당연히 공

무원 부문 내부노동시장을 검토하는 것은 기업 인사관리의 경제분석의 응용이 된다. 우리는 공무원의 채용, 일하는 방식과 종신고용, 임금의 특징들을 차례로 설명하겠다.

1 공무원 채용과 공무원의 역량

(1) 임용방식과 역량

공무원은 고급직과 하급직으로 나누어지는데, 이 중 1~5급의 고위직은 행정, 사법고시를 통해 5급(사무관)으로 충원되어 내부승진을 통해 1급(관리관)으로 올라간다. 1급 경력 후 차관이 되거나 장관이 되기도 한다. 하위직은 9급, 7급 공무원 시험에 합격한 사람들이다. 대부분 내부 승진하여 5급에까지 이른 후 정년퇴직한다. 대학은 박사학위의 교수와 학사학위의 직원으로 구성되어 있으나, 공무원은 학사학위의 5급 시험 합격자라는 고위직과 요즈음 거의 예외없이 학사학위를 가진 7, 9급 시험합격자인 하위직으로 나누어진다. 공무원의 채용은 행시, 7급, 9급 공무원 시험을 통해서만 충원된다. 이러한 시험 합격자 이외에 공무원이 되는 길은 사실상 불가능하다.

(2) 시험합격자의 역량

시험에 합격한 사람들은 대부분 암기능력이 뛰어나고, 공부를 잘하는 모범생으로 다른 사람과 소통하는 능력(대인능력), 다른 사람과 기쁨과 슬픔을 같이 하는 능력(감정이입능력)이 크게 부족하며, 새롭고 독특한 방법을 고안하는 창의력(변화를 촉진하고, 분쟁을 조정하는 능력)이 부족하다. 즉 일상적인 개인의 능력은 뛰어나나, 사회적 능력이 크게 결여되어 있다. 한국 공무원 전체가 소통이 부족하고, 행정편의주의의 관습에 젖어 있고, 루틴(routine)한 일, 익숙한 일은 잘 처리하지만 새로운 종류의 일에 대해서는 신속하게 대응하지 못하는 근원적 이유가 바로 이러한 시험에 의한 채용에 있다.

이주호 · 박진 등(2015)은 '한국 공공인력 역량의 국제비교'라는 발표문에서 OECD 국제성인역량조사(IIAAC) 결과를 이용하여 한국공무원의 역량이 입직초기에도 OECD 평균보다 낮고, 나이가 들수록 더 낮아진다는 놀라운 사실을 밝혀내고 있다([그림 8-17], [그림 8-18], [그림 8-19] 참조). 그들은 미국, 독일 등 선진국과 비교해서는 공무원 역량이 턱없이 낮다고 하였다. 구체적으로 공무원의 언어력만 OECD 평균과 유사할 뿐, 수리력, 컴퓨터기반 문제해결력 등은 OECD 평균보다 훨씬 못하다.

그림 8-17 국가별 공공부문 남성 상근 근로자들의 연령대별 언어능력 수준

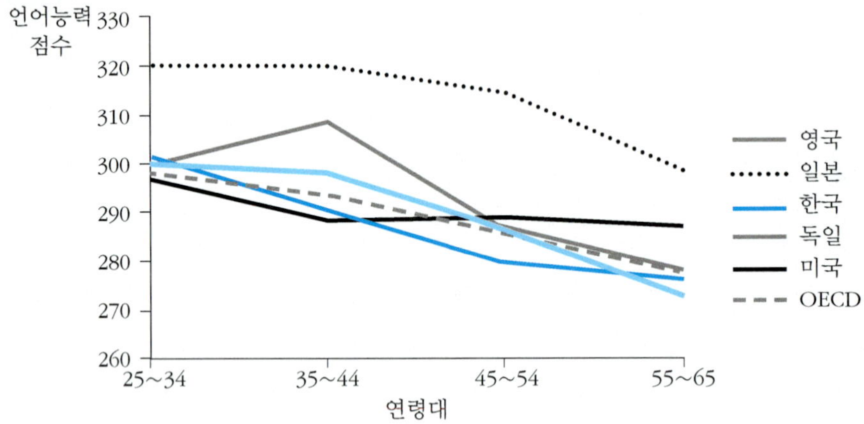

자료: 이주호·박진·문명재·정지은·최중희,「한국 공공인력 역량의 국제비교」, 안민포럼 발표문, 2015. 11.

행정관리자가 되기를 원하는 사람은 반드시 장·차관, 하급 사무관, 전문가, 시민과 원활한 교류, 소통이 있어야 한다. 이러한 의미에서 언어능력이 중요한데 한국의 공무원은 [그림 8-17]에 나타나 있듯이 입직 초기에는 OECD평균 수준이나 나이가 들 수록 거의 최하위권으로 떨어지고 있어 공직을 효율적으로 처리하기에는 자질이 크게 미흡하다.

그림 8-18 국가별 공공부문 남성 상근 근로자들의 연령대별 수리력 수준

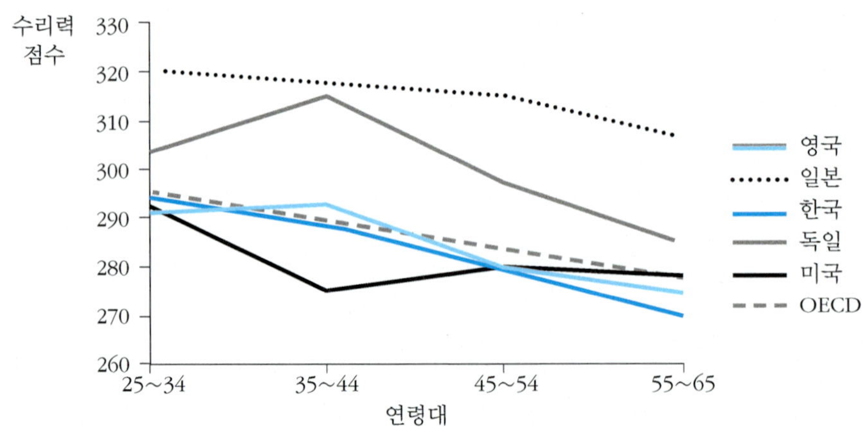

자료: [그림 8-17]과 동일.

그림 8-19 국가별 공공부문 남성 상근 근로자들의 연령대별 컴퓨터기반 문제해결력 수준

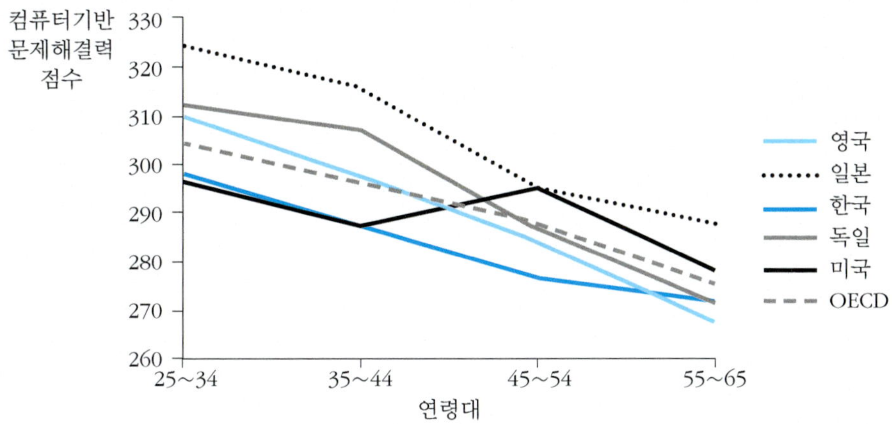

자료: [그림 8-17]과 동일.

행정관리자가 되기를 원하는 사람은 분석적이고 정확해야 하며, 다른 업무를 통합적으로 다루는 빠른 분석 능력이 있어야 한다. 숙련편향적 기술진보시대의 공무원은 자연과학, 공학, 사회과학의 통합적 능력이 필요하다. 행정고시로 합격되는 대부분의 한국 공무원은 인문, 사회계열이며 [그림 8-18]에 나타나 있듯이 수리력은 입직 초기부터 OECD 평균보다 낮다. 한국의 공무원은 지식경제시대에는 공직을 효율적으로 추진하기에는 크게 부적합하다.

미국직업전망서는 "행정관리자의 자격을 다음과 같이 서술하고 있다. 사무직원 감독자들은 워드프로세서와 통신, 자료처리, 자료보관에 정통해야 한다.", "다른 업무를 통합적으로 다룰 수 있어야 하며, 빨리 분석하고, 빨리 특정 문제를 해결하는 능력이 필요하다"라고 기술하고 있다. 그러나 한국의 공무원의 컴퓨터 기반 문제해결 능력은 [그림 8-19]에 나타나 있듯이 입직 초기부터 OECD평균보다 크게 낮다. 한국의 공무원은 행정관리직의 기본자격요건을 갖추고 있지 못하다.

2 공무원의 고용과 일하는 방식

(1) 종신고용

공무원들의 고용은 종신고용이다. 해고가 거의 불가능하다.

공무원이 근무하는 방식은 한 과(또는 부서에 1년 또는 그 이하)로 근무한 후 다른 부서로 배치전환하면서 업무를 익히고 전문성을 높여 간다. 한 분야에 프로페셔날

(professional)이 되자면 10년에 걸친 교육과 연마가 필요한데 공무원은 10년간 10개 이상의 보직에 순환배치되기 때문에 전문가(specialist)는 없고 모두 관리형 제너럴니스트(generalist)이다. 외부 노동시장으로부터 전문가 충원은 거의 없다. 대신 정부출연기관의 박사들이 그 일을 대행한다.

(2) 내부자와 외부자

공무원들은 공공서비스 제공의 독점자가 된다. 동시에 이들은 폐쇄적 내부노동시장에서 내부자가 된다.

공공서비스 제공의 공무원 독점을 유지하기 위하기 내부자들은 단결한다. 그러나 다양한 국민의 요구, 전문성 있는 요구에 대응하기 위하여, 민간인 신분의 공공기관, 공기업, 정부출연기관 등을 대거 확충해 나간다. 예컨대 국가의 기본 역할인 화폐의 발행을 민간조직인 조폐공사에 맡기고, 국가의 기본 역할인 통화정책을 민간조직인 한국은행에 맡기며, 국가의 기본 역할인 금융 감독을 민간조직인 금융감독원에 맡긴다. 조폐공사 직원, 한국은행 직원, 금융감독원 직원 모두 공무원시험을 치르지 않은 사람들이다. 그러나 정부예산으로 고액의 임금이 지급된다. 민간인 신분을 갖고 고액의 임금을 누리며, 국가의 기본 임무를 수행하는 사람들은 은폐된 공무원이라고 할 수 있는데, 한국의 공무원 조직은 그 폐쇄성 때문에 은폐된 공무원을 양산한다. 은폐된 공무원들은 공무원의 폐쇄적 내부노동시장의 외부자들이다.

동시에 고시합격자를 공무원으로 임용하는 한국의 제도는 방대한 규모의 저임금 비정규직 근로자를 양산하는 데 일조를 하고 있다. 기간제 교사, 사무보조원, 공무원 근무 빌딩 청소, 보안, 주차 관리자 등은 정부예산에 의해 급여가 지급되고 있으나, 계약직으로 고용된다. 간병인, 간호원, 복지사, 유아원 교사 등은 정부예산에 의해 급여가 지급되고 있으나, 다양한 민간 하청업체에 의해 고용되고 있다. 낮은 임금과 고용불완정성이라는 차별을 겪는 이들 비정규직 근로자들은 정부부문의 폐쇄적 내부노동시장의 또 다른 외부자들이다.

(3) 대통령, 장관과의 관계

외부자 배제의 강도는 여기에 그치지 않는다. 대통령이나 장관이 내부자를 외부자로 대체하려는 조치를 강구한다면, 외부자를 집단적으로 따돌림시키거나 내부자들이 집단적으로 태업하는 현상이 일어난다. 개방형 공무원 임용제도를 도입해도 외부자가 공무원 내부노동시장에 정착을 저지하는 임기제한 규정을 만들고 채용된 외부자를 집단 따돌림시켜 무력화시킨다. 내부자를 외부자로 대체하는 데 불만족을 느끼거나 노동생산성을 높이는 데 반발하는 공무원들은 외부 대기업으로 이직할 수도 있다. 그러나 타 기업에 가서 지금과 같은 높은 임금과 지대는 꿈도 꿀 수 없다. 따라서 그들의 선택은 내부자간의 상호조정에 의한 집단적 태업(shirking)인 것이다.

부서의 CEO 역할도 공무원을 이끄는 지도자가 아니라 공무원의 이익에 충실히 봉사하는 데 있다. 공무원들은 내부자로서 본인들은 정규직, 장관을 임시직인 외부자로 간주한다. 공무원이 유능하다, 일 잘한다라고 장관이 공무원에 아부하여야 장관은 그의 자리를 지킬 수 있다. 장관은 새로운 제도를 만들어내되, 새로운 공무원 조직확대와 예산의 증대를 가져오면 유능한 장관으로 두고두고 칭송된다. 반면 공무원의 서비스를 강화하고 정책 투명성을 높이며, 새로운 변화와 관련 조직내부의 구조조정을 추진하려는 장관은 내부자간의 상호조정에 의한 집단적 태업(shirking)과 저항에 직면하게 되고, 이렇게 되면 공무원 조직관리도 못한다는 여론의 질타를 받아, 장관이 오히려 경질되는 경우도 많다.

공무원의 폐쇄적 내부노동시장은 부서의 CEO조차도 외부자로 간주하며, 조직이기주의에 굴복시켜 무력화한다.

(4) 부처간 비협력

공공서비스 공급의 독점은 한국에서는 부서별로 진행된다. 부서별 공무원의 공공서비스 독점은 부서별 할거주의를 낳고 심화시키며, 부서별 협력를 크게 저해한다. 상하조직간 시스템적 비협력도 일상화되어 있다.

세월호 사건이 보여주듯 서해해양지방경찰청, 해경본청, 소방본부, 중앙재난대책본부, 해양수산부 등의 부처별 비협조, 상하조직간 시스템적 비협력은 한국 행정의 특징에 속한다(권기헌, 2014: 137-145). 재난과 사고에서 천재(天災)냐 인재(人災)냐의 논란에서 대부분은 관재(官災)이다. 이는 전문성 부족의 부서별 할거주의, 상하조직간 비협력에 기인한다.

(5) 고위 공직자들의 기회주의

한국의 고위공직자들은 가치의 이중성을 기본적으로 갖는다. 고위 공직자들은 현직에 있을 때 공무원 조직의 구조조정, 공기업 민영화, 규제폐지, 금융자율화 등을 결코 주장하지 않는다. 그런 주장을 하면 공무원 조직내에서 왕따 당하고 그의 출세에 큰 장애물이 형성되기 때문이다. 사회적 민감 이슈인 소득 불평등, 산업재해에 대해 결코 글로벌 스탠다드에 부합하는 실태조사나 정책처방을 하지 않는다. 왜냐하면 민감 이슈에 대해 건드렸다간 질책만 받거나 건드리려는 의도가 불순하다고 의심받기 때문에 덮어 두는 방식을 택한다. 사회갈등을 일으키는 노동시장유연성, 특히 쉬운 해고를 위한 노동법개정 등을 결코 추진하지 않는다. 사회적 갈등유발로 그의 앞길이 막힐 수가 있기 때문이다. 그러나 고위공직자가 공직 퇴임 후, 그리고 산하기관에서도 퇴직 후가 되면 공기업 민영화를 해야 한다든지, 금융자율화를 해야 한다든지, 쉬운 해고 제도를 만들어야 한다든지 등의 입바른 소리를 하거나 언론에 기고문을 게재한다. 이는 심각한 가치의 이중성이다. 예컨대, 본인이 재경부 장관으로 재임 중에는 금융자율화를 전혀 추진 않고, 퇴임 후 금융기관 회장으로 최고의 대우를 누린 후에야 금융자율화의 주창자로 나서는 기회주의가 대부분의 고위 공직자들이 지니는 처세의 방식이다. 이들에게는 비전을 갖고, 설득하고, 책임지는 리더십은 기대할 수 없다.

3 공무원의 임금과 지대추구

(1) 공무원의 임금

민간대비 공무원의 급여 수준은 높다(조우현 · 임찬영, 2000). 민간 대비 공무원의 보수수준은 OECD 국가 중 상위권에 속한다.

그림 8-20 국가별 공공부문 남성 상근 근로자들의 '연령-임금' 프로파일

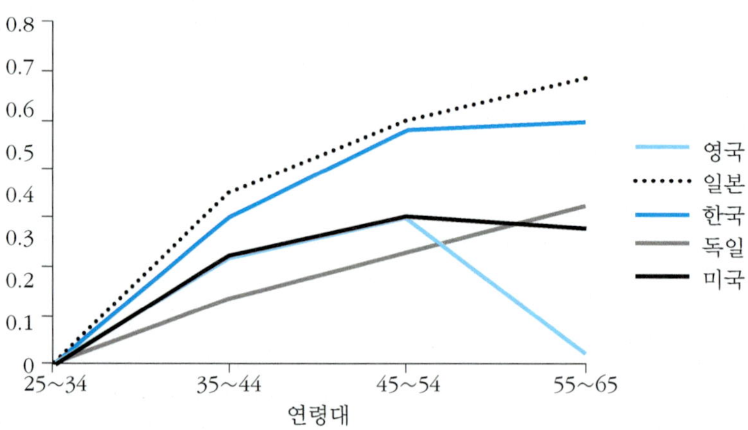

자료: [그림 8-17]과 동일.

정년후 지급되는 고액의 연금까지 감안한 생애소득 기준으로는 한국 공무원의 생애 임금은 OECD 국가 중 톱수준이다.

생애임금은 논외로 하고, 공무원의 임금만 고려하면, 공무원의 임금은 민간 평균보다 높지만 민간 대기업보다는 낮다. 선진국에서는 공무원임금 수준을 민간부문 전체 평균과 비교하여 이와의 균형을 유지하려 노력을 기울인다. 반면, 한국정부는 공무원의 임금을 민간부문 대기업과 비교하여 이보다 낮다는 이유로 적정처우를 위하여 계속 인상해 왔다.

공무원들의 임금체계는 강한 호봉제로 되어 있다. 중앙부서의 공무원이나, 지방동사무소의 공무원이나 호봉이 같으면 임금은 같다. 즉, 호봉제에 의해 공무원간 평등주의가 극심하다. 범죄 등의 중대 귀책사유만 없으면 호봉제에 의해 급여는 올라가고, 일정기간 후에는 상급직으로 승진이 이루어지진다.

이주호 · 박진 등(2015)의 연구인 [그림 8-20]은 한국의 호봉제에 의한 연공급의 견고함을 보여주고 있다.

(2) 공무원의 지대추구

(i) 낮은 역량, 낮은 생산성에 대비해 과도한 임금

공무원의 생산성은 공공서비스 생산에 투입되는 역량으로 평가되기도 하고 산출물인 규제의 질로도 평가될 수 있다.

공무원의 역량은 [그림 8-17], [그림 8-18], [그림 8-19]가 보여주듯 나이가 들수록 낮아진다. 반면 임금은 나이가 들수록 올라간다. 역량이 생산성을 결정할 때, 생산성은 떨어지는데 임금은 상승하기만 한다. 즉 임금과 생산성의 격차는 지대(rent)인데 공무원은 지대추구자가 되는 셈이다.

공무원은 규제를 '생산'한다. 규제의 질이 낮으면, 공무원의 노동생산성은 대단히 낮고, 규제의 질이 뛰어나면 공무원의 노동생산성은 대단히 높다고 할 수 있다. 규제가 정부가 특정 목적의 실현 위하여 국민의 권리를 제한하거나 의무를 부과하는 것을 의미하며 규제의 질이 낮으면 사회발전을 저해하는 결과를 낳기 때문에 공무원의 낮은 노동생산성은 광범위한 부(負)의 외부효과를 야기시킨다. 나쁜 규제는 각 개인과 기업의 기회비용을 증대시켜, 타국과의 비교에서 국가경쟁력을 떨어지게 작용한다.

한국 공무원의 생산성 수준은 어떨까? 해고가 거의 불가능하고 종신고용이 보장되어 있으니, 도덕적 해이, 직무태만 등으로 생산성이 낮을 것으로 추정할 수 있다. 그러나 공무원의 생산성을 측정하기는 대단히 어렵다. 그렇더라도 몇 가지 지표에

그림 8-21 무능하고 부패한 정부의 시대

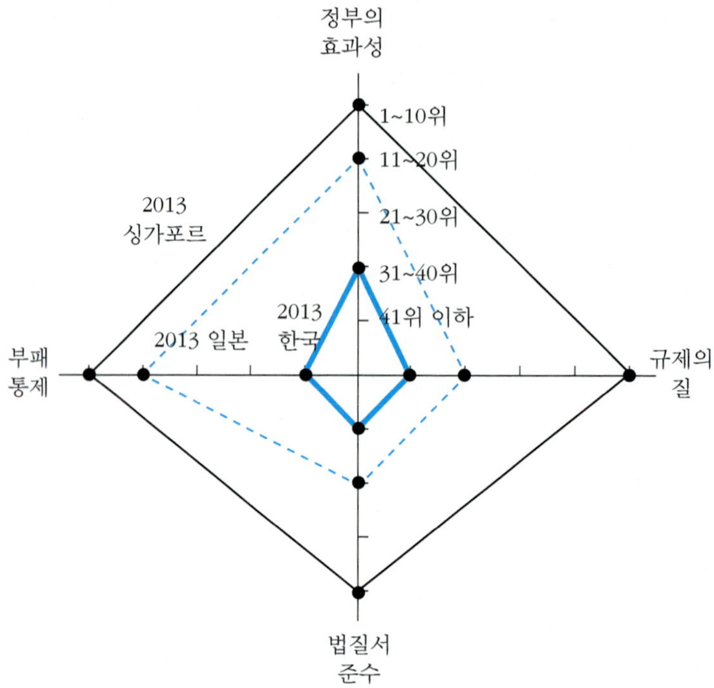

관한 상대평가는 가능하며, 이 상대평가에 의거하여 한국 공무원 생산성 수준을 가늠해 볼 수는 있다.

우리는 제6장 〈표 6-7〉에 나타난 세계은행(World Bank) 2013년 기준의 거버넌스 지표(governance indicator)에 의거, 정부 효과성, 규제의 질, 법질서 준수, 부패 통제라는 네 가지 지표에서 1위~10위, 11~20위, 21~30위, 31~40위, 41위~최하위 순위라는 다섯 구분으로 묶어 한국 정부의 통치지표를 입체적으로 다면적으로 묘사한 것이 [그림 8-21]이다.

한국 정부의 낮은 생산성은 아시아 주요국인 싱가포르, 일본과 그림으로 비교하면 더 분명하게 드러난다. 한국 정부는 무능하고 부패해 있다는 것이 뚜렷하게 나타나며, 무능하고 부패한 정부가 시장저해적 규제를 만들어 내고 있다고 할 수 있다.

행정부뿐만 아니라 사법부, 입법부를 포함한 한국의 제도의 질적 수준은 G6 국가는 물론 OECD 회원 34개 국가와 비교해서도 형편없이 낮다(황인학, 2015: 27). 따라서 한국의 공무원 내부노동시장은 극도로 비효율적이다.

공무원들이 입직 후 10년 이상이 지나면, 예컨대 40세 이후에는 VMP_L이 하락하는데도 임금이 직선형으로 상승하게 되면 $W-VMP_L$ 만큼은 지대가 된다. 공무원이 되기 위해서는 공무원 고시시험밖에 필요한 것이 없다. 이러한 고시제도가 다른 유능한 인재에 대해 진입장벽이 되고 있으며, 종신고용은 무능한 공무원의 해고를 불가능하게 하는 제도로 작용한다. 이로 인하여 공무원들은 일단 채용되기만 하면 생애소득이 보장되고 있는데, 결과적으로 고시합격증 보유에 따른 지대소득(rent)의 추구자가 되는 셈이다

(ii) 정년 후에도 계속되는 지대추구와 공직 부패

공무원이 1급 또는 차관으로 퇴직하면, 공기업, 공공기관, 산하단체 등의 고위직으로 재취업한다. 이제는 정부출연기관의 원장도 퇴직 관료들이 맡는다. 고위직이란 CEO, 감사, 기관장, 협회장, 협회 사무총장, 주요 기업의 사외이사를 포함한다. 재경부 퇴직자는 금융 관련 기관 또는 산하 단체로, 국토부 퇴직자는 건설 관련 기관이나 산하 단체로, 교육부는 교육기관이나 관련 협회로, 해수부 퇴직자는 선박관련 기관이나 산하단체로 재취업한다. 공정거래위원회의 간부들은 퇴직후 로펌에 취업하여 로비스트로 활동한다. 소위 관료들의 지대추구행위이다.

이들은 업계의 이익을 위해 관련 정부 기관에 로비를 하거나 업계에 불리한 규제를 폐지시키거나, 업계에 유리한 규제의 신설을 위해 로비활동을 하며, 현직 관료와 지대유지를 위한 유착구조, 즉 부패구조를 형성한다.

뿐만 아니라 이러한 유착과 부패구조는 국가적 위기를 야기하기도 한다. 1997년 IMF 외환위기도 재경부, 금융감독 관련 부서의 고위직이 퇴직 후, 은행의 임원 등으로 재취업하여, 정부에 로비활동을 벌여 시중은행의 과다부채의 위험에 대한 감사결과를 덮고 종합금융회사(과거 단자회사)들의 무분별한 1년 단기 대외채무 도입과 태국, 인도네시아 등에의 부동산 투자 및 장기 대출이 가져올 위험을 지적한 감사를 유야무야로 덮은 결과라는 가설(신장섭 · 장하준, 2003; 이경호, 2006)이 있다.

4 공무원이 추구하는 목적과 선택행위

이와같이 공무원 내부노동시장은 폐쇄적이며, 비효율적 내부노동시장을 갖고 있으며, 시대의 변화에 부응하는 정책 생산과 집행을 위해서는 방대한 연구기관, 공기업과 공공조직을 만들어 산하에 두고 있을 뿐, 공무원들의 진정한 목적은 공무원의 독점적 지위 유지를 위해 단결하고, 본인의 출세와 입신영달을 최대한 추구하는 데 있다.

ⅰ) 관료는 정부조직의 비대화를 추구한다. 한국의 정부조직의 공무원 및 은폐된 정부조직의 근로자를 합산하면 한국 정부조직은 이미 너무 비대하다. 정부부문은 노동집약적인 서비스 분야이므로 조직의 비대화는 인건비 증대, 예산의 팽창, 세금의 증대와 직결되어 있다.

ⅱ) 관료는 규제를 통해 시장경제에서 특정 분야에의 진입장벽을 쌓아, 공급을 제한하는데 이러한 특권을 부여받은 기업은 엄청난 지대를 벌기 때문에, 지대를 획득하기 위해, 지대를 배당받기 위해, 지대독점을 유지시키기 위해 관료들에게 로비하며, 관료부패가 만성화된다. 관료는 동시에 내부노동시장에의 진입장벽을 쌓아, 오로지 고시합격증의 소유자에 대한 지대소득을 추구한다.

위의 ⅰ)과 ⅱ)는 **주인-대리인 문제**에 속한다. 즉 주인(국민)이 대리인(공무원)의 행동을 감시, 감독하기 어려운 상황에서 대리인들이 주인의 이익을 아랑곳하지 않고, 자신의 이익을 철저히 추구하는 경우이다.

ⅲ) 관료는 출세를 지향한다. 출세할수록, 즉 고위직에 오를수록 부정청탁을 받거나 로비의 대상이 되며, 공무원 퇴직 후 공공기관, 산하단체의 다른 고위직에서의 높은 지대와 연금을 기대할 수 있기 때문이다. 출세하는 방식은 극히 전근대적이다.

이영훈 교수는『한국형 시장경제체제』(2014)에서 현대 한국사회의 기본 특징을 나선(螺旋) 사회라고 하였는데 이는 한국의 정치제도와 사회제도가 어떤 방식으로 연결되어 있는가를 설명하는 데 유용하며, 동시에 공무원의 출세방식을 이해하는 데도 유용하다. 백과사전에서는 '나선은 3차원 공간의 곡선과 같이, 매끄러운 곡선의 일종이다. 이는 물체의 겉모양이 빙빙 비틀린 형태를 지닌다. 나선의 영어 낱말은 helix(헬릭스)'이다.

나선의 모습을 나타낸 것이 [그림 8-22]이다. 하나의 정점을 향해 넓은 아래에서 좁은 위로 말려 올라가는 원통모양의 곡선이 나선이다. 원통모양의 나선의 밑바닥은 고립되고 원자화되어 있는 개인이며, 나선의 다른 층위에 놓인 인간들을 연결하는 선과 그것을 둘러싸고 있는 점선은 혈연, 학연, 지연 등의 집단연고를 나타낸다. 고립되고 원자화되어 있는 개인이 혈연, 학연, 지연, 혼인관계 등의 집단연고를 매개로 하여 상층으로 이동한다.

혈연, 지연, 학연 등의 집단연고에 속하는 사람은 내부자, 그 바깥의 사람은 외부자로 구분되는 사회, 내부자들 사이에는 끈끈한 신뢰관계, 정보의 공유, 이익의 배분

그림 8-22 나선형 사회

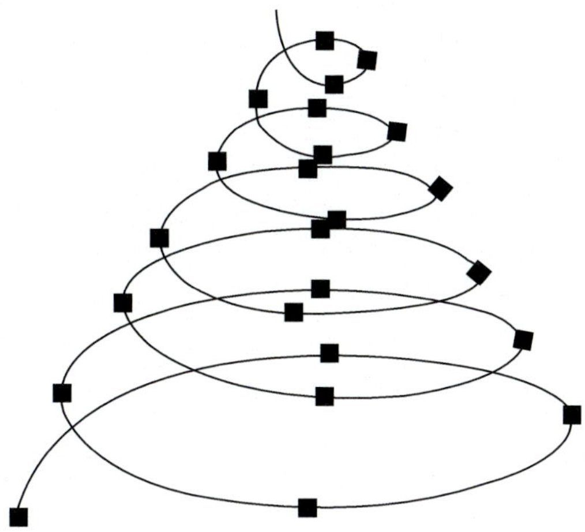

관계가 있고, 아랫사람은 윗사람의 눈치를 보고 아부하며 충성하고, 윗사람은 아랫사람을 발탁하거나 뒷자리를 제공하는 관계가 형성되어 있는 반면, 외부자는 차별받고 배제된다. 집단연고자들 중심으로 조직적 부패가 일어난다. 법과 질서는 남들이 지켜야 하고 정작 집단연고에 속한 사람들은 법질서를 지키지 않고 훼손하거나 유린한다. 가치의 이중성이 만연한다. 이처럼 공정을 잃은 사회에서는 개인의 능력 발휘와 성취는 불가능해진다. 이러한 사회에서는 능력이란 용어는 집단연고를 형성하거나, 가입하거나, 관련을 맺고 유지하는 자질로 변질된다.

한국의 공무원 사회가 나선사회의 프로토타입(proto-type), 즉 전형적인 모습을 보여준다. 공무원은 입직이 이루어지면, 사익를 철저히 추구한다(이정전, 2015: 280). 위에서 우리가 제시한 한국 공무원 조직의 특징에 제시된 용어를 이용한다면 관료의 제1의 목표는 출세이다. 특히 학연, 지연을 이용하여 네트워크, 즉 집단연고를 형성해 나간다. 네트워크의 범위는 공무원 내부, 선배 퇴직공무원, 정치인, 정부출연기관 박사들, 학계, 기업, 언론 등에 걸쳐 있다. 이 집단연고를 활용하여 상층으로 이동, 즉 출세의 길로 나아가는 것이다. 고위관료들이 되면, 은밀히 재벌 또는 대기업에 자녀들의 취업을 청탁한다. 재벌 또는 대기업 오너(owner)와의 자녀와 혼인관계를 추진하고, 혼척(婚戚) 관계가 맺어진다.

정부주도형 경제개발에서는 반드시 관료의 지배가 확립된다. 유교 봉건국가가 붕괴한 후도 여전이 살아 남고 정부주도형 경제발전에서 더 강력해진 존재가 관료들이다. 관료들이 산업정책을 통해 경제를 지배하는 현상을 Robert Wade(1990)는 **경제적 관료제**(Economic Bureaucracy)라고 하였다. 그는 동아시아의 연구에서 관료는 시장을 지배한다는 결과를 제시하였다.

이진순(2003)은 한국경제에 성립된 것은 관치경제이며 이는 1938년 일본의 만주사변, 중국과의 전쟁과정에서 성립한 일본 경제모델을 답습한 것이라고 지적하며, 관치 청산이 가장 시급한 국가 과제임을 제시하였다. 유정호(2004) 또한 경제와 사회를 모두 지배하는 '관치의 청산'이 이 시대의 과제임을 제시하였다. 그는 성장과 복지에서 모두 관치에 의해 저성장과 불평등이 심화된다고 하였다. 이영훈은 관치경제를 국가주의 시장경제라고 이름 부쳤다.

지난 20여년간 관치와 국가개입은 더 강화되고 심화된 것처럼 보인다.

5 정부부문 내부노동시장의 개혁

정부는 120만명에 이르는 공무원을 고용하며, 그들의 서비스의 대가로 임금을 지급하지만, 정부의 주인은 국민이다. 국민의 투표에 의해 대통령과 국회의원이 선출되고, 이들이 국민의 대리인으로서 관료를 고용한다. 국민이 정치인을 1인 1표에 의해 선출하는 것이 민주주의인데 선출된 정치인이 관료를 통제하여 국민을 봉사하게 하여야 하건만, 오히려 관료들이 정치인들을 좌지우지하는 것이 오늘의 현실이다.

(1) 공무원 내부노동시장의 개방

현재 한국 내부노동시장의 일자리 서열구조도 일본 식민통치 유산이자 해방 후 군대식의 획일적 제도를 그대로 온존하고 있다. 즉 근로자를 하위직에서 채용하여, 내부에서 승진시켜 상위직으로 이르는 획일적이며, 폐쇄적인 서열구조를 갖고 있다. 한국의 내부노동시장 개혁의 주요 과제는 획일적 서열구조를 바꾸어 다양한 개방적인 직무급제를 확립하는 것이다.

한국의 경우도, 공무원의 정의를 '정부예산 편성에 의거, 급여를 지급받는 자'로 한다면, 상당한 규모의 정부 외곽의 민간조직 근로자, 즉 은폐된 공무원들이 다양한 직무급의 공무원으로 신분 전환되어 엄청난 세금의 낭비를 절약할 수 있게 된다. 현재 공무원 조직에 다양한 직무급제를 어떻게 도입할 수 있을까? 예를 들어, 정부직제에 중앙은행 직무, 금융감독 직무, 금융경제분석 직무, 해외금융경제분석 직무, 연금직무 등 다양한 직무군을 설정하면, 현재 공공기관으로 분류된 한국은행, 금융감독원, 조폐공사, 정부출연기관, 연금관리공단 등에서 근무하는 민간근로자들을 정부의 공무원으로 편입시킬 수 있게 된다.

만약, 관련 전문기관의 금융전문가, 예컨대 금융연구원의 전문가, 한국은행, 금감원 등의 금융전문가 등이 공무원이 되고, 이들이 재경부의 관료들과 같이 일하도록 재배치되며, 외부에서 들어온 유능한 사람이 상위직으로 승진하고, 장기 근속할 수 있도록 하여야 한다.

정부가 9급−7급−5급−4급−3급−2급−1급의 획일적이고 폐쇄적인 현재의 일자리 서열구조를 유지하고 지켜내려는 한, 전문가적 정부는 기대할 수 없다.

추가로, 정부의 9급−7급−5급−4급−3급−2급−1급 이외에 간병인직, 유아교육직, 빌딩관리직, 경비직 등의 직군을 만들면, 계약직으로 일하거나, 하청기업의 근로자로 일하는 수많은 정부부문 비정규직을 정규직화시킬 수가 있게 된다.

사회·문화·교육·복지 등 대국민 서비스직의 경우, 수요 증가에 따른 인원충원이 필요하다. 이를 위해 계약직 및 파트타임 공무원제와 같은 유연한 고용형태를 대폭 확대하여야 한다.

독일의 경우, 공무원이 공무원법 적용을 받는 일반직 공무원(Beamte)과 민간노동법의 적용을 받는 공공계약직 공무원(Angestellte)으로 이원화되어 있고 공공계약직 공무원의 비중은 전체 공무원의 49%이다. 한국의 경우, 위에서 제시한 방법대로 은폐된 공무원과 비정규직 공공부문 근로자를 다양한 직무의 정규직으로 흡수하려면 독일식의 2원화된 공무원 제도가 고려될 필요가 있다.

(2) 고시제의 폐지

공무원을 시험으로만 뽑는 제도로는 공무원으로서의 탁월한 인재선발에는 반드시 실패한다. 시험으로는 항상 일정 배수 이상 뽑아, 이들이 사회 각 분야에서 일한 경험, 추천 등을 고려하여 각 부처의 자율적 면접에 의거 공무원 인턴을 뽑은 후, 공무원 후보자가 일한 것을 1년간 관찰한 후, 엄정하고 객관적인 성과평가에 의거, 최종후보를 선정하는 방식으로 공무원 충원 방식을 바꿔야 한다.

고시제 폐지하면 모두 다 연고 채용, 불공정 채용이 만연할 것이라고 우려한다. 그러나 평가에 의한 쉬운 해고도 동시에 도입되면, 연고 채용은 억제될 수 있다. 각 부서의 책임경영제가 도압되고, 연고채용으로 부서의 성과가 낮은 경우 부서장도 쉽게 해고할 수 있어야 한다. 고시제는 공무원의 저능, 무능, 부패를 낳는 원천이므로 그 폐는 그 공을 훨씬 능가하고 있다고 할 것이다.

(3) 공무원 업적의 체계적 평가

정부부문에서 신참공무원을 면접으로 뽑고, 공무원의 업적으로 엄정하게 평가하여 우수자를 승진시키며, 능력부족자의 해고를 쉽게 할 수 있어야 한다.

여기서는 평가에 의한 선발, 승진, 해고의 예로서 중국의 엘리트양성시스템을 살펴보기로 한다. 그 이유는 사회주의 국가인 중국에서도 입법부, 사법부, 행정부, 공기업의 상위직을 맡는 엘리트의 직업수행 능력을 다면평가하여 우수자를 승진시키고 무능한 자를 도태시키는 체계적 시스템을 갖고 있는데 비해 자본주의 국가인 한국은 혈연, 지연, 학연의 주류 네트워크에 속해 있으면 승진되고 그 네트워크 바깥에 위치하면 도태되는 잘못된 제도를 갖고 있기 때문이다.

중국의 지도자 양성과정에서 가장 중요한 요소는 '공산당'이다. 모든 정부, 기관, 조직의 책임자에 공산당 당원을 앉힌다. 어느 대학의 한 학생이 공산당 당원이 되고 싶으면 먼저 학생회 조직에 가입해야 한다. 누군가의 추천을 받고 학생회 간부들의 동의를 얻어 학생회에 가입한 뒤, 그는 특정한 일을 맡아 모범적이고 열성적으로 활동해서 인정을 받아야 한다. 그런 다음 이 학생은 3~4학년이 되어 공산당 당원 모집 기간에 입당원서를 낸다. 중국 공산당은 한국의 정당처럼 아무나 입당원서를 낸다고 쉽게 받아주는 것은 아니다. 수직적 평가와 수평적 평가가 실시된다.

수직적 평가는 그가 소속된 조직(학과와 학생회 등)의 상급자들이 그에 대해 하는 평가이다. 수평적 평가는 그 학생의 친구들, 학과 동료들, 학생회 동료들, 기숙사의 같은 방 친구들이 그에 대해 하는 평가이다. 이런 평가에서 중요한 문제점이 드러나면 그는 공산당에 입당할 수가 없다. 공식 조직에서 아무리 잘해도, 사생활에 문제가 있다면 역시 공산당원이 될 수 없다.

이러한 다면평가를 통과했다고 해서 곧바로 당원이 되는 것이 아니고, 1~2년간의 예비당원 생활을 거쳐야 한다. 일종의 관찰기간이다. 이 기간에 결정적인 하자가 생기면, 입당은 물거품이 된다. 이 관찰기간을 무사히 넘기면, 비로소 당원증이 나온다. 당원이 되었다고는 하지만, 그것은 머나먼 '시험과정'의 출발선에 선 것이나 마찬가지이다.

학교 재학 당시 공산당원이 되는 사람도 있지만, 직장에 들어간 뒤에 당원이 되는 사람도 많다. 평당원이 되면 가장 먼저 보내지는 곳은, 행정조직의 경우 벽지의 말단부서, 기업의 경우 생산현장이다. 자신의 전공과목에 따라 현장에 배치되면, 거기서부터 철저하게 능력과 업적을 평가받게 된다.

1년에 약 200만명의 새로운 공산당원들이 중국 전역의 말단 조직으로 배치된다. 그들은 약 2~3년 동안 현장에서 일하면서 상급자나 동료들로부터 평가를 받게 되며, 거기서 일정 숫자가 걸러져서 다음 단계로 진입하는 것이다.

개인에 대한 평가는 비밀 파일인 개인 당안(檔安, 영어로는 archives)에 일일이 기록된다. 어떤 사람이 문제를 저지르면 상급자들이 가장 먼저 찾는 것이 이 당안이다. 거기에는 출생기록과 가족 · 친척관계, 학력, 경력, 과거의 행적, 전임직장에서의 평가, 상벌 등이 모두 기록되어 있다. 이 당안은 공산당 당원뿐만 아니라, 어떤 단위(單位)에 소속된 주요 인사에게도 모두 존재한다. 상급자가 자신에 대해 기록한 당안 내용을 본인은 볼 수 없다.

평가 과정에서 전문적인 지식, 업무처리 능력이나 대인관계 등이 부족한 사람은 좋은 평가를 받기 어렵고 도태된다. 다시 말해 현장 근무 평가에서 높은 점수를 받으려면 전문지식을 비롯한 다양한 능력을 갖추어야 하는 데, 그런 면에서 이공계 출신들이 유리하다고 할 수 있다. 과학기술부문에서 전문지식이 부족한 인문 · 사회계열 출신들은 주로 행정이나 관리계통에서 일하기 때문에 최고 책임자가 되기 어렵다. 현장(現場)과 지방(地方)공직 경력을 중시하는 중국에서는 이공계 출신들이 각 조직의 책임자로 승진하는 사례가 많다. 이처럼 중국에서는 현장경험을 풍부하게 쌓은 사람이 끝없는 평가와 검증을 거치면서, 승진하여, 장관과 최고지도자 직위에까지 오른다. 한국에서처럼 국회의원에 당선되었다고 해서, 혹은 대학교수로 있다가 어느 날 갑자기 국가조직의 책임자로 앉는 법은 없다. 공무원시험만 잘 보았다고 고급관료, 법관, 검사가 되는 경우는 중국에는 없다.

공직자 인사관리에서는 중국은 선진국에 속한다고 할 수 있다. 한국 사회에서는 정부, 기관, 대기업 등 조직에의 입사 후 부터라도 철저한 다면 평가를 행하고, 인비자료를 축적하여, 혹독한 평가와 검증의 결과 우수한 자를 승진시키고, 무능한 자를 도태시키는 업적 중시 사회로 나아가야 할 것이다. 이것이 선진 사회의 모습이다.

(4) 공무원의 쉬운 해고

공무원의 해고를 쉽게할 수 있도록 국가공무원법을 바꾸어야 한다.

어느 정도까지 쉽게 해야 할까? 인사혁신처는 2015년 10월 1일 무능(無能) 공무원 퇴출 방안을 발표했다. 2016년부터 중앙부처 1~3급 고위공무원단 1,500명 가운데 성과 평가에서 두 차례 최하위 등급을 받거나, 한 차례 최하위 등급을 받고 6개월 이상 무(無)보직 처분을 받은 사람을 대상으로 공무원 적격 판정을 실시해 부적격으로 결론난 사람은 직권 면직하겠다는 내용이다.

중앙 고위공무원단에 국한할 것이 아니라 모든 공무원, 공공기관 종사자에게도 예외없이 평가에 의한 저성과자 해고가 가능하도록 국가공무원법 등 관계법을 바꾸어야 할 것이다.

저성과자 해고보다 더 중요한 사항은 중복, 유사 공무원조직 통폐합과 관련된 정부부문 구조조정시에 집단해고도 쉽게 이루어지도록 법개정이 있어야 한다.

한국의 경우, 1차로 공무원의 정의를 '정부예산편성의 의거 급여를 지급받는 자'로 하여 공공부문을 투명하게 조직한 후, 2차로 중복, 유사 조직 통폐합이라는 구조조정을 단계적으로 시행하여야 한다. 노동시장이 유연한 미국, 영국, 뉴질랜드, 캐나다, 덴마크, 스위스 등의 국가에서는 예산감축, 정부구조조정과 관련된 공무원의 집단해고는 늘 일어나고 있다.

(5) 공무원에 대한 성과연동 급여

현재 한국의 연공급은 일본 식민통치의 유제로 남아 있다. 한국의 내부노동시장 개혁의 1차 과제는 개인의 생산성과 성과를 반영하는 임금체계를 확립하는 일이다. 공무원의 연공서열형 급여제는 공무원의 도덕적 해이를 낳기 때문에 성과연동의 급여로 전환하여야 한다. 각종 자격(qualification), 책임(responsibilities), 탁월성(excellence) 연동의 급여제를 도입하여야 한다. 공무원 급여를 연봉계약제로 하여, 상급직에서도 업무수행 능력이 낮다면 업무수행 능력이 우수한 하급직보다 급여가 낮아질 수 있어야 한다. 유능한 젊은 사람들이 빠른 승진을 통하여 우대받을 때, 조직이 창의성과 활력이 넘친다.

연공서열의 임금은 유능한 젊은이에 대한 합당한 대우를 불가능하게 한다는 의미에서는 불공정한 제도이다. 또한 연공서열의 임금제도는 개인주의 가치관 시대의 임금제도로는 극도로 불합리한 것이다.

60세 이후에는 임금피크형 급여제도를 도입하여 생산성 하락에 따른 급여의 하락을 도입하고, 고령화, 인구감소시대에 공무원 정년연장이 있어야 한다.

한국의 공무원에 대한 과보호 내부노동시장에서는 40대 이후에 공무원의 생산성은 하락하는데, 임금은 상승하기만 하며, 동시에 공무원의 해고가 대단히 어려울 때, 이는 공공부문 생산성 저하와 정부실패를 야기한다. 당연히 국민경제 전체가 피해를 준다. 정부는 해고를 쉽게 하도록 하는 국가공무원법의 변경 전에라도, 근로자 평가를 엄정하게 그리고 심도있게 행하여 개인의 생산성과 성과를 반영하는 임금체계를 확립하여야 한다.

1995년 전직 관료 강희복은 "우리의 경제 · 사회 발전의 경로로 보아 지금은 창조형 인간과 고급기술인력이 그 세력을 확장하는 시기이다. 등장하는 사회세력에 의해 사회균형이 변화하도록 철저히 조장해야 할 정부가 오히려 이를 저지하는 형국이 오늘"이라고 말하며, 행정혁신, 규제개혁을 주장했다. 20년이 지난 오늘 이정전(2015)은 지난 20년간 『왜 우리는 정부에게 배신당할까?』라고 되물으며, 정부실패를 통렬히 비판하고 있다. 전직 관료를 지낸 권기헌(2014) 또한 행정실패와 정책실패를 비판하고 있다.

아마도 이 시대의 가장 큰 국가적 아젠다(agenda)는 정부개혁에 있다고 할 것이다. 정부개혁의 출발점은 정부조직을 민간기업 조직과 동일하게 간주하여, 민간기업에서의 인사관리기법을 그대로 공무원에게 적용하는 데 있다.

제 9 장

노동시장 차별

제 1 절 | 차별의 정의
제 2 절 | 선호차별
제 3 절 | 통계적 차별
제 4 절 | 구조적 차별
제 5 절 | 여성 노동시장과 성 차별
제 6 절 | 차별의 사회적 비용

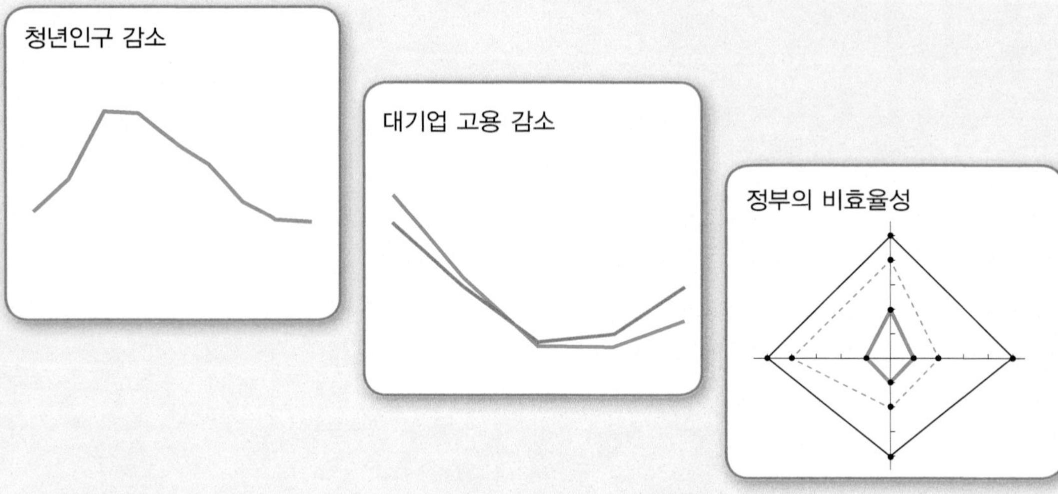

장을 시작하며

해방 이후 70년이라는 긴 세월이 지났고 글로벌화된 한국에서 지식경제의 진전이 빠르게 이루어지고 있지만, 우리 사회에는 과거로부터 단절하지 못한 나쁜 인습과 차별이 잔존한다. 그 대표적인 예로 네 가지를 들겠다. 첫째는 힘들고 고통스런 일을 하는 사람에 대한 천시와 차별, 이는 사농공상(士農工商)으로 귀천을 가름하는 유교질서의 유제이다. 둘째는 나이 기준으로 인간의 존재감을 평가하는 인습과 차별, 이는 장유유서(長幼有序)의 유교윤리의 유제이다. 셋째는 여성에 대한 차별, 이는 남존여비(男尊女卑)의 유제이며, 넷째는 내부자와 외부자간의 차별, 이는 중국을 숭배하고 그 이외 민족은 야만족으로 차별하던 사대주의(事大主義)적인 문화, 나와 나의 적자만을 중시하는 서얼 차별문화, 나의 혈육과 마을의 범위를 벗어난 사람을 남으로 차별하는 문화 등에 기인한다. 앞서 지적한 차별유형들은 모두 개인의 능력과 자질을 중시하는 개인주의의 미발달과 관련되어 있고 동시에 어느 집단에 속하느냐가 인생의 성패에 중요한 기준이 되는 집단주의 문화의 잔재와 관련되어 있다.

제1절 차별의 정의

'차별'(discrimination)은 정당한 대우를 받지 못한다는 것을 의미한다. 즉 차별은 불평등한 대우를 지칭한다. 이는 단순히 다르다는 것을 의미하는 '차이'(difference)와는 구별되는 개념이다.

1 차이와 차별

노동시장에서 외견상 나타나는 격차(differentials 또는 gaps)는 차이에 의해서 발생된 부분과 차별에 의해서 발생된 부분이 복합적으로 반영된 결과이다. 노동시장에서 차이와 차별을 야기하는 원인으로 다양한 요인들을 꼽을 수 있는데, 이를 개념적으로 정리하면 [그림 9-1]과 같다.

그림 9-1 노동시장에 있어서 차이와 차별의 구분

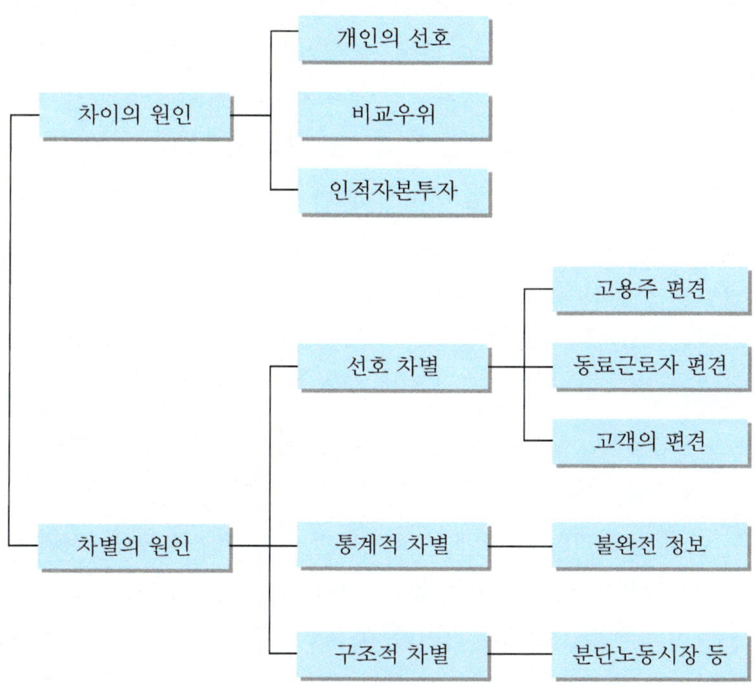

2 노동시장 이전 차별과 노동시장 차별

차별은 노동시장 진입 이전단계에서의 차별과 노동시장 차별로 나누어진다. 차별은 인습과 같이 지속되는 경향이 있고, 합리적 사고가 정착되어도 지속되는 경향성이 있다. 노동시장 이전 차별은 노동시장에 영향을 미치고, 오늘의 노동시장 차별이 다시 피드백(feedback) 작용을 하여 노동시장 진입 이전의 차별을 강화시키는 결과를 낳는다. 따라서 노동시장 이전 차별→현재의 노동시장 차별→장래의 노동시장 이전 차별이라는 상호작용하는 관계, 상호의존적 관계에서 차별을 분석해야 할 때가 많다.

(1) 노동시장 이전 차별

노동시장 차별과 차이를 살펴봄에 있어 노동시장에 진입하기 이전단계의 차별을 늘 염두에 두어야 한다.

예를 들어보자. 여성차별의 경우에는 노동시장 진입 이전단계에서 소년들은 매사에 적극적이고 자신있게 행동하도록, 그리고 자신의 주장을 당당히 펴도록 양육되며, 소녀들은 유순하고 복종적이며 불평불만이 없이 살도록 교육받는다. 여자는 좋은 신랑감을 구해 결혼하기 위하여, 여성자신을 치장하고 가꾸는 것이 자연스러운 일이라고 부모는 강조한다. 유순하고 복종적이며 자신의 외모를 치장하는 성품과 행동유형이 여성의 규범적 가치로 주어지며, 이러한 여성다움을 내면화하도록 양육된다. 그 결과 성인이 된 후에도 여성은 독립적이고 리더십을 갖기보다는 주어진 일을 하고 사람들 앞에 나서기를 주저하는 피동성을 갖기 쉽다. 그리고 경제적 필요에 의해 시장노동을 하는 경우에도 간단하고 쉬운 일, 단순반복적인 일을 선호하는 경향성을 가질 수 있다. 즉 양육방법에 있어서 남존여비의 성차별은 노동시장에서의 차이로 연결된다.

가사노동의 예를 살펴보자. 한국 남성의 가사노동시간은 선진국과 비교하면 터무니없이 적다. 남성은 시장노동 전담자, 여성은 가사노동 전담자라는 이분법적 역할분담은, 여성이 요리와 청소에 비교우위가 있어 가사노동을 전담하고, 남성은 시장노동에 비교우위가 있어 시장노동을 전담하는, 즉 비교우위에 따른 분업과 특화로 종종 설명되곤 한다. 그러나 이러한 비교우위 자체도 상당부분은 어릴 때부터 부모들이 부엌일은 여성의 일이라 가르치며, 소년들의 부엌접근을 못하게 하고, 요리를 가르치지 않고, 청소도 면제시킨 인습과 가정교육의 결과라고 할 수 있다. 즉 차이도 노동시장 이전 차별과 관련되어 있다.

(2) 노동시장 차별

노동시장 차별은 특정 그룹의 구성원에 대해 그의 능력에 따라 보장된 대우를 하지 않는 것을 말한다(Becker, 1957). 경제학적 의미에서 보면, 생산성과 관련되지 않은 개인의 특성에 가치를 매기는 행위를 차별로 정의할 수 있다. 구체적으로 우리는 육체적, 정신적으로 동일한 능력을 가지고 있으나 외견상 구별되는 특성(성, 인종, 고용형태 등)으로 인해 노동시장에서 다르게 처우하는 것을 노동시장 차별로 정의한다.

한편, 차별의 대상이 되는 비주류집단을 **경제적 소수자**(economic minority)라고 한다. 우리 노동시장에서 대표적인 경제적 소수자로는 여성, 비정규직, 장애인, 외국인근로자 등을 꼽을 수 있다. 이들 그룹에 속한다는 이유로 노동시장에서 생산성과 관계없이 낮은 임금을 제공하고 다르게 처우한다면 이는 명백히 차별로 간주될 수 있다.

우리는 노동시장에서의 선호차별, 통계적 차별, 구조적 차별을 다음 절에서 소상하게 분석적으로 설명할 예정이다. 여기서 개념만 소개하면 다음과 같다.

(i) 선호차별

선호차별은 비주류집단의 구성원과 교류하는 것을 싫어하는 주류집단 구성원들의 편견(prejudice)이 원인이 되어 차별이 발생하는 경우이다.

예컨대 사용자가 여성은 유약하다, 감성적이며 비논리적이다, 비과학적이다, 모호하다고 판단하고, 남성은 강인하다, 냉철하다, 논리적이다, 전투적이며 단호하다고 판단하는 가치관과 편견을 갖고 있어 채용시 남성을 선호한다면 그것이 바로 선호에 의한 차별의 예가 된다. 이때 사용자는 여성의 장점인 유연한 사고, 부드러운 논리전개방식을 외면하고 동시에 남성의 단점인 야비함, 완고함, 경직성 등의 단점은 도외시한다. 한국의 행정부, 국회, 사법부, 경찰의 고위직 그리고 공기업의 고위경영진의 구성을 보면, 우리 사회에 사용자의 편견에 의한 선호차별이 극심함을 알 수 있다.

(ii) 통계적 차별

통계적 차별의 개념은 우리가 이 책의 제5장 인적자본론에서 다룬 바 있다. 이에 대해서는 독자들은 이제 익숙한 개념일 것이다.

현실의 노동시장에서는 근로자 채용시 불완전정보가 존재한다. 즉 고용주는 근로자가 채용되어 실제 직무를 수행하기 전까지는 어떤 근로자가 유능한 근로자인지 정확히 알 수 없다. 고용주가 근로자의 생산성에 대해 불완전정보 상황에 직면했을 때, 고용주는 개별근로자에 대한 부족한 정보를 그룹 특성(성, 인종, 학력 등)을 이용해 보완할 수 있는데, 이 경우 상대적으로 열등한 그룹에 속한 근로자는 본인의 능력과는 무관하게 열등한 그룹에 속했다는 이유만으로 저평가되는 불이익을 당하게 된다. 바로 이러한 종류의 차별을 통계적 차별이라고 한다.

(iii) 구조적 차별

구조적 차별은 제6장에서 우리가 한국의 노동시장을 1차 노동시장과 2차 노동시장으로 구분한 것과 관련되어 있다.

1차 부문은 주로 남성 핵심연령층과 같은 주류그룹으로 구성되어 있으며, 이들은 자신들이 누리는 우월적 지위를 유지하기 위해 진입장벽을 쌓고 차별관행을 지속시키려는 유인을 갖는다. 예컨대, 1차 노동시장의 핵심인 대기업은 근로자에 대한 동기부여제도를 시행하고 장기계약관계를 맺는 경향이 있는데, 그 결과 자연스럽게 진입장벽이 만들어진다. 이러한 진입장벽에 의해 여성, 중고령자 등 비주류집단의 대기업 취업은 점점 더 어려워지고, 결국 비주류집단은 2차 노동시장으로 몰리게 된다. 새로 노동시장에 진출하는 여성근로자들의 상당수가 1차 부문에 편입되지 못하고 저임금 사무직, 서비스직, 의료 및 교육 분야 하위직 등 단순화, 탈숙련화(de-skilling)가 진행된 영역, 즉 2차 노동시장으로 몰리게 되는 현상은 일종의 구조적 차별로 볼 수 있다.

3 차이와 그 원인들

노동시장에서 차이를 가져오는 원인으로는 크게 세 가지를 꼽을 수 있다. 개인의 선호, 비교우위, 인적자본투자 등이 그것이다.

(1) 개인의 선호

집단 간에 선호에서 체계적인 차이가 있을 때 노동시장 성과에서도 체계적인 차이가 나타날 수 있다. 집단 간에 발생하는 선호 차이는 성별 차이를 이야기할 때, 특히 중요하다. 일반적으로 여성과 남성은 **시장노동**(market work)과 **비시장노동**(nonmarket work), 풀타임근로와 파트타임근로와 같은 특수한 형태의 일에 대한 선호 차이가 존재한다. 이러한 선호 차이에 의해 성별 직업구성에서 차이가 난다면 이는 차별이라기보다는 선호 차이에 의한 자연스런 결과일 수 있다.

만약, 여성이 선호하는 직업이 남성이 선호하는 직업에 비해 노동시장에서 가치를 덜 생산하거나 덜 희소하다면 그 결과 임금이 낮아질 것이다. 이 경우, 여성들이 상대적으로 낮은 임금이 제공되는 일자리에 더 많이 몰리게 됨으로써 남성과 여성 간에 임금격차가 나타날 수 있는데, 이러한 임금격차는 차별이 아니라 선호 차이에서 비롯된 결과라고 할 수 있다.

보상임금격차 이론을 환기해 보자. 만약, 노동시장에 3D 직종에 해당하는 생산직 일자리에서 일하기를 원하는 근로자가 희소해졌다면 이들 일자리에서는 더 높은 임금을 제시하여 근로자를 채용하려 할 것이다. 만약, 3D 직종에 대한 거부감(즉, 부(−)의 선호)이 평균적으로 남성보다는 여성에서 더 크다면 그러한 일자리들은 대부분 남자들에 의해서 충원될 것이다. 그 결과 남성의 임금은 평균적으로 여성의 임금보다 높아지게 된다.

이처럼 집단 간 선호차이가 존재한다면, 특별한 차별이 존재하지 않더라도 특정 그룹의 임금이 체계적으로 높아지는 하나의 원인이 될 수 있다.

(2) 비교우위

경쟁이론에서 집단 간에 발생하는 차이를 설명하는 두 번째 요인은 비교우위이다. 베커(G. Becker)와 민서(J. Mincer), 그리고 가족경제학 분야의 많은 연구자들은 가사노동–시장노동에 있어 성별 비교우위에 근거한 성역할의 재생산을 지적해 왔다.

성별 비교우위의 관점에서 보면, 남성과 여성 간 생물학적 차이로 인해 기계장비를 다루어야 하는 산업화 시대의 많은 일자리들이 남성에게 보다 유리하였다. 그러나 현대의 노동시장에서는 과거에 비해 육체적 힘의 중요성은 감소하는 반면 대인관계와 관련된 기능이 중요해져 여성이 비교우위를 갖는 직업영역이 점차 확대되고 있다.

다른 예로, 시각장애인은 시각을 대신해 발달한 다른 감각으로 인해 안마사, 전화교환원 등의 직업에서 비교우위를 가지며, 청각장애인은 높은 집중력을 바탕으로 각종 공예, 제과·제빵 분야에서 종종 비교우위를 가진다. 이러한 비교우위는 장애유형별 직업 분포의 차이에 반영되게 된다.

물론 이러한 비교우위는 어느 정도는 선호차이와 인적자본투자에 의해서 확대되는 측면이 있다. 더 좋아하는 일을 하면서(선호차이) 그 분야에서 비교우위를 누리게 되는 일이 많다. 또한 대부분의 인적자본투자 모형에서는 개인들이 노동시장에서 더 유용할 것이라고 판단되는 기능을 연마하기 위해 그와 관련한 투자를 한다고 설명한다. 만약, 출산과 양육으로 일정 기간 경제활동을 중단해야 하는 여성들에게는 법이나 회계, 엔지니어링 분야와 같이 경력단절로 인한 손실이 매우 큰 분야가 그다지 유리하지 않다고 판단할 것이다(Polachek, 1981). 본인의 의사이든, 부모의 의사이든 해당 분야 훈련을 더 적게 받으면서 결과적으로 해당 분야에서 비교열위가 나타날 수 있다. 즉 비교우위(혹은 비교열위)의 일정 부분은 본래적 특성이라기보다 사회적으로 강화된 특성일 수 있다.

실제 우리 사회에서는 국민 1인당 2만 달러 이상의 높은 소득수준, 2자녀 가구의 일반화로 여성의 고학력화가 크게 진전되어 남녀간 교육 격차가 별로 없게 되었다. 초혼연령의 지연, 출산율의 하락 등으로 남성과 여성간의 **성역할**(gender role)에 의한 차이도 줄어들었다. 노동시장에서도 산업구조의 소프트화로 생물학적 비교우위에 의한 노동시장 성과에서의 성별 차이가 거의 사라지면서 여성의 교육기회와 경력패턴들이 점점 더 남성들의 그것과 유사해지고 있다.

(3) 인적자본투자

인적자본투자의 차이는 생산성 차이를 낳고 생산성 차이는 기업 수익에서의 차이를 야기한다. 즉 교육·훈련과 같은 인적자본투자로 인해 증가된 수익은 노동시장에서 차별이 아닌 차이에 의해 발생하는 것으로 간주된다. 만약, 여성이 평균적으로 남성보다 교육훈련에 투자를 덜 했다면 노동시장에서 여성의 생산성은 평균적으로 남성보다 낮을 것이고, 그 결과 여성은 평균적으로 남성보다 낮은 임금을 받게 될 것이다. 이때의 남녀 간 임금격차는 인적자본투자 차이로 인한 생산성 차이에서 비롯된 것으로 해석된다.

그러나 현재 시점에서 나타나는 인적자본투자의 집단 간 차이는 종종 과거의 차별이 누적된 결과일 수 있다는 점에 유의할 필요가 있다. 예컨대 부모가 아들과 딸을 다르게 대하여 딸보다 아들에게 더 많은 교육투자를 하였다면 여성들이 현 시점에서 교육수준이 낮은 것은 과거 시점에서의 부모의 차별에 의한 결과인 것이다(노동시장 이전의 차별). 부모의 선호차이가 아니라 노동시장에 성 차별이 존재할 때도 비슷한 결과가 나타날 수 있다. 자신의 딸이 전통적인 남성 위주의 노동시장에서 차별에 직면할 것을 아는 부모들은 딸이 자신의 직업을 갖는 데 유리한 교육을 시키기보다는 좋은 남편을 만나는 데 더 적합하도록 교육을 시키게 될 것이다(과거 노동시장의 차별).

최근 연구들을 살펴보면, 비주류집단에 대한 과거 노동시장에서의 차별과 노동시장 이전의 차별은 미래세대의 인적자본투자에 부정적인 영향을 주었으며, 그 결과 직업 분포에서 항구적인 집단별 차이를 가져오게 했음을 지적하고 있다(Altonji & Blank, 1999).

이러한 지적은 인적자본투자뿐만 아니라 선호차이, 비교우위 등에서도 유사하게 적용될 수 있다. 즉, 비주류집단이 상대적으로 생산성에 열등한 특성을 갖는 것은 현재 시점에서는 '**차이**'이지만 그러한 차이는 종종 노동시장 진입 이전의 '**차별**'로부터 발생한다. 따라서 최종적으로 나타난 노동시장 성과를 '차이'에서 비롯된 부분과 '차별'에 기인한 부분으로 엄밀하게 분리해 내는 것은 이론적으로는 가능하지만 실증적으로는 쉽지 않은 일이다.

4 차이와 차별의 실증적 계측: 임금 결정에서의 예

이상에서 우리는 차별과 차이를 구분하였는데, 이를 포착하는 방법에 대해 임금 결정이라는 쉬운 예를 갖고 간단히 설명해 보기로 한다.

우리는 제5장에서 민서(Mincer)의 임금함수에 의해 교육투자수익률을 계산할 수 있다고 하였다. 즉, 여러분이 개인의 교육과 임금 등에 관한 자료를 모아 보자. 그리고 가로축에 학력, 즉 교육년수를 놓고 세로축에 임금액수의 자연대수 값을 놓되 ln(임금)을 Y로 표시하면, 교육년수 s와 Y간의 관계는 다음과 같은 민서 방정식으로 표현될 수 있다.

$$Y_i = \alpha + \beta s_i + \varepsilon_i \tag{9.1}$$

여기서, ε_i는 여러 조그마한 요인들의 집합을 나타낸다. 현실의 자료에서 식 (9.1)로 표시된 임금함수를 추정하여, 교육투자의 영향력을 계산하게 된다. 이로부터 교육의 개인간 차이에 따른 임금이 계산되는데, 이때 학력이 동일하면 임금은 같다고 가정된다.

이제 여성에 대한 차별이 있어 남성과 여성은 같은 학력에도 임금격차가 크다고 하자. 구체적으로 개인의 임금은 개인의 교육년수에 영향을 받을 뿐만 아니라 남성인지 여성인지 여부에 의해서도 영향을 받는다고 하자. 이때는 더미변수(dummy variable)를 이용하게 된다. 더미변수란 특정 범주에 속하면 1, 속하지 않으면 0값을 갖는 변수를 지칭한다. 성을 대표하는 더미변수 Z_i를 남자는 1, 여자는 0의 값을 갖도록 하여 위 식에 넣으면 다음과 같게 된다.

$$Y_i = \alpha + \beta s_i + \gamma Z_i + \varepsilon_i \tag{9.2}$$

개인의 임금이 교육년수와 성에 의존한다고 할 때, 개인의 임금(Y_i), 교육년수(s_i), 성 더미변수(Z_i)(남자는 1, 여자는 0으로 측정)에 관한 자료를 모아 최소자승법을 적용한 결과를 다음과 같이 표기하기로 하자.

$$\hat{Y}_i = \hat{\alpha} + \hat{\beta} s_i + \hat{\gamma} Z_i \tag{9.3}$$

위 식에 $Z_i=0$을 대입하면,

$$\text{여자: } \hat{Y}_i = \hat{\alpha} + \hat{\beta} s_i \tag{9.4}$$

위 식에 $Z_i=1$을 대입하면,

$$\text{남자: } \hat{Y}_i = \hat{\alpha} + \hat{\gamma} + \hat{\beta} s_i \tag{9.5}$$

따라서 식 (9.5)에서 $\hat{\gamma}$의 값은 남성과 여성간의 절편의 차이라는 의미를 갖는다. 그림을 이용하면 여자의 경우 [그림 9-2]의 *AB*직선이며, 남자의 경우는 *CD*직선으

그림 9-2 남성과 여성의 임금회귀식

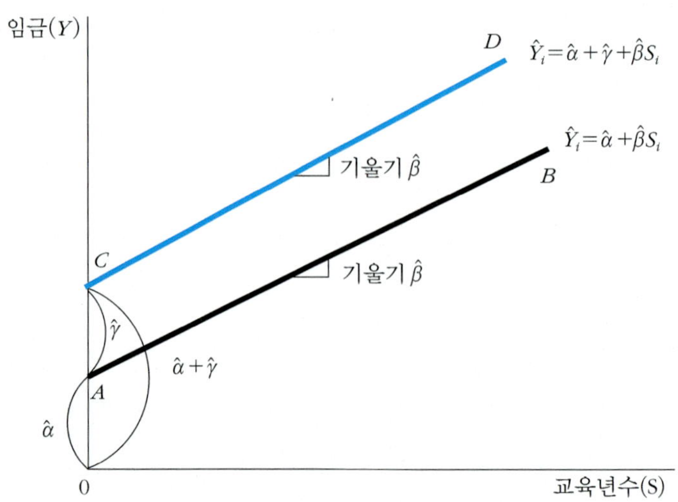

로 회귀관계식이 표시된다. 이때 성 더미변수 Z_i의 계수값 $\hat{\gamma}$는 남자와 여자간의 임금(또는 절편)의 체계적 차이라고 할 것이다.

임금차별인 경우, 우리는 위에서 제시된 간단한 임금방정식을 추정해 차별 유무 및 정도를 측정할 수 있다.

남성과 여성 간에 임금(절편)의 체계적 차이가 존재하는지 여부를 검증하자면, 식 (9.2)에서 $\gamma=0$인지를 검증하면 된다. 최소자승법에 의해 측정된 계수 $\hat{\gamma}_2$의 t값의 절대값이 통계적 유의성을 갖는다면, 즉 1.96보다 크면 $\gamma=0$는 기각된다. 즉, 차별이 존재한다.

만약, 교육 이외에 차이를 낳는 요인들, 예컨대 훈련, 경력, 근속 등을 통계적으로 측정할 수 있다면 임금에 영향을 주는 요인들에 이들 정보를 포함한 후, 관심변수인 Z를 포함시키면 된다. Z는 앞에서 설명한 바와 같이 차별 여부를 포착하기 위한 더미변수로, 개인이 남성이면 1, 그렇지 않으면 0의 값을 갖는다.

기업이 관찰할 수 있고, 생산성에 영향을 주는, 외생적이라고 가정할 수 있는 교육, 훈련, 경력, 근속 등은 개인간의 차이를 측정한다. 만약, 추정계수 γ가 유의하게 0보다 크다면 이는 남성 집단(또는 주류 집단)의 임금이 생산성과 무관하게 여성 집단(또는 비주류 집단)에 비해 체계적으로 높다는 것을 의미한다. 이때 비주류 집단인 여성은 임금 측면에서 차별받고 있다고 볼 수 있고, 또한 γ의 절대값이 클수록 더 심하게 차별을 받고 있다고 말할 수 있다.

차이에 따른 임금격차는 경쟁적 요인에 의한 임금격차라고 하며, 차별에 따른 임금격차는 비경쟁적 요인에 의한 임금격차라고 부른다.

이와 같은 방식으로 차이와 차별은 실증적으로 계측될 수 있다.

제 2 절 선호차별

1 베커의 선호차별(taste-based discrimination)

차별에 대한 경제이론을 처음으로 제시한 이는 **베커**(Gary Becker)이다. 그의 1957년 저서, 『**차별의 경제학**』(*The Economics of Discrimination*)은 차별이론에 관한 가장 기본적인 교과서이다. 그의 분석은 차별이 왜 발생하고, 누가 이익을 보며, 차별제거

정책은 어떠해야 하는지에 대해 많은 시사점을 제공한다.

베커가 상정했던 차별은 기본적으로 선호차별이다. **선호차별**은 비주류집단의 구성원과 교류하는 것을 싫어하는 주류집단 구성원들의 편견(prejudice)이 원인이 되어 차별이 발생하는 것을 말한다.[1] 개인들의 이 같은 편견은 공동체의 규범이나 사회·문화적 영향 때문에 발생할 수 있다. 이하에서는 편의상 차별하는 주류집단을 *A*, 차별받는 비주류집단을 *B*로 지칭하기로 한다.

구체적으로 *A*그룹의 고용주, 동료근로자, 고객 등이 *B*그룹 근로자에 대해 편견을 갖고 있다면, *B*형 근로자를 채용하거나, 함께 일하거나, 혹은 상품을 구매할 때 그들이 받게 되는 비효용을 보상해 주기 위해 차별이 발생한다. 이 경우 노동시장이 경쟁적이고 두 유형 근로자들 간에 생산성 차이가 전혀 없다면 *A*형 근로자와 *B*형 근로자 간에 비효용에 대한 보상프리미엄만큼의 임금격차가 나타나게 된다. 이하에서는 편견의 주체를 구분하여 설명해 보기로 한다.

2 고용주의 편견(employer prejudice)

고용주 차별은 고용주가 비주류집단 근로자에 대한 편견을 가지고 있어 채용을 꺼릴 때 발생한다. 여기서는 차별의 대상이 여성인 경우를 상정하여 고용주 차별이 발생하는 구조를 분석해 보자.

(1) 여성에 대한 편견이 있을 때의 기업이윤

고용주가 여성은 업무에 대한 책임성이 약해 남성보다 생산성이 낮다는 개인적 편견을 가지고 있다고 가정하자. 그리고 기업이 남녀 간의 임금을 다르게 지급할 수 있는 힘을 가지고 있어 노동의 한계수입생산물(MRP_L)이 임금과 같아지는 점에서 이윤극대화 고용량이 채택된다고 가정하자.

남성의 임금을 W^M으로 나타내면, 남성을 고용할 때 기업의 이윤극대화조건은 다음과 같다.

$$W^M = MRP_L \tag{9.6}$$

고용주는 편견으로 인해 여성의 생산성이 남성보다 *D*만큼 낮다고 간주하고(사실은 그렇지 않지만) 여성임금 W^F을 다음과 같이 책정할 것이다.

1) 편견이 아니라 실제 생산성에 차이가 있는 것에 대한 반응이라면 '차별'이 아니라 '차이'가 될 것이다.

$$W^F = MRP_L - D \tag{9.7}$$

이는 동일한 생산성을 가진 여성의 임금이 남성의 임금에 비해 부정적 편견의 정도만큼 낮게 책정됨을 의미한다.

$$W^F = W^M - D \tag{9.8}$$

식 (9.8)의 의미는 여성이 고용주의 입장에서 바람직하지 않은 특성을 가지고 있을 때, 여성이 고용주에게 D만큼의 보상을 해 주는 경우, 즉 여성이 D만큼 적은 임금을 감수하는 경우에 여성을 채용할 수 있다는 것이다. 우리는 헤도닉임금 모형에서 일자리에 개인이 싫어하는 특성이 있을 때 이에 대해 보상을 해 주어야 한다는 것을 살펴본 바 있는데, 그와 같은 맥락으로 이해하면 된다.

이를 [그림 9-3]으로 설명해 보자.

여성 근로자에 대해 어떤 편견도 갖지 않는 기업 갑과 여성에 대한 편견 때문에 D만큼의 보상을 지불해야 한다고 생각하는 기업 을이 있다고 하자. 그리고 시장에서 여성의 임금은 W^F라고 하자. 이것이 논의의 출발점이다.

만약, 기업이 여성에 대한 편견이 없다고 가정하면 기업의 이윤극대화 고용량은 N_0이다. 그러나 여성을 차별하는 기업 을의 경우는 W^F에 D만큼의 보상을 요구하는데, 따라서 $MRP = W^F + D$가 성립하는 N_1만큼을 고용하려 할 것이다. 고용주 차별이

그림 9-3 차별하는 기업의 고용량

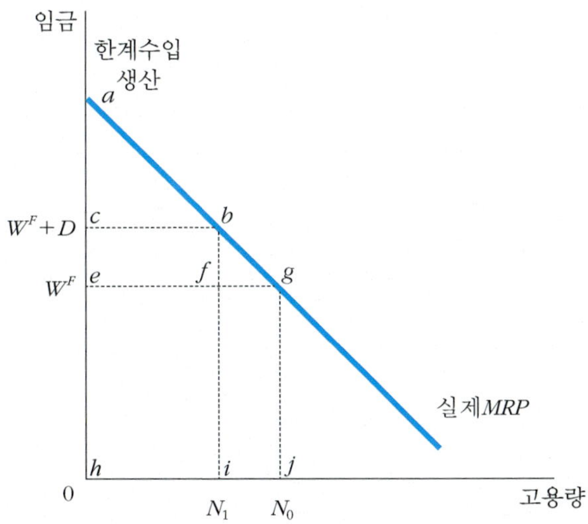

있는 경우 이처럼 여성근로자의 고용량이 줄어든다.

기업의 이윤에서도 손해가 발생한다. 기업이 N_1를 고용하여, 여성이 실제로 생산에 기여하는 바인 *bi*에서 여성 근로자에게는 W^F, 즉 *fi*만큼만 지급하고 자신의 편견에 대한 보상으로 D'만큼, 즉 *bf*만큼을 고용주가 가지고 갈 때, 기업이윤은 면적 *abc*와 면적 *cbfe*의 합이 되고, 여성 근로자의 임금총액은 면적 *efih*가 된다.

만약, 이 기업이 고용주 편견이 없어 추가적인 보상 *D*를 요구하지 않았다면, 고용은 N_0이 되고 기업이윤은 면적 *age*, 근로자의 총임금은 면적 *egjh*가 되었을 것이다. 이 기업의 경우 차별함으로써 기업이윤에서 면적 *bfg*만큼의 손실이 발생하였다.

(2) 여성근로자에 대한 시장수요곡선

논의를 단순화하기 위해 시장에 두 기업만 있고, 편의상 이윤을 많이 벌어들이는 기업 갑이 먼저 시장에 등장하고 이윤이 적은 기업 을은 그 다음에 등장한다고 가정하자.

W^F/W^M라는 상대임금을 [그림 9-4]의 세로축에 놓으면, 남녀를 차별 없이 고용하는 기업 갑의 상대임금은 $W^F/W^M=1$이 되고 이때의 고용량은 N_0이 된다. 그 다음에 *D*만큼의 보상을 요구하는 을이 등장한다고 하자. 기업 을의 상대임금 W^F/W^M은

그림 9-4 여성근로자에 대한 시장수요곡선

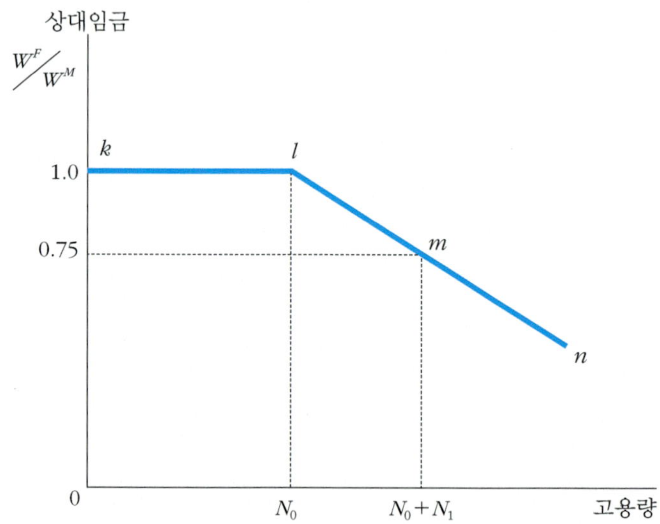

식 (9.8)을 이용하면 $(W^M-D)/W^M$, 즉 $(1-\frac{D}{W^M})$가 된다. 이때 $\frac{D}{W^M}$을 d로 표시하면 다음과 같게 된다.

$$\frac{W^F}{W^M}=\frac{W^M-D}{W^M}=1-d \tag{9.9}$$

이때 d는 여성임금이 남성임금보다 적은 정도를 나타내며 **차별계수**(coefficient of discrimination)로 정의된다. 차별계수 d는 0과 1 사이의 값을 가지는데, 차별이 없는 기업에서 0의 값을 갖고, 차별의 정도가 심할수록 큰 값을 갖게 된다. 여기서는 임의로 d를 0.25라고 가정하자. 이는 여성임금이 남성의 75% 수준임을 의미한다.

시장에 두 기업만 있을 때 여성노동수요는 N_0+N_1이 되는데, 여성의 상대임금과 고용량을 표시하면 [그림 9-4]의 점 l과 점 m으로 표시된다.

만약, 시장에 수많은 기업이 있고, 이윤을 가장 많이 버는 기업, 그 다음으로 이윤을 내는 기업의 순으로 시장에 참여한다고 할 때, 즉 d의 크기가 가장 낮은 기업이 가장 먼저 참여하고 d의 크기가 점점 커질수록 늦게 참여한다고 하면, 시장수요곡선은 $klmn$과 같은 모습을 지니게 될 것이다.

(3) 시장균형 차별계수의 결정

이제 시장의 수많은 여성 근로자를 고려하여 [그림 9-4]에 우상향하는 공급곡선을 추가해 보자. 이는 [그림 9-5]와 같이 묘사된다.

여성의 노동공급곡선이 S로 주어지면 남성과 여성의 상대임금은 수요곡선과 공급곡선이 만나는 점에서 결정된다. 이때 균형차별계수 d^*도 결정된다([그림 9-5]의 (i)).

이때 독자들은 두 가지의 실험을 해 볼 수 있다. 하나는 여성에 대한 편견이 없는 기업의 수가 늘어나는 경우이다. 이는 [그림 9-5] (i)에서 선분 kl이 증가하는 것으로 나타날 것이다. 다른 하나는, 여성에 대한 편견과 여성 고용에 대해 싫어하는 강도가 약화되는 경우이다. 이는 [그림 9-5] (i)에서 선분 ln의 기울기가 덜 가파라지는 것으로 표시할 수 있을 것이다.

[그림 9-5] (ii)는 이 두 가지가 함께 일어난 상황을 묘사하고 있다. [그림 9-5]의 (ii)에서 선분 su는 (i)의 kl보다 길고, 선분 uv는 (i)의 ln보다 완만한 기울기를 갖는 것으로 표시되어 있다. 이때 여성의 시장노동공급이 S로 여전히 동일하다면, 남녀간 임금격차는 크게 축소될 것이다(차별계수: $d_1^*<d^*$). 즉 차별은 시장에 편견이 없는

그림 9-5 여성노동시장 균형과 그 변화

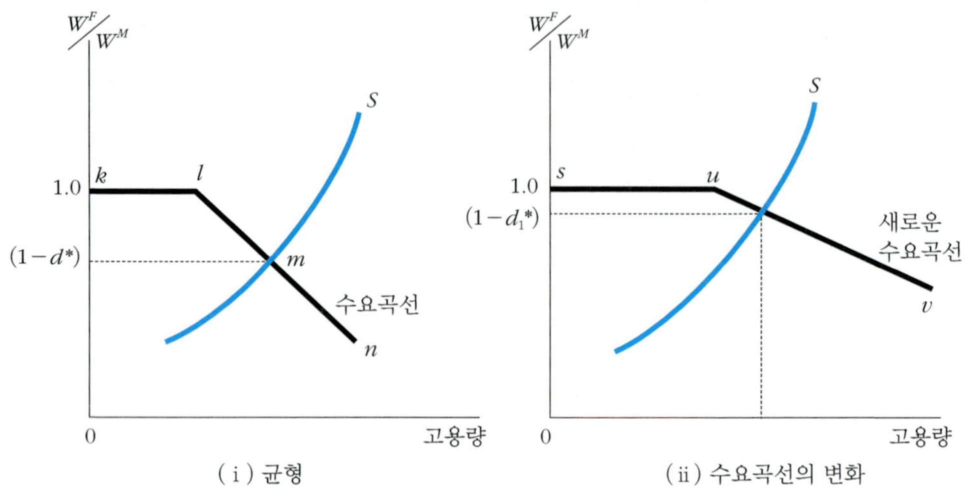

기업의 수가 증가해 경쟁이 작용할수록 축소되는 경향이 생기게 된다.

베커모형이 가지는 함의 중 흥미로운 점 두 가지를 추가로 논의해 보자.

첫째, [그림 9-5]의 (i)에서 정부가 남녀 간 차별이 심하기 때문에, 남녀동일임금(즉, $W^F/W^M=1$)이 되도록 강제하는 법을 제정한다면 어떻게 될까? 이때 여성에 대한 임금차별은 없어질지 모르지만 여성 근로자의 실업이 발생하게 될 것임을 예측할 수 있다. d가 0의 값을 갖지 않는 차별적 고용주들은 여성의 고용을 기피할 것이기 때문이다.

둘째, 시장이 경쟁적이라면 여성고용에 대해 개인적 편견을 갖는 고용주가 기업의 이윤손실을 단기간은 감내할 수 있어도 장기에 걸쳐 계속 감내하기는 힘들 것이다. 다만, 시장경쟁으로부터 상당히 보호되고 있는 공공부문 또는 독점기업의 경우는 원래 이윤극대화의 동기가 없거나 약하기 때문에, 고용주는 차별의 선호를 지속적으로 누릴 수 있게 된다. 따라서 베커모형은 공공부문 및 독점기업 일자리에서 동일임금정책이 확고하게 시행될 필요를 제기한다.

3 동료근로자의 편견(co-worker prejudice)

동료근로자의 편견도 노동시장 차별로 이어질 수 있다. 만약, 주류집단(예컨대 백인)의 구성원들이 비주류집단(예컨대 흑인)의 구성원들에 대해 편견을 갖고 있어 그들과 함께 일하기를 꺼린다고 가정해 보자. 여기서 주류집단을 A, 차별받는 비주류집단을 B로 표시하자.

이 경우 A형의 근로자는 B형의 근로자와 함께 일하는 것에 대한 비효용만큼 추가로 보상해 주어야 동일한 효용수준을 누릴 수 있다. 즉 A형 근로자가 같은 A형 근로자와 함께 일할 때 시장임금 W_A를 받는다고 하면, B형 근로자와 함께 일하면서 동일한 효용을 누리기 위해서는 시장임금 W_A에 B형 근로자와 함께 일함으로써 얻게 되는 비효용의 금전적 가치 D만큼을 추가로 더 받아야 동일한 효용을 누릴 수 있다는 것이다.

개인의 효용이 전적으로 임금에 의존한다고 가정하면, 이는 다음과 같은 관계식으로 표현할 수 있다.

$$U_A = W_A - D \cdot I_d \tag{9.10}$$

U_A는 A형 근로자의 효용을 나타내며, I_d는 사업장에 B형 근로자가 한 명이라도 있으면 1의 값을 갖는 지표이다. 즉 동료근로자가 모두 A형인 경우에는 I_d가 0이 되어 $U_A = W_A$의 관계가 성립하지만 동료근로자 중 B형 근로자가 한 명이라도 있다면 그는 같은 임금 하에서 $W_A - D$만큼의 효용만을 얻게 된다. 따라서 효용극대화를 추구하는 근로자는 고용주에게 $W_A + D$만큼의 임금을 요구하고 고용주가 이를 수락하지 않으면 이 기업의 고용제의를 거절하고 B형 근로자가 없는 기업에 취업할 것이다. 즉 고용주가 A형 근로자의 임금요구 수준을 충족시켜 주지 못하면, 노동시장에서 B형 근로자와 함께 일할 A형 근로자를 찾기는 어려울 것이다.

따라서 근로자의 차별적 선호가 존재할 때 설사 고용주 자신은 근로자 유형에 대해 아무런 편견을 갖지 않는다고 해도 A형 근로자를 우대하지 않으면 안 되고 그 결과 차별이 발생하게 된다. 이는 보상적 임금격차의 원리와 정확히 동일하다.

아울러 이러한 상황에서 고용주는 근로자에게 지급되는 임금을 줄이기 위해 여건이 허락되는 한 각 유형 근로자를 분리 채용하려는 경제적 유인을 갖게 될 것이다. 백인근로자가 일하는 사업장과 흑인근로자가 일하는 사업장이 다른 경우를 종종 볼 수 있는데, 바로 이 같은 이유에서 비롯된 것이라 할 수 있다.

4 고객의 편견(customer prejudice)

베커는 소비자의 편견이 노동시장 차별을 야기하는 경우에 대해서도 설명하고 있다. 예컨대, 고객들이 A형 근로자(판매자)에 의해 서비스가 제공되기를 원하고, B형 근로자(판매자)로부터 물건을 사거나 서비스를 받게 될 경우 그보다 적은 효용을 누리게 된다고 가정해 보자. 이 같은 고객의 편견이 존재할 때, 고객과 접촉하는 직종에 일하는 B형 근로자(판매자)는 제품 및 서비스 가격이 고객의 비효용을 보상해 줄 만큼 충분히 낮은 경우에만 물건을 팔거나 서비스를 제공할 수 있다.

만약, 시장에서 서비스의 가격이 P라고 하자. 그러면 편견을 가진 고객이 주관적으로 느끼는 서비스 가격 P_W는, A형 근로자로부터 서비스를 받을 때는 그대로 P이지만 B형 근로자로부터 서비스를 제공받는다면 그에 대한 비효용이 포함되어 $P+D$가 될 것이다. 이는 다음과 같은 관계식으로 묘사될 수 있다.

$$P_W = P + D \cdot I_d \qquad (9.11)$$

이처럼 B형 근로자가 판매하거나 제공하는 서비스가 상대적으로 비싸짐에 따라 B형 근로자가 이러한 일자리에 취업하거나 사업을 영위하려면 그만큼 낮은 임금(소득)을 감수하거나, 아니면 A형 근로자보다 더 높은 질의 서비스를 제공해야만 한다.

이러한 고객 편견에 의한 차별효과는 B형 근로자(판매자)들이 오직 편견이 없는 고객들에게만 판매할 수 있을 때까지 영향을 미치게 될 것이다. 극단적인 경우, B형 근로자들이 A형 소비자와의 접촉이 전혀 없는 직종 혹은 사업장에서 일할 때까지 차별의 힘이 작용하여 완벽한 시장분리 현상이 나타날 수도 있다.

5 경쟁시장에서의 차별기업

세 유형의 선호차별에 대해 살펴본 결과, 누가 편견의 주체이든 편견으로 인한 비효용의 금전적 크기 D만큼의 추가비용이 고려될 수밖에 없으며 그 비용의 부담은 비주류집단 근로자의 몫이 된다는 것을 알 수 있다. 이는 B유형이라는 근로자 특성에 대한 시장페널티 혹은 차별로 파악될 수 있다.

한편, 차별하는 기업의 경우에는 이윤을 극대화하는 최적선택이 이루어지지 못하고 자원배분에 왜곡이 발생하게 된다. 따라서 노동시장이 경쟁적일 때, 선호차별이 없는 기업에 비해 선호차별이 있는 기업은 이윤에서 손실을 보게 되어 점차 시장에서 경쟁력을 상실하게 될 것이다. 즉, 시장에서 경쟁의 존재는 중장기적으로 차별기업을 도태시키고 비차별 기업을 확장시킴으로써 차별에 의한 임금격차를 축소시키는 방향으로 작용할 것이다.

제3절 통계적 차별

지금까지 논의한 베커의 선호차별 이론은 고용주가 근로자를 차별함으로써 이윤에서 손해를 감수해야 하는 상황을 묘사하고 있다. 이 때문에 선호차별이론은 장기적으로 차별기업이 시장에서 도태될 수밖에 없다고 예측한다.

그러나 현실의 노동시장에서는 특정 그룹에 대한 차별이 소멸되지 않고 지속성을 가지는 것처럼 보인다. 이 같은 차별의 지속성은 베커의 선호차별이론을 대신할 새로운 차별이론을 요구하게 되었다.

통계적 차별(statistical discrimination)의 개념은 Phelps(1972)와 Arrow(1973)에 의해 처음 도입되어 현재 노동시장에서의 차별을 설명하는 가장 영향력 있는 이론으로 다루어지고 있다.

1 통계적 차별의 정의

통계적 차별이론은 베커의 선호차별이론이 전제하고 있는 두 가지 가정에 대해 의문을 제기한다.

첫째는 기업이 완전정보 상황에서 의사결정이 이루어진다는 가정인데(이는 완전경쟁시장의 조건이다), 실제로는 기업이 근로자 채용의 의사결정을 해야 하는 상황에서 정보 제약이 존재할 수밖에 없다는 것이다.

둘째는 기업이 근로자를 채용할 때 특정 그룹 근로자를 우대하거나 차별하는 것이 단지 선호나 편견 때문이 아니라 생산성과 연관되었을 수 있다는 것이다. 만약 그렇다면 그룹특성에 따른 고용주의 결정은 이윤극대화와 부합되는 합리적인 행위가 될 것이다.

이로부터 통계적 차별이 발생하는 상황을 유추해 볼 수 있다. 우선, 채용시장에 불완전정보가 존재한다고 가정하자. 고용주는 근로자가 채용되어 실제 직무를 수행하기 전까지는 어떤 근로자가 유능한 근로자인지 정확히 알 수 없다. 고용주가 근로자의 생산성에 대해 불완전정보 상황에 직면했을 때, 고용주는 개별근로자에 대한 부족한 정보를 그룹 특성(성, 인종, 학력 등)을 이용해 보완할 수 있는데, 이 경우 상대적으로 열등한 그룹에 속한 근로자는 본인의 능력과는 무관하게 열등한 그룹에 속했다는 이유만으로 저평가되는 불이익을 당하게 된다. 바로 이러한 종류의 차별을 통계적 차별이라고 한다.

만약, 기업이 근로자에게 별다른 투자를 하지 않아도 되고 기대에 미치지 못하는 근로자를 임의로 해고할 수 있다면, 기업이 채용결정을 하는 단계에서 정보의 중요성은 그다지 크지 않을 것이다. 그러나 전문직과 고숙련직의 경우처럼 기업이 상당한 훈련비와 채용비를 부담해야 하는 경우 또는 내부노동시장이 형성되어 있는 공공부문의 경우처럼 일단 근로자를 채용한 후 해고가 거의 불가능하다면 불완전정보로 인한 위험은 매우 클 수 있다.

이 경우에 고용주들은 그들이 채용하려는 사람들에 대해서 매우 신중을 기하려고 할 것이다. 특히 기업은 근로자가 훈련을 얼마나 잘 받을 것이고, 훈련을 마친 후에는 얼마만큼 생산적으로 될 것이며, 또한 그 기업에서 얼마나 오랫동안 종사하려고 할 것인가를 예측해 보려고 할 것이다. 이러한 예측에는 당연히 고용주가 갖고 있는 모든 정보가 동원될 것이다.

만약, 고용주가 성이나 인종이 생산성(혹은 이직성향)과 일정한 상관관계를 가진다는 것을 알고 있다면, 그는 이러한 그룹의 평균특성을 이용하여 개인의 성과를 예측하고 이를 토대로 의사결정을 할 것이다. 이러한 과정에서 다른 조건이 같다면 여성보다는 남성, 흑인보다는 백인이 채용의 기회를 얻게 된다. 보다 정확히는, 그룹특성에서의 차이를 상쇄할 만큼 다른 조건에서 더 우수하지 않으면 여성과 흑인 근로자는 결코 채용기회를 얻지 못할 것이다.

이처럼 통계적 차별은 제한된 정보 상황에서 기업의 합리적인 의사결정방식으로서 외견상 차별이 아닌 것처럼 보이지만, 소수자에 속하는 개별근로자의 입장에서 보면, 자신이 아무리 능력이 뛰어나도 특정 그룹(예컨대 여성 또는 흑인)에 속했다는 이유만으로 정당한 대우를 받지 못하고 불이익을 당하게 되므로 명백히 차별에 해당한다.

2 통계적 차별과 임금격차

개인의 능력을 그룹(성, 인종, 학력)의 특성으로 파악할 때, 통계적 차별이 일어날 수 있음을 앞에서 살펴보았다. 이제 앞서 논의된 내용을 보다 간명하게 살펴보자.

현실의 노동시장에서 근로자가 그룹의 일원으로 파악되기도 하고 개인으로 파악되기도 한다고 하자. 그리고 개인의 능력과 생산성은 개인의 입사시험 성적(T)으로 완전히 파악될 수 있다고 가정하자. 이러한 가정 하에서는 개인의 능력에 따른 임금이란 그의 입사시험 성적에 따른 임금이 될 것이다. 통계적 차별이 없을 때, 즉 근로자가 온전히 개인으로서 판단될 때, 그의 임금은 그의 입사시험 성적과 동일하다고 가정하자. 즉,

$$W=T \tag{9.12}$$

그러나 앞서 언급한 바와 같이, 고용주는 이 개인이 속한 그룹의 평균생산성, 즉 평균성적($\overline{T}$)도 고려하여 임금을 지불하고자 할 것이다. 이 경우 개인의 기대임금은 다음과 같이 일반화하여 나타낼 수 있다.

$$W=(1-\alpha)\overline{T}+\alpha T \tag{9.13}$$

여기서, α는 개인의 능력이 임금결정에 어느 정도 중요한지를 나타내는 일종의 가중치로서, $\alpha=1$이면 근로자의 임금은 순수하게 자신의 능력에 의해 결정되고, $\alpha=0$이면 근로자의 임금은 순수하게 자신이 속한 그룹의 평균생산성에 의존한다.

이제 통계적 차별이 임금에 어떠한 영향을 미치는가를 살펴볼 차례이다. 여기서는 성 차별이 발생하는 경우를 상정해 보자. 남성과 여성의 두 근로자가 있고, 남성의 과거 평균생산성($\overline{T}_m$)이 여성의 과거 평균생산성($\overline{T}_f$)보다 높다고 가정하자.

그림 9-6 근로자의 생산성과 임금: 통계적 차별이 있는 경우

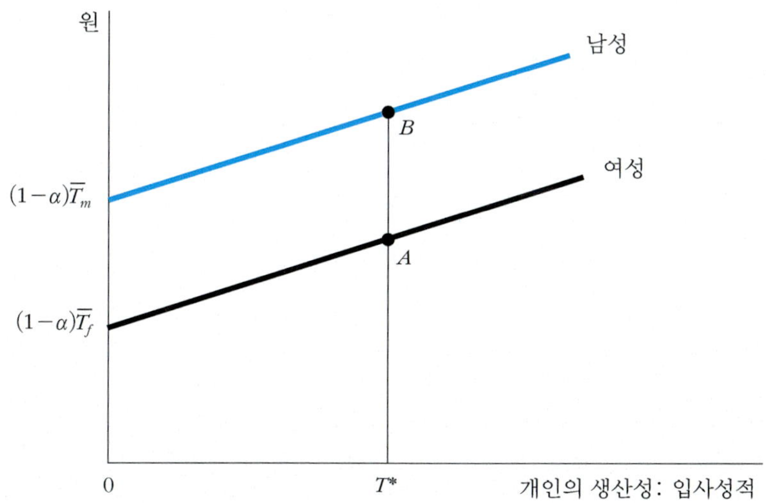

$$\overline{T_m} > \overline{T_f} \tag{9.14}$$

그리고 개인의 능력이 임금결정에 영향을 미치는 척도를 나타내는 α의 크기는 남녀 간에 같다고 하자. 그러면 남성의 임금곡선과 여성의 임금곡선을 [그림 9-6]에서와 같이 평행하게 그릴 수 있다.

따라서 남녀가 개인적 능력에서는 동일하다고 하더라도, 즉 둘 다 T^*의 성적을 냈더라도 남자의 임금은 B가 되고 여자의 임금은 A가 된다. 남성임금과 여성임금의 차이 AB는 $(1-\alpha)\overline{T_m}$과 $(1-\alpha)\overline{T_f}$간의 차이와 동일하다. 즉 그룹의 평균생산성 차이가 개인의 임금격차를 낳는다.

3 두 가지 유형의 통계적 차별

한편, 통계적 차별은, 임금차별을 주로 설명하고 있는 선호차별과는 달리, 일반적으로 채용이나 배치 문제에서의 차별에 보다 초점을 맞춘다. 임금차별은 초임에 한정되는 것이 보통이다. 이는 고용주가 근로자에 대한 정확한 정보를 갖지 못하는 상황을 염두에 두기 때문이다. 근로자가 채용되어 일정한 기간이 지나면 고용주는 그 근로자에 대해 보다 정확한 정보를 갖게 되기 때문에 통계적 차별의 가능성은 그만큼 줄어든다. 통계적 차별의 핵심이 불완전 정보 상황에 있다는 점을 다시 한 번 상기하자.

불완전한 정보 하에서 통계적 차별이 소수자 그룹의 고용에 부정적으로 작용할 가능성은 두 가지 측면에서 찾아볼 수 있다.

첫 번째는 **펠프스**(Edmund Phelps) 모형에서와 같이 노동시장에서 소수자그룹에 대한 정보가 양적으로 적어 정확성이 떨어지기 때문에 발생하는 경우이다. 설사 생산성의 기대치가 같다고 하더라도 위험기피적인 고용주는 정보의 분산이 큰 소수자그룹보다는 정보의 분산이 적은 주류그룹의 근로자를 선호하게 될 것이기 때문이다. 이러한 상황은 [그림 9-7]의 (i)에 묘사되어 있다. 그림에서 $E(P_m)$과 $E(P_f)$가 각각 남성과 여성의 생산성 기대치를 의미한다.

두 번째는 **애로우**(Kenneth Arrow)에 의해 제기된 문제로, 인적자본에 대한 투자결정이 내생적이기 때문에 과거 누적된 차별의 결과로 소수자그룹의 투자가 덜 이루어져 현재의 생산성 기대치에 차이가 날 수 있다는 것이다. 예컨대, 여성의 경우 동일한 학력을 가지고 있다고 하더라도 사회적인 스테레오타입에 의해 직업능력개발을 상대적으로 소홀히 하여 생산성 기대치가 남성보다 적을 수 있다. 이러한 상황은 [그림 9-6]의 (ii)에 묘사되어 있다. 이 경우 $E(P_m) > E(P_f)$이기 때문에 합리적인 고용주라면 여성보다는 남성의 채용을 결정할 것이다.

4 불평등효과(disparate impact)와 적극적 고용조치(affirmative action)

결국 통계적 차별은 기업이 관찰할 수 있는 개인의 특성들이 생산성을 완전히 예측하지 못할 때 발생하는 일종의 **선별문제**(screening problem)라고 할 수 있다. 만약, 통계적 차별이 올바르지 않은 정보에 의해 이루어진 것이라면 고용주가 개인에 대해 보다 정확한 정보를 얻게 되면서, 이른바 **고용주의 학습효과**(learning effect)에 의해 점차 통계적 차별이 해소될 수 있을 것이다.

그러나 고용주의 그룹특성에 대한 평가가 정확한 정보에 기초하고 있다면, 통계적 차별에 의한 선택은 이윤극대화를 충족시키는 합리적인 행위로서 시장에서 이를 완화시킬 어떠한 힘도 갖지 못한다. 즉 차별이 지속성을 갖는다는 것이다.

통계적 차별이 지속성을 가질 때, 그 사회에는 소수자그룹에 대한 부정적인 스테레오타입이 만들어지고 이것이 고착화되는 문제를 야기한다. 즉 과거 차별의 결과로 나타난 통계적 차이를 현재의 채용에 이용하게 되면서 소수자그룹에 속한 근로자는 노동시장에서 통계적 차별을 피할 수 없게 되며, 이를 우려해 자신의 인적자본 투자

그림 9-7 통계적 차별의 두 가지 유형

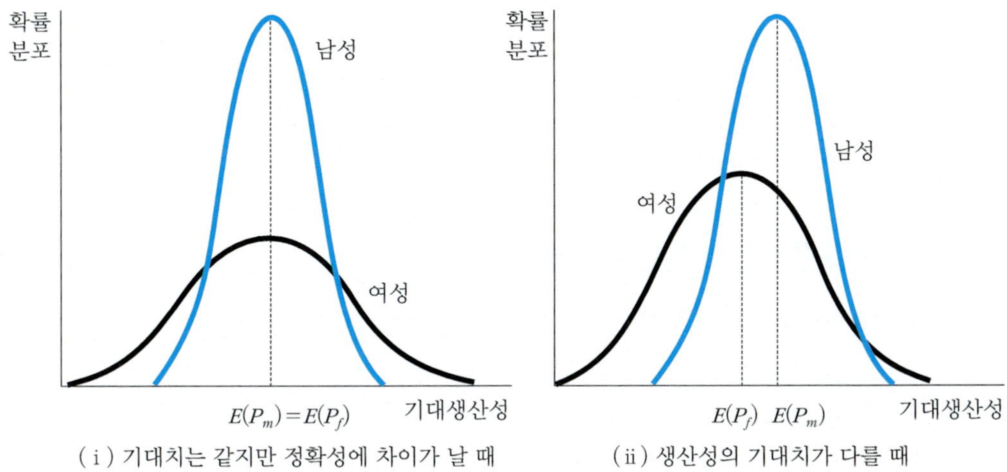

를 줄이게 되므로 기존의 스테레오타입을 지속시키고 과거의 차별을 고착화시키는 결과를 초래할 것이다. 이처럼 성이나 인종에 대한 사회적인 스테레오타입의 존재는 해당 그룹에 속한 개인들로 하여금 **자기확인**(self-conforming)의 메커니즘으로 작용함으로써 이른바 **차별균형**(discrimination equilibria)이 만들어지게 한다(Lundberg & Startz, 1983; Coate & Loury, 1993).

대부분의 국가에서 성이나 인종을 이용해 근로자 개인의 성과를 예측하고 이를 채용, 임금, 승진 등에 반영하는 것은 불법으로 취급된다. 이를 **불평등대우**(disparate treatment)를 의미하는 직접차별과 구분하여 **불평등효과**(disparate impact)라고 지칭한다. 그러나 현실에서 이를 포착하기는 쉽지 않다. 또한 이를 보완하기 위해 소수자를 위한 **적극적 고용조치**(affirmative action)가 도입되고 있지만 그 실질적 효과에 대해서는 여전히 논란이 많은 상황이다. 최근 연구들은 소수자 우대조치가 어느 정도 상황을 개선할 수 있지만 적정 수준을 벗어나는 경우에는 보호를 받는 소수자 구성원들의 숙련투자 유인을 감소시켜 오히려 상황을 악화시킬 수 있다는 주장이 제기되고 있다(Coate & Loury, 1993).

제4절 구조적 차별

노동시장이 분단되어 이중구조화 될 때, 예컨대 정규직-비정규직, 여성 직종-남성 직종의 분절이 구조화되어 노동의 자유로운 이동이 제한되면 두 부문 간 임금격차와 고용조건 격차가 지속되는 현상이 나타나게 된다. 이러한 상황에서 열등한 노동시장 부문에 속한 근로자에 대해 행해지는 차별이 **구조적 차별**이다. 여기서는 구조적 차별의 메커니즘과 그 파급효과를 살펴보기로 하자.

1 분단노동시장과 관련된 차별

시장경제에서 노동의 거래는 노동시장을 통해서만 이루어지고 자유로운 노동이동과 임금경쟁이 가능하다고 가정한다. 그러나 실제 노동시장에서 자유로운 노동이동과 임금경쟁이 보장되기 위해서는 매우 엄격한 가정이 요구된다. 우선 노동시장에 동일한 일자리가 수많이 있고 수많은 동질적 근로자가 있어서 서로 독립적으로 자유롭게 계약을 체결할 수 있어야 한다. 또한, 모든 거래자들이 수요와 공급, 임금 등에 대해 완전한 정보를 가지고 있어서 자신에게 이익이 되는 방향으로 계약을 체결할 수 있어야 한다. 그러나 현실의 노동시장은 이러한 조건을 충족시키고 있지 못하다. 일자리의 이질성, 근로자의 이질성, 그리고 불완전한 정보 상황이 존재하여 근로자의 자유로운 이동과 임금경쟁은 일정하게 제약을 받게 된다.

만약, 노동시장에 노동이동 및 임금경쟁의 단절이 일어나 질적으로 상이한 별개의 노동시장, 즉 **이중노동시장**(dual labor market)이 만들어진다면 비주류집단에 속한 구성원들은 상대적으로 열등한 노동시장에 진출할 수밖에 없고 임금에서도 상대적으로 불이익을 받게 되는 **구조적 차별**(structural discrimination)에 직면하게 된다.

제도학파와 케인즈학파는 노동시장이 1차 노동시장과 2차 노동시장, 독과점기업과 경쟁기업, 내부자와 외부자 등의 다양한 기준에 의해 양분되어 있음에 주목하였다(Osterman, 1984; Shapiro & Stiglitz, 1984; McDonald & Solow, 1985; Lindbeck & Snower, 1986). 1차 부문은 높은 임금, 좋은 근로조건과 고용안정성, 양질의 교육훈련, 승진가능성 그리고 노력에 대한 합당한 보상 등의 특성을 가지며, 2차 부문은 저임금, 열악한 근로조건, 해고 및 실직 위험, 현장훈련의 결여, 승진기회의 결여, 자의적인 보상체계 등의 특징을 갖는다.

1차 부문은 주로 남성 핵심 연령층과 같은 주류그룹으로 구성되어 있으며, 이들은 자신들이 누리는 우월적 지위를 유지하기 위해 진입장벽을 쌓고 차별관행을 지속시키려는 유인을 갖는다. 예컨대, 1차 노동시장의 핵심인 대기업은 근로자에 대한 동기부여제도를 시행하고 장기계약관계를 맺는 경향이 있어 자연스럽게 진입장벽이 만들어진다. 이러한 진입장벽에 의해 여성, 중고령자 등 비주류집단의 대기업 취업은 점점 더 어려워지고, 결국 비주류집단은 2차 노동시장으로 몰리게 된다. 새로 노동시장에 진출하는 여성근로자들의 상당수가 1차 부문에 편입되지 못하고 저임금 사무직, 서비스직, 의료 및 교육 분야 하위직 등 단순화, 탈숙련화(de-skilling)가 진행된 영역, 즉 2차 노동시장으로 몰리게 되는 현상도 일종의 구조적 차별로 볼 수 있다.

한국의 대기업에는 대부분 노동조합이 조직되어 있고 대기업 내부노동시장에 안착한 정규직 근로자들이 강력한 노동조합을 배경으로 생산성을 초과하는 임금 즉 독점적 지대를 누리고 있는데, 이들을 내부자(insiders)라고 부른다. 반면 비정규직 근로자와 외부노동시장에 있는 근로자들은 외부자(outsiders)이다. 외부자들은 내부자와 유사한 또는 동일한 노동을 함에도 불구하고 정규직 근로자의 절반 수준에 불과한 임금을 받고 있다.

독과점 대기업 또는 상품시장에서의 경제력 집중이 높은 지위를 누리는 대기업의 경우를 살펴보자. 이들 기업에는 예외없이 노조가 조직되어 있다. 또한 이들 기업에서는 연공급의 서열체계를 갖고 있어, 근로자의 고숙련 형성 없이도 나이가 들면 임금이 상승하는 비효율적·폐쇄적 내부노동시장을 갖고 있다. 기업은 상품시장의 독과점과 높은 경제력 집중에서 생기는 초과이윤의 일부를 근로자에게 배분하여 낮은 노동생산성에도 불구하고 높은 임금이 지급된다. 이러한 내부노동시장 구조에 노조가 강력한 교섭력을 발휘하면 어떻게 될까? 무엇보다도 기업이 누리는 독과점 이윤의 나눠먹기로 임금은 더 상승할 수 있고 그 결과 노동생산성을 초과하는 임금이라는 지대를 누리게 된다.

이러한 지대의 유지는 어떻게 해서 지속 가능할까?

첫째, 높은 준고정적 노동비용과 해고의 어려움이라는 경직적 노동법제에 편승하여, 불경기에는 기업의 외주화를 받아들이고, 호경기에는 비정규직 채용을 용인한다. 즉 외주화를 통한 비정규직 확산과 사내 비정규직 확산을 묵인한다.

둘째, 외주기업에의 비정규직과 사내 비정규직은 기업의 내부노동시장을 개방적으로 만들고, 다양한 직무급 도입으로 해소될 가능성이 있는데도 불구하고, 그렇게 되면 자신을 대체할 노동력이 다양한 직무에서 고용될 수 있게 되어 고임금 감액, 지대 감소, 고용 위협이 초래될 수 있다. 이 때문에 노동조합은 폐쇄적·비효율적 내부노동시장이라는 기존 질서를 지키기 위해 견고하게 단결한다. 이는 내부자의 외부자에 대한 집단적 괴롭힘(harassment)에 해당한다고 할 것이다.

셋째, 기업이 내부자를 외부자로 대체하려는 조치를 강구한다면, 내부자들이 집단적으로 태업하는 현상이 일어난다. 내부자를 외부자로 대체하는 데 불만족을 느끼거나 노동생산성을 높이는 데 반발하는 내부자들이 외부 기업으로 이직할 수도 있지 않을까? 그러나 그런 일은 거의 일어나지 않는다. 타 기업에 가면 지금과 같은 높은 임금과 지대는 꿈도 꿀 수 없다. 따라서 선택은 내부자간의 상호 조정에 의한 집단적 태업(shirking)이 될 가능성이 높다. 이렇게 되면 기업이 속으로 더 골병들기 때문에 기업들은 내부자를 외부자로 대체하려 하지 않는다.

이와 같이 비정규직 확산의 용인, 외부자에 대한 집단적 괴롭힘, 내부자를 외부자로 대체하는 경우의 집단적 태업이라는 전략을 통해서 독과점 대기업 또는 상품시장에서의 경제력 집중이 높은 대기업의 경우 근로자의 고임금과 높은 지대의 유지가 가능해진다.

1차 노동시장에서의 고임금과 높은 지대는 두 가지 현상을 발생시킨다. 1차 부문의 임금의 경직성 때문에 대기실업 형태의 비자발적 실업이 있게 되며 비정규직 고용이 확산된다. 동시에 외부자들은 2차 노동시장에 과도하게 내몰리게 되어 2차 노동시장에서 노동의 초과공급으로 임금과 근로조건은 더 열악하게 되는 과밀현상이 전개된다. 즉 노동시장 분단이 더 심화되는 것이다. 이는 명백히 내부자의 외부자 차별에 의한 사회적 부작용에 속한다.

2 과밀모형

여성의 임금이 남성의 임금보다 낮은 이유를 설명하는 가설 중 가장 대표적인 것이 버그만(B. Bergmann)의 **과밀가설**(crowding hypothesis)이다.

[그림 9-8]을 이용하여 버그만의 과밀모형을 설명해 보기로 한다.

'*F*직종'과 '*M*직종'이라는 두 직종을 고려하자. 남성 근로자와 여성 근로자는 서로 완전히 대체될 수 있다(그들은 잠재적으로 동일한 생산력을 가진다)고 가정한다. 수요곡선 D_f와 D_m, 그리고 공급곡선 S_0^f와 S_0^m는 차별이 존재하지 않는 가설적 상황을 나타낸다. 이때 남성과 여성이 동일한 생산성을 갖는다면 동일노동에 대한 동일임금이 성립된다. 즉, 두 시장에서의 임금률(W_0)은 *F*직종과 *M*직종에서 같아지도록 결정된다. 만약, 동일노동에 대해 동일임금이 성립하지 않으면 근로자들의 이동이 계속되

그림 9-8 과밀모형의 예시

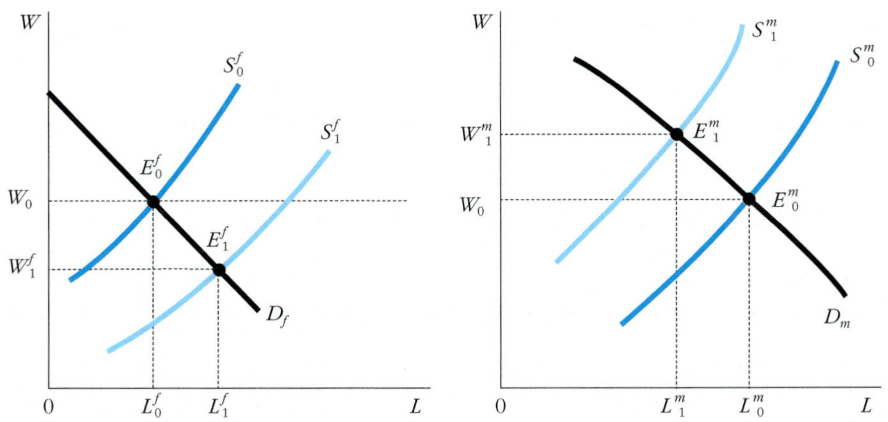

*F*직종 L_0^f=노동력의 25%
L_1^f=노동력의 40%

(i)

*M*직종 L_0^m=노동력의 75%
L_1^m=노동력의 60%

(ii)

어 결국에는 동일임금이 성립되게 될 것이다.

논의를 간명하게 하기 위해 [그림 9-8]에서 제시된 가설적 상황에서 균형점(E_0^f와 E_0^m)의 수요상황을 가정해 보자. 균형에서 L_0^f근로자(노동력의 25%)는 F직종에 취업한 사람이며, L_0^m 근로자(노동력의 75%)는 M직종에 취업한 사람을 나타낸다. 초기균형에서 F직종과 M직종은 성과 관련되어 있지 않으며, 여성과 남성은 무작위로 두 직종 영역으로 분리되어 있다고 가정된다.

이제 여러 이유로 여성들이 전형적인 여성 직종에 크게 몰리는 직종분리현상이 있을 때의 상황을 고려해 보자. M직종에서 여성에 대한 차별이 존재하여 여성의 진입이나 승진이 제한을 받는 경우, 혹은 M직종에서 장시간노동을 요구하여 여성이 도저히 감당할 수 없는 경우 등이 그러한 예가 될 것이다.

직종분리의 결과, 남성직종의 공급곡선은 S_0^m에서 S_1^m으로 좌측이동하게 된다. 그 결과 남성의 임금은 W_1^m으로 증가할 것이다. 이처럼 높은 임금에서는 L_1^m 근로자(노동력의 60%)만이 고용된다. M직종에서 배제된 여성들이 F직종으로 몰리게 되면서 이들 직종에서 과밀현상이 나타나게 된다. 이제 F직종에서 노동공급은 S_0^f에서 S_1^f로 우측이동하여 임금은 W_1^f으로 떨어진다. 그 결과 동일한 생산성을 가지고 있음에도 불구하고 F직종에 고용된 근로자들은 M직종에 고용된 근로자들보다 $W_1^m - W_1^f$ 만큼 낮은 임금을 받게 된다. 이 중 $W_1^m - W_0$의 격차는 통상의 보상임금격차이고, $W_0 - W_1^f$은 F직종의 과밀현상에 의한 추가적인 임금격차이다.

이처럼 여성이 고급직종에 취업하지 못하고 여성지배 직종으로 내몰리게 됨으로써 남녀 간에 동일한 생산성에도 불구하고 현저한 임금격차가 발생하게 된다고 설명하는 것이 **직종과밀가설**(occupational crowding hypothesis)이다. 이 가설은 노동시장에서 여성의 비율이 큰 직업일수록 직업의 평균임금이 낮고, 그 결과 여성이 불리한 경제적 지위를 갖게 된다고 설명한다.

과밀모형은 성차별에 의한 이중노동시장 외에, 노조부문과 비노조부문, 정규직과 비정규직 등의 이중노동시장에서의 임금격차를 설명하는 데도 매우 유용한 분석틀이다. 노조부문 혹은 정규직처럼 내부노동시장이 형성되어 교섭력을 가진 내부자 시장이 만들어지면 시장임금 이상의 임금수준을 유지하기 위해 교섭력을 발휘할 것이고 기업은 그 임금수준을 유지하기 위해 고용량을 시장균형에서보다 축소하게 된다. 그 결과는 비노조부문이나 비정규직과 같은 2차 노동시장으로 더 많은 노동력이 공급되도록 만들 것이다. 이러한 과정에서 2차 노동시장의 균형임금이 더 낮아지는 것은 앞서의 과밀모형에서 설명한 바와 같다.

독자 여러분은 다양한 이유로 노동이동이 제약되는 이중노동시장의 경우를 [그림 9-8]에 대입하여 수요-공급의 작동메커니즘과 임금에 미치는 파급효과를 상상해 보기 바란다.

제 5 절 여성 노동시장과 성 차별

여성은 노동시장에서 대표적인 소수자이다. 특히 우리나라는 성 역할(gender role)에 대한 유교적 전통과 남존여비(男尊女卑)의 전근대적인 차별적 관습이 오랫동안 지속되어 왔기 때문에 노동시장에서도 여성에 대한 차별의 뿌리가 깊다. 앞서 2절에서 언급한 거의 모든 유형의 차별 양상이 복합적으로 나타나고 있다고 해도 과언이 아니다. 이 절에서는 성 차별에 초점을 맞추어 차별의 현황과 특징을 살펴보고 이러한 상황을 개선하기 위한 차별완화 정책에 대해서 살펴보기로 한다.

1 남녀 간의 임금격차

(1) 성별 임금격차

우리나라 근로자의 시간당 평균임금은 2013년 기준으로 남성 16,617원, 여성 11,972원이다(고용형태별 근로실태조사, 5인 이상). 즉 우리나라 노동시장에서 여성은 평균적으로 남성의 약 72% 수준의 임금을 받고 있다. 이 비율은 1993년 58%, 2003년 68%를 거쳐 현재에 이른 것으로, 달리 말하면 우리나라에서 성별 임금격차는 점차 축소되어 왔지만 여전히 28% 정도의 격차가 존재한다고 말할 수 있다.

OECD가 집계한 바에 따르면, 한국의 성별 임금격차는 OECD 국가 중 가장 심각한 수준이다. 〈표 9-1〉은 OECD 국가들에서 여성의 중위임금 기준 상대임금을 보여주고 있다. 여성의 상대임금이란 남성 임금을 100으로 했을 때의 여성의 임금수준을 의미하는데, 2012년 기준으로 한국 여성의 상대임금은 63.7에 불과하여, 임금으로 본 여성의 경제적 지위는 OECD 국가 중 한국이 최하위를 기록하고 있다.

표 9-1 OECD 국가별 중위값 기준 여성의 상대임금

OECD 평균 이상인 국가			OECD 평균 이하인 국가		
뉴질랜드	93.8	(2012)	체코	84.6	(2012)
벨기에	93.6	(2012)	칠레	84.0	(2011)
노르웨이	93.6	(2012)	슬로바키아	84.0	(2012)
룩셈부르크	93.5	(2010)	포르투갈	83.7	(2012)
그리스	93.1	(2012)	독일	83.4	(2011)
헝가리	93.1	(2011)	영국	82.2	(2012)
덴마크	92.2	(2012)	오스트리아	81.8	(2012)
아일랜드	91.7	(2012)	스위스	81.5	(2010)
스페인	91.4	(2012)	핀란드	81.3	(2012)
폴란드	89.4	(2012)	캐나다	81.2	(2012)
이탈리아	88.9	(2012)	미국	80.9	(2012)
슬로베니아	88.4	(2010)	터키	79.9	(2010)
멕시코	86.4	(2012)	네덜란드	79.5	(2010)
호주	86.2	(2012)	이스라엘	78.2	(2011)
프랑스	85.9	(2010)	일본	73.5	(2012)
아이슬란드	85.9	(2011)	에스토니아	68.5	(2010)
스웨덴	84.9	(2012)	**한국**	**63.7**	**(2012)**
			OECD 평균	84.8	

주: 여성임금의 중위값/남성임금의 중위값×100, 전일제근로자의 월평균임금 기준.
자료: OECD Employment Database.

(2) 성별 임금격차의 원인들

한국 노동시장에서 여성은 남성보다 시간당 임금 기준으로 28% 낮은 임금을 받고 있다고 했는데, 그렇다면 우리는 한국 여성이 임금에서 28%만큼 차별받고 있다고 말할 수 있을까?

물론 아니다. 여성의 임금이 낮은 것은 사실이지만 그와 함께 여성은 학력, 경력, 직업 등 임금에 영향을 주는 여러 특성들에서 남성보다 열등한 조건을 갖고 있다(〈표 9-2〉와 〈표 9-3〉 참조).

여성은 평균적으로 남성보다 학력수준이 낮으며, 경력에서도 10년 이상 장기경력자 비중은 절반에 불과하고 단기경력자 비중이 높다. 직업구성에서도 여성은 고숙련

표 9-2 여성과 남성의 인적특성: 학력 및 경력(2013년)

(단위: %)

	학력			경력	
	남	여		남	여
중졸 이하	4.4	6.3	1년 미만	10.6	16.0
고졸	39.2	39.5	1년 ~ 2년	18.5	26.3
전문대졸	15.6	21.2	3년 ~ 4년	12.0	16.1
대졸 이상	40.7	33.0	5년 ~ 9년	19.1	20.0
			10년 이상	39.8	21.6
계	100.0	100.0	계	100.0	100.0

자료: 고용노동부, 「고용형태별근로실태조사」, 2013.

표 9-3 여성과 남성의 직업구성(2013년)

	평균임금 수준[1]	직업분포 (%)		평균근속년수 (년)		시간당임금 (천원)	
		남	여	남	여	남	여[2]
관리직	218	2.7	0.6	12.3	8.7	33.9	24.6 (73%)
전문직	125	23.4	29.0	7.0	4.5	21.7	14.4 (66%)
사무직	114	23.9	32.7	8.6	5.3	20.0	13.4 (67%)
서비스직	67	2.2	7.9	5.9	3.6	11.6	9.1 (79%)
판매직	95	5.9	6.6	6.2	3.9	16.5	10.7 (65%)
농림어업직	74	0.2	0.1	4.8	3.3	11.6	8.2 (71%)
기능직	86	10.0	2.9	6.8	4.7	13.7	8.6 (63%)
기타생산직	76	25.4	10.3	7.2	5.0	12.1	8.9 (73%)
단순노무직	56	6.3	9.9	4.0	3.4	8.9	7.8 (88%)
전체	100	100.0	100.0	7.3	4.6	16.6	12.0 (72%)

주: 1) 평균임금수준은 전 직종 평균 시간당임금 대비 직종별 시간당평균임금으로 산출
2) ( )안은 남성임금 대비 여성의 상대임금 수준
자료: 고용노동부, 「고용형태별근로실태조사」, 2013.

직인 관리직 비중이 낮고 저숙련직인 단순노무직과 서비스직 비중이 높아 남성보다 저임금 직종에 몰려 있는 양상이다. 같은 직종 내에서도 여성의 평균 근속년수가 현저히 짧고 더 세부적으로 들여다보면 같은 직업군에서도 의사와 간호사처럼 여성이

남성보다 상대적으로 낮은 숙련의 직종에 더 많이 분포되어 있다. 이러한 요인들은 여성 임금이 남성보다 낮은 이유의 일정 부분을 설명해 준다고 할 수 있다.

따라서 1절에서 논의한 바와 같이 우리나라의 성별 임금격차 28% 중 일부는 '차별'이 아니라 생산성 '차이'에서 비롯된 것이라고 보는 게 타당할 것이다.

그렇다면 남녀 간에 학력, 경력, 근속 등과 같이 생산성에 영향을 미치는 요인들에서 차이가 없다고 가정한다면, 여성의 임금은 남성 임금의 몇 %를 받고 있다고 말할 수 있을까? 미국의 한 연구(Blau, Ferber, and Winkler, 2010: 196)는 남성과 여성의 학력과 경력이 같고 직종에서의 차이도 없어진다면 여성은 남성의 91%를 받는 것으로 추정하였다. 이 경우 차별에 의한 임금격차 부분은 9%라고 추론할 수 있다. 이와 같이 차별로 인한 임금손실을 측정할 수 있는 방법에 대해 학습해 보자.

(3) Oaxaca에 의한 임금차별의 측정

차별의 심각성 여부를 판단하려면 차별의 정도를 측정할 수 있어야 한다. 남녀가 생산성이 동등함에도 불구하고 여성이라는 이유만으로 받게 되는 불평등의 정도를 정량적으로 측정할 수 있다면 성차별 금지정책의 방향 설정 및 제도 설계에 매우 유용할 것이다.

임금차별의 측정방법은 Oaxaca(1973)에 의해 처음으로 제시되었다. 그의 방법은 [그림 9-9]에 의해 설명될 수 있다. 우선, MM이 남자의 임금함수, FF가 여자의 임금함수이다. 가로축은 개인의 생산성지표인 교육연수를 나타내고 세로축은 임금수준을 나타낸다.

[그림 9-9]에서 여성과 남성의 임금함수가 보여주는 특징은 첫째, 남성의 절편값이 여성 절편값보다 크다는 것이다($\alpha_m > \alpha_f$). 남성의 절편값이 크다는 것은 교육연수가 0일 때도 차별이 존재하여 남성의 임금이 여성보다 높다는 것을 의미한다. 둘째는 남성 임금함수의 기울기가 여성의 그것보다 크다는 것이다($\gamma_m > \gamma_f$). 이는 남성의 교육투자 수익률이 여성의 그것보다 높다는 것을 의미한다.

현재 남성의 평균임금이 $\overline{W}_m$, 여성의 평균임금이 $\overline{W}_f$라고 할 때, $\overline{W}_m$와 $\overline{W}_f$의 차이 중 어느 정도가 차별에 기인하는가는 여성이 남성과 동일한 방식으로 대우를 받는다면 여성은 어느 정도의 임금을 받을 수 있을까라는 질문과 동일하다. [그림 9-8]에서 여성이 $\overline{S}_f$의 학력을 갖고 있기 때문에 여성이 남성과 같은 대우를 받는다면 여성은 $\overline{W}_f^*$의 임금을 받을 수 있었을 것이다. 따라서 $\overline{W}_m$와 $\overline{W}_f$ 간의 격차 중 $\overline{W}_m - \overline{W}_f^*$는 생산성(학력) 격차에 기인하는 것이고 그 나머지인 $\overline{W}_f^* - \overline{W}_f$가 차별에 기인하는 부

그림 9-9 남녀 간 임금격차의 분해

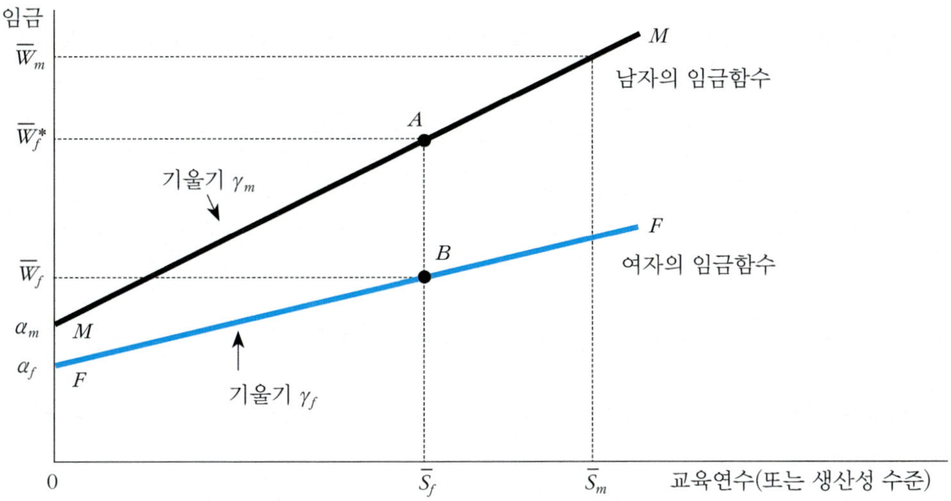

분이 된다.

이와 같은 임금분해는 다음과 같은 수식으로 표시할 수 있다.

우선, 남성 임금($\overline{W}_m$)과 여성 임금($\overline{W}_f$)의 함수를 다음과 같이 표시하자.

$$\overline{W}_m = \alpha_m + \gamma_m \cdot \overline{S}_m \tag{9.15}$$

$$\overline{W}_f = \alpha_f + \gamma_f \cdot \overline{S}_f \tag{9.16}$$

차별이 없을 때, 즉 여성이 남성과 동일한 임금함수에 의거하여 보수를 지급받는다면 비차별적 임금($\overline{W}_f^*$)은 다음과 같게 된다.

$$\overline{W}_f^* = \alpha_m + \gamma_m \cdot \overline{S}_f \tag{9.17}$$

남성과 여성 간의 임금격차는 아래와 같이 표시할 수 있다.

$$\overline{W}_m - \overline{W}_f = (\overline{W}_m - \overline{W}_f^*) + (\overline{W}_f^* - \overline{W}_f) \tag{9.18}$$

식 (9.15), (9.16), 그리고 (9.17)을 식 (9.18)에 대입하면 다음 식이 도출된다.

$$\overline{W}_m - \overline{W}_f = \gamma_m(\overline{S}_m - \overline{S}_f) + [(\alpha_m - \alpha_f) + (\gamma_m - \gamma_f)\overline{S}_f] \tag{9.19}$$

식 (9.19)의 첫째 항은 생산성 격차 $(\overline{S}_m - \overline{S}_f)$에 따른 임금격차로서 [그림 9-9]의 $(\overline{W}_m - \overline{W}_f^*)$에 해당하는 부분이다. 식 (9.19)의 두 번째 항은 절편 차이와 기울기 차이에 기인하는 임금격차, 즉 차별에 따른 임금격차로서 [그림 9-9]의 $(\overline{W}_f^* - \overline{W}_f)$에 해당하는 부분이다.

여기서는 임금격차 분해를 단순화시키기 위해 독립변수로 학력만을 고려했지만 생산성 혹은 임금과 관련된 개인특성을 나타내는 여러 변수(연령, 경력, 결혼 여부, 거주지역 등)를 포함하면 보다 정교한 임금격차 분해가 가능할 것이다.

2 경력단절과 여성 노동시장의 구조

현재 젊은 여성의 경우 고학력화와 높은 경제활동 참가가 일반화되어 남성과 비교해 거의 차이가 없거나 오히려 높기까지 하다. 그러나 여성이 결혼·출산을 하게 되면 사정이 달라지는데, 여전히 결혼과 출산을 기점으로 노동시장에서 퇴장하는 경우가 발생한다. 이러한 여성의 **경력단절**(interrupted career) 현상으로 인해 노동시장에는 많은 문제들이 야기되는데, 여기서는 경력단절이 여성 노동시장에 미치는 부정적인 효과들을 살펴보고자 한다.

(1) 우리나라 여성의 경력단절

우리나라 여성의 경력단절 현상은 이른바 M자형 경제활동참가 패턴으로 대표된다([그림 9-10]). 이는 여성의 연령대별 경제활동참가 패턴이 M자형 곡선의 모양을 취하고 있다고 해서 붙여진 이름이다. 즉, 우리나라 여성의 연령대별 참가율은 20대 후반 또는 30대 초반까지는 높게 올라가다가, 이 나이 이후 10년간은 크게 떨어진 후 40대 이후 다시 상승하는 함몰되는 M자 곡선의 형태를 취하고 있으며, 이는 남성의 경우처럼 20대 후반에 대부분 노동시장에 진입해 50대 초반까지 참가율 수준이 그대로 유지되는 역U자형의 참가율 패턴과는 뚜렷하게 구분되고 있다. 남성의 패턴이 통상의 인적자본이론을 개인의 생애에 걸쳐 적용했을 때 나타날 것으로 예상되는 행태라고 할 수 있다.

이러한 여성 참가율의 M자형 패턴이 의미하는 바는 자명하다. 여성의 상당수가 출산과 자녀양육으로 가사활동이 집중되는 시기에 경제활동을 포기하고 가사 및 자녀양육에 전념하게 된다. 그리고 자녀들이 자라 상대적으로 시간 여유가 생기는 30대 후반 이후 여성들이 다시 노동시장에 나오게 된다.

그림 9-10 연령대별 경제활동참가율

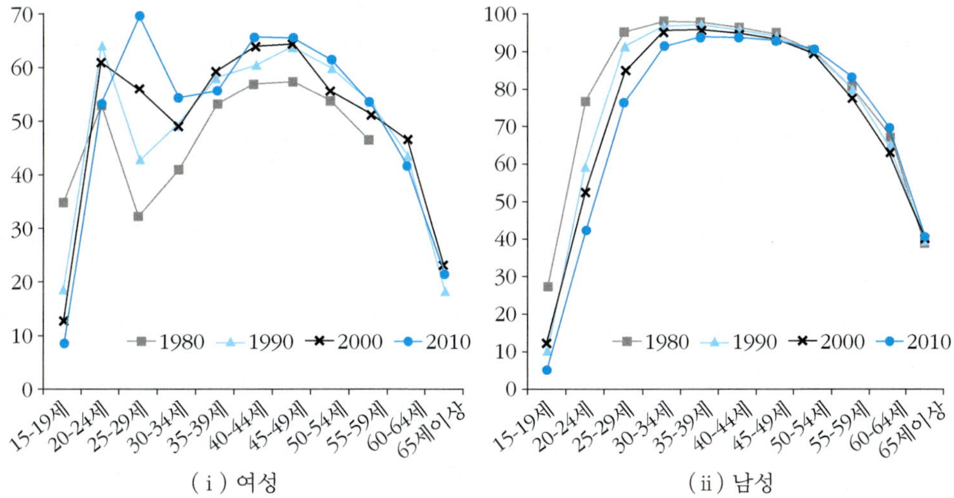

자료: 통계청, 「경제활동인구조사」, 각년도.

이 같은 **M자형 패턴** 혹은 **쌍봉구조**(bimodal structure)가 모든 나라 여성 참가율에서 발견되는 것은 아니다. M자형 패턴은 다른 선진국들에서는 1960~70년대까지 관찰되었다가 80년대 이후 대부분의 국가에서 점차 사라졌다. 스웨덴의 경우 70년대 이후 여성의 경제활동참가율에서 쌍봉구조가 사라지기 시작하였고 미국에서도 80년대 이후부터는 여성의 경제활동참가 구조가 남성과 유사한 역U자형을 띠기 시작하였다. 현재 OECD 국가 중 우리나라와 일본만이 여성의 연령별 경제활동참가율 구조에 여전히 M자형 패턴이 선명하게 남아있는 것으로 파악되고 있다.

(2) 민서–폴라첵 가설

미국 여성에서도 M자형 경제활동참가 패턴이 관찰되던 1970년대 무렵, 여성이 출산 및 육아와 관련되어 단속적 경제활동참가(intermittent participation)를 하는 것이 노동시장에서 남녀 간에 직업구성이나 임금에서 차이를 야기하는 근본적인 원인이라고 보는 설명이 제시되었다. 이러한 설명은 1974년 민서(J. Mincer)와 폴라첵(S. Polachek)에 의해 제시되었으며, 종종 **민서–폴라첵 가설**로 일컬어진다. 그 핵심적 내용은 다음과 같다.

비연속적 경제활동참가는 인적자본투자의 수익 회수기간을 짧게 만듦으로써 인적자본투자량을 적게 만든다. 이때의 인적자본투자에는 개인의 교육투자뿐만 아니라 기업의 투자량도 포함된다. 뿐만 아니라 비연속적 경제활동참가로 인적자본의 부식(depreciation)이 심해지기 때문에 여성들은 인적자본 부식이 적은 직업을 선택하게 된다. 이때 부식이란 인적자본을 사용하지 않거나 새롭게 유지·보수하지 않으면 잊히거나 아니면 쓸모가 없게 된다는 의미이다. 결국 비연속적 경제활동참가 또는 경력단절 때문에 투자수익 회수기간이 짧고 인적자본에 부식이 일어나게 되는데, 이 요인이 남녀 간 임금격차의 주된 요인이라는 것이 민서-폴라첵 가설의 핵심내용이다.

[그림 9-11]은 민서-폴라첵 가설이 의미하는바, 즉 여성의 경력단절이 생애임금(lifetime earnings)과 직종선택(occupational choice)에 미치는 효과를 압축적으로 보여주고 있다. [그림 9-11]에서 가로축은 연령, 세로축은 임금을 의미하여 노동시장 진입 이후 연령의 증가에 따른 임금의 변화양상을 묘사하고 있다고 할 수 있다.

[그림 9-11]에서 O_mBG가 일반적인 남성의 연령임금곡선이다. 경력단절이 없을 때의 여성의 연령임금곡선은 O_fCH로 표시될 수 있다. 이때 여성의 연령임금곡선이 노동시장 진입시점에서 낮게 시작하는 것은 노동시장 이전의 차이에 의해 발생한 여성의 낮은 인적자본량을 반영하는 것이다.

그러나 만약, 여성이 경력단절이 있다면 어떤 일이 발생할까? 그는 자신이 일정기간 동안(T_2)에 일을 그만둘 것을 예상한다면 그로 인해 발생하는 손실이 적은, 즉 숙련의 부식(skill depreciation)이 적은 직종을 택하는 것이 더 유리하다는 것을 알 것이다. 일반적으로 경력에 따른 수익이 높은 직종들은 경력이 단절되었을 때 그만큼 손실이 클 것이고, 반대로 경력에 따른 수익이 낮은 직종은 일을 그만두었다가 다시 시작해도 상대적으로 손실이 적을 것이기 때문이다.

따라서 경력단절이 예상되는 여성은 O_fCH의 연령임금곡선을 갖는 직종 대신에 O_fDI의 연령임금곡선을 갖는 직종을 선택하게 될 것이다.[2] 그리고 이렇게 여성들이 선택하게 되는 직종들은 노동시장에서 상대적으로 임금이 낮고 고용안정성이 떨어지는 이른바 여성지배 직종(female-dominated occupations)이 될 가능성이 크다.

결국 노동시장에서 관찰되는 성별 임금격차는 첫째, 노동시장 진입 이전의 여성의 낮은 인적자본량(즉, 낮은 교육수준)에 기인한 부분(BC), 둘째 여성들이 경력에 대한 보상이 적은 직종을 선택하게 됨에 따라 발생하는 여성 직종의 낮은 경력수익률

2) 여기서 독자 여러분은 만약 O_fCH의 연령임금곡선을 갖는 직종을 선택했다가 경력단절이 발생하게 되었을 때 그의 연령임금곡선이 어떻게 될지를 상상해보기 바란다.

그림 9-11 경력단절이 생애임금 및 직종선택에 미치는 효과

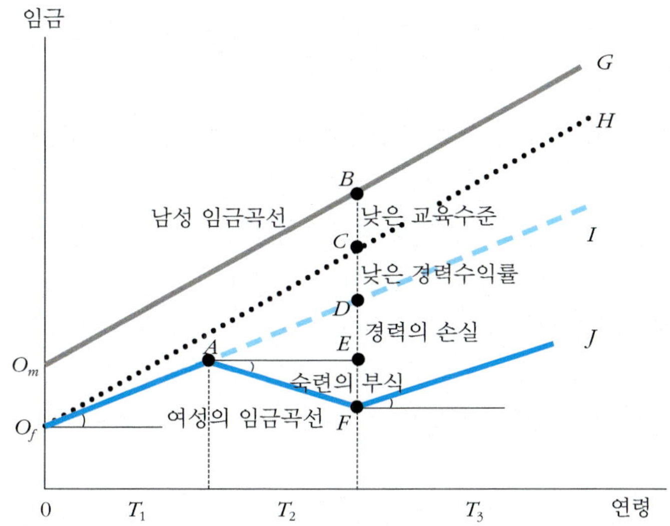

자료: Polachek & Siebert(1993), p.161.

에 기인한 부분(*CD*), 셋째 직접적인 경력의 손실에 의해 포기되는 부분(*DE*), 마지막으로 숙련의 부식에 의해 감소되는 부분(*EF*) 등으로 분해될 수 있다. 이러한 직업선택의 결과, 경력단절을 거친 여성의 연령임금곡선은 O_fAFJ의 경로를 따르게 될 것이다.

민서-폴라첵은 1974년 미국의 성별 임금격차의 2/3는 경력단절에 의해 설명될 수 있다는 추정결과를 제시하였다. Polachek & Siebert(1993)은 또 다른 추정치를 제시하였는데 [그림 9-11]에 나타난 *DF*(경력단절로 인한 임금손실)는 남녀간 전체 임금격차의 1/2을 설명한다고 하였다.

추정치에는 다소간의 차이가 있지만, 남녀 간 임금격차의 주요 원인에 대해 우리가 내릴 수 있는 결론은 명확하다. 첫째, 여성이 남성보다 적은 인적자본을 쌓는다는 것이고, 둘째, 육아기간 동안의 경력단절 및 인적자본 부식 때문에 성별 임금격차가 발생한다는 것이다.

(3) 경력단절과 성별 직종분리

앞의 〈표 9-3〉에서 우리는 여성과 남성의 상이한 직업분포를 살펴본 바 있다. 그런데 동일한 직업 내에서도 남성과 여성의 시간당 임금이 매우 차이가 난다는 점을

알 수 있는데, 그 주된 요인은 같은 직업군이라 하더라도 세부적으로는 성별로 상이한 직업구성을 갖기 때문이다. 예컨대, 전문직 내에서도 의사-간호사, 교수-교사 등과 같이 남성은 임금위계가 높은 직종, 여성은 임금위계가 낮은 직종에 주로 편중되어 있는 것이 보통이다.

민서-폴라첵 가설은 위와 같은 현상에 대해 이론적 근거를 제시하였다. 즉, 합리적 여성은 노동시장 진입 이전에 경력단절의 기회비용을 최소화하는 직업을 선택하여 교육투자를 하게 된다는 것이다. 이 때문에 여성은 경력단절이 없는 남성과 구별되는 직종을 선택하는 경우가 많으며, 그 결과 노동시장에는 여성직종과 남성직종이 구분되어 고착화되는 경향성이 나타나게 된다. 바로 이러한 현상을 성별 직종분리라고 한다.

성별 직종분리(occupational segregation)란 노동시장에서 남성과 여성의 직업분포가 매우 상이하여 상당수의 직업이 남성지배직종(male-dominated occupation)과 여성지배직종(female-dominated occupation)으로 분리되는 현상을 말한다. 일반적으로는 대부분의 직업이 남성에 의해 전유되고 있는 가운데 여성은 소수의 직업에만 제한적으로 몰려 있는 양상으로 나타난다. 이는 정확히 버그만의 과밀가설이 주목하고 있는 현상이기도 하다.

직종분리를 측정하는 통계적 수단으로는 **던컨지수**(Duncan Index)가 있다. 던컨지수 D는 다음과 같이 정의된다.

$$D=\frac{1}{2}\sum_{i=1}^{n}\left|\frac{F_i}{F}-\frac{M_i}{M}\right| \tag{9.20}$$

여기서, F_i와 M_i는 i직종에 일하는 여성 및 남성근로자의 수를 나타내고, F와 M은 각각 여성과 남성의 전체근로자 수이다. 또한 n은 총 직종 수를 의미한다. 따라서 F_i/F와 M_i/M는 각 직종에서의 여성과 남성 근로자가 전체 근로자에서 차지하는 비중을 나타낸다. 던컨지수가 0의 값을 가지면 남성과 여성 간에 직종분포에 차이가 없다는 것을 의미한다. 반대로 던컨지수가 1이면 모든 직종이 여성직종 혹은 남성직종으로 완전히 분리되어 있다는 것을 의미한다.

한국의 경우 1999년 100개 직종에 관한 던컨지수는 0.54 수준이다. 미국의 283개 직종을 대상으로 한 1997년 던컨지수는 0.54 수준이다. 우연히도 미국과 한국은 거의 유사한 직종분리 정도를 보이고 있다(황수경, 2001).

(4) 노동시장 재진입시 제한된 취업기회

특히 우리나라에서는 여성이 경력단절 후 노동시장에 재진입하면 이전의 일자리와 유사한 일자리로 취업되는 것은 거의 불가능하다. 대신 기혼여성들에게는 상대적으로 인적자본 활용도가 낮은 저임금 일자리로의 취업기회만 제공되는 것이 보통이다. 따라서 **의중임금**(reservation wage)이 상대적으로 낮은 저학력 여성의 경우는 노동시장에 재진입하지만, 의중임금이 상대적으로 높은 고학력 기혼여성들은 노동시장에서 다시 들어오지 못한다.

이를 실증적으로 보이기 위하여 여성을 생애주기별로 나누어 어떤 직종을 갖게 되는지 살펴본 것이 〈표 9-4〉이다.

1주기는 결혼 후 출산 이전까지의 시기(평균 27세), 2주기는 첫 자녀 출산과 막내자녀 2세 전까지의 시기(평균 30세), 3주기는 막내 자녀가 3세에서 초등학교 졸업 때까지의 시기(평균 36세), 4주기는 막내 자녀가 중학교 입학하면서 양육부담이 완료되는 시기(54세)로 구분되었다.

여성이 갖는 고급직종인 전문직과 준전문직의 합계는 여성이 27세일 때는 34%, 30세에는 44%로 증가하다가 36세가 되면 17% 수준으로 급락한다. 54세에 이르면 취업여성 중 전문직 및 준전문직은 6.7%에 불과하다. 또한 사무직의 경우도 27세 무렵 취업여성 중 41%로 높다가 36세에 이르면 그 비중이 13.6%로 떨어진다. 반면, 판매직, 기능조립직, 단순노무직은 27세에서는 각각 14%, 6%, 5% 수준이었으나 36세

표 9-4 취업기혼여성의 생애주기별 직업분포

생애주기* / 직종	1주기 (27세)	2주기 (30세)	3주기 (36세)	4주기 (54세)
전문직	9.4%	18.3%	7.4%	2.7%
준전문직	25.0%	25.8%	9.6%	4.0%
사무직	40.6%	16.1%	14.6%	3.7%
팬매서비스직	14.1%	18.3%	37.8%	36.9%
기능조립직	6.3%	9.7%	21.25	36.9%
단순노무직	4.7%	11.8%	10.4%	15.7%
합계	100.0%	100.0%	100.0%	100.0%

주: 1주기는 자녀가 없는 시기, 2주기는 영유아 자녀가 있는 시기, 3주기는 막내자녀의 초등학교 졸업까지의 시기, 4주기는 모든 자녀가 중학교 이상이 된 시기로 구분. ( )안은 여성의 평균연령을 나타냄.

자료: 황수경(2003), 『여성의 직업선택과 고용구조』, 한국노동연구원, p.35를 재구성.

에 이르면 38%, 21%, 10%로 급증한다.

결국 고학력 여성은 전문직, 준전문직, 사무직에서 퇴장한 이후 영구적으로 노동시장에 되돌아 오지 않고, 돌아오더라도 저학력 여성과 마찬가지로 저숙련·저임금 일자리에 재취업한다고 판단할 수 있다.

(5) 여성 노동시장의 이중구조

[그림 9-12]는 여성이 경력단절 시기를 거치면서 어떻게 달라질 수 있는지를 그림으로 간명하게 요약하고 있다.

유형 *A*는 높은 인적자본 축적을 요구하고 숙련의 사용(즉 경력)에 대한 수익률이 매우 높은 고숙련-고임금 직종을 선택한 여성의 경우 생애에 걸친 임금곡선을 나타낸다. 앞의 [그림 9-11]과 비교하자면, O_fCH의 경로와 같다. 유형 *B*는 경력에 대한 수익률은 낮지만 경력단절 이후에도 숙련의 부식이 크지 않고 취업이 용이한 직종을 선택한 여성들의 생애임금곡선을 의미한다. [그림 9-11]로 표현하면 O_fAFJ라고 간주할 수 있다. 한편, 유형*C*는 고숙련-고임금 직종을 선택한 여성들 중 원하지 않게 경력단절을 거치게 된 경우의 생애임금곡선을 묘사하고 있다. 이는 경력단절 후 고숙련-고임금 직종으로의 재취업은 매우 어렵기 때문에 대부분 노동시장에 다시 들

그림 9-12 경력단절과 여성 노동시장의 이중구조

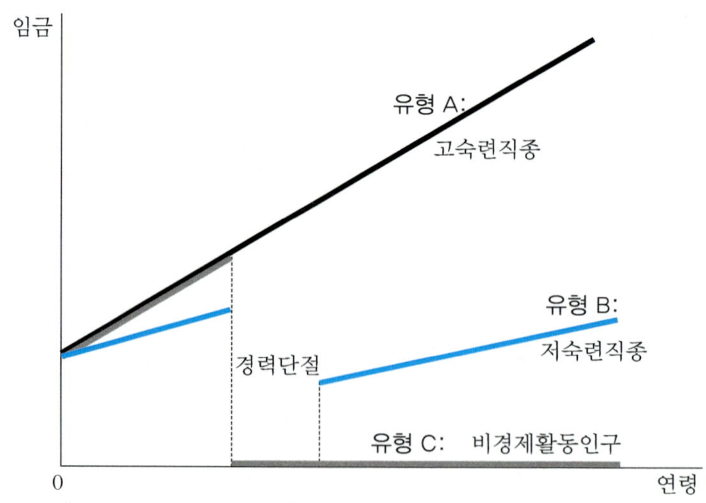

자료: 황수경, 『여성의 직업선택과 고용구조』, 한국노동연구원, 2003.

어오지 못하고 비경제활동인구로 남게 되는 상황을 반영하고 있다. 특히, 고학력 여성일수록 의중임금이 높아 유형C에 편입될 가능성이 증가한다. 우리나라 비경활 여성 중에 고학력 여성이 특히 많은 것도 이 때문이다.

실제 노동시장에서 관찰되는 것은 유형A와 유형B가 될 것이다. 구체적으로 유형A에 해당되는 여성은 고학력의 전문직종 종사자이고, 유형B는 결혼 후 뒤늦게 노동시장에 진입하거나 경력단절을 거친 여성들로서 특별한 숙련 없이도 일할 수 있는 단순사무직, 판매서비스직, 단순노무직 등의 종사자가 될 것이다.

결과적으로 고학력 여성 중 경력단절을 거치지 않고 계속 취업할 수 있었던 여성은 고숙련–고생산성–고임금을 누리는 소수의 승자로 자리매김할 수 있지만, 대다수의 경력단절된 여성은 저숙련–저생산성–저임금의 직종으로 내몰려, 우리나라 여성 노동시장은 매우 이질적인 두 그룹이 병존하는 중층구조를 띠게 되는 것이다.

우리나라 여성 노동시장을 왜곡시키는 가장 핵심적인 요인을 뽑으라면 경력단절이라고 말할 수 있다. 지금까지 논의한 바를 종합해 보면, 여성의 경력단절은 일정 기간 인적자본이 축적되지 못하고 심지어는 마모시켜 직접적으로 여성의 임금을 낮추기도 하지만, 직·간접적으로 여성의 직업선택 구조를 왜곡시켜 여성으로 하여금 저임금, 저숙련 일자리로 몰리게 하는 원인을 제공한다. 우리나라 노동시장에서 근원적으로 성 차별을 완화하기 위해서는 여성의 경력단절을 막기 위한 대책이 우선되어야 하는 이유가 여기에 있다.

3 한국의 성차별 완화대책

노동시장에서 성차별을 억제하기 위한 정책으로는 고용주의 차별을 금지하는 성차별금지법, 고용할당제와 같은 직접적 개입정책, 여성의 경력단절을 완화시키기 위한 육아휴직제 및 탁아시설 제공과 같은 간접적 지원정책 등을 들 수가 있다.

(1) 남녀고용평등법의 제정과 개정

한국에서는 1987년 남녀고용평등법이 제정되어 그동안 몇 차례 개정을 거쳐 현재의 「남녀고용평등과 일·가정 양립 지원에 관한 법률」(약칭: 남녀고용평등법)이 시행되고 있다.[3)]

3) 예전에는 노동시장 외에도 사회 전반적 차원에서 성차별을 금지하는 법으로 「남녀차별금지 및 구제에 관한 법률」(1999년 제정)이 있었으나, 2005년에 남녀차별의 금지 구제에 관한 업무가 여성부에서 국가인권위원회로 이관되면서 동법은 폐지되었다.

남녀고용평등법은 고용에서 남녀의 평등한 기회와 대우를 보장하고 모성 보호와 여성 고용을 촉진하여 남녀고용평등을 실현함과 아울러 근로자의 일과 가정의 양립을 지원함으로써 모든 국민의 삶의 질 향상에 이바지하는 것을 목적으로 한다. 모집과 채용(제7조), 임금(제8조), 교육·배치 및 승진(제10조), 정년·퇴직 및 해고(제11조), 직업능력 개발(제16조) 등에 있어서 남녀차별을 금지하며, 일·가정의 양립을 위한 육아휴직제, 육아기 근로시간 단축제, 직장보육시설의 설치 등을 규정하고 있다.

남녀고용평등법에서는 성 차별을 "사업주가 근로자에게 성별, 혼인, 가족 안에서의 지위, 임신 또는 출산 등의 사유로 합리적인 이유 없이 채용 또는 근로의 조건을 다르게 하거나 그 밖의 불리한 조치를 하는 경우"라고 정의한다. 〈표 9-5〉는 고용노동부가 예시한 **고용차별**의 사례들이다.

(2) 적극적 고용개선조치

남녀고용평등법에서는 차별적 고용관행 및 제도 개선을 위해 적극적 고용개선조치를 규정하고 있다.

적극적 고용개선조치(Affirmative Action)란 현존하는 남녀 간의 고용차별을 없애거나 고용평등을 촉진하기 위해 잠정적으로 특정 성을 우대하는 조치인데, 이러한 우대행위는 차별행위로 간주되지 않는다. 구체적으로는 동종산업 유사 규모 기업들을 비교하여 여성을 현저히 적게 고용하였거나 여성관리자 비율이 낮은 기업에 대하여 간접차별의 징후가 있다고 보고 개선방안을 찾고 시행할 것을 요구하는 제도이다.

적극적 조치는 원래 미국사회에서 인종차별을 불식시키기 위하여 시작된 반차별 정책의 하나로, 1961년 케네디 대통령 시절에 적극적 조치라는 용어가 처음 등장하였고 1967년에 연방계약 기업에 대해 이를 적용하면서 캐나다, 호주 등 다른 국가들에도 확산되었다. 우리나라는 2006년 공기업과 근로자 1,000명 이상 대기업을 대상으로 적극적 고용개선조치를 도입하였으며, 현재는 근로자 500인 이상 대기업으로 확대 시행되고 있다.

적극적 조치는 과거 차별에 대한 보상과 현재의 왜곡된 불평등 상황을 개선하기 위한 정책이다. 소극적인 반차별(anti-discrimination), 즉 '차별 안하기'만으로는 소수자에게 기회를 균등하게 제공할 수 없다는 판단 하에 반차별 정책에서 한 걸음 더 나아가 경쟁의 조건을 같이 해주기 위한 정책으로 고안된 것이다.

이때 과거 차별로 인한 불평등한 상황을 간접차별이라 하는데, 여성에 대한 간접차별의 대표적인 예로는 **유리천장**(glass ceiling)과 **유리벽**(glass wall)을 들 수 있다([그

표 9-5 고용차별의 사례(예시)

유형	사 례
모집 채용	• 여성에게 응모의 기회를 주지 않는 것 – 남자사원 ㅇ명 모집 / 사무직 남자 ㅇ명 모집 / 병역필한 남자에 한함 등
	• 직종별로 남녀를 분리모집하거나, 성별로 채용 예정인원을 배정함으로써 특정 직종에 여성의 채용기회를 제한하는 것 – 관리 · 사무직 남자 ㅇ명, 판매직 여자 ㅇ명 모집
	• 여성에게만 제한적 조건을 부과하는 것 – 남녀사원 모집. 단, 남자는 25~35세, 여자는 25세 이하 – 단, 여자는 미혼에 한함 – 여자는 용모단정한 자 또는 부양가족이 없는 자에 한함
	• 학력 · 경력 등 자격이 같음에도 불구하고 여성을 남성보다 낮은 직급 또는 직위에 모집. 채용하는 것 – 3급 사원: 4년제 대졸 남자, 4급 사원: 4년제 대졸 여자
	• 남녀가 동일자격임에도 여성을 남성보다 불리한 고용형태로 채용하는 경우 – 동일한 조건으로 모집후 남자는 정규직, 여자는 임시직으로 발령 – 동일한 조건으로 모집후 여자의 수습기간을 남자보다 길게 하는 것
임금	• 기본급 · 호봉산정 · 승급 등에 있어서 성에 따라 그 기준을 달리 적용함으로써 임금을 차별하는 경우
	• 군복무자에 대하여 호봉을 가산하는 경우에 있어서 그 가산의 정도가 군복무기간을 상회하거나 병역면제자 또는 미필자인 남성에게도 호봉가산을 적용하여 지급하는 경우
	• 여성이 대다수인 직종의 임금을 합리적인 이유 없이 다른 직종보다 낮게 정하여 지급하는 경우
교육 배치 승진	• 여성을 교육대상자 선정에서 제외하거나 불리한 조건을 부과하는 것 – 해외연수 등에 있어 여성을 제외하는 것 – 교육대상자 선정시 여성에게 남성보다 장기간 근속기간을 요구하는 것
	• 성별로 교육과정을 구분 · 편성 · 운영하는 등 교육내용을 달리하는 것 – 남성에게는 직무능력개발 · 승진에 필요한 내용을 교육시키고 여성에게는 예절 · 교양교육만을 시키는 것
	• 동일학력 · 자격으로 채용한 후 남자는 주로 기간업무에 배치하고 여자는 본인의 의사에 반하여 단순보조업무에 배치하는 것
	• 여성근로자에게는 승진기회를 전혀 부여하지 않거나, 승진기회를 부여하고는 있으나, 남성보다 상대적으로 불리한 조건 절차를 적용하는 것 – 시험 합격이 승진요건임에도 여성근로자를 응시대상에서 제외하는 것
해고	• 정리해고에 있어 합리적 이유없이 여성을 우선해고하는 것 – 구조조정시 생계부담이 적다는 이유로 여성근로자(사내부부, 맞벌이 부부), 산전 · 후 휴가 또는 육아휴직중인 자, 미혼여성만을 해고기준으로 하는 것

자료: 고용노동부 홈페이지(http://www.moel.go.kr/)에서 발췌.

그림 9-13 기업에서의 유리벽과 유리천장

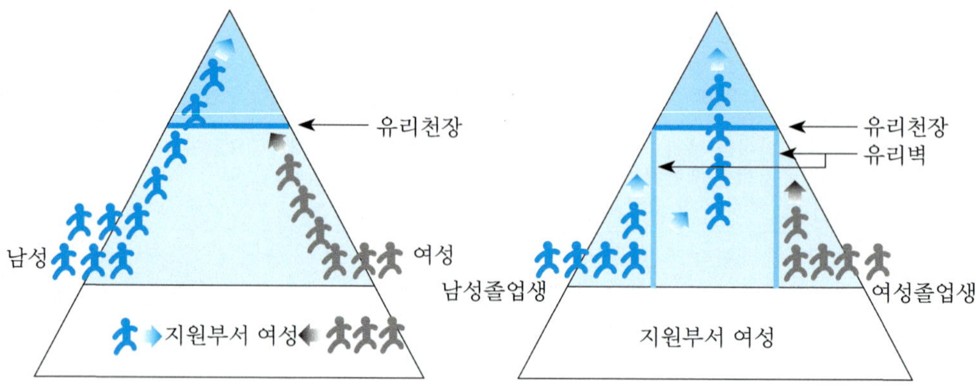

자료: ILO, 『*Economically Active Population*, 1950-2010』, 1997.

림 9-13] 참조). 유리천장이란 여성이 능력을 발휘하거나 평가받기 어려운 기업 조직 및 관행이 존재하여 상위직급으로 진출할 수 없는 것을 말하고, 유리벽이란 여성이 진출하기 어려운 직종이나 부서가 구조화되어 있는 것을 지칭한다.

적극적 조치는 고용주로 하여금 이 같은 간접차별을 시정하기 위한 구체적인 계획을 제시하도록 하는 것이다. 따라서 적극적 조치를 시행함에 있어 가장 중요한 것은 목표와 이행계획을 작성하는 일이다. 이는 기본적으로 고용주의 재량과 판단에 맡겨지는데, 대체로 인구통계, 노동력통계, 특정 직위에 자격을 갖춘 여성비율 등을 기초로 기준이 마련되고 있다.

(3) 고용할당제

적극적 조치보다 한걸음 더 나간 반차별정책이 **고용할당제**(quota system)이다. 고용할당제란 특정 인구층의 참여 몫이 일정한 비율에 이를 때까지 일정 인원을 법률 및 정부규제에 의해 그 인구층에 우선 배분하는 제도이다.

우리나라에서는 공무원, 교사 등 공공부문에서 '양성평등채용목표제'라는 이름으로 고용할당제가 시행되고 있다.[4] 구체적으로 교정직과 보호직을 제외한 공무원 시험에서 남녀 한쪽 성이 70% 이상 합격하면 초과 비율만큼 다른 쪽 성을 추가로 합격시키는 제도이다. 2003년 도입 당시에는 주로 여성의 공직진출을 확대시키기 위해 이 제도가 실시되었으나, 현재는 교사직처럼 지나치게 여성에 편중되는 불균형을 막

4) 이 외에도 균형인사를 위한 지방인재 채용목표제, 장애인 의무고용제 등이 고용할당제에 해당한다.

기 위해 남성에 대해서도 채용목표가 적용된다.

그러나 고용할당제는 그 적용대상이나 할당기준, 제반 환경 등의 측면에서 신중하게 설계될 필요가 있다. 과거의 차별을 시정하기 위한 우대조치가 지나치면 근로자의 동기부여에 악영향을 미칠 수 있고 오히려 부작용만 증가시킬 뿐 실효성을 거둘 수 없기 때문이다.

(4) 육아휴직제 및 탁아지원

세계에서 성 격차가 가장 심한 우리나라에서 차별금지와 여성 경력단절 완화라는 성차별 해소정책에서 최우선의 중요성을 갖는 정책은 무엇일까? 아무래도 그것은 공공탁아제의 확충, 육아휴직제 실시 등과 같이 여성이 일과 가정을 양립할 수 있는 실효성 있는 지원정책을 통해 여성의 경제활동 참여를 장려하고 노동시장 정착도를 제고하는 일일 것이다. 이는 여성 노동시장을 지원하는 가장 시장정합적 정책이라고 할 수 있다. 정부는 최근 '일家양득' 캠페인을 통해 **일과 삶의 균형**(work-life balance)을 강조하고 시간선택제 일자리 지원과 같은 다양한 지원제도를 운영하고 있다.

아울러 노동시장정책에서 더 나아가 유아교육, 초·중·고등교육 등 전 교육과정에서 양성평등의 보편적 가치를 교육하여 우리 사회에서 성 역할에 관한 편협한 의식의 변화가 이루어질 수 있도록 노력할 필요가 있다.

제 6 절 차별의 사회적 비용

대부분의 국가에서 차별에 노출되어 있는 여성이나 장애인을 대상으로 차별을 금지하기 위한 정부의 정책 개입이 이루어지고 있다. 그러나 차별을 줄이기 위한 정책 개입이 논의될 때마다 논란이 되는 것은 바로 경제적 효율성의 문제이다. 즉, 차별을 금지하는 정책 개입이 이루어지면 형평성의 측면에서는 기여할 수 있을지 모르지만, 효율성 측면에서는 그에 상응하는 대가를 치러야 한다는 인식이 팽배하다.

그러나 효율성을 말할 때 많은 경우 차별의 사회적 비용을 간과한다. **차별의 사회적 비용**이란 차별로 인해 사회 전체가 감수해야 하는 손실을 의미한다. 차별의 사회적 비용을 금전적인 손실에 한정하면, 차별이 없었다면 달성할 수 있었던 사회적 부

(혹은 사회적 생산)와 비교할 때 차별이 존재함으로써 잃어버린 사회적 부(혹은 사회적 생산)라고 정의할 수 있을 것이다. 따라서 차별받는 그룹, 차별받지 않는 그룹, 그리고 차별하는 그룹에 미치는 모든 직접비용의 효과가 포함되어야 함은 물론, 구조화된 차별로 인해 인적자본 투자에 누수가 발생하는 경우 그것이 잠재적인 사회적 부에 미치는 손실 역시 사회적 비용에 포함되어야 한다. 또한 차별이 사회적 갈등을 야기해 그에 따른 비용이 발생한다면 그러한 갈등비용 역시 사회적 비용에 포함되어야 한다.

베커의 선호차별이론은, 차별이 있을 때 차별받는 근로자는 물론 기업에 대해서도 추가비용을 발생시켜 경쟁시장 하에서 그러한 차별의 시스템이 장기적으로 유지될 수 없다고 예견하였다. 개인적 비용과 사회적 비용 모두 명백히 비효율성을 의미하는 것이어서 그 측정이 그다지 중요하지 않았다.

그러나 통계적 차별이론이 도입되면서 차별의 사회적 비용에 관해 다양한 논의가 전개되고 있다. 앞서 살펴본 바와 같이 통계적 차별은 불완전 정보 상황 하에서 기업의 합리적 선택에 의해 발생하는 차별이다. 즉, 통계적 차별은 기업이 부족한 정보 상황을 그룹의 특성을 이용하여 보완함으로써 보다 유능한 인재를 선발하는 메커니즘이다. 이용된 정보가 올바른 것이라면 기업에게는 명백히 사적 이익이 발생할 것이다. 이 때문에 초기 통계적 차별이론에서는 효율성이나 비용보다는 통계적 차별의 결과로 발생하는 분배의 결과에 대해서만 주로 논의하였다(Arrow, 1973; Phelps, 1972; Aigner & Cain, 1977). 후생경제학적 관점에서 차별의 효율성을 처음으로 논의한 Cain(1985)은 통계적 차별을 시정하기 위한 정책은 형평성의 기준에서는 강력한 근거를 갖지만 효율성 기준에서는 그렇지 못하다는 결론을 내리고 있다.

그러나 최근 연구에서는 통계적 차별의 비효율성을 사회적 비용의 관점에서 본격적으로 논의하기 시작하였다. Schwab(1986)는 정보의 비대칭성으로 발생하는 레몬시장 논의를 노동시장에 적용하여 제한된 정보 상황으로 인한 기업과 근로자의 선택이 얼마만큼 사회적 효율성 손실을 가져올 수 있는지를 분석하였다. Lundberg & Startz(1983)는 저평가되는 그룹의 근로자들은 통계적 차별로 인해 자신들의 투자 성과가 낮을 것을 예상하여 투자를 기피함으로써 결과적으로 사회적으로 인적자본의 양을 줄이고 교육투자를 사회적 필요수준보다 낮추는 비효율을 발생시킨다고 분석하였다.

통계적 차별은 근로자의 동기부여에도 악영향을 미칠 수 있다. 근로자의 능력이나 생산성은 고정되어 있다기보다는 직무수행 과정에서 얼마든지 향상될 수 있다.

인센티브에 의해 노력의 양을 달리 할 수 있고, 규칙의 공정성에 따라 사기를 저하시키기도 진작시키기도 한다. Coate & Loury(1993)는 다른 그룹에 속한 개인들에 대해 기업이 사전적 편견을 갖고 있다면 동일한 능력을 가진 그룹이라 하더라도 결국에는 다른 숙련수준을 갖게 되는 균형이 만들어진다고 분석하였다. 즉 차별이 존재할 때 부정적인 스테레오타입을 가진 그룹에 속하는 근로자들이 자신이 발휘할 수 있는 노력의 최대치를 발휘할 수 없게 되면서 사회적 비효율을 야기한다는 것이다.

그러나 통계적 차별을 단순한 비용이나 비효율로만 보는 데 대한 반론도 적지 않다. Norman(2003)은 통계적 차별이 근로자 개인에 대해서 더 정확한 정보를 제공하는 신호기제로 작동하므로 단순한 시장실패로 간주될 수 없다고 주장한다. 그는 노동시장에서 정보의 역할을 재평가하고 한 사회에서 더 나은, 보다 정확한 정보를 생산함으로써 효율성 이득을 증가시킨다면, 통계적 차별은 사회적 후생을 개선시킬 수 있다는 점을 강조한다.

통계적 차별, 구조적 차별에 이르면서 차별의 실체와 영역이 점점 더 불분명해지고 있다. 차별화(differentiation)로 인한 선발비용의 감소, 전문화와 자기선택에 의한 분류 효과(sorting effect), 효율임금(efficiency wage) 등 다양한 가설과 설명들이 과거의 차별 논의를 대체하고 있다.

차별의 사회적 비용이나 비효율성은 현실에서 이러한 복합적인 효과의 결과로서 나타나는 것이고, 이런 다양한 현상을 하나의 잣대로 파악하는 것이 바람직하지 않을지도 모른다. 오히려 차별에 의해 발생하는 비효율이나 사회적 비용을 계량적으로 이해하기보다는 비효율을 발생시키는 구조에 대한 포괄적인 이해가 중요하고, 더불어 경제적 소수자에 미치는 악영향에 대해 보다 많은 관심을 기울일 필요가 있을 것이다.

제10장

노동조합과 그 역할

제 1 절 | 노동조합의 정의, 조직형태 및 현황
제 2 절 | 단체교섭과 파업의 경제분석
제 3 절 | 노동조합이 노동시장에 미치는 영향
제 4 절 | 집단적 발언기구로서의 노동조합
제 5 절 | 한국의 노동조합운동의 특징과 위기
제 6 절 | 한국 노동운동의 선택과 장래

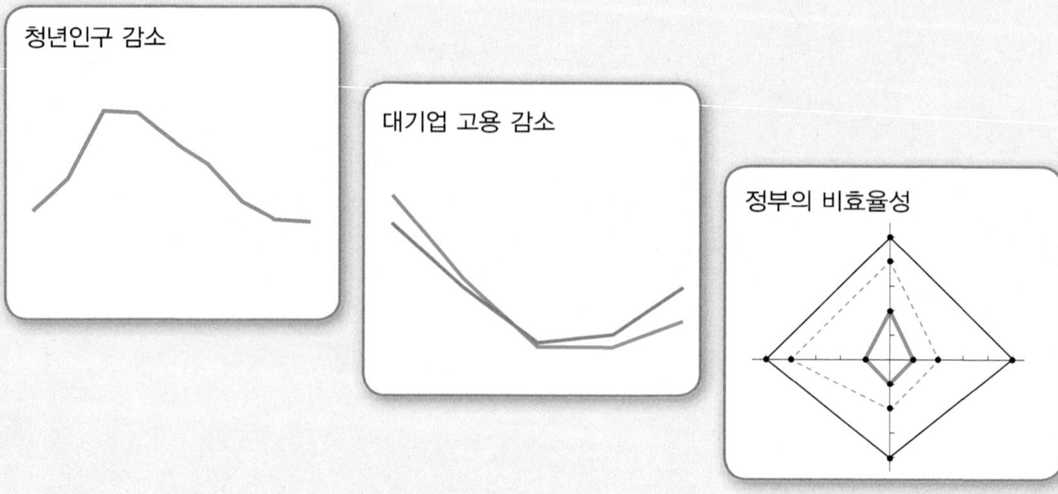

장을 시작하며

우리는 이 장에서 시장경제에서의 노동조합의 역할과 기능을 평가한다. 단체교섭 및 파업의 결정, 노동조합의 임금, 고용, 생산성 효과를 먼저 다룬다.

원래 이기적 인간의 본성 중의 하나는 강자를 존중하고 약자를 경멸하는 것이다. 시장경제에 있어서 강자인 기업경영자에 대해서는 존경을 표하고 약자인 노동자, 빈민에게는 마음속으로 경멸하거나 이들의 요구를 도외시하는 것이 보통이다. 자유주의 이념이 가장 확고한 미국에서의 노동경제학은 약자인 노동자의 결사체인 노동조합의 역할과 기능에 있어서 부정적인 측면을 부각시켜 왔고, 긍정적인 측면은 소개하는 것조차 인색해 왔는데 이는 타당성을 갖지 않는다는 점을 밝힐 것이다.

노동시장이라는 비교적 좁은 틀을 벗어나 노동운동이 노사관계 활동과 국민경제 운영방식을 어떻게 변용시킬 수 있는지도 분석한다. 이는 5절과 6절의 주제이다. 인구감소시대 장기간의 경기침체와 고용절벽에 직면한 한국경제에서 그리고 지식경제로 나아가고 있는 현실에서 한국노동운동의 위기를 진단하고, 동시에 새로운 노동운동의 이념이 무엇이 되어야 하는지를 제시한다.

이러한 종합적인 평가 속에서 독자들은 노동조합이 미치는 긍정적 효과가 부정적 효과보다 클 수 있다는 인류의 보편적 경험을 확인할 수 있을 것이다.

제 1 절 노동조합의 정의, 조직형태 및 현황

이 장에서는 노동시장에서 노동조합의 역할과 그에 대한 경제적 분석방법을 논의할 것이다. **노동조합**(union)은 근로자들의 자주적인 단결조직으로서, 조합원들의 이해를 대변하여 사용자와 교섭을 하는 등 노동시장의 중요한 제도적 주체(institutional actor)이다. 영국에서는 노동조합을 trade union, 미국에서는 labor union으로 쓴다.

1 노동조합의 기원과 조직형태

역사적으로 보면, 노동조합은 18세기 영국에서 직업조합(craft union)의 형태로 시작되었다. 19세기 들어서면서 노동조합은 점차 광범위한 반숙련공을 중심으로 하는 산업별 노동조합(industrial union)으로 변화하였고, 20세기 들어서면서부터 전국 단위로 조직되어 전체 노동자를 대변하는 기능을 수행하면서 그 정치적 위상이 크게 증가하였다. 그러나 20세기 후반 들어 글로벌화된 경제환경 하에서 교섭의 의사결정이 점점 더 분권화되면서, 공공부문을 제외하면 기업단위, 공장단위 교섭에 더 무게가 실리는 상황으로 변모함에 따라, 노조의 기업단위 지부의 기능이 보다 중시되고 있다.

이렇게 보면 노동조합의 조직형태는 산업화의 단계와 밀접한 관련이 있음을 알 수 있다.

(1) 직업별 노동조합(craft union)

직업별 노동조합이란 직종 또는 직업을 같이하는 근로자가 소속 기업, 소속 산업과 관계없이 단결하기 위해 조직하는 노동조합을 말한다. 이를 직종별 조합 또는 직능별 조합이라고도 한다. 즉 동일직업 또는 동일직종의 노동자들이 그들이 소속된 기업이나 공장에 관계없이 지역적으로 횡적 조직을 만드는 것이다.

직업별 노동조합은 역사적으로 가장 오래된 형태의 노동조합으로서 생산이 대체로 숙련공의 기능에 의존하던 시기에 숙련노동자가 노동시장을 배타적으로 독점하기 위한 조직으로 등장하였으며, 현재까지도 그 활동을 지속하고 있다. 숙련노동자 계층에 국한하여 자신들의 생활의 안정·향상을 추구하기 때문에 단결력이 강하고 임금 및 근로조건의 제안이 명확하다는 장점이 있는 반면, 사용자와의 관계가 희박하고 전문기술 독점에 의거한 지나친 배타성을 갖게 되기 쉽다는 단점을 갖는다. 따라서 직업별 노동조합은 근로자 전체의 경제·사회적 지위 향상에는 대체로 무관심하게 된다.

(2) 산업별 노동조합(industrial union)

산업별 노동조합이란 동일 산업에 종사하는 근로자라면 소속 기업이나 소속 직종과 관련 없이 횡적으로 조직하는 노동조합을 말한다. 이는 미국, 영국 그리고 유럽대륙을 망라하여 현대 노동조합의 대표적 조직형태이다.

산업별 노동조합의 출현은 사회적 분업과 기계화의 진전에 따라서 방대한 미숙련공이 배출됨으로써 배타적인 직종별 조합의 형태로서는 노동자의 단결을 충분히 뒷받침할 수 없게 되고, 또 상대적으로 집중화된 자본의 힘에 비해 직업별 노조의 교섭력이 미치지 못하게 된 데 연유한다고 할 수 있다. 이에 대한 대안으로서 직종을 가리지 않고 동일산업에 속한 노동자가 하나의 노동조합에 가입하여 노사대등의 단체교섭을 시도하였다.

숙련노동자들은 직업별 노동조합의 활동을 통해 기업가와 대등한 교섭조건을 확보할 수 있었지만, 대부분의 미숙련 노동자들은 교섭력 면에서 현저하게 불리했기 때문에 만성적으로 빈곤과 생활불안에 시달려야 했다. 따라서 이들 미숙련 노동자들은 산업별 노동조합운동을 통해 국가의 방임주의 정책을 비판하고 미숙련 노동자들을 보호할 수 있는 제도와 정책을 요구하였으며, 이를 관철시키기 위해 정치활동을 통한 사회개혁을 중시했다. 달리 표현하자면, 불평등을 낳는 시장경제 개혁을 추구하고 이를 위한 노동정치의 수단으로서, 그리고 노동자를 단결시키기 위한 조직형태로서 산별노조를 선택하였다고 볼 수 있다.

(3) 일반노동조합(general union)

일반노동조합은 직업이나 산업의 구별 없이 모든 근로자가 가입할 수 있는 노동조합을 지칭한다. 그러나 실질적으로는 모든 노동자를 조직하려는 목적을 가졌다기보다는, 직업별 노조와 산별노조에서 배제된 제조업 및 교통·운수·유통·건설 등의 분야에 속한 미숙련 노동과 잡역 노동에 종사하던 노동자들이 직업이나 산업에 관계없이 단일조직을 결성할 필요에서 19세기 말 영국, 20세기 초 미국에서 처음 등장하였다. 또한 노동조합간의 합병에 의해 거대 일반조합이 형성되기도 한다.

영국의 '운수 및 일반 노동조합'(Transport and General Workers Union)은 국유철도 이외의 교통·운수, 그 밖의 관련 직업종사자 130만명 정도를 조직하고 있었으며, '일반 및 자치단체 노동조합'(National Union of General and Municipal Workers)은 약 80만명을 조직하여, 이 두 조합이 영국의 2대 일반노동조합에 해당한다. 미국의 경우에는 '트럭운전사조합'(International Brotherhood of Teamsters)이 트럭 수송에 관련된 일에 종사하는 모든 노동자를 조직하고 있는 일반노동조합이며, 조합원은 190만명에 달해 미국 최대의 노동조합으로 꼽힌다.

우리나라에서는 주로 지역노조의 형태로 일반노동조합이 출현하였다. 기업별 노조 체제 하에서 보호를 받을 수 없는 비정규직 근로자, 중소영세기업 근로자, 하나의 소속기업을 특정하기 어려운 용역 및 사내하청 근로자, 특수고용 근로자, 그 외 실업자 등이 조직대상이 된다.

(4) 기업별 노동조합(enterprise union)

기업별 노동조합은 동일기업에 종사하는 근로자에 한해 조직된 노동조합이다. 우리가 앞에서 살펴본 구미 국가들의 노동조합은 그것이 직업별이건 산업별이건 또는 일반조합이건 모두 기업을 초월한 횡단적 조직이었다. 그런데 기업별 노조는 조직단위가 기업이며, 기업 내에서 직업과 관계없이 노동자를 조직하는 종단적 조직이라 하겠다. 일본과 우리나라는 단위노조의 절대다수가 기업별 노조의 형태를 취하고 있다. 일본은 생산직, 사무직 모두 가입하는 기업별 노조가 보편적인 반면, 한국은 생산직과 사무직이 따로 조직된 기업별 노조가 많다는 점이 특징적이다.

초기업적 횡단조직인 산별노조나 직업별 노조에 비해 기업별 노조는 노동시장에 대한 지배력은 별로 없지만 조합원들의 동질성을 기반으로 매우 높은 단결력을 과시한다.

기업별 노조가 갖는 장점은 첫째, 조직대상의 범위를 정하기 쉽고, 조직이 용이하다는 점이다. 같은 기업 내 노동자들 간에는 친밀감이 높고 강한 연대감을 느끼기 마련이다. 기업별 노조는 이러한 노동자들의 기업공동체적 연대감을 바탕으로 하고 있어 노조활동이 비교적 용이하다.

둘째로는 단체교섭 타결이 상대적으로 용이하다는 점이다. 기업간의 경쟁이 격화되고 생산물의 차별화가 진전됨에 따라 오늘날에는 같은 산업내의 기업이라도 노동의 내용이 다르며 노동조건이나 임금의 지불능력도 여러 가지로 차이가 나는 것이 현실이다. 이러한 현실 하에서 산업별이나 직업별로 통일된 단체교섭 결과는 경직적일 수가 있다. 같은 회계단위별로 이루어지는 기업단위 교섭은 이러한 경직성을 피할 수 있는 방법이 되는 것이다.

한편 기업별 노조에서는 노동자들은 노동계급으로서의 연대의식보다 동일기업내의 종업원의식을 갖기 쉽다. 한 기업의 종업원의 관점에서 보면 경쟁기업과 비교하여 자신이 소속된 기업의 부가가치가 늘어나고 기업조직이 확대되면 자신에게도 이득이 된다. 증가된 기업의 부가가치는 임금인상의 원천이 될 수 있으며, 기업의 조직 확대와 성장은 종업원의 승진기회를 높일 것이기 때문이다.

기업별 노조에서는 기업과 노조 간의 이해의 일치가 이루어지기 때문에 유럽노동운동은 기업별 노조를 노동조합으로 간주하지 않는다.

그러나 달리 보면 산업별 노조의 형태를 띠고 있는 유럽의 노동조합들은 직장노동자평의회(work council)를 두어 기업별 노조의 장점을 사실상 수용하고 있다고 할 수 있다. 직장노동자평의회란 몇 가지 유형이 있지만, 독일에서는 종업원 규모별로 법정 평의원을 두고 이들이 평의회를 구성하며, 평의회가 노동자를 대표하여 보수, 근로시간, 휴가, 훈련, 근로자 채용, 배치전환, 구조조정, 새로운 작업방식 도입 등을 사용자와 공동결정하거나 상의·협의한다.

한국, 일본과 같이 산업별 노조나 연대의 문화가 없는 경우 독과점 대기업에 조직된 기업별 노동조합이 강력한 힘을 기반으로 지대추구 행위를 하려는 경향성을 가지게 되고, 따라서 노동시장 분단을 심화시키는 역기능을 하기도 한다.

2 우리나라 노동조합의 정의와 조직현황

(1) 노동3권과 노동조합의 법적 정의

앞서 우리는 노동조합이 노동시장의 중요한 제도적 주체라고 정의하였다. '제도적(institutional)'이라는 것은 본연의 형태가 따로 있는 것이 아니라 그 사회 내에서 법이나 제도로써 그 정의와 활동범위가 정해진다는 것을 의미한다. 그렇다면 우리나라에서 노동조합을 어떻게 정의하고 있고 조직현황은 어떠한지 살펴보자.

우리나라에서 노동3권, 즉 단결권, 단체교섭권 및 단체행동권은 헌법에 의해 보장되는 기본권이다. **대한민국헌법 제33조**는 노동3권과 관련해 다음과 같이 규정하고 있다.

제33조 ① 근로자는 근로조건의 향상을 위하여 자주적인 단결권 단체교섭권 및 단체행동권을 가진다.
② 공무원인 근로자는 법률이 정하는 자에 한하여 단결권 단체교섭권 및 단체행동권을 가진다.
③ 법률이 정하는 주요 방위산업체에 종사하는 근로자의 단체행동권은 법률이 정하는 바에 의하여 이를 제한하거나 인정하지 아니할 수 있다.

노동조합은 헌법에 의한 노동3권을 실질적으로 보장하기 위한 근로자의 자주적 결사체라는 법적 지위를 가진다. 우리나라의 「**노동조합 및 노동관계조정법**」 제2조에서는 노동조합을 다음과 같이 정의하고 있다.

제2조(정의) 4. "노동조합"이라 함은 근로자가 주체가 되어 자주적으로 단결하여 근로조건의 유지·개선 기타 근로자의 경제적·사회적 지위의 향상을 도모함을 목적으로 조직하는 단체 또는 그 연합단체를 말한다.

즉 노동조합의 목적은 근로자가 단결하여 근로조건의 유지·개선, 기타 근로자의 경제적·사회적 지위의 향상을 도모하는 것이다.

우리나라에서 모든 근로자는 자유로이 노동조합을 조직하거나 가입할 수 있다(동법 제5조). 다만, 공무원과 교원의 경우는 별도의 법률에 의해 노동권이 보장되며,[1] 이들의 경우 노동3권 중 단체행동권은 원칙적으로 제한된다. 또한 노동조합 보호를 위해 이 법에 의해 설립된 노동조합이 아니면 노동조합이라는 명칭을 사용할 수 없도록 하고 있다.

앞서의 정의에서는 노동조합을 '단체 또는 그 연합단체'로 적시하고 있는데, 여기서 '단체'란 근로자가 직접 개인자격으로 가입하는 단위 노동조합을 지칭하며, '그 연합단체'란 노동조합이 구성원이 되는 연합체 조직을 의미한다. 단위 노동조합의 형태는 위에서 논의한 산별노조, 직업별 노조, 일반노조, 기업별 노조 등 어떠한 형태도 가능하며, 연합단체 노동조합으로는 산업별 연합단체와 전국 규모의 연합단체가 허용된다(동법 제10조).

(2) 복수노조와 교섭창구 단일화

우리나라에서는 2011년 7월부터 사업(장) 단위에서 **복수노조**가 허용되었다. 이는 하

1) 공무원은 '공무원의 노동조합 설립 및 운영 등에 관한 법률', 교원은 '교원의 노동조합 설립 및 운영 등에 관한 법률'이 제정되어 있다.

나의 사업(장)에서 2개 이상의 노동조합이 자유롭게 설립될 수 있다는 것을 의미한다.

그러나 만약 사업장 단위에서 복수노조와의 교섭절차를 따로 정하지 않고 노사자율에 맡겨둔다면, 복수노조가 있는 사업장에서는 단체교섭을 둘러싼 노사갈등, 중복교섭에 따른 비용 증가, 근로조건 통일성 원칙의 훼손, 노동조합 간 과도한 경쟁 및 분열 등의 부작용이 발생할 수 있다. 이를 방지하기 위해 마련된 장치가 바로 **교섭창구 단일화제도**이다.

교섭창구 단일화제도에 따르면, 사업 또는 사업장 내에서 사용자와 교섭하기 위해서는 모든 노동조합이 교섭창구를 단일화하여 **교섭대표노동조합**을 정하거나 공동교섭대표단을 구성해야 한다. 이로써 '1사 1교섭 원칙'이 보장되고 근로조건의 통일성이 유지될 수 있도록 하고 있다. 교섭창구 단일화는 노사간 자율결정원칙을 최대한 보장하면서 다음과 같이 단계적으로 진행되도록 하고 있다.

첫째, 노동조합간 자율적으로 교섭대표노동조합을 정하여 사용자와 교섭(**자율적 단일화**)

둘째, 자율적 단일화가 되지 않은 경우에는 교섭창구 단일화에 참여한 노동조합의 전체 조합원 과반수로 조직된 노동조합을 교섭대표노동조합으로 하여 사용자와 교섭(**과반수 노동조합**)

셋째, 과반수 노동조합이 없는 경우에는 창구 단일화에 참여한 노동조합의 전체 조합원의 10% 이상인 노동조합이 공동교섭대표단을 구성(노동조합이 자율적으로 결정하지 못할 경우에는 노동위원회에서 결정)(**공동교섭대표단**)

한편 교섭창구 단일화 과정에서 발생할 수 있는 소수 노동조합에 대한 불합리한 차별을 방지하기 위해서 교섭대표 노동조합 및 사용자에게 **공정대표의무**를 부과하였다. 교섭대표 노동조합과 사용자는 교섭창구단일화 절차에 참여한 모든 노동조합과 조합원들에 대해 합리적 이유 없이 차별을 해서는 안 되며, 만약 이를 위반하였을 경우에는 노동위원회에 그 시정을 요청할 수 있다.

(3) 조직현황

2013년 현재 우리나라 노동조합 수는 5,305개이고, 조합원수는 1,848천명이다. 조직대상 근로자 수를 17,981천명으로 간주하여 산출한 노조조직률은 10.3%이다(고용노동부, 2014). 노조조직률은 1989년 이후 지속적으로 하락세를 보여 2010년에 최초로 한 자리수(9.8%)까지 떨어졌으나, 2011년에 복수노조 허용을 계기로 다시 10%대

그림 10-1 노동조합조직률 및 조합원 수 추이

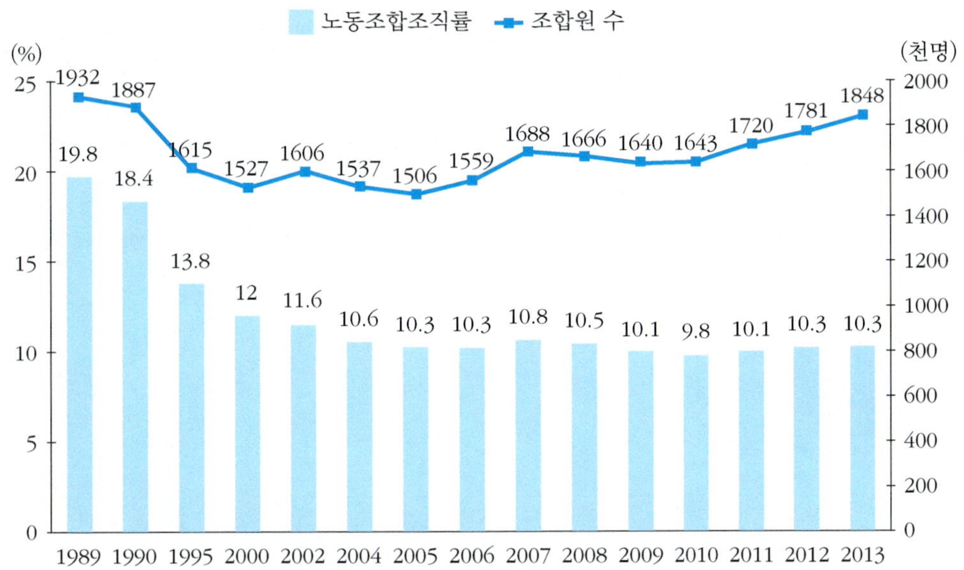

자료: 고용노동부, 『2013년 전국노동조합 조직현황 보고서』, 2014.10.

를 회복하여 현재에 이르고 있다(그림 10-1).

부문별로 살펴보면, 민간부문의 조직률은 9.1%인데 반해, 교원부문은 16.8%, 공무원부문은 63.5%로 민간부문에 비해 공무원·교원부문의 노조조직률이 월등히 높은 것으로 나타난다.

우리나라에는 한국노총, 민주노총, 국민노총이라는 세 개의 전국적 연합단체(national center)가 조직되어 있다. 이 중 한국노총 소속 조합원이 전체 조합원의 44.4%로 가장 큰 비중을 차지하고, 다음은 민주노총 33.9%, 국민노총 1.1%의 순이며, 기타 미가맹 노조가 20.7%를 차지한다. 2000년대 중반 이후 상급단체에 가맹하지 않은 단위노조가 크게 증가하는 양상을 보여주고 있다(그림 10-2).

또한 우리나라에서 가장 일반적인 노조 조직형태는 기업별노조이지만, 최근 들어 산별노조, 지역노조와 같은 초기업 노조가 점차 증가하는 추세를 보이고 있다. 2004년 당시 초기업 노조 소속 조합원 비중은 39.4%에 불과하였으나, 2013년에는 이 비중이 55.7%까지 상승하였다. 특히 민주노총의 경우, 조합원 수 기준으로 기업별 노조가 20.1%, 초기업 노조가 79.9%를 차지하여 초기업 노조화가 가장 많이 진전된 것으로 파악된다.

그림 10-2 상급단체별 조합원 수의 변화 추이

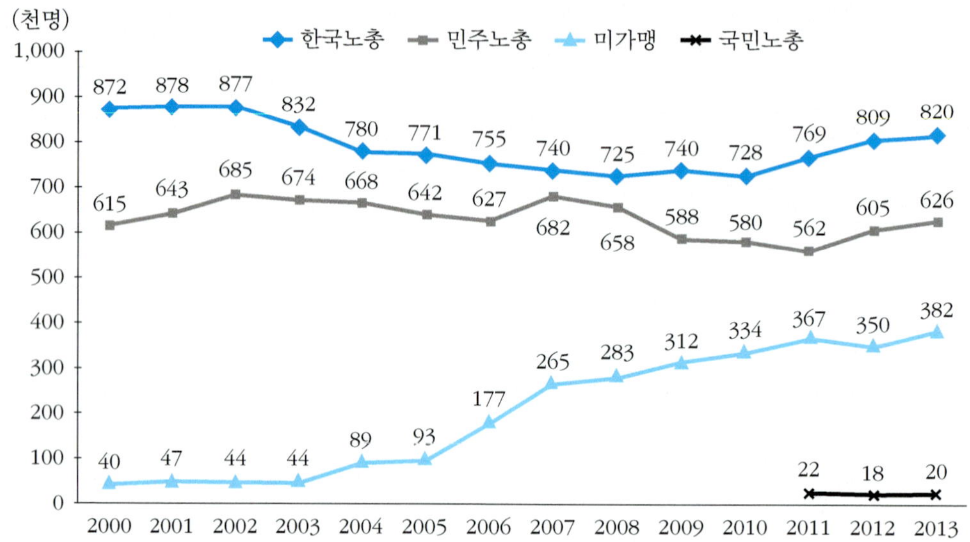

자료: 고용노동부, 『2013년 전국노동조합 조직현황 보고서』, 2014.10.

표 10-1 조합원 규모별 조직현황

(단위: 개소, 명, %)

	50명 미만	50~99	100~299	300~499	500~999	1,000명 이상	총 계
노조수 (비율)	2,725 (51.4)	888 (16.7)	1,031 (19.4)	244 (4.6)	191 (3.6)	226 (4.3)	5,305 (100.0)
조합원수 (비율)	45,148 (2.4)	62,654 (3.4)	169,564 (9.2)	92,409 (5.0)	132,288 (7.2)	1,345,523 (72.8)	1,847,586 (100.0)

자료: 고용노동부, 『2013년 전국노동조합 조직현황 보고서』, 2014.10.

우리나라 노조조직률이 10.3%임을 감안하면, 조합원 수 기준으로 한국노총은 전체 근로자의 4.6%, 민주노총은 3.5%를 조직하고 있다. 양대 노총을 합하더라도 노동조합의 대표성은 약 8% 수준에 불과하다. 이처럼 낮은 근로자 대표성은 특히 전국 혹은 지역 단위에서의 사회적 대화나 합의에서 큰 걸림돌로 작용하고 있다.

또한 〈표 10-1〉이 보여주는 바와 같이 조합원 수 50인 미만 노조는 전체의 51.4%를 차지하나 조합원 수는 2.4%(45천명)에 불과하고, 조합원 수 1,000명 이상인 노조는 4.3%(226개)에 불과하나 조합원 수로는 전체의 72.8%(1,345천명)를 차지하여, 전체 조합원수 대비 대규모 노조의 조합원수 비중, 즉 노동조합의 대기업 편중성이

매우 크다는 점도 우리나라 노조 조직현황의 중요한 특징이라고 할 수 있다.

3 OECD 국가에서의 노조조직률과 영향력

표 10-2 OECD 국가에서의 노조조직률과 적용범위(2010년)

국가	조직률 (%) A	적용범위 (%) B	초과적용범위 (%) (B−A)
호주	19	40	21
오스트리아	28	99	71
벨기에	52	96	44
캐나다	30	32	2
체코	17	42	25
덴마크	69	80	11
에스토니아	7	19	12
핀란드	70	90	20
프랑스	8	90	82
독일	19	62	43
그리스	24	65	41
헝가리	17	34	17
아이슬란드	79	88	9
아일랜드	37	44	7
이탈리아	35	80	45
일본	18	16	-2
한국	10	10	0
룩셈부르크	37	58	21
네덜란드	19	82	63
뉴질랜드	21	17	-4
노르웨이	54	74	20
폴란드	15	38	23
포르투갈	19	45	26
슬로바키아	17	40	23
슬로베니아	30	92	62
스페인	16	85	69
스웨덴	69	91	22
스위스	18	48	30
터키	6	25	19
영국	28	33	5
미국	11	13	2

주: 1. 2010년 혹은 이용가능한 근접년도(2008, 2009년)의 수치임.
2. 적용범위: 임금근로자 중 임금협약이 적용되는 피용자의 비중

자료: Visser(2011), p.65. Boeri & van Ours(2013)에서 재인용.

〈표 10-2〉는 OECD 국가들에서의 노조조직률을 보여주고 있다. 덴마크, 핀란드, 아이슬란드, 스웨덴 등 북유럽 국가들에서는 70~80% 수준의 높은 조직률을 보이고 있는가 하면, 에스토니아, 프랑스, 터키 등에서는 한자리 수의 낮은 조직률을 보여준다. 한국은 2010년 현재 10%의 조직률을 기록해 노동조합조직률이 매우 낮은 국가에 해당한다.

그러나 노조조직률만 갖고 노조의 영향력에 대해 성급하게 판단해서는 안 된다. 유럽의 국가들 중 노조조직률이 상대적으로 낮은 나라, 예컨대 프랑스(8%), 독일(19%), 네덜란드(19%) 등의 경우 노조조직률이 낮다고 해서 노조의 영향력이 적다고 할 수 없다. 이들 국가에서는 노조조직 분야에서 노사간에 단체협약이 체결되면 그 결과가 법률적으로 또는 행정부의 규칙으로 비조직 분야에로 확대 적용되는 시스템을 갖고 있기 때문이다.

즉, 노동조합조직률과 **단체협약의 적용범위**(coverage)가 다를 수 있는데, 〈표 10-2〉의 두 번째 열에 단체협약의 적용범위가 보고되어 있다. 앞서 언급한 프랑스, 독일, 네덜란드의 경우 근로자 중 노조조직 분야 단체협약에 의해 본인의 임금과 근로조건이 결정되는 정도를 조사해 보면 각각 90%, 62%, 82%에 이른다. 이들 국가에서 노동조합의 영향력은 결코 낮지 않으며 오히려 큰 편이라고 할 것이다. 아울러 〈표 10-2〉에 따르면 대부분의 유럽 국가들에서도 이와 같은 단체협약의 확장적용 메커니즘을 갖고 있음을 확인할 수 있다. 이처럼 노동조합의 영향력을 살펴보기 위해서는 노조조직률 이외에 단체교섭의 적용범위에 대한 고려가 필요하다.

한국의 경우 노조조직률이 낮을 뿐만 아니라 노조 협약의 적용범위(10%)도 가장 협소한 국가로 꼽히고 있다.

제2절 단체교섭과 파업의 경제분석

노동조합은 근로자의 임금 및 근로조건을 개선하기 위해 조합원을 대변하여 사용자와 단체교섭을 수행하며, 그 결과로 단체협약을 체결하게 된다. 그 과정에서 노동조합은 조합원들의 단결된 힘을 과시하여 좀 더 유리한 조건을 이끌어 내기 위해 파업과 같은 단체행동을 하기도 한다.

이제 우리는 단체교섭 및 파업의 결정 그리고 노조의 효과에 대해 차례로 미시적 분석을 행하고자 한다. 다시 한 번 강조하자면 이 미시적 분석은 이기적 목적을 추구하는 인간 또는 인간집단의 행위분석과 관련되므로, 미국·영국 등 자유주의 전통이 강한 국가, 유럽대륙 등 사회민주주의 전통이 강한 나라, 그리고 한국과 같은 국가통제의 시장경제 국가 등에 보편적으로 적용될 수 있다.

1 단체교섭, 파업, 그리고 단체협약

(1) 단체교섭과 단체협약

노동조합의 가장 주된 활동 중의 하나는 **단체교섭**(collective bargaining)이다([그림 10-3]). 노동조합이 노동의 수요자인 기업 또는 기업집단과 ① 임금 및 부가급여, 급여체계, ② 근로자 징계 및 해고조건, ③ 작업환경, ④ 인사·노무관리 방식이나 작업장 운영방식, ⑤ 노조의 권리·책임·의무에 관한 사항과 경영권에 속하는 사항 등에 관하여 집단적으로 교섭하는 것을 단체교섭이라고 한다.

기업과 노동조합이 임금과 근로조건과 관련된 요구를 제시하고 상호간에 절충하고 마침내 합의점에 도달하여 맺은 협정을 **단체협약**(collective agreement)이라고 한다. 단체협약은 집단적인 근로계약서라고 할 수 있으며, 단체교섭은 바로 이 단체협약의 체결이나 변경을 둘러싸고 이루어진다. 단체교섭 과정에서 파업과 같은 **노동쟁의**(labor dispute)가 일어날 수도 있다([그림 10-3] 참조).

그림 10-3 노동조합의 단체교섭 활동

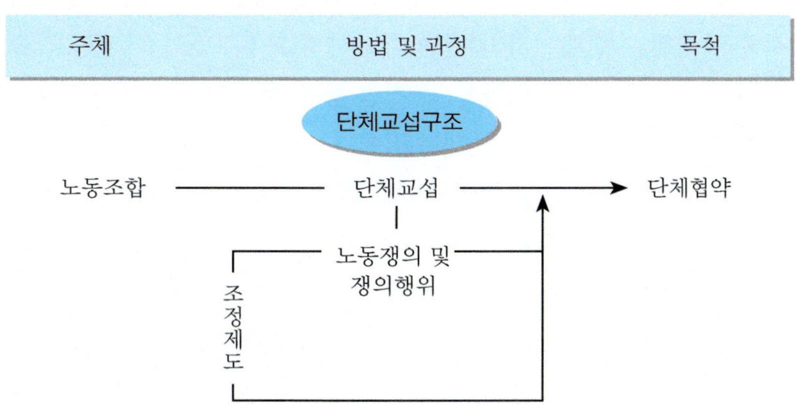

(2) 단체교섭의 구조

단체교섭은 다양한 구조로 전개된다. 단체교섭의 구조란 단체협약을 체결하는 데 있어 노·사 교섭력의 집중도와 노조간 교섭의 상호 조정정도를 말한다. 단체교섭구조(기업별교섭, 산별교섭 등)는 기본적으로 노동조합 조직형태(기업별노조, 산별노조 등)와 무관하지 않지만 그렇다고 반드시 일치하는 것은 아니다.

단체교섭의 집중도는 다음 세 가지로 나누어질 수 있다.

첫째, 미국, 캐나다, 일본, 한국에서와 같이 기업과 노조가 개별사업장 또는 기업수준에서 임금과 근로조건을 교섭하는 분권적 교섭구조이다. 이때 미국, 캐나다의 노조는 산별, 직업별, 일반노조로 전국노조의 형태를 띠며, 일본과 한국의 노조는 기업별 노조이다.

둘째, 분권적 교섭구조와 정반대로 전국의 사용자협회와 노조의 내셔널센터 간의 중앙집권적 전국교섭을 들 수 있다. 이는 1970년대 스웨덴, 노르웨이, 핀란드, 덴마크 그리고 오스트레일리아의 교섭방식이다.

셋째, 유럽 대륙의 대부분의 국가가 취하는 방식인데 산별노조와 산별 사용자단체 간에 중앙집권적 산별교섭이다. 독일, 오스트리아, 네덜란드, 스위스 등에서의 교섭방식이 여기에 해당한다.

〈표 10-3〉은 OECD 주요국의 단체교섭구조가 1975년에서 2000년까지 어떻게 변화했는지 보여주고 있다. 단체교섭의 집중도는 위에 언급한 세 유형, 즉 분권적 교섭구조(1점), 중앙집권적 전국교섭(5점), 중앙집권적 산별교섭(3점)에, 두 가지 교섭유형을 더 추가한 것이다. 즉 분권적 교섭구조와 산별교섭이 혼재하고 있되 분권적 교섭이 다소 많은 경우에 2점(1970년대 영국), 산별교섭이 압도적이나 가끔 전국교섭이 일어나는 경우에 4점(1970년대 후반의 스페인, 포르투갈, 벨기에 등)을 부과하고 있다.

주요 특징은 70년대에서 90년대 후반까지 교섭구조가 더 중앙집권적으로 된 나라는 없고, 오히려 스웨덴, 덴마크, 스페인 등 중앙집권적 교섭구조가 강했던 국가에서도 점차 분권화가 진전되고 있다는 점이다.

단체교섭에서 노조간 **교섭의 상호조정**이 이루어지는 정도도 국가별로 차이가 있다. 대표적인 것은 **패턴교섭**(patten bargaining)이다. 패턴교섭이란 공식적 단체교섭 구조에서 결정된 단체협약이 있을 때, 이 구조에 속하지 않은 기업이나 노동조합이 공식적 단체교섭 구조에서 결정된 사항에 의해 영향을 받아 유사하거나 동일한 내용의 단체협약을 체결하는 것을 말한다. 기성복을 만드는 데 이용되는 「옷패턴」(옷본이라고도 함)이 있으면 같은 모양의 기성복이 수없이 만들어지듯이 공식적 단체교섭 구조에서 맺어진 단체협약이 하나의 패턴이 되어 여타의 기업에서도 동일한 내용의 협약이 그대로 수용되는 교섭방법이 패턴교섭이다.

예컨대 독일의 경우 최대 노조인 금속노조와 이에 대응하는 금속사용자연맹과의 산별교섭 결과는 국민경제의 여타 산업에 준거가 되는 패턴교섭이 된다. 그 결과, 전국적 사용자연맹과 전국노총과의 교섭과 유사한 결과가 초래된다. 기업별 교섭구조를 갖고 있는 일본의 경우, 주요 기업의 타결 결과가 전국적 춘투(春鬪)과정에서 패턴교섭의 형태로 파급된다.

표 10-3 OECD 주요국의 단체교섭의 집중도와 상호 조정정도

국가	집중도			상호 조정정도		
	1975~1979	1985~1989	1995~2000	1975~1979	1985~1989	1995~2000
오스트레일리아	4	4	2	4	4	2
오스트리아	3	3	3	5	4	4
벨기에	3.5	3	3	3.5	4	4.5
캐나다	1	1	1	3	1	1
덴마크	5	3	2	5	4	4
핀란드	5	5	5	5	5	5
프랑스	2	2	2	2	2	2
독일	3	3	3	4	4	4
아일랜드	4	2.5	4	4	2.5	4
이탈리아	2	2	2	2	2	4
일본	1	1	1	4	4	4
한국	1	1	1	1	1	1
네덜란드	3	3	3	4	4	4
뉴질랜드	3	3	1	4	4	1
노르웨이	4.5	4.5	4.5	4.5	4.5	4.5
포르투갈	4	3	4	4	3	4
스페인	4	3.5	3	4	3.5	3
스웨덴	5	3	3	4	3	3
스위스	3	3	2	4	4	4
영국	2	1	1	4	1	1
미국	1	1	1	1	1	1

주: 가장 분권적인 경우를 1점, 가장 중앙집권적인 경우를 5점으로 한 5점척도 점수
자료: OECD Employment Outlook, 2004, p. 151.

〈표 10-3〉에는 상호 조정정도를 나타내는 점수가 나와 있는데, 분권적 교섭구조에 상부로부터의 조정이 없으면 1점, 산별과 기업별 교섭이 혼재되어 있으며 패턴교섭이 없으면 2점, 독일식의 패턴교섭이 있으면 3점, 상부조직으로부터 상당한 비공식 조정이나 정부의 임금조정에 의해 결정되는 경우 4점, 각각의 산별교섭을 내셔널센터가 비공식 조정하는 경우 5점을 주고 있다. 상호 조정정도는 1970~1990년 말까지 안정성을 보여주고 있다.

따라서 〈표 10-3〉이 보여주는 바에 따르면, OECD 국가의 단체교섭구조의 특징은 단체교섭이 점차 분권화로 나아가지만 노동조합간의 상호조정은 큰 변화 없이 매우 안정적이라는 것이다.

〈표 10-3〉에 비추어 한국의 단체교섭은 매우 분권적인 교섭구조를 갖고 있으면서, 동시에 노조간 상호조정도 거의 없다고 할 수 있다. 이러한 단체교섭구조는 미국과 매우 흡사하다.

한편 기업별 노조가 지배적인 한국에서 사용되는 교섭구조 용어는 다소 독특하다. ⅰ) 분권적 교섭구조 중 기업과 기업별 노조가 교섭하는 것을 **기업별 교섭**, ⅱ) 중앙집권적 산별교섭을 **통일교섭**, ⅲ) 산별노조가 여러 사업장을 갖고 있는 사용자와 여러 사업장 근로자 전체를 포괄하는 단체교섭을 진행할 경우를 **대각선교섭**, ⅳ) 산별노조와 그 지부가 공동으로 사용자와 교섭하는 경우를 **공동교섭**, 그리고 ⅴ) 복수의 기업과 복수의 기업별 노조가 교섭하는 것을 **집단교섭**이라고 부른다.

(3) 파 업

파업(strike)이란 노동자들이 자신의 요구를 관철시키기 위해 생산활동이나 업무수행을 일시적으로 중단하는 집단행동을 말한다. 즉 파업은 노동력을 판매한 노동자들이 일시적으로 노동력의 제공을 거부함으로써 사용자들에게 자신들의 요구를 수용하도록 압박하는 강력한 수단이다. 파업과 달리 노동력 제공을 부분적으로 거부하는 것을 **태업** 혹은 **부분파업**이라고 한다. 이러한 집단행동은 일반적으로 노동조합의 지휘 하에 진행되는데, 그렇지 않고 노동자들이 자발적으로 벌이는 **와일드캣 파업**(wildcat strike)도 있다.

대부분의 국가에서는 자본주의 체제하에서 노동자들이 경제적 약자의 지위에 있다는 점을 인정하여 **노동3권**(단결권, 단체교섭권, 단체행동권)을 보장하고 있으며, 적법한 절차에 따르는 파업은 정당한 단체행동으로 허용하고 있다. 우리나라도 헌법 제

표 10-4 파업에 관한 다양한 정보(2000–2004)

국가	파업발생률	평균파업기간	파업참가율	파업강도
호주	48.6	1.7	29.6	8.7
캐나다	80.3	1.8	-	-
덴마크	39.4	1.3	27.9	37.6
프랑스	101.0	-	-	5.9
독일	3.5	1.4	4.0	-
이탈리아	140.3	1.0	157.4	4.9
일본	0.4	2.0	0.2	1.7
한국	100.6	11.1	9.7	2.2
네덜란드	10.7	2.5	5.5	0.2
스페인	234.2	2.7	138.5	5.3
영국	28.7	2.7	13.4	0.6
미국	46.8	24.5	1.4	0.0

주: 1) 파업발생률(strike rate): 근로자 1,000명당 노동손실일수
2) 평균파업기간(average duration): 파업참가자의 평균 파업일수
3) 파업참가율(strike incidence): 근로자 1,000명당 파업참가자의 비중
4) 파업강도(strike intensity): 근로자 10만명당 파업횟수

자료: Boeri & van Ours(2013), 『*The Economics of Imperfect Labor Markets*』, p.70.

33조 1항에서 노동3권을 보장하고 있으며, 「노동조합 및 노동관계조정법」에 의해 노동조합의 결성과 쟁의행위 등에 대해 상세한 법률적 기준과 절차를 규정하고 있다. 이 법에 따르면, 파업 등의 쟁의행위는 노동조합의 지도와 책임 하에 실행되어야 하며, 조합원의 과반수 찬성을 얻어 행할 수 있다. 또한 노동조합의 쟁의행위가 관계법령과 사회질서를 위반하지 말아야 하며, 폭력적이며 파괴적인 단체행동과 공익에 필수적인 업무에 대한 쟁의행위를 금지하거나 제한하고 있다. 1999년과 2004년에 각각 노동조합의 결성이 허용된 교원과 공무원의 경우에는 원칙적으로 단체행동이 금지되어 있다.

〈표 10-4〉는 우리나라를 비롯해 주요 선진국들에서 파업에 관한 다양한 정보들을 보여주고 있다. 국가들마다 파업발생빈도, 평균파업기간, 파업참가율, 파업강도에서 큰 차이를 보이고 있음을 알 수 있다. 우리나라는 상대적으로 파업발생률이 높고 파업이 발생했을 때 파업참가의 지속기간도 매우 길게 나타난다.

2 단체교섭과 파업의 경제분석

단체교섭 및 파업에 대한 이론은 1920년대 이후 지금까지 계속 많은 경제학자들의 관심의 대상이 되어 왔다. 이하에서는 그 가운데에서 **힉스 모형**과 **아쉔펠타-존슨 모형**의 두 가지 이론을 간단히 고찰해 보고자 한다.

(1) 힉스의 이론

영국의 옥스퍼드 대학의 힉스(J. R. Hicks) 교수는 단체교섭이 결렬되어 파업이 발생하면 파업의 기간에 따라 노사양측의 **요구임금**(asking wages) 및 **제의임금**(offering wages)의 수준이 달라진다고 생각하였다. 즉 노사양측이 수락하는 임금수준은 그 임금수준에 도달시키기까지 필요한 파업기간에 의존하다고 하였는데 이것이 그의 이론의 핵심이다.

[그림 10-4]는 힉스의 단체교섭이론의 내용을 나타내고 있다. 먼저 가로축은 파업기간을 표시하고 세로축은 임금률(wage rate; 시간당 임금)의 크기를 표시한다. 그림에서 임금률 A는 노동조합이 없거나 노동조합이 파업을 하기 이전에 사용자들이 지불하려고 하는 임금수준이다. 사용자들은 파업기간이 길어짐에 따라, 점차 높은 임금을 지불하는 방향으로 양보할 수밖에 없다. 그것은 파업으로 기업의 비용이 발생하기 때문이다. 그림에는 A점에서 우상향의 **사용자의 양보곡선**(employer's

그림 10-4 힉스의 교섭모형과 기대파업기간

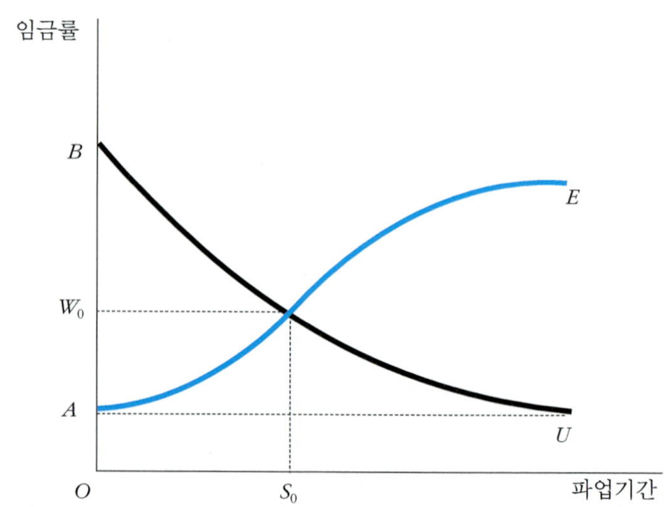

concession curve)이 그려져 있다. 이것은 상당한 기간 동안은 계속 우상향하며 일정 수준에 도달하면 그 이상 더 양보할 수 없기 때문에 평행선이 된다.

다음에 *B*점은 노동조합에서 처음에 요구하는 임금률 수준이다. 노동조합도 파업이 진행됨에 따라 사실상 많은 손실, 즉 비용이 발생하므로 자신의 요구임금률 수준을 낮출 수밖에 없다. 그러므로 *B*점에서 우하향의 곡선이 **노동조합의 저항곡선**(union's resistance curve)이다. [그림 10−4]에는 노동조합의 저항곡선이 일정한 기간 이후에는 더 이상의 저항력을 유지할 수 없기 때문에 사용자가 제시하는 조건인 *A*수준을 수락할 수밖에 없음을 나타내고 있다.

힉스는 위와 같이 두 개의 반대의 기울기를 가진 곡선이 주어지면 하나의 교차점이 생길 수 있다고 가정하였다. 그리고 그 교차점이야말로 노동조합의 가장 노련한 교섭담당자가 사용자로부터 획득할 수 있는 가장 높은 임금률이라고 주장하였다. 그림에는 S_0기간의 파업을 통하여 교차점에 도달하였으며, 그 때 새롭게 결정된 임금률이 W_0가 됨을 보여준다.

힉스는 주장하기를, 만약 노동조합이 W_0보다 더 높은 임금을 요구한다면 사용자는 노동조합이 사용자를 양보하게끔 충분히 오래 파업을 하지 못할 것이라는 계산으로 그 요구를 거부할 것이라고 하였다. 그리고 만약 노동조합이 W_0보다 낮은 임금을 제시하게 되면 사용자는 쉽게 수락하겠지만, 노동조합 내부에서 교섭대표자들과 일반 조합원간의 마찰이 불가피하다고 하였다. 즉 교섭대표자들은 최선을 다하지 못하였거나 사용자와 모종의 거래가 있은 것으로 오해를 받는다는 것이다. 그 때문에 사용자의 양보곡선을 불확실하게밖에 알 수 없는 노동조합으로서는 최초에는 요구임금을 높게 잡고 점차 교섭과정에서 사용자의 태도를 통하여 자신의 요구임금수준을 수정해 간다고 하였다.

힉스 모형의 단점은 파업을 하지 않는 것이 노사양측에 도움이 되므로 이를 미리 고려해 파업이 발생하지 않는 상황이 전개될 수 있다는 점을 간과하고 있다는 데 있다. 만약 파업이 지속됨에 따라 노조의 요구가 줄어들고 사용자의 양보가 커지게 되면, 그리고 S_0점에서 파업을 중단하는 것이 이익이 된다는 것을 안다면, 노사양측이 사전에 파업 없이 W_0의 임금수준에서 교섭을 타결지음으로써 파업에 따르는 비용을 회피할 수 있을 것이다. 따라서 힉스의 모형은 단체교섭과정에서의 불확실성을 지나치게 경시하였다는 비판을 받게 되었다.

단체교섭 과정에서 비대칭적 정보를 도입하여 교섭과정을 설명함으로써, 힉스에 대해 제기된 비판, 즉 파업을 하지 않는 것이 노사양측에 도움이 되므로 파업이 발생하지 않을 상황(이를 힉스의 패러독스(Hicks paradox)라고 한다)에 대해 답을 제시한 것이 바로 아쉔펠타-존슨 모형이다.

(2) 아쉔펠타-존슨 모형

아쉔펠타와 존슨(Ashenfelter and Johnson)은 협상에 임해서 **비대칭적 정보**가 있다고 보았다. 즉 노동조합은 회사의 경영상태나 지불능력이 어느 정도인지 정확히 알 수 없으나 기업은 자신의 지불능력에 대해 잘 알고 있다는 것이다.

비대칭적 정보 때문에 노조는 파업을 통해서 회사의 지불능력에 대한 정보를 얻게 된다. 기업경영층은 파업을 거치면서 회사의 지불능력을 노조에게 신호해 준다.

비대칭적 정보 하에서 노동조합은 [그림 10-5]의 (i)에 나타난 임금요구 곡선에 따라 움직일 것이다. 파업 이전에 상대방에 대한 불완전정보의 문제가 있을 때 노조는 그림 (i)에서 비현실적인 임금률인 W_X를 요구할 수 있다. 한번 파업을 해본 후 노조는 최초의 요구안이 비현실적임을 깨닫고 임금요구를 낮춘다. [그림 10-5]의 (i)에서 *UR*은 노조원들이 요구하는 임금률의 수준을 나타내며, 이 경우 노조원이 수용할 수 있는 최저수준의 임금률은 파업기간의 함수이다. 이 *UR*곡선은 앞의 힉스모형에서 본 노조의 저항곡선과 같다. *UR*곡선은 파업기간에 따라 점차 우하향하게 된다.

[그림 10-5]의 (i)에서 *UR*곡선의 특징은 세 가지이다. 첫째, W_X는 노조원들의 최초임금요구(즉 파업 없이 타결할 수 있는 임금수준)를 나타내고, 둘째, W_m은 노조원들이 수용할 수 있는 최저요구임금을 나타낸다. 경제상황과 노조원들의 사용자에 대한 적대감의 정도에 따라, 최저요구임금률은 전년도 임금률보다 낮을 수도 있다. 셋째, *UR*곡선은 파업기간에 따라 임금요구를 하락시키는 속도를 반영한다.

기업의 입장에서 보면 파업 초기에는 판매수입이 감소하여 이윤이 마이너스가 될 수 있다. 그러나 파업이 진행될수록 노동조합의 임금률 인상요구가 낮아지는데 임금률 인상요구가 낮아질수록 발생하는 임금절약분이라는 예상이익과 생산 및 판매 감소로 인한 예상손실을 비교할 것이다. 임금절약분이라는 예상이익이 판매수입 감소라는 예상손실을 능가하면 기업은 노조의 요구를 거절한다. 만약 파업으로 인한 판매수입 감소가 임금절약분이라는 예상이익을 능가하면 기업은 파업을 종식시키려 노조의 요구를 수락한다.

그렇다면 파업이 어느 기간까지 계속될 것인가? 파업기간이 늘어나게 되면 사용자는 낮은 임금인상으로 교섭을 타결할 수 있기 때문에 기업의 장래이윤은 높아진다. 그러나 파업이 장기화될수록 노조의 임금요구의 하락 폭이 점차 작아지고 판매

그림 10-5 아쉔펠타-존슨의 파업모형

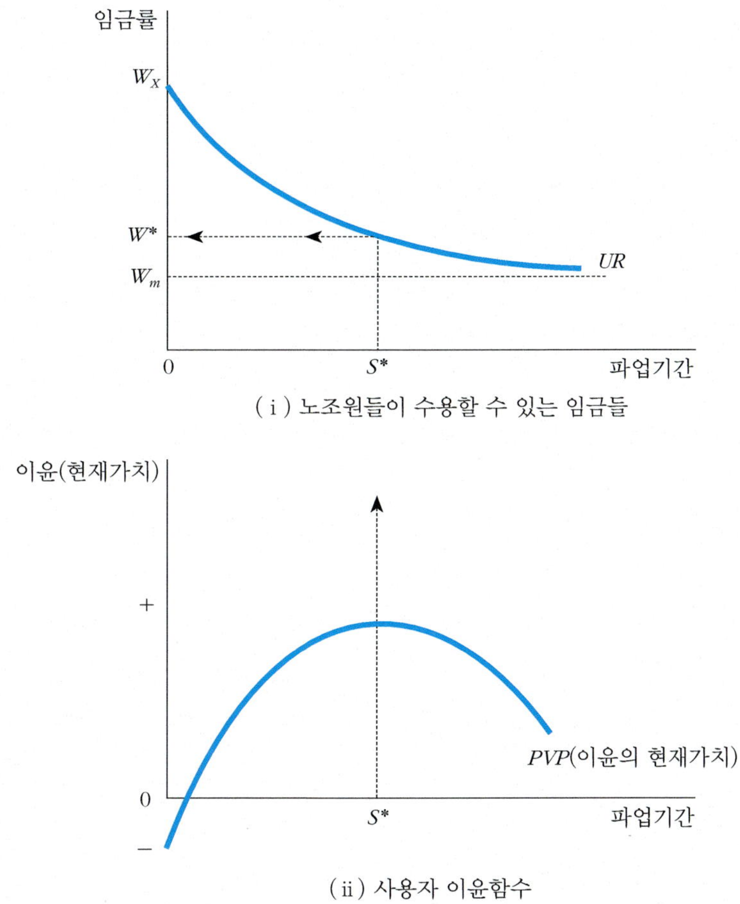

의 손실분이 누적됨에 따라 기업의 장래이윤은 감소한다. 즉 기업의 장래이윤은 파업기간 중 처음에는 증가하다가 일정기간이 지나면 감소하게 된다. 현 시점에서 이윤을 극대화하는 기업은 장래이윤의 현재가치(*PVP*)를 계산하게 된다. 이는 [그림 10-5]의 (ⅱ)와 같은 모습을 지니게 될 것이다.

사용자의 목적이 현재가치로 평가한 기업의 이윤을 극대화하는 것이고, 사용자는 [그림 10-5]에 나타난 *UR*, *PVP*곡선을 알고 있다고 가정하자. 물론 노동조합은 *PVP*곡선을 모른다고 가정되어 있다. 이것이 비대칭적 정보라는 가정의 핵심이다. 이때 사용자는 파업기간 S^*점에서 W^*의 임금률 인상을 제시함으로써 이윤의 현재가치를 극대화 할 수 있을 것이다. 이 점에서 노조원들은 사용자의 임금인상안을 받아들이고 파업을 끝낼 것이다.

그러나 극단적인 예로서 [그림 10-5]의 *PVP*곡선이 항상 음의 기울기를 지니고 있는 경우가 있다. 이는 파업으로 인한 매출감소가 지나치게 큰 경우에 발생한다. 즉 일찍 타결하여 높은 수준의 타결임금으로 인한 인건비 증가가 있더라도 이윤감소가 별로 문제되지 않으면, 사용자는 파업 전에 임금교섭을 타결하게 된다. W_X의 임금을 허용하는 것이 기업에게 큰 손실을 초래하고, 동시에 파업으로 인한 매출 감소가 너무 크면 사업을 그만두고 퇴출하고자 할 것이다.

이 모형에서 W_X의 크기, W_m의 크기, 그리고 *UR*이 감소하는 속도 등이 변동하는 경우 파업의 확률과 기대 파업기간에 영향을 미치게 된다.

첫째, 다른 조건이 일정한 경우, [그림 10-5]의 (ⅰ)의 *UR*곡선이 상방 이동하면, 즉 노조가 요구하는 최초임금률 인상요구(W_X)가 높아지면 사용자의 이른 굴복과 짧은 파업기간으로 해서 증가된 인건비는 이윤을 크게 떨어뜨린다. [그림 10-5]의 (ⅱ)의 *PVP*곡선이 하방 이동하고 동시에 우측 이동하여 파업기간이 길어진다. 즉 노조의 임금인상 요구가 하락함으로써 기대되는 임금절약분이라는 예상이익이 판매수입 감소라는 예상손실을 상회하므로 기대 파업기간이 늘어날 것이다. 둘째, 만약 노조가 수용할 수 있는 최소한의 임금률 수준인 W_m(때로는 이를 노조의 저항선이라고 부름)이 낮아지는 경우 이는 노조의 투쟁의지가 높다는 것을 반증한다. 즉 긴 파업도 불사한다는 노조의 의사표시는 W_m이 낮아지는 것으로 나타난다. 이 경우, 파업확률이 높고, 당연히 사용자의 이른 굴복, 짧은 파업기간 그리고 이로 인해 증가된 인건비는 기업의 이윤을 떨어뜨린다. 그 결과 [그림 10-5]의 (ⅱ)의 *PVP*곡선이 하방으로 이동하되 동시에 우측으로 이동하여 파업기간이 길어진다. 셋째, 노조의 임금률 인상요구가 시간이 지남에 따라 감소하는 속도가 빠른 경우 파업기간이 길어짐에 따른 임금절약분이라는 예상이익이 커지므로 파업기간은 늘어날 것이다.

아쉔펠타-존슨 모형에서는 이러한 여건들이 경제전반의 실업률, 과거의 임금과 물가변동률, 기업의 이윤율 등에 의해 영향을 받는다고 가정하고 있다. 따라서 이 모형에서는 실업률이 증가하는 경우, 파업이 감소하는 이유를 설명할 수 있게 된다. 즉 실업이 증가하는 경우, 노조의 최초 임금인상 요구율이 낮아지고 이는 파업기간의 감소를 초래한다. 실업률이 높은 경우 파업기간 중 종업원들이 생계를 유지하기 위해서 노동시장에서 구할 임시직이나 파트타임직을 얻을 확률이 감소하기 때문에 W_m을 낮추고 그 결과 파업이 감소한다.

(3) 실증분석의 결과

[그림 10-5]에서 노동자의 최초 요구임금률(W_X), 최저수준의 요구임금률(W_m) 그리고 시간에 따라 요구임금을 낮추어 가는 속도 등을 자료에서 찾아내는 것은 거의 불가능에 가깝다. 아쉔펠타-존슨은 몇 가지 대리변수를 이용하여 그의 모형을 횡단면자료와 시계열자료에 적용하여 파업행위 결정요인을 검증하였다. 예컨대 고실업 시기에 노조의 파업행위가 감소한다는 가설을 검증한 결과 실업률이 1%포인트 증가하면 파업확률이 1%포인트 감소한다는 것을 찾아냈다. 반대로 인플레이션 시기에는 파업행위가 더욱 증가한다는 것을 찾아냈다. 또한 노조저항곡선(그림에서 *UR*)을 추정한 바에 의하면, 50일 파업 뒤에는 타결임금이 약 2% 하락하며 100일 파업 뒤에는 타결임금이 약 4% 하락한다고 분석하였다.

아쉔펠타-존슨 모형에서 핵심적인 것은 정보 비대칭성의 존재이다. 최근 연구들은 노조가 기업의 재정 상태에 대해 불확실하게 알 때 파업이 더 빈번히 일어남을 밝혀내고 있다. 구체적으로는 기업의 불확실한 재정상태를 주식가격에서의 큰 폭의 변동으로 파악하고 그런 기업일수록 파업확률이 높아짐을 밝히는 방법을 취했다.

3 파업의 경제적 비용과 기능

적법한 절차에 의한 파업은 기업에 대하여 생산중단만을 의미할 뿐이지, 파괴적이거나 폭력적인 결과를 초래하지는 않는다.

파업은 자유로운 단체교섭제도를 유지하는 데 대단히 중요한 기능을 하지만, 만약 파업의 경제적 손실이 너무 크다면 국민경제적으로 바람직하지 않을 것이다. 따라서 파업의 경제적 손실, 즉 비용이 어느 정도 될 것인가를 생각해 볼 필요가 있다.

파업의 경제적 손실은 파업에 관계되는 노사 양당사자간의 **사적 비용**(또는 손실)과 국민경제적 차원의 **사회적 비용**(또는 손실)으로 나눌 수 있다.

먼저 사적 비용은 노동조합측의 비용과 기업측의 비용의 합이다. 노동자측 비용의 가장 큰 몫을 차지하는 것은 생산활동의 중단에 의하여 감소된 노동소득이다. 그러나 노동조합측의 노동소득의 순상실분은 해당기업에서의 임금소득의 상실보다 훨씬 적을 수도 있다. 왜냐하면 파업 중에 근로자들은 노동조합이 자체적으로 적립한 파업수당을 수령할 수도 있고, 외부 타기업체에 파트타임직이나 임시직으로 취업해 일시적으로 수입을 얻을 수도 있기 때문이다.

파업에 따른 사용자의 사적 비용은 생산의 중단에 따른 이윤의 감소를 들 수 있다. 그러나 사용자에게도 이윤의 순감소분은 직접적인 생산 중단에서 오는 것보다 적을 수도 있다. 왜냐하면 사용자는 파업을 예견하여 재고량을 늘려놓은 후 파업으로 생산이 중단될 때 재고처분을 할 수도 있고, 파업으로 임금비용, 원재료 비용 등 가변비용 지출도 절약할 수 있으며 또한 파업 중에 감소되었던 판매량을 파업이 종료된 후에 과거의 수준 또는 그 이상으로 회복할 수도 있기 때문이다. 예컨대 미국 철강산업의 단체교섭에서는 단체협약의 만료를 앞두고 단체교섭이 개시되기 이전까지 철강대리점 및 수요자들이 재고량을 대폭 증가시킨다고 한다. 그리고 생산공장에서도 그와 같은 재고수요를 충족시키기 위하여 단체협약 만료일 이전에 공장의 가동률을 대폭 제고시킨다고 한다. 그렇기 때문에 만약 파업이 실제로 발생하더라도 철강 수요자들은 2~3개월 이상 사용분의 재고를 보유할 수 있게 되고 철강산업에서는 파업 후에 다시 가동률을 높임으로써 생산의 시기만 조절될 뿐 연간 생산량에는 사실상의 변화는 그다지 없고 따라서 기업의 사적 비용은 상대적으로 적을 수 있다고 말한다.

파업에 따르는 이러한 사적 비용 이외에 사회적 비용이 발생함은 물론이다. 사회적 비용이란 경제의 한 부문에서 발생한 파업으로 인해 타 부문에서의 생산 및 소비가 감소하는 것을 말한다. 그런데 산업에 따라서는 한 기업의 파업에 따른 생산량 감소를 다른 경쟁 기업의 생산량 증가로 보충할 수 있기 때문에 국민경제 전체적으로는 큰 문제가 되지 않는 경우도 많다. 구체적으로 특정 기업에서 파업이 발생하게 되면 그 기간 동안 유사한 제품을 만드는 다른 기업들은 생산을 늘리다가 파업이 끝나면 자신의 정상생산으로 돌아가고, 파업의 당사자기업은 파업으로 인한 손실을 회복하기 위해서 파업 종료 후 생산을 늘리게 된다. 대체로 산업구조가 경쟁이면 파업의 사회적 손실은 적어진다.

파업에 따른 사회적 비용이 가장 큰 분야는 무엇보다도 서비스산업부문이다. 서비스산업은 재고조절이 불가능하므로 파업이 발생하면 그만큼 경제전체의 서비스 소비수준이 떨어진다고 할 수 있다. 특히 병원관계자(의사, 약사, 간호사 등), 학교교원, 청소작업자 등의 파업은 곧바로 그만큼의 서비스의 생산과 소비의 감소를 초래하게 된다. 이 밖에도 전력, 상수도, 가스, 우편, 통신, 항만운수 등의 근로자들의 파업도 그 산업부문에만 국한되지 않고 국민경제 전체에 심대한 경제적 손실을 초래할 수가 있다.

그러나 파업에 따르는 경제적 손실이 지나치게 과장되어 인식되는 경우도 적지 않다. 예컨대 1970년대 초 미국에는 약 30만 건의 단체협약이 있었다. 그 가운데 매년 약 12만 건의 계약기간이 만료되는데, 그 중 약 96%가 재협상에 성공하고 단 4%가 파업을 일으켰다. 그리고 그 파업도 대부분 파업기간이 대단히 짧고 그로 인한 직접적인 노동시간 손실도 대단히 미미하였다. 즉 파업에 따르는 직접적인 노동시간의 추정 손실량은 1945~49년간은 총노동시간의 0.47%, 1950~59년간은 0.26%, 1960~69년간은 0.17%에 불과하였다. 2009년에는 미국에서 파업활동 때문에 손실된 근로시간의 비율은 더욱 감소하여 0.01%에 불과하였다.

이렇게 볼 때 파업의 실행가능성은 노동조합의 경제적 무기로서 단체교섭과정에서 절대적인 의미를 가지는 것에 비해, 파업에서 오는 직접적인 경제적 손실은 상대적으로 미미하다는 것을 알 수 있다. 오히려 노동조합으로 하여금 파업을 할 수 있는 문호를 완전히 개방해 둔다는 것은 노사간의 단체협약을 신속하고 성공적으로 실현시키기 위한 필수적인 조건이 될 수 있다. 일부에서 주장하는 바와 같이, 파업은 백해무익한 것이고 그 자체의 경제적 기능을 수행하지 못한다는 주장은 자본주의 경제에 있어서 단체교섭과 파업의 의의를 정확히 평가하지 못한 데서 나온 주장이라고 할 수 있다.

제 3 절 노동조합이 노동시장에 미치는 영향

노동시장에서의 노동조합의 경제적 기능은 크게 보아 다음 두 가지를 들 수 있다. 하나는 단결력을 배경으로 임금을 상승시키는 것, 즉 **공급독점**을 형성하여 노동공급에 관한 의사결정을 공동으로 하는 것이다. 다른 하나는 노동조합이 작업장 또는 기업 내에서 발생하기 마련인 이해의 갈등 또는 노동자의 불만을 제도적으로 표출시키고 이의 해결을 위해 노력을 하는 **집단적 발언**(collective voice) 기구로 작동하는 것이다.

전자는 노동조합이 노동공급면에 있어서 왜곡을 초래하여 효율적인 자원배분을 왜곡시킨다고 주장하는 반면에, 후자는 집단적 발언으로 인해서 노동조합이 기업의 노동생산성 증대에 크게 기여한다고 주장한다. 공급독점의 기능을 강조하는 견해는 노동조합에 대해 부정적 견해이며, 집단적 발언기능을 강조하는 견해는 노동조합을 긍정적으로 평가하는 경향을 지닌다.

1 노동공급독점자로서의 노동조합의 임금효과

(1) 노동공급독점에 의한 임금인상

우선 노동조합의 목적을 단결력을 배경으로 임금을 상승시키는 것이라고 단순화

그림 10-6 완전경쟁적 노동시장에서의 노동조합의 임금인상방식

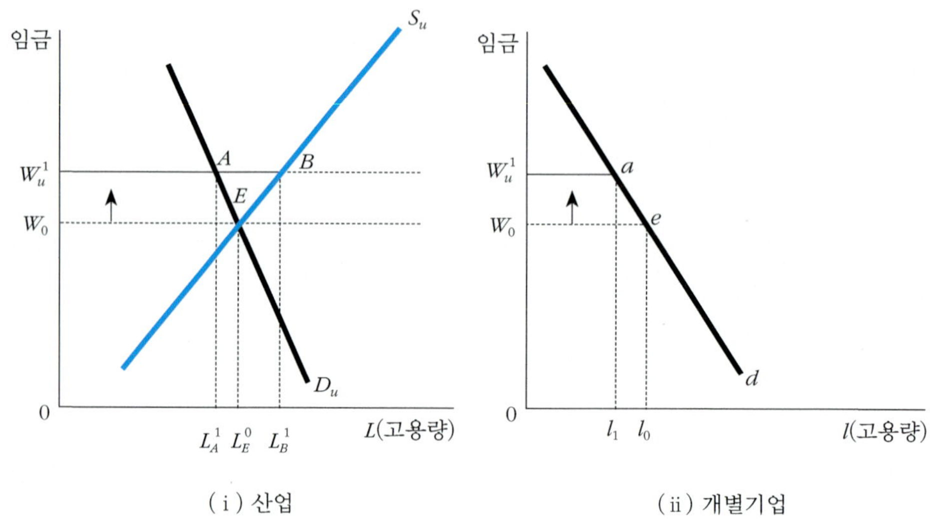

시켜서 노동조합의 경제적 효과를 검토하기로 하자.

분석을 간단히 하기 위해 종전에 경쟁적이었던 산업의 노동시장에 노동자가 전부 참가하는 노동조합이 결성되었다고 하자. 즉 산업의 노동공급이 노조에 의해 독점되었다고 하자. 그리고 [그림 10-6]의 (ⅰ)에서 보듯이 노동조합이 경쟁적 시장에서 결정된 임금(W_0)보다 높은 임금(W_u^1)을 책정하였다고 하자. 노동조합에 의한 임금수준에서 이 산업의 노동공급곡선은 $W_u^1ABS_u$가 된다. 왜냐하면 이 산업의 노동자 전체가 노동조합에 가입하였으므로 노동조합이 책정한 임금수준 이하에서는 아무도 노동을 공급하려고 하지 않을 것이기 때문이다.

개별기업이 파업으로 손해를 보는 것보다는 노동조합이 요구하는 임금을 받아들이는 것이 낫다고 판단한다면 그 귀결은 개별기업의 노동수요곡선을 따라서 고용을 감축하는 것으로 될 것이다. 노동조합에 의한 임금상승은 개별기업이 고용수준을 [그림 10-6]의 (ⅱ)의 l_0에서 l_1으로 감소시킴에 따라서 산업 전체의 고용수준을 감소시키는 결과를 낳는다. 즉 노조의 높은 임금수준 W_u^1 때문에 실업은 $L_A^1L_B^1$ 만큼 발생한다.

두말할 필요도 없이 이러한 실업효과는 임금인상지침을 작성하는 노동조합에게 제약조건으로 작용한다. 높은 임금인상의 결과 조합원의 상당수가 실업자가 된다면 조합원의 단결력이 크게 위협을 받게 된다. 이 경우 노동수요의 탄력성이 임금인상

에 수반되는 실업정도를 결정하는 기본적인 요인이 된다. 노동에 대한 수요가 비탄력적일수록 임금인상에 수반되는 실업은 크지 않을 것이다. 바꾸어 말하면 노동조합은 노동에 대한 수요가 비탄력적인 산업에서 임금인상 교섭시 보다 강력한 힘을 발휘하게 된다.

(2) 노동조합의 파급효과

임금인상과 이에 수반되는 실업은 노동조합의 경제적 효과의 한 측면에 불과하다. 실업자가 된 노동자들은 어디로 갈 것인가? 그들은 노동조합이 조직되지 않은 다른 산업에서 취업을 하려고 할 것이다. 노동조합이 결성된 산업에서 축출된 노동자들이 노동조합이 없는 산업으로 이동하여 노동공급을 증대시킴에 따라 그 산업의 임금도 하락시키게 된다.

구체적으로 [그림 10-7]을 고려하자. [그림 10-7]의 (i)은 노조조직 분야이며 [그림 10-6]의 (i)을 재현한 것이다. [그림 10-7]의 (ii)는 비노조조직 분야이다. 노조가 조직되기 전에는 양 부문에는 동일노동에 대한 동일임금(W_0)이 성립한다. 그렇지 않으면 자유로운 노동이동이 일어나기 때문이다. 그러나 노조가 조직되어 [그림 10-7]의 (i)에서 W_u^1이라는 임금이 성립하면 AB만큼의 실업이 발생하고 이들이 비노조조직 분야로 옮아가면 [그림 10-7]의 (ii)에서 노동공급곡선은 $AB=CD$가 되게 S_n^0에서 S_n^1으로 우측이동한다. 그 결과 비노조조직 분야의 임금은 W_n^1으로 하락한다.

그림 10-7 노동조합의 파급효과

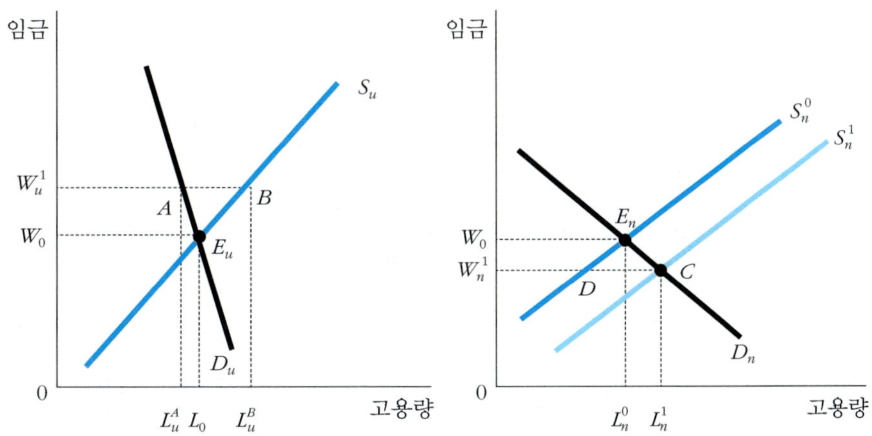

(i) 노조조직 분야 (ii) 비노조조직 분야

이를 노동조합의 **파급효과**(spillover effect) 또는 **축출효과**(displacement effect)라고 한다.

노동조합이 조직된 부문에서 발생하는 실업효과 및 이로 인해 나타나는 조직되지 않은 부문에서의 임금하락 효과는 노동시장이 경쟁적이라는 가정 하에서 성립되는 논리임에 유의할 필요가 있다. 경쟁적 노동시장에서는 노동조합으로 조직화된 노동자들은 이득을 보되, 그 이득은 조직화되지 않은 노동자들의 희생 하에서 얻어진다. 따라서 노동조합이 경쟁적 임금수준 이상으로 임금을 상승시키려는 힘은 비조직 노동자들로부터 제기되는 경쟁에 의해 제약을 받게 될 것이다.

(3) 노동조합의 위협효과

노조의 축출효과는 비노조조직 분야의 사용자들이 아무런 대응을 취하지 않고 시장 메커니즘에 순응할 때 나타나는 효과이다. 그러나 비노조조직 분야의 사용자들이 노조가 침투해 들어오는 것을 미연에 방지하고자 [그림 10-7]에서의 (ⅰ)의 W_u^1 보다는 낮지만 W_0보다는 높은 임금인 W_G를 지급할 수 있다. 또는 우수한 신규노동자의 채용에 있어서 노조조직 기업과 경쟁하기 위해 비노조조직 기업이 임금을 높일 수 있다. 이와 같이 노조가 비노조기업에 미치는 영향으로 인해 비노조 분야에서 임금을 인상하는 경우 이를 **위협효과**(threat effect)라고 부른다.

비노조조직 분야에서 노조의 파급효과 때문에 노동공급이 S_n^0에서 S_n^1으로 이동하

그림 10-8 비노조조직 분야에서 나타나는 노조의 위협효과

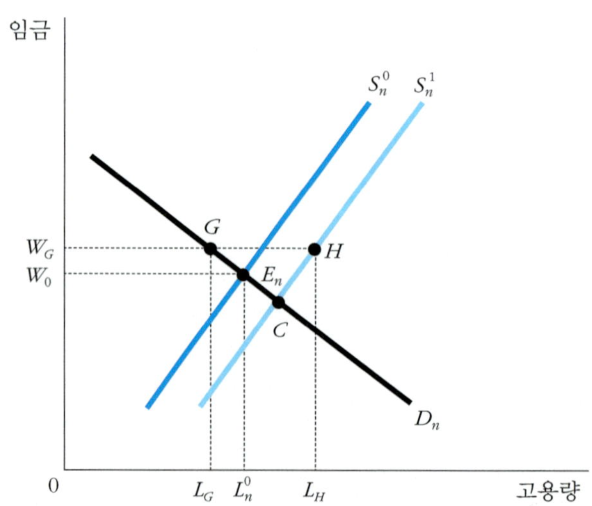

였다고 하자. 이때 노조의 위협효과 때문에 [그림 10−8]에서와 같이 W_G라는 임금을 제공한다면 고용은 L_G로 줄어든다. 이 경우에는 GH만큼의 실업이 발생한다. 즉 노조조직 분야의 실업과 비노조조직 분야의 실업이 동시에 발생하게 되어 고용된 노동자 즉 내부자(insider)와 고용되지 않은 노동자 즉 외부자(outsider)간의 알력은 더욱 심각하게 된다.

(4) 노조의 임금효과에 관한 실증분석

보통 노조의 임금효과는 노동시장에서 노조원이 받는 임금의 평균값($\overline{W}_u$)과 비노조원이 받는 임금의 평균값($\overline{W}_N$)을 측정하여 다음과 같이 계산된다.

$$D = \frac{\overline{W}_U - \overline{W}_N}{W_N} \times 100 \tag{10.1}$$

D는 노조원 직무와 비노조원 직무간의 임금의 퍼센트 격차이다.

노조원−비노조원 임금격차를 보다 엄밀하게 추정하는 방법은 제9장에서 다룬 남자−여자 임금격차 추정 때와 마찬가지로 개인의 교육, 연령, 산업, 거주지역 등을 통제한 후 노조원 여부에 따른 임금격차만을 추정하는 것이다.

미국의 경우, 노조원과 비노조원 간의 임금격차 추정에 대한 다양한 결과는 노조의 상대적 임금이익이 15∼20% 사이인 것으로 추정하고 있다. Hirsh와 Macpherson(2011)의 최근 연구에 의하면 2010년에 미국 노조의 임금격차는 15%에 머물고 있다.

그러나 노조의 임금효과는 일부이고, 더 중요한 것은 노조가 총보수(=임금+부가급여)에 미치는 효과를 분석해야 의미가 있다는 것이다. 비노조 기업에 비해 노조조직 기업의 부가급여가 대단히 높기 때문에 부가급여까지 포함한 총보수에 노조가 미친 영향은 임금에 미친 영향보다 훨씬 더 클 것으로 예상된다.

2 독점적 노조와 과다고용

지금까지 우리는 노동공급 독점자로서의 노조가 임금인상을 행하고 기업은 노동수요곡선 상에서 고용을 감소시키는 [그림 10−6]을 기초로 분석을 행해 왔다. 그러나 노사양측은 임금과 고용 양자를 교섭함으로써 다른 쪽을 더 나쁘게 만들지 않으면서 적어도 한쪽이 더 좋아지거나 또는 양쪽이 다 이익이 되도록 할 수 있다. 이러한 협상으로 해서 기업이 노동수요곡선상에 놓여 있지 않는(off the demand curve) 임금과 고용의 계약을 낳을 수 있다. 노조와 기업이 서로의 이익이 향상될 수 있되 노동수요곡선을 벗어난 균형해를 성립시키면 이를 **효율적 계약**(efficient contract)모형이라고 부른다. 단, 효율적 계약모형은 노사 두 당사자들의 후생수준이 개선될 수 있다는 의미에서 '효율적'이라는 접두어가 붙었을 따름이며, 사회 전체가 이득을 본다는 것을 의미하는 것은 아니라는 점을 유의하여야 한다.

이제 노조와 기업이 노동수요곡선을 떠나는 것이 가능한지 또 그렇게 할 유인이 존재하는지를 살펴보자.

(1) 등이윤선

우선 효율계약 모형을 이해하자면, 기업의 등이윤선을 이해하여야 한다. 기업의 총생산물 X라고 하고, 단기의 생산함수를 $X=f(L, \bar{K})$라고 하자. 단기에서 자

그림 10-9 등이윤곡선의 도출

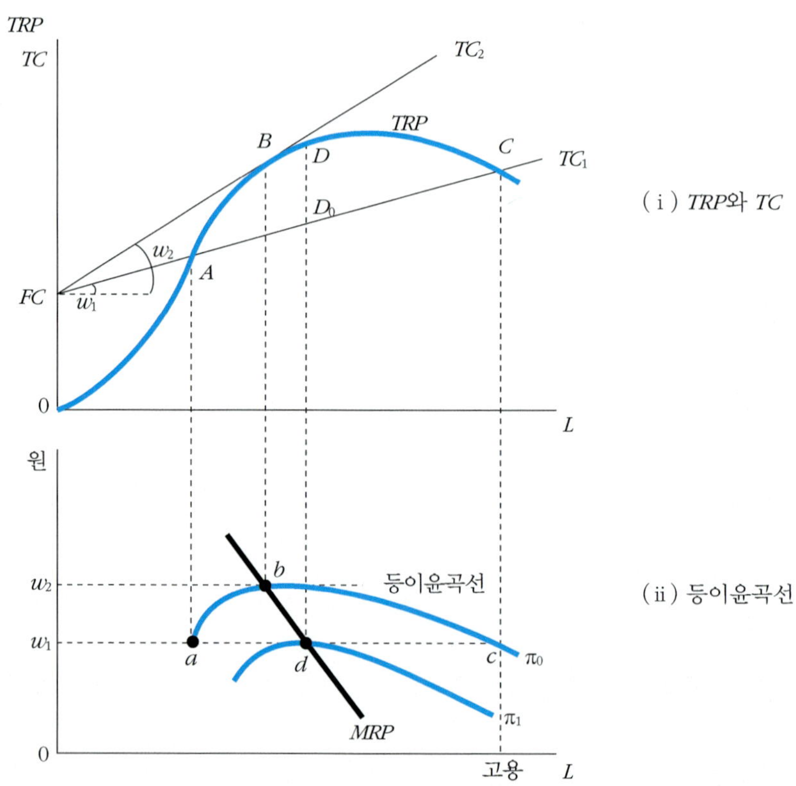

본은 $\bar{K}$로 고정되어 있음을 의미한다. 상품의 가격을 P라고 하면 기업의 총수입은 $Pf(L, \bar{K})$가 되며, 이는 [그림 10−9]의 (i)에 TRP로 표시된다. 총비용은 $(wL+r\bar{K})$이며 이는 [그림 10−9]의 (i)에 TC로 표시되어 있다. 기업의 이윤극대화는 $w=\partial(P \cdot f(L, \bar{K})/\partial L$ 즉 $w=MRP_L$에서 이루어진다. 노동수요곡선은 노동의 한계수입생산물 곡선으로 [그림 10−9]의 (ii)에서 MRP로 표시되어 있다. 이 때, 경제적 이윤은 0이 된다고 하자. 임금이 w_2 수준이라고 하자. 기업의 이윤극대화는 두 방법으로 나타낼 수 있다. 하나는 [그림 10−9]의 (i)에서 B로 표시되며, 다른 하나는 [그림 10−9]의 (ii)에서 b로 나타난다. 이윤극대화 고용량은 [그림 10−9]의 (ii)에서 노동수요곡선 상에 위치한다.

기업의 경제적 이윤이 0이 되는 임금과 고용의 다른 조합도 있다. [그림 10−9]의 (i)을 다시 살펴보자. 임금이 w_1이면, A점과 C점에서 (총수입=총비용)으로 제로의 경제적 이윤이 성립한다. 이를 [그림 10−9]의 (ii)에 나타내면 a, c가 된다. a, b, c를 연결하면 제로의 경제적 이윤을 나타내는 등이윤선이 된다. 이 등이윤선을 π_0라고 하자. [그림 10−9]의 (ii)에는 π_1라는 등이윤선이 하나 더 표시되어 있다. 논리적으로 생각하면 경제적 이윤을 나타내는 등이윤선 π_0 아래에 위치하는 선은 당연히 더 높은 이윤을 나타낸다. 고용에 대해 π_0보다 낮은 임금을 지불하니, π_1은 당연히 더 높은 이윤을 나타낸다.

등이윤곡선 π_0, π_1은 모두 역U자형을 갖는데, 그 이유는 [그림 10−9]의 (i)에서 임금이 w_2일 때, B점에서 경제적 이윤은 0이며, 임금이 w_1일 때 경제적 이윤이 0이 되는 점은 A와 C이며, A, B, C에 해당하는 점들이 [그림 10−9]의 (ii)에서 a, b, c로 표시되기 때문이다. 임금이 w_1이면 최대이윤은 [그림 10−9]의 (i)에서 D, 즉 $(w_1=MRP_L)$가 성립하는 점 또는 TC_1의 기울기와 평행한 선을 긋되 TRP에 접하는 점에서 발생한다. 이때, π_1이라는 경제적 이윤이 형성된다면, 이는 [그림 10−9]의 (ii)에서 d에 해당한다. 독자들은 d점을 통과하는 역U자형 등이윤선인 π_1을 상상할 수 있을 것이다. 등이윤곡선은 [그림 10−9]의 (ii)에서 아래에 위치할수록 높은 경제적 이윤 수준을 나타내며, MRP곡선은 등이윤곡선의 최대점인 b와 d를 연결한 것이 된다.

(2) 효율적 계약

이제 노동공급을 제한하는 노조의 무차별곡선을 상정하면 이들은 [그림 10−10]에서 I_M, I_T로 표시할 수 있다. [그림 10−10]에서 경쟁시장에서 결정되는 임금을 w_c라고 하자.

그림 10-10 노동수요 곡선을 떠난 임금 · 고용의 결정

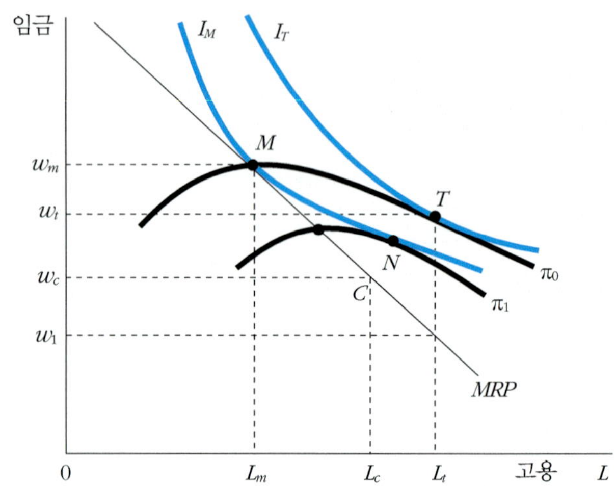

노동에 대한 수요가 *MRP*일 때, 근로자의 급여가 w_c라면 기업은 L_c만큼 고용한다. 그러나 노동조합은 [그림 10-10]에서 자신의 무차별곡선들 중의 하나인 I_M과 *MRP*가 접하는 점인 *M*점을 선택한다. 왜냐하면 *MRP*가 주어져 있을 때, 노조는 w_m의 임금과 L_m라는 고용을 택하면, 최대의 효용수준에 도달할 수 있기 때문이다. 이것이 독점적 노조의 선택이다.

이때 두 가지 전략이 발생할 수 있다. 하나는 기업은 *M*점을 지나는 등이윤곡선 π_0보다 큰 경제적 이윤과 관련된 등이윤곡선인 π_1을 낳는 *N*점에서 임금과 고용을 제안할 수 있으며, 노동조합은 *M*점과 *N*점간에 무차별적이므로 *N*점을 택할 수도 있다. *M*에서 *N*으로의 이동은 노조는 더 나빠지지 않으면서, 기업은 더 좋아질 수 있다.

다른 하나는 노조가 기업에게 [그림 10-10]의 *N*에서 *T*로 이동하자고 설득할 것이다. 왜냐하면 이 점에서 기업은 *M*점과 같은 이윤을 누리지만, 노조는 보다 높은 무차별곡선으로 이동할 수 있기 때문이다. *N*에서 *T*로의 이동은 기업은 더 나빠지지 않으면서, 노조는 더 좋아질 수 있다.

이와 같은 방식으로 *C, N, T*점들을 연결하면, 기업과 노동조합간의 협상에 따라 있을 수 있는 임금-고용의 결합점의 궤적이 있을 수 있다. 이를 **계약곡선**(contract curve)이라고 한다. *CNT*를 연결하는 곡선이 [그림 10-10]에서 보듯 우상향의 기울기를 가질 때는 경쟁시장보다 높은 임금과 과다고용이 가능해지며, 이 임금-고용 결

합점은 노동수요곡선을 떠나 있게 된다. 이때 노동수요곡선을 떠난 고용을 **과다고용**(feather-bedding)이라고 한다. 특히 *NT*라는 계약곡선상의 하나의 임금-고용 계약에 동의한다면 이는 양 당사자가 이득을 보는 계약 즉 효율적 계약이라고 한다. 노조와 기업 모두 독점적 노조 모형의 해법인 수요곡선상의 *M*점보다 더 나은 상황에 도달할 수 있다. 따라서 노조와 기업은 노동수요곡선을 떠나고자 하는 유인이 존재하게 된다.

(3) 과다고용이 갖는 문제점

현실적으로 노조의 부정적 효과가 가장 부각되는 경우는 **과다고용**(feather-bedding)의 경우이다. 제로의 경제적 이윤과 관련된 임금수준을 상회하는 임금은 근로자의 생산기여도를 초과하는 임금이므로 지대(rent)가 된다.

과다고용모형은 우리나라 공공부문 근로자의 급여가 민간부문보다 훨씬 높고 공공부문 근로자가 지나치게 많은 현상을 설명해 줄 수 있다. 공공부문 CEO들이 공공재의 판매수익과 생산비용간의 차액인 순수익의 극대화를 추구한다고 하자. 순수익이 발생하면, 공공요금 부담을 감소시키는 형태로 국민에게 그 이익을 환원시키지 않고, CEO의 행동을 국민들이 탐지하여 견제하는 데 정보비용이 지나치게 들기 때문에 공공부문 CEO들이 공공부문 노조와 협상으로 고임금과 과다고용이 발생할 수 있게 된다.

효율적 계약모형은 노조가 고용을 확장하는 역할을 수행하는 것으로 본다. 그러나 반론도 있다. 노조조직 분야의 높은 임금과 고용안정은 종전에 비경제활동인구에 속했던 사람들이 새롭게 노동시장에 진입하도록 유인하고 또한 타 부문의 종사자도 유인한다. 이처럼 새롭게 노동시장에 진입한 대기실업자들과 타 부문에서 이동해 온 대기실업자들, 즉 외부자(outsider)들은 노조조직 부문에 이미 고용되어 있는 근로자들, 즉 내부자(insider)들이 지대(rent)를 누리며 외부자의 취업을 제한하고 있다고 비난할 수 있다.

노조가 고용촉진을 제한하며 또한 내부자 보호를 위해 내부자 해고억제를 위한 여러 고용규제를 만드는 데 힘쓰고 있다고 보는 관점이 **내부자-외부자가설**(insider-outsider hypothesis)이다. 이는 노동시장 유연화를 지지하는 하나의 설명이 되고 있다.

3 노동조합의 자원배분 효과

노조가 시장임금 수준보다 높은 임금수준을 성취하는 한에 있어서는 **인적자원배**

분의 왜곡효과가 있게 된다. 구체적으로 [그림 10-7]에서 노조조직 부문에서는 경쟁상태보다 과소고용이 이루어지고 비노조조직 부문에서는 경쟁상태보다 과다고용이 이루어지는 것이 바로 인적자원배분의 왜곡이라고 할 수 있다.

우리는 이미 제1장 4절에서 동일노동에 대해 동일임금이 성립하는 경쟁시장에서 일국의 산출량이 최대가 되는 최적인적자원배분이 일어남을 살펴본 바 있다([그림 1-12] 참조). 이때 논의의 단순성을 위해 노동공급곡선을 완전비탄력적이라고 가정하였음을 독자들은 기억할 것이다. 노동공급곡선을 완전비탄력적으로 가정하는 것은 노조의 자원배분 효과를 가장 간명하게 보이는 방법이다. 즉 노동시장 균형이 노동공급측의 고려 없이 노동수요곡선상을 따라 이루어진다고 가정하는 것이다.

이제 우리는 [그림 10-7]의 (ⅰ)과 (ⅱ)를 하나의 그림으로 나타낸 후 노조의 자원배분 왜곡효과를 경쟁상태와 비교하여 제시하겠다.

노동시장이 Ⅰ부문과 Ⅱ부분으로 나누어진다고 가정하고 Ⅰ부문과 Ⅱ부문에 고용된 노동자 수의 합계는 일국의 총노동자 수($\bar{L}$)가 된다고 가정하자. 이는 완전고용 상태를 의미한다. [그림 10-11]에서 밑변인 OO'는 일국의 총노동량 $\bar{L}$이다. [그림 10-11]에서 $AGEB$는 원점 O를 기준으로 한 Ⅰ부문의 노동수요곡선(D_I으로 표시)이며, $CEHD$는 원점 O'를 기준으로 한 Ⅱ부문의 노동수요곡선(D_{II}로 표시)이다. 두 노동수요곡선이 만나는 점 E에서 결정된 임금이 동일노동에 대한 동일임금이 되며, 이것이 경쟁상태의 균형점을 나타낸다. 이때 Ⅰ부문에의 고용량은 OF이며, Ⅱ부문에의 고용량은 $O'F$이다. 즉 $OF+O'F$는 일국의 총고용량 $\bar{L}$과 일치한다.

이때 노동에 대한 수요곡선은 VMP_L곡선을 의미하고 VMP_L 곡선 아래 면적은 총산출물의 가치를 표시하기 때문에 이로부터 우리는 일국의 총산출량을 구할 수 있다. 즉 일국의 총산출량은 면적 $AOFE$와 면적 $CO'FE$의 합이 된다.

이제 Ⅰ부문에 노동조합이 조직되어 W_U라는 임금을 성립시키게 되면 Ⅰ부문의 고용량은 OI가 되고, FI 만큼의 축출된 노동자들이 Ⅱ부문에 공급되면 Ⅱ부문의 임금을 W_N으로 낮추게 된다. 그러면 Ⅰ부문의 총산출량은 면적 $AOIG$가 되고 Ⅱ부문의 총산출은 $CO'IH$가 된다. 이를 경쟁상태의 총산출량과 비교하면 삼각형 EGH 만큼의 손실이 발생함을 알 수 있다. 이 삼각형을 **효율성 손실**(efficiency loss)이라고 한다. 즉 노조의 존재는 인적자원배분의 비효율성(Ⅰ부문 과소고용, Ⅱ부문 과다고용)을 야기하고, 그 결과 일국의 총산출량의 감소를 낳게 되므로 최적인적자원배분을 왜곡하는 역할을 한다.

[그림 10-11]에서 노조조직으로 인한 효율성 손실을 계산하는 방법은 다음과 같

그림 10-11 효율성 손실의 크기

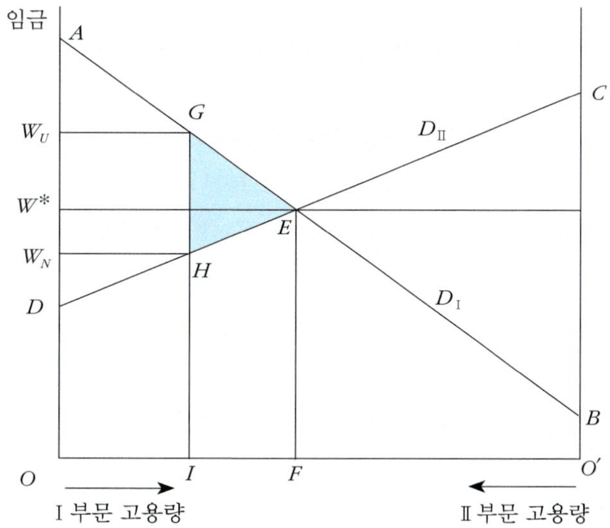

다. 즉,

$$\text{효율성 손실} = \frac{1}{2}(W_u - W_N) \times FI \tag{10.2}$$

효율성 손실이 국민총생산에서 차지하는 비중을 계산하면 다음과 같아진다. 독자 여러분은 식 (10.2)를 조작하면 쉽게 식 (10.3)이 도출될 수 있음을 알 수 있을 것이다.

$$\frac{\text{효율성손실}}{\text{국민총생산}} = \frac{1}{2} \cdot \frac{(W_U - W_N)}{W_N} \times \frac{FI}{OF} \times \frac{OF}{\bar{L}} \times \frac{W_N \cdot \bar{L}}{\text{국민총생산}} \tag{10.3}$$

$(W_U - W_N)/W_N$은 노조·비노조간 임금격차, FI/OF는 노조부문 고용감소 비율, $OF/\bar{L}$는 국민총고용에서 I 부문의 비중, 즉 노조가 조직되기 전의 I 부문 고용비중, ($W_N \cdot \bar{L}$/국민총생산)은 비노조부문 임금으로 평가한 노동소득분배율이다.

예컨대 노조·비노조간 임금격차가 15%라고 가정하자. 또한 I 부문 노동수요곡선 탄력성이 1이라고 하면 고용감소 비율 역시 15%가 된다. I 부문의 비중이 16%라고 가정하고 노동소득분배율이 0.7이라면 효율성 손실은 0.001(=1/2×0.15×0.15×0.13×0.7)이 되는데, 이를 백분율로 표시하면 0.1%로 대단히 미미한 수준이다.

프리만과 메도프(Freeman & Medoff, 1984)는 미국의 경우 효율성 손실이 GNP의

0.2%~0.4%에 불과하다는 추정결과를 제시하였다.

우리나라의 경우 노조·비노조간 임금격차는 1997년 외환위기 전에는 대단히 약했고(조우현·유경준, 1997), 외환위기 후 5년간은 노조의 임금효과가 다소 강화되다가(류재우, 2005; 김장호, 2008), 다시 2007년에 아주 미미한 효과가 관찰되었다는 점(김정우, 2015)을 감안하면, 지난 20년간 전체적으로 볼 때 노조의 임금효과는 미미했다고 평가할 수 있다. 2000년대에는 노동소득분배율이 60% 수준이라는 점을 감안하면 노조의 자원배분 왜곡효과는 더욱 미미한 것으로 추정된다.

제4절 집단적 발언기구로서의 노동조합

노동조합이 독점자로서의 부정적인 기능을 갖는 것이 아니라 **집단적 발언기구**(collective voice mechanism)로서 노동자의 불만을 표출시키며 이를 집약하여 단체협약을 통해 그 불만을 해결할 때 노동조합은 노동생산성을 높이는 긍정적인 기능을 수행하기 때문에 부정적인 측면과 긍정적인 측면을 동시에 고려하여야 한다는 주장이 프리만과 메도프(Freeman & Medoff, 1984)에 의해 제시되었다. 특히 노조가 집단적 발언을 할 때는 평균적 노동자(median voters: 중위투표자)의 의견과 불만을 반영하는데, 왜냐하면 정치적 조직체로서 노조는 대다수에게 이익이 되며 노동자간의 연대를 높이는 정책을 시행할 것이기 때문이다. 이러한 역할을 행하는 노조의 긍정적인 측면을 다음과 같이 몇 가지로 나누어 살펴볼 수 있다.

1 생산성에 대한 효과

노동조합은 노동자의 이직률을 감소시킴으로써 생산성을 증가시킬 수 있다. 기업경영층이 전제주의적인 태도를 갖고 있을 때, 거대 기업조직과 작업과정에서 오는 소외감 그리고 불만감이 있을 때, 그리고 기업경영층과 이해관계의 갈등이 있을 때, 만약 노동조합이 조직되어 있지 않은 경우라면 일차적으로 노동자들은 기업을 떠나는 것으로 대응한다. 이직은 그야말로 개인적 퇴장(individual exit)인 셈이다.

개인적 퇴장이 빈번해져 이직률이 높아지면 기업특수적 훈련을 적극적으로 받거나, 자기가 속한 기업의 특유한 숙련개발에 헌신할 유인을 갖지 못하게 된다. 뿐만 아니라 높은 이직률로 인해 기업은 노동자 채용비용, 훈련비용 등의 형태로 많은 고정비용을 지불하게 된다. 노동자가 기업에서 장기적 정착을 예상하고 숙련개발 및 창의성 발휘를 행할 때 생산성은 크게 증진된다. 아무리 자본투자, 설비투자를 한다고 하더라도 이에 의한 생산성 향상은 한계가 있다. 노동조합의 집단적인 발언권 행사는 이직률을 낮추어 궁극적으로 생산성 향상 및 이윤증가에 기여하게 된다.

이직을 고려하지 않는 경우에도 노동조합에 의한 집단적 발언권 행사는 노동자의 생산성을 높이는 데 기여한다. 고용주와 피고용자간의 임금의 수수관계는 그 본질이 노동자의 일하는 시간에 대하여 기업가가 통제를 행사할 수 있는 자유를 부여하는 것이다. 고용주는 노동자가 생산하는 산출물의 가치를 극대화하는 방향으로 작업을 지시하고 평가한다. 고용주의 작업지시, 직무의 공과(功過)에 대한 평가에 있어서 노동자와 대립과 충돌이 발생할 가능성은 매우 높다. 노동자로부터 구입된 노동시간의 효율적 이용은 이러한 충돌을 어떻게 조정하느냐에 달려 있다.

만약에 노동자들이 집단적 발언 없이 개별적인 발언만 허용된다면 그 개별적 발언은 경영층에 의해 쉽게 보복 또는 응징 당할 수 있다. 그리고 개별 노동자가 여건의 변화를 시도하려면, 시간과 돈을 감당해 낼 수 없을 뿐 아니라 엄청난 개인적 희생을 감내해야 한다. 따라서 이직을 하지 않고 남아 있는 노동자들은 책임회피나 무사안일에 빠져든다. 구입된 노동시간이 효율적으로 이용되지 못할 때, 1인당 산출량, 즉 노동생산성이 크게 저하됨은 자명하다. 노동조합의 집단적 발언권 행사는 재직근로자의 불만을 표출시키고 조정함으로써 노동자의 사기를 높여 생산성을 증가시킨다.

또한 작업현장의 정보를 보다 많이 알고 있는 노동조합에게 발언권을 부여함으로써 사용자로 하여금 보다 정확한 정보를 수집할 수 있게 한다는 점에서 그리고 작업현장의 문제(예컨대, 산업재해)를 노사간에 서로 토론하는 과정에서 보다 나은 해결책이 제시될 수 있다는 점에서 노조의 발언권 행사는 기업의 생산성과 이윤에 기여하게 된다.

2 노조의 임금평준화 효과

노동조합에 의한 집단적 발언은 기업내 임금격차를 상당히 줄이는 역할을 한다.

현장 생산직 근로자에 대한 차별대우, 여성에 대한 차별대우 등은 노동자의 사기와 협력에 중대한 장애요인이 되고 있다. 특히 생산직과 사무직간의 현격한 차별대우의 축소는 생산직 노동자의 노력, 성의, 세심한 주의를 크게 높여 품질개선이나 생산성의 제고를 가능하게 한다. 노동조합에 의한 '동일노동 동일임금' 원칙의 도입은 극도의 차별적인 임금지불 관행이 실시되어 온 경우 이에 대해 중요한 제동을 걸 수 있다.

노동조합이 노동자들 사이의 임금격차를 축소시키는 **임금표준화 전략**(wage rate standardization)을 추구하면 임금의 분산도가 감소할 것이다. [그림 10-12]에는 조합원과 비조합원간의 임금(임금에 자연대수를 취한 값)분포를 보여준다. 조합원의 임금분포와 비조합원의 임금분포를 비교하면, 조합원의 평균임금 $\overline{W}_U$는 비조합원의 평균임금 $\overline{W}_N$보다 높다. 그러나 조합원 임금분포의 분산은 비조합원의 분산보다 작다. 프리만은 미국의 경우 노조조직 기업의 임금분산이 비노조조직 기업의 임금분산보다도 약 25% 적음을 밝혔다. 아울러 그는 노조조직이 경제 전체에서 임금분산을 약 10% 낮추는 것으로 분석하였다.

노동조합의 임금평준화는 노동자 숙련·지식에 대해 낮은 수익률을 제공함으로써 가능하다. 즉 연령-임금곡선을 보다 평탄하게 만듦으로써 임금평준화가 이루어진다. 이는 두 개의 상반된 효과를 낳는다. 한편으로는 노동자간의 개별적 경쟁을 억제함으로써 생산성을 높일 수 있다. 노동조합의 평등주의적 정책은 기업의 차별적 임금지불 관행에 일종의 공정성을 도입하여 노동자의 회사에의 귀속감, 기여정신을 앙

그림 10-12 조합과 비조합부문의 생산직노동자 내부의 임금분포

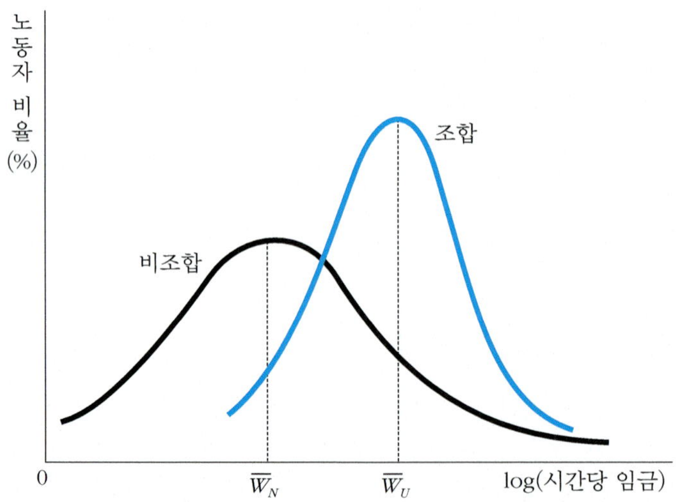

양시켜 생산성의 향상에 기여할 수 있다.

그러나 다른 한편 숙련, 기술, 정보, 교육에 대한 낮은 수익률은 생산성이 높은 노동자에게 불이익을 제공하며, 생산성이 낮은 노동자에게 큰 이익을 제공함으로써 노동자의 인적자본축적 및 생애경력경로의 추구를 저해하는 측면이 있다. 따라서 노조가 조직된 기업도 체계적인 훈련제공을 기피하게 된다. 결과적으로 노동조합은 숙련이 크게 요구되지 않는 산업에서만 존립기반을 찾게 되어 장기적으로 노조조직이 서서히 와해될 수도 있다.

지금까지 우리는 노동조합이 갖는 두 얼굴을 살펴 보았다. 한편으로는 노동공급독점자로서의 노동조합에 의한 임금상승 및 자원배분 왜곡이라는 부정적 측면이 존재하고, 다른 한편으로는 집단적 발언기구로서의 노동조합에 의해 성취될 수 있는 공평성 및 노동생산성에 미치는 긍정적인 측면이 존재한다. 어느 것이 노동조합의 진정한 얼굴이며 보다 중요한 역할인지 알기 위해서는 현실에 대한 심층적·실증적 연구가 더욱 진전될 필요가 있을 것이다.

제 5 절 한국의 노동조합운동의 특징과 위기

1 한국 노동조합운동의 역사와 특징들

한국 노동운동에 있어서 결정적인 영향을 행사한 사건들을 든다면 첫째는 1950년의 6.25 전쟁이며, 둘째는 1987년의 6.29 선언이다.

6.25 전쟁을 계기로 일제 식민지시대에 잠복해있다 8.15 해방을 계기로 활발해진 사회주의 또는 사회민주주의 지향의 노동운동은 모두 궤멸하였다. 좌익계 노동조합인 전평이 소멸한 후 대한노총이 유일한 노동조합이 되었는데, 6.25 전쟁 이후 1960년까지 노동자의 사회경제적 그리고 정치적 지위 향상을 외면한 채 이승만정부의 산하단체로 기능하였다. 즉 6.25 전쟁으로 인한 한국 사회의 극우·반공의 조류에서 노동조합은 1960년까지 자주성과 대표성 그리고 민주성 모두를 결여한 어용단체의 성격을 지녔다.

1960년 4.19 혁명에 의해 이승만정부는 몰락하고, 1961년 5.16 군사쿠데타로 박정희정부가 집권하게 됨에 본격적인 산업화가 추진되었다. 이는 영국보다 무려 2세기나 늦은 것이다. 1960년 당시 농업사회였던 한국은 압축형 성장에 의해 1985년경에는 중진자본주의국가에 진입하게 된다. 1961년에서 1979년까지의 박정희정부, 1980년에서 1987년까지의 전두환정부의 시대는 그야말로 중앙정부에 의한 계획·통제의 시대였다.

특히 1971년 12월「국가보위에 관한 특별조치법」제정 이후 노동조합의 단체교섭 및 단체행동이 규제되었고, 1972~1979년까지의 유신체제, 뒤이어 집권한 전두환정부는 노동조합에 대한 규제 및 통제정책을 강화하였다. 전두환정부는 1980년 노동관계법을 대폭 개정하여 제3자 개입금지조항을 신설하고 유니온 숍(union shop)[2] 제도를 폐지하였으며, 기존의 명목상 산별체제를 기업별 노조체제로 전환하였다. 노동조합에 대한 통제를 강화하면서 다른 한편으로는 노사협의회법을 새로 개정하여 노동조합을 무력화시키려 하였다. 그 결과 노동조합은 사실상 유명무실한 존재로 전락하게 된다.

피용자대비 노동조합 조직률은 1972년 12.6%, 1975년 15.8%, 1980년 14.7%로 낮은 수준이었고, 전두환정부 말기인 1986년에는 12.3%로 더욱 저하되었다. 1961년 산업화추진 이후 중진자본주의로 진입하였으나 노동권은 극도로 탄압되어 기왕의 낮은 조직률이 더욱 감소하였던 것이다.

유신체제 하에서 시작된 지하 노동운동은 전두환정부 기간 동안에 급속도로 확산되었다. 위장취업자로 불린 대학생들이 직접 생산현장에 취업하여 노조를 결성하기도 하였다. 1987년 6월의 민주화 시민항쟁과 뒤이은 6.29 선언 그리고 같은 해 7월, 8월에 폭발적으로 일어난 87년 노동자대투쟁과 88~89년의 연이은 노사대분규로 노동조합운동은 크게 활성화되었다. 1987년과 1988년, 1989년의 노사분규 건수는 각각 3,749건, 1,873건, 1,616건으로, 대분규 이전 시점인 1986년에는 276건, 대분규 이후 시점인 1990년에는 332건, 1991년 234건인 점을 감안하면 1987~89년간은 그야말로 대분규의 기간이라고 할 만하다.

노동법 개정을 통한 노조에 대한 규제도 서서히 해제되기 시작하여 1987년 11월, 1997년 3월, 1998년 3월 그리고 2007년 12월 등 네 차례에 걸친 법 개정이 이루어졌

---

2) **유니온 숍**(union shop)이란 기업이 근로자를 채용할 때에는 조합원이 아닌 근로자를 채용할 수 있지만, 일단 채용되고 나면 모든 근로자는 일정한 기간 내에 노동조합에 가입해야 하고 조합에서 탈퇴하거나 제명되어 조합원자격을 상실하면 종업원자격도 상실하게 되는 제도이다. 모든 노동자를 노조에 가입시킬 수 있기 때문에 노동조합이 강력한 힘을 가지게 된다. 노조보호의 강도에 따라 사업장은 노조원인 근로자에 한하여 기업이 근로자를 채용할 수 있는 클로즈드 숍(closed shop), 채용 후 일정기간 내 노조에 가입해야 하는 유니온 숍, 채용 전이나 채용 후에도 노조가입의무가 전혀없는 오픈 숍(open shop)으로 나누어진다.

표 10-5 한국의 노동조합운동의 특징

	1960~1987	1987~현재
노동시장 여건	저임금 · 장시간 노동	고임금 · 단축된 근로시간
노사관계 특징	노동종속적 노사관계	'힘 대결'에 의존하는 적대적 노사관계
정부역할	개발독재 · 노동운동억압, 탄압	정부의 두 얼굴 ┌ 민주정부 – 노동법제 선진화 └ 노사분규에 사용자 대신 직접개입

다. 이제는 우리나라에서 노동기본권은 선진국 수준으로 보장되고 있다.

구미에서는 100여년에 걸쳐 달성한 산업화를 우리나라는 1961년에 시작하여 30여년 만에 달성한 것을 우리는 압축형 경제성장이라고 부른다. 중진자본주의가 갖는 경제규모에서 노사간의 갈등은 1930년대 구미국가들이 경험한 것과 유사한 성격을 지녔으며, 해방 이후 농업사회에서 우익과 좌익간의 정치적 갈등이 배경이 된 노사간의 갈등과는 차원이 다른 것이었다. 1987년의 6.29 이후 7월과 8월의 노동자대투쟁은 산업사회의 노사갈등의 전형적인 측면을 보여준다는 의미에서 근대적 한국노동운동의 출발점이라고 할 수 있다. 즉 한국에서의 근대적 노동운동은 이제 30년 가까운 역사를 갖게 되었다.

우리나라에서 1987년 15.7%이었던 노조조직률은 노동운동의 폭발로 1989년 19.8%로 정점을 이룬 후, 내리막길로 접어들게 된다. 외환위기 기간 중인 1998년 12.6%, 2000년에는 11% 수준으로 하락하여 2013년 현재 약 10% 수준이다.

현재 한국의 노동조합은 약간의 예외가 있기는 하지만 기본적으로 기업별 노조체제이다. 일본의 기업별 노조가 생산직과 사무직이 통합된 기업별 노조라고 하면, 한국의 기업별 노조는 생산직과 사무직이 분리된 기업별 노조라는 특징을 가진다.

한국의 기업별 노조는 조합원의 근로조건 향상을 최고의 목표로 지향하는 실리적 조합주의를 추구한다. 한국노총계열 노조는 온건한 실리적 조합주의를 추구하며, 민주노총계열의 노조는 전투적 실리적 조합주의를 추구한다. 전투적 실리적 조합주의란 높은 현장조직력을 바탕으로 한 막강한 교섭력을 임금인상과 근로조건 개선이라는 분배적인 목적을 위해 사용하며, '힘의 대결'에 의한 승리 쟁취를 추구하는 노동운동이념이라고 할 수 있다. 〈표 10-5〉에서 한국 노사관계는 '힘 대결'에 의존하는 적대적 노사관계라고 하였는데, 이는 전투적 실리적 조합주의와 관련되어 있다.

2 위기에 직면한 한국 노동운동

왜 한국의 노조조직률은 크게 하락하여 위기를 맞고 있는가.

(1) 조립가공 제조공정의 해외 이전

조립가공 제조공정의 해외이전으로 이 부문의 노조가 쇠퇴하게 되었다. 1987년 이후 임금수준이 급격하게 상승하고 근로조건 및 복리후생이 크게 개선됨에 따라 저임금에 의존하던 조립가공 제조공정은 한국에서 더 이상 경쟁력을 가질 수 없게 되었다. 결국 총 노동비용의 증대에 대응하여 1990년 이후 한국의 많은 기업들이 해외로 공장을 이전하기 시작하였다. 이는 1990년부터 시작된 세계 경제의 글로벌화(globalization)와 동시에 추진되었다.

1997년 IMF 경제위기를 겪으면서, 해외 공장이전의 경향은 더욱 심화되었다.

(2) 비정규직 확산

글로벌 경쟁의 격화에 따라 국내 인건비 및 준고정비용 상승에 부담을 느낀 기업들이 기업업무의 외부화, 즉 자회사 설립, 외부하청 등을 확산하게 된다. 기업들이 정규직보다는 계약직, 파견노동자, 파트타이머 등을 활용하려 하면서 비정규직이 크게 확산되었다. 중소기업 근로자 및 비정규직 근로자들은 노조에 가입할 유인이 거의 없다. 이리하여 노조는 정규직만을 조직하고 그들을 대변하는 조직이라는 인식이 고착화되었다.

(3) 근로자의 개인주의화

노조의 쇠퇴를 낳는 또 다른 요인은 근로자들의 개인주의화 경향이다.

1990년 무렵부터 노동시장에 대거 등장한 젊은 세대들은 1인당 GDP 1~2만 달러 시대에 성장하였다. 1인당 국민소득이 2만 달러를 상회하면 여가를 즐기는 생활패턴이 일반화된다. 이들 고학력으로 무장한 개인주의 지향의 젊은 세대들은 노조가입을 기피한다.

노동조합은 근로자들의 단결과 집단적 힘에 그 존립근거가 있는데, 근로자들이 개인주의화하면 단결에 소극적이고 집단적 힘의 발휘에는 불참하며, 대신 노동조합의 성과에만 무임승차하려는 기회주의가 팽배하게 된다. 그 결과 노조가 쇠퇴하게 된다.

(4) 지식경제의 진전

1990년대 이후 전개된 정보사회, 지식경제로 인하여 개인의 지식, 창조정신이 생산의 핵심 요소가 됨에 따라, 집단적 교섭과 집단 계약은 더욱 매력을 잃게 되었다.

지식경제가 노조조직률을 감소시키는 세 측면을 들어보겠다.

첫째, 주된 산업이 제조업에서 서비스업으로 전환된다. 제조업 중에서도 전통적으로 노조가 강했던 굴뚝산업은 쇠락하고 컴퓨터 관련 산업, 약품산업 등 비노조 공장에서의 생산이 증가한다. 서비스란 다른 사람에 대한 만족 제공의 대가로 수입을 얻는 것이며, 서비스산업은 개인취향 맞춤형 산업이기 때문에 비노조 기업이 많다.

둘째, 주된 직업이 숙련 및 반숙련 직업에서 전문직, 과학자, 기술직으로 바뀐다. 제조업 내에서도 정보·지식을 활용하는 화이트칼라 및 전문기술직이 비숙련 및 숙련 노동자보다 더 중요한 지위를 점하게 된다. 고학력의 화이트칼라는 노조를 통한 단체교섭보다 개인의 성과를 기준으로 보상이 이루어지는 개별 교섭을 선호한다.

셋째, 지식경제에서 핵심적 생산요소가 지식이 됨에 따라 지식의 창조, 지식의 창의적 활용이 부가가치를 창출하는 핵심요소가 되었다. 고급 지식의 창조, 고급 지식의 창의적 활용은 대부분 개인의 재능 능력 발휘이다. 동기유발의 임금, 동기유발의 내부승진 등의 세련된 인사관리기법이 중시되고 직장만족도가 제고되면 노조가입은 감소하게 된다.

(5) 노조의 집단이기주의에 대한 실망

기업들은 과감한 미래지향적 투자를 주저하면서 보수적 경영전략으로 일관하고 있어, 일자리 소멸은 급격하게 진행된 반면, 일자리 창출은 더디게 진행된 결과, 한국 사회는 고용 악화, 실업 증대, 이에 따른 사회양극화의 심화를 겪고 있다.

이 과정에서 노동조합은 '힘 대결'에 의존하여 기존 조합원들의 이익과 권리 보장을 최우선과제로 삼아 왔다. 1997~98년 외환위기 이후 평생직장의 고용관행이 무너지고 절대 임금수준이 삭감되는 등의 고통을 겪은 노동조합은 기존 조합원의 고용보호, 그리고 불확실한 미래를 대신하여 현재의 임금인상에 더욱 목매게 되었다. 분배 중심의 노사관계가 더욱 더 강화되어 온 것이다.

즉 국민경제적인 고용대란, 비정규직 확산, 실업 증대라는 노동시장 여건의 악화에도 불구하고, 노조조직 부문의 고용안정 강화, 임금상승 등으로 기존 조합원의 이익보호에는 노조가 성공했으니, 국민의 눈에는 노조 조직이기주의의 심화로 비쳐졌다. 그 결과, 노동조합의 조합원 보호효과는 크게 나타났지만 조직률은 계속 하락하는 모순적 상황에 봉착해 있다.

한국 노동운동은 지난 20년간 4중의 타격을 받아 왔다. 글로벌화, 외환위기에 의한 구조조정, 지식경제 전개, 고소득·고학력의 물결이 그것이다. 이 과정에서 노동운동은 서서히 침몰하고 있다. 노조는 분배위주의 적대적·투쟁적 노사관계의 중심에 있어 왔고, 기존 노조원의 이익보호를 위해 때로는 시대역행적인 투쟁을 전개하여 사회의 고립된 소수조직으로 간주되기도 한다. 한국의 노동조합운동은, 사람의 생애에 비유하자면 이제 30세를 앞두고 성숙기를 맞아야 할 시기에 벌써 소멸의 위기를 고민하고 있는 것이다.

노조운동이 사회경제의 흐름, 예컨대 글로벌 지식경제로의 전환의 파트너로서 이 흐름을 견인하고 촉진하는 역할을 하지 않는 한, 그리고 글로벌 지식경제의 진전으로 발생하는 노동자의 불이익 및 부작용을 법·제도 또는 단체교섭에 의해 교정하려는 창의적 노력을 하지 않는 한, 한국에서 노조조직률이 10% 이하로 떨어져 노동조합운동이 소멸된 것과 다름없는 신세를 겪게 될 것임이 자명하다.

조합원의 이익보호에 매몰되지 않고, 나아가 시대적 소명과 과제를 꿰뚫는 통찰력이 아니고는 갈수록 위축되고 있는 노동조합운동의 흐름을 역전시킬 수 없다는 것을 명심하여야 한다.

제6절 한국 노동운동의 선택과 장래

1 과거의 노동운동 이념과 현재

한국 노동운동의 위기를 극복하고 조합원을 단결시키고, 그 세를 확장시켜 나가자면 건설하고자 하는 미래사회의 모습과 실천의 구체적 전략에 대한 광범위한 공감이 있어야 한다. 건설하고자 하는 미래사회의 모습과 비전은 바로 노동운동의 이념에 녹아 있다. 노동운동 이념은 장래사회에 관한 비전과 그러한 사회로 나아가는 데 필요한 실천강령을 제시하여 참여자를 내부적으로 응집시키고 외부적으로 확대하는 역할을 한다. 역사상 세 종류의 노동운동 이념이 존재하였으니, 첫째는 **혁명적 조합주의**이고, 둘째는 **사회민주주의형 조합주의**이며, 셋째는 **실리적 조합주의**이다. 이들을 우선 개관해 보자.

(1) 혁명적 조합주의

마르크스주의자(Marxist)들은 노동조합이란 자본가계급의 지배로부터 모든 노동자들을 해방하는 것을 목표로 하여 투쟁하는 조직이라고 본다. 이런 시각에서는 노동조합은 자본주의 질서 안에서 노동자들의 생활개선을 위해 운영되는 것이 아니라, 자본-임노동 관계라는 물질적 적대관계를 폐기하는 임무를 수행하는 노동자들의 조직으로 파악된다. 이러한 관점이 채택되는 배경에는 자본주의사회를 노동자들에 대한 착취와 억압 위에 성립된 사회로 간주하고, 이러한 질서를 그대로 놓아둔 채 노동자들의 생활 향상과 권리 신장을 추구하는 것은 원천적으로 불가능하다고 보는 자본주의관, 철학 및 사상이 깔려 있다.

이는 마르크스(K. Marx)의 「노동조합: 과거, 현재 그리고 미래」라는 논문에 잘 요약되어 있으므로 그 일부를 발췌하면 다음과 같다.

(i) 과거

자본은 집적된 사회적 힘인 데 비해 노동자가 처분할 수 있는 것은 자신의 노동력뿐이다. 따라서 자본과 노동 사이의 계약은 결코 공정한 조건에 기초하여 맺어질 수가 없다. 한쪽에 물질적 생활수단과 노동수단의 소유가 있고, 반대쪽에 살아있는 생산력이 있는 한, 사회의 입장에서 보아도 그것은 공정할 수가 없다. 노동자가 가지고 있는 단 하나의 사회적 힘은 그 인원 수이다. 그러나 인원 수의 힘은 단결되지 않으면 발휘되지 못한다. 노동자가 단결하지 않는 것은 노동자 자신들 사이의 피할 수 없는 경쟁 때문이고, 또 같은 이유로 그러한 상태가 오랫동안 유지된다. 최초의 노동조합은 이 경쟁을 없애든가 적어도 제한하여 노예보다 조금 나은 상태로 노동자를 끌어올리는 계약조건을 쟁취하려는 노동자의 자연발생적인 시도로부터 생겨났다. 그 때문에 노동조합의 직접적인 목표는 일상의 필요를 만족시키는 것, 자본의 끊임없는 침해를 방지하는 수단이 되는 것에 한정되어 있었다. 한 마디로 말하면, 그것은 임금과 노동시간의 문제에 한정되어 있었다.

노동조합의 이와 같은 활동은 정당할 뿐만 아니라 필요하기도 하다. 현재와 같은 생산체제가 계속되는 한 노동조합에 대해 이러한 활동을 하지 말라고 권유할 수는 없다. 그와 반대로 모든 나라에 노동조합을 조직하고 이들 각국의 노동조합들을 단결시킴으로써 그러한 활동을 보다 널리 보급해야 할 것이다.

(ii) 현재

노동조합은 지금까지 자본에 대한 국지적이고 직접적인 투쟁에만 너무나도 몰두하고 있어 임금노예제 자체에 대항하여 행동할 그들의 힘을 아직도 충분히 이해하지 못하고 있다. 그러므로 그들은 일반적인 사회운동과 정치운동으로부터 너무도 동떨어져 있다. 그러나 최근에 노동조합은 자신의 위대한 역사적 사명에 다소간 눈을 뜨고 있는 것처럼 보인다.

(iii) **미래**

노동조합은 그 당초의 목적 이외에 노동자계급의 완전한 해방이라는 보다 큰 목적을 위해 노동자계급의 조직화를 위한 중심으로 의식적으로 행동하는 것을 배우지 않으면 안 된다. 노동조합은 이 방향을 지원하는 모든 사회운동과 정치운동을 지원하지 않으면 안 된다. 전체 노동자계급의 대변자이자 투사로서 자신을 간주하고 행동함으로써 노동조합은 노동조합원이 아닌 자를 그들의 대열에 결집시킬 수 있게 된다. 노동조합은 자신들의 노력이 결코 편협하고 이기적인 것이 아니라 학대받는 수백만 대중의 해방을 지향하고 있다는 점을 전 세계에 확신시켜야 한다.

자본주의는 사유재산권에 기반을 둔 이윤추구 때문에 가진 자와 가지지 않은 자 간의 불평등한 관계를 심화시키고, 노동자에 대한 착취와 억압 위에 성립한 사회이기 때문에 사회주의는 사유재산권 및 자본-임노동 관계를 폐기하고, 국유 또는 공유의 원칙아래 시장 대신 국가계획에 의한 생산·소비·분배가 결정되는 사회를 건설하자는 사회운동이다. 혁명적 조합주의는 노동계급에 의한 사회주의운동을 지칭한다. 소련, 동구의 사회주의의 몰락으로 혁명적 조합주의는 유럽과 북미에서는 찾아볼 수가 없다.

(2) 사회민주주의형 노동조합주의

사회민주주의형 노동조합주의는 혁명적 조합주의를 폐기하고, 노동조합을 자본주의 질서 안에서 정치·경제적 문제를 개선·극복하려는 조직으로 파악한다. 즉 마르크스주의에 입각한 혁명적 조합주의의 수정주의형 노동운동이다. 1890년대 말 사회민주당의 지도부, 예컨대 카우츠키(K. Kautsky)와 베른슈타인(E. Bernstein) 등이 이러한 노선을 제시하였다. 영국의 웹 부부(Sidney and Beatrice Webbs)의 기여도 컸다. 유럽 각국에서 노동운동이 결성한 당이 사회민주당, 사회당, 노동당 등의 다양한 이름을 갖고 있지만, 이러한 나라에서의 노동운동 이념을 묶어서 사회민주주의 노동조합주의라고 할 수 있다.

사회민주주의형 노동조합주의가 대두된 데는 다음 두 가지 이유가 크게 작용하였다. 첫째, 재산이 없는 노동자의 사회·경제적 지위를 향상시키는 방법은 사유재산권의 폐지가 아니라 사유재산권과 시장경제를 인정하되, 노동자의 생활조건(근조조건 포함) 향상이 이루어지도록 시장경제를 변용해 가야 한다는 인식에 도달하게 되었다.

둘째, 인간의 본성이 이기적이어서 무산의 노동자들은 소재산(小財産) 형성에 보다 큰 관심을 갖으며 소재산을 갖는 개인이 오히려 자유, 독립성, 자율성을 갖게 되며, 반대로 공동생산, 공동분배의 사회주의는 인간의 본성과 부합하지 않을 뿐만 아니라 국가에 의해 개인의 자유와 자율성을 억압을 결과한다는 점을 간파하게 되었다.

따라서 노동운동은 사유재산권을 수용하되, 재산권 행사가가 노동자의 이익 증진과 부합하도록 하며 노사간 이해의 대립보다 이해의 균형을 취하는 운동노선을 택하게 되었다.

사회민주주의 노동운동노선(Eichler, 1989)은 다음 세 가지를 중시한다.

첫째, 사회민주주의적 정당(사민당, 노동당, 사회당 등) 결성에 의해 집권정당이 되도록 노력해야 하며 집권 후에는 사회·경제정책에 의거, 자본주의 시장경제를 부단히 변용시켜야 한다.

둘째, 국가개입에 의한 사회형평성 확대가 중요하며, 공교육, 공공훈련, 공공주택, 공공탁아시설 등의 가치재(merit goods)가 공급됨으로써 그리고 사회보장제가 완비됨으로써 사회구성원이 각자의 능력을 자발적이고 창의적으로 발휘할 수 있게 하는 조건균등제도를 확대시킨다.

셋째, 노동자의 교섭상의 항구적인 불리함을 교정하기 위해 노동3권을 전면적으로 보장하여야 한다.

노조원은 사민당 가입을 통해 정치투쟁을, 노조를 통해 산업투쟁을 진행시킨다.

같은 사회민주주의적 노동조합주의라도 자유시장경제의 운용에 관해서는 다양한 노선을 견지한다. 생산과정에서의 노동자의 종속과 소외를 극복할 수 있는 노동자 경영참가를 당연시하고 따라서 자본가와 노동자의 이해 균형이 기업운영에 반영되어야 한다는 이해관계자 시장경제를 추구하는 중부유럽의 독일형 사회민주주의 노동운동노선이 있는가 하면, 주주자본주의, 자유주의 시장경제를 수용하여 경영전권을 인정하고 존중하며 노사협력적인 북유럽의 스웨덴/덴마크형 사회민주주의 노동운동노선도 있고, 주주자본주의, 경영전권은 인정하되, 노사가 대단히 대립적이고 적대적인 영국형 노동운동노선도 존재한다.

사회민주주의론자들은 제2차 세계대전 후 케인지안(Keynesian) 복지국가를 형성시킨 주체이며 동시에 열렬한 지지자들이다.

제2차 세계대전 후 케인즈(John Maynard Keynes)의 경제정책과 사회민주당의 사회정책 또는 베버리지(Sir William Beveridge)의 사회정책이 결합된 모형이 **케인지안 복지국가**(Keynesian Welfare State)라고 할 수 있다. 케인지안 복지국가 모형의 주요 정책들은 i) 케인즈의 국가개입적인 단기의 재정·금융정책에 의해 완전고용을 달성하고 유지하는 것, ii) 사회보장보험에 의해 질병, 재해, 고령, 실업 등으로부터 오는 소득중단에 대처하여, 국민의 최저생활을 보장하며 사회보험이 포괄할 수 없는 분야에서는 공적부조로 국민의 최저생활을 보장하는 것, iii) 공공의료, 공공주택, 공교육·훈련 등의 사회정책에 의해 삶의 질을 높이며 교양 있는 생활을 가능하게 하는 것, iv) 누진소득세제 등을 통해 빈부격차가 적은 보다 평등한 사회를 시현하는 것 등이 케인지안 복지국가 모형의 주요 정책들이다. 케인지안 복지국가는 **케인지안 사회민주주의**(Keynesian social democracy) 또는 **복지자본주의**(welfare capitalism)라고도 불리어진다.

케인지안 복지국가는 1970년 초~1980년대 말까지 경제적, 사회적, 정치적 위기에 직면하였다.

첫째, 케인즈주의적 재정금융정책은 높은 인플레이션과 높은 실업률, 즉 스태그플레이션을 낳음에 따라 케인즈주의적 완전고용정책은 더 이상 유효하지 않게 되었다.

둘째, 고복지에 대한 수요는 계속 늘어 각국의 경제성장 속도를 앞지르게 되었다. 2차 대전 후 선진국에서는 복지증가가 모두 경제성장을 크게 상회하였다.

케인지안 복지국가의 전통적 사회정책의 지속은 거대한 정부 재정적자를 심화시켰다. 저생산성, 저성장, 높은 실업은 사회정책을 위한 재원조달을 구조적으로 불가능하게 만들었던 것이다.

셋째, 고복지를 위한 고부담 즉 누진근로소득세 및 누진사업소득세 등은 근로의욕을 감소시키고, 기업의 투자의욕을 감퇴시켜 이른바 '복지병'이라는 부작용을 낳았다.

과도한 정부개입과 규제, 고복지에 따른 정부부문의 증대, 높은 조세부담 그리고 이윤의 감소가 경제성장과 자본축적을 저해하였다는 의미에서, 복지국가 모형은 1970년대 말부터는 저성장, 고실업의 원인으로 지목받고 성장과 국부 창출의 방해물로 간주되었다.

넷째, 인구학적 대변화가 동시에 진행되면서 복지국가는 거의 붕괴되다시피 하게 된다. 인간이 보다 건강해지고 수명이 길어짐에 노인인구가 크게 늘어 고령사회에 진입하게 되고 동시에 출산율이 급격히 감소함에 따라 젊은 노동력이 크게 감소하게 되었다. 이 두 요소들은 결부되어, 한편으로는 노인 증가에 따른 정부의 재정지출 예컨대 공적부조, 노인연금, 의료비 등에 대한 지출을 증대시키고, 다른 한편으로는 청년층 감소, 청년층 소득감소 및 정부 재정수입 감소를 낳게 되어, 종전과 같은 복지지출 자체가 불가능하게 되었다. 연금의 감축, 복지지출의 삭감 등이 불가피하게 되었던 것이다.

이상에서 설명한 바와 같이 케인지안 복지국가 모형이 경제적 위기에 직면하여 붕괴하면서, 정치적으로는 국가의 역할이 어떻게 정립되어야 하는가를 둘러싼 논쟁을 불러일으켰다. 이는 복지국가의 정치적 위기이다. 거대한 그리고 비대해진 정부조직이 과연 사회정책이 원래 지향하던 바를 효과적으로 제공하고 있는가에 대한 의문이 제기되었으며 동시에 정부는 빈곤퇴치 및 국민적 최저생활보장 등의 주요 측면에서 오히려 실패해 왔다는 비판에 직면하게 되었다. 이는 복지국가의 사회적 위기이다. 복지국가의 경제적, 정치적, 사회적 위기에 직면하여, 새로운 이론적 틀이 고안되었는데 하나는 영국 대처 정부, 미국 레이건 정부의 **신자유주의**이며, 다른 하나는 신중도주의라고 일컬어지는 영국 노동당 토니 블레어 정부의 '**제3의 길**'이다.

신자유주의는 20세기 후반인 1980년대 이후 복지국가 패러다임의 위기에 대응하는 대안으로 제시되었다. 국유화된 기업들의 비효율, 케인즈주의적 경제관리·통제에 따른 부작용(인플레이션과 재정적자), 과다복지에 따른 부작용(높은 세금, 투자 및 근로의욕 저하)을 교정하기 위하여 국영기업의 민영화, 케인즈주의 포기, 복지 감축을 추구한 바가 있다.

다른 한편에서는 경제정책에서는 신자유주의를 수용하되, 사회정책에서는 인간의 이기심을 전제로 보다 효과적인 복지정책을 제안하고 있는 실용주의 노선이 대두되었는데, 이러한 시각을 제시한 것은 기든스(A. Giddens)의 『**제3의 길**』(1998)이다. 기든스의 이 저작은 유럽 전 사회에 심대한 영향을 미쳐 1997년의 영국의 토니 블레어 노동당정부, 그리고 1998년의 독일 슈뢰더 사민당 정부의 이론적 기초를 제공하였다. 이러한 실용적 노선의 사회민주주의 정책은 중도의 범주에 속한다고 할 수 있다.

그러나, 최근 유럽의 사회민주당들이 커다란 위기를 맞고 있다. 독일의 사민당, 영국의 노동당, 스웨덴의 사민당이 줄줄이 선거 실패로 집권하지 못하고 종전의 전통적 지지계층이었던 노조, 서민층, 중산층의 이반현상이 심각하다. 사회민주주의의 근원적인 반성과 혁신이 요청되고 있다.

(3) 실리적 조합주의

경제적 조합주의 중 극단적 형태가 실리적 조합주의(business unionism)이며, 미국의 노동운동 지도자 곰퍼스(Samuel Gompers)와 미국의 제도학파 경제학자인 커먼즈(J. R. Commons), 펄만(S. Perlman) 등에 의해 이론적 기초가 만들어졌다.

1886년 창설된 AFL(American Federation of Labor, 미국노동총연맹)의 지도자 곰퍼스가 제시한 미국 실리적 조합주의를 항목별로 정리하면 다음과 같다. 몇 가지 예외와 수정이 발생했지만 곰퍼스의 실리적 조합주의 이념은 오늘에 이르기까지 미국 노동운동의 기초가 되고 있다.

첫째, 금후 유토피아적 활동, 혁명적 사상 또는 혁명적 집단과 일체 손을 끊는다. 과거 이러한 활동에 참가한 결과 조직의 약화를 초래하고 나아가서 붕괴를 초래한 점이 많았기 때문이다.

둘째, 단체교섭을 중시한다. 사용자와 노동자를 대표하는 조합과의 사이에 합법적으로 구속력 있는 협정을 체결하는 것을 AFL의 주요 목표로 삼아야 한다. 개혁적 입법은 지지하지 않는다. 이것은 조합이 최저임금·노동자 재해보상·실업보상제도 등에 반대의 입장을 취하는 것을 뜻한다. 즉 AFL은 정부의 지배를 초래하는 것을 원하지 않으며 노사자치주의를 지향한다.

셋째, 노동정당을 결성해서는 안 된다. 노동자의 정치참가를 반대하는 것이 아니라 목적의 실현은 기존의 정치기구를 통해서 해야 한다는 것이다. AFL은 우리 편을 투표를 통해 혹은 재정적으로 밀어 주고 반대편에 대해서는 반대하는 정책을 전개해 간다.

바꾸어 말하면 미국 노동운동은「자본주의」결국「자유기업 체제」의 틀 속에서 활동하는 온건한 직업적 조합주의에 따라 추진되어야 한다는 것을 목표로 하고 있다. 미국의 실리적 조합주의는 사회민주주의 조합주의 전통에서 입법활동 및 사회보장 강화를 위한 정당(사회당과 사민당)만 빠진 것이라고 이해하면 대체로 정확하다.

미국 실리적 조합주의는 1929년 대공황의 진행과정에 1932년 집권한 프랭클린 루즈벨트 대통령의 **뉴딜 정책**(New Deal) 시행, 그리고 숙련공의 직업별 조합인 AFL과 자동차, 철강, 전자, 석유 등의 산업별 노조인 CIO(Congress of Industrial Organization, 산업별조합회의, 1938년 창설)가 미국 노동조합운동 전국본부인 1955년 AFL-CIO로 통합된 후에도 전혀 변모되지 않고 오늘에 이르고 있다. 뉴딜 시기에 노동3권이 합법화되었기 때문에 미국의 노사관계를 **뉴딜적 노사관계**라고도 한다.

미국의 뉴딜적 노사관계의 기본구조는 다음의 세 가지 측면에서 파악될 수 있다.

첫째, 단체교섭이 노사관계제도의 기초이다. 노조는 국가개입을 배제하는 노사자치주의를 추구한다.

둘째, 미국 노사관계제도의 기본구조로 들 수 있는 것은, 경영층이 임금·노동시간 및 근로조건을 결정하는 데 있어서 노동조합의 역할을 받아들이는 대가로 투자전략·기업경영전략 등의 경영방침과 관련하여 경영전권을 장악했다는 점이다. 이 특징들은 미국의 실리적 노동조합 노선과 일치하고 있다.

셋째, 미국 노동운동의 가장 독특한 특징은 **직무통제**(job regulation) **조합**에서 발견된다. 작업현장에서 작업장의 통제방식(앞으로 직장통제방식이라 부르겠다), 즉 고용주가 작업을 지시하는 방법, 노동자의 성과를 평가하는 방법, 상벌을 가하는 방법에 이 있어서 단체협약을 통해 규칙과 절차를 제정하고 이를 어겼을 때의 처리절차를 확립한 것이 미국 노사관계의 특징이다. 이러한 특징으로 해서 미국 노동조합은 직장통제조합이라고 한다. 그러나 이는 작업 현장의 관료화를 낳았다. 지나친 규칙 및 절차의 망(webs of rules)은 1960년대 말 이후 변화하는 국제환경에 대해서 기업조직이 신축적·효율적으로 대응하는 데 장애물로 작용하여 미국 기업의 경쟁력을 떨어뜨리는 요인으로 작용하였고, 고학력의 개인주의화된 근로자들은 노동조합이 조직된 관료적인 사업장을 기피하게 되었다.

[Box 10-1] 미국 노조의 뒤늦은 대응(Herzenberg, 2002)

노조 쇠퇴는 미국에서는 실로 극적이라고 할 수 있다. 1945년에 노조조직률이 35.5%라는 최고치에 도달한 후 지속적으로 감소하여 2000년 현재 13%에 불과하게 되었다. 노조조직이 강하게 이루어지고 있는 연방정부, 주정부 등 공공부문을 제외하면, 민간부문에서의 노조조직률은 9% 수준에 불과하기 때문에, 미국 노동운동이 위기임은 자명하다.

이러한 위기 극복을 위해 첫째, 노동조합은 작업장에 만들어 놓은 각종의 규칙과 절차의 망(webs of rules and procedures)이 노조원의 이익만을 위한 것이라는 반성 하에, 노조가 근로자뿐만 아니라 소비자, 사회 전체의 이익을 주는 방식으로 기업의 생산방식 재조직에 적극 기여하게 되었다. 종전 사용자의 저임금-고생산성 전략(저차원의 경로, 영어로는 low-road라고 함)과 관련된 포드주의-테일러주의 생산방식을 지양하고, 근로자의 높은 생산성 발휘의 작업장을 토대로 한 고임금-고생산성 전략(고차원의 경로, 영어로는 high-road라고 함)을 추구하게 된다.

둘째, 근로자의 높은 생산성을 위하여 노조는 노동자 훈련, 숙련향상 프로그램을 단체협상의 주된 아젠다로 삼게 되며, 훈련에서는 노사파트너십을 구축하고자 하였다.

셋째, 노동조합의 도덕성을 높이기 위해 노력하였다. 노조가 특별 이익집단화하여, 기득권 유지 활동에 매몰된 점을 반성하여, 사회전체의 이익에 기여하는 분야, 예컨대 의료보험 개혁, 연금 확대, 중하위층의 직장 안정, 불평등 축소 등에 초점을 맞추어 활동하려고 노력하였다.

넷째, 노조의 지역활동을 장려하여 지역노조간의 유기적 협조가 잘되는 곳을 노조도시(union city, 기업도시와 대조되는 개념)로 선포하였는데, 1999년에는 미국에 150곳의 노조도시가 선정되게 되었다.

다섯째, 서비스업에서의 노조조직 확대를 위해 본격적으로 노력하게 되었다.

이러한 활동은 미국의 실리적 조합주의 전통을 극복하려는 노력(Herzenberg, 2002)에서 나온 것이지만, 미국 노동운동의 쇠퇴를 되돌리기에는 너무 늦었다는 판단을 필자는 하고 있다. 1980년경 위기가 본격화되기 전에 했어야 할 방향전환을 20년 후에 시도하니 너무 늦었다고 평가하는 것이다.

2 한국 노동운동의 위기를 감안한 새로운 선택과 도전들

우리는 노사관계의 다양한 활동 중에서 노동조합에 초점을 맞추어 전국 차원의 정치활동, 산업 차원의 교섭 활동, 그리고 기업 차원의 활동으로 나누어 몇 가지 제안을 하도록 하겠다. 전국 차원, 산업 차원 그리고 기업 차원으로 노조활동을 살펴보는 것은 노사관계론에서 취하는 일반적인 접근방식이다([그림 10-13] 참조).

(1) 노동운동은 민주주의의 확립을 추구해야 한다.

과거의 노동운동 이념에서 배울 수 있는 것은 올바른 정치체제의 확립을 노동운동의 제 1의 목표로 삼아야 한다는 점이다.

노동운동이 사회주의 정치체제를 수립하는 데 집중하면, 지나친 평등지향으로 경제는 망가지고 결국 그러한 지향을 가진 국가는 소멸하게 된다(구 소비에트연방의 경우).

반대로 미국에서와 같이 노동운동이 올바른 정치체제의 확립 운동을 하지 않고 실리적 조합주의에만 매몰되면, 노조는 국민 대다수의 평등한 삶의 추구라는 이상을

그림 10-13 노동조합의 다양한 활동

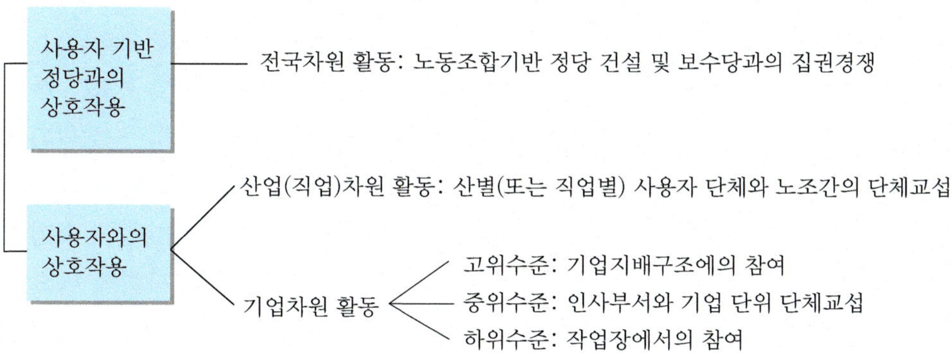

자료: Kochan and Katz(1986)

상실한 채 사회의 특수이익집단으로 변질된다. 한국노총의 온건한 실리적 조합주의와 민주노총의 전투적 실리적 조합주의 간의 공통점은 실리적 조합주의에의 지향이다. 이 또한 위험성을 내포한다.

과거에는 양 노총 간의 노선 차이가 매우 컸지만 현재 시점에서는 정부, 사용자와의 타협을 수용하느냐 그렇지 않느냐 정도의 차이만 있을 뿐, 노조원의 실리적 이해만을 고집한다는 점에서는 큰 차이가 없다. 이 때문에 날이 갈수록 일반 국민들과 노조와의 괴리가 심화되고 있다.

경제성장과 분배의 조화를 추구하는 노조운동은 무엇보다 올바른 정치체제의 수립을 위한 투쟁을 최우선시하여야 한다.

올바른 정치체계란 무엇인가? 민주적인 정부의 구성이다.

노동운동의 이념은 모름지기 민주주의에 있다. 민주주의란 국민의, 국민에 의한, 국민을 위한 정치를 지칭한다. 이 중에서 국민을 위한 정치가 민주주의의 핵심이다. 국민을 위한 정치란 첫째, 법질서를 확립하여 시민으로 하여금 안전한 삶을 영위하게 하며, 둘째 개인의 사유재산권을 확고히 보장하여 개인의 직업활동, 창업, 그리고 기업가정신이 왕성하게 일어나게 하는 인센티브를 제공하며, 셋째 정부의 조세수입과 재정지출을 중산층, 서민 그리고 사회에 낙오하는 패자들을 위한 지원 시스템이 되게하는 정치이다. 특히 노동운동은 정부의 조세수입과 재정지출이 중산층, 서민 그리고 사회에 낙오하는 패자들을 위한 구조를 갖도록, 즉 사회적 평등을 강화하도록 하는 정치운동을 전개해야 한다.

민주주의, 즉 국민을 위한 정치를 왜 확립해야 하는가? 법치가 확립되지 않으면 범죄율이 높고 사회가 불안해지며 직업과 기업활동에 제약이 되며, 사유재산권이 보장되지 않으면, 경제적 자유가 위축되고, 사업을 벌이는 것은 위험천만한 일이 되어 경제적 번영이 성취될 수 없다. 정부의 조세수입과 재정지출의 구조가 특권층을 위한 구조를 갖는, 특권층을 위한 정치에서는 사회·경제적 불평등은 심화되고 양극화는 더욱 진행된다. 심화된 불평등과 양극화의 사회에서는 부모의 재산이 자녀에게 세습되어 개인간의 능력과 소질의 공정경쟁이 이루어지지 않아 경제의 침체는 불가피하다. 정부의 조세수입과 재정지출이 중산층, 서민 그리고 사회에 낙오하는 패자들을 위한 구조를 가질 때, 즉 사회적 평등을 강화될 때, 각 개인이 자신의 비교우위에 입각하여 잠재적 재능을 발휘하고, 자아실현과 충만한 삶의 기회를 가지며 광범위한 역동성을 시장경제가 갖게 된다. 즉 민주주의 확립을 위한 정치투쟁으로서의 노동운동은 역동적인 자유시장경제 확립과 상호연관성을 갖는다.

국민을 위한 정치와 대립되는 개념으로 특권층을 위한 정치에서는 사회·경제적 불평등은 심화되고 양극화는 더욱 진행되는데, 장기적으로 불평등이 세습되는 사회가 유지되면, 그 결과는 무엇인가? 시장경제에서 혁신과 창조적 파괴가 일어나지 않고, 지속적 성장과 번영은 일어나지 않는다. 특권층들이 기득권 유지를 위하여 기득권에 도전이 되는 창조적 파괴를 오히려 저지시킨다.

최근 MIT대 경제학과 교수인 Daron Acemoglu와 Harvard대 정치학과 교수인 James A. Robinson은『국가는 왜 실패하는가』(2012)라는 저서에서 포용적인 정치제도와 착취적인 정치제도를 다음과 같이 정의하였다. 포용적인 정치제도란 다원적인 정치제도에 중앙집권이 결합된 정치제도이다. 여기서 다원적 정치제도란 한 개인이나 편협한 집단이 권력을 독점하지 않고 광범위한 연합이나 복수의 집단이 정치권력을 고루 나누어 갖는 형태를 말한다(pp. 125–127). 예컨대 중앙집권이 충족되는 연방제국가, 영국, 미국, 독일 등은 포용적 정치제도를 갖고 있다. Acemoglu와 Robinson에 따르면 한국과 같이 다원적이지 못하고 권위주의적인 국가의 정치제도는 착취적 정치제도에 해당한다.

또한 Acemoglu와 Robinson은 포용적인 경제제도와 착취적인 경제제도를 구분하고 있다. 포용적인 경제제도란 제0장에서 논의한 공정한 경쟁의 틀을 갖고 있는 자유시장경제를 지칭한다. 착취적 경제제도는 공정한 경쟁의 틀을 갖지 않는 과거 나치식의 시장경제체제와 북한처럼 사유재산권 보장이 없고 공정한 경쟁의 보장도 없으며 법치가 없는 경제를 지칭한다. 착취적이라고 이름붙인 이유는 한 계층의 소득과 부를 착취해 다른 계층의 배를 불리기 위한 제도이기 때문이다(pp. 117–124). 특권층, 지배계층만을 위한 수탈적이고 착취적인 정치제도와 경제제도는 쇠퇴, 빈곤, 국가소멸을 낳으며, 국민 다수를 위한 포용적인 민주주의와 그로부터 성립하는 공정경쟁의 자유시장경제, 즉 포용적 경제는 번영, 부, 그리고 장기적 융성을 낳는다고 하였다. 착취적 정치제도는 착취적 경제제도와 궤를 같이하며, 포용적 정치제도는 포용적 경제제도와 궤를 같이하여, 전자는 쇠퇴와 빈곤의 악순환, 후자는 번영과 융성의 선순환을 갖는다고 지적하였다.

그들의 놀라운 역사적 고찰은 착취적인, 권위주의적인 정치제도가 단기간에 있어서는 고도성장을 이룰 수는 있어도 고도성장 자체가 포용적 경제제도를 낳을 수 없다는 것이다. 왜냐하면 권위주의적 정치제도하에 이루어진 고도성장기에 특권층이 형성되고, 기득권층들은 특권과 기득권의 유지에만 관심이 있고, 자유시장경제라는 포용적 경제제도의 착근을 오히려 저지하려하기 때문이다. 따라서 권위주의적 정치제도에 의한 고도성장 추구는 단기에는 성과를 낳지만 결국 착취적 경제제도로 환원된다는 것이다. Acemoglu와 Robinson은 “한국의 사례처럼 착취적인 정치제도에도 불구하고 경제제도가 포용적 성향을 띤 덕분에 성장이 가능하다고 해도 경제제도가 더 착취적으로 바뀌거나 성장이 멈춰버릴 위험이 상존한다. 정치권력을 장악한 이들이 결국 그 권력을 이용해 경쟁을 제한하고 자신들의 파이를 키우거나 심지어 다른 이들로부터 훔치고 약탈하는 것이 경제성장을 추구하는 것보다 더 많은 이익을 챙기는 방법이라 여기게 될지도 모른다는 것이다. 정치제도가 착취적 성향에서 포용적 성향으로 바뀌지 않는 한 권력을 분배하고 행사할 능력은 언제든 경제적 번영의 기반을 훼손할 수 있다는 뜻이다”라고 경고하고 있다. 한국은 불과 반세기 만에 선진국을 거의 따라잡았다. 하지만 포용적 정치제도가 확립되지 않으면 한 차원 높은 발전단계로 뛰어오를 수 없고 거꾸로 착취적 경제제도로 회귀할 불안정성을 갖고 있다.

김대중(1985)은 말했다. “민주주의와 자유시장경제는 동전의 양면 같아서 본질적으로 불가분의 관계”에 있다는 것이다. 그는 민주주의의 실현 없이는 완전한 자유시장경제가 성립할 수 없다고 하였다. 거의 같은 시기에 조순(1986)은 말했다. “민주주의 없이 자생적 경제발전이 없고 자생적 경제발전이 없이 민주주의가 확립될 수 없다.” 즉, Acemoglu와 Robinson의 용어로는 포용적인 정치제도 없이 포용적인 경제제도가 있을 수 없다는 것이다. 결국 정치에 의해 민주주의가 확립될 때, 비로소 자유경제체제의 확립이 가능하다.

성장과 분배의 조화를 추구하는 노동운동은 시민운동, 여성운동, 협동조합운동,

환경운동, 소비자운동, 중소상공인 농민과 연계하여, 포용적 정치체제, 예컨대 연방제 국가건설을 위해 투쟁하되, 포용적인 경제체제 즉 공정경쟁의 틀을 갖는 자유시장경제 확립을 추구하여야 할 것이다.

(2) 노동운동은 공정경쟁의 틀을 갖는 자유시장경제를 추구한다.

공정경쟁의 틀을 갖는 자유시장경제란 무엇인가? 우선 공정의 의미를 분명히 하자. 공정은 공정한 기회균등을 의미한다. 공정한 기회균등이란 동일한 능력과 의지를 가진 사람들은 성, 지역, 인종, 종교, 소득, 상속재산이나 교육, 출신계급 등 사회적 조건의 차이에도 불구하고 비슷한 직위, 권한을 누리고 유사한 소득, 부를 얻을 기회가 보장되는 것을 의미한다. 공정한 기회균등 하에서의 경쟁이 공정경쟁이다.

우리는 제8장에서 한국사회의 구조적 특징을 나선사회([그림 8-22] 참조)로 묘사한 바 있다. 약 25년전 일본생산성본부가 1981년 발간한 『한·일 양국의 종합적 생산성 비교연구에 관한 조사연구』에서 한국 사회·문화의 특징은 가족, 혈연, 혼척(婚戚), 지연, 학연으로 연결된 구심연(求心緣)사회이며, 이는 한국사회의 지배구조, 오너의 기업 경영구조에서도 나타나는 기본 특징이라고 지적하고 있다.

나선사회 또는 구심연사회는 공정사회가 아니다. 한국의 고립되고 원자화되어 있는 개인이 혈연, 학연, 지연, 혼인관계 등의 집단연고를 매개로 하여 계층상승을 도모하며, 혈연, 지연, 학연 등의 집단연고에 속하는 사람은 우리(내부자), 그 바깥의 사람은 남, 타인(외부자)으로 구분하는 사회, 내부자들 사이에는 끈끈한 신뢰관계, 정보의 공유, 이익의 배분 관계가 있는 반면, 외부자는 차별받고 배제되는 사회에서는 개인의 능력 발휘와 성취는 중요하지 않게 된다. 나선사회 또는 구심연 사회에서는 자신이 속한 집단의 내부자에게는 신뢰하고, 충성하고, 협력하고, 상부상조하는 능력이 개인의 주요 능력이라고 능력의 의미가 변질된다. 집단연고가 아니라 개인의 직업관련 능력이 존중되는 사회 건설, 공정경쟁의 시장경제 구현을 목표로 삼는 노동운동이 전개되어야 한다.

할아버지, 아버지의 재산이 상속되어 각 개인의 재산불평등이 심각하다. 토마 피케티(Thomas Piketty)는 『21세기 자본』(2013)에서 미국과 유럽사회가 능력사회가 아니라 세습사회로 나아가고 있음을 경고하였다. 가족주의 전통이 가장 강한 한국에서는 상속에 기인하는 재산불평등이 선진국 중 가장 심각하다. 개인의 창의, 노력, 땀의 결과물로서의 사유재산이 아니라 할아버지, 아버지로 물려받은 상속재산이 개인의 소득과 사회적 지위를 결정한다면 이는 공정경쟁이 아니다. 따라서 상속에 중과세하여 국가재정을 확충하거나, 상속재산의 사회로의 환원, 예컨대 교육기관, 복지재단에의 기부를 법률로 유인하여야 하며, 각 개인의 창의, 노력, 땀에 대한 보상, 개인의 생산에의 기여가 개인에 대한 주된 보상이 되도록 할 필요가 있다. 노동운동은 바로 이런 업적(merits) 사회가 형성되도록 노력을 경주하여야 한다.

사회와 경제를 조망하면, 시장경제에 잘 적응하는 사람들이 있는가 하면 잘 적응하지 못하는 사람들도 있음을 알게 된다. Hutton(1996)은 한 사회의 구성이 40:30:30이라고 하였다. 시장경제에 잘 적응하는 사람이 40%, 한계층 30%, 낙오자 30%로 구성되어 있다고 하자. 잘 적응하는 사람들은 대체로 규제받기를 거부하고 자유방임을 신봉한다. 즉 현상유지를 원하며, "큰 시장, 작은 정부"를 원한다. 그러나 한계층 및 낙오자 그룹에 속하는 사람들은 부유한 사람들에 대한 누진세제로 재원을 마련하여, 빈곤한 사람, 노인, 병자, 여성가장, 실업자 등에 대해 정부지원의 사회정책을 시행하기를 원한다. 즉 "작은 시장, 큰 정부"를 원하는 것이다.

다양한 사람과 계층으로 구성된 사회가 존속되고 번영하려면 시장경제에 잘 적응하는 사람과 한계층·낙오자간의 이해의 균형이 필요하다고 할 수 있다. 모든 사람들이 쉽게 동의할 수 있는 사실은 "모든 사람은 다르다. 각 개인의 생명은 고귀하다. 개인은 자존심을 갖고 있다"는 것이다. 나의 생명, 나의 자존감, 나의 성취가 중요한 것과 같이 서로 다른 사람이 살아가는 사회에서는 다른 사람의 생명과 자존감도 동시에 중요한 것이다. 한 개인이 자신의 잠재능력과 소질을 최대한 개발하고 자신의 능력을 발휘하여 충만한 삶, 좋은 삶, 선한 삶을 추구하듯 다른 사람도 그렇게 살아갈 수 있어야 한다. 차이가 있다면, 다양한 형태의 좋은 삶이 존재할 뿐이다. 자신의 선함이 타인에 기여하고 타인의 선함이 자신에게 기여하여 사회의 모든 구성원이 각자 타고난 최고의 재능을 가능한 최대로 발휘하게 될 때가 모두에 의해 '이 상태가 좋다'고 평가되는 공공선(common good)의 상태이다. 따라서 사회에서 각 개인이 사회를 구성하는 인간간의 조화, 통합을 추구할 때, 노동운동은 사회에서 가장 불우한 위치에 있는 사람들, 낙오하는 사람들, 차별받는 사람들, 배제되는 사람들이 자신의 잠재능력을 찾고 개발·연마하고, 자신의 고유한 탁월성을 발휘하여 사회의 존경을 받도록 하는 사회보장체계에 각별한 관심을 가져야 한다.

공공선의 논리는 독일 기민당의 질서자유주의처럼 기독교에서 유래되기도 하지만 종교와 관계없이 영국 홉하우스(L. T. Hobhouse)의 사회적 자유주의론에서도 찾아진다. 각 개인이 갖고 있는 잠재능력과 소질을 개발하고 개인의 탁월성을 발현하도록 함의 중요성은 미국의 존 롤즈(John Rawls)의 『사회정의론』과 일본의 시오노야 유이치(Shionoya Yuichi)의 『경제와 윤리: 복지국가의 철학』(2002)에서 찾아진다. 조우현(1994)은 인본주의 입장에서 그러한 관점을 개진하였다. 이근식(2005)의 상생적 자유주의, 박세일(2008)의 공동체 자유주의나 최장집(2012)의 진보적 자유주의도 마찬가지다.

대부분의 논자들은 사회보장체계가 빈곤층, 실직자의 능력의 결여를 보충하는 안전망 역할을 하며, 능력발휘를 지원하고 동시에 자기실현의 기회를 지원하는 역할을 수행할 때, 정치적 민주주의는 효율성, 성장, 혁신이 추구되는 시장경제를 형성시킨다는 데 의견의 일치를 보인다. 노동운동은 인간의 본성과 기본가치 그리고 타인과의 조화로운 발전이라는 관점을 수립하여 노동운동의 새로운 지평을 열어가야 할 것이다.

(3) 노동운동은 산업별, 직업별 조합으로 나아가야 한다.

산업의 차원에서는 노동운동은 노사대등의 교섭력을 갖추어야 한다. 왜 그럴까? 노사 대등의 교섭력을 위해서는 노동조합은 필수불가결한 존재이다.

노동서비스는 인간의 일할 수 있는 힘과 능력의 지출이다. 일을 할 수 있는 힘과 능력은 매일매일 만들어지며, 저장 불가능한 특징을 갖는다. 노동자는 매일매일 만들어지는 노동능력과 힘을 판매하는데, 그 힘은 판매되지 않으면 아무 소득도 낳지 않고 사라질 뿐이다. 그 다음 날은 하루 세끼의 음식을 소비함에 따라 새로운 에너지가 다시 형성된다. 그러므로 노동자는 임금이 아무리 낮더라도 일을 하여 소득을 얻는 것이 무소득보다는 낫다고 여긴다. 즉 노동이 저장 불가능하다는 특성으로 인해 노동자는 기업이 시장임금보다 낮은 임금을 주어도 무고용·무소득보다는 고용되어 저소득이라도 벌려고 하는 경향성을 갖는다. 이는 상품시장에서 시장가격보다 낮은 가격을 구매하려는 구매자가 있을 때 판매자는 당장의 판매를 미루고 적당한 구매자가 나타날 때까지 기다리는 것과는 대조적인 양상이다. 이는 상품이 저장 가능하기 때문이다.

기업이 노동자의 이러한 약점을 이용하여 노동자에게 시장임금보다 낮은 임금을 지급하려는 탐욕과 횡포를 부릴 수도 있다. 기업들이 그렇게 할 때 노동자들은 그들의 노동판매를 중단할 수 있는 선택의 자유가 거의 없다. 노동자들이 시장임금을 받을 때까지 1~2주만이라도 노동판매를 중단하게 되면 곧바로 생활의 불안정성과 빈곤을 가져오기 때문이다. 반면 기업은 노동자들이 단결하여 일을 거부해도 재고를 활용해 한두 달은 거뜬히 버틸 수가 있다.

『국부론』에 나타난 아담 스미스(A. Smith)의 관찰을 살펴보자.

> 통상적으로, 노사간의 경쟁에서 양 당사자의 어느 쪽이 유리한 지위를 점하는가, 즉 상대(他)에게 강제하고 자신들의 조건에 복종시킬 수 있는가를 예견하는 것은 어려운 일이 아니다. 사용주는 그 수가 적기 때문에 보다 쉽게 단결하고 … 장기간 견디어 낼 수 있다. … 예컨대 사용주는 1인의 직공을 고용하지 않고도 기득(既得)의 자본으로 1~2년 정도의 생활은 가능하다. 그러나 대다수의 직공은 아무 일도 하지 않고는 1주의 생활도 불가능하다. 1개월 생활할 수 있는 자는 극히 소수이고, 1년이나 생활가능한 자는 거의 없다. 장기적으로 보면 쌍방이 서로를 필요로 하는 것은 사실이다. 그러나 사용주의 필요는 직공에 비하여 그 정도가 긴박하지 않다.

그는 계속하여

> 사용주들이 단결하지 않는다고 생각하는 사람이 있다면 이는 세상을 모르는 사람이다. 사용주들은 어디에서도 … 끊임없이 단결하여 노임의 인상을 막으려 하고 있다.

라고 이미 200년 전에 논의하였다.

100년 전 밀(J. S. Mill) 또한 다음과 같이 사용자와의 교섭에서 불리한 위치에 있는 노동자들을 묘사하고 노동조합의 기능을 평가하고 있다.

> 노조나 파업이라는 집단적 행동, 그 자체를 비난하는 것은 큰 실수이다. 노조가 수요와 공급에 의하여 결정되는 시장임금률 이상으로 임금률을 인상할 것을 요구하는 파업은 반드시 실패함을 인정한다고 해도, 노동의 수요와 공급은 노동자들의 의지와 행동이 없어도, 노동자의 손에 일정한 임금을 건네주는, 그러한 육체를 가진 대리인이 아니다. 시장임금은 자동적으로 행동하는 기구에 의해서 노동자를 위해 결정되는 것이 아니라, 아담 스미스가 "시장의 흥정"(the higgling of the market)이라고 부른, 사람간의 협상의 결과이며, 흥정하지 않은 사람은, 구매시 계산대에서 계속 시장가격보다 더 비싸게 지불한다. 속된 말로 저항하지 않으면 부자인 고용주와 협상해야 하는 가난한 노동자들은 노동에 대한 수요와 부합하는 정당한 임금을 오랫동안 받지 못할 것이다. 그리고 조직화된 단합이 없이 어떻게 노동자들이 저항할 수 있는가? 혼자서 임금인상을 요구하면, 노동자에게 무슨 기회가 있는가? 그의 동료들과 상의하지 않고 어떻게 노동자가 시장의 상황이 임금의 상승을 허용하고 있는 것조차 어떻게 알겠는가. 이를 알게 되면 자연스럽게 단합된 행동으로 연결되긴 하지만 나는 다음과 같이 주저 없이 말한다. 노동조합과 같은 노동자들의 조직은 자유로운 노동시장에 대하여 결코 방해물이 아니라 이 시장을 위해 필수적인 기구라고. 이는 경쟁체제하에서 노동의 판매자들이 자신들의 이익을 정당하게 지킬 수 있도록 하기 위해 불가결한 수단이다(PE, pp. 932).

외형적으로 그리고 법률적으로 평등한 기업과 노동자간의 자유로운 자발적 노동매매가 실제에서는 저장 불가능하다는 노동의 특수성으로 인하여, 노동자와 기업간의 관계가 불평등하게 된다. 이에 대해 노동자들은 단결을 통하여 노동조합을 결성, 사용자와 대등한 교섭력을 갖추고 임금과 고용의 제(諸)측면을 결정하려고 한다. 노동조합은 또한 단결권, 단체교섭권 및 단체행동권이 법적으로 제도적으로 보장되도록 정치적 영향력을 행사한다.

교섭력의 불균등을 교정하여 노사 대등교섭으로 나아가자면, 한국의 기업별 노조는 산별·직업별 조합으로 전환하여 산별·직업별 조합의 지부로 재편성되어야 한다. 임금과 근로조건의 결정은 지역별 예컨대 수도권, 충청지역, 영남지역, 호남지역 등의 지역에서 산별조합, 직업별 조합이 임금교섭을 행하는 것이 바람직하다. 전국에 걸쳐 획일적인 임금은 수도권의 높은 생계비를 고려하면 낮고, 지방의 낮은 생계비를 고려하면 높다. 따라서 전국적인 획일적 임금은 수도권지역의 기업에게 보조금을 지급하고 지역의 기업에게는 페널티를 부과하는 것과 동일하다는 시각을 가져야 한다. 또 다른 예로, 부가가치세는 현재 전국 동일하게 10%이지만, 지역의 경제력 격차를 감안하면 수도권은 12%로 인상하고, 지방은 6%로 낮아지도록 조정되어야 한다. 임금도 지역의 기업들의 지불능력 격차, 지역의 생계비 격차를 고려하여 결정되어야 하기 때문에 산별조합, 직업별 조합이 지역 단위로 임금교섭을 행하는 것이 바람직하다고 할 수 있다.

현대에서 노동조합이 노동자간의 연대와 단결을 이끌어 내고 동시에 사회로부터 높은 신뢰를 획득하는 방법은 고졸자로 노동시장에 진입하는 청년, 일자리 소멸의 위험을 느끼는 재직자 및 실업자를 위한 직업훈련과 향상훈련의 프로그램을 대학과 노조 연계로 만들거나 자체적으로 운영하여, 이들에게 기술 업그레이딩 훈련을 제공하는 데 있다. 한마디로 노동조합은 한국에서 직업훈련프로그램을 운영하는 주체가 되어야 한다.

독일, 네덜란드, 덴마크, 스웨덴 등의 게르만 유럽 국가들에서는 노동조합은 항상 노동교육과 노동자 직업훈련의 주체였다. 글로벌 경제가 진전되고, 글로벌 경제의 변동에 따라 일어나는 구조적 실업을 해결하자면, 실직 위협을 느끼는 재직근로자에 대해 실업 이전 단계에서 노동시장에서 수요되는 새로운 기술훈련, 기술업그레이딩 훈련 등이 있어야 하는데, 노동조합 주도의 직업기술교육체계가 그러한 기능을 능동적으로 수행함으로써 중소기업과 근로자들의 광범위한 신뢰와 지지를 확보하는 중추가 되고 있다.

노동조합은 그들만의 임금인상을 요구하는 조직, 집단이기주의를 추구하는 조직이라는 독점 노조의 어두운 인상을 불식시키기 위해 한국의 근로 대중에게 직업기술교육에 의해 개인의 생산성을 높여주는 조직이 되어야 한다. 근로자들이 65세까지 직장을 바꾸어 가며 평생고용을 향유하도록, 1차로 노동시장 진입 무렵에 1년간 직업기술교육, 2차로 나이 30대에 1년간 직업기술교육, 3차로 40대에 1년간 직업기술교육, 그리고 4차이자 마지막으로 50대의 1년간 직업기술교육을 받는 단계별 직업기술 교육프로그램을 노동조합 주도로 만들어야 한다.

10년 단위로 개인의 전문기술이 향상되거나 노동시장에서 요구되는 새로운 기술을 교육받아 기업을 바꾸어 가며 평생고용을 근로자가 향유하도록 하는 시스템 구축은 노동조합만이 가장 잘 할 수 있는 분야이다. 왜냐하면, 근로자들이 일의 세계의 변화 방향에 관한 정보를 가장 많이 알고 있고, 일의 세계에서의 직업훈련의 콘텐츠(contents)를 가장 많이 갖고 있으며, 동시에 이러한 근로자들을 조직하는 역량을 노동조합만이 가장 강하게 갖고 있기 때문이다.

(4) 비정규직에 대해 노조의 결단, 예견과 통찰이 있어야 한다.

한국의 비정규직 문제의 해결을 위해 노동운동은 합리적 방안을 제안하여야 한다.

기업 내부에 다양한 직무급을 두고 각 직무마다 임금과 근로조건을 다르게 규정하고 적용하는 것을 허용해야 한다. 공무원의 예를 들어보자. 공무원을 5급, 7급, 9급 시험으로 합격하는 사람들의 직무위계 이외에도 면접과 실기로 선발하는 건물관리직 등을 허용하면 청소, 주차관리 등에 종사하는 비정규직이 정규직으로 전환될 수 있다. 대학 조교의 예를 들어 보자. 대학의 조교들은 비정규직이다. 대학교직원 직제에 비서직이라는 별도의 직무군을 설정하고 임금과 근로조건 등을 정규직원과 다르게 규정하면 비정규직 조교가 정규직화 할 수 있다. 노조가 조직된 대기업과 공기업에서 노사간의 단체교섭으로 다양한 직무급제 도입을 교섭하면, 대기업과 공기업의 비정규직이 상당 부분 정규직화 될 수 있다. 반대로 현행의 경직적이고 폐쇄적인 내부노동시장을 고집하면, 비정규직 문제의 해결은 불가능하다.

이러한 방식으로 비정규직 문제를 해결하면서 지식경제의 진전에 따라 불가피하게 대두될 파견근로자, 파트타임 등에 대해서는 새로운 접근이 필요하다. 현재 진행되는 사회의 성격과 앞으로의 지향성을 냉철히 파악한 후, 통찰과 예견에 입각한 노동운동이 전개될 필요가 있다. 바로 이것이 노조를 성장케 하는 가장 중요한 요인이라는 점을 필자는 스웨덴 노조의 사례를 예로 들어 강조하고 싶다.

스웨덴 노조는 이미 1982년에 정보사회(information society)의 전개를 예견하고, 정보사회에서는 노동시장유연성이 일상적인 삶이 되기 때문에 이를 수용하되, 전통적 단체협약을 유지하고자 하는 창의적 노력을 하게 된다.

파트타임 제도에는 여성노동자들이 주로 고용되고 있다는 것을 감안하여, 파트타임을 대폭 허용하되, 파트타임 근로자가 일을 더 하기를 원하면, 이 근로자에게 노동시간을 연장시키는 권리를 우선적으로 갖게 하는 단체협약을 체결하였다. 이로 인해 파트타임 여성들이 노조에 대거 가입하게 되었다.

또한 노동조합은 그동안 불법으로 되어 있던 파견업체에 의한 고용도 전면적으로 허용하였다. 그러나 파견근로자가 근무하던 직장과의 고용관계가 종료되어 파견업체로 되돌아갔을 때, 일감이 없으면 파견업체에서 급여 없이 대기하게 된다. 노조는 이렇게 대기 중인 근로자에게 종전 직장에서 받던 임금의 75%를 파견업체가 지급할 것을 단체협약으로 강제하였다. 파견업을 허용하되, 그 부작용을 교정하려고 한 것이 노조의 전략이었다. 파견근로자의 노조가입이 증가하였음은 당연하다.

노동조합에 의한 창의적 노력을 하나 더 들도록 하겠다.

시장경제가 호경기, 불경기를 주기적으로 경험하며, 호경기 때 연장근로를 하고 불경기 때 해고가 이루어지는 현실에 대해, 노조는 호경기 때 연장근로수당을 받지 않고 연장근로시간을 적립하여, 불경기 때 적립된 연장근로시간 만큼 유급안식년을 가도록 하여, 불경기시 노동자의 고용안정을 도모하였다. 유급안식년을 학습과 숙련형성에 사용케 하여, 불경기에 근로자의 지식을 업그레이딩(upgrading)하는 것이다.

스웨덴노조의 1982년의 통찰과 예견은 그 이후 옳았다는 것이 입증된다. 정보통신기술의 엄청난 발달로 인하여 조립가공 대량생산의 거대기업들의 생산방식과 조직은 유연한 생산방식(lean 생산방식), 평면적 조직(flat 조직)으로 바뀐다. 표준화된 제품의 대량생산보다는 차별화된 제품의 소량생산이 더욱 중요하게 되면서 개인의 지식, 숙련 그리고 창의성이 부각되었다. 여기서는 근로자 개인의 기여가 가시적으로 측정된다. 가치창출에 있어서 자본보다는 지식과 창조성이 중요해진 것이다. 다른 말로 지력(知力)이 기계동력보다 중요해졌다는 것인데, 지력은 기본적으로 개인에 의존한다. 이는 과거의 표준화, 집단화와 전혀 관계가 없다. 노동력의 구조도 크게 바뀌어, 핵심인재는 정규직으로 일을 하며, 그 주위에는 파트타임, 계약직, 임시직, 파견근로자들이 포진되어 있다. 이와 같은 사회 변화의 흐름을 산업사회에서 정보사회로의 대전환이라고 불린다. 정보사회로의 대변화를 예견하고 이러한 변화를 견인하는 주체로서 노동조합이 활동을 전개하였던 것이다.

노조는 정보사회의 핵심인 개인의 능력, 지식과 창조정신의 중요성을 인식하고 개인능력의 평가와 보상을 수용하며, 동시에 노동시장 유연성을 수용하되, 이로 인한 부작용을 단체협약으로 교정하려는 자세를 가져야 한다.

(5) 기업차원에서는 신뢰와 협력의 노사관계를 만들어야 한다.

노동정치 차원에서는 노동자 기반 정당의 집권을 위한 정치투쟁을 전개하지만, 산업 차원에서는 지역별로 전개되는 노사대등교섭, 기업단위에서는 노사간의 생산자동맹(production coalition)을 형성하여 신뢰와 협력의 노사관계를 만들어 가야 한다. 이것이 유럽에서 성장과 분배가 조화되는 국가에서의 노동운동노선이다. 노사간의 협동에 의해 끊임없이 생산물의 증대와 공정한 분배를 동시에 추구하여야 한다. 특히 기업내 노동자의 숙련·지식 등을 높여 인적자원개발에 의한 생애임금 확보를 위해 **집단적 목소리기능**(voice mechanism)을 수행하는 데 노동조합은 크게 노력하여야 할 것이다.

임금과 근로조건의 향상을 도모하기 위한 자연발생적 조직으로서 노동조합이 발생하였다는 것은 의문의 여지가 없다. 이때 임금과 근로조건의 향상에도 두 가지 접근이 있을 수 있다. 노동조합운동은 기업의 생산활동에는 전혀 관심을 갖지 않고 임금과 근로조건 향상이라는 목적달성에만 치중하여야 한다는 미국형 실리적 조합주의 노선이 있는가 하면, 노동자의 임금과 근로조건의 향상은 궁극적으로 기업의 생산성 증진에 있으므로 기업단위에서는 생산성 향상을 위해 생산자동맹을 형성하여 신뢰와 협력의 노사관계를 만들어 가야 한다는 독일, 네덜란드, 덴마크, 스웨덴 등의 사회민주주의 노동조합주의 노선도 있다.

특히 지식경제에서는 다기능 노동자에 의한 생산성 향상이 중시되므로 다기능 노동자형성을 위한 현장훈련, 현장외훈련, 배치전환, 기술·지식에 근거한 급여(skill-based pay)의 설계, 그리고 이들의 창의적 활동이 될 품질관리 활동, 제안활동 등에 노조가 보다 적극적으로 참여하는 신뢰와 협력의 노사관계가 더욱 요청될 것이다.

(6) 노조가 고용보험을 관리운영하겠다는 요구를 하여야 한다.

노동조합이 조직을 성장케 하고 높은 조직률을 유지시키는 요인은 무엇인가?

스웨덴은 높은 조직률을 유지해 오고 있으며 벨기에, 핀란드, 덴마크는 높은 조직률에 머물지 않고 더 성장하는 추이를 보인다. 이들 나라는 소위 **겐트**(Ghent)**제도**, 즉 노조가 실업급부를 운영하는 제도를 가진 나라이다. 실업보험 운영을 노조가 수행하고, 실업자에게 실질적 도움이 되는 방식으로 실업보험을 운영함으로써, 종전 노조원이었던 실업자들이 계속 노조원으로 남아있을 뿐만 아니라, 노조원이 아니었던 실업자도 신규로 노조에 가입하게 되어 높은 조직률이 유지되고 있다.

한국의 고용보험도 노동조합이 관리 운영할 것을 제안한다. 고용보험사업은 능력개발사업, 고용안정사업, 실업급여사업으로 구성되는데, 노조로 하여금 산업별·업종별로 연대하여 근로자의 능력개발사업을 수행하게 하고, 노조가 고용안정사업을 운영하면서 구인·구직의 원활한 네트워크를 만들어 나갈 수 있도록 하며, 또한 실업급여 사업을 통해 가장 도움이 필요한 실업자에게 도움이 가게 함으로써 노조의 성장을 꾀할 수 있다. 노조가 고용보험을 관리하게 되면, 비정규직 근로자 및 중소기업 근로자들의 노조가입을 촉진하게 될 것이다.

물론 노조가 고용보험을 맡아 하면 선심성 기금운영으로 기금고갈이 우려되기도 한다. 그러나 정부가 회계 감시·감독 기능을 철저히 하여 그러한 우려를 불식시킬 수 있다. 반면 현재와 같이 정부가 운영하는 방식은 노동부 관료 조직을 더 키우고 승진의 자리를 더 만들며, 고용보험기금을 정치적으로 타 분야에 전용하여 기금고갈을 앞당기는 부작용을 낳고 있다. 실업자에 대한 각종 서비스의 제공은 정부보다 민간이 더 잘할 수 있다.

더 나아가, 제4장에서 논의한 바와 같이 산업재해보상보험도 노조가 경영자단체와 공동으로 지역 산재보험조합을 만들어 운영하는 방안도 시도하여야 할 것이다.

노조가 전체 국민, 전체 근로자의 이익을 위해 일하며, 노조에 대한 국민적 신뢰와 지지를 형성하는 데 가장 유효한 전략적 수단이 바로 노조의 고용보험 관리운영과 산재보험 운영참여라고 할 수 있다.

제11장

불평등 완화를 위한 노동시장정책

제 1 절 | 소득불평등, 빈곤 그리고 정부개입
제 2 절 | 최저임금제
제 3 절 | 고용보조금
제 4 절 | 부(負)의 소득세와 근로장려세제
제 5 절 | 고용보험
제 6 절 | 노동시장 유연성과 사회안전망의 결합 정책
제 7 절 | 정책 시행의 방법, 재원 조달 그리고 인력 충원

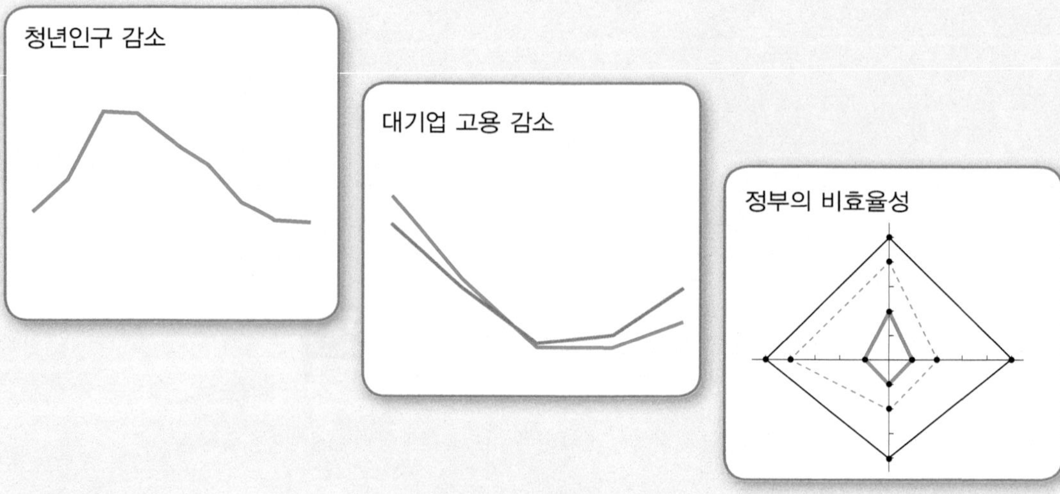

장을 시작하며

경제학은 주로 효율성(efficiency)을 다루는 학문으로 알려져 있다. 제한된 자원을 가지고 보다 나은 성과를 내기 위한 방법을 찾고, 그 객관적 조건을 탐색하는 것이 여기에 해당한다. 그러나 효율성만으로 모든 문제가 해결되지 않는다. 설사 효율적인 시장이라고 해도 시장은 필연적으로 불평등(inequality)을 야기하는데, 이러한 불평등은 어느 정도까지는 경쟁을 촉진하는 역할을 하지만 지나치면 경쟁의 동력을 원천적으로 말살한다. 특히, 노동시장에서 효율화와 경쟁으로 인한 노동의 도태는 일반 상품이나 기술의 도태와는 달리 매우 심각한 사회문제를 야기한다. 이 장에서 우리는 시장경제의 가장 심각한 결함분야인 소득불평등과 빈곤의 문제를 다루고자 한다. 아울러 이를 시정하기 위한 다양한 노동시장정책들을 살펴볼 것이다.

우리는 지니계수, 빈곤율, 노동소득분배율 등 불평등의 측정지표를 설명하고, 한국이 OECD 국가 중에서 불평등이 가장 심한 국가에 속하고 있음을 제시한다. 불평등 교정을 위해서는 다양한 사회정책이 논의될 수 있으나, 우리는 초점을 노동시장정책, 예컨대 최저임금제, 고용보조금, 근로장려세제, 고용보험, 사회안정망 정책 등에 국한할 것이다. 이 장의 마지막 절에서는 정부 정책시행의 방식과 재원조달방식을 다룬다.

제 1 절 소득불평등, 빈곤 그리고 정부개입

경쟁노동시장에서 개인능력이나 노력의 차이는 소득에서의 차이를 가져온다. 여기에 여성 일자리 시장에서의 잘못된 편견이나 통계적 차별, 비정규 일자리 시장에서의 구조적 차별과 같은 노동시장 차별이 더해져 임금불평등, 근로소득 및 가구소득의 불평등으로 나타난다. 이 과정에서 일부는 인간다운 삶을 영위하기 위한 최소한의 소득수준도 보장되지 않는 빈곤상태에 빠지기도 한다.

소득불평등과 빈곤의 실태를 파악하기 위해서는 적절한 측정지표가 필요하다. 소득불평등과 빈곤은 절대적 수준으로 측정되기도 하지만 상대적 지표가 더 일반적으로 사용된다. 지니계수 및 상대적 빈곤이 그 예가 된다. 이하에서는 소득불평등과 빈곤의 실태를 보여주는 다양한 지표들을 살펴보기로 한다.

1 소득분위별 소득과 분위별 상대소득

한 사회의 소득분배 상태를 일목요연하게 보여주는 가장 손쉬운 방법은 소득이 가장 낮은 사람부터 소득이 가장 높은 사람까지 순서대로 배열한 후 소득계층을 십분위 또는 백분위로 나누어 각 분위에 속한 계층의 소득을 비교하는 것이다.

소득백분위(percentile)는 전체 대상인구의 소득을 낮은 소득수준부터 높은 소득수준까지 순서대로 배열했을 때, 각 1%의 사람들로 구성된 소득계층을 말한다. 이때의 1분위(the first percentile)는 가장 가난한 1%가 속하는 계층이고, 10분위(the 10th percentile)는 100단계 중 10번째 단계에 속하는 계층을 의미한다. 가장 부유한 1%가 속하는 계층은 100분위(the 100th percentile)이다.

소득십분위(decile)는 전체 대상인구의 소득을 낮은 소득수준의 사람부터 높은 소득수준의 사람까지 10단계로 배열한 후 각 10%의 사람들로 구성된 소득계층을 말한다. 소득십분위에서 1분위(the first decile)는 가장 가난한 10% 계층이고, 2분위(the second decile)는 그 다음 10%인 계층이며, 마지막 10분위(the 10th decile)는 최상위 소득을 가진 10% 계층을 지칭한다.

소득백분위, 소득십분위보다 더 간단히 소득불평등을 살펴보는 방법은 소득오분위 지표를 이용하는 것이다. **소득오분위**는 전체 대상인구의 소득을 낮은 소득수준의 사람부터 높은 소득수준의 사람까지 5단계로 배열한 후 각 20%의 사람들로 구성된 소득계층을 말한다. 소득오분위에서 1분위는 가장 가난한 20% 계층이고, 2분위는 그 다음 20%인 계층이며, 마지막 5분위는 최상위 소득을 가진 20% 계층을 지칭한다.

소득십분위에서 상위층과 하위층간 소득비율을 이용하여 소득불평등도를 측정할 수 있다. 예컨대, 소득십분위에서 10분위 소득을 1분위 소득으로 나누어 소득불평등 지표로 활용하는데 이를 **십분위배율**이라고 한다. 소득백분위 중에서는 상위층을 대표하는 90분위 소득, 하위층을 대표하는 10분위 소득을 비교하여 **90-10 비율**을 정의하기도 한다. 이들 지표들은 소득격차의 심각성을 측정하는 가장 대표적인 지표들

표 11-1 90-10비율을 기준으로 한 소득불평등 증가(1980-2007년)

국가	연평균				
	1980-84	1985-89	1990-94	1995-99	2007
오스트레일리아	2.88	2.83	2.82	2.94	3.31
오스트리아	3.45	3.49	3.56	–	3.37
벨기에	–	2.40	2.28	–	2.43
캐나다	(4.0)	4.40	4.10	3.65	3.75
덴마크	2.17	2.18	2.16	–	2.69
핀란드	2.49	2.50	2.39	2.36	2.55
프랑스	3.18	3.19	3.21	3.07	2.91
독일	2.88	2.86	2.79	2.87	3.26
헝가리	–	2.83	3.55	4.15	4.56
아일랜드	–	–	4.06	3.97	3.78
일본	3.08	3.15	3.07	2.99	3.06
한국	4.59	4.25	3.75	3.77	4.74
네덜란드	2.47	2.55	2.60	2.85	2.91
뉴질랜드	2.89	2.90	3.06	3.28	2.94
폴란드	2.59	2.65	3.03	3.50	4.21
스웨덴	2.01	2.09	2.11	2.23	2.31
영국	3.09	3.30	3.39	3.45	3.59
미국	3.91	4.23	4.39	4.59	4.85

주: 1) 풀타임 근로자의 총소득을 기준으로 한 90-10 비율.
2) -표시는 자료없음을 의미.
자료: OECD Earnings database.

이다.

〈표 11-1〉은 OECD 국가들의 소득불평등도를 비교하기 위해 2007년 개인근로소득을 기준으로 90-10 비율을 산출한 것이다. 미국 4.85, 캐나다 3.75, 영국 3.59 등으로 영미계 국가들에서 수치가 높게 나타나고, 스웨덴 2.31, 벨기에 2.43, 핀란드 2.55, 네덜란드 2.91 등의 게르만 유럽 국가들에서는 수치가 낮게 나타난다. 이에 근거해 우리는 영미계열 국가들이 게르만 유럽 국가들보다 소득불평등도가 심각하다고 말할 수 있다.

1980년 초반에서 2007년 이르기까지 소득불평등도 추이를 살펴보면 미국, 영국, 호주 등에서 소득불평등도가 심화되고 있으며, 한국은 2000년 이전까지 소득불평등도가 완화되다가 2007년에 급격히 악화된 것으로 나타난다. 후술하겠지만, 2007년 이후 소득불평도는 계속 악화되고 있는 상태에 있다. 한국은 OECD 국가 중 미국 다음으로 불평등이 심한 국가로 평가된다.

2 로렌츠곡선과 지니계수

(1) 로렌츠곡선

로렌츠곡선(Lorenz curve)은 한 사회의 구성원을 소득이 가장 낮은 사람부터 높은 사람 순으로 차례로 배열했을 때, 각 소득수준 이하의 사람들이 취득한 누계소득이 전체소득에서 차지하는 비중을 나타내는 점들을 연결한 곡선이다.

말로 표현하면 언뜻 이해가 가지 않지만 그림으로 나타내면 그 의미를 쉽게 이해할 수 있을 것이다. [그림 11-1]은 구체적으로 〈표 11-2〉와 같은 통계청 자료를 이용하여 로렌츠곡선을 도출한 예이다.

[그림 11-1]에 그려진 정사각형의 수평축에는 인구의 누적비율이 %로 표시되고, 수직축에는 소득의 누적비율이 %로 표시된다. 〈표 11-2〉에 따르면, 우리나라 국민 중 소득 크기로 보아 최하위 10%에 해당하는 사람들은 전체소득의 1.0%를 점유하고 있다. 이는 [그림 11-1]의 (10, 1.0)의 좌표를 가진 *a*점으로 옮길 수 있다. 2분위 계층의 소득점유율은 3.9%이므로 1분위와 2분위를 합한 하위 20%의 사람들이 벌어들이는 소득은 누계치인 4.9%가 되며, 이는 (20, 4.9)의 좌표를 가진 *b*점으로 옮겨진다. 마찬가지로 (30, 10.7)의 좌표를 가진 *c*점 등을 차례로 표시할 수 있는데, (30, 10.7)의 점이 의미하는 바는 하위 30% 인구가 벌어들이는 소득이 전체소득의 10.7%를 차지한다는 것이다.

그림 11-1 로렌츠곡선

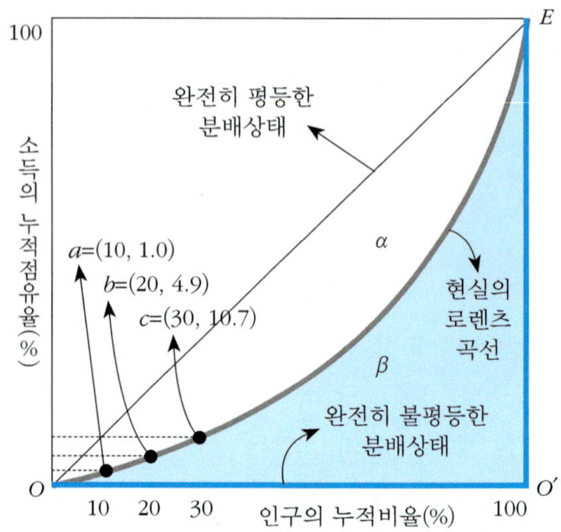

표 11-2 한국의 소득10분위별 소득분포(2014년)

(단위: %)

구분	1분위	2분위	3분위	4분위	5분위	6분위	7분위	8분위	9분위	10분위
소득점유율	1.0	3.9	5.8	7.2	8.6	9.8	11.3	13.2	15.8	23.4
누적비율	1.0	4.9	10.7	17.9	26.5	36.3	47.6	60.8	76.6	100.0

자료: KOSIS. 국가통계포털, 소득분배지표(시장소득기준)

[그림 11-1]에서 각 분위별 누적점유율, 즉 a, b, c, ... 등을 연결한 곡선이 바로 2014년의 우리나라 로렌츠곡선이 된다. 여기서는 소득십분위를 상정하고 있으니 10개의 점으로 나타나지만 소득분위를 아주 미세하게 세분화하여 누적비율을 그린다고 가정하면, 로렌츠곡선은 위의 그림과 같이 공백이 없는 매끈한 곡선의 형태를 띠게 될 것이다(물론 현실의 로렌츠곡선은 [그림 11-1]의 곡선처럼 기하학적 곡선의 형태를 띠진 않는다!).

만약, 사회 내 모든 구성원이 똑같은 소득을 얻고 있다면 로렌츠곡선은 [그림 11-1]에서 대각선 OE와 정확히 일치하게 될 것이다(**완전평등 분배**). 즉 최하위 10%의 사람들이 전체소득의 10%를 차지하고, 하위 20%의 사람들이 전체소득의 20%를 차지하는 등 구성원 비율과 소득점유율이 모두 같을 것이기 때문이다.

반면에 오직 한 사람만이 모든 소득을 독점하고 나머지 사람들은 한푼의 소득도 얻지 못하는 아주 극단적인 불평등 상황을 가정하면, 로렌츠곡선은 꺾인 선분 $OO'E$가 될 것이다(**완전불평등 분배**). 한 사람을 제외한 모든 사람의 소득점유율이 0%이기 때문에 계속 수평선을 따라가다 마지막 한 사람이 추가되는 순간 소득점유율이 100%가 될 것이기 때문이다.

따라서 로렌츠곡선은 소득이 평등하게 분배되어 있을수록 대각선 OE에 더 가까이 위치하게 될 것이다. 우리는 이 사실을 이용하여 서로 다른 두 사회의 분배 상태를 비교할 수 있다.

(2) 지니계수

로렌츠곡선을 그리는 대신, 로렌츠곡선을 이용한 축약판 통계량을 계산할 수 있는데, 이것이 지니계수이다.

지니계수(Gini coefficient)는 현실의 로렌츠곡선이 가상적인 완전평등 상태를 나타내는 대각선으로부터 괴리된 정도를 측정하는 지표이다. 구체적으로 대각선 OE 아래의 삼각형은 로렌츠곡선에 의해 α와 β의 두 구역으로 나뉘는데, 지니계수는 이때 대각선과 로렌츠곡선 사이에 만들어진 초승달 모양의 면적(α)이 대각선 아래 전체 삼각형 면적($\alpha+\beta$)에서 차지하는 비중으로 정의된다. 이를 수식으로 표시하면 다음과 같이 된다.

$$\text{지니계수} = \frac{\alpha}{\alpha+\beta} \tag{11.1}$$

완전평등 상태에서는 로렌츠곡선이 대각선과 일치하여 α의 면적은 0이 되고 따라서 지니계수도 0의 값을 가진다. 반대로 완전불평등 상태에서는 로렌츠곡선이 $OO'E$이므로 β의 면적이 0이 되어 지니계수는 1의 값을 가진다. 이처럼 지니계수는 0과 1 사이의 값을 가지며 그 값이 클수록 더 불평등한 배분상태를 의미한다.

OECD 국가의 평균 지니계수는 1985년에 0.290이었으나 2008년에 0.316까지 상승하였다. 22개 국가 중 17개 국에서 소득불평등도가 증가하였고 5개 국가에서만 지니계수가 감소 또는 유지되었다([그림 11-2] 참조). 한국의 경우는 1980년대 중반 시점에서 비교가능한 수치가 없어 이 그림에서는 제외되어 있다.

우리나라 지니계수의 변화 추이는 [그림 11-3]에 나타나 있다. 그림 (ⅰ)은 2인

그림 11-2 OECD 국가에서의 지니계수의 변화

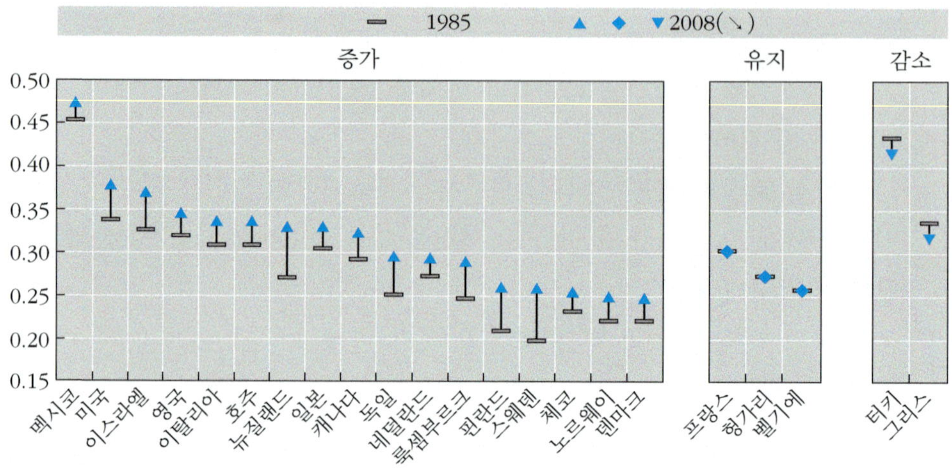

자료: OECD(2011), Divided We Stand: Why Inequality Keeps Rising, OECD Publishing.

이상 도시근로자 가구만을 대상으로 한 지니계수로, 1990년부터 2013년까지 비교적 장기간의 추이를 파악할 수 있다. 반면에 그림 (ii)는 1인 가구를 포함한 전체가구의 지니계수이며, 이 경우 자료시계열이 짧아 최근의 동향만을 파악할 수 있다. 이는 지니계수를 산출하기 위한 소득정보가 통계청의 「가계동향조사」로부터 얻어지는데, 이 조사에 농가가구가 포함된 것은 2003년부터, 모든 1인 가구가 포함된 것은 2006년부터이기 때문이다.

[그림 11-3]의 두 그림을 종합해 보면 우리는 다음과 같은 사실들을 확인할 수 있다. 첫째, 지니계수는 분석대상에 따라 그 크기가 크게 달라질 수 있는데, 예컨대 2인 이상 도시가구만을 대상으로 할 때(2013년 0.308)에 비해 1인가구를 포함한 전체가구를 대상으로 할 경우(2013년 0.336) 지니계수는 약 0.03이 상승한다. 이는 두 시점의 비교시 주의가 필요한 대목이다.

둘째, 분석대상을 달리하는 경우 지니계수의 절대 크기에서는 차이가 있지만 그 추이는 유사하여 우리나라의 소득불평등의 전반적인 추이를 짐작해 볼 수 있다. 즉, 우리나라에서 1990년대 중반부터 무려 20여 년간 소득불평등이 심화되어 오다 2009년을 기점으로 소득불평등도가 미미하게 완화되고 있는 것으로 파악된다. 그러나 최근 나타나고 있는 소득불평등도의 미미한 개선이 향후에도 지속될 수 있을지는 불확

그림 11-3 우리나라 지니계수의 변화 추이

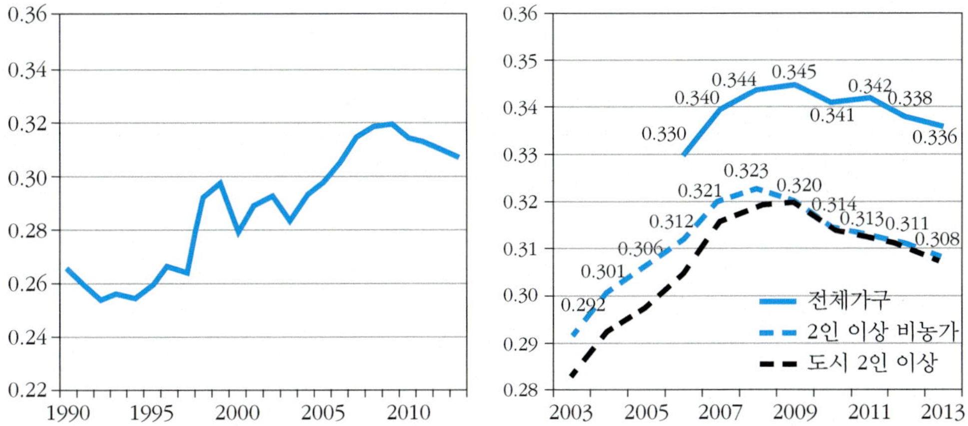

(ⅰ) 2인 이상 도시가구('90~'13) (ⅱ) 전체가구('03~'13)

주: 지니계수는 시장소득(=경상소득－공적이전소득) 기준임.
자료: 통계청, KOSIS 국가통계포털 (http://kosis.kr/)

실하다. 최근의 소득불평등도의 미미한 개선은 우리나라의 재분배 제도에 의한 것이기보다는 저소득계층에서의 노동시장 참여가 늘어나면서 비롯되었다고 보는 시각이 일반적이다. 이철희(2007)는 여성 경제활동인구의 증가가 소득불평등을 완화하는 효과가 있었다고 분석하였고, 장지연(2012)은 가구 단위의 시장소득이 다른 나라에 비해서 상대적으로 평등하게 나타나는 것은 저소득계층에서 가구 구성원의 노동공급을 최대한 늘리는 방식으로 대응하였기 때문이라고 분석하였다.

최근의 변화에 대해서는 추가적인 관찰이 요구되지만, 현재로서는 저소득가구에 속할 가능성이 높은 취약계층의 고용 증가가 소득불평등을 완화하는 데 유효한 기제로 작동하였다는 해석이 가장 유력하다.

3 빈곤율

(1) 빈곤의 정의

베버리지(Sir William Beveridge)는 1942년 「사회보험 및 사회서비스 관련 정책」(Social Insurance and Allied Services)이라는 이른바 **'베버리지 보고서'**를 발간하였는데, 이는 제2차 세계대전 이후 영국 복지국가(welfare state) 전개의 청사진이 되었다. 베버리지는 5대 사회악으로 빈곤(Want), 질병(Disease), 무지(Ignorance), 불결함(Squalor), 그리고 게으름(Idleness)을 지적하고, 빈곤이 가장 해결하기 쉬운 것인지 모른다고 하였다. 그러나 제2차 세계대전 후 60여 년에 걸친 빈곤대책에도 불구하고 2010년대인 지금까지도 빈곤은 여전히 심각한 사회적 문제이며, 빈곤통계가 보여주듯이 OECD의 몇몇 국가에서는 빈곤이 여전히 핵심과제로 남아 있다.

빈곤은 절대적 빈곤과 상대적 빈곤이라는 두 가지 의미로 정의되고 측정된다.

첫째, **절대적 빈곤**은 인간생활을 유지하는 데 필수적이라고 할 의식주 등의 기본재를 충족시킬 수 없는 상태를 말한다. 인간생활을 유지하는 데 필수적인 최저한도를 **최저생계비**(minimum cost of living)라고 하며, 최저생계비 이하의 소득을 가진 자는 절대적 빈곤에 속하는 사람이 된다. 일반적으로 최저생계비는 이론적·생활과학적으로 필요한 기본재의 항목별 최저물량수준(이를 market basket이라고 한다)을 설정하고, 이들을 시장에서 구입하는 데 드는 비용으로 측정된다. 이러한 이론생계비 방식을 market basket 방식, 또는 전물량 방식, 또는 라운트리방식(B. S. Rowntree가 1899년에 시도하였다는 의미에서 그 이름을 따름)이라고 부르기도 한다.

둘째, **상대적 빈곤**의 개념이 있는데, 이는 그 사회의 대표적이라고 할 수 있는 소득수준과 대비하여 상대적으로 낮은 소득을 빈곤으로 정의하는 방식이다. 보통 중위값(median)을 사회의 대표적 소득수준으로 보고 중위값의 1/2 미만을 **빈곤선**(poverty line)으로 간주해 그 이하의 소득을 빈곤으로 정의한다. 이러한 정의는 빈곤을 상대적 박탈과 불평등의 관점에서 파악하는 것이다. 사회의 대표적 소득수준으로, 소득의 평균값을 사용할 수도 있다. 그러나 소득분배가 매우 불평등하여 소비지출 분포가 왼쪽으로 치우쳐 있되, 오른쪽으로 길게 늘어진 형태(positively skewed distribution)를 띤다면 평균소득은 사회구성원 대다수의 소득을 대표하지 못하는 단점을 가짐을 유의하여야 한다.

(2) 빈곤율

빈곤율(poverty rate)은 전체 가구 중 빈곤가구, 즉 빈곤선 이하의 가구의 비율로 측정된다. 절대적 빈곤 기준으로 빈곤가구를 정의하면 **절대빈곤율**, 상대적 빈곤 개념으로 빈곤가구를 정의하면 **상대빈곤율**이 산출된다.

〈표 11-3〉은 2011년 기준으로 OECD 국가들의 상대빈곤율을 보여준다. 빈곤율은 세후소득 기준으로 중위소득의 50% 이하인 가구비율로 측정되었다. 아이슬란드,

표 11-3 OECD 국가의 인구계층별 상대빈곤율(2011년)

국가	전체		18-65세		65세 초과	
호주	0.144	(25)	0.104	(20)	0.355	(33)
오스트리아	0.090	(13)	0.086	(14)	0.105	(22)
벨기에	0.095	(15)	0.083	(12)	0.105	(20)
캐나다	0.117	(21)	0.119	(24)	0.068	(9)
칠레	0.178	(31)	0.151	(29)	0.205	(29)
체코	0.059	(2)	0.057	(2)	0.024	(3)
덴마크	0.060	(3)	0.065	(3)	0.071	(11)
에스토니아	0.117	(22)	0.128	(26)	0.074	(13)
핀란드	0.075	(6)	0.076	(7)	0.115	(24)
프랑스	0.080	(8)	0.078	(9)	0.045	(7)
독일	0.087	(11)	0.087	(15)	0.092	(16)
그리스	0.152	(28)	0.158	(32)	0.073	(12)
헝가리	0.068	(4)	0.073	(5)	0.017	(2)
아이슬란드	0.059	(1)	0.056	(1)	0.033	(5)
아일랜드	0.097	(17)	0.095	(18)	0.094	(17)
이스라엘	0.209	(34)	0.166	(33)	0.206	(30)
이탈리아	0.126	(24)	0.119	(25)	0.106	(23)
일본	0.160	(29)	0.144	(27)	0.194	(28)
한국	0.152	(27)	0.108	(22)	0.486	(34)
룩셈부르크	0.081	(9)	0.079	(11)	0.027	(4)
멕시코	0.204	(33)	0.172	(34)	0.276	(32)
네덜란드	0.072	(5)	0.077	(8)	0.014	(1)
뉴질랜드	0.098	(18)	0.083	(13)	0.091	(15)
노르웨이	0.077	(7)	0.093	(17)	0.043	(6)
폴란드	0.111	(20)	0.108	(21)	0.103	(19)
포르투갈	0.119	(23)	0.116	(23)	0.080	(14)
슬로바키아	0.083	(10)	0.076	(6)	0.063	(8)
슬로베니아	0.089	(12)	0.078	(10)	0.152	(25)
스페인	0.151	(26)	0.152	(30)	0.070	(10)
스웨덴	0.097	(16)	0.097	(19)	0.100	(18)
스위스	0.103	(19)	0.070	(4)	0.240	(31)
터키	0.192	(32)	0.148	(28)	0.184	(26)
영국	0.095	(14)	0.092	(16)	0.105	(21)
미국	0.171	(30)	0.154	(31)	0.191	(27)

주: ( )안은 OECD 34개 국가 중 순위

1. 세후소득 기준(Poverty rate after taxes and transfers, Poverty line 50%)
2. 네덜란드, 벨기에, 호주, 멕시코는 2010년, 헝가리와 일본은 2009년, 그 외 국가는 2011년 수치임.

자료: OECD Income Distribution database (IDD)

체코, 덴마크가 약 6%로 가장 낮은 수준이고 이스라엘, 멕시코, 터키 등은 20% 전후의 높은 빈곤율을 보여주고 있다.

한국은 빈곤율이 15.2%로 34개국 중 27위를 기록하였다. 한국의 경우 특히, 65세를 넘는 고령자가구에서 빈곤율이 높게 나타나는데, 고령자가구의 빈곤율은 OECD 34개 국가 중 최고수준을 기록하고 있다.

미국(17.1%)과 일본(16.0%) 등은 우리나라보다 상대빈곤율이 높게 나타나는 국가로 파악된다.

4 노동소득분배율

소득불평등과 관련하여 때로는 기능적 소득분배 상태가 논의되기도 한다. 기능별 소득분배(functional distribution of income)란 경제 전체의 소득이 생산요소 사이에 어떻게 나누어지는지의 관점에서 분배를 파악하는 방식이다. 구체적으로는 임금, 이자, 이윤, 지대가 한 나라의 총소득을 어떻게 구성하고 있는지를 살펴보는 것으로, 노동과 자본 간 분배상황을 보여주는 노동소득분배율이 대표적이다.

노동소득분배율은 국민소득 중에서 노동소득이 차지하는 비율로 정의되며, 국민소득(NI)에서 피용자 보수가 차지하는 비중으로 측정되는 게 일반적이다.

그림 11-4 한국의 노동소득분배율 추이: 1970~2013년

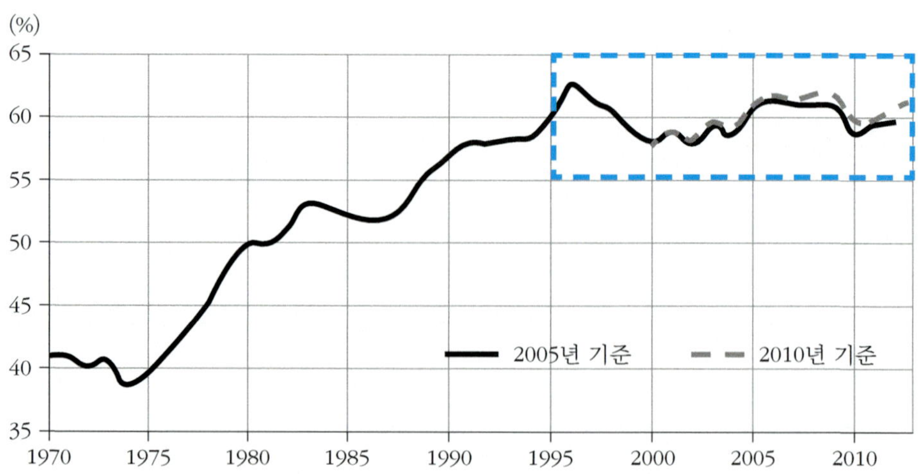

자료: 통계청, 「국민계정」, 각 년도.

통계청에 따르면, 우리나라 노동소득분배율은 2000년 57.8%에서 2013년 61.4%로 증가하였다(2010년 기준). 그러나 시계(視界)를 1970년대까지 확장해 보면 현재의 노동소득분배율은 1990년대 중반 수준에도 못 미치고 있다([그림 11-4]). 1970~80년대 고도성장기에 노동운동의 성장을 배경으로 노동소득분배율이 함께 증가하였으나 1990년대 외환위기를 거치면서 다시 크게 악화되었다(1996년 62.6% → 2000년 58.1%, 2005년 기준). 2000년대 들어서는 더 이상 악화되지는 않았지만 답보상태에 있는 것으로 파악된다. 2008년 글로벌 금융위기를 맞으면서 노동소득분배율이 잠시 하락하였으나 현재는 60% 수준으로 회복되어 있다.

위의 노동소득분배율은 피용자보수만을 노동소득으로 간주하는데, 이때 자영업(self-employed) 소득은 자본으로 간주된다는 것을 의미한다. 자영업 소득의 일부도 노동의 대가로 볼 수 있기 때문에 이를 노동소득에 포함하여 노동소득분배율을 산출하기도 한다. 즉, 자영업 소득에 전체 경제에서의 노동소득분배율을 적용해 각각 노동과 자본에 귀속시키는 방법으로 재구성한다. 대부분의 국제비교 시에는 자영업 소득의 일부를 노동소득으로 간주한 이 같은 노동소득분배율 지표가 사용된다.

1990년과 2009년 사이의 노동소득분배율 변화를 보면 대부분의 OECD 국가에서 노동소득분배율이 감소하였고, 체코와 아이슬란드 등 단 4개 국가에서만 증가하였

그림 11-5 OECD 국가들의 노동소득분배율 변화: 1990~2009년

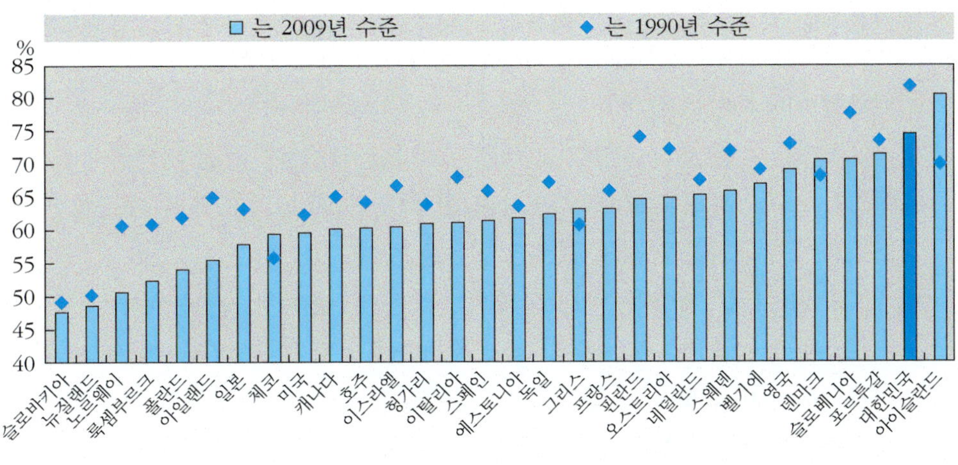

주: 노동소득분배율은 GDP 대비 노동소득 비중이며, 노동소득은 피용자보수와 자영업 소득 중 피용자보수 비율을 적용한 소득의 합으로 산출됨.
자료: OECD(2012), Figure 3.1.

다. 한국의 노동소득분배율(2009년 74.5%)은 OECD 국가들에 비해 상대적으로 높은 수준이지만(OECD 단순평균 62.2%), 지난 20년간의 감소 폭은 30개 국 중 7번째로 큰 것으로 분석되고 있다.

노동소득분배율이 감소한다는 것은 자본에 비해 노동의 분배 몫이 상대적으로 적어짐을 의미하는데, 이는 일반적으로 소득불평등도를 확대한다고 알려져 있다. 자본보유자의 평균소득이 일반근로자의 평균소득보다 높기 때문에 노동소득분배율 감소가 결과적으로 시장소득 불평등도를 확대하는 방향으로 작용하기 때문이다(최경수, 2013).

보다 구체적으로, 기술진보, 글로벌화, 산업구조 및 숙련수요 변화, 노동협상력 약화 등 다양한 요인들이 노동소득분배율 하락을 야기한 것으로 설명되고 있다. 이러한 요인들은 동시에 소득불평등을 심화시키는 요인들이기도 하다. 결국 노동소득분배율 하락은 소득불평등 악화라는 또 다른 위험요소를 야기하는 것이라고 할 수 있다.

5 한국의 소득불평등에 대한 이해

(1) 누가 저소득층인가?

[그림 11-3]의 지니계수에서 이용된 소득은 시장소득으로, 이는 (경상소득 – 공적이전소득)이다. 경상소득이라 함은 근로소득, 사업 및 부업 소득, 재산소득, 이전소득의 합이다. 저소득층을 실용적으로 정의하기 위해 우리는 이 소절에서 경상소득의 개념을 이용하기로 한다.

〈표 11-4〉는 한국은행의 2010년~2014년 5개년에 걸친 가계금융조사 데이터베이스를 소득 5분위 지표에 의거, 분석한 배영목(2015)의 자료를 재구성한 것으로, 저소득층이 누구인가를 식별하는 데 도움을 준다.

〈표 11-4〉는 저소득층이라고 할 수 있는 제1분위에 속하는 사람과 고소득층이라고 할 수 있는 제5분위 사람의 특징을 보여주는데 이에 의하면, 저소득층일수록 여성가구주의 비중(50%)이 높고, 단신일 확률이 높으며, 가구주가 고령(65.5세)이며, 교육수준(7.5년)이 낮으며, 임시·일용직의 비중이 높으며, 미취업자가 많다. 반면 고소득층은 남성(95%) 가구주이며, 나이는 중년(48.5세), 고학력(14.6년), 정규직, 고용자영업자 등의 가구로 구성되어 있다.

통계청의 도시가계조사를 이용한 강병구·강신욱·윤명수(2008), 강신욱(2014)의

표 11-4 5분위별 가구의 특징(2010~2014년간 5개년 평균)

	제1분위	제2분위	제3분위	제4분위	제5분위
남성	50%	74%	86%	91%	95%
연령	65.5세	51.6세	47.5세	47.1세	48.5세
교육연수	7.5년	11.4년	12.6년	13.4년	14.6년
가구원수	1.7명	2.6명	3.1명	3.5명	3.8명
상용근로자에서의 점유비중	2.4%	15.2%	23.0%	28.3%	31.1%
임시일용근로자에서의 점유비중	29.8%	35.5%	21.2%	10.2%	3.4%
고용자영업자에서의 점유비중	1.7%	6.3%	14.1%	25.1%	52.8%
미취업자에서의 점유비중	61.8%	17.5%	10.1%	6.5%	4.1%

자료: 배영목(2015), 「가계의 소득격차와 금융부채」 SIES Working Paper Series No. 344-345, 서울사회경제연구소.

연구에 나타난 저소득층의 특징도 거의 동일하다.

(2) 소득불평등 심화의 일반적 원인들

OECD 통계에 나타난 소득불평등 심화의 원인으로는 다음 여섯 가지를 들 수 있다. 기본적으로 저소득층을 규정하는 미숙련 근로자, 저학력의 근로자의 고용 감소와 관련되어 있다.

① 제2차 세계대전 후 약 30년 지속된 고도성장기가 종료되고 1970년대 중반 이후 저성장기에 진입함에 따라, 미숙련직에 대한 수요 감소

② 세계무역의 자유화, WTO체제 확립으로 수입관세와 장벽이 낮아지고, 값싼 조립가공형 완제품의 수입으로 국내 동종 상품생산 산업에서의 미숙련직, 조립공, 생산직에 대한 수요 감소와 이들의 임금 하락

③ 조립가공형 완제품 생산의 대기업 공장을 해외로 이전하거나 아웃소싱하면서 미숙련직, 조립공, 생산직에 대한 수요 감소

④ 숙련편향적 기술진보로 인하여, 미숙련직, 조립공, 생산직에 대한 수요 감소와 이들의 임금 하락

⑤ 고령화에 따른 노동의 질 하락과 경제활력 저하로 노동수요 감소

⑥ 노조조직률 저하와 단체교섭 분권화로 임금상승 정체

(3) 소득불평등 심화의 한국특수적 원인들

한국에서는 1961년 이후의 수출주도형 공업화로 압축형 경제성장이 전개됨에 미숙련 근로자의 고용이 크게 증대되고 농업부문의 잠재실업자들이 대규모로 도시로 이동하고 이들이 도시지역에서 고용됨에 따라 소득분배가 크게 개선되었다.

그러나 1997년 외환위기, 2008년 미국발 금융위기를 겪으면서 저성장기에 진입하여 소득분배가 악화되었으며, 불평등 심화의 정도가 매우 심하다는 특징을 갖는다. 한국에서 소득불평등이 심화된 가장 큰 원인은 과거와 같이 일자리 창출이 제대로 되고 있지 않은 데서 찾을 수 있다. 연평균 경제성장률이 8% 수준에서 3~4% 수준으로 급락하면서, 고도성장기에는 일자리를 유지할 수 있었던 가장이 조기퇴직, 명예퇴직으로 내몰리고, 졸업 후 일자리를 구할 수 있었던 청년은 취업난, 실업을 경험하거나 비정규직으로 일하며, 필요시 시장일(market work)을 할 수 있었던 가정주부가 시장 일을 구할 수 없게 되면서 가구 간 혹은 개인 간 소득이 양극화되는 현상이 나타나고 있는 것이다. 소득 불평등 심화에 기여하는 한국 특수적 요인들로는 다음 여섯 가지를 추가로 들 수 있다.

(a) 한국의 고도성장이 정부–금융–재벌의 3자 동맹에 의한 중화학 공업화에 의해 가능했고, 이는 부문별, 지역간 극도의 불균형, 즉 고생산성–고임금 부문과 저생산성–저임금 부문간의 불균형을 낳았는데, 1997년 외환위기 이후 고생산성–고임금 부문의 저성장과 구조조정으로 인한 고용감소가 소득 불평등을 높인다.

(b) 한국산업의 2중구조에서 저생산성-저임금 부문인 중소기업에서의 비정규직의 대대적 확산에 따라 불평등이 심화되었다.

즉 위의 (a)와 (b)는 고임금 정규직과 저임금 비정규직, 고임금의 대기업 근로자와 저임금의 중소기업 근로자 간의 근로소득 양극화이며, 이는 소득 불평등을 높인다.

(c) 1997년 외환위기 이후 고소득층의 부동산 소유 증대, 부와 재산의 불평등 심화에 따른 재산소득 불평등 심화 때문에 소득 불평등이 높아졌다(이정우, 2010).

(d) 한국사회에서 부와 재산의 세습, 정치가, 고급관료, 군부 등 권력층과 재벌이 결합하는 계급결혼에 의해 사회이동이 약화(이정우, 2010)되고, 계층상승이 제약됨에 따라 소득불평등이 고착화되었다.

(e) 청년인구의 급격한 감소로 사회역동성 저하, 장래 불확실성 증대로 노동수요 감소, 고용 감소로 소득 불평등이 심화되었다.

(f) 한국 청년의 과도한 고학력화로 대졸청년의 취업난, 실업, 고졸 일자리에로의

하향취업 등으로 소득불평등이 높아진다.

(4) 소득분배의 최근 추이와 전망

소득분배의 최근 추이는 극도의 소득분배 불평등 상황에서 최근의 미미한 개선을 들 수 있다. 최근의 변화에 대해서는 추가적인 관찰이 요구되지만, 현재로서는 이것이 한국 재분배 제도에 의한 것이기보다는 저소득계층에서 여타 가구원의 경제활동 참가 증가와 소득 보충에 기인한다는 해석이 가장 유력하다.

이철희(2007)는 여성 경제활동인구의 증가가 소득불평등을 완화하는 효과가 있었다고 분석하였고, 장지연(2012)은 가구 단위의 시장소득이 다른 나라에 비해서 상대적으로 평등하게 나타나는 것은 저소득계층에서 가구 구성원의 노동공급을 최대한 늘리는 방식으로 대응하였기 때문이라고 분석하였다.

그러나 최근의 성장률 침체 등 위에서 논의한 불평등 심화에 기여하는 요인들이 더 크게 작용하고 있는 것처럼 보인다. 통계청 자료에 의하면 2014년에는 전체가구 기준 지니계수는 0.341로 다시 높아졌다. 이 수준은 지니계수가 피크에 도달한 2009년의 0.345에 접근하는 수치이다.

뿐만 아니라 1,200조원으로 급증하고 있는 가계부채는 가처분소득기준 불평등을 더 심화시킬 것으로 예측되고 있다. 배영목(2015)은 가계부채가 소득격차에 미치는 영향을 살펴보았는데 그의 논문은 가계부채로 인해 가처분소득 불평등 심화를 시사하고 있다. 그에 의해 제시된 5분위별 가계 금융부채 보유가구의 비중과 **상환 과부담가구**(Debt to Income; DTI), 즉 금융부채/가처분소득 비율이 300% 이상인 가구)의 비중을 한 그림에 같이 놓은 것이 [그림 11-6]이다. 금융부채를 대부분 생활비 조달을 위해 제2금융권에서 조달하는 저소득가구인 제1분위 가구의 27%가 금융부채를 빌리나 이중 상환 과부담가구의 비중이 30%에 이르고 있다. 고소득가구인 제5분위 가구는 금융부채를 대부분 부동산 구입, 사업자금 조달을 위해 제1금융권에서 조달하는데, 70% 이상의 고소득가구가 금융부채를 빌리나 이중 상환 과부담가구는 9.5% 수준이다.

이 때 다음과 같은 추론이 가능하다. 저소득가구가 생활비로 부채를 빌려 사용했으면 그의 가처분소득은 경상소득에서 원리금 상환액을 공제해야 하므로 크게 낮아진다. 고소득 가구가 부동산구입에 금융부채를 이용했으면 그의 가처분소득은 경상소득에서 이자만 공제하면 된다. 왜냐하면 그의 금융부채는 부동산에 잠겨있고, 부

그림 11-6 5분위별 금융부채보유가구와 상환 과부담가구의 비중

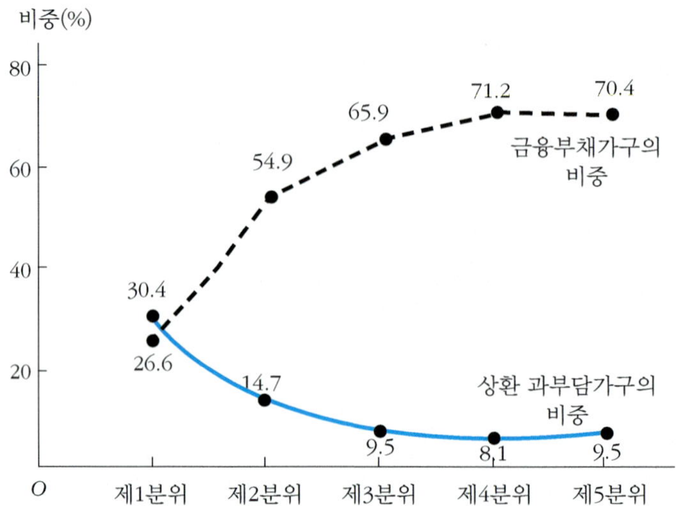

동산을 매각하여 원금 상환이 가능하기 때문에 그가 지불해야 하는 비용은 이자 밖에 없다. 따라서 소득분배 통계에서 이용되는 경상소득에서 원리금 상환액을 감안한 가처분소득기준으로는 저소득 가구의 열악성이 심화된다. 즉 눈덩이처럼 불어난 가계부채의 원리금 상환을 감안한 가처분소득 불평등도는 경상소득기준 소득분배의 불평등보다 더 심각할 것이다.

6 불평등 완화의 정책들

(1) 왜 정부가 개입할까?

시장경제에는 소득분포상 고소득층과 중산층 그리고 저소득층이 존재한다. 중산층은 능력있고 비교우위에 의해 상당한 성과를 내는 사람들이다. 이들은 일을 하고 근로의욕도 왕성하며, 근로소득도 괜찮은 편이다. 결혼하여 집을 소유하며, 자녀 1~2명을 키우고 대학까지 마치도록 지원할 수 있다. 지역사회 활동에도 참여하고 취미활동과 여행을 즐길 수 있으며, 늙거나 다쳤을 때 종전의 생활수준을 유지할 수 있는 보험이나 재산을 마련해 놓은 사람들이다. 이러한 중산층의 라이프스타일보다 우월한 생활수준을 향유할 수 있으면 고소득층이고, 그보다 열등한 생활수준에 처해 있다면 저소득층이다.

그렇다면 정부는 왜 저소득층에 대해 지원을 할까?

우선 야생의 상태에서 사냥을 하는 경우를 생각해 보자. 각자가 따로 사냥을 하고 각자가 포획한 것을 각자가 소비하는 자급자족 상황이 더 나을 것인가, 아니면 분업과 협력, 협동에 의해 함께 사냥을 하고 포획물을 개인들에게 배분하는 것이 더 나을 것인가? 당연히 분업과 협동을 통해 사냥을 할 때 더 큰 생산과 더 큰 분배가 가능해진다. 인간이 문명을 이룬 후에도 분업, 협력, 협동은 인류가 보다 높은 생활수준을 누릴 수 있게 하였다. 시장경제는 상호간의 이익을 위해 분업과 협력, 협동을 낳는 제도이다. 시장경제에서는 분명 비교우위를 분별해 내는 능력있는 사람들이 유리한 위치에 있다.

에드먼드 펠프스(1997)는 시장경제의 구성원 중 약 1/3은 취약계층이라고 보았다. 이들은 선천적 취약성(원기 부족, 느린 반응속도, 일에 대한 부적응 등)을 갖고 있거나 사회적 취약성(부모의 가난으로 제대로 교육을 받지 못해 기본적인 직무능력의 결여, 또는 몸에 익은 불량한 생활태도)을 갖고 있는 이류근로자(second-class workers)이며, 이들은 사회에 다음과 같은 부정적 외부효과를 끼친다고 하였다.

첫째, 이류근로자의 자녀들은 큰 타격을 받는 피해자가 된다. 부모가 형편없는 소득에다가 종종 실직하여 자주 또는 항상 복지제도에 의존해서 살아가면 자립심, 자존감, 책임감의 습관을 체득하지 못한다. 가정은 삶에 대한 일종의 학교인데, 나쁜 부모는 나쁜 교사와 같은 역할을 한다. 자녀들은 대부분 부모의 전철을 밟기 쉬워, 빈곤의 악순환이 전개된다.

둘째, 이류근로자들 사이에 아무리 노력해도 헛수고라는 인식이 확산되면, 사회로부터 버림받았다는 소외감이 확산되고, 스스로의 상황을 개선하려는 노력을 포기하게 되는데, 이러한 여건에서 이류근로자 중 일부는 마약탐닉이나 마약밀매, 절도와 폭행, 때로는 살인과 같은 범죄를 자행하여 이웃에 큰 피해를 끼친다.

셋째, 본인의 자녀, 이웃을 넘어 사회에도 큰 피해를 끼친다. 사회적 취약계층이 많을수록 경찰 유지비, 형사 관련 사법행정 유지비, 범죄자 수용 및 교화에 드는 비용, 그리고 복지비용 등이 증가한다. 이처럼 이류근로자들이 큰 집단을 이루고 있는 사회는 그에 따른 비싼 대가를 치른다.

우리는 이 외에 아주 중요한 부정적 외부효과를 추가하겠다.

경제가 저성장 상태에 들어가 실업이 증가하면, 실직한 중산층 근로자들도 저소득층 근로자에 가세하여 끊임없는 국가 개입과 국가의 역할 확대를 요구한다. 두 형태가 실제 역사적으로 일어났다. 한 극단적 형태는 극우적 국가 개입주의, 즉 나치즘의 등장이다. 서민층과 근로자들의 표 얻기에 혈안이 된 정당들이 국가 주도의 고성장을 공약하였다. 다른 한 형태는 사회주의적 복지국가의 추구에만 매몰된 사회민주주의 정당이 집권한 것이다. 어떤 형태를 취하든 국가 개입과 민간 기업에 대한 통제는 공통적이다. 이는 자유시장경제의 작용을 훼손하는 부정적 외부효과라고 할 수 있다.

독립, 자립, 자존, 자기책임의 자유시장경제의 유지를 위해서도 불평등 심화에 대한 적절한 정부 개입과 정책은 불가피하다. 우리가 제6장과 제10장에서 논의한 바와 같이, 좋은 정치가 확립될 때, 즉 주민의 참여정치가 이루어지면서도 중앙통제가 동시에 작용하는 민주주의가 확립될 때 비로소 자유시장경제의 존속이 가능해질 것이다.

(2) 경제정책, 사회정책 그리고 노동시장정책

경제정책(economic policy)이란 인간생활의 경제적 측면, 즉 화폐시장, 국내 또는 국제적인 상품시장, 생산요소시장의 운영과 관련된 정책 및 관련 법·제도 정비에 관한 정책을 말한다. 불평등 완화에는 실망실업자, 취업준비자, 기혼여성, 은퇴 후에도 노후생활비 부족으로 72세까지 일해야 하는 고령근로자, 실업자의 일자리 창출이 무엇보다 중요하기 때문에 일자리 창출 관련 거시정책, 성장잠재력 확충을 위한 정책, 규제 폐지 및 완화 정책, 자유로운 해고 정책, 외국인투자 유치정책, 조세 및 재정 정책 등은 불평등 완화를 위한 경제정책이라고 할 수 있다. 이러한 경제정책은 일자리 창출 및 제공→소득 안정 및 증대→불평등 완화를 추구한다. 최근에는 가계부채의 급증, 원리금 상환 압박에 따른 가계 도산에 대비하는 가계부채 대책도 불평등 완화의 경제정책에 속한다.

불평등 완화를 직접적으로 목표로 하는 정책은 사회정책이다. **사회정책**(social policy)이란 인간생활의 사회적 측면, 즉 공동체적 단결 및 연대, 사회적 통합과 관련된 정책을 지칭한다. 사회정책은 [그림 11-7]에 표시된 바와 같이 노동시장에서 '배제(exclusion)된 자', 즉 취약계층 혹은 낙오된 계층의 삶의 질을 높이는 정책이며, 동시에 갈등 및 대립의 조정을 제도화하여 사회적 신뢰와 통합(cohesion)을 증대시키는 정책이다. 구체적으로 시장경제에서의 취약계층, 낙오계층에 대해 보다 높은 수준의 삶의 질을 가능하도록 i) 공적부조, ii) 사회보험, iii) 교육·훈련, iv) 의료보장, v) 공공주택, vi) 고용·취업기회에 대한 정보, vii) 재분배정책으로서의 조세제도 설계

그림 11-7 사회정책의 주된 영역인 노동시장 배제

- **차 이** — 개인 선호 차이, 비교우위에 의한 차이, 인적자본 차이(2장, 5장)
- **차 별** — 선호차별, 통계적 차별, 구조적 차별(9장)
- **배 제** — 부모의 가난, 장기 실업, 육아 관련 경력단절 등 사회적 요인, 느린 반응 속도 등 선척적 요인, 병 · 고령 등 개인적 요인에 의한 배제

등을 제공하는 것을 지칭한다. 또한 계층 간, 지역 간 갈등 및 대립의 조정을 제도화하여 사회적 역동성을 높이는 정책, 즉 viii) 노사 간의 단체교섭 및 근로자 경영참가 관련 정책, ix) 지역간 균형발전 정책 등도 사회정책에 속한다.

경제정책에 의한 불평등 완화는 일자리창출을 매개로 하지만, 사회정책은 대부분 정부 재정에 의해 곧바로 낙오자, 배제된 자에 대한 직접적인 소득 지원 및 안정을 추구한다. 사회정책은 흔히 사회복지정책이라고도 한다.

경제정책의 한 부문으로서의 **노동시장 정책**으로는 자유로운 해고제 도입, 근로시간 단축 또는 임금피크제 지원 등을 들 수 있다. 이들 정책은 정부와 기업의 노동생산성을 높여 일자리를 창출하게 하는 정책들이다. 사회정책의 한 부문으로서의 노동시장 정책은 빈곤층이 정부재정에만 의존하는 폐습을 교정하기 위한 근로장려세제, 저임금근로자를 위한 최저임금제, 실직자의 생활지원과 안정을 위한 고용보험제, 실직자 직업훈련, 근로자 안전과 보건을 위한 산업재해 예방, 청년취업을 지원하는 고용지원금제 등을 들 수 있다. 노동시장 정책은 경제정책과 사회정책의 하위정책으로 간주된다.

우리나라에서 일자리창출 관련 경제정책은 기획재정부와 고용노동부가 주도하고, 사회정책 관련 노동시장 정책은 고용노동부와 보건복지부가 주로 추진한다. 그러나 노동시장 정책의 경우 여러 행정부처의 협력과 공조가 필요한 경우가 대부분이다.

이 장은 불평등 완화 관련 주요 노동시장 정책에 초점을 맞춘다.

제2절 최저임금제

노동시장에서 저임금근로자를 보호하는 가장 대표적인 정책이 최저임금제이다. 최저임금제는 1894년 뉴질랜드에서 처음 도입된 이래 대부분의 국가에서 저임금근로자 보호를 위한 핵심 수단으로 활용되고 있다.

1 최저임금제란?

(1) 최저임금제

최저임금제란 노동시장에서 결정되는 시장임금이 근로자의 생활안정을 보장하기에는 지나치게 낮다고 판단하여 정부가 임금의 최저한도(가격하한, price floor)를 정하여 기업주에게 그 이상을 지급하도록 강제하는 제도이며, 이 제도에 의해 규정된 임금을 **최저임금**(minimum wage)이라고 한다.

[그림 11-8]에서 W_m이 시장임금일 때, 최저임금이란 W_m이상 수준에서 설정된 W_f를 의미한다. 즉 임금결정 과정에 정부가 개입하여 W_f라는 임금을 법적으로 강제하는 제도가 바로 최저임금제이다.

최저임금제도의 정책적 목적은 저임금근로자의 보호에 있다. 구체적으로, 최저임

그림 11-8 경쟁노동시장과 최저임금

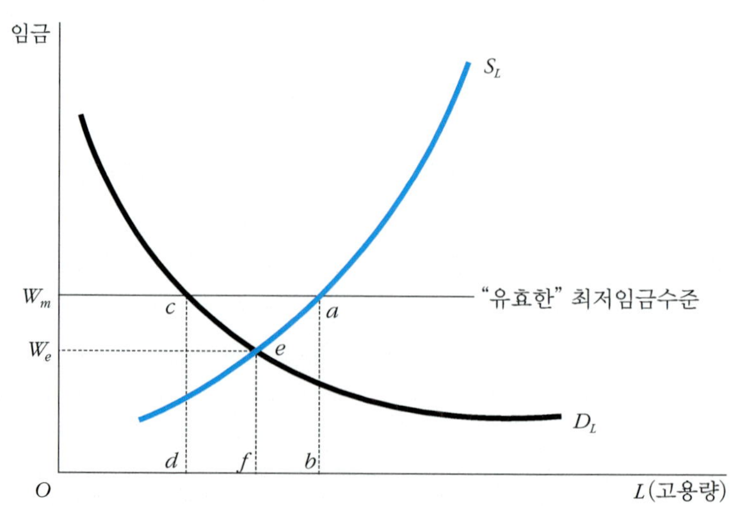

금제는 i) 저임금근로자의 임금률을 높이고, ii) 임금근로자의 소득을 증가시키며, iii) 수준 이하의 근로조건이나 빈곤의 제거를 도모하고, iv) 궁극적으로 소득재분배 효과를 얻고자 하는 사회정책적 기능과 목적을 가지고 있다고 할 수 있다.

(2) 한국의 최저임금제

우리나라 최저임금제의 시발점은 1953년까지 거슬러 올라가는데, 당시에 근로기준법을 제정하면서 최저임금제 실시 근거를 두었으나, 경제 여건상 실제로 운영하지는 않았다. 이후 근로자의 저임금 해소와 일정 수준 이상의 소득수준을 보장하기 위해, 1986년 12월 31일 최저임금법이 제정·공표되고 1988년 1월 1일부터 최저임금제가 시행되었다.

최저임금의 적용대상은 법 제정 초기에는 제조업 10인 이상 사업장에 한정되어 전체 임금근로자의 1/5에 불과하였으나, 2000년부터는 1인 이상 전 산업으로 확대되어 현재는 거의 모든 임금근로자에 적용되고 있다. 우리나라에서 최저임금보다 낮은 임금을 지급하여 법을 위반한 고용주는 3년 이하의 징역이나 2천만원 이하의 벌금에 처해진다(2012년 2월 개정).

한국에서 최저임금은 매년 결정되며, 결정방식은 근로자위원, 사용자위원 각각 9명씩, 그리고 공익위원 9명 등 합계 27명으로 구성된 최저임금위원회의 심의를 거쳐 노동부장관이 결정·고시한다.

2015년 1월부터 2015년 12월까지 1년간 최저임금은 시간급으로 5,580원, 일급(8시간 기준)으로 44,640원이다. 예외적으로 3개월 이내의 수습근로자나 감시·단속적 업무에 종사하는 근로자에게는 10% 감액 적용이 가능하다.

한편, 최저임금이 실제 근로빈곤을 줄이는 기능을 하는지와 관련해 엇갈린 평가가 존재한다. 핵심은 최저임금제가 시장청산 임금([그림 11-8]의 W_m)보다 높은 임금

표 11-5 최저임금액의 변화

(단위: 원, %)

	1988	'94.9~'95.8	'99.9~'00.8	'04.9~'05.8	2010	2015
시급	463	1,170	1,600	2,840	4,110	5,580
일급	3,700	9,360	12,800	22,720	32,880	44,640
인상률	-	14.2	6.5	12.2	7.7	6.3

주: 인상률은 구간평균 인상률임.

을 주도록 함으로써 고용이 축소되어 실업([그림 11-8]의 *bd*)이 발생할 가능성이 있기 때문이다.

최저임금제가 고용에 미치는 효과는 노동시장의 구조와 밀접하게 관련되어 있다. 아래에서 경쟁적 노동시장과 수요독점이 있는 시장 상황에서의 최저임금제 효과를 나누어 살펴보기로 한다.

2 경쟁노동시장에서의 최저임금제

최저임금제의 원래 목적은 지나치게 낮은 임금으로부터 근로자를 보호하기 위한 것이다. 그러나 최저임금이 시장임금보다 높게 책정되기 때문에 실제 고용량은 경쟁균형일 때보다 줄어들게 된다. 그 결과 근로자들 중 일부는 실업상태가 되는데, 최저임금의 도입으로 인해 고용에 제약을 받는 근로자는 대부분 최저임금의 영향권에 놓여 있는 미숙련 근로자들이다.

최저임금제의 효과는 [그림 11-9]로 설명할 수 있다.

[그림 11-9]의 (ⅰ)에 표시된 노동시장이 최저임금이 적용되는 미숙련노동시장이라고 하자. 정부가 이 시장에서 결정된 시장임금 W_0가 지나치게 낮다고 간주하여 최저임금을 W_M으로 설정·적용하면, 고용이 유지된 미숙련근로자들은 임금상승으로 혜택을 보지만, 반면에 고용이 종전보다 L_0L_1만큼 감소하게 됨으로써 일부 미숙련근

그림 11-9 2부문 노동시장에서의 최저임금제의 효과

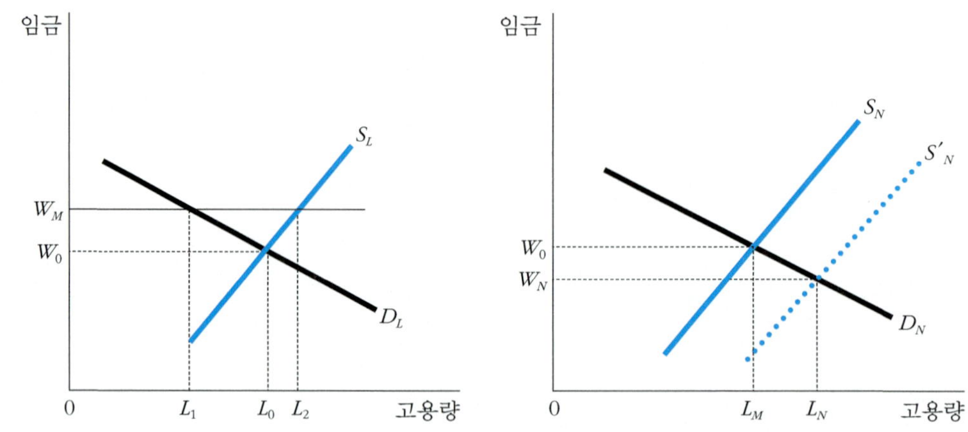

(ⅰ) 최저임금적용 노동시장　　(ⅱ) 최저임금적용 제외 노동시장

로자는 일자리를 잃게 된다. 1차적으로 L_0L_1만큼의 실업자가 발생하며, 2차적으로는 높아진 임금 때문에 노동공급 증대가 발생하고 이에 기인하는 실업 즉 L_0L_2가 추가로 발생한다.

실업의 규모는 시장균형 임금과 최저임금 간의 격차가 클수록, 그리고 노동수요 곡선 D_L이 탄력적일수록 크게 될 것이다.

만약, 노동시장이 최저임금이 적용되는 시장과 최저임금이 적용되지 않는 시장으로 구분되어 있다면 어떻게 될까?

현재 우리나라에서는 전 규모의 사업체에 최저임금제가 적용되고 있지만, 2000년까지만 해도 상시근로자 5인 이상의 사업체에만 최저임금제가 적용되고, 5인 미만 소기업에는 최저임금제가 적용되지 않았다. 그때를 상상해 보면 이해가 쉬울 것이다.

이때 최저임금제가 가져올 수 있는 부작용은 최저임금 적용 부문에서의 고용감소에 그치지 않는다.

최저임금 도입으로 실업자가 된 근로자들이 최저임금제의 적용을 받지 않는 부문이나 업체에서 일자리를 구하려 할 것이다. [그림 11-9]의 (ii)에는 최저임금이 적용되지 않는 미숙련노동시장을 묘사하고 있다. 최저임금제가 없었을 때는 두 부문에서 시장균형임금은 W_0였고, 동일노동에 대한 동일임금이 성립되었다. 그러나 (i)의 시장에서 실업한 L_0L_1만큼의 근로자들이 (ii)의 노동시장에 진입함에 따라 노동공급은 S_N에서 S_N'로 증가한다. (i)의 노동시장에서 축출된 근로자의 **파급효과**(spillover effect)로 인하여 (ii)의 노동시장에서 임금이 W_N으로 하락한다. 이제 두 부문에서는 동일노동에 대해 구조적인 임금격차가 발생하게 된다.

따라서 최저임금수준이 너무 높으면 ① 최저임금적용 부문에서 실업이 발생하고, ② 이들이 최저임금 적용 회피 사업체부문으로 이동함에 따라 이들 근로자들이 종전의 시장임금보다 더 낮은 임금을 받게 된다. 이처럼 최저임금제 원래의 목적이 임금의 최저수준을 보장하여 근로생활의 안정을 기하는 것임에도 불구하고 본래의 목적과 달리 보호받아야 할 미숙련근로자의 실업과 임금 저하를 가져올 수 있다는 우려가 제기된다.

3 수요독점시장에서의 고용 효과

위에서 살펴본 바와 같이 경쟁적 노동시장에서는 최저임금이 도입되었을 때 고용을 감소시킨다. 그러나 노동시장이 **수요독점적 상태**라는 불완전노동시장이라면 전혀 다른 결과가 도출될 수 있다.

여러분들은 수요독점기업의 한계비용곡선(MC_L)이 우상향한다는 것을 알고 있다. 이는 제3장 6절에서 이미 설명된 바 있다. [그림 11-10]은 [그림 3-17]의 일부를 재현한 것이다. 수요독점기업은 점 A에서 이윤을 극대화하며, 따라서 경쟁균형 C에서의 고용량 L_c보다 적은 노동 L_A를 고용하고 낮은 임금 W_B를 지급한다.

이런 수요독점 노동시장에 W_M의 최저임금이 도입되면, 이제 기업의 한계비용곡선은 노동공급곡선(S_L)과 만나는 점(F)까지 최저임금 수준에서 수평선을 유지하게 된다. 즉, [그림 11-10]에서의 청색선과 같이 된다. 이제 이 기업은 최저임금제하의 새로운 한계비용곡선과 한계수입생산곡선(MRP_L)이 만나는 점 D에서 이윤이 극대화되며, 이때의 고용량은 L_M이 되어 최저임금이 도입되기 전의 고용량 L_A보다 고용이 증가하게 된다.

최저임금이 수요독점 임금(W_B)보다 크고 수요독점 고용량에 상응하는 한계수입생산과 일치하는 임금수준인 W_A보다 작은 한, 최저임금제 도입은 오히려 고용을 증가시키는 결과를 가져온다고 할 수 있다. 즉, 너무 높지 않은 최저임금의 시행은 수요독점시장의 **사중손실**(deadweight loss)을 줄여 시장왜곡을 시정하는 효과를 거둘 수 있다.

그림 11-10 수요독점 노동시장에서의 최저임금

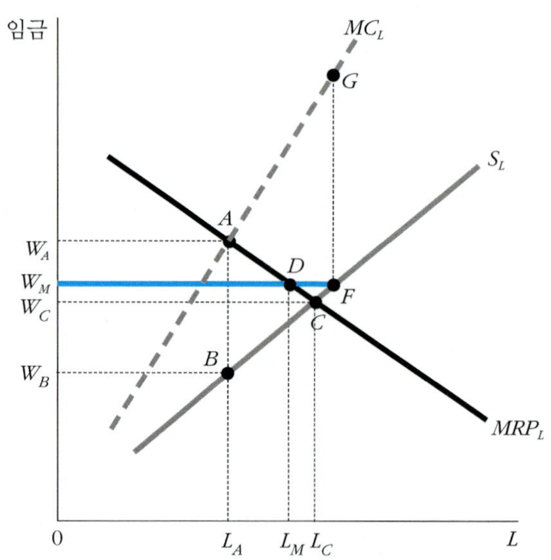

우리는 근로자의 이동성에 제약이 있을 때 모든 기업이 어느 정도 **유사수요독점적**(monopsony-like) 상황을 누리게 된다고 배운 바 있다. 현실의 노동시장은 완전한 경쟁노동시장도, 완전한 수요독점시장도 아니니다. 만약, 근로자들의 이동비용(mobility costs)이 매우 크다면 노동공급은 대단히 비탄력적이 될 것이고 그에 따라 기업이 누릴 수 있는 경제적 지대(rent)가 커지므로 최저임금 도입에 따른 시장왜곡의 시정 효과는 증가할 것이다. 그러나 근로자의 이동비용이 그다지 크지 않고 노동공급이 탄력적이라면 최저임금 시행이 노동공급을 위축시킬 수도 있음을 예측할 수 있다. 어느 설명이 더 부합할지는 전적으로 실증적인 문제가 될 것이다.

4 최저임금제의 고용 효과를 둘러싼 논쟁

미국과 영국 등에서는 최저임금 인상이 고용을 위축시키는지 여부에 대해 수십 년째 치열한 논쟁이 계속되고 있다. 영국은 1993년에 최저임금제를 폐지하였다가 1999년부터 다시 시행하고 있는데, 최저임금이 고용에 미치는 부정적 효과가 그리 크지 않다는 판단에 기초하고 있다. 미국의 경우도 1990년대 이전에는 최저임금이 고용, 특히 취약계층의 고용에 부정적인 영향을 미친다는 견해가 지배적이었으나, 1990년대 이후에는 양측 견해가 비교적 팽팽히 맞서고 있는 상황이다.

최저임금제를 둘러싼 찬반 대립은 우리나라에서도 크게 다르지 않다. 우리나라의 기존 연구에서도 최저임금의 고용 효과에 대한 견해가 엇갈리고 있는데, 남성일(2008)은 감시 단속 근로자인 아파트 경비원들을 대상으로 최저임금이 이들의 고용을 위축시킨다고 분석한 반면, 이병희(2008)와 남재량 외(2009)에서는 개인의 특성이 통제될 경우 최저임금 인상으로 인한 기존 근로자의 실직효과는 거의 없는 것으로 추정되었다. 한편, 최근 김대일(2012)은 최저임금이 취업되어 있는 근로자의 고용을 위축시키지는 않지만 최저임금이 적용대상자(시간당 임금을 기준으로 하위 5% 근로자)의 신규채용을 감소시킨다는 분석결과를 제시하였다. 이에 대해 유경준(2013)은 김대일(2012)의 분석이 외국인 근로자를 적절히 통제하지 못하였기 때문에 신규취업자 감소가 과대 추정되었을 가능성이 있다고 지적하고 있다.

최저임금제의 고용 효과는 여전히 논쟁적인 이슈이며, 더 많은 실증연구가 진행되어야 할 것으로 보인다.

5 OECD 주요국의 최저임금과 그 함의

〈표 11-6〉은 OECD 국가들의 최저임금 수준을 비교하고 있다.

표 11-6 OECD 국가의 시간당 최저임금(2011)

국 가	자국 통화	미국달러 기준		상용직 소득 대비 비율(%)	
		환율	구매력평가	중위값 대비	평균값 대비
호주	15	15.75	9.54	54	45
벨기에	37.23 (1,489/주)	11.92	9.52	50	43
캐나다	10	9.76	8.04	45	40
체코	8,000	2.72	3.46	35	29
에스토니아	108.75 (4,350/주)	2.22	3.20	39	32
프랑스	9	12.55	10.02	60	48
그리스	4.13 (33/일)	5.79	5.95	51	35
헝가리	451	2.24	3.47	50	36
아일랜드	9	12.03	10.81	48	44
이스라엘	101.98 (4,079/주)	6.40	6.18	-	-
일본	730	9.16	6.83	38	33
한국	4,320	3.90	5.25	41	34
룩셈부르크	10	14.21	11.36	42	35
멕시코	7.25 (58/일)	0.58	0.89	-	18
네덜란드	35.55 (1,422/주)	11.38	10.23	47	42
뉴질랜드	13	10.22	8.63	59	51
폴란드	34.65 (1,386/주)	2.69	4.28	45	36
포르투갈	12.13 (485/주)	3.88	4.65	57	39
슬로바키아	7.93 (317/주)	2.53	N/A	46	36
슬로베니아	18.65 (746/주)	5.97	7.15	58	47
스페인	16.05 (642/주)	5.13	5.27	44	35
터키	3.38 (27/일)	2.81	4.70	71	38
영국	6	9.57	8.53	47	38
미국	7	7.25	7.25	38	28

주: 1) 모든 경우 최저임금은 성인의 기본급을 의미함.
2) 최저임금이 시간당으로 표시되지 않는 나라의 경우에는 하루 8시간, 주 40시간, 월 173.3시간으로 가정하여 변환하였음.
3) 환율과 구매력평가는 2011년도를 기준으로 함.

자료: OECD, "Earnings: Nominal Minimum Wages"; OECD Employment and Labour Market Statistics(database). 유경준(2013), 「최저임금의 쟁점 논의와 정책방향」에서 재인용.

그림 11-11 OECD 국가 최저임금 수준의 비교(2011)

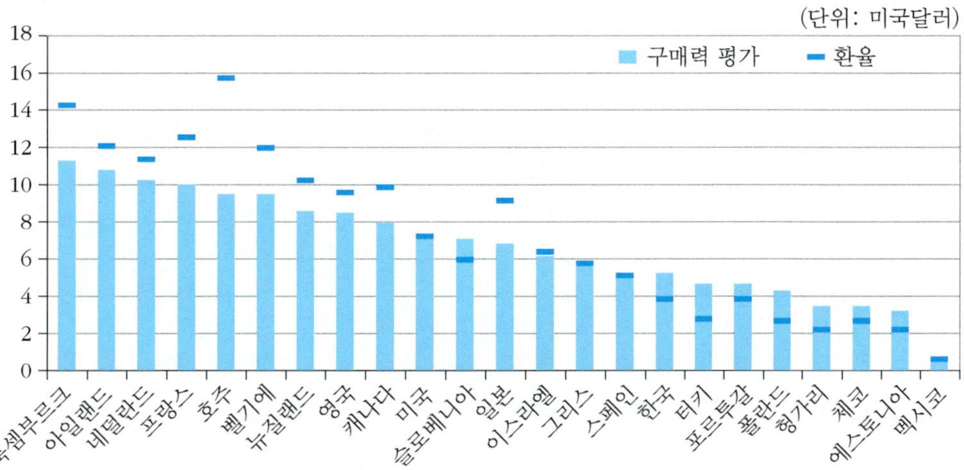

유경준(2013)의 분석에 따르면, 2011년 우리나라의 최저임금 수준은 미국달러 기준으로 시간당 3.9달러, 구매력지수(PPP) 기준으로는 5.25달러로 파악된다.

[그림 11-11]은 〈표 11-6〉의 자료를 토대로 OECD 국가 최저임금 수준을 그래프로 보여주고 있는데, 우리나라는 OECD 국가 중 중하위권에 속하는 것으로 나타난다.

우리는 경쟁시장의 균형임금은 직접 알 수 없지만, 노동시장에서의 중위임금과 비교하여 각국의 최저임금 수준을 평가해 볼 수 있을 것이다. 〈표 11-6〉에서 상용직 근로자 소득의 중위값(medium) 대비 최저임금 수준은 터키, 프랑스, 뉴질랜드, 슬로베니아 순으로 높고, 한국은 41%로 체코, 미국, 일본, 에스토니아에 이어 다섯 번째로 낮은 수준을 기록하고 있다.

국제비교를 통해 살펴보면, 우리나라의 최저임금 수준이 그다지 높지 않다는 것을 알 수 있다. 따라서 다른 OECD 국가들과 비교해 최저임금이 고용을 압박하는 효과는 상대적으로 적을 것이라고 추론해 볼 수 있다.

우리는 이장의 7절에서 한국에서 지역별로 최저임금을 정할 것을 제안하고 있다.

제3절 고용보조금

정부는 기업의 고용을 촉진하기 위하여 근로자 고용에 대해 임금지원의 형태로 보조금을 지급할 수 있다. 이를 **고용보조금**(employment subsidies)이라고 한다. 주로 취약계층이나 한계근로자의 고용을 촉진하는 데 사용되는 정책수단이다.

1 고용보조금의 유형

가장 전형적인 고용보조금은 장애인, 고령자, 여성가장 등과 같은 취약계층 혹은 취업 애로계층을 고용하는 기업에 대해 정부가 직접 인건비를 지원하는 것이다. 이러한 보조금을 **임금보조금**(wage subsidy)이라고도 한다.

우리나라에서 현재 지원되고 있는 대표적인 고용보조금으로는, 취업 또는 직업전환의 기회를 갖지 못하는 고령자를 일정 기간 고용하거나 정년퇴직자를 계속 고용하는 사업주에 대하여 인건비 일부를 지원하는 '고령자 고용촉진장려금', 지역에 있는 기업이 신규 투자 후 근로자를 채용하면 신규 고용인력에 대해 1년간 월 50~60만원의 인건비를 지원하는 '지방기업 고용보조금', 미취업 청년을 인턴으로 채용한 중소기업에 월 60만원(최대 3개월간 180만원 한도)의 인건비가 지급되는 '중소기업 청년인턴지원금' 등을 들 수 있다.

고용보조금은 임금보조금처럼 직접 현금으로 지원되는 경우도 있지만, 넓은 의미에서 기업이 내는 세금이나 공과금을 감면해 주는 방식, 즉 **세액공제**(tax credits)라는 간접적인 지원형태를 취하기도 한다. 예컨대 고용이 늘어난 기업에 대해 투자세액을 공제해 주는 '고용창출투자세액공제'가 세액공제 방식의 고용보조금에 해당한다. 직접 임금보조금 형태로 지원되는 경우는 이를 관리하는 정부의 인력과 예산 증대가 수반되나, 세액공제 방식은 이러한 정부조직, 인력의 증대 없이 국세청에의 세금납부액이 조정되어 상대적으로 간편한 방식으로 행해질 수 있다는 이점이 있다.

우리나라는 임금보조금 형태의 지원이 상대적으로 많은 반면, 미국에서는 세액공제 방식의 보조금이 더 일반적이다. 미국 역사상 가장 큰 고용보조금 정책은 1973~1975년에 시작되어 1978년까지 지속된 '새로운 일자리 세액공제(New Jobs Tax Credit; NJTC)'이다. 구체적으로 기업의 총인건비가 전년 대비 2% 이상 상승하면 근로자 연급여의 50%에 해당하는 세액을 공제해 주는 것인데, 1년 동안 기업이 세액공제로 청구할 수 있는 금액은 10만 달러를 넘을 수 없었다. 또한 저임금 근로자의 고용을 촉진하기 위해 세액공제가 제공되는 연급여는 4,200달러로 제한되었다.

또 다른 고용보조금 제도는 1979년에 시작되어 1995년에 종료된 '목표집단 일자리 세액공제(Targeted Jobs Tax Credit; TJTC)'이다. 청년, 장애인, 복지수혜자 등을 고용한 기업에 첫 해에는 근로자 연급여의 50%, 두 번째 해에는 25%에 해당하는 세액공제(6,000달러 한도)를 제공하였다.

2 고용보조금의 효과

에드먼드 펠프스(1997)가 논의한 바와 같이 청년 실업은 부(−)의 외부효과를 낳고 반대로 청년 고용은 정(+)의 외부효과를 낳는다고 생각해 보자. 청년 고용이 본인의 가족, 이웃, 그리고 사회에 정(+)의 외부효과를 낳는다고 판단하여 정부가 기업에게 고용보조금을 지급하면 임금과 고용에는 어떤 변화가 나타날까?

[그림 11−12]를 갖고 설명해 보자. 고용보조금이 지급되기 전의 노동수요곡선을 D_0라고 하자. 노동공급곡선이 S로 주어져 있으면 경쟁균형 A에서 w_0의 시간당임금에서 E_0만큼의 근로자가 고용된다.

노동의 한계생산물가치는 사적(私的) 가치이지만 청년 고용에 정(+)의 외부효과가 있으면, 사회적 가치는 사적 가치를 초과한다. 따라서 사회적 가치를 반영한 노동수요곡선은 [그림 11−12]에서와 같이 D_0에서 D_1으로 위쪽으로 이동한다. 만약 청년 고용의 사회적 가치와 사적 가치 차액만큼 보조금이 지급되면, 즉 정부가 기업의 청년 고용에 대해 시간당 노동에 X원만큼 보조금을 지급한다면, 노동수요곡선이 [그림 11−12]의 D_0에서 D_1으로 상향 이동하게 된다. 즉 고용보조금은 근로자가 실제 수령하는 금액을 W_0에서 W_1으로 증가시키고, 근로자를 채용하는 비용은 W_1-X만큼 감소시킨다. 노동시장 균형은 A에서 B로 이동하고, 더 많은 청년고용이 이루어진다(E_0에서 E_1으로 증가).

보조금이 고용시장에 미치는 효과는 상당한 규모가 되기도 하는데, 그 구체적인 크기는 노동수요와 노동공급의 탄력성의 크기에 달려 있다. 임금탄력성이 크면 클수록 그만큼 고용보조금에 따른 고용 증가폭이 커질 것이다.

덴마크의 경우 1996년 특별공제(SPAK; Special Premium Deduction) 제도가 도입된 후 저숙련 근로자의 고용이 1%~5% 정도 증가된 것으로 평가되었다(Boeri and Ours, 2008: 97). 프랑스와 벨기에의 경우도 유사한 프로그램이 도입되어 상당한 고용효과

그림 11-12 고용보조금의 효과

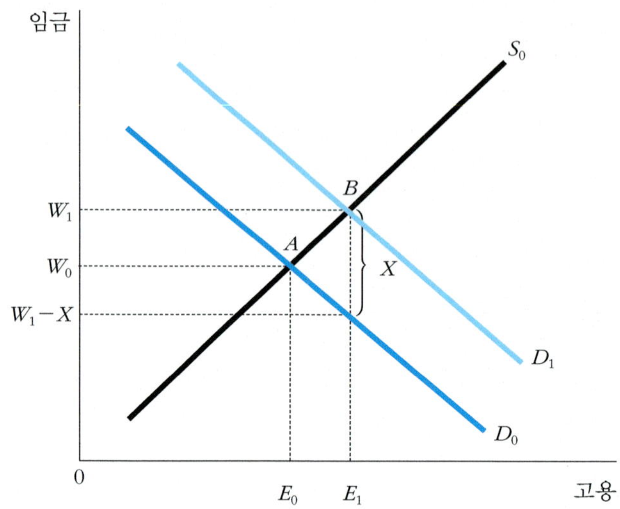

가 있었다고 보고되고 있다.

한편 김용성(2013)은 우리나라에서 임금보조금(고용장려금)의 고용률 제고 효과를 분석하였는데, 그 결과 단기적으로는 고용률 제고에 기여하지만, 중장기적으로는 거의 효과가 없는 것으로 분석되었다. 그러나 대조적으로 고용서비스와 직업훈련 및 능력개발사업은 단기적으로는 효과가 확인되지 않지만 중장기적으로 고용률 제고 효과가 있는 것으로 분석되었다.

3 사중손실, 대체효과, 전치효과

고용보조금 제도의 도입 이후 나타난 고용 증가가 실제 정부의 고용보조금에 기인한 것인지, 아니면 원래 근로자를 채용하려던 기업이 정부의 고용보조금을 공짜로 받은 것인지 하는 것은 고용보조금을 비롯한 제반 지원프로그램의 효과분석에서 항상 핵심 이슈가 된다.

세액공제든 임금보조금이든 고용보조금 제도가 도입되면 필연적으로 **사중손실**(deadweight loss)이 발생하게 된다. 일반적 의미에서 사중손실이란 독점가격, 조세 및 보조금 등에 의해 시장에서 경쟁균형이 달성되지 않음으로 해서 발생할 수 있는 경제적 효율성의 손실을 의미한다. 이런 의미에서 **효율성 손실**(efficiency loss)이라고 부르기도 한다.

고용보조금에 한정해 보면, 원래 근로자를 새로 채용할 계획을 갖고 있던 기업도 보조금을 받을 수 있기 때문에 실질적인 고용증대 없이 기업에게 무상으로 보조금 혜택을 누리게 하는 결과를 야기하는 경우 사중손실이 발생했다고 말한다. 이 경우 보조금 정책이 시행되지 않았더라도 기업은 고용을 늘렸을 것이므로 증가된 고용이 고용보조금의 효과라고 보기 어렵고 오히려 정부는 쓰지 않아도 될 돈을 보조금으로 낭비한 것이 되어 그만큼 사회적 손실이 발생된다.

사중손실 외에도 고용보조금 제도의 효과를 평가함에 있어 고려해야 할 개념으로 대체효과와 전치효과가 있다. **대체효과**(substitution effect)는 보조금을 받는 근로자가 보조금을 받지 않은 근로자를 대신하여 취업한 경우를 의미하는데, 이때 고용의 순효과(net effect)는 발생하지 않는다. 고령자채용장려금의 예를 들면, 어떤 사업주가 당초에는 젊은 근로자를 채용할 예정이었지만 채용장려금을 받기 위해 고령자를 채용하였다면 실제로는 고용이 창출된 것이 아니라 단지 고용기회가 청년에서 고령자에게 이전된 것에 불과하다. 대체효과는 기업이 근로자를 대체함으로써 이득을 얻을 수 있는 한 발생할 것이다. 한편 **전치효과**(displacement effect)는 보조금의 혜택을 받은 기업의 경쟁력이 상승하여 그렇지 못한 다른 기업의 고용을 감소시킴으로써 총고용 변화에 부정적인 영향을 미치는 것을 말한다.

이상의 논의들을 종합하면, 이론적으로 **고용보조금의 순고용 효과**는 다음과 같이 정의될 수 있다.

$$\text{순효과} = \text{총효과} - \text{사중손실} - \text{대체효과} - \text{전치효과}$$

그러나 이론적으로 위와 같은 등식이 성립한다 해도 고용효과에서 대체효과를 제외해야 하는지에 대해서는 고민이 필요하다. 대체효과가 있는 경우, 고용총량을 증가시키지는 않더라도 보조금이 특정 근로자그룹에 유리한 취업환경을 만드는 데 기여하는 것은 분명하기 때문이다. 다시 말해 보조금 지원의 목적이 특정 집단의 고용기회를 증가시키기 위한 것이라면 그 자체로 의미 있는 정책수단이자 성과로 볼 수 있다. 이러한 이유로 고용보조금의 순효과 분석은 주로 사중효과와 전치효과만을 통제하고 살펴보는 게 일반적이다.

대부분의 연구에서 민간부문에 대한 고용보조금은 매우 큰 사중손실과 전치효과를 야기하는 것으로 분석되고 있다. 즉 보조금 정책의 순고용 효과는 미미하다는 것이다. 예컨대 호주, 아일랜드, 영국 등에서 보조금 제도의 사중손실은 70%가 넘고 호주, 벨기에, 아일랜드, 네덜란드 등 대부분의 조사대상국가에서 보조금제도의 사중손실과 대체효과를 합하면 약 90%가 되는 것으로 나타난다(장지연·김정우, 2002). 물론 보조금제도의 목표집단을 올바로 설정하였다면 고용기회의 재분배를 의미하는 대체효과는 정당화될 수 있을 것이다.

이상에서 언급한 사중손실, 대체효과, 전치효과 등은 정부가 재원을 들여 지원프로그램을 도입할 때 반드시 견지되어야 할 문제의식이다. 만약 해당 지원프로그램이 없더라도 그만큼의 변화가 예상되거나 정부의 지원으로 바람직하지 않은 자원배분의 왜곡이 발생할 가능성이 있다면 애당초 정부는 그 프로그램에 투입한 재원을 보다 효과적인 다른 프로그램을 시행하는 데 쓰는 편이 낳을 것이기 때문이다.

제4절 부(負)의 소득세와 근로장려세제

시장경제에는 재산도 없고, 본인을 부양해 주는 가족도 없으며 일할 능력도 미약하여 빈곤 속에 살고 있는 사람들이 있다. 이들이 국민의 최저생활수준 이하의 생활을 할 때, 정부가 이들에게 기초생활을 보장해 주는 제도가 국민기초생활보장제이다. 2013년 현재 약 81만 가구, 약 135만명이 이 제도의 혜택을 받고 있는데, 전 인구 대비 국민기초생활수급자의 비율인 수급률은 2.6%이다.

빈곤 속에 살고 있는 복지수혜 대상자를 지원하기 위하여 각 국가는 다양한 복지프로그램을 운영하고 있다. 그러나 최근의 관심은 기존의 복지프로그램이 노동공급에 부정적인 영향을 미친다는 인식 하에 근로를 유인하는 이른바 **근로연계복지** 프로그램에 초점을 맞추고 있다.

1 현금지급과 노동공급

3인 가구의 복지수혜 대상자, 예컨대 자녀 2인을 데리고 홀로 사는 여성가장은 2013년 기준 월 1,031,862원을 받는다(〈표 11-7〉). 1개월은 4.3주이므로 이 여성은 1주에 약 24만원을 지원받는 셈이다.

정부는 이 여성 가장이 소득이 전혀 없을 때는 1주 24만원을 지급하지만, 그가 취업하여 소득이 생기면 기초생활보장 대상자 명단에서 제외하여 아무 지원도 하지 않

표 11-7 국민기초생활보장 급여기준(2013년)

(단위: 원/월)

	1인 가구	2인 가구	3인 가구	4인 가구	5인 가구	6인 가구
최저생계비	572,168	974,231	1,260,315	1,546,399	1,832,482	2,118,566
현금급여	468,453	797,636	1,031,862	1,266,089	1,500,315	1,734,541

자료: 보건복지부, 최저생계비 개정 고시.

는다고 하자. 이 여성이 식당에 나가 일을 하면 시간당 7천원을 받고 1주에 40시간 일하면 28만원을 벌 수 있다고 하자. 홀어머니는 정부로부터 기초생활보장 현금급여를 받지 않고 일을 할 것인가, 아니면 현금을 정부로부터 받고 일을 하지 않을 것인가?

[그림 11-13]은 정부의 현금지원이 개인의 노동공급에 미치는 영향을 보여주고 있다. 개인의 비근로소득이 전혀 없을 때, 현금지원프로그램이 없다면 개인은 E점에서 균형이 이루어지고 주 40시간 일하고 주 28만원의 소득을 얻게 된다.

그러나 1주 24만원의 현금급여가 있다면, 일을 전혀 하지 않아도(즉, 근로시간이 0일 때) 개인소득이 GT(=24만원)만큼 된다. 따라서 이 여성이 직면한 예산선은 $TGgF$가 된다. 이때 이 여성은 G점에서 효용극대화를 달성하게 된다. 즉 이 여성은 모서리에서 균형을 취함으로서, 노동시장을 떠나게 된다.

2 부(負)의 소득세

(1) 부(負)의 소득세란?

현금지원 프로그램이 갖는 노동공급 감소효과 때문에 미국의 경제학자 프리드만(M. Friedman)은 **부(負)의 소득세**(negative income tax)를 제안하였다. 통상의 근로소득세가 일하는 것에 대해 정부가 세금을 거두어가는 것이라고 하면, 부(負)의 소득세는 일하는 것에 대해 정부가 오히려 보조금을 주는 것을 말한다.

앞서 3인 가구의 예에서처럼 개인이 일을 전혀 하지 않았을 때 정부가 주당 S원의 현금보조금을 지급하되, 일을 했을 때는 근로소득에 대해 일정비율 t%로 현금보조금을 삭감하는 제도를 도입했다고 가정하자. 여성이 일을 해서 시간당 W원을 받을 수 있다면, 한 시간 추가근로에 근로소득 W원이 증가하나 이때 정부가 제공하는 현금보조금도 깎이기 때문에 노동시장에서 그가 받는 소득은 개인의 임금소득(WL)

그림 11-13 현금급여가 근로시간에 미치는 효과

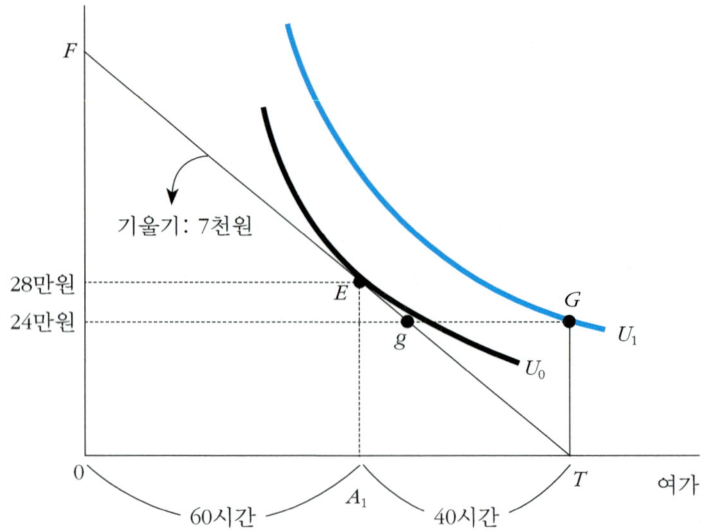

과 깎인 현금보조금($S-tWL$)의 합이 된다. 이때 임금소득(WL)이 있으면 ($S-tWL$)만큼 보조금을 지급하는 것과 같다는 의미에서 이 제도를 負의 소득세 제도라고 한다.

(2) 부(負)의 소득세 하에서의 예산선

부(負)의 소득세의 효과를 분석하기 위한 첫 단계는 우선 개인이 직면하는 **예산선**을 정확하게 그래프로 표시하는 것이다. 3인 가구 가장의 예를 계속 인용해 보자. 일을 하는 경우 이 여성의 소득은 다음과 같다.

$$M = WL + (S - tWL) \tag{11.2}$$

위 식을 재정리하면,

$$M = (1-t)WL + S \tag{11.3}$$

가 된다. 즉 시간당임금 W에서 t%만큼 보조금을 깎아나가는 제도라고도 볼 수 있다. 이를 [그림 11-14]에 나타내면, G점을 기준으로 기울기가 $(1-t)W$인 직선이 바로 여성의 예산선이 된다.

이때 [그림 11-14]에서 B점은 負의 소득세가 없을 때의 소득($M=WL$)과 負의 소

그림 11-14 負의 소득세와 효용극대화

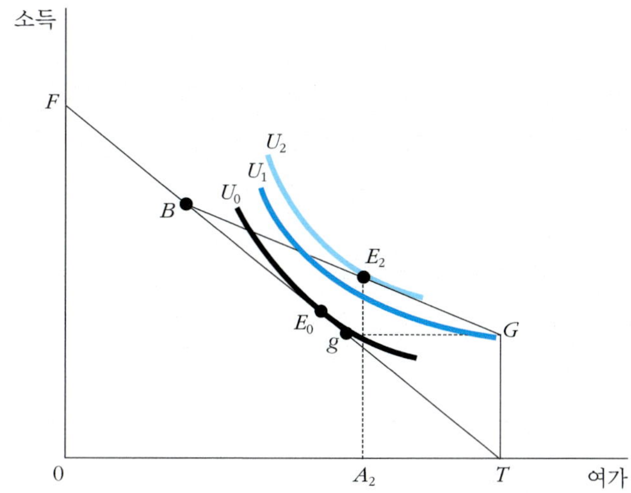

득세 하에서의 소득, 즉 식 (11.3)과 같아지는 점이다. 즉,

$$WL=(1-t)WL+S \tag{11.4}$$

이를 정리하면, B점에서의 소득은

$$M=WL=\frac{S}{t} \tag{11.5}$$

가 된다. 예를 들어, 노동시장에서 1천원 벌 때 정부가 현금보조금을 66.6%를 깎아나가면 B점의 소득은 $\frac{3}{2}\cdot S$가 되며, 3인 가구 가장인 여성이 일을 하지 않을 때 정부로부터 받는 현금보조금(S)이 1주 24만원이면, B점에서의 소득은 $\frac{3}{2}\cdot S$인 36만원이 된다.

이렇게 B점을 찾아 B점과 G점을 연결하면 기울기가 $(1-t)W$인 예산선을 쉽게 그래프에 나타낼 수 있다.

(3) 부(負)의 소득세 하에서의 효용극대화

현금지원프로그램이 없을 때, 그리고 부(負)의 소득세가 없을 때, 예산선은 TF이다. 현금지원프로그램만 있을 때의 예산선은 $TGgF$이다. 負의 소득세 하에서의 예산선은 *TGBF*이다.

여성 가장의 효용극대화는 예산선이 *TF*일 때는 E_0에서, 예산선이 *TGgF*일 때는 *G*에서, 예산선이 *TGBF*일 때는 E_2에서 이루어진다. E_2에서 이 여성은 A_2T시간만큼 일하여 E_2A_2만큼의 소득을 벌어 들인다. 따라서 負의 소득세는 다음과 같은 장점을 가진다고 할 수 있다.

첫째, *GT*만큼의 현금보조금만 주었을 때 *G*점에서 균형을 취하여, 근로시간이 0이었으나, 이제는 근로시간이 A_2T만큼 증가하고 복지수혜 대상자의 총소득도 E_2A_2가 되어 현금보조금만 받았을 때보다 소득이 높아진다. 따라서 負의 소득세는 근로시간, 즉 노동공급을 늘리는 효과를 갖는다.

둘째, 복지수혜자가 *G*점에 머물렀더라면 *GT*만큼의 정부지출이 있었을 것이나, 이제 그가 E_2점을 선택함에 따라 현금보조금 지급액수가 *tWL*만큼 줄어들어, 정부도 정부지출을 절약하는 효과를 갖게 된다.

셋째, 負의 소득세 하에서는 국민기초생활보장 대상자가 정부 보조금을 떳떳하게 받을 수 있게 된다. 누진세제의 논리에 따르면 소득이 높을 때, 세금을 더 내야 하는 것처럼 소득이 낮으면 보조금을 받을 권리가 발생한다고 말할 수 있기 때문이다. 또한 현금보조금과 같은 공적부조를 위해서는 개별적인 **자산조사**(means test)가 행해져야 하는데 이는 비용이 많이 들 뿐만 아니라 현금수급자의 빈곤사실이 외부에 공개되어 사회적으로 낙인을 찍는 결과를 초래할 수 있다. 반면 負의 소득세는 보조금지급이 국세청을 통해 이루어지기 때문에 자산조사 없이 모든 저소득층을 대상으로 하여 소득재분배를 실시할 수 있다는 이점이 있다.

넷째, 이 제도는 보통 각종 사회보장제도나 현금보조금지급제도의 행정적 비용과 번거로움을 줄일 수 있다. 왜냐하면 저소득 근로자의 근로소득 *WL*이 파악되면 그에 따라 $(S-tWL)$의 보조금을 개인구좌에 입금시키는 것으로 국세청이 추가비용 없이 이 제도를 운영할 수 있기 때문이다.

프리드만은 기존의 여러 가지 사회보장제도를 이 제도 하나로 통합함으로써 방만한 복지비용을 줄이고 사람들이 복지제도를 악용하고 기만하려는 기회주의적 행동을 타파해야 한다고 주장하였다. 즉 기존의 복잡한 사회보장제도를 폐지하고 이를 대신하는 소득이전의 수단으로서 負의 소득세 제도가 주장된 것이다.

그러나 이 제도가 시행되자면 각자가 번 소득을 정직하고 투명하게 국세청에 신고한다는 전제 조건이 성립해야 한다. 만약, 소득을 불성실하게 신고하는 사회적 분위기가 팽배해 있어 실제 소득파악이 어렵다면 負의 소득세 제도는 엄청난 비용을 유발시키는 단점을 가진다는 점을 유념해야 한다.

3 근로장려세제

(1) 근로장려세제란?

현금지급 복지프로그램은 복지수혜자가 일을 하면 현금지급을 즉시 중단하는 제도이다. 負의 소득세는 복지수혜자가 일을 하지 않으면 S만큼의 현금을 지급하되, 일을 하면 현금지급을 t%만큼 깎아나가는 제도이다.

이에 비해 **근로장려세제**는 일을 하지 않으면 현금지급은 전혀 없지만 일을 할 경우 그가 얻는 소득에 따라 일정액 또는 일정비율의 보조금을 지급하는 제도이다. 근로장려세제는 흔히 Earned Income Tax Credit의 약자를 써서 **EITC**로 불린다.

[그림 11-15]는 EITC의 기본 개념을 보여준다. 연간총소득이 OA 구간이면 제도에 들어오는 단계(점증 구간; phase-in 구간)로서, 근로보조금은 연간소득에 비례하여 제공된다. 즉 $\left(\frac{AF}{OA}\times\text{근로소득}\right)$만큼의 보조금이 지급된다.

연간소득이 AB 구간인 경우는 고정된 근로보조금이 지급되는 단계(평탄 구간; flat 구간)이다. 연간소득이 BC 구간이면 제도에서 빠져나가는 단계(점감 구간; phase-out 구간)로, $(OC-\text{근로소득})\times\left(-\frac{GB}{BC}\right)$ 만큼씩 최대 OD만큼 보조금이 삭감된다.

그림 11-15 근로장려세제의 개념

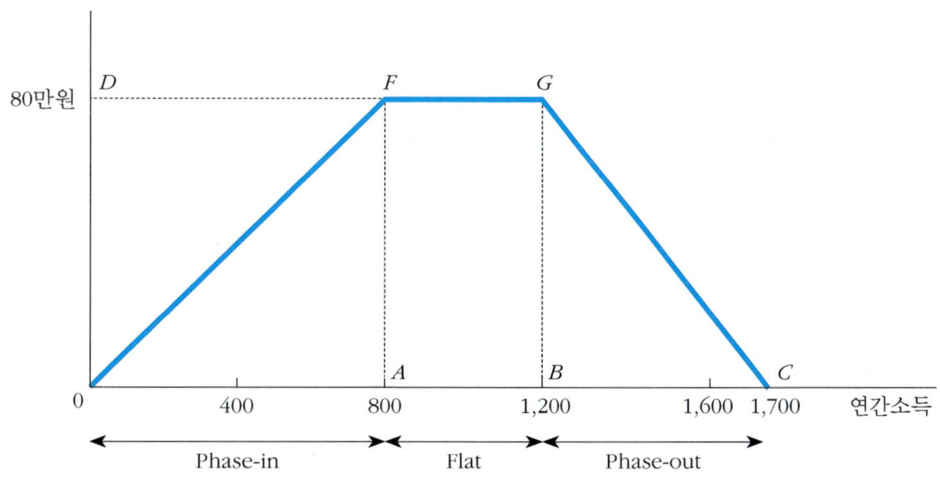

(2) 근로장려세제와 예산선

우리나라에서 근로장려세제는 2009년부터 도입되었다. 당초 도입된 제도는 연간 총소득이 부부합산 1,700만원 미만인 저소득가구(부양자녀 2인 이상)에 대해 1년에 80만원까지 근로장려금을 지급하는 것이었다. 현재는 18세 미만 부양자녀수를 기준으로 소득기준과 지급액을 차등화하여 다소 복잡해졌으나, 여기서는 편의상 처음 도입되었던 2009년 제도를 기준으로 설명하도록 하겠다. 현행 제도는 이 절의 맨 뒤에서 설명될 것이며, 변경된 제도에 따른 예산선과 효용극대화 문제는 독자들의 숙제로 남겨둔다.

2009년 근로장려세제에서 [그림 11-15]의 점증 구간(OA)은 800만원까지이며, 평탄 구간(AB)은 800만원~1,200만원, 점감 구간(BC)은 1,200만원~1,700만원으로 설정되었다. 점증 구간에서의 장려금 지급률$\left(=\dfrac{FA}{OA}\right)$은 10%로, 연간소득의 10%에 해당하는 근로장려금을 지급하고, 평탄 구간에서는 연간 80만원의 보조금을 지급한다. 점감 구간에서는 (1,700만원－연간근로소득)의 16%씩 근로장려금을 감액하여 지급한다. 예컨대 연간소득이 1,500만원이면 근로장려세 최고액 80만원에서 32만원을 공제하고 48만원의 근로장려금이 지급된다. 점증 구간에서의 장려금지급률을 점증률, 점감 구간에서의 감액률을 점감률로 표현하기도 한다.

EITC의 예산선을 쉽게 그리자면 독자 여러분은 다음 단계를 밟아야 한다.

첫째, 연간 이용가능 총시간(1주 100시간이면 1년 52주에는 5,200시간이 이용가능한 시간이나 도표를 간결하게 그리기 위해 5,000시간이라고 가정한다)인 T점에서 시간당 임금이 W일 때의 예산선 jT를 그려야 한다.

둘째, 세로축에 A점(800만원)과 B점(1,200만원)을 찾고, 예산선 jT에서 A점과 B점에 해당하는 a점과 b점을 표시한다.

셋째, 점 a에서 수직선을 올려 최고 장려수당 af 수준([그림 11-15]의 OD수준(80만원)과 동일)인 점 f를 찾고, 점 b에서도 수직선을 올려 최고장려금 bg수준(80만원)이 되는 점 g를 찾는다.

넷째, 근로장려금 지급이 끝나는 소득 C(1,700만원)와 관련된 점 i를 예산선 jT에 표시한다.

이렇게 한 후 ig를 연결하고 gf를 연결한 후 다시 fT를 연결하면 근로장려세제 하에서의 예산선이 도출된다([그림 11-16] 참조).

그림 11-16 근로장려세제와 예산선

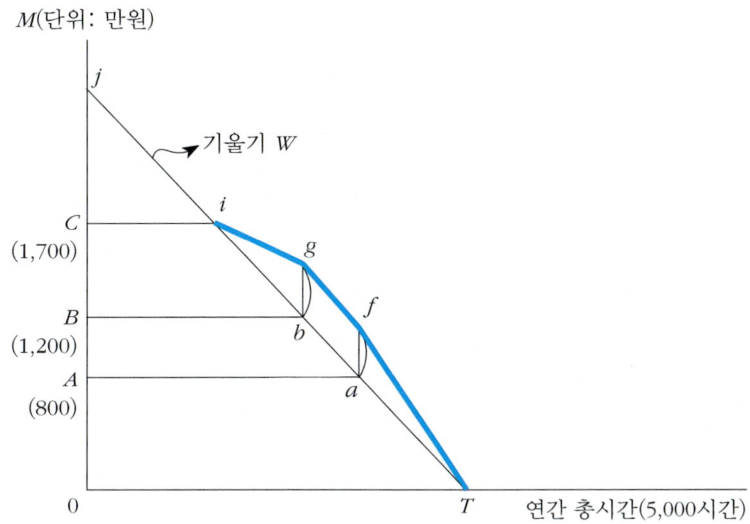

(3) 근로장려세제 하에서의 효용극대화

EITC의 효과는 ETTC의 수혜자가 세 영역 중 어디에 속하느냐에 따라 달라진다.

[그림 11-17]에서는 선분 *fg*상에 최종 균형을 보이는 개인의 경우를 묘사하고 있다. *jT*와 *gf*가 평행하기 때문에 최초의 균형점 E_0와 최종균형점 E_2를 비교하면 소득효과가 있고, 노동공급이 감소할 것이 명백하다.

개인의 무차별곡선이 예산선이 *fT*인 부분에서 접점을 갖게 되는 경우, 근로자의 순임금(시장임금+장려금)이 시장임금보다 높아, 선분 *fT*를 따라서는 소득효과와 대체효과의 크기에 따라 노동공급량이 결정되며, 어느 효과가 크게 나타날지는 미리 알 수 없다. 그러나 확실한 것은 예산선이 *aT*에서 *fT*로 상승함에 따라 과거 경제활동에 참가하지 않았던 사람이 경제활동에 참가하게 된다는 것이다.

개인의 무차별곡선이 예산선의 선분 *ig*에 접점을 갖게 되는 경우에는, 시간당 순임금(시장임금+장려금)의 기울기가 시장임금의 기울기보다 낮게 되며, 이 영역에서는 소득효과와 대체효과가 모두 노동공급을 감소시키는 방향으로 작용할 것이다.

따라서 경제이론은 두 가지를 예측한다. 첫째 예측은 *fT*영역에서 경제활동 참가의 증대가 있다는 점이다. 둘째 예측은 *fg*와 *gi* 선분에 있는 근로자들의 근로시간 감소가 있다는 것이다. 미국에서의 실증분석 결과는 첫째 예측이 옳다는 것을 입증하

그림 11-17 근로장려세제와 효용극대화

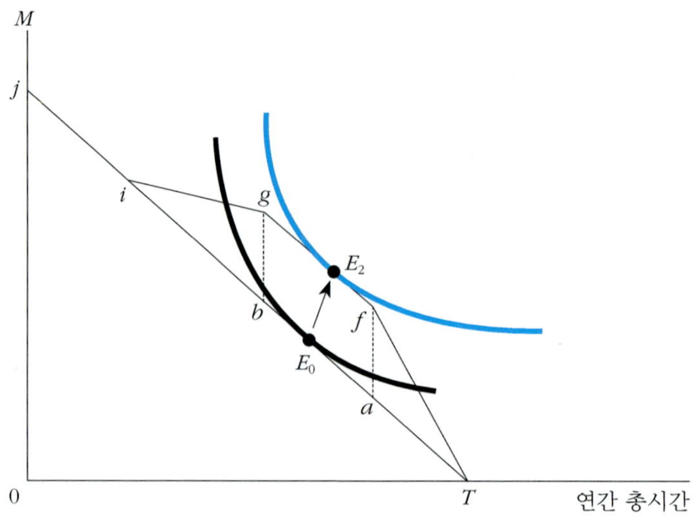

였으나 둘째 예측과 같은 근로시간 감소는 나타나지 않았다고 보고되고 있다.

負의 소득세와 근로장려세제 중 전자는 예외적으로 이용되고 후자가 미국과 유럽 대부분의 나라에서 이용되고 있다. 이유는 負의 소득세는 가난한 가구의 노동시간을 늘리는 효과는 있으나 경제활동 참가를 늘린다고 단언할 수 없는 반면, 근로장려세제는 가난한 사람의 고용률을 명백히 높이는 효과가 있기 때문이다.

(4) 현행 근로장려세제의 구조

지금까지는 독자의 이해를 돕기 위해 비교적 단순한 구조로 설계되었던 도입 초기의 2009년 근로장려세제를 기준으로 논의하였다. 그러나 현재 우리나라의 근로장려세제는 18세 미만 부양자녀수를 기준으로 소득기준과 지급액을 차등화하여 좀 더 복잡해졌다.

〈표 11-8〉과 [그림 11-18]에는 2011년에 개정된 근로장려세제의 구조를 요약하고 있다. 물론 점증-평탄-점감 구간이 부양자녀수에 따라 차등화되었다는 점을 제외하면, 기본 골격은 앞서 논의와 크게 다르지 않다. 현행 제도를 이용한 분석의 응용은 독자들에게 숙제로 남겨둔다.

표 11-8 현행 근로장려세제의 구조(2011년 개정)

부양 자녀수	총소득 기준금액	점증 구간	점증률	평탄 구간	고정액	점감 구간	점감률
0명	1,300만원	600만원 미만	7/60	600-900만원	70만원	900-1,300만원	7/40
1명	1,700만원	800만원 미만	7/40	800-1,200만원	140만원	1,200-1,700만원	28/100
2명	2,100만원	900만원 미만	17/90	900-1,200만원	170만원	1,200-2,100만원	17/90
3명 이상	2,500만원	900만원 미만	2/9	900-1,200만원	200만원	1,200-2,500만원	2/13

그림 11-18 2011년 근로장려세제의 구조

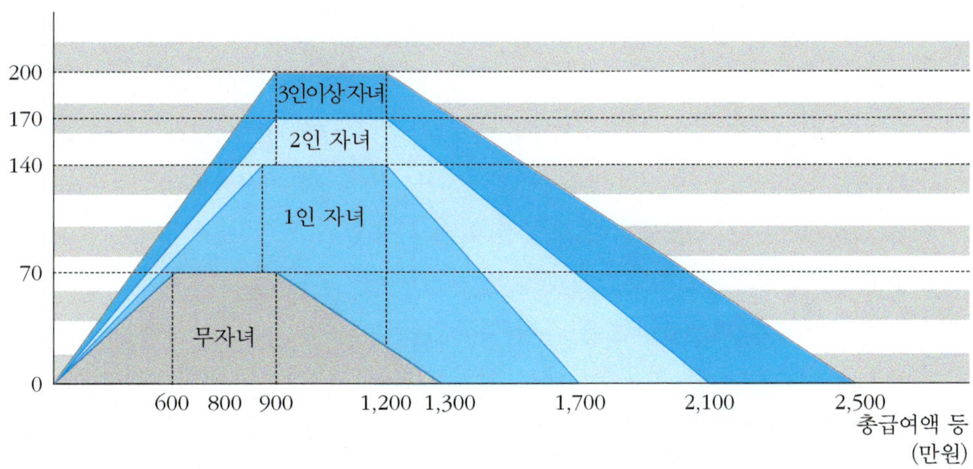

제 5 절 고용보험

노동시장에서 작동하는 가장 기본적이고 보편적인 사회안전망(social safety network)은 실업부조제도와 고용보험제도이다. **실업부조제도**는 고용보험 사각지대에 있는 실직근로자에 대한 생계비지원 제도이다. **고용보험**은 한국에서는 일반보험과 같이 근로자와 사업주가 공동 부담하여 기금을 조성하고 이 기금을 이용해 근로자 실직시 생활에 필요한 실업급여를 지급함은 물론 실업의 예방, 고용촉진 및 근로자의 직업능력개발·향상 등을 지원한다. 유럽의 대부분의 국가에서는 실업급여의 일정부분을 정부재정에서 부담하며, 실업부조금 전액을 정부가 부담하는 것이 보통이다. 한국에서는 실업부조가 없기 때문에 고용보험이 대표적인 사회보험제도의 하나이다.

1 우리나라의 고용보험제도

(1) 고용보험제도 현황

우리나라는 1995년에 고용보험제도를 도입하였다. 도입 당시 실업급여는 상시근로자 30인 이상의 사업 또는 사업장, 고용안정사업 및 직업능력개발사업은 상시근로자 70인 이상의 사업 또는 사업장에 적용되도록 하였으나, 이후 점차 적용대상을 확대하여 1998년 10월 1일부터는 원칙적으로 1인 이상 모든 사업 또는 사업장의 근로자에게 고용보험이 적용되고 있다. 다만, 현실적으로 사업장 및 피보험자 관리가 매우 어렵다고 판단되는 일부 사업에 대하여는 대통령령으로 정해 고용보험 적용을 제외(적용제외 사업장: 4인 이하 농림어업, 소규모 건설사업, 가사서비스업 등)하고 있다.

〈표 11-9〉는 고용보험이 도입된 이래 적용범위가 점차 확대되어 온 과정을 보여주고 있다.

고용보험의 피보험자는 원칙적으로 임금근로자로 제한되기 때문에 자영업자, 특수형태 근로자 등은 적용대상에서 제외되며, 65세 이상 고령자, 주 15시간미만 단시간근로자, 외국인근로자도 적용이 제외된다. 그러나 2006년부터 5인 미만 근로자를

표 11-9 고용보험 적용범위의 확대

<table>
<tr><th rowspan="2">보험사업별</th><th colspan="7">적용대상 사업장 규모</th></tr>
<tr><th>'95.7.1~
'96.12.31</th><th>'97.1.1~
'97.12.31</th><th>'98.1.1~
'98.2.28</th><th>'98.3.1~
6.30</th><th>'98.7.1~
'98.9.30</th><th>'98.10.1~
'03.12.31</th><th>'04.1.1~</th></tr>
<tr><td>실업급여</td><td colspan="2">30인 이상</td><td>10인 이상</td><td colspan="2">5인 이상</td><td colspan="2">1인 이상</td></tr>
<tr><td>고용안정·
직업능력개발</td><td colspan="2">70인 이상</td><td colspan="2">50인 이상</td><td>5인 이상</td><td colspan="2">1인 이상</td></tr>
<tr><td>(건설업의
총공사금액)</td><td>(40억원)</td><td>(44억원)</td><td colspan="2">(34억원)</td><td colspan="2">(3억4천만원)</td><td>(2천만원)</td></tr>
</table>

주: 건설업은 3사업(실업급여, 고용안정·직업능력개발사업)의 적용기준임.
자료: 고용노동부, 「2011년판 고용보험백서」.

표 11-10 고용보험 적용대상의 변화

(단위: 천 개소, 천 명)

구 분	'95. 7.1	'98. 1.1	'98. 10.1	2001	2002	2003	2004	2005	2006	2007	2008	2009	2010
적용 사업장	39	47	400	807	826	846	1,003	1,148	1,176	1,288	1,424	1,385	1,408
적용 근로자	4,204	4,272	5,268	6,909	7,171	7,203	7,482	7,966	8,436	8,942	9,272	9,654	10,131

주: 1995.7.1은 30인 이상, 1998.1.1은 10인 이상, 1998.10.1부터는 1인 이상 사업장 대상.
자료: 고용노동부, 「2011년판 고용보험백서」.

사용하는 영세자영업자도 소득을 고려하여 자신을 피보험자로 하여 고용안정·직업능력개발 사업에 있어서 이 법의 적용을 받을 수 있게 하였고, 2012년부터는 50명 미만의 근로자를 사용하는 자영업자에 대해서도 실업급여의 임의가입을 허용하였다.

〈표 11-10〉은 고용보험 적용사업장 및 적용근로자 수의 변화 추이를 보여주고 있다.

피고용자 중 고용보험 적용근로자 비율은 일본 65%, 미국 92%, 독일 90%, 스웨덴 95% 수준이다. 한국은 2011년 8월 현재 임금근로자의 59.6%가 고용보험에 가입하고 있다.

(2) 고용보험사업

고용보험사업은 크게 실업급여와 고용안정·직업능력개발사업으로 구분된다. 이 중 실업급여 소요비용은 노·사가 50%씩 부담하고, 고용안정·능력개발 사업비는 사업주가 전액 부담한다. 정부는 보험운영에 필요한 관리운영비만을 부담한다.

보험료는 근로자 임금총액에 보험료율을 곱한 금액으로 산정되는데, 현행 고용보험 사업별·부담주체별 고용보험요율은 다음 〈표 11-11〉에서 보는 바와 같다.

(i) 실업급여

사회안전망으로서 고용보험의 핵심은 실업급여이다. 실업급여는 실직으로 소득기회를 상실한 자에게 일정기간 동안 소정의 급여를 제공함으로써 실직자 및 그 가족의 생활안정을 도모하고 새로운 직장에 조기 재취업할 수 있도록 지원하는 수단으로, 실직자의 생활안정을 도모하기 위해 지급되는 구직급여와 재취업을 위한 인센티브를 제공하는 취업촉진수당으로 구성된다.

표 11-11 고용보험 사업별 · 부담주체별 고용보험요율 (2013.7.1. 이후)

구분		근로자	사업주
실업급여		0.65%	0.65%
고용안정 · 직업능력개발사업	150인 미만	-	0.25%
	150인 이상(우선지원 대상기업)	-	0.45%
	150인 이상~1,000인 미만	-	0.65%
	1,000인 이상 및 국가 · 지방자치단체가 직접 행하는 사업	-	0.85%

구직급여는 고용보험이 적용되는 사업장에서 실직일 이전 18개월 동안 180일(임금을 받은 일수) 이상 근무한 근로자가 비자발적으로 이직한 경우[1] 실직 전 평균임금의 50%(1일 최대 4만3천원 한도)를 지급한다. 〈표 11-12〉에서 보는 바와 같이 근로자의 연령과 고용보험 가입기간에 따라 급여를 받을 수 있는 기간도 90일~240일까지 달라진다. 특별히 재취업이 곤란하고 생활이 어렵다고 인정되는 자에 대해서는 60일까지 연장급여가 지급될 수 있다.

표 11-12 연령별 · 보험가입기간별 구직급여 수급기간(소정급여일수)

연령 \ 가입기간	1년 미만	1~3년	3~5년	5~10년	10년 이상
30세 미만	90일	90일	120일	150일	180일
30세 이상~50세 미만	90일	120일	150일	180일	210일
50세 이상 및 장애인	90일	150일	180일	210일	240일

구직급여 외에도 조기재취업수당, 직업능력개발수당, 광역구직활동비 및 이주비 등 실직자의 재취업을 촉진하기 위한 취업촉진수당이 지원된다.

(ii) 고용안정 · 직업능력개발사업

실업급여가 전통적, 소극적 의미의 실업보험 기능에 해당된다면, 고용안정 및 직업능력개발 사업은 적극적 노동시장 정책과 연계된 사회보장보험의 기능을 수행하는 사업이다.

우선, 고용안정사업은 근로자를 감원하지 않고 고용을 유지하거나 실직자를 채용

1) 자발적 이직자의 경우에도 이직하기 전에 이직회피 노력을 다하였으나 사업주측의 사정으로 더 이상 근로하는 것이 곤란하여 이직한 경우에는 이직의 불가피성을 인정하여 수급자격을 부여하고 있다.

하여 고용을 늘리는 사업주를 지원하여 근로자의 고용안정 및 취업취약계층의 고용 촉진을 지원하는 사업을 말한다. 고용안정사업의 종류와 구체적인 지원내용은 〈표 11-13〉에 정리되어 있다.

직업능력개발사업은 사업주가 근로자에게 직업훈련을 실시하거나 근로자가 자기 개발을 위해 훈련을 받을 경우, 사업주 또는 근로자에게 일정 비용을 지원해 주는 사업을 말한다. 직업능력개발사업의 종류, 지원대상 및 요건은 〈표 11-14〉와 같다.

표 11-13 고용안정사업

<table>
<tr><th colspan="2">사업구분</th><th>사업내용</th></tr>
<tr><td rowspan="5">고용
창출
지원</td><td>시간선택제
일자리창출지원</td><td>- 사업주가 근무체계 개편, 새로운 시간선택제 직무개발 등을 통해 시간선택제 일자리를 새로 만들거나 시간선택제 근로자를 새로 고용하는 경우 근로자의 인건비 일부를 지원</td></tr>
<tr><td>일자리
함께하기</td><td>- 근로시간 단축, 교대근로 개편, 정기적인 교육훈련 또는 안식휴가 부여 등을 통해 새로운 일자리를 만들고 실업자를 고용하여 근로자 수를 증가시킨 사업주에게 지원금(인건비, 설비투자비 지원 및 융자, 임금감소 보전) 지급</td></tr>
<tr><td>고용환경
개선지원</td><td>- 고용환경 개선에 필요한 시설을 설치·운영하여 고용환경을 개선한 사업주에게 시설투자비를 융자 지원</td></tr>
<tr><td>지역성장산업
고용지원</td><td>- 고용보험위원회에서 심의·의결한 업종에 해당하는 성장유망산업, 지역특화산업, 국내복귀 기업에서 실업자를 고용하는 사업주에게 지원금을 지급</td></tr>
<tr><td>전문인력
채용지원</td><td>- 우선지원 대상기업이 기업의 경쟁력을 높이기 위해 전문 자격을 갖춘 자를 고용하거나 우선지원 대상이 아닌 다른 기업으로부터 이를 지원받아 사용하는 사업주를 지원</td></tr>
<tr><td colspan="2">고용유지지원</td><td>- 경기변동, 산업구조변화에 따라 고용조정이 불가피하게 된 사업주가 근로자를 감원하지 않고 일시휴업, 훈련, 휴직, 인력재배치 등 고용유지조치를 실시한 경우 지원금 지급</td></tr>
<tr><td rowspan="3">고용
촉진
지원</td><td>고용촉진지원</td><td>- 취업희망풀*에 등록되어 있는 구직자를 채용하는 사업주에게 지원금을 지급
* 구직등록을 하고 고용노동부장관이 지정한 취업지원프로그램(예: 취업성공패키지)을 이수하였거나, 중증장애인, 여성가장 등 취업취약계층이 분명하거나, 도서지역에 거주하여 프로그램 이수가 어려운 경우</td></tr>
<tr><td>고령자
고용연장지원</td><td>- 취업 또는 직업전환의 기회를 갖지 못하는 고령자를 일정수준 이상 고용하거나 정년 퇴직자를 계속 고용하는 사업주에 대하여 고령자 고용연장지원금 지원</td></tr>
<tr><td>임금피크제 지원</td><td>- 임금피크제를 적용받는 근로자에게 임금삭감액 일부를 지원</td></tr>
<tr><td colspan="2">기타 고용안정지원</td><td>- 출산육아기 고용안정지원금
- 직장어린이집 설치·운영비지원
- 건설근로자 고용보험 관리지원금 지원 등</td></tr>
</table>

표 11-14 직업능력개발사업

	구 분	지원 대상 및 요건
사업주 지원	직업능력개발 훈련지원	– 피보험자, 채용예정자, 구직자 등을 대상으로 고용노동부장관의 인정을 받은 직업능력개발훈련을 실시
	유급휴가 훈련지원	– 150인 미만 기업 또는 우선지원 대상기업: 7일 이상의 유급휴가를 부여하여 30시간 이상의 훈련 실시 – 그 외 기업: 1년 이상 재직근로자를 대상으로 60일 이상의 유급휴가를 부여하여 180시간 이상 훈련 실시
	직업능력개발 훈련 시설·장비자금대부	– 직업능력개발 훈련시설을 설치하거나 훈련장비를 구입하고자 하는 사업주, 사업주단체, 근로자단체, 훈련법인, 고용노동부지정 훈련시설
근로자 지원	근로자직무능력 향상지원	– 우선지원 대상기업 근로자 또는 기간제·단시간·파견·일용근로자가 고용노동부장관이 인정한 훈련과정을 자비로 수료한 경우 지원
	내일배움카드제	– 기간제·단시간·파견·일용근로자, 이직 예정자, 무급 휴직·휴업자가 카드를 발급받고 자비부담액을 납부하고 훈련을 수강한 경우
	근로자학자금 및 훈련비대부	– 근로자 본인의 능력개발을 위해 기능대학, 사이버대학 또는 전문대 이상의 학교에 입학하거나 재학 중인 피보험자
구직자 지원	국가기간 전략산업 직종훈련지원	– 고용센터 등에 구직 등록한 15세 이상의 실업자, 고3 재학생으로 고등교육기관 비진학자, 대학(전문대학) 최종학년으로 대학원 등에 진학하지 않는 자(다음년도 2월 까지 졸업예정자)
	내일배움카드제	– 실업자로서 고용센터 등에 구직등록하고 직업훈련을 받고자 하는 경우

(iii) 육아휴직급여 등

육아휴직급여는 고용보험에 180일 이상 가입한 피보험자가 육아휴직을 30일 이상 부여받은 경우 1년 이내의 육아휴직기간 동안 통상임금의 40%(상한액 100만원, 하한액 50만원)의 급여가 지급되는 프로그램이다.

그리고 육아휴직을 신청할 수 있는 근로자가 육아휴직 대신 육아기 근로시간단축제를 선택할 경우에도 급여 일부가 지원된다. 육아기 근로시간단축 급여액은 다음과 같이 산출된다.

$$\underset{\text{(통상임금의 40\%)}}{\text{육아휴직 급여액}} \times \frac{\text{단축 전 소정근로시간} - \text{단축 후 소정근로시간}}{\text{단축 전 소정근로시간}}$$

한편, 출산전후(유산·사산 포함) 휴가를 부여받은 경우 중소기업 등 우선지원 대상기업은 90일분, 그 외의 기업은 30일분의 출산전후 휴가급여가 고용보험에서 지원된다.

2 고용보험 사각지대

우리나라의 고용보험제도는 약 20년의 역사를 갖고 있지만 여전히 가입자가 임금근로자의 60%에 불과하여 광범위한 사각지대를 갖고 있다.

고용보험의 사각지대는 두 가지 형태로 존재한다. 첫 번째 유형은 현재 법적으로는 적용대상이지만 여전히 고용보험에 가입되어 있지 않은 경우에 해당하는데, 주로 소규모 사업체의 임시·일용직 근로자들이다. 두 번째 유형은 제도적으로 적용대상에서 제외되어 있거나 가입은 되어 있지만 다양한 이유로 실질적인 수혜를 받을 수 없는 경우를 지칭한다. 자영업자, 특수형태근로자, 신규진입자, 실업급여 수급요건 미충족자 및 급여소진자 등이 이에 해당한다.

전자는 **'실제' 사각지대**, 후자는 **'제도적' 사각지대**로 일컬어지며, 제도적 사각지대는 다시 적용대상이 아닌 자(적용제외자)와 고용보험 가입자 중 수혜를 받을 수 없는 자(수혜제외자)로 구분해 볼 수 있다.

(1) 고용보험 가입 여부에 따른 사각지대

〈표 11-15〉는 통계청의 경제활동인구조사 근로형태별 부가조사(이하 '경활 부가조사')를 이용하여 고용보험 사각지대 현황을 추정한 것이다.

2011년 8월 현재 고용보험에 가입되어 있는 근로자는 적용대상자의 70.8%로, 2010년의 69.0%에서 근소하게 증가한 것으로 나타났다. 적용대상자 중 미가입자 29.2%는 법적으로 의무가입 대상이지만 여전히 고용보험에 가입하고 있지 않은 자, 즉 '실제' 사각지대를 의미한다. 실제 사각지대는 취업자의 17.6%를 차지하고 있다.

한편, 제도적 사각지대는 법적 적용제외 그룹과 자영업자, 무급가족종사자 등 비임금근로자로 파악될 수 있는데, 적용제외 대상 중 별도의 사회보험에 의해 보장되는 공무원, 군인, 교원 등 특수직역근로자는 제외될 필요가 있다. 즉 임금근로자 중 법적 적용제외그룹(특수직역근로자 제외) 141만명과 비임금근로자 699만명이 고용안전망의 제도적 사각지대로 간주될 수 있으며, 이들이 취업자에서 차지하는 비중은 34.3%로 파악된다.

표 11-15 취업자의 고용보험 적용 여부 및 가입 여부

(단위: 천 명, %)

기간	취업자	임금근로자						비임금근로자[5]
		소계	적용대상			적용제외		
			소계	가입[1]	미가입[2]	특수직역[3]	기타[4]	
2010.8	24,005	17,048	14,470	9,985	4,485	1,278	1,300	6,957
			[100.0]	[69.0]	[31.0]			
	(100.0)	(71.0)	(60.3)	(41.6)	(18.7)	(5.3)	(5.4)	(29.0)
2011.8	24,495	17,510	14,742	10,430	4,312	1,356	1,412	6,985
			[100.0]	[70.8]	[29.2]			
	(100.0)	(71.5)	(60.2)	(42.6)	(17.6)	(5.5)	(5.8)	(28.5)

주: ( ) 안은 취업자 대비 비중, [ ]는 적용대상자 대비 비중임. 회색영역이 고용보험 사각지대에 해당

1) 고용보험통계월보상 피보험자 수는 2010년 8월 10,016천명, 2011년 8월 10,513천명으로 부가조사 결과와는 각각 3만 명과 8.3만 명의 차이를 보임.
2) 적용대상자 중 미가입자로서 '실제' 사각지대에 해당함.
3) 공무원, 사립학교 교직원, 별정우체국 직원 등임.
4) 4인 이하 농림어업 및 가사서비스 종사자, 특수형태근로자, 65세 이상자, 1주 15시간미만 단시간근로자(3개월 이상 계속근로자 및 일용근로자는 제외)
5) 2012년 1월부터 50명 미만 근로자를 사용하는 자영업자의 고용보험(실업급여) 임의가입이 허용됨.

자료: 통계청, 「경제활동인구조사 부가조사」, 2010.8, 2011.8.

(2) 실업급여 수급 여부에 따른 사각지대

실업급여는 일정한 수급요건을 충족시켜야 제공받을 수 있으며, 수급기간도 제한이 있다.

따라서 소정의 수급요건(피보험기간, 이직사유 등)을 충족시키는 못한 경우, 수급자격이 주어지지 않으며, 수급기간 내 재취업을 하지 못한 경우에도 실직상태에서 실업급여를 받지 못하는 상황이 발생한다. 이처럼 고용보험 미가입자 이외에도 고용보험 가입자 중에서 발생하는 고용보험 사각지대도 존재하는데, 이러한 사각지대까지 파악하기 위해서는 실제로 실직 상태에서 소득지원을 받지 못한 근로자의 규모를 파악해야 한다.

실업급여의 포괄범위를 측정하는 가장 대표적인 지표는 **실업급여 수급률**(recipiency rate)이며, 전체 실업자 수 대비 실업급여(구직급여) 수급자 수의 비율로 측정된다.

표 11-16 실업자수 및 실업급여 수혜자수 추이

(단위: 천 명, %)

구 분	2004년	2005년	2006년	2007년	2008년	2009년	2010년	2011년
실업자	860	887	827	783	769	889	920	855
수급자	174	204	222	243	272	379	360	337
수급률	20.3	23.0	26.9	31.1	35.4	42.7	39.1	39.4

자료: 통계청,『경제활동인구조사』; 한국고용정보원,『고용보험통계월보』각년도.

2004~2011년 기간 중 실업급여 수급률을 살펴보면 〈표 11-16〉과 같다. 2011년 기준으로 실업자 중 대략 39.4%가 실업급여를 받았다. 글로벌 금융위기가 있었던 2009년 지급규모가 제도 시행 이후 최고치를 기록하였고, 수급률도 42.7%까지 증가하였으나 2009년 하반기 이후 경제상황이 호전되면서 수급률이 하락하여 39%대 수준을 유지하고 있다.

그러나 실업자 수 대비 수급자 수의 비중으로 정의되는 실업급여 수급률은 실업급여의 수혜 정도를 과대 추정할 가능성이 있다. 우리나라처럼 고용안전망이 충분치 못한 경우 실직자 가운데 실업급여를 받을 수 없는 자는 실업이 아닌 비경제활동상태로 이동할 가능성이 높은데, 수급률은 이 같은 **경계근로자**(marginally attached workers)를 제외한 채 실업자만을 고려하고 있기 때문이다.

장지연 외(2011)는 2009년 4월「경제활동인구조사」의 부가조사로 실시된「실업급여 비수급 실직자 조사」를 이용하여 실직한 지 1년 미만인 임금근로자의 실업급여 수급여부 및 비수급 사유를 분석하였다(〈표 11-17〉).

그에 따르면, 조사대상자 중 실업급여를 받은 자는 11.3%에 불과하고 무려 88.7%가 실업급여를 받지 못한 것으로 파악되었다. 앞서 살펴 본 수급률 수준(2009년 42.7%)과 적지 않은 차이를 보이고 있음을 확인할 수 있다.

실업급여를 받지 못한 사유 중 가장 큰 비중을 차지하는 것은 고용보험 미가입(45.0%)이며, 그 외는 이직사유 미충족(22.9%), 피보험 단위기간 미충족(11.1%), 기타 비수급(6.8%), 수급기간 종료(2.9%) 등의 사유로 실업급여를 받을 수 없었던 것으로 조사되었다. 고용보험 미가입자(적용제외자 및 실제 사각지대)를 제외하고 보면, 고용보험 가입자 중에서도 실제로는 실직 임금근로자의 약 5분의 4가 실업급여를 받지 못하는 것으로 나타났다.

이러한 분석을 토대로 우리나라 고용보험의 적용 및 수혜 대상을 전체 근로자를

표 11-17 1년 미만 임금근로자의 실업급여 수급 여부와 비수급 사유

(단위: %)

구분	수급	비수급				
		고용보험 가입				고용보험 미가입
		피보험 단위기간 미충족	이직사유 미충족	기타 비수급*	수급 종료	
전 체	11.3 (20.5)	11.1 (20.2)	22.9 (41.6)	6.8 (12.4)	2.9 (5.3)	45.0 -
상용직	37.0 (40.7)	5.7 (6.3)	34.2 (37.6)	7.6 (8.4)	6.6 (7.3)	9.0 -
임시직	7.2 (13.6)	11.6 (21.8)	25.1 (47.3)	6.5 (12.2)	2.7 (5.1)	46.9 -
일용직	2.3 (6.0)	13.5 (35.2)	14.9 (38.8)	6.6 (17.2)	1.1 (2.9)	61.6 -

주: ( ) 안은 고용보험 가입자 대비 비중임.
* 기타 비수급은 실업급여를 신청하지 않았거나 신청하였지만 실업급여 수급자격을 인정받지 못한 경우임.
자료: 통계청(2009), 「경제활동인구조사 실업급여 비수급 실직자 부가조사」. 장지연 외(2011)에서 재인용.

대상으로 개략적으로 재구성해 보면 [그림 11-19]와 같이 묘사될 수 있다. 가로축은 고용관계의 비전형성, 세로축은 소득 및 고용안정성과 같은 근로조건을 나타낸다. 개개 근로자는 고용관계가 전형적이지 않을수록 오른쪽에, 양질의 일자리에 취업해 있을수록 위쪽에 위치하게 된다.

그림 11-19 고용보험의 적용 및 수혜대상

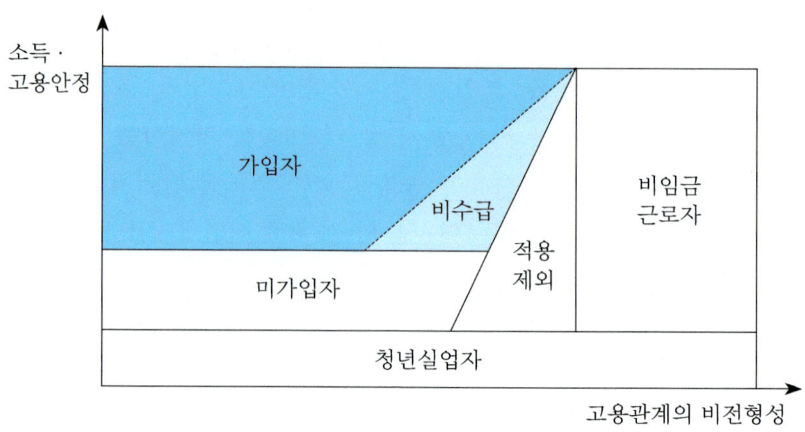

[그림 11-19]에서 보듯이, 현재 우리나라 고용보험은 양질의 전형적인 고용관계를 취하고 있는 근로자들(좌상단)을 중심으로 하는 고용안전망 체계이다. 정작 고용안전망이 절실하게 필요한 취약계층, 즉 고용이 불안정한 저임금계층(하단)은 다양한 이유로 고용보험의 수혜로부터 배제되어 있다. 이 점이 취약계층을 위한 고용안전망 확충이 시급한 이유이다.

3 외국의 실업보호제도

실업보호제도의 체계는 국가마다 매우 상이한데, 주로 **실업보험**(고용보험)이나 **실업부조**, 혹은 양자의 결합 형태를 취하고 있다.

많은 선진국들에서는 당사자의 기여를 기반으로 한 실업보험 이외에 조세에 기반하여 저소득층 실직자에게 기본적인 생계비를 지급하는 실업부조를 병행 운영하는 중층적 실업보호체계를 가지고 있다. 이 경우 실업보험이 일차적 고용안전망으로 기능하고 실업부조는 급여수준은 낮지만 수급기간을 길게 설정하여 실업보험에 의해 보호되지 못하는 실직자를 대상으로 하는 보완적 실업보호제도로 설계된다.

[그림 11-20]은 OECD 국가들의 실업보상 지출의 규모를 실업보험과 실업부조 등으로 세분화하여 보여주고 있다.

우리나라의 실업보상 지출 규모는 GDP 대비 0.42%에 불과하여 실업보호제도에

그림 11-20 실업보상 지출의 GDP 대비 비중 (2009)

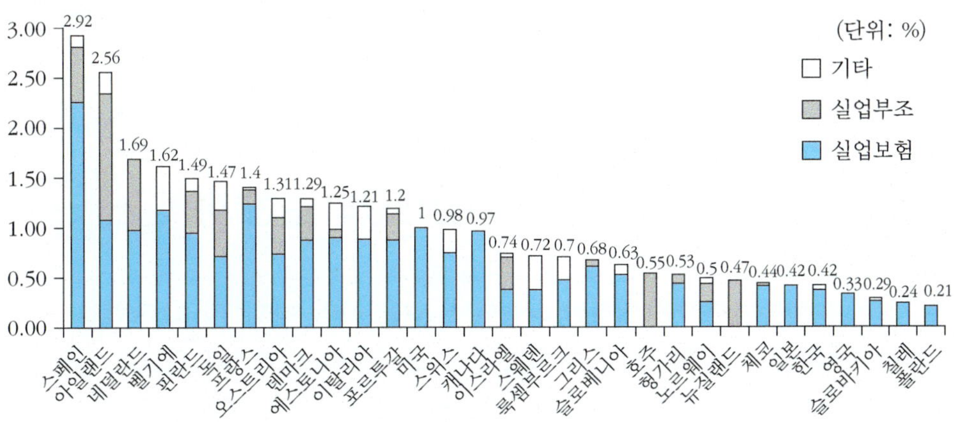

주: 실직자를 특정하지 않는 일반적인 사회부조에 의한 지원은 제외됨.
자료: OECD Social Expenditure database (SOCX).

의한 공적 지출수준은 행정관리 운영비에 불과하여 매우 낮은 것으로 나타나고 있다. 우리나라 고용보험 포괄범위의 협소함과 실업자 보호수준이 낮다는 사실을 단적으로 보여준다.

고용안전망 체계로 보면, 실업보험+실업부조라는 이원적 실업보호체계를 갖고 있는 국가가 가장 다수를 점하고, 이들 국가에서 실업보호 지출수준도 대체로 높다. 네덜란드, 덴마크 등 북유럽 국가, 독일, 프랑스 등 중부유럽 국가의 다수가 이 유형에 속한다. 벨기에, 이탈리아, 스위스, 미국, 캐나다 등은 실업부조제도 없이 실업보험제도만 운영하고 있는데 실업보장지출 수준은 실업보험제도만 있는 한국, 일본, 영국 등에 비해 월등히 높다. 한편 실업부조제도만 운영하는 호주와 뉴질랜드[2)]의 실업보장지출 수준은 상대적으로 낮은 편이다.

일본은 실업부조제도는 아니지만 실업부조와 유사한 기능을 염두에 두고 '제2 사회안전망'이라는 별도의 시스템을 갖고 있다. 우리나라에서도 저소득층 구직자(기초생활수급자 및 차차상위)를 대상으로 취업성공패키지 사업을 운영하고 있는데, 이 역시 실업급여와 국민기초생활보장제도(자활사업)의 사각지대에 놓여 있는 취약계층 실업자를 보호하기 위한 보완책이다.

한국은 OECD 국가 중에서 실업급부에 대한 국가 비용부담이 전혀 없는 매우 예외적인 국가에 속한다. 현재 한국 정부는 광범위한 고용보험 사각지대를 해소하기 위해 다양한 고용보험 적용 확대 노력을 경주하고 있지만 그럼에도 불구하고 마지막까지 고용보험 사각지대에 놓일 근로자는 가장 열악한 조건의 근로자일 것이다. 촘촘한 고용안전망을 구축하기 위해서는 2차 사회안전망으로 실업부조, 즉 실업시 정부 예산으로 별도의 생계비를 지원하는 정책이 결합될 필요가 있을 것이다.

제6절 노동시장 유연성과 사회안전망의 결합 정책

최상의 빈곤대책은 일자리 창출이다. 일을 하면, 자립, 자조, 자활을 할 수 있기에 정부에의 의존을 불필요하게 만든다. 노동시장에서 일자리 창출을 위해 제6장에서 논의한 노동시장 유연성, 앞 절에서 논의한 실직근로자 생계보장이라는 사회안전망,

---

2) 이들 국가에서는 국가가 전액 비용을 부담하여 근로능력이 있는 모든 실직자에 대해 일정 소득을 보장해 주기 때문에 별도의 실업보험제도는 존재하지 않는다.

제5장에서 논의한 근로자에 대한 기술향상 훈련, 그리고 제7장에서 논의한 일자리정보 제공이라는 네 요소의 결합, 즉 (유연성+안정성+훈련+취업알선)을 결합한 노동시장 정책을 **유연안정성 정책**이라고 한다. 비유하자면, 실직해 굶주린 근로자에게 먹을 물고기만 주는 것이 아니라 물고기 잡는 방법을 동시에 가르쳐, 노동시장에서 다시 일자리를 구해 스스로 빈곤을 해결하게 하는 방식이다.

1 유연안정성의 의미

기업의 해고 자유라는 노동시장 유연성(flexibility), 숙련 업그레이드와 취업알선에 의한 지속적 고용보장(employment security), 생계보장(충분한 실업급부 및 실업부조)(social security)이라는 세 가지 요소의 결합은 이른바 **덴마크의 유연안정성**(flexicurity) 모형으로 잘 알려져 있다([그림 11-21] 참조).

우리는 이 책에서 반복하여 근로자 해고를 자유롭게 하도록 공무원법, 노동법 개정의 중요성을 강조하였다. 기업에게 해고의 자유를 주면 과보호 내부노동시장이 효율적 내부노동시장으로 변모되어 기업의 노동생산성이 크게 높아져 고용창출을 기

그림 11-21 덴마크의 유연안정성 모형

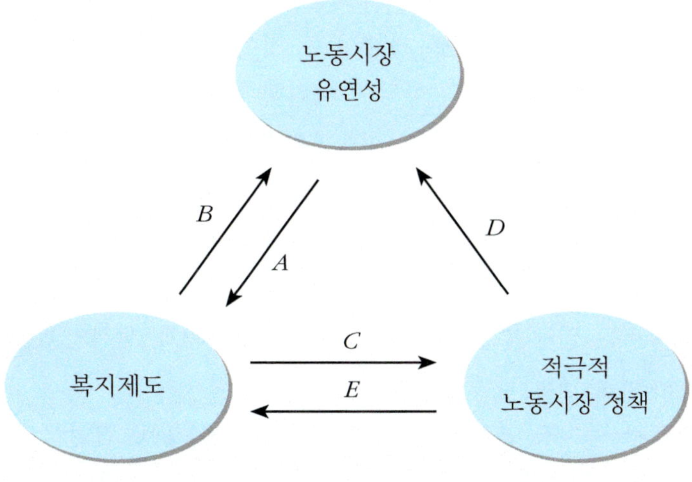

주: 화살표는 노동시장에서 해고된 자(A)는 단기실업 후 실업급여를 받으며 다시 노동시장으로 되돌아가거나(B) 고용되지 못한 장기실업자는 적극적 노동시장정책 프로그램에 참여하여 재취업 능력을 쌓거나 기회를 포착한 후 노동시장에 진입(A→C→D)함을 의미함. 화살표 E는 적극적 노동시장 정책 프로그램에 참여해야 복지제공이 있음을 의미함.

자료: OECD(2004: 97)

대할 수 있다. 그리고 준고정적 노동비용이 감소하여, 노동수요가 증가하고 창업 또한 활발하게 일어날 것으로 예상할 수 있다.

기업은 사양산업의 기업과 성장산업의 기업으로 나누어진다. 사양산업에서 이윤이 음(−)이 되는 사용자는 사업을 바꾸어 이윤이 양(+)이 되는 성장산업의 사업으로 전환하여야 경제가 성장할 수 있다. 사양산업의 기업이 성장산업의 기업으로 유연하게 전환하자면, 첫째 기존근로자를 쉽게 해고할 수 있어야 하며, 둘째 해고비용이 낮아야 하며, 셋째 새로운 기술을 가진 근로자를 쉽게 찾아 고용할 수 있어야 한다.

그러나 해고가 자유롭게 이루어지자면 근로자가 이를 수용하고 순응할 수 있어야 한다. 근로자가 해고를 수용하고 순응한다는 의미는 무엇일까?

번지점프의 예를 들어 설명하겠다. 번지점프는 보통 수면 위에서 40~50m 높은 곳에 있는 절벽 또는 다리 위의 뜀틀에서 뛰어내리는 스포츠이다. 뛰어내리는 사람에게 안전장비를 장착시키면 번지점프에 많은 사람들이 참여한다. 안전장비야말로 뛰어내리는 모험을 가능하게 하는 필수적인 장비인 셈이다. 안전장비가 없다면 누구도 40m 이상의 높이에서 뛰어내리는 번지점프에 참가하지 않는다. 안전장치가 확실하다 해도 상당수의 사람들은 굳이 번지점프의 모험을 하려 하지 않을 것이다.

노동시장에서 이루어지는 해고 상황도 이와 비슷하다. 일자리가 지속적으로 창출되고 소멸되는 글로벌경제에서 소멸되는 일자리의 근로자는 해고될 수밖에 없다. 그러나 해고되는 근로자가 생계의 확실한 보장이라는 안전장치가 없을 때는 해고를 받아들이려고 하지 않고 극렬하게 저항할 것이다. 생계의 보장만이 중요한 것이 아니다. 해고되어도 무직(無職)의 함정에 영원히 빠지는 것이 아니라, 새롭게 창출되는 일자리에 재취업될 수 있는 기술·기능훈련을 가질 전망이 있을 때 해고를 수용할 것이다. 따라서 자유로운 해고가 성립하려면 일정기간 동안의 생계보장, 일정기간 후 반드시 일의 세계로 되돌아올 수 있다는 믿음을 갖게 하는 재훈련, 향상훈련이 있어야 한다. 마치 번지점프를 할 때, 뛰어내리는 모험은 해고위험과 동일하며, 번지점프의 안전장비는 일정기간 생계보장(social security)과 재취업훈련에 의한 복귀가능성(employment security)과 동일하다.

반대로, 노동시장 규제로 인한 해고의 어려움, 공공 직업훈련·향상훈련의 미비로 인한 우수한 기술인력 공급의 애로, 그리고 실직자 생계보장이 없는 경우에는 해고근로자의 격렬한 집단적 반발에 있기 마련이고 이는 일자리 소멸을 오히려 가속화시키게 된다.

2 덴마크의 유연안정성 모형의 사례

유연안정성 모형의 대표적인 사례인 덴마크 사례를 살펴봄으로써 노동시장 유연성과 사회적 안전망이 어떤 방식으로 결합해야 하는지를 생각해 보기로 하자. 덴마크의 유연안정성 모형은 앞서 [그림 11-21]에 제시하였는데, 이를 하나씩 살펴보기로 한다(이호근 · 김재원, 2009).

(1) 노동시장유연성

덴마크에서는 이미 110년 전인 1899년 9월 노사합의(September Compromise)에 의해 사용자는 노동조합의 조직권과 단체교섭권을 인정하고 노동조합은 고용주의 채용과 해고의 자유를 인정하는 데 합의하였고, 그 전통이 지금까지 지속되고 있다.

(i) 해고의 자유

i) 해고사유

덴마크에서는 성, 종교, 임신, 인종 등 사회적 차별에 해당하는 사유로 해고하는 것에는 제한이 있지만 그 이외에는 사실상 해고가 자유롭다. 해고사유와 관련해 제한이 거의 없을 뿐만 아니라, '기업의 이윤을 높이기 위한 해고'도 정당한 해고로 인정된다. 덴마크 법원이 인정하는 '정당한 해고사유'는 매우 포괄적이어서, 초과근로에 대한 반복적 거부, 협력하려는 자세의 부족, 비사회성, 업종의 숙련요구를 충족하지 못하는 저숙련 근로자, 규율위반, 안전규칙 미준수, 그리고 장기간 질병 역시 정당한 해고사유로 인정된다.

경영상 사유에 따른 고용조정의 경우에도 법령상 절차적 요건이 없다.

덴마크 노동법의 기본규칙은 고용주가 노동관계의 종료 여부에 대해 결정권을 갖는다는 것이다. 고용주가 그의 기업에서 일을 관리하고 지시하는 권리는 노동법의 일반적인 기본원리로 간주된다. 노동관계를 종료할지를 결정하는 고용주의 권리는 법령에 의해서는 조금도 제한받지 않지만, 해고가 정당한 이유에 의한 것이어야 한다는 것을 규정한 노사단체협약에 의해서는 제한을 받는다. 노사협약에 의거하여 9개월 이상 근속한 근로자는 해고사유를 서면으로 요청할 권리가 주어지고 있다. 즉, 덴마크는 해고에 관한 한 당사자 자치주의를 우선하여 법적 제한을 최소화하는 모델이다.

덴마크에서는 노동조합(LO)도 유연성을 지지하고 있다. 노동조합은 해고제한 법리가 없는 것을 '피고용인을 희생시키는 유연성'이 아니라 '피고용인을 위한 유연성'

으로 해석하고 있다.

ii) **해고 예고**

덴마크에서는 고용·해고의 자유를 최대한 존중해, 사용자는 최소한의 사전 통지만 하면 금전적 부담 없이 해고가 가능하다.

해고 예고기간은 사무직과 생산직 간에, 그리고 근속기간에 따라서 차이가 있다. 사무직의 해고예고기간은 법률로 규정되어, 6개월 이하 근속자인 경우 1개월, 9년 이상 근속자인 경우에는 6개월의 해고 예고기간을 두고 있다. 이에 비해, 생산직 근로자의 경우는 보통 노사간 단체협약으로 해고 예고기간을 규정하고 있는데, 일반적으로 사무직보다 짧다. 또한, 저숙련근로자의 경우 5일의 사전 예고기간이 주어지며, 건설근로자의 경우에는 아예 사전통지가 필요 없다.

iii) **해고수당**

덴마크에서는 고용종료 시 사무직근로자에 대해 법령으로 정해진 최저한의 해고수당을 주도록 되어 있다. 먼저, 18세 이상 사무직 근로자의 경우 1년 이상 근속자에 대해 적용되는 고용종료 통보 기간의 절반 이하에 해당하는 보상을 받게 된다. 고용종료 수당은 연령과 근속연수가 주요 고려변수가 되는데, 30세 이상 근로자의 경우 통상 3개월분의 임금을 수당으로 받게 되며, 10년간 계속 근무한 경우 4개월분의 임금을, 15년간 계속 근속한 근로자의 경우 6개월간의 임금을 고용종료 수당으로 받게 된다.

iv) **집단해고**

덴마크에서 근로자 혹은 그 대표에게 통보할 의무가 부과되는 집단해고는 제한적이다. 즉, 집단적 해고의 경우 사업장 규모별로 종업원 10~50% 이상 해고 시 통보의무가 부과되는데 여기에는 일정한 절차를 준수해야 한다. 즉, 21~99명이 근무하는 사업장에서 10% 정도에 해당하는 9명 이상 해고 시, 100~299명의 사업장에서는 근로자 9% 이상 해고 시, 300명 이상 사업장에서 29명 이상 해고 시에는 사업주의 근로자대표에게 30일 이내에, 그리고 100명 이상 기업에서 최소 50%의 인원을 해고하고자 할 경우에는 8주 전에 그 예상 해고인원 수를 통보해야 한다.

그 절차로는 먼저, 사업주는 직장평의회(work council)와 노조대표에 통보하고 자문하여야 한다. 동시에, 공공고용안정기관에 사전 통보하여야 한다. 이때 기업은 근로자 재배치(transfer), 재훈련 제공 등의 의무를 가지게 되지만, 그 외 해고자 선정기준 및 해고보상에 대한 법적 규정은 없다.

이러한 유연한 고용법제로 인하여 덴마크 근로자의 고용보호 수준은 상대적으로 낮다. OECD가 해고제한법제(EPL)의 기준들로 삼고 있는 요소 중 상용직 개별해고 규제 정도, 임시직 규제 정도, 정리해고에 대한 특수규제 정도 등 해고제한의 주요 요소들을 종합하여 평가하면, 덴마크는 아홉 번째로 낮은 수준에 있다. 특히 상용직 해고규제의 수준만을 볼 때, 덴마크는 OECD 국가 중 미국, 영국, 스위스, 캐나다에 이어 다섯 번째로 낮은 수준을 보여주고 있다.

이렇게 볼 때, 덴마크에서는 통상 사용주는 개별해고에 대한 특별한 법적 부담 없이, 1개월에 불과한 해고수당 지급으로 매우 유연한 선택을 할 수 있다. 해고비용은 세금으로 지원되는 실업보험을 통해 사실상 '사회화'하고 있는데, 이는 곧 설명될 예정이다. 기업차원에서는 자율적 선택의 폭을 최대한 보장하고, 근로자 개인적 차원에서는 소득상실 보전과 능력개발을 통해 노동시장에서 재취업의 기회를 가질 수 있도록 보장하고 있는 것이 덴마크 모델의 특징이다.

(ii) 임금 수준 및 결정의 유연성

덴마크의 경우 산별 교섭이 대부분이지만, 중앙차원에서 정한 임금수준을 개별기업별로 탄력적으로 정하는 비중이 늘어나고 있다. 즉, 글로벌 경제의 진전 등 대내외적인 경쟁여건의 변화와 업종이나 지역적 특성에 맞춰 유연한 임금대응력을 제고하기 위하여 중앙교섭의 기본 기준을 유지하되, 분권화된 체제 속에 이를 탄력적으로 적용하는 이른바 '**조정된 분권화**'(coordinated decentralization)가 이루어지고 있다.

또한, 임금협약의 유효기간이 4년이 넘을 수도 있어 매년 임금인상으로 인한 사용자의 부담이 적다.

임금체계 역시 직무급이 대부분으로 임금결정의 유연성이 매우 높다.

(iii) 근로시간 유연성

덴마크는 법률 또는 단체협약에 의해 1주 37시간의 근로시간을 규정하고 있다. 주간 근로시간은 탄력적으로 정할 수 있어, 노사 모두 개인적 또는 사업의 필요에 의하여 근로시간을 유연하게 조절하고 있다. 또한 1년 또는 그 이상을 통산하여 주간 근로시간을 산정하는 경우가 늘어나고 있다.

(2) 근로자에 대한 향상직업훈련

(i) 덴마크의 교육체계

덴마크 실직자의 향상훈련제도는 일반근로자들의 직업훈련과 관련되어 있고 동시에 덴마크 교육제도와도 연결되어 있기 때문에, 실직자 향상훈련제도를 설명하기에 앞서 덴마크의 교육제도, 일반 근로자의 직업훈련제도에 대해서 우선적으로 간결하게 살펴볼 필요가 있다.

덴마크 교육의 특징은 대부분의 학생들이 7세에서 15세까지 9년간의 초등학교, 중학교 의무교육을 받는다. 초등학교와 중학교는 한국과 달리 통합되어 있다. 즉 9년제 의무교육학교에 다닌다고 보면 정확하다. 9년 동안 가르치는 선생들은 동일하다. 9년의 의무교육기간이 끝나면, 10학년이 있는데, 이는 선택해도 되고 안 해도 되지만 70%의 학생이 10학년을 이수한다. 9년 동안 같은 선생들에 의해 진행되는 의무교육기간이 끝나면 학생들의 재능이 정확히 파악되고 평가된다. 학생들 중 약 50%가 3년 교육기간의 대학진학 고등학교에 들어가고 약 50%가 3년 교육기간의 직업자격프로그램에 들어간다. 대학진학고등학교는 일반대학 진학고등학교(General Gymnasium)와 전문대 진학고등학교(Vocational Gymnasium)로 나누어진다. 그리고 직업자격프로그램에 진학한 학생들은 대부분 상업계 직업교육과정, 기술계 직업교육과정, 사회복지·보건 직업교육과정에 들어간다. 현재 9년제 의무교육학교 졸업자 중 일반대학 진학고등학교, 전문대 진학고등학교, 기술계 직업학교, 상업계 직업학교, 사회복지·보건 직업학교로 진학하는 대략적인 비중은 각각 27%, 18%, 29%, 19%, 6%이다.

간단히 말하자면, 학생들의 재능에 따라 9년의 의무교육 후, 학생들은 학위과정(academic qualifications)의 고등학교와 직업자격증(vocational qualifications)을 제공하는 프로그램으로 나누어진다. 특이한 점은 의무교육학교 1학년부터 학위과정, 직업자격증, 일의 세계에 관한 교육이 시작되며, 8학년, 9학년, 10학년의 3년 동안에는 직업훈련 담당자와의 면담, 기업과 훈련기관 방문, 특정 직업훈련 등이 이루어진다는 것이다.

덴마크 청년들은 직업자격프로그램을 이수할 경우 의무교육 9~10년, 직업자격프로그램 3년을 이수한 후 보통 18~19세에 노동시장에 진입한다. 대졸자는 의무교육 9년, 1년의 10학년 교육, 대학진학 고등학교 3년, 대학교육 3년이라는 총 16년의 교육을 이수하고 보통 23세에 노동시장에 진입한다.

(ii) 노동시장훈련과정(AMU courses)

덴마크 교육체계의 또 다른 특징은 18세 이후 반복되는 일반 성인교육과 직업향상교육이 인생의 자연스러운 일부가 된다는 점이다. 첫째, 일반 성인교육은 전국의 성인교육센터에서 이루어진다. 목적은 18세 이상 청년에게 일반적 지식과 기술을 보완하거나 향상시키는 것이다. 둘째, 성인을 위한 직업교육·향상교육은 전국의 직업학교 또는 노동시장훈련센터(AMU centers)에서 이루어지는데, 그 목적은 노동시장의 수요에 맞춰 노동력의 자질을 업그레이드시키는 것이다. 셋째, 전문대학과 대학을 개방하여 파트타임으로 계속교육이 진행된다.

일반 성인교육, 직업향상교육은 글로벌 경제에서 수출의존적인 덴마크 경제가 노동생산성을 높이고 고품질의 유연한 생산체제를 지속시키는 동인(動因)이 되었다.

성인직업교육의 대표적인 프로그램이 노동시장훈련과정(labor market training courses: 약칭 AMU)이다. AMU 과정이 추구하는 목표는 다음 세 가지이다.

① 노동시장의 수요에 맞추어 노동력의 직업자격을 유지, 확장 그리고 향상시킨다.
② 구조조정을 용이하게 하고, 단기에 노동시장에 있어서 일자리 재조정을 쉽게 한다.
③ 장기에 걸쳐 노동시장에서 직업자격의 전반적 업그레이딩에 기여한다.

노동시장훈련과정, 즉 AMU 과정에는 재직자, 실업자, 자영업자 모두 참여할 수 있다. 재직자가 참여하면, 참여하는 동안 예컨대 1년 기간 동안 실업수당에 상당하는 보상을 정부로부터 받을 수 있으며, 실업자는 당연히 실업수당을 받으며 참여한다. 재직자는 소득상실의 위험 없이 숙련향상의 기회를 갖는 이익을 누린다.

글로벌 경제에서는 치열한 경쟁 때문에 성장부문과 쇠퇴부문이 빠르게 대두되는데, 쇠퇴부문의 기업은 구조조정기에 근로자의 훈련비용을 사회화하여 근로자 숙련을 높이고 근로자 전직에 의한 구조조정을 행하고, 성장분야는 보다 숙련된 인력을 적기에 쉽게 활용하는 등 경제는 일거양득의 효과를 갖게 된다. 이처럼 덴마크에서는 기능적 유연성을 기업 외부에서, 즉 국가차원의 인적자원개발정책의 일환으로 추구하고 있다.

실업자들은 주로 AMU의 약 6주간의 단기 심화훈련과정을 받는다. 1995년에는 29만명의 실업자가 단기 또는 장기의 과정을 이수하였고, 이 중 75%가 재취업에 성공하였다.

노동시장훈련대상자는 다음 네 그룹이다.

(가) 피용자
(나) 피용자와 같은 교육수준을 갖고 일하는 자영업자
(다) 일자리가 위협받는 피용자
(라) 실업자

(iii) 일자리 교대제와 연계된 교육휴가제

덴마크에서는 1994년 교육훈련을 위한 교육휴가제가 법제화되었다. 교육휴가를 받은 사람은 AMU 과정에 참여하는데, 수업료는 없고 과정기간 동안 실업급여에 해당하는 보수를 정부로부터 지급받는다.

예컨대 1년 동안 AMU 과정에 참여하면 기업은 참여근로자를 대신하여 대체근로자를 채용한다. 대체근로자는 훈련받은 실업자 혹은 기업현장훈련을 원하는 젊은 직업교육 훈련생이다. 이들의 시간당임금이 교육휴가를 간 근로자보다 훨씬 낮기 때문에 기업은 싼 인건비라는 이익을 누리고 1년 후 AMU 과정을 마치고 복귀한 근로자의 보다 높아진 숙련에 의해 장기간 이익을 누린다. 1년간 대체근로를 한 근로자의 실제 생산성이 확인된 후, 이들은 그 기업에 정규직으로 채용되기도 한다. 이와 같이 교육휴가를 가는 재직자와 이를 대체하는 인력이 일정기간 동안 하나의 일자리를 공유하게 되는 것을 **일자리교대제**(job rotation)라고 한다.

일자리교대제와 연계된 교육휴가제는 재직근로자에게는 소득상실의 위험 없이 숙련향상의 기회를 제공하고, 기업에게는 근로자 훈련비용을 사회화하여 근로자 숙련을 높일 수 있게 하며, 실업자와 직업훈련생에게는 현장훈련 기회를 제공함으로써 취업을 촉진하는 효과를 낳을 수 있다.

(3) 실업자에 대한 생계 보장

(i) 실업자에 관대한 실업급여

i) 실업급여

덴마크는 노동조합이 실업보험을 관리·운영하는 겐트(Ghent)제도를 갖고 있다. 이는 북유럽국가인 덴마크, 스웨덴, 벨기에, 핀란드, 아이슬란드의 공통된 특징이다.

근로자가 실업급여 수급을 위해서는 실업보험기금에 가입하고 기여금을 납부해야 한다. 덴마크의 실업보험제도는 임의가입제도로서 각자가 자유로이 가입여부를 결정할 수 있지만 전체 노동력의 83%, 전체 임금근로자의 약 90%가 가입되어 있어 이미 보편적 제도로 자리잡고 있다. 실업보험기금은 주로 직능별로 조직되며 직능별 노동조합의 대표자에 의해 운영되는 임의의 인가법인이다. 2009년 시점에서 총 31개의 인가된 실업보험기금이 있다. 정부는 실업보험 비용의 50~70%(호경기에는 50%, 불경기에는 최대 70%)를 예산으로 지원하며, 기금운영에 대해 감독자의 역할을 맡고 있다.

실업급여의 소득대체율은 평균 65%정도이며, 상한은 월 350만원, 하한은 월 200만원 수준이다. 저소득자의 경우, 실업급여 수급액은 직전 소득의 90% 수준에 이르기도 한다.

실업급여의 최장지급 기간은 4년(60세 이상의 경우 2.5년)이다. 4년 중 순수한 실업급여 수급기간이 1년, 활성화 기간, 즉 능력활용을 위한 훈련기간(activation period: 의무적으로 적극적 노동시장정책인 직업훈련 혹은 취업실험 등에 참여하면서 실업급부를 받는 기간)이 3년으로 되어 있다. 단, 25세 미만 청년실업자에 대해서는 실업급여 수급기간은 6개월이며 활성화를 위한 훈련기간은 3년 6개월이다.

ii) 활성화 프로그램과 연계된 실업급여

실업자가 되면 인터넷으로 운영되는 Job Bank에 등록하여야 실업급여를 수령할 수 있다. 그리고 매주 Job Bank에 접속하여 구직활동을 보고하여야 한다.

실업 1개월 된 시점에 job center 담당관을 만나 상담을 받는다. 첫 인터뷰 이후 매 3개월마다 job center 담당관과 인터뷰를 하여야 한다. 실직 9개월이 초과하면 장기실업자로 분류되고 강제적인 활성화 프로그램에 참여하여야 한다. 그 첫 단계는 개인의 일자리계획 계약의 작성이다. 장기 실업자는 앞으로 어떠한 훈련, 교육 프로그램을 실시하게 될지를 job center 담당관으로부터 카운슬링을 받은 후에 취업을 위한 개인 일자리 계획(job plan)을 작성하여야 한다. 이 일자리 계획 가운데는 개개인이 가진 노동 숙련 및 향후 목표가 명확하게 밝혀져야 한다. 이 일자리 계획은 근로자의 희망뿐만 아니라 담당관과의 합의하에 작성되지 않으면 안 된다. 또 계획은 현실적이어야 한다. 만약 일자리 계획의 작성을 게을리한 경우는 실업급여의 일부가 정지된다.

활성화 정책의 주요 프로그램 내용은 다음과 같다(Lindsay and Mailand, 2004).

① 1년까지의 노동시장훈련 프로그램과 교육에의 참여
② 임금보조금 지급의 고용: 민간기업 혹은 공공부문에서 고용주에게 임금보조금을 지급하면서 활성화 프로그램에 의한 일시적 고용을 제공한다.
③ 통합교육: 이는 이민자와 취약계층을 교육을 통해 통합시키는 목적을 갖는다.

(ii) 사회보장급여

덴마크에는 실업급여기간이 종료된 실업자와 저소득층을 위한 사회보장급여가 있다. 실업보험기금에 가입하지 않은 실업자도 마찬가지로 사회보장급여의 지원대상이다. 사회보장급여는 각 지자체 정부에 의해 운영되고 있으며, 재원은 일반조세로 지방정부와 중앙정부가 각각 50%로 분담한다.

사회보장급여는 실업 및 장기적인 질병, 임신 및 출산, 이혼, 부양자의 상실 등 예상 불가능한 사건이 원인이 되어 수입을 상실하고, 재산을 가지지 못했으며, 보험에 가입하지 않은 사람에게 최저생활을 보장해 주는 제도이다. 이는 현금 급여인데 실업급여와는 달리 수급자의 소득이나 자산, 가족상황 등을 고려하여 차등 지급되는 방식(means-test 방식)으로 지급된다. 급여액은 부양자녀가 있는 경우 정상적인 실업급여의 약 80% 정도 수준이며 부양자녀가 없는 경우 약 60% 정도이다. 지원한도액은 종전 취업 시 소득의 90%를 넘지 못하도록 되어 있다. 실업급여와 사회보장급여의 가장 큰 차이점은 재산·소득조사(means-test) 여부이다. 더욱이 사회보장급여는 수급자의 가족 상황에도 의존한다. 기간이 무한정이란 점도 차이점이다.

사회보장급여 역시 수급 시 본인의 활성화(activation) 훈련에 참여하는 것을 요구하며, 취직이나 직업능력개발을 위한 참여를 거부한 경우에는 수급자격을 상실하게 된다. 특히 사회보장급여 수급자 중의 25세 미만 청년실업자에 관해서는 사회보장급여 수급개시 시점으로부터 13주 이내에 무엇인가의 고용촉진 프로젝트 참가가 의무화되어 있다.

3 평가와 한국에의 시사점

(1) 평 가

덴마크 사례는 다음 몇 가지 예측을 가능하게 한다.

(i) 노동시장유연성은 실업을 낮춘다. 2008년 미국발 금융위기의 파급영향이 있었을 때 2009년 실업률은 3.2%로 27개 EU 회원국 평균 10.1%에 비해 크게 낮았다. 미국의 금융위기가 유럽에 파급된 이후 유럽 전역의 실업률이 상승하였음에도 불구하고 덴마크는 상대적으로 낮은 실업률을 시현하였다.

(ii) 노동시장유연성은 고용률을 높인다. 2009년 1분기 덴마크의 고용률은 76.2%로 EU 27개 회원국 평균 64.6%보다 크게 높다.

(iii) 노동시장유연성은 비정규직의 비중을 낮춘다. 덴마크의 2009년 1분기 임시계약근로자(파트타임 제외)의 비중은 8.6%로 EU 27개 회원국 평균 12.5%보다 크게 낮다. 덴마크처럼 해고의 자유가 있는 국가에서는 사실상 계약직과 정규직간의 구분이 아무런 의미를 갖지 않는 측면이 있음이 유의되어야 한다.

2008년 미국에서 출발한 금융위기의 진행 중에서도 보인 덴마크의 낮은 실업률과 높은 고용률은 과연 유연안정성(flexicurity) 모델에 기인하는가?

윤진호(2011)의 연구에 의하면, 덴마크의 양호한 거시경제실적, 즉 낮은 실업률과 높은 고용률은 1994년 이후 미시경제정책인 유연안정성 모델의 성과와 근로자 1인당 노동생산성을 획기적으로 높인 거시경제정책의 결합이라고 하였다. 즉 덴마크는 1994년 이후 1인당 노동생산성의 상승(이는 물적자본 투자, 인적자본 투자, 산업구조 개편에 기인), 구조개혁과 개방경제 등의 정책이 유연안정성 정책과 결합되어, 국가경쟁력이 세계 톱 수준에 이르게 되었다는 것이다.

이와 같은 연구결과는 제6장에서 논의한 노동시장유연성 제고, 제11장에서의 사회안전망 제공 및 확대가 반드시 노동생산성을 획기적으로 높이는 정책과 더불어 추진되어야 한다는 제6장에서의 논의와 일치한다고 하겠다.

(2) 한국경제의 제도선택에 대한 함의

덴마크와 비교하면, 첫째, 한국의 노동유연성은 대단히 낮다. 둘째, 위에서 논의한 바와 같이 한국의 사회적 안전망을 통한 생계보장은 극히 미비하다. 셋째, 근로자의 기술을 업그레이딩시키는 교육·훈련제도는 극도로 취약하다. 더 나아가 한국에서 노동생산성을 획기적으로 높이는 정책들은 극도로 지지부진하다.

민족공동체 의식이 강하고 오랜 세월동안 가족공동체를 중시해 온 국민들은 평등지향성이 상당히 강하므로, 소득안정성이 극히 취약하고 재취업 훈련이 극도로 부실한 가운데 노동시장유연성만 강조하는 영미형의 모형을 받아들일 수 없을 것이다.

대부분의 기업들은 해고의 자유와 기술·기능 훈련비용의 사회화를 요구하고 있다. 기업 단위에서의 폭넓고 깊이 있는 훈련에 의한 숙련노동력 양성과 기업에 의한 고용보장이 결합된 일본형 고용제도, 즉 기능적 유연성과 종신고용의 결합모형도 한국에서는 일부 대기업에만 가능할 뿐이다. 대부분의 대기업에서는 기업 내부의 숙련인력 양성이라는 고비용을 지불할 의사가 없다. 왜냐하면 글로벌 경제 변화에 따라 변동하는 한국경제의 특징 때문에 특정 분야에의 숙련형성이라는 고비용 지출은 글로벌 경제 변동으로 나중에 쓸모없게 되는 경우가 빈번할 것이 예측되기 때문이다.

특히 구조조정이 필요한 사양산업에서. 이윤이 음(−)이 되는 사용자는 사업을 바꾸어 이윤이 양(+)이 되는 성장산업의 사업으로 유연하게 전환하자면, 기존근로자를 쉽게 해고할 수 있어야 할 뿐만 아니라 새로운 기술을 가진 근로자를 쉽게 찾아 고용할 수 있어야 한다. 기업들은 사회제도에 의해 근로자를 훈련시켜 생산성을 높이고,

신규사업으로 전환하는 데 필요한 인력을 적시에 공급받기를 원한다,

노동시장 규제로 인한 해고의 어려움, 공공 직업훈련·향상훈련의 미비로 인한 우수한 기술인력 공급의 애로, 그리고 실직자 생계보장이 없는 경우 야기될 해고 근로자의 격렬한 집단적 반발은 한국경제에서 일자리 소멸을 오히려 가속화시키게 된다. 노동시장유연성 확보라는 노동정책은 크게 결여되어 있고, 사회안전망 구축이라는 사회정책도 없으며, 노동생산성을 획기적으로 높이는 경제정책이 실종되어 있을 때 한국에서는 고실업이 나타나며, 낮은 고용률이 앞으로 지속될 것임을 예상할 수 있다.

이때 덴마크가 보여주는 노동시장 유연성의 확보, 해고비용의 사회화, 높은 노동생산성 추구 모형은 국민이 수용할 수 있는 모델이 될 수 있을 것이며 동시에 글로벌 지식경제에서 한국이 국가적 생존과 번영을 이루어 낼 수 있는 미래비전이 될 수 있다. 이러한 비전을 갖고, 실업급여 지급대상, 실업급부 수준, 지급기간 등 사회보장지출을 확대하고 사회의 직업훈련체계를 잘 정비해 나가는 정부의 일관된 정책이 필요하다.

그러나 이 모델의 실천은 극히 어려운 과제가 될 것이다. 왜냐하면 실업부조제 도입, 실업급부 확대, 기초생활보장제 확대라는 사회보장지출의 확대, 대대적인 교육·훈련제도와 직업알선에 대한 정부지원이라는 적극적 노동시장정책 비용의 증대 등을 위한 재원 확보에는 상류층이 반대할 것이며, 노동시장 유연화의 추구는 중산층·서민층이 반대할 것이기 때문이다. 그러므로 미래 비전을 공유하고, 사회적 대화와 타협에 의해 단계적으로 그리고 점진적으로 나아가야 할 것이다.

제7절 정책 시행의 방법, 재원 조달 그리고 인력 충원

1 지역별로 시행하는 노동시장 정책

(1) 평균의 함정

중앙집권체제에서는 모든 것이 획일적이다. 중앙정부는 전국의 평균적인 생계비를 기준으로 기초생활보장급여, 최저임금의 기준을 정하고, 전국 평균적인 고용지수인 전국 실업률, 고용률, 신규 일자리 지수 등을 기준으로 일자리정책 목표를 정하고

재정을 집행한다.

지역을 서울–인천의 수도권, 경기권, 충청권, 영남권, 호남권으로 나누어 지역별 생계비 격차를 반영하여 기초생활 보장급여를 산정할 필요가 있다. 최저생계비가 전국 평균 기준으로 정해지면 생계비가 높은 수도권은 기초생활보장급여가 턱없이 부족하고 생계비가 낮은 지역에서는 기초생활보장급여가 지역의 필요수준보다 높아진다.

최저임금도 마찬가지이다. 한국에서는 최저임금 결정을 위해 일차적으로 1인 단신가구의 소비지출을 추정한다. 추정된 1인 단신가구의 대표적인 소비지출에는 평균값, 중위값(median), 최빈값(mode) 등이 있을 수 있는데, 소비지출의 최빈값을 찾아내어 이를 최저임금의 기준으로 삼는다.

가장 부유한 집안 출신의 독신의 소비지출이 최고값을 가지며, 가장 가난한 독신은 최저값을 갖는다. 한국에서와 같이 소득과 재산의 불평등도가 심한 나라에서 평균값은 소비지출에 관한한 대표성을 갖지 못한다. 왜냐하면 평균값은 최고값의 영향을 지나치게 받기 때문이다. 그러면 중위값은 어떨까? 중위값 수준이라 하더라도 여전히 높은 소비지출 수준을 보여주어, 국민 대다수가 실감하는 지출수준과는 괴리가 있다. 오히려 국민의 소비지출을 대표하는 대표값은 최빈값에 가깝다. 소비지출의 최빈값은 평균값보다 크게 낮고, 중위값보다도 낮다.

충청도 도시지역이 전국의 소비지출의 최빈값을 갖는 것으로 가정하자. 그리고 1인가구 소비지출의 최빈값을 기준으로 최저임금을 정한다고 가정하자. 그러면 수도권의 소비지출의 최빈값은 주거비 등의 이유로 충청도 도시지역의 최빈값보다 높기 마련이다. 높은 생계비에 비교한 최저임금은 수도권에서는 지나치게 낮게 된다.

또 다른 방법으로 최저임금 책정을 각 지역의 근로자의 평균임금의 40%로 정한다고 가정해 보자. 이를 지역별 적정 최저임금이라고 하자. 우리는 제6장의 분석에서 수도권과 지방간의 현격한 임금격차가 존재함을 보였다. 수도권 노동시장 균형임금이 지방의 노동시장 균형임금보다 크게 높다. 당연히 수도권지역의 적정 최저임금은 지방의 적정 최저임금보다 높게 된다. 이때, 정부가 전국 평균적인 시장임금의 40%를 최저임금수준으로 정하여 전국에 강제한다고 하자. 이를 전국 획일적 최저임금이라고 하자. 이는 현행방식이다. 수도권에서는 적정 최저임금수준이 전국 획일적 최저임금보다 높고, 지방에서는 후자가 전자보다 높다.

이 경우 지방에는 다음과 같은 두 현상이 관찰될 것이다. 하나는 지방에 노동의 암시장이 등장한다. 우리는 지방에서 만연한 최저임금법 회피현상을 목도하곤 한다.

예컨대 2015년 기준 시급 5,580원을 주어야 함에도 시급 4,500원만 주다가 적발된 고용주에 관한 뉴스를 종종 접한다. 이것이 노동의 암시장(black labor market)이다. 둘째는 정부가 법집행을 엄격하게 하면 지방에 높은 실업이 발생한다. 적정최저임금 수준이 지역별로 다른데도 불구하고 전국 획일적 최저임금제를 시행하면 수도권 사용자는 큰 이익을 보고, 수도권 근로자는 피해를 본다.

전국적으로 획일적 최저임금제를 시행하는 것은 수도권의 기업들에게 보조금을 주며, 지방의 기업에게 패널티를 주는 것과 같으며, 수도권 근로자에게는 임금을 법적으로 깎아 내리고, 지방의 근로자에게는 실업의 위험을 증대시키거나 최저임금보다 낮은 임금을 지급하는 암시장이 형성되는 해악을 낳는 제도로 기능하고 있는 것이다.

최저임금제가 저임금 근로자의 보호라는 원래의 목적을 달성하자면, 지역별로 차등되는 최저임금제를 시행하여야 한다. 지역 간에 존재하는 현격한 임금격차, 소비지출 격차를 감안한 최저임금제를 위하여 지역별 최저임금위원회를 구성하여 지역별로 최저임금을 정하여야 할 것이다.

지역 고용문제도 유사한 성격을 지닌다. 노동부 관료인 김영중(2014)은 최근 10년간 일자리 변화를 시·도별로 분석했을 때, 전라남도는 약 7% 감소한 데 비해 경기도는 약 46% 증가한 수치를 보이는데, 이는 중앙집권적 정부가 전국 평균치에 의거해 두 지역에 동일한 일자리 정책을 추진하면서 빚어진 결과라고 지적하고 있다.

(2) 지역별로 진행되는 노동시장 정책

김영중(2014)의 제안을 다소 수정하여 여기서 제안하면 다음과 같다.

첫째, 지역을 광역으로 나누어 지역고용위원회라는 콘트롤 타워(김영중, 2014: 203)를 두어, 각 부처 간, 중앙정부와 지자체 간의 칸막이 없는 협력을 해야 한다. 미국은 1998년부터 주(州) 정부와 지역 정부에 인력투자위원회(Workforce Investment Board)를 구성하고 고용정책의 지역재량권을 확대하였다. 덴마크 또한 2007년부터 전국 14개 지역을 4개 광역지역으로 묶어 지역고용위원회를 설치하고 중앙정부와 지자체의 고용부서를 통합하여 지역의 재량권을 확대하였다. 우리는 서울-인천의 수도권, 경기권, 충청권, 영남권, 호남권으로 나누어 보건복지부의 기초생활보장제와 노동부의 최저임금제, 고용보험제, 일자리 정책의 운영을 통괄할 지역고용위원회를 제안한다.

둘째, 노동시장 정책은 좋은 일자리창출 정책과 병행하여 추진되어야 한다. 양질의 일자리 창출을 위해서는 획기적인 규제 완화를 통해 산업활동을 활성화시키고, 특히 서비스업의 노동생산성을 제고시켜야 한다. 또한, 해외로 진출한 제조업의 국내 복귀를 지원하거나, 기업의 해외투자를 국내로 전환하거나, 외국인 직접투자를 획기적으로 유인하거나 하여야 한다(김영중, 2014: 104–106). 미국은 2010년 제조업 증강법(Manufacturing Enhancement Act)에 의거, 해외에 진출해 있는 미국기업의 국내 재유치(reshoring)을 위해 노력하고 있다. 우리는 지역별로 규제를 완화하는 경쟁, 외국인 투자를 유치하는 경쟁이 가능하도록 경제정책을 지역별로 권한을 위임할 필요가 있다.

셋째, 지역별 전문인력, 예컨대 지역 일자리 애널리스트, 훈련전문가, 사회복지분야 '자립지원 상담사', 고용서비스 분야 직업상담사를 계약직이 아니라 정규직으로 채용할 수 있는 공무원 충원의 유연성(김영중, 2014: 223–224)이 있어야 한다.

넷째, 은행처럼 가까운 곳에서 고객 중심의 복지와 고용서비스를 제공하기 위해서 복지와 고용 서비스 기능을 통합한 복지고용센터(김영중, 2014: 219)를 전국의 120~130개로 추정되는 지방노동시장 중심으로 대폭 확충하여야 한다. 복지고용센타는 지역고용위원회의 감독, 평가를 받도록 설계한다.

2 재원조달 방식

불평등 완화를 위한 노동시장 정책은 사회정책의 일부이다. 여기서는 OECD 국가들과의 비교에 의해 한국 사회정책과 노동시장 정책의 재원조달 방안을 검토해 보기로 한다. 우리는 강병구(2014)의 방식, 즉 OECD 국가들을 비교적 동질성을 갖춘 나라로 구성된 다섯 개 그룹으로 나누어 한국과 비교한다. 강병구(2014)의 연구에 나타난 통계표를 활용해 설명하도록 하겠다.

(1) 저부담–저복지에서 중부담–중복지로의 방향 설정

OECD 국가들을 5개 국가군, 즉 스칸디나비아형(덴마크, 핀란드, 노르웨이, 스웨덴), 앵글로색슨형(오스트레일리아, 캐나다, 아일랜드, 뉴질랜드, 영국, 미국), 서유럽형(오스트리아, 벨기에, 프랑스, 독일, 네덜란드), 남유럽형(그리스, 이탈리아, 포르투갈, 스페인), 동아시아형(일본, 한국)으로 나누어 조세부담률, 사회보장부담률, 국민부담률, 복지비 비중을 살펴보자.

표 11-18 OECD 국가의 주요 재정지표(2011년)

(단위: GDP 대비 비중, %)

	조세부담률	국민부담률	일반정부 총지출	공공사회 복지 지출	일반정부 총금융부채
스칸디나비아형	36.2	44.5	52.1	27.4	50.5
앵글로색슨형	25.8	29.3	43.5	20.7	77.1
서유럽형	26.3	41.2	51.0	27.8	88.7
남유럽형	23.7	35.1	49.2	25.8	125.3
동아시아형 (한국)	18.3 (19.8)	27.3 (25.9)	36.1 (30.2)	15.7 (9.1)	123.4 (36.2)
OECD 평균	25.0	34.1	45.9	21.7	78.5

주: 앵글로색슨형(호주, 캐나다, 아일랜드, 뉴질랜드, 영국, 미국), 스칸디나비아형(덴마크, 핀란드, 노르웨이, 스웨덴), 서유럽형(오스트리아, 벨기에, 프랑스, 독일, 네덜란드), 남유럽형(그리스, 이탈리아, 포르투갈, 스페인), 동아시아형(한국, 일본).
자료: www.oecd.org/statistics. 강병구(2014)에서 재인용.

조세부담률은 한 나라의 국내총생산(GDP)에 대한 조세총액의 비율을 말하며, **사회보장부담률**은 4대 연금(국민, 공무원, 군인, 사학), 건강보험, 고용보험기금, 산재보상보험기금 등 각종 사회보장 기여금을 합한 금액이 GDP에서 차지하는 비중을 말한다. **국민부담률**은 국민들이 1년 동안 낸 세금과 국민연금, 의료보험료, 산재보험료 등 각종 사회보장 기여금을 합한 총액이 국내총생산에서 차지하는 비중을 말한다. 즉, 국민부담률은 조세부담률과 사회보장부담률을 합한 것이다.

〈표 11-18〉에 의하면, 2011년 기준 한국의 조세부담률은 19.8%이다. 이는 OECD 회원국 평균수준인 25.0%보다 낮고, 복지국가로 간주되는 스칸디나비아 국가의 36.2%보다는 매우 낮은 수준이다. 우리나라의 국민부담률은 25.9%이며, OECD 평균인 34.1%에 크게 못 미친다. 또한 한국의 공공사회복지 지출은 9.1%로, OECD 평균 21.7%보다 크게 낮고 스칸디나비아 국가의 27.4%보다는 대단히 낮은 수준에 머물고 있다.

스칸디나비아형 국가를 고부담-고복지라고 할 수 있고, OECD 평균을 중부담-중복지로 간주한다면, 한국은 조세를 적게 부담하고 복지에 적게 지출하고 있는 저부담-저복지의 시스템을 갖고 있는 국가로 분류된다. 이에 비추어 한국은 다음에서 제시되는 바와 같은 개혁을 단계적으로 추진해야 한다.

(2) 정부기능의 전면적 재조정

유엔(UN)은 국민계정에서 일반정부(general government)의 지출을 일반 행정, 국방, 공공질서(경찰, 소방 등), 경제사업(일반 경제, 산업, 에너지, 통신 등), 환경보호, 주택, 보건, 오락문화, 교육, 사회보장 등 10개 항목으로 나누도록 권장하고 있다.

〈표 11−19〉는 위의 기준으로 재정지출 통계를 작성한 것이인데, 이 표는 한국의 낡은 정부기능을 단적으로 보여주고 있다.

OECD 국가의 재정지출 구조를 보면, 우리나라의 구성비는 OECD 평균이나 다른 국가와 비교할 때 경제분야의 지출이 지나치게 높다. 반면 사회·복지·교육·문화 분야의 지출비중은 지나치게 낮다. 정부서비스 공급이 주로 경제 분야에 치중되어 있다.

구체적으로 주택부문 역시 넓은 의미에서 경제사업 분야로 볼 수 있기 때문에, 경제와 주택에 투입되는 재정지출 비중을 살펴보면, 한국은 23.4%로 OECD 평균인 11.9%의 2배 수준이다. 스칸디나비아 4개국의 경제와 주택분야 재정지출 비중은 9.2%인데, 한국은 이들 국가의 2.5배에 이른다.

또한 이 통계에 공기업 부문이 빠져 있음에 유의해야 한다. 여기서 '일반 정부'란 중앙정부기관, 지방정부기관, 사회보장기금, 공공학교, 공공병원, 공공복지서비스, 그리고 정부의 재정지원 및 통제를 받으며 비시장적 서비스를 제공하는 공공비영리기관이 포함된다고 정의되어 있다. 공기업은 비록 정부의 통제를 받고 있지만 시장적 재화와 용역을 생산하기 때문에 일반 정부의 범위에서는 제외된다. 만약 공기업까지

표 11−19 일반 정부의 기능별 재정지출(2011년)

(단위: GDP 대비 비중, %)

	일반 행정	국방	공공 질서	경제 사업	환경 보호	주택	보건	오락 문화	교육	사회 보장
스칸디나비아형	12.8	2.9	2.4	8.1	0.8	1.1	14.7	2.5	12.8	41.8
앵글로색슨형	11.8	5.9	4.8	10.4	1.3	1.8	17.8	1.6	13.3	31.3
서유럽형	12.9	2.3	3.4	9.6	1.8	1.5	15.5	2.4	10.9	39.7
남유럽형	17.9	3.2	4.0	8.3	1.5	1.1	13.5	2.0	9.9	38.6
동아시아형 (한국)	13.1 (15.1)	5.4 (8.6)	3.6 (4.2)	14.9 (20.1)	2.7 (2.4)	2.5 (3.3)	16.3 (15.2)	1.5 (2.2)	12.1 (15.8)	27.9 (13.1)
OECD 평균	13.6	3.5	3.8	10.4	1.6	1.5	14.4	2.7	12.4	36.0

자료: www.oecd.org/statistics. 강병구(2014)에서 재인용.

포함한다면 한국의 경제부문과 주택부문의 재정지출 비중은 실로 엄청나다고 할 것이다. 한국 일반정부 부문 총지출 중 경제부문의 지나친 비대는 지난 40여 년간 정부기능이 압축형 고도성장 지원에 있었다는 것을 반증한다.

동시에 한국의 경우, 일반 행정과 공공질서에 투입되는 지출도 비교적 높은 편인데, 이는 정부부문의 방만한 팽창과 비효율성을 반증한다.

반면 환경, 보건, 오락문화, 교육, 사회보장 분야에 투입되는 예산의 비중이 한국은 48.7%로 OECD 평균 67.1%, 스칸디나비아 4개 국의 72.6%의 수준을 크게 하회하고 있다.

사회의 형평성 제고(실업보험, 실업부조, 교육, 자녀돌봄, 노인고용과 돌봄, 공공주택, 직업훈련과 직업알선 그리고 빈곤에 대한 대책)에 재정지출을 획기적으로 높이기 위해서는, 경제부문을 축소하고, 방만한 정부조직을 슬림화 하는 방식으로 정부 재정기능을 전면 재조정하여 복지부문에 투입하여야 할 것이다.

(3) 조세수입 구조의 변화

〈표 11-20〉은 한국의 조세수입 구조를 보여준다. 한국의 경우, 정부기능조정에 의해 복지재원을 더 조달하고 동시에 조세수입 구조도 바꾸어 복지재원을 더 마련하여야 한다. 즉 개인소득세를 높이고, 부가가치세를 높이며, 부동산세를 정상화할 필

표 11-20 조세수입 구조(2011년)

(단위: GDP 대비 비중, %)

	소득세		소비세		재산세		사회보장기여금	
	개인 소득세	법인 소득세	일반 소비세	개별 소비세	부동산세	금융자본 거래세	근로자	고용주
스칸디나비아형	14.8	4.9	9.0	3.8	0.8	0.3	2.4	5.6
앵글로색슨형	10.1	3.4	5.5	2.7	2.3	0.4	1.3	2.2
서유럽형	9.4	2.3	7.3	3.2	1.0	0.5	5.4	7.7
남유럽형	7.4	2.5	6.9	3.6	0.8	0.6	3.0	6.9
동아시아형 (한국)	4.6 (3.8)	3.7 (4.0)	3.6 (4.4)	2.6 (3.2)	1.5 (0.8)	1.1 (1.9)	3.9 (2.6)	4.0 (2.6)
OECD 평균	8.5	3.0	6.9	3.5	1.1	0.4	3.3	5.2
한국/OECD	45.0	134.6	64.3	90.6	74.1	466.3	77.2	51.1

자료: www.oecd.org/statistics. 강병구(2014)에서 재인용.

요가 제기된다.

강병구(2014)는 한국에서 소득세의 비중이 지나치게 낮은 것은 누진세가 극히 미흡하고, 비과세자 비중이 크며, 자영업자 탈세가 만연한 데 기인한다고 지적하였다. 모든 근로하는 국민은 소액의 세금이라도 내도록 비과세자 범위를 좁히고, 고소득자에 대한 누진과세, 그리고 자영업자의 소득 포착을 제안하고 있다. 이때 중요한 것은 개인의 근로소득과 금융소득을 통합하여 누진과세를 하여야 한다는 점이다.

부가가치세의 경우는 지역을 서울-인천의 수도권, 경기권, 충청권, 영남권, 호남권으로 나누어, 수도권은 15%, 창출하는 부가가치가 낮은 지역은 5%, 평균 지역은 현행 10%를 유지하는 방법으로 지역별 차등을 두는 방안을 제안한다. 또한 창출하는 부가가치 수준에 따라 세율을 누진적으로 적용하는 것도 고려할 필요가 없다. 1년 부가가치 생산이 5천만 원인 영세자영업자에게 부가가치세 500만원의 가치는 너무 무겁고, 1년 부가가치 생산이 10억원인 성공적인 사업가의 부가가치세 1억원은 그리 과중하지 않다고 여겨지기 때문이다.

한국의 부동산세는 높은 거래세와 낮은 보유세로 특징지어진다. 2006년부터 일정 규모 이상의 부동산에 대해 종합부동산세 형태로 보유세를 누진적으로 부과했으나 이제는 전면적으로 누진적 보유세제로 바꿀 필요가 있다.

마지막으로, 현재 상속세, 증여세는 바보들만 내는 '바보세'(이정우, 2010)라는 비아냥을 받고 있는데, 이들 불로소득에 대해 엄정 과세가 필요하다. 이러한 조세 개편이 세습사회의 폐해를 막고, 개인의 능력, 노력, 창의가 존중되는 업적사회의 틀을 만들어가는 초석이 될 것이다.

3 공공부문 인력구조의 재조정과 정부부문 일자리 창출

우리는 앞서 OECD 국가들의 기능별 재정지출 구조와 조세구조를 검토한 후 OECD 평균 수준으로의 정부기능 재조정, 조세구조 개편을 제안한 바 있다. 조세부담률이 증대되고, 재정 지출구조가 OECD 평균에 가까워짐과 동시에 직업훈련·직업상담·복지·교육·문화 분야 공무원 수는 크게 증가될 것임을 예상할 수 있다. 한국이 OECD 평균 수준으로 나아가자면 공공부문 종사자의 수도 증가하여야 한다. 얼마만큼 증가하여야 할까?

고용노동백서(2015)에 의하면, 한국의 공공부문 총인원은 2014년 기준 약 183만명이다(〈표 11-21〉 참조). 중앙부처 및 자치단체 공무원 약 69만명, 공공기관 및 지방

표 11-21 2014년 공공부문 종사자수

	총인원	직접고용		파견 · 용역
		정규직	기간제 등	
중앙부처	301,393	279,026	14,688	7,679
자치단체	389,388	331,701	47,175	10,512
공공기관	402,665	293,45	43,887	65,326
지방공기업	66,218	50,675	8,764	6,779
교육기관	671,759	544,777	103,388	23,594
합 계	1,831,413	1,499,631	217,902	113, 890

자료: 고용노동부,『고용노동백서』, 2015, p. 255.

공기업 47만명, 교육기관 67만명의 분포를 갖는다. 2014년 한국의 취업자 수가 약 2천6백만명으로 취업자 대비 공공부문 고용의 비중은 약 7.0%이다.

OECD.Stat의 "Public Sector, Taxation and Market Regulation"부문 'Government at a Glance'를 검색하면 각 국의 총취업자 대비 공공부문 고용의 비중이라는 통계가 2013년 기준으로 제시되어 있다. OECD 국가 평균값은 2013년 기준 21.3%이다.

OECD 국가들을 종전처럼 스칸디나비아형, 앵글로색슨형, 서유럽형, 남유럽형, 동아시아형이라는 5개 국가군으로 나누어 총취업자 대비 공공부문 고용의 비중을 살펴볼 수 있다. 스칸디나비아형(덴마크 34.9%, 노르웨이 34.6%, 스웨덴 28.1%)은 OECD 국가 평균값보다 크게 높다. 앵글로색슨형(호주 18.4%, 캐나다 20.4%, 아일랜드 24.7%, 영국 27.5%,)은 OECD 국가 평균값과 유사하거나 다소 높으며, 서유럽형(벨기에 21.5%, 프랑스 19.8%, 독일(2009) 15.4%)은 OECD 국가 평균값보다 다소 낮다. 남유럽형(이탈리아 17.3%, 포르투갈 16.4%, 스페인 17.1%)도 평균값보다 낮으며, 동아시아형(일본 7.9%, 한국 7.6%)은 평균값보다 대단히 낮다.

한국의 공공부문 종사자 수가 OECD 국가 평균값에 근접하자면 공공부문 종사자를 현재보다 약 3배로 증원할 필요가 있다. 이 수치가 지나치게 과도하다면 현재 보다 2배 증원하여 남유럽 국가의 수치에 근접하게 할 수도 있다. 한국이 최소한 중부담-중복지로 나아가자면 직업훈련 · 직업상담 · 복지 · 교육 · 문화 분야 공무원 수가 크게 증대되기 마련이다.

대규모의 공무원 증원은 공공부문에서 다양한 직무급을 설계하여 충원하는 방법밖에 없다. 직업훈련 · 직업상담 · 복지 · 교육 · 문화 분야에서 대국민 담당 공무원을 크게 증가시킬 때, 채용되는 공무원은 면접 및 서류심사 채용, 수시 채용, 필요한 부서별 독자 채용 등이 명문화되어야 한다. 이들 공무원에 대해서는 매년 평가를 시행하여 부진한 성과를 내고 개선이 되지 않는 자에 대해 퇴출시키는 장치가 만들어질 필요가 있다. 성과를 내는 대부분의 공무원은 일정 기간 단위로 계약이 자동 연장되며, 성과연동 정년보장제가 적용되어야 할 것이다.

한국의 불평등한 소득분배를 보다 개선하기 위해서, 노동시장 유연성 확보, 해고비용의 사회화(관대한 실업부조와 실업급부, 기술 업-그레이딩 훈련, 취업알선 등에 정부재정기여 확대) 그리고 제6장에서 논의하였고 다음 장에서 재론할 높은 노동생산성의 추구에 의한 일자리 창출이라는 3대 요인이 가장 중요함을 다시 강조하고자 한다. 이러한 장기 비전에 입각하여 낡은 정부기능, 불합리한 조세구조와 정부 인력구조를 재조정하여야 한다. 이를 가능하게 하는 요인으로서 국민과 주민의 의사를 반영하는 포용적인 정치체제의 구축의 중요성은 아무리 강조해도 지나침이 없다고 할 것이다.

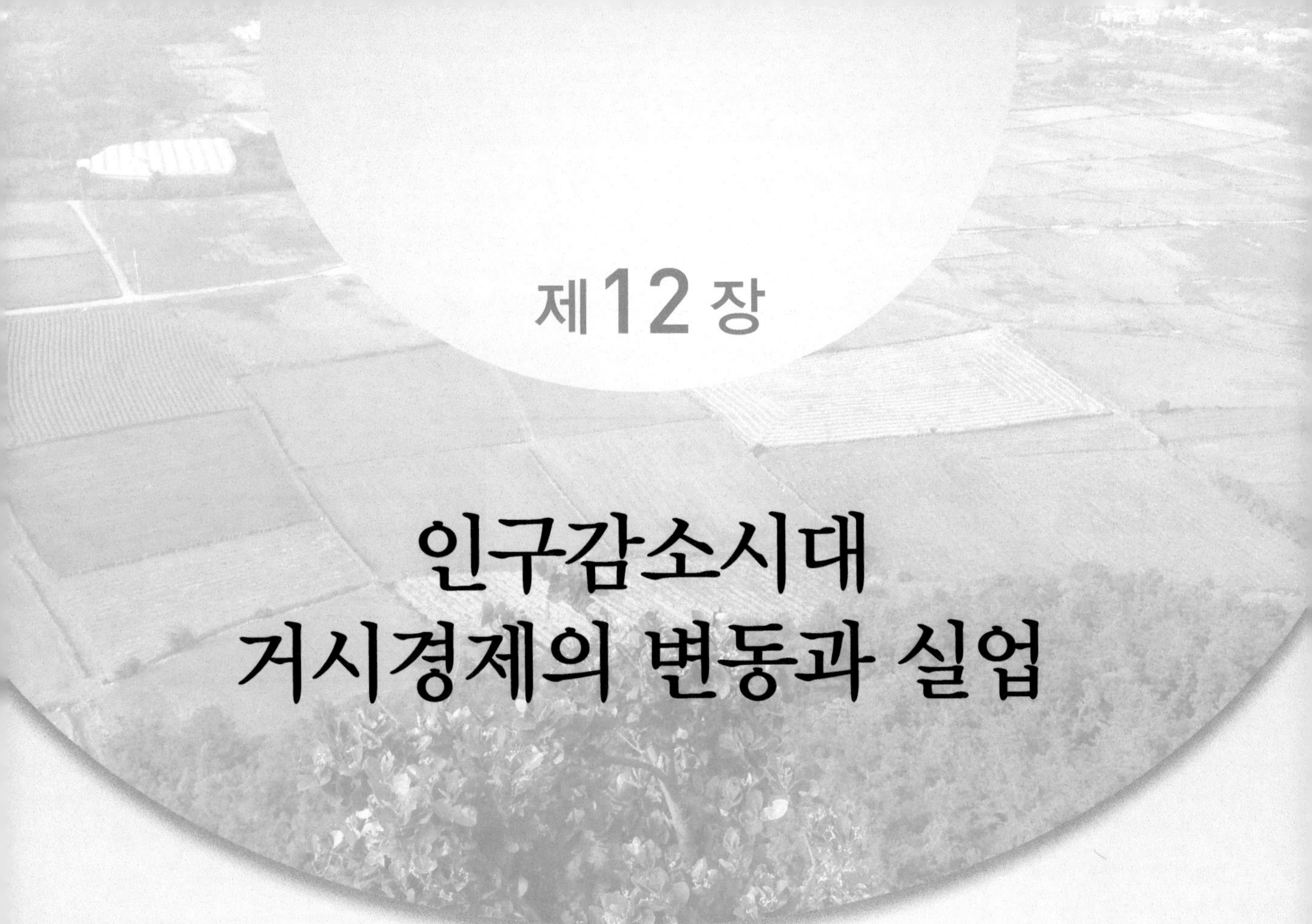

제12장

인구감소시대 거시경제의 변동과 실업

제 1 절 | 경제의 성장 또는 침체를 낳는 요인들

제 2 절 | 총수요곡선과 총공급곡선에 의한 성장과 침체의 분석

제 3 절 | 인구감소시대 총공급의 변화

제 4 절 | 인구감소시대 총수요의 변화

제 5 절 | 인구감소시대 거시경제의 균형과 실업

제 6 절 | 실업대책

제 7 절 | 일자리 창출을 위한 거시경제 정책

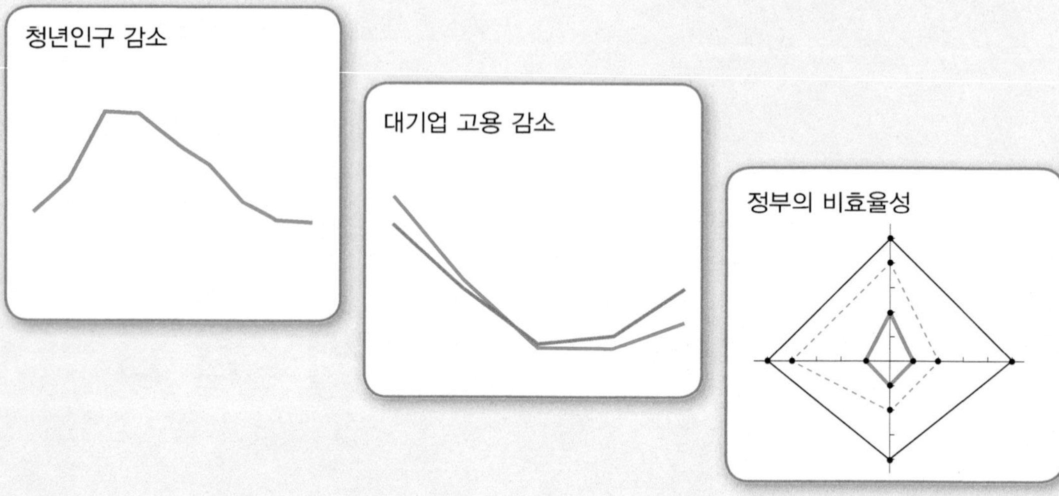

장을 시작하며

인구감소시대 저성장과 고실업으로 국민들은 고통을 받게 된다. 실업기간도 길어질 것이다. 당연히 모든 사람의 가장 궁금한 질문은, 경제성장을 낳는 요인은 무엇인가, 어떻게 하면 인구감소시대 성장과 일자리 창출이 가능해지는가라는 것이다.

따라서 우리는 경제성장을 결정하는 요인을 먼저 다룬다. 케인지안 거시경제 모형을 소개한 후, 총수요곡선과 총공급곡선을 활용하여, 경제의 침체와 실업을 어떻게 설명하는지를 살펴본다. 미국과 유럽에서의 1930년대 대공황, 1970년대의 스태그플레이션, 2008년의 금융위기 등을 총수요와 총공급 모형을 활용하여 설명하게 된다.

주된 관심이 인구감소시대의 경기침체 분석에 있기 때문에 인구감소가 총공급과 총수요에 미치는 영향을 차례로 살펴본다. 일본을 20년 격차를 두고 한국이 따라간다는 관점에서 한·일 비교의 자료를 많이 이용한다. 인구감소시대 총공급의 감소와 총수요의 감소가 상호작용하여 장기의 침체와 실업이 일어날 수 있음을 분석적으로 다룬다.

마지막으로 실업대책과 일자리창출 정책을 제시한다. 여기서는 인구감소시대 일자리창출의 거시경제적 정책과 미시경제적 정책이 종합적으로 다루어질 것이다.

제1절 경제의 성장 또는 침체를 낳는 요인들

1 누적 성장의 법칙

요즈음 경제성장률이 연 3~4%나 그 이상으로 성장하기 전에는 성장률이 낮은 것으로 간주한다. 연 3% 이하로 떨어지면 경제위기가 도래하는 것처럼 아우성이다. 그렇지만 이러한 주장들이 타당할까?

피케티(Thomas Piketty)는 아주 오랜 기간에 걸친 낮은 연간성장률이 상당한 발전을 가져온다는 것을 **'누적 성장의 법칙'**이라고 하였다. 연간성장률이 1%인 경우, 한 세대인 30년이 지나면 누적성장률이 35%가 되고 100년 후에는 2.5배, 1000년 후에는 2만1천배로 성장한다. 그는 말한다.

> 1년이라는 기간에 1퍼센트 성장하는 것은 거의 인식할 수 없을 만큼의 매우 낮은 성장률이다. 그런 시대에 사는 사람들은 아무런 변화도 알아채지 못할 수 있다. 그들에게 그런 성장은 매년 제자리걸음을 하는 것처럼 느껴질 수 있다. 성장은 그래서 아주 추상적인 개념, 순전히 수학적이고 통계적인 수치로 보일 것이다. 그러나 만약 기간을 한 세대, 즉 사회 변화를 평가하는 데 가장 적당한 기간인 30년 정도로만 확장해도 바로 그 같은 성장률이 경제 규모를 3분의 1이나 키우는 결과를 낳으며, 이는 굉장히 큰 변화다. 이것은 …(중략)… 사회를 주기적으로 또 심층적으로 바꿔놓고, 아주 오랜 기간에 걸쳐서는 사회를 근본적으로 변화시키기에 충분하다.
>
> (토마 피케티, 『21세기 자본』, 2014: 96−97)

피케티는 아직도 성장률이 3~4퍼센트는 되어야 한다고 생각하는 사람들은 역사와 논리 모두 환상에 젖은 사람들이라고 비판한다.

> 역사적으로 볼 때 세계적인 첨단기술을 보유한 국가라고 하더라도 오랜 기간에 걸쳐 연평균 1.5퍼센트를 넘는 1인당 생산 증가율을 기록한 사례가 없다. …(중략)… 1990~2012년 1인당 생산은 서유럽에서 1.6퍼센트, 북미에서는 1.4퍼센트, 일본에서는 0.7퍼센트 증가했다.
>
> (같은 책: 118)

미래의 성장률에 대해서는 어떨까? 피케티는 "지난 두 세기의 역사는 선진국의 1인당 생산이 연 1.5퍼센트 이상 성장할 가능성이 매우 낮다는 것을 말해주지만, 내가 … 여기서 제시할 중간값 시나리오는 장기적으로 부유한 나라들의 1인당 생산 증가율이 연 1.2퍼센트라는 가정에 기초"한다고 말하고, 이 같은 성장률도 급속히 고갈되고 있는 탄화수소를 대체할 새로운 에너지원이 개발되지 않으면 달성될 수 없다고 하였다.

이러한 논의가 던지는 함의는 한국의 장래 1인당 생산증가율이 장기적으로 2.5%가 되면 부유한 8개국(미국, 일본, 독일, 프랑스, 영국, 이탈리아, 캐나다, 호주)의 그것보다 2배 이상이 될 정도로 크고, 이러한 성장률이 누적되면 세계 1류 국가가 될 수 있다는 점이다. 이 장에 들어가면서 우리는 1인당 생산 증가율이 3~4퍼센트는 되어야 한다고 생각하는 사람들은 '역사와 논리 모두 환상'에 젖은 사람들이라는 점을 기억하는 것이 중요하다.

앞으로 한국의 적정한 1인당 생산증가율이 2.5%라고 가정하고 논의를 진전시키겠다. 2.5%라는 수치는 후술하겠지만 조동철(2014)이 제시한 앞으로 10년간 1인당 잠재성장률 수치이다.

우선 성장률은 어떻게 측정하며, 1인당 생산증가율은 어떻게 측정하는지 그리고 적정한 1인당 잠재성장률은 무엇인지를 차례로 논의해 보자.

2 경제성장률과 1인당 GDP의 측정

(1) 실질GDP와 그 변동

GDP(Gross Domestic Product, **국민총생산**)란 일국의 경제적 영역 내에 거주하는 가계, 기업, 정부 등의 모든 경제주체가 일정기간 동안에 생산한 모든 최종생산물의 시장가치이다. 따라서 최종생산물이 n개가 있고 최종생산물 i의 수량이 q_i, 가격이 p_i라면, 국민총생산(GDP)는 다음과 같이 각 최종생산물의 가격과 수량의 곱을 합계한 것으로 표시된다.

$$GDP = p_1q_1 + p_2q_2 + \cdots + p_nq_n = \sum_{i=1}^{n} p_iq_i \tag{12.1}$$

이때 당해년도의 최종생산물(q_{it})에 당해년도의 시장가격(p_{it})을 곱하여 얻은 GDP를 명목GDP(nominal GDP) 또는 경상가격 GDP라고 한다.

$$\text{명목}GDP = p_{1t}q_{1t} + p_{2t}q_{2t} + \cdots + p_{nt}q_{nt} = \sum_{i=1}^{n} p_{it}q_{it} \tag{12.2}$$

당해년도의 최종생산물(q_{it})에 임의의 특정년도를 기준년도로 하여 그 기준년도의 시장가격(p_{i0})을 곱하여 얻은 GDP를 실질GDP(real GDP) 또는 불변가격 GDP라고 한다.

$$실질GDP = p_{10}q_{1t}+p_{20}q_{2t}+\cdots p_{n0}q_{nt} = \sum_{i=1}^{n} p_{i0}q_{it} \tag{12.3}$$

실질GDP는 물가변동에 영향을 받지 않고 생산량의 변동만을 표시하기 때문에 다른 연도와 비교하여 경제가 '실제적으로' 얼마나 변동했는가, 즉 생산량이 얼마나 변동했는가를 알고자 할 때 이용된다. 우리는 명목GDP는 대문자 Y로, 실질GDP는 소문자 y로 표시할 것이다.

실질GDP는 시간이 지남에 따라 변동한다. 실질GDP의 증가율을 **경제성장률**이라고 한다.

그리고 실질GDP를 인구수로 나누어 주면 1인당 총생산이라고 한다. 1인당 총생산도 시간이 지남에 따라 변동하는데 1인당 총생산의 증가율은 (경제성장률－인구증가율)로 계산된다.

$$1인당\ 총생산의\ 증가율 = 경제성장률 - 인구증가율 \tag{12.4}$$

1인당 총생산의 증가가 몇 퍼센트씩 증가하면 1인당 총생산이 두 배가 될까? 달리 말해, 1인당 총생산이 연간 2.5%씩 증가하면 1인당 총생산이 두 배가 되는 데 몇 년이 걸릴까? 이때, 계산기를 사용하지 않는 지름길은 70의 법칙(rule of 70)을 이용하는 것이다. 70의 법칙이란 1인당 총생산이 두 배로 증가하는 데 걸린 햇수는 70/(1인당 총생산의 연간성장률)과 개략적으로 같아진다는 법칙이다. 즉, 70/2.5＝28년이 된다.

피케티의 가정처럼 부유한 국가들의 1인당 총생산이 1.2%씩 증가하면 1인당 총생산이 2배 되는 데는 70/1.2 약 58년이 걸린다. 만약 한국이 연 2.5%의 1인당 총생산의 증가를 이루어내면 28년 후에는 한국은 1인당 총생산이 두 배로 증가하여 세계에서 가장 부유한 국가 중의 하나에 도달하게 된다.

(2) 물가수준과 그 변동

거시경제변수 중에서 실질GDP 못지않게 중요한 것이 일반물가수준이다. 일반물가수준 혹은 물가란 한 나라의 경제가 생산하는 최종생산물의 평균가격을 의미한다. 물가는 일반적으로 지수로 계산된다.

물가수준을 계산함에 있어 가장 많이 쓰이는 거시경제 지표는 GDP디플레이터이다. **GDP디플레이터**란 당해년도의 명목GDP를 실질GDP로 나눈 것에 100을 곱하여 얻은 지수이다. GDP디플레이터를 P_t로 나타내면,

$$P_t = \frac{\text{명목}GDP}{\text{실질}GDP} \times 100 = \frac{\sum_{i=1}^{n} p_{it} q_{it}}{\sum_{i=1}^{n} p_{i0} q_{it}} \times 100 \tag{12.5}$$

이 된다. 그러므로 GDP디플레이터 P_t란 GDP 계산에 들어가는 최종생산물의 양을 가중치로 하여 당해년도 평균가격과 기준년도 평균가격의 비율임을 알 수 있다. 이와 같은 방식으로 물가를 계산할 때, 기준년도의 물가지수는 100이 되며, 1년 후 물가지수가 110이 되었다면 물가는 연 10% 상승한 것이 된다.

인플레이션(inflation)이란 물가가 지속적으로 상승하는 현상을 일컫는다(반대로 물가가 지속적으로 하락하는 현상은 **디플레이션**(deflation)이라고 한다). 인플레이션율은 물가의 변화율로 정의되므로 다음과 같이 표시될 수 있다.

$$\text{인플레이션율(또는 디플레이션율)} = \frac{P_t - P_{t-1}}{P_{t-1}} \tag{12.6}$$

3 경제성장을 결정하는 요인들

경제성장은 실질GDP의 증가율을 의미하므로 경제성장을 결정하는 요인은 실질 GDP 수준을 결정하는 요인들이다. 이제 실질GDP라는 용어 대신 총생산물이란 용어를 사용하겠다. 독자 여러분은 한 국가에 수많은 상품을 집계하여 단 하나의 상품만 있는 것으로 간주하고 이를 총생산물이라고 부른다고 생각하면 된다.

총생산물의 크기는 총수요와 총공급에 의해 결정된다. 우리는 총생산물 관련 수요를 총수요라고 부르고 총생산물 관련 공급을 총공급이라고 부르겠다. 총수요란 케인즈의 이론과 주로 관련되어 있으며, 총공급이란 노동, 자본 등의 생산요소와 생산성을 결정하는 기술요인과 주로 관련되어 있다.

[그림 12-1]과 같이 경제의 총공급과 총수요의 상호작용으로 총생산물의 수준이 결정되고 총생산물의 증가율 즉 경제성장이 결정된다고 할 수 있다.

그림 12-1 성장과 고용창출의 결정요인들

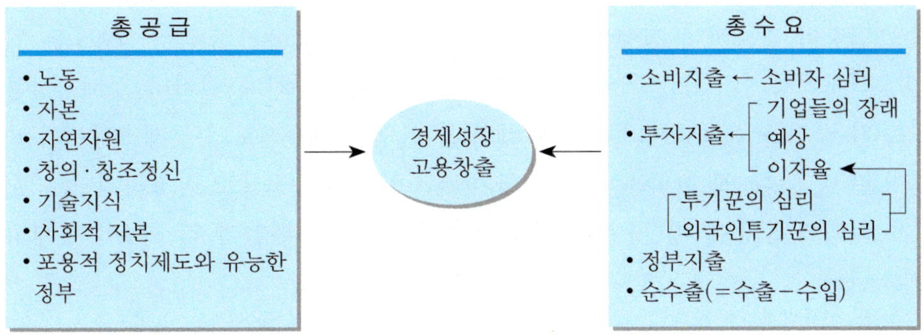

4 총공급 측면의 요인들

(1) 국민경제의 생산함수

총생산물의 생산, 공급과 관련된 투입요소들은 노동, 자본, 자연자원, 기업가의 창의·창조 정신, 인적자본, 기술지식, 사회적 자본, 포용적 정치제도인데, 이들 투입요소와 총생산물간의 관계를 국민경제의 생산함수라고 부를 수 있다.

(i) 노동

노동투입량은 근로시간, 취업자 수, 실업률, 생산가능인구 증가율 등에 의해 영향을 받는다.

일차적으로 노동투입량은 (취업자수×근로시간)이다. 예컨대, 노동에 대한 세금이 과중하거나 또는 국민연금, 의료보험료를 너무 많이 내게 되면, 사람들이 일을 기피하고 노동시간이 감소하여 경제성장은 정체된다. 기업이 장시간 근로를 강제하면, 여성, 고령층, 청년은 과소고용되며, 취업자 수가 감소하여 경제활동인구가 감소하는 등 노동공급이 감소한다.

또한 현실의 불완전한 정보에 기인하는 마찰적 실업 해결을 위한 고용정보 제공 및 일자리 알선 기능이 미비하거나 산업의 구조변동 관련 구조적 실업 당사자에 대한 재훈련, 향상훈련 제도가 미비하면 노동인구의 유연한 활용을 할 수 없게 된다.

노동에 대한 법적보호 장치가 너무 과도하면, 예컨대 근로자에 대한 해고가 너무 어렵다든지, 퇴직금, 자녀학자금, 주택보조금 등을 많이 주어야 한다든지, 계약직, 임시직을 자유롭게 고용하지 못하는 제한이 있다든지 하면, 기업은 근로자 고용을 기피하며 노동투입량은 감소하여 경제성장은 정체된다.

특히 한국이 겪는 인구감소시대에는 생산가능인구의 증가율이 감소하고, 노동투입량이 감소하여 경제성장 저하가 일어난다. Michael Kremer(1993)는 인류의 오랜 역사에서 인구가 증가하면서 기술진보가 더 활발하게 일어나 경제성장률도 높아졌다는 점을 찾아냈는데, 이로부터 많은 인구가 기술진보의 전제조건이라는 결론을 내린 바 있다. 즉 한국과 같이 인구가 감소하면 노동공급도 감소하지만, 기술진보가 약화되어 노동에 대한 수요도 감소하고 결국 노동투입이 감소되어 경제성장은 지체된다.

(ii) 자본

물적 자본(physical capital)은 보통 공장설비 등 직접 생산에 투입되는 자본을 지칭한다. 또한 수송, 정보통신, 전력, 용수시설 등 생산을 간접 지원하는 사회간접자본(Social Overhead Capital; SOC)도 물적 자본에 포함된다. 기업의 자본투입이 증대하면, 즉 공장규모가 커지면 제품을 보다 값싸게 많이 생산할 수 있어 즉 규모의 경제로 인하여 성장이 촉진된다.

설비투자의 증가는 자본 스톡(stock)을 증대시켜 경제 성장 및 일자리 창출을 낳는다.

설비투자, 자본 스톡의 증대를 위해서는 투자재원의 조달이 필요하다. 이는 국내저축, 해외로부터의 차입인 해외저축으로 조달된다. 물론 외국인의 국내 직접투자도 해외저축에 포함된다. 글로벌 경제에서 외국인이 국내에 공장을 지을 경우, 투자 자본에 대한 원리금과 이윤을 갖고 나간다. 그렇다고 하더라도 외국기업이 보유한 기술이 국내에 전파되어 국내의 다른 기업에게 긍정적인 외부효과를 미쳐 산업의 생산성이 높아지고 경제성장에 기여할 수 있다.

자본 투입은 시장 경제에서 성장의 가장 중요한 결정요인이 되는데, 제3절에서는 한국의 설비투자 위축, 외국인의 국내투자 저조가 심각한 문제를 야기하고 있음을 논의한다.

(iii) 자연자원

자연자원은 토지, 산림, 석유, 광물 등 자연에 의해 제공되는 생산요소이다. 한국의 경우, 토지는 협소하며 석유는 나지 않고 광물은 극히 희소하다. 석유, 광물 등 지하(地下)자원은 물론 원면, 원목, 생고무 등 지표(地表)자원도 부족하다.

자연자원은 이들을 생산하는 국가로부터 수입하고, 스스로 비교우위에 있는 상품을 만들어 자연자원이 많은 나라에 수출하는 국제무역을 통하여 해결할 수 있다. 따라서 국내에 부존된 자연자원이 많아야만 경제성장이 높아지고 고용창출이 제대로 된다고 말할 수는 없는 것이다.

그러나 천연자원 중 토지에 관한 한, 토지임대료나 토지가격이 너무 높아지면, 성장과 고용창출에 중대한 차질이 발생한다. 수도권에의 과도한 집중이 수도권의 토지임대료와 토지가격을 크게 높이기 때문에 지방균형발전은 협소한 국토면적을 효율적으로 이용하는 조치가 되고 성장과 고용창출을 돕는다. 또한 토지임대료, 토지가격이 높은 것은 국토면적 협소라는 자연제약이 일차적 요인이지만, 토지에 대한 정부의 경직적이고 과도한 규제, 예컨대 용도 제한, 건축 규제 등에 기인한다. 따라서 비합리적인 토지규제를 조정하여 토지가격 및 임대료를 안정화시키며 이는 성장 및 고용창출을 지원한다.

(iv) 인적 자본

인적 자본(human capital)이란 기계설비 등의 물적 자본이 장기간에 걸쳐 형성되고 생산성을 높이는 것과 마찬가지로 인간 체내에 쌓여서 장기간 학교·학습·훈련을 통해 형성되고 생산성을 높이는 교육, 기술, 숙련, 지식 등을 통칭한다.

인적 자본이라면 무엇보다도 교육이 으뜸이다. 수준 높은 교육은 초·중등 교육, 그리고 대학교육 체계에서 장기간에 걸쳐 이루어지고, 이는 개인, 기업, 사회의 생산성을 높인다. 개인의 인적 자본의 형태는 기업에서 쌓은 숙련과 경험을 포함된다. 뿐만 아니라 근로자의 건강도 인적자본으로 간주된다.

이와 같이 인체 내에 쌓아두는 데 시간과 비용이 들지만 자신의 생산성을 높이는 교육, 숙련, 건강 등을 인적 자본이라고 부르는 것이다. 분명 국민의 인적자본량이 많아지면, 노동의 질적 수준이 높아져 총생산성은 증가하고, 경제는 성장하게 된다.

(v) 기술지식

기술지식(technological knowledge)은 재화와 서비스를 생산하는 최선의 방법에 대한 이해, 인식 또는 신념(justified true brief)이라 할 수 있다.

여기서 기술지식과 인적 자본과의 차이점을 명확히 할 필요가 있다. 기술지식은 한 사회가 세상이 어떻게 작동하고 있는가를 이해하는 능력을 지칭하는 반면 인적 자본은 이러한 기술지식을 노동인구가 이해하는 데 투자한 시간을 지칭한다. 비유적으로 표현하자면, 지식은 어떤 사회가 가지고 있는 교과서의 질이고, 인적 자본은 사회구성원들이 교과서를 읽는 데 투자하는 시간이다.

기술지식의 수준이 낮은 후진국에서는 기술이전, 모방, 베끼기 등 따라잡기 전략을 통해 성장을 추구한다. 하지만, 이러한 따라잡기 전략은 곧 한계에 부딪친다. 결국 연구·개발을 통해 새로운 기술지식을 높일 때 생산성이 증가하고 경제는 성장한다.

(vi) 창의·창조정신

창의·창조정신(entrepreneurship)은 새로운 변화와 혁신을 추구하고, 그것을 통해 보다 높은 생산성과 수익성을 추구하는 사람이 갖는 정신이라고 정의할 수 있다. 창의·창조정신은 보통 기업가정신으로 불리운다.

피터 드러커(Drucker, 1985)는 성공적인 **창의·혁신가**(entrepreneur)들은 "이미 존재하고 있는 것을 단순히 개선하거나 변형시키는 것에 만족하지 않는다. 그들은 새롭고도 다른 가치, 그리고 새롭고도 다른 만족을 창출하고자 노력하고, '물질'을 '자원'으로 바꾸어 놓고자 노력한다. 또는 기존의 자원을 새롭고도 더 나은 생산적인 모습으로 결합시키고자 노력한다"고 지적하고 있다.

결국 창의·창조정신을 가지고 혁신을 추구하는 사람을 창의·혁신가로 정의할 수 있다. 창의·혁신가들은 새롭고도 다른 변화를 추구하는 '창의'를 갖고 있으며, 불확실성과 위험부담에도 불구하고 새로운 변화를 수행해나가는 창조적 파괴에 능한 사람들이다. 기업가의 창의·창조정신이 발흥될수록 생산은 증가하고, 경제는 성장하며, 일자리가 창출된다.

(vii) 사회적 자본

사회적 자본(social capital)은 각 개인 간, 또는 각 인간집단 간 협력과 협동을 촉진하는 신뢰(trust), 규범(norms), 규칙(rule), 그리고 사회적 연결망(social network)을 말한다. 만들어지는 데 오랜 시간이 걸린다는 의미에서 자본이며, 일단 형성되면 생산성을 높인다는 의미에서 자본이며, 단지 사회 내에 형성되어 있다는 의미에서 '사회적'이란 접두어를 붙여 사회적 자본이란 말이 만들어졌다. 높은 신뢰수준, 공정한 규범과 규칙, 배려하는 연결망은 두터운 사회적 자본이며, 불신, 불공정의 규칙과 규범, 배제를 특징으로 하는 폐쇄적 연결망은 아주 낮은 사회적 자본을 지칭한다.

우선 사회적 자본은 신뢰를 뜻한다. 신뢰란 사람이 정직하고 성실히 그리고 다른 사람과 협동적으로 행동할 때 생기는 믿음이다. 사람들이 부정직·불성실하며, 태만·직무유기를 하며, 무사안일과 기회주의를 추구하면, 신뢰가 없어지고, 서로 협조·협력·협동하지 않게 되고, 생산성이 높아질 수 없다. 따라서 정직하고 성실하며 공통의 목적을 위해 협력함으로써 생기는 믿음, 즉 개인 간의 신뢰는 경제성장을 결정하는 대단히 중요한 요인들이다. 또한 신뢰가 있으면 정보공유가 쉬워지고, 정보공유는 '공기'와 같이 모든 사람을 유익하게 한다.

또한 사회적 자본은 각 개인 간 또는 인간집단 간 협력과 협동을 촉진하는 규범, 규칙, 또는 사회적 연결망을 의미한다. 보편적인 타당성을 갖는 공정한 규범과 규칙은 두터운 사회적 자본이 된다. 반면, 규범과 규칙이 편협하고, 특수 기득권만을 위한다면, 사회적 자본의 수준은 극히 낮다. 규칙에 따른 공정 경쟁과 반칙에 의한 승자독식을 살펴보면, 전자는 사회적 자본이 두터운 상태이며, 후자는 사회적 자본이 얇은 상태이다.

기업 내에서의 근로자와 경영자 간 또는 기업 내의 각 팀 간의 협력과 협동을 촉진하는 규범 및 연결망, 기업 간(예컨대 모기업과 부품업체 간) 협력과 협동을 낳는 규범 및 연결망, 산학 협동에 있어서 참여 기업과 대학 간의 협력과 협동을 낳는 규범 및 연결망이 모두 사회적 자본의 범주에 들어간다. 이러한 사회적 자본은 조직의 효율성과 그 성과에 결정적 영향을 미친다. 구체적으로 대기업과 중소기업 간의 협력 네트워크가 잘 되어 있으면, 또 노사 간의 신뢰가 형성되어 있으면, 경제는 보다 잘 성장할 수 있고 고용창출이 보다 원활하게 일어날 수 있다.

(viii) 포용적 정치제도와 유능한 정부

포용적 정치제도란 지역 주민의 의사가 반영됨과 동시에 중앙통제가 작용하는 정치체제로서, 미국 등 영미형 국가, 북유럽국가, 서유럽의 대부분 국가에서 택하는 연방제 국가의 정치제도가 포용적 정치제도의 예에 속한다.

포용적 정치제도를 갖고 있을 때 자유시장경제가 발전한다. 권위주의적 중앙집권적 정치제도 하에서는 고성장이 한 세대에 걸쳐서는 가능할 수 있겠지만, 정경유착, 지대추구, 기득권 유지 및 부패로 장기적으로는 경제적 정체가 불가피하다. 포용적 정치제도 하에서만 비로소 공정한 법치, 명확한 재산권의 확립이 이루어지며, 진입장벽과 특혜에 의한 지대추구의 만연을 막을 수 있다.

자율적·자립적 사람들이 일을 열심히 하고 생산에 기여하고 보상을 받도록 유인하는 정부, 유용한 지식·기술·정보를 습득하는 것을 장려하는 정부, 대중이 원하는 재화와 서비스를 사용자친화적(user-friendly)으로 제공하는 유능한 분권화된 정부, 방만한 재정지출을 감독하고 특권제공의 규제와 행정 편의주의적 규제를 반대하는 주민 참여적 정부는 포용적 정치제도 하에서만 성립이 가능하다.

영국의 지리학자 Bishop(1898)은 약 120년 전 조선, 만주, 연해주의 조선족을 3년간 답사하고 남긴 기행문에서 조선시대의 중앙집권적 통치체제에서 포학한 관리들의 탐욕과 학정이 백성의 비참한 생활을 낳았다고 기술하고, 관리들의 학정이 없는 시베리아로 이주한 조선인들은 경제적으로 번영했음을 지적하였다. 그녀는 생업으로부터 생기는 이익을 보호하고 관리들의 학정에서 벗어나게 해준다면 "한국인들은 길이 행복하고 번영할 민족임이 틀림없다"라고 기술하고 있다. 이는 약탈적 정치제도와 탐학의 정부는 경제적 침체와 국가붕괴의 원인이 됨을 말해주는 사례가 된다.

(2) 신고전학파의 성장모형

한국의 실질GDP는 1981년부터 2010년까지 30년간 연평균 6.5%씩 성장해 왔다. 10년 단위로 보면 〈표 12-1〉에 나와 있듯이 8.6%, 6.4%, 4.5%로 연평균 성장률이 점차 체감한다. 무엇이 이러한 성장을 설명할 수 있을까?

(i) 생산함수와 생산요소 투입의 증가

우리는 3장에서 생산량을 자본, 노동에 연계시켰으나, 이제 생산량을 자본, 노동, 그리고 여타 요인과 연계시키고, 생산의 증가를 자본증가, 노동증가, 기타 요인 기여도로 나누어 고찰하는 성장회계방식을 살펴보기로 한다.

우리는 제3장 식 (3.8)에서 생산함수를 다음과 같이 정의하였다.

$$X = f(L, K) \tag{12.7}$$

여기서 노동과 자본이외의 요인을 A라고 하자. 그리고 A가 1%증가하면, 생산 X도 1% 증가한다고 가정하자. 이때 A는 **총요소생산성**(total factor productivity)이라고 불린다. 총요소생산성이란 이름은 다소 생소할 수 있으나, 식 (12.8)을 살펴보면 A는 자본과 노동이라는 생산요소의 증대 없이도 산출량을 증대시켜 주고 기업, 경제, 사

표 12-1 투입요소별 실질성장기여도 추정

(단위: %)

기간	실질GDP 성장률	물적자본 기여도	취업자 수 기여도	TFP의 증가
1981~1990	8.6	4.3	1.7	2.5
1991~2000	6.4	3.4	1.2	1.9
2001~2010	4.5	1.9	0.8	1.8

자료: 김성태·황수경 등(2013), 『한국의 장기 거시경제변수 전망』, p. 69.

회의 전반적 효율과 관련되어 생산성이 높아지는 것을 의미하여 총요소생산성이란 이름이 붙여지게 되었다. 즉

$$y=A\cdot X=Af(L, K) \tag{12.8}$$

이때 y를 총생산(또는 실질GDP)이라고 부르자. 총생산의 변화분 Δy는 다음과 같이 표현된다.

$$\Delta y=X\Delta A+A\Delta X \tag{12.9}$$

양변을 y로 나누고 식 (12.8)을 이용하여 정리하면

$$\frac{\Delta y}{y}=\frac{\Delta A}{A}+\frac{\Delta X}{X} \tag{12.10}$$

이때 $\Delta X/X$를 제3장에서 배운 개념들을 이용해서 표현할 수 있는데, 즉 식 (12.7)에서

$$\Delta X=MP_L\Delta L+MP_K\Delta K \tag{12.11}$$

가 된다. 이를 조작하면

$$\frac{\Delta X}{X}=\left(\frac{MP_L\cdot L}{X}\right)\frac{\Delta L}{L}+\left(\frac{MP_K\cdot K}{X}\right)\frac{\Delta K}{K} \tag{12.12}$$

가 된다. 식 (12.12)를 유의미하게 해석하기 위해서는 총생산물의 분배에 관한 논의가 먼저 있어야 한다.

(ii) 총생산물의 분배

이때 식 (12.7)의 총생산(X)을 자본의 기여몫$[(MP_K\cdot K)/X]$과 노동의 기여몫$[(MP_L\cdot L)/X]$으로 어떻게 나누어지는지를 경제논리로 검토해보자. 시장이 경쟁적일 때, 임금(W)은 노동의 한계생산물가치($P\cdot MP_L$)와 같고, 이자율(r)은 자본의 한계생산물가치($P\cdot MP_K$)와 동일하며, 노동에 대한 총지출은 WL, 자본에 대한 총지출은 rK이다. 완전경쟁에서는 경제적 이윤은 0이므로 총생산물의 가치($P\cdot X$)는 정확히 $(P\cdot MP_L)\cdot L$와 $(P\cdot MP_K)\cdot K$의 합이 된다. 즉, 완전경쟁에서는 다음 식이 성립한다.

$$P\cdot X=(P\cdot MP_L)\cdot L+(P\cdot MP_K)\cdot K \tag{12.13}$$

양변에서 P를 소거하면, 다음 식, 즉 총생산물이 노동과 자본에 분배되는 방식이 성립한다.

$$X = MP_L \cdot L + MP_K \cdot K \tag{12.14}$$

양변을 X로 나누면, 노동에 배분되는 부분과 자본에 배분되는 부분의 합은 1이 된다.

$$1 = \frac{MP_L \cdot L}{X} + \frac{MP_K \cdot K}{X} \tag{12.15}$$

노동소득분배율을 α로 표시하면 **자본소득분배율**은 $1-\alpha$가 된다. 즉,

$$\frac{MP_L \cdot L}{X} = \alpha, \quad \frac{MP_K \cdot K}{X} = 1-\alpha \tag{12.16}$$

(iii) 성장회계식

노동소득분배율과 자본소득분배율을 식 (12.12)에 삽입하면

$$\frac{\Delta X}{X} = \alpha\frac{\Delta L}{L} + (1-\alpha)\frac{\Delta K}{K} \tag{12.17}$$

이 된다. 이를 식 (12.10)에 넣으면

$$\underbrace{\frac{\Delta y}{y}}_{\text{총생산의 변화율}} = \underbrace{\frac{\Delta A}{A}}_{\text{총요소생산성의 증가}} + \underbrace{\alpha\frac{\Delta L}{L}}_{\text{노동의 기여도}} + \underbrace{(1-\alpha)\frac{\Delta K}{K}}_{\text{자본의 기여도}} \tag{12.18}$$

이 식은 성장을 계산하는데 필요한 성장회계식이다. 미국 경제학자인 Solow (1956, 1957)는 신고전학파 성장모형의 방법론에 따른 성장회계식을 고안하였다. 성장회계식은 경제성장률(즉 y_t의 증가율)에 기여하는 요인들을 세 개로 분해할 수 있다. 즉 y_t의 증가는 노동의 기여도, 자본의 기여도, 총요소생산성의 증가로 분해된다.

(iv) Solow 잔차

총요소생산성은 직접 관찰할 수 없기 때문에 간접적으로 측정되어야 한다. 생산량, 노동, 자본량과 그 증가분, 그리고 노동소득분배율과 자본소득분배율의 자료는 구할 수 있다. 이들 자료와 식 (12.18)을 이용하면 다음과 같이 총요소생산성의 증가가 계산된다.

$$\frac{\Delta A}{A}=\frac{\Delta y}{y}-\alpha\frac{\Delta L}{L}-(1-\alpha)\frac{\Delta K}{K} \tag{12.19}$$

$\Delta A/A$는 자본, 노동의 변화로 설명할 수 없는 총생산의 변화이다. 총생산의 변화율 중 자본기여도와 노동기여도를 빼면 여타요인들에 의한 기여도가 나오는데, 솔로우가 이를 측정하는 방식을 처음으로 보였다고 해서 그의 이름을 따서 이를 **Solow 잔차**(Solow residual)라고 부른다.

신고전학파 경제학자들은 한 국민경제의 산출물(y)의 증가를 이렇게 분해한다. 이러한 방식을 **성장회계분석**(growth accounting analysis)이라고 불린다.

(v) 구체적인 한국의 사례

구체적으로 다음과 같은 **콥-더글라스**(Cobb-Douglas) **생산함수**가 가정된다.

$$y_t=A_tL_t^{\alpha}K_t^{1-\alpha} \tag{12.20}$$

여기서 y_t는 실질GDP, A_t는 총요소생산성, L_t는 노동투입, K_t는 자본투입, 그리고 α는 노동소득분배율, $1-\alpha$는 자본소득분배율이다. 양변에 자연대수를 취하면,

$$\ln y_t=\ln A_t+\alpha \ln L_t+(1-\alpha)\ln K_t \tag{12.21}$$

여기서 y_t, L_t, K_t, α의 값에 기존 통계를 이용하면, 성장률($\ln y_t-\ln y_{t-1}$)에 대한 노동기여도, 자본기여도를 계산할 수 있고, 남는 부분, 즉 (성장률-노동기여도-자본기여도)가 바로 총요소생산성의 증가가 된다.

〈표 12-1〉에는 KDI 김성태·황수경 등(2013)이 계산한 한국의 경제성장 요인분해가 나와 있다. 실질 경제성장, 즉 실질GDP의 변화율은 노동의 기여도, 자본의 기여도, 그리고 기타요인에 의한 기여, 즉 총 요소생산성의 증가의 합과 같다.

한국이 전자, 자동차, 조선, 철강, 석유화학 등 중화학공업화를 이루어낸 시점 직후 기간인 1981~1990년의 최고 전성기를 기준으로 오늘의 성장을 비교해 보기로

한다. 1981~1990년을 기준으로 보면, 2010~2014년 기간 중 성장률은 연 8.6%에서 4.5%로 거의 절반 수준으로 떨어졌다. 성장률은 52/100(=4.5/8.6) 수준으로 낮아지고 노동의 기여는 47/100(=0.8/1.7) 수준으로 떨어졌다. 자본의 기여 또한 과거의 44/100(=1.9/4.3) 수준, 총요소생산성의 증가는 과거의 72/100(=1.8/2.5) 수준으로 하락하였다. 상대적으로 노동과 자본의 기여가 더 크게 떨어졌다.

(3) 한국의 잠재경제성장률

위에 나와 있는 콥-더글러스 생산함수 접근법을 사용하여 한국경제의 잠재성장률을 전망한 연구로는 한진희 외(2002, 2007a, 2007b), 박형수·류덕현(2006) 등이 있으며, 최근 김성태·황수경·이준상·신석하(2013)는 한국의 잠재성장률을 2010~2019년간 3.6%로 추정하였다. **잠재성장률**이란 한 국가가 자본, 노동 등 가용자원을 활용해 생산할 수 있는 최대수준을 말하는 잠재 국내총생산(GDP)의 성장속도를 뜻한다. 일반적으로 국가 경제가 안정적으로 도달할 수 있는 중장기 성장추세를 말하는 데 사용된다.

잠재 국내총생산을 계산하자면, 취업자 수의 예상치, 자본스톡의 예상치, 총요소생산성의 예측치를 추산하면 된다. 즉 취업자수의 예상치, 자본스톡의 예상치, 총요소생산성의 예측치에 의해 잠재총생산이 계산되고, 이로부터 잠재성장률이 계산된다.

앞으로 잠재성장률은 계속 하락하여 2021년부터는 2% 수준대로 하락할 것으로 전망된다.

KDI의 또 다른 연구자 조동철·권규호 등(2014)은 '우리 경제는 일본 경제를 닮아가는가?'라는 질문에 대해 한국이 총요소생산성을 높이는 구조개혁을 추진하지 못한다면 2030년에는 일본의 전철을 밟아 1%의 잠재성장률을 보일 것이라고 예측한다.

그들은 식 (12.21)을 활용하여 2016~2020년간의 잠재성장률은 3.0%, 2021~2025

표 12-2 잠재성장률과 투입요소별 성장기여도

(단위: %)

기간	잠재GDP 성장률	물적자본 기여도	취업자 수 기여도	TFP의 증가
2011~2020	3.6	1.5	0.5	1.6
2021~2030	2.7	1.2	0.0	1.5

자료: 김성태·황수경 등(2013), 『한국의 장기 거시경제변수 전망』, p. 69.

표 12-3 조동철 · 권규호의 잠재성장률 추정

(단위: %)

기간	잠재GDP 성장률	물적자본 기여도	취업자 수 기여도	TFP의 증가
2016~2020	3.0	1.0	0.4	1.6
2021~2025	2.5	1.0	0.1	1.4
2026~2030	1.8	0.8	−0.2	1.3

자료: 조동철 편(2014), 『우리 경제의 역동성: 일본과의 비교를 중심으로』, p.11.

년간은 2.5%, 2026~2030년간은 1.8%로 전망하여, 김성태 · 황수경 등(2013)의 추정치보다도 낮은 수치를 제시하고 있다.

조동철 · 권규호 등(2014)은 2016~2020년간 1인당 잠재성장률은 2.7%, 2021~2025년간은 2.3% 제시하고 있어, 10년간 1인당 잠재성장률이 평균 2.5% 수준이 될 것으로 전망하였다.

그러나 일본과 20년 시차를 두고 따라가고 있는 한국의 잠재성장률이 그보다 더 빨리 낮아질 가능성도 배제할 수 없다. 〈표 12-4〉에 따르면, 일본은 1990~1999년간 1.3%(노동기여 −0.5%, 자본기여 1.4%, 총요소생산성의 증가 0.4%), 2000~2009년간 0.3%(노동기여 −0.2%, 자본기여 0.5%, 총요소생산성 0.0%) 성장에 그쳤는데, 우리가 일본의 전철을 밟을 가능성이 2030년부터가 아니라 지금부터일 수도 있다는 점을 유

표 12-4 일본의 성장회계(성장기여도)

(단위: %, %p)

	기간	실질GDP	노동	자본	총요소생산성
IMF(1998)	1980~1990	3.9	0.6	1.9	1.4
	1991~1997	1.7	−0.3	1.4	0.6
	−	−	−	−	−
Hayashi and Prescott(2002)	1980~1989	4.0	0.5	1.6	1.9
	1990~1999	1.3	−0.5	1.4	0.4
	2000~2009	−	−	−	−
Conference Board(2013)	1980~1989	−	−	−	−
	1990~1999	1.0	−0.3	1.5	−0.3
	2000~2009	0.3	−0.2	0.5	0.0

자료: 조동철 편(2014), 『우리 경제의 역동성: 일본과의 비교를 중심으로』, p.10.

의할 필요가 있다.

경제성장의 총공급측 요인에 관해 선진각국에서 그리고 한국에서 분석이 이루어지고 이러한 분석을 토대로 장래에 잠재성장률이 예측되고 장래의 1인당 GDP가 추정되고 있다.

한국에서 인구감소로 인한 노동투입 감소, 자본투입 감소, 총요소생산성의 감소 등의 구체적 요인에 대해서는 이 장의 5절에서 다시 논의한다.

5 총수요 측면의 요인들

(1) GDP의 지출측면

GDP는 한 경제에 의해 생산된 재화와 서비스의 총량을 측정하는 것이다. 그런데 생산된 재화와 서비스는 경제주체에 의해 구매되고 사용될 것이다.

특정 연도의 GDP를 구성하는 최종 재화와 서비스의 사용자를 네 그룹으로 분류할 수 있다. 가계, 기업, 정부부문, 해외부문이 그것이다. 해외부문은 국내 생산물에 대한 외국의 구입(=수출)에서 외국 생산에 대한 국내인의 구입(=수입)을 뺀 금액으로 측정된다. 주어진 연도에 한 나라에서 생산된 모든 최종 재화와 서비스는 이들 네 그룹에 의해 구매되고 사용된다.

한 경제에 의해 생산된 재화와 서비스 양의 시장가치는 분명 이들 네 그룹의 구매자들이 지출한 액수와 동일할 것이다. 즉, GDP는 다음의 두 방법에 의해 똑같이 추정되어야 한다.

① 국내에서 생산된 모든 최종 재화와 서비스의 시장가치의 합계
② 가계, 기업, 정부부문, 해외부문 네 그룹의 지출 총액의 합계

지출은 한 경제에 의해 생산된 재화와 서비스의 최종 사용자 네 그룹 각각에 상응하여, 가계는 소비, 기업은 투자, 정부는 정부지출, 해외부문은 순수출로 파악된다. 즉 소비, 투자, 정부지출(또는 정부구입), 순수출이 지출측면의 GDP가 된다.

총산출과 총지출의 항등관계로부터 저축과 투자의 항등관계를 도출할 수 있다. 즉, 총산출 중 소비되지 않는 총산출(unconsumed output)을 저축이라 하고, 총지출 중 소비되지 않은 지출(unconsumed expenditure)을 투자라고 하기 때문에 저축은 늘 투자와 같게 된다.

(2) GDP의 지출측면의 구성요소들

(i) 소비지출

소비지출은 내구소비재에 대한 지출, 비내구소비재에 대한 지출, 서비스에 대한 지출로 나누어진다.

내구소비재는 자동차, 가구, 냉장고, TV 등과 같이 수명이 긴 재화들을 가리킨다. 신규 주택, 신규 아파트 구입은 내구소비재가 아니고 투자로 처리됨을 유의하여야 한다. 비내구소비재란 식품이나 의류와 같이 수명이 짧은 재화이다. 서비스에 대한 지출은 미용, 택시승차, 교육서비스, 금융서비스, 법률서비스 등에 대한 지출이다.

소비지출을 결정하는 요인은 무엇일까? **케인즈 일반이론**(1935)에 제시된 개념들을 이용해서 설명하기로 한다.

가계의 실질가처분소득(=가계실질소득−세금) 또는 근로자들의 실질임금이 무엇보다 중요하다. 근로자의 실질임금이 상승하면 가계의 실질가처분소득이 증가하고 소비지출이 증가할 것이다.

가계의 부(wealth)의 크기 또는 가계부채의 크기도 영향을 미친다. 예상하지 못한 재산 증가는 소비증대를 낳고, 자산이 별로 없는 저소득층의 경우, 부채의 증가 및 원리금 상환 증가는 소비지출을 감소시킨다.

금융당국의 이자율 정책, 정부의 조세 등 재정정책도 가계의 소비지출에 영향을 미친다.

또한 현재소득과 장래소득간의 관계에 대한 기대, 예컨대 현재 정규직이지만 장래 비정규직으로 일하게 되리라는 예상은 오늘의 소비지출을 감소시킨다. 또한 정년퇴직자들이 예전보다 더 오래 살 전망을 갖게 되고 미래소득의 크기에 불안해지면 오늘의 소비지출은 감소한다.

이상의 요인들은 케인즈에 의하면 객관적 요인들이다.

케인즈는 주관적 요인에 의해서도 소비지출이 크게 영향을 받는다고 하였다. 예견할 수 없는 우연한 일에 대한 대비, 노령, 자녀교육, 자녀혼사 등 장래에 대한 대비, 투기 목적의 자금 확보, 자녀에게의 재산 상속 등 주관적 이유로 소비지출이 자제되고 따라서 큰 영향을 받는다는 것이다.

이와 같은 주관적이고도 심리적 요인들을 소비성향이라고 표현할 수 있다. 소비성향은 정상상태에서는 안정성을 갖지만 경제가 불안정할 때는 급변하여 급격한 소비위축을 낳기도 한다.

마지막으로 우리는 인구구조의 특징을 소비지출의 주요 결정요인으로 추가하고자 한다. 인구가 감소하면 소비지출은 감소할 것으로 예상된다. 우리는 4절에서 인구구조의 변화가 소비지출에 심대한 영향을 미친다는 것을 설명할 것이다.

(ii) 투자지출

투자는 최종 재화와 서비스에 대한 기업의 지출로, 주로 자본재를 지칭한다. 투자는 기업고정투자, 주거투자, 재고투자의 세 범주를 갖는다.

기업고정투자는 기계, 공구 구입 등 설비투자와 공장, 사무실 건물, 도로, 다리 등의 건설투자 형태로 진행된다. 즉 기업의 새로운 자본재 구매이다. 주거투자는 신규주택과 아파트의 건설이다. 재고투자란 판매되지 않은 재화가 있어 기업의 재고가 증가되는 경우인데, 기업이 자기 자신으로부터 그 재화를 구입한 것처럼 간주하여 재고투자라고 부른다.

투자를 결정하는 요인들은 무엇일까? 우리는 제5장에서 인적자본에 대한 투자 결정을 다룬 바 있는데, 당시 우리는 기대되는 투자수익과 투자비용을 비교하여 투자를 결정한다는 점에서 인적자본 투자와 물적자본 투자가 동일하다고 하였다.

구체적으로 기업이 물적자본 투자로부터 기대되는 예상수입의 현재가치와 투자비용을 비교하여 가장 예상수익률이 높은 프로젝트에 제일 먼저 투자하고, 다음으로 예상수익률이 높은 프로젝트에 그 다음 투자하고, 동일한 방식을 반복함으로써 순차적으로 예상수익률이 낮은 프로젝트에 대한 투자가 이루어지게 된다. 이를 극단적인 형태로 말하자면, 기업의 투자 1원에 대한 기대수익률이 있고 1원의 비용 즉 이자율이 있을 때, 1원의 수익률이 가장 높은 것부터 가장 낮은 것까지 내림차순으로 배열할 수 있다. 이것이 케인즈가 말한 **자본의 한계효율**(marginal efficiency of investment) 개념이다. 자본의 한계효율이 이자율과 같아지는 점에서 기업의 투자가 결정된다.

투자의 예상수익률은 기업가의 장래에 대한 기대라는 주관적이고 심리적인 요소에 크게 의존한다. 투자의 예상수익률은 긍정의 야성적 충동(animal spirit)에 의해 지나치게 높게 책정되기도 하고 반대로 동물적 경계심 때문에 급격히 낮게 책정되기도 한다.

기업이 자본의 한계효율과 이자율을 비교하여 투자를 결정할 때 이자율은 어떻게 결정될까? 이 또한 재산을 갖고 있는 사람들의 심리상태에 크게 의존한다. 재산가는 당연이 자산(주식, 채권, 부동산) 가격이 낮을 때 자산을 구입하여 자산 가격이 높을 때 매각함으로써 그 차액인 자본이득을 추구하는 투기꾼(speculator)이다. 투기꾼은 불경기를 예상하면 금융자산을 처분하고 현금을 보유하려 한다. 이를 **유동성 선호**(liquidity preference)라고 한다. 반대로 호경기를 예상하면 자산을 구입하기 위해 현금보유를 포기한다. 즉 화폐에 대한 수요가 감소한다. 장래가 불안하다고 판단하여 현금을 선호하면, 즉 화폐에 대한 수요가 증가하면, 주식시장, 금융권에서의 기업자금 조달이 어려워져 이자율이 높아진다. 따라서 이자율은 개인들이 현금을 보유할 것인가 아니면 자산을 보유할 것인가의 선택, 즉 화폐에 대한 수요에 의해 결정되며 이는 투기꾼들의 심리적이고 주관적 요인에 크게 의존한다.

이러한 화폐에 대한 수요와 중앙은행의 통화의 공급에 의해 시장이자율이 결정된다. 화폐시장에서의 이자율 결정과 유동성 선호의 중요성을 강조한 사람이 바로 케인즈이다.

종합하면 화폐시장에서 통화 공급과 화폐에 대한 수요에 의해 이자율이 결정되고 기업가는 이자율과 자본의 한계효율을 비교하여 투자결정을 한다.

(iii) 정부지출

최종 재화와 서비스에 대한 중앙정부, 지방정부에 의한 지출이 정부지출이다. 단, 최종재화와 서비스에 대해 아무런 대가 없이 정부가 지급하는 이전지출, 즉 사회보장급여, 실업급여, 공무원연금, 복지급여 등의 이전지출은 정부지출에 포함되지 않는다. 정부채권에 대한 이자 또한 정부지출에서 제외된다.

국민경제에서 정부 역할의 비중은 어느 정도일까? 과거에는 어떠했고, 크게 변화했다면 왜 그럴까? 향후 정부의 역할은 어떻게 되어야 할까?

경제에서 정부의 역할이 차지하는 비중은 GDP 대비 일반정부지출의 비중으로 계측할 수 있다. 〈표 11-5〉가 보여주듯 한국은 30.2%이나 스칸디나비아, 서유럽 국가들은 각각 52.1%, 51.0%, OECD 평균은 45.9%이다. 실로 정부의 역할이 국민경제에서는 막중하다고 하겠다.

과거에는 어떠했을까? 20세기가 시작될 때는 미국, 영국, 독일, 스웨덴 등 서구유럽에서 정부 재정지출이 경제에서 차지하는 비중은 10% 미만이었다. 1960년대 OECD 평균은 약 27%, 1985년 OECD 평균은 약 47%로, 1960년과 1985년 사이에 정부지출의 급팽창이 이루어졌다(이정전, 2015: 259).

왜 정부의 지출이 이렇게 급팽창했을까?

이론적으로, 정부가 개입하는 이유는 시장경제의 문제점인 시장실패, 시장결함, 노사교섭상의 불평등에 개입하여 시장경제에 의한 자원배분의 효율성을 이루어내기

표 12-5 시장경제의 문제점의 개요

시장실패 분야	① 경쟁의 실패: 독과점화 ② 공공재(사회간접자본, 국방 등)의 부적절한 공급 ③ 부(負)의 외부효과: 공해 ④ 산업재해나 상품 품질 등에 관한 정보의 불완전성으로 인한 근로자나 소비자의 피해 ⑤ 실업, 인플레이션 등 경기변동
시장결함 분야	⑥ 계층간, 지역간 소득·재산 불균등의 심화 ⑦ 가치재(교육, 육아시설, 공공주택 등)의 과소공급
산업에 있어서의 비민주성	⑧ 노동자의 교섭상의 불평등성 ⑨ 생산과정의 종속·소외의 심화

위함이다. 구체적인 이유는 〈표 12-5〉에 정리되어 있다.

역사적으로는 정부가 경제에 개입하는 방식을 살펴보자.

1930년 이전에는 정부는 국방, 치안, 도로, 철도 등 기본적인 공공재 공급, 교육지원 이외에는 개입하지 않는 자유방임시대의 정부였다. 즉 〈표 12-5〉에서 ②항과 ⑦항의 교육과 관련하여 개입하는 정부역할에 국한하였다.

1930년대 대공황 이후 정부는 독과점 및 불황, 실업에 적극 개입하여 공정거래질서 확립과 완전고용을 추구하였다. 즉 케인지안시대의 정부는 〈표 12-5〉에서 ①항과 ⑤항과 관련하여 적극 개입하였다.

1950년대 이후는 소득불평등과 사회보장을 위해 정부가 적극 개입하던 시대, 즉 복지자본주의 시대의 정부였다. 즉 〈표 12-5〉에서 ⑥항과 ⑦항의 교육, 보육, 공공주택과 관련하여 정부는 적극 개입하였다. 특히 1950년대 이후의 정부는 제2차 세계대전 후 케인즈(John Maynard Keynes)의 경제정책과 사회민주당의 사회정책 또는 베버리지(Sir William Beveridge)의 사회정책이 결합된 모형이 **케인지안 복지국가**(Keynesian Welfare State)를 추구하였다.

케인지안 복지국가 모형의 주요 정책들은 ⅰ) 케인즈의 국가개입적인 단기의 재정·금융정책에 의해 완전고용을 달성하고 유지하는 것, ⅱ) 사회보장보험에 의해 질병, 재해, 고령, 실업 등으로부터 오는 소득중단에 대처하여 국민의 최저생활을 보장하며 사회보험이 포괄할 수 없는 분야에서는 공적부조로 국민의 최저생활을 보장하는 것, ⅲ) 공공의료, 공공주택, 공교육·훈련 등의 사회정책에 의해 삶의 질을 높이며 교양있는 생활을 가능하게 하는 것, ⅳ) 누진소득세제 등을 통해 빈부격차를 줄이고 보다 평등한 사회를 시현하는 것 등이다. 케인지안 복지국가는 케인지안 사회민주주의(Keynesian social democracy) 또는 복지자본주의(welfare capitalism)라고도 불리어진다. 이 시기가 정부의 재정지출이 급팽창한 시기이다.

1980년 이후는 미국 레이건과 영국 대처는 정부 축소, 공기업 민영화, 복지 축소라는 신자유주의의 기치 아래 정부를 운영하였다. 즉 종전의 큰 정부, 작은 시장의 기조를 바꾸어 작은 정부, 큰 시장의 기조를 확립하였다. 그러나 이러한 기조는 2008년 미국의 금융위기로 종언을 고하게 되었다.

2008년 미국발 세계금융위기 이후 정부가 무제한적 양적 완화, 금융산업 규제 등의 형태로 다시 적극 개입하게 되었다. 다시 큰 정부, 작은 시장의 시대로 되돌아가고 있는 것처럼 보인다.

(ⅳ) 순수출

한국 기업이 자동차를 생산해서 해외에 팔면 수출이 증가하는데, 수출은 해외 국가의 시민에 의한 한국 경제에 의해 생산된 재화와 서비스의 구입이자 지출이므로 지출 측면의 GDP에 포함된다.

반면 수입은 외국 경제에 의해 생산된 재화와 서비스에 대한 한국인의 구입, 지출이므로 외국의 GDP 계산에 이미 포함되기 때문에 한국 GDP 계산에서는 뺀다.

수출을 더해주고 수입을 빼주는 것을 간단히 순수출(수출에서 수입을 뺀 금액)이라고 표현한다.

수출과 수입을 결정하는 요인은 무엇일까?

우리는 제0장에서 수출과 수입을 결정하는 요인은 각국의 비교우위에 있다고 설명한 바 있다. 두 재화 X, Y만 생산한다고 하자. 한국의 두 상품의 상대가격$(P_X/P_Y)^{\text{한국}}$과 타국의 두 상품의 상대가격$(P_X/P_Y)^{\text{타국}}$을 비교하여, $(\frac{P_X}{P_Y})^{\text{한국}} < (\frac{P_X}{P_Y})^{\text{타국}}$이면, 즉 한국의 X의 상대가격이 타국의 X의 상대가격보다 낮으면, 한국은 X재에 비교우위를 갖는다.

그런데, 한국의 X의 상대가격은 X산업의 노동생산성이 높으면 낮아지기 때문에 국가 간 비교우위의 원천은 각 산업의 노동생산성(제0장의 식 (0.7)과 식 (0.8) 참조)에 의존한다. 예컨대, 한국은 그간 중화학공업 제품의 비교우위를 누려 왔는데, 이는 한국이 노동집약적 조립가공형 대량생산시스템이라는 형태의 자본(K)을 상대적으로 많이 보유함으로써 중화학공업의 노동생산성이 높아져 중화학공업제품의 상대가격이 타국보다 상대적으로 낮았기 때문에 가능했다.

제2절 총수요곡선과 총공급곡선에 의한 성장과 침체의 분석

1 총생산물시장이란?

한 국가에 수많은 상품을 집계하여 단 하나의 상품만 있는 것으로 간주하자. 이를 총생산물이라고 부르고 y(실질GDP)로 표기하자. 또한 일국에 수많은 상품의 가격을 집계하여 단 하나의 가격만이 있는 것처럼 생각하자. 이를 y의 가격수준이라 하고 P로 표기하자. 이제 우리는 단 하나의 상품 y와 그 가격수준 P가 결정되는 시장을 상상해볼 수 있다. y와 P가 결정되는 이 시장을 우리는 **총생산물시장**이라 부르겠다.

집계변수로서 총생산물 y와 그 가격 P가 정의되면, 경제학에서 핵심적인 위치를 차지하는 수요-공급 논의를 그대로 연장하여 수요와 공급이라는 상반된 힘에 의해 총생산물수준(y)과 물가수준(P)이 결정되는 총생산물시장을 상상할 수 있게 된다. 즉 총생산물에 대한 수요곡선과 총생산물의 공급곡선에 의해 국민경제의 총생산물수준과 물가수준이 결정되는 메커니즘을 연상할 수 있다.

총생산물시장에서의 y수준의 결정과 그 변동(y 수준의 변동이 경기변동이다)은 당연히 국민경제의 고용수준에 영향을 미칠 것이다. 총생산물시장과 노동시장은 밀접한 상호연관관계에 있기 때문이다. 이처럼 국민경제의 총생산물시장과 노동시장을 동시에 고려하는 모형을 **거시경제모형**이라 한다.

지금까지는 근로자의 임금이라고 할 때도 그것은 여타 산업(직종, 지역, 기업)의 임금에 대비한 특정 산업(직종, 지역, 기업)에서의 임금이라는 상대임금의 의미를 갖고 있었다. 노동수요곡선이나 노동공급곡선에 의한 임금결정을 논의할 때도 반드시 "여타 조건이 일정불변이라면"이라는 가정이 있었고 그 "여타 조건" 속에는 당연히 여타 부문의 임금도 포함되므로, 임금 변화란 당연히 여타 부문의 임금과 비교하여 현재 고려하는 노동시장의 임금 즉 상대임금이 변화하는 것을 의미하였다.

미시경제학이 이처럼 수많은 노동, 수많은 시장을 염두에 두고 상대임금, 상대가격의 변화에 의한 자원배분을 다루는 영역이라면, 거시경제학은 총생산물시장에서 총산출량 수준과 그 절대가격 수준인 물가수준의 결정, 그리고 고용 및 실업의 결정과 변동을 다룬다. 따라서 미시경제학은 상대가격에 의한 자원배분을 다루는 학문체계이며, 거시경제학은 실질GDP(및 고용·실업)의 결정과 변동, 절대가격 수준의 변동인 인플레이션(또는 디플레이션)을 다루는 학문체계라 할 수 있다.

거시경제학에서는 실질GDP 변동은 완전고용 GDP를 기준으로 그 이상 또는 그 이하로 변동하는 것에 관심을 가지며, 취업자 수는 완전고용수준을 기준으로 변동을 측정하며, 실업률은 자연실업률을 기준으로 어떤 수준을 보이는지에 주로 관심을 갖는다.

2 총수요곡선과 그 이동

(1) 총수요곡선이 우하향의 기울기를 갖는 이유

총생산물(GDP)에 대한 수요는 민간소비지출, 기업투자지출, 정부지출, 그리고 외국인의 국내 상품에 대한 순지출의 합계이다.

총생산물에 대한 수요, 즉 총수요는 절대가격수준(P)의 감소함수이다. 즉 물가가 상승하면 총수요는 감소하고, 물가가 하락하면 총수요는 증가한다. 다른 요인이 일정불변일 때, 각각의 물가수준과 총수요의 대응관계를 보여주는 곡선이 **총수요곡선**(aggregate demand curve)이다. 이는 [그림 12-2]의 (i)에서의 AD와 같이 우하향의 기울기를 갖는다. 그 이유로는 다음 세 가지를 들 수 있다.

첫째, 물가가 오르면 이자율이 오르는데 이자율이 오르면 기업의 투자수요가 감소하여 총수요는 감소한다. 따라서 물가와 총수요간에는 역(逆)의 관계가 있다. 왜 물가가 오르면 이자율이 오를까?

그림 12-2 총수요곡선과 총공급곡선

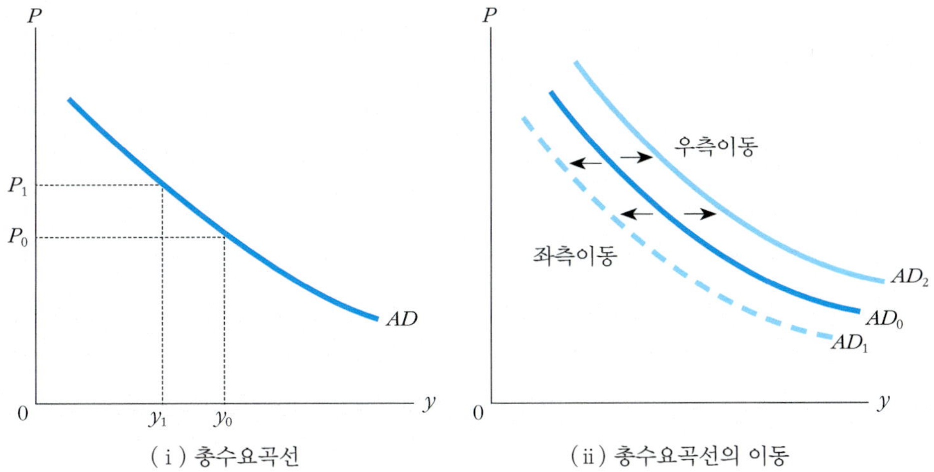

사람들은 늘 일정수준의 현금잔고(M)를 보유하려 한다. 가계가 원하는 재화와 서비스의 구입을 위해 각 개인은 지갑이나 예금통장에 보유하려는 적정화폐량 수준이 있기 때문이다. 그런데 물가(P)가 오르면 개인의 실질현금잔고(M/P)가 감소한다. 각 개인은 일정수준의 적정 실질현금잔고(M/P)*를 회복시키기 위해 갖고 있는 채권을 매각함에 따라 채권가격이 하락한다. 이는 곧 시장이자율의 상승을 초래하며 그 결과 기업의 투자수요는 감소한다. 이처럼 물가가 오를 때 이자율도 올라 총수요가 감소하는 효과를 **이자율 효과**(interest effect)라고 한다.

둘째, 물가가 오르면 민간이 보유하고 있는 현금과 국공채의 실질가치가 떨어져 민간이 보유한 화폐자산의 가치가 줄어드는데, 민간의 부가 감소하면 상품구매력이 떨어져 민간소비지출이 감소하게 된다. 이처럼 물가상승이 민간의 부를 감소시켜 민간소비지출을 감소시키는 효과를 **자산 효과**(wealth effect)라고 한다.

셋째, 물가가 오르면 자국통화로 된 자국상품의 수출가격이 상승한다. 환율이 변화하지 않으면 외국의 수입상품가격은 변화하지 않고 달러로 표시한 수출가격만 상승한다. 따라서 수출이 감소하고 수입이 증가하여 국내생산물에 대한 수요는 감소하게 된다. 이러한 효과를 **무역수지 효과**라고 한다.

따라서 물가가 상승하면 이자율 효과, 자산 효과, 무역수지 효과에 의해 총수요가 감소하여 총수요곡선은 우하향의 기울기를 갖게 된다.

(2) 총수요곡선이 이동하는 이유

국민총생산물의 총수요에는 물가(P) 이외의 다른 요인, 즉 소비지출(C), 투자지출(I), 정부지출(G), 순수출 등도 영향을 미친다.

① 소비지출의 변동: 세금인하로 가처분 소득이 증가하거나, 주식시장의 호황 등으로 가계 부가 증가하면, 주어진 물가수준에서 소비지출이 증가하며, 이는 총수요곡선을 오른쪽으로 이동시킨다. 세금인상, 주식시장의 침체 등 주어진 물가수준에서 소비지출을 감소시키는 사건은 총수요곡선을 왼쪽으로 이동시킨다.

② 투자지출의 변동: 장래 경기에 대한 낙관적인 전망, 통화량 증가에 따른 이자율 하락 등 주어진 물가수준에서 기업의 투자지출을 증가시키는 사건은 총수요곡선을 오른쪽으로 이동시킨다. 장래 경기에 대한 비관적인 전망, 통화량 감소에 따른 이자율 상승 등 주어진 물가수준에서 기업의 투자지출을 감소시키는 사건은 총수요곡선을 왼쪽으로 이동시킨다.

③ 정부구입의 변동: 국방비 증가, 고속도로 건설 등 정부에 의한 재화와 서비스 구입의 증가는 총수요곡선을 오른쪽으로 이동시킨다. 국방비 삭감, 고속도로 건설 감축 등 정부에 의한 재화의 서비스 구입의 감소는 총수요곡선을 왼쪽으로 이동시킨다.

④ 순수출의 변동: 해외경기 호황, 자국화폐의 가치하락 등 주어진 물가수순에서 순수출을 증가시키는 사건은 총수요곡선을 오른쪽으로 이동시킨다. 해외경기 침체, 자국화폐의 가치상승 등 주어진 물가수준에서 순수출을 감소시키는 사건은 총수요곡선을 왼쪽으로 이동시킨다.

(3) 총수요함수

총수요를 함수형태로 표시하면 식 (12.22)와 같다.

$$\text{총수요함수} \quad y^d = y^d(\underset{-}{P}, \underset{+}{C}, \underset{+}{I}, \underset{+}{G}, \underset{+}{XM}) \tag{12.22}$$

$$\begin{cases} y^d & : \text{총수요} \\ P & : \text{일반물가수준} \\ C & : \text{소비지출수준} \\ I & : \text{투자지출수준} \\ G & : \text{정부지출} \\ XM & : \text{순수출}(=\text{수출}-\text{수입}) \end{cases}$$

위 식에서 여기서 각 변수 밑의 (−) (+) 표시는 각 변수가 총수요에 미치는 영향력의 방향을 나타낸다.

다시 한 번 강조하자면 여타 조건들(C, I, G, XM) 등이 일정불변일 때, P와 y^d간의 관계를 그래프로 표시한 것이 [그림 12-2]의 (ⅰ)에 나와 있는 총수요곡선이다.

3 총공급곡선과 그 이동

총공급곡선(aggregate supply curve)은 각 물가수준에서 한 경제의 모든 기업들이 생산·판매하려는 총생산물 수준을 보여준다. 총공급곡선은 장기와 단기로 나누어 살펴볼 필요가 있다.

그림 12-3 장기의 총공급곡선과 단기의 총공급곡선

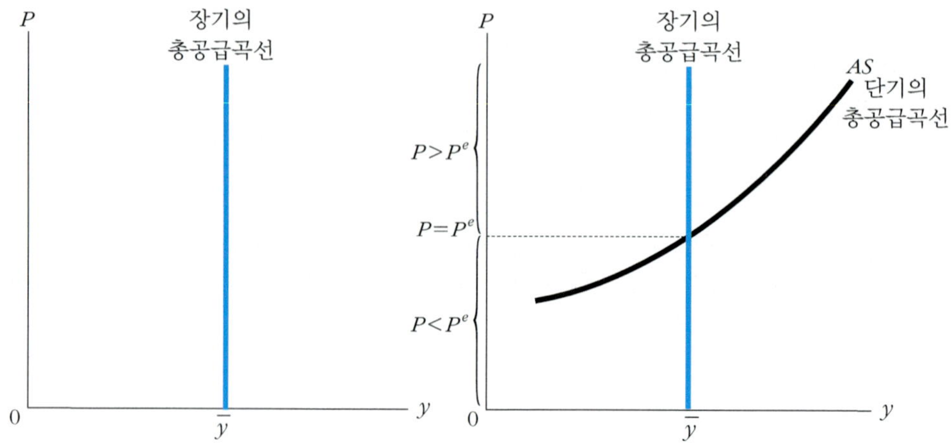

(i) 장기의 총공급곡선 (ii) 단기의 총공급곡선

(1) 장기 총공급곡선과 그 이동

장기에서는 국민경제의 총생산은 [그림 12-3]의 (i)에 나타난 바와 같이 수직선이다. 장기적으로 총생산은 앞 절에서 설명한 바와 같이 노동량, 자본량, 자연자원, 창의·창조 정신, 인적자본, 기술지식, 사회적 자본, 정치제도와 정부의 역량 등에 의해 결정되며, 물가수준에 의존하지 않는다. 구체적으로 노동량은 제1장~제7장에서 논의한 바와 같이 노동시장의 수요와 노동공급으로 결정되는데 이때의 균형고용량을 **완전고용량**(full employment)이라고 하며, 이때에도 실업률이 존재하는데 이때의 실업률을 **자연실업률** 또는 **정상균형 실업률**이라고 이름 부쳤다는 것을 독자들은 기억하고 있을 것이다. 완전고용량, 자연실업과 부합하는 총생산의 수준이 있을 텐데 바로 이 수준이 **자연산출량**(natural rate of output) 또는 **잠재산출량**(potential output)이라고 불린다.

어떤 요인에 의해 자연산출량이 바뀌면 장기 총노동공급곡선은 좌측 또는 우측으로 이동한다. 자연산출량은 노동, 자본, 자연자원, 기술지식 등의 요인에 의해 결정되기 때문에 물가수준에 영향을 받지 않는다. 장기의 총공급곡선을 이동시키는 요인들은 다음과 같다.

① 노동 부문의 변동: 이민 증가에 기인하여 노동인구가 증가하면 총공급곡선은 오른쪽으로 이동한다. 청년인구 감소 등으로 노동인구가 감소하면 총공급곡선은 왼

쪽으로 이동한다.

② 자본 부문의 변동: 물적 자본이나 인적 자본이 증가하면 총공급곡선은 오른쪽으로 이동한다. 물적 자본이나 인적 자본이 감소하면 총공급곡선은 왼쪽으로 이동한다.

③ 자연자원의 변동: 가용 자연자원이 증가하면 총공급곡선은 오른쪽으로 이동한다. 가용 자연자원이 감소하면 총공급곡선은 왼쪽으로 이동한다

④ 기술지식의 변동: 기술진보가 일어나면 총공급곡선이 오른쪽으로 이동한다. 많은 연구개발은 대학과 대학원에서 이루어지는데, 대학과 대학원에 대한 과도한 정부의 규제 등은 연구개발을 정체시키고, 기술진보를 제약하면, 총공급곡선은 왼쪽으로 이동한다.

(2) 단기 총공급곡선이 우하향의 기울기를 갖는 이유

1년이라는 기간을 단기라고 하고 그 이상의 기간을 장기라고 했을 때, 1년이라는 기간에서는 위의 요소들이 일정불변이라고 가정하자. 1년이라는 기간에서 실제산출량은 자연산출량보다 낮을 수도 있고 높을 수도 있다. 1년이라는 기간에서는 물가수준이 상승하면 재화와 서비스의 공급량이 늘고, 물가수준이 하락하면 재화와 서비스의 공급량이 준다.

단기 총공급곡선이 우상향의 기울기를 갖는 이유는 무엇일까?

첫째, 임금경직성을 들 수 있다. 물가수준이 예상보다 낮아지면 실질임금(W/P)이 증가하고 기업들이 고용을 감소하고, 따라서 재화와 서비스 생산량이 감소한다. 노동시장 분석은 미시경제학의 영역이고, 여타조건(예컨대 상품가격 P 포함)이 일정불변일 때, 임금상승(W)은 상대가격의 상승 즉 (W/P)의 상승을 지칭하는 것이다. 이는 고용감소를 낳는다. 그런데 임금이 경직적이면, 그리고 P의 하락이 예상되면 이는 W/P의 상승이며, 기업의 고용감소를 낳고, 총산출의 감소를 낳는다.

둘째, 불완전 정보에 기인하는 착각을 들 수 있다. 물가수준이 낮아지면 일부 공급자들은 자신의 상대가격이 하락했다고 생각하여 생산을 줄인다. 각 공급자가 상품을 생산할 때 자신의 가격은 면밀히 검토하지만 경제 전체의 가격수준에 대해서는 고정되어 있다고 착각하기 쉽다. 예컨대 제주도의 농부가 콩농사를 할 때, 콩 가격에 대해서는 잘 알지만, 다른 재화나 서비스 가격에 대해서는 정보가 부족하여 얼마나 변동했는지 잘 모르기 십상이다. 이때, 콩값이 상승하면 농부는 더 열심히 농사지어 더 많은 콩을 생산하려 한다. 왜냐하면 그에 대한 보상이 증가했기 때문이다. 현실에서 불완전 정보 때문에 물가수준이 예상보다 크면, 일부 공급자들은 자신의 상대가

격이 상승했다고 생각하여 생산을 늘리고, 반대로 물가수준이 예상보다 낮으면 생산을 줄인다.

임금경직성과 착각 때문에 생산이 자연산출량 수준에서 벗어나 일시적 이탈이 일어난다. 그렇다면 1년이라는 단기에서는 총생산은 다음과 같이 표시될 수 있다.

$$y=\bar{y}+\beta(P-P^e),\ \beta>0, \tag{12.23}$$

여기서 y는 총생산량, $\bar{y}$는 자연산출량, P는 물가수준, P^e는 예상물가 수준, β는 물가의 기대하지 않은 변화에 총생산이 얼마나 변화하는지를 나타내는 계수이다. 즉 물가 수준이 사람들이 예상한 수준을 벗어나면, 산출량도 자연산출량에서 벗어난다. 구체적으로 물가수준이 예상한 수준보다 높으면 재화와 서비스의 공급량은 자연산출량을 초과하고, 반대로, 물가수준이 예상한 수준보다 낮으면 재화와 서비스의 공급량이 자연산출량에 미달한다. 따라서 단기의 총공급곡선은 [그림 12-3]의 (ii)에서 AS와 같이 우상향의 기울기를 갖는다.

(3) 단기 총공급곡선의 이동과 단기의 총공급함수

단기 총공급곡선이 이동하는 이유는 위에서 이미 논의한 바와 같이 ① 노동(L) 부문의 변동, ② 물적 자본이나 인적 자본(K)의 변동, ③ 자연자원(D)의 변동, ④ 기술지식(TK)의 변동 등 이외에 다음 요인이 추가된다. 즉,

⑤ **예상 물가수준(P^e)의 변동**: 예상 물가수준이 하락하면 단기 총공급곡선이 오른쪽으로 이동한다. 예상 물가수준 상승하면 단기 총공급곡선이 왼쪽으로 이동한다.

따라서 단기의 총공급함수는 다음과 같이 표시할 수 있게 된다.

$$\text{총공급함수}\quad y^s=y^s(\underset{+}{P},\ \underset{+}{\bar{K}},\ \underset{+}{\bar{L}},\ \underset{+}{\overline{TK}},\ \underset{+}{\bar{D}},\ \underset{-}{\overline{P^e}}) \tag{12.24}$$

$$\begin{cases} y^s & :\ \text{총공급} \\ P & :\ \text{일반물가수준} \\ L & :\ \text{노동} \\ K & :\ \text{자본 또는 인적자본} \\ TK & :\ \text{기술지식} \\ D & :\ \text{자연자원} \\ P^e & :\ \text{기대물가수준} \end{cases}$$

그림 12-4 단기 총공급곡선의 좌측 이동

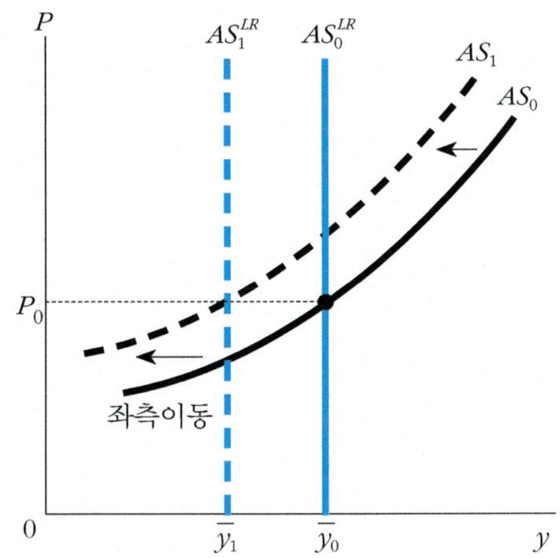

여타 조건이 일정불변일 때, P와 y^s간의 관계를 그래프로 표시한 것이 총생산물시장에서의 단기 총공급곡선이 된다. 이는 [그림 12-3]의 (ii)에서 AS로 표시된다.

한 가지 연습을 해보기로 한다. 예를 들어, 근로소득세가 과도한 누진세제로서 세금이 과중하면, 개인들이 근로할 의욕을 잃어 노동공급이 감소한다. 이러한 노동공급의 감소는 단기의 총공급곡선을 좌측으로 이동시킨다. 즉, 이는 [그림 12-4]에 단기의 총공급곡선이 AS_0에서 AS_1으로 좌측 이동한 것으로 표현된다. 그러나 독자들은 AS_0에서 AS_1으로 좌측이동은 두 가지 힘이 작용하고 있음을 늘 기억하여야 한다. 하나는 노동공급 감소로 자연산출량이 감소하고, 이 때 장기의 총공급곡선이 좌측 이동한다는 점이다. 장기의 총공급곡선을 AS^{LR}이라고 표시하면, 그림에서 장기의 총공급곡선은 AS_0^{LR}에서 AS_1^{LR}로 좌측 이동한다. 다른 하나는 임금의 경직성과 착각이 작용하는 현실 때문에 단기의 총공급곡선은 우상향의 모습을 갖게 된다는 점이다.

4 거시경제의 균형: 케인즈 학파

이제 일국의 총생산물시장에서 우하향하는 총수요곡선과 우상향하는 총공급곡선을 한 그림에 놓아 보자

우선 [그림 12-5]의 (i)에서 총수요곡선 AD_0와 총공급곡선 AS_0가 만나는 점 E에서 총생산물시장의 균형 또는 거시경제의 균형이 성립된다. 총생산물시장에서 균형

그림 12-5 총생산물시장과 필립스곡선

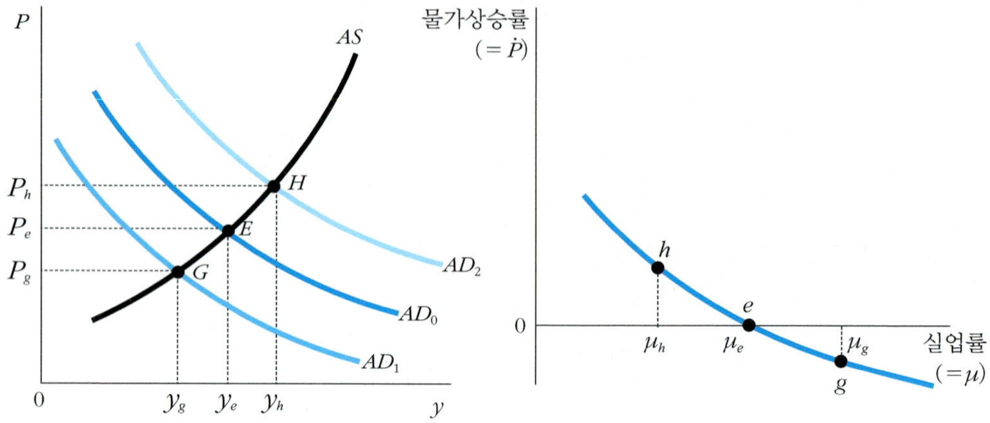

(i) 총생산물 시장 (ii) 필립스 곡선

총생산량 y_e와 균형물가수준 P_e가 결정된다. 이것이 케인지안(Keynesian) 거시경제 모형이다.

[그림 12-5]의 (i)에서 총공급곡선이 우상향의 모습을 지닐 때, 총수요 증가는 물가의 상승을 낳고, 총산출을 증대시키고 총수요의 감소는 물가의 하락을 낳고 총산출을 감소시킨다. 총산출이 증가(감소)하면 실업이 감소(증가)한다는 점을 염두에 두면, 물가상승(하락)은 실업률을 감소(증가)시킨다. 이러한 물가상승률과 실업률간의 상충관계를 그래프에 표시할 수 있을 것이다. 이를 **필립스곡선**(Phillips curve)이라고 한다.

영국의 경제학자 필립스(A. W. Phillips)는 1861~1957년의 영국 시계열자료를 가지고 명목임금상승률과 실업률 사이에 매우 안정적인 역(逆)의 관계가 있다는 사실을 통계적으로 보였다. 이러한 경험적 관계를 그의 이름을 따서 필립스곡선(Phillips curve)이라고 한다. 필립스곡선은 그 이후 약간 변용되어 일반적으로 인플레이션과 실업률의 관계를 나타내는 것으로 이용되고 있다.

필립스곡선은 우상향하는 총공급곡선과 표리의 관계에 있다고 할 것이다. 우선 경제가 [그림 12-5]의 (i)에서 E점에 있으며 y_e의 총생산물수준은 잠재GNP라고 가정하기로 하자. 그리고 노동자의 기대는 **정태적 기대**(static expectation)라고 하자. 즉 전기에 물가상승이 없어 금기의 기대물가상승률은 0이라고 가정하자. 이때에도 일정 수준의 자연실업률이 존재한다. 우리는 경제에 자연실업률(natural rate of unemployment)에 해당하는 실업자만 존재하고, 일하려는 의사와 능력을 가진 자 모두가 고용된 상태를 완전고용(full employment) 상태라고 정의한다. 완전고용 시에 가능한 GDP 수준을 자연산출량, 완전고용 GDP 또는 잠재 GDP라고 정의하며, 자연실업률을 완전고용 실업률로 정의하기도 한다. 자연실업률을 [그림 12−5]의 (ii)에서는 물가상승률이 없을 때의 실업률인 점 e로 표시할 수 있다. 총수요의 증가로 [그림 12−5]의 (i)에서 총생산물시장의 균형이 E에서 H로 이동하면 물가수준 상승, 총생산물 증가, 고용 증가, 그리고 실업의 감소가 결과하게 된다. 이 때 물가수준과 실업률은 [그림 12−5]의 (ii)에서의 점 h로 표시된다. e와 h를 잇는 곡선이 바로 필립스곡선이다. e점에서 h점으로의 이동은 우상향의 총공급곡선상의 E점에서 H점으로의 이동과 표리관계에 있는 것이다.

5 경기적 실업과 완전고용정책

여기서는 케인즈학파의 거시경제모형을 소개하고, 경기적 실업수준이 어떻게 결정되는지를 살펴보고자 한다.

(1) 총수요부족과 경기적 실업

앞의 [그림 12−5]의 (i)에서 자연산출량 수준이 y_e이라고 하자. y_e에서 자연실업률은 그림 (ii)의 μ_e라고 하자. 이는 어디까지나 설명의 편의를 위한 것이다.

총수요의 부족으로 총수요곡선이 AD_0에서 AD_1으로 좌측이동한다고 하자. 균형총생산량은 y_g로 하락하고 물가 또한 P_g로 하락한다. 가격이 P_e에서 P_g로 하락하면 [그림 12−5]의 (ii)에서 실업률은 필립스곡선의 g점과 관련된 실업률 μ_g로 상승한다.

$(\mu_g-\mu_e)$만큼의 실업은 총수요부족에 기인하는 실업이라는 의미에서 **수요부족실업**(demand-deficient unemployment)이며, 불경기에 나타나는 실업이라는 의미에서 **경기적 실업**(cyclical unemployment)이다.

(2) 케인즈가 강조한 심리적 요인들

경제성장이 낮아지고 실업이 높아지는 데는, 소비자들의 불안 심리에 의한 소비지출 감소, 투자자들의 비관적 장래 예상에 의한 투자 감소, 투기꾼의 불안 심리로 현금 보유가 증대함에 따라 기업 자금조달의 어려움과 투자부진이 나타나는 등 심리적 요인들이 큰 역할을 한다.

생산과 소비 사이에는 간격이 있고 늘 차질이 있을 수 있다. 마치 술과 입술 사이에 틈이 있어, 술이 입술을 통해 인체에 들어가야 사람의 몸을 자극하고 그냥 바깥에 있으면 술은 사람 몸에 전혀 영향을 미치지 못한다. 그런데 술이 입술을 통해 사람 몸에 들어가려면 술을 마시고 싶은 심리적 욕구가 있어야 된다. 이와 마찬가지로 생산이 되었을 때 소비자들이 이를 소비하고자 하는 욕구가 생겨야 생산과 소비 간에 차질 없이 경제가 원활히 돌아갈 수 있다. 또한 투자에 있어서도 기업의 장래 예상이 밝아야 투자심리가 증가되어 자본재 및 설비를 구입하게 된다. 기업의 장래예상 및 투자는 기업가의 동물적 감각(animal spirit)에 의존하며, 일반인의 상상의 범위를 뛰어넘을 때가 많다.

시장경제에는 늘 투기꾼(speculator)들이 있다. 금융시장, 부동산시장의 움직임을 미리 예견하여 채권, 주식, 부동산을 구입하되, 낮은 가격에 구입하여 비쌀 때 판매함으로써 시세차익을 노리는 사람들이 투기꾼들이다. 투기꾼들이 장래를 불안정하게 생각하여 채권, 주식을 매입치 않고 현금만 보유하거나 부동산 투기에 열을 올리게 되는데, 이 경우에는 기업이 생산·투자 자금을 확보하지 못해 생산에 큰 차질이 발생할 수 있다. 투기꾼들이 장래를 낙관적으로 생각하여 채권·주식을 대량 매입하면 기업은 생산·투자 자금 확보가 용이해진다.

즉 소비자의 심리, 기업투자 심리, 투기꾼들의 심리가 안정되어 있다면, 성장과 고용 창출이 지속적으로 이루어질 수 있다. 안정적인 소비심리, 기업투자 심리, 투기꾼 심리는 시장경제라는 엔진의 윤활유와 같은 역할을 수행한다.

만약 소비자가 장래가 불안정하다고 판단하면 돈지갑을 닫고, 기업들이 장래가 불확실하여 투자예상수익률이 낮을 것으로 판단하면 기업 자금을 기업 내에 쌓아 두고 사정이 호전될 때까지 기다린다. 투기꾼들이 장래가 불안정하다고 판단하면, 현금을 보유하고 부동산에 투기하게 된다. 그러면 생산·투자자금 확보가 어려워지고 토지 임대료가 올라 기업을 운영하기가 점점 더 어려워진다.

이와 같이 소비자 심리, 기업투자 심리, 투기꾼 심리의 3대 심리적 요인에 의해 1930년대의 세계적 대공황을 해명한 저명한 학자가 케인즈(J. M. Keynes)였다. 소비지출, 투자지출이 경색되어, 경제가 불경기일 때, 정부지출을 늘여 경제를 회생시켜, 소비심리와 투자심리를 안정화시킬 수 있다는 것이 대불황에 대한 그의 경제처방이었다.

민간부문에서 다음 세 가지 요인에 의해 총수요부족이 나타날 수 있다.

첫째, 기업의 투자지출이 크게 감소하여 총수요가 감소할 수 있다. 기업가가 장래가 불안정하며 장래예상수익률이 낮다고 판단하여 투자지출을 크게 줄이면 총수요는 감소한다.

둘째, 소비자가 경기침체를 예상하고 소비를 억제하여 저축을 증가시킴으로써 불안한 장래에 대비하면 소비지출 감소에 의해 총수요가 감소한다.

셋째, 재산소유자들이 경기침체, 물가하락 등 장래가 불안정하다고 판단할 때 채권과 주식을 계속 보유하면 재산상의 손실을 가져올 수 있으므로 현금으로 대체하려는 경향을 보일 것이므로 이 때문에 이자율이 상승하여 기업은 자금조달에 더 큰 어려움을 겪고 이로 인해 기업의 투자는 더욱 위축된다.

이와 같이 민간부문에서 기업가 투자마인드 위축, 소비성향 감소, 화폐보유성향 증대 등의 3대 주관적·심리적 요인에 의해 사회의 총수요가 크게 감소할 수 있다. 이러한 3대 주관적·심리적 요인에 의한 불황 발생은 케인즈의 일반이론에서 크게 강조되었다. 총수요감소는 [그림 12−5]에서 총수요곡선을 AD_0에서 AD_1으로 좌측이동시킨다. 그 결과 생산과 고용은 감소하여 경제는 경기수축기에 진입하게 된다. 따라서 경기적 실업에 대한 대책은 총생산물시장에서 확장적 재정·금융정책에 의해 총수요를 증가시키는 것이다. 즉 [그림 12−5]에서 총수요곡선을 AD_1에서 AD_0로 되돌이키는 것이다.

글로벌 경제시대 해외거래의 중요성이 점증함에 따라 외국투자자의 주관적·심리적 요인이 일국의 불황발생에 큰 영향을 미친다. 특히 우리나라의 경우 IMF구제금융을 받았던 1998년에는 외국투자가의 투기적·심리적 요인이 총수요의 감소를 낳는 큰 원인이었다.

(3) 케인즈학파의 기계공학적 완전고용정책과 이에 대한 반론

정부가 민간부문에 개입하여 확장적 재정정책과 확장적 금융정책에 의해 총수요를 진작시킬 때 제기되는 문제가 있다. 하나는 정부의 총수요 확장정책이 위축된 기업가 투자마인드, 위축된 가계의 소비성향, 재산소유자의 강화된 현금보유성향 등에 자극을 주어 민간경제주체에게 불확실성을 완화시키는 수준까지만 행하고 그 이후에는 민간 스스로 소비, 투자 등의 결정을 행하도록 할 것인가 아니면 정부가 완전고용의 실현을 직접 담당하는 수준까지 적극적으로 개입해야 하는가 하는 것이다.

1930년대 중반 미국의 뉴딜정책 입안자와 그 후계자들인 케인즈학파 경제학자들은 완전고용을 정부의 목표로 삼았다. 즉 [그림 12−5]에서 y_e와 μ_e의 달성을 정부의 목표로 삼고 정부가 직접 개입, 경제를 관리하는 정책을 수행하게 된다. 복잡다단한 경제를 [그림 12–5]와 같이 대단히 단순한 모형으로 추상화하고 이를 기계적으로 받아들인다면, 완전고용을 목표로 삼는 정부는 총수요에 영향을 미치는 정부지출 및 총통화공급의 관리를 십분 활용하여 경기변동을 조절함으로써 장기적 번영을 구가할 수 있을 것이다. 이와 같이 [그림 12–5]에 나타난 단순모형을 기계적·도식적으로 활용하여 y_e와 μ_e의 달성을 위해 정부가 적극 개입하는 정책을 '기계공학적 완전고용정책(a policy of mechanical full-employment)'이라고 할 수 있다.

1980년 이후에는 미국 시카고학파의 선두였던 밀튼 프리드만(Milton Friedman)의 **통화주의이론**(Monetarism)이 각광을 받았다. 통화주의자들은 정부의 역할이 경제성장률에 고정시킨 안정적 통화공급에 있고, 기계공학적 완전고용정책과 케인즈 이론의 폐기를 주장하였다. 정부가 중앙은행의 결정하는 통화공급증가율($\dot{m}$)을 경제성장률($\dot{y}$) 수준으로 유지하기만 하면 정부가 특별히 시장경제에 개입하지 않고도(정확히는 별도의 정부개입이 없어야) 인플레이션 없이 잠재GDP가 회복될 수 있다는 것이 통화주의자들이 제시하는 정책의 요지이다.

특히 프리드만은 ***k*% 준칙**(*k*% rule)을 제시하였다. 경제가 매년 5~6% 성장할 것으로 예상되면 통화공급 증가율을 매년 5~6%로 고정하라는 것이다. 통화주의자는 이러한 준칙주의에 의한 경제운용을 주창한다. 정부가 경기상황에 맞게 재량적으로 운용해야 한다는 케인즈학파의 재량적인 통화정책은 통화주의자들에게 경제를 불안정하게 하는 근본요인으로 간주된다.

그 이후 등장한 미국 레이건과 영국 대처는 정부축소, 공기업 민영화, 복지축소라는 신자유주의의 기치 아래 정부를 운영함에 있어 케인즈주의는 사실상 종언을 고하였다. 그러나 2008년 미국의 금융위기로 케인즈주의는 다시 부활한다.

6 최근의 케인즈주의의 부활

글로벌 경제에서 미국의 장기간에 걸친 수입증대 및 무역적자에도 불구하고, 미국의 금리는 2001년 이후 지속적으로 하락하여 왔다. 연방은행금리는 과거 6% 수준에서 2004년에는 2% 수준까지 떨어졌다. 왜 그럴까?

미국은 제2차 세계대전 이후 정치·군사·경제적 측면에서 세계 초강대국이 되었다. 이러한 지위를 바탕으로 자국의 화폐인 달러는 국제 결제수단이 되었다. 외국으로부터 만성적인 수입초과 및 무역적자가 있을 때, 미국은 자국통화인 달러를 찍어내 외국에 지불했고, 중국과 일본에 누적된 막대한 외환보유고가 세계에서 가장 안정적인 투자처인 미국 정부발행 채권을 지속적으로 구입함에, 미국의 금리가 낮게 유지될 수 있었다.

왜 미국은 수입이 수출을 초과하여, 만성적인 무역적자에 허덕이게 되었는가? 1990년대 이후 미국 국민은 저축을 적게 하고 소비를 많이 해 왔다. 소비의 대부분이 수입한 값싼 재화에 대한 것이었기 때문에 무역적자가 만성적으로 증가하고 누적되었다. 또한 미국 국민이 저축을 적게 하니 국내 자본 형성을 조달하기 위하여 중국, 일본의 외환보유고에 의한 미국채권, 주식매입에 의존하게 되어 더 많은 해외차입을 하게 되었다.

미국의 금리가 불경기 대책으로 2001년 이후 하락하면서 미국의 주택담보대출(mortgage)에 대한 이자율도 상당히 큰 폭으로 하락하게 되었다.

우선 2009년 미국발 금융위기의 실체를 알기 위해서는 미국의 주택담보대출의 특징을 이해하여야 하므로 이를 간단히 개관해 보자.

미국은 한국과 달리, 주택 구입 시 보통 30년 만기의 주택담보대출을 해주는데, 미국 가계는 보통 자신 연봉의 5배 정도의 집을 주택담보대출을 받아 구입한 후, 30년 동안 원리금을 갚아 나간다.

주택담보대출을 해준 은행은 은행발행채권 즉 주택담보대출채권을 발행하여 대출 자금을 지속적으로 확보하는데, 이 안전한 채권을 구입하는 전문회사가 프레디맥(Freddie Mac Company)과 패니메이(Fannie Mae Company)이다. 은행이 발행한 주택담보대출채권을 프레디맥과 패니메이가 구입하는 재원으로 이들 전문회사들은 주택저당증권(RMBS)을 발행한다.

그러면 주택저당증권은 누가 구입하는가? 메릴린치 등 투자은행이 매입한다. 여기까지가 장내시장에서의 거래다. 메릴린치는 장외시장에 나가 자금조달을 위해 고위험-고수익의 금융상품을 내놓는다. 고위험-고수익의 금융상품을 파생금융상품이라고 한다. 이 파생상품 중 30%는 외국은행이 구입하며, 24%는 연기금 관련 기관투자가가 매입하며, 46%를 헤지펀드(hedge fund)라는 사모(私募)펀드가 보유하고 있었다.

주택담보대출금리가 하락하면서 소득수준이 낮은 사람들이 집을 구입하기 시작했고, 집값이 뛰어 재산가치가 크게 증가하는 것을 목도한 저소득층 사람들이 대거 주택시장에 참여하게 된다. 이것이 부동산 버블이다. 이들에게는 안정적 직장에 다니는 우량고객과는 다른 가산금리가 붙는 비우량담보대출의 기회가 주어졌다. 비우량담보대출의 경우에도 비우량담보대출채권이 은행에 의해 발행되고, 이를 프레디맥과 패니메이가 구입하고, 프레디맥과 패니메이는 다시 주택저당채권(RMBS)을 발행하여 메릴린치 등 투자은행이 이를 구입하되, 자금조달을 위해 장외시장에 나가 고위험-고소득 파생금융상품을 판매한 것이다.

부동산 버블이 심각해지고 경기가 과열되자 미국은 금리를 인상시킨다. 비우량대출을 받은 저소득자는 금리상승으로 인한 원리금 상환 압박을 견딜 수가 없게 되고, 은행에 집을 차압당한다. 매물공급이 넘치면서 집값이 하락하고, 집을 사려고 했던 안정적 직장의 보유자들은 아파트 월세를 살며, 집값이 더 떨어지기를 기다려 주택수요는 감소한다. 집값 하락은 부동산 담보가치를 떨어뜨리고 은행이 발행한 담보대출채권 가격을 떨어뜨려 은행이 자금조달의 어려움을 겪고 파산하기도 한다. 그러면 담보대출채권을 매입했던 프레디맥과 패니메이도 부도가 나고 파산한다. 연이어 프레디맥과 패니메이의 주택저당증권을 매입했던 메릴린치도 파산하게 된다. 이것이 미국의 금융위기의 시발이었다.

메릴린치 등 투자은행이 발행한 고위험-고수익의 금융파생상품이 휴지조각이 되고 이를 보유했던 사모펀드인 헤지펀드 가입자들이 계약연장 중지 및 투자금 상환을 요구하게 되면서 헤지펀드는 유럽, 신흥공업국에 투자했던 주식을 매각하지 않을 수 없게 되었다. 한국 등에서 주식가격이 폭락하게 된 이유는 바로 이 때문이다. 이렇게 미국의 금융위기가 전 세계적으로 파급된 것이다.

미국 정부가 천문학적 규모의 공적자금을 미국의 금융기관, 투자은행에 투입하고서야 금융위기는 안정을 되찾고 있다. 그러나 케인즈가 70여 년 전에 그리도 주장했던 소비심리 위축, 투자심리 위축 그리고 주식투기꾼의 심리 위축의 여파로 미국의 실업률은 한 때 10% 이상으로 치솟았다.

2009년에 일어난 엄청난 규모의 통화공급 증대와 공적자금 투입의 영향으로 실업률은 5~6%대로 하락하고 GDP 성장도 3% 수준을 보이고 있다. 그러나 부작용도 있다. 미국의 과도한 재정적자는 2009년 공적자금 공급으로 더 가중되어 국내총생산대비 정부부채 비율이 각국의 경제전문가가 우려하는 수준으로 상승하고 있다. 미국은 수출입 균형, 무역수지 균형을 회복하는 구체적이고 가시적 조치 없이 장기간의 무역수지 적자를 누적시키고 있다.

많은 경제학자들은 미국 정부의 통화공급 증대와 공적자금 투자가 없었으면 미국의 부동산 버블이 터지면서 발생한 금융위기로 1930년대와 같은 대공황에 빠졌을 것으로 믿고 있다. 제로의 이자율을 유지하는 금융정책과 막대한 공적자금 투입 이외에 다른 대안이 없었을 것이며, 아마도 위기에 대처하는 유일한 방안이었을 것이다. 이와 같은 위기상황에서 정부 개입의 논리는 역시 케인즈 학파가 제공한 것이다.

제3절 인구감소시대 총공급의 변화

1 인구감소와 자연산출량의 감소

(1) 일본과 20여년 격차인 한국의 인구구조

이 절은 인구감소에 따른 총공급의 감소를 다룬다. 인구변화로 인한 총공급의 변화는 자연산출량 또는 잠재산출량의 변화를 야기한다.

한국은 1인당 GDP, 인구증가율, 인구감소와 고령화정도 등의 측면에서 일본과 20년의 격차를 두고 뒤따라가고 있다고 평가되기 때문에 우리와 동일한 경험을 미리 겪은 일본과의 비교를 자주하게 되며, 일본의 경험으로부터 함의를 이끌어 내며, 일본과 다른 한국만의 특수성도 부각시킬 것이다.

World Bank의 구매력 평가(PPP) 기준 1인당 GDP로 볼 때, 1990년의 일본은 29,773달러였으며, 2010년의 한국은 30,475달러이다. 약 20년 격차이다.

일본의 총인구 증가율은 1990년대에 0.5% 이하로 하락한 이후 2010년경부터는 절대인구가 감소하기 시작하였다. 우리의 경우에도 대략 20년 정도의 시차를 두고 2010년경부터 총인구 증가율이 0.5% 이하로 하락하고, 2030~40년경에는 절대인구

그림 12-6 1900년~2011년 일본의 연도별 출생아 수

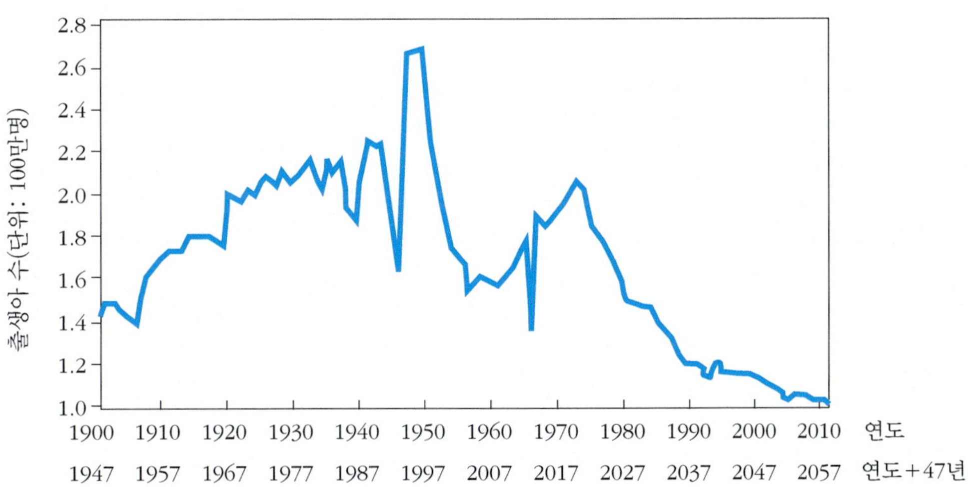

자료: 해리 덴트/권성희 옮김(2015), 『2018 인구절벽이 온다』, pp.79~80.

가 감소하기 시작할 것으로 예상되고 있다. 2030년 기점으로 총인구의 감소 통계는 제2장의 〈표 2-2〉에 제시되어 있다.

[그림 12-6]에는 일본의 연도별 출생아 수가 나와 있다. 일본의 경우 출생아 수가 정점을 이룬 해는 1949년이다. 1942년까지 크게 상승하다가 2차대전후 군인들이 돌아온 후인 1949년에 다시 한번 출산인구가 급속하게 늘어 최정점을 이룬 후 급격하게 인구가 감소해 왔다. 일본에서는 제1차 베이비붐세대(단카이세대)는 1947~1949년생을 말한다. 그후 내리막을 걷던 출생아 수가 1971~1974년간 소폭 반등하는데 이들을 제2차 베이비붐세대(에코세대), 즉 제1차 베이비붐 세대가 낳은 자녀라 하여 에코세대라 부른다. 에코세대의 출생아 수가 소폭 반등한 후 다시 출생아 수는 급감한다.

한국의 경우, 출생아 수 통계는 5년 단위로 묶어져 제시되고 있다. [그림 12-7]에 나타난 5년 단위 출생아 수를 살펴보면, 1950~54년 361만 명, 1955~59년 524만명, 1960~64년 533만명으로 피크에 도달한 후, 1975~79년 417만명으로 급감한 후, 2010~14년 228만명으로 계속 감소해 왔다.

이를 1년 평균 출생아 수로 전환하면 1950~54년 72만명, 1955~59년 105만명, 1960~64년 107만명으로 피크에 도달한 후, 1975~79년 83만명으로 급감한 후,

그림 12-7 1950년~2014년 한국의 출생아 수(5년 단위)

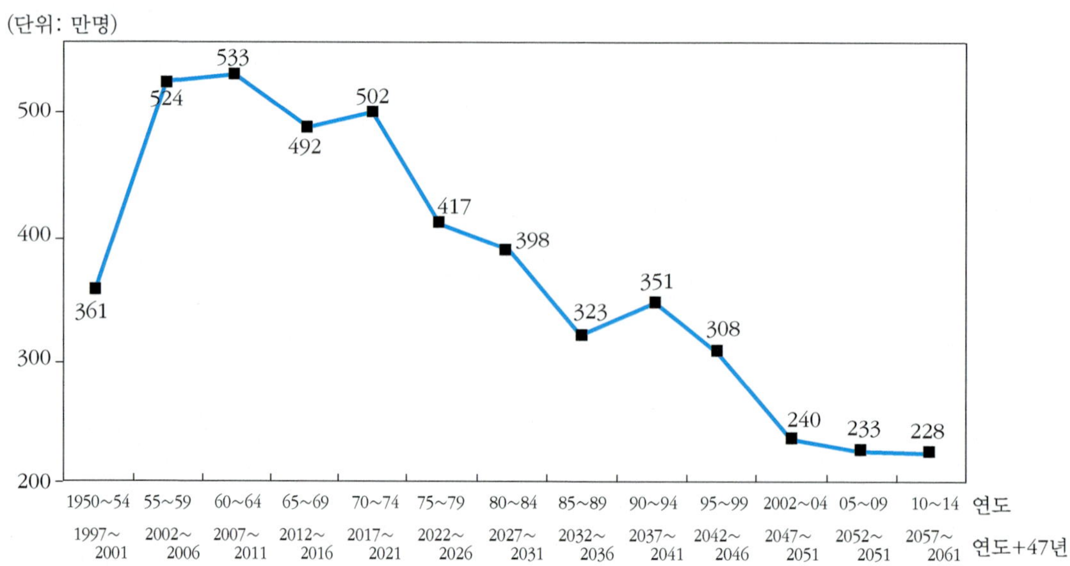

2010~14년 46만명으로 감소한 것이 된다.

1945년 일제로부터 독립 후 분단, 혼란 그리고 6.25전쟁이 끝난 후 인구가 폭발적으로 증가하였는데, 특히 출생인구수 급증의 기간은 전쟁 종료 이후 1955년부터 1964년까지 10년간의 기간이다. 이 기간에 태어난 거대 인구집단은 출생자 기준으로 10년 동안 1,057만명이다. 이 중에서 1955년에서 1963년까지의 출생자들을 베이비붐세대라고 한다. 한국의 경우는 인구가 뚜렷하게 감소하는 시점은 1972년(1970~74년의 중위값)인데 그 이후 계속 감소하기만 하여, 일본과 같은 에코세대에 의한 인구의 소폭 반등은 관찰되지 않는다. 인구가 급감하는 방향으로 전환하는 연도는 일본은 [그림 12-6]에서 1950년, 한국은 [그림 12-7]에서 1972년(1970~74년의 중위값)으로 한국의 인구감소는 일본과 22년의 차이를 두고 그대로 따라가고 있다고 할 수 있다.

65세 이상이 전체 인구에서 차지하는 비중이 7%인 사회를 고령화사회, 14%인 사회를 고령사회, 20%가 넘는 사회를 초고령사회라고 정의할 때, 한국은 1999년에 고령화사회에, 2012년에 고령사회에 진입하였고 그리고 2021년에는 초고령사회에 접어드는 것으로 추계되고 있다. 일본은 1970년, 1994년, 2006년에 각각 고령화사회, 고령사회, 초고령사회에 진입하였는데, 고령사회 진입 기준으로 하면, 18년의 시차를 보여주고 있다.

(2) 노동시장에서 결정되는 고용량과 자연산출량의 변화

인구 중에서 가장 주목해야 하는 인구 그룹은 15세~64세 인구그룹 즉 경제활동인구이다.

경제활동참가율(경제활동인구/15~64세 인구)에 생산가능인구(15~64세 인구)를 곱하면 경제활동인구인바, 15~64세 인구가 감소하더라도 여성, 중고령자 고용증대로 경제활동참가율이 증가하면, 경제활동인구 수는 변하지 않을 수도 있다. 그러나 15세~29세 청년인구, 30~54세 장년 인구가 이미 감소하고 있고, 15~64세 전체는 곧 감소 예정으로 있는데 비해 한국의 경제활동참가율의 증대 전망은 밝지 않다. 그 이유는 무엇인가? 우리는 이 책에서 (노동시장 경직성→기업의 최소근로시간 제약→여성, 중고령자 과소고용)이라는 논리구조를 제시하였는데, 노동시장 유연성이 크게 진전될 조짐이 전혀 없기 때문에 우리는 여성, 중고령자 고용이 난망하고, 경제활동참가율 증대 또한 기대하기 힘들다고 예측한다.

지금부터 약 20년 전인 일본의 경우, 경제활동참가율은 1993년 63.2%였다. 그러나 2013년 58.3%로 1993년 대비 20년간 약 6%p 감소하였다. 이렇게 된 주된 이유는 대부분의 여성, 고령 인구들이 비경제활동인구에 머물러 있기 때문이다. 한국의 경우, 경제활동참가율이 일본과 같이 약 6%p 감소하면, 경제활동참가율 감소와 생산가능인구(15~64세 인구) 감소는 동시에 진행되어 경제활동인구의 절대적 크기가 크게 감소된다.

우리는 제6장에서 인구감소시대 노동수요의 감소와 노동공급의 감소로 시장균형 고용량이 감소한다고 예측하였다. 이러한 예측은 한국의 경제활동참가율이 하락하며, 동시에 취업자 수를 감안한 총노동시간도 감소하게 됨을 의미한다. 노력의 수준도 고려하면, 고용의 총량은 (취업자수×노동시간×작업노력)으로 표시할 수 있을 것인데, (취업자 수×노동시간)의 감소가 예측되고, 고령화의 급속한 진전으로 고령 취업자의 노력의 질적 수준이 하락하면, 총고용량(취업자수×노동시간×작업노력)은 크게 하락할 것으로 예측된다. 그 결과 자연산출량 또는 잠재산출량은 감소하게 된다.

2 자본감소와 자연산출량의 감소

인구감소시대 자본투입도 감소될 것으로 예상된다. 이는 저축률 하락과 직결되어 있다.

(1) 자본스톡과 저축률

물적자본의 기여도를 계산하는 데 이용되는 자본스톡 증가율에 대해 논의해 보자. t기의 자본스톡(K_t)은 지난해의 자본스톡과 금년의 총투자의 합계이다. 즉,

$$K_t = (1-\delta)K_{t-1} + I_t \qquad (12.25)$$

여기서 I_t는 t기의 신규투자, δ는 감가상각률을 의미한다. 현재까지의 자본스톡 시계열은 한국은행 국민대차대조표의 순자본스톡을 사용할 수 있다. 실질GDP 대비 실질투자의 비율을 i_t라고 하자. 그러면 $I_t = iY_t$로 정의할 수 있다. 이를 이용하면 위의 식은 다음과 같이 정리된다.

$$K_t = (1-\delta)K_{t-1} + i_t Y_t \qquad (12.26)$$

향후 자본스톡 전망을 위해서는 i_t에 대한 전망이 요구된다. 그런데 국민경제 항등식에서 알 수 있는 바와 같이 투자는 저축과 동일하다. 따라서 향후 자본스톡 전망을 위해서는 저축률 전망이 필요하다. 보통 경상가처분소득 대비 경상저축의 비율로 정의되는 저축률을 우선 추정한 후, 이를 바탕으로 실질GDP 대비 실질투자비율(i)을 전망한다.

식 (12.26)이 의미하는 바는 당해 연도의 자본스톡과 실질GDP가 주어진 경우 실질GDP 대비 실질투자비율 i에 대한 전망을 통해 다음 연도 실질GDP의 생산에 사용되는 자본스톡의 양을 전망할 수 있다는 것이다. 그러면 다음 연도의 자본스톡 전망을 바탕으로 그 다음 해의 실질GDP를 전망하게 된다. 매 시점마다 동일한 순서를 반복함으로써 순차적으로 자본스톡 및 실질GDP 전망치가 구해지게 된다.

(2) 한국의 저축률 전망

한국의 저축률은 1960년대 이후 지속적으로 상승하는 패턴을 보여 왔다. 특히 1980년대 중반부터 1990년대 후반 외환위기 전까지는 상당히 높은 수준을 유지하였다. [그림 12−8]을 살펴보면 한국은 1990년을 기점으로 저축률은 점진적으로 하락하여 2000년에는 33.9%, 2010년에는 29.6%를 기록하였다. 일본의 경우는 한국보다 20년 전인 1970년부터 저축률이 크게 감소해 왔다. KDI는 독일, 프랑스, 이탈리아, 일본, 한국의 저축률을 비교하여, 2013년 저축률 약 30%가 2030년까지 25%까지 완만하게 하락하는 것으로 추정하였다.

한국의 경우 저축률이 일본보다 더 낮아질 것이라고 예상할 수 있는 이유를 들어 보겠다.

첫째, 한국인의 부채의존적 삶을 들 수 있다. 일본과 한국의 가계에서 연령별 평균 저축액과 차입금을 살펴본 [그림 12−9]에 의하면, 일본의 경우 40~49세까지 차입금이 증가하나, 저축과 차입액이 40세 이전에 같아지고, 40~49세 이후에는 저축에서 차입금을 뺀 순저축이 진행되어 그 규모는 50대 이후 크게 늘어난다. 50~59세가 되면 순저축이 플러스의 값을 갖되 그 크기가 대단히 크다는 특징을 갖는다. 일본과 비교하면, 한국은 50~59세까지 차입액이 늘어나며, 60세 이후에도 순저축이 대단히 작다. 즉 평생 부채의존적 삶을 살고 있다고 하겠다. 한국의 중·장년층들은 자녀교육비와 주거비(전세값 상승 또는 본인소유 아파트 구입에 따른 원리금 부담) 그리고 자녀 혼사비용 때문에 오히려 과다 가계부채를 안고 있어 저축에서 차입금을 뺀 순

그림 12-8 저축률 추이와 전망

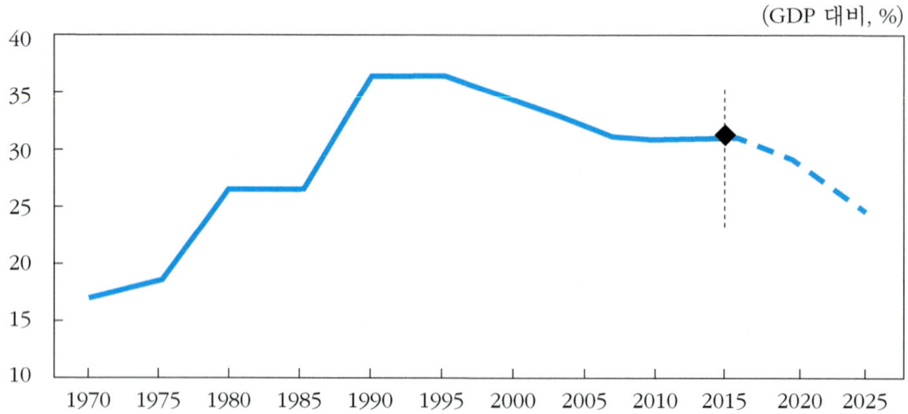

주: 1) 한국은 1970(1966~70년 평균), 1975(1971~75년 평균), …, 2025(2021~25년 평균)
2) 한국의 ◆는 2011년, 2012년 실측치의 평균임(한국은행, 2005년 기준 국민계정)
자료: 조동철 편(2014), 『우리 경제의 역동성: 일본과의 비교를 중심으로』, p.41.

저축은 대단히 낮다.

둘째, 한국의 65세 이상 고령인구가 크게 증가하여, 2019년경에는 65세 이상 인구가 청년층인 15~29세 인구와 같아지는 현실에서, 한국 노년층들의 낮은 저축은 전체 인구의 저축을 크게 낮추는 결과를 낳는다. 일본의 노년층에 비해 한국의 저축이 대단히 낮은 이유는 무엇일까? 노후 공적연금부족, 사회보장 미비, 자녀로부터의 생활비 지원받기의 어려움 등으로 소득이 작아져 저축할 여력이 없는 것도 한 요인이나 다른 요인은 한국인의 현금보유 성향을 들지 않을 수 없다. 한국의 노인들은 외환위기시의 뱅크런(bank run: 은행에 맡긴 돈을 찾지 못하는 상태)의 악몽을 갖고 있고 한국 경제의 불투명성, 금융기관에 대한 불신으로 저축도 하지 않은 채 현금을 보유하려 한다. 한국 노인층의 현금보유성향과 고령인구의 큰 증가는 저축률은 크게 하락시키는 요인으로 작용할 것으로 보인다.

요약하자면 다음과 같다. 일반적으로 개인의 생애주기에서 소득은 중장년 시점까지 증가하다가 감소하는 '역U자' 형태를 갖는다. **생애주기가설**(life-cycle income hypothesis)에 의하면 전 생애에 걸쳐 **소비의 평탄화**(consumption smoothing)를 원하는 소비자들은 생애주기에서 소득이 가장 많은 중·장년층 시기에, 은퇴 후 생산활동에 참여하지 않을 기간을 대비하여 상대적으로 많은 저축을 하게 된다. 그러나 한국

그림 12-9 한국과 일본의 연령계층별 평균저축액과 차입금액

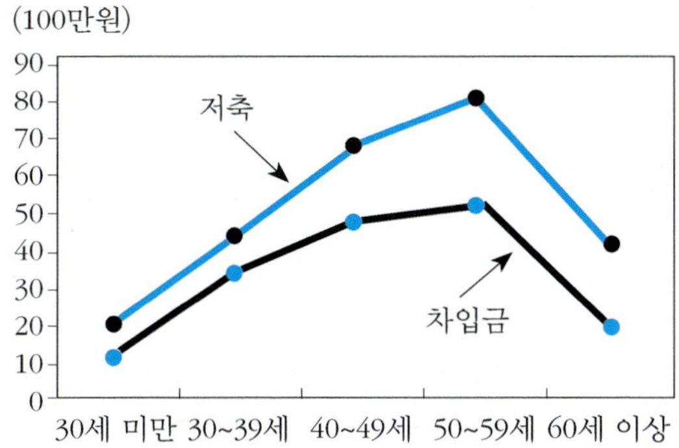

(i) 한국의 연령층별 평균저축액과 차입금액

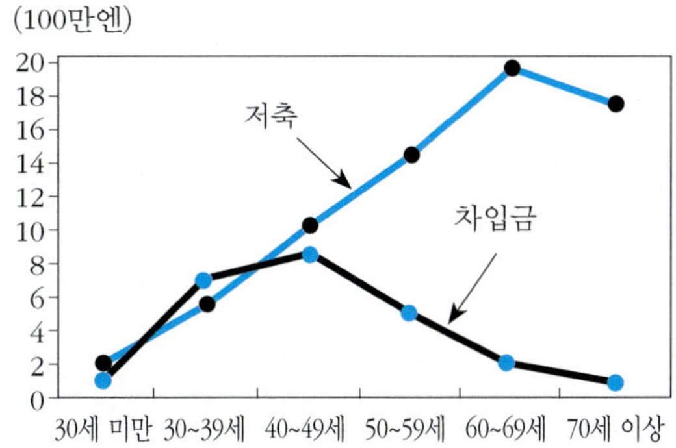

(ii) 일본의 연령별 평균 저축액과 차입금액

주: 저축 및 차입금에는 주택보증금을 포함하지 않는다.
자료: 노무라종합연구소,『2014 한국 경제 대예측』, pp. 121~122.

인들은 소득이 가장 많은 중·장년층 시기에 저축도 많이 하지만 부채의존적 삶 때문에 오히려 과다 가계부채를 안고 있어 저축률이 낮게 된다. 고령화 사회에 한국노인들은 장래에 대한 불안, 금융기관에 대한 불신으로 현금보유성향이 높음에 따라 국민경제 전체의 저축률을 낮추도록 작용한다.

따라서 일본과의 비교에서 두드러지게 다른 점, 그리고 독일, 프랑스, 이탈리아에는 존재하지 않는 위의 두 현상은 한국의 저축률을 낮추고 향후 자본형성을 저해하며, 결과적으로 자연산출량을 저하시키게 될 것이다.

3 총요소생산성의 급격한 하락과 자연산출량의 감소

총공급에서 창의·창조 정신, 인적자본, 기술지식, 사회적 자본, 포용적 정치제도와 유능한 정부라는 요인들은 총요소생산성이라는 한 단어로 축약할 수 있다.

총요소생산성을 정확히 측정하는 것은 매우 어려운 일이다. 직접 관측되지 않기 때문에 통상적으로 성장회계의 잔차(Solow residual)를 이용하여 총요소생산성을 측정한다. 성장회계의 잔차로 총요소생산성을 측정하기 위해서는 생산함수가 콥-더글러스 형태여야 하며, 노동 및 자본의 요소투입이 정확히 측정되어야 한다.

미국이나 일본 등 선진국에서는 장기성장 전망 시 과거추세 등을 기반으로 총요소생산성 증가율을 전제하는 방식을 사용하고 있다. 즉, 미국의 의회예산국(CBO)은

과거 40년간 평균 증가율이 지속되는 것으로 전제하고 있으며, 일본의 후생노동성(厚生勞働省)도 과거 실적 및 향후 경제계획 등을 감안하여 총요소생산성을 전제하는 방식을 취하고 있다.

KDI 연구에서는 총요소생산성 증가율이 2012년 1.6% 수준에서 유지되다가 2021~30년에는 1.5%로 낮아지고, 장기적으로는 선진국 수준인 1.3%로 점차 낮아지는 것으로 가정하였다. 이러한 추계는 지나치게 낙관적이다. 그 이유를 앞 2절에서 논의된 총공급을 결정하는 요인들과 관련시켜 설명해보기로 한다.

첫째, 한국의 청년의 급격한 감소는 제0장 6절에서 논의한 바와 같이 청년이 발휘하는 한국의 창의(創意)와 창조(創造) 정신의 총량을 감소시킨다. 고령인력은 현실안주를 택하기 때문에 창의, 창조 그리고 창조적 파괴와는 거리가 멀다.

둘째, 청년인구 감소는 청년들이 수행하는 기술지식의 축적 및 연구 개발의 역량을 감소시킨다. 물질세계에 대해 흥미와 관심을 갖고 이 세계를 지배하는 법칙을 찾아 연구와 탐구에 나서는 사람은 청년들이기 때문이다.

셋째, 청년인구의 감소는 한 나라의 인적자본의 총량을 감소시킨다. 고급교육을 받은 프로페셔널, 전문기술자의 수가 감소되기 때문이다. 더군다나 요즘 청년들은 일류대학 가서 학연·지연의 네트워크를 따라 출세하려는 욕구가 강하기 때문에 학원에서 이루어지는 선행학습, 사교육으로 암기식 교육 위주가 되어 인적자본의 질도 낮고 다양성도 극히 부족하다.

한편으로는 경제가 발전해 나가면서 선진국과의 기술격차가 축소됨에 따라 모방에 의한 '후진국의 이점(advantage of backwardness)'이 점차 사라지기 때문에 총요소생산성은 감소하고, 다른 한편으로는 새로운 기술과 지식을 창조하는 수준 높은 청년의 감소로 인하여 총요소생산성은 추가적으로 더 감소하는 것이다.

넷째, 한국의 사회적 신뢰의 저하를 들 수 있는데, 이는 총요소생산성을 떨어뜨리게 작용할 것이다. OECD 국가들의 신뢰지수는 조사대상 30개국 중 25위로 최하위권이다. 고신뢰 국가는 호주, 네덜란드, 덴마크, 뉴질랜드, 영국, 스위스, 오스트리아, 스웨덴, 미국, 독일 등이며 저신뢰 국가는 터키, 멕시코, 포르투갈, 슬로바키아, 한국, 그리스, 폴란드, 헝가리 등이다. 계층간 갈등, 노사간 갈등, 지역간 갈등, 세대간 갈등 등이 저신뢰를 낳는다. 갈등이 있더라도 갈등관리 역량 예컨대 민주주의에 의한 정치적 조정(민주주의 수준), 공직자의 중립성과 법제도의 투명성(정부기관의 질과 역량)이 떨어지면 저신뢰 국가가 된다.

저신뢰를 낳는 두 요인 특히 갈등수준과 갈등관리 능력이 경제성장에 미치는 영향을 연구한 사람은 대니 로드릭(Dani Rodric, 1998)이다. 그는 1960~1989년 사이의 92개 국가 경제성장률을 검토한 결과, 오일쇼크와 같은 외생적 충격이 있을 때 사회적 갈등이 높고, 이를 잘 관리하지 못하는 나라, 즉 저신뢰 국가의 경우에 경제성장률도 저하됨을 보였다. 한국은 갈등수준이 OECD국가 30개국 중 3위일 정도로 대단히 높으며, 갈등관리능력은 OECD국가 30개국 중 26위로 최하위권이다(김선빈, 2014). 인구감소라는 한국역사상 전대미문의 외부충격이 있으면, 저신뢰는 경제성장을 약화시킬 것이다. 즉 저신뢰는 총요소생산성을 크게 둔화시키는 경로로 경제성장에 부정적 영향을 미치게 될 것이다.

다섯째, 한국에서는 자원배분의 효율성에 영향을 미치는 민주주의 정치체제, 자유시장 경제체제에 심각한 결함이 있고 이는 인구감소시대에 더 심화될 것으로 보이며, 이로 인해 총요소생산성이 더 하락하게 되는 결과가 초래될 것이다. 이를 좀 더 구체적으로 살펴보자. 우리나라는 정치체제가 권위주의적이고 과도하게 중앙집권적이어서 포용적 민주주의 체제를 정립하지 못하고 있다. 선진국과 비교하면, 모든 사람들로 하여금 차별당하거나 배제됨이 없이 공정한 기회를 갖게 하는 정치제도로서의 민주주의, 사회질서, 개인소유권, 기업의 법적 지위, 계약 존중이 제도적으로 확립된 민주주의의 기준에서 평가하자면, 한국의 민주주의는 크게 미흡하다. 동시에 정부는 경제, 구체적으로 금융, 기업 활동에 대해 과도하게 개입하고 있다. 또한 고도성장을 위한 경기부양의 허상을 추구하여 무분별하게 재정, 금융정책을 시행하는 관치경제를 유지하고 있다. 정부의 진입 제한이라는 특권의 신설과 유지와 관련한 지대추구행위, 정부 보조금과 관련한 지대추구행위, 정경유착, 부패로 기업들과 개인들이 경제할 의욕을 잃고, 시장경제가 활력을 잃으며, 자원배분의 효율성이 크게 저하되고 있다. 자유시장 경제에 의한 효율적 자원배분 기능을 수행하도록 지원하기보다는 끊임없이 자원배분을 왜곡시키는 관치경제의 전형을 한국경제는 보여주고 있다. 민주주의와 업적 중시의 자유시장 경제에서는 개인 간, 집단 간 사회적 신뢰가 형성되고 경제하려는 의지가 강해지고, 비교우위를 추구하며, 창조적 파괴가 왕성하게 일어난다. 업적주의, 즉 부모의 재산, 부모의 사회적 지위, 본인의 학연, 지연과 관계없이 개인의 능력이 존중되고 개인의 소득과 사회적 지위가 개인의 능력에 따라 이루어지는 업적주의의 제도적 틀을 만들어내지 못하는 정부는 국민들로 하여금 경제하려는 의지를 약화시키고, 비교우위를 추구하려는 열정을 억누르며, 창조적 파괴를 기피하며, 더 나아가 자유시장경제에 대한 신뢰를 훼손하고 있다. 무릇 능력만으로 근로자가 성공하고, 계층상승이 가능하며, 능력만으로 소기업이 중견기업, 대기업으로 나아갈 가능성이 열린 포용적인 자유시장 경제의 확립 없이는 효율적 자원배분은 불가능하다.

경쟁시장에 의해 유연하게 자본, 노동, 창의·창조정신이 각 분야로 효율적으로 배분되는 상태 즉 자원배분의 효율성은 총요소생산성을 증대시키는데, 인구감소시대의 한국에서는 노동의 기여, 자본의 기여가 쇠퇴하므로 노동생산성과 자본생산성을 높이기 위해서는 총요소생산성을 획기적으로 높여야 한다. 구체적으로 노동이나 자본이 고생산성의 분야에로 쉽게 이동한다면, 노동이나 자본의 양적 증가 없이도 경제는 성장할 수 있다. 고생산성을 발휘하는 수출산업 및 저생산성의 서비스업에 대한 규제 완화 및 폐지가 총요소생산성을 높이는 방안이다. 그러나 한국에서는 규제 완화와 폐지는 늘 구호에 그치고 있다.

제4절 인구감소시대 총수요의 변화

1 인구구조 변화와 가계소비지출

(1) 분석의 틀: 일본의 20년간의 불황을 설명하는 덴트 모형

덴트(Harry S. Dent, Jr.)는 2013년과 2015년의 저서를 통해 인구구조가 소비지출과 경기변동에 미치는 영향을 설명하였다. 우리는 그가 일본에 대해 행한 분석(2015)을 우선 소개하겠다.

일본의 경우 출산인구가 정점을 이룬 해가 1942년이었는데 2차대전 후 군인들이 돌아온 후인 1949년에 다시 한번 출산인구가 급속하게 늘어 최정점을 이룬 후 인구가 감소해 왔다.

덴트는 개인의 소비지출의 최고점을 찍고 하락하는 나이가 47세라는 가설을 제시한다. 이는 미국의 연령별 소비지출분포에서 46세에 피크에 도달하고 47세부터 소비가 감소한다는 사실에 근거하고 있다 개인은 보통 26세에 결혼하고, 첫아이는 28~29세에 태어나며, 첫 주택 구입은 31세이다. 첫아이가 13세 되면 즉 본인 나이 41세경이 되면, 집을 넓혀 가며, 가구 구입 등 소비가 증대된다. 46세 되면 아이가 대학을 졸업하며, 47세부터 소비가 줄기 시작한다. 그렇다면 출생인구를 47년 뒤로 조정하면 소비의 흐름을 파악할 수 있다. 20세기 초, 일본인들은 25~26세에 결혼한 점

을 감안하면 덴트의 분석은 일본에 적용될 수 있다

앞의 [그림 12-6]에는 출생아의 출산연도 아래에 47년 후로 조정한 연도가 나와 있다. 이때 나타나는 분포가 일본의 소비흐름의 추이가 된다는 것이 덴트의 소비지출 예측의 기본기법이다.

일본의 경우 제2차 세계대전 종전 전에 출산인구가 정점을 이룬 해가 1942년이다. 여기서 47년이 지난 1989년, 즉 인구구조적 소비감소기에 주식시장이 폭락하고 부동산 버블이 붕괴하여 그 여파가 2010년까지 지속되었다. 2차대전 후 돌아온 군인들로 인한 2차인구 인구출산 최정점인 1949년의 47년 뒤의 인구구조적 소비감소시점인 1996년 후 반짝 호경기가 있었지만 2010년까지 저성장이 지속되었다.

일본정부는 1989년 이후, 18년 이상 경기침체에서 벗어나기 위하여 대규모 재정적자를 감내한 채 재정지출을 확대하고 양적 완화로 통화공급을 증대시켜도 일본경제는 다시 침체에 빠졌다.

덴트는 에코붐세대로 인해 2020년까지 소폭 반등이 있겠지만 일본경제는 2020년 이후 다시 식물경제로 되돌아 갈 것이라고 예측하고 있다

(2) 덴트 가설에 의한 한국 소비감소 예측

[그림 12-7]의 가로축은 5년 단위 한국의 출생아 수를 나타내는 년도를 나타낸다. 가로축 아래에 각 년도 47년을 더한 수치가 나타나 있다. 한국 소비지출의 흐름을 나타내는 연도는 (출생아 수를 나타내는 연도+47년)이다.

가로축을 이러한 방식으로 조정하면 [그림 12-7]은 한국 소비지출의 흐름을 나타내는 그림이 된다. 덴트 가설에 따르면 한국의 소비지출은 2011년 이후 서서히, 그리고 2019년 이후는 대단히 빠르게 감소하게 된다.

여기서 하나의 의문이 제기된다. 왜 소비가 2019년(정확하게는 2017~2021년) 이후 절벽에서 떨어지는 것처럼 급감하는가이다. 그 주된 이유는 1955년부터 1964년까지 10년간 태어난 세대의 나이는 2016년 기준으로 52세부터 61세인바, 이들이 대규모로 노동시장을 퇴장하는 시점이 2015년이다. 1955년부터 1964년까지 폭발적으로 증가한 출생아들이 2015년부터 2024년에 걸쳐 급격히 은퇴하면서 2019년(정확하게는 2017~2021년)부터 소비가 급속히 하락하게 된다.

(3) 부동산 버블 붕괴와 소비 위축

덴트의 가설이 제시하고 있는 것처럼 개인이 41세경에 집을 넓혀 가면, 최고의 출생인구를 기록한 1972년 기준으로 41년 후인 2013부터 대형 주거 특히 대형아파트 가격이 하락한다. 실제로 2010년부터 주택가격은 하락하기 시작했다. 2015년의 부동산 경기 부양정책으로 다시 주춤했으나 인구구조 변화가 예측하는 바에 의하면 주택가격은 앞으로 계속 하락한다. 이는 국내 민간연구소의 예측과 동일하다.

부동산은 최소 4~5년 보유 후에 실현될 예상수익률에 따라 움직이는데, 5년 후의 부동산 시장의 가격하락을 예견하고 모든 사람들은 전세, 월세를 살면서 부동산 구입을 미룬다. 오늘의 부동산 시장에는 매물이 넘치고 전세가격은 폭등한다. 국토교통부에서 2년마다 집계하는 임차가구의 월소득 대비 주택임대료 비율은 2008년 17.5%에서 2014년 20.3%로 상승하였다. 전월세 가격 상승은 전세 보증금 마련을 위한 대출 및 월세 부담 증가로 소비여력에 제약을 가져와 임차가구의 소비 위축을 가져온다. 이는 30세에서 40세 인구의 소비지출에도 악영향을 미친다.

동시에 은퇴 후 자산이라고는 아파트 한 채밖에 없는 60대의 경우, 아파트 가격 하락이 가져 올 장래 불안은 심각하다. 한국은행 통계에 의하면, 2014년 기준으로 가구주가 60세 이상인 가구의 경우 부동산을 포함한 실물자산이 전체 가구 자산의 82.4%(2억 7,724만원)를 차지한 반면 금융자산은 28.4%(5,935만원)에 불과하여 가계자산의 부동산 편중이 매우 심하다. 한국의 특수상황은 베이비부머인 50대의 고민은 부동산 버블의 붕괴, 유일한 저축인 집값 하락으로 노년생활의 빈곤에 대한 우려이다. 따라서 노년층의 소비위축이 전개된다.

부동산은 자산가격 변화에 따른 리스크뿐만 아니라 유동화 문제 등에 노출되어 있어 자산의 높은 부동산 비중과 버블 붕괴는 은퇴 후 베이비붐세대의 안정적인 노후생활 영위에 큰 걸림돌로 작용할 것으로 예상된다. 부동산 버블 붕괴에 대한 우려는 노년층을 중심으로 소비 위축을 발생시킨다.

(4) 부채의존적 삶과 소비위축

우리는 이미 [그림 12-9]에 나타난 바와 같이 한국의 60대 이상 인구는 저축률도 낮고 부채의존적인 삶을 유지하고 있다고 지적하였다. 부채는 언젠가는 상환하여야 한다. 언제 상환하는가? 한국인은 평균 65세 이후 자신의 집을 팔아 부채를 갚고, 보다 작은 규모의 집으로 이사하게 되는 패턴을 보인다. 집을 팔아 그간의 부채를 갚아야 할 시점에 부동산 가격하락으로 집값이 자신의 부채보다 낮아지는 현상이 우려된다. 그동안 자녀교육, 자녀혼사, 적자가계로 쌓인 금융부채, 주택 구입으로 인한 금융부채도 대단히 높은데, 부동산 가격하락은 깡통아파트의 속출로 이어질 수 있다.

아파트 보유가 주요 재테크 수단이었기 때문에 한국인의 부채의존적 삶은 금융권 대출을 받아 아파트를 구입하는 데서 기인하는데, 한국에서 가계의 금융부채는 소비지출에 심대한 영향을 미칠 것이다. 특히 가계부채 문제는 민간소비에 국한되지 않고 국가경제 전체의 가장 큰 위험요인 중의 하나로 평가된다. 미국의 금리인상이 시행될 경우 국내 저금리 상황이 오래 지속될 수 없다는 점에서 가계의 원리금 상환 부담이 가중될 것이고 이는 가처분소득의 감소와 소비위축 요인으로 작용할 수 있다.

우리나라의 전체 평균 가처분소득 대비 원리금상환액 비율은 2012년 22.3%에서 2014년 26.9%로 늘어나 가계의 원리금상환능력이 크게 약화되었다(〈표 12-6〉 참조). 소득수준으로 볼 때 저소득 계층이라고 할 1분위와 2분위의 가계부채는 지난 2년간 크게 증가되었을 뿐만 아니라 가계부실 위험성이 이전보다 크게 증가한 것으로 나타나고 있다.

현재 한국은 **부채 함정**(debt trap)에 빠져 있는 것처럼 보인다. 1929년의 미국 대공황이 미국경제가 화폐시장에서의 **유동성 함정**(liquidity trap)—투기꾼들이 장래가

표 12-6 소득분위별 부채의존표

(단위: %)

	원리금상환액/가처분소득			부채상환 취약가구		
	2012	2013	2014	2012	2013	2014
평균	22.3	24.5	26.9	11.0	11.8	12.1
1분위	45.3	42.2	68.7	14.2	15.8	16.1
2분위	26.1	33.3	36.9	13.0	14.0	13.8
3분위	25.4	26.0	31.2	10.5	11.0	13.1
4분위	21.4	23.9	25.3	10.3	11.3	10.4
5분위	20.6	22.5	23.1	9.2	9.4	9.7

주: 부채상환 취약가구란 가처분소득 중 원리금상환액이 40%이상인 가구.
자료: 통계청, 「2012~2014년 가계금융 복지조사」.

불안정하다고 판단하여, 주식, 채권을 보유 않고 현금만 보유하려 함에 무제한적 통화공급이 있어도 이자율이 변하지 않아, 투자 및 유효수요 확장이 이루어지지 않는 상태 — 에 빠져 비롯되었듯이 한국의 부채 함정은 앞으로 심각한 경제위기를 야기할 수도 있다.

(5) 공적 연금제도의 취약성에 따른 소비위축

국가별 고령자 주 수입원의 비교를 나타내는 〈표 12-7〉에 의하면 한국에서 공적연금에의 의존비율은 10.6%로 미국, 스웨덴, 독일, 일본에 비해 극도로 낮고, 한국에서 '일에 의한 수입'이 37.5%로 가장 높다.

특히 한국적 특징은 '자녀로부터의 원조'가 30.1%인데 다른 4개국은 2% 미만에 불과하다는 점이다.

선진 주요국에서는 공적연금제도를 가지고 고령자의 노후생활을 보장하는데 비해 한국은 개인의 노력과 가족의 도움으로 노후 생활을 유지하는 상태에 있다. 자녀들의 일자리가 위협받게 되면, 자녀로부터의 지원이 끊어지거나 줄게 되고, 경기후퇴로 고령층의 일자리가 부족해지면, 노년층의 소비위축은 더 심각해질 것이다.

표 12-7 소득분위별 부채의존표

(단위: %)

	일본	미국	한국	독일	스웨덴
일에 의한 수입	24.3	20.1	37.5	9.6	18.7
공적인 연금	66.3	54.9	10.6	80.7	69.5
사적인 연금	1.2	12.1	2.6	3.6	4.3
예지금 등의 인출	1.4	2.6	8.9	0.7	2.9
재산으로부터의 수입	2.0	5.1	4.7	1.8	0.6
자녀로부터의 원조	1.9	0.7	30.1	0.4	0.0
생활보호	0.8	1.4	4.1	1.3	2.5
기타	1.9	0.8	1.3	0.7	1.5
무응답	0.1	2.3	0.2	1.3	0.0

자료: 일본 내각부 '제7회 고령자의 생활과 의식에 관한 국제비교조사'. 출처는 [그림 12-9]와 동일함.

2 인구구조 변화와 투자지출

투자지출(총자본형성)은 대부분 건설투자, 설비투자, 무형고정투자의 형태를 띠는데, 이 세 항목의 합을 총고정자본형성 또는 국내 고정투자(gross fixed capital formation)라고 한다. 여기서는 국내 고정투자라고 부르겠다. 국내 고정투자의 원천은 국내저축인데, 우리는 앞에서 국내저축이 1990~1995년 기점으로 하락하는 추정결과를 보였는데 투자 또는 그 시기를 기점으로 하락하게 된다.

한국의 고정투자의 GDP 대비 비중은 〈표 12-8〉에 나타난 바와 같이 2005~2010년 평균 28.8%로 OECD 평균 21.7%보다 7.1%p 높다(김태정·이정익, 2013). 고정투자 중 한국의 설비투자비중은 9.4%, 건설투자비중은 17.7%인데 OECD 평균은 각각 7.7%, 12.5%이다.

인구감소가 투자에 영향을 미치는 주요 분야는 건설투자이다. 건설투자 중 특히 주택건설 투자가 감소할 것이다. 2005~2010년 기간 중 GDP 대비 건설투자의 비중은 한국 17.7%, 미국 9.4%, 일본 10.2%, 독일 9.3%, OECD 평균 12.5%이다. 한국의 건설투자 비중은 주택건설 침체로 하락하게 된다. 〈표 12-8〉에 따르면 2011년 한국의 1인당 GDP와 유사한 수준은 일본의 1989~2003년경인데 이때의 GDP 대비 건설투자의 비중은 15.0%였다. 일본이 15%에서 10.2%로 떨어졌음을 감안하면, 한국의 설비투자 비중도 인구감소로 17.7%에서 계속 하락하게 될 것으로 추측할 수 있다.

표 12-8 고정투자, 설비투자, 건설투자의 비중의 국제비교

2005~2010년 (단위: 기간 평균, %)

	한국	미국	일본	독일
고정투자/GDP	28.8	17.6	21.8	17.8
설비투자	9.4	6.3	9.6	7.4
건설투자	17.7	9.4	10.2	9.3

한국과 1인당 GDP가 비슷했던 시기

	한국 (2008~2011)	미국 (1980~1987)	일본 (1989~2003)	독일 (1990~1999)
설비투자	9.6	8.0	10.9	8.1
건설투자	17.2	10.8	15.0	13.2

자료: 김태정 · 이정익, "우리나라 고정투자에 대한 평가와 시사점," 『BOK 이슈 리뷰』, 제2권 제1호, 한국은행, 2013, pp.134~135.

표 12-9 1990년대와 2000년대 해외 직접투자의 국제비교

(단위: 십억 달러, 배)

	한국	미국	일본	독일	OECD평균
1991~2000(A)	33.1	1072.5	231.5	463.3	200.4
2001~2010(B)	109.0	2305.3	559.0	681.6	407.1
B/A(배)	3.3	2.1	2.4	1.5	2.0

자료: 김태정 · 이정익, "우리나라 고정투자에 대한 평가와 시사점," 『BOK 이슈 리뷰』, 제2권 제1호, 한국은행, 2013, p.151.

우리는 앞서 덴트의 가설에 의거, 2013년부터 부동산가격하락이 장기에 걸쳐 진행될 것으로 예측하였는데, 인구감소가 부동산 수요감소를 낳고, 주택투자건설투자를 낮추게 작용하게 된다.

국내설비투자의 규모를 평가해보면, 〈표 12-8〉의 하단에 나와 있듯이 2008~2011년 한국은 9.6%, 이 시기의 한국의 1인당 GDP와 유사한 일본의 1989~2003년에 GDP 대비 설비투자의 비중이 10.9%, 독일의 1990~1999년 8.1%, 미국의 1980~1987년에는 8.0%이다. 김태정 · 이정익(2013)은 이를 토대로 우리의 국내설비투자가 경제발전 단계가 비슷했던 때의 미국, 독일보다 높고, 일본보다는 다소 낮을 뿐 장기균형 상태에서 크게 벗어나지 않았다고 평가하였다.

인구감소는 국내설비투자에 어떤 영향을 미칠까? 청년인구 감소, 고령의 근로자의 저생산성으로 해외 직접투자가 급증하여 국내 설비투자를 대체하게 될 것이다. 〈표 12-9〉에 의하면 한국의 해외 직접투자는, 비록 규모면에서는 OECD 평균보다 크게 낮지만, 2000년대 들어 1990년대 대비 3.3배 증가하여 다른 나라보다 매우 빠르게 증가하고 있다. 10년간 3.3배 증가는 연 12.7%의 증가를 나타낸다.

제조업의 경우에 국한한 김태정 · 이정익(2013)의 분석은 해외직접투자가 10% 증가하면 국내생산을 1.3% 증가시키고 기업의 부가가치생산성(=부가가치/종업원수)은 0.2~0.4% 증가시키는 긍정적 효과를 갖는다. 반면, 국내설비투자를 0.8% 하락시키고, 고용을 0.1% 감소시킨다. 즉 해외투자가 10년간 3.3배 증가했으므로 연 12.7%의 증가율 수치를 대입하면, 생산은 1.65%, 부가가치생산성은 0.25~0.5% 증가하였고, 국내설비투자는 연 1%, 고용은 연 0.13% 감소하게 된 셈이다.

해외로 나가는 공장이 주로 노동집약적 조립가공이므로 국내기업과의 수직적 분업관계로 기업의 부가가치에는 기여하나, 국내 투자와 고용에는 부정적 효과를 보이고 있다.

인구감소로 노동집약적 조립가공 공장의 해외이전이 가속화함에 따라 고용 없는 성장이 이루어지며, 국내투자 저조로 고용이 더 악화될 것으로 예상된다.

3 인구구조 변화와 정부지출

한국에서 일반정부 지출이 GDP에서 차지하는 비중은 1970년대에 17~18% 수준이었으나, 외환위기 직후인 1998년에 23% 수준으로 올랐고, 다시 2008년 금융위기 이후 30%를 초과하였다. 통계상으로 보면 OECD 국가의 1960년대 정부지출 수준으로 볼 수 있다. 그러나 정부지출 규모로만 파악할 수 없는 각종 규제, 정책금융지원, 보조금지원, 세제상의 혜택, 행정지원 등을 감안하면 한국 정부의 시장에 대한 지배의 강도는 세계 최고라고 할 수 있다. 현 시점에서의 한국의 시장경제를 이영훈(2014)은 정부의 규제로 보면 세계에서 가장 심한 국가주의 시장경제 체제라고 불렀다.

과거를 되돌이켜보면, 한국은 정부주도, 재벌주도, 수출주도형 경제개발을 추진해 왔다(안충영, 2001). 정부가 중화학공업화 경제계획을 짜고, 재벌에게 정책금융, 세금감면 및 혜택, 행정상의 각종 지원혜택, 외자도입에 대한 정부의 지급보증 등의 특혜를 제공한 후, 기업은 주요 기술, 부품과 원자재를 주로 일본에서 수입하되, 양질의 노동력을 고용, 조립가공하여 주로 미국시장에 수출하는 방식으로 고도성장을 추구하였다. 선진국에서는 100~200년에 걸쳐 서서히 달성한 공업화를 한국에서는 정부주도, 재벌주도, 수출주도형 경제개발로 불과 30년 만에 달성하였다. 이를 일컬어 **압축형 성장전략**이라고 부른다.

1997년 외환위기는 과거의 압축형 경제성장전략의 파산을 의미하였다. 규제천국의 한국경제에서 앞으로 전개되는 현실은 인구감소와 고령화이다. 청년인구 감소, 베이비붐세대의 은퇴로 인한 재정수입의 감소가 예상된다. 반면 고령화에 따른 사회보장지출의 증가와 저출산을 막기 위한 대책 등의 재정지출의 증가가 예상된다. 경제성장이 호조를 보여 세수가 증가하는 경우에는 예외지만 저성장의 기조에서는 세수 감소, 지출 증대로 인해 큰 폭의 정부재정 적자와 정부부채 증가가 예상된다. 정부의 역할을 어떻게 정립하고 정부 재정지출의 수준을 어디까지로 할 것인가가 국가적 과제(national agenda)가 될 것이다.

이명박 정부는 7%의 경제성장을 공약으로 내걸고 4대강 사업, 경인운하 건설 등 토건사업에 막대한 재정을 투입하였다. 다른 한편으로 성장을 촉진하기 위해 감세를 시행하였지만, 결과는 재정수입이 감소함으로써 정부 부채가 크게 늘어났다. 박근혜 정부의 최경환 경제팀은 2014년 가을에 연 4%의 경제성장을 위해 모든 재정을 투입하겠다며 40조원의 거시정책 패키지를 제시하였다. 더 나아가 저금리정책, DTI(Debt To Income), LTV(Liability To Value) 등 부동산 규제 완화로 소비를 진작시키는 정책을 시행하였다.

피케티의 말대로 이명박 정부의 7% 성장론자들은 '역사와 논리 모두 환상에 젖은 사람들'이다. 현 정부의 4% 성장도 '역사와 논리 모두 환상에 젖은 사람들'의 주장이다. '역사와 논리 모두 환상에 젖은 사람들'의 성장 신기루에 의한 재정운영은 정부재정을 더 왜곡시키고 정부부채만 늘릴 뿐이다.

일본의 경험은 우리에게 시사해주는 바가 크다. 일본이 1989년 기점으로 경제가 장기침체에 빠지자 일본은 양적 완화를 통해 돈을 쏟아붓고 대규모의 확장적 재정정책을 대대적으로 시행하게 된다.

1996년에 일본은 사회간접자본에 약 3,000억 달러를 지출하였다. 같은 해, 일본 인구의 배가 넘고 GDP도 배가 훨씬 넘는 미국의 사회간접자본투자는 1,800억 달러였다. 일본 신문은 "견실한 경제로 되돌아갈 길을 내기 위해 일본은 1.4조 달러에 달하는 금액을 투입하여 이집트 파라오시대 이래로 가장 규모가 큰 공공사업을 단행했다"고 일본 정부의 확장적 재정정책을 평가했다. 일본의 사회간접자본 지출규모가 얼마나 대단한 것이었는지 상상할 수 있는 기사이다. 인구가 희소한 지역까지 곧게 뻗은 멋진 도로들이 놓이고, 조그마한 섬들을 오가는 페리(ferry)들이 교량으로 대체되었으며, 강바닥들이 포장되어 콘크리트 수로를 연상시킬 정도였다. 교량, 도로, 댐, 콘크리트 수로, 방파제는 물론 주차장까지 건설했다. 일본 정부가 경제를 활성화시키기 위해 건설 사업을 이용한 것은 재량적 재정정책, 즉 총수요를 관리하기 위해 의도적으로 정부지출이나 조세를 변화시키는 정책의 전형적인 예이다. 2010년까지의 일본의 재정정책은 경제 회복에 별다른 효과를 낳지 못한 채 여러 해에 걸친 재정적자로 정부 부채가 과도해지는 결과를 초래했다고 평가되고 있다.

부채축소를 촉진하고 강력한 이민정책을 시행하지 않는 한 일본의 실물경제는 회복의 전망을 갖지 못하게 될 것으로 평가되고 있다.

제5절 인구감소시대 거시경제의 균형과 실업

지금까지 설명한 요인들을 고려하면서, 한국 거시경제의 장기 추이를 총수요곡선과 총공급곡선에 의거 설명해 보기로 한다.

1 총수요와 총생산의 동시적 감소

거시경제에서 총수요는 총공급에 비해 늘 예민하게 움직인다. 왜냐하면 총수요의 소비지출은 소비성향이라는 심리적 요인에 의해 영향을 받으며, 투자지출은 기업의 장래 예상이라는 주관적 요인에 의해 영향을 받으며, 이자율은 투기꾼의 유동성 선호라는 심리적 요인에 의해 영향을 받기 때문이며, 정부의 금융정책과 재정정책이라는 단기의 정책결정에 의해 영향을 크게 받기 때문이다.

최초의 거시경제 균형이 [그림 12-10]의 a점에서 성립하고 있다고 가정하자. 총수요곡선은 우하향의 기울기를 갖는다, y_0는 자연산출량이라고 하자. 인구구조변화로 소비지출과 투자지출의 감소로 총수요에서 AD_1으로 먼저 감소한다. 총공급곡선이 AS_0로 유지되고 있는 한, 거시경제의 균형은 b로 이동한다. 물가의 하락 즉 디플레이션을 관찰하게 될 것이다.

그림 12-10 총수요와 총공급의 감소

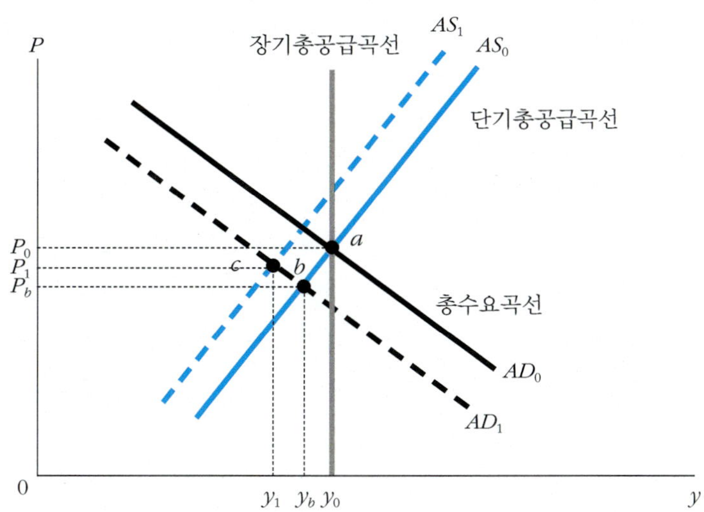

그러나 인구감소로 위에서 논의한 노동투입 감소, 자본투입 감소, 총요소생산성 감소로 인하여 총공급곡선이 [그림 12-4]와 같이 AS_0에서 AS_1으로 좌측이동하게 된다. 총수요 감소와 총공급 감소로 인한 거시경제균형점은 [그림 12-10]의 c점이 된다.

그 결과 거시경제 균형점 a와 c를 비교하면, 총산출은 하락, 물가는 다소 하락—총공급곡선과 총수요곡선의 이동 정도에 따라서, 하락하거나 종전과 같거나 또는 상승할 수도 있다—하게 된다. 산출량 감소는 총수요 감소로 인한 감소분인 y_0y_b와 총공급 감소에 기인하는 y_by_1으로 구성된다.

y_0가 초기 자연산출량 수준이라고 하면, y_1은 초기 자연산출량 미만의 수준이며, 실업은 초기 자연실업률 이상으로 크게 증가하게 된다.

인구감소시대 경기침체와 높은 실업을 총수요-총공급 모형은 예측하고 있다.

2 자연실업률 이상의 실업이란?

경제학에서 전통적으로 구분하는 실업 유형은 **마찰적 실업**, **구조적 실업**, 그리고 **경기적 실업**이다. 마찰적 실업은 자연실업률과 관련되어 있고, 구조적 실업은 총공급의 감소와 관련되어 있으며, 경기적 실업은 총수요 감소와 관련 되어있다. 자연실업률 이상의 실업은 전통적 실업 유형의 개념을 이용하자면 구조적 실업과 경기적 실업의 합으로, 실제 실업에서 마찰적 실업을 뺀 후의 실업이다. 실업의 전통적 유형을 다시 정리한 후 자연실업률 이상의 실업을 정의하도록 한다.

(1) 마찰적 실업

노동시장에서 기업의 구인(求人)과 근로자의 구직(求職)이 정보의 불완전성으로 인해 언제나 완벽하게 연결(job match)되는 것은 아니다. 따라서 노동시장에서 기업의 구인과 근로자의 구직에는 탐색활동비용(search cost)이 들기 때문에 빈 일자리가 있어도 적당한 사람을 구하지 못하는 기업이 있는가 하면, 일을 할 능력을 가지고도 적절한 일자리를 구하지 못하여 실업상태에 처하게 되는 근로자가 있게 된다. 또한 직장을 바꾸는 과정에서 보다 나은 일자리에 대한 정보를 탐색하는 과정에서 일시적으로 실업할 수도 있다. 이와 같이 발생하는 실업을 마찰적 실업이라고 한다.

계절적 실업 또는 일시적 교란요인에 의한 실업도 마찰적 실업에 포함된다. 계절적 실업은 작업의 계절적 변동이나 영업의 계절적 비수기 등의 이유로 발생하는 실업이다. 건설업, 농업, 관광업 등과 같이 기후, 계절 등의 변화에 따라서 생산 또는 서비스 활동이 변동하는 산업에서 발생한다. 또한 경기변동과 관계없이 특정 산업이나 특정 기업에서 일시적 교란요인(예컨대, 비 피해 또는 예기치 않은 화재)에 의해 생산차질이 있을 수 있고 이로 인해서도 실업이 발생할 수 있다.

(2) 구조적 실업

어느 경제에서나 경제 전체적인 경기변동의 수준과 무관하게 산업구조의 변동이 있기 마련이다. 특히 글로벌 경제에서는 자유무역이 전개되고, 자본의 국제간 이동이 쉬워짐에 따라 산업의 비교우위가 바뀌고 산업구조가 변동한다. 산업구조 변동시 성장산업에서 기업들이 요구하는 기술과 쇠퇴·사양산업에 있던 근로자들이 제공하는 기술이 서로 맞지 않아서 쇠퇴·사양산업에 종사하던 근로자들이 성장산업으로 즉시 이동할 수 없어 실업자가 되는 것을 구조적 실업이라고 한다. 일반적으로 구조적 실업이란 기업의 공석(vacancies)에서 요구하는 기술수준과 근로자들이 공급하는 기술수준간의 불합치(mismatch of job and workers) 때문에 발생하는 실업이다.

또한 경제 전체로는 노동수요가 충분한데도 지역간 불균등 발전이 있을 때, 성장지역의 기업들이 요구하는 기술수준과 낙후지역에서 이주해 온 근로자들의 기술수준이 맞지 않을 때 구조적 실업이 발생한다.

(3) 경기적 실업

경기적 실업이란 경기후퇴 및 불황에 수반하여 발생하는 실업이다. 경기가 경기회복, 호황, 후퇴, 불황이라는 네 국면을 반복하며 변화할 때, 경기후퇴기에는 판매부진, 재고누적에 따라 노동에 대한 수요가 감소하여 기업은 근로자를 해고하게 되는데, 이때 심각한 실업이 발생할 수 있다. 이처럼 경기변동 중의 한 국면인 경기후퇴기 및 불황기에 나타나는 실업을 경기적 실업이라 한다.

경기적 실업은 비자발적 실업이다. 실업은 크게 자발적 실업과 비자발적 실업으로 나눌 수가 있는데, 비자발적 실업(involuntary unemployment)은 근로자가 일할 의사와 능력을 가지고 있음에도 불구하고 본인의 의사와는 관계없이 실업상태에 빠진 경우를 지칭한다. 자발적 실업(voluntary unemployment)은 마찰적 실업의 주된 특징이 되며, 비자발적 실업은 경기적 실업과 구조적 실업과 관련되어 있다.

경기적 실업은 수요부족 실업이다. 실업을 크게 수요부족 실업(demand deficient unemployment)과 비수요부족 실업(non-demand deficient unemployment)으로 나눌 수

도 있는데, 수요부족 실업은 경기적 실업을 의미하며, 비수요부족 실업은 마찰적 실업과 구조적 실업을 의미한다.

(4) 자연실업률 이상의 실업

모든 종류의 실업이 사회적으로 문제가 되는 것은 아니다.

앞서 살펴본 바와 같이 실업은 노동시장에서 정보의 불완전성 때문에 근로자의 직장탐색과정에서 일어날 수도 있다(마찰적 실업). 그러나 이러한 종류의 실업은 노동력을 보다 효율적으로 배분하는 긍정적인 측면을 갖고 있기 때문에, 모든 종류의 실업이 반드시 바람직하지 않은 것은 아니라는 점에 유념하여야 한다.

실업이 사회적으로 문제가 되는 것은 **자연실업률**(natural rate of unemployment) 이상의 실업률과 관련된 실업이다. 자연실업률은 마찰적 실업과 관련된 실업률이다. 또 다르게 표현하는 방법은 우리는 제7장에서 노동수요와 노동공급이 균형을 이루는 정상적인 상태를 정상균형 상태라 하고 이때의 실업률을 정상균형실업률 또는 자연실업률이라고 정의한 바 있다. 여기서는 자연실업률을 마찰적 실업과 관련된 실업률을 지칭하는 것으로 정의한다. 그러나 두 정의는 본질적으로 동일하다.

실제실업률과 자연실업률간의 차이를 **실업갭**(unemployment gap)이라고 부른다. 실업갭을 u^*라고 하고, 실제실업률을 u, 자연실업률을 u_e로 표시하면 u^*는 다음과 같게 된다.

$$u^* = u - u_e \qquad (12.27)$$

여기서 $u^* > 0$이면 이는 경기적 실업과 구조적 실업을 나타내고, u^*의 크기는 실업의 강도를 측정한다. 따라서 실제실업률에서 자연실업률을 뺀 실업갭이 실업대책의 정책지표로 간주될 수 있다.

3 한국의 특수성: 잠재실업

한쪽에서는 극도의 취업난과 재취업의 어려움을 호소하지만, 통계적으로 한국의 실업률은 3%에 불과하다. 통계적으로 낮게 나오는 3% 수준의 실업률을 자연실업률과 자연실업률 이상의 실업으로 구분하는 것이 의미가 있는 구분일까?

우리는 이미 제1장 [그림 1-3]에서 비경제활동인구 중 잠재실업자라는 개념을 정립한 바 있다. 일자리를 원하나 구직활동을 않고 있는 실망실업자, 취업준비생, 일자리를 원하고 구직활동을 하더라도 즉시 현재 즉시 취업이 가능하지 않은 사람들, 간헐적으로 경제활동에 참가하는 계절적 실업자 등이 잠재실업자에 속한다. 경제활동인구조사에서 이와 같이 정의된 잠재실업자를 계산하고, 통계상의 실업자와 잠재실업자의 합을 사실상의 실업자로 정의하고 이들을 실업대책의 대상으로 삼는 것이 하나의 방법이 된다.

또 다른 방법은 노동시장의 활동상태간 이동을 살펴보는 것이다. 그 방법은 Marston(1976)에 의해 체계화된 노동시장의 **스톡-플로우 모형**인데 이를 간단히 살펴보면 다음과 같다.

노동력 상태가 취업, 실업, 비경제활동상태로 삼분된다는 점을 상기하자. 일정 시점(월 또는 년)의 노동시장에서 취업자수, 실업자수 및 비경제활동인구수를 각각 E_t, U_t, N_t라고 표시하자. 그리고 1개월(또는 1년) 후의 노동력 상태에서 취업자수, 실업자수 및 비경제활동인구수를 각각 E_{t+1}, U_{t+1}, N_{t+1}이라고 표시하자. 이들은 모두 스톡변수들이다.

t시점에서 $(t+1)$시점으로의 노동력 상태의 변화는 〈표 12-10〉에 나타난 바와 같이 9개의 서로 다른 경제활동상태간 흐름으로 파악할 수 있다. EE는 t기에 취업자가 $(t+1)$기에도 취업자인 사람 수를 나타내며, EU는 t기에 취업자였으나 $(t+1)$기에는 실업자로 이동한 사람의 수를 표시한다. 따라서 9개 범주의 흐름은 t기의 노동력 상태에서 $(t+1)$기의 다른 노동력 상태로 이동한 근로자수, 즉 플로우변수를 나타낸다.

〈표 12-10〉으로부터 **이행확률**(transition probability)이라는 개념이 도출된다. 예컨대 〈표 12-10〉이 보여주는 바는 t시점에서 취업자 수는 E_t인데, 이들 중 $(t+1)$기에는 EE만큼의 사람은 여전히 취업자이며 EU만큼의 사람은 실업자로 이동하고 EN만큼의 사람은 비경제활동인구로 이동하였다는 것이다. 따라서 이들을 t시점의 취업자수로 나눈 EE/E_t, EU/E_t, EN/E_t은 각각 t시점에서 취업자가 계속 취업하고 있을 확률, 실업으로 이행할 확률, 비경제활동인구로 이행할 확률을 나타낸다.

표 12-10 노동시장의 플로우 및 플로우율

		$(t+1)$기의 노동력 상태		
		E_{t+1}	U_{t+1}	N_{t+1}
t기의 노동력 상태	E_t	$EE(ee)$	$EU(eu)$	$EN(en)$
	U_t	$UE(ue)$	$UU(uu)$	$UN(un)$
	N_t	$NE(ne)$	$NU(nu)$	$NN(nn)$

우리는 노동시장의 스톡-플로우 모형을 이용하여 잠재실업을 추계할 수도 있다. 위의 표에서 비경제활동인구 풀을 상상하고 취업에서 비경제활동인구가 된 사람(*EN*)과 실업에서 비경제활동인구가 된 사람(*UN*)은 이 풀에 진입한 사람이며 이들을 잠재실업자라고 할 수 있다. 또한 비경제활동인구에서 실업(*NU*)이나 취업(*NE*)으로 이동한 사람은 비경제활동인구풀에서 탈출한 사람으로 이들도 잠재실업자로 간주할 수 있다. 비경제활동인구풀에서 진입한 사람, 이 풀에서 탈출한 사람을 잠재실업자로 간주할 수 있다.

구체적 예를 들어보겠다. 〈표 12-11〉은 2012~2013년간 한국에서의 경제활동상태간 이행을 보여주고 있다. 경제활동인구조사에서 2012년 취업자수는 24,681천명, 실업자 820천명, 비경제활동인구 16,081천명이다. 2012년 비경제활동인구로서 2013년 취업하거나 또는 실업풀로 나온 사람은 비경제활동인구의 11.1%에 해당한다. 비경제활동인구 중 11.1%가 잠재실업자라면 이는 1,785천명에 달한다. 실업자와 잠재실업자를 합하면 2,605천명이 된다. 이들 확장된 실업자를 기준으로 실업률을 구하면, 즉 2,605천명/(취업자24,681천명+잠재실업자 2,605천명)으로 계산되는 '사실상의 실업률'은 9.5%이다.

또는 2012년 실업자로서 비경제활동인구가 된 사람은 실업자 820천명 중 39.3%인 322천명, 2012년 취업자로서 비경제활동인구로 된 사람은 24,681천명의 6%인 1,481천명으로 잠재실업자 수는 1,803천명이 된다. 실업자와 잠재실업자를 합하면

표 12-11 2012~13년 중 한국의 경제활동상태간 이행확률

(단위: %)

구분	2013년 / 2012년	취업자	실업자	비경제활동인구	계
전체	취업자	93.0	1.0	6.0	100.0
	실업자	51.3	9.5	39.3	100.0
	비경제활동인구	9.4	1.7	88.9	100.0
남성	취업자	94.8	1.3	3.9	100.0
	실업자	60.8	10.6	28.6	100.0
	비경제활동인구	9.7	2.7	87.6	100.0
여성	취업자	90.2	0.6	9.2	100.0
	실업자	35.4	7.6	57.0	100.0
	비경제활동인구	9.1	1.0	89.9	100.0

자료: 2015 고용노동백서, 고용노동부, p.444.

2,623천명이 된다. 이들 확장된 실업자를 기준으로 실업률을 구하면, 즉 2,623천명/(취업자 24,681천명+2,623천명)으로 계산되는 '사실상의 실업률'은 9.6%이다.

이 두 수치의 평균값으로 계산되는 사실상의 실업률은 9.55% 수준이다.

통계청은 매월 이러한 방식을 적용하여, 매월의 잠재실업자수, 매월의 사실상의 실업률을 계측할 수 있게 될 것이다. 실직자들이 실업풀에 머물러 실업자로 분류되지 않고 쉽게 비경제활동인구로 분류되는 한국의 특수성을 감안하면, 스톡-플로우 모형을 이용하여 사실상의 실업자 계측이 가능하다고 판단된다.

한국의 자연실업률에 관한 최근의 한 연구는 그것이 3% 수준임을 제시하고 있다(권규백 등, 2015). 사실상의 실업률이 9.6%라면 그리고 자연실업률이 3%라면, (사실상의 실업률−자연실업률) 즉 6.6% 가량이 실업대책의 대상자가 되어야 하며, 이는 구조적 실업과 경기적 실업에 기인한다고 볼 수 있다.

제 6 절 실업대책

1 실업대책은 왜 필요한가?

과거 한국경제에서 실업은 그다지 중요한 문제가 아니었다. 우리나라의 지난 35년간 실업수준은 다른 선진국에 비해 대단히 낮은 수준이었다. 그러나 경제의 서비스화가 진전되고 고용형태가 다양화·유연화되면서 전통적인 제조업의 평생직장 일자리는 크게 줄어들었다. 글로벌화로 인해 기업들은 항상적인 고용조정의 위험에 놓여 있다. 더군다나 현재 전개되는 인구구조 변화로 장기침체와 고실업이 예견되기 때문에 실업은 이제 정책입안자는 물론 국민들이 가장 관심을 갖는 분야가 되었다.

실업이 갖는 개인적 또는 사회적 문제는 다음 몇 가지로 나누어 볼 수 있다.

첫째, 실업은 노동판매 이외에 별다른 생활수단을 갖지 못한 사람들에게는 소득기회를 박탈하여 그 생존기반을 위태롭게 한다.

둘째, 개인은 생애경력경로에서 경험, 기술, 지식 등 인적자본을 축적하는데, 잦은 실업은 개인의 경험, 기술, 지식 등의 인적자본을 손상시키며 동시에 그것을 축적할 기회를 박탈한다.

셋째, 실업은 사회적 관점에서는 유용한 자원의 비효율적 이용을 의미한다. 실업상태에 놓인 사람들이 생산에 참여하였더라면, 즉 인적자원이 보다 효율적으로 이용되었더라면, 보다 높은 생산이 가능하였을 것이라는 의미에서 실업은 사회경제적 자원낭비인 것이다. 미국의 경제학자 오쿤(A. Okun)은 실업률이 1% 증가할 때, 국민총생산이 약 2%씩 감소한다는 경험적 법칙을 발견하였다. 반대로 실업률이 1% 감소하면 국민총생산은 약 2%씩 증가하게 된다. 실업률과 국민총생산 사이의 이와 같은 관계를 오쿤의 이름을 따서 '**오쿤의 법칙**(Okun's Law)'이라고 부르는데, 이는 실업의 총생산물의 손실효과를 예시한다고 하겠다.

넷째, 실업은 개인적으로 수치심과 자존심의 상실을 수반한다. 실업기간이 길어짐에 따라 '당당한' 개인은 '비굴한' 인간으로 전락하고 각종 심리적 스트레스로 인한 알코올중독, 정신질환, 자살, 범죄, 살인, 이혼 등을 야기한다. 잦은 실업은 개인을 무기력하고 무능하게 만들어 이들을 사회침전계층(social underclass)으로 전락시킬 수도 있다.

실업은 인간에게 큰 고통을 주나 다른 한편으로는 시장경제에서 인간을 순치시키는 긍정적 기능을 갖는다. 무분별한 탐욕과 제어할 수 없는 이기심과 이에 따른 무질서는 가정교육, 학교교육에 의해 순치되기도 하나, 예상하지 않았던 실업의 고통에 의해 교정되기도 한다. 이를 실업의 규율효과라고 한다.

2 실업대책의 3대 구성요소와 추진방법

실업대책의 제1원칙은 제6장 7절에서 설명한 '쉬운 해고'제도를 비롯한 노동시장 유연성을 확립하여야 한다는 것이다. 실업을 해결하기 위해 실업을 낳는 '쉬운 해고' 제도를 우선적으로 확립해야 한다는 것은 모순(矛盾)처럼 들릴 수가 있다. 쉬운 해고가 가능해야 기업의 구조조정이 쉽게 이루어지고, 기업의 경쟁력을 높여 다시 고용창출이 일어날 수 있기 때문이다. 고실업을 낳는 근원적 요인인 인구감소에 대응하기 위하여 시행하여야 할 개방적 이민정책에 앞서서도 쉬운 해고제가 확립되어야 한다. 외국인 기업유치를 위해서도 쉬운 해고가 선결조건이다.

실업대책의 제2원칙은 사회안전망의 확대이다. 실업이 개인과 가족의 생존에 대한 위협을 낳고, 개인의 자존감을 손상시키며, 사회의 침전계층으로 전락할 가능성을 낳기 때문에 실업부조제 도입, 넉넉한 실업급여의 제공이 필요하며, 이를 위해서는 정부재정의 과감한 투입이 필요하다는 점을 우리는 제6장 7절, 제11장 5절과 6절에서, 그리고 재원조달방식은 제11장 7절에서 상세히 다룬 바 있다.

실업대책의 제3원칙은 실업자의 기술 업그레이딩 훈련, 취업알선이라는 고용서비스의 제공을 통해 실업자의 재취업을 지원하는 것이다. 우리는 취업알선이라는 고용 서비스의 필요성을 제7장 2절에서 다루었고, 기술 업그레이딩 훈련의 필요성은 제5장 8절, 제6장 4절에서 제시된 바 있다. 이는 지역별로 진행되어야 함을 제11장 7절에서 제시하였다.

이와 같은 세 원칙은 덴마크의 유연안정망(flexicurity network)에 잘 구현되어 있다.

보수주의자들은 제1원칙만 강조하고 제2원칙과 제3원칙을 소홀히 한다. 보수주의자들은 기업에의 지원을 통한 경제성장과 일자리창출이 실업의 유일한 해법인 것처럼 말한다. 그러나 우리는 이 책에서 글로벌 경쟁의 시대에서 기업에 대한 지원은 간접지원 즉 해고비용의 사회화이며, 이는 근로자에 대한 생계지원이지만, 종전에 해고비용의 대부분을 맡아온 기업에게는 해고비용을 감면시키는 것이기에 기업에 대한 지원이 됨을 강조하였다. 외국인 기업 유치의 원활화를 위해서도 해고의 자유 및 해고비용의 사회화가 필수적이다. 우리는 보수주의자들이 우리의 제안에 동의하길 바란다.

반면, 노동조합 간부와 진보주의자는 제2원칙과 제3원칙은 옹호하되 제1원칙은 결사반대한다. 제1원칙에 반대하는 이유는 해고는 노동자의 생존권을 박탈하고, 재취업하려고 해도 일자리가 없기 때문에 해고는 근로자를 사지(死地)에 몰아넣는 것이라고 주장한다. 제2원칙에 의해 실업시 넉넉한 생계지원을 2~3년 해주고, 제3원칙에 의거 재취업을 위해 직업안정기관과 직업훈련기관이 적극 나서면 생존권도 보장되고 재취업도 가능해진다. 생존권이 보장되고 재취업의 가능성이 열리면, 쉬운 해고를 반대할 이유가 없게 될 것이다. 특히 북유럽의 사회적 시장경제 모형을 추구해야 한다고 주장하는 진보주의자들은 기업에게 해고의 자유는 주되 그 부작용을 국가개입에 의해 해결한다는 관점을 가져야 한다. 기업에게 해고의 자유를 주지 않고 사회적 안전망이 취약한 상태로 운영되는 국가는 국가주의 시장경제 또는 관치국가이며, 관치국가는 근로자의 고용안정을 위협하고 소득불평등을 낳는 근원적 요인이라는 시각에는 동감을 가질 것이다.

우리는 해고시 사회적 안전망이 확고한 공무원 부문을 주목하였다. 공무원 부문은 견실한 연금제도로 사회안전망이 확고하기 때문에 우리는 제8장 6절에서 공무원 부문의 쉬운 해고제 도입과 구조조정을 최우선의 과제를 제안하였다. 공공부문에서 노동시장 유연성 정책을 시행하는 2~3년의 과정 동안, 민간부문 사회적 안전망을 완비하여, 노사간의 대타협에 의해 민간부문에서 쉬운 해고제를 도입할 것을 이 책은 제안한다.

3 잠재실업에 대한 대책: 이행노동시장 전략

우리는 더 나아가 제6장 7절에서 이미 설명한 바와 같이, 잠재실업자에 대해서는 이행노동시장(TLM)전략을 적용하기를 제안한다.

이행노동시장(Transitional Labor Markets: TLM) 이론과 정책은 '실업으로부터 취업에로의 이행'을 촉진하는 정책의 범위를 확장하여, 경제활동상태 간 이행에서 상향이동(즉 '좋은 이동')을 촉진하는 노동과 복지의 결합 정책이다. 현재의 비경제활동인구인 전업 주부를 경제활동인구로, 현재의 실망실업자를 취업자로, 현재의 비정규직 근로자를 정규직 근로자로, 현재의 정년퇴직자를 파트타임 근로자로 이행하는 것을 돕고 촉진하는 노동과 복지의 다양한 정책조합이 요청된다.

한국 노동시장정책의 출발점은 사회에서 가장 불우한 위치에 있는 사람들에 대한 기초생활보장제의 내실화, 기술업그레이딩을 위한 직업훈련, 실업부조와 넉넉한 실업급부를 제공하는 사회안전망과 쉬운 해고라는 노동시장 유연성의 결합에 있다.

이 책에서 강조한 것은 인구감소시대 실업을 해결하고 고용의 질을 높이기 위해서는 경제활동상태 간 이행에서 상향이동(또는 '좋은 이동')이 중요하고 이를 위해서는 총요소생산성의 획기적 증대가 필요하다는 것이다. 이것이 이 책에서 가장 강조하는 주제이기도 하다.

제7절 일자리 창출을 위한 거시경제 정책

1 거시경제안정화를 위한 기본 규범: 고성장 정책의 포기

지속적 성장에 의해 실업문제를 해결하며 거시경제를 안정화시키자면 다음 몇 가지 규범적 원칙이 지켜져야 할 것이다.

첫째, 케인즈가 언급한 3대 심리적 요인에 의한 불황의 경우, 즉 가계의 소비성향과 기업의 장래예상수익률이 급속히 하락하고 재산가의 화폐보유성향 등이 지나치게 강화됨에 따라 총수요가 급락하여 대량실업이 발생하는 경우, 혹은 글로벌 경제에서 외국투자가의 심리적 위축으로 외환위기가 발생이 예견되는 경우에는, 정부는 가계, 기업, 재산가, 외국투자가의 심리적 요인을 안정적으로 회복시키는 수준까지 개입하여야 하며, 그 이후에는 민간경제의 자율적 결정에 맡겨야 한다.

둘째, 산이 높으면 골이 깊듯이 지나친 호황기 이후 심각한 불황이 발생하기 때문에 정부는 1970~1997년까지 약 30년간의 지나친 호황, 지나치게 낮은 실업률 이후 앞으론 상당기간 동안 저성장과 실업이 있을 수밖에 없다는 인식을 가져야 한다. 1970~1997년간의 기간을 바람직한 것으로 생각하여 고성장을 위해 정부가 직접적으로 개입하는 정책을 버리고 1인당 잠재성장률을 2.5% 기준으로 거시경제를 안정적으로 운용하여야 하며, 고도성장이라는 신기루를 경계하여야 한다.

셋째, 한국은 일본이 1996년 이후 10년간 진행시킨 재량적 재정정책, 예컨대 과도한 사회간접자본 지출(도로건설, 댐건설, 다리건설, 하천바닥의 콘크리트설치에 의한 콘크리트 수로건설 등)이라는 건설사업 중심의 확장적 재정정책을 지양하여야 한다. 재량적 재정지출 확대보다는 총공급 중시의 경제정책에 역점을 두어야 할 것이다.

2 총수요 측면의 정책: 가계부채에 대한 적극적 대응

총수요와 관련하여 시급한 대책이 필요한 분야는 가계부채이다.

앞의 〈표 12-6〉에서 우리는 가처분소득 대비 원리금상환액 비율에 의거, 저소득계층의 지난 2년간 원리금 상환이 너무 과중하여 가계부실 위험성이 이전보다 크게 증가하였다고 평가하였다.

가처분소득 중 40% 이상이 원리금 상환에 충당한다면, 이는 상환취약가구(국회예산정책처, 2015), 상환불능가구, 파산직전 가구로 보아도 무방하다. 〈표 12-6〉에는 1분위 계층 중 파산직전 가구의 비중은 16.1%, 2분위 계층에서는 13.1%로 나타나고 있다. 상대적 고소득층인 4,5분위 계층은 투자, 투기 목적으로 부채가 증가한다. 고소득층은 가처분소득 및 보유하고 있는 실물자산의 매각으로 부채를 상환할 수 있기 때문에 큰 문제가 되지 않는다. 그러나 저소득 계층의 파산직전 가구에 대해서는 특별한 대책이 요청된다.

만약 일본의 잃어버린 20년의 경우와 같이 급격하게 부동산 버블이 꺼지지는 않는다고 하더라도, 인구감소로 집값은 내려가기 마련이고, 미국의 무제한적 양적완화가 종료되고 금리인상의 여파로 국내 금리가 오르게 되면 부채가 집값을 상회하는 깡통가구가 급증하고, 채무불이행으로 대거 파산할 위험이 존재한다. 더 나아가 은행이 파산하고, 또 다른 IMF 구제금융의 위기가 닥칠 수 있다. 기업부채에 기인한 1997년의 제1의 외환위기를 겪은 한국은 가계부채에 기인한 제2의 외환위기를 겪게 될지도 모른다. 제1의 위기에서는 은행에 국민의 혈세인 공적자금을 대대적으로 은행에 투입하고 기업부채의 구조조정을 시행했지만, 제2의 위기에서도 은행을 살리기 위해 국민의 혈세인 공적자금을 대대적으로 투입할 것인가? 가계의 채무구조조정은 집을 압류당한 채 길거리로 나앉는 것 이외에 다른 방법이 없는 것인가?

Atif Mian and Amir Sufi(2014)는 미국에서 대공황 이후 있어 왔고 앞으로도 활용 가능한 다양한 방안들을 제시하고 있는데, 이 중에서 흥미 있는 두 가지 대책을 소개하겠다.

첫째, 미국 대공황 시기 정부는 주택소유자대부공사(HOLC; Homeowners' Loan Coperation)[1)]를 설립하고 세금으로 가계대출의 채권을 민간은행으로부터 사들여, 원리금 상환기간 즉 모기지 기간을 15년으로 연장해 주고(당시 최대 5년 만기의 주택담보대출이 일반적이었다), 이자율도 민간은행보다 다소 낮게 하였다. 때로는 원금 일부를 탕감한 후 15년의 원리금 상환기간을 제시하였다. 1936년 당시 미국 전체 주택소유자의 10%가 주택소유자대부공사의 채무자가 되었다. 주택소유자대부공사에 대한 광범위한 연구 결과, 납세자에게 일부 손실을 안기긴 했지만 채무자와 채권자 모두에게 돌아간 이익이 훨씬 컸다고 결론내리고 있다(Mian & Sufi: 210).

둘째, 파산법원의 판사에게 주택소유자의 원금 채무를 탕감하여 상환부담을 낮추어주는 법적 권한을 허용하자는 것이다. 이러한 권리를 **크램다운**(cram-down)이라고 한다. 원금 일부 탕감으로 주택소유자는 원리금 상환 부담이 낮아지고, 자신의 집에 대해 일정 지분을 갖게 되므로 채무를 변제할 유인이 되기 때문에 채무불이행을 막는 가장 효과적인 방안이라고 하였다. 국제통화기금도 크램다운, 즉 채권자의 동의 없이도 주거 목적으로 살고 있는 집에 대한 모기지를 파산법원이 재조정하는 것을 적극적으로 고려할 필요가 있다고 하였다(Mian & Sufi: 215). 한국의 경우, 은행채무 불이행시 집 압류와 경매가 시행되는데, 주거 목적으로 살고 있는 집의 경매 이전 단계에서 파산 선언을 쉽게 하고, 판사에게 채무 탕감의 재량권을 부여하는 방안을 고려할 수 있을 것이다.

배영목(2014)은 상환불능가구가 왜 자금을 차입하는지, 즉 상환불능가구의 차입 동기를 조사하였는데, 2010~2013년에 생활비 39.5%, 사업자금 27.4%, 거주주택구입, 25.1%, 부채상환 14.3%, 기타 부동산 구입 9.5%, 전월세 상환 9.2%, 교육비 6.5% 등으로 나타났다. 생활비, 주거비에 기인하는 만성적인 가계적자, 그리고 영세자영업자의 사업자금이 금융부채를 낳고 상환불능으로 내몰고 있다고 할 것이다.

---

1) 이는 정부 소유의 주택은행이라 할 수 있다.

3 총공급 측면의 정책

총공급 측면의 정책은 노동공급의 증대, 자본투입의 증대, 총요소생산성의 증대로 나누어 볼 수 있다.

(1) 노동공급의 증대

우리는 제6장에서 인구감소시대 노동에 대한 수요와 노동의 공급 감소로 고용량이 감소됨을 설명하였다. 이 장에서도 인구 감소로 총공급이 감소되고 총수요가 감소됨을 설명하였다. 따라서 거시경제를 안정시키고, 성장동력을 회복하기 위한 제1의 정책은 인구 감소를 되돌이키는 정책 즉 개방적인 이민정책(제6장 6절 참조)이다. 우리는 앞으로 30년간 지속적으로 청년인구 감소분의 1/2을 외국인 이민도입으로 해결하되 나머지 1/2은 여성, 중고령자 고용기회의 확대, 출산장려로 30년 후에 노동시장에 등장할 청년으로 노동력 감소분을 리필(re-fill)하기를 제안하였다. 그리고 한국인 국가의 원형(原型)은 단일 민족국가가 아니라 다민족 국가였음을 강조하였다. 제6장 8절에 노동공급의 증대 방안이 구체적으로 제안되어 있다.

(2) 자본스톡의 증대

자본스톡을 증대시키는 방법은 외국인 투자를 적극적으로 유인하는 것이다. 국내 제조업 대기업이 해외로 공장이전은 OECD 국가들의 추이를 살피건대 앞으로 더 가속화될 것으로 보인다. 정부가 할 일은 국내에로 외국인 기업의 공장이전의 적극 유치라고 할 수 있다. 동북아에 위치한 한국이 갖는 이점은 중국, 일본과의 지리적 근접성이다. 미국과 유럽의 기업들은 제조공장을 중국에 위치시키되 신상품 기획, 재무, 디자인 등 기업의 핵심부문을 한국에 위치시키기를 원할 수 있다. 또한 일본의 기업들은 중국에 진출한 일본기업들을 지원할 핵심부품, 기계, 원자재 생산을 한국에서 수행하기를 원한다. 중국에는 젊은 생산직 인력이 풍부하고, 한국에는 고급 전문기술인력이 풍부하기 때문이다. 우리는 제6장 8절과 이 장의 4절에서 외국인투자의 획기적 증대를 제안하고 있다. 우수한 전문기술인 이외에도 저렴한 공장부지 제공, 각종 규제의 폐지·완화를 위해 우리는 분권형 연방국가제를 이 책의 에필로그에서 제안하고 있다.

(3) 총요소생산성의 획기적 증대

(i) 시장저해적인 규제의 폐지

총요소생산성 증대를 위해서는 재능을 단련하고, 창의적 사고를 하며, 남을 존중하고 배려하는 개인 배양을 위한 교육개혁, 대학과 대학원의 수준 높은 교육을 통한 기술지식의 축적, 개인의 혈연, 학연, 배경보다는 개인의 능력이 중시되고 존중되며, 남을 배려함에서 오는 신뢰와 화합이라는 내용을 갖는 사회적 자본의 확충 등이 중요하다.

무엇보다도 총요소생산성의 획기적 증대를 위해서는 우리는 시장저해적인 규제를 폐지하며, 시장정합적인 규제를 정립하는 것이 가장 중요하다고 강조하였다. 시장정합적 규제를 만들어내기 위해서는 포용적 정치제도를 이루어내는 국가 권력구조 개편과 관료의 개혁을 제안하였다. 이는 신제도학파의 접근방식이다.

신제도학파의 접근방식은 이 책의 프롤로그에서 설명한 바와 같이 [포용적 정치제도, 유능한 관료 → 깨끗하고 유능한 정부 → 시장정합적 규제 → 자유 시장경제에 의한 국가 번영]이라는 논리구조를 갖고 있다. 반면, [권위주의적이며 중앙집권적 국가, 특권이익을 위해 일하는 관료 → 부패하고 무능한 정부 → 시장 옥죄는 규제 → 지난 40여년 간의 수출주도형 경제발전으로 성립된 시장경제의 장기 침체와 국가 쇠퇴]라는 논리를 동시에 개진하고 있다. 제5장 8절과 제6장 8절에서에 논의한 교육개혁에 의한 인재양성, 기술진보를 지원하고 평등의 촉진을 이루어내는 유능한 정부, 제6장 7절, 그리고 제11장 6절에서 제시한 노동시장 유연성을 이루어 내는 정부, 동시에 사회적 안정망을 확고히 하여 사회를 신뢰하고 구성원간 서로 협력하는 정신을 유인하는 유인해내는 정부의 구성을 위해서 우리는 포용적 정치제도와 관료개혁을 역설하였다.

유능하고 청렴한 정부, 시대적 과제에 올바른 정책방향을 제시하는 역량 있는 정부를 스마트 정부라고 할 수 있다. 동시에 복지, 보건, 문화 분야에서 대국민 서비스를 수요자의 니즈에 맞게(user friendly) 제공하는 정부가 스마트 정부이다. 스마트 정부의 반대말은 무능하고 부패한 정부, 상명하복의 권위주의적 정부, 재벌과 유착된 정부, 재벌과 특권층의 반칙과 탈법에 대해 관용적인 정부, 법보다 권력을 우선시 하는 정부, 독과점 기업에 특혜를 제공하고 독과점기업 간의 담합과 불공정거래를 묵인하는 정부라고 할 수 있다.

스마트 정부는 어떤 일을 수행하여야 할까? 우리는 총요소생산성 증대와 관련하여 세 정책을 추가적으로 제시하겠다. 이들은 시장정합적인 규제들과 관련되어 있다.

(ii) 공정거래질서의 확립

무엇보다도 정부는 공정거래질서 확립을 해야 한다. 장하성(2014)은 불공정 경쟁의 사례로서 사업 낚아채기, 일감 몰아주기, 부당내부거래, 독과점기업들의 담합, 원청기업의 갑(甲)질 등을 들고 있다.

사업 낚아채기는 하청기업의 사업이 커지면, 그 사업을 수단과 방법을 가리지 않고 빼앗아 원청기업의 계열사로 편입시키는 것을 말한다.

일감 몰아주기는 재벌그룹 대부분의 사업전략으로, 수익이 보장된 시장에 새로운 계열사를 설립하고 그룹차원에서 일감을 몰아주는 형태로 지원하는 것을 말한다. 계열회사에게 일감 몰아주기는 다른 경쟁기업의 기회를 박탈하는 불공정 거래이다. 더 나아가 일감 몰아주기로 계열회사를 키운 후, 주식시장에 상장하여 재벌총수들은 엄청난 상장이익을 얻는다. 장하성은 삼성에버랜드와 삼성SDS도 삼성그룹 차원의 일감 몰아주기로 성장하였고, 이건희 회장 일가는 이 두 회사를 상장함으로써 삼성에버랜드의 상장차익 2조원, 삼성SDS의 상장차익 1조2천억원을 누리게 될 것으로 예측하였다.

부당내부거래는 계열사들간 내부거래에서 비싼 가격으로 사주거나 싼 가격에 팔

그림 12-11 경제력 집중도의 차이

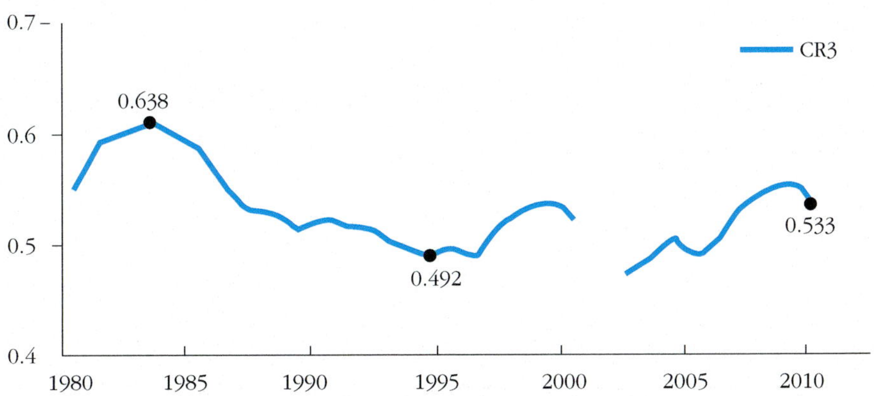

주 1) CR3는 상위 3개업체의 매출액 비중임
2) 2001년에 시계열 단절이 있음
자료: 조동철 편(2014), 『우리 경제의 역동성: 일본과의 비교를 중심으로』, p.212.

아서 계열사에 부당이익을 제공하는 것으로, 경쟁업체를 고사시키는 대표적인 반경쟁적·반시장적 범죄행위이다. 장하성은 SK그룹, 롯데그룹, 현대그룹의 사례를 적시하고 있다.

독과점기업의 담합은 소수의 독과점 기업들이 담합으로 가격을 조작하는 행위를 말한다. 4대 라면회사의 가격담합, 4대강 사업에 참여한 19개 건설사의 낙찰 담합, 4대 정유회사들의 가격담합, 3대 설탕제조회사의 가격담합, 8대 밀가루회사의 가격담합, 10대 보험회사들의 보험료담합 등 헤아릴 수 없을 정도이다.

원청기업의 갑(甲)질은 납품대금의 지불 지연, 현금 대신 어음으로 결제하기, 납품단가의 일방적 인하, 팔리지 않는 제품을 하청기업에로 강제로 떠넘기기, 밀어내기 등을 말한다.

[그림 12-11]에서 보듯 한국은 기본적으로 경제력 집중이 지나치게 높은 국가이다. 경제력 집중은 총출하액(또는 총판매액) 중에서 상위 3개의 핵심적 기업들의 매출액이 차지하는 비중으로 측정된다. 이러한 시장집중률(concentration ratio; CR)을 CR3 라고 한다. CR3은 2010년 0.533으로 대단히 높은 수준이다. 외국과 비교하면 한국경제는 고도의 독과점구조를 갖고 있다. 반면 공정거래위원회의 역할은 유명무실하다(신광식, 2006). 효과적인 공정거래질서 정책 시행을 위해서는 공정거래위원회의 행정전문 공무원, 로스쿨 출신의 변호사와 정부출연기관에 종사하는 산업경제 전문가를 15개 정도의 산업 분야에 배치하고 전문성을 강화하여 기업간 불공정거래, 부당한 기업내부거래를 추적하여 사전에 근절하는 행정을 꾸준히 전개하여야 한다.

(iii) 능력과 실력을 중시하는 개인간 공정경쟁

공정경쟁의 틀을 갖는 자유시장 경제란 무엇인가? 우선 공정의 의미를 분명히 하자. 공정은 공정한 기회균등을 의미한다. 공정한 기회균등이란 동일한 능력과 의지를 가진 사람들은 성, 지역, 인종, 종교, 소득, 상속재산이나 교육, 출신계급 등 사회적 조건의 차이에도 불구하고 비슷한 직위, 권한을 누리고 유사한 소득, 부를 얻을 기회가 보장되는 것을 의미한다. 공정한 기회균등 하에서의 경쟁이 공정경쟁이다.

우리가 앞에서 폐쇄적이며 비효율적인 과보호의 내부노동시장을 개방적이고 효율적인 노동시장으로 전환하여야 한다고 했을 때, 이는 내부자와 외부자 간의 공정경쟁을 위한 제안이었다. 그 첫걸음은 재벌오너들이 계열기업의 최대주주로서 CEO 선임시 가족주의 전통에서 벗어나, 능력 위주로 최고경영자를 선임하고 계열회사의 CEO로 활동하게 하는 것에서 시작되어야 한다. 재벌총수 및 일가의 상속과 증여에 의한 경영권 세습을 위해 각종 탈법, 편법, 횡령, 배임 등이 서슴치 않고 자행하는데, 정부는 이런 범죄행위를 사전에 정밀하게 탐지하고 조사하여야 하며, 그룹회장, 혈족 그리고 계열회사의 사장들의 혈연, 지연, 학연 등의 연고 관계망에 의한 로비를 근절할 수 있어야 한다.

가족주의 전통이 매우 강한 한국에서는 상속과 증여에 기인하는 재산불평등이 선진국 중 가장 심각하다. 개인의 창의, 노력, 땀의 결과물로서의 사유재산이 아니라 할아버지, 아버지로 물려받은 상속과 증여재산이 개인의 소득과 사회적 지위를 결정한다면 이는 공정경쟁이 아니다. 따라서 상속과 증여에 중과세하여 국가재정을 확충하거나, 상속재산의 사회로의 환원, 예컨대 교육기관, 복지재단에의 기부를 법률로 강제하여, 각 개인의 창의, 노력, 땀에 대한 보상, 개인의 생산에의 기여가 개인에 대한 주된 보상이 되도록 하여야 할 것이다.

상속세는 '바보세'라고 폄하되고 있다. 한국에서의 증여세 또한 '바보세'라고 할만하다. 즉 '바보'들만 내는 세금이다. 반대로 '영리한 사람'들을 각종 공제제도를 이용해 합법적으로, 아니면 은밀한 불법적 방법으로 재산을 물려주고 있다. 법을 지키는 사람은 '바보'가 되고, 법을 교묘히 어기는 사람은 '영리한 사람'이 되는 사회는 공정한 사회가 아니다. 연방제 국가인 독일은 재산세, 상속세, 토지세와 영업세, 자동차세, 맥주세를 주(州)세로 하고 있는데, 이 같은 사례를 본받아 각 도(道)별로 세금을 걷고, 탈루세금을 조사하게 하면 조세정의 확립에 큰 도움이 될 것이다. 중앙집권적 국가와 국세청에 의한 국세징수는 지방정부의 지방세 징수로 전환하여, 투명성을 높이고 부패를 척결하여야 한다.

(iv) 힘든 작업환경 직업에 대한 높은 보상

한국의 공공부문에서부터 대기업에 이르기까지, 헤도닉 임금이 확립되도록 인사관리시스템을 바꾸어야 한다. 한국에서 흔히 3D(dirty, dangerous, difficult) 라고 일컫는 직업, 쾌적하지 않은 근로환경, 위험한 작업장, 육체노동의 강도가 높은 힘든 일자리에 대해서는 높은 보상이 제공되어야 한다.

한국의 직업세계는 조선 유교문화의 영향인 사농공상(士農工商)의 직업서열이 사공상농(士工商農)으로 바뀌었을 뿐이다. 화이트칼라가 블루칼라보다 선호되고, 같은 화이트칼라 내에서는 관리직, 공무원, 교수 등이 과학기술직, 엔지니어보다 선호된다. 더 나아가 블루칼라의 직업은 기피하거나 경시된다. 또한 나쁜 작업환경에서 일하는 블루칼라의 임금은 대단히 낮아 평생 열심히 일해도 중산층으로 진입하지 못하는 경우가 많다. 반면, 선진국의 경우에는 헤도닉 임금이 확립되어 생산직 근로자는 우대되고 중산층으로의 계층상승이 원활하게 이루어진다. 같은 유교문화권이며, 사회적 관습이 유사한 중국, 대만, 일본에서도 전문기술인이 우대되고 있다.

헤도닉 임금을 확립하는 인사관리제도란 고용안정성이 확고하고 연금제도가 잘 정립된 공무원, 공공부문 근로자의 임금을 대폭 낮추어야 함을 의미한다. 공무원, 공공부문의 일자리가 신이 내린 일자리가 아니라 헤도닉 임금론이 작용하는 일자리로 전환되어야 한다.

소득 2만5천 달러 시대 가구당 1~2인의 자녀, 높은 수준의 교육 등으로 근로자들은 개인주의적 가치관을 갖고 있다. 이러한 개인주의적 가치관에 따라 개인은 생산성 중시, 힘든 작업환경에 대한 높은 보상이라는 근대적 인사관리를 원함에도 불구하고, 기업과 정부의 전근대적, 사회적 관습 중시의 인사관리는 변화하지 않고 있다. 직업의 귀천을 따지지 않고, 힘든 작업, 근무환경의 열악함 등에 대해 합당한 보상이 이루어지는 방식으로 인사관리 방식을 획기적으로 전환하여 현대에 맞는 인센티브제를 확립하여야 한다. 현대에 맞는 인센티브제가 작동하는 노동시장은 바로 경쟁적 시장경제와 부합한다. 전근대적인 인센티브제를 현대적인 인세티브제로 전환하면, 지나친 고학력화, 간판따기식의 과잉 교육으로 인한 엄청난 자원낭비를 방지할 수 있다.

기업간 공정경쟁의 질서를 확립하여야 창의·창조정신이 발휘된다. 헤도닉 임금이 확립되면 노동의 질이 높아지며, 개인간 실력과 능력 존중의 공정경쟁이 이루어질 때, 인적자본 투자, 기술지식의 확장, 높은 신뢰와 자발적 협동이 이루어진다. 총요소생산성의 증대에 의한 성장과 일자리창출 그리고 자유시장경제를 확립해 나가는 것이 스마트 정부가 하여야 할 일이다.

이 장을 마치면서 우리가 이 장에서 제안한 정책의 목적하는 바는 제0장의 [그림 0-15]를 이용해서 설명할 수 있다. 즉 [그림 0-15]의 생산가능곡선 *GG* 내부의 점 *R*에서 *GG*로의 이동, 더 나아가 *MM*으로의 이동을 가능하게 하는 정책들이 이 장에서 제안되고 논의되었다.

EPILOGUE

에필로그

I. 한국경제의 돌파구

인구감소시대, 총공급과 총수요가 동시에 감소하여 장기침체, 고용대란, 국민의 생활고가 예견된다. 이는 국가주의 시장경제 또는 관치경제 체제의 파탄이라고 할 수 있다. 모두 궁금해 하고 있다. 현 단계 한국경제의 돌파구는 과연 무엇일까? 1961년 군부 쿠데타를 일으켜 집권한 박정희 전 대통령이 본격적으로 시작한 수출주도형 경제개발은 당시 세계에서 최빈국이었던 한국경제의 돌파구였다. 현 단계에서 가장 간명한 돌파구는 분권화된 지방정부간의 경쟁 시스템이다. 분권화된 지방정부의 구성 즉 연방제 국가 건설이 앞으로 50년 이상 한국경제의 견실한 성장, 일자리 창출, 보다 평등한 사회구현을 가능하게 돌파구가 된다.

이러한 시각을 제시하는 학파는 프롤로그에서 설명한 신제도학파이다.
[정치지도자 / 관료] → 정부구성 → [경제제도 / 사회제도] → 시장의 작용과 결과라는 연결고리에서 연방제하에서 선출된 정치지도자들은 주민에 봉사하는 관료를 고용하며, 좋은 주(州)정부를 구성하여 한편으로는 규제폐지 경쟁과 외국자본 유치경쟁을 하며, 다른 한편으로는 우수한 교육체계 형성, 청년이 살기 좋은 주거제공, 사회적 약자에 대한 효과적인 복지전달의 경쟁을 하게 된다. 그 결과 자유시장경제체제에 의한 장기적 번영의 길이 열린다. 이것이 이 책이 가장 역점을 두고 강조하고 싶은 결론이다.

한국의 경우, 중앙집권적 권력구조이며 지방분권과 지방자치는 형식적으로 되어 있을 뿐이다. 중앙집권의 권력구조에 너무 익숙해져, 지방분권과 지방자치가 잘 되어 있는 경우란 어떤 상태인지를 잘 알지도 못하고 지방분권과 지방자치가 잘 되어 있으면 어떤 일이 전개될 것인지 사람들은 모른다. 중앙집권 국가와 지방분권의 연방제 국가를 대비(한국지방행정연구원, 2010)시키면서 설명하겠다.

Ⅱ. 왜 연방제 국가인가?

1 번영거점의 다극화에 의한 국가경쟁력제고 가능성

수도권에 집중된 인구가 과연 한국의 장기적 번영을 이루어낼 수 있을 것인가?

중앙집권체제에서는 두뇌기능을 모두 수도권에 집중시켜, 지방의 경제, 사회, 문화는 피폐해지고 있다. 현재의 중앙집권적 권력구조에서는 대통령, 국회의원, 판사, 검사, 공무원, 연구원, 경찰 모두 수도권 중앙부서에서 근무하되, 때로는 순환보직으로 지방에 근무한다. 서울에 부인과 자녀를 거주시키며 자녀교육을 서울에서 시킨다. 이들 엘리트의 관심은 수도권에 우수한 학교를 만드는 것이며, 수도권에 산업을 발전시키고 일자리를 창출하여 현 엘리트의 자녀세대가 미래에 잘 살 여건을 마련하는 것이며, 지방에는 관심도 없다.

2천500만명이 좁은 면적의 수도권에 집중하여 살게 되니, 인간은 자연과의 일체감을 잃고, 아스팔트와 콘크리트 속에서 살아간다. 인간 생명에 필요한 밝은 햇빛, 깨끗한 공기, 맑은 물, 그리고 편안함을 가져다주는 숲은 모두 사라져, 인간은 황폐한 심성과 범죄적 심리를 갖고 살아간다. 오염된 물에 사는 물고기가 변형된 몸을 갖는 것처럼, 스모그에 가린 희뿌연 빛, 나쁜 공기, 더러운 물, 아스팔트와 콘크리트 속에서의 삶은 인간을 극도로 이기적이고, 탐욕적이며, 정신적으로 병리적인 심성을 갖게 만든다. 이러한 환경에서 다양한 개인이 창의·창조정신을 발현하는 것은 불가능에 가깝다. 타인에 대해서는 불신하며, 무엇이든 국가가 나서 해결해 달라고 요구하는 국가의존적인 개인들이 양산되고, 공동체 유지와 번영에 대해서는 극도로 무관심한 군중들이 삶을 살아간다. 이들의 삶과 가치관은 국가개입과 민주주의 훼손의 원천이 된다(강영호 등, 2016).

모름지기 창의·창조정신은 인간이 자연과 일체감을 갖는 생활을 할 때 왕성하게 일어난다. 뿐만 아니라 독립성, 자율성, 개성을 갖는 개인도 자연과 일체감을 유지하는 중·소 도시 생활에서 형성된다. 결국 시장경제의 발전은 중앙집권적 국가에서는 단기에서는 가능하나 장기에서는 불가능하다. 더군다나 중앙집권적 국가에서는 투표장에 가서 대통령, 국회의원 투표용지에 투표하는 것(vote by ballot)이 정부선택의 유일한 방법이다. 매 선거에서 성장포퓰리즘, 복지포퓰리즘의 정치에 표를 몰아준다. 과밀한 수도권, 불신과 해체된 공동체에서 국가권력 유지를 위해 규제는 더 늘어나고, 정부는 끊임없이 개입하지만 정부실패로 귀결된다. 중앙정부의 권력과 예산이 비대하여 부정부패, 지대추구가 만연된다. 시민의 통제를 받지 않는 공무원의, 공무원을 위한 관치국가가 유지된다. 즉 다양한 창의, 창조 활동이 고사(枯死)하고 문화적 다양성이 소멸하기 때문에 그리고 끊임없는 국가개입 때문에 한국경제 또한 쇠퇴하게 된다.

한국을 경상도 지역, 전라도·제주 지역, 충청 지역, 서울·인천지역, 경기·강원지역 등 인구규모 1,000만명을 기준으로 5개 권역으로 나누어, 각 권역별로 주(州)정부를 구성한다고 하자. 박세일(2010), 정치학의 전득주(2013) 등은 한국의 연방제 국가로의 권력구조 개편방안을 제안하고 있다.

각 주에는 주민이어야 선임되는 주지사, 주의회 의원, 법관, 검사, 변호사, 공무원, 초중고교 교사, 교수, 연구원, 경찰, 소방관 등이 있게 된다. 이들은 각 주의 엘리트들이다. 엘리트들이 각 주에 살면서, 관심을 갖는 것은 당연히 자녀 교육과 자녀들의 일자리이다. 각 주의 엘리트들은 주민의 자녀를 위한 질이 뛰어난 교육제도를 만들려고 한다. 이들은 지방의 재정수입 확대와 자녀들의 일자리 기회의 확대를 위하여 산업발전을 추구한다. 외국 기업유치의 인허가 권한, 외국 기업에 대한 토지 공급 권한, 인프라 제공 권한, 조세권, 교육정책 권한, 주택관련 권한, 의료정책 권한, 사법, 치안관련 권한 등을 각 주가 갖고, 각 주의 산업발전을 위해 외국기업 유치활동을 벌이게 된다. 우수한 교육제도와 산업발전이 있으면 문화가 융성한다. 삶의 질이 높아지게 된다. 지역의 자연환경 속에서 각 개인은 자연친화적이고, 독립적이며, 자립적이고 책임감을 갖는 인간으로 성숙해 간다. 국방, 외교, 안전, 그리고 각 주간에 걸쳐 일어나는 통상에만 연방정부가 책임지며, 그와 관련된 예산만 연방세로 조달하게 하고, 그 이외에는 모든 조세를 지방으로 이관하되 각 주의 재정자립도는 스스로 책임져야 한다. 일자리가 있고, 자녀교육하기에 좋고 그리고 문화가 융성하는 곳으로 개인과 기업이 이동한다. 이를 '발로 하는 투표(foot vote)'라고 한다. 땅값이 낮고, 주택가격이 낮고 생활여건이 좋은 주에서는 출산율도 증가한다. '발로 하는 투표(foot vote)'(이성섭, 2010) 때문에 각 주는 번영하기 위해 경쟁하고, 또 다른 지역으로 인구와 기업이 이동하는 것을 막기 위해 경쟁한다. 쇠퇴하는 지역은 더 뒤떨어지지 않기 위해, 아니면 따라잡기 위해 제도개혁에 나선다. 결국 지방간의 경쟁이 있을 때, 전국에서 불필요한 규제가 폐지되고, 자유시장 경제는 번영한다.

연방제하에서 지역 주민이 스스로의 의지와 의사에 맞는 정부를 택하며 각 주가 지역 인재의 잠재력을 발굴하고, 각 인재들은 스스로의 창의와 연구역량을 발휘하게 된다. 또한 각 개인은 자신의 취향과 특성에 맞는 주를 선택할 수 있어 만족스러운 생활을 구현할 수 있다. 국민의 발로 하는 투표에 의해 주(州)간 경쟁이 이루어지고,

번영의 거점이 각 지역에 형성되고 국가 경제 전체의 번영이 가능해진다.

한국은 산악의 지형과 강의 위치에 따라 남에는 경기지역, 충청지역, 호남지역, 영남지역, 북에는 평안지역, 함경지역으로 나누어진다. 이들 지역 주민의 합이 국민이 된다. 지역 간의 경쟁은 삼국시대 이후 한국인의 원형이다. 반면 중앙집권적 국가는 조선시대 중기이후에 성립되었고, 국가를 망하게 한 권력구조이다. 현대에서는 지역의 주민들은 자신의 지역에서 좋은 교육을 받고 좋은 일자리를 얻어 괜찮은 주거공간에서 결혼생활을 하며 자녀들이 사교육 부담 없이 자신의 재능을 찾고 연마하는 교육을 받기를 원하며, 수준 높은 의료서비스를 받을 수 있고, 문화를 누리 수 있는 생활을 원한다. 주민들의 바람과 꿈에 부합하는 정치제도가 포용적 정치제도인데 이는 연방제 국가라고 할 수 있다.

2 해외자본 유치의 가능성

국경없는 글로벌 경제에 맞는, 세계적 경쟁력을 갖춘 생산거점을 중앙집권적 국가가 형성하여 한국의 경제활력 제고와 일자리 창출에 기여할 수 있겠는가?

한국은 1997년 외환위기 이후 외국기업의 투자유치를 국정지표로 삼아 추진해 왔으나, 20여 년이 지난 오늘의 시점에도 그 성과는 미미하다. 왜냐하면, 수도권에는 인재가 있고 인프라는 좋으나, 땅값이 비싸고, 규제가 심각하니 외국기업이 진출하지 못하고, 지방에는 필요한 인재를 구할 수 없어 가지 않기 때문이다.

연방제 하에서는 각 주가 다양한 인재를 보유하고 육성하는 것이 가능해지기 때문에 외국 기업유치의 인·허가 권한, 외국 기업에 대한 토지 공급 권한, 인프라 제공 권한, 조세권을 활용하여, 각 주는 자신의 산업발전을 위해 외국기업 유치활동을 벌이게 된다. 영남은 일본기업을 대거 유치할 수 있을 것이며, 호남과 충청 지역은 중국계 기업, 또는 중국에 진출 교두보를 두고자 하는 외국기업들이 활동하게 된다. 수도권 지역은 금융, 의료 등의 서비스 분야에서 최고의 경쟁력을 갖추며, 북한, 중국, 러시아 등의 대륙을 대상으로 세계경영을 추진할 수 있을 것이다. 이와 같은 방식으로 세계적으로 유망한 생산입지로써의 거점이 한국 내에 다수가 형성될 수 있다. 그리하여 한국경제의 글로벌화, 성장과 고용창출의 장기적 기반이 확립될 수 있다.

3 지역밀착형 행정서비스 제공의 가능성

중앙집권적 국가는 지역주민이 원하는 행정서비스나 지역밀착형 고용서비스, 복지서비스를 제공할 수 있을 것인가?

중앙집권적 국가는 전국에 일률적인 규격, 기준을 갖고 전국적으로 획일화된 서비스를 대량생산하는 체계이다. 즉 제11장에서 언급한 '평균의 함정'에 늘 빠지게 된다. 중앙집권체제로서는 인구의 1/2이 사는 수도권의 의사가 반영되는 행정이 이루어지게 된다. 다양한 지역 주민이 원하는 행정을 하며, 지역 주민이 원하는 교육과 고용서비스, 지역 주민이 원하는 복지서비스를 중앙집권국가는 제공할 수 없다.

더 구체적인 예를 들겠다. 우리는 제4장에서 한국은 산재왕국이라고 하였다. 근로자의 생명과 안전을 중시해야 할 국가가 근로자의 생명을 중시 않는 모순적 행정을 해 온 셈이다. 우리는 산업재해보상보험이라도 지역별로 운영하여 지역별로 보험요율 책정, 지역별 보험료 징수를 제안한 바 있다. 부상자, 사망자 유족에 대한 보다 실효성 있는 지원은 지역별 산재보험운영에 의해 가능하며, 지역별 차등 보험료에 의해 산재발생의 위험도 감소시킬 수 있을 것이다.

우리는 제11장에서 중앙정부에서 전국적으로 획일적으로 시행하는 일자리 정책이 전혀 효과가 없음을 강조하면서, 지역별로 일자리정책, 일자리 알선과 정보제공이 이루어져야 한다고 하였다. 더 나아가 지역별 최저임금, 지역별 고용보험제 등을 제안하였고 지역별로 복지서비스와 노동시장 서비스의 통합하여 저임금 근로자, 저소득의 여성 가구주, 무직자, 실업자, 고령자 등에 효과적인 행정서비스의 제공을 제안하였다.

각 주(州)가 입법권, 행정권, 재정권을 갖는 연방제 국가에서는 지역주민의 참여의 정치와 지역주민이 원하는 지역밀착형 행정서비스의 제공이 가능하다. 주민의 밀착 감시·감독 하에 효율적인 행정이 이루어질 수 있다.

4 관료제 폐해의 극복 가능성

중앙집권적 국가에서 관료제의 폐해를 극복할 수 있을까?

중앙집권체제를 유지하는 한, 관치의 폐해를 극복하는 것은 거의 불가능하다. 우리는 산업재해, 재능발휘의 교육, 고용창출, 소득분배 등 거의 모든 분야에서 정부실패를 지적해 왔는데 정부실패의 대부분은 관치행정의 폐해와 직결되어 있다. 관료에 의해 불필요한 규제가 양산되기 때문이다. 불필요하고 복잡한 규제의 망은 금융, 교육, 의료 등의 산업에의 진입장벽을 쌓고, 정부 관료들은 기득권을 지키려는 자들부터 로비와 뇌물을 받고 퇴직 후의 고위직을 누리는 등 높은 지대를 누린다. 정부예산의 편성도 특정 지역, 특정 기업 예컨대 벤처기업, 중소기업, 특정 산업에게 보조금을 편중 지원하거나 또는 특정 목적 예컨대 R&D 활성화라는 목적으로 편중 지원하게 되어, 정실주의를 낳고, 다른 분야의 경제적 자유와 경제활동을 침해하며, 대규모 재정적자를 낳으며, 결국 납세자의 부담을 증가시킨다. 관료들은 보조금 지급의 예산편성에서도 로비와 뇌물을 받고 퇴직 후의 고위직을 누리는 등 높은 지대를 누린다.

연방제 하에서는 각 주간 규제를 없애고 완화하는 경쟁이 일어나기 때문에 과잉규제라는 관치의 폐해는 크게 줄어든다. 보조금 예산편성에서도 수익자, 비용부담자, 의사결정 담당자간의 거리가 가까워져, 정실주의, 이익단체의 발호를 효과적으로 통제할 수 있다. 예를 들면, 효과적인 교육을 위해서는 적정 클래스 크기(대학의 경우 25명 수준)가 있고, 효과적인 공장경영을 위해서는 산업마다 적정 근로자수가 있듯이 효과적인 행정을 위해서는 **통제의 범위**(span of control)가 있기 마련이다. 국가는 5천만명의 인구를 통제할 수 없고 주민의 의사가 국가운영에 반영될 수 없다. 중앙집권형 국가에서는 관료 통제 국가가 되고, 관료의 발호를 통제할 수 없게 됨은 자명(自明)의 이치이다.

5 국가적 위험의 분산 가능성

중앙집권국가는 국가적 위험성을 분산시킬 수 있을까?

한국경제의 최대 위기는 1997년 발발한 IMF 외환위기였다. 당시 국가 경제가 모두 스톱되었다. 왜 외환위기가 발생했는지에 관한 백서(白書)도 발간되지 않았다. 발생의 원인은 두 가지로 압축되는데 하나는 한국의 압축형 경제발전 과정에서 형성되어 온 정부–금융–기업간의 연맹의 부작용에 있다는 것이다. 즉, 정부가 중화학공업화의 청사진을 제시하고 금융기관을 통해 특혜금융을 제공해주니 정부지원, 금융지원을 등에 업은 기업들이 도덕적 해이에 빠져 과잉투자, 부실투자를 행하여, 금융기관이 부실해지고 그 결과 외국의 은행과 기관이 한국에 돈 빌려주길 거부해서 외환위기가 발생했다는 것이다. 중앙집권적 국가에서는 정부–금융–기업간의 연맹이 성립해서 국가부도의 국가적 재난이 일어날 수 있으나, 연방제에서는 정부-금융-기업간의 연맹이 가능하지도 않고, 무모하게 그러한 구태를 답습하는 주(州)는 그 주만 파산하게 되어 국민경제 전체의 파탄은 모면할 수 있다.

1997년 IMF 외환위기 발생의 다른 가설은 1993년 김영삼 정부가 OECD 가입을 위해 추진한 금융자유화로 종합금융회사(과거 단자회사)에게 해외자금조달 허용, 태국, 인도네시아 부동산 매입허용 등 금융시장을 개방하였는데, 태국과 인도네시아에서 외환위기가 발생하자 종합금융회사들이 부실화되고, 외국의 은행과 투자가가 한국에서 단기외자를 회수하는 과정에서 외환위기가 발생하였다는 것이다. 종금의 사장, 감사들이 대부분 관피아이기 때문에 종금에 대한 감독·감사를 부실하게 하거나, 적발하고도 문제점을 덮어버려 화를 키운 정부실패가 궁극적 원인이라는 가설도 있다. 연방제에서는 정치인, 정부관료, 이익집단, 기업간의 먹이사슬이 약화되고, 관피아, 전관예우 등에 의한 정실주의도 약화된다. 즉 연방제에서는 관료의 지대추구가 약화되고, 피단속기관인 금융기관이 단속기관인 공무원을 포획하는 일이 줄어들며, 자신에게 유리한 규제를 얻기 위해 로비활동하는 이익단체의 힘도 약화될 것이다.

앞으로도 중앙집권적 국가에서 허구에 가까운 고성장정책을 내세워 집권하여 그것이 실패함으로써 국가부채를 증대시키거나 부동산 경기부양으로 가계부채를 급증시키거나, 복지포퓰리즘으로 재정적자를 증가시키는 것은 대한민국 파산의 위험을 낳을 수 있다. 연방제 하에서는 그러한 정책을 수행한 주(州)만 파산하므로 국가적 리스크를 분산시킬 수 있다.

Ⅲ. 맺는 말

지방분권과 지방자치의 연방제 국가와 지방고사와 수도권 과밀 집중의 중앙집권적 국가 중 어느 것을 선택할 것인가? 이제는 국가의 권력구조를 연방제 국가로 전환하여, 각 주별로 독자적 재정, 행정, 경제, 사회 정책을 추진하여, 지역 간 경쟁에 의해 일자리 창출을 추구해야 할 시점에 도달하였다.

신제도학파의 논리 즉[(정치지도자, 관료) → 정부 구성 → 제도(게임의 규칙)] → 시장의 작용과 결과]라는 연결고리를 역순으로 보면, 자유시장경제가 제대로 작동하자면, 시장친화적 규제가 있어야 하고, 이는 연방제 국가에서의 정치지도자와 유능한 관료에 의해 가능하다고 할 수 있다.

MIT대 경제학과 교수인 Daron Acemoglu와 Harvard대 정치학과 교수인 James A. Robinson은 『국가는 왜 실패하는가』(2012)라는 책에서 역사적 고찰에 근거하여 **포용적 정치제도**, 즉 주민참여의 민주주의가 확립될 때 비로소 자유경제체제 확립이 가능하다는 논리를 제시하였다. 우리는 포용적 정치제도의 구체적 형태로 연방제 국가를 제시하고자 한다.

Acemoglu와 Robinson은 "한국의 사례처럼 착취적인 정치제도에도 불구하고 경제제도가 포용적 성향을 띤 덕분에 성장이 가능하다고 해도, 경제제도가 더 착취적으로 바뀌거나 성장이 멈춰버릴 위험이 상존한다. 정치권력을 장악한 이들이 결국 그 권력을 이용해 경쟁을 제한하고 자신들의 파이를 키우거나 심지어 다른 이들로부터 훔치고 약탈하는 것이 경제성장을 추구하는 것보다 더 많은 이익을 챙기는 방법이라 여기게 될지도 모른다는 것이다. 정치제도가 착취적 성향에서 포용적 성향으로 바뀌지 않는 한 권력을 분배하고 행사할 능력은 언제든 경제적 번영의 기반을 훼손할 수 있다는 뜻이다"라고 경고하고 있다. 한국은 불과 반세기 만에 선진국을 거의 따라 잡았지만 포용적 정치제도가 확립되지 않으면 한 차원 높은 발전단계로 뛰어오를 수 없고 거꾸로 착취적 경제제도로 회귀할 불안정성을 갖고 있다고 지적하고 있다.

우리는 분권형 권력구조하에서 지방정부간의 경쟁에 의해 지방의 노동수요와 노동공급이 증대하고, 그 결과 전국 차원에서의 고용증대 및 양극화 해소가 가능하다고 판단하고 있다. 이는 국가주의 시장경제(이영훈, 2014) 또는 중앙집권적 정부의 관치경제가 청산되어야만 한다는 것을 의미한다. 연방제 도입은 우리나라에 자유시장경제를 확립하는 데 기여함으로써 앞으로 50년 이상 한국경제의 돌파구를 제공할 것이다.

참고문헌

강병구, 「박근혜 정부의 재정정책 평가 - 복지재정을 중심으로」, 『박근혜 정부의 경제 · 사회 정책』, 서울사회경제연구소 엮음, 한울, 2014, pp.105-154.

______, 『복지국가의 대안적 재정 체계』, 민주사회와 정책연구 26, 단일호, 2014, pp.13-47.

강영호 · 이동원(Kang, Youngho and Dongwon Lee), Who Supports Delegative Democracy? Evidence from the Asian Barometer Survey, mimeo., youngho 74.kang@gmail.com. 2016.

고미네 다카오(노진귀 역), 『인구감소 · 저출산사회의 미래: 고용과 생활의 질을 높여야』, 한국노총중앙연구원, 2008.

강희복, 『성장신화의 밖은 넓은 자유다』, 매일경제신문사, 1995.

권규백 · 김형석 · 이윤수, 「구직률과 이직률을 활용한 자연 실업률의 추정」, 『노동경제논집』, 제38권 제2호, 2015, pp.1-25.

권기헌, 『대한민국 비정상의 정상화』, 행복에너지, 2014.

권태환 · 김두섭, 『인구의 이해』, 서울대학교 출판부, 1990.

기획재정부, 「OECD 구조개혁 평가보고서 [Going for Growth] 주요내용」, 보도참고자료, 2014. 3. 2.

김대일, 「고령화와 노동시장의 변화」, 장지연 외, 『고령화시대의 노동시장과 고용정책 Ⅱ』, 한국노동연구원, 2004, pp.7-34.

______, 「최저임금의 저임금근로자의 신규채용 억제효과」, 『노동경제논집』, 제35권 제3호, 2012, pp.29-50.

김대중, 『대중 참여 경제론』, 도서출판 산하, 1997.

김동헌, 「TLM 이론의 개관」, 정병석 · 박능후 · 김동헌 편, 『이행노동시장의 이해와 고용전략』, 한국고용정보원, 2011.

김상호, 「근로자 산업재해 보상체계의 안정화 방안」, 『노동경제논집』, 제22권 제2호, 1999, pp.145-162.

김선빈, 「한국 사회갈등의 진단과 통합 촉진 장원으로서 신뢰」, 『한국형 시장 경제 체제』, 이영훈 엮음, 서울대학교 출판문화원, 2014, pp.293-334.

김성태 · 황수경 · 이준상 · 신석하, 『한국의 장기 거시경제변수 전망』, KDI, 2013.
김영중, 『대한민국 일자리, 생각을 바꾸자』, 한울, 2014.
김용성, 『고용률 제고를 위한 재정지원 일자리사업 방향의 모색』, KDI, 2013.
김장호, 「노동조합 임금효과의 변화: 1988-2007」, 『노동경제논집』, 제31권 제3호, 2008, pp.75-105.
김정우, 「청년패널 자료를 활용한 청년층의 노조가입 결정요인 및 임금효과 패널분석」, 『산업노동연구』, 제21권 2호, 2015, pp.1-34.
김태정 · 이정익, 「우리나라 고정투자에 대한 평가와 시사점」, 『BOK 이슈 리뷰』, 제2권 제1호, 한국은행, 2013, pp.134-135.
남기곤, 「"대학진학은 서울로", 합리적인 선택인가?」, 『경제발전연구』, 제18권 제1호, 한국경제발전학회, 2012. pp.81-114.
남성일, 「노동조합과 노동수요 탄력성: 노조기업과 비노조기업에 대한 실증분석」, 『노동경제논집』, 제34권 제3호, 2011, pp.1-28.
______, 「최저임금제가 노동수요에 미치는 효과: 감시단속 근로자에 대한 실증분석」, 『노동경제논집』, 제31권 제3호, 2008, pp.1-19.
남재량 · 안태현 · 안종범 · 전영준, 『빈곤대책연구 I』, 한국노동연구원, 2009.
노무라종합연구소, 『2014 한국 경제 대예측』, 청림출판, 2014.
류장수, 「지방대학 졸업생의 노동시장 성과 분석: 수도권대학 졸업생과의 비교」, 『노동경제논집』, 제28권 제2호, 2005, pp.1-28.
류재우, 「노동조합의 임금과 고용효과」, 『노동경제논집』, 제28권 제1호, 2005. 4, pp. 105-133.
모종린, 『이민강국』, 한국학술정보, 2013.
박덕제 · 이원덕 · 정진호, 『노동경제학』, 한국방송통신대학교출판문화원, 2015.
박세일, 『창조적 세계화론』, 서울대학교 출판문화원, 2010.
박세일 · 나성린 · 신도철, 『공동체 자유주의』, 나남, 2008.
박찬임 · 이정우 · 원종학, 『주요국의 산재보험 적용 · 징수체계』, 한국노동연구원, 2003.
박형수 · 류덕현, 『한국의 장기재정모형』, 연구보고서 06-12, 한국조세연구원, 2006.
박훤구 · 박세일, 『한국의 임금구조』, KDI, 1984.
배무기(Bai, Moo Ki), "The Turning Point in the Korea Economy," *The Developing Economies*, Vol. 20, No.2, June 1982.
______, 「A Comparision of Turning Points in the Economies of Korea and Japan」, 『사회과학과 정책연구』, 제7권 제1호, 서울대 사회과학연구소, 1985.
배영목, 「가계 금융부채의 보유 및 상환불능 위험」, 『소득불평등 해소의 길』, 서울사회경제연구소 엮음, 한울, 2014, pp. 251-274.
______, 「가계의 소득격차와 금융부채」, SIES Working Paper Series No. 344-345, 서울사회경제연구소, 2015.
성경륭 · 박동 · 송우경 · 봉선학, 『국가 균형발전의 비전과 전략』, 국가균형발전위원회, 2004.
송기호, 「산업재해의 경제학적 연구」, 서울대 경제학 박사학위논문, 1993, pp.99-105.

______, 『위험의 경제학』, 경상대학교 출판부, 2000.
시오노야 유이치(박영일 옮김), 『경제와 윤리 – 복지국가의 철학』, 필맥, 2008.
신광식, 『공정거래 혁신론』, 나남출판, 2006.
신장섭 · 장하준, 『주식회사 한국의 구조조정: 무엇이 문제인가?』, 창작과비평사, 2003.
안충영, 『현대 한국 · 동아시아 경제론』, 박영사, 2001.
연보라 · 이승진 · 장희원, 「출신대학 소재지가 노동시장 성과에 미치는 영향」, 『고용직업능력개발연구』, 제18권 제2호, 2015, pp.1-23.
오오우친 신야(이정 옮김), 『고용개혁의 오해와 진실』, 한국경제연구원, 2015.
오호영, 「노동의 미래와 노동시장 유연성」, 정책연구 2015-02, 한국경제연구원, 2015.
______, 「산업현장의 숙련단절이 다가온다」, *Trade Focus*, Vol. 12, No. 51, 한국무역협회, 2013.9.
우석훈 · 박권일, 『88만원세대』, 레디앙, 2007.
위평량 · 김우찬, 「총수 없는 기업집단 분석과 시사점: 공기업집단 및 30대 재벌과의 비교를 중심으로」, 경제개혁리포트, 2012-19호, 경제개혁연구소, 2012.
유경준, 「최저임금의 쟁점 논의와 정책방향」, *KDI focus* 32, 2013.
유경준 · 황수경, 『노동시장에서의 차별과 차이』, 한국개발연구원, 2005.
유병규, 「최근 국내 고용 시장의 특징과 전망」, 현대경제연구원, 2009.
유수언(한영국 역), 『우서』, 민족문화추진회, 1981.
유정호, 『관치청산 – 시장경제만이 살 길이다』, 책세상, 2004.
윤진호, 「덴마크의 유연안정성 모델과 그 시사점」, 『한국의 빈곤 확대와 노동시장 구조』, 서울사회경제연구소 엮음, 한울, 2011, pp.141-195.
이경호, 『과천블루스』, 지식더미, 2006.
이근식, 『자유주의 사회경제사상』, 한길사, 1999
______, 『자유과 상생』, 기파랑 에크리, 2005.
이기영 · 김기홍 · 안종범 · 유일호, 『산재보험제도 운용주체의 다원화 방안에 관한 연구』, 한국조세연구원, 1998.
이두원, 「한국경제 생산성 혁명 필요하다」, 『한국경제포럼』, 제7권 제3호, 2014, pp.83-89.
이병희, 「최저임금의 고용유지 및 취업유입 효과」, 『산업노동연구』, 제14권 제1호, 2008, pp.1-23.
이성섭, 「주민유치 경쟁을 전제로 한 지방자치정치행정체제 구축의 원리」, 『제도와 경제』, 4권 제1호, 2010, pp.75-90.
이영훈 엮음, 『한국형 시장경제체제』, 서울대학교출판문화원, 2014.
이정우, 『불평등의 경제학』, 후마니타스, 2010.
이정전, 『왜 우리는 정부에게 배신당할까?』, 반비, 2015.
이주호 · 박진 · 문명재 · 정지은 · 최중희, 「한국 공공인력 역량의 국제비교」, 안민포럼 발표문, 2015. 11. 13.

이진순, 『한국경제: 위기와 개혁』, (주)북21, 2003.

이철희, 『1996~2000년 가구소득 불평등 확대요인 분해: 임금, 고용, 근로시간, 가구구조 변화의 효과』, 2007 경제학 공동학술대회 발표문, 2007.

이한구, 기획재정위원회 국정감사 질의문건(http//www.e219.or.kr), 2019. 9. 14.

이호근·김재원, 『덴마크 일자리 창출방안에 관한 연구』, 고성과작업장혁신센타, 2009.

일본생산성본부(경제기획원 역), 『한·일 양국의 종합적 생산성 비교에 관한 조사연구』, 1981.7.

장지상, 「재벌과 국제경쟁력」, 『한국경제: 쟁점과 전망』(안병직 엮음), 지식산업사, 1995.

장지연, 「다양한 층위의 소득정의와 구성요소에 따른 불평등 수준」, 『동향과 전망』, 85호, 한국사회과학연구회, 2012, pp.131-163.

장지연·김정우, 『취약계층에 대한 고용보조금제도의 효과 및 개선방안』, 한국노동연구원, 2002.

장지연·이병희·은수미·신동균, 『고용안전망 사각지대 해소방안』, 한국노동연구원, 2011.

전득주, 『한국의 국가권력구조의 개혁방향 – 미국, 독일, 스위스 사례를 중심으로』, 지식과 교양, 2013.

전병유, 「우리나라의 노동시장 이행행태 분석」, 정병석·박능후·김동헌 편, 『이행노동시장의 이해와 고용전략』, 한국고용정보원, 2011.

정병석, 『경제학자가 본 조선 흥망의 정치·경제 제도』, 근간.

정인수·전병유·임상훈, 『지역 노동시장 연구』, 한국노동연구원, 2003.

조동철 편, 『우리 경제의 역동성: 일본과의 비교를 중심으로』, KDI, 2014.

조　순, 『속(續)·한국경제의 현실과 진로』, 비봉출판사, 1986.

조우현, 「인본적 경제질서와 노사관계제도개혁의 기본방향」, 『경제학연구』, 제42집 제2호, 1994. 12, pp.219-246.

______, 「한국산업의 2중적 구조와 임금결정 메카니즘」, 『경제학연구』, 제40집 제1호, 1992. 6, pp.1-37.

______, 『노동경제학』, 법문사, 1998.

______, 『일의 세계 경제학』, 제2판, 법문사, 2010.

조우현 외 지음, 『허물어진 국가의 재창조』, 한울, 2007.

조우현·유경준, 「노동조합 가입성향의 결정요인과 노조의 상대적 임금효과」, 『경제학연구』, 45권 3호(1997. 9), pp.99-127.

조우현·임찬영, 「지난 20년간 공무원 처우에 있어서 관민대등 정도의 비교와 정책과제」, 『노동경제논집』, 제23권 제1호, 2006, pp.65-80.

조　철, 「글로벌 자동차산업의 협력적 노사관계 형성의 핵심적 요인」, 한국자동차산업학회 "자동차산업 노사관계 글로벌 스탠더드" 세미나 발표문, 2015. 9. 8.

최경수, 「소득불평등 확대에 대한 기능적 분배 및 제도부문별 소득구조 변화의 영향」, 한국개발연구원, 2013.

최장집, 「진보적 자유주의의 정치 공간 탐색」, 정책네트워크 '내일' 창립 심포지엄 발표문,

2013. 6.19.

한국지방행정연구원,『지방행정체제의 개편, 선진사례에서 길을 찾다』, 매일경제신문사, 2010.

한진희 외,『한국경제의 잠재성장률 전망: 2003~2012』, 한국개발연구원, 2002.

______,『국민연금 재정추계를 위한 거시경제변수 전망』, 한국개발연구원, 2007a.

______,『고령화사회의 장기거시경제변수 전망: 2006~2080』, 한국개발연구원, 2007b.

한진희 · 신석하,「경제위기 이후 한국경제의 성장: 성장회계 및 성장회귀 분석」,『한국개발연구』, 2008년 Ⅰ호, 한국개발연구원, 2008.

황수경,「직종특성과 성별 직종분리」,『노동정책연구』, 한국노동연구원, 2001, pp.1-29.

______,『여성의 직업선택과 고용구조』, 한국노동연구원, 2003.

______,「고용안전망의 제도적 사각지대 해소를 위한 정책과제」, 유경준 편,『성장과 고용의 선순환 구축을 위한 패러다임전환(Ⅱ): 고용창출을 위한 사회안전망 구축』, KDI, 2012.

황인학,「제도와 경제성장: 우리나라 제도 경쟁력의 현황과 과제」, 정책연구 2015-8, 한국경제연구원, 2015.

Acemoglu, Daron and James A. Robinson(최완규 옮김),『국가는 왜 실패하는가』, 시공사, 2013.

Aigner, D. J. and G. C. Cain, "Statistical theories of discrimination in the labor market," *Industrial and Labor Relations Review*, Vol. 30, 1977, pp.175-187.

Akerlof, George, "The Market for 'Lemons': Quality Uncertainty and the Market Mechanism," *Quarterly Journal of Economics* Vol. 84, No. 3, 1970, pp.488-500.

Alcock, Cliff, Sarah Payne, and Michael Sullivan, *Introducing Social Policy*, Pearson Education Limited, 2000.

Altonji, J. G. and R. M. Blank, "Race and gender in the labor market," in *Handbook of Labor Economics*, Vol. 3, Ashenfelter, O. and D. Card (Eds.), Amsterdam: North Holland, 1999, pp.3143-3259.

Arrow, K. J., "The theory of discrimination," in *Discrimination in Labor Markets*, O. Ashenfelter and A. Rees (Eds.), Princeton: Princeton University Press, 1973, pp.3-33.

Ashenfelter, Orley and George Johnson, "Bargaining theory, trade unions, and industrial strike activity," *American Economic Review*, Vol. 59, No. 1, 1969, pp.35-49.

Baker, George, Michael Gibbs, and Bengt Holmstrom, "The Internal Economics of the Firm: Evidence from Personnel Date," *Quarterly Journal of Economics*, Vol. 109, No. 4, 1994a, pp.881-919.

_____, "The Wage Policy of a Firm," *Quarterly Journal of Economics*, Vol. 109, No. 4, 1994b, pp.921-955.

Becker, Gary S., "A Theory of the Allocation of Time," *Economic Journal*, Sep. 1965, pp.493-517.

_____, *Human Capital*, The University of Chicago Press, 1975.

_____, *The Economics of Discrimination*, University of Chicago Press, Chicago, 1957.

Beveridge, Sir W., "Social Insurance and Allied Services," Cmnd 6404, London, HMESO, 1942.

BLS(노동부 중앙고용정보관리소 역), 『미국 직업전망서』, 1998.

Boeri, Tito and Jan Van Ours, *The Economics of Imperfect Labor Markets*, 2nd ed., Princeton University Press, 2013.

Borjas, George J. (강창희 · 박철성 · 송헌재 옮김), 『노동경제학, *Labor Economics*』, 제6판, 시그마프레스, The McGraw-Hill, 2013.

Brunhes, Bernard, "Labor Maket Flexibility: Trend in Enterprise," OECD, 1989.

Bishop, Isabella B. (이사벨라 버드 비숍, 이인화 옮김), 『한국과 그 이웃나라들』, 도서출판 살림, 1995.

Cahuc, P. and A. Zylberberg, *Labor Economics*, MIT Press, 2004.

Cain, Glen G., "Welfare Economics of Policies toward Women," *Journal of Labor Economics*, Vol. 3, No. 1, Part 2: Trends in Women's Work, Education, and Family Building, 1985, pp. S375-S396.

CEDEFOP, *Vocational education and training in Denmark*, Cedefop, 1999.

Coate, S. and G.C. Loury, "Will Affirmative-Action policies eliminate negative stereotypes?," *American Economic Review*, Vol. 83, 1993, pp.1220-1240.

Dent, Harry S. Jr. and Rodney Johnson (권성희 옮김), 『2013~2014 세계경제의 미래』, 청림출판, 2012.

Dent, Harry S. Jr. (권성희 옮김), 『2018 인구 절벽이 온다』, 청림출판, 2015.

Doeringer, Peter B., "Segmenting Forces in Labor Markets: Toward a Theory of Work Groups and Employment Systems," Boston University, Department of Economics, 1983.

Doeringer, Peter B. and Michael J. Piore, *Internal Labor Markets and Manpower Analysis*, Lexington, Mass.: D.C. Heath, 1971.

Drucker, Peter F. (이재규 옮김), 『기업가 정신』(*Innovation and Entrepreneurship*, 1985), 한국경제신문사, 2004.

Ehrenberg, Ronald G. and Robert S. Smith (한홍순 · 김중렬 옮김), 『현대 노동경제학(*Modern Labor Economics*)』, 제12판, Pearson, 2015.

Eichler, Willi (이태영 역), 『독일 사회민주주의 100년(1962)』, 중앙교육문화, 1989.

Freeman, R. B. and J. L. Medoff (박영기 옮김), *What Do Unions Do?*, 비봉출판사, 1992.

Giddens, Anthony(한상진 · 박찬욱 옮김), 『제3의 길』, 생각의나무, 1998.

Gronau, R., "Leisure, Home Production and Work - The Theory of the Allocation of Time Revisited," *Journal of Political Economy*, Vol. 85, No. 6, 1977, pp.1099-1123.

Hall, Peter and David Soskice (eds.), *Varieties of Capitalism: The Institutional Foundations of Comparative Advantage*, Oxford University Press, 2001.

Hamermesh, Daniel, *Labor Demand*, 제3장, Princeton, N.J.: Princeton University Press, 1996.

Hancké, Bob (eds.), *Debating Varieties of Capitalism*, Oxford University Press, 2009.

Herzenberg, S., "Reinventing the U.S. Labor Movement, Inventing Postindustrial Prosperity: A Progress Report," *Organized Labour in the 21st Century*, International Institute for Labour Studies, Geneva, 2002.

Hicks, John R., *The Theory of Wages*, 2nd ed., London: Macmillan and Co. Ltd., 1963.

Hirsch, Barry T. and David A. Macpherson, *Union Membership and Earnings Date Book: Compilations from the Current Population Survey(2011 Edition)*, Washington, D.C.: Bureau of National Affairs, 2011.

Hobhouse, Leonard T. (최재희 역), 『자유주의, *Liberalism*(초판 1911), Introduction by Alan P. Grims, 1971』, Oxford University Press, 삼성문화문고 46, 1974.

Hofstede, Geert, *Culture's Consequences: International Differences in Work-Related Values*, Sage, 1984.

Hutton, Will, *The State We're In*, Vintage, 1996.

Jose, A. V., *Organized Labour in the 21st Century*, International Institute for Labour Studies, Geneva, 2002.

Keynes, J. M. (케인즈, 조순 옮김), 『고용, 이자 및 화폐의 일반이론』(개역판), 비봉, 2007.

Killingsworth, Mark, *Labor Supply*, New York: Cambridge University Press, 1983.

Laing, Derek, *Labor Economics*, W.W. Norton and Company, Inc. New York · London, 2011.

Lazear, Edward P., "Why Is There Manatory Retirement?" *Journal of Political Economy*, Vol. 87, December 1979, pp.1261-1264.

______, *Personnel Economics*, The MIT Press, 1995.

______, & Michael Gibbs, *Personnel Economics in Practice*, John Wiley & Sons, Inc., 2009.

______, & Sherwin Rosen, "Rank-Order Tournaments as Optimum Labor Contracts," *Journal of Political Economy*, 89 (1981): 841-864.

Lucas, Robert E., Jr., "On the Mechanics of Economic Development," *Journal of Monetary Economics*, Vol. 22, No. 1, 1988, pp.3-42.

Lundberg, S. J. and R. Startz, "Private discrimination and social intervention in competitive labor markets," *American Economic Review*, Vol. 73, 1983, pp.340-347.

McLaughlin, Kenneth J., "A Theory of Quits and Layoffs with Efficient Turnover," *Journal of Political Economy 99* (February 1991): 1-29.

Marshall, Alfred, *Principles of Economics*, London Macmillan & Co. Ltd., 1961.

Marx, Karl, and Frederick Engels, "Collected Works vol. 6," International Publisher, New York, 1976, pp.105-112.

Mason, G. and B. Van Ark, "Vocational Training and Productivity Performance: An Anglo-Dutch Comparison," in *The Market for Training: International Perspectives, Methodology and Policy*, R. McNabb and K. Whitfield(eds.), Aldershot: Avebury, 1994.

Mian, Atif and Amir Sufi (박기영 옮김), 『빚으로 지은 집』, 열린책들, 2014.

Milgrom, Paul and John Robert, *Economics, Organization & Management*, Englewood Cliffs, NJ: Prentice Hall, 1992.

Mill, John Stuart, *Principles of Political Economy*(1981), with Some of Their Applications to Social Philosophy, Collected Works of John Stuart Mill, vol. II & III, Introduction by V. W. Bladen, Textual Editor J. M. Robson, University of Toronto Press, Routledge & Cagan, 1965.

Miller, Terry and Anthony B. Kim, *2015 Index of Economic Freedom*, The Heritage Foundation, 2015.

Mincer, Jacob, *Schooling, Experience, and Earning*, National Bureau of Economic Research New York, Distributed by Columbia University Press New York and London, 1974.

______ and Solomon Polachek, "Family Investments in Human Capital: Earnings of Women," *The Journal of Political Economy*, 1974, pp. S76-S108.

Moffitt, R., "The Tobit Model, Hours of Work and Institutional Constraints," *The Review of Economics and Statistics*, Vol. 64, No. 3, 1994, pp.510-515.

Norman, Peter, "Statistical Discrimination and Efficiency," *The Review of Economic Studies*, Vol. 70, 2003, pp.615-627.

North, Douglas, *Institutions, Institutional Change, and Economic Performance*, Cambridge: Cambridge University Press, 1990.

Oaxaca, Ronald, "Male-female wage differentials in urban labor markets," *International Economic Review*, 1973, pp.693-709.

OECD, "Labour Losing to Capital: What Explains the Declining Labour Share?" Chapter 3 in *OECD Employment Outlook* 2012, OECD, Paris: France, 2012.

______, *Divided We Stand: Why Inequality Keeps Rising*, OECD Pulishing(http://dx.doi.org/10.1787/9789264119536-en), 2011.

______, *OECD Employment Outlook*, OECD, Paris: France, 2004.

Parsons, Donald O., "The Employment Relationship: Job Attachment, Work Effort, and the Nature of Contracts," in Orley C. Ashenfelter and Richard Layard, editors, *Handbook of Labor Economics*, Volume 2, Amsterdam: North-Holland, 1986.

Phelps, Edmund S. (신동욱 옮김), 『중산층이 살아야 나라가 산다』, 한국경제신문, 1999.

Phelps, Edmund S., "The Statistical Theory of Racism and Sexism," *The American Economic Review*, Vol. 62, No. 4, 1972, pp.659-661.

Piketty, Thomas (장경덕 외 옮김), 『21세기 자본』, 글항아리, 2014.

Polachek, Solomon W., "Occupational self-selection: A human capital approach to sex differences in occupational structure," *The Review of Economics and Statistics*, 1981, pp.60-69.

______ and W. Stanley Siebert, *The Economics of Earnings*, Cambridge University Press, 1993.

Rawls, John (황경식 옮김), 『사회정의론, A Theory of Justice(1971)』, 서광사, 2003.

Ricardo, David, *The Principle of Political Economy and Taxation*, Everymans's Library Dutton: New York, 1969.

Rodrik, D., "Globalisation, Social Conflict and Economic Growth," *The World Economy* 21(2): 143-158, 1998.

Romer, Paul, "Increasing Returns and Long-Run Growth," *Journal of Political Economy*, Vol. 94, No. 5, October 1986, pp.1002-1037.

Röpke, Wilhelm, *Civitas Humana: A Humane Order of Society*(1944), William Hodge and Company, 1948.

Schwab, Stewart, "Is Statistical Discrimination Efficient?," *The American Economic Review*, Vol. 76, No. 1, 1986, pp.228-234.

Smith, Adam, 『국부론 上』, 김수행 역, 동아출판사, 1992, pp.106-124.

Spence, Michael, "Job market Signaling," *Quarterly Journal of Economics*, Vol. 87, 1973, pp. 355-374.

Stiglitz, Joseph E, "Prize Lecture: Information and the Change in the Paradigm in Economics(Nobelprize.org)," December 8, 2001.

Visser, Jelle, "Data base on institutional characteristics of trade unions, wage setting, state intervention and social pacts, 1960-2010," Ver. 3.0, Amsterdam: Amsterdam Institute for Advance Labor Studies (AIAS), University of Amsterdam, 2011.

Wade, Robert, *Governing the Market*, Princeton University Press, 1990.

Williamson, Oliver E., *The Economic Institutions of Capitalism*, The Free Press, A Division of Macmillan, Inc., New York, 1985.

World Value Survey, http://www.worldvaluessurvey.org/wvs.jsp.

사항색인

ㄱ

가격결정자 249
가격순응자(수용자) 163, 183, 248
가계생산이론 109, 137, 148
　가계생산함수 110
가변생산요소 163
가사노동 136
　가사노동-시장노동 간 대체관계 138
가정재 109, 148
　시간집약적 가정재 149
　재화집약적 가정재 149
간접차별 564
강제퇴직 491
강탈문제 295
　근로자에 의한 강탈 296
　기업에 의한 강탈 297
개별실적요율 263
개수제 460
거미집모형 317
거버넌스 지표 390
거시경제모형 732
겐트(Ghent)제도 631
경계근로자 683
경기적 실업 741, 766
경력단절 554
　M자형 패턴 555
경력-임금곡선 305, 491
경쟁기업 163
　단기와 장기 163
　불완전 경쟁기업 249
경쟁산업의 노동수요곡선 182
경쟁노동시장 52, 76, 247
경제성장 46
　내생적 경제성장론 320
　경제성장률 713
경제순환모형도 3
경제자유도 391
경제적 관료제 514
경제적 소수자 525
경제적 이윤 226
경제적 지대 29
경제정책 652
경제활동인구 53
경제활동참가율 58, 117
　경제활동참가 결정 95
　경제활동참가 결정의 준칙 117
계약곡선 600
계절근로자 57
고령화사회 212
고용 없는 성장 339
고용률 58
고용보조금 662
　고용보조금의 순고용 효과 665

고용보험제도 675
 고용보험의 사각지대 681
고용보호규제 372
고용의 자유재량권 191
고용차별 562
고용할당제 564
고용허가제 386
고정근로시간 제약 129
고정상여금 65
고정생산요소 163
공급독점 593
공동교섭 584
공석률 430
공정다각화 337
공정대표의무 576
과다고용 133, 601
과밀가설 547
과소고용 133
교섭대표노동조합 576
교섭창구 단일화제도 576
구조적 실업 766
구조적 차별 526, 544, 545
국민부담률 702
국민총생산 712
국부론 16, 17
국제무역의 자유화 338
규모효과 167, 176, 178
규범경제학 xviii
규칙제정자 250
균형 177
 초과공급 79
 초과수요 80
 균형고용량 80
 균형임금 80
 내부 해 116
 모서리 해 116
교육투자수익률 278, 306
 내부수익률기준 277
 현재가치기준 277
 회귀분석에 의한 수익률 계산 281
근로소득 59, 61
근로연계복지 666
근로자 잉여 29
근로장려세제 671
기대임금 119
기술 업그레이딩 319
기술적 한계대체율 171
기술진보 312, 314, 319
기술혁신 314
기업별 교섭 584
기업별 노동조합 573
기업특수적 인적자본 207, 291, 470, 477
 기업특수적 숙련 291
 기업특수적 훈련 291
기회비용 3, 95, 276

ㄴ

낙인효과 370, 388
남녀고용평등법 562
내부 해 116
내부노동시장 299, 300, 342, 469
 개방적 내부노동시장 346
 과보호 내부노동시장 347
 내부노동시장론 470
 동기유발의 내부노동시장 347
 폐쇄적 내부노동시장 346
내부수익률 278, 306
 내부수익률 기준 277
 내부수익률법 278
내부자-외부자가설 601
노동3권 584
 대한민국헌법 제33조 574
노동공급 66, 68
노동공급곡선 28

- 후방굴절 노동공급곡선 126
- 노동력 접근법 55
- 노동력부족지수 430
- 노동력의 상태 53
- 노동보수 61
- 노동보유 195
- 노동보호법제 192
- 노동비용 61
- 노동생산성 7
- 노동서비스 245
- 노동소득분배율 644, 722
- 노동수요 70
  - 노동수요탄력성 185
- 노동수요곡선 72, 164
  - 장기노동수요곡선 179
  - 시장노동수요곡선 181
- 노동시장 30, 51
- 노동시장 정책 396, 653
- 노동시장유연성 195, 392
  - 기능적 유연성 393
  - 내부적 수량적 유연성 393
  - 외부적 수량적 유연성 392
- 노동의 거래 51
- 노동의 한계비용 204
- 노동의 한계비효용 26
  - 노동의 한계비효용가치곡선 27
- 노동의 한계생산 75, 165, 192, 204
  - 근로시간의 한계생산 192
  - 근로자수의 한계생산 192
- 노동의 한계수입생산 204
- 노동쟁의 581
- 노동조합 571
  - 노동조합 및 노동관계조정법 575
  - 노동조합의 저항곡선 587
- 노동투입량 7
- 노력함수 198
- 누적 성장의 법칙 711
- 눈높이임금 417, 419, 422
- 뉴딜 정책 618
  - 뉴딜적 노사관계 618

ㄷ

- 다부문 노동시장 81
- 단순가계생산 모형 111
- 단조성 공리 101
- 단체교섭 581
  - 교섭의 상호조정정도 582
  - 단체교섭권 574
  - 단체교섭 집중도 583
  - 노동조합의 저항곡선 587
  - 사용자의 양보곡선 586
- 단체협약 581
  - 단체협약의 적용범위 580
- 대각선교섭 584
- 대기실업 201
- 대체의 원리 104, 105, 171
- 대체효과 124, 167, 176, 665
  - 임금상승의 대체효과 177
- 던컨지수 558
- 덴마크의 유연안정성 396, 687
- 도덕적 해이 346, 457, 458, 462
- 독점기업 202
  - 독점의 사회적 비용 205
- 동일노동 동일임금 77, 83, 248
- 두뇌유출 388
- 등량곡선 166, 170, 176, 177
- 등비용선 166, 173, 176, 177
- 등이윤곡선 227, 229
- 디플레이션 714

ㄹ

- 로렌츠곡선 637
- 로이 모형 383
- 리카도의 국제무역 모형 33

ㅁ

마찰적 실업 419, 766
매몰비용 191
매칭기술 433
  매칭함수 433
명목임금 60
명성효과 475
모서리 해 116
무역수지 효과 734
무역 자유화 338
  무역으로부터의 이익 35
무임승차 467
무차별곡선 23, 100
물적 자본 716
민서-폴라첵 가설 555

ㅂ

바세나르 협약 135
방문취업 386
배분의 효율성 86
베버리지 곡선 430, 434
  베버리지 보고서 641
베이비부머 159
변동상여금 65
보상격차 221
보상요구임금 29, 69, 116, 219
  보상임금함수 232
보상적 임금격차 77, 222, 248
복수노조 575
  공정대표의무 576
  교섭창구 단일화제도 576
복지자본주의 343, 616
부(負)의 소득세 667
  근로장려세제(EITC) 671
부가근로자 효과 120
부가급여 189
부분파업 584
부채 함정 759
북유럽형 자유시장경제 xiv
분단노동시장 52, 202
  분단노동시장과 관련된 차별 544
  내부자-외부자 차별 545
분리균형 287
분업론 16
  산업간 분업 336
  산업내 분업 337
불완전 경쟁기업 249
불완전 노동시장 77, 247, 248, 251
불완전고용 421
불완전취업 56
불완전한 자본시장 310
불완전한 정보 78
  정보의 불충분성 407
  정보의 비대칭성 271, 447
불평등대우 544
불평등효과 543
블루오션 319
비경제활동인구 53, 55, 56, 95
비고용률 59
비교공리 100
비교우위 3
비교열위 5
비근로소득 61
비금전적 급여 240
비대칭적 정보 271, 443, 447, 588
비시장노동 526
비용체증의 법칙 45
비용최소화 166, 176
  최적투입요소 결합방법 175
비용-편익 분석 234
비자발적 실업 767
비정규근로자 362
빈곤선, 빈곤율 642
  상대적/절대적 빈곤 642

ㅅ

3D 기피 현상 236
- 3D 산업 246

사적 비용 591
사적(私的) 한계가치 318
사중손실 658, 664
사회무차별곡선 33
사회민주주의형 조합주의 612
사회보장부담률 702
사회적 비용 591
사회적 시장경제 viii, ix, xiv
사회적 이동 358
사회적 자본 211, 718
사회적 한계가치 318
사회정책 652
사회제도의 비교열위/우위 40
사후적 보상 263
산업별 노동조합 572
산업안전 224
- 산업안전 생산함수 227
- 산업안전의 사적 한계이익 254
- 산업안전의 사회적 한계이익 256
- 산업안전의 한계비용 254

산업재해 223
상대적 빈곤 642
- 상대빈곤율 642

상환과부담가구 649
생명의 가치 235
생산가능곡선 8, 31, 44
- 생산가능곡선상의 이동 47
- 생산가능곡선의 이동 46

생산가능기회 139
생산가능인구 53
생산곡면 170
생산의 세계화 335
생산직 부족현상 236
생애경력경로 304, 305, 359, 441
생애임금 556
생애주기가설 752
선별 271, 470, 543
- 선별가설 273
- 선별비용 272
- 선별투자 449
- 임용유예기간에 의한 선별 449

선임권 442
선호차별 525, 531
선호함수 101
성과연동임금 482
성 역할(gender role) 528
성 차별 549
- 성별 비교우위 527
- 성별 임금격차 549
- 성별 직종분리 558
- 성차별 완화대책 561

성장회계분석 723
세액공제 662
소득 61, 112
소득불평등 311, 635
- 90−10 비율 636
- 십분위배율 636

소득−여가 선택모형 112
소득효과 124, 125
소비의 평탄화 752
솎아내기 476, 480
솔로우(Solow) 잔차 723
수요독점 206, 657
- 수요독점기업 202
- 수요독점적 착취 210

수요부족 실업 741, 767
숙련 갭 371
수요부족실업 741
숙련노동절약적 313
숙련의 부식 304
숙련의 특수성 300

숙련편향적 기술진보 312, 313
순이익의 균등화 222
순차적 탐색 414
쉬운 해고 196
스톡변수 411
스톡옵션 490
스톡-플로우 모형 410, 769
시간선호 280
시간제 460
시간할인율 423
시용(試用)제도 449
시장기능 30
시장노동 136, 526
시장보완적 ix
시장실패 256, 318, 730
　대학교육의 시장실패 318
　직업훈련의 시장실패 319
시장저해적 ix
신자유주의 617
신제도학파 경제학 x
신호 271, 452, 470
　신호이론 269, 271, 273
실리적 조합주의 612
실망근로자 효과 119
실업갭 768
실업기간 427
실업률 58
실업보험 685
　실업급여 수급률 682
실업부조 685
　실업부조제도 675
실업자 55, 56
실망실업자 57
실업탈출률 411, 427
실증경제학 xviii
실질임금 60
심리적 손실 276
십분위배율 636
쌍봉구조 555

ㅇ

아쉔펠타-존슨 모형 586
암묵적 계약 298
압축형 성장전략 763
양보곡선 586
양성평등채용목표제 564
여가 112
　여가-시장노동 간 대체관계 138
　여가의 한계효용 26
　여가의 한계효용가치곡선 27
역선택 233, 286, 447, 455
연공임금제 493
연령-임금곡선 274, 491
열등재 125
영미형 자유시장 경제 xiv
영향력 행사비용 488
예산선 108, 113, 668
예상 물가수준(P^e)의 변동 738
오쿤의 법칙 772
와일드캣 파업 584
완전고용량 736
완전평등 분배 638
외부노동시장 51
외부화 393
외부효과 249
　긍정적 외부효과 89, 256, 318
　부정적 외부효과 255, 651
요구임금 586
용의자의 딜레마 297
위험기피적 468
위협효과 596
유니온 숍 608
유동성 선호 729
유동성 함정 759

유리벽 562
유리천장 562
유사수요독점적 659
유연안정성 정책 687
의중임금 116, 422, 559
이연보수 240, 474, 492
  이연급여전략 452
이연임금 491, 492
이윤극대화 조건 75, 165
이자율 효과 734
이적제한조항 206
이중노동시장 202, 370, 545
이직 439
이행노동시장 396, 774
이행성 공리 101
이행확률 769
인구고령화
  고령사회 212
  초고령사회 213
인구절벽 36
인사관리경제학 470
인센티브 임금제도 460
인-시간수 96
인적자본 269, 717
  인적자본 부식 303
  인적자본 투자 269, 528
  인적자본론 269
  인적자본 특화 279
인적자원배분 84, 233, 380
  최적 인적자원배분 84
  인적자원배분의 왜곡효과 601
인플레이션 714
일과 삶의 균형 565
일반노동조합 572
일반적 숙련 290
일반적 인적자본 290, 477
일반적 훈련 290
일자리 미스매치 409
일자리 쇼핑 441, 443
일자리 탐색 모형 408
일자리 특성 245
  일자리의 속성 219
  일자리의 위계 487
일자리교대제 694
일자리매칭 412
  잘못된 일자리매칭 421
  일자리매칭 모형 432
  ~과 효율적 직장이동가설 442
일자리소멸률 436
일자리탐색이론 412
임금 59
  시간당 임금 60
  월평균임금 63
  임금률 60
임금격차 268
  생산성 격차에 따른 임금격차 77, 248
임금보조금 662
임금유연성 393
임금-자본가격 비율 173
임금표준화 전략 606
임금피크제 497
임금함수 282
  헤도닉 임금함수 232
  임금함수 추정법 366
  민서의 임금함수 529
입직 439
입직구 300

ㅈ

자기선택 233, 466
자기확인 544
자본소득분배율 722
자본의 한계생산 165
자본의 한계효율 728

자산 효과 734
자산조사 670
자연산출량 736
자연실업 407
자연실업률 411, 434, 736, 768
잠재산출량 736
잠재성장률 724
잠재실업 57
재배분 충격 436
저항곡선 587
적극적 고용개선조치 544, 562
적극적 노동시장정책 396
적재적소 배치상태 444
전치효과 665
전환점 91
절대적 빈곤 642
  절대빈곤율 643
정보경제학 412
정보의 불충분성 407
정보의 비대칭성 271, 443, 447, 588
정부실패 322
정상균형 상태 410
정상균형 실업 407, 411
정상이윤 164, 227
정상재 125
정액급여 62
정태적 기대 740
제3의 길 617
제도적 사각지대 681
제약조건 99
  금전적 제약조건 113
  시간에 관한 제약조건 112
제의도달률 425
제의임금 586
제품 차별화 337
조세부담률 702
조정된 분권화 691
주인–대리인 문제 458, 489
  공무원의 주인–대리인 문제 512
준고정적 노동비용 190, 193, 195
지니계수 639
GDP 712
GDP디플레이터 714
지대추구행위 39, 322, 601
지역노동시장 51
지역독점 206
지중해형 시장경제 xv
직무통제 조합 619
직업별 노동조합 571
직업탐색이론 413
직장이동 408, 439
직접비용 276
직종과밀가설 548
  여성지배직종 556
집단교섭 584
집단적 목소리기능 593, 604, 631
짝짓기 223, 408, 470, 476
  좋은 짝짓기 479
  짝짓기 자본 480

ㅊ

차별 523
  차이와 차별의 구분 523
  차별의 실증적 계측 529
  Oaxaca의 임금격차 분해 552
차별계수 535
차별균형 544
차별의 사회적 비용 565
차별화된 제품생산 291
차이 526
  차이의 원인 529
창의·창조 정신 718
  기업가정신 3
창의·혁신가 718

채용비용 190
초고령사회 213
초과공급 79
초과급여 62
초과수요 80
총공급곡선 735
총생산물시장 732
총수요곡선 733
  총수요변화 충격 435
총요소생산성 720
  성장회계분석 723
  Solow 잔차 723
총효용곡선 20
  총효용곡선의 기울기 21
최대효용임금 224
최소근로시간 제약 129
  최소근로시간 제약모형 128
최저생계비 642
최저임금제 654
  적정최저임금 700
  최저임금위원회 655
축출효과 596
출생률 97
취업자 55, 56
취업준비자 57

ㅋ

케인즈 일반이론 727
케인지안 복지국가 616, 730
콥-더글라스 생산함수 723
크램다운 776

ㅌ

탈숙련화 526
탐색중단규칙 417, 425
태업 584
테일러주의 343
토너먼트 483, 489
톱니효과 468
통계적 차별 525, 539
통상임금 64
통일교섭 584
통제의 범위 788
통화주의이론 744
  k% 준칙 744
특별급여 62, 63
팀 유인제도 468

ㅍ

파급효과 596, 657
파생수요 70
파업 584
  파업의 경제적 손실 591
패턴교섭 582
평균노동비용곡선 208
평균수입 203
평균의 함정 787
평균임금 64, 65
포용적 정치제도 789
플로우개념 410
필립스곡선 740

ㅎ

하향취업 274
학교교육 270
학력별 268
학습효과 543
한계노동비용곡선 208
한계대체율 104, 105, 116, 225, 226
  기술적 한계대체율 171
  한계대체율 체감의 법칙 107
한계비용곡선 178
한계생산력 체감 193
  한계생산 체감의 법칙 75

한계생산가치곡선 180
한계수익률 283
한계수입 202, 204
  한계수입곡선 178
  한계수입생산곡선 209
한계적 참가자 57
한계효용 20, 21
  한계효용체감의 법칙 22
할인율 277
합계출산율 97
해고비용 191
헤도닉 임금 223, 224
혁명적 조합주의 612
현물급여 240
현장훈련 301
현재가치법 277
형평성 xvi
혼재균형 288
활성화 396
효용 18
  효용곡면 19
  기수적 효용 19
  서수적 효용 100
효용극대화 99
효용함수 112
효율성 198
  효율성 손실 602, 664
효율임금 197, 201
  효율임금이론 458
  효율적 계약 598
효율적 직장이동 가설 442, 444
훈련 270
  OFF-JT 292
  OJT 292
  현장훈련 301
훈련비용 191, 272, 292
훈련수익 292
힉스 모형 586
힉스-마샬법칙 186

인명색인

[국 문]

ㄱ

강병구 701, 702, 703, 704, 705
강영호 784
강희복 519
권기헌 507, 519
권태환 90
권혜자 xx
김대일 213, 659
김동헌 397
김상호 261
김성태 720, 723, 724
김영중 700, 701
김용성 664
김인선 xx
김장호 604
김재원 689
김정우 604
김태정 761, 762

ㄴ

나은경 xx
남기곤 358
남성일 210, 659
남재량 659

ㄹ

류장수 357
류재우 604

ㅁ

모종린 377
문명재 504

ㅂ

박권일 41, 42
박근혜 764
박세일 206, 626, 785
박정희 783
박진 499, 500, 503
박찬일 262
박형수 724
박훤구 206, 246
배무기 91, 92
배영목 646, 647, 777

ㅅ

성경륭 356
송기호 235
신광식 780

ㅇ

안종범 261
연보라 358
오호영 212, 214, 390, 391
우석훈 41,42
원종학 262
유경준 604, 660, 661
유병규 438
유수원 17
유일호 261
유정호 514
윤진호 697
이근식 626
이기영 261
이명박 763
이병희 659
이성섭 785
이영훈 512, 790
이정우 262
이정익 761, 762
이정전 519
이주호 503, 504, 508
이진순 514
이철희 641
이한구 391
이호근 689
임찬영 xx, 508

ㅈ

장지연 641, 683
장하성 779
전득주 785
정병석 16
정인수 358
정지은 504
조동철 712, 724, 725, 752, 780
조우현 vii, xvi, xix, 604, 626
조철 215

ㅊ

최경환 764
최장집 626
최중희 504

ㅎ

한진희 724
황수경 xx, 554, 555, 556, 558, 559, 560, 720, 723, 724
황인학 510

[영 문]

Acemoglu (애스모글루), Daren xii, 622, 623, 791, 792
Aigner, D. J. 566
Akerlof (애컬로프), G. A. 272
Altonji, J. G. 529
Ark, B. Van 49
Arrow (애로우), K. J. 539, 542,566
Ashenfelter (아쉔펠타) 588, 589

Baker, George 469, 470
Becker (베커), Gary 110, 148, 293, 299, 306, 320, 470, 527, 531
Bergmann (버그만), Babara 547, 558
Bernstein (베른슈타인), E. 614
Beveridge (베버리지), W. H. 429, 430, 616, 641, 730
Bishop (비숍), Isabella B. 719
Blair (블레어), Tony 617
Blank, R. M. 529
Blau, D. M. 552
Boeri, Tito 251, 579, 585
Brunhes, B. 388, 389

Cahuc, P. 423
Cain, G. C. 566
Coase (코스), R. H. x
Coate, S. 544, 567
Commons (커먼즈), J. R. x, 206, 618

Dent (덴트), Jr., H. S. 747, 756, 757
Diamond (다이아몬드), P. A. 412
Doeringer (도린저), P. 299, 301, 470
Drucker (드러커), P. 718
Duncan (던칸), G. M. 558

Ehrenberg (에렌버그), Ronald G. vi
Euken (오이켄), W. vii

Ford (포드), Henry 196, 197
Freeman (프리만), R. B. 604
Friedman (프리드만), M. 744

Gates (게이츠), Bill 36
Gibbs, Michael 448, 469, 470, 472, 474, 476, 477, 478
Giddens (기든스), A. 617
Gompers (곰퍼스), S. 618
Gronau (그로나우), R. 110

Hall (홀), P. xiii
Hämäläinen, P. 253
Hammermesh (해머매쉬), D. S. 188, 189
Hancké (행케), B. xiii
Hicks (힉스), John R. 186, 586, 587
Hirsh, B. T. 597
Hobhouse (홉하우스), L. T. 626
Hofstede, G. 401
Holmstorm, B. 469, 470, 481
Hutton, Will 625

Jevons (제본스), W. S. v, xxi
Jobs (잡스), Steve 36
Johnson (존슨), G. 588, 589

Katz, H. C. 621
Kautsky (카우츠키), K. 614
Keynes (케인즈), John M. xxi, 616, 727, 728, 730, 739, 741, 743
Killingsworth, M. 127
Kochan, T. A. 621
Kremer, M. 716

Lazear, Edward P. 448, 460, 470, 472, 474, 476, 478, 481, 483, 491, 492, 493, 494
Lee Kwan Yew (리콴유) 380
Loury, L. D. 544, 567
Lucas (루카스), Jr., R. E. 320

Macpherson, D. A. 597
Marshall (마샬), Alfred v, 18, 186,
Marston, S. T. 769
Marx (마르크스), Karl 613
Mason, G. 41
McDonald 545
McLaughlin, K. J. 444
Medoff (메도프), J. L. 604
Menger (멩거), C. v, xxi
Mian, A. 776
Milgrom, P. 352
Mill (밀), John S. 627
Miller, T. 391
Mincer (민서), Jacob 110, 282, 283, 305, 306, 527, 555, 557
Mortensen (모텐슨), D. T. 412
Müller-Armark (뮐러-아르막), A. vii

Norman, P. 567
North (노스), Douglas C. x

Oaxaca, Ronald L. 552
Okun (오쿤), A. 772
Osterman(오스터만), P. 347, 545

Pareto (파레토), V. 19
Parsons, D. O. 444
Perlman (펄만), S. 618
Phelps(펠프스), E. S. 539, 542, 566, 651, 663
Phillips (필립스), A. W. 740
Piketty (피케티), Thomas 624, 711, 764
Piore (피오르), M. 299, 301, 470
Pissarides (피사리데스), C. 412, 426
Polachek (폴라첵), Solomon W. 555, 557

Rawls (롤즈), John 626
Reagan (레이건), R. W. 617
Ricardo (리카도), David 5, 6, 31
Robert, J. 352
Robinson (로빈슨), James A. xii, 622, 623, 791, 792
Rodric (로드릭), D. 755
Romer (로머), P. 320
Röpke (뢰프케), W. vii
Roosevelt (루즈벨트), F. D. 618
Rosen (로젠), Sherwin 223, 483
Roy, R. F. J. 380, 381

Schröder (슈뢰더), G. 617
Schwab, S. 566
Shapiro 545
Siebert, W. S. 557
Smith (스미스), Adam vi, xxi, 6, 17, 221, 627
Snower 545
Solow (솔로우), Robert M. 545, 722, 723
Soskice, D. xiii
Spencer (스펜서), Michael 272, 285
Stigler (스티글러), G. J. 412
Stiglitz (스티글리츠), J. E. 272, 545
Sufi, A. 776

van Ours, Jan 251, 579, 585
Veblen (베블렌), T. x, 206

Wade, Robert 514
Walras (왈라스), L. v, xxi
Webbs (웹부처), S. & B. 615
Williamson (윌리암슨), O. x
Winkler 552

Yuichi (시오노야 유이치) 626

Zylberburg, A. 423

[저 자 약 력]

조우현, 숭실대학교 명예교수

- 서울대학교 경제학과 졸업, 美오하이오 주립대학교(Ohio State Univ.) 경제학 박사
- 1984~2015년 숭실대 경제학과 노동경제학 강의, 교수협의회 회장, 대학평의회 의장, BK21 사업단장 등을 역임
- 한국노동경제학회장 역임
- 정책기획위원회 등 대통령자문위원 2회 역임
- 노동부 최저임금위원회, 보건복지부 중앙생활보장위원회, 기획예산위원회(현 기획재정부)의 정부개혁관련 위원회에 위원을 역임, 중앙노동위원회 심판부문 공익위원 역임. 신노사문화 대상의 공익부문 노사화합공로상을 수상
- 『노동경제학』(1998), 『일의 세계 경제학』(2010) 등 22편의 단독, 공저서가 있고, 『한국 산업의 이중적 구조와 임금결정 메카니즘』(1992) 등 36편의 논문이 있음

황수경, KDI 선임연구위원

- 서울대학교 화학공학과 졸업, 숭실대 노사관계대학원 졸업, 美뉴욕주립대(SUNY, Binghamton) 경제학 박사
- 2001~2010년 한국노동연구원 연구위원, 2010년부터 한국개발연구원(KDI) 재직 중
- 정책기획위원회 등 대통령자문위원 역임
- 노동부 정책평가위원회, 규제심사위원회 위원 역임, 서울지방노동위원회 공익위원 역임, 현 산림청 산림정책평가위원, 중앙노동위원회 차별시정 공익위원. 노동부장관 및 국무조정실장 표창
- 『여성의 직업선택과 고용구조』(2002), 『한국의 임금과 노동시장』(2005), 『경제위기와 고용』(2010), 『젠더와 경제학』(2012) 등 44편의 단독, 공저서가 있고, 『서비스화가 일자리 숙련구조에 미친 영향』(2007), 『실업률 측정의 문제점과 보완적 실업지표 연구』(2010) 등 19편의 연구논문이 있음. 배무기학술상 수상

새로운 **노동경제학**

2016년 2월 25일 초판 인쇄
2016년 2월 29일 초판 1쇄 발행

저 자 조 우 현 · 황 수 경
발행인 배 효 선
발행처 도서출판 法 文 社
주 소 10881 경기도 파주시 회동길 37-29
등 록 1957년 12월 12일 제2-76호(윤)
TEL (031)955-6500~6 FAX (031)955-6525
e-mail (영업) bms@bobmunsa.co.kr
(편집) edit66@bobmunsa.co.kr
홈페이지 http://www.bobmunsa.co.kr
조 판 (주) 성 지 이 디 피

정가 35,000원 ISBN 978-89-18-10238-2